U0940906

2007 内蒙古统计年鉴

内蒙古自治区统计局·编

INNER MONGOLIA STATISTICAL YEARBOOK

Compiled by Inner Mongolia Autonomous Region Bureau of Statistics

(总第20期 NO.20)

(京)新登 041 号

图书在版编目(CIP)数据

内蒙古统计年鉴.2007/ 内蒙古自治区统计局编.

– 北京:中国统计出版社,2007.10

ISBN 978-7-5037-5143-1

I.内…

III.内…

III 统计资料 – 内蒙古 -2007- 年鉴

IV.C832.26-54

中国版本图书馆 CIP 数据核字(2007)第 051668 号

内蒙古统计年鉴—2007

作　　者 / 内蒙古自治区统计局
责任编辑 / 郑淼淼　王立群
E-mail/yearbook@stats.gov.cn
责任校对 / 包利军　崔京英
封面设计 / 赵贵新　侯琳娜
出版发行 / 中国统计出版社
通信地址 / 北京市西城区三里河月坛南街 57 号　中国统计出版社
邮　　编 / 100826
电　　话 / (010)63376907
印　　刷 / 内蒙古星雅彩印包装制品有限公司
经　　销 / 新华书店
开　　本 / 890×1240 毫米　1/16
字　　数 / 180 万字
印　　张 / 59
印　　数 / 1-2000 册
版　　别 / 2007 年 10 月第 1 版
版　　次 / 2007 年 10 月第 1 次印刷
书　　号 / ISBN 978-7-5037-5143-1/F·2443
定　　价 / 300.00 元

编辑说明

一、《内蒙古统计年鉴》是一部按年度连续出版的大型统计资料书。本《年鉴》通过大量的统计数据，全面反映了2006年内蒙古社会、经济和科技发展变化情况，是国内外各界人士了解内蒙古、认识内蒙古的重要统计资料工具书。

二、年鉴全书分为两部分。第一部分为特载，载入了自治区党政部门重要文件和2006年国民经济和社会发展统计公报。第二部分为统计资料，分为25个细目。即:1.行政区划和自然资源;2.综合;3.国民经济核算;4.人口;5.就业人员和职工工资;6.固定资产投资;7.能源生产和消费;8.财政;9.物价指数;10.人民生活;11.城市概况;12.农业;13.工业;14.建筑业;15.运输和邮电;16.国内贸易;17.对外经济贸易;18.旅游;19.金融和保险;20.教育、科技和文化;21.体育、卫生、社会福利、环境保护和其他;22.盟市资料;23.旗县区资料;24.企业资料;25.附录。为了便于读者查阅，每个细目编排了主要统计指标解释。

三、本年鉴的统计数据大部分来自政府统计部门和业务部门年度统计报表，一部分来自抽样调查。

四、由于统计制度的变化，与《内蒙古统计年鉴－2006》相比较，本年鉴做了如下调整:

1. 在固定资产投资部分，按照制度要求，增删了部分内容，调整了版面。

2. 在国内贸易部分，增加了住宿业统计资料。

五、资料中所使用的数量单位均采用国际统一标准计量单位。

六、本年鉴部分数据合计数或相对数由于单位取舍不同而产生的计算误差均未作机械调整。

七、本年鉴各表式中，有关对全表的注解均在该表上方，对表中部分指标的注解则在该表下方。

八、本年鉴表中的符号使用说明:空格表示该项统计指标数据不足本表最小单位数、不详或无该项数据;“#”表示其中的主要项。

PREFACE

Ⅰ. Inner Mongolia Statistical Yearbook is a regular large scale statistical reference book published yearly. With a vast amount of statistical data, the yearbook reflects various aspects of Inner Mongolia's social economic, science and technology development. It is really an important and efficient statistical reference book for people of various circles in and outside China to know and understand Inner Mongolia.

Ⅱ. The yearbook has two parts: Special articles and Statistics. The first part consists of important documents of the Party and the government and Statistical Bulletin of the National Economic and Social Development in Inner Mongolia for 2006. The second part consists of all the 25 chapters as follow: 1.Division of Administrative Areas and Natural Resources; 2.General Survey; 3. National Accounts; 4. Population; 5.Employment and Wages; 6.Investment in Fixed Assets; 7. Production and Consumption of Energy; 8. Government Finance; 9. Prices Indices; 10. People's Livelihood; 11. General Survey of Cities; 12. Agriculture; 13. Industry; 14. Construction; 15. Transport, Post and Telecommunication Services; 16. Domestic Trade; 17. Foreign Trade and Economic Cooperation; 18. Tourism; 19. Banking and Insurance; 20. Education, Science and Culture; 21. Sports, Public Health, Social Welfare, Environmental Protection and Other; 22. Statistics of Leagues and Cities; 23. Statistics of Banners, Counties and Districts; 24. Statistics of Enterprises; 25. Appendix. In order to make it convenient for readers to consult, we edit exploratory notes on main statistical indicators of every chapter.

Ⅲ. Most of the data in this yearbook sources are from annual statistical reports of government agencies, a small part sources from sample survey.

Ⅳ. Comparing with the content of Inner Mongolia Statistical Yearbook–2006, we adjusted the content as follow:

1.Some contents are increased and decreased in the investment in fixed assets.

2. Statistical data of hotels are added in the Chapter of Domestic Trade.

Ⅴ. The units of measurement used in this yearbook are internationally standard measurement units.

Ⅵ. Statistical discrepancies due to rounding are not adjusted in this yearbook

Ⅶ. The notes concerning the whole table are placed at the upper part of table, while the notes concerning individual indicators are placed at the lower part.

Ⅷ. Notations used in this yearbook: blank space indicates that the figure is not large enough to be measured with the smallest unit in the table, or data are unknown or are not available; "#" indicates a major breakdown of the total.

内蒙古自治

内蒙古统计局局长:李斌

自治区副主席雷·额尔德尼、统计局局长李斌深入农户了解农牧业普查情况

第二次全国农牧业普查期间李斌局长深入农户调研

2006年,是全面实施"十一五"规划的开局之年,也是自治区经济建设和社会发展取得长足进步的一年,全区统计工作也同其它各项工作一样,取得了新的进展。在自治区党委、政府和国家统计局的正确领导下,全区各级统计部门和广大统计工作者大力解放思想,开拓创新,以科学发展观统领统计工作全局,坚持以提高统计数据质量为中心,以优质服务为导向,紧密围绕自治区党委、政府的中心工作,积极探索,开拓创新,开展了大量卓有成效的工作,为保障我区经济社会全面可持续发展和构建和谐内蒙古作出了积极的贡献,全区各项统计改革和建设都有了长足的进步。

2007年全区统计工作的主要任务:

一、求真务实,注重实效,努力维护和提高统计工作的科学性、准确性和权威性。二、抓住机遇,下大气力,切实加强统计基层基础建设。三、积极推进统计制度方法改革。四、加强能源和服务业统计,着力解决统计关键问题和薄弱环节。五、大力开发统计信息资源,切实提高统计服务水平。六、大力加强统计法制建设。七、高质量地完成农牧业普查工作。八、进一步加强统计队伍建设。

区统计局

2007 全区统计工作会议

内蒙古统计局赴革命圣地西柏坡学习考察团

2007 年内蒙古统计局迎新春联谊会

第二次农牧业普查人员深入牧户进行入户登记

2007 年全区统计基层基础建设工作会议(颁奖仪式)

奋勇前进的鄂尔多斯市

中共鄂尔多斯市委书记:云峰

鄂尔多斯市人民政府市长:杜梓

光阴荏苒,斗转星移。伴随着自治区前进的步伐,鄂尔多斯已然走过了60年的辉煌历程。60年来,在自治区党委、政府的正确领导下,勤劳智慧的鄂尔多斯人民在赤贫条件下艰苦创业、在动荡年代中顽强拼博、在改革大潮中奋勇前进、在小康建设中激情跨越,创造了令世人瞩目的"鄂尔多斯现象",铸就了"战胜自我、推进文明、实现跨越"的鄂尔多斯精神,取得了无愧于历史、无愧于时代的光辉业绩。

60年来,我们牢牢把握发展这个第一要务,遵循自然规律和经济社会发展规律,创新发展思路和发展战略,摸索出了一系列具有区域特色的发展模式,并通过科学实施"六个高"、"四个超一"、"三化互动"、"三个转变"等战略,走出了一条又快又好的发展之路。1947–2006年全市生产总值累计实现3254.0亿元,年均增长17.8%;财政收入从1950–2006年57年累计实现428.8亿元,年均增长18.9%。进入"十五"以来,经济实现持续快速发展,经济增长速度连续超过全国、全区平均水平,形成了与呼市、包头"并驾齐驱、交替领先"的良好局面。五年间,全市生产总值累计实现1645.9亿元,年均增长24.8%;财政收入累计实现204.1亿元,年均增长42.8%,创造了惊人的"鄂尔多斯速度"。2006年全市地区生产总值再创新高突破800亿元,增速达24%。财政收入达145.9亿元,同比增长56.2%,总量和增速均居全区第一位,人均GDP达到6645美元,达到中等发达国家水平。

线纱车间

神华煤液化项目

现代化煤矿

产业结构升级优化，实现了从以农牧业为主导向以工业为主导的转型。市委、政府按照经济发展的内在规律，正确调整一、二、三产业之间的比例关系，把发展工业作为全市经济工作的突破口，抢抓西部大开发和国家能源产业政策机遇，牢固确立"工业强市"理念，立足地区实际，大力培育煤炭、电力、化工、绒纺、建材等主导产业，走出了一条具有鄂尔多斯特色的区域经济发展道路，实现了由传统农牧业为主导向现代工业为主导的成功转型。1947 年三次产业结构为 90:8:2，2001 年调整为 14.2:55.5:30.3，2006 年调整为 5.3:55.0:39.7。与此同时，就业结构也发生了显著变化，第一产业就业比重大幅度下降，第二产显著提升，第三产业急速上升。三次产业就业人员结构由 1947 年的 99.8:0.1:0.1，调整为 2001 年的 59.1:16.9:24.0。城镇化率由 1990 年的 17.9%提高到 2006 年的 57.1%。在经济结构调优的同时，全市节能降耗、治污减排和土地集约利用取得初步成效，经济增长方式加快转变。

纺织城

民族舞蹈

2006 年全市城镇人口由 1978 年的 10.7 万人增加到 86.48 万人。我们坚持把生态建设作为最大的基础建设来抓，坚持不懈地推进禁牧休牧和舍饲养殖，坚持不懈地推进人口转移，减少农牧民、致富农牧民，通过主体的主动退出求得客体自我平衡、自我修复。近年来，转移农牧民近 60 万人，植被覆盖率由不足 30%提高到 70%以上。

内蒙古自治区乌海市

自治区党委书记储波视察乌海

乌海书画院(夜景)

乌海葡萄

乌海学院

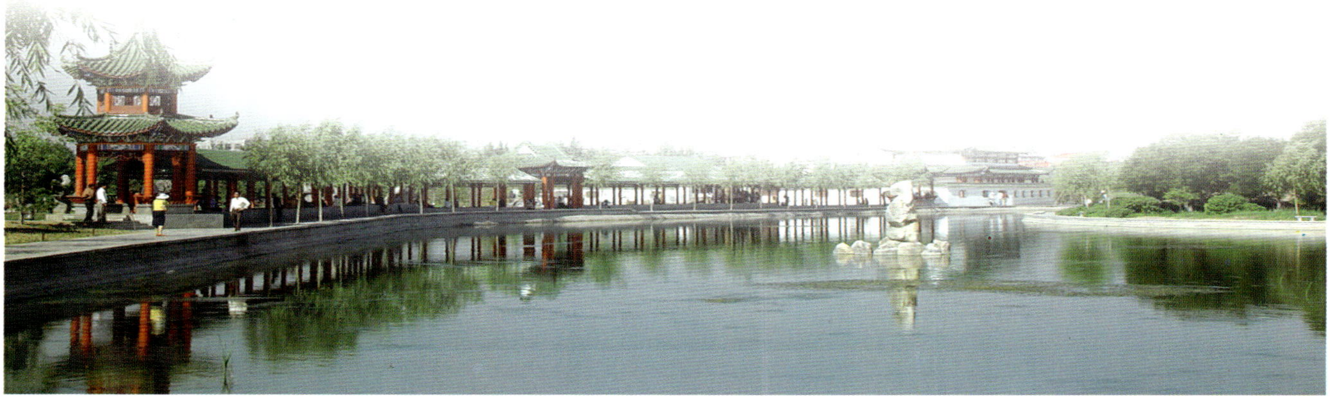

乌海公园一角

乌达工业园区

内蒙古庆华集团

自治区主席杨晶等领导视察庆华集团

内蒙古庆华集团成立于2000年8月，是全国煤炭百强企业、全国民营企业500强、内蒙古自治区60户重点扶持企业和20家重点煤炭企业之一，是集采矿、选矿、炼焦、煤化工、钢铁产业为一体的综合大型企业集团。庆华集团下属独立法人企业11个，分布在阿拉善盟、宁夏及蒙古国。现有员工10000余人，其中高级管理人员和采矿、选矿、地质、测量等各类专业技术人员1600多人。集团曾先后荣获内蒙古自治区“循环经济试点企业”“较强型经济效益企业”、“青年文明号”、“诚实守信民营企业”等荣誉称号；被阿拉善盟盟委、行署评为“非国有经济千万元单位”、“重点保护单位”等；被内蒙古自治区农业银行评为“AAA等级信用单位”。

内蒙古庆华集团以科学发展观为指导，紧紧围绕国家产业政策，致力于传统能源的循环利用和绿色产业发展，集中力量构筑优势产业集群，逐步向煤化工——钢铁多联产生态工业方向发展，集中力量搞大基地、大集团、大产业建设。几年来，企业健康稳步发展，功能不断完善、实力不断增强、规模不断扩大，实现了一年一个大发展，一年一个大突破。

2000年企业开发建设了阿拉善右旗卡休他他铁矿，该矿是以铁为主的多金属矿，铁矿石储量5182万吨。该矿的开发建设依靠集团自身的技术力量，打破常规，采取边设计、边施工的方法，用半年多时间建成投产，在国内同行业、同等规模的建设速度上创造了奇迹。2001年，集团从酒泉钢铁公司接管黑鹰山铁矿，并投资4000多万元对其生产工艺进行了改造，在低品位、难选矿石的利用上取得了突破。2002年，集团大胆实施“走出去”战略，与蒙古国“蒙古之金”公司合作开发了蒙古国那林苏海特煤田。该煤田地质储量16.9亿多吨，煤种齐全，煤质好，埋藏浅，适于露采。随着运输能力的提升，该煤田将在3年内形成2000万吨/年的原煤生产能力。2003、2004年，集团又投资开发建设了青海木里煤矿、格尔木铁矿。2005年集团依托自身丰富的资源优势，在国内外知名科研院所综合分析论证的基础上，投资85亿元在乌斯太庆华循环经济工业园区规划建设年产300万吨的焦化项目、20万吨的焦炉煤气合成甲醇项目、100万吨的还原铁项目、50万吨的还原煤气制甲醇项目、30万吨的甲醇转化制油项目和300万吨洁净煤加工项目以及年吞吐量达1000万吨的庆华物流工程。这些项目基本组成了工业园的整个循环产业链条，建成投产后年产值可达110亿元，利税可达22亿元。目前，200万吨焦化、1000万吨物流中心一期和300洁净煤加工项目已建成投产，产品呈现出了产销两旺的喜人局面。

集团董事长霍庆华先生在向客人介绍集团党建工作情况

自治区政府顾问周德海在听取内蒙古庆华集团“十一五”规划汇报

中组部李智勇副部长来到集团检查指导工作

集团召开总经理办公会议

庆华集团花园工厂区

现代化采煤作业现场

运煤专列驶入胡鲁斯太站台

内蒙古自治区林业厅

自治区林业厅厅长:高锡林

储波书记、杨晶主席参加全民义务植树

天然林资源保护工程

2006年,在自治区党委、政府的正确领导下,在国家有关部门的大力支持下,全区林业系统认真落实科学发展观,精心组织,周密部署,采取积极有效措施,圆满完成了各项任务。

一、造林绿化。据统计,全区共完成林业生态建设面积719.74万亩,其中人工造林242.41万亩,飞播造林142.37万亩,封山(沙)育林334.96万亩,义务植树6032.3万株,四旁植树4732.9万株。另外,补植造林368.7万亩。

按工程分,京津风沙源治理工程计划任务为245万亩,完成245.26万亩,占计划的100.1%;天然林保护工程计划任务为167.48万亩,完成168.65万亩,占计划的100.7%;三北四期工程加上2005年的计划任务,共计74.5万亩,完成97.85万亩,占计划的131.34%;退耕还林工程计划任务153万亩,国家在8月底下达,已全部分解落实到盟市旗县,当年完成87.32万亩,剩余部分结转2007年实施。

二、林木种苗生产。据统计,全区共完成育苗面积12.3万亩,为计划10.4万亩的118%,其中新育苗7.2万亩,为计划6.39万亩的113%,总产苗量27.7亿株,容器育苗2亿株,为计划1.93亿株的104%。采集林木种子286.6万公斤,为计划190万公斤的150%。种子和苗木的品种数量满足了全区造林绿化的需要,为生态建设奠定了坚实的基础。

三、资源保护与管理。一是森林草原防火工作取得新突破,几起重特大森林火灾得到有效处置,创造了在短时间内主要依靠人力扑灭特大森林火灾的战绩,得到党中央、国务院、中央军委的充分肯定。2006年,全区共发生森林火灾143起,其中重大火灾2起,特大火灾3起(重特大火灾均为雷击和境外火引发),受害森林面积60244.5公顷,森林火灾受害率2.91‰。全区共发生草原火灾32起,其中特大火灾1起,受害草原面积33841.37公顷,草原火灾受害率0.39‰。实现了年初确定的“力争不发生大的人为森林草原火灾,力争不发生人员伤亡事故”的总体目标。二是进一步加大林地保护管理力度。2006年,自治区林业厅共审核审批征占用林地项目375项,征占用林地5942公顷。三是林业有害生物得到有效防治。全区发生林业有害生物1620.47万亩,完成有效防治面积885.29万亩,无公害防治率为87%。全区应施产地检疫苗木11.7万亩,实施产地检疫11.3万亩,种苗产地检疫率达96.7%。四是加大林业案件查处力度。开展了“北疆冬季一号行动”、“绿盾行动”等专项行动，1至12月，全区各级森林公安机关共发现和受理各类林业案件25757起，其中，森林案件25406起，野生动物案件351起；侦破和查处25500起，综合查处率为99%；共处罚各类违法人员35654人次，挽回经济损失2860万元，有效地保护和巩固了林业生态建设成果。五是加强森林资源监测，完成了10个旗县（林业局）219万公顷的森林资源二类调查任务。

四、林业科技。针对我区干旱少雨、沙化严重、造林难度大等特点，本着“因地制宜，分类指导”的原则，结合各项重点工程建设，加强了林业科学研究，狠抓科技成果转化，转化率达到40%以上。指令性推广了“节水、抗旱造林系列技术”、“飞播配套技术的应用”、“封山（沙）育林”、“两行一带造林技术模式”等7项适用技术500万亩，推广完成632.4万亩，是下达任务的126.5%。

五、林业产业发展。一是自治区政府出台了《林业产业发展规划纲要》，第一次以政府名义召开了全区林业产业工作会议。二是完善林业产业统计工作，建立了信息和工作报告制度，为领导决策提供了科学依据。2006年，全区林业产业总产值达到158亿元，农牧民人均林业收入280元。

六、森林生态效益补偿。2006年，国家新增我区重点公益林补偿面积3031.47万亩，补偿基金15157万元，加上2004年第一批启动的4700万亩，我区共启动重点公益林补偿面积7731.47万亩，补偿基金38658万元，现全部落实到盟市旗县。同时，自治区财政投资1000万元，对地方公益林生态效益进行补偿，比2005年增加500万元。

原始森林

速生丰产林工程

封山育林项目区

林沙产业

固沙造林

呼和浩特市大航机动车排气检测站

呼市人大主任吴一微参观并听取公司汇报

接待全国同行业参观团

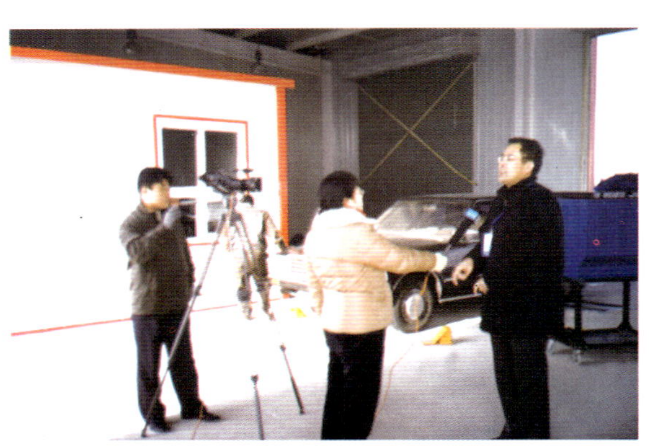

公司董事长侯企元接受电视台记者采访

检测员进行业务素质培训

呼和浩特市大航机动车排气检测站是内蒙古自治区首家按照国家环保总局要求，采用简易工况法进行在用机动车尾气排放污染检测的专业化单位。

检测站位于内蒙古鸿盛高科技工业园区内，南临机场高速，北靠 110 国道，这里交通便利，环境优美。检测站占地面积近 20 亩，共建有 5 条检测线，其中三条汽油车检测线，两条柴油车检测线，年设计检测能力为 8 万辆次。检测站各种资证齐全，是首家获自治区环保局在用机动车尾气排放定期检测委托的单位，也是自治区计量认证单位，全体检测人员经自治区环保局考核合格均持证上岗。检测站设备先进，管理规范，服务热情，检测公正，被呼和浩特市机动车尾气管理办公室授予"规范检测，规范管理，示范站"。该站建站以来，先后接待区内外同行业参观团十几个，2006 年 8 月份接待了在呼的全国、自治区、呼市三级人大代表的视察调研团；2006 年 11 月份还接待了蒙古国乌兰巴托市在用机动车排气检测项目考察团。

检测站本着"团结，变革、诚信、团队""的企业理念，经常对检测人员进行"公正检测、安全检测、热情服务"三项警示教育，努力提高全体检测人员的政治素质和业务素质，全力打造廉洁、文明、公正的社会服务窗口。

检测站奉行"以人为本，热情服务"的宗旨，专门配备了司机休息椅，茶炉，食堂，维修工具等设施，欢迎各车属单位及广大车主光顾大航机动车尾气检测站，检车，这里将竭诚为您服务。

检测员进行军事化训练

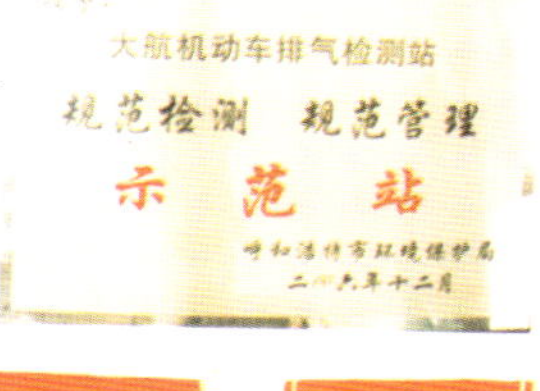

检测工作区

检测员进行定期考核

机动车辆等待检测场景

石药集团中润制药（内

自治区党委书记储波视察石药集团中润制药

石药集团中润制药（内蒙古）有限公司位于中国内蒙古呼和浩特市经济技术开发区托克托县工业园区，是全球最大的青霉素原料药制造企业。

公司成立于2003年10月，是香港中国制药集团有限公司在内蒙古投资建设的外商独资企业。公司总投资10亿人民币，厂区占地面积1000亩，建筑面积约为10.2万m^2，拥有各类专业技术人员1500人。

目前，公司拥有全球最大的青霉素生产线，年生产青霉素钾工业盐、6—APA、阿莫西林、氨苄西林等医药原料药及中间体12000吨。依托石药集团的雄厚技术支持、市场营销网络以及西部得天独厚的资源优势，公司各产品的质量、技术、成本指标先进，极具市场竞争潜力。

在产品质量保证方面，我公司采用了目前国际最先进的生产工艺和设备，实现全过程自动控制，可有效提高产品内在品质。另外，完全按照FDA标准建设的厂房，严格的规章制度以及经长期技术培训的专业技术人员进一步确保了各项产品的质量、技术要求，我们永远奉行——“用户的需求就是我们的标准”。

中润制药（内蒙古）有限公司是石药文化的杰出实践者，无论在企业建设时期还是今后的生产经营中，我们都将坚决秉承“做好药，为中国”的企业理念，为了祖国西部的发展，为了民族医药的进步，为了全人类的身心健康而不懈努力！

花园式生产厂区

生产厂区

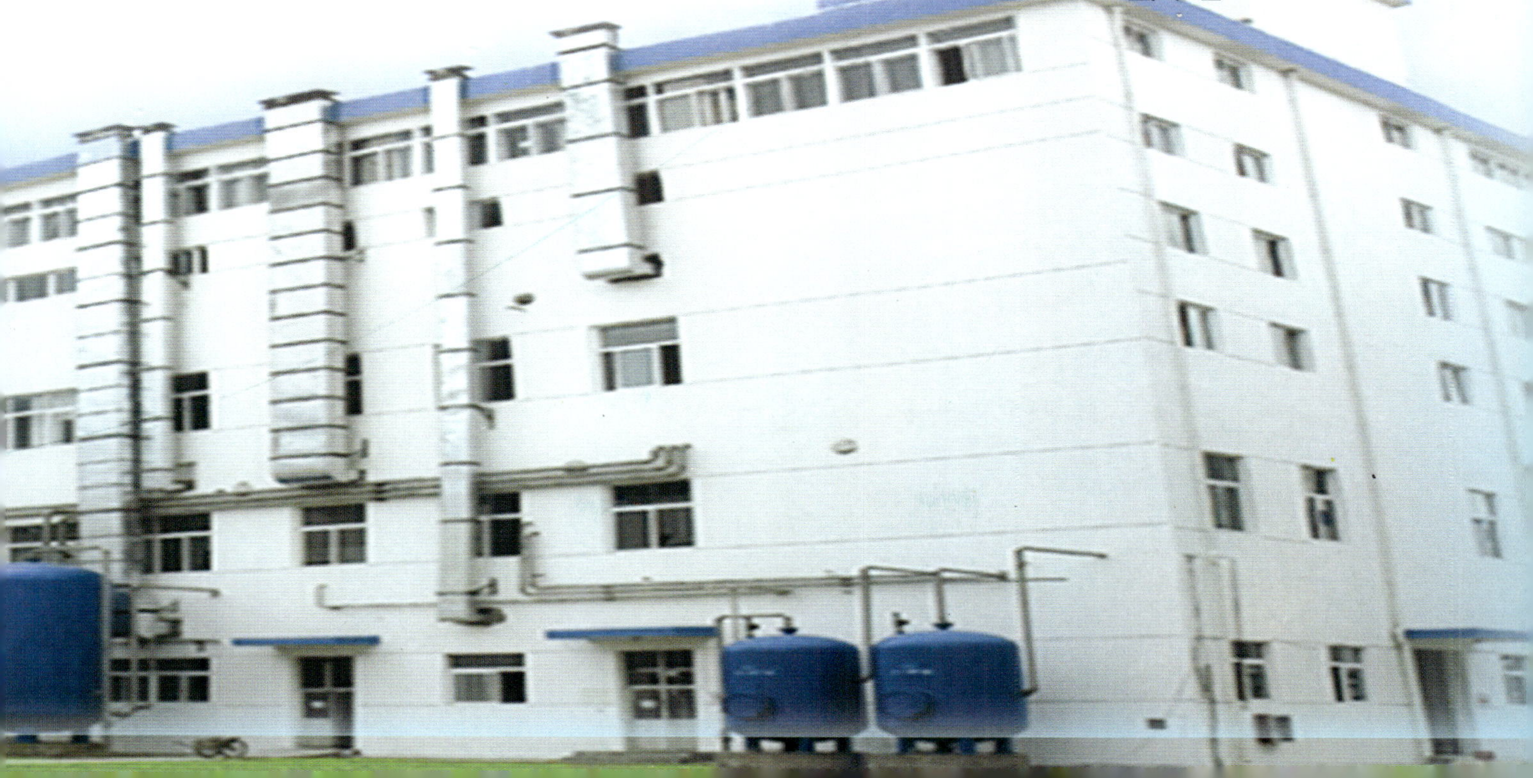

内蒙古能源发

自治区党委书记储波视察准大发电厂

董事长王维维慰问一线职工

总经理吴景龙在建设现场检查指导工作

内蒙古能源发电投资有限公司（以下简称“能源发电投资公司”）是经自治区人民政府批准（内政字[2006]247号文），在重组原内蒙古电力（集团）有限责任公司所属电源项目的基础上，依据《公司法》有关规定组建的国有独资公司。2006年8月15日，自治区党委、政府宣布了能源发电投资公司领导班子，公司组建工作全面启动。2006年9月27日，能源发电投资公司在内蒙古工商管理局登记注册，正式宣告成立，公司注册资本金40亿元。按照自治区党委、政府的总体安排，能源发电投资公司要引进1–2家投资方，组建自治区绝对控股、注册资本金110亿元以上的股份制企业。

能源发电投资公司以投资电源项目建设、经营发电资产和煤炭资源开发利用为主业，从事内蒙古自治区能源资源和基础设施的开发和建设。包括：火电项目、水电项目、天然气发电、风力发电、太阳能发电、可回收垃圾发电、生物质能发电，从事热力供应、境内外煤炭、天然气、石油资源开发和销售、煤转油、煤化工、建材、铁路等配套基础设施项目投资开发。目前，能源发电投资公司除经营北方联合电力公司19%股份（19亿元）、万家寨水电站33%股份（4.5亿元）、中电财0.5%股份（3000万元）以外，还开展了发电、煤炭等项目的前期和建设工作。其中：完成总投资80%以上的电源项目3项，装机容量180万千瓦，包括锡林、新丰、准大三个2×30万千瓦项目；完成总投资30%以上的项目2项，装机容量120万千瓦，包括金山、乌斯太二个2×30万千瓦项目；开展前期工作的电源项目6项，装机容量564万千瓦，主要包括包头东河2×30万千瓦项目、准大二期2×66万千瓦项目、友谊2×66万千瓦项目、克什克腾2×60万千瓦项目、乌兰浩特2×30万千瓦项目、牙克石2×30万千瓦项目等。自治区政府为新公司配置了准大、友谊、锡林等三块煤田（探明储量25亿吨），正在开展前期工作。同时开展了鄂尔多斯、呼伦贝尔等地区煤电项目的前期工作，并成立了鄂尔多斯上海庙煤电项目筹建处、鄂尔多斯煤电项目筹建处。能源发电投资公司所属分公司包括内蒙古电力工程技术研究院、内蒙古能源物资有限责任公司，全资子公司有内蒙古金蒙电力创建总公司，自治区委托管理的有内蒙古第二电力工程有限责任公司。

电投资有限公司

能源发电投资公司的经营宗旨是：全面贯彻落实科学发展观，坚持节约发展、高效发展、清洁发展、安全发展，实现可持续发展；实行煤电一体化经营，以大型高效机组为重点优化发展煤电，积极参与水电、风电、天然气发电、太阳能发电等清洁可再生能源发电投资和建设。公司致力于在建设国家级能源基地中发挥重要作用，致力于发挥国有资本对自治区能源市场的引导和带动作用，致力于做大做强公司，实现国有资产保值增值，并建立规范的法人治理结构和科学的决策机制，努力提高经济效益

“十一五”期间，公司坚决贯彻自治区的战略部署，紧紧依托自治区的资源优势，牢牢抓住自治区建设国家级能源基地的机遇和煤电产业结构调整升级、上大压小、以大代小的机遇，按照“规范、务实、创新、高效、和谐”的“十字”方针，又好又快地做强做大内蒙古能源发电公司，努力把公司建设成为以煤为基础、火力发电为主体、新能源、重化工等产业全面发展的大型能源发电公司。

“十一五”期间，公司遵循“科学规划布局、延伸产业链条、优化能源结构、发展循环经济、建设煤电基地”的原则，大力开展煤炭、发电等项目的规划建设。公司的能源结构以煤炭为基础，火力发电为主体，经营好水电股权，适度开发天然气发电，积极参与风电建设，努力探索新能源开发。火力发电以30万千瓦机组为基础，以60万千瓦超临界机组为重点，适时开展100万千瓦超临界机组项目的前期工作。按照建设资源节约型、环境友好型社会的要求，积极开发清洁可再生能源项目。自治区风资源占全国的40%，可开发利用的风力资源达到1亿千瓦。公司要充分发挥这一优势，积极开发风力发电项目，目前已经开展了几个项目的前期工作，到“十一五”末要达到一定规模。同时规划建设矸石发电、生物质能发电、垃圾发电等电源项目，不断优化公司能源结构。积极配合自治区加快城镇化步伐的战略部署，在人口10万以上的城镇规划建设一批热电联产项目。“十一五”期间，公司要充分发挥自治区煤炭资源丰富的优势，实施煤电联营和煤电运一体化发展战略。自治区为公司开发的每一个电源项目配置一块煤田，到“十一五”末，公司的发电装机容量和煤田储量都要达到相当规模。煤电都要形成相当生产能力，真正实现煤电联营。积极控股、参股建设铁路，为煤电运一体化经营创造条件，目前这项工作已经取得了实质性的进展。同时积极参与石油、天然气、煤化工等能源及能源相关产业的开发，努力把能源发电公司建设成为产业适度多元、合理延伸、能对自治区经济建设发挥作用的大型能源发电集团公司。

霓彩闪烁的公司办公楼

新机组披红挂彩

安装汽轮机

通辽中电投霍煤集团

中电投霍煤集团公司党委书记、董事长:王书东

中电投霍煤集团公司总经理:董文学

自治区政府主席杨晶视察中电霍煤集团

原全国人大副委员长布赫同志视察中电霍煤集团

储波书记视察中电霍煤集团

煤炭运输车

霍林河坑口电厂建设工地

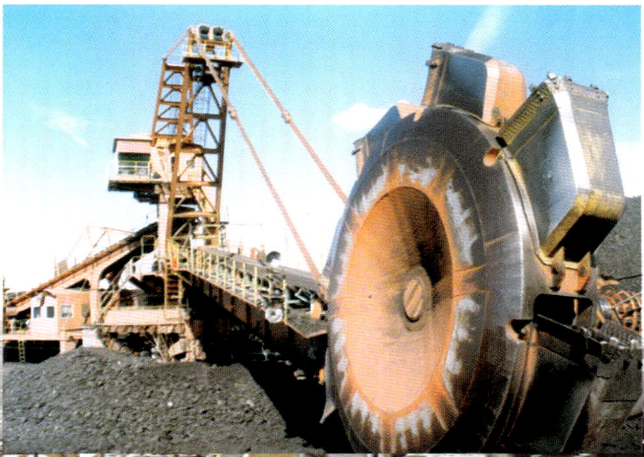

煤炭加工生产现场

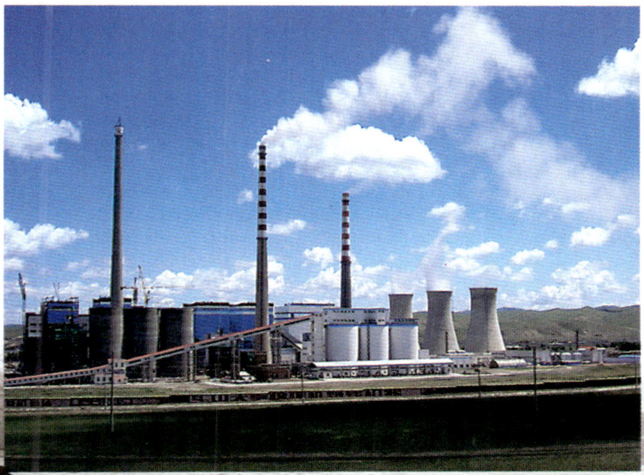

自备电厂远眺

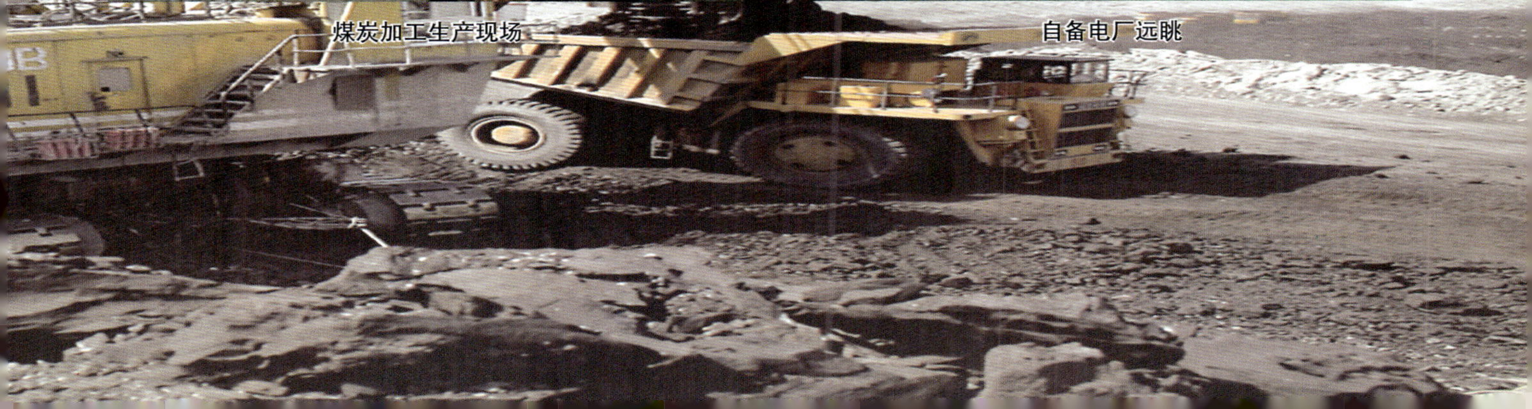

乌海、神华集团乌达矿业

党委书记工会主席:郝瑞明

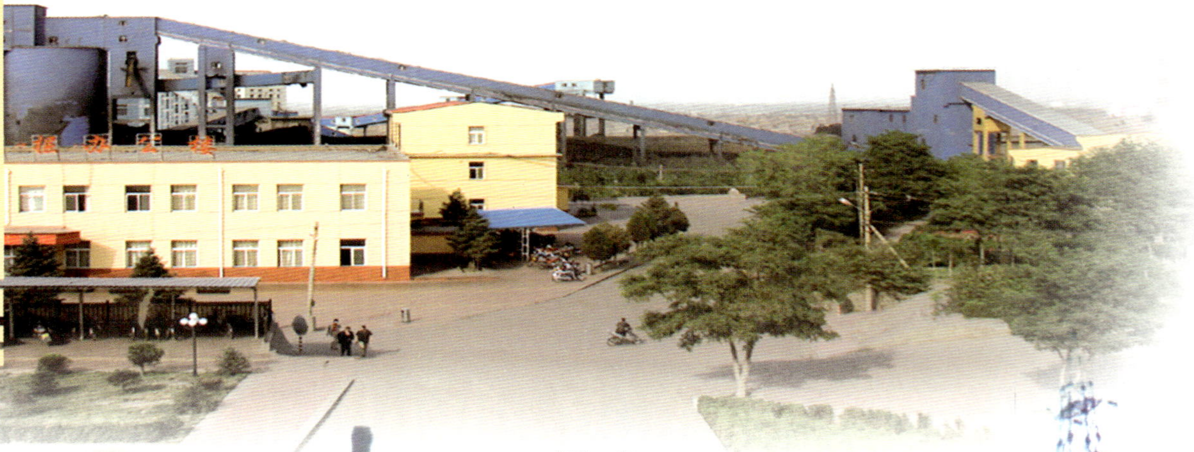

矿区一角

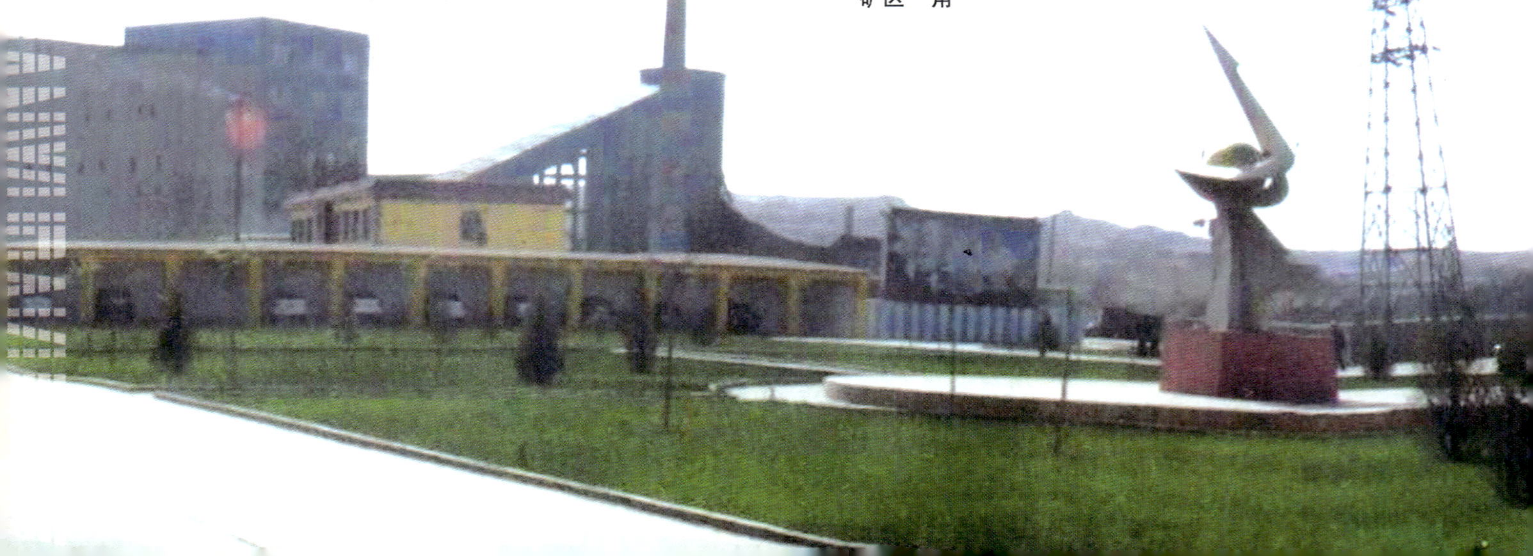

乌达矿业公司董事长:乔俊杰

乌达矿业公司总经理:温治学

洗煤厂

乌海市神华海渤湾

党委书记:李建新

董事长:李怀国

神华集团海勃湾矿业有限责任公司是集煤炭生产、加工为一体的大型煤炭企业,公司下设 4 个生产矿和 4 个配套的洗煤厂,现有在职职工 8880 人,拥有总资产 167180 万元。海矿公司经过 50 多年的发展,从小到大,由弱到强,不断壮大。特别是划归神华集团管理以来,他们主动适应市场,坚持科技领先战略,深化内部改革,调整产品结构,加大技术改造力度,积极构建现代企业制度,管理水平全面提高、生产经营稳步发展、经济效益成倍增长、职工收入大幅提升,企业整体实力不断加强,发展后劲和发展潜力显著增强。自 2002 年起产销量每年以百万吨速度递增,原煤产量由 1998 年的 187 万吨 / 年提高到 650 万吨 / 年;商品煤销售量由 1998 年的 180 万吨 / 年增长到 600 万吨 / 年;职工收入比 1998 年翻了三番。公司生产的精煤和混煤畅销于全国 30 多个省市自治区,主焦煤还打入了日本、巴西和印度等国际市场。

近两年,海矿公司每年为乌海市上缴税费达 2 亿多元,为地方经济建设做出了应有的贡献。企业先后获得全国统计工作先进集体、全区合理化建议和技术改造先进集体、全区思想政治工作先进单位、乌海市纳税先进单位、乌海市综治消防先进单位等荣誉称号,并连续七年被评为神华集团安全生产先进单位。2006 年入围内蒙古自治区 2005 年度百强工业企业。

在未来的发展中,海矿公司将充分依托丰富的煤炭资源,以做精、做细、做强为目标,全力打造"五型企业",真正成为具有较强的国际国内竞争力的骨干企业和为钢铁、电力提供优质能源的大型煤炭基地。

矿业有限责任公司

总经理:冯振流

花园式矿区

洗煤厂

内蒙古蒙泰煤电

集团总裁：奥凤廷

内蒙古蒙泰煤电集团有限公司是一家以煤炭生产、运销、转化、加工为主产业链，以水泥生产、房地产开发及生态项目建设等非煤产业为互补的新型企业。公司为全国煤炭工业 100 强企业（88 位）、内蒙古自治区 20 家煤炭重点企业、国家发改委确定的全国煤炭产运需衔接的重点企业内蒙古五家供方单位之一。2005 年被中国工商银行总行及内蒙古分行确定为重点支持企业，2006 年初被内蒙古自治区人民政府评为“全区非公有制经济投资贡献十佳企业”。

公司从 2001 年底成立以来，历经 5 年的艰苦创业，已由当初的一个小炼焦企业发展成为今天拥有 9 个子公司（全资、控股、参股）、总资产近 20 亿元的集团公司。

三家全资企业：煤炭运销内蒙古自治区人民政府批准具有“煤炭铁路外运经营权”，并经北京铁路局、呼和铁路局批准分别在大准线、京包线单立铁路运输户头。在包头、公积板、准格尔旗唐公塔设有集装站，在秦皇岛、京唐等港口设有货场和转变站，在北京、呼市、秦皇岛、太原等地设有销售办事机构，已形成产、运、销完整的煤炭经营体系；鄂尔多斯市蒙热电有限责任公司，一期热电联产项目于 2006 年 6 月底建成投产营运。

两家控股企业：与中国华电煤业集团合资的内蒙古蒙泰不连沟煤业有限责任公司，年生产规模为 240 万吨；与中国国电集团合资的国东胜热电有限公司，一期 2×300MW 热电联产项目于 2006 年动工建设；与内蒙古蒙西集团等合资的东胜蒙西水泥有限公司，一期生产规模为 50 万吨／年，二期达到 100 万吨／年；与铁道部及内蒙古几家地方企业合资建设的准朔铁路项目，总投资 120 亿元。

现在，蒙泰公司正在资源节约型、环境友好型能源企业的目标迈进，相信在不久的将来，蒙泰集团将发展成为立足鄂尔多斯面向全国以能源为主体的大型企业集团。

集团有限公司

办公楼夜景

领导班子

原鄂尔多斯市刘锦市长到我公司指导工作

原鄂尔多斯市王秉军市长到我公司指导工作

准格尔旗唐公塔集装站

内蒙古自治区国家税务局

自治区国税局局长:刘景溪

国家税务总局局长谢旭人在内蒙古国税局局长刘景溪的陪同下深入呼和浩特市如意开发区国税局进行调研

自治区政府主席杨晶,自治区党委常委、政府常务副主席任亚平一行来内蒙古国税局检查指导工作并慰问国税干部职工

内蒙古自治区国税局领导班子

内蒙古自治区国家税务局组建于 1994 年 8 月，由国家税务总局实行垂直管理,主要负责全区范围内增值税、消费税、企业所得税、车辆购置税、出口退税等中央税收的征收管理工作。目前,局机关内设 22 个处室(包括直属稽查局),系统下辖 12 个盟市国税局、2 个计划单列市国税局,100 个旗县市(区)国税局,9 个开发区国税局,8 个直属税务分局,120 个副科级税务分局,121 个税务所,共设 116 个实体化办税服务厅,征收网络遍布全区城乡各地。全系统共有正式在岗干部职工 11375 人,管辖纳税人 281574 户。

内蒙古自治区国家税务局自成立以来，在国家税务总局和自治区党委、政府的正确领导下，认真贯彻执行新时期治税思想,以组织收入为中心,积极推进税制、征管、机构三项改革,各项事业稳步推进。目前全系统基本建立了“以申报纳税和优化服务为基础,以计算机网络为依托,集中征收,重点稽查,强化管理”的新型税收征管模式。对所辖个体双定户全部实现了用一套软件、一个标准进行个体税额的核定,形成了地市级数据集中,建立了“分片管理服务,统一核定定额,多元化申报纳税,人机结合监控”的个体征管格局。综合征管软件在全系统的全面上线运行，实现了对税收征管情况的实时监控和会统核算及报表处理的自治区级集中。税收执法管理信息系统的上线运行进一步规范了税收执法行为。全区国税系统努力提高纳税服务水平,在办税服务厅全面推行“一窗式”管理和“一站式”服务,坚持首问责任制和“文明办税八公开”,受到纳税人的一致好评。税收工作水平的提高促进了税收收入连年稳步增长。1994 年至 2006 年,十三年间累计完成国税收入 1348 亿元。其中,“九五”期间完成 280 亿元,年均递增 8.16%;“十五”期间完成 669 亿元,年均递增 24.6%。2003 年突破 100 亿元大关,2005 年突破 200 亿元,2006 年又突破了 300 亿元,为国家和自治区经济发展和社会进步提供了重要的财力保障。

当前,内蒙古国税人面对新的形势和任务,正以高昂的斗志,全面创新发展的精神,主动迎接挑战,努力完成好各项税收工作,为促进自治区经济社会又好又快发展和构建和谐内蒙古做出积极的贡献!

内蒙古自治区地税局

跨越发展的内蒙古地税事业

内蒙古自治区地税局局长:苗银柱

内蒙古自治区地税局于1994年成立。下辖12个盟市、2个计划单列市、99全旗县市(区)地税区,469个基层税务所。全系统现有职工14739人。全区地税系统的主要职现是负责营业税、企业所得税等16个税种,养老、失业等5项社会保险费,地方教育附加、文化事业建设费、残疾人就业保障金、水利建设基金、工会经费等5项基金的征收管理任务。截止2006年底,全系统已累计组织各项税费收入1500多亿元。

地税系统开展税收超市和一窗式一站式服务

2005年10月全区地税缴征管系统实行了数据大集中提高了征管质量和效率

有奖发票推行,有效堵塞了税收漏洞

地税系统实行公车改革提高了征管质量和效率每年节药经费3000万元

2006年自治区地税局开展知荣辱、讲和谐、比贡献演讲活动

地税干部深入企业调研

内蒙古自治区科技厅

自治区科技厅厅长:徐凤君

自治区书记储波、自治区主席杨晶陪同国家知识产权局局长田力普参观科技创新成果展览

内蒙古自治区科技厅是自治区人民政府主管全区科技工作的职能部门。2006年,科技厅认真贯彻落实国家"自主创新,重点跨越,支撑发展,引领未来"的科技发展方针,紧密围绕自治区经济社会发展对科技进步的需求,颁布、启动和实施了自治区科技发展"十一五"规划纲要和与其配套的相关政策,大力加强自主创新,努力建设创新型内蒙古,科学技术的发展取得长足进展。

据国家2006科技进步统计监测结果显示,自治区综合科技进步水平指数上升到全国第21位,增幅为全国第5位。根据内蒙古科技进步监测指导显示,2006年科技进步贡献率达到了48%,较"十五"期间同比增长了9个百分点。

2006年,全区高新技术企业已达到338家,高新技术产业产值达到695亿元。铁路钢轨、羊绒衫、乳制品等7个中国名牌产品,15个中国驰名商标,78个自治区工业企业著名商标和100个自治区级名牌产品响誉国内。

社会主义新农村新牧区建设取得实效,"96048"科技服务热线和科技特派员行动已在全区12个盟市全线开通,惠及农牧民1715万人。带动多方面效益达1.3亿元。

科技四大会展共展出新品种、新技术和新产品达3750多项,合同交易金额42亿多元。其中,在满洲里中俄科技展,就签署了37.6亿元科技合作协议,开创了中俄两国科技合作的新局面。2006年全区累计申请专利17120件,授权9522件,较"九五"增长55%。

2006年,评选表彰了10家自主创新名牌企业、32项自主创新名牌产品、10强高新技术企业和10家创新先导型企业。以自治区政府名义认定、公布了自治区10大名牌技术、20项重大自主知识产权成果、10大技术创新模式和6大科技创新体系,创造性地推动了全社会科技创新工作的深入开展。

2006年科技厅精神文明建设取得显著成效。科技厅领导班子考核连续六年被自治区评为"实绩突出先进单位",并荣获自治区直属单位"文明机关"、"区直机关与呼市社区结对共建先进单位"和"2006年度社会治安综合治理先进单位"称号。

徐凤君厅长参观重环集团产品

2006年全区科技大会特别贡献三位获奖者

内蒙古自治区交通厅

内蒙古自治区的成立，揭开了交通发展的新篇章。60 年来，在自治区党委、政府和交通部的正确领导下，经过一代又代交通人的不懈奋斗，内蒙古的交通发生了翻天覆地的变化，

1978 年党的十一届三中全会以后，公路建设蓬勃发展。在国家优先发展交通事业的政策支持下，自治区交通厅根据国家总体路网的规划和自治区的经济发展和国防建设的需要，制定了《内蒙古自治区公路路网规划》。

“十五”期间，全区交通工作围绕发展与廉政两大主题，公路建设投资快速增长，投资规模及增速跃居全国前列。五年累计完成建设投资 783.7 亿元，是自治区成立到“九五”末 52 年的 4.1 倍。110 国道我区境内段高速公路、省际通道高速、一级公路等一大批高等级公路建成通车，以构建自治区东西公路大通道和打通重要经济出口路为重点目标的高等级公路建设全面推进。五年全区累计完成农村牧区公路建设投入 117 亿元，新改建县乡公路 4.96 万公里。2002 年实现了 101 个旗县市区通油路。新增 338 个乡镇苏木通油路、2977 个村嘎查通公路。全区乡镇苏木通油路率达到 73.2%、村嘎查通公路率达到 92.6%。公路通车里程达到 79029 公里。其中，高速公路从无到有达到 1001 公里；一级公路达到 2139 公里；高等级公路达到 1.15 万公里。全区公路桥梁达到 8096 座 /271522 延米。

“十一五”开局之年的 2006 年，完成交通固定资产投资 245.6 亿元。全区公路通车总里程达到 128762 公里（含村道），全区高速、一级、二级公路里程分别达到 1255、2424、9107 公里。全区公路桥梁达到 10328 座 /337180 延米。全年完成农村牧区公路建设投资 48 亿元，新、改建公路 9571 公里。新增 49 个乡镇苏木、255 个村嘎查通油路，乡镇苏木和村嘎查通油路率分别达到 77%、26.8%；新增 350 个村嘎查通公路，村嘎查通公路率达到 94.3%。

60 年来，交通系统坚持实施科教兴交战略，根据交通发展需要，不断加大人才培养力度。通过在职学历教育、培训、考察等形式全面提高交通干部职工的素质。到 2006 年底，全系统共有交通专门人才 1.5 万人，中级以上职称专业人员近 5000 人，技术工人 2.1 万人，分别占职工总数的 39%、11% 和 55%。有大专以上学历近 9000 人，博士和硕士研究生 219 人，分别占职工总数的 22% 和 0.55%。

60 年来，全区交通系统通过不懈地开展形式多样的学、树、创活动，到 2006 年底，全区交通系统各级文明单位达到 550 个，文明单位建成率达到 95%，并且涌现了一批以全国劳模、交通系统劳模为代表的先进人物，使交通的行业形象、文明程度和服务水平都迈上了一个新的台阶。

绿树成荫的乡村公路

2006 年底全区公路里程达到 128762 公里

省际通道通辽段

高速公路上运行的大货车

内蒙古自治区广播电视局

内蒙古广播电视局局长:刘永欣

自 1950 年 11 月 1 日内蒙古人民广播电台开播至今,内蒙古广播影视业已走过了 50 多年风雨历程。

目前,全区共有盟市级以上广播电台 13 座,电视台 14 座，旗县级广播电视台 76 座。全区广播节目达 114 套,对外广播节目一套,全年播出 497669 小时 21 分钟;电视节目达 119 套,全年播出时间 536338 小时 4 分。内蒙古电台已形成 6 个频率播出的专业化布局，全天播出 107 小时 25 分。内蒙古电视台已形成 7 个频道播出的专业化格局,全天播出 139 小时。内蒙古电影制片厂是国内生产。故事片和译制影片的重点厂家之一,已形成年产影片 20 部、译制片 45 部、电视剧 60 集的生产能力。四十年多来,该厂共拍摄电影故事片 132 部,记录片 153 部,电视剧 434 集,并获多个国家级奖项。

内蒙古也是全国唯一规模生产译制蒙古语广播电视节目的基地。目前,内蒙古电台蒙古语广播节目每天播出 18 小时 16 分钟,年生产能力达 5930 小时。内蒙古电视台蒙古语卫视每天播出 17 小时 45 分钟,已具备年译制电视剧 1100 集、动画片 365 集、专题译制片 365 期、自办栏目 2500 期的生产能力。蒙古语广播电视卫星节目已分别在蒙古国首都乌兰巴托和俄罗斯乌兰乌德等城市落地入户,实际上发挥着“国家蒙古语台”的独特外宣作用。

内蒙古蒙汉语广播电视节目通过亚太 1A 卫星传输，覆盖我国全境及亚太 53 个国家和地区。全区有 5814.2 公里的广播电视微波干线,是全国省区范围内最长的微波干线;全长 3.97 万公里的广播电视光缆网建成开通;全区有中短波广播发射台 57 座,调频发射台 742 座,电视发射台和转播台站 2316 座,卫星电视地面接收站 42741 座,有线电视用户 212.4 万多户(其中,模拟电视用户近 212 万户,数字电视用户 1082 户),构建了“天上一颗星,地下一张网,干线贯东西,台站遍全区”的传输覆盖体系。目前,全区广播电视综合覆盖率分别达到 92.64%和 90.15%,有线电视入户率达到 29.76%。通过实施人才工程,内蒙古广播影视培养了一大批名编辑、记者、名播音员、主持人、名编剧、名导演、名制片和高级技术人才。目前,全区广播影视系统从业人员 1.54 万人(不含乡级广播站),其中编辑、记者 3550 人,播音员、主持人 722 人,工程技术人员 3133 人,高级职称 977 人。有 2 人获“韬奋奖”,5 人获“全国百佳记者”称号,7 人获全国百佳电视艺术家称号。

自治区书记储波视察内蒙古人民广播电台

自治区领导储波、杨晶、乌兰、符太增等听取内蒙古广播影视传媒中心建设情况汇报

内蒙古自治区机械设备成套局

自治区成套局局长:张志刚

遵照中央指示和内蒙古自治区党委批准，1959 年 5 月成立了内蒙古自治区机械设备成套局，专职为国家和自治区基本建设和技术改造项目组织提供成套设备和技术服务，确保工业项目生产工艺技术装备按期、按质建成投产，发挥投资效益。

内蒙古自治区成套局 47 年的发展历程中，有 20 多年为国家中直厅局级行政机构，人员编制有 90 人左右；1985 年改为国家中直正厅级事业单位；2000 年 12 月下放地方归内蒙古自治区人民政府直接管理的事业单位。全局在岗人员中，各类专业技术人员占 70%以上，高中级职称占大多数，且有二、三十年的设备成套、招标、监理、咨询的工作经验。有完整的内部管理规章制度和工作质量保证体系。

内蒙古成套局自 1959 年成立到 2006 年的四十七年中，为二十几个行业约 260 多个大中型和近千个小型基建、技改项目组织提供了约 12 万台(套、件)，设备总金额达 220 多亿元的生产工艺成套技术装备。在包钢、包铝、乌拉山化肥厂、呼市炼油厂、内蒙古化肥厂、霍林河煤矿、乌达矿区、东胜煤田、准格尔煤田、伊泰煤炭集团、蒙西水泥有限公司、鄂尔多斯羊绒衫厂、内蒙古彩电中心、军工等重点项目建设中，成套局不仅组织提供了先进质量可靠、价格合理的成套设备，还组织专业技术人员进驻施工现场开展技术服务，直至项目建成投产。如今自治区已形成了门类齐全，初具规模的现代化的工业体系，内蒙古成套局起到了重要作用，功不可没。

内蒙古成套局 1990 年以来，受业主委托，先后完成了包头一机，包钢，内蒙古北方重工集团，蒙西高新材料公司，赤峰丹龙药业公司，蒙牛乳业公司，伊泰大酒店，自治区检察院大楼，自治区文化大厦，内蒙古医学院新校区建设项目，乌拉特中旗退牧还草工程，内蒙古公安厅居民身份证制作中心、指挥中心、警官教学大楼，内蒙古地矿局、呼市地税局、呼市人行中心支行、自治区档案局等综合办公大楼，蒙西大厦，伊泰 6 个大中型煤矿建设项目和煤制油建设项目等等约 300 个项目逾 35 亿元设备量的招标采购任务，节资率 15%~30%，并全部符合招标法规程序，受到各方人员的一致好评。

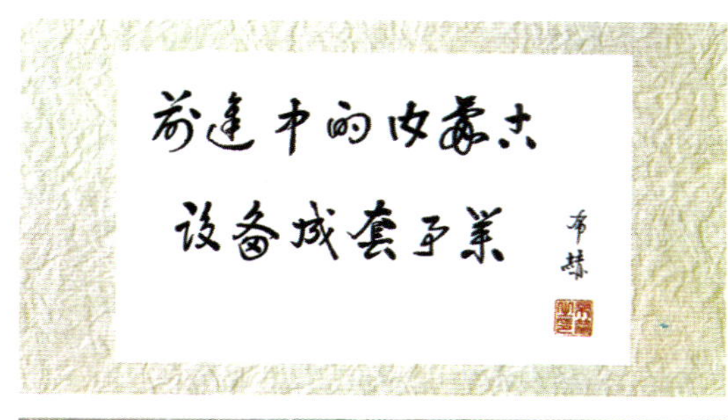

为蒙牛提供设备监理服务

1996 年 11 月，自治区人民政府批准成立设备质量监理中心以来，为伊泰丹龙药业技改工程，内蒙古紫鑫化工有限公司双 10 万吨硅石项目一期工程，伊泰煤炭集团新建办公大楼，蒙牛乌兰浩特、滦南、丰润、沈阳、马鞍山各地的建设工程，东乌旗电厂扩建工程，牙克石蒙西水泥生产线工程，乌兰蒙东、通辽蒙东水泥建设工程等，依照双方签订的监理合同内容，开展了质量控制，进度控制，投资控制，合同管理四大程序的监理工作，都如期、如量地完成了任务，得到了他们的好评和赞赏。

内蒙古自治区气象局

三级气象部门领导在呼伦贝尔市与气象技术人员进行森林大火火场天气预报会商

2006 年全区汛期气象服务电视电话会议

2006 年，自治区气象部门通过气象业务技术体制改革，在业务和服务工作中凸显了巨大的经济和社会效益。

气象服务效益显著。2006 年，全区先后发生暴雪、沙尘、干旱、暴雨、霜冻等气象灾害及由此引发的衍生灾害。各级气象部门准确预报春季出现的风雪寒潮、沙尘天气和久旱转雨天气过程，减少了气象灾害造成的损失。积极为扑灭呼伦贝尔“5.25”森林大火提供全方位气象服务，对全区出现的大范围初霜冻过程及时预警并提出防御建议，积极配合各级政府采取有效措施加强霜冻防御工作，仅赤峰市就减少粮食损失 5.3 亿公斤，直接经济效益达 4 亿多元。 国务院扑火前线总指挥部授予自治区气象局“扑火优秀保障单位”称号，授予呼伦贝尔市气象局“扑火先进单位”称号，1 人被授予为“扑火优秀指挥员”称号，3 人被授予“扑火先进个人”称号。自治区气象局获中国气象局目标管理特别优秀奖；巴彦淖尔市气象台获中国气象局“2006 年重大气象服务先进集体”称号。

2006 年 8 月 28 日气象局举办全区首届气象科技活动月开幕式

人工影响天气工作得到加强。全区 8 架飞机全年累计作业 137 架次，增雨飞行 387 小时。地面火箭作业 1195 次，发射增雨火箭弹 5597 枚，防雹作业 1748 次，发射炮弹 66042 发。人工影响天气为缓解干旱、防灾减灾、改善生态环境做出了积极的贡献，增加经济效益约 5～6 亿元。

气象为新农村新牧区服务工作有序推进。成立领导小组和调研工作组，深入到 8 个盟市、25 个旗县、30 个局站进行专题调研，制定下发《关于气象为建设社会主义新农村新牧区服务实施意见》。在巴彦淖尔市和锡林郭勒盟开展新农村新牧区气象服务试点工作。紧密围绕农牧业生产开展产前、产中、产后全程系列化服务。积极探索气象信息进村入户的有效机制，部分盟市在乡镇、苏木建立了专兼职的气象助理员队伍，为气象信息向农村牧区辐射发挥重要作用。

增雨飞机准备起飞作业

内蒙古自治区计量测试研究院

院长：吕金华　经济学硕士

正高级工程师　硕士研究生导师

仪器收发大厅

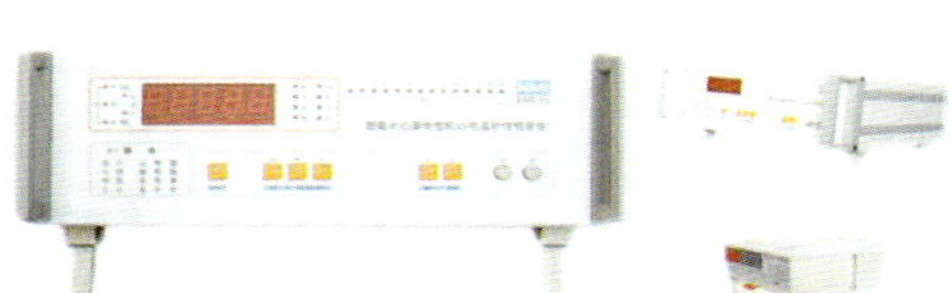

心脑电图机、心电监护仪检定仪

智能化酸度计检定仪

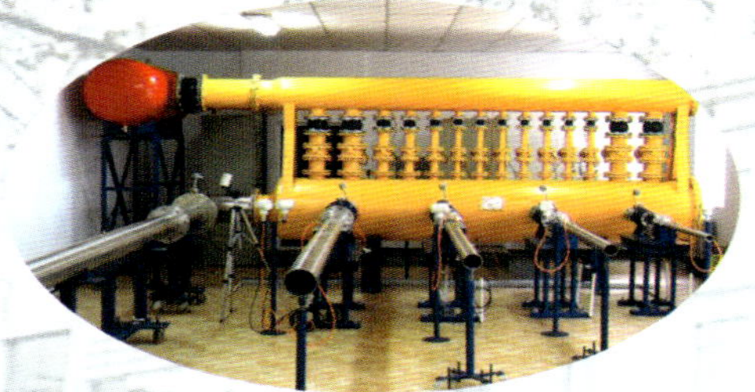

临界流文丘里喷嘴气体流量标准装置

内蒙古自治区计量测试研究院成立于1955年，是内蒙古自治区人民政府依法设置的、隶属于自治区质量技术监督局的社会公益性事业，是经国家质量监督检验检疫总局考核授权的省级法定计量检定机构，具有独立的法人资格。依法建立自治区最高社会公用计量标准，组织编制计量技术规范，研究制定计量检定方法，研制开发计量标准器和新产品；开展计量检定、校准、检测及计量器具产品检验、商品量计量检验和商品房面积测量，承担委托检验和仲裁检验等技术服务。在保障国家计量单位制的统一和量值的准确可靠，为政府计量行政部门实施计量监督和行政执法提供保证等方面起着不可替代的重要作用。

我院与2002年9月通过了国家质量监督检验检疫总局组织的对法定计量检定机构的复查考核。2002年6月，取得了自治区质量技术监督局对定量包装商品计量检验实验室资格的认可。2003年8月，取得了产品检验机构的计量认证、检验产品的审查认可资格（验收）。2004年7月，通过了中国实验室国家认可委员会（CNAL）的评审认可。

内蒙古自治区计量测试研究院履行《中华人民共和国计量法》等法律、法规赋予的职责，依据国家有关规程、标准和规范的要求开展工作，持续有效地运行并不断改进质量管理体系，以保证检定、校准和检测工作的科学公正及其结果的准确可靠。

呼和浩特市引黄供水工程项目部

呼和浩特市引黄供水工程是国家，自治区重点工程，是呼市人民的生命线工程，能从根本上解决呼市地区工业生产用水和居民生活用水，改善呼市地区生态环境、投资环境，保证国民经济可持续发展，促进改革开放的一项重要的基础设施建设工程。

原自治区主席乌云其木格视察引黄供水工程工地

自治区党委书记储波视察工程建设

1985 年呼市被定为全国 40 个严重缺水大中城市之一，1993 年国家计委以投资 [1993]322 号文件批准引黄供水工程项目建议书；1997 年国家计委以计投[1997]487 号文件批准了引黄供水工程可研报告；1998 年自治区计委以计重字[1998]288 号文件批准了引黄供水工程初步设计，批准工程建设规模 40 万吨 / 日，投资 17.77 亿元，分两期建设，一期工程建设规模 20 万吨 / 日，投资 3.63 亿元，工期为 4 年；二期工程建设规模 20 万吨 / 日，投资 3.63 亿元，工期为 2 年。1998 年国家计委以计投资[1998]223 号文件批准备呼市引黄供水工程开工建设。

呼市引黄供水工程由引水工程和净水工程两部分组成，其中包括相配套的管道安装工程，供电系统工程及输电线路工程，自动化控制系统工程。

引水工程主要包括：

（1） 托县黄河岸边取水泵及河道整冶工程。

（2） 托县黄河岸原水泥预沉处理工程。

（3） 金海调蓄水库工程。

1、一期工程在 1998 年 8 月份开工建设。2002 年 11 月份竣工，经审计部门审计需投资 13.34 亿元，比国家批准概算 14.14 亿元节约 0.8 亿元，其中建安工程完成 5.53 亿元；设备材料完成 4.38 亿元；征地、拆迁等工程建设其它投资完成 3.43 亿元。现在引黄供水一期工程已具备 20 万吨 / 日的供水能力，生产出厂水质符合国家生活饮用水水质标准。

2、二期工程在 2002 年开工建设，目前地建主体工程全部完工，管道安装工程完成 35km,但其附属工程和冲洗打压等工程还在进行中；形象进度完成建安工作量 1.32 亿元；材料设备采购招标工作已经结束，部分材料设备已到货，合款 1.06 亿元，总共完成投资 2.37 亿元。

建成后的混合反应沉淀池

将要建设完成的黄河岸边取水泵站

二道洼水库部分及其出水口

内蒙古交通物资有限责任公司

董事长 总经理:胡建华

领导班子

内蒙古交通物资有限责任公司是2000年由原内蒙古交通物资供应站(厅属事业单位)和原内蒙古汽车贸易公司(又名内蒙古汽车配件公司,厅属企业单位)经过合并、兼并、转制组建的交通物资流通企业。公司主要经营沥青、钢材、水泥、桥梁伸缩缝、仪器设备、锚具、波纹管等公路建设和公路养护物资,并开展了汽车、工程机械、农用车销售、房地产出租、旅游和碎石加工业务。

公司现有在职员工193人,公司下设八个管理部门和六个经销部门。公司还与区内外企业、自然人陆续投资组建了内蒙古路安特沥青高新技术有限责任公司、内蒙古纵横达道路沥青有限公司、内蒙古乌兰交通水泥有限责任公司、内蒙古路鑫物资有限责任公司、呼和浩特宇通旅游社有限责任公司。

公司凭借多年物资供应的经验,稳固的供货渠道、相对稳定的价格、质量保证体系、沥青接卸配送能力和优质服务以及物流站场设备设施、资金实力、人员素质、管理水平等方面的优势,七年来,为内蒙古1001公里的高速公路建设:2899公里一级公路建设,257公里二级公路建设供应了全部沥青和部分原材料,几乎涵盖全区重点公路建设项目,为内蒙古重点公路建设供应沥青98.2万吨、钢材20万吨、水泥214万吨,物资供应总额达到50亿元。

"十一五"期间是国家、自治区全面建立小康社会,贯彻可持续发展战略、构建社会主义和谐社会的关键时期,内蒙古交通事业也必将迎来一个更加辉煌的发展机遇.内蒙古交通物资有限责任公司一定会发展成为一个多元化管理、多角度经营、业绩稳步增长、经营结构显著优化、经营机制渐趋灵活、创新能力显著提高、两个文明同步发展,实力雄厚、形象优秀的现代化企业,为内蒙古交通事业作出贡献。

沥青库

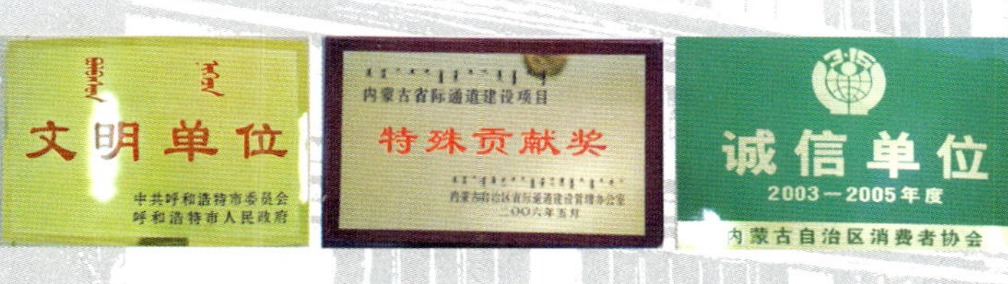

内蒙古呼准铁

董事长、总经理:王长留

内蒙古呼准铁路有限公司是由中铁二十三局集团有限公司、鄂尔多斯市国有资产投资经营有限责任公司、内蒙古伊泰煤炭股份有限公司和呼和浩特铁路局共同投资成立的地方铁路企业，四家股东的股权比例分别为35%、32%、30%和3%，以“BOO”的方式投资内蒙古呼和浩特至准格尔地方铁路，负责内蒙古呼和浩特至准格尔铁路的工程建设管理和运营管理，公司注册资金6亿元。

公司自2003年2月26日注册成立以来，始终坚持科学管理、规范运作，创新组织机构和管理制度，为把呼准铁路建设成为一条经济和社会效益并重、自然和人文环境兼容，科技含量高、内在质量优的“绿色铁路”而不懈努力，专注致力于将呼准铁路建设成为一条真正意义上的“经济腾飞路、人民致富路、民族团结路”，荣获2004年度内蒙古自治区重大项目建设成绩突出奖。目前，呼准铁路已全线建成投产，将为推动内蒙古中西部地区社会经济建设事业的迅速发展贡献更大的力量。

内蒙古呼准铁路有限公司作为一个创新现代企业，坚持机制创新、管理创新、服务创新的原则，创造性地构建了“上下分立、委托实施，公司管理、运价包干”的运营管理格局，将继续秉承诚信为本、励精图治，开拓创新、积极进取的企业精神，坚持“确保出口、做强管内，和谐多赢、共谋发展”的经营方针，在各级政府和部门的关心与支持下，与各友邻单位、合作伙伴以及社会各界和衷共济、精诚合作，努力开创更加美好的未来!

呼准铁路公司，助您成功的伙伴，值得您信赖的朋友!

2003年6月呼准铁路工程可行性研究评估会在天津召开

2003年7月15日呼准铁路黄河特大桥防洪影响评价报告验收会召开

2003年11月18日，原自治区主席助理余德辉在呼准铁路奠基仪式上讲话

路有限公司

2006年11月12日，时任自治区副主席乌兰宣布呼准铁路正式开通

2004年3月26日，中科双方在北京正式签署呼准铁路科威特政府贷款协定

呼准铁路工程施工合同签字仪式现场

呼准铁路公司董事长、总经理王长留在呼准铁路开通庆典上致辞

内蒙古呼准铁路黄河特大桥雄姿

礼花漫天掌声雷动呼准铁路首发列车从呼准铁路官牛犋车站缓缓驶出

内蒙古冀东水泥

熟料生产线

内蒙古冀东水泥有限责任公司是唐山冀东水泥股份有限公司和河北省冀东水泥集团有限责任公司工会共同出资组建的合资公司。属内蒙古自治区重点招商引资项目。

唐山冀东水泥股份有限公司（股票代码：000401）于1996年5月在深交所上市。总资产70亿元，在华北、东北和西北拥有17个控股子公司，1个分公司和1个参股公司，是一家以水泥生产为主业，集水泥机械制造、机电设备安装与维修、化学建材、塑料编织、交通运输、散装水泥储运和干粉沙浆等新型建材生产为一体的现代化、生态环保型综合性经济实体。目前，主业年产能达2000万吨，是中国北方最大的水泥生产基地。公司经营20多年来，始终以良好的企业形象雄居中国建材行业前茅。在同行业率先通过了ISO9000质量管理体系认证和ISO14000环境管理体系认证，被誉为“中国水泥工业排头兵”。“盾石”品牌以其优良的市场信誉，获得“中国驰名商标”荣誉称号。

企业基本情况

内蒙古冀东水泥有限责任公司总部位于呼和浩特市玉泉区，在玉泉区裕隆工业园建有年产200万吨的水泥粉磨站，在武川县鑫川工业园建有日产4000吨的新型干法水泥熟料生产线。于2006年6月建成投产。项目总投资5.8亿元，为大型现代化建材生产企业。该项目技术先进、装备一流、管理科学，是应用中国建筑材料科学研究院的“各种废弃物、低品位原燃料资源化利用技术”，大量利用工业废渣生产高性能环保型水泥示范线。

该项目的建成，将创造良好的经济效益、环保效益和社会效益。为推动内蒙特别是呼市周边地区的经济发展发挥重要作用。内蒙古冀东水泥有限责任公司在建设生产期间，受到了内蒙古自治区领导的关怀和重视，自治区党委书记储波、呼和浩特市市委书记韩志然等领导多次莅临公司视察、指导工作，对内蒙公司给予了充分肯定和高度评价。

公司将依托国际上最先进的窑外分解技术和高度自动化集成控制系统，以节能环保为基础，以造福一方为己任。凭借先进的管理理念，勇于开拓进取的精神，为客户生产满意的产品，为内蒙古经济发展做出贡献。

有限责任公司

领导关怀

熟料线

水泥生产线

内蒙古蒙牛乳业（集团）股份有限公司

蒙牛集团总裁杨文俊从 IDF 主席手中接过大奖

蒙牛乳业集团成立于 1999 年 1 月份，总部设在内蒙古呼和浩特市和林格尔县盛乐经济园区，总资产达 76 亿元，职工 3 万人，乳制品生产能力达 400 万吨／年。

到目前，蒙牛集团在全国 15 个省市区建立生产基地 20 多个，拥有液态奶、冰淇淋、奶品三大系列 200 多个品项，产品以其优良的品质荣获“中国名牌”、“中国驰名商标”、“国家免检” 和消费者综合满意度第一等荣誉称号，产品覆盖国内市场，并出口到美国、加拿大、蒙古、东南亚及港澳等国家和地区。

创业 8 年，该集团创造了举世瞩目的“蒙牛速度”和“蒙牛奇迹”。2006 年，完成主营业务收入 162.46 亿元，同比增长 50.1%，年均递增 138%；实现利润 7.27 亿元，同比增长 59.21%，年均递增 182%；完成税收 7.8 亿元，同比增长 60.11%， 年均递增 158%； 主要产品的市场占有率达到 35%以上；UHT 牛奶销量全球第一，液体奶、冰淇淋和酸奶销量居全国第一；乳制品出口量、出口的国家和地区居全国第一。

在竞争力上，蒙牛位居“中国大企业集团首届竞争力 500 强”第 11 位，名列全区和全国同行业之首；在品牌建设上，在首届“亚洲品牌 500 强排行榜”中位于乳制品企业第 3 位(前两名为日本企业)；在龙头带动作用上，累计收购鲜奶 700 多万吨，为农牧民累计发放奶款 160 亿元；在产品创新上，蒙牛高端产品“特仑苏”在第 27 届世界乳业大会上捧回了“IDF 产品创新奖”，实现了中国在世界乳业史上金牌“零的突破”；在社会公益事业上，累计投入资金近 2 亿元，特别是目前仍在进行的“向全国贫困地区 500 所小学捐赠牛奶”公益活动，在全国广受好评。

目前，蒙牛集团正按照既定目标，为“打造国际一流民族品牌，建设世界乳业中心，确保在 2010 年跻身世界乳业 20 强”而努力奋斗！

外国专家住所

蒙牛厂景

蒙牛集团向全国贫困地区 500 所小学捐赠牛奶活动在井冈山启宁冈小学启动

蒙牛澳亚国际牧场转盘式挤奶机

生产车间

内蒙古西蒙集团

董事长:

赠肥大行动启动暨首发仪式

文明单位
中共内蒙古自治区委员会
内蒙古自治区人民政府
内蒙古军区
先进基层党组织
内蒙古西蒙科工贸集团有限责任公司2005年度
企业信用等级
AAA
全国"安康杯"竞赛
优胜企业
二〇〇六年一月

内蒙古西蒙集团

中国移动集团内蒙古有限公司

自治区副主席连辑(右一)视察营业厅

为希望小学捐款

10086 客户服务中心

中国移动内蒙古公司全面负责自治区境内的“139、138、137、136、135、134”及“159、158”国家公众移动电话网的发展规划、建设维护和经营服务。目前拥有“全球通”、“动感地带”、“神州行”三大客户品牌，除提供基本话音业务外，短信、彩信、彩铃、语音杂志、手机音乐、手机报等二十多种话音增值业务和无线数据业务也受到人们的欢迎。

中国移动内蒙古公司已建成一个覆盖范围广、通信质量高、业务品种丰富、服务水平一流的综合通信网络。截至2006年底，交换机总容量达到900万门，基站总数超过3400个，全区旗县以上地区达到良好覆盖，实现了“乡乡通”电话工程，主要交通干线无缝覆盖。与206个国家和地区的271个运营公司开通了GSM国际及台港澳地区漫游业务，用户规模已超过700万户。

中国移动内蒙古公司不断推进自治区信息化建设，已经在电子政务、公路、公安、电力等多个行业成功推广了移动信息化整体解决方案。2005年和2006年，投资2.5亿元实施的村村通电话工程，结束了1500多个边远农村牧区不通电话的历史。

面向未来，中国移动内蒙古公司秉承“创无限通信世界，做信息社会栋梁”的企业使命，继续加快创新发展的步伐，实现企业、社会和谐发展。

举办服务与业务技能竞赛

内蒙古自治区保险行业协会

INNER MONGOLIA INSURANCE ASSOCIATION

自律 维权 协调 交流 宣传

内蒙古自治区保险行业协会

NEIMENGGUZIZHIQUBAOXIANHANGYEXIEHUI

会长:刘中秋

秘书长:张玉峰

内蒙古车险自律规范大会

内蒙古自治区保险行业协会成立于 2001 年 8 月，是我区保险业的行业自律组织，是由内蒙古民政厅民间组织管理局核准、中国保险监督管理委员会内蒙古监管局批复成立的社团组织。

内蒙古自治区保险行业协会的最高权利机构为会员代表大会，理事会是会员代表大会的执行机构，理事会选举产生会长、副会长。秘书处为理事会常设日常办公机构，由专职秘书长负责协会日常工作运转。秘书长是保险行业协会的法人代表，由社会公开招聘选拔确定，经理事会决议通过并报监管部门核准后产生。协会通过召开理事会共同商讨工作，不定期召开会长办公会议和同业总经理峰会决定重大问题。现任内蒙古保险行业协会会长刘中秋，副会长刘甄、张建威，监事长盛晔，秘书长张玉峰。协会下设财产保险专业工作委员会、人身保险专业工作委员会、中介专业工作委员会三个分支机构，各专业工作委员会通过工作会议和走访会员单位与各公司交流情况，协调工作。内蒙古自治区保险行业协会现在拥有会员单位 15 家，其中寿险 6 家，财险 9 家。

作为自治区保险行业自己的社团组织，内蒙古自治区保险行业协会的工作宗旨是：为会员提供服务，维护行业利益，促进行业发展。其工作核心是服务，基本职责为：自律、维权、协调、交流、宣传五个方面。

电子化考试中心

理事会

银邮公约签约仪式

安华农业保险股份有限公司

—内蒙古分公司

总经理:黄晓龙

安华农业保险股份有限公司是在国家探索建立农业、农村、农民保险保障制度，进行农业保险经营模式试点的背景下成立的我国首家全国性、综合性、专业化农业保险公司。公司成立以来，以“服务三农”为经营宗旨，以“为三农提供保障，为社会奉献价值”为经营理念，坚持“机制创新、产品创新、管理创新、思维创新和理论创新”，积极探索适合我国国情的农业保险发展之路，进行了大量具有开拓性的工作，取得了突破性的进展，得到了国务院领导、国家保监会和有关地方党委、政府的充分肯定。

随着安华农保的发展壮大、实力增强，公司的经营策略已经从局部省份试点向全国性经营转变。内蒙古、北京、山东等分公司相继获得监管机构的开业核准，内蒙古分公司是安华农保第一个开业的省级分公司。

公司目前经营的保险产品分农村、涉农、城市三大部分，十八个类别。公司拥有一批专业的技术人才和高效的管理团队，全面致力于产品研发、经营创新和风险管控，为向客户提供全方位的服务奠定了坚实的基础。

公司诚信立业、开拓创新、追求卓越，以严谨的作风、优质的服务、专业的技术、规范的管理大力开拓“三农”保险市场。

安华农保内蒙古分公司将在总公司和保险监管部门的领导和指导下，在致力于创建一流的企业，打造一流的队伍，提供一流的服务的基础上，尽快培育、开发这里的农村保险市场，为农业和广大农民提供风险保障，以积极的姿态为地方的经济建设和社会发展作出贡献。

公司领导班子

业务合作洽谈

公司全体员工

中国人寿保险股份有限公司
内蒙古自治区分公司

中国人寿保险股份有限公司是中国人寿保险（集团）公司代表国家控股的全国性商业寿险公司。从2003年起连续四年蝉联世界500强，并由2003年的第290位跃居到2006年的第217位，在所有入围的中国金融企业中排名第一；在中国500强企业排名中位居第6位。2003年底和2007年初分别在纽约、香港和上海三地成功上市。2007年5月，中国人寿总资产突破1万亿元，约占全国保险业总资产的42%，成为我国保险业首家资产规模突破1万亿元的保险集团。中国人寿正以雄厚的经营实力、强大的发展活力和优异的品牌影响力持续领跑着国内寿险市场。

国寿客户节盛大开幕

中国人寿保险股份有限公司内蒙古分公司作为自治区最大的专业化商业寿险公司，目前拥有13个盟市分公司，104个旗县区支公司，330个营销服务部，515个农村网点，696家兼业代理机构，遍布全区所有的旗县区和乡镇。拥有在职员工2000余名，保险营销人员2万人。2006年，中国人寿内蒙古分公司以年度总保费33.54亿元的经营业绩牢牢把握自治区寿险市场77.43%的份额，被总公司评为经营绩效3A级公司（3A为最高），进一步巩固了在系统内华北区和自治区寿险市场的经营业绩地位，同时也为进一步壮大自治区保险业规模，做大做强保险业做出了贡献。自1996年以来，中国人寿内蒙古分公司已累计向自治区100多万人次支付各种赔款和给付近60亿元。2006年全年为15万人次支出各类赔款和给付达6.22亿元，充分发挥了保险的经济助推器和社会稳定器作用，得到了地方党政领导和人民群众的充分肯定。

中国人寿相知多年，值得托付。

公司网址：www.e chinalife.com；客户服务专线：95519。

中国人寿内蒙古分公司

包头11.21空难后及时将赔款交给受益人

非典期间捐款

为客户提供热情周到咨询服务

合众人寿保险股份有限公司
—内蒙古分公司

合众人寿保险股份有限公司董事长戴皓与内蒙古分公司总经理李宏亮、总经理助理陈荣合影

合众人寿保险股份有限公司内蒙古分公司总经理:李宏亮

合众人寿保险股份有限公司(以下简称合众人寿)是中国十大寿险公司之一,是经中国保险监督管理委员会批准的一家综合性人寿保险公司。企业性质为全国性、股份制寿险公司。作为综合性人寿保险公司,公司可经营一切人身险险种(含各种法定保险)。合众人寿率行业之先提出了"合众保险,理赔不难"的服务举措,为其在行业内外赢得了广泛赞誉。

合众人寿成功引入海外战略投资者意大利欧利盛金融集团,该集团是欧洲最大的资产管理集团,隶属于欧洲第三、意大利第一的圣保罗联合银行。欧利盛金融集团持有合众人寿 19.9% 股份,是合众人寿第二大股东,也是合众人寿历史上的第一家外资股东。通过公司全体员工的努力拼搏,合众人寿也必将达成自己的愿景:最终发展成为一流的综合金融企业集团。

合众人寿内蒙古分公司已于 2006 年 9 月 10 日盛大开业,内蒙古分公司将以呼市为中心,逐步向地市级城市发展,包头、赤峰、鄂尔多斯中心支公司已经开业,巴彦淖尔、通辽、乌兰察布、呼伦贝尔、乌海中心支公司的陆续开设,将形成辐射全区的业务销售与客户服务网络,把合众人寿打造成为内蒙古市场上口碑好、信誉高、服务一流的专业化寿险公司。

合众人寿保险股份有限公司内蒙古分公司出色的领导班子

合众人寿保险股份有限公司内蒙古分公司开业庆典

合众人寿保险股份有限公司 5.15 客服宣传日内蒙古分公司员工风采

中国人寿保险股份有限公司
—呼和浩特分公司

中国人寿保险股份有限公司呼和浩特分公司经营范围覆盖人身保险的各个领域，拥有普通寿险、健康保险、意外伤害保险和分红保险等4大类100多个保险产品；截至2006年底，公司总资产已达13.82亿元，业务收入近3.76亿元；公司现有员工1600多人；共有四个营销服务部、二个中介销售部、五个旗县支公司、四个城区公司，共15个基层经营单位。公司有400多个兼业代理网点，此外还在各乡镇建立了30多个代理网点，拥有一支400多人的农村代理人队伍，服务网络遍布城乡。

2005年1月28日我公司在全市范围内进行了"移动95519"短信系统试运行，实现了新单祝贺、续期通知、失效告知、永久失效告知的功能，客户及代理人的生日祝福、节日问候也已经开通。

中国平安保险（集团）股份有限公司
—内蒙古分公司

中国平安人寿内蒙古分公司总经理：刘中秋

中国平安保险(集团)股份有限公司（以下简称"中国平安"）是中国第一家以保险为核心的，融证券、信托、银行、资产管理、企业年金等多元金融业务为一体的紧密、高效、多元的综合金融服务集团。

自1996年成立以来，中国平安人寿内蒙古分公司在自治区各行业及各界人士的关注下，在广大客户的关爱下，稳健经营、逐渐成熟、并始终秉承着"追求卓越、全心奉献"的理念，将对客服的服务和对社会的回馈作为关系公司成败的大事来抓，截至目前，平安人寿正向全区近30万客服提供优质服务，基于此，内蒙古分公司凭借着出众的实力和骄人的业绩雄踞系统前列，充分体现了保险社会稳定器的功能，同时，公司勇担社会责任，恪守企业道德，取得了诸多殊荣。

2007年3月1日A股成功上市

公司捐赠献血车

内蒙古自治区档案馆

内蒙古自治区档案局馆(2001年自治区档案局和档案馆合并)为自治区党委和政府管理全区档案事业的正厅级文化事业机构,具有保管利用和对全区档案事业行政管理的双重职能。内设11个处级机构,即办公室、人事教育处(机关党委)、法规处、档案馆室业务监督指导处、经济档案业务监督指导处、收集整理部、蒙文档案部、科技部、保管利用部、编目编研部、乌兰夫研究会办公室;下设2个处级事业单位,即档案干部培训中心、机关事务服务中心。事业编制135名,实有134人。

连辑副主席(中)视察自治区档案局建设工地

自治区档案局局长张佃敏深入内蒙古先进典型企业参观视察

内蒙古档案局局长张佃敏、宁夏回族自治区档案局局长李自德观看阿拉善盟历史档案展览

中国大地财产保险有限公司

—内蒙古分公司

总经理:于利民

中国大地财产保险股份有限公司是2003年经国务院同意,中国保监会批准,由中国再保险(集团)公司以投资人和主发起人的身份控股设立的全国性股份制保险公司,是国内第四家具有"国字品牌"的财产保险企业。中国大地财产保险股份有限公司注册资本金为17.2亿元人民币,总部设在上海,是我国第一家由国有独资金融企业吸收境外知名保险企业参股设立的保险公司。内蒙古分公司于2005年3月9日在我区正式营业,公司下设分公司营业部、赤峰、通辽、包头、鄂尔多斯、锡林郭勒、阿拉善、乌兰察布、兴安、乌海、呼伦贝尔等11家盟市级经营单位,并在各盟市经济相对发达的县市设立了支公司和营销服务部,服务能力已延伸至我区重要的经济发展区域。目前,该公司在我区共设立了11家盟市级机构,52家旗县级经营机构。2006年,中国大地财产保险股份有限公司内蒙古分公司实现保费收入19196万元,在内蒙古的财产险市场份额占到8.36%,市场规模位居全区财险市场第3位。在2006年"首府百姓最满意的品牌"评比活动中,内蒙古分公司进入财产险品牌前三甲;在新浪网"2006年网友最信赖保险公司"评选中,中国大地财产保险股份有限公司高居榜首;在2007年全区金融工作会议上,内蒙古分公司荣获2006年度内蒙古自治区"金融创新奖",成为获此殊荣的全区唯一的保险公司。2007年4月1日,中国大地保险内蒙古分公司正式宣布车险实行全区"通赔",即客户无论在我区任何地方出险,均可就近到大地保险理赔服务网点办理理赔手续,成为我区首家实行车险"通赔"的保险公司。

中国大地保险公司董事长刘京生在内蒙古分公司考察调研

内蒙古食品药品监督管理局

局长:郝富

自治区食品药品监督管理局(以下简称区局)主要负责对辖区内药品的研究、生产、流通、使用全过程进行行政监督和技术监督,负责对辖区内食品、化妆品、保健品的综合监督,组织协调、依法组织对重大食品安全事故的查处。对药品市场的治理方面:一是认真查处制售假劣药品、医疗器械案件。区局组建以来,每年都圆满完成国家局交办案件和其它省市区要求协查的案件,共出动执法人员九万余人次,车辆一万多台次,立案查处各类案件几千起,结案率高达90%以上。有力地震慑了制假售假的违法行为。二是依法查处违法广告的行为,几年来,我们不断加强与有关部门的联系,初步构建了药品广告查处联动机制。仅2006年,我局移送工商管理部门查处违法保健品、药品和医疗器械广告816份,公布违法药品广告554份,有效遏制了违法药品广告泛滥势头。三是大力推进农村牧区"两网"建设。截至目前,全区乡镇以下新开办零售药店606家,目前已有538个乡镇(苏木)设立了药品零售企业,覆盖率达到了80.4%;1005个行政村中设立了零售药店,设置药品专柜107家,连同"一点两用"药品供应点,基本覆盖了所有行政村。同时,全区还聘用药品协管员2151名、信息员12860名,并进行了全员培训。

自治区食品药品监督管理局局长郝富在基层检查药品

国家食品药品监督管理局无偿赠送药品快检车仪式

内蒙古计生委

近年来,全区认真贯彻落实《中共中央国务院关于加强人口与计划生育工作稳定低生育水平的决定》和自治区党委、政府关于人口和计划生育工作的一系列指示精神,围绕自治区经济社会发展大局,坚持以人为本,落实科学发展观,努力稳定低生育水平,以人的全面发展统筹解决人口问题,使我区人口和计划生育工作保持了持续、健康发展的势头。据初步测算,自二十世纪70年代推行计划生育以来,全区累计少生了870万人,节约社会抚养费5046亿元。不仅缓解了人口对资源环境和社会事业发展的压力,而且为全区如期实现经济翻两番的奋斗目标做出了贡献,为全区经济社会发展、全面建设小康社会和构建和谐内蒙古创造了良好的人口环境。

"十五"发展规划实施以来,全区人口生育强度逐年减弱,在人口再生产类型实现历史性转变的基础上,低生育水平得到进一步稳定。总和生育率保持在1.5‰左右,人口自然增长率控制在5‰以下,"十五"期间,年均自增人数和出生人数分别比"九五"时期少9万人和10万人。2005年底全区总人口为2386万人,"十五"人口计划圆满完成,为全面实施"十一五"规划奠定了良好的基础。

自治区人口计生委主任王苏布道参加计划生育活动

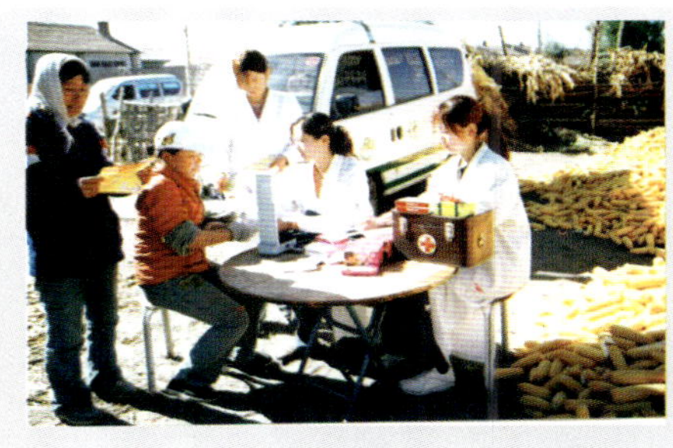

计划生育"三下乡"为育龄群众义诊

关爱女孩活动—自治区人口计生委主任王苏布道讲话

内蒙古自治区公安厅

公安部周永康部长与自治区领导及公安厅领导合影

公安部周永康部长亲切接见包头市公安民警

赵黎平厅长亲自为基层公安民警发放警用装备

内蒙古自治区“护城河 3 号”反恐怖实兵对抗演习

自治区信息化产业办公室

主任:张铁网

2006年,自治区信息办以贯彻落实《2006-2020国家信息化发展战略》为契机,紧紧围绕自治区党委、政府的中心工作,继续按照"打造一个园区、建设两大基地、实施五大工程"的战略部署,全力推进我区信息化建设和信息产业快速健康发展。

园区发展速度较快,软件产业实力有所增强。包头软件园被国家科技部批准为"国家火炬计划软件基地",正式更名为"内蒙古软件园",现入园企业达100多家。蒙古文应用系统的软件产品开发,添补了我国在蒙文软件开发领域的空白。目前,全区软件企业近200家,其中:已认定软件企业53户,登记的软件产品89项,21户企业获信息产业部计算机信息系统集成资质证书。软件从业人员4000余人,软件业销售收入由10亿元增加至15亿元,增长了50%。

基地建设初具规模,有效地促进了电子产品制造业和人才培训工作的健康发展。以呼和浩特为核心的电子产品制造基地呈现强劲的发展态势,电子信息类产品种类增多,销售收入由42亿元增加至101亿元,增长了140.5%,占全区GDP比重的3.76%,电子信息产品销售收入首次进入全区出口商品前十名。信息技术技能人才培训基地基本形成,"13100工程"正在实施,将利用三年左右的时间构建起完善的信息化技术技能人才培训培养体系。目前,分别在呼和浩特、鄂尔多斯、包头、乌兰察布、通辽、呼伦贝尔等盟市的相关培训机构及院校设立了13个培训基地,培训点近70个,培训总人数近30000人。

五大工程建设成效显著,信息化推进工作扎实开展。电子政务工程进展顺利,自治区电子政务网络统一平台正式开通运行,政务城域网已接入自治区四大班子和80多家委办厅局,政务广域网已接入全区所有12个盟市和2个计划单列市。45个区直机关建立了门户网站,全区101个旗县中已有98个建立了政府门户网站。农牧业信息综合服务体系工程建设初见成效,全区12个盟市各一个试点旗县工作全面推进,五原县已成为国家县域经济信息化试点。全区12个盟市全部启动了96048农技服务热线,覆盖农户311.3万人,"村通电话工程"已全部竣工验收完毕。

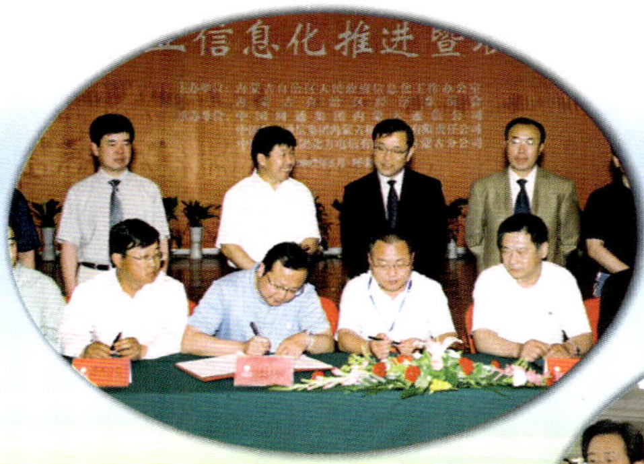

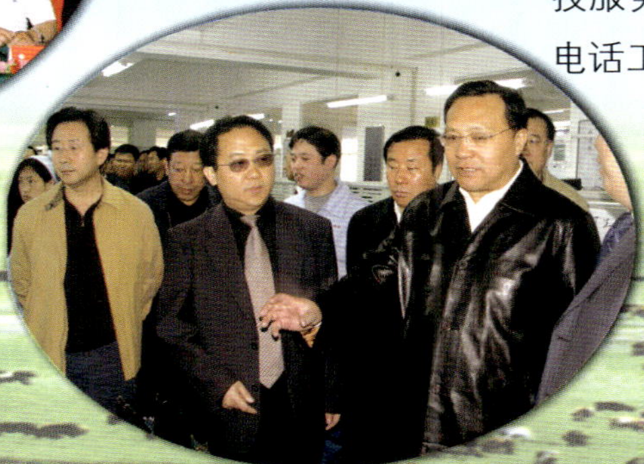

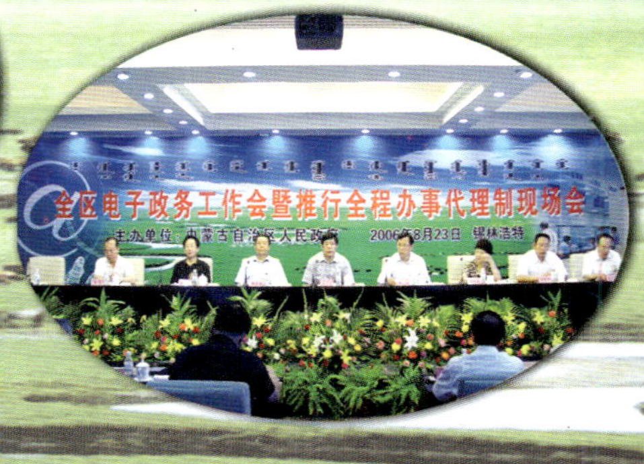

中国农业发展银行内蒙古分行

行长:卢纯才

领导班子

中国农发展银行内蒙古自治区分行成立于1995年2月13日。其主要任务是:按照国家的法律、法规和方针、政策,以国家信用为基础,筹集农业政策性贷资金,承担国家规定的农业政策性金融业务,代理财政性支农资金的拨付,为农牧业和农村牧区经济发展服务。自治区分行机关设在首府呼和浩特市,下辖盟市二级分行(营业部)12个、旗县级支行(营业部)71个,2006年末全系统在岗正式职工1828人。中国农业发展银行内蒙古自治区分行系统内实行垂直领导,在总行的授权内依法开展业务。

到2006年末,农发行内蒙古分行各项贷款余额为319.17亿元,比年初增加58.74亿元,同比多增9.08亿元;全年累计发放农副产品收购储备调销贷款153.7亿元,比上年多投放11.6亿元;累计发放产业化龙头企业贷款31.35亿元,比上年多投放25.15亿元;各项存款余额49.61亿元,同比多增7.04亿元;实现账面利润为3.96亿元,超总行下达计划1.86亿元,人均创利20.95万元,超额完成了总行下达的各项业务经营目标。

2006年,农发行内蒙古分行被内蒙古自治区人民政府授予“2006年度内蒙古自治区金融工作社会贡献奖”;被自治区保密局评为全区“四五”保密法制宣传教育先进集体;有十个支行被评为总行级“青年文明号”、两个支行被评为总行“文明建设先进单位”、有一个支行被评为总行级“学习型银行标兵单位”;有一人被评为“2006年度内蒙古自治区金融工作先进个人”、一人被评为全国“四五”保密法制宣传教育先进工作者、一人被评为总行级“青年岗位能手”。

营业厅

行长下乡扶贫慰问

中国银行内蒙古自治区分行

中总行李礼辉行长视察自治区区分行

中国银行内蒙古自治区分行成立于1980年，经过20多年的发展，资产负责规模持续扩大，赢利水平逐年提高，竞争能力日益增强，已成为地区金融业的重要力量。

截至2006年末，全行共有机构270个，遍布全区各盟市，绝大部分网点能够办理综合性的银行业务；全行在岗员工4,400余人，其中，80%以上拥有大专以上学历，是一支素质较高、服务能力较强的队伍。

近两年来，在以杨勃行长为首的党委班子的带领下，中国银行内蒙古自治区分行以“创一流服务，做首选银行”为愿景，紧紧抓住自治区经济跨越式发展和中行整体在境内外上市的大好机遇，加大信贷资金投入，扶持一批自治区重点开发、建设项目发展，创新业务品种，满足各类公、私客户银行服务需求，开展精细化管理，全面提升服务水平，为自治区经经济发展和各界人士理财做出了就应有的贡献。

截至2006年末，中行内蒙古分行经办公司金融、个人金融、国际国内结算、银行卡、资金业务等5大领域300余种业务，全行各项人民币存款余额达到430亿元，各项人民币代款余额达到320亿元；2006年实现净利润3.1亿元，人均利润7亿元，创历史最好水平。

中行营业大厅

客户在中行自助银行办理业务

中行职工运动会比赛

中行员工点钞比赛现场

中国华融资产管理公司呼和浩特办事处

办事处党委书记、总经理：陈胜

中国华融资产管理公司呼和浩特办事处，是中国华融资产管理公司在内蒙古自治区设立的分支机构，于2000年初筹建，同年4月26日挂牌成立，主要任务是收购、管理和处置金融机构的不良资产。

呼和浩特办事处组建成立近八年来，以防范化解金融风险，支持国有企业改革，促进地区经济发展为中心，以最大限度保全资产，提高不良资产回收价值为主要经营目标，做了大量艰苦细致的工作，并取得了较大成果。

据2006年底情况统计，办事处历年累计已处置首次接收工商银行剥离政策性债权资产1,108户，涉及账面资产455,515.3万元，回收现金43,596.76万元，完成应处置政策性资产总额的98.57%，完成现金回收任务的102.57%；已处置准政策性债权资产(工商银行内蒙古分行二次剥离财政部委托处置的)损失类和非信贷资产95户，收回现金3,885.42万元。同时，积极开展了其他方式受托不良资产处置工作。

积极支持了债转股企业改革发展。截至2006年末，收购债权转股权资产企业14户、金额454,123.68万元。其中：处置变现和股权退出涉及企业11户、资产50,451万元，收回现金12,462.1万元；待转股1户、金额66,818.68万元；已经组建债转股新公司7个，华融转股金额346,126万元。实施债转股后，华融即成为企业股东，根据《中华人民共和国公司法》的有关规定，办事处认真履行了出资人的职责，在持股期间既依法行使了股东的权利，又认真履行了义务，推动债转股企业完善体制机制，加快现代企业制度建设，促进了企业的发展。

华融资产管理公司董庆东总裁来办事处进行公司转型与开展新业务调查研究

根据国家有关资产管理公司改革发展的方向，资产管理公司探索了实施商业化转型的路子，政策性债权资产处置任务结束后，按公司的转型发展总体要求，在国家政策和监管部门允许的情况下，办事处除经营原有业务项目外，拟于2007年下半年起，逐步开办租赁、证券、资产经营、委托、担保、投资等商业性业务，把办事处办成综合性的金融业务经营机构。

办事处召开2006年年度先进工作集体与先进工作者表彰大会

办事处兑现目标责任奖励

中国长城资产管理公司呼和浩特办事处

总经理:张乐义

项目推介会签约仪式

项目推介会

项目推介会向客户祥细介绍

中国长城资产管理公司呼和浩特办事处全体工作人员

国长城资产管理公司呼和浩特办事处成立七年来,在自治区党委政府和有关部门的支持下,以"三个代表"思想为指导,解放思想,开拓创新,积极探索不良资产处置的有效途径,在防范和化解金融风险、支持国有银行改革和国企改革脱困、促进自治区经济建设方面,发挥了重要作用。

2006 年回收现金达 4919.16 万元, 完成计划的 273.29%,是全国六家超额 2 倍完成任务之一。连续七年超额完成各项经营目标,累计回收现金 37,764.76 万元,完成公司下达承包目标的 110%。累计处置原值 57.59 亿元。债转股企业赤峰红烨铅锌冶炼有限公司,根据财政部要求成功退出。

2005 年办事处科学运筹,大胆决策,成功收购了工行内蒙古地区 46.7 亿元可疑类资产包, 向商业化转轨取得了突破性的进展,为改革发展奠定了基础。2006 年办事处积极探索和创新各种与商业性资产运作目标相适应的营销、管理、经营、处置方式,全面启动了商业化资产处置工作,回收现金 8886.21 万元,现金回收率为 43.53%,比全国平均水平高出 18.35 个百分点,实现盈利额 2373 万元。实现投资银行业务收入 305 万元。

七年的奋斗历程表明,办事处有着大局观念,对国家、对公司、对历史负责,员工是一支充满智慧、勇于拼搏、能吃苦、能战斗的队伍。共有 81 人次受到公司、地方党政表彰,2 人受到银监会表彰,被自治区评为全区帮扶先进单位,档案特级单位,新城区文明单位,总公司"青年文明号","五四红旗团委"。

办事处目前持有涉及煤炭、矿山、冶金、机械制造、房地产、商贸等行业的债权、股权等资产,欢迎区内外有关单位和个人等有投资合作意向者,来人来函洽谈。

中国储备粮食管理总公司
——内蒙古分公司

领导班子

全体职员合影

分公司成立三周年暨办公楼剪彩

功能完善的现代化粮油质检中心

高大平仓房

中国储备粮食管理总公司（简称中储粮总公司）是经国务院批准，在原国家粮食会务局部分职能机构和所属部分企事来单位基础上组建的国有企业。中储粮总公司由中央管理，属于涉及国家安全和国民经济命脉的国有重要骨干企业，是授权投资机构的试点单位，享受国务院确定的国有大中型重点联系企业的有关政策，在国家计划、财政中实行单列。中储粮总公司注册资本为166.8亿元。根据中央储备粮食垂直管理的需要，在全国粮食主产区和主销区设立20个分公司。

中国储备粮管理总公司内蒙古分公司（以下简称内蒙古分公司）是中储粮总公司派出的省级管理机构，正厅级建制。于2003年7月开始筹备，10月1日正式运营。分公司内部下设综合处、业务处、财务处三个职能处室。根据管理内蒙古地区中央储备粮（含中央储备油）和中央储备粮直属库。目前，辖区共有中央储备粮油承储库点75个，其中已上收中央储备粮直属库10个，仓容107万吨。另有中央储备粮直属库分库18个，直管库47个。

内蒙古分公司的主要职责是：贯彻落实总公司制定的工作方针、政策、执行总公司的各项规章制度；根据总公司下达的计划和指令，具体负责辖区内中央储备粮的购销、进出口、轮换、调动和信息统计业务；负责辖区内中央储备粮安全保管工作；负责拨付辖区内中央储备粮财政补助资金以及对央储备粮直属库的资产管理、财务会计管理和专项资金收缴；负责辖区内中央储备粮直属库的基本建设、设施维修和技术改选负责辖区内先进粮油科技项目的研究、开发和推广应用；负责辖区内有关中央储备粮及总公司所属国有资产经营管理的审计监督，承担国有资产保值、增值责任；负责辖区内中央储备粮直属库的人事、劳资、培训工作；指导辖区内中央储备粮直属库的企业改革工作等。

中央储备粮是国家实施宏观调控的重要物资，也是关系国计民生的特殊商品。内蒙古分公司将在总公司的领导下，树立高度的政治责任感和使命感，严格遵守国家法律、法规、认真执行国家粮食政策、坚持以“两个确保”（即：确保中央储备粮数量真实，质量良好，确保国家急需时调得动，用得上）为宗旨，以《中央储备粮管理条例》为准则，按照总公司提出的“提高管理质量，积极开拓创新”的总体要求，努力加强分公司和直属库队伍建设，积极与辖区内各有关部门密切协作，坚持在中央储备粮管理工作中做到“严格管理、严格制度、严格责任”、不断提高中央储备粮的管理水平和经济效益，为国家改革、发展稳定大局，服务为全面建设小康社会服务，同时也为辖区内、国民经济的持序，稳定发展做贡献。

呼和浩特市商业银行

捐资助学

呼和浩特市商业银行成立于 1999 年 11 月 19 日，是经中国人民银行总行批准成立的股份制商业银行。是呼和浩特地区唯一一家具有独立法人资格的股份制商业银行。现辖属 1 个营业部、18 家支行，共 60 个营业网点。

呼和浩特市商业银行成立七年多来，在区市两级党委、政府的正确领导下，在当地人民银行、银监局的有效监管和支持下，秉承"以市场为导向、以客户为中心"的经营理念，不断深化改革，强化内部管理，拓宽服务领域，创新金融产品，各项业务持续、快速、健康发展，经营规模不断壮大，综合实力显著增强，取得了良好的经济效益和社会效益。与开业之初相比，截止 2006 年 12 月末，全行资产总额增长了 10 倍，各项存款余额增长了 9 倍，各项贷款余额增长了 12 倍，市场占有率得到稳步提升。

宽敞明亮的营业大厅　西柏坡宣誓

hhpss.com 呼和浩特市公共科技信息服务平台

呼和浩特市公共科技信息服务平台（www.hhpss.com）是市政府根据《2004-2010 年国家科技基础条件平台建设纲要》精神于 2005 年开始建设，由市科技局具体实施的。

呼和浩特市公共科技信息服务平台 2006 年 5 月 20 日正式开通，已初步建成五部分：

1、农业科技信息服务体系（www.hhsti.com，www.rudu.gov.cn）

立足于服务我市的优势产业（奶业）和特色产业（蔬菜），主要通过"96048"呼叫中心（农民服务热线）和"农业科技信息网站"连接政府、企业、专家、农户。

农业科技信息网站开通乳都在线、无公害蔬菜、涉农机构、农资与供求相关频道可发布各类涉农信息。

2、企业科技信息服务平台（http://corp.hhsti.com）

3、科研条件、研发信息服务平台（http://src.hhsti.com）

4、科技成果转化、推广服务平台（http://sta.hhsti.com）

5、知识产权服务平台（http://ip.hhsti.com）

目前，所有服务平台均采用免费注册会员发布信息的形式，直接为我市各类高等院校、科研机构、科技企业、政府部门、社会公众提供科技信息服务。

承办单位：呼市科技信息中心

地址：呼市呼伦南路 156 号民族科技馆　　网址：www.hhpss.com

E_mail: hhpss@sina.com,96048@sina.com　　电话：0471-6939234，6264860

传真：0471-6264860　　呼叫中心特服电话：0471-96048

重点突出内容：（加 96048LOGO）

"96048"呼叫中心开通语音数据库信息查询服务（24 小时开通）、人工坐席专家解答服务（工作日时间开通）。

内蒙古党委机关刊物《实践》

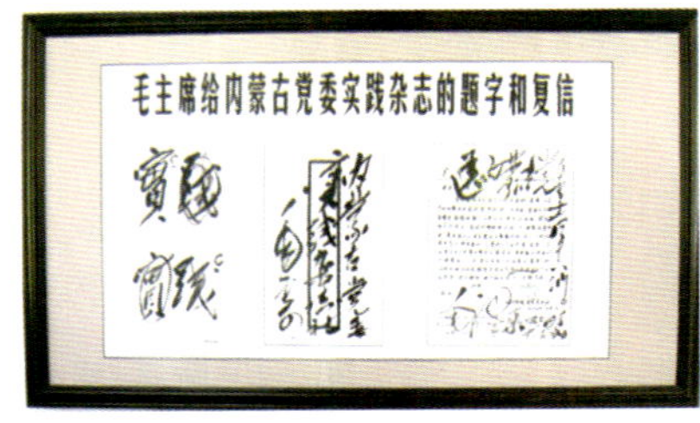

毛泽东主席 1964 年亲笔为《实践》杂志题写的刊头字

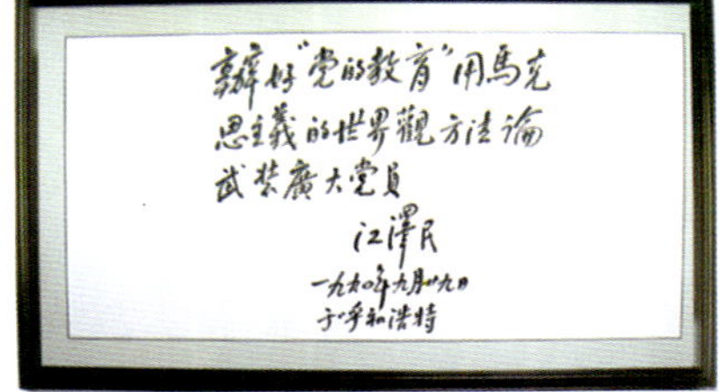
江泽民总书记 1990 年给《党的教育》的题词

2003 年之前，内蒙古党委主办两个机关刊，一个是《实践》杂志，一个是《党的教育》杂志。

《实践》杂志，侧重理论宣传，由正厅级建制的实践杂志社编辑出版。《实践》有蒙汉两个版本，汉文版创刊于 1958 年 7 月 1 日，蒙文版创刊于 1960 年 1 月 1 日。1964 年 11 月，毛泽东主席亲笔为《实践》汉文版题写刊头，一直沿用至今。

现在，实践杂志社经自治区编办重新核定，内设 10 个处室（办公室、总编室、广告发行部、一、二、三、四、五、六编辑室和机关党委）；领导职数 6 名（2 正 4 副，实有 7 名），处级干部职数 22 名（10 正，12 副）；总编制 75 名；专业技术职务设置正高职数 6 名，副高职数 30 名。

《实践》杂志深受读者欢迎，目前，三个版本的总发行量达 16 万余份，其中思想理论版为 1 万 3 千多份，党的教育版近 14 万份，蒙文版为 1 万 3 千多份，居自治区内报刊发行量的首位。

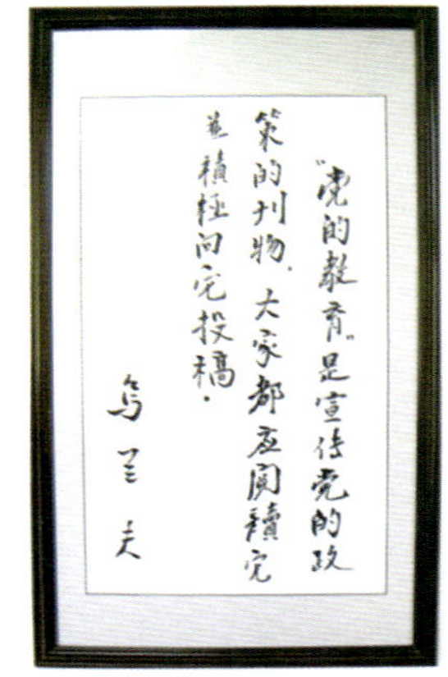
乌兰夫为《实践》题词

内蒙古自治区血液中心

大力开展街头无偿献血活动

内蒙古自治区血液中心，是首府地区唯一的一家采供血机构。位于呼和浩特市乌兰察布路，1989 年 8 月 1 日正式开展采供血业务。2002 年，国债血站建设项目投资 1000 万元，在呼和浩特市赛罕区金桥经济技术开发区世纪四路建成新业务大楼，2004 年 10 月 1 日搬迁至新址。占地面积 16500 平方米的内蒙古自治区血液中心，有职工 128 人，其中副高以上职称者 11 人，初、中级职称者 65 人。设有血液保障、检验、质控、血液成分、输血研究等 11 个科室，拥有血小板震荡仪、血细胞分离机、全自动酶免检测系统等先进的仪器设备。可提供浓缩红细胞、浓缩血小板、冷沉淀等十余种成分血液；能开展自体造血干细胞采集术、血浆置换、冰冻血小板、冰冻红细胞、产前及新生儿溶血病血型血清学检查，B27 抗原检测等多种输血科研活动；并建立了 Rh 阴性血员队伍。是具有献血管理、采供血、成分血制品生产、输血研究以及全区输血技术指导和人才培训等综合能力的自治区级血液中心。

内蒙古血液中心全体职工

这些年来，内蒙古自治区血液中心在自治区党委、人大、政府的高度重视和自治区卫生厅的正确领导下，以科学发展观为指导，全面推进采供血工作。

1989 年，开始向临床提供血液，同时开展了成分输血；1993 年，全面实现了采供血“三统一”；2006 年，实现了临床用血（包括成分血）全部来自自愿无偿献血，采供血工作发生了质的飞跃，步入全国先进行列。

[6.14]世界献血活动日

内蒙古自治区无线电管理委员会

自治区无线电管理委员会主任:李重义

内蒙古自治区无线电管理机构自 1963 年成立以来,经历了由军队向地方过渡的几个历史时期,从少设严管到逐步放开,从封闭式管理到为经济建设服务,为中央首脑机关服务,为国防建设和经济建设服务的发展过程。特别是近 10 年来,伴随着改革开放的步伐,内蒙古自治区无线电管理工作在国家无线电管理部门和自治区党委、政府的正确领导下,认真贯彻执行《中华人民共和国无线电管理条例》,严格遵循"科学管理,促进发展"的方针,在加强自身建设、频率台站管理、技术设施建设、严格执法、维护空中电波秩序等各项工作中取得了显著成绩,为内蒙古自治区经济建设及各项社会事业的发展提供了有力的保障。

自治区无线电管委会领导班子成员

整顿无线电发射设备销售市场

内蒙古东部地区森林防火无线电监测站

内蒙古电视台蒙古语卫视频道

布赫参加蒙古语卫视频道研谈会

蒙古语卫视频道研谈会

内蒙古电视台蒙古语卫视频道是面向国内外蒙古语观众收视群体的卫星综合频道,覆盖内蒙古自治区全境,新疆、青海、云南、甘肃、辽宁、吉林、黑龙江等八省区蒙古族聚居区,并在蒙古国、俄罗斯布里亚特共和国等国家和地区落地入网,由亚洲 2 号卫星传输的节目覆盖全国以及亚太 53 个国家和地区,是国内最早进入国外主流社会的卫星频道。

蒙古语卫视频道全天播出 18 小时 35 分钟,由新闻、专题、文艺、动画片、影视剧组成的节目从生产形态上可分为自办和译制两种类型,不但及时传递区内外政治、经济、文化信息和国内外新闻,而且通过独特的视角反映蒙古民族生产、生活、是中国唯一规模生产蒙古语电视节目的基地。

内蒙古海尔工贸有限公司

海尔创业 22 年来，是和消费者相伴时间最长的中国家电品牌，最了解中国消费者需求，也是品类系列最广的家电企业。长期以来，海尔致力于提升用户应用体验，为用户创造更多价值，得到百姓支持与信赖，获内蒙古地区“2006 年首府百姓最满意的家电品牌”，我们用品牌创造了很多用户的需求，海尔同时在“2006 中国最有价值品牌”评估结果，海尔以 749 亿元的品牌价值连续 5 年位居榜首，2006 年海尔全球营业额 139 亿美元。

本着为百姓服务的理念，海尔整套家居，海尔的 15000 余种不同价位、不同色调、不同组合的整套选择，正好符合了消费者的个性需求，与新居的风格协调一致，可以为各个消费层次、各种风格需求的消费者实现完美家居环境，万变组合成就消费者的千面生活。整套家电的推出，正是迎合了个性消费群体的万变需求，为消费者们提供了一个充分展示自我个性的选择平台。

商流 230 战役最佳工贸内蒙工贸

2005 年先进集体

2006 百姓最满意品牌

如意区会员单位

呼和浩特王府井百货

王府井百货呼和浩特店于 2004 年 12 月 2 日正式开业，地处内蒙古自治区首府呼和浩特市最繁华的商业街中山西路黄金地段，西临天元商厦、国美电器，东接盘古国际商务中心，与民族商厦、维多利商厦隔街对应 。

北京王府井百货（集团）股份有限公司在全国各地目前共拥有 15 家门店，王府井百货呼市店是其旗下的十四家全资子公司。王府井百货呼市店立足于呼市及内蒙地区，总占地面积 11013 平方米，总建筑面积 68000 平方米，其中地下 1 层、地上 1~5 层为商业，建筑面积为 40000 平方米，经营面积 37500 平方米，是集购物、餐饮、娱乐、休闲为一体的商业场所。

经营类别：B1：超市　F1：化妆品、黄金珠宝、男、女皮鞋　F2：青春装、饰品、皮具　F3：女士服装、羊毛羊绒、服饰、美容　F4：男装、运动休闲、咖啡厅　F5：儿童用品、小家电、照相器材、文化办公用品、家居用品、图书、音像制品、电玩、餐饮等。

王府井百货入驻呼和浩特两年来，先后被评为“内蒙古自治区百城万店无假货”的示范店、“2005 年度呼和浩特市诚信单位”、“2005 年度首府诚信维权企业家”、“无帮扶任务、扶贫工作成绩突出单位”、“呼和浩特市‘十五’期间语言文字工作先进单位”、“2006（第二届）首府百姓最满意的品牌有奖民意调查活动‘综合商场前三甲’及”王府井百货集团公司五十周年庆典活动最佳销售奖”等荣誉称号。

内蒙古机关党委幼儿园

院长:冯爱学

办公厅领导与我院职工庆“六一”

团结合作的领导班子

快乐创新的蒙氏教学

现代化的多媒体教学

内蒙古政府机关幼儿园

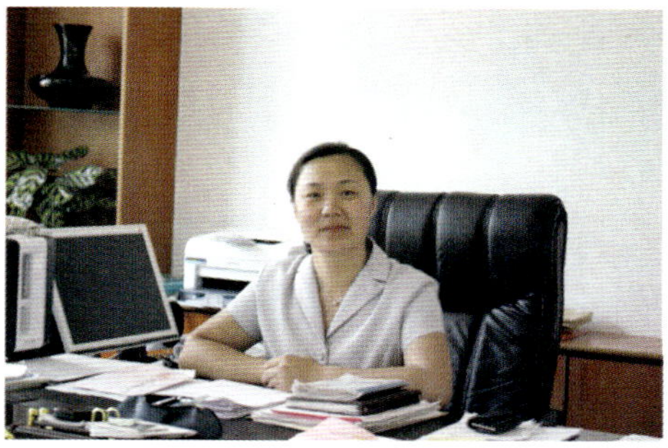

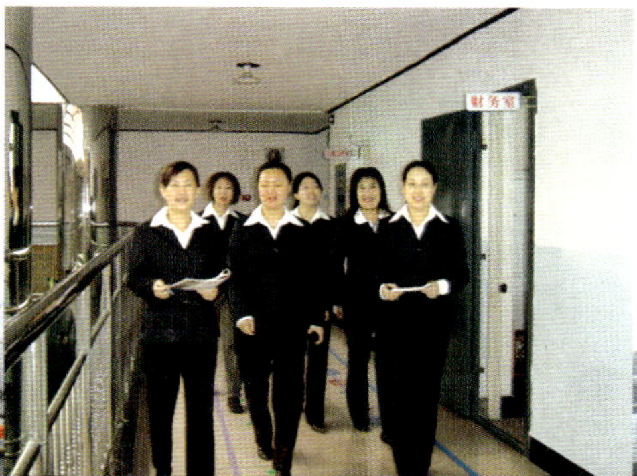

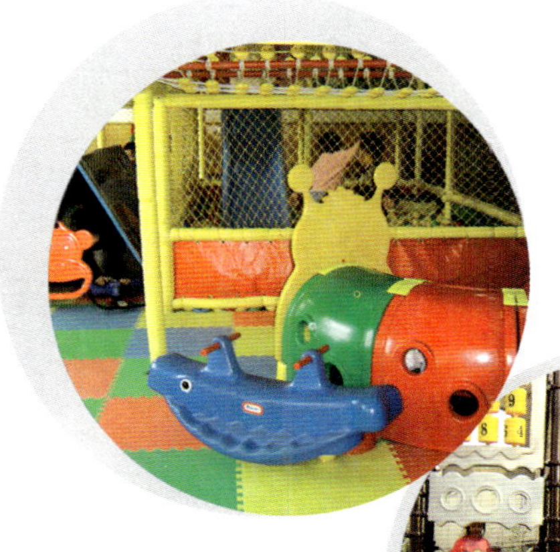

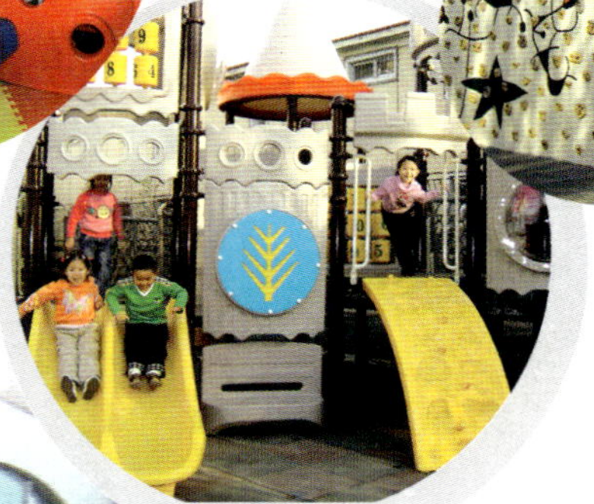

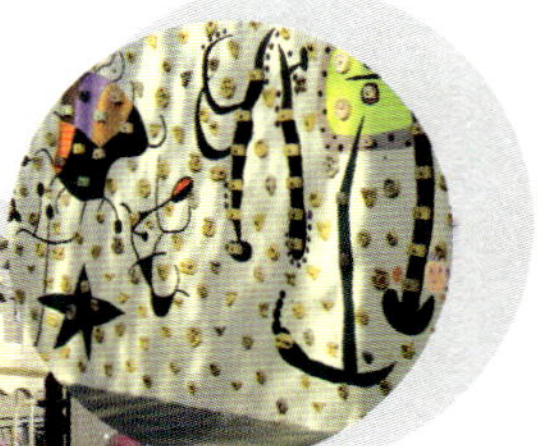

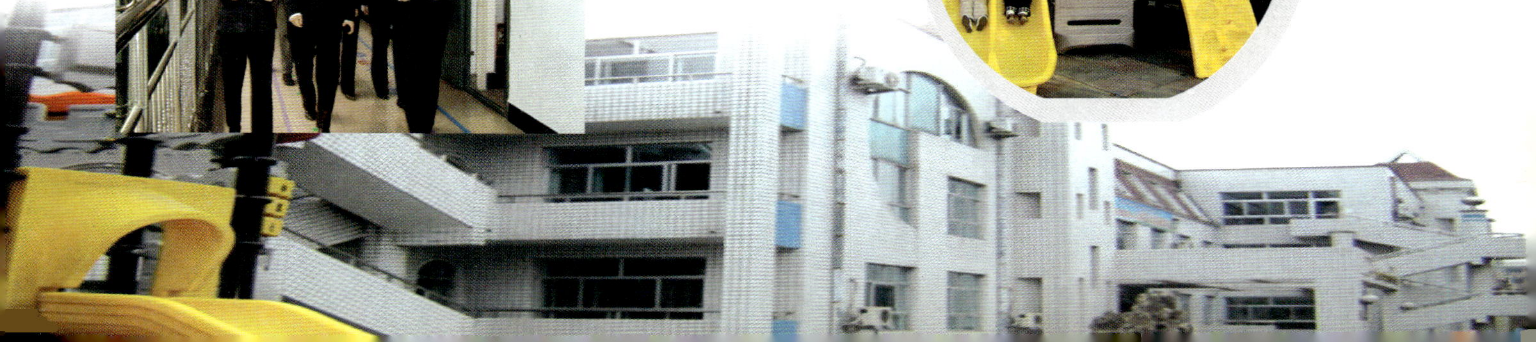

内蒙古拍卖行业协会

会长：苏智慧

内蒙古拍卖行业协会于2004年10月成立。当时全区共有拍卖企业93家，其中有55家会员企业，理事单位7家，常务理事单位14家。93家拍卖企业中的21家拍卖企业因在2004年度企业年审中不合格被取消拍卖经营资格。

协会成立以后，在自治区政府有关部门的领导和支持下，在全区各拍卖企业的共同努力下，我区拍卖业正向健康、规范、合法化的方向发展。2003年以前的拍卖行业的主管部门为自治区经济贸易委员会，2004年以后为自治区商务厅。

2004年协会成立

理事扩大会

目前，全区有拍卖企业80家，其中有30家企业具有公物拍卖经营资格，从业人员已达600人，拍卖师101人。协会成立以来，于2005年6月和2006年6月举办了两期从业人员培训班，参训人员达300多人，结业率为98%以上。

呼和浩特市力天投资置业有限公司

呼和浩特市力天投资置业有限公司，注册资金5000万元，是一家以房地产开发为主的大型企业。由温州力天集团有限公司和北京恒利达投资发展有限公司共同出资组建。公司响应国家西部大开发的战略，响应呼市市委市政府的号召，为加快首府的建设步伐，在呼市投资兴建大型的商场、写字楼及道路改造等房地产项目。公司以独特的管理思想，完整的组织结构，结合世界先进的投资经营理念，辅以人性化、科学化的管理，使力天公司的名字响誉塞外草原。

首府广场冠名广告

公司投资建设的首府广场项目，是一座集商务办公、休闲、餐饮、娱乐、购物等于一体的综合性建筑，包括100米高度的五A智能化写字楼和7万多平方米超大型购物中心，创造了呼和浩特市新的城市地标。首府广场项目将利用自身强大的辐射能力、引导能力，充分发挥其商业中心地位，强力整合呼和浩特市的中央商务区(CBD)，推动呼市商务水平的整体提升。

中国国际贸易促进委员会内蒙古自治区分会

会展中心修改方案

中国国际贸易促进委员会内蒙古自治区分会是中国国际贸易促进委员会的分支机构。中国贸促会是全国的对外经济贸易促进机构，成立于1952年5月。长期以来该机构对内是国务院的直属机构，对外称全国性民间经贸促进组织。为适应社会主义市场经济发展，中国贸促会在继续发挥政府贸促机构作用的同时，不断强化商会职能，使用了中国国际商会名称，并联合中国经贸界有影响的企业、团体，组成国际商会中国国家委员会，加入了总部设在巴黎的国际商会。

内蒙古贸促会的主要职责涉及对外联络、展览、招商引资、信息、法律、会务、行业指导等方面的工作。成立于1981年，2002年4月前，与外经贸厅合署办公，设办公室负责日常事务工作。自治区党委、政府为加强贸促会工作领导，充分发挥贸促涉外中介组织应有重要作用，于2002年4月将贸促机构单设，为正厅级建制，组成新的领导班子。现编制21人，厅级领导职数4名(书记1名、会长1名、副会长3名)，处级领导职数7名(4正,3副)，机关人员参照《国家公务员暂行条例》进行管理。内设4个处级机构：综合部、联络部(法律工作部)、展览部、机关党总支。

内蒙古推进农牧业产业化办公室

主任:周文毅

河套番茄加工

农产品加工

内蒙古推进农牧业产业化办公室(以下简称“产业化办公室”)是2003年自治区在乡企局的基础上成立的隶属农牧业厅管理的副厅级行政单位，与乡企局一套人马、两块牌子。产业化办公室设立四个处，政务、事务、财务相对独立。综合处负责协调处理机关日常政务、事务和业务综合及乡镇企业工作。产业一处负责粮油、马铃薯(蔬菜、瓜果)产业发展，产业二处负责乳、肉、绒毛(皮革)产业发展，产业三处负责饲草饲料、特种生物资源及沙产业等相关特色产业的发展。各业务处对每个产业按产业链条从龙头到基地到经济合作组织一抓到底。产业化办公室还在原乡企集体经济中心、发展中心的基础上，成立了产业化发展指导中心，负责协助机关抓乡镇企业、招商引资、产业化信息网络建设和管理工作。机关人员编制为40人，指导中心定编12人，为全额拨款的事业单位。

自治区产业化办公室的职责范围是：坚持乡镇企业与农畜产品加工相结合，负责以农畜产品为原料的加工业及经贸流通企业的发展，同时具有农牧业产业化龙头企业的评审和监测、乡镇企业高级技术职称的评定、农牧民合作经济组织带头人的教育培训以及农村劳动力的技能培训和配合工商管理部门评审自治区农畜产品著名商标并参与农畜产品绿色食品认证工作等相关职能。

内蒙古警察职业学院

自治区党委书记储波接见我院学员

内蒙古警察职业学院是内蒙古自治区唯一的公安政法类专科层次的高等职业院校，列入公安系列，面向全区公安、政法系统培养专科学历的实用人才，学制三年，同时兼挂内蒙古政法干部培训学院牌子，承担全区公安、政法系统的继续教育和在职培训任务。

学院占地面积820亩，建筑面积7万多平方米，具有完善的教学楼、图书馆、警体训练场、射击场、餐厅、宿舍、汽车驾驶员培训基地等教学设施，以及现代化的计算机实验室、痕迹检验室、刑事照相实验室、汽车模拟驾驶实验室、汽车分解实验室、教学监控室、电子阅览室、语音室、校园网络中心等教学设备。

学院按照面向公安工作实际和公安工作实战的要求，坚持“立警为公、育警为民”的办学宗旨，实行严格的警务化管理，着力培养政治坚定、业务精通、作风优良、执法公正、适应社会主义市场经济形势的社会主义建设者和接班人，培养“忠于党、忠于祖国、忠于人民、忠于法律”，“立警为公、执法为民”的预备警官。自1948年建校以来，学院为自治区培养和培训了3万多名公安政法专门人才。

中国水科院牧区水利科学研究院

领导班子

牧区水利科学研究所原直属水利部。于1979年3月经国务院批准成立。建所以来，坚持“立足牧区，面向全国，面向经济建设”的宗旨，现已成为我国边疆少数民族地区，特别是草原畜牧业地区的综合性水利科技中心，是中国水利学会牧区水利专业委员会的主任单位。

牧区水利科学研究所位于内蒙古自治区首府呼和浩特市，占地面积30700m^2. 建筑面积29000 m^3。全所现有职工131人，具有工程师以上职称人员占78.4%。拥有实验中心和150亩的综合试验示范基地，是牧区水利学科专业较为齐全、科研条件配套、有较强科技实力的新型研究机构。

呼伦贝尔步森百货

步森百货大楼属中国步森集团下属企业之一，位于呼伦贝尔市繁华的商业中心，是呼伦贝尔市最大的一家集购物、娱乐、快餐为一体的大型综合性商业企业，营业面积达26000余平方米，整体结构采用中国传统古典建筑风格，庄重典雅、富丽堂皇，宛如一颗璀璨的明珠镶嵌在呼伦贝尔大草原上。优雅的购物环境、优秀的商品质量、满意无忧的真诚服务，得到了消费者的广泛青睐，成为草原人民心目中的购物天堂。

多年来，步森百货大楼秉承“团结、拼搏、开拓、创新”的企业精神，恪守“以人为本、以诚待人、优质的商品奉献于草原人民”经营之道，针对本地消费及俄蒙地区的消费需求，引进了服装、鞋帽、针纺织品、家电、电脑等科技时尚的商品，和具有民族特色的工艺商品及日用百货、烟酒糖茶等生活必须品。经营品种达六万余种。进一步突出品牌特色化、经营专业化的特点。并借托着毗邻俄罗斯的地缘优势，积极开展对俄贸易。

伊敏煤电

电厂二期

电厂东侧

输电线路

电厂西侧

呼伦贝尔·贝尔大酒店

HULONGBEIER·BEIERDAJIUDIAN

贝尔集团公司是呼伦贝尔市享有较高盛誉的知名大企业，也是自治区商业系统最早实施民有民营改革的企业。公司现有经营面积40000多平方米，职工1400多人，总资产上亿元。子分公司包括贝尔大酒店、贝尔娱都、贝尔浴园、呼伦饭店、胜利饭店等九家基层单位，公司主要从事餐饮服务、洗浴娱乐、旅游开发、旅行社业务、房地产开发等众多领域的经营。公司成立的十多年间，经受了严峻的市场考验。

在公司董事会的正确领导和全体员工的共同努力下，公司从总体亏损到全部赢利，从分散式经营到骨干式领航，从默默无闻发展为呼伦贝尔市的利税大户，成为呼伦贝尔商业系统的中流砥柱，创造了呼伦贝尔商业历史上的经营奇迹，成为呼伦贝尔乃至自治区企业改革的成功典范。创出了呼伦贝尔市各界认可的"贝尔"这一知名企业品牌。

集团公司及主要企业先后被评为全国文明先进集体、全国商业信誉企业、全国巾帼文明示范岗、自治区文明单位等众多荣誉。董事长曲秀琴先后获得了全国劳动模范、全国五一劳动奖章、全国三八红旗手等七项国家级荣誉和20多项自治区级荣誉。

餐饮单间　豪华套房卧室　会议室

巴彦淖尔西部铜业有限公司

自治区党委书记储波来公司视察工作

公司总经理:陈英泽

巴彦淖尔西部铜业有限公司成立于 2006 年 4 月,主要从事有色金属采选、投资和经营铜矿产品及其附属矿产品业务。公司所属获各琦铜矿位于狼山山脉中段北麓、内蒙古自治区巴彦淖尔市乌拉特后旗境内，矿区距旗府东升庙镇 86 公里,距巴彦淖尔市政府所在地临河区 135 公里,有公路相通,交通方便。公司现有员工 365 人,其中大中专以上学历人员 70 余人,各类各级专业技术人员 50 多人。注册资本 5.18 亿元。

交流与项目合作

公司所属获各琦铜矿始建于 1988 年,经过 1992 年和 1996 年两次扩建形成 50 万吨 / 年的生产能力，是国内六大露天铜矿山之一。

矿山通过十六年的露天开采,截至目前,一号矿床保有铜矿石的储量(1400m 标高以上)3748 万吨,平均地质品位 1.34%,金属量 50.15 万吨,深部伴生有丰富的铅锌矿资源。

矿区选矿生产区

2003 年 6 月,西部矿业股份有限公司收购该矿成立西部矿业股份有限公司巴彦淖尔分公司,2006 年 4 月，又经改制成立巴彦淖尔西部铜业有限公司。四年的发展,公司进入了一个良性的高速发展时期，规模不断扩大，年采选能力由收购时的 50 万吨 / 年提高到 2006 年底的 200 万吨 / 年,员工收入翻一翻,成为当地矿业龙头和地方财政支柱企业,先后荣获“内蒙古自主创新企业 50 强”、“巴彦淖尔市百佳诚信企业”、“巴彦淖尔市节水先进企业”、“巴彦淖尔市'十五'期间环保工作先进集体”、“乌拉特后旗四五普法依法治理先进单位”等称号。2006 年,位列内蒙古自治区百强第 49 位,巴彦淖尔市第一位。

矿区生活区

巴彦淖尔蓝宇饭店

BAYANNAOERLANYUFANDIAN

接待大厅

标准客房

多功能餐厅

小型会议室

蓝宇商贸大厦

中国内蒙古森林工业集团

森工集团办公大楼

中国内蒙古森林工业集团是国务院确定的全国首批57户试点企业集团之一，有林地面积和森林蓄积量居全国四大国有林区之首，是我国最大的集中连片的国有林区，全国重要的木材生产基地。企业总资产120亿元，被列入“中国的脊梁”国有企业五百强。

内蒙古大兴安岭林区东连黑龙江，西接呼伦贝尔大草原，南至吉林洮儿河，北部和西部与俄罗斯、蒙古国毗邻，边境线440公里。施业区地跨呼伦贝尔市、兴安盟 9 个旗市。经营总面积10.67万平方公里，有林地面积8.15万平方公里，活立木总蓄积7.14亿立方米。自1952年开发建设以来，累计生产商品材1.7亿立方米，上缴利税费及各种社会公益性投入160多亿元。现已开发森林面积6.96万平方公里，有34%的原始林区作为重点公益林进行全面管护。

经过50多年的开发建设，现已形成集森林培育和管护、木材生产、林产工业、建筑业、采掘业、农牧业和多种经营为一体的特大型企业集团，兼有林政资源、防火、技术监督等行政管理职能和医疗卫生、公安、教育等社会职能。目前，森工集团有53个企事业单位，50万林业人口，20万职工。具有年生产500万立方米木材、40万立方米人造板、30万吨纸浆、3万立方米集成材和其他各种林副产品的生产能力。

莫尔道嘎国家森林公园

克一河食用菌林间种植

大兴安岭国家森林公园庆典

目　录
CONTENTS

第一部分 特载
PART ONE SPECIAL ARTICLES

第二部分 统计资料
PART TWO STATISTICS

三、国民经济核算
National Accounts

四、人口
Population

五、从业人员和职工工资
Employment and Wages

六、固定资产投资
Investment in Fixed Assets

七、能源生产和消费
Production and Consumption of Energy

八、财政
Government Finance

九、物价指数
Price Indices

十、人民生活
People's Livelihood

十一、城市概况
General Survey of Cities

十二、农业
Agriculture

十三、工业
Industry

十四、建筑业
Construction

十五、运输和邮电
Transportation, Postal and Telecommunications Services

十六、国内贸易
Domestic Trade

十七、对外经济贸易
Foreign Trade and Economic Cooperation

十八、旅游
Tourism

十九、金融和保险
Banking and Insurance

二十、教育、科技和文化
Education, Science and Culture

二十一、体育、卫生、社会福利、环境保护和其它
Sports, Public Health, Social Welfare, Environmental Protection and Others

二十二、盟市资料
Statistics of Leagues and Cities

二十三、旗县区资料
Statistics of Banners, Counties and Districts

二十四、企业资料
Statistics of Enterprises

二十五、附录
Appendix

第一部分　特载

PART ONE SPECIAL ARTICLES

因应新形势　把握新机遇　迎接新挑战
把改革开放和现代化建设继续推向前进

——在中国共产党内蒙古自治区第八次代表大会上的报告

Report by Comrade Chu Bo on the Eighth Regional Committee of the Communist Party of China

内蒙古自治区党委书记 储波

(2006 年 11 月 19 日)

现在，我代表中共内蒙古自治区第七届委员会向大会作报告。

一、全面建设小康社会良好开局的五年

自治区第七次党代会以来的五年，是我区开始全面建设小康社会的五年。面对肩负的历史重任，全区各级党组织、广大党员和干部群众，认真贯彻党的十六大和十六届三中、四中、五中、六中全会精神，全面贯彻落实科学发展观，抓住机遇、奋发进取，不断推进社会主义经济、政治、文化、社会建设和党的建设，圆满完成了自治区第七次党代会确定的目标任务，开创了经济社会全面发展、重点领域实现赶超的新局面。

经济发展实现新跨越。五年来，地区生产总值增速保持全国领先，总量增长 1.2 倍，达到 3895.6 亿元，由全国第 24 位进入第 19 位；人均生产总值增长 1.19 倍，达到 2024 美元，超过全国平均水平，由全国第 16 位进入第 10 位。产业结构调整取得明显成效，三次产业比重演进为 15.1:45.5:39.4。农牧业综合生产能力稳步提高，产业化经营步伐加快。工业化推进到中期阶段，六大优势特色产业发展势头强劲。服务业比重逐步提高，新兴服务业长足发展。城镇化步伐加快，城镇化率达到 47.2%，超过全国平均水平。经济效益显著提高，财政收入增长 2.45 倍，达到 536.36 亿元，人均地方财政一般预算收入由全国第 14 位进入第 10 位。规模以上工业企业利润增长 13 倍。城乡居民收入分别增长 78.1% 和 46.7%。居民储蓄存款余额增长 1.25 倍。固定资产投资大幅增加，五年累计完成 6917.7 亿元，比“九五”增长 2.9 倍。生态保护和建设力度加大，生态恶化趋势有效遏制。公路、铁路、电网“三大通道”建设取得突破性进展，通信、水利、市政等基础设施明显改善。

改革开放迈出新步伐。积极推动国有企业加快建立现代企业制度，不断深化投资、财税、外贸和科技、教育、文化、卫生等领域的改革，政府机构改革、行政审批制度改革和事业单位改革步伐加快，市场体系逐步完善。积极调整所有制结构，非公有制经济比重五年提高 11.2 个百分点。提前取消农牧业税，农村牧区综合配套改革稳步推进。充分利用两个市场、两种资源，大力优化投资环境，五年累计引进国内资金 2655 亿元，投资主体实现多元化，经济自主增长机制开始形成。对外贸易和利用外资规模逐年扩大，口岸经济较快发展。

民主政治建设扎实推进。进一步扩大社会主义民主，健全社会主义法制。人民代表大会制度、共产党领导的多党合作和政治协商制度不断加强和完善。坚持贯彻民族区域自治制度，发扬民族团结的光荣传统，巩固发展平等团结互助和谐的社会主义民族关系，民族团结进步事业不断发展。工会、共青团、妇联等人民团体的职能作用得到较好发挥。依法治区进程加快，“四五”普法成效显著，干部群众的法制意识普遍增强，立法、执法、司法和法律监督水平有了新的提高。积极推进村务、厂务和政务公开，推进村民和社区居民自治，基层民主政治建设逐步制度化、规范化和程序化。

文化建设取得丰硕成果。坚持用马克思主义中国化的最新成果武装全党、教育人民，为改革发展稳定提供了强有力的思想保证、舆论支持和精神动力。作出建设民族文化大区的决定，文化基础设施建设进一步加强，文学、出版、歌舞、影视精品大量涌现，成功举办大型文化节庆活动，地区文化形象和民族文化品牌得到提升。公益性文化事业长足进步，经营性文化产业加快发展。广泛开展社会主义荣辱观和“热爱内蒙古，建设内蒙古”等宣传教育活动，全面落实《公民道德建设实施纲要》，每年召开全区两个文明建设会议总结经验、推广典型，社会文明程度普遍提高。开展“北疆文明大通道”创建活动，实施“广播电视村村通”等工程，城乡文明建设协调推进。包头市进入全国首批文明城市行列。

社会事业全面进步。努力推动经济社会协调发展。科教文卫及社会保障等支出占财政总支出的比重超过 25%，基本公共服务水平逐步提高。“普九”人口覆盖率提高 19.7 个百分点，“两基”达标攻坚任务基本完成。民族教育和职业教育健康发展，高等院校五年向社会输送人才 20 万人。科技创新步伐加快，对经济增长的促进作用明显增强。公共卫生设施建设得到加强，疾病控制、医疗救治、卫生监督体系逐步完善，城乡居民健康水平有了新的提高。就业、扶贫和社会保障工作不断加强，五年累计安置就业 101 万人，92 万农牧民稳定脱贫，70 多万城镇低收入人口享受到低保补贴，40 多万特困农牧民得到困难补助，零就业家庭就业问题和贫困大学生就学困难有效解决。人口和计划生育、体育、新闻出版、社会科学、环境保护等事业较快发展。

社会稳定局面进一步巩固。坚持把维护社会稳定放在重要位置来抓，深入开展平安创建活动，努力构建“草原 110”、城市网格化巡逻等社会治安防控网络，建立完善社会矛盾纠纷排查调处机制、社会利益协调机制和社会预警、应急机制，公众社会安全满意度居全国前列。坚决打击敌对势力的渗透破坏活动，严厉打击严重刑事犯罪，保持了边疆民族地区的社会政治稳定。安全生产工作有效落实。广泛开展双拥共建活动，支持军队和国防现代化建设，形成了军警民共建祖国北疆安全稳定屏障的良好局面。

党的建设不断加强。坚持党要管党原则和从严治党方针，全面推进党的建设新的伟大工程。高度重视理论武装工作，把学习贯彻“三个代表”重要思想引向深入。开展保持共产党员先进性教育活动，建立党员“长期受教育、永葆先进性”工作机制。积极推进干部人事制度改革，切实加强领导班子、干部队伍建设和基层组织建设，认真做好发展党员工作，各级党组织的创造力、凝聚力和战斗力进一步增强。大力加强党的作风建设和制度建设，认真贯彻《建立健全教育、制度、监督并重的惩治和预防腐败体系实施纲要》，党风廉政建设和反腐败斗争取得新进展。

五年来的发展成就来之不易，五年来的创业历程充满艰辛。我们在发展基础比较薄弱、发展环境复杂多变的形势下取得令人鼓舞的成就，归功于党中央的正确领导，归功于全区各级党组织、广大党员和 2300 多万各族人民的团结奋斗，归功于自治区历届党委打下的良好基础、老同志的关心和各方面的支持。在此，我代表中共内蒙古自治区第七届委员会，向全区广大党员、干部和各族人民，向各民主党派、各人民团体、各界爱国人士，向人民解放军、武警部队指战员，向所有关心和支持内蒙古发展的同志们、朋友们，表示衷心的感谢，致以崇高的敬意！

五年来，我们坚持把中央精神和内蒙古实际紧密结合，在实践中总结积累了一些重要经验和启示。

*一是坚持党的思想路线，不断完善发展思路。*我们始终坚持以解放思想为先导，坚持从内蒙古的实际出发，按照党和国家的总体工作部署，把自治区的发展放在国际大背景、全国大格局中进行思考谋划。在七次党代会确定的总体思路的基础上，在七届三次全委会上提出，要进一步加快发展步伐，有条件、有优势的地区要努力实现跨越式发展；在四次全委会上提出，不能满足于较快的发展速度，不能满足于某些人均指标，要在优化结构、提高效益的前提下，努力做大经济总量；在五次全委会上提出，要正确处理快增长与长周期的关系，努力使经济发展保持一个较长的快速增长期；在六次全委会上提出，要全面贯彻落实科学发展观，切实做到统筹兼顾协调发展、遵循规律持续发展、以人为本和谐发展，有力地推动经济社会走上加快发展、科学发展的轨道。

*二是坚持抓住用好战略机遇，全力抓好发展第一要务。*我们坚持以科学发展观统领全局，坚持以经济建设为中心，认真落实“五个统筹”的要求，紧紧抓住、切实用好国家推进西部大开发、振兴东北等老工业基地、加强和改善宏观调控等机遇，赢得了先机、争取了主动，促进了经济持续快速健康发展和经济自主增长机制的逐步形成。

*三是坚持打基础与促发展并举、抓重点与抓薄弱环节并重，切实增强可持续发展能力。*我们针对内蒙古生态环境脆弱、基础设施薄弱、产业发展滞后的实际，大力加强生态和基础设施建设，努力改善发展环境；大力发展优势特色产业，努力增强可持续发展的产业支撑。同时，坚持统筹兼顾、适度超前、既扬长又补短，下大力抓了经济社会发展各个方面的保障体系建设，有效地缓解了瓶颈制约，使发展的前瞻性和协调性明显增强。

*四是坚持以人为本，努力实现好各族人民的根本利益。*我们把为各族人民谋利益作为全部工作的出发点和落脚点，作为正确处理改革发展稳定关系的结合点，在发展生产的同时努力提高城乡居民收入水平，改善群众的生产生活条件，维护人民群众的合法权益，让改革发展成果尽可能多地惠及各族人民。

*五是坚持维护团结稳定，进一步巩固发展民族团结、边疆安宁的政治局面。*我们坚持和完善民族区域自治制度，把维护边疆民族地区的团结稳定作为重大政治责任，深入开展民族团结进步教育和表彰活动，充分发挥各民族团结和睦的政治优势，促进了社会和谐，为改革开放和现代化建设创造了良好的社会环境。

*六是坚持加强和改进党的建设，在兴区富民实践中进一步保持和发展党的先进性。*我们始终紧紧围绕党的中心任务，以执政能力建设和先进性建设为重点，大力加强党的建设，进一步提高贯彻落实科学发展观、构建社会主义和谐社会的自觉性，认真解决党组织和党员队伍中存在的不适应、不符合的问题，深入推进党风廉政建设和反腐败斗争，不断增强各级党组织的创造力、凝聚力和战斗力，为经济社会发展提供了坚强有力的政治保证。

在看到成绩的同时，更要清醒地看到存在的问题和不足。主要是：农牧业基础薄弱，经济结构性矛盾比较突出，经济增长方式比较粗放；改革开放有待深化，自主创新能力亟待提高；城乡、区域、经济社会发展不平衡，居民增收与经济增长不协调，生态环境脆弱，基础设施和公共服务需要进一步改善；民主法制建设、精神文明建设还存在一些薄弱环节，和谐社会建设面临许多新情况、新问题；干部队伍的素质、作风与新形势新任务的要求存在一定差距，党的基层组织建设需要进一步加强。这些问题，我们要在今后的改革发展中认真加以解决。

二、关键时期的形势与任务

今后五年，是全面贯彻落实科学发展观、加快推进现代化的关键时期，我们面临的任务更加繁重而艰巨。党中央始终对内蒙古各族人民给予亲切关怀，对内蒙古的发展寄予殷切希望。早在1987年，邓小平同志就曾谈到：内蒙古有广大的草原，人口又不多，今后发展起来很可能走进前列。江泽民同志1999年视察我区时希望我们“发挥资源优势，提高资源的综合开发利用水平，加快把资源优势转化为经济优势，力争使内蒙古成为我们国家下一个世纪经济增长的重要支点。”胡锦涛总书记2003年初视察内蒙古时指出：“做好内蒙古的各项工作，不仅关系到内蒙古二千三百多万群众的福祉，而且对党和国家工作的全局具有重要意义”，要求我们“因应新形势，把握新机遇，迎接新挑战，把改革开放和现代化建设继续推向前进。”我们一定不负中央领导集体的厚望，不辱时代赋予的使命，把内蒙古的改革开放和现代化建设继续推向前进。

新世纪新阶段，我们面临前所未有的机遇和挑战。和平、发展、合作成为时代潮流，世界多极化和经济全球化趋势深入发展，科技进步日新月异，我国与世界经济的相互联系和影响日益加深，国内国际两个市场、两种资源相互补充，国际环境总体上对我们发展有利。我国已进入改革发展的新阶段，居民消费结构逐步升级，产业结构调整和工业化、城镇化进程加快，生态环境和基础设施得到改善，科技教育事业长足发展，社会主义市场经济体制逐步完善，社会政治保持长期稳定，为经济社会持续发展创造了有利条件。随着科学发展观的全面贯彻和构建和谐社会的深入推进，社会主义新农村建设全面展开，宏观调控顺利实施，西部大开发、振兴东北等老工业基地不断发展，为我区实现又好又快发展提供了良好契机。特别可喜的是，经过不断探索和实践，我们已经走出了一条符合内蒙古实际的发展之路，为继续前进奠定了可靠基础。同时，必须清醒地认识到，面对复杂多变的国际环境，面对社会主义初级阶段生产力不发达的基本国情、区情，面对全国各地加快发展的竞争态势，推进内蒙古现代化建设任重道远。我们必须以高度的历史责任感和强烈的忧患意识，认清形势、抓住机遇、应对挑战，进一步开创我区社会主义现代化建设的新局面，不断推进党的建设新的伟大工程。

今后五年全区工作的总体要求是：高举邓小平理论和“三个代表”重要思想伟大旗帜，以科学发展观统领全局，抓住用好重要战略机遇期，坚持以经济建设为中心，坚持以人为本，深化改革、扩大开放，深入实施科教兴区、人才强区战略，进一步调整经济结构、转变增长方式，加快推进新型工业化、农牧业产业化和城镇化进程，不断加强生态和基础设施建设，保持较长较快的增长期，全面推进社会主义政治建设、文化建设、社会建设，推进党的建设新的伟大工程，圆满完成“十一五”规划各项任务，努力建设富强民主文明和谐内蒙古。

全区经济社会又好又快发展的主要目标是：提高“两个水平”，即提高协调发展水平，落实“五个统筹”取得明显进展，发展不平衡问题有效缓解；提高可持续发展水平，资源综合开发利用水平显著提高，生态环境明显改善，单位生产总值能耗下降25%，污染物排放总量稳定达标。保持“两个高于”，即地区生产总值、城乡居民人均收入增长速度高于全国平均水平。确保“两个实现”，即实现地区生产总值和财政收入翻一番，实现经济总量进入全国中等行列、人均主要经济指标力争进入前列。在本世纪第一个十年结束的时候，一个综合实力较强、经济结构合理、地区特色鲜明、社会稳定和谐、充满生机活力的内蒙古将崛起在祖国北疆。

实现上述总体要求和奋斗目标，必须牢牢把握、坚持贯彻以下原则：

——*立足科学发展*。科学发展观是指导发展的世界观和方法论，是推进中国特色社会主义事业必须长期坚持的指导方针。要坚持发展是硬道理，坚持抓好发展第一要务，坚持以经济建设为中心，坚持用发展和改革的办法解决前进中的问题。发展必须是科学发展，要着力转变发展观念、创新发展模式、提高发展质量，落实“五个统筹”，更好地推动经济社会全面协调可持续发展。

——*坚持“三化”互动*。推进新型工业化、农牧业产业化和城镇化，是我区经济社会发展的必然选择和成功实践。要按照全面建设小康社会目标要求，更加突出农牧业的基础地位和工业的主导地位。以新型工业化为主攻方向，促进农牧业产业化和现代化，推动社会主义新农村新牧区建设。依托新型工业化，加快人口转移和要素集聚步伐，促进城镇化和服务业快速健康发展。在新的更高层次上实现“三化”互动。

——*着力增收富民*。社会主义生产的目的是不断满足人民日益增长的物质文化需要。要把富裕人民作为坚持党的宗旨、落实执政为民的首要任务，作为各级干部最重要的政绩。坚持发展经济与造福人民的统一，以增加城乡居民收入为重要任务，努力发展生产、扩大就业、完善保障、减少贫困，让各族人民从改革发展中得到更多实惠，逐步使我区城乡居民收入增长与经济发展步伐相协调。

——*促进社会和谐*。构建社会主义和谐社会，既是重要的发展目标，也是必要的发展条件。要按照以人为本的要求，以解决人民群众最关心、最直接、最现实的利益问题为重点，更加注重经济社会协调发展，更加注重维护社会公平正义，更加注重民主法制建设，努力形成全体人民各尽其能、各得其所而又和谐相处的局面。

三、努力实现经济又好又快发展

坚持以经济建设为中心，大力发展先进生产力。要紧紧抓住结构调整这条主线，切实转变增长方式，深化改革、扩大开放，推动科技进步，促进经济又好又快发展。

（一）扎实推进社会主义新农村新牧区建设。建设社会主义新农村新牧区，是我区现代化进程中重大而紧迫的任务。要按照生产发展、生活宽裕、乡风文明、村容整洁、管理民主的要求，坚持解决农牧业问题在非农牧产业上下功夫、解决农村牧区问题在加快推进城镇化上下功夫、解决农牧民问题在减少和转移农牧民上下功夫的思路，探索建立以工促农、以城带乡的长效机制，不断提高农村牧区产业化、城镇化水平，逐步改变城乡二元结构。把发展农村牧区生产力放在首要位置，稳定完善农村牧区基本经营制度，用先进适用技术改造农牧业，用先进经营形式发展农牧业，推进传统农牧业向现代农牧业转变。大力发展生态农牧业和农区畜牧业，进一步优化农牧业结构。不断培育壮大龙头企业和优质农畜产品生产基地，创新企业、基地与农牧民的利益联结机制。坚持“多予少取放活”，促进财政投入向农村牧区倾斜，基础设施向农村牧区延伸，现代文明向农村牧区辐射，社会保障网络向农村牧区覆盖。引导发展农村牧区经纪中介和合作组织，逐步建立商业金融、合作金融、政策金融共同支撑农村牧区发展的金融服务体系。大力发展县域经济，扩大县级经济社会管理权限，激发县域经济发展活力，争取使更多的旗县进入西部和全国百强县行列。结合生产力布局调整和撤乡并镇，搞好乡村建设规划。加强教育培训，培养造就有文化、懂技术、会经营的新型农牧民，充分发挥广大农牧民在新农村新牧区建设中的主体作用。

（二）大力推进新型工业化。着力推动工业结构优化升级，促进工业经济速度与结构、质量、效益、安全和环境保护相统一。要不断优化产业结构，高水平拓展和做大做强优势特色产业，高标准改造传统产业，高起点承接非资源型产业，努力促进产业多元、产业延伸、产业升级。在优势特色产业培育上，除继续加快能源、冶金、农畜产品加工产业发展外，重点加快以煤化工、天然气化工、盐化工为主的化学工业，以运输机械、工程机械、风力发电设备为主的装备制造业，以稀土高新、生物制药、信息制造为主的高科技等产业的发展。要进一步调整产业布局，坚持集群化、基地化、园区化发展，促进产业集中和要素集聚，提高集约化发展水平。坚持以创新为动力，着力提高重点行业、重点企业的原始创新、集成创新和引进消化吸收再创新能力。发展壮大一大批拥有自主知识产权、主业突出、核心竞争力强和带动作用大的大公司、大集团，培育更多的在国内外市场具有重要影响力的优强企业和具有较强竞争力的知名品牌，不断提高名牌产品、高附加值产品、高技术含量产品、精深加工产品的比重。要坚持走资源节约、环境友好的可持续发展路子，大力发展循环经济，鼓励企业循环式生产，推动产业循环式组合，全面推行清洁生产，强化节能降耗，提高资源综合利用水平。要继续加大重点项目建设力度，按照国家产业发展导向和宏观调控的要求，规划建设一批市场前景好、优势突出、特色鲜明的重大项目，组织实施一批提高技术装备水平、延伸产业链条和降低消耗、减少排放的重点技术改造项目，增强产业发展后劲。要加快中小企业和特色园区发展，重点围绕优势特色产业搞延伸，围绕重点项目搞协作，引导和支持中小企业向“专、精、特、新”方向发展。推进专业化特色园区建设，提高特色园区的产业关联度、集中度和影响力，使园区真正成为工业经济发展的主要载体。要积极推进区域工业协调发展。优势地区要进一步加快新型工业化进程，东部地区要抢抓机遇、发挥优势，实现工业经济发展的新突破，成为自治区新的经济增长极。

（三）促进服务业快速健康发展。抓住新型工业化、城镇化加快发展和消费结构升级的机遇，加大改革开放和基础设施建设力度，不断改善服务业发展环境，进一步扩大服务业的产业领域、企业数量、就业规模，提高服务业的质量和效益。大力发展面向生产的服务业，促进现代物流、金融、信息、培训、中介等服务业健康发展。加快发展面向生活的服务业，加强商贸流通和社区服务业，有序发展房地产业，拓展信贷消费领域和规模，促进市场活跃和繁荣。充分发挥我区旅游资源优势，大力发展旅游业。拓展和加强面向农村牧区的服务业，改革农村牧区流通体制，构建城乡消费品和生产资料双向流动、高效顺畅的新型流通网络，更好地为发展农村牧区生产力和满足农牧民需求服务。积极培育面向国际的服务业，加快发展服务贸易，主动承接先进服务业转移，吸引一批跨国公司来内蒙古设立研发、运营中心和地区总部。

（四）积极推进城镇化。按照循序渐进、节约土地、集约发展、合理布局的原则，进一步完善城镇体系。突出发展大城市，加快发展中小城市，有重点地发展小城镇，全面提高城镇的综合承载能力和辐射带动能力，加快农村牧区人口转移和生产要素集聚步伐。呼和浩特、包头、赤峰等大城市，要进一步壮大实力、优化结构、完善功能，增强吸引力、辐射力和综合服务能力。其它盟市所在地，要把扩大城区规模、完善城市功能和做大经济总量、突出优势特色结合起来，积极调整资源配置和产业布局，不断提高城镇化质量和经济发展水平，逐步建设成为区域中心城市。旗县所在地，要进一步发挥联结城乡的桥梁纽带作用和承接农村牧区二、三产业发展及劳动力转移的载体作用，加强基础设施建设，提质扩容，集聚产业，形成特色，进一步提高县城生产总值占县域经济总量的比重。要积极培育呼、包、鄂城市群，通过布局基地化、产业集群化、城镇组团化，打造“金三角”品牌，形成具有内蒙古特色、在中西部地区有较大影响力的区域核心增长极。要鼓励支持有条件的小城市发展成为中等城市，促进部分县城和重点镇向小城市迈进，扶持一批经济大镇和文化名镇加快发展。统筹做好区域规划、城镇规划，深化户籍、土地、投资、劳动和社会保障制度改革，促进城镇化积极健康有序发展。

（五）继续加强生态环境建设和基础设施建设。以建设祖国北方重要生态屏障为目标，加大生态保护和建设力度，巩固发展生态保护和建设成果。按照优先保护、积极治理、合理开发、集约利用的原则，积极调整人口和生产力布局，最大限度地减少人类活动对自然环境的影响，提高生态自我恢复能力。继续实施退耕还林、退牧还草、京津风沙源治理、“三北”防护林、水土保持等生态建设重点工程，实现重点治理区域全面好转。把生态建设与农牧业结构调整、扶贫开发、生态移民和发展林、沙、草等产业结合起来，建立生态保护与建设的长效机制，实现生态效益、经济效益和社会效益的统一。加强天然林保护，进一步推动森工企业的改革发展。坚持预防为主、综合治理，强化从源头防治污染。以解决危害群众健康和影响可持续发展的环境问题为重点，加大技术改造和行政执法力度，建设环境友好型社会。积极创建环保模范城市、生态示范区和环境友好企业，切实让人民群众喝上干净水、呼吸到新鲜空气，为子孙后代留下蓝天绿地、碧水青山。

按照统筹规划、合理布局、优化配置、完善功能的要求，加强交通、水利、能源、信息和市政基础设施建设，重点加大铁路、高等级公路建设力度，加快形成与我区经济社会发展要求相适应的综合交通运输体系、水利设施体系、能源保障体系和信息网络体系，不断提高基础设施承载产业、保障生活的能力和水平。逐步缩小城乡之间、区域之间基础设施差距，提高公共设施均等化水平。

（六）深入推进改革开放和科技进步。坚持社会主义市场经济改革方向，着力推进行政管理体制改革，转变政府职能，规范行政审批，建设服务型政府；着力推进国有大中型企业改革，建立现代企业制度，完善国有资产监管体系，促进国有资产保值增值；着力推进农村牧区综合配套改革，为新农村新牧区建设提供体制保障、资金支持和动力源泉；着力推进垄断行业改革，实现投资主体和产权多元化，维护市场公平和有序竞争；着力推进财税金融投资体制改革，完善公共财政制度，增强金融服务功能；着力推进现代市场体系建设，积极发展资本、产权、技术、劳动力等要素市场。坚持和完善基本经济制度，毫不动摇地鼓励、支持和引导非公有制经济发展，充分发挥非公有制经济在促进经济增长、扩大就业和活跃市场等方面的重要作用。

大力实施互利共赢开放战略，积极参与国内外经济技术合作，充分利用两个市场、两种资源，把内蒙古建设成为我国向北开放的前沿阵地。进一步优化投资环境，把对外开放与对内开放结合起来，把招商引资与优化经济结构、培育优势产业结合起来，大力引进参与我区优势产业发展、重大基础设施建设的战略投资者，大力引进我区发展急需的先进技术、管理经验和高端人才，尽快使内蒙古成为人才、资本、技术等要素流入区。支持有条件的企业“走出去”，到境外进行资源和产业开发。充分发挥我区毗邻俄蒙、口岸较多的地缘优势，积极拓展与俄蒙的合作领域，大力发展口岸经济。积极创造条件，把满洲里、二连浩特等口岸建设成为我国重要的国际贸易、外向型加工制造和跨境旅游基地。加快策克、甘其毛道、满都拉等新兴口岸建设。

增强创新能力，推动科技进步，是提升地区竞争力的决定性因素。要认真贯彻国家中长期科技发展规划纲要，把增强自主创新能力作为推动科技发展的战略基点和调整产业结构、转变增长方式的中心环节，加快建立以企业为主体、市场为导向、产学研相结合的技术创新体系。面向经济建设主战场，促进科技和经济的渗透与融合，推动科研机构和科技人员投身科技进步和技术创新。坚持自主创新和积极引进相结合，吸收和借鉴国内外先进科技成果，着力解决制约我区经济社会发展的重大科技问题，为建设创新型内蒙古提供有力的科技支撑。

四、全面加强社会主义政治建设、文化建设和社会建设

全面建设小康社会，构建和谐内蒙古，是社会主义经济、政治、文化、社会协调发展的有机整体。必须以经济建设为中心，大力加强社会主义政治建设、文化建设和社会建设，为现代化建设提供强有力的体制保障、智力支持和良好的社会环境。

（一）积极推进社会主义政治建设。坚持党的领导、人民当家作主和依法治国的有机统一，不断推进社会主义民主政治制度化、规范化和程序化。坚持和完善人民代表大会制度、共产党领导的多党合作和政治协商制度，保证人民代表大会及其常务委员会依法履行职能，保证人民政协切实发挥政治协商、民主监督和参政议政作用。充分发挥人民代表作用，提高参与管理国家事务的能力。巩固和发展最广泛的爱国统一战线，充分发挥团结各界、凝聚人心、促进发展的积极作用。按照总揽全局、协调各方的原则，加强党委对同级人大、政府、政协的领导，发挥其党组的领导核心作用。支持工会、共青团、妇联等人民团体依照法律和各自章程创造性地开展工作，更好地引导各族人民为经济社会发展贡献力量。进一步发展基层民主，健全基层自治组织和民主管理制度，扩大公民有序的政治参与，保障人民享有广泛的民主权利。坚持党管武装原则，做好民兵预备役工作，积极支持国防和军队建设。

贯彻依法治国方略，加快推进依法治区进程。加强和改进地方立法工作，制定和完善符合民族地区特点、促进科学发展与社会和谐的地方法规。坚持依法行政和从严治政，增强政府的执行力和公信力。维护宪法尊严和法律权威，保证审判机关和检察机关依法独立行使审判权和检察权。认真落实司法为民要求，充分发挥司法机关的职能作用。加强对法律实施的监督，严肃查处徇私枉法、执法犯法行为。深入开展社会主义法治理念教育，加强和改进法律援助工作，拓展和规范法律服务，解决好群众打官司难、审判结果执行难等问题。

坚持和完善民族区域自治制度，进一步做好民族工作。全面贯彻落实《民族区域自治法》和中央民族工作会议精神，充分行使民族区域自治权利，用足用好国家支持少数民族和民族地区发展的各项政策，促进各民族共同团结奋斗、共同繁荣发展。加强马克思主义民族理论和党的民族政策教育，坚持开展民族团结进步表彰活动，组织实施好自治区成立六十周年庆祝活动，提高各族干部群众维护民族团结的自觉性和责任感，不断巩固发展平等团结互助和谐的社会主义民族关系。坚持因地制宜、因族举措、分类指导的方针，加大政策倾斜、资金投入、产业扶持力度，切实抓好“三少”民族自治旗、少数民族聚居区和边境旗市的建设与发展。认真贯彻党的宗教政策，依法管理宗教事务，坚持独立自主自办原则，积极引导宗教与社会主义社会相适应。

（二）大力发展社会主义先进文化。牢牢把握先进文化的前进方向，坚持不懈地用党的理论创新成果武装全党、教育人民，使之真正深入头脑、扎根人心。进一步坚定中国特色社会主义共同理想，不断巩固马克思主义在意识形态领域的指导地位。唱响主旋律，坚持正确导向，充分发挥新闻媒体宣传党的主张、弘扬社会正气、通达社情民意、引导社会热点、疏导公众情绪、搞好舆论监督的重要作用，努力营造倍加顾全大局、倍加珍视团结、倍加维护稳定的良好舆论氛围。重视做好舆情信息工作，坚决抵制错误思想言论和腐朽没落思想文化的传播，使宣传思想文化战线成为推进现代化建设的重要阵地。

努力提高公民的思想道德素质和社会文明程度。坚持把社会主义核心价值体系融入国民教育和精神文明建设的全过程，把树立和践行社会主义荣辱观作为引领社会风尚的旗帜，深入开展理想信念和社会公德、职业道德、家庭美德教育，做好关心下一代工作，加强青少年思想道德教育和大学生思想政治工作，打牢各族人民共同团结奋斗的思想道德基础。建设和谐文化，培育和谐精神，推动公民自觉履行社会责任，保持积极健康向上的社会心态。坚持开展群众性精神文明创建活动，弘扬民族精神和时代精神，不断增强各族人民“热爱内蒙古，建设内蒙古”的责任感和使命感。

全面发展教育、文化、卫生等社会事业。坚持教育优先发展，强化政府对义务教育的保障责任，巩固提高九年义务教育，加快普及高中教育，优先重点发展民族教育，积极发展高等教育，突出发展职业技术教育，构建多层次、多形式、多领域的现代职业教育体系。加大教育投入，鼓励社会力量办学，建立有效的教育资助体系，促进各级各类教育协调健康发展。加快民族文化大区建设步伐，努力实现优秀传统文化和时代发展要求的有机结合，实现经济发展与文化发展的互动并进，实现民族文化和现代文明的交相辉映。坚持一手抓公益性文化事业，一手抓经营性文化产业，加强城乡社区、企业、校园文化阵地建设，优先建设关系群众切身利益的公益性文化项目，逐步形成比较完备的公共文化服务体系。注重保护民族文化遗产，开发利用民族文化资源，繁荣发展草原文化，打造民族文化和草原文化品牌，重点扶持发展一批规模大、实力强、有特色的文化骨干企业，提升我区文化产业的整体实力。重点支持对经济社会发展重大问题的研究，繁荣发展我区哲学社会科学。坚持公共医疗卫生的公益性质，完善公共卫生、医疗服务体系，提高重大疾病预防控制能力和医疗救治能力，加快发展蒙医药、中医药事业。全面推行新型农村牧区合作医疗制度，搞好社区卫生服务，建设覆盖城乡居民的基本卫生保健制度，认真解决群众看病难、看病贵问题。坚持计划生育基本国策，增强人口意识和人均观念，建立健全利益导向机制，稳定低生育水平，提高出生人口素质。发展体育事业，开展全民健身运动，提高竞技体育水平和全民健康水平。

（三）努力构建和谐内蒙古。社会和谐是中国特色社会主义的本质属性。要认真贯彻落实党的十六届六中全会精神，努力构建在党的领导下全区各族人民共同建设、共同享有的和谐社会。

千方百计扩大就业、增加收入。就业是民生之本，富民是和谐之基。各级党委和政府必须把促进就业和富裕人民作为和谐社会建设的重要任务，广开就业门路，大力发展劳动密集型产业，扩大服务业、非公有制经济、中小企业就业容量，培育新的就业增长点。引导全社会转变择业观念，推行多渠道就业和多形式灵活就业。加强就业培训和服务，搞好就业援助和就业指导，促进稳定就业。积极探索和建立收入增长、就业增长与经济增长良性互动机制，把就业增收、政策增收、社保增收等有机结合起来，广辟居民增收渠道，促进居民收入来源多样化。高度重视、认真解决困难群众、弱势群体的生活问题，加大扶贫济困力度，着力提高城乡生活困难家庭的收入水平。

建立健全促进社会和谐的制度保障。以保障权利公平、机会公平、规则公平、分配公平为重点，进一步落实和完善民主权利保障制度、公共财政制度、收入分配制度和社会保障制度，保障人民在政治、经济、文化、社会等方面的权益。坚持量力而行与尽力而为，进一步加大公共财政对教育、科技、卫生、文化、就业再就业服务、社会保障等领域的投入，加大财政支出向农村牧区、革命老区和生活困难群众倾斜力度。切实搞好社会保险统筹工作，加快建立社会保险、商业保险、社会救助、社会福利、慈善事业相衔接的覆盖城乡居民的社会保障体系。合理调节收入分配，努力缩小收入差距，促进共同富裕。坚持把创新精神贯穿到治区理政的各个环节，充分发挥人民群众的首创精神，充分发挥生产力作为最活跃、最革命因素的决定性作用，使全社会的创造能量充分释放、创新成果不断涌现、创业活动蓬勃开展。

进一步加强社会建设和管理。健全党委领导、政府负责、社会协同、公众参与的社会管理格局。各级政府要增强服务理念，以发展社会事业和解决民生问题为重点，不断提高公共服务和管理水平。创新公共服务方式，健全社会服务体系，发挥城乡各类社会组织提供服务、反映诉求、规范行为的作用。健全社会管理机制，形成科学有效的利益协调、诉求表达、矛盾调处、权益保障机制。积极探索新形势下处理人民内部矛盾的正确途径和有效方法。以构筑祖国北疆安全稳定屏障为目标，完善维护稳定工作机制和社会治安防控体系，依法严厉打击各种违法犯罪活动，加强安全生产工作，确保各族人民安居乐业。

五、不断推进党的建设新的伟大工程

把全区各族人民的意志和力量凝聚起来，推进全面建设小康社会和现代化进程，必须进一步加强和改进党的建设，更好地发挥党委总揽全局协调各方的领导核心作用、基层党组织的战斗堡垒作用和共产党员的先锋模范作用。

（一）切实加强思想建设，用马克思主义中国化的最新成果武装头脑、指导实践。认真组织广大党员干部深入学习马列主义、毛泽东思想、邓小平理论和“三个代表”重要思想，学习党的十六大以来党中央提出的一系列重大理论创新成果。坚持理论联系实际的学风，提高运用马克思主义立场、观点和方法研究新情况、解决新问题的能力，把科学发展观的要求转化为谋划发展的正确思路、促进发展的政策措施、领导发展的实际能力，使我们的各项工作更好地体现时代性、把握规律性、富于创造性。

（二）切实加强领导班子和干部队伍建设，不断提高执政能力和领导水平。坚持贯彻执行民主集中制，规范决策程序，推进科学决策和民主决策。全面贯彻干部“四化”方针和德才兼备原则，认真落实《党政领导干部选拔任用工作条例》，切实把那些政治坚定、能力突出、作风过硬、群众信任、善于领导科学发展的干部及时选拔到领导岗位上来，特别要加强对党政主要领导的选配、管理和监督。着眼于增强领导班子的整体功能，优化专业、知识和能力结构，提高科学执政、民主执政、依法执政水平。按照《深化干部人事制度改革纲要》的要求，加快推进干部人事制度改革。加大优秀年轻干部培养选拔力度，认真做好妇女干部、少数民族干部和党外干部培养选拔工作。重视做好老干部工作。认真贯彻《干部教育培训工作条例（试行）》，切实抓好干部教育培训“动力工程”，推进学习型社会建设。坚持党管人才原则，大力实施人才强区战略，抓好培养、吸引、使用等关键环节，增加人才总量，优化人才结构，完善人才机制，切实加强党政人才、企业经营管理人才、专业技术人才、社会工作人才队伍建设，抓紧培养高技能人才和农村牧区适用人才，形成各类优秀人才脱颖而出、各得其所、各尽所能的良好局面。

（三）切实加强党的基层组织建设，进一步夯实党执政的组织基础。以先进性建设为重点，按照围绕中心、服务大局，拓宽领域、强化功能的要求，积极探索新形势下基层组织建设新的机制、途径和方法，使基层党组织真正成为贯彻“三个代表”重要思想、全面落实科学发展观的组织者、推动者、实践者。围绕建设社会主义新农村新牧区，以“三级联创”、“双链双推”活动为载体，建立干部经常受教育、农牧民长期得实惠的有效机制。适应完善社会主义市场经济体制和建立现代企业制度的要求，进一步加强和改进国有及国有控股企业党建工作，充分发挥党组织的政治核心作用。加强非公有制企业党建工作，不断扩大党的工作覆盖面。适应城市社会管理和党员分布的新变化，努力构建社区党建工作的新格局。重视做好机关、院校、科研单位、文化团体的党建工作。认真总结和运用先进性教育活动的理论成果、实践成果和制度成果，形成党员“长期受教育、永葆先进性”的长效机制。坚持标准，保证质量，把符合条件的各方优秀分子及时吸收到党的队伍中来，不断增强党的阶级基础、扩大党的群众基础。

（四）切实加强党风廉政建设，深入开展反腐败斗争。党风廉政建设和反腐败斗争关系党的生死存亡，要旗帜鲜明、毫不动摇地不断加强。认真贯彻"两个务必"和"八个坚持、八个反对"的要求，大力加强党的作风建设，努力培育与党的优良传统相承接、与改革创新的时代精神相符合的好作风。我们党的最大政治优势是密切联系群众，要坚持党的群众路线，大兴求真务实、艰苦奋斗之风，做到清醒、静心、实干，多干群众急需和群众受益的事，多干打基础和利长远的事，坚决防止和克服形式主义、急功近利、劳民伤财，以优良的党风促政风带民风，营造和谐的党群干群关系。坚持标本兼治、综合治理、惩防并举、注重预防和反腐倡廉战略方针，推进教育、制度、监督并重的惩治和预防腐败体系建设。切实加强对落实科学发展观、构建社会主义和谐社会的监督检查，确保党的路线方针政策的贯彻落实。搞好党章、法纪学习和警示教育，加强党员干部党性锻炼和思想道德修养，推进廉政文化建设，筑牢拒腐防变的思想道德防线。以科学配置权力、有效制约权力为重点，健全防范腐败的体制机制，最大限度地从源头上减少腐败发生。继续加大专项治理工作力度，认真开展治理商业贿赂工作，坚决纠正、治理部门和行业不正之风，切实解决好损害群众利益的突出问题。以查办发生在领导机关和领导干部中的违纪、违法、犯罪案件为重点，进一步加大查办案件工作力度，严厉惩治腐败行为。坚持党委统一领导、党政齐抓共管、纪委组织协调、部门各负其责、依靠群众支持和参与的反腐败领导体制和工作机制，认真落实党风廉政建设责任制，不断加强纪检监察机关自身建设。各级领导干部要做廉洁自律的表率，从政要有品格，用权要讲原则，做人要重形象，带头加强思想道德修养，带头接受监督，自觉做到为民、务实、清廉。同志们，实现这次大会确定的奋斗目标，是时代的要求、人民的愿望，更是全区各级党组织和广大党员的神圣使命。实践必将证明，具有光荣传统的内蒙古各族人民，一定能够再创新的业绩、再铸新的辉煌。让我们紧密团结在以胡锦涛同志为总书记的党中央周围，全面贯彻落实科学发展观，团结带领全区各族人民，把内蒙古的改革开放和现代化建设继续推向前进！

政 府 工 作 报 告

Report on the Work of the Government

——2007年1月25日在内蒙古自治区第十届人民代表大会第五次会议上

内蒙古自治区主席　杨晶

现在，我代表自治区人民政府向大会作工作报告，请予审议，并请自治区政协委员和列席会议的同志们提出意见。

一、过去一年的工作回顾

2006年是“十一五”的开局之年。在党中央、国务院和自治区党委的正确领导下，我们高举邓小平理论和“三个代表”重要思想伟大旗帜，坚持以科学发展观统领全局，认真贯彻落实国家宏观调控政策，经济社会承接了“十五”时期的大好来势，继续快速协调健康发展。全区生产总值完成4790亿元，增长18%；财政总收入712.9亿元，增长32.9%，其中经常性财政收入增长21.5%；固定资产投资3406.3亿元，增长26.7%；社会消费品零售总额1595.3亿元，增长16%；进出口总额59.5亿美元，增长22.4%；城镇居民人均可支配收入10358元，实际增长12%；农牧民人均纯收入3342元，实际增长10%；居民消费价格总水平上涨1.5%；人口自然增长率3.96‰；城镇登记失业率控制在4.1%以内。均完成或超额完成预期目标。能耗指标的完成情况，国家将在今年6月底统一发布。

一年来，我们主要做了以下几个方面的工作。

（一）认真贯彻落实国家宏观调控政策。全面清理整顿新开工项目，停建和整顿了130多个不符合要求的建设项目。清理关闭高耗能、高污染、低水平的小企业近1200户，淘汰小煤矿、小水泥、小电石、小焦炭等落后生产能力3000多万吨，提前1年半完成了小煤矿淘汰关闭任务，全区地方煤矿关闭率达到62%。大力整顿土地、矿产资源和房地产市场秩序，强化了市场在资源配置中的基础性作用。加强能源资源的节约利用，狠抓重点行业、重点企业节能降耗，大力发展循环经济，推进清洁生产。加强环境保护工作，重点流域水质和重点城市空气质量进一步好转，基本完成了国家下达的主要污染物减排指标，自治区“十一五”经济社会发展规划通过国家战略环评。

（二）加强社会主义新农村新牧区建设。第一产业实现增加值641.7亿元，增长6%。强化农牧业综合生产能力建设，全区粮食总产量341亿斤，牧业年度牲畜存栏1.1亿头（只），均创历史最高水平。加快农牧业结构调整步伐，畜牧业占第一产业的比重有所提高，农区畜牧业占畜牧业的比重达到70%，优质、高产、高效农作物占种植业的比重达到52.6%。不断推进农牧业产业化经营，农畜产品加工企业销售收入达到1159亿元。加大投入力度，进一步改善农村牧区基础设施和农牧民生产生活条件，全区财政支农支牧资金达到87亿元，增长21.8%。全年新增农田草牧场有效灌溉面积166万亩，新增节水灌溉面积277万亩，解决了70.8万人的饮水困难问题，为1.6万户农牧民通了电、350个村通了公路，基本实现了村村通电话，确定了100个新农村新牧区建设试点嘎查村。农村牧区综合改革深入推进，各项支农惠农政策进一步落实。

（三）积极推进产业结构优化升级。继续做大做强工业经济，全年规模以上工业增加值完成1667.2亿元，增长29.8%，其中六大优势特色产业增长38%，总量占规模以上工业增加值的87%。工业经济效益明显提高，规模以上工业企业经济效益综合指数达到240.7，提高了40.1个点；实现利润332.5亿元，增长52.1%。工业布局进一步优化，工业基地和园区建设得到加强，重点地区、重点企业、重点开发区的带动作用不断增强，东部盟市工业经济实现较快增长。加大对建筑业的支持力度，建筑业实现增加值351.4亿元，增长14.3%。认真落实支持服务业发展的政策措施，放宽市场准入，优化发展环境，支持服务业做大做强，全年服务业完成增加值1818.8亿元，增长14.5%。

（四）进一步增强发展后劲。开工建设了一批资源利用好、环境污染少、技术水平高、延伸加工能力强的重点项目，全年新增煤炭生产能力1500万吨，电力装机容量900万千瓦，500千伏输变电线路445公里、220千伏输变电线路1200公里。继续加强生态和基础设施建设，全年完成退耕还林等重点林业工程面积890万亩，退牧还草面积4000万亩，禁牧休牧草原面积6.5亿亩，治理荒漠化面积3400万亩，治理水土流失面积695万亩，农业保护性耕作面积700万亩。开工建设了一批水利枢纽和病险水库除险加固工程，全年新增水利工程供水能力6亿立方米。交通建设步伐进一步加快。公路建设完成投资245亿元，新增公路里程4300公里；铁路建设完成投资100亿元以上，新建铁路里程2712公里；新开工了赤峰机场迁建和包头、乌海、满洲里、乌兰浩特机场飞行区扩建项目。继续加大城镇规划、建设和管理力度，重点城市的市政基础设施得到加强，城市功能进一步完善。切实加强地质勘查工作，投入地勘资金27.8亿元，新探明煤炭资源储量3100多亿吨，铁矿石资源储量1.2亿吨。

（五）着力推进改革开放。加快国有大中型企业产权多元化改造步伐，国有企业主辅分离辅业改制工作进展顺利，累计分离办社会机构460多个，顺利完成了地方国有控股上市公司股权分置改革。非公有制经济加快发展，占全区生产总值的比重达到37%。深化部门预算和国库集中收付制度改革，加强机构编制管理，严格控制财政供养人员增长，积极推进公务员工资制度和事业单位收入分配制度改革。进一步提高对外开放水平，加大招商引资力度，全年引进国内（区外）资金到位1365亿元，增长24.4%；外商投资实际到位资金17亿美元，增长42.9%。与俄罗斯、蒙古国的经济技术交流与合作取得积极进展。

（六）大力发展社会事业。在全力抓好经济工作的同时，更加重视社会事业发展。全区财政用于支持社会事业发展的支出达到148.2亿元，其中教育支出95.1亿元，增长21.6%，高于经常性财政收入增长。研究制定了自治区《中长期科学和技术发展规划纲要》，加强技术创新体系建设，组织实施了18项重大科技专项。全面完成了“两基”攻坚任务，如期完成了寄宿制学校建设、农村牧区中小学危房改造和远程教育网络建设工程。职业教育得到加强，高等教育稳步发展，民族教育发展工程正式启动。认真落实人才强区战略，人才流入区建设步伐加快。加强公共卫生体系建设，累计投入资金7.6亿元，改善了80%以上的疾病控制、医疗救治、卫生监督机构和苏木乡镇卫生院条件。自治区、盟市、旗县三级卫生应急管理体制初步建立，应急能力显著增强。蒙医、中医工作迈出新步伐。民族文化大区建设进一步推进，文化产业发展步伐加快。人口和计划生育、体育、广播影视、新闻出版等各项工作都取得了新进展。

（七）千方百计解决好民生问题。认真落实就业再就业目标责任制和一系列优惠政策，加大就业工作力度。全区财政实际就业支出8亿元，增长48.6%。全年新增城镇就业19.1万人，15.6万下岗失业人员实现再就业。社会保险覆盖面稳步扩大，养老保险、医疗保险参保人数分别达到352万人和316万人，累计发放失业保险金2.4亿元，企业离退休人员养老金月人均增加170元。城镇低保覆盖70多万困难群众，基本实现了动态管理下的应保尽保。加大扶贫开发力度，全区安排扶贫开发资金10亿元，解决了10万贫困人口的温饱问题。累计拨付各类防灾救灾资金4.4亿元，受灾地区群众生产生活得到妥善安置。投入资金2.5亿元，加强敬老院和福利院建设。积极为困难群众办实事，年初自治区政府承诺的六件实事全部兑现。筹措资金1.8亿元，使42.7万特困农牧民享受到了最低生活保障；筹措资金8.7亿元，全部免除了农村牧区义务教育阶段学生的学杂费，为家庭困难的学生免费提供教科书并补助寄宿生活费，受助学生达到208万人；为1万多名家庭困难的大学生发放助学贷款近7000万元，受助学生数和贷款金额均比上年增加了1倍。筹措资金6500万元，以助学金、奖学金和助学贷款贴息等形式，资助大学生和职业院校学生5.4万人；新型农村牧区合作医疗的补助标准进一步提高，覆盖面进一步扩大，试点旗县达到39个，近550万农牧民受益。加强新型城镇医疗卫生服务体系建设，社区卫生惠及51%的城镇人口。设立济困门诊，为困难群众减免医疗费用1300多万元；加大对“零就业家庭”的就业援助力度，帮助7797个“零就业家庭”的10198人实现了就业；筹措资金1.1亿元，对“三少”民族和部分特困群众危旧房进行了改造。

（八）切实加强精神文明和民主法制建设。深入开展科学发展观、构建和谐社会和《江泽民文选》的学习宣传教育，加强全民思想道德教育和精神文明创建活动。全面贯彻中央民族工作会议精神，成功承办了全国民族工作经验交流会。积极推进政府决策的科学化、民主化，政务公开范围不断扩大。自觉接受人大的依法监督和政协的民主监督，加强与各民主党派、工商联和无党派人士的联系。认真落实依法治区方略，进一步推进依法行政，向自治区人大提交了9部地方性法规议案，制定并颁布了7部政府规章。积极稳妥地推进经济责任审计，加强对重点领域、重点部门、重点资金的审计监督。加大行政监察力度，大力开展治理商业贿赂专项行动。继续整顿规范市场经济秩序，强化食品、药品违法行为整治。加大安全生产监管力度，关闭了2000多户不具备安全生产条件的企业。高度重视信访工作，进一步加大对疑难信访案件的办理力度。依法严厉打击刑事犯罪，维护了社会治安稳定。积极推进国防后备力量建设，大力支持军队建设，军政军民团结更加巩固。

各位代表，过去的一年我区经济社会发展取得了新成绩，实现了“十一五”的良好开局。现在的内蒙古，政治更加稳定、经济更加发展、社会更加和谐、民族更加团结，正以崭新的风貌迎来自治区成立60周年。这些成绩的取得，是党中央、国务院和自治区党委正确领导的结果，是全区各族干部群众长期坚持不懈、共同努力的结果，也是社会各界大力支持和帮助的结果。在此，我代表自治区人民政府，向辛勤工作在各个岗位上的各族干部群众，向所有关心支持内蒙古发展的同志们、朋友们，表示衷心的感谢和崇高的敬意！

在看到成绩的同时，我们也清醒地认识到发展中存在的主要问题。一是结构性矛盾依然突出。产业结构中建筑业、服务业发展需要进一步加快；生产力布局结构中地区发展不平衡，城乡发展差距较大；所有制结构中非公有制经济发展较慢；企业结构中中小企业发展不足。二是经济增长方式还比较粗放。农牧业粗放经营的状况尚未根本改变，资源综合开发利用水平不高，延伸加工和自主创新能力不强，经济增长中的能源消耗还比较高。三是可持续发展的基础仍然较弱。农牧业抵御自然灾害能力不强，生态环境依然比较脆弱，部分地区污染还比较严重，基础产业尚需巩固和加强，基础设施特别是农村牧区基础设施建设任务还十分艰巨。四是和谐社会建设中的矛盾和问题依然比较多。社会事业发展相对滞后，城乡居民收入增长与经济增长不够协调，收入差距仍在拉大，部分群众生活还很困难，看病难、看病贵、上学难和部分城市房价上涨较快等问题还比较突出，社会保障水平还不高，就业压力仍然很大，群体性上访事件依然较多。此外，政府职能转变步伐还不快，形式主义、官僚主义、铺张浪费、虚报浮夸等现象还不同程度地存在。我们要高度重视这些问题，采取切实有力措施，认真加以解决。

二、2007年的主要工作任务

今年是自治区发展史上具有重要意义的一年。政府工作的总体要求是：高举邓小平理论和“三个代表”重要思想伟大旗帜，以科学发展观统领经济社会发展全局，认真贯彻落实党中央、国务院的决策部署和自治区第八次党代会精神，深入推进经济结构调整和增长方式转变，继续加快新型工业化、农牧业产业化和城镇化进程，大力加强社会主义新农村新牧区建设，加快发展优势特色产业和服务业，进一步推进改革开放，全面发展社会事业，不断提高协调发展和可持续发展水平，切实加强精神文明和民主法制建设，千方百计提高人民群众生活水平，着力构建和谐内蒙古，努力实现经济社会又好又快发展，以优异成绩庆祝自治区成立60周年，迎接党的十七大胜利召开。经济社会发展的主要预期目标是：生产总值增长15%；财政总收入增长20%；城镇居民人均可支配收入实际增长12%，农牧民人均纯收入实际增长10%；新增城镇就业20万人，城镇登记失业率控制在4.2%以内；人口自然增长率控制在6.3‰以内；居民消费价格总水平上涨幅度控制在3%以内。约束性指标是：单位生产总值能耗降低5%；完成国家下达的主要污染物减排指标。

根据上述总体要求和目标，在工作中要切实把握好以下三个原则：一是坚持好中求快。既要充分利用各种有利条件，努力保持经济较快增长，更要重视发展的代价、风险和隐患，切实转变发展理念、创新发展模式，把发展建立在结构优化、质量提高、效益增强、消耗降低的基础上，努力实现又好又快发展。二是坚持扬长补短。继续增强优势产业、优势地区和中心城市的发展活力与带动作用，进一步巩固和发展长项优势；同时，积极挖掘短项潜力，大力发展建筑业、服务业、外向型经济、非公有制经济和中小企业，鼓励和支持东部盟市加快发展，努力培育新的发展优势。三是坚持以人为本。高度关注民生，着力解决好群众最关心、最直接、最现实的利益问题，让人民群众从改革发展中得到更多实惠，努力促进社会和谐。

今年，要重点抓好以下十个方面的工作。

（一）以发展现代农牧业为重点，扎实推进社会主义新农村新牧区建设。继续把解决好“三农三牧”问题作为重中之重，坚持工业反哺农业、城市支持农村和多予少取放活的方针，加大农牧业投入，确保新农村新牧区建设取得新的进展。

要把发展现代农牧业作为新农村新牧区建设的首要任务来抓。继续调整优化农牧业结构，大力发展特色、绿色和生态农牧业，进一步提高畜牧业、优质高产作物和农畜产品转化增值比重。加强农牧业综合生产能力建设，毫不放松地抓好粮食生产，确保粮食播种面积稳定在6700万亩以上，粮食总产量稳定在350亿斤左右。加快发展现代畜牧业，推进畜牧业尽快向质量、效益与生态安全并重的方向转变。因地制宜，分类指导，探索建设一批现代农牧业示范区。以培育壮大龙头企业为重点，以建设标准化生产基地为基础，以提高农畜产品加工转化率为核心，进一步推进农牧业产业化经营。健全农村牧区市场流通体系，加快培育一批大型农资、农畜产品流通企业和鲜活农畜产品批发市场，充分发挥农村牧区供销社的主渠道作用，大力发展农牧民合作经济组织。加快农牧业先进适用技术的推广应用，提高农牧业设施装备和机械化作业水平。强化农牧业服务体系建设，加快农牧业信息化进程，为农牧民提供及时、准确和有效的信息服务。抓好重大动物疫病防治工作。

不断改善农牧民生产生活条件。切实加强农村牧区基础设施建设，全年力争新增农田草牧场有效灌溉面积100万亩，节水灌溉面积200万亩，解决60万人的安全饮水和2万户农牧民的通电问题，实现所有苏木乡镇通油路、嘎查村通公路。加强农村牧区公共服务设施建设，启动实施农村牧区初中改造和乡镇综合文化站建设工程。在调整布局、加快转移、整合资源的同时，进一步加大对农村牧区的投入，确保财政支农支牧投入的增量高于上年，固定资产投资用于农村牧区的增量高于上年，土地出让收入用于农村牧区建设的增量高于上年，自治区财政新增教育、卫生、文化等事业经费将主要用于农村牧区。要整合支农支牧资金，完善投入管理办法，充分发挥政府资金的带动作用，引导农牧民和社会资金投向农村牧区建设，构建稳定的投入增长机制。

全面深化农村牧区各项改革。坚持农村牧区基本经营制度不动摇，稳定和完善土地草牧场承包关系。加强土地管理，从严控制新增建设用地总量，坚持最严格的耕地保护制度，严格执行耕地占补平衡制度。巩固和发展农村牧区税费改革成果，坚持以转变政府职能为重点深化苏木乡镇机构改革，以落实教育经费保障机制为重点深化农村牧区义务教育改革，以增强基层财政保障能力为重点深化县乡财政管理体制改革，以健全新型农村牧区合作医疗制度为重点深化农村牧区医疗卫生改革。积极稳妥地清理化解乡村债务，优先化解义务教育等公益事业负债。继续推进农村牧区金融改革，抓好农村牧区合作银行试点工作，加快建立适应“三农三牧”特点的农村牧区金融体系，切实解决农牧民贷款难的问题。扩大农牧业政策性保险试点范围，逐步建立农牧业风险防范机制。积极推进国有农牧场体制改革，加快集体林权制度和国有林场改革，积极稳妥地开展国有林权改革试点。认真搞好第二次农牧业普查，为推进新农村新牧区建设提供科学依据。

多渠道增加农牧民收入。充分挖掘农牧业内部增收潜力，完善龙头企业和农牧民之间的利益联结机制，使农牧民更多地受益。进一步巩固、完善和加强各项支农惠农政策，继续对重点地区、重点粮食品种实行最低收购价政策，粮食直补资金要达到粮食风险基金的50%以上。扩大良种补贴范围和品种，扩大农牧机具购置补贴规模、补贴机型和范围。加大农牧业生产资料综合补贴力度，不折不扣地落实退耕还林、退牧还草等各项补助，逐步形成目标清晰、受益直接、类型多样、操作简便的农牧业补贴制度。加强农牧民职业技能培训，有序组织劳务输出。坚持开发式扶贫方针，加强整村推进、产业化扶贫和贫困地区人口转移培训工作，搞好生态移民和扶贫移民，继续开展定点帮扶。

（二）加快产业升级和增长方式转变，促进工业经济持续健康发展。按照做大做强优势特色产业和产业多元、产业延伸、产业升级的要求，组织实施一批规模大、起点高、技术装备水平先进的重大项目，增强优势特色产业发展后劲。全年新开工煤化工总规模500万吨、电力装机600万千瓦、煤炭生产规模5000万吨。狠抓新项目开工率，加快在建项目进度，确保按期投产达效。加强大型工业基地和专业化特色园区建设，提高园区产业关联度和配套服务水平，构筑重大项目和产业集群发展平台。

推动产业优化升级。要高水平拓展优势特色产业，加快大型煤炭、火电基地建设，加强风能、太阳能等可再生能源的开发利用，提高天然气资源的综合开发利用水平；优化冶金工业产品结构，提高产业集中度；坚持高加工度、集群化、基地化方向，大力发展化学工业；积极拓展装备制造业领域，壮大稀土、生物制药和信息产品制造等高新技术产业规模。要高标准改造传统产业，围绕节能减排和发展循环经济，组织实施一批技术改造项目，推动传统产业优化升级，努力使重点企业技术装备达到国内先进水平。要高起点承接国内外非资源型产业转移，积极培育发展直接面向消费市场的劳动密集型产业，优化产业体系。继续淘汰落后生产能力，加快企业兼并重组和资源整合，对不符合国家产业政策和市场准入标准的落后产能，分类进行整改关停。

积极培育工业经济新的增长点。坚持围绕优势特色产业搞延伸，围绕重点项目搞协作，围绕工业基地建设搞配套，大力发展中小企业，启动实施“一个产业带动百户中小企业工程”，培育一批延伸配套加工型的中小企业，大力发展产业集群。完善信用评价和社会化服务体系，为中小企业发展创造良好环境。坚持特色化、园区化方向，突出抓好县域特色产业的培育，鼓励发展一县一品、一园一品，主动接受大城市、大企业、大项目的辐射，形成合理的产业分工，提高县域经济发展水平。

突出抓好节能减排工作。抓紧建立科学统一的节能减排统计指标体系、考核体系和监测体系，健全节能减排工作考核机制和问责制，确保完成节能减排目标任务。严格执行《环境影响评价法》，提高市场准入标准，加强项目的节能审核和环保评价。抓好重点行业节能工程建设，督促企业建立严格的节能减排管理制度，严格落实节能减排指标。要把发展循环经济作为节能减排的重要手段，以延伸产业链为切入点，建立企业间资源再利用、再循环机制。加快国家和自治区级循环经济园区建设，积极组织开展清洁生产企业试点。切实抓好水资源保护和水污染、大气污染防治，认真解决突出的环境问题。发挥市场机制作用，完善有利于节能减排的财税、价格政策体系。健全生态环境补偿和矿产资源有偿使用制度，继续整顿和规范矿产资源开发秩序，严格矿业权管理，大力推进矿产资源整合。

加大技术创新力度，尽快在重点领域实现关键技术突破，形成拥有自主知识产权的核心技术和知名品牌。加快建设国内一流的羊绒、乳品、生物制药、稀土产业研发中心，国内领先的煤液化、气化及系列煤化工研发中心，适合自治区资源特点的材料工业、可再生能源产业研发中心，构筑具有内蒙古特色的技术创新体系。要进一步确立企业在技术创新中的主体地位，鼓励企业加大研发投入和人才储备，引导创新要素向企业集中。

（三）加快发展服务业，进一步提高服务业发展水平。适应经济发展需要，大力发展面向生产的服务业。积极发展现代物流业，加快建设大型物流枢纽，发展区域性物流中心，培育专业化物流企业。进一步健全金融服务体系，鼓励引导商业银行加大对自治区重点建设领域和薄弱环节的信贷支持，发展面向中小企业的融资和小额信贷。拓宽保险服务领域，充分发挥商业保险在应对灾害事故、完善社会保障体系中的重要作用。发展信息服务业，推进以网络技术和数字技术为基础的高技术服务业发展。

适应居民消费结构升级趋势，加快发展面向消费者的服务业。提升商贸流通业，鼓励发展经营业态多样的零售、餐饮等商贸服务，推广连锁经营、特许经营等现代流通方式和组织形式。大力发展旅游业，合理开发和保护旅游资源，改善基础设施，推进重点旅游景区、旅游线路建设，在继续发展观光、休闲等传统旅游的同时，积极发展红色旅游、工业旅游等各类专题旅游，组织好中国北方旅游交易会。加快发展社区服务业，推进社区服务规范化和网络化建设。大力培育新的消费热点，不断满足城乡居民多层次、多样化的消费需求，增强消费对经济增长的拉动作用。全年实现社会消费品零售总额增长16%。

认真贯彻落实鼓励支持服务业发展的政策措施，打破垄断，放宽准入，建立公开、平等、规范的行业准入制度。要按照营利性与非营利性分开的原则，加快行政、事业单位后勤服务的社会化步伐。充分发挥服务业引导资金的作用，抓好服务业重点项目建设，鼓励社会资金投向服务业。建立健全服务业经济指标体系，强化对服务业发展的分析和监测。

（四）继续加强生态和基础设施建设，改善经济社会发展条件。着眼于增强经济发展后劲，保持固定资产投资合理规模，全年固定资产投资增长20%。进一步优化投资结构，加强生态和基础设施建设。继续实施退耕还林、退牧还草、天然林保护、京津风沙源治理、水土保持等生态工程，深入开展造林绿化和全民义务植树活动，全年新增造林合格面积1000万亩，治理水土流失面积650万亩，治理“三化”草原面积3450万亩，确保草原禁牧休牧面积稳定在6.5亿亩以上。加快推进农业节水示范项目和以灌溉饲草料地为重点的牧区水利试点工程项目，抓好大型灌区续建配套和节水改造。加强重点水利枢纽和调水工程建设，加大病险水库除险加固力度。公路建设力争完成投资260亿元，突出抓好公路主骨架大通道建设，努力提高盟市到旗县公路的技术等级。铁路建设力争完成投资150亿元，新建里程4028公里，改扩建里程1786公里。加快民航机场建设步伐，开工建设二连浩特、阿尔山机场项目，完善网络布局。

（五）积极推进区域协调发展，进一步提升城镇化水平。鼓励呼包鄂地区继续发挥优势，在转变增长方式、推进新型工业化、统筹城乡发展上发挥示范带动作用。同时，加强分工协作，加快构筑产业群和城市群，提升区域整体竞争力。支持东部盟市抓住国家振兴东北等老工业基地的战略机遇，进一步加快发展步伐。加大对东部盟市的财力倾斜，制定和落实优惠政策，形成推动东部盟市发展的合力。继续推进“兴边富民”行动，大力扶持边境地区、少数民族聚居区、“三少”民族地区和革命老区改善生态和基础设施条件，培育地区特色产业，增强自我发展能力。

进一步提升城镇化水平。壮大城镇经济，推进产业向城镇和工业园区集聚，增强城镇的产业支撑力、吸纳就业和综合承载能力。积极发展以建筑业、房地产业和公用服务业为主的城镇基础产业。加大对建筑业的支持力度，落实好优惠政策，完善扶持措施，积极引导和支持建筑企业优化重组，尽快培育一批技术实力雄厚、竞争力强的本土大型建筑企业。坚持分类指导，加强房地产市场宏观调控，抑制部分城市房价过快上涨，加快住房供应不足地区的房地产业发展。加大经济适用住房建设力度，完善住房补贴、贷款、公积金等政策措施，全面实施廉租住房制度，构建多层次的住房保障体系，着力解决群众的住房问题。坚持政府主导、市场推动的原则，推进城镇公用服务业的市场化改革。要综合考虑承载能力和长远发展，合理规划城镇规模与布局，提高城镇现代化水平。切实加强城镇道路、公共交通、信息网络和水电气热管网等市政基础设施建设，加快教育、文化、卫生、体育等城镇公共服务设施建设，积极稳妥地推进“城中村”和老城区改造，加强城乡结合部管理，美化城镇环境。认真落实自治区出台的鼓励政策，妥善解决进城务工人员子女上学、社会保障等方面的问题，促进农牧民向城镇有序转移。

（六）加大改革攻坚力度，提高对外开放水平。稳步推进重点领域和关键环节的改革，建立健全贯彻落实科学发展观的体制机制。继续深化国有企业改革，着力推进国有大中型企业的股份制改造，加快企业上市步伐，做好国有企业主辅分离辅业改制工作。完善国有资产监管体系，促进国有资产保值增值。认真落实国家和自治区发展非公有制经济的各项优惠政策，坚持平等准入、公平待遇的原则，加大对非公有制经济在信贷、税收和社会化服务等方面的支持，引导非公有资本进入法律法规未限制的行业和领域，引导国内非公有资本进入外资可以进入的行业和领域。积极推进投资体制改革，规范投资行为。根据国家统一部署，推进煤、电、水、天然气等资源性产品价格改革。按照建立公共财政框架的要求，加快财政体制改革，把有限的资金更多地用于民生和社会公共事业发展。加强税收征管，努力扩大财源。积极推进财政支出的科学化、规范化和法制化，完善财政转移支付制度，健全监督管理机制，切实提高财政资金使用效益。

进一步提高对外开放水平。继续支持有实力、守信用的企业走出去，积极有序地扩大境外投资合作。抓住俄罗斯举办“中国年”活动的机遇，深化与俄罗斯的经贸合作。继续改善口岸基础设施条件，重点抓好口岸贸易加工区建设，着力在进口资源落地加工和本地产品出口加工上下功夫，加快发展口岸加工业。坚持引进资金、技术和智力并举，优化引资结构，做到科学招商、理性引资。要认真研究国家产业政策，积极引进符合自治区产业发展方向的资源精深加工项目和有利于扩大就业、改善民生的非资源型、劳动密集型项目。全年力争引进国内（区外）资金1500亿元，利用外商直接投资20亿美元，进出口总额增长16%。

（七）繁荣发展社会事业，推动经济社会协调发展。深入推进“科教兴区”战略。落实自治区中长期科技发展规划纲要和鼓励技术创新的政策措施，组织实施一批重大科技专项，力争全年开发100项新产品、新技术。加强知识产权保护，大力发展技术咨询、技术转让等中介服务，推进科研成果转化。巩固“两基”达标成果，全面提高义务教育普及水平，积极推进素质教育。重视城乡教育均衡发展，努力缩小城乡、地区、重点与非重点学校之间的差距。加大投入，优化结构，促进高中教育健康有序发展。切实保障农村牧区义务教育经费，提高贫困小学、初中寄宿生的生活费补助标准。改善职业学校的办学条件，全面实施100所职业学校、100个精品专业点和100个重点实训基地建设工程。加强重点学科和重点研究基地建设，着力提高高等教育办学质量。认真落实各项教育资助政策，确保考上大学的贫困家庭子女都能入学。优先重点发展民族教育，积极改善民族学校办学条件，大力推进少数民族地区“双语教学”。

全面实施人才强区战略。加强人才宏观管理，扩大人才总量，优化人才结构。加快农村牧区实用人才、企业经营管理人才、高技术人才和社会工作人才队伍建设，引导高校毕业生积极投身于新农村新牧区建设。加强人才引进、储备和人才市场建设，创新人才工作体制机制，加快人才流入区建设。

大力发展医疗卫生事业。按照医药分开、营利性与非营利性分开的原则，稳步推进医疗卫生体制改革。全面完成疾病预防控制、医疗救治和卫生执法监督体系建设任务，有效预防、控制重大疾病和突发公共卫生事件。全面推行新型农村牧区合作医疗制度，100%覆盖农牧业人口，农牧民参合率达到85%以上。加快新型城镇卫生服务网络建设，启动实施以大病统筹为主的城镇居民医疗保险试点，认真解决群众看病难、看病贵问题。发挥蒙医、中医的特色和优势，满足群众医疗保健需求。做好人口和计划生育工作，稳定低生育水平，全面推行农村牧区计划生育家庭奖励扶助制度，人口出生率控制在11.5‰以内。大力发展体育事业，积极推进“草原万里健身工程”，努力提高竞技体育水平和全民健康素质。认真做好老龄和妇女儿童权益保障工作，加大实施“两纲”力度，确保如期完成国家和自治区确立的妇女儿童发展目标。

加强民族文化大区建设。扎实推进城乡基层文化设施建设，实施文化资源共享工程，丰富群众文化生活。加快文化体制改革和机制创新，坚持精品战略，繁荣文艺创作，打造民族文化品牌，做好《蒙古学百科全书》的编纂出版工作。加强规划和指导，大力培养文化产业人才，提高品牌创意能力，推动文化产业健康发展。重点抓好具有内蒙古特色和优势的文博会展、影视出版、演艺等文化产业，办好民族商品交易博览会和第三届中国西部文化产业博览会。继续推进文化事业单位内部改革，推动新闻媒体宣传业务和经营业务分离。加强对各类宣传媒体的支持和引导，确保正确的舆论导向。继续扩大广播影视覆盖范围，推进有线电视网络整合，积极发展数字广播电视。加强哲学社会科学研究。切实做好文化遗产和文物保护工作。

（八）高度重视民生问题，努力构建和谐内蒙古。实行积极的就业政策，统筹做好困难群体再就业、高校毕业生就业和农村牧区富余劳动力转移就业工作，确保有就业能力的零就业家庭至少有一人就业。切实做好“两个确保”和最低生活保障工作，农村牧区最低生活保障面扩大到60万人以上，补助标准提高20%，城镇低保标准每人每月提高20元。严格执行企业最低工资标准，建立企业正常增资和职工收入与效益增长的联动机制。加强劳动监察，建立健全保障机制，确保企业职工和农民工工资按时足额发放，构建和谐劳动关系。加强社会保险基金征缴和管理，建立严格的监管机制，保障社保基金安全。继续扩大社会保险覆盖面，提高私营企业、困难企业职工和灵活就业人员的参保率，研究解决农民工失业保险问题，积极探索建立多种形式的农村牧区养老保险制度。完善自然灾害监测网络体系，提高预警预测和救助能力，最大限度地减少自然灾害造成的损失。加强社会救助体系建设，关心残疾人事业，妥善安排好困难群众、受灾群众的生产生活。

切实维护群众的合法权益。加强对医疗、教育收费及住房价格的监管，认真解决群众反映强烈的问题。完善征地程序和安置办法，严格土地征用和拆迁管理，确保被征地农牧民原有生活水平不降低、长远生计有保障。继续整顿和规范市场经济秩序，严厉打击偷骗税和制售假冒伪劣商品等违法行为。加强食品药品安全监管，继续推进食品药品放心工程。完善信访工作机制，妥善处理信访突出问题及群体性事件。加强社会治安防控体系建设，深入开展“打黑除恶”专项斗争，严厉打击各类刑事犯罪，创造和谐安定的社会环境。强化边境管控，积极开展军警民联防活动，确保边疆稳定。

高度重视安全生产工作。认真落实安全生产责任制，进一步加强对重点领域和行业的安全监管，加快矿山安全质量标准化建设，严格易燃易爆、危险化学品管理，加强道路交通安全管理和公共场所安全防范。严格执行安全事故责任追究制度，严肃查处玩忽职守、造成重特大事故的责任者。

（九）加强民主法制和精神文明建设，为经济社会发展提供制度保障和精神动力。全面贯彻党的民族宗教政策，落实民族区域自治法及配套政策法规，巩固发展平等、团结、互助、和谐的社会主义民族关系，促进各民族共同繁荣进步。认真执行人大及其常委会的决议和决定，及时报告工作，自觉接受监督。积极支持人民政协履行政治协商、民主监督、参政议政的职能，主动听取各民主党派、工商联、无党派人士及各人民团体的意见和建议。认真办理人大代表议案、建议和政协委员提案。发挥好工会、共青团、妇联等人民团体的桥梁纽带作用。积极推进村务公开、厂务公开，完善基层民主管理制度，加强农村牧区基层政权建设和城镇社区建设。深入开展社会主义法治理念教育，落实依法治区和“五五普法”规划，做好法律服务和援助工作。加强国防教育和国防后备力量建设，积极支持部队战备训练，深入开展双拥共建活动，做好军转安置工作。加强社会主义精神文明建设，努力构建社会主义核心价值体系，认真抓好以实践社会主义荣辱观为主的思想道德教育，广泛开展群众性精神文明创建活动。深入宣传科学发展观、构建社会主义和谐社会重大战略思想以及自治区改革发展取得的成就，进一步巩固各族人民团结奋斗的思想基础。

（十）深入推进政府自身建设，不断提高行政能力。加强和改善宏观调控，更多地运用经济和法律手段调节经济活动，为各类市场主体创造良好发展环境。更多地关注社会和公共服务领域，提高社会管理水平和公共产品质量。继续深化行政审批制度改革，进一步减少和规范行政审批事项，简化办事程序，提高办事效率。坚持科学民主决策，建立健全重大事项集体决策、专家咨询、公示听证、决策评估等制度，提高政府决策水平。加强电子政务和政务服务中心建设，继续扩大政务公开范围，提高政府工作效率和透明度。坚持依法行政，深入贯彻行政许可法，严格依照法定权限和程序行使权力、履行职责、接受监督。加强政府法制工作，提高行政立法质量。进一步理顺行政执法体制，深入推行行政执法责任制，认真解决有法不依、执法不公、多头执法等群众反映强烈的问题。深入开展廉政建设和反腐败斗争，认真落实廉政建设责任制，严格执行领导干部廉洁自律各项规定。加强行政监察工作，坚决纠正损害群众利益的问题和部门、行业不正之风，重点治理工程建设、土地出让、矿产资源配置、产权交易、医药购销和政府采购等领域的商业贿赂行为。重视和加强审计工作，充分运用审计成果，严肃查处各种违法违纪行为。切实加强政风建设，着力解决突出问题，促进干部作风的进一步好转。坚决杜绝铺张浪费，努力降低行政成本，带头建设节约型社会。牢固树立正确的政绩观，坚持求真务实、勤政为民，使各项工作都经得起实践的检验、历史的检验和人民的检验。

今年是自治区成立60周年。办好庆典活动是我区政治生活中的一件大事。要按照“隆重、热烈、祥和、节俭、务实、安全”的原则，精心做好各项筹备工作。要以迎庆为契机，以为民办实事为重点，积极争取国家支持，大力改善人民群众的生产生活条件，努力使60周年大庆成为充分展示党的民族政策光辉成就、为群众办实事办好事的大庆，成为宣传内蒙古、建设内蒙古、促进和谐内蒙古建设的大庆，成为凝聚各族干部群众智慧力量、推动我区经济社会又好又快发展的大庆。

各位代表，做好2007年的工作，任务艰巨而光荣。让我们紧密团结在以胡锦涛同志为总书记的党中央周围，高举邓小平理论和“三个代表”重要思想伟大旗帜，全面落实科学发展观，同心同德，锐意进取，开拓创新，以经济社会发展的优异成绩庆祝自治区成立60周年，迎接党的十七大胜利召开！

关于内蒙古自治区2006年国民经济和社会发展计划执行情况与2007年国民经济和社会发展计划草案的报告

Report on the National Economic and Social Development for 2006 and the Draft Plan for 2007 in Inner Mongolia

——2007年1月25日在内蒙古自治区第十届人民代表大会第五次会议

内蒙古自治区发展和改革委员会主任　梁铁成

一、2006年国民经济和社会发展计划执行情况

过去的一年，在自治区党委的正确领导下，全区各地坚持以邓小平理论和“三个代表”重要思想为指导，全面树立和落实科学发展观，认真贯彻国家宏观调控的各项政策措施，按照自治区十届人大四次会议的总体部署，全面加强新农村新牧区建设起步阶段的各项工作，加快发展特色优势产业，经济结构调整取得积极进展，经济效益明显提高，全区经济继续快速健康发展，各项社会事业全面进步，圆满完成了十届人大四次会议确定的各项预期目标。初步统计，全年实现生产总值4790亿元，同比增长18%。其中，第一产业增加值641.7亿元，增长6%；第二产业增加值2329.5亿元，增长25.1%；第三产业增加值1818.8亿元，增长14.5%。

（一）*宏观调控成效明显*。按照国家宏观调控政策的要求，清理整顿固定资产投资项目，加快淘汰落后生产能力，宏观调控取得明显成效。积极清理整顿新开工项目。认真落实国家《关于加强固定资产投资调控从严控制新开工项目的意见》和《新开工项目清理工作指导意见》，对属于清理范围的390个亿元以上重点项目进行清理，对不符合标准的项目，采取了停建、缓建、补办手续等整改措施，叫停43个项目并在媒体上公布，对92个项目进行限期整改。加强项目管理和稽察，对已经批复但长期未动工占用资源的35个项目进行清理，对其中9个项目注销了批准文号。

加快淘汰落后生产能力。继续对规模小、污染重、浪费资源的“五小”企业进行治理整顿，累计关闭小煤矿812处，压缩产能2400多万吨；关闭水泥生产企业36户，淘汰产能96万吨；关闭铁合金企业64户，淘汰产能36万吨。严格控制产能过剩，全年电石产量418.8万吨，增长34.4%，增幅比上年下降33.6个百分点；焦炭产量1046.1万吨，增长1.2%，增幅下降16.6个百分点。

加大节能减排工作力度。按照国家下达的《环境保护与资源节约综合利用计划》指标，分解落实节能降耗任务，建立了GDP能耗指标公告制度。狠抓重点行业、重点企业的节能降耗，35户重点耗能企业列入国家节能降耗监测范围，50户重点耗能企业列入自治区监测范围。继续加强环境保护工作，重点流域水质量、重点城市空气质量进一步好转，全区二氧化硫、化学需氧量等主要污染物排放基本完成了国家下达的控制目标。

进一步规范土地市场秩序。加大执法检查力度，严肃处理各种违法案件，有效遏制了各类违法违规行为，累计立案查处土地违法案件1122件，涉及土地面积5996.8公顷，立案查处矿产资源违法案件406件。完成了开发区清理整顿工作，经国家审核并予公告，共撤销合并开发区81个，退出土地305平方公里；保留开发区45个，其中国家级6个，自治区级39个。

（二）*新农村新牧区建设开局良好*。认真贯彻落实中央1号文件精神，增加支农资金投入，扎实推进新农村新牧区建设。

新农村新牧区建设起步工作进展顺利。制定出台了《关于建设社会主义新农村新牧区实施意见》，初步完成了自治区新农村新牧区建设规划纲要编制任务。试点工作全面启动，3个嘎查村列入国家新农村建设试点范围，自治区选定的100个试点嘎查村建设方案全部完成。农村牧区综合改革不断深入，4个旗县被列入国家发展改革委和财政部支农资金整合试点范围。

农村牧区生产生活条件得到改善。进一步加强农村牧区基础设施建设，建设农村牧区公路9571公里，全年新增通油路苏木乡镇49个，通公路嘎查村350个；建设10千伏通电线路1270公里、低压线路940公里，为246个嘎查村的16000多户农牧民解决了通电问题；累计有7.9万户农牧民用上了清洁沼气，70.8万人口的饮水困难问题得到解决；启动实施了1216个村级组织活动场所项目建设，837个项目建成并投入使用。农村牧区社会事业取得新进展，以旗县为单位“普九”人口覆盖率达到100%；农村牧区卫生服务体系按规划全面展开，农村牧区新型合作医疗试点覆盖面达到47%；农村牧区文化基础设施建设得到加强，基本实现了县县有图书馆、文化馆的目标。

（三）*产业结构逐步改善*。农牧业综合生产能力进一步巩固，特色优势产业持续快速增长，服务业运行平稳，产业

结构调整取得积极进展。

农牧业结构进一步优化。牧业年度牲畜存栏达到11051.5万头只，增加434.7万头只；农区牲畜存栏占到70%，提高2个百分点。全年肉类总产量达到257万吨，增长11.8%；牛奶产量880万吨，增长27%。种植业结构继续改善，全年粮食总产量341亿斤，增产8.6亿斤，优质、高产、高效农作物比重占到52.6%。农牧业产业化稳步推进，全区销售收入过亿元的龙头企业达到120户，鲜奶年加工能力达到760万吨，肉类加工能力达到200万吨。

特色优势产业呈多元化发展趋势。全年煤炭产量2.91亿吨，增长23.7%；发电量1416.4亿千瓦小时，增长40.2%；钢产量861万吨，增长7.3%；液体乳产量310.1万吨，增长14.1%。农畜产品加工、能源、冶金三大行业占规模以上工业增加值的比重达到82.2%。化学工业、机械电子工业、高新技术产业发展加快，全年化学工业增长24.1%，机械电子工业增长42.9%，高新技术产业增长22%。

服务业结构得到改善。传统服务业继续稳步增长，全年完成货物发送量8.5亿吨，增长17.3%；实现社会消费品零售总额1595.3亿元，增长16%。交通运输和商贸流通业占第三产业的比重比上年下降1个百分点。房地产、旅游、科技信息服务、金融保险等新兴服务业发展加快，所占比重稳步提高。全年商品房施工面积3598万平方米，增长69.8%；销售面积1414.3万平方米，增长30.7%；实现旅游收入279.7亿元，增长34.4%；12月末全区金融机构人民币存款余额4036.6亿元，同比增长22.4%；贷款余额3205.2亿元，增长22.9%。

（四）经济效益不断提高。在经济快速增长的同时，企业效益进一步好转，财政收入和城乡居民收入水平进一步提高。

企业效益进一步好转。全年规模以上工业企业实现利润332.5亿元，增长52.1%，其中国有控股企业140亿元，增长35.5%。规模以上工业企业经济效益综合指数达到240.7，提高40.1点。

财政收入大幅增长。全年实现财政总收入712.9亿元，比上年增加176.5亿元，增长32.9%。其中，一般预算收入343.3亿元，增加65.9亿元，增长23.8%。增值税、营业税、所得税、资源税、行政性收费和国有资产经营收益增加较多，累计增收52.5亿元，占一般预算收入增加额的79.7%。

城乡居民收入持续增加。全年城镇居民人均可支配收入达到10358元，比上年增加1221元，扣除价格因素实际增长12%；农牧民人均纯收入达到3342元，比上年增加353元，扣除价格因素实际增长10%。

（五）发展后劲持续增强。全年全社会固定资产投资完成3406.3亿元，增长26.7%。生态建设得到加强，完成退耕还林83万亩，退牧还草4000万亩，治理荒漠化面积3400万亩。水利建设进度加快，开工建设了龙口水利枢纽和27个病险水库除险加固工程，新增农田草牧场有效灌溉面积166万亩，新增节水灌溉面积277万亩。能源项目稳步推进，新开工煤炭项目规模5740万吨，在建项目总规模达到12140万吨；新开工电力装机420万千瓦，新开工风电装机95万千瓦，在建电源项目总容量1370万千瓦。全年新增煤炭生产能力1500万吨，新增电力装机容量900万千瓦，新增500千伏输变电线路445公里，新增220千伏输变电线路1200公里。重化工项目取得重大进展，在建甲醇规模达到500万吨，聚氯乙烯100万吨。交通建设进展顺利，在建铁路施工总里程达到4456公里，在建重点公路里程2825公里，全年新增铁路里程124公里，新增公路里程4300公里，其中高速公路254公里。新开工了包头、满洲里、乌兰浩特、乌海机场飞行区扩建和赤峰机场迁建项目。地质勘查取得新进展，新增煤炭资源储量3100多亿吨，铁矿石资源储量1.2亿吨。

（六）改革开放步伐加快。认真贯彻落实国家的各项改革措施，不断深化改革，进一步扩大开放，改革开放取得积极进展。

各项改革稳步推进。国有大中型企业产权多元化步伐加快，电力厂网分离完全到位，天野化工完成重组，盐业公司重组工作全面启动，地方国有控股上市公司股权分置改革工作全面完成，国有非流通股份取得上市流通权。主辅分离辅业改制工作进展顺利，累计分离办社会机构460多个，分离人员3.24万人。乡镇机构改革基本完成，全区苏木乡镇由1236个调整撤并为640个，撤并幅度达到48.2%。事业单位改革试点工作加快推进，自治区直属高等院校、医院、演出团体的20个单位完成财政补助方式改革和机构编制核准备案工作，乡镇事业单位编制精简42.2%。金融改革步伐加快，40家旗县统一法人社获准筹建，15家已正式挂牌营业，2家农村商业银行和6家农村合作银行组建工作正在进行。

对外开放进一步扩大。“走出去”战略实现较大突破，蒙东能源公司开发俄罗斯别列佐夫铁矿项目已经国家核准，森工集团在俄罗斯赤塔州的2个木材深加工项目正式签约，庆华集团开发那林苏海图煤田规模进一步扩大，包钢集团在蒙古国合作开发的3个铁矿项目继续推进，全年完成境外投资5279万美元。招商引资和利用外资成效显著，引进国内（区外）资金到位1365亿元，增长24.4%；利用外商直接投资17亿美元，增长42.9%。外贸进出口增长加快，进出口总额达到59.5亿美元，增长22.4%。其中，出口21.4亿美元，增长20.7%；进口38.1亿美元，增长23.3%。口岸通关过货能力进一步提高，过货量达到3024.8万吨，增长12%。

（七）就业和社会保障工作得到加强。认真贯彻落实国家和自治区关于促进就业和再就业的各项方针政策，切实加强社会保障体系建设，就业和社会保障工作取得新进展。

就业和再就业规模不断扩大。全年新增城镇就业19.1万人，15.6万下岗失业人员实现再就业，通过各种就业渠道安置"就业困难对象"5.02万人。不断强化就业培训工作，全区下岗职工参加就业和再就业培训结业人数达到24.1万人。继续开展"零就业家庭"就业援助行动，7797个家庭的10198人实现了就业。

社会保障体系进一步完善。全年参加基本养老保险人数达到352万人，参加基本医疗保险316万人。农村牧区最低生活保障制度开始启动，解决了42.7万特困农牧民的生活保障问题。扶贫和救灾工作得到进一步加强，全年扶贫开发资金支出10亿元，解决了10万绝对贫困人口的温饱问题；累计拨付各类防灾救灾资金4.4亿元，受灾地区群众生产生活得到妥善安置。

（八）社会事业全面进步。坚持以人为本，统筹兼顾，促进经济社会和谐发展。

科技教育事业全面发展。科技创新和推广体系进一步完善，实施了草业、奶业、肉业、生物繁育技术、农作物及产品加工等5个重大农牧业科技专项工程，4个旗县列入国家"科技富民强县专项行动计划"试点县范围。基础教育得到加强，西部地区"两基"攻坚工程、中小学远程教育网络工程进展顺利。"两免一补"政策得到有效落实，惠及农村牧区及所有城镇低保家庭义务教育阶段208万中小学生。高中教育继续快速发展，中等职业教育基础能力建设项目进展顺利，高中阶段教育毛入学率达到63%，提高8.7个百分点。高等教育办学规模继续扩大，全区普通高校招生8.1万人，在校生达到25.3万人，高等教育毛入学率达到19.4%，提高1.1个百分点。

医疗卫生事业得到加强。公共卫生体系建设步伐加快，基本完成了疾病控制机构和医疗救治机构建设任务，初步建立了城乡突发性公共卫生事件应急机制。累计组织实施了713所苏木乡镇卫生院、36所旗县医院基础设施建设项目，农村牧区卫生基础设施得到进一步改善。人口计划生育工作进一步加强，人口自然增长率3.96‰。

文化事业繁荣发展。民族文化大区建设取得积极进展，内蒙古博物馆、乌兰恰特大剧院、内蒙古体育馆等自治区成立60周年大庆项目进展顺利。村村通广播电视工程和"西新工程"稳步推进，50户以上已通电自然村全部能够收听收看到广播电视，全区广播综合人口覆盖率达到92.8%，电视综合人口覆盖率达到91.2%。体育、民政、新闻出版、文学艺术等各项社会事业稳步发展。

总的来看，今年我区经济呈现平稳快速发展的态势，经济增长的速度、结构、质量、效益协调兼顾，薄弱环节和资源利用以及环境保护得到加强，总体经济运行更加健康，但也存在一些困难和问题，主要是：农牧业基础薄弱，第三产业和建筑业增长缓慢，非公有制经济和中小企业发展不足，区域经济发展不平衡，结构性矛盾仍然比较突出；经济增长方式粗放，节能降耗任务艰巨，资源环境压力较大，影响可持续发展的隐患和风险较多；收入分配机制还不完善，农牧民增收难度加大，城镇就业形势不容乐观，城乡居民收入水平还比较低；社会事业发展相对滞后，社会保障体系还不健全，一些涉及群众切身利益的问题尚未根本解决，构建和谐社会的任务相当艰巨。对于这些问题，我们将采取有效措施逐步加以解决。

二、2007年国民经济和社会发展的主要任务

按照全区经济工作会议的总体要求，今年国民经济和社会发展的预期目标是：生产总值增长15%，财政收入增长20%，城镇居民人均可支配收入增长12%，农牧民人均纯收入增长10%，新增城镇就业20万人，城镇登记失业率控制在4.2%以内，人口自然增长率控制在6.3‰以内，居民消费价格总水平上涨幅度控制在3%以内，单位生产总值能耗降低5%，完成国家下达的主要污染物减排指标。实现上述目标，关键是要认真贯彻党的十六届六中全会、中央经济工作会议以及自治区第八次党代会精神，坚持以科学发展观为指导，切实落实国家宏观调控的各项措施，更加注重调整经济结构和转变增长方式，更加注重加强资源节约和环境保护，更加注重提高经济增长的质量和效益，更加注重促进社会发展和解决民生问题，努力实现又好又快发展。

（一）扎实推进社会主义新农村新牧区建设。坚持规划先行，基础突破，试点示范，力争在以下几个方面取得新进展：

推进现代农牧业建设。加强农牧业的技术创新和推广步伐，提高农牧业技术装备水平，创新农牧业经营方式，健全社会化服务体系，推动传统农牧业向现代农牧业转变。继续实施种养业良种工程、植保工程、沃土工程以及旱作农业和节水灌溉示范项目。实行最严格的耕地保护制度，稳定粮食播种面积，大力发展农区畜牧业，进一步提高畜牧业比重。全区粮食综合生产能力稳定在350亿斤左右，肉类总产量达到290万吨，鲜奶产量达到1000万吨。加强动物防疫基础设施建设，启动农畜产品质量安全检验检测体系建设工程。

努力改善农牧民生产生活条件。在调整优化生产力布局、加快农牧业人口转移、大力整合社会资源的基础上，进一步加大对农村牧区投入，重点加强农村牧区安全饮水、乡村道路、环境卫生、清洁能源、农村电网等基础设施建设，全年力争解决60万人口的饮水安全和2万户农牧民的通电问题，新增沼气用户5.8万户，实现所有苏木乡镇通油路、嘎查村通公路。

加快发展农村牧区社会事业。加强农村牧区公共服务设施建设，确保财政新增教育、卫生、文化等社会事业经费和固定资产投资增量主要用于农村牧区。继续推进农村牧区寄宿制学校建设，启动农村牧区初中改造工程，完成农村牧区中小学现代远程教育工程和"两基"攻坚任务。重点完善苏木乡镇卫生院等农村牧区卫生机构基础设施，改善基层计划生育服务条件。启动苏木乡镇综合文化站建设，实施农村牧区电影放映工程和新一轮广播电视村村通工程。加强农村牧

区社会保障体系建设，全面推进新型农村牧区合作医疗制度，力争新型农村牧区合作医疗覆盖率达到100%，参合率达到85%以上；农村牧区低保人口增加到60万人以上，补助标准提高20%。

（二）加快推进新型工业化进程。以节能降耗和污染减排为重要抓手，围绕发展特色优势产业，加快重点项目建设，增强自主创新能力，提升工业化水平。

推动产业集群化发展。大力促进特色优势产业集群化、基地化、园区化发展，努力壮大产业规模，提高产业集中度，打造一批产业集群升级示范区和特色产业基地，重点抓好100项自治区工业重点项目。加快建设已列入国家和自治区规划的大型煤炭基地项目，组织实施好呼伦贝尔360万千瓦电站群等电力重点项目，全年煤炭产量达到3.2亿吨，新增电力装机600万千瓦。围绕产业延伸升级，加快煤化工重点项目实施进度，力争新开工煤化工产品规模500万吨。大力发展以运输机械、工程机械和风力发电设备为主的装备制造业，以稀土、生物制药和信息产品制造为主的高新技术产业，推动产业多元化发展。

提高自主创新能力。遵循“自主创新、重点跨越、支撑发展、引领未来”的方针，加快建设创新型内蒙古。启动实施自主创新能力建设工程，以大型企业和重点项目为依托，积极争取建设国家工程研究中心、国家工程实验室和国家级企业技术中心。增加科技投入，设立科技创新基金。围绕特色优势产业和高新技术产业，高起点引进国内外先进技术装备，加快消化吸收再创新步伐，组织实施一批重大科技专项。

大力发展循环经济。组织实施自治区循环经济发展规划，指导重点工业园区、重点企业制定循环经济实施方案。在继续组织好包钢、包铝、乌兰水泥、蒙西工业园区等国家第一批循环经济试点项目的基础上，进一步抓好托克托、科尔沁等一批自治区级循环经济示范区建设。

抓好节能降耗工作。严格新上项目市场准入关，把能耗作为新上项目的强制性门槛，组织实施固定资产投资项目节能评估和审查工作，制定并实施产品能耗限额，从源头上降低能源消耗。抓住结构调整和技术进步两个关键环节，加大重点领域、重点行业、重点企业节能降耗工作力度，重点跟踪落实好国家和自治区确定的85户重点耗能企业的节能降耗工作，建立和完善能够准确反映各地区能耗水平并适应考核工作需要的节能指标统计体系，加大对各地区节能降耗工作的考核和宏观指导力度，确保实现全年单位生产总值能耗降低5%。

（三）加强生态环境保护和基础设施建设。巩固和扩大生态建设和环境保护成果，继续加强水利、交通和城市基础设施建设，进一步改善投资环境和经济社会发展的基础条件。

加强生态保护和建设。积极保护生态建设成果，扩大禁牧、休牧和划区轮牧面积，加快生态环境恢复。继续加强生态建设，抓好京津风沙源治理、退耕还林、退牧还草等生态建设重点工程，全年争取退耕还林150万亩，退牧还草4000万亩，新增造林合格面积1000万亩，“三化”草地治理面积3450万亩，水土流失治理面积650万亩。

加大环境污染治理力度。加强城市环境质量和重点流域水质监测，加大农村牧区面源污染治理力度，解决好重点城市及工业园区周边空气污染、水源污染、噪声污染和垃圾围城等问题。重点整治对饮用水源有重大污染隐患的排污企业，集中整治各类工业开发区特别是高耗能工业园的环境污染问题，严格控制污染物排放总量，力争把二氧化硫排放控制在143.31万吨以内，化学需氧量排放控制在28.9万吨以内。

加强基础设施建设。加快大中型水利枢纽、病险水库除险加固和节水改造等水利重点工程建设，新增农田草牧场有效灌溉面积100万亩，节水灌溉面积200万亩。新开工9个铁路重点项目，全区在建铁路重点项目达到24个，铁路施工总里程达到5814公里，其中新建铁路4028公里，改扩建铁路1786公里；新开工赤峰至平庄、东兴至树林召高速公路等8个重点项目，全年新增高速公路500公里以上；新开工建设阿尔山机场和二连浩特机场。加强城市供水和环保项目建设，城市供水普及率达到88%，污水集中处理率达到56%，生活垃圾无害化处理率达到55%。

（四）加强经济社会的薄弱环节。坚持科学发展，加强第三产业、建筑业、非公有制经济和城乡居民收入等经济社会的薄弱环节，增强发展的协调性。

大力发展第三产业。把服务业发展与工业化、城镇化结合起来，大力发展面向生产的服务业。以自治区六大支柱产业和工业园区、开发区等为重点，支持服务企业与大企业建立专业化合作关系，发展技术服务、管理咨询、信息服务以及包装、仓储、物流、配送、中介等生产型服务业。提升扩展面向生活的服务业。以城市社区为重点，发展社区卫生、家政服务、物业管理以及商贸餐饮、旅游休闲、体育健身等生活型服务业。扶持发展面向农村牧区的服务业。以县城、乡镇为重点，整合各种农牧民协会组织，发展以农牧业生产资料和生活用品供应及农畜产品收购为主的农村牧区连锁经营业。进一步扩大服务业发展引导资金规模，引导社会资本进入服务业的关键领域、新兴行业和薄弱环节。加强对自治区扶持第三产业发展的各项优惠政策落实情况的督促检查，建立公开、公平、规范的行业准入制度，优化第三产业发展环境。

加快发展建筑业。适应投资主体多元化和建设项目实施专业化的要求，支持建筑企业提高建筑设计水平、工程技术水平和管理水平。鼓励通过内引外联、优化重组等方式，着力培育发展一批规模较大、实力雄厚、竞争力较强的骨干建筑企业、工程总承包企业和项目管理公司，重点扶持房屋建筑、交通、水利、电力、化工、市政等行业的优势建筑企业做大作强。加强建筑市场监管，规范建筑企业市场准入制度，推行企业资质、项目经理资质和安全生产许可证备案制度。采取有效措施，引导区内建筑企业发挥优势，努力提高在区内建筑市场的份额。

扶持壮大非公有制经济和中小企业。继续贯彻落实国家和自治区促进非公有制经济发展的各项政策措施，加快清理限制非公有制经济发展的有关规定，落实非公有制经济在税收、用地、项目审批等方面的各项优惠政策。进一步降低非公有制经济和中小企业发展门槛，拓宽发展领域和范围，鼓励非公有制经济和中小企业进入特色优势产业、现代服务业和社会事业领域，参与新农村新牧区建设，参与基础设施和市政公用事业建设及经营管理，参与国有企事业单位改革。加快实施中小企业成长工程，加强小企业创业基地和中小企业公共服务平台建设，完善服务体系，营造良好的发展环境。

努力提高城乡居民收入。积极探索和建立收入增长、就业增长与经济增长良性互动机制，合理调节收入分配结构，让人民群众充分享受经济社会发展成果。进一步提高城镇居民收入。继续做好机关事业单位职工工资调整工作，严格执行最低工资制度，健全企业职工工资正常增长机制；认真解决困难群众、弱势群体的生活问题，加大扶贫济困力度，提高生活困难家庭的收入水平。多渠道增加农牧民收入。大力实施农牧业产业化经营，支持发展农畜产品精深加工，提高农牧业劳动生产率，增加农牧民来自农牧业的收入。加强农牧民职业技能培训，继续实施百万农牧民培训"阳光工程"，大力发展农村牧区合作经济组织，有序组织劳务输出，认真解决拖欠农民工工资问题，提高非农就业和非农收入比重。切实兑现粮食直补、良种补贴、农机具补贴以及退耕还林、退牧还草的各项补助，加大自治区对农牧业和农牧民的转移支付力度，进一步提高转移性收入水平。

（五）促进区域经济协调发展。落实"五个统筹"，促进城乡之间、区域之间协调发展。

提高城镇化水平。以提高城镇综合承载能力和辐射带动能力为核心，努力提高城镇化质量和水平。继续加强城镇基础设施建设，加快城镇道路、公共交通、信息网络和水、电、气、热管网等市政基础设施建设，不断改善城镇基础设施条件，提高城镇吸纳人口和产业的能力。加快生产力布局结构调整，推动产业向城镇和工业园区集聚。合理安排大中型项目布局，积极发展建筑业、房地产业和公用服务业为主的城镇基础产业，促进产业向城镇转移。加快发展县域经济，制定并组织实施促进县域经济发展的指导性意见，重点扶持自治区确定的 50 个重点旗县市区加快发展工业经济。加快人口布局调整，促进人口向城镇集聚。把推进城镇化与社会主义新农村新牧区建设结合起来，制定完善新农村新牧区建设规划和小城镇发展规划，引导人口向城镇转移。进一步深化户籍制度改革，妥善解决进城务工人员子女上学、社会保障等方面的问题，逐步建立城乡统一的劳动就业制度，为农村牧区劳动力转移创造条件。今年城镇化率提高 1 个百分点以上。

支持东部地区加快发展。继续促进呼包鄂等优势地区加快发展，增强示范和带动功能。充分利用我区东部盟市纳入国家东北地区振兴规划的有利时机，发挥东部地区综合优势，切实搞好与东北地区的对接，围绕资源型城市转型、厂办大集体改革试点、增值税转型试点、剥离企业办社会、金融不良资产处置等，积极争取国家政策支持。自治区在资金和项目安排上要适当向东部盟市倾斜，进一步加强蒙东地区能源、交通、生态等基础设施建设和重点产业发展，加快改善东五盟市发展的基础和条件，增强发展活力。

（六）进一步深化改革扩大开放。抓住当前宏观经济形势较好的有利时机，进一步深化改革，扩大开放，为经济社会发展提供新动力。

继续深化各项改革。深化国有企业改革，加快推进包钢、森工集团等国有大型企业股份制改造步伐，完善法人治理结构。深化农村牧区综合改革，推进苏木乡镇机构、农村牧区义务教育和县乡财政管理体制改革，巩固农村牧区税费改革成果。深化投资体制改革，规范项目审批程序，完善政府投资项目公示制度，扩大代建制试点。深化价格改革，逐步完善水、电、油、气等重要资源性产品的价格形成机制。继续做好事业单位改革试点工作，重点抓好自治区文化事业单位内部改革，推动新闻媒体宣传业务和经营业务分离。根据中央的统一安排和部署，积极推进垄断行业、医药卫生、财税金融等各领域的改革。

加快对外开放步伐。加快实施"走出去"战略，着力加强对俄蒙的运输通道建设，大力发展口岸经济，抓住俄罗斯今年举办"中国年"活动的机遇，进一步推动我区与俄蒙在资源开发领域的合作，加快推进在俄罗斯和蒙古国建立"中国经济贸易合作区"的各项前期工作。扩大招商引资规模，提高招商引资项目的质量，全年引进国内（区外）资金到位 1500 亿元，利用外商直接投资达到 20 亿美元。努力保持外贸进出口稳定增长，外贸进出口总额力争达到 70 亿美元。

（七）努力构建社会主义和谐社会。从解决人民群众最关心、最直接、最现实的问题入手，研究制定构建和谐社会发展规划，扎实推进和谐社会建设。

做好就业和社会保障工作。加强和改善就业和再就业服务工作，继续开展零就业家庭就业援助行动，确保城镇新增就业 20 万人，城镇登记失业率控制在 4.2%以内。切实做好"两个确保"和城市"低保"工作，开展以大病统筹为主的城镇居民医疗保险试点，扩大社会保障覆盖面，争取城镇参加基本养老保险人数达到 367 万人，参加基本医疗保险人数达到 330 万人。

加快发展各项社会事业。大力改善各级各类学校办学条件，提高办学质量，优先重点发展民族教育，推动高中阶段教育协调发展。普通高等学校招生 9.6 万人，比 2006 年实际招生数增加1.5万人，高中阶段教育毛入学率达到65%。大力发展职业技术教育，加快实施中等职业教育基础能力建设工程，重点支持面向农村牧区学生的中等职业教育。加大“两免一补”力度，提高贫困小学、初中寄宿生的生活补助费标准。调整和优化城镇医疗资源布局，全面完成医疗救治体系建设任务。继续加强计划生育工作，稳定低生育水平。加快民族文化大区建设，实施文化信息资源共享工程，推动文化产业健康发展。

加快少数民族地区和贫困地区发展。继续推进“兴边富民”行动，加快边境地区、“三少”民族地区和少数民族聚居区经济发展。多渠道筹集建设资金，加强边远少数民族地区和贫困地区的基础设施建设，努力改善群众生产生活条件。坚持开发式扶贫方针，切实做好扶贫工作，组织实施易地扶贫搬迁人口3万人。

2007年我们将迎来自治区成立60周年，做好今年的经济和社会发展工作，任务艰巨，意义重大。我们要紧密团结在以胡锦涛为总书记的党中央周围，以科学发展观为指导，切实贯彻党中央、国务院的各项方针政策和自治区党委的各项部署，抓住机遇，扎实工作，以崭新的面貌迎接自治区成立60周年，以优异的成绩迎接党的十七大召开。

关于2006年预算执行情况和2007年预算(草案)的报告

Report on the Implementation of Budgets for 2006 and Draft Budgets for 2007 in Inner Mongolia

——2007年1月25日在内蒙古自治区第十届人民代表大会第五次会议上

内蒙古自治区财政厅厅长　王玉明

受自治区人民政府委托，现将2006年预算执行情况和2007年预算草案的报告提请本次人民代表大会审议，并请自治区政协各位委员提出意见。

一、2006年全区预算执行情况

过去的一年，各地区、各部门在自治区党委的正确领导下，认真落实科学发展观，抓住机遇，加快发展，我区改革开放和现代化建设取得显著成就，十届人大四次会议批准的预算圆满完成。

根据12月31日汇总的国库数据，全区地方财政收入入库461.7亿元，完成年度预算的118%，比上年增加126.6亿元，增长37.8%，其中：地方一般预算收入完成343.3亿元，完成年度预算的109%，比上年增加65.9亿元，增长23.8%；基金预算收入118.4亿元，完成年度预算的157%，比上年增加60.7亿元，增长105%。上划中央税收收入251.2亿元，比上年增加49.9亿元，增长25%。汇总地方财政收入和上划中央税收收入，全区财政总收入712.9亿元，比上年增加176.5亿元，增长32.9%。

2006年中央财政对我区各类补助收入486.4亿元，比上年增加71.6亿元，其中：返还性和财力性转移支付302.2亿元，比上年增加51.3亿元；各类专项转移支付184.2亿元，比上年增加20.3亿元。2006年自治区财政下达盟市补助收入440.3亿元，比上年增加107.9亿元，其中：返还性和财力性转移支付257.8亿元，比上年增加68亿元；各类专项转移支付182.5亿元，比上年增加39.9亿元。

2006年全区总财力为1053.3亿元，其中：地方财政收入461.7亿元，中央财政对我区各类补助收入486.4亿元，上年财政结转结余资金105.2亿元。

全区财政总支出913.7亿元，完成全年预算的86.8%，比上年增加179.1亿元，增长24.4%，其中：一般预算支出810.2亿元，完成全年预算的88.1%，比上年增加128.3亿元，增长19%；基金预算支出103.5亿元，完成全年预算的78.3%，比上年增加50.8亿元，增长96%。

2006年自治区本级财政总收入93.7亿元，比上年增加36.9亿元，增长65%，其中：一般预算收入62.9亿元，比上年增加25.6亿元，增长68.7%。自治区本级一般预算收入增加较多，主要是自治区从2006年1月1日起调整了对盟市的财政体制，按比例从盟市集中了一部分收入，又通过基数返还和转移支付补助给盟市，以逐步实现基本公共服务均等化的目标。自治区本级财政总支出159.8亿元，比上年增加1.8亿元，增长1.1%，其中：一般预算支出137.9亿元，比上年减少1.9亿元，下降1.4%。下降的主要原因是，为了规范支出管理，将原由自治区本级列支的车辆税费支出、矿产资源“两权”资金等专项支出，2006年改由相关盟市和旗县列支；2005年有部分专项资金实行自治区统一政府采购，2006年没有这一因素。

2006年由于中央实施宏观调控，推迟了部分财政专项资金和国债资金的拨付进度，部分专项资金在2007年年初才下达，导致这部分资金未能在当年拨付到位。2006年全区财政结转结余资金138.5亿元，其中：一般预算支出结转结余109.9亿元，基金预算支出结转结余28.6亿元。结转资金将按规定用途陆续拨付，结余资金将由各级政府统筹安排，经法定程序批准后使用。结转结余资金的具体数额，待上级财政批复决算后向同级人大常委会报告。与2006年年初预算相比，全区地方一般预算收入超收28.5亿元，其中自治区本级超收6.2亿元，主要用于“三少”民族和部分地区贫困农牧民的危房改造、企业养老金和城市低保人员生活费调标补助、天然林保护区职工“四险”配套补助、教育、科技、公共卫生、消化历年财政挂账等方面。盟市、旗县超收收入的使用情况，分别由同级政府向人大常委会报告。

2006年全区预算执行的主要特点是：

（一）在经济快速发展的带动下，财政收入稳定增长。2006年我区国民经济承接了“十五”以来的大好来势，继续保持了协调发展的良好态势，宏观调控取得良好成效，经济运行质量明显提高，经济结构进一步优化，发展后劲显著增强，从而带动了增值税、营业税、所得税等主体税种继续快速增长。全区税收收入511.8亿元，比上年增加103.6亿元，增长25.4%，其中：增值税完成237.9亿元，比上年增加44.1亿元，增长22.8%；营业税完成88.9亿元，比上年增加10.6亿元，增长13.5%；企业所得税和个人所得税完成98.3亿元，比上年增加24.8亿元，增长33.7%。以上四个主体税种实现收入425.1亿元，占财政总收入的60%，占一般预算收入的71.5%。资源税、城市维护建设税、契税等地方税也都保持了较高的增长速度。同时，政府非税收入大幅度增长。纳入预算管理的非税收入201亿元，比上年增加72.9亿元，增长56.9%。非税收入主要增收因素是，城镇化和工业化的快速发展，土地管理使用制度的进一步完善，带动了土地有偿使用收入迅速增加，全年入库81.9亿元，比上年增加51.9亿元，占非税收入增加额的71.2%；养路费和公路客货运附加费收入全年入库24亿元，比上年增加5.4亿元，增长28.8%。分地区看，各地区财政收入普遍增长较快，有10个盟市财政总收入增长速度超过30%。

（二）支农惠农政策得到落实，支持新农村新牧区建设取得新进展。以农牧业增效、农牧民增收为目标，落实中央关于财政支农资金“三个高于”的要求，健全财政支农资金稳定增长机制，加快支农资金到位进度。2006年，全区财政支农支牧资金达87亿元，同比增加15.6亿元，增长21.8%。农业综合开发投资加大，全区财政投入6.7亿元，改造中低产田100万亩，人工种草和改良草场面积100万亩，扶持农牧业产业化项目63个。认真落实支持粮食生产政策，中央新增我区产粮大县2个，新增奖励资金1.4亿元，全区产粮大县达到32个，奖励资金总额4亿元。对农牧民的良种补贴、农机具补贴、测土配方施肥补贴和畜牧业良种补贴1.55亿元，比上年增加9700万元。继续发放种粮农民直接补贴、新增农业生产资料综合补贴两项共计10.7亿元，比上年增加5.2亿元，惠及农民1371万人。完善补贴资金发放办法，有65个旗县实行了“一卡通”、“一折通”办法，补贴资金直接发放到农牧民银行卡或存折中。各级财政投入扶贫开发资金7.2亿元、防灾救灾资金4.4亿元，帮助农牧民抗灾救灾，脱贫致富。落实劳动力转移培训资金5300万元，19万农牧民参加了“阳光工程”和新型农牧民科技培训，提高了就业和创业能力。自治区财政安排农村公路建设及养护补助经费1亿元，用于农村公路改造工程等项目；安排财政专项资金1.1亿元，帮助“三少民族”等居住茅草屋的贫困群众改善了居住条件；安排村村通电话工程奖励资金1000万元，村村通电话目标在2006年基本实现。自治区财政筹集资金1亿元，支持实施土地综合治理工程46项。创新支农资金使用机制，选择5个旗县开展了整合支农资金试点，整合资金3.9亿元。新型合作医疗试点旗县由上年12个扩大到39个，筹资标准每人每年由30元提高到50元，参加合作医疗的农牧民546万人，报销大病医疗费用1.5亿元。建立农村牧区最低生活保障制度，筹集资金1.76亿元，实际发放农牧民低保资金1.7亿元，42.7万特困农牧民享受到政府的特殊照顾。继续实施农村计划生育家庭奖励扶助制度，全区受助人数增加到1.3万人。投入天然林保护、退耕还林还草、京津风沙源治理等生态建设工程51.4亿元，其中公益林补偿支出4.2亿元，比上年增加1.6亿元，8531万亩公益林纳入补偿范围。

（三）大力支持经济发展，基础环境明显改善。全年预算内基本建设、企业技术改造和城镇维护支出202.8亿元，比上年增加25.1亿元。加强探矿权、采矿权“两权”价款管理，自治区本级收入14.76亿元，投入各地资源勘探和矿山环境整治财政资金9亿元，支持项目215个。自治区财政筹集各类专项资金2.52亿元，支持中小企业改善融资环境、推动服务业发展和加强工业园区基础设施建设。经财政部批准，我区从2005年10月起开征1%地方教育附加费，自治区本级累计征收2.5亿元，先行支持区直企业及下划企业分离中小学120所；完成第二批中央企业分离办社会工作，接收移交人员9150名，中央财政核定我区经费补助基数每年3.1亿元，减轻了企业负担。利用国际金融组织和外国政府贷款项目报账款8598万美元，支持了海拉尔至满洲里公路建设和日元贷款为蒙古风沙治理等重点项目；争取国外贷款项目23个，签约金额3.8亿美元。除财政安排的经济建设资金外，各级税务部门认真贯彻落实西部大开发、招商引资和支持第三产业发展等各项减免税政策，全区直接减免税收54亿元，减轻了企业税负，增强了发展后劲。

（四）调整优化财政支出结构，促进各项社会事业健康发展。进一步完善社会保障体系，2006年全区社会保障支出40亿元，同比增加7.5亿元，增长23%；各级地方税务部门征缴社会保险费109亿元，比上年增加26亿元，增长31%。筹集天然林保护工程区职工“四险”补助资金4.2亿元，其中自治区本级财政分担8000万元，将29.7万名职工纳入社会保障范围。相继调高了企业离退休人员基本养老金待遇、城市居民最低生活保障及建国前老党员生活补贴标准、重点优抚对象及军队移交地方政府安置人员待遇，自治区本级财政安排补助资金1.17亿元。自治区财政筹集就业再就业资金6.9亿元，支持发放小额担保贷款2亿元，促进了就业再就业的发展。支持教育事业发展，全区教育经费支出95.1亿元，同比增加16.9亿元，增长21.6%。农村牧区义务教育经费得到较好保障，自治区下达资金8.7亿元，按国家规定，将符合要求的旗县（市）全部纳入支持范围，受助学生208万人，占全区义务教育阶段学生总数的77.2%，给150万个家庭减轻了负担。自治区本级安排城镇低保人员子女免杂费和教科书费资金1800万元，受助学生11万名。自治区财政筹措专项资金6500万元，以助学金、奖学金和助学贷款贴息形式，资助大学生和职业院校学生5.4万名；各级财政筹集和社会捐赠资金2200万元，救助新录取的贫困大学生9500人，另将2.54万名在读大学生纳入城乡低保救助范围，共计救助3.49万人。解决农村牧区中小学教师的国标工资拖欠问题，2006年自治区本级一次性安排转移支付资金2亿元，将2007年补助资金提前下达。支持医疗卫生事业发展，全区公共卫生支出28.1亿元，比上年增加7.3亿元，增长35%，重点用于基层医疗卫生事业发展。自治区筹集城市医疗救助资金1800万元，新增试点旗县7个。高度重视蒙医蒙药事业发展，安排内蒙古蒙医院改造建设资金1亿元。支持文体广播事业发展，全区文体广播事业经费支出18.4亿元，比上年增加3.5亿元，增长24%。配合成品油价格改革，对我区部分相关行业实施政策性补贴，除农资综合补贴外，争取中央财政补助资金1.5亿元，全区3.6万辆出租车、5400辆城市公交车、5800辆农村道路运营车的经营者享受到了补贴。

（五）调整完善财政管理体制，促进了区域协调发展。2006年，自治区与盟市调整完善了财政管理体制。改变了按企业隶属关系划分收入的做法，实行了分税制，基本形成了自治区本级与盟市财政收入协调稳定增长的机制。通过体制调整增收，加上中央财政支持，自治区对盟市、旗县返还性和财力性转移支付大大增加，剔除新增下达调资补助和艰苦边远地区津贴补贴资金22.7亿元后，同口径增加盟市、旗县财力45.3亿元。根据自治区与盟市新的财政体制，自治区将大部分收入下划盟市管理，同时将五个税种纳入自治区与盟市的共享范围，并以2005年盟市实现的税收为基数，基数内部分如数返还盟市，自治区只从增量中集中了一部分。据测算，2006年自治区本级从五税增量中净集中7.2亿元，又通过激励性转移支付和专项补助全部下达到盟市。通过以上努力，财政困难盟市和旗县的保障水平明显提高，按财政供养人员计算，盟市人均财力由2005年3.65万元，增加到2006年的4万元以上。2005年，全区尚有13个旗县人均财力低于2万元，2006年所有旗县人均财力都有望达到2万元以上。另外，各地按照自治区的指导意见，实行了苏木乡镇公用经费最低保障标准；自治区财政按照每个行政嘎查村补助1万元的标准，增加转移支付补助1.2亿元，乡村两级政权和组织的运转经费基本得到保障。

（六）财政改革有新的突破，公共财政制度不断健全。各级财政部门主动适应改革发展的形势需要，加快完善公共财政制度。大力推行“乡财县管”改革，全区除2个市区不辖苏木乡镇外，99个旗县（市、区）全部推行了这项改革，部分旗县还同步实施了“村财民理乡代管”改革，保障了基层政权和村级组织的正常运转。按照中央和自治区的部署，财政配合人事部门组织实施了公务员工资制度改革，中央拨付我区调资补助资金22.1亿元、艰苦边远地区津贴补助11.7亿元；自治区研究制定了我区规范公务员津贴补贴实施方案。推进政府收支分类改革，按新旧两套科目编制了2007年政府预算。国库集中支付制度改革向纵深发展，自治区本级延伸到驻呼垂直管理部门，国库集中支付总额125亿元，占本级总支出的78%；盟市本级有85%的单位实施了这项改革，三分之一的旗县开展了试点。继续推进非税收入收缴制度改革，自治区本级58个部门的1000多个执收执罚单位纳入改革范围，全区纳入预算管理的非税收入达201亿元，其中，自治区本级通过电子票据实现的非税收入达75亿元。加强政府采购预算管理，完成政府采购60.8亿元，同比增加15.8亿元，节约资金7.4亿元。进一步扩大事业单位财政补助方式改革试点范围，直属高校全面实行“生均综合定额”管理办法，促进高校搞活内部分配机制；地勘单位实行“定额补助”管理办法，促进地勘单位实行企业化经营。加快“金财工程”建设步伐，自治区和盟市两级财政、国库、代理银行、税务部门及所有预算单位实现了专线联网；主要财政业务软件系统在自治区本级投入使用，盟市和旗县正在推广。

（七）坚持依法理财，财政管理进一步规范。2006年，各级财政配合国家审计署、财政部江西专员办、自治区审计厅顺利完成各类审计调查和专项检查。通过审计检查，增强了各级、各有关部门从严管理财政资金的自觉性和责任心，对检查中发现的问题进行了认真整改，同时给相关责任单位敲了警钟。财政部门内部的监督检查进一步加强，监督制约机制逐步形成。组织开展了共享税收、政府非税收入、地质勘查项目资金、农业综合开发项目资金、会计信息质量等检查，对查出的问题，及时提出了整改意见，并依法采取了处罚措施。同时，创新工作方法，提高财政资金使用效益。通过实行项目库、专家评审、公示制、因素法等现代管理方法，财政专项资金分配更加公正、透明和合理。自治区本级完成财政投资评审项目762个，核减资金3.6亿元；农业和农业综合开发财政投资立项评审项目642个，为合理分配支农资金提供了可靠的决策依据。在看到成绩的同时，我们也清醒地认识到，财政工作中还存在一些困难和问题。地区间财力不平衡，特别是部分旗县财政还比较困难；公共财政的支出范围过宽，“越位”与“缺位”并存；财政资金管理存在权责不清等薄弱环节，对部分资金监管不到位；各级政府债务增长比较快，存在着潜在的财政风险。对以上问题，我们要继续通过深化改革、加强管理、加快发展逐步加以解决。

二、2007年预算草案

2007年是自治区发展史上具有重要意义的一年。根据自治区党委、政府对经济工作的总体部署，全区财政收支预算安排的指导思想是：以邓小平理论和“三个代表”重要思想为指导，以科学发展观为统领，认真贯彻党的十六届六中全会和自治区第八次党代会精神，努力促进经济又好又快发展，依法加强税收和非税收入征管，保持财政收入稳定增长；不断完善公共财政制度，加大财政对教育、科技、卫生、文化、就业再就业服务、社会保障等领域的投入，加大财政支出对农村牧区、革命老区和生活困难群众的倾斜力度，着力构建和谐内蒙古；深化财政改革，加强财政监督管理，提高财政资金使用的规范性、安全性和有效性；完善财税政策，支持推进国有大中型企业改革、农村牧区综合改革和事业单位改革。

2007 全区财政总收入安排 855 亿元，比上年实际完成数增加 142 亿元，增长 20%。全区财政总收入增速比预期经济增长率高 5 个百分点。全区财政总支出安排 887 亿元，加上上年结转和预算执行中中央补助的专款，2007 年最终执行结果将突破 1000 亿元，预计达到 1060 亿元左右，比上年实际支出增长 16%以上。全区财政总收入按增长 20%安排，主要考虑了以下几个因素：一是随着经济发展、结构调整和效益提高，财政收入占地区生产总值的比重会有所提高；二是要继续落实好支持国有企业改革、扶持民营经济发展和扩大就业和再就业的税费优惠政策；三是充分考虑政策性增减收因素，主要是实施新的车船税条例，调整城镇土地使用税税额标准，拟出台新的资源税和耕地占用税制度等，将会拉动财政收入增加。根据完善公共财政制度的要求，2007 年全区财政支出预算重点保证支农、教育、社会保障、就业和再就业、科学技术、公共卫生、文体广播等社会事业发展的资金需要，落实自治区党委、政府办 7 件实事所需财政资金；加大对新农村新牧区建设的投入，继续落实财政新增教育、卫生、文化等经费主要用于农村牧区的政策；继续安排改善基础设施、支持经济发展方面的支出。根据《预算法》的规定，各级政府预算由同级人民政府编制，报同级人民代表大会审查批准。

下面，重点报告自治区本级预算的安排情况：

根据国务院和中央财政的要求，2007 年预算编制工作与往年相比有两项重要变化：一是为建立和完善适应市场经济发展的公共财政制度，进一步提高政府预算的透明度，强化预算管理和监督，从 2007 年开始全面实施政府收支分类改革，今年的政府预算按照新的收支分类科目编制；二是财政预算实行全口径编报，自治区本级预算既包括本级的可用财力，也包括中央财政对自治区、自治区对盟市的税收返还和补助，即中央财政对自治区的返还性和财力性补助全额列入自治区本级收入预算，自治区对盟市的返还性和财力性补助全额列入自治区本级支出预算。为保证政策的连续性和可比性，财政部商全国人大同意后明确，安排用于教育、科技和支农的法定支出增长，仍按原口径进行考核。

根据上述编报口径，2007 年自治区本级财政一般预算收入安排 73.3 亿元，比上年实际完成数增加 10.4 亿元，增长 16.5%；加上中央财政补助收入 333.6 亿元、盟市上解收入 5.7 亿元，自治区本级一般预算总财力 412.6 亿元。根据收支平衡的原则，2007 年自治区本级一般预算总支出 412.6 亿元，其中：对盟市返还性和财力性补助支出安排 295.3 亿元，上解中央支出 1.2 亿元，自治区本级一般预算支出实际可安排 116.1 亿元，剔除中央补助的调资款后，同比增加 16.7 亿元，增长 18.2%。2007 年自治区本级基金预算收入安排 32 亿元，比上年实际完成数增加 1.2 亿元，增长 3.9%。基金收入来源主要是养路费、地方教育附加费、森林植被恢复费和水利建设基金；相应安排基金预算支出 32 亿元，比上年年初预算增加 4.9 亿元，增长 18%。汇总自治区本级一般预算和基金预算，自治区本级地方财政收入 105.3 亿元，比上年实际完成数增加 11.6 亿元，增长 12.4%；地方财政支出 148.1 亿元，比上年年初预算增加 30 亿元，增长 26.5%。根据新的政府收支分类，财政支出按经济和功能分类，分别从不同角度反映政府支出活动。经济分类重点反映人员经费、公用经费、对企业的补贴、政府债务还本付息等支出；功能分类主要体现政府活动的不同功能和政策目标，重点反映维持政权运转、国家安全以及财政支持经济和社会事业发展的不同项目，在功能分类中既有人员经费、公用经费等基本支出，也有专项拨款支出。按经济分类划分，自治区本级一般预算支出安排情况是：基本支出预算安排 55.4 亿元，占一般预算支出的 47.7 %，其中：行政事业单位工资福利支出 26.2 亿元，离退休费、抚恤救济费、遗属补助等对个人和家庭的补助支出 15.3 亿元，商品和服务支出即公用经费 13.9 亿元；各类专项支出安排 60.7 亿元，占一般预算支出的 52.3%。按功能分类划分，自治区本级一般预算支出主要安排情况是：

——安排一般公共服务支出 23.7 亿元，比上年年初预算增加 4 亿元，其中专项资金安排 5.1 亿元。主要用于自治区党委、人大、政府、政协、民主党派及其所属一般公共服务职能部门的人员经费、公用经费、专项业务费等事务性支出。

——安排公共安全和国防支出 11.3 亿元，比上年年初预算增加 1.9 亿元，其中专项资金安排 3.2 亿元。重点用于公检法司基层单位改善办案和装备条件，支持政法机关开展各种专项斗争，政法政务信息网络维护及民兵训练补助。

——安排教育支出 12.6 亿元，比上年年初预算增加 2.6 亿元，按原口径统计，增长 22.2%，其中专项资金安排 4.4 亿元，符合《教育法》规定的增长要求。除继续安排农村牧区义务教育阶段中小学生免杂费补助外，新增安排免费提供自治区规定的教科书补助，增加义务教育阶段贫困家庭中小学生寄宿补助，全日制贫困中职生生活费补助，职业教育以奖代投，高校助学贷款贴息和建立贷款风险基金。

——安排科学技术支出 2.8 亿元，比上年年初预算增加 9500 万元，按原口径统计，增长 44.8%，其中专项资金安排 2.1 亿元，符合《科技进步法》规定的增长要求。包括新增用于科技发展创新引导资金 1.1 亿元，其他部分重点用于科技成果转化、高新技术产业风险投资基金、科学知识普及和蒙医蒙药研究开发。

——安排文化体育与传媒支出 2.6 亿元，比上年年初预算增加 4100 万元，其中专项资金安排 1.1 亿元。主要用于文化事业发展、重点文物保护、全民健身、备战全国第十一届运动会、广播电视业务支出和蒙文出版物补贴。

——安排社会保障和就业支出 16 亿元，比上年年初预算增加 4.6 亿元，其中专项资金安排 6 亿元。重点用于再就业小额贷款风险补偿、城镇居民最低生活保障、贫困大学生救助、企业职工养老金调标补助、农垦企业职工养老金配套、农牧民最低生活保障和农牧民医疗救助。

——安排医疗卫生支出 5.5 亿元，比上年年初预算增加 1.5 亿元，其中专项资金安排 2.9 亿元。重点用于全面推行农村牧区新型合作医疗制度，城市社区医疗服务，基层卫生组织建设，支持蒙医事业发展和直属医疗单位改革。

——安排环境保护支出 1.5 亿元，比上年年初预算增加 8700 万元，包括新增天然林保护工程区“四险”补助 8100 万元，其他部分主要用于全国第一次污染源普查、环境执法能力建设、环境生态监测及环境保护宣传。

——安排城乡社区事务支出 1.9 亿元，比上年年初预算增加 2900 万元，其中专项资金安排 1.8 亿元。主要用于重点中心城镇建设、城镇建设维护和规划、“城中村”改造、村镇规划以及抗震加固。

——安排农林水事务支出 8.1 亿元，比上年年初预算增加 1.1 亿元，按原口径统计，增长 28.5%，其中专项资金安排 6.7 亿元，符合《农业法》规定的增长要求。主要用于新增人畜饮水工程配套、农牧机具购置和农牧业良种补贴、农牧林产业化发展、农业综合开发、牲畜疫病及禽流感防治、水利基础设施建设、公益林补偿和扶贫开发。

——安排工业、交通运输、商业等事务支出 13.1 亿元，比上年年初预算增加 1.9 亿元，其中专项资金安排 12.6 亿元。包括农村牧区公路建设及养护 2 亿元，其他部分用于推动自治区工业化进程、落实服务业发展优惠政策、扶持中小企业、鼓励节能降耗、培育工业自主知名品牌、推动外贸经济和旅游业发展等方面。

——安排其他支出 17 亿元，比上年年初预算增加 4.2 亿元，其中专项资金安排 13.3 亿元。主要包括预算内基本建设投资 6.2 亿元，增加 1 亿元；住房公积金 1.3 亿元，增加 3400 万元；新增安排自治区成立 60 周年大庆专项 1 亿元；政府预备费 1.5 亿元，增加 1000 万元。

三、深化改革，扎实工作，确保完成 2007 年财政预算

（一）*促进经济又好又快发展，着力培植壮大财源。*根据公共性、市场化、引导性原则，找准财政支持经济发展的着力点，更好地发挥财政资金“四两拨千斤”的作用，支持解决地区经济发展中的“瓶颈”问题。充分利用税收扶持措施，设立科技自主创新引导奖励资金，鼓励和引导企业增加研究开发投入，促进科技成果转化。进一步落实国家和自治区扶持企业的各项财税优惠政策，用好财政设立的支持工业化重点专项资金，支持工业园区建设和优势产业集群发展。改进财政投入方式，进一步管好用好企业技术改造贷款贴息、信用担保、外贸出口及第三产业扶持等专项资金，支持中小企业、民营经济和服务业发展。通过完善公共基础设施，支持就业再就业和职业教育等社会事业发展，直接或间接地支持经济发展。

（二）*继续加大“三农三牧”投入，支持新农村新牧区建设。*认真贯彻落实 2007 年中央和自治区两个 1 号文件精神，建立和完善促进现代农牧业发展的投入保障机制。继续加大农牧林水和农业综合开发的财政投入力度，保证财政支农资金达到法定增长比例。调整和优化财政支出结构，确保财政新增教育、卫生、文化等社会事业经费、政府征用土地收益，以及固定资产投资增量主要用于农村牧区。尽力提高粮食直补资金规模占粮食风险基金的比重，继续安排良种补贴、农机具补贴和农资综合补贴，完善补贴发放机制和信息网络建设，加强补贴资金管理。支持农村牧区劳动力转移就业培训和新型农牧民科技技能培训，提高农牧业生产经营者素质。努力争取我区进入全国实施农民参加农业保险保费补贴政策试点，建立农牧业风险防范与救助机制。积极落实全国大中型水库移民后期扶持政策。运用贴息、补助等综合措施，促进农牧业科技成果推广应用，促进农牧业产业化发展。支持深化农村牧区综合改革，巩固和发展改革成果。继续推进财政支农资金整合试点工作，扩大试点范围，增加财政资金整合数量。

（三）*坚持以人为本，继续解决好事关人民群众的切身利益问题。*根据全区经济工作会议确定的为困难群众办好 7 件实事的要求，切实提供资金保障。认真落实农村牧区义务教育保障经费，扩大免费教科书的范围，将自治区确定的教科书亦纳入免费范围，所需资金由自治区本级承担。适当提高义务教育阶段农村牧区寄宿制贫困学生的生活补助标准。完善高校和中等职业教育贫困学生资助政策，确保考上大学的贫困家庭子女都能上学。加大职业教育投入，采用“以奖代投”方式促进职业教育发展。全面推行并建立以大病统筹为主的农村牧区新型合作医疗制度，各级财政要足额安排应负担的经费。启动城镇贫困居民医疗保险制度试点工作，增加城市医疗救助补助资金，加强城镇社区公共卫生体系建设。提高农村牧区特困人口最低生活保障补助标准，由每人每天补助 1 元提高到 1.2 元。完善城市贫困人口救助制度，适当提高城镇居民最低生活保障补助标准。自治区财政增加配套资金，着力解决农村牧区 60 万人的饮水安全问题。落实促进就业再就业的各项财税扶持政策，自治区本级增加下岗职工再就业小额贷款风险补偿资金，支持劳动力市场和再就业基地建设。

（四）*深化财政改革，创新体制机制。*继续深化财政综合预算改革，建立非税收入管理、行政事业单位资产收益管理与预算管理相结合的制度。今年将自治区本级非税收入改革的资金范围扩大到所有非税收入，开展行政事业单位资产清查，加强资产处置收益管理；通过推行综合预算管理，逐步规范津贴补贴资金来源。深化政府收支分类改革，按照新的政府收支科目编制预算。全面推行国库集中支付改革，自治区垂直管理部门驻盟市、旗县单位全部实行国库集中支付；所有旗县（市、区）都要推行这项改革，做到“横向到边、纵向到底”。提高政府采购规模占财政支出的比重，采购规模达到75亿元以上，增长25%。制定财政资金绩效评价管理办法，开展财政资金使用绩效评价试点。加快“金财工程”建设进度，旗县财政网络在年内全部建成，实现与自治区、盟市联网，为深化财政改革、加强财政管理提供技术支撑。

（五）加强监督管理，依法理财。认真贯彻落实全国人大颁布的《监督法》，自觉接受人大对政府预决算的监督。认真落实全口径编报预算的规定，规范预算追加行为。继续加大监督检查力度。各级财政部门要逐步整合监督检查力量，提高监督检查的质量。今年重点检查支农支牧、教育、基本建设等财政投入大、社会影响面广的专项资金使用管理情况，特别是教育乱收费情况。继续加大对社会保障基金的监督检查力度，确保基金安全。进一步贯彻《会计法》和《内蒙古自治区会计条例》，开展财会人员职业道德教育，促进财会人员提高执业水平。加强政府性债务管理，研究制定政府债务管理办法。

（六）完善转移支付制度，促进基本公共服务均等化。进一步完善自治区与盟市的财政体制，切实维护新体制的健康运行。本着向财政困难地区和基层倾斜的原则，加大自治区对盟市、盟市对旗县的一般性转移支付力度，增强基层政府履行职责和提供公共服务的能力。进一步完善激励性转移支付制度，调动盟市、旗县加快经济发展和加强财政管理的积极性，不断增强自我发展的能力。巩固和扩大缓解旗县及苏木乡镇财政困难的成果，完善奖励和补助政策，将奖励和补助资金分配与推进县乡财政体制改革、化解县乡债务结合起来，以奖代补。加大边境地区的转移支付力度，改善边境地区人民群众的生产生活条件。旗县要结合“乡财县管”改革，统筹安排使用好上级下达的转移支付资金，认真落实公共财政的保障政策。

（七）狠抓增收节支，厉行勤俭节约。各级税务部门要继续整顿和规范税收秩序，依法征税，应收尽收，特别是要加强共享税收征管，防止挤占、截留上级财政收入。继续认真组织非税收入，根据非税收入来源非连续性和不稳定性的特点，及时掌握收入来源，防止收入流失。要重点加强体育、民政福利彩票公益金收支管理，建立完善彩票公益金预算管理制度，与预算内资金统筹安排使用，支持社会公益事业发展。严格按预算控制支出，特别是控制一般性支出的增长。提高差旅费和会议费开支标准，对各级机关单位办会实行政府采购制度。将公务接待费纳入预算管理，从严控制职务消费。严肃财经纪律，厉行节约，勤俭办事，坚决反对铺张浪费。本着隆重、热烈、务实、节俭的原则，切实为60周年大庆提供经费保障。

各位代表，完成2007年预算和财政工作任务，需要付出艰苦的努力。我们要认真贯彻落实自治区党委的决策部署，以及本次会议对财政工作提出的各项要求，奋发进取，扎实工作，为全面完成支持经济社会发展的各项工作任务，为加快构建和谐内蒙古做出新的贡献。

内蒙古自治区
2006年国民经济和社会发展统计公报
Statistical Bulletin of the National Economic and Social Development in Inner Mongolia for 2006

内蒙古自治区统计局

国家统计局内蒙古调查总队

（2007年3月2日）

2006年，全区各族人民在自治区党委、政府的正确领导下，以邓小平理论和“三个代表”重要思想为指导，全面落实科学发展观，努力构建社会主义和谐社会，认真贯彻落实国家宏观调控的各项政策措施，积极推进和深化各项改革，发挥资源优势，不断优化发展环境，优势特色产业不断壮大，投资结构趋于合理，经济增长基础更加稳固，运行质量明显提高，社会各项事业全面进步，人民生活水平继续提高，实现了“十一五”时期的良好开局。

一、综合

初步核算，全年生产总值4790亿元，按可比价格计算，比上年增长18%。其中，第一产业增加值641.72亿元，增长6%；第二产业增加值2329.51亿元，增长25.1%；第三产业增加值1818.77亿元，增长14.5%。第一产业对经济增长的贡献率为5%，第二产业对经济增长的贡献率为63.3%，第三产业对经济增长的贡献率为31.7%。全区生产总值中一、二、三次产业比重由上年的15.1：45.5：39.4调整为13.4：48.6：38。按常住人口计算，全年人均生产总值20047元，比上年增长17.8%，按年平均汇率折算达2513美元。

全年居民消费价格总水平比上年上涨1.5%。其中，食品类价格上涨2.6%，烟酒及用品类价格上涨1.9%，居住类价格上涨3.9%，其它消费品和服务类价格均略有上涨或保持稳定。工业品出厂价格和原材料、燃料及动力购进价格分别比上年上涨3%和5.9%，固定资产投资价格上涨3.3%。[详见附表1]

年末全区城镇单位就业人员365.15万人，比上年末增加14.81万人，增长4.2%。全年下岗失业人员通过多种渠道实现再就业15.57万人，年末城镇登记失业率为4.13%，比上年末下降0.13个百分点。

全年完成财政总收入712.88亿元，比上年增加176.51亿元，增长32.9%。其中，地方财政收入461.71亿元，地方财政收入中一般预算收入343.34亿元，分别增长37.8%和23.8%。全年地方财政支出913.73亿元，比上年增长24.4%。其中，基本建设支出124.39亿元，比上年增长12.4%；农业支出29.78亿元，增长23%；教育支出95.08亿元，增长20.9%。

国民经济和社会发展中存在的主要问题是：经济结构性矛盾依然突出，农牧业基础薄弱，建筑业和服务业发展需要进一步加快；非公有制经济在经济总量中比重仍然偏小；粗放型经济增长方式仍比较突出，能源消耗水平相对偏高，节能降耗任务艰巨；城乡居民收入增长与经济增长不够协调，就业形势压力依然较大等。

二、农业

全年农作物种植面积629.72万公顷，比上年增加8.15万公顷。其中，粮食作物种植面积446.19万公顷，比上年增加8.83万公顷。全年粮食总产量1704.94万吨，创历史最高水平，比上年增产42.79万吨，增长2.6%。其中玉米、稻谷和薯类产量分别增长2.4%、5.6%和15.8%。全年油料产量116.84万吨，下降4.4%；甜菜产量174.61万吨，增长26.3%；蔬菜产量1174.44万吨，增长16.4%；水果产量220.48万吨，增长23.3%。

牧业年度全区牲畜存栏头数达11051.47万头（只），比上年同期增长4.1%；牲畜总增5709.62万头（只），增长10.5%，牲畜总增率达53.8%。牧业年度良种及改良种牲畜总头数10282.22万头(只)，比重为93.04%，比上年同期提高2.36个百分点。全年肉类总产量257万吨，比上年增长11.8%；牛奶产量880.45万吨，增长27.4%；山羊绒产量6792吨，增长2.2%；禽蛋产量50万吨，增长8.3%；水产品产量8.7万吨，增长4.8%。[详见附表2]

全年完成营造林面积47.98万公顷，造林成活率达85%。其中，人工造林16.16万公顷，飞播造林9.49万公顷，封山育林22.33万公顷。全年退耕还林完成造林面积5.47万公顷，幼林抚育（作业）面积105.52万公顷。年末全区森林面积 2050.67 万公顷，森林覆盖率达 17.57%。

年末全区农牧业机械总动力 2053.1 万千瓦，比上年增长 6.8%；机耕地面积 486.75 万公顷，增长 4.3%；机电井数量 42.94 万眼，增长 21.3%；年内新增农田有效灌溉面积 7.97 万公顷，新增节水灌溉面积 18.44 万公顷。

三、工业和建筑业

全年全部工业增加值 1978.16 亿元，比上年增长 27.2%。其中，规模以上工业企业完成增加值 1667.16 亿元，比上年增长 29.8%。在规模以上工业企业中，国有企业增加值增长 24.7%，集体企业增加值增长 26.9%，股份合作企业增加值增长 17.9%，股份制企业增加值增长 33.9%，外商及港澳台投资企业增加值增长 21.9%，其它经济类型企业增加值增长 56.2%。在规模以上工业企业中，轻工业增加值 369.97 亿元，增长 21.1%；重工业增加值 1297.19 亿元，增长 33.4%。

全年规模以上工业新产品产值和出口交货值保持较快增长，分别比上年增长 17.5%和 34.5%。能源、冶金、化工、装备制造、农畜产品加工业和高新技术六大优势特色产业增加值占 80%以上，成为拉动工业生产快速增长的主要动力。乳制品、液体乳、食用植物油和移动电话机产量分别比上年增长 12.4%、5.7%、23.5%和 1.1 倍，载货汽车增长 24.8%，原煤、原油、天然气、发电量、生铁、10 种有色金属、水泥等产量增长幅度较大。[详见附表 3]

全年规模以上工业企业经济效益综合指数 240.68，比上年提高 40.1 点；实现利润 332.52 亿元，比上年增长 52.1%。其中，国有及国有控股企业实现利润 140.08 亿元，增长 35.5%；规模以上工业亏损企业亏损额 14.88 亿元，同比下降 10.7%。工业企业产品销售率 97.69%，比上年提高 0.71 个百分点。

全年建筑业增加值 351.35 亿元，比上年增长 14.3%。全区具有建筑业资质等级的建筑施工企业 694 个，施工企业房屋建筑施工面积 3508.96 万平方米，竣工房屋面积 1704.09 万平方米，房屋建筑竣工率 48.6%。全年具有建筑业资质等级的建筑企业实现利润 22.69 亿元，实现税金 17.87 亿元，分别比上年增长 40%和 15.1%。

四、固定资产投资

全年全社会固定资产投资总额 3406.28 亿元，比上年增长 26.7%，增幅比上年回落 21.9 个百分点。其中，城乡 50 万元以上项目固定资产投资 3340.71 亿元，增长 25.7%，增幅比上年回落 23.1 个百分点。从投资主体看，国有经济单位投资 1277.48 亿元，增长 13.5%；集体单位投资 62.79 亿元，增长 52.6%；城乡个体投资 79.24 亿元，增长 9%；其他经济类型单位投资 1986.77 亿元，增长 37.2%。按项目隶属关系分，地方项目完成投资 2993.45 亿元，增长 23.1%；中央项目完成投资 412.83 亿元，增长 61.3%。

在全区固定资产投资中，第一产业投资 142.57 亿元，增长 18.5%；第二产业投资 1833.54 亿元，其中，工业投资 1817.96 亿元，分别增长 23.5%和 23.5%；第三产业投资 1430.19 亿元，增长 32.1%。全年房地产开发投资 324.95 亿元，同比增长 1 倍。从主要行业投资看，农林牧渔业投资 142.57 亿元，增长 18.5%；电力、燃气及水的生产和供应业投资 584.68 亿元，下降 7.3%；交通运输、仓储及邮政业投资 394.69 亿元，增长 8.4%；水利、环境和公共设施管理业投资 216.96 亿元，下降 2.1%。

全年新开工项目 6915 个，在建项目投资总规模 9402.3 亿元。开工建设了尼口水利枢纽和 27 个病险水库除险加固工程。新开工煤炭项目规模 5740 万吨，新开工电力装机 420 万千瓦，新开工风电装机 95 万千瓦。全年新增铁路里程 124 公里，新增公路里程 4300 公里，其中高速公路 254 公里。新开工了包头、满洲里、乌兰浩特、乌海机场飞行区扩建和赤峰机场迁建项目。

在全区城乡 50 万元以上项目固定资产投资中，全部建成投产项目 6616 个，项目建成投产率 73.4%；新增固定资产 2121.3 亿元，固定资产交付使用率 63.5%。新增主要生产能力有：原煤 7175 万吨，生铁 384.5 万吨，水泥 911 万吨，电力装机容量 484.2 万千瓦。城镇住宅竣工面积 1837.16 万平方米，商品房竣工面积 1301.69 万平方米，商品房销售面积 1414.28 万平方米；农村牧区竣工住宅 583 万平方米。

五、国内贸易

全年社会消费品零售总额 1595.27 亿元，比上年增长 16%。分城乡看，城市消费品零售额 1080.59 亿元，增长 16.4%；县的消费品零售额 326.28 亿元，增长 16.4%；县以下消费品零售额 188.39 亿元，增长 12.6%。分行业看，批发零售贸易业零售额 1263.8 亿元，增长 15.3%；住宿和餐饮业零售额 284.3 亿元，增长 20.6%；其他行业零售额 47.16 亿元，增长 7.6%。

消费品市场呈现三大亮点：一是住宿和餐饮业零售额增长明显高于批零贸易业，全年住宿和餐饮业零售额比上年增长 20.6%，增速快于批零贸易业 5.3 个百分点。二是消费结构呈现积极变化，汽车、居住、家庭装饰等消费不断扩大，汽车类零售额增长 32.4%；家电和通讯类消费品升级步伐加快，全年限额以上批发贸易零售额中通讯器材类增长 14.8%，家用电器和音像器材类增长30.7%。三是城乡市场消费品零售额均保持较快增长，其中市的零售额增长16.4%，县及县以下的零售额增长15%。

全区亿元以上交易市场43家，商品成交额270亿元，比上年增长50.6%。各类大型连锁超市、仓储式商场、专卖店等新型商业发展势头强劲。

六、对外经济

全年海关统计的全区外贸进出口总额59.47亿美元，比上年增长22.4%。其中，出口总额21.41亿美元，增长20.7%；进口总额38.06亿美元，增长23.2%。从主要贸易方式看，一般贸易进出口额达30.94亿美元，占52%，比上年增长45.6%；边境小额贸易进出口额达23亿美元，占38.7%，比上年增长22.1%。

全年新批准外商直接投资企业152家，实际利用外商直接投资17.41亿美元，比上年增长47%。

全年共签订国外工程承包、劳务合作及境外投资协议合同金额1.98亿美元，比上年增长9.9%；完成营业额6710万美元，比上年增长10%。

七、交通、邮电和旅游业

全年各种运输方式完成货运量84137万吨，比上年增长18.1%。其中，铁路25157万吨，增长22.3%；公路58978万吨，增长15.6%；民航1.98万吨，下降3.4%。全年各种运输方式完成货物周转量1798.35亿吨公里，比上年增长13.8%。其中，铁路1414.03亿吨公里，增长12.5%；公路384.12亿吨公里，增长18.8%；民航0.2亿吨公里，与上年持平。全年各种运输方式完成客运量35512.1万人，增长11%。其中，铁路3436.9万人，增长9.7%；公路31817万人，增长11.2%；民航258.2万人，增长2.7%。全年各种运输方式完成旅客周转量323.95亿人公里，比上年增长11.4%。其中，铁路122.2亿人公里，增长11.4%；公路199.47亿人公里，增长11.4%；民航2.28亿人公里，增长5.1%。年末民用汽车保有量130.34万辆，比上年增长9.7%。其中，私人轿车保有量36.63万辆，增长37.2%。

全年邮电业务总量（2000年不变价）257.76亿元，比上年增长29.1%。其中，电信业务总量247.87亿元，增长29.9%；邮政业务总量9.89亿元，增长10.6%。年末（本地电话）局用交换机总容量427.72万门，下降0.6%。年末本地网固定电话用户540.61万户，下降0.2%。其中，城市电话用户425.74万户，下降0.4%；乡村电话用户114.87万户，增长6.5%。公用电话用户43.12万户，增长12.7%。年末移动电话用户874.13万户，增长22.7%。年末全区固定及移动电话用户总数达到1414.74万户，比上年末增加160.51万户。全区电话普及率（包括固定和移动电话）达到59.33部/百人，增长6.7%。年末全区互联网络用户144.59万户，增长36.3%。

全年实现旅游总收入279.71亿元，比上年增长34.4%。其中接待入境旅游人数123.25万人次，增长23.1%；入境旅游创汇4.04亿美元，增长14.8%。接待国内旅游人数2451.7万人次，比上年增长18.9%；国内旅游收入248.24亿元，增长38.1%。

八、金融、证券和保险业

年末全区金融机构各项人民币存款余额4036.56亿元，比上年末增加738.09亿元，增长22.4%。其中，企业存款余额1032.68亿元，比上年末增加185.41亿元，增长22.2%；储蓄存款余额2271.34亿元，比上年末增加297.81亿元，增长15.1%。年末全区金融机构各项人民币贷款余额3205.19亿元，比上年末增加619.49亿元，增长22.9%。其中，短期贷款余额1353.95亿元，比上年末增加236.02亿元，增长18.9%；中长期贷款余额1699.91亿元，比上年末增加333.38亿元，增长24.6%；个人消费贷款余额127.8亿元，比上年末减少8.61亿元，下降4.3%。全年金融机构现金收入14159.70亿元，现金支出14359.88亿元，分别比上年增长22.7%和22.2%，收支相抵，货币净投放200.18亿元，比上年下降8.9%。

12月末，全区证券公司开户数已达27.6万户，比上年同期增加1.1万户，增长4.2%；证券交易额730亿元，比上年同期增加466亿元，增长1.8倍。

全年保险业实现保费收入71.95亿元，比上年增长18.2%。其中，财产险实现保费收入21.84亿元，增长25.6%；人身险实现保费收入50.12亿元，增长15.3%。全年保险业赔款与给付支出17.19亿元，增长21.2%。其中，财产险赔款10.07亿元，增长33.6%；人身险赔付7.12亿元，增长7.2%。

九、教育和科学技术

年末全区共有普通高等学校36所，比上年增加3所；全年招收学生8.10万人，比上年增长14.2%；年末在校学生25.29万人，比上年末增长9.5%，其中，少数民族在校学生6.94万人，在少数民族在校学生中有蒙古族5.70万人，分别增长10.4%和9%；全年毕业学生5.57万人，增长41%。年末全区有研究生培养单位8个，全年招收研究生3288人，比上年增长10.9%；年末在校研究生8694人，比上年末增长22.3%，其中，少数民族在校研究生3049人，在少数民族在校学生中有蒙古族研究生 2755 人，分别增长 28.9%和 29.3%。年末有中等职业教育学校 256 所，比上年增加 20 所；招收学生 8.78 万人，比上年增长 3.9%；年末在校学生 21.86 万人，比上年末增长 9.4%，其中，少数民族在校学生 4.44 万人，增长 19.1%；全年毕业学生 6.04 万人，增长 9.6%。年末有普通高中 359 所，全年招收学生 20.25 万人，比上年增长 2.1%；年末在校学生 56.15 万人，比上年末增长 7.3%，其中，少数民族学生 14.91 万人，少数民族学生中有蒙古族学生 13.08 万人，分别增长 5.6%和 7.2%；全年毕业学生 15.70 万人，增长 15%。年末有普通初中 1199 所，全年招收学生 31.42 万人，比上年下降 4.1%；年末在校学生 102.97 万人，比上年末下降 5.2%，其中，少数民族学生 24.42 万人，下降 4.6%；全年毕业学生 35.46 万人，比上年下降 4.8%。全区初中阶段毛入学率 102.7%。年末有小学 4884 所，全年招收学生 26.07 万人，比上年增长 0.7%；年末在校学生 156.38 万人，比上年末下降 2%；全年毕业学生 31.18 万人，比上年下降 4.9%。全年小学适龄儿童入学率 99.7%。

全年共取得重大科技成果 205 项，其中，基础理论成果 24 项，应用技术成果 179 项，软科学成果 2 项。全年专利申请 1946 项，授权专利 978 项，分别比上年增长 33.8%和 15.7%；年内签订各类技术合同 3432 项，技术合同成交金额 41.12 亿元，分别比上年增长 37.4%和 32.4%。其中向区外输出技术成交金额 0.82 亿元。

年末全区拥有产品质量检验机构 96 个，其中国家检测中心 4 个，比上年增加 1 个。

十、文化、卫生和体育

年末全区有艺术事业机构 147 个，从业人员 5552 人；艺术表演团体 109 个，其中乌兰牧骑 60 个。年末全区有电影事业机构 1078 个，从业人员 4130 人；全年制作故事片 16 部，制作蒙语译制片 31 部。年末拥有各类电影放映单位 975 个。拥有文化馆 102 座，公共图书馆 110 座，博物馆 33 座，档案馆 140 座，已开放各类档案 146 万卷。年末全区拥有广播电台 13 座，中短波广播发射台和转播台 57 座，广播人口覆盖率 92.84%，比上年提高 0.2 个百分点；拥有电视台 14 座，一千瓦以上电视发射台和转播台 85 座，电视人口覆盖率 91.23%，比上年提高 1.1 个百分点；年末全区有线电视用户 233.17 万户，比上年增长 9.4%。自治区和盟市两级全年出版报纸 24850.08 万份，其中蒙文版 1452.20 万份；出版各类期刊 1174.20 万册，其中蒙文版 103 万册；出版图书 6395.21 万册，其中蒙文版 811 万册。

年末全区共有卫生机构 3693 个。其中，医院 474 个，农村牧区卫生院 1325 个，疾病预防控制机构 140 个，妇幼卫生机构 113 个，专科疾病防治院（所）51 个。年末全区医疗卫生单位拥有病床 7.03 万张，比上年增长 1.2%。其中，医院拥有病床 5.15 万张，乡镇卫生院拥有病床 1.31 万张，妇幼卫生机构拥有病床 0.24 万张。年末全区拥有卫生技术人员 10.23 万人。其中，医院拥有 5.37 万人，乡镇卫生院拥有 1.71 万人，疾病预防控制机构拥有 0.56 万人，妇幼卫生机构拥有 0.44 万人；执业医师、助理医师 5.04 万人，注册护士 2.76 万人。农村牧区卫生事业不断加强，拥有农村牧区村级卫生室 1.31 万个，拥有乡村医生和卫生员 1.77 万人，分别比上年增长 5.7%和 4.5%。年内开展新型农村合作医疗试点的旗县达到 39 个，比上年增加 27 个；覆盖农村牧区人口 662.89 万人，比上年增加 461.9 万人。

年内全区体育健儿在国内外重大竞赛中获奖牌 1649 枚。其中，国外获奖牌 46 枚，国内获奖牌 1603 枚；破亚洲记录 1 项，破全国记录 4 项，破自治区记录 110 项。

十一、环境保护

全区确定的自然保护区 190 个，比上年增加 1 个。其中，国家级自然保护区 21 个，自治区级自然保护区 55 个。自然保护区面积 1322.6 万公顷，其中国家级自然保护区面积 332.7 万公顷。全区拥有生态示范区建设试点单位 36 个。年末全区环境保护系统拥有职工 4167 人，比上年末增长 4.2%；年末全区拥有各级环境监测站 62 个。全区监测的 14 个城市空气质量达到二级标准的 6 个，达到三级标准的 7 个，未达到三级标准的 1 个。

高载能工业园区污染治理工作取得积极成效，乱占土地得到有效遏制，生态环竟和城市污染投入进一步加大。全年完成环境污染治理项目 972 个，完成环境污染治理项目投资总额 7.94 亿元，比上年增长 8.3%。

十二、人口、人民生活和社会保障

全年出生人口 23.58 万人，人口出生率 9.87‰；死亡人口 14.12 万人，人口死亡率 5.91‰；人口自然增长率 3.96‰，比上年下降 0.66 个千分点。年末全区总人口 2392.35 万人，比上年增加 5.95 万人，其中蒙古族人口 423.83 万人。城镇人口 1163.64 万人，占全区总人口的比重 48.6%；乡村人口 1228.71 万人，占全区总人口的比重 51.4%。男性人口 1231.30 万人，女性人口 1161.05 万人。在总人口中，65 岁及以上老年人口达 164.35 万人，占全区总人口的比重为 6.87%，比上年提高 0.15 个百分点。

全年城镇居民人均可支配收入 10358 元，比上年增加 1221 元，增长 13.4%，扣除价格因素实际增长 12%。城镇居民人均消费性支出 7667 元，增长 10.7%。城镇居民家庭恩格尔系数(居民家庭食品消费支出占家庭消费总支出的比重)为 31.3%，比上年降低 0.1 个百分点。全年农牧民人均纯收入 3342 元，比上年增加 353 元，增长 11.8%，扣除价格因素实际增长 10%。农牧民人均生活消费支出 2772 元，增长 13.3%。农村牧区居民家庭恩格尔系数为 39%，比上年降低 4 个百分点。城乡居民每百户主要耐用品拥有量有不同程度增长。[详见附表 4]

年末全区参加基本养老保险职工 265.54 万人，比上年增长 5.1%；参加失业保险职工 223.47 万人，领取失业保险金人数为 9.55 万人；全年参加基本养老保险的离退休人员 91.09万人，比上年增长5.8%；全年有223.01万职工和93.13 万离退休人员参加了基本医疗保险；全年共有 115.01 万居民得到国家最低生活保障救济。

年末全区各类社会福利院床位 3.01 万张，比上年增长 21.5%，收养 2.28 万人，比上年增长 30.3%；年末全区城镇建立各种社会服务设施 4985 个，比上年增长 3.3%。其中建起社区服务中心 364 个，增加 124 个。全年筹集社会福利资金 28131.30 万元，销售社会福利彩票 80375.20 万元，分别比上年增长 45.8%和 45.8%；接受社会捐赠 2446.60 万元。

注：本公报为初步统计数，生产总值及分产业增加值绝对数按现价计算，增长速度按可比价格计算。

附表 1：居民消费价格变动情况

类　别	2006 年
居民消费价格指数（上年=100）	101.5
城市	101.3
农村牧区	102.0
食品类	102.6
粮　食	102.5
肉禽及其制品	97.2
蛋	98.2
水产品	100.0
鲜　菜	114.1
鲜　果	121.4
烟酒及用品	101.9
衣着类	100.1
家庭设备用品及服务	100.3
医疗保健及个人用品	99.5
交通和通讯	101.1
娱乐教育文化用品及服务	100.8
居　住	103.9
服务项目	101.9
城　市	101.2
农　村	103.2

附表 2：主要农畜产品产量和牲畜存栏数

产品名称	计量单位	2006 年	比上年增长%
粮食	万吨	1704.94	2.6
其中：小麦	万吨	145.71	1.5
玉米	万吨	1091.69	2.4
稻谷	万吨	65.63	5.6
大豆	万吨	104.51	-20.1
薯类	万吨	180.62	15.8
油料	万吨	116.84	-4.4
甜菜	万吨	174.61	26.3
水果（含果用瓜）	万吨	220.48	23.3
蔬菜	万吨	1174.44	16.4
肉类总产量	万吨	257.00	11.8
猪牛羊肉产量	万吨	217.81	12.2
猪肉	万吨	94.85	7.8
牛肉	万吨	8.18	13.6
羊肉	万吨	84.78	17.0
禽蛋	万吨	50.00	8.3
牛奶	万吨	880.45	27.4
绵羊毛	万吨	9.81	2.5
山羊绒	吨	6792.00	2.2
牧业年度牲畜存栏			
大牲畜	万头	1006.71	7.8
羊	万只	8997.49	3.3
猪	万口	1047.27	8.2

附表 3：主要工业产品产量

产品名称	计量单位	2006 年	比上年增长%
食用植物油	万吨	32.31	23.5
成品糖	万吨	25.88	75.5
乳制品	万吨	345.76	12.4
液体乳	万吨	310.11	5.7
原盐	万吨	213.70	-1.0
卷烟	亿支	185.00	7.3
纱	万吨	4.20	30.4
布	万米	13576.10	62.8

白酒	万升	23658.30	13.5
啤酒	万升	75690.40	17.3
移动电话机	万部	203.85	106.1
彩色电视机	万部	333.74	39.6
原煤	万吨	29759.63	16.2
天然原油	万吨	171.88	17.0
汽油	万吨	60.57	34.6
柴油	万吨	53.96	31.6
天然气	亿立方米	53.07	37.6
发电量	亿千瓦小时	1441.32	34.7
生铁	万吨	1108.33	20.1
粗钢	万吨	861.86	7.0
钢材	万吨	823.97	10.2
铁合金	万吨	245.77	54.6
十种有色金属	万吨	91.68	30.0
水泥	万吨	2211.18	35.5
平板玻璃	万重量箱	999.52	-12.7
化肥（折纯）	万吨	76.61	16.8
载货汽车	辆	8907	24.8

附表4：城乡人民生活

项　目	计量单位	2006年	比上年增长%
城镇居民平均每百户耐用消费品拥有量			
彩色电视机	台	113	持平
电冰箱	台	87	1.2
电风扇	台	61	-1.6
电炊具	台	161	2.5
洗衣机	台	96	1.1
家用电脑	台	27	17.4
家用汽车	辆	4	11.1
农牧民平均每百户耐用消费品拥有量			
电视机	台	103.35	1.5
其中：彩电	台	90.49	3.9
电冰箱	台	20.58	60.0
电风扇	台	21.12	20.6
洗衣机	台	46.50	28.8
摩托车	辆	60.49	22.0

第二部分　统计资料

PART TWO STATISTICS

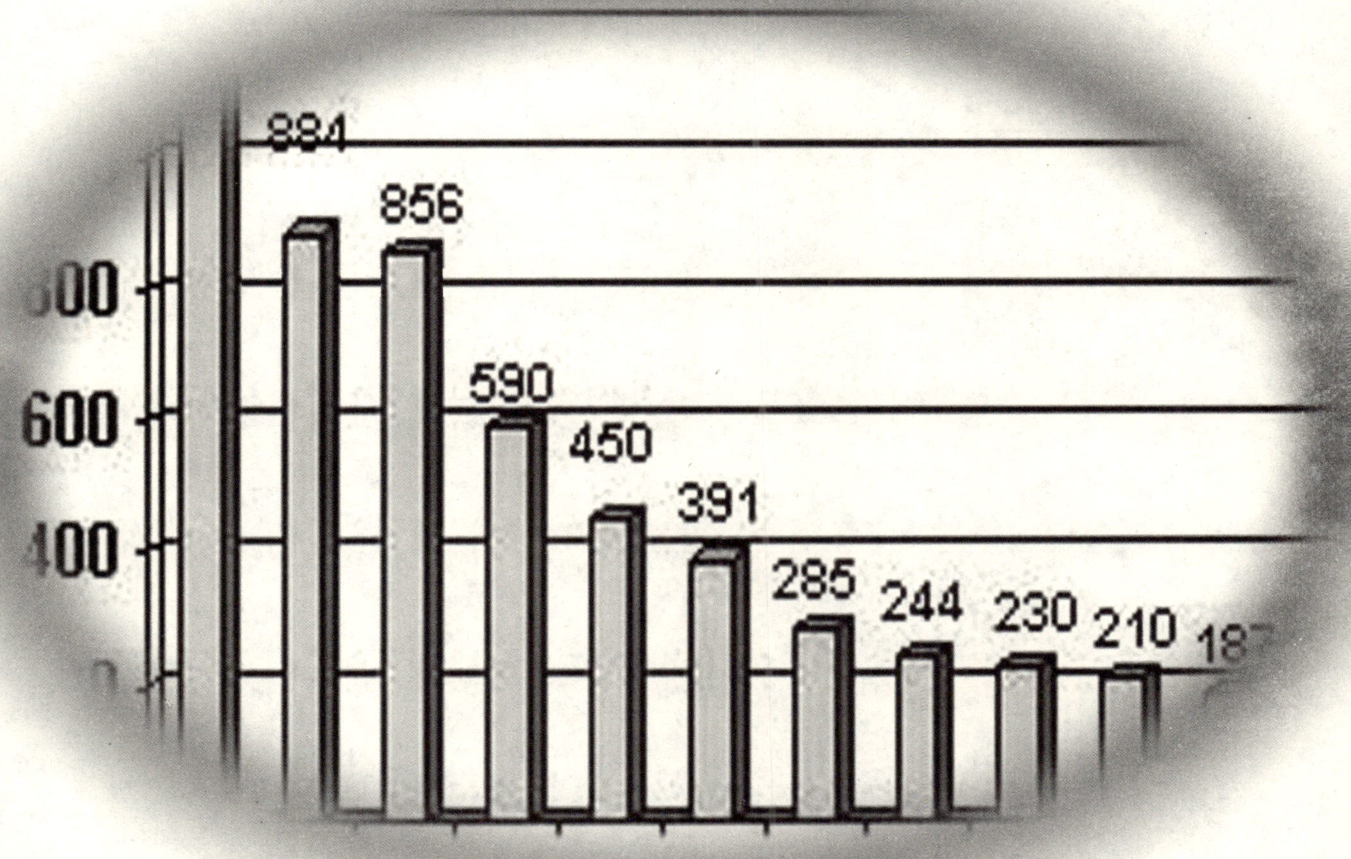

一 行政区划和自然资源

DIVISIONS OF ADMINISTRATIVE AREAS AND NATURAL RESOURCES

资料整理 蔡雨成

Arranged by Cai Yucheng

1-1 自然资源
Natural Resources

项目	Item	2006
土地资源	**Land Resources**	
土地总面积(万平方公里)	Total Land Area(10 000 sq.km)	118.3
#年末实有耕地面积(万公顷)	Cultivated Land at the Year-end(10 000 hectares)	748.0
耕地面积占土地面积的比重(%)	Composition of Cultivated Land in Total Land Area(%)	6.3
林业用地面积(万公顷)	Area of Afforestated Land(10 000 hectares)	4068.3
森林资源	**Forests Resources**	
森林面积(万公顷)	Forest Area(10 000 hectares)	2078.9
森林覆盖率(%)	Forest-Coverage Rate(%)	17.57
林木蓄积量(亿立方米)	Stock Volume of the Forest(100 million cu.m)	12.9
草原资源	**Prairie Resources**	
草原总面积(万公顷)	Prairie Area(10 000 hectares)	8666.7
#可利用面积(万公顷)	Utilizable Area(10 000 hectares)	6818.0
水利资源	**Water Resources**	
水资源总量(亿立方米)	Total Water Resources Volume(100 million cu.m)	411.29
地表水资源量	Surface Water Volume	294.33
地下水资源量	Ground Water Volume	213.56
矿产资源	**Mineral Resources**	
煤保有储量(亿吨)	Coal Ensured Reserves(100 million tons)	2892.64
铁矿石保有储量(亿吨)	Iron Ore Ensured Reserves(100 million tons)	26.09
磷矿石保有储量(亿吨)	Phosphate Ore Ensured Reserves(100 million tons)	2.76
稀土氧化物保有储量(万吨)	Rare-earth Ensured Reserves(10 000 tons)	7893.24
铜保有储量(万吨)	Copper Ensured Reserves(10 000 tons)	471.75
铅保有储量(万吨)	Lead Ensured Reserves(10 000 tons)	485.37
锌保有储量(万吨)	Zinc Ensured Reserves(10 000 tons)	1426.85
盐保有储量(万吨)	Salt Ensured Reserves(10 000 tons)	18181.00

注：地表水资源量与地下水资源量之和不等于水资源总量，有重复计算部分。

a)Total Water Resources Volume is not equal to Surface Water Volume plus Ground Water Volume,there is Duplicated Measurement between Surface Water and Ground Water.

1-2 全区行政区划

地区	Region	旗县级个数 (个) Number of Areas at County Level (unit)	旗县(市、区)及名称
全区合计	**Total**	**101**	**旗52个、县17个、盟(市)辖县级市11个、区21个。**
呼和浩特市	Hohhot City	9	新城区、回民区、玉泉区、赛罕区、土默特左旗、托克托县、和林格尔县、清水河县、武川县。
包头市	Baotou City	9	东河区、昆都仑区、青山区、石拐区、白云矿区、九原区、土默特右旗、固阳县、达尔罕茂明安联合旗。
呼伦贝尔市	Hulunbeier City	13	海拉尔区、满洲里市、扎兰屯市、牙克石市、额尔古纳市、根河市、阿荣旗、莫力达瓦达斡尔族自治旗、鄂伦春自治旗、鄂温克族自治旗、新巴尔虎右旗、新巴尔虎左旗、陈巴尔虎旗。
兴安盟	Xingan League	6	乌兰浩特市、阿尔山市、科尔沁右翼前旗、科尔沁右翼中旗、扎赉特旗、突泉县。
通辽市	Tongliao City	8	科尔沁区、霍林郭勒市、科尔沁左翼中旗、科尔沁左翼后旗、开鲁县、库伦旗、奈曼旗、扎鲁特旗。
赤峰市	Chifeng City	12	红山区、元宝山区、松山区、阿鲁科尔沁旗、巴林左旗、巴林右旗、林西县、克什克腾旗、翁牛特旗、喀喇沁旗、宁城县、敖汉旗。
锡林郭勒盟	Xilinguole League	12	二连浩特市、锡林浩特市、阿巴嘎旗、苏尼特左旗、苏尼特右旗、东乌珠穆沁旗、西乌珠穆沁旗、太仆寺旗、镶黄旗、正镶白旗、正蓝旗、多伦县。
乌兰察布市	Wulanchabu City	11	集宁区、丰镇市、卓资县、化德县、商都县、兴和县、凉城县、察哈尔右翼前旗、察哈尔右翼中旗、察哈尔右翼后旗、四子王旗。
鄂尔多斯市	Erdos City	8	东胜区、达拉特旗、准格尔旗、鄂托克前旗、鄂托克旗、杭锦旗、乌审旗、伊金霍洛旗。
巴彦淖尔市	Bayannaoer City	7	临河区、五原县、磴口县、乌拉特前旗、乌拉特中旗、乌拉特后旗、杭锦后旗。
乌海市	Wuhai City	3	海勃湾区、海南区、乌达区。
阿拉善盟	Alashan League	3	阿拉善左旗、阿拉善右旗、额济纳旗。

Divisions of Administrative Areas in Inner Mongolia

Name of Areas at County(Banner, City and District)

52 Banners, 17 Counties.11 Cities at County Level, 21 Districts under Jurisdiction of Cities.

Xincheng District, Huimin District, Yuquan District, Saihan District, Tumotezuo Banner, Tuoketuo County, Helingeer County, Qingshuihe County, Wuchuan County.

Donghe District, Kundulun District, Qingshan District, Shiguai District, Baiyun Mineral District, Jiuyuan District, Tumoteyou Banner, Guyang County, Daerhanmaomingan Union Banner.

Hailaer District, Manzhouli City, Zhalantun City, Yakeshi City, Eerguna City, Genhe City, Arong Banner, Molidawadawoer Nationality Autonomous Banner, Elunchun Nationality Autonomous Banner, Ewenke Nationality Autonomous Banner, Xinbaerhuyou Banner, Xinbaerhuzuo Banner, Chenbaerhu Banner.

Wulanhaote City, Aershan City, Keerqinyouyiqian Banner, Keerqinyouyizhong Banner, Zhalaite Banner, Tuquan County.

Keerqin District, Huolinguole City, Keerqinzuoyizhong Banner, Keerqinzuoyihou Banner, Kailu County, Kulun Banner, Naiman Banner, Zhalute Banner.

Hongshan District, Yuanbaoshan District, Songshan District, Alukeerqin Banner, Balinzuo Banner, Balinyou Banner, Linxi County, Keshiketeng Banner, Wengniute Banner, Kalaqin Banner, Ningcheng County, Aohan Banner.

Erlianhaote City, Xilinhaote City, Abaga Banner, Sunitezuo Banner, Suniteyou Banner, Dongwuzhumuqin Banner, Xiwuzhumuqin Banner, Taipusi Banner, Xianghuang Banner, Zhengxiangbai Banner, Zhenglan Banner, Duolun County.

Jining District, Fengzhen City, Zhuozi County, Huade County, Shangdu County, Xinghe County, Liangcheng County, Chahaeryouyiqian Banner, Chahaeryouyizhong Banner, Chahaeryouyihou Banner, Siziwang Banner.

Dongsheng District, Dalate Banner, Zhungeer Banner, Etuokeqian Banner, Etuoke Banner, Hangjin Banner, Wushen Banner, Yijinhuoluo Banner.

Linhe District, Wuyuan County, Dengkou County, Wulateqian Banner, Wulatezhong Banner, Wulatehou Banner, Hangjinhou Banner.

Haibowan District, Hainan District, Wuda District.

Alashanzuo Banner, Alashanyou Banner, Ejina Banner.

1-3 边境、牧区、山老区旗县市

地区	Region	旗县级个数(个) Number of Areas at County Level (unit)	旗县(市、区)及名称
边境旗市	**Banners & Cities of Frontier**	**20**	
包头市	Baotou City	1	达尔罕茂明安联合旗。
呼伦贝尔市	Hulunbeier City	6	根河市、陈巴尔虎旗、满洲里市、新巴尔虎右旗、新巴尔虎左旗、额尔古纳市。
兴安盟	Xingan League	2	科尔沁右翼前旗、阿尔山市。
锡林郭勒盟	Xilinguole League	5	东乌珠穆沁旗、阿巴嘎旗、苏尼特左旗、二连浩特市、苏尼特右旗。
乌兰察布市	Wulanchabu City	1	四子王旗。
巴彦淖尔市	Bayannaoer City	2	乌拉特中旗、乌拉特后旗。
阿拉善盟	Alashan League	3	阿拉善左旗、阿拉善右旗、额济纳旗。
牧区旗市	**Banners & Cities of Pastoral Area**	**33**	
包头市	Baotou City	1	达尔罕茂明安联合旗。
呼伦贝尔市	Hulunbeier City	4	鄂温克族自治旗、新巴尔虎右旗、新巴尔虎左旗、陈巴尔虎旗。
兴安盟	Xingan League	1	科尔沁右翼中旗。
通辽市	Tongliao City	3	科尔沁左翼中旗、科尔沁左翼后旗、扎鲁特旗。
赤峰市	Chifeng City	5	阿鲁科尔沁旗、巴林左旗、巴林右旗、克什克腾旗、翁牛特旗。
锡林郭勒盟	Xilinguole League	9	锡林浩特市、阿巴嘎旗、苏尼特左旗、苏尼特右旗、东乌珠穆沁旗、西乌珠穆沁旗、镶黄旗、正镶白旗、正蓝旗。
乌兰察布市	Wulanchabu City	1	四子王旗。
鄂尔多斯市	Erdos City	4	鄂托克前旗、鄂托克旗、杭锦旗、乌审旗。
巴彦淖尔市	Bayannaoer City	2	乌拉特中旗、乌拉特后旗。
阿拉善盟	Alashan League	3	阿拉善左旗、阿拉善右旗、额济纳旗。
半牧区旗市	**Banners & Cities of Semi-Pastoral Area**	**21**	
呼伦贝尔市	Hulunbeier City	3	扎兰屯市、阿荣旗、莫力达瓦达斡尔族自治旗。
兴安盟	Xingan League	3	科尔沁右翼前旗、扎赉特旗、突泉县。
通辽市	Tongliao City	4	科尔沁区、开鲁县、库伦旗、奈曼旗。
赤峰市	Chifeng City	2	林西县、敖汉旗。
锡林郭勒盟	Xilinguole League	1	太仆寺旗。
乌兰察布市	Wulanchabu City	2	察哈尔右翼中旗、察哈尔右翼后旗。
鄂尔多斯市	Erdos City	4	东胜区、达拉特旗、准格尔旗、伊金霍洛旗。
巴彦淖尔市	Bayannaoer City	2	磴口县、乌拉特前旗。
山老区旗县	**Counties & Banners of Mountain & Old Liberated Area**	**25**	
呼和浩特市	Hohhot City	5	土默特左旗、赛罕区、武川县、和林格尔县、清水河县。
包头市	Baotou City	3	土默特右旗、固阳县、达尔罕茂明安联合旗。
赤峰市	Chifeng City	2	喀喇沁旗、宁城县。
乌兰察布市	Wulanchabu City	8	卓资县、兴和县、丰镇市、凉城县、察哈尔右翼前旗、察哈尔右翼中旗、察哈尔右翼后旗、四子王旗。
鄂尔多斯市	Erdos City	6	达拉特旗、准格尔旗、鄂托克前旗、鄂托克旗、杭锦旗、乌审旗。
巴彦淖尔市	Bayannaoer City	1	乌拉特前旗。

Banners, Counties and Cities of Frontier, Pure Pastoral Area, Mountain Area and Old Liberated Area

Name of Areas at County(Banner, City & District)

Daerhanmaomingan Union Banner.

Genhe City, Chenbaerhu Banner, Manzhouli City, Xinbaerhuyou Banner, Xinbaerhuzuo Banner, Eerguna City.

Keerqinyouyiqian Banner, Aershan City.

Dongwuzhumuqin Banner, Abaga Banner, Sunitezuo Banner, Erlianhaote City, Suniteyou Banner.

Siziwang Banner.
Wulatezhong Banner, Wulatehou Banner.
Alashanzuo Banner, Alashanyou Banner, Ejina Banner.

Daerhanmaomingan Union Banner.

Ewenke Nationality Autonomous Banner, Xinbaerhuyou Banner, Xinbaerhuzuo Banner, Chenbaerhu Banner.

Keerqinyouyizhong Banner.
Keerqinzuoyizhong Banner, Keerqinzuoyihou Banner, Zhalute Banner.

Alukeerqin Banner Balinzuo, Banner, Balinyou Banner, Keshiketeng Banner, Wengniute Banner.

Xilinhaote City, Abaga Banner, Sunitezuo Banner, Suniteyou Banner, Dongwuzhumuqin Banner, Xiwuzhumuqin Banner, Xianghuang Banner, Zhengxiangbai Banner, Zhenglan Banner.
Siziwang Banner.
Etuokeqian Banner, Etuoke Banner, Hangjin Banner, Wushen Banner.
Wulatezhong Banne, Wulatehou Banner.
Alashanzuo Banner, Alashanyou Banner, Ejina Banner.

Zhalantun City, Arong Banner, Molidawadawoer Nationality Autonomous Banner.
Keerqinyouyiqian Banner, Zhalaite Banner, Tuquan County.
Keerqin District, Kailu County, Kulun Banner, Naiman Banner.
Linxi County, Aohan Banner.
Taipusi Banner.
Chahaeryouyizhong Banner, Chahaeryouyihou Banner.
Dongsheng City, Dalate Banner, Zhungeer Banner, Yijinhuoluo Banner.
Dengkou County, Wulateqian Banner.

Tumotezuo Banner, Saihan District, Wuchuan County, Helingeer County, Qingshuihe County.
Tumoteyou Banner, Guyang County, Daerhanmaomingan Union Banner.
Kalaqin Banner, Ningcheng County.
Zhuozi County, Xinghe County, Fengzhen City, Liangcheng County, Chahaeryouyiqian Banner, Chahaeryouyizhong Banner, Chahaeryouyihou, Siziwang Banner.

Dalate Banner, Zhungeer Banner, Etuokeqian Banner, Etuoke Banner, Hangjin Banner, Wushen Banner.

Wulateqian Banner.

1-4 主要城市气温(2006年)
Monthly Average Temperature of Major Cities(2006)

单位：摄氏度 (°C)

城市	City	1月 Jan.	2月 Feb.	3月 Mar.	4月 Apr.	5月 May	6月 June	7月 July	8月 Aug.	9月 Sept.	10月 Oct.	11月 Nov.	12月 Dec.	年平均 Annual Average
呼和浩特	Hohhot	-9.2	-7.0	2.2	10.3	17.4	21.9	24.5	22.0	16.3	11.5	1.3	-7.7	8.6
包　头	Baotou	-10.1	-6.5	2.9	11.2	18.1	22.4	24.7	22.0	15.8	11.1	1.5	-7.8	8.8
海拉尔	Hailaer	-25.1	-21.3	-10.0	0.8	12.8	17.0	20.3	19.6	12.4	2.1	-12.6	-21.9	-0.5
乌兰浩特	Wulanhaote	-14.8	-11.5	-2.6	5.2	16.7	20.9	22.4	23.2	16.1	7.5	-4.8	-12.0	5.5
通　辽	Tongliao	-12.7	-8.8	-0.2	6.8	17.9	21.8	24.2	23.6	17.1	9.7	-2.0	-9.5	7.3
赤　峰	Chifeng	-9.3	-7.4	1.0	8.1	17.3	20.6	23.3	23.1	17.2	10.5	-0.7	-7.4	8.0
锡林浩特	Xilinhaote	-18.2	-14.5	-4.3	4.1	13.6	18.5	21.2	21.9	14.0	7.1	-6.9	-15.8	3.4
集　宁	Jining	-10.6	-9.6	-1.2	6.2	14.0	18.1	20.7	18.5	13.1	8.7	-1.7	-10.5	5.5
东　胜	Dongsheng	-8.5	-6.4	1.8	9.2	15.2	20.5	22.3	20.0	14.5	11.3	1.5	-7.0	7.9
临　河	Linhe	-9.0	-6.0	3.3	11.2	18.5	23.7	25.0	23.5	17.1	12.5	2.9	-6.1	9.7
乌　海	Wuhai	-9.5	-4.6	3.4	12.3	19.2	24.6	26.7	24.8	17.7	12.9	2.6	-6.9	10.3
巴彦浩特	Bayanhaote	-7.1	-3.5	2.8	11.0	17.2	22.7	24.5	23.2	15.8	12.7	2.6	-5.2	9.7

1-5 主要城市平均相对湿度(2006年)
Monthly Average Relative Humidity of Major Cities(2006)

单位：% (%)

城市	City	1月 Jan.	2月 Feb.	3月 Mar.	4月 Apr.	5月 May	6月 June	7月 July	8月 Aug.	9月 Sept.	10月 Oct.	11月 Nov.	12月 Dec.	年平均 Annual Average
呼和浩特	Hohhot	65	45	29	23	33	38	52	63	51	52	50	59	47
包　头	Baotou	71	50	29	23	34	37	53	66	57	55	55	63	49
海拉尔	Hailaer	69	67	63	52	31	60	62	52	49	49	71	73	58
乌兰浩特	Wulanhaote	53	39	35	33	27	54	66	61	53	39	50	62	48
通　辽	Tongliao	52	40	34	41	37	59	66	68	63	49	48	56	51
赤　峰	Chifeng	40	36	28	33	38	58	63	64	52	49	46	45	46
锡林浩特	Xilinhaote	70	60	41	35	32	51	54	50	51	52	62	73	53
集　宁	Jining	55	44	31	26	36	43	59	68	49	49	50	59	47
东　胜	Dongsheng	65	47	26	24	37	36	55	70	54	49	50	56	47
临　河	Linhe	62	45	29	25	31	33	52	61	52	44	55	56	45
乌　海	Wuhai	56	43	23	22	30	28	43	52	48	39	49	50	40
巴彦浩特	Bayanhaote	56	43	22	23	29	25	43	45	44	35	45	46	38

1-6 主要城市降水量(2006年)
Monthly Precipitation of Major Cities(2006)

单位：毫米 (millimeters)

城市	City	1月 Jan.	2月 Feb.	3月 Mar.	4月 Apr.	5月 May	6月 June	7月 July	8月 Aug.	9月 Sept.	10月 Oct.	11月 Nov.	12月 Dec.	全年 Annual Total
呼和浩特	Hohhot	5.6	1.7			33.0	27.3	94.2	71.2	32.1	11.1	9.4	5.2	290.8
包　头	Baotou	7.2	1.1	0.2	1.1	35.0	39.6	57.4	128.5	60.7	5.0	10.5	0.9	347.2
海拉尔	Hailaer	8.0	11.6	4.8	10.6	5.1	74.8	38.3	30.7	38.6	10.2	10.1	6.2	249.0
乌兰浩特	Wulanhaote	1.9	0.2	5.8	1.3	2.7	69.9	176.0	35.8	19.5	0.2	3.5	3.2	320.0
通　辽	Tongliao	1.5	1.6	0.3	39.6	4.7	80.8	58.6	236.2	24.3	19.6	2.9	0.1	470.2
赤　峰	Chifeng		2.4		3.0	64.3	101.3	37.6	47.9	14.7	25.5	1.3		298.0
锡林浩特	Xilinhaote	1.9	3.3	0.2	3.9	16.4	40.1	45.8	14.7	36.9	28.0	6.8	2.7	200.7
集　宁	Jining	0.6	2.8	10.7	3.5	46.6	26.3	116.9	40.1	15.5	4.9	2.5	3.0	273.4
东　胜	Dongsheng	5.7	1.2		7.1	50.3	21.7	90.3	71.6	39.9	4.9	10.1	0.8	303.6
临　河	Linhe	5.9	0.6		0.7	30.7	9.9	39.2	57.4	24.7		6.3		175.4
乌　海	Wuhai	2.9	2.9		0.5	27.3	2.4	39.7	25.4	12.2	4.6	4.6	0.2	122.7
巴彦浩特	Bayanhaote	3.2	3.0		3.1	21.8	12.2	41.6	22.1	20.8	10.0	6.0	0.7	144.5

1-7 主要城市日照时数(2006年)
Monthly Sunshine Hours of Major Cities(2006)

单位：小时 (hours)

城市	City	1月 Jan.	2月 Feb.	3月 Mar.	4月 Apr.	5月 May	6月 June	7月 July	8月 Aug.	9月 Sept.	10月 Oct.	11月 Nov.	12月 Dec.	全年 Annual Total
呼和浩特	Hohhot	97.1	151.7	271.9	257.8	250.4	269.3	282.9	240.9	238.1	253.3	190.3	164.2	2667.9
包　头	Baotou	157.6	223.9	298.5	283.3	283.7	284.6	253.6	254.2	241.0	276.9	202.2	187.5	2947.0
海拉尔	Hailaer	124.8	174.7	216.9	223.0	271.5	225.0	235.7	264.3	238.6	168.4	121.7	109.8	2374.4
乌兰浩特	Wulanhaote	213.0	218.7	258.3	221.7	310.9	287.1	269.8	320.5	282.6	244.7	182.3	167.5	2977.1
通　辽	Tongliao	220.3	192.7	274.5	236.4	268.3	254.1	300.5	263.3	262.8	265.8	213.1	174.7	2926.5
赤　峰	Chifeng	204.1	200.3	291.4	208.7	271.6	254.1	284.7	279.7	260.8	259.4	219.5	199.4	2933.7
锡林浩特	Xilinhaote	200.2	190.2	281.2	225.8	282.0	220.0	296.3	295.0	265.6	252.3	209.6	196.8	2915.0
集　宁	Jining	178.8	225.4	294.6	291.3	265.3	239.1	212.3	164.2	246.4	239.7	203.8	192.5	2753.4
东　胜	Dongsheng	170.2	231.7	285.7	298.9	288.5	325.5	264.2	253.0	239.7	266.2	218.5	209.9	3052.0
临　河	Linhe	151.2	201.2	284.9	306.7	327.2	333.9	266.0	297.7	261.4	286.9	219.4	199.3	3135.8
乌　海	Wuhai	111.0	217.6	268.3	281.3	286.4	310.2	273.8	297.7	263.8	284.5	211.5	157.8	2963.9
巴彦浩特	Bayanhaote	180.6	224.9	277.2	278.6	306.3	306.7	245.7	287.1	246.5	285.1	240.2	227.9	3106.8

主要统计指标解释

行政区划 指国家对行政区域的划分。根据宪法规定，我国的行政区域划分如下：(1)全国分为省、自治区、直辖市；(2)省、自治区分为自治州(盟)、县(旗)、自治县(旗)、市；(3)自治州分为县、自治县、市；(4)旗、县、自治县(旗)分为乡、民族乡、镇；(5)直辖市和较大的市分为区、县(旗)；(6)国家在必要时设立的特别行政区。

国土 指一个主权国家管辖下的领土、领海和领空。

气候 指地球与大气之间长期能量交换与质量交换所形成的一种自然环境状态，它是多种因素综合作用的结果。气候既是人类生活和生产的环境要素之一，又是供给人类生活和生产的重要资源。气温、降水、湿度等气象要素的多年平均值是用来描述一个地区气候状况的主要参数，而各种气象要素某年、某月的平均值(或总量)则可以反映出该时期天气气候状况的重要特征。

自然资源 指人类可以直接从自然界获得 ，并用于生产和生活的物质资源。自然资源一般可以分成可再生资源和非再生资源两大类。可再生资源指在较短时间内可以再生、可以循环利用的资源，包括土地资源、水资源、气候资源、生物资源和海洋资源等。非再生资源指在使用后不能再生的资源，包括矿产资源和地热能源。

土地资源 土地指陆地的表层部分，它主要由岩石、岩石的风化物和土壤构成。土地资源按利用类型可以分为农用地、建筑用地和未利用地。农用地包括耕地、园地、林地、牧草地和水面。建筑用地包括居民点及工矿用地、交通用地和水利设施用地。未利用地指农用地和建筑用地以外的土地，包括滩涂、荒漠、戈壁、冰川和石山等。

耕地面积 指种植各种农作物的土地面积，包括灌溉水田、望天田、水浇地、旱地、菜地等。

林业用地面积 指生长乔木、竹类、灌木、沿海红树林等林木的土地面积，包括有林地、灌木林、疏林地、未成林造林地、迹地、苗圃等。

草地面积 指牧区和农区用于放牧牲畜或割草，植被盖度在 5%以上的草原、草坡、草山等面积。包括天然的和人工种植或改良的草地面积。

森林资源 指森林、林木、林地以及依托森林、林木、林地生存的野生动物、植物和微生物。林木指树木和竹子。森林指以乔木为主体的植物群落，是集生的乔木及与共同作用的植物、动物、微生物和土壤、气候等的总体。

活立木总蓄积量 指一定范围内土地上全部树木蓄积的总量，包括森林蓄积、疏林蓄积、散生木蓄积和四旁树蓄积。

森林面积 指由乔木树种构成，郁闭度 0.2 以上(含 0.2)的林地或冠幅宽度 10 米以上的林带的面积，即有林地面积。森林面积包括天然起源和人工起源的针叶林面积、阔叶林面积、针阔混交林面积和竹林面积，不包括灌木林地面积和疏林地面积。

森林蓄积量 指一定森林面积上存在着的林木树干部分的总材积。它是反映一个国家或地区森林资源总规模和水平的基本指标之一，也是反映森林资源的丰富程度、衡量森林生态环境优劣的重要依据。

森林覆盖率 指一个国家或地区森林面积占土地面积的百分比。在计算森林覆盖率时，森林面积包括郁闭度 0.2 以上的乔木林地面积和竹林地面积，国家特别规定的灌木林地面积、农田林网以及四旁(村旁、路旁、水旁、宅旁)林木的覆盖面积。森林覆盖率是反映森林资源的丰富程度和生态平衡状况的重要指标。计算公式为：

森林覆盖率(%)=森林面积/土地总面积×100%

水资源 水在自然界中以固体、液体和气态三种聚集状态存在，分布于海洋、陆地(包括土壤)以及大气之中，通过水循环形成水资源。水资源包括经人类控制并直接可供灌溉、发电、给水、航运、养殖等用途的地表水和地下水，以及江河、湖泊、井、泉、潮汐、港湾和养殖水域等。水资源是发展国民经济不可缺少的重要自然资源。

地表水和地下水 陆地上的水因空间分布不同，可以分为地表水和地下水。地表水指分别存在于河流、湖泊、沼泽、冰川和冰盖等水体中水分的总称，又称陆地水。地下水指储存在地面以下饱和岩土孔隙、裂隙及溶洞中的水。

内陆水域总面积 指江、河、湖泊、池塘、塘堰、水库等各种流水或蓄水的水面占地面积。

径流 指大气降水扣除损耗外，从地表和地下向流域出口断面汇集的水流。径流可分为地表径流、地下径流和壤中流。地表径流指沿地表向河流、湖泊、沼泽、海洋等汇集的水流；地下径流指沿潜水层或隔水层间的含水层，向河流、湖泊、沼泽、海洋等汇集的地下水水流。

径流量 指在一定时段内通过河流某一过水断面的水量，用以反映一个国家或地区水资源的丰欠程度。计算公式为：

径流量=降水量-蒸发量

矿产资源 矿产指由地质作用形成，富集于地壳中或出露于地表达到工农业利用要求的有用矿物。矿产是一种重要的自然资源，是社会发展的重要物质基础。从某种意义上讲，一个国家对矿产资源开发利用的广度和深度，可以作为这个国家经济发展水平的标志。

矿产保有储量 指探明的矿产储量(包括工业储量和远景储量)，扣除已开采部分和地下损失量后的年末实有储量，是反映国家矿产资源现状的重要指标。

流域 每条河流都有自己的干流和支流，干支流共同组成这条河流的水系。每条河流都有自己的集水区域，这个集水区域就称为该河流的流域。

外流河 指直接或间接流入海洋的河流，供给外流河水的区域称为外流区域。

内陆河 指在陆地内部干燥地区，河水沿途消失于沙漠或注入内陆湖泊的河流。供给内陆河河水的区域称为内陆区域。

气温 指空气的温度，我国一般以摄氏度(℃)为单位表示。气象观测的温度表是放在离地面约 1.5 米处通风良好的百叶箱里测量的。因此，通常说的气温指的是离地面 1.5 米处百叶箱中的温度。其统计计算方法为：

月平均气温是将全月各日的平均气温相加，除以该月的天数而得。

年平均气温是将 12 个月的月平均气温累加后除以 12 而得。

相对湿度 指空气中实际水气压与当时气温下的饱合水气压之比。其统计方法与气温相同。

降水量 指从天气降落到地面的液态或固态(经融化后)水，未经蒸发、渗透、流失而在地面上积聚的深度。其统计计算方法为：

月降水量是将全月各日的降水量累加而得。

年降水量是将 12 个月的月降水量累加而得。

日照时数 指太阳实际照射地面的时间。其统计方法与降水量相同。

Explanatory Notes on Main Statistical Indicators

Administrative Division refers to the division of administrative areas by the state. The Constitution of the People's Republic of China stipulates that the administrative areas in China are divided as:1) The whole country is divided into provinces, autonomous regions and municipalities directly under the central government; 2) Provinces and autonomous regions are divided into autonomous prefectures (leagues) , counties (banners) , autonomous counties and cities; 3) Autonomous Prefectures are divided into counties , autonomous counties and cities; 4) Counties and autonomous counties are divided into townships, nationality townships and towns; 5) Municipalities and large cities are divided into districts and counties, 6) The state establish special administrative regions when necessary.

Territory refers to territorial land, sea and air space under the administration of a sovereign state.

Climate refers to the natural environmental status formed by the long-time exchange of energy and mass between the earth and the air, and is the results of interaction of many factors. Climate is both one of the environment factors and the important resources for the living and production activities of the human being. The average values across several years of meteorological factors such as temperature, rainfall and humidity are used as important parameters to describe the climate of a region, while the average values (or total values) of a given year or month of meteorological factors reflect the key characteristics of climate for that period of time.

Natural Resources refer to material resources that could be obtained from the nature by human being and used for production and living. Natural resources in general can be classified as renewable resources and non-renewable resources. Renewable resources refer to resources that could be renewed and recycled during a relatively short period of time, including land resource, water resource, climate resource, biology resource and marine resource. Non-renewable resources include resources that could not be renewed, such as minerals and geothermal resource.

Land Resource Land refers to the surface of the earth, consisting of mainly rocks and its weathering and earth. Land resource can be classified, by its utilization, as land for agriculture, land for construction and unused land. Land for agriculture includes cultivated land, plantation land, forestland, grassland and waters. Land for construction includes land for residential purpose, for manufacturing and mining, for transportation and for water conservancy projects. Unused land refers to land other than land for agriculture and construction, including beaches, deserts, Gobi, glaciers and Rock Mountains.

Area of Cultivated Land refers to land for the cultivation of various farm crops, including irrigated land, manual-watered land, dry Land and vegetable land.

Area of Afforestated Land refer to land for trees, bamboo, bushes and mangrove, including forest-cover land, bush-covered land, sparse forest land, land Planned for afforestation and nurseries of young trees.

Area of Grassland refers to areas of grassland, grass-slopes and grass-covered hills with a vegetation-covering rate of over 5% that are used for animal husbandry or harvesting of grass. It includes natural, cultivated and improved grassland areas.

Forest Resource refers to forests, trees, forest land and wild animals, plants and microorganism that live on forest and trees. Trees include trees and bamboo. Forest refers to the population of clusters of trees and other plants, animals and microorganism as well as the earth and climate that have interactions with the trees.

Total Standing Stock Volume refers to the total stock volume of trees growing in land, including trees in forest, tress in sparse forest, scattered trees and trees planted by the side of farm houses and along the roads, rivers and fields.

Forest Area refers to the area of forest land where trees and bamboo grow with canopy density above 0. 2, including land of natural woods and planted woods, but excluding bush land and thin forest land. It reflects the total areas of afforestation.

Stock Volume of Forest refers to total stock volume of wood growing in forest area, which shows the total size and level of forest resources of a country or a region. It is also an important indicator illustrating the richness of forest resource and the status of forest ecological environment.

Forest Coverage Rate refers to the ratio of area of afforested land to total land area. This indicator shows the forest resources and afforestation progress of a country or a region. According to regulations of the government, in addition to afforested land, the area of bush forest, the area of forest land inside farm land and the area of trees planted by the side of farm houses and along the roads, rivers and fields should also be included in the area of afforested land in the calculation of the forest coverage-rate. The formula for calculating forest coverage rate is as follows:

Forestry coverage rate (%)=

Area of afforested Land/ Area of Total Land × 100%

Water Resource Water exists in the nature in solid, liquid and gaseous states, is distributed in the ocean, land (including earth) /and air, and constitutes the water resource through the circulation of water. Water resource includes the surface water and underground water that is controlled by the human being for irrigation, power-generation, water supply, navigation and cultivation. It also includes rivers, lakes, wells, springs, tides, gulf and water area for cultivation. Water resource as an important natural resource is indispensable for the development of the national economy.

Surface Water and Underground Water Water on earth can be divided into surface water and underground water according to its distribution. Surface water refers to moisture exists in rivers, lakes, swamps, glaciers, icecaps and so on. It is also called land water. The underground water refers to water deposited underground in the cranny and the hole of saturated rock soil and in the water-eroded cave.

Inland Water Area refers to water area of rivers, lakes, ponds, reservoir, etc.

Runoff refers to the water gathered at the way out of the cross section of drainage area either from the surface or underground after deducting the wastage of the precipitation. Runoff can be divided into surface runoff, underground runoff and within soil runoff. Surface runoff refers to water flow to the rivers, lakes, swamps, and seas on the surface of the earth. Underground runoff refers to water flow to rivers, lakes, swamps, and seas through the water-bearing stratum of confined layer or unconfined layer.

Volume of Runoff refers to the total volume of water running through a certain cross section of a river during a certain period of time, reflecting the water resource condition in a country or a region. The formula for calculating volume or runoff is as follows:

Runoff = Precipitation − Evaporation

Mineral Resources refer to useful minerals that can be used for industrial or agricultural purposes enriched in lithosphere or on earth due to the geological process.

Ensured Mineral Reserves refer to the actual mineral reserves, which equal to the proven mineral reserves (including industrial reserves and prospective reserves) minus extracted parts and underground losses. This indicator shows the current condition of the mineral resources of a country.

Drainage Area Each river has its own main stream and branches to form the water system of the river. Each river has its own catchments area, which is also called as the drainage area of the river.

Out-flowing Rivers refer to rivers directly or indirectly flowing into the sea. The area providing water to the out-flowing rivers is called as out-flowing area.

Inland Rivers refer to rivers in inland dry areas that die away in desert on the way or infuse into inland lakes. The area providing water to the inland rivers is called as inland area.

Temperature refers to the air temperature. China uses centigrade (^{0}C) as the unit. The thermometry used for weather observation is put in a breezy shutter, which is 1. 5 meters high from the ground. Therefore, the commonly used temperature refers to the temperature in the breezy shutter 1. 5 meters away from the ground. The calculation method is as follows:

Monthly average temperature is the summation of average daily temperature of one month divided by the actual days of that particular month.

Annual average temperature is the summation of monthly average of a year divided by 12 months.

Relative Humidity refers to the ratio of actual water vapor pressure to the saturation water vapor pressure under the current temperature. The calculation method is the same as that of temperature.

Volume of Precipitation refers to the deepness of liquid state or solid state (thawed) water falling from the sky to the ground that has not been evaporated, infiltrated or run off. The calculation method is as follows:

Monthly precipitation is the summation of daily precipitation of a month.

Annual precipitation is the summation of 12 months , precipitation of a year.

Sunshine Hours refer to the actual hours of sun irradiating the earth. The calculation method is the same as that of the precipitation.

二 综合

GENERAL SURVEY

资料整理 崔京英

Arranged by Cui Jingying

2-1 平均每天主要社会经济活动
Major Indicators on Average Daily Social and Economic Activities

指　标	Item	1990	1995	2000	2005	2006
全区每天创造的财富	**Autonomous Regional Daily Production**					
生产总值(万元)	Gross Domestic Product(10 000 yuan)	8748	23481	42168	106727	131273
第一产业	Primary Industry	3084	7128	9611	16152	17798
第二产业	Secondary Industry	2306	8460	15961	48581	63765
工 业	Industry	2388	6983	13265	40490	54197
建筑业	Construction	418	1477	2695	8091	9568
第三产业	Tertiary Industry	2858	7893	16596	41994	49710
# 运输邮电业	Transportation, Postal & Telecommunications Services	567	1900	4807	11548	13499
商业饮食业	Commerce	683	2275	5353	12551	15368
财政收入(万元)	Government Revenue(10 000 yuan)	904	2092	4263	14695	19533
财政支出(万元)	Government Expenditures(10 000 yuan)	1668	2799	7152	20126	25068
粮食(吨)	Grain(ton)	26657	28915	34025	45540	46710
油料(吨)	Oil-bearing Grops(ton)	1901	1923	3189	3348	3200
肉类(吨)	Meat(ton)	1469	2243	3929	6299	7013
牛奶(吨)	Cow Milk(ton)	1012	1331	2186	18934	23813
水产品(吨)	Aquatic Products(ton)	83	130	198	226	238
布(万米)	Cloth(10 000 m)	29.55	23.42	9.01	22.84	37.19
乳制品(吨)	Dairy products(ton)	60	83	182	8425	9473
原煤(万吨)	Coal(10 000 tons)	13.05	19.33	19.86	70.16	81.53
发电量(万千瓦小时)	Electricity(10 000 kwh)	4645	7631	12033	28948	38795
钢(吨)	Steel(ton)	7480	9736	11605	22068	23613
成品钢材(吨)	Steel Products(ton)	4807	7062	10381	20487	22575
水泥(吨)	Cement(ton)	6246	9569	17260	44719	60701
每天消费量	**Daily Consumption**					
最终消费(万元)	Final Consumption Expenditure(10 000 yuan)	5937	15104	24741	46957	57429
居民消费(万元)	Resident Consumption(10 000 yuan)	4652	12640	18233	30196	37970

2-1 续表 continued

指标	Item	1990	1995	2000	2005	2006
农民	Peasants	2368	5230	6306	8596	9602
非农业居民	Non-agricultural Residents	2284	7409	11927	21600	28368
政府消费(万元)	Government Consumption Expenditure (10 000 yuan)	1285	3464	6508	16761	19459
能源消费量(万吨标准煤)	Energy Consumption(10 000 tons of SCE)	6.64	8.95	10.79	29.49	35.01
社会消费品零售总额(万元)	Total Retail Sales of Consumer Goods(10 000 yuan)	3577	8083	13260	36825	43706
每天其他经济活动	**Other Daily Economic Activities**					
资产形成总额(万元)	Gross Capital Formation(10 000 yuan)	3416	10219	16813	77947	94962
固定资产形成	Fixed Capital Formation	1939	7484	11792	73568	91887
存货增加	Changes in Stock	1477	2735	5021	4379	3074
城镇新建住宅面积(万平方米)	Residential Buildings Completed in Urban Areas(10 000 sq.m)	0.96	1.65	2.78	3.71	5.06
农牧民个人新建住宅面积(万平方米)	Private Residential Building Complated in Rural Areas(10 000 sq.m)	1.36	2.65	2.36	1.41	1.60
货运量(万吨)	Freight Traffic(10 000 tons)	73.09	89.68	122.27	200.22	230.51
客运量(万人)	Passenger Traffic(10 000 persons)	28.70	50.06	64.52	87.98	97.29
进出口总额(万美元)	Total Imports and Exports(USD 10 000)	132.68	307.70	557.80	1414.22	1629.36
邮电业务总量(万元)	Volume of Postal and Telecoms Services(10 000 yuan)	58.07	264.50	1541.00	5471.78	6973.86
城乡存款新增额(万元)	Outstanding Amount of Savings Deposit (10 000 yuan)	822	2496	2140	10129	8157
图书出版(万册)	Books Published(10 000 copy)	21.78	17.97	20.34	24.35	22.97
杂志出版(万册)	Magazines Issued(10 000 copy)	3.46	2.84	4.34	3.79	3.22
报纸出版(万份)	Newspapers Issued(10 000 copy)	44.36	44.62	49.23	169.37	139.22
邮寄函件(万件)	Letters Delivered(10 000 piece)	22.14	45.83	26.51	8.61	11.71
每天人口变动与婚姻	**Daily Population Changes & Marriages**					
出生(人)	Births(person)	1117	1073	645	659	646
死亡(人)	Deaths(person)	293	417	359	357	387
结婚(对)	Marriages(couple)	435	475	416	423	425
离婚(对)	Divorces(couple)	60	75	89	107	112

2-2 社会经济主要指标人均水平

Major per Capita Indicators on Society and Economy

指 标	Item	1985	1990	1995	2000	2005	2006
生产总值(元)	**Gross Domestic Product(yuan)**	**809**	**1478**	**3772**	**6502**	**16331**	**20053**
财政收入(元)	**Government Revenue(yuan)**	**67**	**154**	**336**	**657**	**2249**	**3829**
农牧业生产	**Agriculture Production**						
耕地面积(公顷)	Cultivated Land(hectare)	0.25	0.23	0.24	0.31	0.31	0.31
粮食产量(千克)	Output of Grain(kg)	301.37	454.15	464.40	524.60	696.82	713.53
油料产量(千克)	Output of Oil-bearing Crops(kg)	39.66	32.38	30.90	49.20	51.23	48.88
甜菜产量(千克)	Output of Beet Roots(kg)	126.80	110.36	116.00	59.69	57.98	73.07
年末大牲畜(头)	Large Animals at the Year-end(head)	0.37	0.33	0.31	0.26	0.33	0.35
年 末 羊(只)	Sheep and Goats at the Year-end(head)	1.23	1.41	1.46	1.50	2.27	2.34
年末生猪(口)	Hogs at the Year-end(head)	0.23	0.24	0.34	0.31	0.29	0.31
肉类产量(千克)	Output of Meat(kg)	17.90	25.02	36.03	60.58	96.38	107.13
#牛肉产量(千克)	Output of Beef(kg)	2.35	3.99	4.10	9.23	14.09	16.35
羊肉产量(千克)	Output of Mutton(kg)	4.20	5.96	7.42	13.44	30.37	33.90
猪肉产量(千克)	Output of Pork(kg)	10.88	13.43	20.97	32.37	36.90	40.02
牛奶产量(千克)	Output of Cow Milk(kg)	12.18	17.25	21.37	33.70	289.71	363.76
羊 毛(千克)	Wool(kg)	2.53	2.87	2.64	2.89	4.30	4.43
主要工业产品产量	**Output of Major Industrial Products**						
原 煤(吨)	Coal(ton)	1.60	2.22	3.10	3.06	10.74	12.45
原 盐(吨)	Salt(ton)	0.03	0.04	0.03	0.05	0.09	0.09
木 材(立方米)	Timber(cu.m)	0.25	0.25	0.22	0.14	0.14	0.15
发 电 量(千瓦小时)	Electricity(kwh)	401	791	1225	1855	4429	5926
糖(千克)	Sugar(kg)	8.92	7.64	7.51	5.09	6.18	10.83
乳 制 品(千克)	Dairy Products(kg)	0.71	1.03	1.33	2.81	128.90	144.71
呢 绒(米)	Woolen Fabric(m)	0.40	0.49	0.65	0.18	0.26	0.30
水 泥(吨)	Cement(ton)	0.09	0.11	0.15	0.27	0.68	0.93
钢(吨)	Steel(ton)	0.09	0.13	0.16	0.18	0.34	0.36
生 铁(吨)	Pig Iron(ton)	0.09	0.13	0.15	0.19	0.39	0.46
社会消费品零售额(元)	**Total Retail Sales of Consumer Goods(yuan)**	**377**	**610**	**1379**	**2571**	**5635**	**6677**
人民生活	**People's Livelihood**						
职工平均工资(元)	Average Wage of Staff & Workers(yuan)	1095	1846	4134	6974	15985	18469
#国 有(元)	State-owned Units(yuan)	1169	1971	4407	7261	16598	19386
集 体(元)	Urban Collective-owned Units(yuan)	872	1441	3001	4826	10804	12469
城镇居民可支配收入(元)	Annual Disposable Income of Urban Residents(yuan)	666	1155	2846	5129	9137	10358
城镇居民消费支出(元)	Living Expenditure of Urban(yuan)	595	982	2482	3928	6929	7667
农牧民家庭纯收入(元)	Net Income of Rural Residents(yuan)	400	647	1300	2038	2989	3342
农牧民家庭生活消费支出(元)	Living Expenditure of Residents(yuan)	325	539	1261	1615	2446	2772
城乡居民储蓄存款年末余额(元)	Outstanding Amount of Saving Deposits of Residents at the Year-end(yuan)	144	515	1804	3875	8274	9506

2-3 国民经济和社会发展总量与速度

指标	Item	总量指标 1978	1990	1995	2000	2005
人口与就业	**Population and Employment**					
人口(万人)	**Population(10 000 persons)**					
年末总人口	Population at the Year-end	1823.4	2162.6	2284.4	2372.4	2386.4
市镇人口	Urban	397.5	781.1	873.1	1001.1	1126.4
乡村人口	Rural	1425.9	1381.4	1411.3	1371.3	1260.0
男性人口	Male	957.8	1127.6	1187.6	1227.2	1229.3
女性人口	Female	865.6	1035.0	1096.8	1145.2	1157.1
就业(万人)	**Employment(10 000 persons)**					
从业人数	Employment	652.8	924.6	1029.4	1061.6	1041.1
#职工人数	Staff and Workers	227.6	369.7	383.7	263.9	239.6
城镇登记失业人数	Unemployed in Urban Areas		15.2	14.0	12.7	17.8
宏观经济	**Macroeconomic Indicator**					
国民经济核算(亿元)	**National Accounting (100 million yuan)**					
生产总值	Gross Domestic Product	58.04	319.31	857.06	1539.12	3895.55
第一产业	Primary Industry	18.96	112.57	260.18	350.80	589.56
第二产业	Secondary Industry	26.37	102.43	308.78	582.57	1773.21
第三产业	Tertiary Industry	12.71	104.31	288.10	605.74	1532.78
固定资产投资(亿元)	**Investment in Fixed Assets (100 million yuan)**					
全社会固定资产投资总额	Investment in Fixed Assets		70.77	273.06	430.42	2687.84
#国有单位	State-owned Units		56.77	210.00	275.06	1644.71
集体单位	Collective-owned Units		3.06	11.14	27.15	41.14
个体经济	Individuals		10.94	44.09	51.64	84.26
财政(亿元)	**Public Finance(100 million yuan)**					
财政收入	Government Revenue	6.90	32.98	76.35	155.59	536.36
财政支出	Government Expenditures	18.69	60.90	102.18	261.06	734.61
物价总指数(上年=100)	**Price Indices(preceding year=100)**					
商品零售价格总指数	General Retail Price Index	101.0	102.9	116.8	98.8	101.5
居民消费价格总指数	General Consumer Price Index		102.3	117.5	101.3	102.4
农产品生产者价格总指数	Price Indices of Farm Products by Category of Commodities	101.6	95.2	124.7	99.7	103.2
能源生产与消费(万吨标准煤)	**Production and Consumption of Energy(10 000 tons of SCE)**					
能源生产总量	Total Energy production	1070.63	2821.61	4642.02	4701.23	19082.33
能源消费总量	Total Energy Consumption		2423.51	3268.44	3937.54	10764.90

Principal Aggregate Indicators on National Economic and Social Development and Their Related Indices and Growth Rates

Aggregate Data	速度指标(%) Indices and Crowth Rates(%)								
2006	指数(2006年比以下各年) Index(2006 as Percentage of the following years)					平均增长速度 Average Annual Growth Rate			
	1978	1990	1995	2000	2005	1979-2006	1991-1995	1996-2000	2001-2005
2392.4	131.2	110.6	104.7	100.8	100.2	1.0	1.1	0.8	0.1
1163.6	292.7	149.0	133.3	116.2	103.3	3.9	2.3	2.8	2.4
1228.7	86.2	88.9	87.1	89.6	97.5	-0.5	0.4	-0.6	-1.7
1231.3	128.6	109.2	103.7	100.3	100.2	0.9	1.0	0.7	0.03
1161.1	134.1	112.2	105.9	101.4	100.3	1.1	1.3	1.2	0.2
1051.2	161.0	113.7	102.1	99.0	101.0	1.7	2.2	0.6	-0.4
239.3	105.1	64.7	62.4	90.7	99.9	0.2	0.7	-7.2	-1.9
18.0		118.3	128.4	141.6	101.0		-1.6	-1.9	6.9
4791.48	2207.8	720.7	441.9	261.5	118.7	11.7	10.3	11.1	17.1
649.62	614.3	240.8	197.7	145.0	105.6	6.7	4.0	6.4	6.6
2327.44	2543.6	1067.5	583.3	341.0	125.7	12.3	12.8	11.3	22.1
1814.42	4961.8	908.1	482.7	254.3	115.8	15.0	13.5	13.7	17.0
3406.4		4813.3	1247.5	791.4	126.7		31.0	9.5	44.2
1724.0		3036.8	821.0	626.8	104.8		29.9	5.5	43.0
61.7		2016.0	553.8	227.2	150.0		29.5	19.5	8.7
76.1		695.7	172.6	147.4	90.3		32.1	3.2	10.3
712.97	10326.0	2162.1	933.9	458.2	32.9	18.0	18.3	15.3	28.1
914.97	4895.8	1502.4	895.5	350.5	124.6	14.9	10.9	20.6	23.0
101.4	377.0	188.0	107.2	104.6	101.4	4.9	11.9	0.5	0.6
101.5		234.5	126.7	112.3	101.5		13.1	2.5	2.0
103.6							15.5	-3.6	
22367.59	2089.2	792.7	481.9	475.8	117.2	11.5	10.5	0.3	32.3
12777.61		527.2	390.9	324.5	118 7		6.2	3.8	22.3

2-3 续表 1

指 标	Item	总量指标				
		1978	1990	1995	2000	2005
产 业	**Industry**					
农林牧渔业	**Farming, Forestry, Animal Husbandry & Fishery**					
耕地面积(万公顷)	Cultivated Areas(10 000 hectares)	532.60	496.6	549.1	731.70	735.50
从业人员(万人)	Persons Engaged in (10 000 persons)	393.80	477.5	503.0	524.30	529.18
总产值(亿元)	Gross Output(100 million yuan)	28.35	156.92	373.59	543.16	980.21
主要农畜产品产量	Output of Major Farm & Livestock					
粮食(万吨)	Grain(10 000 tons)	499.00	972.97	1055.40	1241.90	1662.20
油料(万吨)	Oil Bearing Crops(10 000 tons)	12.50	69.38	70.20	116.40	122.20
甜菜(万吨)	Beet Roots(10 000 tons)	43.10	236.44	263.50	141.30	138.30
造林面积(万公顷)	Forested Areas(10 000 hectares)	29.79	29.75	40.25	58.90	38.38
肉类(万吨)	Meat(10 000 tons)		53.61	81.89	143.40	229.91
牛奶(万吨)	Cow milk(10 000 tons)		36.95	48.57	79.80	691.08
羊毛(万吨)	Wool(10 000 tons)		6.15	5.99	6.85	10.25
羊绒(吨)	Cashmere(ton)		2076	3114	3815	6646
水产品(万吨)	Aquatic Products(10 000 tons)	1.50	3.04	4.76	7.21	8.26
六月末牲畜总数(万头只)	Livestock(10 000 heads)	4162.3	5307.5	6065.7	7300.47	10615.3
大牲畜(万头)	Large Animals(10 000 heads)	697.5	784.5	783.8	803.31	934.20
羊(万只)	Sheep and Goats(10 000 heads)	2860.5	3955.2	4302.5	5406.23	8713.00
生猪(万口)	Hogs(10 000 heads)	604.30	567.2	979.4	1090.92	968.10
工业生产	**Industrial Production**					
工业总产值(亿元)	Gross Output(100 million yuan)	52.96	263.33	626.52	1202.85	3861.58
轻工业(亿元)	Light Industry(100 million yuan)	22.05	108.51	215.92	464.26	1171.70
重工业(亿元)	Heavy Industry(100 million yuan)	30.91	154.82	410.61	738.59	2689.88
工业增加值(亿元)	Value Added(100 million yuan)	21.84	87.18	254.88	484.19	1477.88
主要工业产品产量	Output of Industrial Products					
原煤(万吨)	Raw Coal(10 000 tons)	2194	4761.61	7055.21	7247.29	25607.69
原油(万吨)	Crude Oil(10 000 tons)				90.50	146.92
原盐(万吨)	Raw Salt(10 000 tons)	65.18	93.28	76.13	126.68	215.84
木材(万立方米)	Timber(10 000 cu.m)	378.17	525.96	504.35	321.65	340.96
发电量(亿千瓦小时)	Electricity(100 million kwh)	37.38	169.54	278.54	439.21	1056.59
糖(包括土糖)(万吨)	Sugar(10 000 tons)	4.23	16.37	17.07	12.04	14.75
乳制品(万吨)	Dairy Products(10 000 tons)	0.31	2.2	3.03	6.65	307.53
呢绒(万米)	Woolen Fabric(10 000 m)	336.80	1041.85	1477.00	421.20	611.76
服装(万件)	Garments(10 000 units)		1046	4868	1794.70	1980.72
机制纸及纸板(万吨)	Machine Made Paper(10 000 tons)	4.25	13.59	19.15	12.19	25.74
水泥(万吨)	Cement(10 000 tons)	91.91	227.97	349.27	630.00	1632.25
钢(万吨)	Steel(10 000 tons)	99	273.01	355.36	423.59	805.49
生铁(万吨)	Pig Iron(10 000 tons)	107	280.66	345.78	440.83	922.69
成品钢材(万吨)	Steel Products(10 000 tons)	36.23	175.47	257.77	378.91	747.77
电视机(万台)	Television Sets(10 000 sets)	0.10	38.45	32.68	51.80	239.09
建筑业	**Construction**					
建筑业从业人数(万人)	Employed Persons(10 000 persons)		27.02	30.98	35.30	26.35
建筑企业总产值(亿元)	Gross output Value(100 million yuan)		27.89	85.52	138.80	381.30
施工房屋面积(万平方米)	Building Floor Space(10 000 sq.m)		1490.00	1010.92	1816.94	2958.88
竣工房屋面积(万平方米)	Completed Floor Space(10 000 sq.m)		1159.80	511.86	1130.00	1623.38
交通运输	**Transportation**					
货运量(万吨)	Freight Traffic(10 000 tons)	8213	26676	32732	44629	73082
铁路	Railways	3861	6909	8347	9648	22060
公路	Highways	4352	19767	24384	34979	51020
空运	Civil Aviation		0.17	1.13	2.00	2.00
客运量(万人)	Passenger Traffic(10 000 persons)	3422	10475	18273	23549	32114
铁路	Railways	1753	2433	2909	3378	3259
公路	Highways	1669	8012	15248	20061	28604
空运	Civil Aviation		30	116	110	251

continued

Aggregate Data	速度指标(%) Indices and Growth Rates(%)								
	指数(2006年比以下各年) Index(2006 as Percentage of the following years)					平均增长速度 Average Annual Growth Rate			
2006	1978	1990	1995	2000	2005	1979-2006	1991-1995	1996-2000	2001-2005
748.00	140.4	150.6	136.2	102.2	101.7	1.2	2.0	5.9	0.1
534.64	135.8	112.0	106.3	102.0	101.0	1.1	1.0	0.8	0.2
1085.86	622.6	277.9	220.6	155.1	106.8	6.7	4.7	7.3	7.7
1704.90	341.7	175.2	161.5	137.3	102.6	4.5	1.6	3.3	6.0
116.80	934.4	168.3	166.4	100.3	95.6	8.3	0.2	10.6	1.0
174.60	405.1	73.8	66.3	123.6	126.2	5.1	2.2	-11.7	-0.4
25.65	86.1	86.2	63.7	43.5	66.8	-0.5	6.2	7.9	-8.2
255.97		477.5	312.6	178.5	111.3		8.8	11.8	9.9
869.16		2352.3	1789.5	1089.2	125.8		5.6	10.4	54.0
10.59		172.2	176.8	154.5	103.3		-0.5	2.7	8.4
6797		327.4	218.3	178.2	102.3		8.4	4.1	11.7
8.70	580.0	286.2	182.8	120.7	105.3	6.5	9.4	8.7	2.8
11051.2	265.5	208.2	182.2	151.4	104.1	3.5	2.7	3.8	7.8
1006.7	144.3	128.3	128.4	125.3	107.8	1.3	-0.02	0.5	3.1
8997.5	314.5	227.5	209.1	166.4	103.3	4.2	1.7	4.7	10.0
1047.30	173.3	184.6	106.9	96.0	108.2	2.0	2.3	11.5	-2.4
5201.12	3200.0	1086.8	621.7	354.5	132.1	13.2	11.8	11.9	21.8
1506.72	3580.0	1151.6	682.8	333.7	126.1	13.6	11.0	15.4	21.5
3694.4	2821.5	1003.3	555.8	361.0	134.7	12.7	12.5	9.0	21.8
1978.19	2545.4	1066.3	612.6	338.6	128.1	12.3	11.7	12.6	21.5
29759.63	1356.4	625.0	421.8	410.6	116.2	9.8	8.2	0.5	28.7
171.88				189.9	117.0				10.2
206.45	316.7	221.3	271.2	163.0	95.6	4.2	-4.0	10.7	11.2
350.52	92.7	66.6	69.5	109.0	102.8	-0.3	-0.8	-8.6	1.2
1416.00	3788.1	835.2	508.4	322.4	134.0	13.9	10.4	9.5	19.2
25.88	611.8	158.1	151.6	215.0	175.5	6.7	0.8	-6.7	4.1
345.76	111535.5	15716.4	11411.2	5199.4	112.4	28.5	6.6	17.0	115.3
722.78	214.6	69.4	48.9	171.6	118.1	2.8	7.2	-22.2	7.8
2104.57		201.2	43.2	117.3	106.3		36.0	-18.1	2.0
19.73	464.2	145.2	103.0	161.9	76.7	5.6	7.1	-8.6	16.1
2215.59	2410.6	971.9	634.3	351.7	135.7	12.0	8.9	12.5	21.0
861.86	870.6	315.7	242.5	203.5	107.0	8.0	5.4	3.6	13.7
1108.33	1035.8	394.9	320.5	251.4	120.1	8.7	4.3	5.0	15.9
823.97	2274.3	469.6	319.7	217.5	110.2	11.8	8.0	8.0	14.6
333.74	333740.0	868.0	1021.2	644.3	139.6	33.6	-3.2	9.7	35.8
29.62		109.6	95.6	83.9	112.4		2.8	2.6	-5.7
467.00		1674.4	546.1	336.5	122.5				22.4
3598.64		241.5	356.0	198.1	121.6		-7.5	12.4	10.2
2089.22		180.1	408.2	184.9	128.7		-15.1	17.2	7.5
84137	1024.4	315.4	257.0	188.5	115.1	8.7	4.2	6.4	10.6
25157	651.6	364.1	301.4	260.7	114.0	6.9	3.9	2.9	18.0
58978	1355.2	298.4	241.9	168.6	115.6	9.8	4.3	7.5	7.8
2.00		1176.5	177.0	100.0	100.0		46.1	12.1	
35512	1037.8	339.0	194.3	150.8	110.6	8.7	11.8	5.2	6.4
3437	196.1	141.3	118.2	101.7	105.5	2.4	3.6	3.0	-0.7
31817	1906.4	397.1	208.7	158.6	111.2	11.1	13.7	5.6	7.4
258		860.0	222.4	234.5	102.8		31.1	-1.1	17.9

2-3 续表 2

指 标	Item	总量指标				
		1978	1990	1995	2000	2005
邮电通信业	**Postal & Telecoms Services**					
邮电业务总量(亿元)	Total Revenue(100 million yuan)	0.42	2.12	9.66	56.25	199.72
函 件(万件)	Letters Delivered(10 000 pieces)	6658	8080	16728	9677	3143
报刊期发数(万份)	Newspapers and Magazines Distributed(10 000 copies)	253	346	486	395	194
局用交换机容量(万门)	Capacity of office Telephone Exchange(10 000 lines)	5.08	24.13	105.92	254.30	430.45
电话机(万部)	Telephone sets(10 000 units)	9.96	29.66	85.49	322.20	1254.30
国内贸易	**Domestic Trade**					
社会消费品零售总额(亿元)	Total Retail Sales of Consumer Goods(100 million yuan)	36.83	130.58	313.31	608.55	1344.1
对外经济贸易	**Foreign Trade**					
进出口总额(亿美元)	Exp. & Imp.(USD100 million)	0.16	4.84	11.23	20.36	51.62
进口额	Imports	0.05	1.60	5.15	10.14	30.97
出口额	Exports	0.11	3.25	6.08	10.22	20.65
实际利用外资额(万美元)	Amount of Foreign Capital Actually Utilized(USD 10 000)		2530	10838	54819	140007
国际旅游	**International Tourism**					
来华旅游人数(万人)	Tourists(10 000 persons)		2.04	30.09	39.19	100.16
旅游外汇收入 (万美元)	Earnings (USD 10 000)		648	9052	12645	35207
金融保险	**Finance and Insurance**					
金融机构各项存款(亿元)	Deposits of Banking (100 million yuan)	16.47	169.77	566.34	1270.13	3298.15
金融机构各项贷款(亿元)	Loans of Banking (100 million yuan)	40.33	272.92	819.87	1340.74	2588.57
中资保险公司保险金额(亿元)	Amount Insured (100 million yuan)			1426	1624	10504
中资保险公司保费收入(亿元)	Insurance Premium (100 million yuan)			9.11	24.63	60.87
中资保险公司赔款及给付(亿元)	Chaim and Paymen (100 million yuan)			4.87	7.92	10.76
教育、科技、文化	**Education, Sci., Tech & Culture**					
教育	**Education**					
专任教师数(人)	Full-teachers(person)					
普通高等学校	Higher Education	2949	6755	7070	8856	16189
中等学校	Secondary Schools	81208	96166	98437	101036	107704
小学	Primary Schools	121364	153799	153461	129242	118988
在校学生数(人)	Students Enrollment(person)					
普通高等学校	Higher Education	12567	32428	37248	71967	229354
中等学校	Secondary Schools	1624573	1234474	1304852	1621258	1798804
小学	Primary Schools	2917772	2342865	2343129	2015076	1596381
教育经费支出 (万元)	Expenditures(10 000 yuan)			317000	552808	1162223
科技	**Science and Technology**					
科学家、工程师数(人)	Scientists & Engineers(person)			5748	20543	25501
研究与发展经费支出(万元)	Expenditures on R&D (10 000 yuan)			2023.0	24605.8	113208
技术市场成交额(万元)	Transaction in Technical Markets(10 000 yuan)			25000	60287	310620
文化	**Culture**					
出版数量	Publications					
图书(万册·张)	Books(10 000 copies)	3200.00	7948.00	6560.00	7423.34	8888.15
杂志(万册)	Magazines(10 000 copies)		1264.00	1036.00	1585.46	1384.00
报纸(万份)	Newspapers(10 000 copies)		16192.00	16286.00	17967.23	61819
电视节目制作时间(小时)	Time for TV Programs(hours)			9843	12916	71091

continued

Aggregate Data	速度指标(%) Indices and Growth Rates(%)								
2006	指数(2006年比以下各年) Index(2006 as Percentage of the following years)					平均增长速度 Average Annual Growth Rate			
	1978	1990	1995	2000	2005	1979-2006	1991-1995	1996-2000	2001-2005
254.55	33872.0	12011.3	2638.0	452.8	65.0	23.1	35.4	42.2	37.5
4273	64.2	52.9	25.5	44.2	136.0	-1.6	15.7	-10.4	-20.1
215	85.0	62.1	44.2	54.4	110.8	-0.6	7.0	-4.1	-13.3
427.80	8421.3	1772.9	403.9	168.2	99.4	17.2	34.4	19.1	20.0
1415.00	14206.8	4770.7	1655.2	439.2	112.8	19.4	23.6	30.4	31.2
1595.27	4331.4	1221.7	509.2	262.1	118.7	14.4	19.1	14.2	17.2
59.47	37168.8	1228.7	529.6	292.1	115.2	23.5	18.3	12.6	20.5
38.06	76120.0	2378.8	739.0	375.3	122.9	26.7	26.3	14.5	25.0
21.41	19463.6	658.8	352.1	209.5	103.7	20.7	13.3	10.9	15.1
196863		7781.1	1816.4	359.1	140.6		33.8	38.3	20.6
123.25		6041.7	409.6	314.5	123.1		71.3	5.4	20.6
40379		6231.3	446.1	319.3	114.7		69.4	6.9	22.7
4036.56	24508.6	2377.7	712.7	317.8	122.4	21.7	27.2	17.5	21.0
3205.19	7947.4	1174.4	390.9	239.1	123.8	16.9	24.6	10.3	14.1
10526			738.1	648.0	100.2			2.6	45.3
71.95			789.8	292.1	118.2			22.0	19.8
17.19			353.0	217.0	159.8			10.2	6.3
19101	647.7	282.8	270.2	215.7	118.0	6.9	0.9	4.6	12.8
108717	133.9	113.1	110.4	107.6	100.9	1.0	0.5	0.5	1.3
116582	96.1	75.8	76.0	90.2	98.0	-0.1	-0.04	-3.4	-1.6
252917	2012.5	779.9	679.0	351.4	110.3	11.3	2.8	14.1	26.1
1802490	111.0	146.0	138.1	111.2	100.2	0.4	1.1	4.4	2.1
1563790	53.6	66.7	66.7	77.6	98.0	-2.2	0.002	-3.0	-4.6
1118200			352.7	202.3	96.2			11.8	16.0
28545			496.6	139.0	111.9			-1.6	4.4
160611			7939.2	652.7	141.9			30.7	35.7
411208			1644.8	682.1	132.4			19.3	38.8
8385.43	262.0	105.5	127.8	113.0	94.3	3.5	-3.8	2.5	3.7
1174.20		92.9	113.3	74.1	84.8		-3.9	8.9	-2.7
50815		313.8	312.0	282.8	82.2		0.1	2.0	8.1
59904			608.6	463.8	84.3			5.6	40.6

2-3 续表 3

指标	Item	总量指标				
		1978	1990	1995	2000	2005
家庭、生活、环境	**Family, Livelihood & Environment**					
家庭	**Family**					
城镇居民平均每户家庭人口(人)	Average Household Size in Urban Areas(person)		3.73	3.34	3.08	3.00
农村居民平均每户家庭人口(人)	Average Household Size in Rural Areas(person)	5.78	5.00	4.50	4.10	3.78
婚姻	**Marriages and Divorces**					
结婚数(万对)	Number of Marriages(10 000 couples)		15.88	17.35	15.20	15.45
离婚数(万对)	Number of Divorces(10 000 couples)		2.19	2.75	3.25	3.92
居住	**Housing**					
城市居民人均居住面积(平方米)	Per Capita Net Floor Space of Urban Residents(sq.m)	3.50	8.98	12.06	15.54	26.09
农村居民人均居住面积(平方米)	Per Capita Net Floor Space of Rural Residents(sq.m)		11.90	15.29	17.00	19.70
生活	**People's Livelihood**					
城镇居民人均可支配收入(元)	Per Capita Annual Income of Urban Households(yuan)	301.01	1155.00	2845.72	5129.10	9136.80
农村牧区居民人均纯收入(元)	Per Capita Net Income of Rural Residents(yuan)	131.37	647.45	1300.00	2038.21	2988.87
农民人均纯收入(元)	Farmers(yuan)	126.07	607.15	1208.38	1869.00	2813.35
牧民人均纯收入(元)	Herdsmen(yuan)	188.00	905.67	1870.97	3355.00	4341.18
城乡储蓄存款余额(亿元)	Amount of Saving Deposits in Urban & Rural(100 million yuan)	2.53	93.44	410.82	875.74	1973.60
工资和福利	**Wages and Welfare**					
工资总额(亿元)	Total Wages(100 million yuan)	14.98	66.22	156.12	185.96	387.73
职工平均工资(元)	Average Wage of Staff & Workers(yuan)	712	1846	4134	6974	15985
离休、退休、退职职工人数(万人)	Number of Retired Resigned Staff and Workers(10 000 person)		47.55	55.75	75.45	126.72
离休、退休、退职费(万元)	Pensions for & Retired Staff and Workers(10 000 yuan)				480884	1289082
卫生	**Health Care**					
医院、卫生院(个)	Number of Hospitals(unit)	1723	1856	2003	1988	1834
医生(人)	Number of Doctors(person)	26724	41453	49345	52299	50308
医院、卫生院床位数(张)	Number of Hospital Beds(unit)	24079	57558	61933	63156	64002
市政建设	**City Construction**					
自来水供应量(亿吨)	Tap Water Supply(100 million tons)	0.88	1.88	6.32	6.18	6.11
下水道长度(公里)	Length of Sewer Pipelines(km)		1751	2156	2693	4505
城市煤气和天然气供气量(万立方米)	Volume of Coal & Natural Gas Supply in Urban Areas(10 000 cu.m)		2581	5694	7485	16330
公共汽车总数(辆)	Total Number of Public Buses(unit)	425	911	2078	2128	3594
铺装道路长度(公里)	Length of Paved Roads(km)	677	1509	2229	2771	3867
绿地面积(公顷)	Areas of Green Land(hectare)	2143	7132	13394	16541	24632
环境、灾害	**Environment and Disaster**					
污染治理项目本年完成投资额(亿元)	Investment of Pollution Treatment in the Year(100 million yuan)				5.59	2.57
火灾发生数(起)	Number of Fire Disasters(times)				2096	5422
火灾损失(万元)	Fire Loss(10 000 yuan)				1365	1687
交通事故发生数(起)	Number of Traffic Accidents(times)				9521	8452
交通事故损失(万元)	Loss of Traffic Accidents(10 000 yuan)				2539	2785

continued

Aggregate Data	速度指标(%) Indices and Growth Rates(%)								
2006	指数(2006年比以下各年) Index(2006 as Percentage of the following years)					平均增长速度 Average Annual Growth Rate			
	1978	1990	1995	2000	2005	1979-2006	1991-1995	1996-2000	2001-2005
3.04		81.5	91.0	98.7	101.3		-2.2	-1.6	-0.5
3.72	64.4	74.4	82.7	90.7	98.4	-1.6	-2.1	-1.4	-1.6
15.50		97.6	89.3	102.0	100.3		1.8	-2.6	0.3
4.10		187.2	149.1	126.2	104.6		4.7	3.4	3.8
26.56	758.9	295.8	220.2	170.9	101.8	7.5	3.3	16.3	10.9
20.10		168.9	131.5	118.2	102.0		5.1	2.0	3.0
10358.00	716.8	378.1	293.7	185.8	113.4	13.5	19.8	12.5	12.2
3342.00	588.3	262.2	214.7	143.9	111.8	12.3	15.0	9.4	8.0
3188.34	509.3	244.7	212.0	149.4	113.3	12.2	14.8	9.1	8.5
4501.76	542.2	221.5	185.6	119.4	103.7	12.0	15.6	12.4	5.3
2271.34	89776.3	2430.8	552.9	259.4	115.1	27.5	30.0	16.4	17.6
446.95	2983.6	674.9	286.3	240.3	115.3	12.9	18.7	3.6	15.8
18469	498.8	386.6	337.2	250.9	115.5	12.3	17.5	11.0	18.0
121.54		255.6	218.0	161.1	95.9		3.2	6.2	10.9
1405258				292.2	109.0				21.8
1820	105.6	98.1	90.9	91.5	99.2	0.2	1.5	-0.2	-1.6
50409	188.6	121.6	102.2	96.4	100.2	2.3	3.5	1.2	-0.8
64816	269.2	112.6	104.7	102.6	101.3	3.6	1.5	0.4	0.3
6.01	683.0	319.7	95.1	97.2	98.4	7.1	27.4	-0.4	-0.2
4779		272.9	221.7	177.5	106.1		4.2	4.5	10.8
24483		948.6	430.0	327.1	149.9		17.1	5.6	16.9
4124	970.4	452.7	198.5	193.8	114.7	8.5	17.9	0.5	11.1
4279	632.1	283.6	192.0	154.4	110.7	6.8	8.1	4.4	6.9
25551	1192.3	358.3	190.8	154.5	103.7	9.3	13.4	4.3	8.3
17.72				317.0	689.5				-14.4
6121				292.0	112.9				20.9
1598				117.1	94.8				4.3
6479				68.0	76.7				-38.3
1878				74.0	67.4				1.9

2-4 国民经济和社会发展结构

Structural Indicators on National Economic and Social Development

单位：% (%)

指标	Item	1985	1990	1995	2000	2005	2006
人口城乡结构	**Urban and Rural Structure of Population**						
城镇	Urban	43.4	36.1	38.2	42.2	47.2	48.6
乡村	Rural	56.6	63.9	61.8	57.8	52.8	51.4
人口性别结构	**Sexual Structure of Population**						
男	Male	51.8	52.1	52.0	51.7	51.5	51.5
女	Female	48.2	47.9	48.0	48.3	48.5	48.5
就业产业结构	**Industrial Structure of Employment**						
第一产业	Primary Industry	60.4	55.8	52.1	52.2	53.8	53.8
第二产业	Secondary Industry	20.4	21.8	21.9	17.1	15.6	16.0
第三产业	Tertiary Industry	19.2	22.4	26.0	30.7	30.5	30.2
生产总值三次产业结构	**Industrial Structure of GDP**						
第一产业	Primary Industry	32.7	35.3	30.4	22.8	15.1	13.6
第二产业	Secondary Industry	34.8	32.1	36.0	37.8	45.5	48.8
第三产业	Tertiary Industry	32.5	32.6	33.6	39.4	39.4	37.7
国民总支出中总投资和总消费结构	**Investment and Consumption as Percentage of National Expenditures**						
总投资	Investment	37.6	39.0	43.5	41.7	73.0	72.3
总消费	Consumption	77.5	67.9	62.9	56.8	44.0	43.7
工农业总产值中农、轻、重结构	**Structure of Gross Output Value of Agriculture, Light Industry and Heavy Industry**						
农业	Agriculture	39.3	37.3	38.2	31.1	20.2	17.3
轻工业	Light Industry	24.5	25.8	21.6	27.0	24.2	24.0
重工业	Heavy Industry	36.2	36.9	45.3	43.0	55.6	58.8
农、林、牧、渔业产值结构	**Structure of Gross Output Value of Agriculture**						
农业	Farming	63.9	65.7	62.0	56.8	48.3	49.0
林业	Forestry	6.6	4.0	3.2	4.3	4.1	3.9
牧业	Animal Husbandry	29.2	29.6	34.0	37.8	45.4	44.9
渔业	Fishery	0.6	0.7	0.8	1.1	0.7	0.8
工业总产值中轻、重工业结构	**Structure of Gross Output Value of Industry**						
轻工业	Light Industry	40.3	41.2	34.5	38.6	30.3	29.0
重工业	Heavy Industry	59.7	58.8	65.5	61.4	69.7	71.0
固定资产投资额三次产业投资结构	**Type of Industry as Percentage of Total Investment in FixedAssets Capital Construction**						
第一产业	Primary Industry	9.3	7.6	8.6	11.1	5.2	5.7
第二产业	Secondary Industry	49.0	57.3	64.8	34.3	58.9	59.9
第三产业	Tertiary Industry	41.7	35.1	26.6	54.6	35.9	34.4
财政收入结构	**Structure of Financial Revenue**						
地方财政收入	Local Government			57.2	71.1	62.5	64.8
上划中央两税	Turn over to Central Government			42.8	28.9	37.5	35.2
基建拨款占财政支出的比例	**Capital Construction Expenses as Percentage in Financial Expenditures**	**15.7**	**8.1**	**5.5**	**13.2**	**15.1**	**13.7**
教育经费占财政支出的比例	**Educational Expenses as Percentage in Financial Expenditures**	**13.4**	**14.1**	**16.2**	**11.6**	**10.7**	**10.4**

2-4 续表 continued

单位：% (%)

指标	Item	1985	1990	1995	2000	2005	2006
建筑业总产值结构	**Structure of Gross Output Value of Construction Enterprises**						
土木工程建筑业	Civil Engineering Construction	95.7	96.9	90.0	90.1	94.7	94.7
线路管道设备安装业	Line and Equipment Installation	4.3	3.1	9.5	9.3	4.5	4.9
建筑物装修装饰业	Building Decoration			0.5	0.6	0.8	0.4
货运量结构(按运输方式分)	**Structure of Freight Traffic by Means of Transportation**						
铁路	Railways	48.0	26.0	27.5	21.6	30.2	29.9
公路	Highways	52.0	74.0	72.5	78.4	69.8	70.1
航空	Civil Aviation						
管道	Pipelines						
社会消费品零售总额构成	**Composition of Retail Sales of Consumer Goods**						
市	Cities	50.0	55.0	58.0	60.0	66.9	67.7
县	Counties	27.0	25.9	24.0	24.0	20.7	20.5
县以下	Below Counties	23.0	19.1	18.0	16.0	12.4	11.8
学校在校学生结构	**Structure of Student Enrollment**						
大学生	College and University Students	0.8	0.9	1.0	4.8	6.3	7.0
中学生	Secondary School Students	32.7	34.2	35.4	40.9	49.6	49.8
小学生	Primary School Students	66.5	64.9	63.6	54.3	44.1	43.2
科技经费内部支出结构	**Structure of Internal Expenditures on Scientific and Technological Activities**						
#劳务费	Service Fees				44.6	19.7	18.8
研究与发展经费支出	Expenditures of Research and Development				35.6	34.0	38.4
城镇居民消费结构	**Consumption Structure of Urban Residents**						
食品类	Food	46.1	48.3	48.4	34.5	31.4	30.3
衣着类	Clothing	20.0	16.5	16.3	14.3	15.1	15.3
用品及其他	Articles for Daily Use and Others	33.9	35.2	29.0	42.6	43.1	43.9
居住	Residence			6.3	8.6	10.4	10.5
农牧民消费结构	**Consumption Structure of Rural Residence**						
食品类	Food			59.7	44.8	43.1	39.0
衣着类	Clothing			7.3	6.9	6.1	6.7
用品及其他	Articles for Daily Use and Others			19.7	32.9	37.1	41.6
居住	Residence			13.3	15.4	13.7	12.7
卫生技术人员结构	**Medical Technical Personnel**						
医生	Doctors	41.9	42.8	48.3	51.9	41.5	41.8
护师、护士	Nurses	14.5	22.9	24.1	25.6	22.3	22.9

2-5 国民经济和社会发展比例和效益
Indicators on Proportions and Efficiency in National Economic and Social Development

指标	Item	1990	1995	2000	2005	2006
人口与就业	**Population and Employment**					
人口	Population					
出生率(‰)	Birth Rate(‰)	21.2	17.2	12.1	10.1	9.9
死亡率(‰)	Death Rate(‰)	7.2	6.7	5.9	5.5	5.9
自然增长率(‰)	Natural Growth Rate(‰)	14.0	10.5	6.1	4.6	4.0
就业	Employment					
就业者负担人数(人)	Dependency Ratio(person)	1.89	1.86	1.92	1.91	1.90
三次产业从业者比例(以第一产业为100)	Employment Ratio by type of Industry (Employment in Primary industry=100)					
第一产业	Primary Industry	100	100	100	100	100
第二产业	Secondary Industry	39.1	41.9	33.0	29.0	29.7
第三产业	Tertiary Industry	40.3	50.0	58.8	56.7	56.2
城镇登记失业率(%)	Unemployment Rate in Urban Areas(%)	3.49	3.17	3.34	4.26	4.13
宏观经济	**Macro Economy**					
国民经济核算	National Accounting					
三次产业增加值比例(以第一产业为100)	Ratio of Value-added by Type of Industry (Value added in Primary industry=100)					
第一产业	Primary Industry	100	100	100	100	100
第二产业	Secondary Industry	91.0	118.7	166.1	300.8	358.3
第三产业	Tertiary Industry	92.7	110.7	172.7	260.0	279.3
人均生产总值(元)	Per Capita GDP(yuan)	1478	3772	6502	16331	20053
固定资产投资	Investment in Fixed Assets					
全社会固定资产投资占生产总值比例(%)	Proportion of Investment in Fixed Assets to GDP(%)	22.2	31.9	28.0	69.0	71.1
全社会房屋建筑面积竣工率(%)	Rate of Total Floor Space of Buildings Completed in Construction(%)	77.8	80.7	75.5	53.5	52.2
财政	Finance					
财政收入占生产总值比例(%)	Proportion of Government Revenue to GDP(%)	10.3	8.9	10.1	13.8	14.9
财政支出占生产总值比例(%)	Proportion of Government Expenditures to GDP(%)	19.0	11.9	17.0	18.9	19.1
利用外资	Utilization of Foreign Capital					
实际利用外资额占签订利用外资额比例(%)	Proportion of Foreign Capital Actually Used toTotal Amount of Foreign Capital for Utilization by Signed Contracts or greements(%)	35.8	169.6	106.9	86.6	
能源生产与消费	Production and Consumption of Energy					
能源生产弹性系数	Elasticity Ratio of Energy Production	0.66	1.61	0.27	0.94	0.92
能源消费弹性系数	Elasticity Ratio of Energy Consumption	1.09	1.61	0.77	1.06	0.84
每万元生产总值消耗的能源(吨标准煤)	Energy Consumption Per 10 000 yuan GDP(ton of SCE)	7.59	3.81	2.31	2.48	2.41

2-5 续表 1 continued

指标	Item	1990	1995	2000	2005	2006
产业	**Industrial**					
农牧业	Agriculture					
人均耕地面积(公顷)	Per Capita Cultivated Land(hectare)	0.23	0.24	0.31	0.31	0.31
农业从业者人均耕地面积(公顷)	Cultivated Land per Agricultural Laborer(hectare)	1.06	1.10	1.39	1.65	1.67
每公顷耕地农业机械总动力(千瓦)	Total Power of Agricultural Machinery per Hectare of Cultivated Land(kw)	1.53	1.64	1.85	2.61	2.74
每公顷耕地用电量(万千瓦小时)	Electric Power Consumption per Hectare of Cultivated Land(10 000 kwh)	229	305	291	398	427
每公顷耕地化肥用量(千克)	Chemical Fertilizer Consumption per Hectare of Cultivated Land(kg)	70	98	102	159	170
每公顷耕地生产的农业产值(元)	Agricultural Output Value per Hectare of Cultivated Land(yuan)	2077	4210	4214	6443	7118
农业从业者人均农产品产量(千克)	Output of Farm products per Agricultural Laborer(kg)					
粮食	Grain	2070	2105	2366	3719	3810
油料	Oil-bearing Crops	148	140	222	273	261
甜菜	Beet Roots	503	525	269	309	390
肉类	Meat	114	163	273	514	572
每公顷播种面积农产品产量(千克)	Output of Farm Crops per Hectare of Sown Area(kg)					
粮食	Grain	2511	2547	2800	3800	3821
油料	Oil-bearing Crops	1340	1260	1324	1759	1771
甜菜	Beet Roots	24884	18821	23998	36328	35719
工业企业效益(规模以上工业)	Economic Efficiency of Industry					
综合效益指数	Index of Multipurpose Efficiency			88.80	203.61	240.68
总资产贡献率(%)	Ratio of Total Assets to Industrial Output Value(%)			6.69	12.70	13.92
资产负债率(%)	Assets-Liability Ratio(%)			59.46	59.53	60.85
成本费用利润率(%)	Ratio of Profits to Industrial Cost(%)			2.41	8.52	9.18
流动资产周转次数(次/年)	Number of Times of Annual of Turn-over Circulating Funds(times/year)			1.26	2.32	2.35
全员劳动生产率(元/人·年)	Labor Prouctivity(yuan/person·year)	9718	11399	21989	135616	190306
建筑业	Construction					
技术装备率(元/人)	Machinery per Laborer(yuan/person)	2434	3053	5844	11822	11779
产值利税率(%)	Ratio of Per-tax Profits to Gross Output Value(%)	6.2	3.6	4.2	8.3	10.3
全员劳动生产率(元/人)(按总产值计算)	Overall Labor Productivity(yuan/person) (in terms of gross output value per employee)	1369	28440	39319	81750	93302
交通运输业	Transportation					
铁路网密度(公里/万平方公里)	Railway Density(km/10 000 sq.km)	47	49	61	64	66
公路网密度(公里/万平方公里)	Highway Density(km/10 000 sq.km)	366	378	569	668	1088
铁路货运密度(吨/公里)	Railway Freight Traffic Density(ton/km)	12338	14391	14705	29186	32092
公路货运密度(吨/公里)	Highway Freight Traffic Density(ton/km)	4597	5443	5194	6456	4580
邮电通信业	Postal & Telecommunications Services					
固定电话普及率(部/百人)	Access to Telephones(set/100 persons)	0.8	2.9	8.7	22.7	22.6
移动电话普及率(部/百人)	Access to Mobile Phones(set/100 persons)		0.1	4.9	29.9	36.6
国内贸易	Domestic Trade					
人均社会消费品零售额(元)	Per Capita Retail Sales of Consumer Goods(yuan)	610	1298	2045	5635	6676
对外经济贸易	Foreign Trade					
进出口总额占生产总值比例(%)	Proportion of Total Imports & Exports to GDP(%)	7.9	10.9	11.0	10.7	9.7

2-5 续表 2 continued

指 标	Item	1990	1995	2000	2005	2006
金融保险	Finance and Insurance					
金融机构存款占生产总值比例(%)	Bank Deposits as Percentage of GDP(%)	53.2	66.1	82.5	84.7	84.2
金融机构贷款占生产总值比例(%)	Bank Loans as Percentage of GDP(%)	85.5	95.7	87.1	66.4	66.9
教育、科技、文化	**Education, Science, Tech & Culture**					
教育	Education					
学龄儿童入学率(%)	Rate of School-age Children Enrollment(%)	97.9	98.9	99.5	99.4	99.7
小学升学率(%)	Rate of Graduates of primary Schools Entering Junior Secondary Schools(%)	81.8	90.0	96.1	100.0	100.8
初中升学率(%)	Rate of Graduates of Junior Secondary Schools Entering Senior Secondary Schools(%)	42.1	48.6	60.2	73.0	82.2
学校教师负担系数(%)	Student-teacher Ratio(in percentage)(%)					
高等学校	Colleges and Universities	4.8	5.3	8.1	14.2	13.2
中等学校	Secondary Schools	12.7	13.2	16.1	16.7	16.6
小学学校	Primary Schools	15.2	15.3	15.6	13.4	13.4
科技	Science and Technology					
研究与开发经费支出占生产总值比例(%)	R&D Expenditures as Percentage of GDP(%)		0.09	0.16	0.29	0.34
文化	Culture					
每百万人有艺术表演团体(个)	Number of Troupes per Million Persons(unit)	5.8	5.2	4.9	4.6	4.5
每百万人有公共图书馆(个)	Number of Public Libraries per million Persons(unit)	4.9	4.7	4.6	4.6	4.6
每百万人有博物馆(个)	Number of Museums per million Persons (unit)	0.5	0.7	1.1	1.4	1.5
家庭、生活、环境	**Family, People's Livelihood & Environment**					
家庭	Family					
负担少儿系数(%)	Dependency Ratio of Children(%)	42.1	38.2	29.0	22.4	22.1
负担老年系数(%)	Dependency Ratio of the Aged(%)	5.9	6.8	7.3	8.8	9.0
生活	People's Livelihood					
城镇居民与农牧民收入增长率比例(1978=100)	Proportion of Growth Rate of Annual Income of Urban Residents to the Growth Rate of Annual Net Income of Rural Residents(1978=100)	0.85	0.89	0.94	1.20	1.22
福利	Welfare					
离退休退职费占工资总额比例(%)	Pensions for Retired Veterans,Retired and Resigned Persons as Percentage of Total Wages(%)			25.9	33.2	31.4
离退休退职人员占在职人员比例(%)	Proportion of the Number of Workers Who Have Retired or Resigned to the Number of Employed Ones(%)	12.9	14.5	28.6	52.9	50.8
卫生	Health Care					
每万人医院数(个)	Number of Hospitals per 10 000 Persons(unit)	0.9	0.9	0.9	0.8	0.8
每万人医生数(个)	Number of Doctors per 10 000 Persons(unit)	19	22	22	21	21
每万人医院床位数(张)	Number of Hospital Beds per 10 000 Persons (unit)	26.6	27.3	28.2	29.1	29.4
市政建设	City Construction					
城市自来水普及率(%)	Percentage of Households with Access to Tap Water(%)	73.4	80.7	89.1	83.9	80.7
城市用气普及率(%)	Percentage of Households with Access to Tap Gas(%)	16.8	40.5	58.6	68.2	71.0
每万人绿地面积(公顷)	Public Green Areas per 10 000 Persons(hectare)	3.3	5.9	7.0	7.8	9.4

主要统计指标解释

可比价格 指计算各种总量指标所采用的扣除了价格变动因素的价格，可进行不同时期总量指标的对比。按可比价格计算总量指标有两种方法：一种是直接用产品产量乘某一年的不变价格计算；另一种是用价格指数进行缩减。

不变价格 指以同类产品某年的平均价格作为固定价格，用于计算各年的产品价值。按不变价格计算的产品价值消除了价格变动因素，不同时期对比可以反映生产的发展速度，新中国成立后，随着工农业产品价格水平的变化，国家统计局先后五次制定了全国统一的工业产品不变价格和农业产品不变价格。从1952年到1957年使用1952年工(农)业产品不变价格。从1957年到1970年使用1957年不变价格，从1971年到1980年使用1970年不变价格，从1981年到1990年使用1980年不变价格，从1991年开始使用1990年不变价格。

平均增长速度 我国计算平均增长速度有两种方法：一种是习惯上经常使用的“水平法”，又称几何平均法，是以间隔期最后一年的水平同基期水平对比来计算平均每年增长(或下降)速度；另一种是“累计法”，又称代数平均法或方程法，是以间隔期内各年水平的总和同基期水平对比来计算平均每年增长(或下降)速度。在一般正常情况下，两种方法计算的平均每年增长速度比较接近，但在经济发展不平衡、出现大起大落时，两种方法计算的结果差别较大。

本《年鉴》内所列的平均增长速度，除固定资产投资用“累计法”计算外，其余均用“水平法”计算。从某年到某年平均增长速度的年份，均不包括基期年在内。如建国四十三年的平均增长速度是以1949年为基期计算的，则写为1950-1992年平均增长速度，其余类推。

企业(单位)登记注册类型 是以在工商行政管理机关登记注册的各类企业为划分对象，以工商行政管理部门对企业登记注册的类型为依据，将企业登记注册类型分为内资企业、港澳台商投资企业和外商投资企业三大类。内资企业包括国有企业、集体企业、股份合作企业、联营企业、有限责任公司、股份有限公司、私营公司和其他企业；港澳台商投资企业和外商投资企业分别包括合资经营企业、合作经营企业、独资经营企业和股份有限公司。对不在工商行政管理部门进行登记注册的行政机关、事业单位和社会团体，主要按其经费来源和管理方式进行划分。

国有企业 指企业全部资产归国家所有，并按《中华人民共和国企业法人登记管理条例》规定登记注册的非公司制的经济组织。不包括有限责任公司中的国有独资公司。

集体企业 指企业资产归集体所有，并按《中华人民共和国企业法人登记管理条例》规定登记注册的经济组织。

股份合作企业 指以合作制为基础，由企业职工共同出资入股，吸收一定比例的社会资产投资组建，实行自主经营，自负盈亏，共同劳动，民主管理，按劳分配与按股分红相结合的一种集体经济组织。

联营企业 指两个及两个以上相同或不同所有制性质的企业法人或事业单位法人，按自愿、平等、互利的原则，共同投资组成的经济组织。联营企业包括国有联营企业、集体联营企业、国有与集体联营企业和其他联营企业。

有限责任公司 指根据《中华人民共和国公司登记管理条例》规定登记注册，由两个以上、五十个以下的股东共同出资，每个股东以其所认缴的出资额对公司承担有限责任，公司以其全部资产对其债务承担责任的经济组织。有限责任公司包括国有独资公司以及其他有限责任公司。

股份有限公司 指根据《中华人民共和国公司登记管理条例》规定登记注册，其全部注册资本由等额股份构成并通过发行股票筹集资本，股东以其认购的股份对公司承担有限责任，公司以其全部资产对其债务承担责任的经济组织。

私营企业 指由自然人投资设立或由自然人控股，以雇佣劳动为基础的营利性经济组织。包括按照《公司法》、《合伙企业法》、《私营企业暂行条例》规定登记注册的私营有限责任公司、私营股份有限公司、私营合伙企业和私营独资企业。

其他内资企业 指上述企业之外的其他内资经济组织。

与港澳台商合资经营企业 指港澳台地区投资者与内地企业依照《中华人民共和国中外合资经营企业法》及有关法律的规定，按合同规定的比例投资设立、分享利润和分担风险的企业。

与港澳台商合作经营企业 指港澳台地区投资者与内地企业依照《中华人民共和国中外合作经营企业法》及有关法律的规定，依照合作合同的约定进行投资或提供条件设立、分配利润和分担风险的企业。

港澳台商独资经营企业 指依照《中华人民共和国外资企业法》及有关法律的规定，在内地由港澳台地区投资者全额投资设立的企业。

港澳台商投资股份有限公司 指根据国家有关规定，经外经贸部依法批准设立，其中港、澳、台商的股本占公司注册资本的比例达25%以上的股份有限公司。凡其中港、澳、台商的股本占公司注册资本的比例小于25%的，属于内资企业中的股份有限公司。

中外合资经营企业 指外国企业或外国人与中国内地企业依照《中华人民共和国中外合资经营企业法》及有关法律的规定，按合同规定的比例投资设立、分享利润和分担风险的企业。

中外合作经营企业 指外国企业或外国人与中国内地企业依照《中华人民共和国中外合作经营企业法》及有关法律的规定，依照合作合同的约定进行投资或提供条件设立、分配利润和分担风险的企业。

外资企业 指依照《中华人民共和国外资企业法》及有关法律的规定，在中国内地由外国投资者全额投资设立的企业。

外商投资股份有限公司 指根据国家有关规定，经外经贸部依法批准设立，其中外资的股本占公司注册资本的比例达25%以上的股份有限公司。凡其中外资股本占公司注册资本的比例小于25%的，属于内资企业中的股份有限公司。

行政机关、事业单位和社会团体 参照企业登记注册类型，主要按其经费来源和管理方式划分。具体规定如下：

(1)行政机关：包括国家机关和政党机关，原则上均列为“国有”。但有特殊规定的，如供销社等，则列为“集体”。

(2)事业单位：包括经国家机构编制部门和有关业务主管部门批准成立的各类事业单位，不包括实行企业化管理的事业单位。事业单位的划分办法如下：

①由国家财政预算拨款或列入财政预算外资金管理以及经费主要来源于国有主管部门或国有上级单位的事业单位，列为“国有”。

②经费主要来源于集体单位的事业单位，列为“集体”。

③公民个人(或个人合伙)开办的事业单位，列为“私营”。

④上述以外的其他事业单位，如果其经费来源不明确，按管理方式进行归类。

(3)社会团体：包括经民政部门批准成立以及未纳入社会团体管理条例范围的工会、妇联等各类社会团体。社会团体的划分办法如下：

①未纳入民政部社会团体管理条例范围的工会、妇联、共青团、青联、工商联、科协、侨联等社会团体，国家拨款设立的基金会或基金管理组织以及经费主要来源于国有业务主管部门或国有上级单位的社会团体，列入“国有”。

②经费主要来源于集体单位的社会团体，列为“集体”。

③公民个人(或个人合伙)开办的社会团体，划为“私营”。

④上述以外的其他社会团体，如果其经费来源不明确，改按管理方式进行归类。

Explanatory Notes on Main Statistical Indicators

Comparable Prices refer to prices that are used to remove the factors of price change in calculating economic aggregates, so as to facilitate comparison of aggregates over time. Two methods are used for calculating economic aggregates at comparable prices: 1. Multiplying the output of products by their constant prices of certain year; 2. Deflation of data at current prices by relevant price index.

Constant Price refers to the average price of a given product in certain year, which is used for comparison of output value over time. As the output value at constant prices removes the factor of price changes, it reflects the trend of production development over time. Since 1949, with the changes in general price level, the State Statistical Bureau has issued nationally unified constant prices five times; the 1952 constant prices for 1952-1957; the 1957 constant prices for 1957-1971; the 1970 constant prices for 1971-1980; the 1980 constant prices for 1981-1990; and the 1990 constant prices have been used since 1991.

Average Annual Growth Rate Two methods for calculating average annual growth rate are applied in China, one is often called "level approach" or the method of calculating geometric average, which is derived by comparing the level of the last year of the interval with that of the beginning year; the other is called accumulative approach or algebraic average or equation method, which is derived by the summation of the actual figure of each year in the interval divided by the figure in the base year.

Usually the results calculated by the two methods are fairly close, but they differed sharply when uneven economic development occurred with striking fluctuations in growth.

The average annual growth rates listed in this statistical yearbook are calculated by "level approach" except for the growth rate of investment in fixed assets. The base years are not listed when the years are listed for average annual growth rates. For instance, the average annual growth rate of 43 years since 1949 is listed as average annual growth rate of 1950-1992 without listing the base year 1949. And the analogy of this is also the same for the rest of the years.

Registration Status of Enterprises Enterprises are classified into 3 categories, namely domestic- funded enterprises, enterprises with investment from Hong Kong, Macao and Taiwan, and enterprises with foreign investment, in the light of the registration status of an enterprise in industrial and commercial administration agencies. Domestic funded enterprises include state owned enterprises, collective owned enterprises, cooperative enterprises, joint ownership enterprises, limited liability corporations, share holding corporations Ltd. , private enterprises and other enterprises. Included in the enterprises with investment from Hong Kong, Macao and Taiwan and enterprises with foreign investment are joint venture enterprises, cooperative enterprises, sole investment enterprises and share holding corporations Ltd. For government agencies, institutions and social organizations which are not requested to be registered in industrial and commercial administration agencies, they are classified mainly by their sources of funds and way of management.

State-owned Enterprises refer to non- corporation economic units where the entire assets are owned by the state and which have registered in accordance with the Regulation of the People's Republic of China on the Management of Registration of Corporate Enterprises. Excluded from this category are sole state funded corporations in the limited liability corporations.

Collective-owned Enterprises refer to economic units where the assets are owned collectively and which have registered in accordance with the Regulation of the People's Republic of China on the Management of Registration of Corporate Enterprises.

Cooperative Enterprises refer to a form of collective economic units (enterprises) where capitals come mainly from employees as their shares, with certain proportion of capital from the outside, where production is organized on the basis of independent operation, independent accounting for profits and losses, joint work, democratic management, and a distribution system that integrates remuneration according to work with dividend according to capital share.

Joint Ownership Enterprises refer to economic units established by two or more corporate enterprises or corporate institutions of the same or different ownership, through joint investment on the basis of equality, voluntary participation and mutual benefits. They include state joint ownership enterprises, collective joint ownership enterprises, joint state-collective enterprises, other joint ownership enterprises.

Limited Liability Corporations refer to economic units established with investment from 2-50 investors and registered in accordance with the Regulation of the people's Republic of China on the Management of Registration of Corporations, each investor bearing limited liability to the corporation depending on its share of investment, and the corporation bearing liability to its debt to the maximum of its total assets. Limited liability corporations include exclusive state-funded limited liability corporations and other limited liability corporations.

Share-holding Corporations Ltd refer to economic units registered in accordance with the Regulation of the People's Republic of China on the Management of Registration of Corporations, with total registered capitals divided into equal shares and raised through issuing stocks. Each investor bears limited liability to the corporation depending on the holding of shares, and the corporation bears liability to its debt to the maximum of its total assets.

Private Enterprises refer to profit-making economic units invested and established by natural persons, or controlled by natural persons using employed labour. Included in this category are private limited liability corporations, private share-holding corporations Ltd. , private partnership enterprises and private funded enterprises registered in accordance with the Corporation Law, Partnership Enterprises Law and Interim Regulations on private Enterprises.

Other Domestic-funded Enterprises refer to domestic-funded economic units other than those mentioned above.

Joint-venture Enterprises with Funds from Hong Kong, Macao and Taiwan refer to enterprises jointly established by investors from Hong Kong, Macao and Taiwan with enterprises in the mainland of China in accordance with the Law of the People's Republic of China on Sino-foreign Joint Venture Enterprises and other relevant laws, where the share of investment, profits and risks is stipulated in the contract.

Cooperative Enterprises with Funds from Hong Kong, Macao and Taiwan established by investors from Hong Kong, Macao and Taiwan with enterprises in the mainland of China in accordance with the Law of the People's Republic of China on Sino-foreign Cooperative Enterprises and other relevant laws, where the investment or provision of facilities, and the share of profits and risks is stipulated in the cooperative contract.

Enterprises with Sole (exclusive) Investment from Hong Kong, Macao and Taiwan refer to enterprises established in the mainland of China with exclusive investment from investors from Hong Kong, Macao and Taiwan in accordance with the Law of the People's Republic of China on Foreign-Funded Enterprises and other relevant laws.

Share-holding Corporations Ltd. with Investment from Hong Kong, Macao and Taiwan refer to established with the approval by organization and staffing departments of the government, but exclude institutions share-holding corporations Ltd. established with the approval from the Ministry of Foreign Trade and Economic Relations in line with relevant state regulations, where the share of investment from Hong Kong, Macao or Taiwan businessmen exceeds 25% of the total registered capital of the corporation. In case the share of investment from Hong Kong, Macao or Taiwan is less than 25% of the total registered capital, the enterprise is to be classified as domestic funded share holding corporation Ltd.

Joint-venture Enterprises with Foreign Investment refer to enterprises jointly established by foreign enterprises of foreigners with enterprises in the mainland of China in accordance with the Law of the People's Republic of China on Sino-foreign Joint Venture Enterprises and other relevant laws, where the share of investment, profits and risks is stipulated in the contract.

Cooperation Enterprises with Foreign Investment refer to enterprises jointly established by foreign enterprises or foreigners with enterprises in the mainland of China in accordance with the Law of the People's Republic of China on Sino-foreign Cooperative Enterprises and other relevant laws, where the investment or provision of facilities, and the share of profits and risks is stipulated in the cooperative contract.

Enterprises with Sole (exclusive) Foreign Investment refer to enterprises established in the mainland of China with exclusive investment from foreign investors in accordance with the Law of the People's Republic of China on Foreign-Funded Enterprises and other relevant laws.

Share-holding Corporations Ltd. with Foreign Investment refer to share-holding corporations Ltd. established with the approval from the Ministry of Foreign Trade and Economic Relations in line with relevant state regulations, where the share of investment from foreign investors exceeds 25% of the total registered capital of the corporation. In case the share of foreign investment is less than 25% of the total registered capital, the enterprise is to be classified as domestic–funded share–holding corporation Ltd.

Government Agencies, Institutions and Social Organizations are classified into following categories by source of funds and way of management taking reference of the registration status of enterprises:

(1) Government agencies include state and party agencies, classified in principles as " state-owned ". There are exceptions, such as supply and marketing cooperatives which are classified as "collective".

(2) Institutions: include institutions of various types where enterprise management system is introduced. Institutions are further classified as follows:

(a) Institutions whose main budget is listed in the Government budget appropriations or extra-budget funds, or allocated from the budget of their competent government agencies. Such institutions are classified as "state-owned".

(b) Institutions whose budget mainly comes from collective units. Such institutions are classified as "collective".

(c) Institutions Established by Individual(group of Citizen) are classified as " Private ".

(d) Institutions other than those mentioned above whose source of budget is not clear. Such institutions are classified by way of management.

(3) Social organizations: include social organizations established with the approval from the Ministry of Civil Affairs, and organizations that are not covered by social organization management regulations such as trade unions, women's federations etc. Social organizations are further classified as follows:

(a) Social organizations that are not covered by social organization management regulations of the Ministry of Civil Affairs such as trade unions, women's federations, communist youth leagues, youth associations, industrial and commerce associations, scientists associations, overseas Chinese associations, etc. , foundations and fund management organizations established with funds from the state, and social organizations whose funds mainly come from the budget of their competent government agencies. Such institutions are classified as "state-owned".

(b) Social organizations whose budget mainly comes from collective units. Such institutions are classified as "collective".

(c) Social organizations established by individual or a group of citizens, which are classified as "private".

(d) Social organizations other than those mentioned above whose source of budget is not clear. Such organizations are classified by way of management.

三 国民经济核算

NATIONAL ACCOUNTS

资料整理 张文军

Arranged by Zhang Wenjun

3-1 生产总值

Gross Domestic Product

本表按当年价格计算。

Data in value terms in this table are calculated at current prices.

单位：亿元 (100 million yuan)

年份 Year	生产总值 Gross Domestic Product	第一产业 Primary Industry	第二产业 Secondary Industry	工业 Industry	建筑业 Construction	第三产业 Tertiary Industry	# 交通运输仓储邮电通讯业 Transportation, Post and Telecommunications	# 批发和零售贸易餐饮业 Wholesale, Retail & Catering Trade	人均生产总值(元) Per Capita GDP (yuan)
1952	12.16	8.64	1.37	0.99	0.38	2.15	0.41	0.59	173
1953	15.57	10.44	2.25	1.57	0.68	2.88	0.56	1.02	211
1954	19.46	12.37	3.65	2.57	1.08	3.44	0.77	1.20	249
1955	17.49	10.25	3.53	2.73	0.80	3.71	0.78	1.18	213
1956	24.60	14.11	5.43	3.95	1.48	5.06	1.05	1.57	283
1957	21.27	11.29	5.05	3.80	1.25	4.93	0.65	1.78	232
1958	28.10	12.55	9.65	7.04	2.61	5.90	1.54	2.17	292
1959	35.76	14.75	13.41	9.90	3.51	7.60	2.59	2.65	349
1960	36.56	11.80	17.11	13.17	3.94	7.65	2.17	2.81	325
1961	25.25	11.40	7.25	6.06	1.19	5.60	1.44	2.18	215
1962	25.12	12.75	6.56	5.80	0.76	5.81	1.29	1.61	215
1963	29.02	12.71	9.90	8.24	1.66	6.41	1.49	2.04	243
1964	32.55	14.04	11.43	9.37	2.06	7.08	1.67	2.30	262
1965	35.41	15.21	12.08	9.65	2.43	8.12	2.26	2.57	275
1966	38.32	17.12	13.01	10.33	2.68	8.19	2.00	2.71	289
1967	31.80	13.87	10.43	8.46	1.97	7.50	1.58	2.16	233
1968	32.96	14.87	10.54	8.49	2.05	7.55	1.57	2.11	235
1969	32.90	14.78	10.52	8.40	2.12	7.60	1.56	2.07	227
1970	39.17	17.69	12.94	9.87	3.07	8.54	2.03	2.69	263
1971	41.61	16.82	15.99	12.50	3.49	8.80	2.18	2.56	271
1972	39.36	14.56	15.54	12.12	3.42	9.26	2.13	2.66	247
1973	44.07	16.22	18.14	14.29	3.85	9.71	2.38	2.58	269
1974	43.26	15.97	17.30	13.35	3.95	9.99	2.24	2.74	256
1975	48.55	18.15	20.02	15.52	4.50	10.38	2.49	2.66	280
1976	48.09	18.51	18.77	15.11	3.66	10.81	2.49	2.69	272
1977	51.65	18.91	21.60	16.48	5.12	11.14	2.56	2.73	287

3-1 续表 continued

本表按当年价格计算。

Data in value terms in this table are calculated at current prices.

单位：亿元 (100 million yuan)

年 份 Year	生产总值 Gross Domestic Product	第一产业 Primary Industry	第二产业 Secondary Industry	工 业 Industry	建筑业 Construction	第三产业 Tertiary Industry	#交通运输仓储邮电通讯业 Transportation, Post and Telecommunications	#批发和零售贸易餐饮业 Wholesale, Retail & Catering Trade	人均生产总值(元) Per Capita GDP (yuan)
1978	58.04	18.96	26.37	21.84	4.53	12.71	2.76	2.87	317
1979	64.14	21.03	28.37	23.52	4.85	14.74	2.85	3.25	343
1980	68.40	18.03	32.26	27.30	4.96	18.11	4.12	4.01	361
1981	77.91	27.14	32.04	27.92	4.12	18.73	3.71	4.00	407
1982	93.22	33.32	37.21	32.35	4.86	22.69	5.12	5.20	480
1983	105.88	35.90	41.98	35.90	6.08	28.00	6.58	6.32	535
1984	128.20	42.98	47.74	39.04	8.70	37.48	8.28	10.34	640
1985	163.83	53.54	56.95	45.90	11.05	53.34	10.85	19.65	809
1986	181.58	54.64	61.55	49.74	11.81	65.39	12.59	24.11	888
1987	212.27	62.21	70.42	58.26	12.16	79.64	12.77	32.91	1025
1988	270.81	90.20	85.72	70.28	15.44	94.89	14.30	38.88	1291
1989	292.69	89.08	98.96	83.66	15.30	104.65	18.63	35.58	1377
1990	319.31	112.57	102.43	87.18	15.25	104.31	20.69	24.92	1478
1991	359.66	117.19	124.03	102.74	21.29	118.44	26.84	27.76	1642
1992	421.68	126.86	152.56	120.85	31.71	142.26	32.65	35.04	1906
1993	537.81	149.96	203.46	162.53	40.93	184.39	44.21	47.44	2423
1994	695.06	208.53	254.52	205.98	48.53	232.01	53.93	63.14	3094
1995	857.06	260.18	308.78	254.88	53.90	288.10	69.36	83.03	3772
1996	1023.09	312.82	364.77	304.81	59.96	345.50	89.13	103.70	4457
1997	1153.51	322.52	422.39	355.10	67.29	408.60	114.08	126.82	4980
1998	1262.54	341.62	458.86	382.44	76.42	462.06	126.06	144.96	5406
1999	1379.31	342.91	510.47	425.13	85.34	525.93	145.98	168.59	5861
2000	1539.12	350.80	582.57	484.19	98.38	605.74	175.46	195.39	6502
2001	1713.81	358.89	655.68	541.02	114.66	699.24	204.42	226.46	7216
2002	1940.94	374.69	754.78	614.89	139.89	811.47	244.28	266.54	8162
2003	2388.38	420.10	967.49	773.50	193.99	1000.79	296.80	312.12	10039
2004	3041.07	522.80	1248.27	1015.37	232.90	1270.00	360.39	382.66	12767
2005	3895.55	589.56	1773.21	1477.88	295.33	1532.78	421.52	458.10	16331
2006	4791.48	649.62	2327.44	1978.19	349.25	1814.42	492.72	560.93	20053

注：从2004年开始第一产业为农业、林业、牧业、渔业及农林牧渔服务业。

a)The Primary Industry has included Farming,Forestry, Animal Husbandry, Fishery and Their Services Since 2004.

3-2 生产总值构成

Composition of Gross Domestic Product

本表按当年价格计算。

Data in value terms in this table are calculated at current prices.

单位：%　　(%)

年 份 Year	生产总值 Gross Domestic Product	第一产业 Primary Industry	第二产业 Secondary Industry	工 业 Industry	建筑业 Construction	第三产业 Tertiary Industry	# 交通运输仓储邮电通讯业 Transportation, Post and Telecommunications	# 批发和零售贸易餐饮业 Wholesale, Retail & Catering Trade
1952	100	71.1	11.3	8.1	3.1	17.6	3.4	4.9
1953	100	67.1	14.5	10.1	4.4	18.4	3.6	6.6
1954	100	63.6	18.8	13.2	5.5	17.6	4.0	6.2
1955	100	58.6	20.2	15.6	4.6	21.2	4.5	6.7
1956	100	57.4	22.1	16.1	6.0	20.5	4.3	6.4
1957	100	53.1	23.7	17.9	5.9	23.2	3.1	8.4
1958	100	44.7	34.3	25.1	9.3	21.0	5.5	7.7
1959	100	41.2	37.5	27.7	9.8	21.3	7.2	7.4
1960	100	32.3	46.8	36.0	10.8	20.9	5.9	7.7
1961	100	45.1	28.7	24.0	4.7	26.2	5.7	8.6
1962	100	50.8	26.1	23.1	3.0	23.1	5.1	6.4
1963	100	43.8	34.1	28.4	5.7	22.1	5.1	7.0
1964	100	43.1	35.1	28.8	6.3	21.8	5.1	7.1
1965	100	43.0	34.1	27.3	6.9	22.9	6.4	7.3
1966	100	44.7	34.0	27.0	7.0	21.3	5.2	7.1
1967	100	43.6	32.8	26.6	6.2	23.6	5.0	6.8
1968	100	45.1	32.0	25.8	6.2	22.9	4.8	6.4
1969	100	44.9	32.0	25.5	6.4	23.1	4.7	6.3
1970	100	45.2	33.0	25.2	7.8	21.8	5.2	6.9
1971	100	40.4	38.4	30.0	8.4	21.2	5.2	6.2
1972	100	37.0	39.5	30.8	8.7	23.5	5.4	6.8
1973	100	36.8	41.2	32.4	8.7	22.0	5.4	5.9
1974	100	36.9	40.0	30.9	9.1	23.1	5.2	6.3
1975	100	37.4	41.2	32.0	9.3	21.4	5.1	5.5
1976	100	38.5	39.0	31.4	7.6	22.5	5.2	5.6
1977	100	36.6	41.8	31.9	9.9	21.6	5.0	5.3

3-2 续表 continued

本表按当年价格计算。
Data in value terms in this table are calculated at current prices.

单位：% (%)

年 份 Year	生产总值 Gross Domestic Product	第一产业 Primary Industry	第二产业 Secondary Industry	工 业 Industry	建筑业 Construction	第三产业 Tertiary Industry	# 交通运输仓储邮电通讯业 Transportation, Post and Telecommunications	# 批发和零售贸易餐饮业 Wholesale, Retail & Catering Trade
1978	100	32.7	45.4	37.6	7.8	21.9	4.8	4.9
1979	100	32.8	44.2	36.7	7.6	23.0	4.4	5.1
1980	100	26.4	47.2	39.9	7.3	26.4	6.0	5.9
1981	100	34.8	41.1	35.8	5.3	24.1	4.8	5.1
1982	100	35.8	39.9	34.7	5.2	24.3	5.5	5.6
1983	100	33.9	39.6	33.9	5.7	26.5	6.2	6.0
1984	100	33.5	37.2	30.5	6.8	29.3	6.5	8.1
1985	100	32.7	34.8	28.0	6.7	32.5	6.6	12.0
1986	100	30.1	33.9	27.4	6.5	36.0	6.9	13.3
1987	100	29.3	33.2	27.4	5.7	37.5	6.0	15.5
1988	100	33.3	31.7	26.0	5.7	35.0	5.3	14.4
1989	100	30.4	33.8	28.6	5.2	35.8	6.4	12.2
1990	100	35.3	32.1	27.3	4.8	32.6	6.5	7.8
1991	100	32.6	34.5	28.6	5.9	32.9	7.5	7.7
1992	100	30.1	36.2	28.7	7.5	33.7	7.7	8.3
1993	100	27.9	37.8	30.2	7.6	34.3	8.2	8.8
1994	100	30.0	36.6	29.6	7.0	33.4	7.8	9.1
1995	100	30.4	36.0	29.7	6.3	33.6	8.1	9.7
1996	100	30.6	35.7	29.8	5.9	33.7	8.7	10.1
1997	100	28.0	36.6	30.8	5.8	35.4	9.9	11.0
1998	100	27.1	36.3	30.3	6.0	36.6	10.0	11.5
1999	100	24.9	37.0	30.8	6.2	38.1	10.6	12.2
2000	100	22.8	37.9	31.5	6.4	39.3	11.4	12.7
2001	100	20.9	38.3	31.6	6.7	40.8	11.9	13.2
2002	100	19.3	38.9	31.7	7.2	41.8	12.6	13.7
2003	100	17.6	40.5	32.4	8.1	41.9	12.4	13.1
2004	100	17.2	41.0	33.4	7.6	41.8	11.9	12.6
2005	100	15.1	45.5	37.9	7.6	39.4	10.8	11.8
2006	100	13.6	48.6	41.3	7.3	37.8	10.3	11.7

3-3 生产总值指数

Indices of Gross Domestic Product

本表按可比价格计算。

The indices in this table are calculated at comparable prices.

(上年=100)

(Preceding year=100)

年 份 Year	生产总值 Gross Domestic Product	第一产业 Primary Industry	第二产业 Secondary Industry	工 业 Industry	建筑业 Construction	第三产业 Tertiary Industry	# 交通运输仓储邮电通讯业 Transportation, Post and Telecommunications	# 批发和零售贸易餐饮业 Wholesale, Retail & Catering Trade	人均生产总值 Per Capita GDP
1953	116.3	107.5	159.9	153.7	176.3	127.4	140.6	174.3	110.6
1954	119.4	111.3	160.4	162.3	156.1	117.6	137.8	117.1	112.8
1955	90.7	83.7	97.5	107.0	74.8	107.4	101.6	98.0	86.0
1956	138.7	136.6	152.3	143.2	183.3	131.4	133.3	133.8	131.0
1957	110.9	117.5	98.3	101.7	89.1	106.2	61.9	113.1	105.3
1958	125.3	105.3	184.0	178.6	200.5	127.1	238.5	121.9	119.4
1959	122.9	112.6	139.2	140.7	135.0	125.2	166.9	122.0	115.3
1960	95.8	77.9	126.6	132.1	111.2	86.5	84.1	106.0	87.3
1961	65.3	80.7	39.3	42.6	28.0	95.5	66.1	77.6	62.3
1962	94.7	105.2	84.3	89.1	59.9	86.5	90.4	73.7	95.5
1963	119.7	108.9	148.6	140.0	214.3	115.0	114.4	126.7	117.0
1964	113.2	111.8	117.1	115.5	125.5	111.3	112.6	112.9	108.9
1965	109.8	105.9	113.6	110.8	126.8	112.6	135.1	111.8	105.8
1966	110.0	112.4	114.4	113.7	117.4	99.7	88.4	105.6	106.8
1967	83.3	81.1	81.2	83.0	74.5	91.2	79.4	79.8	81.1
1968	99.9	98.9	102.6	102.0	105.4	98.3	99.2	97.8	96.9
1969	100.8	99.5	103.4	102.5	107.4	99.8	99.2	97.7	97.7
1970	123.3	119.7	140.2	134.0	164.8	105.6	129.6	130.0	120.0
1971	102.1	95.0	106.5	109.1	98.2	108.7	108.0	95.3	99.0
1972	107.8	117.0	97.2	97.0	97.9	110.4	93.1	99.4	104.1
1973	111.7	110.8	116.8	117.9	112.8	105.0	111.7	96.9	108.3
1974	96.2	94.3	95.4	93.5	102.6	101.8	94.0	106.1	93.3
1975	111.3	111.7	115.6	116.2	113.9	103.1	111.1	97.3	108.6
1976	99.4	101.8	94.7	98.4	82.1	103.2	100.0	100.9	97.4
1977	107.0	102.2	114.5	108.5	139.2	103.7	103.2	101.5	105.2

3-3 续表 continued

本表按可比价格计算。

The indices in this table are calculated at comparabl prices.

上年=100 (Preceding year=100)

年份 Year	生产总值 Gross Domestic Product	第一产业 Primary Industry	第二产业 Secondary Industry	工业 Industry	建筑业 Construction	第三产业 Tertiary Industry	#交通运输仓储邮电通信业 Transportation, Post and Telecommunications	#批发和零售贸易餐饮业 Wholesale, Retail & Catering Trade	人均生产总值 Per Capita GDP
1978	108.0	98.8	117.2	127.3	84.6	108.9	107.7	105.2	106.3
1979	109.8	107.7	108.6	108.4	110.0	116.0	103.3	113.1	107.4
1980	101.7	76.0	113.3	116.6	97.6	122.9	144.5	123.5	100.2
1981	110.6	141.8	96.3	98.2	85.7	103.4	90.0	99.9	109.4
1982	118.6	118.2	117.4	117.3	117.9	121.1	138.1	129.9	116.9
1983	109.8	105.0	109.9	108.5	118.8	116.7	117.4	116.1	107.8
1984	116.1	114.0	110.2	107.3	127.7	128.1	119.3	156.8	116.2
1985	117.2	114.1	108.2	105.5	121.7	133.0	129.3	175.1	114.6
1986	105.9	91.7	105.4	106.4	101.2	120.4	115.6	120.0	104.8
1987	109.0	106.8	107.0	109.3	96.5	112.5	96.2	125.6	107.7
1988	109.8	117.3	111.1	108.1	126.6	103.2	111.9	99.5	108.4
1989	102.7	95.1	104.9	107.2	94.9	106.8	121.6	102.6	101.4
1990	107.5	124.4	99.4	99.2	100.5	103.1	101.1	93.4	105.8
1991	107.5	104.0	110.8	108.2	126.0	107.9	121.4	102.5	106.0
1992	111.0	104.0	115.4	110.7	138.8	113.8	118.4	117.1	109.9
1993	111.7	105.0	113.9	112.3	120.5	115.7	119.2	120.9	111.3
1994	111.2	103.2	113.1	114.8	106.9	116.1	121.6	118.6	109.8
1995	110.1	103.9	111.0	112.7	104.2	114.1	118.8	116.4	108.9
1996	114.4	121.4	111.4	115.2	95.5	112.3	114.3	114.3	113.2
1997	110.8	102.0	114.0	114.9	109.4	114.3	119.0	117.8	109.8
1998	110.7	106.2	109.6	110.0	107.2	114.7	116.8	115.9	109.7
1999	108.8	101.0	110.0	110.7	105.9	112.7	113.5	116.3	108.0
2000	110.8	102.6	111.7	112.2	108.9	114.5	117.4	117.0	110.1
2001	110.7	102.0	110.9	110.2	114.1	115.5	116.1	115.9	110.3
2002	113.2	104.4	115.7	113.9	124.3	115.3	120.2	117.3	113.0
2003	117.9	105.9	127.7	121.8	153.3	114.5	120.3	116.2	117.9
2004	120.5	111.7	122.8	124.9	115.6	122.0	122.1	119.3	120.4
2005	123.8	109.1	134.9	138.5	121.3	118.1	115.4	117.9	123.6
2006	118.7	105.6	125.7	128.1	113.6	115.8	113.4	115.9	118.5

3-4 生产总值指数

Indices of Gross Domestic Product

本表按可比价格计算。

The indices in this table are calculated at comparable prices

1952年=100

(1952=100)

年 份 Year	生产总值 Gross Domestic Product	第一产业 Primary Industry	第二产业 Secondary Industry	工 业 Industry	建筑业 Construction	第三产业 Tertiary Industry	#交通运输仓储邮电通信业 Transportation, Post and Telecommunications	#批发和零售贸易餐饮业 Wholesale, Retail & Catering Trade	人均生产总值 Per Capita GDP
1952	100	100	100	100	100	100	100	100	100
1953	116.3	107.5	159.9	153.7	176.3	127.4	140.6	174.3	110.6
1954	138.9	119.6	256.6	249.5	275.2	149.8	193.8	204.1	124.8
1955	125.9	100.1	250.1	266.9	206.0	160.9	196.9	200.0	107.4
1956	174.6	136.8	380.9	382.1	377.5	211.3	262.5	267.6	140.7
1957	193.6	160.8	374.2	388.7	336.3	224.5	162.5	302.7	148.2
1958	242.6	169.3	688.6	694.0	674.2	285.4	387.5	368.9	176.9
1959	298.1	190.6	958.4	976.7	910.2	357.3	646.9	450.0	204.1
1960	285.6	148.5	1213.1	1289.8	1011.9	309.1	543.8	477.0	178.1
1961	186.4	119.9	476.5	549.9	283.7	295.1	359.4	370.3	111.0
1962	176.5	126.1	401.8	490.1	169.9	255.4	325.0	273.0	106.0
1963	211.3	137.3	597.2	685.9	364.1	293.8	371.9	345.9	124.0
1964	239.3	153.5	699.5	791.9	457.0	327.0	418.8	390.5	135.1
1965	262.7	162.5	795.0	877.1	579.3	368.3	565.6	456.8	143.0
1966	288.9	182.6	909.8	997.2	680.4	367.2	500.0	460.8	152.7
1967	240.8	148.1	739.2	827.7	506.7	334.9	396.9	367.6	123.8
1968	240.6	146.5	758.6	844.1	534.2	329.1	393.8	359.5	120.1
1969	242.6	145.7	784.6	864.9	573.6	328.3	390.6	351.4	117.3
1970	299.1	174.4	1100.0	1159.0	945.1	346.6	506.3	456.8	140.7
1971	305.3	165.7	1171.8	1264.8	927.7	376.6	546.9	435.1	139.2
1972	329.1	193.9	1138.9	1226.7	908.3	415.8	509.4	432.4	144.9
1973	367.5	214.8	1329.8	1446.2	1024.3	436.5	568.8	418.9	157.0
1974	353.7	202.6	1268.7	1351.8	1050.6	444.4	534.4	444.6	146.5
1975	393.8	226.3	1467.3	1570.2	1197.1	458.4	593.8	432.4	159.1
1976	391.2	230.4	1389.9	1544.8	983.0	473.1	593.8	436.5	155.0
1977	418.7	235.4	1591.6	1676.8	1367.9	490.7	612.5	443.2	163.1

3-4 续表 continued

本表按可比价格计算。

The indices in this table are calculated at comparable prices.

1952年=100 (1952=100)

年 份 Year	生产总值 Gross Domestic Product	第一产业 Primary Imdustry	第二产业 Secondary Industry			第三产业 Tertiary Industry			人均生产总值 Per Capita GDP
				工 业 Industry	建筑业 Cons-truction		# 交通运输仓储邮电通信业 Transpor-tation, Post and Telecom-munica-tions	# 批发和零售贸易餐饮业 Whole-sale, Retail & Catering Trade	
1978	452.2	232.5	1865.3	2134.7	1157.6	534.2	659.4	466.2	173.4
1979	496.3	250.5	2026.3	2241.9	1459.9	619.5	680.9	527.1	186.3
1980	504.6	190.5	2295.8	2682.5	1280.1	761.5	983.9	651.1	186.7
1981	558.1	270.1	2210.8	2566.6	1276.3	787.4	886.0	650.4	204.2
1982	661.8	319.3	2595.1	3006.4	1514.7	953.9	1223.3	844.7	238.8
1983	726.9	335.4	2850.8	3166.6	2021.3	1113.2	1435.9	980.9	257.5
1984	844.4	382.4	3135.9	3613.9	1900.0	1425.5	1712.8	1538.0	299.1
1985	989.8	436.3	3399.5	3811.0	2318.8	1896.5	2215.0	2692.8	342.7
1986	1048.0	400.2	3582.7	4053.5	2345.9	2282.8	2561.1	3232.3	359.1
1987	1142.1	427.6	3832.2	4429.5	2263.1	2568.3	2463.2	4060.2	386.6
1988	1254.0	501.6	4259.3	4789.9	2865.3	2651.2	2755.3	4038.8	419.2
1989	1288.3	476.7	4470.0	5136.7	2718.9	2831.2	3351.4	4142.3	425.0
1990	1385.2	593.2	4444.5	5095.8	2733.6	2919.0	3386.7	3867.8	449.5
1991	1488.7	616.9	4926.5	5513.1	3445.2	3149.9	4111.9	3965.6	476.5
1992	1652.6	641.8	5687.2	6102.3	4780.7	3584.0	4869.8	4642.3	523.7
1993	1845.3	673.9	6480.5	6855.9	5747.0	4145.0	5804.3	5611.2	582.9
1994	2051.2	695.5	7329.5	7870.2	6143.6	4810.9	7058.0	6652.8	640.1
1995	2259.3	722.6	8133.5	8869.4	6400.8	5490.7	8387.3	7742.0	697.0
1996	2584.3	877.2	9064.7	10218.5	6110.4	6165.5	9589.8	8847.1	789.3
1997	2862.1	894.8	10333.8	11740.1	6686.7	7046.3	11414.7	10423.6	866.4
1998	3167.0	950.2	11322.7	12915.0	7169.1	8080.3	13335.9	12078.4	950.8
1999	3446.7	959.7	12452.7	14299.5	7591.5	9105.7	15130.4	14045.7	1026.8
2000	3817.3	984.7	13912.2	16045.4	8266.6	10422.5	17764.3	16427.2	1130.6
2001	4225.8	1003.9	15423.1	17681.2	9435.2	12033.7	20628.9	19032.6	1246.8
2002	4782.1	1048.1	17842.6	20135.5	11725.3	13879.9	24793.4	22329.2	1409.1
2003	5638.0	1109.9	22784.9	24520.4	17977.0	15886.5	29823.7	25944.0	1661.3
2004	6793.8	1239.8	27878.8	30625.9	20781.0	19381.5	36414.7	30963.5	2005.2
2005	8410.8	1352.6	37744.8	42416.8	25207.4	22889.6	42022.6	36519.5	2478.4
2006	9983.6	1428.3	47445.2	54335.9	28635.6	26506.2	47653.6	42326.1	2936.9

3-5 第三产业增加值
Value-added of the Tertiary Industry

本表按当年价格计算。
Data in value terms in this table are calculated at current prices.
单位：亿元 (100 million yuan)

行 业	Sector	2005	2006
总 计	**Total**	**1532.78**	**1814.42**
交通运输、仓储和邮政业	Transportation and Postal Services	360.19	426.16
信息传输、计算机服务和软件业	Information Transmission,Computer Services & Software	63.74	69.27
批发和零售业	Wholesale and Retail Trade	338.12	390.90
住宿和餐饮业	Hotel and Restaurants	140.11	170.03
金融业	Banking	67.52	87.81
房地产业	Real Estate	98.32	122.32
租赁和商务服务业	Leasing and Business Services	35.38	39.85
科学研究、技术服务和地质勘查业	Scientific Research, Technical Services & Geological Prospecting	24.37	27.70
水利、环境和公共设施管理业	Water Conservancy, Environment and Public Facilities Administraion	15.62	18.60
居民服务和其他服务业	Services to Households and Other Services	84.24	109.40
教育	Education	94.28	109.95
卫生、社会保障和社会福利业	Health Care, Social Security and Social Welfare	48.49	58.29
文化、体育和娱乐业	Culture, Sports and Entertainment	22.53	27.19
公共管理和社会组织	Public Administration and Social Organizations	139.87	156.95
国际组织	International Organizations		

3-6 第三产业增加值构成
Composition of Value-added of the Tertiary Industry

本表按当年价格计算。
Data in value terms in this table are calculated at current prices.

单位：% (%)

行业	Sector	2005	2006
总计	**Total**	**100.0**	**100.0**
交通运输、仓储和邮政业	Transportation and Postal Services	23.5	23.5
信息传输、计算机服务和软件业	Information Transmission,Computer Services & Software	4.2	3.8
批发和零售业	Wholesale and Retail Trade	22.1	21.6
住宿和餐饮业	Hotel and Restaurants	9.1	9.4
金融业	Banking	4.4	4.8
房地产业	Real Estate	6.4	6.7
租赁和商务服务业	Leasing and Business Services	2.3	2.2
科学研究、技术服务和地质勘查业	Scientific Research, Technical Services & Geological Prospecting	1.6	1.5
水利、环境和公共设施管理业	Water Conservancy, Environment and Public Facilities Administraion	1.0	1.0
居民服务和其他服务业	Services to Households and Other Services	5.5	6.0
教育	Education	6.2	6.1
卫生、社会保障和社会福利业	Health Care, Social Security and Social Welfare	3.2	3.2
文化、体育和娱乐业	Culture, Sports and Entertainment	1.5	1.5
公共管理和社会组织	Public Administration and Social Organizations	9.0	8.7
国际组织	International Organizations		

3-7 第三产业增加值指数
Indices of Value-added of the Tertiary Industry

本表按可比价格计算。
The indices in this table are calculated at comparable prices
上年=100 (Preceding year=100)

行业	Sector	2005	2006
总计	**Total**	**118.1**	**115.8**
交通运输、仓储和邮政业	Transportation and Postal Services	116.1	114.1
信息传输、计算机服务和软件业	Information Transmission,Computer Services & Software	110.7	109.7
批发和零售业	Wholesale and Retail Trade	119.8	114.0
住宿和餐饮业	Hotel and Restaurants	114.5	120.5
金融业	Banking	117.2	126.5
房地产业	Real Estate	126.1	118.0
租赁和商务服务业	Leasing and Business Services	114.5	110.5
科学研究、技术服务和地质勘查业	Scientific Research, Technical Services & Geological Prospecting	114.8	111.5
水利、环境和公共设施管理业	Water Conservancy, Environment and Public Facilities Administraion	146.5	117.2
居民服务和其他服务业	Services to Households and Other Services	108.7	127.4
教育	Education	117.4	113.7
卫生、社会保障和社会福利业	Health Care, Social Security and Social Welfare	113.5	117.9
文化、体育和娱乐业	Culture, Sports and Entertainment	125.4	119.7
公共管理和社会组织	Public Administration and Social Organizations	127.3	110.6
国际组织	International Organizations		

3-8 支出法生产总值和结构

本表按当年价格计算。
Data in value terms in this table are calculated at current prices.

年份 Year	支出法生产总值(亿元) Gross Domestic Product by Expenditure Approach (100 million yuan)	# 最终消费 Final Consumption Expenditure	# 资本形成总额 Gross Capital Formation	资本形成率(投资率)(%) Capital Formation Rate (%)	最终消费率(消费率)(%) Final Consumption Rate (%)	最终消费 绝对数(亿元) Absolute Figure (100 million yuan) 居民消费 Household Consumption Expenditure	农村居民 Rural House	城镇居民 Urban House	政府消费 Government Consumption Expenditure
1978	58.04	42.91	21.20	36.5	73.9	37.76	17.73	20.03	5.15
1979	64.14	50.84	23.18	36.1	79.3	44.68	20.96	23.72	6.16
1980	68.40	62.10	18.88	27.6	90.8	55.83	28.22	27.61	6.27
1981	77.91	76.51	18.80	24.1	98.2	67.08	34.52	32.56	9.43
1982	93.22	88.01	26.10	28.0	94.4	79.07	43.66	35.41	8.94
1983	105.88	94.01	35.58	33.6	88.8	83.79	46.17	37.62	10.22
1984	128.20	106.57	45.81	35.7	83.1	89.38	48.80	40.58	17.19
1985	163.83	127.04	61.60	37.6	77.5	105.12	57.88	47.24	21.92
1986	181.58	144.84	60.22	33.2	79.8	118.22	59.54	58.68	26.62
1987	212.27	166.12	67.84	32.0	78.3	135.28	68.71	66.57	30.84
1988	270.81	184.46	110.15	40.7	68.1	149.57	77.59	71.98	34.89
1989	292.69	199.14	115.48	39.5	68.0	160.50	81.50	79.00	38.64
1990	319.31	216.70	124.68	39.0	67.9	169.79	86.44	83.35	46.91
1991	359.66	245.90	137.00	38.1	68.4	188.61	93.35	95.26	57.29
1992	421.68	271.08	196.10	46.5	64.3	208.10	101.92	106.18	62.98
1993	537.81	328.42	288.52	53.6	61.1	253.40	108.73	144.67	75.02
1994	695.06	420.89	331.11	47.6	60.6	327.89	135.91	191.98	93.00
1995	857.06	539.41	372.98	43.5	62.9	412.97	181.91	231.06	126.44
1996	1023.09	609.65	446.26	43.6	59.6	468.29	201.49	266.80	141.36
1997	1153.51	685.71	474.80	41.2	59.4	517.07	220.25	296.82	168.64
1998	1262.54	721.60	542.31	43.0	57.2	539.13	226.71	312.42	182.47
1999	1379.31	800.77	577.78	41.9	58.1	592.94	224.28	368.66	207.83
2000	1539.12	873.65	642.07	41.7	56.8	636.10	237.88	398.22	237.55
2001	1713.81	974.44	679.54	39.7	56.9	681.07	229.92	451.15	293.37
2002	1940.94	1135.65	862.20	44.4	58.5	794.46	239.68	554.78	341.19
2003	2388.38	1257.47	1339.07	56.1	52.6	848.04	257.25	590.79	409.43
2004	3041.07	1492.27	1945.29	64.0	49.1	962.85	270.61	692.24	529.42
2005	3895.55	1809.52	2845.06	73.0	46.5	1197.75	309.42	888.33	611.77
2006	4791.48	2096.17	3466.11	72.3	43.7	1385.90	350.46	1035.44	710.27

Gross Domestic Product and Structure by Expenditure Approach

Final Consumption Expenditure				资本形成总额 Gross Capital Formation			
比重 Proportion				绝对数(亿元) Absolute Figure (100 million yuàn)		比重 (资本形成总额=100) Proportion (Gross Capital Formation=100)	
最终消费=100 Final Consumption Expenditure=100		居民消费=100 Household Consumption=100					
居民消费 Household Consumption Expenditure	政府消费 Government Consumption Expenditure	农村居民 Rural Households	城镇居民 Urban Households	固定资本形成总额 Gross Fixed Capital Formation	存货增加 Changes in Inventories	固定资本形成总额 Gross Fixed Capital Formation	存货增加 Changes in Inventories
88.0	12.0	47.0	53.0	16.56	4.64	78.1	21.9
87.9	12.1	46.9	53.1	17.65	5.53	76.1	23.9
89.9	10.1	50.5	49.5	15.78	3.10	83.6	16.4
87.7	12.3	51.5	48.5	15.53	3.27	82.6	17.4
89.8	10.2	55.2	44.8	20.94	5.16	80.2	19.8
89.1	10.9	55.1	44.9	29.66	5.92	83.4	16.6
83.9	16.1	54.6	45.4	40.85	4.96	89.2	10.8
82.7	17.3	55.1	44.9	50.94	10.66	82.7	17.3
81.6	18.4	50.4	49.6	47.57	12.65	79.0	21.0
81.4	18.6	50.8	49.2	53.32	14.52	78.6	21.4
81.1	18.9	51.9	48.1	72.05	38.10	65.4	34.6
80.6	19.4	50.8	49.2	70.68	44.80	61.2	38.8
78.4	21.6	50.9	49.1	70.77	53.91	56.8	43.2
76.7	23.3	49.5	50.5	100.66	36.34	73.5	26.5
76.8	23.2	49.0	51.0	149.24	46.86	76.1	23.9
77.2	22.8	42.9	57.1	219.39	69.13	76.0	24.0
77.9	22.1	41.4	58.6	250.23	80.88	75.6	24.4
76.6	23.4	44.0	56.0	273.16	99.82	73.2	26.8
76.8	23.2	43.0	57.0	276.04	170.22	61.9	38.1
75.4	24.6	42.6	57.4	318.97	155.83	67.2	32.8
74.7	25.3	42.1	57.9	353.40	188.90	65.2	34.8
74.0	26.0	37.8	62.2	389.97	187.80	67.5	32.5
72.8	27.2	37.4	62.6	439.42	202.65	68.4	31.6
69.9	30.1	33.8	66.2	510.02	169.52	75.1	24.9
70.0	30.0	30.2	69.8	729.37	132.83	84.6	15.4
67.4	32.6	30.3	69.7	1228.26	110.81	91.7	8.3
64.5	35.5	28.1	71.9	1817.73	127.56	93.4	6.6
66.2	33.8	25.8	74.2	2685.22	159.84	94.4	5.6
66.1	33.9	25.3	74.7	3353.88	112.23	96.8	3.2

3-9 工农业总产出及指数

Gross Output of Industry and Agriculture & Related Indices

年 份 Year	工农业总产出(亿元, 当年价) Gross Output of Industry and Agriculture (100 million yuan, at Current prices)			指数(以1952年为100, 可比价) Indices of Output of Industry & Agriculture (1952=100, at comparable Prices)		
	总计 Total	农业总产出 Gross Output of Agriculture	工业总产出 Gorss Output of Industry	工农业总产出 Gross Output of Industry & Agricluture	农业总产出 Gross Output of Agriculture	工业总产出 Gross Output of Industry
1952	13.70	12.10	1.60	100.0	100.0	100.0
1953	16.90	14.35	2.55	109.2	106.0	152.0
1954	20.54	19.77	3.77	123.9	116.2	224.7
1955	20.01	15.60	4.41	120.2	109.2	264.0
1956	25.57	19.52	6.05	151.3	135.7	356.7
1957	17.50	11.20	6.30	134.0	114.1	394.7
1958	27.63	15.60	12.03	191.4	150.9	722.7
1959	36.92	18.14	18.78	236.0	168.0	1127.3
1960	45.14	16.57	28.57	259.7	149.4	1704.7
1961	32.97	17.04	15.93	181.8	128.5	880.0
1962	31.31	17.05	14.26	164.4	120.9	734.7
1963	38.69	17.43	21.26	202.0	134.9	1080.7
1964	43.87	20.82	23.05	235.6	163.1	1186.7
1965	46.20	19.40	26.80	243.0	148.4	1482.7
1966	50.49	20.93	29.56	272.0	160.1	1738.7
1967	41.74	21.46	20.28	238.4	164.2	1210.0
1968	43.27	22.08	21.19	235.9	156.0	1284.0
1969	42.27	19.95	22.32	230.3	140.9	1401.3
1970	51.80	24.00	27.80	298.9	169.8	1990.7
1971	54.76	23.67	31.09	318.9	167.2	2306.7
1972	52.74	21.17	31.57	302.0	146.3	2342.7
1973	60.39	27.72	32.67	348.8	190.5	2424.0
1974	59.35	29.57	29.78	337.4	194.6	2210.0
1975	67.70	30.80	36.90	379.3	199.4	2737.3
1976	68.90	31.29	37.61	387.5	202.0	2819.3
1977	72.51	28.43	44.08	403.5	183.5	3286.7

3-9 续表 continued

年 份 Year	工农业总产出(亿元, 当年价) Gross Output of Industry and Agriculture (100 million yuan, at Current Prices)			指数(以1952年为100, 可比价) Indices of Output of Industry Agriculture (1952=100, at Comparable Prices)		
	总 计 Total	农业总产出 Gross Output of Agriculture	工业总产出 Gorss Output of Industry	工农业总产出 Gross Output of Industry & Agriculture	农业总产出 Gross Output of Agriculture	工业总产出 Gross Output of Industry
1978	81.30	28.40	53.00	440.9	183.9	3810.0
1979	88.98	31.58	57.40	465.8	194.3	4024.0
1980	90.10	30.70	59.40	447.9	168.5	4110.0
1981	101.20	39.40	61.80	479.6	201.8	4120.7
1982	120.90	47.20	73.70	553.2	233.6	4741.3
1983	134.00	52.40	81.50	601.1	250.5	5196.7
1984	151.30	61.30	90.00	659.0	280.7	5617.3
1985	186.10	73.20	112.90	752.1	309.6	6552.7
1986	203.70	77.30	126.50	781.4	293.3	7178.7
1987	238.60	87.70	150.80	856.0	305.3	8072.7
1988	316.20	122.40	193.90	975.9	348.6	9197.3
1989	371.50	128.30	243.10	1055.5	347.0	10356.0
1990	420.30	156.90	263.30	1147.0	412.0	10780.7
1991	468.50	164.10	304.40	1222.3	428.4	11648.9
1992	544.00	180.30	363.70	1336.5	453.2	12965.2
1993	691.16	220.80	470.36	1487.9	484.9	14756.1
1994	831.42	309.32	522.10	1642.0	500.7	16821.9
1995	1013.72	387.20	626.52	1797.9	521.2	18840.5
1996	1210.88	465.32	745.56	2070.8	644.8	21007.2
1997	1361.73	489.43	872.30	2297.6	660.9	24158.3
1998	1476.46	534.38	942.08	2504.3	704.8	26574.1
1999	1587.44	532.31	1055.13	2707.1	712.4	29497.3
2000	1746.01	543.16	1202.85	2961.2	729.9	33036.9
2001	1903.09	555.90	1347.19	3205.9	744.3	36704.0
2002	2122.77	586.97	1535.80	3545.0	780.7	41842.6
2003	2591.05	655.94	1935.11	4246.6	826.1	52297.6
2004	3656.51	851.30	2805.21	5704.0	942.3	73380.7
2005	4841.79	980.21	3861.58	7249.8	1047.8	95923.1
2006	6286.98	1085.86	5201.12	9207.2	1119.1	126714.4

3-10 居民消费水平

Household Consumption

本表绝对数按当年价格计算, 指数按可比价格计算。

Absolute figures in this table are calculated at current prices, while indices are calculated at comparable prices.

年份 Year	绝对数(元) Value(yuan)			指数(上年=100) Index(Preceding year=100)			指数(1952=100) Index(1952=100)		
	全部居民 All Househoide	农村居民 Agricultural Households	城镇居民 Non-agricultural Households	全部居民 All Househoide	农村居民 Agricultural Households	城镇居民 Non-agricultural Households	全部居民 All Households	农村居民 Agricultural Households	城镇居民 Non-agricultural Households
1952	99	88	171				100.0	100.0	100.0
1953	103	93	165	105.0	105.0	96.4	105.0	105.1	96.4
1954	106	93	173	102.8	100.1	105.0	108.0	105.2	101.3
1955	101	85	179	95.3	91.5	103.5	102.9	96.3	104.8
1956	118	98	205	116.3	114.9	114.5	119.7	110.6	120.0
1957	120	99	209	102.1	101.5	101.9	122.3	112.2	122.3
1958	125	99	228	104.0	99.9	109.2	127.1	112.1	133.5
1959	131	99	232	104.5	99.9	101.3	132.8	112.1	135.3
1960	126	93	205	96.5	93.8	88.6	128.2	105.2	119.9
1961	125	96	191	98.6	103.0	92.9	126.4	108.4	111.3
1962	121	98	187	97.5	102.8	97.9	123.3	111.4	109.0
1963	119	96	183	97.7	97.7	98.0	120.5	108.9	106.8
1964	118	96	190	99.2	99.7	103.9	119.5	108.6	111.0
1965	119	95	190	101.2	99.2	100.3	121.0	107.7	111.3
1966	131	102	212	109.7	107.6	111.1	132.7	115.9	123.6
1967	139	108	225	106.3	105.8	106.2	141.1	122.5	131.2
1968	132	100	221	94.9	92.3	98.2	134.0	113.1	128.9
1969	129	88	236	97.5	88.6	107.2	130.6	100.1	138.2
1970	139	99	241	108.0	111.7	101.9	141.0	111.8	140.8
1971	146	98	273	105.0	99.1	113.1	148.1	110.8	159.3
1972	156	97	303	106.8	99.3	111.2	158.2	110.0	177.2
1973	169	113	305	108.5	116.9	100.5	171.6	128.6	178.0
1974	170	115	310	100.3	101.1	101.6	172.2	130.1	181.0
1975	179	122	321	105.6	106.3	103.6	181.8	138.2	187.5
1976	190	128	343	106.1	105.2	107.0	192.8	145.3	200.7
1977	200	135	355	105.1	105.5	103.5	202.7	153.3	207.6

3-10 续表 continued

本表绝对数按当年价格计算，指数按可比价格计算。

Absolute figures in this table are calculated at current prices, while indices are calculated at comparable prices.

年份 Year	绝对数(元) Value(yuan)			指数(上年=100) Index(Preceding year=100)			指数(1952=100) Index(1952=100)		
	全部居民 All House-holde	农村居民 Agricul-tural House-holds	城镇居民 Non agricul-tural House-holds	全部居民 All House-holde	农村居民 Agricul-tural House-holds	城镇居民 Non-agricul-tural House-holds	全部居民 All House-holds	农村居民 Agricul-tural House-holds	城镇居民 Non-agricul-tural House-holds
1978	207	138	370	103.4	101.8	104.2	209.7	156.1	216.4
1979	239	161	420	115.8	116.8	113.4	242.8	182.3	245.4
1980	295	213	484	123.2	132.5	115.3	299.1	241.5	282.8
1981	350	257	567	115.5	116.2	115.0	345.4	280.7	325.2
1982	407	318	619	115.7	124.1	107.9	399.5	348.2	350.9
1983	423	334	632	104.1	106.3	100.4	416.0	370.3	352.4
1984	446	349	671	100.0	99.0	101.1	416.2	366.7	356.3
1985	519	412	762	105.2	105.5	104.3	438.0	386.8	371.6
1986	578	418	942	107.9	100.5	117.2	472.6	388.9	435.5
1987	653	480	1039	105.2	107.9	101.6	497.3	419.4	442.5
1988	713	541	1086	94.1	97.7	89.4	468.1	409.7	395.4
1989	755	565	1157	92.6	89.8	95.0	433.5	368.1	375.6
1990	786	592	1189	99.3	97.0	101.3	430.5	357.0	380.4
1991	861	633	1330	107.0	107.9	105.7	460.7	385.1	402.2
1992	941	686	1461	103.1	104.2	101.6	474.9	401.4	408.7
1993	1142	779	1755	103.1	100.1	105.2	487.6	402.4	429.8
1994	1460	967	2284	103.2	100.7	104.7	503.4	405.2	450.0
1995	1817	1289	2683	105.3	111.1	100.4	529.9	450.2	451.8
1996	2040	1424	3031	104.2	102.5	104.9	552.2	461.4	474.0
1997	2232	1551	3311	105.7	105.3	105.5	583.8	485.9	500.0
1998	2309	1603	3391	103.9	103.8	103.0	606.8	504.3	515.0
1999	2520	1601	3871	110.0	100.2	115.2	667.3	505.3	593.3
2000	2687	1720	4045	105.3	106.2	103.1	702.7	536.7	611.7
2001	2868	1694	4431	106.2	98.0	108.9	746.1	525.9	666.2
2002	3341	1793	5327	113.9	100.6	118.9	850.2	529.1	792.1
2003	3565	1945	5593	104.7	105.1	103.6	890.3	556.1	820.6
2004	4042	2077	6415	110.7	103.7	111.9	985.3	576.6	918.2
2005	5021	2426	8004	114.3	118.4	110.7	1126.2	682.7	1016.4
2006	5800	2816	9043	115.5	116.1	113.0	1300.7	792.6	1148.6

主要统计指标解释

地区收入总值 指一个地区所有常住单位在一定时期内收入初次分配的最终结果。一地区常住单位从事生产活动所创造的增加值在初次分配中主要分配给该地区的常住单位，但也有一部分以生产税及进口税（扣除生产和进口补贴）、劳动者报酬和财产收入等形式分配给非常住单位；同时，地区外生产所创造的增加值也有一部分以生产税及进口税（扣除生产和进口补贴）、劳动者报酬和财产收入等形式分配给该地区的常住单位，从而产生了地区收入总值的概念。它等于地区生产总值加上来自地区外的净要素收入。与地区生产总值不同，地区收入总值是个收入概念，而地区生产总值是个生产概念。

地区生产总值 是按市场价格计算的地区生产总值的简称。它是一个地区所有常住单位在一定时期内生产活动的最终成果。地区生产总值有三种表现形式，即价值形态、收入形态和产品形态。从价值形态看，它是所有常住单位在一定时期内所生产的全部货物和服务价值超过同期投入的全部非固定资产货物和服务价值的差额，即所有常住单位的增加值之和；从收入形态看，它是所有常住单位在一定时期内所创造并分配给常住单位和非常住单位的初次分配收入之和；从产品形态看，它是最终使用的货物和服务减去进口货物和服务。在实际核算中，地区生产总值的三种表现形态表现为三种计算方法，即生产法、收入法和支出法。三种方法分别从不同的方面反映地区生产总值及其构成。

支出法地区生产总值 指一个地区所有常住单位在一定时期内用于最终消费、资本形成总额，以及货物和服务的净出口总额，它反映本期生产的地区生产总值的使用构成。

最终消费 指常住单位在一定时期内对于货物和服务的全部最终消费支出，也就是常住单位为满足物质、文化和精神生活的需要，从本国经济领土和国外购买的货物和服务的支出；不包括非常住单位在本国经济领土内的消费支出。最终消费分为居民消费和政府消费。

居民消费 指常住住户对货物和服务的全部最终消费支出。居民消费按市场价格计算，即按居民支付的购买者价格计算。购买者价格是购买者取得货物所支付的价格，包括购买者支付的运输和商业费用。居民消费除了直接以货币形式购买货物和服务的消费之外，还包括以其他方式获得的货物和服务的消费支出，即所谓的虚拟消费支出。居民虚拟消费支出包括以下几种类型：单位以实物报酬及实物转移的形式提供给劳动者的货物和服务；住户生产并由本住户消费了的货物和服务，其中的服务仅指住户的自有住房服务；金融机构提供的金融媒介服务；保险公司提供的保险服务。

政府消费 指政府部门为全社会提供公共服务的消费支出和免费或以较低价格向住户提供的货物和服务的净支出。前者等于政府服务的产出价值减去政府单位所获得的经营收入的价值，政府服务的产出价值等于它的经常性业务支出加上固定资产折旧；后者等于政府部门免费或以较低价格向住户提供的货物和服务的市场价值减去向住户收取的价值。

资本形成总额 指常住单位在一定时期内获得的减去处置的固定资产加存货的变动，包括固定资本形成总额和存货增加。

固定资本形成总额 指常住单位购置、转入和自产自用的固定资产，扣除固定资产的销售和转出后的价值，分有形固定资产形成总额和无形固定资产形成总额。有形固定资产形成总额包括一定时期内完成的建筑工程、安装工程和设备工器具购置(减处置)价值，以及土地改良、新增役、种、奶、毛、娱乐用牲畜和新增经济林木价值。无形固定资产形成总额包括矿藏的勘探、计算机软件、娱乐和文学艺术品原件等获得减处置。

存货增加 指常住单位存货实物量变动的市场价值，即期末价值减期初价值的差额。存货增加可以是正值，也可以是负值；正值表示存货上升，负值表示存货下降。它包括生产单位购进的原材料、燃料和储备物资等存货，以及生产单位生产的产成品、在制品等存货等。

货物和服务净出口 指货物和服务出口减货物和服务进口的差额。出口包括常住单位向非常住单位出售或无偿转让的各种货物和服务的价值；进口包括常住单位从非常住单位购买或无偿得到的各种货物和服务的价值。由于服务活动的提供与使用同时发生，因此服务的进出口业务并不发生出入境现象，一般把常住单位从国外得到的服务作为进口，非常住单位从本国得到的服务作为出口。货物的出口和进口都按离岸价格计算。

劳动者报酬 指劳动者因从事生产活动所获得的全部报酬。包括劳动者获得的各种形式的工资、奖金和津贴，既包括货币形式的，也包括实物形式的；还包括劳动者所享受的公费医疗和医药卫生费、上下班交通补贴和单位支付的社会保险费等。对于个体经济来说，其所有者所获得的劳动报酬和经营利润不易区分，这两部分统一作为劳动者报酬处理。

生产税净额 指生产税减生产补贴后的余额。生产税指政府对生产单位生产、销售和从事经营活动以及因从事生产活动使用某些生产要素(如固定资产、土地、劳动力)所征收的各种税、附加费和规费。生产补贴与生产税相反，指政府对生产单位的单方面收入转移，因此视为负生产税，包括政策亏损补贴、粮食系统价格补贴、外贸企业出口退税收入等。

固定资产折旧 指一定时期内为弥补固定资产损耗按照核定的固定资产折旧率提取的固定资产折旧，或按国民经济核算统一规定的折旧率虚拟计算的固定资产折旧。它反映了固定资产在当期生产中的转移价值。各类企业和企业化管理的事业单位的固定资产折旧是指实际计提并计入成本费中的折旧费；不计提折旧的政府机关、非企业化管理的事业单位和居民住房的固定资产折旧是按照统一规定的折旧率和固定资产原值计算的虚拟折旧。原则上，固定资产折旧应按固定资产的重置价格计算，但是目前我国尚不具备对全社会固定资产进行重估价的基础，所以暂时只能采用上述办法。

营业盈余 指常住单位创造的增加值扣除劳动者报酬、生产税净额和固定资产折旧后的余额。它相当于企业的营业利润加上生产补贴，但要扣除从利润中开支的工资和福利等。

直接消耗系数 指某一个部门生产单位总产出需要直接消耗各部门产品和服务的数量，也称为投入系数。它反映该部门与其他部门之间直接的技术经济联系和直接依赖关系。

完全消耗系数 指增加某一个部门单位总产出需要完全消耗各部门产品和服务的数量。完全消耗系数等于直接消耗系数和全部间接消耗系数之和，它是全面揭示国民经济各部门之间技术经济的全部联系和相互依赖关系的主要指标。

Explanatory Notes on Main Statistical Indicators

Gross National Product (GNP) refers to the final result of the primary distribution of the income created by all the resident units of a region during a certain period of time. The value added created by the resident units of a region engaged in production activities is mainly distributed to the resident units of that region while a part of it is distributed to the non resident units in the form of production tax and import duties (minus subsidies to production and import), remuneration for the laborers and property income. At the meantime, a part of the value added created abroad is distributed to the resident units of the region in the form of production tax and import duties (minus subsidies to production and import), remuneration for the laborers and property income. Thus the concept of gross national product is formed, which equals to gross domestic product plus net factor income from abroad. Unlike gross domestic product, which is a concept of production, gross national product is a concept of income.

Gross Domestic Product (GDP) refers to the final products of all resident units in a region during a certain period of time. Gross domestic product is expressed in three different forms, i.e. value, income, and products respectively. The form of value refers to the total value of all products and services produced by all resident units during a certain period of time minus total value of intimidate input of materials and services of the nature of non fixed assets or the summation of the value added of all resident units; the form of income includes all the income created by all resident units and distributed primarily to all resident and non resident units; the form of products refers to the value of all final goods and services for final use by all resident units plus the value of net exports of goods and services during a given period of time. In the practice of national accounting, gross domestic product is calculated with three approaches, i. e. production approach, income approach, and expenditure approach, which reflect gross domestic product and its composition from different aspects.

GDP Calculated with Expenditure Approach refers to total expenditure on final consumption, total capital formation and net export of goods and services by resident units of a region in a certain period of time. It reflects the composition of GDP by its use.

Final Consumption refers to the total expenditure of resident units on final consumption of goods and services in a certain period, namely the expenditure of the resident units for purchases of goods and services from domestic economic territory and abroad to meet the requirements of material, cultural and spiritual life. It excludes the expenditure of non-resident units on consumption in the economic territory of the country. The final consumption is classified into household consumption and government consumption.

Households consumption refers to the total expenditure of resident households on the final consumption of goods and services. The households consumption is calculated at market prices, namely the purchaser's prices which the households pay; the purchasers' prices of goods are the prices the households pay when they obtain the goods, including the transport and commercial expenses paid by the households. In addition to the consumption of goods and services bought by the households directly with money, the expenditure on goods and services obtained by the households in other ways, i. e. the so called imputed expenditure on consumption, is also included in the households consumption. The imputation expenditure of the households on consumption includes the following types:(a) the goods and services provided to the households by the units in the form of payment in kind and transfer in kind; (b) the goods and services produced and consumed by the households themselves, in which the services refer only to the services provided by the residential buildings owned by the households; (c) the services of financial intermediary provided by the financial institutions; (d) the insurance services provided by the insurance companies.

Government Consumption refers to the expenditure on the consumption of the public services provided by the government to the whole society and the net expenditure on the goods and services provided by the government to the households at free charge or lower prices. The former equals to the output value of the government services minus the value of operating income obtained by the government departments. (The output value of the government services equals to its current operating expenditure plus depreciation of fixed assets) . The latter equals to the market value of the goods and services provided by the government free of charge or at low prices to the households minus the value received by the government from the households.

Total Capital Formation refers to the fixed assets acquired minus those disposed and the change in inventory, including the total fixed assets formation and the increase in inventory.

Total Fixed Capital Formation refers to the value of fixed assets purchased, transferred in by the resident units and those produced and used by themselves deducting the value of fixed assets sold and transferred out. It can be classified into total tangible assets formation and total intangible assets formation. The total tangible assets formation include the value of the construction projects, installation projects completed and the equipment, apparatus and instruments purchased as well as the value of land improved, the value of draught animals, breeding stock, milk, wool and recreational animals and the newly increased economic forest in a certain period. The total intangible assets formation includes the prospecting of minerals, the acquisition of computer software, the originals of recreational works and works of literature and arts minus the disposal of them.

Increase in Inventory refers to the market value of the change in inventory, i. e. the difference of value between the beginning and the end of the period. The increase in inventory can be positive or negative. A positive value indicates the increase in inventory while a negative value indicates the decrease in stock. The inventory includes the raw materials, fuels and reserve materials purchased by the production units as well as the inventory of finished products, semi finished products, work in progress, etc.

Net Export of Goods and Services refers to the difference of the exports of goods and services minus the imports of goods and services. The imports include the value of various goods and services sold or gratuitously transferred by the resident units to the non-resident units. The imports include the value of various goods and services purchased or gratuitously acquired by the resident units from the non-resident units. Because the provision of services and the use of them happen simultaneously, the import and export of services do not appear to have the phenomena of crossing the border of the country. The acquisition of services by the resident units from abroad is usually treated as import while the acquisition of services by non-resident units in this country is usually treated as export. The export and import of goods are calculated at FOB.

Laborers' Remuneration refers to the whole payment of various forms earned by the laborers from the productive activities they are engaged in. It includes wages, bonuses and allowances the laborers earned in monetary form and in kind. It also includes the free medical services provided to the laborers and the medicine expenses, traffic subsidies and social insurance fee paid by the laborers , working units for them. As the individual economy is concerned, since the laborers , remuneration is not easily distinguished from the operating profit, both are treated as laborers remuneration.

Net Taxes on Production refers to the residual of the taxes on production minus the subsidies on production. The taxes on production refers to the various taxes, extra charges and fees levied on the production units on their production, sale and business activities as well as on some factors of production, such as fixed assets, land and labor force, used in the production activities they are engaged in. In contrast to the taxes on production, the subsidies on production refer to the unilateral transfer of part of the government's revenue to the production units and is therefore regarded as negative taxes on production. They include subsidies on the loss due to implementation of government policies, price subsidies to the grain institutions, foreign trade corporations receipts from drawback, etc.

Depreciation of Fixed Assets refers to the depreciation of fixed assets of a given period, drawn in accordance with the stipulated depreciation rate for the purpose of compensating the wear loss or the fixed assets or the depreciation of fixed assets calculated in a fictitious way in accordance with the stipulated unified depreciation rate in the national economic accounting system. It reflects the value of transfer of the fixed assets in the production of the current period. The depreciation of fixed assets in various enterprises and institutions managed as enterprises refers to the depreciation expenses actually drawn and calculated as part of the coast. In government agencies and institutions not managed as enterprises, which do not draw the depreciation expenses, as well as for the houses of residents, the depreciation of fixed assets is the imputed depreciation, which is calculated in accordance with the stipulated unified depreciation rate. In principle, the depreciation of fixed assets should be calculated on the basis of the re purchased value of the fixed assets. However, there is no actual condition to re evaluate all the fixed assets in China. Therefore, the above-mentioned methods are temporarily adopted at present.

Operating Surplus refers to the balance of the value added created by the resident units deducting the labourers' remuneration, net taxes on production and the depreciation of fixed assets. It is equivalent to the business profit of the enterprises plus subsidies on production, but the wages and welfare expenses paid from the profits should be deducted.

Direct Input Coefficient refers to the volume of products and services of all sectors consumed directly by a certain sector's productive units, which are needed for their total output. It is also named as technical coefficient. It represents the direct technical economical ties and direct interdependence between the sector and other sectors.

Total Input Coefficient refers to the volume of products and services of all sectors needed for a certain sectors productive units to increase their total output. Total input coefficient is equal to the sum of direct input coefficient and total indirect input coefficient. It is a major indicator to disclose the technical economical ties and interdependence between sectors of the national economy.

四 人口

POPULATION

资料整理 马莉莉

Arranged by Ma Lili

4-1 历次全国人口普查内蒙古人口基本情况

Basic Statistics on All Region Population Census in 1953, 1964, 1982, 1990 and 2000

单位：万人 (10 000 persons)

指 标	Item	1953	1964	1982	1990	2000
总人口	**Total Population**	**610.02**	**1233.41**	**1927.43**	**2145.65**	**2375.54**
男	Male	343.19	669.28	1005.29	1115.57	1228.90
女	Female	266.83	564.13	922.14	1030.08	1146.64
总户数(万户)	**Total Number of Households (10 000 households)**	**138.70**	**261.39**	**420.00**	**529.34**	**708.16**
家庭户	Family Households			418.75	527.31	695.48
集体户	Non-family Households			1.25	2.03	12.68
各年龄组人口	**Population by Age**					
0-5岁	Age 0-5			237.01	246.92	151.13
6-14岁	Age 6-14			447.58	363.45	354.43
15-64岁	Age 15-64			1173.22	1449.29	1742.85
65岁及以上	Age 65 and Over			69.62	85.99	127.13
民族人口	**Nationality Population**					
汉族	Han Nationality	512.00	1072.94	1627.76	1729.00	1882.39
蒙古族	Mongolian Nationality	88.82	138.45	248.94	337.97	402.92
其他少数民族	other Minority Nationalities	7.24	22.00	50.73	78.67	90.23
15岁及以上人口	**Population Aged 15 and Over**			**1242.84**	**1535.28**	**1869.98**
6岁及以上人口按受教育程度分组	**Population Aged 6 and Over by Educational Level**			**1690.42**	**1898.73**	**2224.41**
大学本科	University				10.83	24.47
大学专科	Three Years College			11.00	20.90	65.88
中专	Specialized Secondary School				42.97	89.66
高中	Senior Secondary School			143.68	173.07	237.22
初中	Junior Secondary School			371.99	546.55	826.65
小学	Primary School			631.58	716.68	739.60
不识字或识字很少	Illiterate and Semi-Illiterate			422.29	332.82	240.93
市镇乡村人口	**Population of Cities, Towns & Countyside**					
市镇人口	City & Town		305.10	556.14	779.69	1013.88
乡村人口	County		928.31	1371.29	1365.96	1361.66

注：1953、1964、1982和1990年人口普查数据为年中数(7月1日零时)，2000年人口普查数据为2000年11月1日零时快速汇总数。

a)Data on census of 1953,1964,1982and 1990 is year-middle data(at zero hour of Jul.1); data on census of 2000 is Data at zero hour of Nov.1.

4-2 年末总人口数及构成

Population and Its Composition at the year-end

单位：万人 (10 000 persons)

年份 Year	年末总人口 Total Population (year-end)	按性别分 By sex		按农业、非农业分 By Agricultural & Non-agricultural Population		按城乡分 By Residence	
		男 Male	女 Female	农业人口 Agricultural	非农业人口 Non-agricultural	市镇人口 Urban	乡村人口 Rural
1947	561.7	313.9	247.8			68.4	493.3
1949	608.1	334.0	274.1			75.2	532.9
1952	715.9	394.3	321.6			91.9	624.0
1957	936.0	519.3	416.7			175.4	760.6
1965	1296.4	700.1	596.3			268.3	1028.1
1970	1491.0	799.0	692.0			320.8	1170.2
1975	1737.9	918.6	819.3	1306.3	431.6	379.3	1358.6
1978	1823.4	957.8	865.6	1360.8	462.6	397.5	1425.9
1980	1876.5	981.2	895.3	1380.8	495.7	433.1	1443.4
1981	1902.9	994.9	908.0	1390.6	512.3	445.2	1457.7
1982	1941.6	996.0	945.6	1414.6	527.0	565.2	1376.4
1983	1969.8	1009.8	960.0	1431.9	537.9	573.8	1396.0
1984	1993.1	1022.7	970.4	1444.9	548.2	847.1	1146.0
1985	2015.9	1043.6	972.3	1441.2	574.7	874.1	1141.8
1986	2040.7	1058.0	982.7	1451.7	589.0	932.2	1108.5
1987	2066.4	1062.3	1004.1	1456.7	609.7	1004.5	1061.9
1988	2093.9	1083.2	1010.7	1461.9	632.0	1033.8	1060.1
1989	2122.2	1102.4	1019.8	1470.8	651.5	1055.8	1066.5
1990	2162.6	1127.6	1035.0	1496.8	665.7	781.1	1381.4
1991	2183.9	1132.8	1051.0	1506.9	677.0	807.4	1376.4
1992	2206.6	1142.1	1064.5	1519.5	687.1	817.1	1389.5
1993	2232.4	1149.8	1082.6	1525.2	707.2	831.8	1400.6
1994	2260.5	1161.5	1099.0	1534.6	725.9	849.3	1411.2
1995	2284.4	1187.6	1096.8	1541.3	743.1	873.1	1411.3
1996	2306.6	1198.0	1108.6	1546.8	759.8	887.2	1419.4
1997	2325.7	1207.5	1118.2	1549.6	776.1	905.6	1420.1
1998	2344.9	1216.7	1128.2	1552.1	792.8	936.7	1408.2
1999	2361.9	1224.6	1137.3	1553.7	808.2	967.8	1394.1
2000	2372.4	1227.2	1145.2	1535.4	837.0	1001.1	1371.3
2001	2377.5	1228.6	1148.9	1525.9	851.6	1035.1	1342.4
2002	2378.6	1228.3	1150.3	1514.5	864.1	1047.9	1330.7
2003	2379.6	1228.2	1151.4	1500.6	879.0	1064.6	1315.0
2004	2384.4	1229.9	1154.5	1472.6	911.8	1093.5	1290.9
2005	2386.4	1229.3	1157.1	1436.1	950.3	1126.4	1260.0
2006	2392.4	1231.3	1161.1	1435.7	956.7	1163.6	1228.7

注：1985-1989年数据是根据1982年、1990年第三、第四次人口普查数据调整的，1990年以后数据是人口变动抽样调查调整数，其余年份为户籍统计数(下表同)。

a)Data in 1985-1989 were adjusted on the basis of the 1982 and 1990 National Population Censuses.Since 1990, data have been stimated on the basis of the annual National Sample Surveys on Population Changes.Data of other years were taken from the annual reports of the Ministry of public Security.(The next table is the same).

4-3 人口出生率、死亡率、自然增长率
Birth Rate, Death Rate and Natural Growth Rate

年 份 Year	出生率 Birth Rate(‰)	死亡率 Death Rate(‰)	自然增长率 Natural Growth Rate(‰)	人口机械增长率 Migratory Growth Rate(‰)
1954	58.8	20.9	37.9	17.4
1955	37.5	11.4	26.1	24.4
1956	29.5	7.9	21.6	40.0
1957	37.2	10.5	26.7	16.3
1958	28.4	7.9	20.5	31.7
1959	30.8	11.0	19.8	54.8
1960	29.4	9.4	20.0	94.1
1961	22.1	8.8	13.3	-37.1
1962	38.2	9.0	29.2	-21.7
1963	41.3	8.5	32.8	3.7
1964	41.9	11.8	30.1	0.9
1965	40.0	9.3	30.7	2.8
1966	36.1	8.1	28.0	-2.8
1967	34.9	7.7	27.2	3.5
1968	34.9	7.3	27.6	1.2
1969	32.5	6.8	25.7	8.4
1970	32.3	6.2	26.1	-5.1
1971	29.7	5.6	24.1	18.0
1972	30.7	6.6	24.1	6.3
1973	28.3	5.7	22.6	7.1
1974	25.9	6.1	19.8	12.4
1975	23.3	6.1	17.2	1.8
1976	20.1	5.5	14.6	3.3
1977	18.1	5.4	12.7	3.5
1978	18.5	5.2	13.3	0.6
1979	18.1	4.9	13.2	-0.3
1980	16.5	4.9	11.5	
1981	17.3	4.9	12.4	1.3
1982	21.2	5.7	15.5	-0.8
1983	20.0	5.5	14.5	
1984	18.9	5.5	13.4	-1.7
1985	17.2	5.7	11.5	-0.1
1986	19.1	5.9	13.2	-1.0
1987	19.7	6.1	13.6	-1.1
1988	19.0	5.7	13.3	-0.1
1989	19.3	5.8	13.5	-0.7
1990	21.2	7.2	14.0	-1.1
1991	16.8	7.0	9.8	-1.2
1992	17.1	6.7	10.3	-1.3
1993	18.5	6.8	11.7	-0.5
1994	19.0	6.5	12.5	-0.3
1995	17.2	6.7	10.5	-0.1
1996	16.1	6.4	9.7	0.1
1997	15.2	7.0	8.3	0.1
1998	14.4	6.2	8.2	
1999	13.3	6.1	7.2	-0.2
2000	12.1	5.9	6.1	-0.6
2001	10.8	5.8	5.0	-0.4
2002	9.6	5.9	3.7	-0.7
2003	9.2	6.2	3.1	-1.1
2004	9.5	6.0	3.6	-1.6
2005	10.1	5.5	4.6	-3.8
2006	9.9	5.9	4.0	-1.5

4-4 年末总人口及人口变动
Population and Its Changes at year-end

项目	Item	2005	2006	2006年比2005年增长(%) Growth Rate
一、总人口(万人)	**Total Population (10 000 persons)**	**2386.40**	**2392.35**	**0.25**
#蒙古族	Mongolian Nationality	421.12	423.83	0.64
其他少数民族	Other Minority Nationalities	94.64	95.35	0.75
按性别分	**By sex**			
男(万人)	Male(10 000 persons)	1229.30	1231.30	0.16
女(万人)	Female(10 000 persons)	1157.10	1161.05	0.34
按城乡分	**By Residence**			
市镇人口(万人)	Urban(10 000 persons)	1126.38	1163.64	3.31
乡村人口(万人)	Rural(10 000 persons)	1260.02	1228.71	-2.48
按农业非农业分	**By Agriculture and Non-agriculture**			
农业人口(万人)	Agriculture(10 000 persons)	1436.14	1435.65	-0.03
非农业人口(万人)	Non-agriculture (10 000 persons)	950.26	956.70	0.68
二、人口自然变动	**Population Natural Changes**			
出生人口(万人)	Births(10 000 persons)	24.04	23.58	-1.91
男	Male	12.59	12.28	-2.46
女	Female	11.45	11.30	-1.31
死亡人口(万人)	Deaths(10 000 persons)	13.02	14.12	8.45
出生率(‰)	Birth Rate(‰)	10.08	9.87	-0.21
死亡率(‰)	Death Rate(‰)	5.46	5.91	0.45
自然增长率(‰)	Natural Growth Rate(‰)	4.62	3.96	-0.66

注：本表数据根据人口变动情况抽样调查资料推算。

a)Date in the table have been estimated on the basis of the annual Autonomous Regional Sample Surveys on population Changes.

4-5 民族人口及构成

Population Nationality and Its Composition

单位：人 (person)

项目	Item	2005	2006	构成% Composition 2005	构成% Composition 2006
汉族	Han	18537740	18809093	78.82	78.95
蒙古族	Mongolian	4127456	4144424	17.55	17.40
回族	Hui	209794	210748	0.89	0.88
满族	Man	490547	499287	2.09	2.10
朝鲜族	Korean	23503	23800	0.10	0.10
达斡尔族	Daur	79248	82342	0.34	0.35
鄂温克族	Ewenki	27931	28774	0.12	0.12
鄂伦春族	Oroqen	4791	4816	0.02	0.02
壮族	Zhuang	1629	1684	0.01	0.01
藏族	Tibetan	1030	1195		0.01
锡伯族	Xibe	3107	3301	0.01	0.01
苗族	Miao	1215	1355	0.01	0.01
土家族	Tujia	1214	1250	0.01	0.01
彝族	Yi	748	905		
维吾尔族	Uygur	212	209		
其他少数民族	Other Minority Nationalities	8908	9988	0.04	0.04
外国人加入中国籍	Foreigners Naturalized China	29	19		

注:本表数据为公安户籍统计数。

a) Date in the Table is Registered Statistics

4-6 年末民族人口数

Population by Nationality at the Year-end

年份 Year	在人口总数中 Total Populational Including							
	汉族(万人) Han(10000 persons)	蒙古族(万人) Mongolian (10000 persons)	回族(万人) Hui(10000 persons)	满族(万人) Man(10000 persons)	朝鲜族(人) Korean (person)	达斡尔族(人) Daur (person)	鄂温克族(人) Ewenki (person)	鄂伦春族(人) Oroqen (person)
1947	469.6	83.2	4.4	1.7	5601	16281	4998	905
1948	485.8	83.4	4.4	1.7	5679	16374	5056	909
1949	515.4	83.5	4.5	1.8	5718	16484	5118	911
1950	565.9	84.7	4.6	1.8	5921	16932	5269	916
1951	589.6	87.1	4.7	1.9	6242	18060	5546	919
1952	614.4	91.2	5.0	2.0	6590	19129	5611	929
1953	649.3	98.5	5.2	2.1	6841	19480	5667	953
1954	687.6	102.7	5.4	2.2	7120	21304	5976	989
1955	725.6	105.5	5.8	2.3	7589	21883	6313	1067
1956	775.7	108.6	6.2	2.0	10213	22253	5665	1009
1957	811.2	111.6	6.7	2.1	11247	24278	6178	949
1958	857.1	114.1	7.5	2.5	12674	27656	6723	1025
1959	930.7	115.5	8.0	3.0	13209	29884	6593	1124
1960	1049.8	121.4	9.4	3.2	14056	30420	6935	1135
1961	1021.0	123.5	10.5	2.8	12457	30918	7508	1143
1962	1023.5	129.7	10.0	3.2	11934	31201	8558	1129
1963	1061.1	134.6	10.3	3.8	11827	32509	8469	1145
1964	1091.4	140.3	11.2	5.0	11328	34819	9038	1205
1965	1129.4	144.5	11.3	5.3	11412	35980	9191	1272
1966	1158.3	148.3	11.4	5.5	11513	36620	9591	1318
1971	1358.2	169.7	13.2	6.8	13884	40440	11038	1364
1972	1401.7	172.9	13.4	6.9	13426	42966	11195	1409
1973	1444.5	178.5	13.8	7.1	13864	44971	11268	1454
1974	1493.4	182.6	14.2	7.4	14400	46420	11639	1499
1975	1521.7	186.6	14.3	7.6	14862	48333	12426	1544
1976	1549.0	189.5	14.6	7.8	15750	48967	13554	1592
1977	1573.9	193.1	14.7	7.9	15420	52733	12753	1524
1978	1592.9	198.6	15.0	8.0	15403	55372	12657	1579
1979	1617.0	202.1	14.6	8.7	20881	53954	15592	1600
1980	1632.7	209.0	15.3	10.3	16193	56399	14722	1699
1981	1651.5	215.3	15.8	11.0	16062	56801	15245	1754
1982	1637.9	253.2	17.0	23.7	17337	56883	17525	2186
1983	1657.5	260.3	17.0	24.9	17800	59500	18000	2200
1984	1671.0	268.1	17.6	26.0	18400	60500	18300	2300
1985	1686.2	274.7	17.1	27.1	18600	61500	18900	2300
1986	1696.8	285.5	17.7	29.4	19485	64129	19840	2483
1987	1706.9	297.2	18.3	32.3	19743	65167	20412	2561
1988	1721.8	307.3	18.5	34.4	20152	66462	20499	2686
1989	1729.9	315.7	18.8	35.7	21147	69579	20853	2793
1990	1749.1	328.5	18.7	40.0	22380	70959	22494	2976
1991	1758.7	333.1	19.0	40.9	22047	71598	23138	3171
1992	1766.1	338.3	19.5	41.4	22161	72432	23321	3262
1993	1779.4	343.4	19.7	42.1	21963	73574	23928	3242
1994	1791.6	349.6	19.7	42.8	22735	73354	24427	3302
1995	1803.4	356.5	19.9	43.7	22741	72680	24545	3447
1996	1820.0	364.2	20.0	44.8	22772	73689	25059	3436
1997	1836.8	371.8	20.4	45.5	22759	74992	25632	3599
1998	1851.0	378.6	20.4	46.2	23068	73797	25578	3568
1999	1865.5	382.8	21.0	46.0	23825	73818	26001	3813
2000	1832.5	386.0	20.9	47.0	23278	76374	26546	3704
2001	1843.7	391.8	20.8	48.1	23841	77145	26870	3846
2002	1855.0	396.0	21.1	47.8	24009	79202	27423	3968
2003	1860.6	404.0	21.1	48.7	23863	79195	27915	3998
2004	1866.5	408.0	21.3	48.7	24117	79960	28285	4229
2005	1853.8	412.7	21.0	49.1	23503	79248	27931	4791
2006	1880.9	414.4	21.1	49.9	23800	82342	28774	4816

注：本表数据为公安户籍统计数。

a) Date in the Table is Registered Statistics

主要统计指标解释

人口数 指一定时点、一定地区范围内的有生命的个人的总和。

年度统计的年末人口数指每年 12 月 31 日 24 时的人口数。

市镇总人口和乡村总人口

其定义有两种口径：

第一种口径(按行政建制)

市人口：市管辖区域内的全部人口(含市辖镇，不含市辖区县)；

镇人口：县辖镇的全部人口(不含市辖镇)；

县人口：县辖乡人口。

第二种口径(按常住人口划分)

市人口：设区的市的区人口和不设区的市所辖的街道人口；

镇人口：不设区的市所辖镇的居民委员会人口和县辖镇的居民委员会人口；

县人口：除上述两种人口以外的全部人口。

1952-1980 年数据为第一种口径的数据，1982 年以后的数据为第二种口径的数据。

出生率(又称粗出生率) 指在一定时期内(通常为一年)平均每千人所出生的人数的比率，一般用千分率表示。计算公式为：

出生率=年出生人数/年平均人数×1000‰

式中：出生人数指活产婴儿，即胎儿脱离母体时(不管怀孕月数)，有过呼吸或其他生命现象。年平均人数指年初、年底人口数的平均数．也可用年中人口数代替。

死亡率(又称粗死亡率) 指在一定时期内(通常为一年)一定地区的死亡人数与同期平均人数(或期中人数)之比，一般用千分率表示。计算公式为：

死亡率=年死亡人数/年平均人数×1000‰

人口自然增长率 指在一定时期内(通常为一年)人口自然增加数(出生人数减死亡人数)与该时期内平均人数(或期中人数)之比，一般用千分率表示。计算公式为：

人口自然增长率=(本年出生人数-本年死亡人数)/年平均人数×1000‰

人口自然增长率=人口出生率 － 人口死亡率

在业人口(又称就业人口) 指十五周岁及十五周岁以上人口中从事一定的社会劳动并取得劳动报酬或经营收入的人口。

不在业人口 指十五周岁及十五周岁以上人口中未从事社会劳动的人口，包括在校学生、料理家务、待升学、市镇待业、离退休、退职、丧失劳动能力等非在业人口。

Explanatory Notes on Main Statistical Indicators

Total Population refers to the total number of people alive at a certain point of time within a given area.

The annual statistics on total population is taken at midnight, the 3lst of December.

Urban Population and Rural Population There are two definitions. The first definition (according to the administrative organizational system) :

City population: Total population under the jurisdiction of city (including population of the town under the jurisdiction of city. excluding the population of counties under the jurisdiction of city) .

Town population: Total population of town under the jurisdiction of county (excluding the population of town under the jurisdiction of city) .

County population: Total population of country under the jurisdiction of county) .

The second definition (classified by the permanent population) :

City population: Total population of districts under the jurisdiction of city with district establishment and the population of street under the jurisdiction of city without district establishment.

Town population: Total resident committees population of towns under the jurisdiction of city without district establishment and the resident committee's population of towns under the jurisdiction of county.

County population: Total population except city population and town population.

Data from 1952 to 1980 is the figures according to the first definition. Data since 1982 are the figure according to the second definition.

Birth Rate of (Crude Birth Rate) refers to the ratio of the number of births to the average population during a certain period of time (usually a year) which is often expressed in‰. The following formula is used:

Birth Rate = Number of Births /Average Number of Population ×1000‰

Number of births refers to live births i. e. the births when babies had showed any vital phenomena regardless of the length of pregnancy.

Annual Average Number of Population is the average of the number of population at the beginning of the year and that at the end of the year. Sometimes it is substituted for with the mid year population.

Death Rate (or Crude Death Rate) refers to the ratio of the number of deaths to the average population (or mid year population) during a certain period of time (usually a year) which is often expressed in‰. The following formula is used:

Death Rate =Number of Deaths /Annual Average Number of Population ×1000‰

Natural Growth Rate of Population refers to the ratio of natural increase in population (number of births minus number of deaths) in a certain period of time (usually a year) to the average population (or mid year population) of the same period which is often expressed in‰. The following formulas are applied:

Natural Growth of Population =(Number of Births − Number of Deaths) / Average Number of Population ×1000‰

Natural Growth Rate of Population=Birth Rate–Death Rate

Employed Population refers to population aged 15 or over engaging in social labor which generates income.

Unemployed Population refers to population aged 15 or over not engaging in any social labor which generates income, including students enrolled in schools, house wives, students waiting for entering schools with higher level, urban job seekers, retirees job quitters, disabled, etc.

五 从业人员和职工工资

EMPLOYMENT AND WAGES

资料整理 金玮

Arranged by Jin Wei

5-1 就业基本情况
Employment

项目	Item	1995	2000	2005	2006
就业人员总计(万人)	**Total Number of Employed Persons(10 000 persons)**	**1029.4**	**1061.6**	**1041.1**	**1051.2**
第一产业	Primary Industry	536.8	553.7	560.5	565.3
第二产业	Secondary Industry	225.0	182.4	162.7	168.0
第三产业	Tertiary Industry	267.6	325.5	317.9	317.8
就业人员构成(总计=100)	**Composition of Employed Persons(total=100)**				
第一产业	Primary Industry	52.1	52.2	53.8	53.8
第二产业	Secondary Industry	21.9	17.1	15.6	16.0
第三产业	Tertiary Industry	26.0	30.7	30.5	30.2
按城乡分就业人员(万人)	**Number of Employed Persons by Urban and Rural Areas(10 000 persons)**	**1029.4**	**1061.6**	**1041.1**	**1051.2**
城镇就业人员	**Urban Employed Persons**	**440.0**	**430.1**	**350.3**	**365.0**
# 国有单位	State-owned Units	302.3	201.1	162.0	160.5
城镇集体单位	Urban Collective-owned Units	70.8	25.6	12.4	11.5
股份合作单位	Share Holding Units	5.9	2.9	1.8	1.5
联营单位	Joint-owned Units	0.3	0.6	0.3	0.3
有限责任公司	Limited Liability Corporations		26.0	47.0	49.3
股份有限公司	Share-holding Corporations Ltd.		8.2	14.3	14.3
私营企业	Private Enterprises	7.5	28.6	47.1	53.3
港澳台商投资单位	Units Funded by Entrepreneurs from Hong Kong, Macao & Taiwan	2.0	1.7	1.6	1.3
外商投资单位	Foreign Funded Units	2.2	2.2	2.5	2.7
个体	Self-employed Individuals	36.7	88.2	60.2	69.0
乡村从业人员	**Rural Employed Persons**	**589.4**	**631.5**	**690.8**	**686.2**
# 私营企业	Private Enterprises	2.5	12.8	21.1	20.3
个体	Self-employed Individuals	26.6	71.5	22.1	18.8
职工人数(万人)	**Number of Staff and Workers(10 000 persons)**	**383.7**	**263.9**	**239.6**	**239.3**
国有单位	State-owned Units	302.3	197.3	159.7	158.5
城镇集体单位	Urban Collective-owned Units	70.8	25.4	12.2	11.3
其他单位	Units of Other Types of Ownership	10.6	41.2	67.7	69.5
城镇单位女性就业人员(万人)	**Number of Female Employment in Urban Units(10 000 persons)**	**149.9**	**102.9**	**91.8**	**90.8**
城镇登记失业人数(万人)	**Number of Registered Unemployed Persons in Urban Areas (10 000 persons)**	**13.97**	**12.65**	**17.75**	**17.98**
城镇登记失业率(%)	**Registered Unemployment Rate in Urban Areas(%)**	**3.17**	**3.34**	**4.26**	**4.13**

注：1. 1998年及以后城镇单位就业人员、职工人数统计口径有调整，详见本篇末指标解释。

2. 2006年全社会就业人员中不包括社会自由从业人员。

a)Statistical coverage of staff and workers employed in urban units was adjusted after 1998.Please refer to the explanatory notes at the end of this chapter.

b)Social total number of employed persons doesn't include social self-employed persons in 2006.

5-2 按三次产业划分的年末就业人员
Number of Employed Persons at the Year-end by Type of Industry

年份 Year	就业人员 (万人) Total (10 000 persons)	第一产业 Primary Industry	第二产业 Secondary Industry	第三产业 Tertiary Industry	构成(合计=100) Composition in Percentage(total=100) 第一产业 Primary Industry	第二产业 Secondary Industry	第三产业 Tertiary Industry
1952	345.3	302.6	13.0	29.7	87.63	3.76	8.61
1957	400.6	347.4	21.1	32.1	86.72	5.27	8.01
1965	476.8	379.7	45.3	51.8	79.64	9.50	10.86
1970	524.4	405.2	63.6	55.6	77.27	12.13	10.60
1975	607.5	441.6	95.5	70.4	72.69	15.72	11.59
1978	652.8	438.0	120.5	94.3	67.10	18.45	14.45
1980	698.4	460.7	129.7	108.0	65.97	18.57	15.46
1981	731.2	478.8	136.4	116.0	65.48	18.66	15.86
1982	762.4	501.5	140.1	120.8	65.78	18.38	15.84
1983	798.8	515.8	146.7	136.3	64.57	18.37	17.06
1984	827.8	524.5	154.5	148.8	63.36	18.66	17.98
1985	856.6	517.8	174.8	164.0	60.45	20.40	19.15
1986	875.4	521.7	184.6	169.1	59.60	21.08	19.32
1987	891.0	490.3	188.0	212.7	55.03	21.10	23.87
1988	909.7	490.0	200.1	219.6	53.86	22.00	24.14
1989	910.3	491.3	199.1	219.9	53.97	21.87	24.16
1990	924.6	515.5	201.4	207.7	55.76	21.78	22.46
1991	962.9	537.9	208.8	216.2	55.86	21.68	22.45
1992	976.0	531.4	217.1	227.5	54.45	22.24	23.31
1993	1008.2	535.4	220.4	252.4	53.10	21.86	25.04
1994	1033.4	536.5	225.1	271.8	51.92	21.78	26.30
1995	1029.4	536.8	225.0	267.6	52.15	21.85	26.00
1996	1039.0	546.8	223.4	268.8	52.63	21.50	25.87
1997	1050.3	544.6	213.2	292.5	51.85	20.30	27.85
1998	1050.3	542.6	207.1	300.6	51.66	19.72	28.62
1999	1056.7	555.4	185.5	315.8	52.56	17.55	29.89
2000	1061.6	553.7	182.4	325.5	52.20	17.10	30.70
2001	1067.0	550.5	179.3	337.2	51.60	16.80	31.60
2002	1086.1	552.3	173.7	360.1	50.90	16.00	33.10
2003	1005.2	548.7	152.5	303.9	54.59	15.17	30.24
2004	1026.1	559.3	153.0	313.8	54.51	14.91	30.58
2005	1041.1	560.5	162.7	317.9	53.83	15.64	30.53
2006	1051.2	565.3	168.0	317.8	53.78	15.98	30.23

注：1. 2003年以后就业人员中不包括社会自由就业人员。

2. 2004年三次产业就业人员和构成按相关数据进行了调整。

a)Social total number of employed persons doesn't include social self-employed persons after 2003.

b)The number of employed persons in tertiary industry and its composition in 2004 is adjusted by relation data.

5-3 分行业城镇单位年末女性就业人员(2006年)

Number of Female Employed in Urban Units at the Year-end by Sector(2006)

单位：人 (person)

项 目	Item	合 计 Total	国有单位 State-owned Units	城镇集体单位 Urban Collective-owned Units	其他单位 Units of Other Types of Ownership
总 计	**Total**	**907895**	**623135**	**46018**	**238742**
按企、事业和机关分组	**Grouped by Enterprises, Institutions and Agencies**				
企业	Enterprises	485659	210515	38248	236896
事业	Institutions	339005	329465	7694	1846
机关	Agencies & Organizations	83231	83155	76	
按国民经济行业分组	**Grouped by Sector**				
农、林、牧、渔业	Farming, Forestry, Animal Husbandry and Fishery	100658	96897	505	3256
采矿业	Mining	34247	9501	1169	23577
制造业	Manufacturing	163444	11400	14998	137046
电力、燃气及水的生产和供应业	Production & Supply of Electric Power, Gas and Water	30266	20857	233	9176
建筑业	Construction	26716	7463	4172	15081
交通运输、仓储和邮政业	Transportation, Storage and Postal Services	40316	33439	1447	5430
信息传输、计算机服务和软件业	Information Transmission, Computer Service & Computer Software	13835	11820	10	2005
批发和零售业	Wholesale and Retail Trade	35113	15844	2269	17000
住宿和餐饮业	Quarters and Catering	15596	7449	1328	6819
金融业	Banking	43574	22588	9843	11143
房地产业	Real Estate	5001	3164	36	1801
租赁和商务服务业	Leasing and Commercial Services	8047	5713	784	1550
科学研究、技术服务和地质勘查业	Scientific Research,Technical Services & Geological Prospecting	14149	13457	84	608
水利、环境和公共设施管理业	Water Conservancy, Environment and Public Facilities Administration	26663	24788	1204	671
居民服务和其他服务业	Resident Services and Other Services	6023	3771	1522	730
教育	Education	176816	174760	170	1886
卫生、社会保障和社会福利业	Health Care, Social Security and Social Welfare	62109	55099	6200	810
文化、体育和娱乐业	Culture, Sports & Recreational Services	13629	13459	17	153
公共管理和社会组织	Public Administration and Social Organizations	91693	91666	27	
国际组织	International Organizations				

5-4 按登记注册类型和城乡划分的年末就业人员

单位：万人

年份 Year	总计 Total	城镇						
		小计 Subtotal	#国有单位 State-owned Units	#集体单位 Collective-owned Units	#股份合作单位 Share Holding Units	#联营单位 Joint-owned Units	#有限责任公司 Limited Liability Corporations	#股份有限公司 Share-holding Corporations Ltd.
1952	345.3	49.9	16.9					
1957	400.6	56.3	46.1	9.4				
1965	476.8	101.2	86.5	13.4				
1970	524.4	124.8	110.9	13.9				
1975	607.5	176.9	143.8	32.9				
1978	652.8	227.8	183.2	44.4				
1980	698.4	225.4	200.6	53.7				
1985	856.6	335.6	241.4	79.0				
1987	891.0	359.7	260.2	82.5		0.1		
1988	909.7	373.3	268.3	84.7		0.2		
1989	910.3	375.4	271.0	86.0		0.3		
1990	924.6	386.6	282.3	87.0		0.4		
1991	962.9	404.2	293.2	89.3		0.6		
1992	976.0	415.7	302.1	89.6		1.0		
1993	1008.2	434.2	301.1	87.4	1.2	0.3		
1994	1033.4	453.8	301.7	76.1	5.0	0.4		
1995	1029.4	440.0	302.3	70.8	5.9	0.3		
1996	1039.0	434.7	302.1	66.8	5.9	0.3		
1997	1050.3	444.9	291.9	59.4	7.1	0.2		
1998	1050.3	443.4	252.4	45.7	2.9	0.8	18.1	6.9
1999	1056.7	435.7	232.4	37.8	2.9	0.9	23.4	8.0
2000	1061.6	430.1	201.1	25.6	2.9	0.6	26.0	8.2
2001	1067.0	434.5	188.9	20.5	2.2	0.5	29.3	9.3
2002	1086.1	435.6	177.8	17.7	1.9	0.4	34.4	11.1
2003	1005.2	352.9	169.2	15.8	2.0	0.3	40.2	12.0
2004	1026.1	350.3	166.6	13.5	1.7	0.3	43.3	13.0
2005	1041.1	350.3	162.0	12.4	1.8	0.3	47.0	14.3
2006	1051.2	365.0	160.5	11.5	1.5	0.3	49.3	14.3

Number of Employed Persons at the Year-end by Status of Registration and Residence in Urban and Rural Areas

(10 000 persons)

Urban Area				乡村Rural Area		
# 私营企业 Private Enterprises	# 港澳台商投资单位 Economic Units Funded by Entrepreneurs from Hong Kong, Macao and Taiwan	# 外商投资单位 Foreign Funded Economic Units	# 个 体 Self-employed individuals	合 计 Sub-total	# 私营企业 Private Enterprises	# 个体 Self-employed Individuals
			33.0	295.4		
			0.8	344.3		
			1.3	375.6		
				399.6		
			0.2	430.6		
			0.2	425.0		
			1.1	443.0		
			15.2	521.0		
			16.9	531.3		
			20.1	536.4		
			18.1	534.9		
			16.9	538.0		
			21.1	558.7		
			23.0	560.3		
3.8	1.0	1.1	28.7	574.0		
5.5	1.4	1.7	38.1	579.6		
7.6	2.0	2.2	36.7	589.4	2.5	26.6
10.8	1.9	2.7	40.7	604.3	3.2	32.9
14.0	2.1	2.8	57.9	605.4	3.7	37.1
23.0	2.3	1.7	73.2	606.9	5.9	48.8
25.1	2.0	2.1	88.0	621.0	13.6	59.7
28.6	1.7	2.2	88.2	631.5	12.8	71.5
30.4	1.7	1.8	96.2	632.5	15.2	73.7
29.0	1.8	2.0	87.9	650.5	22.8	77.6
35.7	1.7	2.5	72.8	652.3	15.6	35.6
44.2	1.1	2.7	56.1	675.8	17.0	21.8
47.1	1.6	2.5	60.2	690.8	21.1	22.1
53.3	1.3	2.7	69.0	686.2	20.3	18.8

5-5 分行业年末职工(2006年)

Number of Staff and Workers at the Year-end by Sector(2006)

单位：人 (person)

项 目	Item	合 计 Total	国有单位 State-owned Units	城镇集体单位 Urban Collective-owned Unit	其他单位 Units of Other Types of Ownership
总 计	**National Total**	**2392851**	**1584738**	**112928**	**695185**
按企、事业和机关分组	**Grouped by Enterprises, Institutions and Agencies**				
企业	Enterprises	1413881	624995	97133	691753
事业	Institutions	696888	677886	15570	3432
机关	Agencies & Organizations	282082	281857	225	
按国民经济行业分组	**Grouped by Sector**				
农、林、牧、渔业	**Farming, Forestry, Animal Husbandry and Fishery**	**291740**	**281299**	**1986**	**8455**
农业	Farming	111457	107827	686	2944
林业	Forestry	106352	106320	32	
畜牧业	Animal Husbandry	33546	28091	26	5429
渔业	Fishery	4652	4646		6
农、林、牧、渔服务业	Agricultural Services	35733	34415	1242	76
采矿业	**Mining**	**170468**	**40801**	**4288**	**125379**
制造业	**Manufacturing**	**422586**	**32074**	**31473**	**359039**
电力、燃气及水的生产和供应业	**Production and Supply of Electric Power, Gas and Water**	**93642**	**63512**	**791**	**29339**
建筑业	**Construction**	**142014**	**32324**	**22391**	**87299**
房屋和土木工程建筑业	Housing and Civil Engineering Construction	132239	28794	21193	82252
建筑安装业	Installation of Buildings	7046	3390	1139	2517
建筑装饰业	Decoration of Buildings	973	73	24	876
其他建筑业	Other Construction	1756	67	35	1654
交通运输、仓储和邮政业	**Transportation, Storage and Postal Services**	**148446**	**131737**	**4045**	**12664**
铁路运输业	Railway Transport	81222	77799	3138	285
道路运输业	Roadway Transport	31533	26520	443	4570
城市公共交通业	Public traffic in Cities	10919	4031		6888
水上运输业	Waterway Transport	155	155		
航空运输业	Air Transport	3166	3099		67
管道运输业	Pipeline Transport				
装卸搬运和其他运输服务业	Loading,Unloading, Carrying and Transport	1518	338	464	716
仓储业	Storage	7826	7688		138
邮政业	Postal Services	12107	12107		
信息传输、计算机服务和软件业	**Information Transmission, Computer Service & Computer Software**	**30648**	**27278**	**21**	**3349**
电信和其他信息传输服务	Telecommunication and other Information Transmission	30309	27153		3156
计算机服务业	Computer Services	128	74	21	33
软件业	Software	211	51		160
批发和零售业	**Wholesale & Retail Trade**	**72360**	**37798**	**6036**	**28526**
批发业	Wholesale Trade	38368	27985	1421	8962
零售业	Retail Trade	33992	9813	4615	19564
住宿和餐饮业	**Quarters and Catering**	**26064**	**12816**	**2290**	**10958**
住宿业	Quarters	20263	12204	1365	6694
餐饮业	Catering	5801	612	925	4264

5-5 续表 continued

单位：人 (person)

项目	Item	合计 Total	国有单位 State-owned Units	城镇集体单位 Urban Collective-owned Unit	其他单位 Units of Other Types of Ownership
金融业	**Finance**	**71624**	**41829**	**19325**	**10470**
银行业	Banking	62182	35503	19131	7548
证券业	Bond	502	141		361
保险业	Insurance	8055	5537		2518
其他金融活动	Others	885	648	194	43
房地产业	**Real Estate**	**13801**	**7979**	**90**	**5732**
房地产开发经营	Development & Management	5665	1605	58	4002
租赁和商务服务业	**Leasing and Commercial Services**	**25208**	**18183**	**3165**	**3860**
租赁业	Leasing Services	609	582		27
商务服务业	Commercial Services	24599	17601	3165	3833
科学研究、技术服务和地质勘查业	**Scientific Research ,Technical Services & Geological Prospecting**	**39387**	**37360**	**198**	**1829**
研究与试验发展	Research and Development	8939	8931		8
专业技术服务业	Special Technical Services	16843	14896	144	1803
科技交流和推广服务业	Science and Technological Exchanging and Spreading	3699	3627	54	18
地质勘查业	Geological Prospecting	9906	9906		
水利、环境和公共设施管理业	**Water Conservancy, Environment and Public Facilities Administration**	**58370**	**54316**	**1951**	**2103**
水利管理业	Water Conservancy	17113	16702	80	331
环境管理业	Environment	30593	27925	1856	812
公共设施管理业	Public Facilities Administration	10664	9689	15	960
居民服务和其他服务业	**Resident Services and Other Services**	**14396**	**10861**	**2250**	**1285**
居民服务业	Resident Services	12407	10534	1174	699
其他服务业	Other Services	1989	327	1076	586
教育	**Education**	**329635**	**326033**	**266**	**3336**
卫生、社会保障和社会福利业	**Health Care, Social Security and Social Welfare**	**104757**	**91303**	**12229**	**1225**
卫生	Health Care	98282	84931	12149	1202
社会保障业	Social Security	3609	3609		
社会福利业	Social Welfare	2866	2763	80	23
文化、体育和娱乐业	**Culture, Sports and Recreational Services**	**31248**	**30878**	**33**	**337**
新闻出版业	Press	4693	4693		
广播、电视和音像业	Radio ,Television and Audio-visual	11187	11061		126
文化艺术业	Culture and Arts	13325	13292	33	
体育	Sports	1638	1638		
娱乐业	Recreational Services	405	194		211
公共管理和社会组织	**Public Administration and Social Organization**	**306457**	**306357**	**100**	
中国共产党机关	Chinese Communist Party Agencies	17130	17130		
国家机构	Government Agencies	281212	281112	100	
人民政协和民主党派	People's Politics Consultative Conference and Democratic Parties	2953	2953		
群众团体、社会团体和宗教组	Mass Organization ,Social Organization and Religious Organization	4953	4953		
基层群众自治组织	Basic Mass Autonomous Organization				
国际组织	**International Organizations**				
国际组织	International Organizations				

5-6 年末分行业专业技术人员(2006年)

单位：人

地 区	Region	全 区 Total	呼和浩特市 Hohhot City	包头市 Baotou City	呼伦贝尔市 Hulunbeier City
总 计	**Total**	**715232**	**99441**	**83726**	**68533**
农、林、牧、渔业	Farming, Forestry, Animal Husbandry & Fishery	52728	1597	1611	5913
采矿业	Mining	19329	23	1677	4722
制造业	Manufacturing	67313	13599	27550	2247
电力、燃气及水的生产和供应业	Production & Supply of Electric Power,Gas & Water	23306	3238	2579	2901
建筑业	Construction	28416	4789	5289	2028
交通运输、仓储和邮政业	Transportation, Storage & postal Services	17337	2340	1144	943
信息传输、计算机服务和软件业	Information Transmission,Computer Service & Computer Software	9810	1959	720	874
批发和零售业	Wholesale & Retail Trade	8874	921	914	968
住宿和餐饮业	Quarters & Catering	3086	1441	305	273
金融业	Banking	35459	5880	3506	3946
房地产业	Real Estate	3157	262	464	317
租赁和商务服务业	Leasing & Commercial Services	6165	1984	324	739
科学研究、技术服务和地质勘查业	Scientific Research,Technical Services & Geological Prospecting	21203	7092	3057	1676
水利、环境和公共设施管理业	Water Conservancy, Environment & Public Facilities Administration	9620	1444	943	501
居民服务和其他服务业	Resident Services & Other Services	1673	67	36	67
教育	Education	275889	34523	23035	27810
卫生、社会保障和社会福利业	Health Care, Social Security & Social Welfare	80060	10198	8207	8666
文化、体育和娱乐业	Culture, Sports & Recreational Services	16813	5477	1222	1983
公共管理和社会组织	Public Administration & Social Organization	34994	2607	1143	1959
国际组织	International Organizations				

Number of Technical Personnel at the Year-end by Sector(2006)

(person)

兴安盟 Xingan League	通辽市 Tongliao City	赤峰市 Chifeng City	锡林郭勒盟 Xilinguole League	乌兰察布市 Wulanchabu City	鄂尔多斯市 Erdos City	巴彦淖尔市 Bayannaoer City	乌海市 Wuhai City	阿拉善盟 Alashan League	直报单位 Unit of Direct Report
42073	**82378**	**114837**	**29571**	**45880**	**40139**	**45384**	**21048**	**10262**	**31960**
4194	9934	2797	2333	1493	1622	2543	203	640	17848
152	64	2666	816	221	4811	385	3033	728	31
1864	3097	5719	838	2453	2349	2866	3035	699	997
689	2029	2676	815	2388	2228	2253	1321	189	
856	3525	3764	564	1244	423	2486	1858	521	1069
603	1288	1417	734	897	578	890	516	368	5619
483	764	706	691	1237	462	295	238	299	1082
597	1171	1898	461	514	199	517	305	62	347
90	136	261	144	123	76	76	49	10	102
1410	3979	4030	2199	2778	1621	3853	1354	883	20
149	317	845	279	96	109	103	166	22	28
225	256	305	254	116	219	237	226	181	1099
1274	1772	1418	883	1256	624	1294	379	386	92
511	951	1031	474	949	735	1655	314	112	
39	50	118	111	43	56	47	86	11	942
19597	38615	59025	11806	19552	15685	17304	5567	2955	415
4848	9504	14174	4114	5105	4339	6316	1755	1427	1407
720	1417	1516	1014	887	972	699	289	473	144
3772	3509	10471	1041	4528	3031	1565	354	296	718

5-7 私营企业年末就业人员(2006年)

Number of Employed Persons in Private Enterprises at the Year-end(2006)

单位：户、人 (household)(person)

项 目	Item	合计 Total			城镇 Urban Areas			乡村 Rural Areas		
		户数 Number of Enter-prises	就业人员 Number of Empl-oyed Persons	#投资者 Empl-oyers	户数 Number of Enter-prises	就业人员 Number of Empl-oyed Persons	#投资者 Empl-oyers	户数 Number of Enter-prises	就业人员 Number of Empl-oyed Persons	#投资者 Empl-oyers
总 计	**Total**	**54381**	**736420**	**148315**	**43465**	**533404**	**111796**	**10916**	**203016**	**36519**
农、林、牧、渔业	Farming, Forestry, Animal Husbandry and Fishery	1656	25090	5957	997	10388	2854	659	14702	3103
采矿业	Mining	2019	46384	5319	857	16611	2048	1162	29773	3271
制造业	Manufacturing	9469	187438	30659	6279	112771	18627	3190	74667	12032
电力、燃气及水的生产和供应业	Production & Supply of Electric Power,Gas & Water	318	8135	979	246	5641	776	72	2494	203
建筑业	Construction	1839	49623	6422	1606	41691	5576	233	7932	846
交通运输、仓储业和邮电业	Transportation, Storage & postal Services	1901	21284	5603	1492	15821	4330	409	5463	1273
信息传输、计算机服务和软件业	Information Transmission,Compute-Service & Software	1539	12000	2942	1362	10671	2477	177	1329	465
批发和零售业	Wholesale & Retail	22276	239522	55333	18644	194048	44408	3632	45474	10925
住宿和餐饮业	Quarters & Catering	2452	31860	6403	2159	27596	5548	293	4264	855
房地产业	Real Estate	1926	24849	5742	1825	21560	5277	101	3289	465
租赁和商业服务业	Leasing & Commercial Services	3202	31505	9055	2943	26939	7918	259	4566	1137
居民服务和其他服务业	Resident Services & Other Services	2855	32062	7080	2445	26409	5932	410	5653	1148
卫生、社会保障和社会福利业	Health Care, Social Security & Social Welfare	110	1251	234	100	1167	206	10	84	28
文化、体育和娱乐业	Culture, Sports & Recreational Services	424	3942	846	389	3690	764	35	252	82
其他行业	Others	2395	21475	5741	2121	18401	5055	274	3074	686

注：本资料由工商部门提供。

a)The Statistics are provided by the Department of Industry and Commerce.

5-8 个体年末就业人员(2006年)

Number of Self-employed Individuals at the Year-end(2006)

单位:户、人 (household)(person)

项目	Item	合计 Total		城镇 Urban Areas		乡村 Rural Areas	
		户数 Number of Households	就业人员 Number of Employed Individuals	户数 Number of Households	就业人员 Number of Employed Individuals	户数 Number of Households	就业人员 Number of Employed Individuals
总计	**Total**	**496549**	**877664**	**387522**	**690189**	**109027**	**187475**
农、林、牧、渔业	Farming, Forestry, Animal Husbandry and Fishery	2150	6484	1118	3983	1032	2501
采矿业	Mining	1185	6692	418	3254	767	3438
制造业	Manufacturing	29315	76716	19876	54308	9439	22408
电力、燃气及水的生产和供应业	Production & Supply of Electric Power,Gas & Water	100	227	45	176	55	51
建筑业	Construction	356	1825	251	924	105	901
交通运输、仓储和邮电业	Transportation, Storage & postal Services	49157	64902	41633	56273	7524	8629
信息传输、计算机服务和软件业	Information Transmission,Computer Service & Computer Software	4015	7433	3362	6288	653	1145
批发零售业	Wholesale & Retail	258262	418471	199653	329676	58609	88795
住宿和餐饮业	Quarters & Catering	62932	142149	50619	114364	12313	27785
房地产业	Real Estate	360	709	306	540	54	169
租赁和商业服务业	Leasing & Commercial Services	2439	4321	2094	3784	345	537
居民服务和其他服务业	Resident Services & Other Services	67300	115370	52596	90347	14704	25023
卫生、社会保障和社会福利业	Health Care, Social Security & Social Welfare	2447	4309	2005	3543	442	766
文化、体育和娱乐业	Culture, Sports & Recreational Services	5314	8854	4773	7772	541	1082
其他行业	Others	11217	19202	8773	14957	2444	4245

注：本资料由工商部门提供。

a)The Statistics are provided by the Department of Industry and Commerce.

5-9 城镇就业及失业人数

Employment and Unemployment in Urban Areas

年份 Year	当年需要安置人数(人) Number of Need Settled down(person)	当年就业人数(人) New Employment in the Year(person)	年末城镇失业人数(人) Unemployment at year-end(person)			失业青年占城镇失业人数(%) Percentage of Young Unemployed Persons to Total Unemployed Persons In Urban Areas	登记失业率(%) Registered Unemployment Rate in Urban Areas
			合计 Total	失业青年 Youth	#女青年 Female		
1979		212267	429080				15.01
1980	429100	202696	367280				12.62
1981	464100	344573	283181				9.39
1982	488300	202958	285369				9.11
1983	464100	179283	267539	200340	118998	74.88	8.18
1984	427500	198995	177568	154862	94559	87.21	5.34
1985	335600	178336	138773	116939	73140	84.27	3.97
1986	347000	207440	127726	117477	62683	91.97	3.51
1987	307800	161514	129753	118699	70580	91.48	3.48
1988	268100	140598	123579	116792	67630	94.51	3.69
1989	266700	116515	143681	135679	78826	94.43	3.78
1990	282800	124582	151916	142721	82631	93.95	3.49
1991	292500	140710	146319	136929	80088	93.58	2.68
1992	275300	154848	114894	107026	61745	93.15	3.49
1993	226400	107653	113405	99184	58281	87.46	2.62
1994	215400	88637	123660	111602	65544	90.25	2.86
1995	232084	87033	139713	123135	74850	88.13	3.17
1996	263436	86341	144107	101083	58311	70.14	3.47
1997	258299	105927	145253	102837	59602	70.79	3.40
1998	265256	115162	131138	78096	43191	59.55	3.13
1999	222695	96002	123858	64958	32897	52.45	3.10
2000	239620	106020	126478	61785	32408	48.85	3.34
2001	274460	116527	144689	66892	35535	46.23	3.70
2002	345500	174300	162700				4.10
2003	406755	215118	175889				4.50
2004	430454	245309	185118				4.59
2005	451039	261359	177483				4.26
2006	527624	320781	179786				4.13

注：本资料由劳动社会保障厅提供。

a)The Statistics are provided by the Bureau of Labour and Social Insurance

5-10 职工工资总额和指数

Total Wages of Staff and Workers and Related Index

年份 Year	工资总额(万元) Total Wages(10 000 yuan)				指数(上年=100) Index(preceding year=100)			
	总计 Total	国有单位 State-owned Units	城镇集体单位 Urban Collective-owned Units	其他单位 Units of Other Types of Ownership	总计 Total	国有单位 State-owned Units	城镇集体单位 Urban Collective-owned Units	其他单位 Units of other Types of Ownership
1952	10337	7099	3238					
1957	39634	34054	5580					
1965	70670	63788	6882					
1970	77531	71047	6484					
1975	111072	99489	11583					
1978	149779	128019	21760		112.7	115.5	98.6	
1980	198255	164897	33358		110.0	109.0	115.0	
1981	210486	175079	35407		104.2	104.2	104.2	
1982	230005	189964	40041		107.4	106.7	111.2	
1983	247989	203182	44807		106.5	105.7	110.6	
1984	292787	234455	58332		112.5	110.0	124.1	
1985	339534	271875	67619	40	106.5	106.5	106.4	
1986	405310	324839	80423	48	113.1	113.3	112.7	113.8
1987	436260	350557	85628	75	99.2	99.5	98.1	143.2
1988	531584	429383	102028	173	104.1	104.7	101.8	196.5
1989	589385	475264	113791	330	96.2	96.0	96.7	165.4
1990	662156	540255	121270	631	110.4	111.7	104.7	187.9
1991	755609	615184	139230	1194	107.7	107.4	108.3	178.6
1992	897992	735751	160172	2069	109.3	110.0	105.8	159.3
1993	1090634	894747	185691	10196	104.3	104.5	99.6	423.4
1994	1410664	1178947	201545	30172	104.1	106.0	87.3	238.1
1995	1561199	1312079	208706	40414	94.5	95.0	88.4	114.4
1996	1758549	1483936	227478	47136	104.6	105.1	101.3	108.4
1997	1853641	1586052	210134	57455	100.8	102.2	88.3	116.5
1998	1747030	1375390	161525	210115	96.2	88.5	77.9	376.2
1999	1779688	1379154	141567	258967	101.6	100.0	87.3	122.9
2000	1859617	1442792	125315	291510	103.2	103.3	87.4	111.1
2001	2105277	1633364	121820	350093	118.3	118.4	86.1	135.2
2002	2374765	1791830	112018	490918	112.8	109.7	92.0	140.2
2003	2723285	1988162	115527	619597	114.7	111.0	103.1	126.2
2004	3230903	2339836	122021	769046	118.6	117.7	105.6	124.1
2005	3877342	2656826	136088	1084428	120.0	113.5	111.5	141.0
2006	4469480	3078254	141470	1249756	115.3	115.9	104.0	115.3

注：1998年及以后职工工资总额为在岗职工的工资总额，指数按可比口径计算(以下各表同)。

a)Data on total wages since1998 refer to wages of fully employed staff and workers, and the index was calculated on the basis of comparable coverage (similarly in the following tables).

5-11 职工平均工资及指数

Average Wages of Staff and Workers and Related Index

年份 Year	职工平均工资(元) Average Wages(yuan)				指数(上年=100) Index(preceding year=100)			
	总计 Total	国有单位 State-owned Units	城镇集体单位 Urban Collective-owned Units	其他单位 Units of Other Types of Ownership	总计 Total	国有单位 State-owned Units	城镇集体单位 Urban Collective-owned Units	其他单位 Units of Other Types of Ownership
1952	400	454	319					
1957	691	729	505					
1965	728	751	544					
1970	648	671	475					
1975	667	707	495					
1978	712	749	563		100.0	105.1	102.1	
1980	796	839	635		104.8	105.4	103.4	
1981	807	851	642		99.5	99.5	99.2	
1982	826	869	669		100.6	100.4	102.5	
1983	862	903	714		103.1	102.7	105.5	
1984	986	1047	801		109.0	110.5	106.9	
1985	1095	1169	872	1023	102.0	102.5	100.0	
1986	1239	1325	982	1034	107.3	107.4	106.7	95.8
1987	1301	1410	1053	1000	96.8	98.1	98.8	89.1
1988	1548	1641	1251	1105	101.7	99.5	101.5	94.4
1989	1685	1779	1381	1451	94.4	94.0	95.7	113.9
1990	1846	1971	1441	1858	107.6	108.8	102.5	125.8
1991	2012	2148	1573	1984	102.8	102.8	103.0	100.7
1992	2339	2493	1823	2292	106.9	106.8	106.6	106.3
1993	2796	2998	2107	2940	102.7	103.2	99.3	110.2
1994	3675	3942	2667	3299	105.7	105.8	101.9	90.3
1995	4134	4407	3001	3906	96.1	95.5	96.1	101.1
1996	4716	4996	3508	4283	106.0	105.4	108.6	102.0
1997	5124	5462	3551	4687	103.9	104.5	96.8	104.6
1998	5792	5979	4184	6367	102.9	101.5	99.5	119.3
1999	6347	6580	4548	6526	109.3	109.7	108.4	102.2
2000	6974	7261	4826	6947	108.5	108.9	104.8	105.1
2001	8250	8737	5525	7579	117.6	119.6	113.8	108.4
2002	9683	10287	6431	8777	116.4	116.8	115.4	114.9
2003	11279	11929	7620	10391	114.8	114.2	116.7	116.6
2004	13324	14209	9010	11965	115.2	116.2	115.4	112.3
2005	15985	16598	10804	15514	120.0	116.8	119.9	129.7
2006	18469	19386	12469	17391	115.5	116.8	115.4	112.1

注：职工平均工资指数考虑价格因素。

a)When index of average wages of staff and workers was calculated ,the factor of price was considered.

5-12 分行业全部在岗职工平均工资
Average Wage of All Staff and Workers Being on Duty by Sector

单位：元 (yuan)

项 目	Item	2005	2006	2006年比2005年增长(%) Growth Rate
总 计	**Total**	**15985**	**18469**	**15.5**
按企、事业和机关分组	**Grouped by Enterprises, Institutions & Agencies**			
企业	Enterprises	15087	17452	15.7
事业	Institutions	16819	19663	16.9
机关	Agencies & Organizations	18531	20727	11.9
按国民经济行业分组	**Grouped by Sector**			
农、林、牧、渔业	Farming, Forestry, Animal Husbandry & Fishery	8588	10151	18.2
采矿业	Mining	16184	21577	33.3
制造业	Manufacturing	14497	15683	8.2
电力、燃气及水的生产和供应业	Production and Supply of Electric Power, Gas & Water	30661	33022	7.7
建筑业	Construction	11574	13311	15.0
交通运输、仓储和邮政业	Transportation, Storage & Postal Services	19124	22688	18.6
信息传输、计算机服务和软件业	Information Transmission, Computer Service and Computer Software	24579	26139	6.3
批发和零售业	Wholesale and Retail Trade	11596	13616	17.4
住宿和餐饮业	Quarters and Catering	14215	12020	-15.4
金融业	Banking	20812	24889	19.6
房地产业	Real Estate	13397	15197	13.4
租赁和商务服务业	Leasing and Commercial Services	16763	17862	6.6
科学研究、技术服务和地质勘查业	Scientific Research,Technical Services & Geological Prospecting	19109	23772	24.4
水利、环境和公共设施管理业	Water Conservancy, Environment & Public Facilities Administration	13062	14684	12.4
居民服务和其他服务业	Resident Services & Other Services	10239	21612	111.1
教育	Education	18049	21393	18.5
卫生、社会保障和社会福利业	Health Care, Social Security and Social Welfare	17633	20510	16.3
文化、体育和娱乐业	Culture, Sports and Recreational Services	19359	20814	7.5
公共管理和社会组织	Public Administration and Social Organization	18440	20553	11.5
国际组织	International Organizations			

5-13 分行业职工平均工资(2006年)

Average Wage of Staff and Workers by Sector(2006)

单位：元 (yuan)

项 目	Item	合 计 Total	国有单位 State-owned Units	城镇集体单位 Urban Collective-owned Units	其他单位 Units of Other Types of Ownership
总 计	**Total**	**18469**	**19386**	**12469**	**17391**
按企、事业和机关分组	**Grouped by Enterprises, Institutions & Agencies**				
企业	Enterprises	17452	18257	12630	17406
事业	Institutions	19663	19878	11283	14332
机关	Agencies & Organizations	20727	20725	22734	
按国民经济行业分组	**Grouped by Sector**				
农、林、牧、渔业	Farming, Forestry, Animal Husbandry & Fishery	10151	10185	7659	9599
采矿业	Mining	21577	21299	12734	21989
制造业	Manufacturing	15683	15293	9799	16252
电力、燃气及水的生产和供应业	Production and Supply of Electric Power, Gas & Water	33022	29783	9439	40672
建筑业	Construction	13311	15162	14175	12521
交通运输、仓储和邮政业	Transportation, Storage & Postal Services	22688	24107	8709	12424
信息传输、计算机服务和软件业	Information Transmission, Computer Service and Computer Software	26139	25439	17190	31989
批发和零售业	Wholesale and Retail Trade	13616	15930	10262	11023
住宿和餐饮业	Quarters and Catering	12020	12500	10055	11890
金融业	Banking	24889	26314	18843	30365
房地产业	Real Estate	15197	17788	8328	11870
租赁和商务服务业	Leasing and Commercial Services	17862	19781	10810	14597
科学研究、技术服务和地质勘查业	Scientific Research,Technical Services & Geological Prospecting	23772	24087	24778	17068
水利、环境和公共设施管理业	Water Conservancy, Environment & Public Facilities Administration	14684	14899	6486	15883
居民服务和其他服务业	Resident Services & Other Services	21612	25754	7784	11387
教育	Education	21393	21479	13898	13492
卫生、社会保障和社会福利业	Health Care, Social Security and Social Welfare	20510	21743	11966	12885
文化、体育和娱乐业	Culture, Sports and Recreational Services	20814	20908	12279	13815
公共管理和社会组织	Public Administration and Social Organization	20553	20551	25410	
国际组织	International Organizations				

5-14 国有单位年末就业人员和劳动报酬(2006年)
Employed Persons at the Year-end & Earnings in State-owned Units(2006)

项 目	Item	就业人员(人) Number of Employed (person)	# 女 性 Female	在岗职工(人) Fully Employed Staff & Workers (person)	# 专业技术人员 Technical personnel
总 计	**Total**	**1605388**	**623135**	**1584738**	**570896**
按企、事业和机关分组	**Grouped by Enterprises, Institutions & Agencies**				
企业	Enterprises	637581	210515	624995	114329
事业	Institutions	683539	329465	677886	426979
机关	Agencies & Organizations	284268	83155	281857	29588
按国民经济行业分组	**Grouped by Sector**				
农、林、牧、渔业	Farming, Forestry, Animal Husbandry & Fishery	281495	96897	281299	51116
采矿业	Mining	41132	9501	40801	6209
制造业	Manufacturing	32164	11400	32074	4232
电力、燃气及水的生产和供应业	Production & Supply of Electric Power, Gas & Water	63759	20857	63512	16007
建筑业	Construction	33056	7463	32324	8566
交通运输、仓储和邮政业	Transportation, Storage & Postal Services	133690	33439	131737	15577
信息传输、计算机服务和软件业	Information Transmission, Computer Service & Computer Software	27550	11820	27278	9105
批发和零售业	Wholesale & Retail Trade	38490	15844	37798	5352
住宿和餐饮业	Quarters & Catering	12909	7449	12816	1359
金融业	Banking	45884	22588	41829	21468
房地产业	Real Estate	8034	3164	7979	1766
租赁和商务服务业	Leasing & Commercial Services	18364	5713	18183	4745
科学研究、技术服务和地质勘查业	Scientific Research,Technical Services & Geological Prospecting	37523	13457	37360	19803
水利、环境和公共设施管理业	Water Conservancy, Environment & Public Facilities Administration	54515	24788	54316	9248
居民服务和其他服务业	Resident Services & Other Services	14827	3771	10861	1349
教育	Education	328189	174760	326033	273566
卫生、社会保障和社会福利业	Health Care, Social Security & Social Welfare	92273	55099	91303	69702
文化、体育和娱乐业	Culture, Sports & Recreational Services	30981	13459	30878	16751
公共管理和社会组织	Public Administration & Social Organization	310553	91666	306357	34975
国际组织	International Organizations				

5-14 续表 continued

单位：万元 (10 000 yuan)

行业	Sector	单位就业人员劳动报酬 Total Remuneration	在岗职工工资总额 Wages of Fully Employed Staff & Workers	其他就业人员劳动报酬 Remuneration for Other Employed Persons	#聘用的离退休人员 Re-employed Retirements
总计	**Total**	**3100490**	**3078254**	**22236**	**2091**
按企、事业和机关分组	**Grouped by Enterprises, Institutions & Agencies**				
企业	Enterprises	1163760	1146875	16885	738
事业	Institutions	1356424	1352670	3754	1221
机关	Agencies & Organizations	580306	578709	1597	132
按国民经济行业分组	**Grouped by Sector**				
农、林、牧、渔业	Farming, Forestry, Animal Husbandry & Fishery	284705	284543	162	10
采矿业	Mining	88481	87188	1293	18
制造业	Manufacturing	49827	49685	142	87
电力、燃气及水的生产和供应业	Production & Supply of Electric Power, Gas & Water	187091	186759	332	6
建筑业	Construction	60697	60413	284	19
交通运输、仓储和邮政业	Transportation, Storage & Postal Services	319033	315669	3364	116
信息传输、计算机服务和软件业	Information Transmission, Computer Service &Software	67140	66979	161	4
批发和零售业	Wholesale & Retail Trade	62376	61141	1235	16
住宿和餐饮业	Quarters & Catering	15902	15792	110	14
金融业	Banking	115147	109709	5438	13
房地产业	Real Estate	14366	14329	37	5
租赁和商务服务业	Leasing & Commercial Services	34563	34389	174	100
科学研究、技术服务和地质勘查业	Scientific Research,Technical Services & Geological Prospecting	90068	89833	235	102
水利、环境和公共设施管理业	Water Conservancy, Environment & Public Facilities Administration	82294	82035	259	16
居民服务和其他服务业	Resident Services & Other Services	32157	27856	4301	429
教育	Education	705534	704152	1382	112
卫生、社会保障和社会福利业	Health Care, Social Security & Social Welfare	201087	199952	1135	831
文化、体育和娱乐业	Culture, Sports & Recreational Services	64732	64627	105	13
公共管理和社会组织	Public Administration & Social Organization	625290	623203	2087	180
国际组织	International Organizations				

5-15 城镇集体单位年末就业人员和劳动报酬(2006年)

Employed Persons at the Year-end & Earnings in Urban Collective-owned Units(2006)

项 目	Item	就业人员(人) Number of Employed (Person)	# 女 性 Female	在岗职工(人) Fully Employed Staff & Workers (person)	# 专业技术人员 Technical personnel
总 计	**Total**	**115126**	**46018**	**112928**	**27416**
按企、事业和机关分组	**Grouped by Enterprises, Institutions & Agencies**				
企业	Enterprises	98865	38248	97133	16950
事业	Institutions	16036	7694	15570	10399
机关	Agencies & Organizations	225	76	225	67
按国民经济行业分组	**Grouped by Sector**				
农、林、牧、渔业	Farming, Forestry, Animal Husbandry and Fishery	2113	505	1986	621
采矿业	Mining	4305	1169	4288	1032
制造业	Manufacturing	31778	14998	31473	2729
电力、燃气及水的生产和供应业	Production & Supply of Electric Power, Gas & Water	791	233	791	137
建筑业	Construction	22660	4172	22391	2262
交通运输、仓储和邮政业	Transportation, Storage & Postal Services	4154	1447	4045	210
信息传输、计算机服务和软件业	Information Transmission, Computer Service & Software	21	10	21	11
批发和零售业	Wholesale & Retail Trade	6066	2269	6036	927
住宿和餐饮业	Quarters & Catering	2290	1328	2290	381
金融业	Banking	19337	9843	19325	8706
房地产业	Real Estate	90	36	90	21
租赁和商务服务业	Leasing & Commercial Services	3923	784	3165	320
科学研究、技术服务和地质勘查业	Scientific Research,Technical Services & Geological Prospecting	198	84	198	99
水利、环境和公共设施管理业	Water Conservancy, Environment & Public Facilities Administration	2246	1204	1951	22
居民服务和其他服务业	Resident Services & Other Services	2403	1522	2250	153
教育	Education	266	170	266	97
卫生、社会保障和社会福利业	Health Care, Social Security & Social Welfare	12352	6200	12229	9662
文化、体育和娱乐业	Culture, Sports & Recreational Services	33	17	33	7
公共管理和社会组织	Public Administration & Socia Organization	100	27	100	19
国际组织	International Organizations				

5-15 续表 continued

单位：万元 (10 000 yuan)

行 业	Sector	单位就业人员劳动报酬 Total Remuneration	在岗职工工资总额 Wages of Fully Employed Staff & Workers	其他就业人员劳动报酬 Remuneration for Other Employed Persons	# 聘用的离退休人员 Re-employed Retirements
总 计	**Total**	**143620**	**141470**	**2150**	**662**
按企、事业和机关分组	**Grouped by Enterprises, Institutions & Agencies**				
企业	Enterprises	125529	123713	1816	546
事业	Institutions	17586	17252	334	116
机关	Agencies & Organizations	505	505		
按国民经济行业分组	**Grouped by Sector**				
农、林、牧、渔业	Farming, Forestry, Animal Husbandry and Fishery	1581	1506	75	6
采矿业	Mining	5576	5551	25	14
制造业	Manufacturing	32405	31935	470	305
电力、燃气及水的生产和供应业	Production & Supply of Electric Power, Gas & Water	746	746		
建筑业	Construction	31875	31489	386	176
交通运输、仓储和邮政业	Transportation, Storage & Postal Services	3639	3432	207	37
信息传输、计算机服务和软件业	Information Transmission, Computer Service & Software	36	36		
批发和零售业	Wholesale & Retail Trade	6311	6234	77	4
住宿和餐饮业	Quarters & Catering	2390	2390		
金融业	Banking	36192	36182	9	
房地产业	Real Estate	107	107		
租赁和商务服务业	Leasing & Commercial Services	3495	3204	291	
科学研究、技术服务和地质勘查业	Scientific Research,Technical Services & Geological Prospecting	481	481		
水利、环境和公共设施管理业	Water Conservancy, Environment & Public Facilities Administration	1285	1135	150	
居民服务和其他服务业	Resident Services & Other Services	2109	1801	308	2
教育	Education	367	367		
卫生、社会保障和社会福利业	Health Care, Social Security & Social Welfare	14709	14555	153	118
文化、体育和娱乐业	Culture, Sports & Recreational Services	53	53		
公共管理和社会组织	Public Administration & Social Organization	267	267		
国际组织	International Organizations				

5-16 其他单位年末就业人员和劳动报酬(2006年)

Employed Persons at the Year-end and Earnings in other Types of Ownership(2006)

项 目	Item	就业人员(人) Number of Employed (Person)	#女 性 Female	在岗职工(人) Fully Employed Staff and Workers (person)	# 专业技术人员 Technical personnel
总 计	**Total**	**705467**	**238742**	**695185**	**116920**
按企、事业和机关分组	**Grouped by Enterprises, Institutions & Agencies**				
企业	Enterprises	702014	236896	691753	114680
事业	Institutions	3453	1846	3432	2240
机关	Agencies & Organizations				
按国民经济行业分组	**Grouped by Sector**				
农、林、牧、渔业	Farming, Forestry, Animal Husbandry and Fishery	8461	3256	8455	991
采矿业	Mining	125864	23577	125379	12088
制造业	Manufacturing	359910	137046	359039	60352
电力、燃气及水的生产和供应业	Production & Supply of Electric Power, Gas & Water	29397	9176	29339	7162
建筑业	Construction	88184	15081	87299	17588
交通运输、仓储和邮政业	Transportation, Storage & Postal Services	12670	5430	12664	1550
信息传输、计算机服务和软件业	Information Transmission, Service & Software	3353	2005	3349	694
批发和零售业	Wholesale & Retail Trade	28640	17000	28526	2595
住宿和餐饮业	Quarters & Catering	10994	6819	10958	1346
金融业	Banking	18143	11143	10470	5285
房地产业	Real Estate	5771	1801	5732	1370
租赁和商务服务业	Leasing & Commercial Services	3892	1550	3860	1100
科学研究、技术服务和地质勘查业	Scientific Research,Technical Services & Geological Prospecting	1867	608	1829	1301
水利、环境和公共设施管理业	Water Conservancy, Environment & Public Facilities Administration	2103	671	2103	350
居民服务和其他服务业	Resident Services & Other Services	1287	730	1285	171
教育	Education	3355	1886	3336	2226
卫生、社会保障和社会福利业	Health Care, Social Security & Social Welfare	1239	810	1225	696
文化、体育和娱乐业	Culture, Sports & Recreational Services	337	153	337	55
公共管理和社会组织	Public Administration & Social Organization				
国际组织	International Organizations				

5-16 续表 continued

单位：万元 (10 000 yuan)

行 业	Sector	单位就业人员劳动报酬 Total Remuneration	在岗职工工资总额 Wages of Fully Enployed Staff & Workers	其他就业人员劳动报酬 Remuneration for Other Employed Persons	#聘用的离退休人员 Re-employed Retirements
总 计	**Total**	**1265159**	**1249756**	**15403**	**1468**
按企、事业和机关分组	**Grouped by Enterprises, Institutions & Agencies**				
企业	Enterprises	1260162	1244777	15385	1461
事业	Institutions	4997	4979	18	7
机关	Agencies & Organizations				
按国民经济行业分组	**Grouped by Sector**				
农、林、牧、渔业	Farming, Forestry, Animal Husbandry and Fishery	8141	8136	5	5
采矿业	Mining	267413	266554	859	411
制造业	Manufacturing	585228	583643	1585	661
电力、燃气及水的生产和供应业	Production & Supply of Electric Power, Gas & Water	117940	117865	75	67
建筑业	Construction	148295	147208	1087	124
交通运输、仓储和邮政业	Transportation, Storage & Postal Services	15838	15834	4	4
信息传输、计算机服务和软件业	Information Transmission, Computer Service & Software	10180	10173	8	8
批发和零售业	Wholesale & Retail Trade	29162	29086	76	42
住宿和餐饮业	Quarters & Catering	12801	12719	82	33
金融业	Banking	42861	31427	11434	7
房地产业	Real Estate	7193	7135	58	18
租赁和商务服务业	Leasing & Commercial Services	5618	5566	52	22
科学研究、技术服务和地质勘查业	Scientific Research,Technical Services & Geological Prospecting	3086	3038	48	48
水利、环境和公共设施管理业	Water Conservancy, Environment & Public Facilities Administration	3321	3321		
居民服务和其他服务业	Resident Services & Other Services	1428	1426	2	
教育	Education	4540	4524	17	5
卫生、社会保障和社会福利业	Health Care, Social Security & Social Welfare	1615	1602	13	13
文化、体育和娱乐业	Culture, Sports & Recreational Services	500	500		
公共管理和社会组织	Public Administration & Social Organization				
国际组织	International Organizations				

主要统计指标解释

经济活动人口 指在16岁以上，有劳动能力，参加或要求参加社会经济活动的人口；包括从业人员和失业人员。

从业人员 指从事一定社会劳动并取得劳动报酬或经营收入的人员，包括全部职工、再就业的离退休人员、私营业主、个体户主、私营和个体从业人员、乡镇企业从业人员、农村从业人员、其他从业人员(包括民办教师、宗教职业者、现役军人等)。这一指标反映了一定时期内全部劳动力资源的实际利用情况，是研究我国基本国情国力的重要指标。

各单位的从业人员 指在各级国家机关、政党机关、社会团体及企业、事业单位中工作，取得工资或其他形式的劳动报酬的全部人员。包括在岗职工、再就业的离退休人员、民办教师以及在各单位中工作的外方人员和港澳台方人员、兼职人员、借用的外单位人员和第二职业者。不包括离开本单位仍保留劳动关系的职工。各单位的从业人员反映了各单位实际参加生产或工作的全部劳动力。

城镇私营和个体从业人员 城镇私营从业人员指在工商管理部门注册登记，其经营地址设在县城关镇(含城关镇)以上的私营企业从业人员；包括私营企业投资者和雇工。城镇个体从业人员指在工商管理部门注册登记，并持有城镇户口或在城镇长期居住，经批准从事个体工商经营的从业人员；包括个体经营者和在个体工商户劳动的家庭帮工和雇工。

城镇登记失业人员 指有非农业户口，在一定的劳动年龄内，有劳动能力，无业而要求就业，并在当地就业服务机构进行求职登记的人员。

城镇登记失业率 指城镇登记失业人数同城镇从业人数与城镇登记失业人数之和的比。计算公式为：

城镇登记失业率=城镇登记失业人数/(城镇从业人数+城镇登记失业人数)×100%

职工 指在国有经济、城镇集体经济、联营经济、股份制经济、外商和港、澳、台投资经济、其他经济单位及其附属机构工作，并由其支付工资的各类人员，不包括返聘的离退休人员、民办教师、在国有经济单位工作的外方人员和港、澳、台人员(1998 年以后的数据均为在岗职工数据，其他相关指标如职工工资总额，职工平均工资等指标也从 1998 年按此口径进行了相应调整)。

国有单位职工 指在国有经济单位及其附属机构工作，并由其支付工资的各类人员。

城镇集体单位职工 指在城镇集体经济单位及其管理部门工作，并由其支付工资的各类人员。

其他单位职工 指在联营经济、股份制经济、外商投资经济、港、澳、台投资经济单位工作，并由其支付工资的各类人员。

在岗职工 指在本单位工作并由单位支付工资的人员，以及有工作岗位，但由于学习、病伤产假等原因暂未工作，仍由单位支付工资的人员。

职工工资总额 指各单位在一定时期内直接支付给本单位全部职工的劳动报酬总额。工资总额的计算原则应以直接支付给职工的全部劳动报酬为根据。各单位支付给职工的劳动报酬以及其他根据有关规定支付的工资，不论是计入成本的还是不计入成本的，不论是按国家规定列入计征奖金税项目的，还是未列入计征奖金税项目的，不论是以货币形式支付的还是以实物形式支付的，均包括在工资总额内。

奖金 指支付给职工的超额劳动报酬和增收节支的劳动报酬。

津贴和补贴 指为了补偿职工特殊或额外的劳动消耗和因其他特殊原因支付给职工的津贴，以及为了保证职工工资水平不受物价影响支付给职工的物价补贴。

职工平均工资 指企业、事业、机关单位的职工在一定时期内平均每人所得的货币工资额。它表明一定时期职工工资收入的高低程度，是反映职工工资水平的主要指标。计算公式为：

职工平均工资=报告期实际支付的全部职工工资总额/报告期全部职工平均人数

职工平均工资指数 指报告期职工平均工资与基期职工平均工资的比率，是反映不同时期职工货币工资水平变动情况的相对数。计算公式为：

职工平均工资指数=报告期职工平均工资/基期职工平均工资

职工平均实际工资指数 职工平均实际工资指扣除物价变动因素后的职工平均工资。职工平均实际工资指数是反映实际工资变动情况的相对数，表明职工实际工资水平提高或降低的程度。计算公式为：

职工平均实际工资指数=报告期职工平均工资指数/报告期城镇居民消费价格指数×100%

Explanatory Notes on Main Statistical Indicators

Economically Active Population refers to the population aged 16 and over who are capable to work, are participating in or willing to participate in economic activities, including employed persons and unemployed persons.

Employees refers to the persons who are engaged in social labor and receive remuneration payment or earn business income, including: total staff and workers, re-employed retirees, employers of private enterprises, self-employed workers, employers in private and individual economy, employees in township, employed persons in the rural areas, and other employed persons (including teachers in the schools run by the local people, people engaged in religious profession and the servicemen, etc.) . This indicator reflects the actual utilization of total labor force during a certain period of time and is often used for the research on China's economic affairs and national power.

Persons Employed in Various Units refer to all the persons working in government agencies of various levels, political and party organizations, social organizations, enterprises and institutions, and receiving wages or other forms of payment. They include fully employed staff and workers, re-employed retirees, teachers in schools run by the local people, foreigners and Chinese compatriots from Hong Kong, Macao and Taiwan working in various units, part time employees, employees of other units working temporarily at current posts, and employees holding the second job, but exclude staff and workers who have left their working units while keeping their labor contract (employment relation) unchanged. This indicator reflects the total number of laborers actually engaged in production or other operations in various units.

Persons-Employed in Private Enterprises and Self Employed Individuals in Urban Areas Persons employed in private enterprises refer to the persons employed in the private enterprises which have been registered at the departments of industrial and commercial administration and are situated at a county town (i. e. a town where the county government is located) for business operation or at urban areas with the level higher than a county town. The self employed individuals in urban areas refer to persons who hold the certificates of residence in urban areas or have resided in the urban areas for a long time and have been registered at the departments of industrial and commercial administration and approved to be engaged in individual industrial or commercial business, including self-employed persons as well as helpers and hired laborers who work in the individual households engaged in industrial or commercial business.

Registered Urban Unemployed Persons The registered unemployed persons in urban areas refer to the persons who are registered as permanent residents in the urban areas engaged in non agricultural activities, aged within the range of working age, capable to labor, unemployed but desirous to be employed and have been registered at the local employment service agencies to apply for a job.

Registered Urban Unemployment Rate Registered unemployment rate in urban areas refers to the ratio of the number of the registered unemployed persons to the sum of the number of employed persons and the registered unemployed persons. The formula is as follows:

Registered urban unemployment rate = number of registered urban unemployed persons / (urban employed person number + registered urban unemployed person number) ×100%

Staff and Workers refer to the persons who work in (and receive payment there from) enterprises and institutions of state ownership, collective ownership, joint ownership, share holding, foreign ownership, and ownership by entrepreneurs from Hong Kong, Macao, and Taiwan, and other types of ownership and their affiliated units, excluding the retired persons invited to work in the units again, teachers in the schools run by the local people and foreigners and persons coming from Hong Kong, Macao, and Taiwan and working in the state owned economic units. (The figures since 1998 refer to those of fully employed staff and workers. Other relative figures since 1998, such as total wages of staff and workers, average wage of staff and workers, etc. , were adjusted according to the standard) .

Staff and Workers in State owned-Economic Units refer to the persons who work in the state owned economic units or their attached units and are listed in their payrolls.

Staff and Workers of Collective Owned Units in Urban Areas refer to the persons who work in collective owned units in urban areas and their administration departments and receive payment there from.

Staff and Workers in Units of Other types of Ownership refer to those who work in (and receive payment there from) enterprises and institutions of joint ownership, share holding, foreign ownership, and ownership by entrepreneurs from Hong Kong, Macao, and Taiwan.

Fully Employed Staff and Workers refer to persons who work in, and receive wages from their working units, as well as persons who have their work posts, but are temporarily absent from work for reasons of study or on sick, injury or maternal leave and still receive wages from their working units.

Total Wages of Staff and Workers refer to the total remuneration payment to staff and workers in various units during a certain period of time. The calculation of total wages is based on the total remuneration payment to the staff and workers. Therefore, all the wages and salaries and other payments to staff and workers are included in the total wages regardless of their sources, category, and forms (in kind or cash) .

Bonus refers to remuneration payment to workers for extra work and for increasing earnings and practicing economy.

Subsidies and Allowances refer to subsidies paid to staff and workers for compensating special or extra labor and allowances paid to staff and workers to offset the impact of inflation on real wages.

Average Wage of Staff and Workers refers to the average wage in money terms per person during a certain period of time for staff and workers in enterprises, institutions, and government agencies, which reflects the general level of wage income during a certain period of time and is calculated as follows:

Average Wage of Staff and Workers = Total Wages of Staff and Workers in Reference Period / Average Number of Staff and Workers in Reference Period

Index of Average Wage of Staff and Worker refers to the ratio of average wage of staff and workers at the report time to that at the reference time. It reflects the relative changing degree of average wage in money terms at the several of time, which is calculated as following:

Index of Average Wage of Staff and Worker = average wage of staff and workers at the report time / average wage of staff and workers at the reference time

Index of Average Real Wage of Staff and Worker refers to the average wage which has removed the factor of price change. Index of average real wage of staff and worker reflects the relative changing degree of average real wage, and indicates the degree of the rising or declining degree of real wage of staff and worker, which is calculated as following:

Index of Average Real Wage of Staff and Worker = Index of Average Wage of Staff and Worker at the Report Time / Urban Consumer Prices Index at the Report Time ×100%

六 固定资产投资

INVESTMENT IN FIXED ASSETS

资料整理 云俊生

Arranged by Yun Junsheng

6-1 全社会固定资产投资

Total Investment in Fixed Assets

指标	Item	2005	2006	2006年比2005年增长% Increase Rate in 2006 over 2005(%)
投资总额(亿元)	**Total Investment(100 million yuan)**	**2687.84**	**3406.35**	**26.75**
按登记注册类型分	Grouped by Status of Registration			
国有	State-owned Units	1125.36	1277.48	13.52
集体	Collective-owned Units	41.14	29.83	-27.49
股份合作	Cooperative Units	31.34	43.21	37.88
联营	Joint-ownership Economic Units	1.41	2.63	86.52
# 国有联营	State Joint-ownership Economic Units		0.82	
集体联营	Collective Joint-ownership Enterprises	0.47	0.60	27.66
国有与集体联营	Joint State-collective	0.87	0.21	-75.86
有限责任公司	Limited Liability Corporations	835.79	1094.14	30.91
# 国有独资	Exclusive State-funded Limited Liability Corp.	126.27	163.41	29.41
股份有限公司	Share-holding Corporations	293.26	396.82	35.31
私营	Private Enterprises	200.35	374.11	86.73
其他	Others	24.23	38.42	58.56
港澳台商投资	Economic Units Funded by Entrepreneurs from Hong Kong.Macao and Taiwan	28.30	25.56	-9.68
外商投资	Foreign Funded Economic Units	22.40	44.92	100.54
个人投资	Individuals	84.26	79.24	-5.96
# 农村个人（农户）	Rural Individuals	62.05	65.57	5.67
按城乡分组	Grouped by Urban and Rural Area			
城镇	Urban	2599.05	3307.82	27.27
#房地产开发	Real Estate Development	162.10	325.02	100.51
农村	Rural	88.35	98.53	11.52
#非农户	Non-AgriculturalHouseholds	26.30	32.96	25.32
按资金来源分	Grouped by Source of Funds			
国家预算内资金	State Budgetary Appropriation	155.33	157.55	1.43
国内贷款	Domestic Loans	517.51	402.42	-22.24
利用外资	Foreign Investment	15.37	21.83	42.03
自筹资金	Fund Raising	1706.97	2542.15	48.93
其他资金	Others	219.78	208.10	-5.31
按构成分	Grouped by Use of Funds			
建筑安装工程	Construction and Installation	1837.83	2391.87	30.15
设备工器具购置	Purchase of Equipment and Instruments	591.75	698.68	18.07
其他费用	Others	258.25	315.81	22.29
房屋建筑面积(万平方米)	**Floor Space of Buildings(10 000 sq.m)**			
施工面积	Floor Space under Construction	6448.64	8093.40	25.51
竣工面积	Floor Space Completed	3453.11	4223.00	22.30
# 住宅	Residential Buildings	1882.55	2444.77	29.86

注：按资金来源分组为财务拨款数，各项相加不等于投资总额。以下各表同。

a)Total investment grouped by sources of finance refers to financial appropriation, and the broken down figures do not add up to the total. The same as in the following tables.

6-2 全社会固定资产投资(按登记注册类型和产业分)

单位：亿元

年份 Year	投资总额 Total Investment	#住宅 Residential Buildings	按登记注册类型分 国有及国有控股 State-owned or Controlling Share Hold Units	集体 Collective-owned Units	#城镇集体 Urban
1985	52.42	11.17	39.10	2.51	1.38
1986	47.57	7.76	37.00	2.52	1.54
1987	53.32	9.65	39.06	3.07	1.86
1988	72.05	12.61	49.23	4.44	2.43
1989	70.68	12.71	52.92	3.98	2.06
1990	70.77	13.71	56.77	3.06	1.32
1991	100.66	19.64	81.63	4.72	1.98
1992	149.24	15.38	123.61	6.52	3.29
1993	217.40	41.26	178.41	7.93	3.72
1994	250.99	46.65	200.74	8.29	2.41
1995	273.06	51.93	210.00	11.14	2.42
1996	275.54	59.47	208.10	11.96	2.87
1997	317.50	59.63	223.35	12.37	2.83
1998	350.16	77.27	225.69	14.69	2.60
1999	383.37	87.06	241.76	24.51	2.63
2000	430.42	87.38	275.06	27.15	3.61
2001	496.43	96.04	269.69	28.00	4.01
2002	715.09	98.35	370.96	27.94	7.54
2003	1209.44	114.27	630.70	33.04	11.16
2004	1808.91	154.19	1191.80	35.69	13.48
2005	2687.84	206.01	1644.71	41.14	14.84
2006	3406.35	374.17	1724.00	61.69	28.73

Total Investment in Fixed Assets by Status of Registration and Industry

(100 millon yuan)

个体 Indivi duals	#农村个人投资(农户) Indivdual Invest-ment in Rural Areas	其他类型投资 Others	按隶属关系分 By Administrative Relationship	
			中央项目 Central Government Projects	地方项目 Local Projects
10.81	8.74		23.44	28.98
8.05	6.00		17.48	30.09
11.19	8.86		17.96	35.36
18.38	14.91		24.63	47.42
13.78	10.84		29.31	41.37
10.94	8.13		29.81	40.96
14.31	11.03		42.16	58.50
19.11	13.27		62.50	86.74
19.68	12.66	11.38	78.02	139.38
30.46	23.23	11.50	92.55	158.44
44.09	36.53	7.83	98.50	174.56
44.18	36.66	11.30	96.53	179.01
45.90	39.01	35.88	142.34	175.16
53.03	40.94	56.75	109.49	240.67
55.06	43.01	62.04	90.28	293.09
51.64	45.88	76.57	60.41	370.01
86.25	48.74	112.49	60.31	436.12
100.57	52.16	215.62	103.75	611.34
138.86	55.68	406.84	129.78	1079.65
79.67	58.24	501.75	150.82	1658.09
84.26	62.05	917.73	255.66	2432.18
76.11	65.57	1544.55	412.73	2993.62

6-2 续表 Continued

单位：亿元 (100 million yuan)

年份 Year	按三次产业分 Grouped by Type of Industry			房屋建筑面积 Floor Space of Buildings		
	第一产业 Primary Industry	第二产业 Secondary Industry	第三产业 Tertiary Industry	施工面积 (万平方米) Floor space under Construction (10 000 sq.m)	竣工面积 (万平方米) Floor Space Completed (10 000 sq.m)	# 住宅 Residential Buildings
1985	4.85	25.69	21.88	2524.6	2064.4	1379.2
1986	3.49	23.66	20.42	1769.8	1359.5	931.6
1987	1.92	26.55	24.85	1892.3	1518.8	1023.8
1988	5.58	38.89	27.58	1953.1	1513.5	1088.9
1989	5.38	42.05	23.25	1638.0	1282.4	912.5
1990	5.39	40.55	24.83	1490.0	1159.8	844.4
1991	8.02	54.53	38.11	2122.2	1570.8	1167.8
1992	10.18	81.05	58.01	1408.0	1409.7	959.8
1993	7.62	106.17	62.35	1752.9	1885.1	1230.1
1994	11.25	132.09	60.00	2419.0	1907.2	1413.8
1995	18.95	143.34	58.84	2744.2	2216.0	1569.3
1996	16.75	128.90	70.42	2749.9	2099.7	1584.2
1997	24.15	145.14	88.59	2972.9	2476.6	1709.1
1998	29.44	131.69	144.40	3276.4	2638.7	1788.7
1999	37.27	101.92	153.19	3342.6	2555.1	1825.2
2000	38.03	117.76	187.25	3444.1	2599.9	1874.9
2001	40.79	152.86	206.74	3633.2	2618.2	1807.8
2002	80.83	245.55	290.37	3942.5	2805.0	1783.0
2003	90.78	508.49	495.90	5138.3	3416.0	2028.1
2004	110.72	920.37	623.63	5735.2	3542.2	1991.6
2005	129.48	1462.36	889.99	6448.6	3453.1	1882.5
2006	171.92	1815.51	1044.75	8093.4	4223.0	2444.8

6-3 全社会固定资产投资(按资金来源和构成分)

Total Investment of Fixed Assets by Source of Finance & Use of Fund

年份 Year	按资金来源分 Grouped by Source of Finance				按构成分 Grouped by Use of Funds		
	国家预算内资金 State Budgetary Appropriations	国内贷款 Domestic Loans	利用外资 Foreign Investment	自筹和其他资金 Fund Raising and Others	建筑安装工程 Construction and Installation	设备工具器具购置 Purchase of Equipment & Instruments	其他费用 Others
投资额(万元) Investment (10 000 yuan)							
1990	148453	132199	57241	369846	466990	160187	80562
1991	177154	212819	129313	515106	692780	206234	105747
1992	187841	399716	217757	744941	1003377	330977	158877
1993	145484	524756	228825	1153498	1475388	495323	203289
1994	190289	646675	172001	1442919	1538978	657469	278796
1995	175546	583256	232002	1617671	1609643	749927	370991
1996	150246	710872	76386	1661729	1666690	664510	424171
1997	143587	997032	79710	1880868	1937796	753100	484275
1998	266157	888211	45659	2211536	2306538	708744	486673
1999	442502	689372	144490	2442264	2627258	735037	417817
2000	435776	761680	155448	2732802	2985528	870546	448109
2001	437274	1066975	301567	2867155	3439701	939451	585138
2002	1130966	1106042	184314	4071758	4678575	1521943	950372
2003	1242788	2285156	96546	7811394	7896627	2562501	1635268
2004	1289467	3042138	144704	13065722	12162580	4069938	1856578
2005	1553343	5175125	153742	19267580	18378345	5917539	2582513
2006	1575533	4024239	218262	27502516	23918688	6986773	3158053
构成(%) Percentage							
1990	21.0	18.7	8.1	52.2	66.0	22.6	11.4
1991	17.1	20.6	12.5	49.8	69.0	20.5	10.5
1992	12.1	25.8	14.0	48.1	67.2	22.2	10.6
1993	7.1	25.6	11.1	56.2	67.9	22.8	9.3
1994	7.8	26.4	7.0	58.8	62.2	26.6	11.2
1995	6.7	22.4	8.9	62.0	58.9	27.5	13.6
1996	5.8	27.3	2.9	63.9	60.5	24.1	15.4
1997	4.6	32.2	2.6	60.6	61.0	23.7	15.3
1998	7.8	26.1	1.3	64.8	65.9	20.2	13.9
1999	11.9	18.5	3.9	65.7	69.5	19.4	11.1
2000	10.7	18.6	3.8	66.9	69.4	20.2	10.4
2001	9.3	22.8	6.5	61.4	69.3	18.9	11.8
2002	17.4	17.0	2.8	62.8	65.4	21.3	13.3
2003	10.9	20.0	0.8	68.3	65.3	21.2	13.5
2004	7.4	17.3	0.8	74.5	67.2	22.5	10.3
2005	5.9	19.8	0.6	73.7	68.4	22.0	9.6
2006	4.7	12.1	0.7	82.5	70.2	20.5	9.3

6-4 按登记注册类型分的全社会固定资产投资(2006年)

指标	Item	总计 Total	内资 国有 State-owned Units	集体 Collective-owned Units	股份合作 Coopeative Units
投资总额(万元)	**Total Investment(10 000 yuan)**	**34063514**	**12774776**	**298260**	**432066**
按资金来源分	Grouped by Source of Funds				
国家预算内资金	State Appropriations	1575533	1437749	1294	
国内贷款	Domestic Loans	4024239	1632916	3950	130036
利用外资	Foreign Investment	218262	30655		
自筹资金	Fund Raising	25421515	8038117	276403	294395
其他资金	Others	2081001	945576	14756	10880
按城乡分组	Grouped by Urban and Rural Area				
城镇	Urban	33078198	1265359	287352	429827
#房地产开发	Real Estate Development	3250196	146841	4244	4300
农村	Rural	985316	121207	10908	2239
# 农村个人	Rural Individuals	655749			
按构成分	Grouped by Use of Funds				
建筑安装工程	Construction and Installation	23918688	9788753	234429	230702
设备、工具器具购置	Purchase of Equipment & Instruments	6986773	1753690	27725	83457
其他费用	Others	3158053	1232333	36106	27907
新增固定资产(万元)	**Newly Increased Fixed Assets (10 000 yuan)**	**21860090**	**7461821**	**220480**	**150828**
房屋建筑面积(万平方米)	**Floor Space of Buildings (10 000 sq.m)**				
施工面积	Floor Space Under Construction	80934012	19037553	1928570	427143
竣工面积	Floor Space Completed	42230011	11492034	410617	353898
# 住宅	Residential Buildings	24447707	5502560	219704	43620

Total Investment in Fixed Assets by Status of Registration(2006)

Domistic-funded Enterprises					港澳台投资 Economic Units Funded by Entrepreneurs from HK,Macao & Taiwan	外商投资 Foreign Funded Economic Units	个人投资 Individuals	
联营经济 Joint-owned Economic Units	有限责任公司 Limited Liabibity Corp.	股份有限公司 Share-holding Corp.Ltd.	私营 Private Enter-prises	其他 Others				#个体经营 Manage by Individuals
26286	**10941445**	**3968233**	**3741115**	**384172**	**255598**	**449157**	**792406**	**95080**
	47710	55480	9780	23020			500	
2080	1198376	815368	98800	18710	25504	23672	74827	1205
	5928	9900	11562	3800	56477	99940		
23398	8997897	3100409	3218552	331175	153879	310476	676814	84134
508	521990	48812	425931	46962	15500	9614	40472	9360
26098	10920182	3958916	3670840	321346	255598	449157	105313	70414
7423	1609325	111231	1311097	10200	30045	15490		
188	21263	9317	70275	62826			687093	24666
							655749	
16147	7011745	2708125	2758830	274026	164784	258666	382481	52555
7841	2997907	1028288	567078	49682	75739	136179	259187	25412
2298	931793	231820	415207	60464	15075	54321	150738	17113
24212	**7249172**	**2685250**	**2527882**	**372615**	**215388**	**224199**	**728243**	**88955**
100197	25859624	3028535	19851727	875209	644708	924404	8256342	258429
94197	10508799	1958580	8231458	717589	144100	197837	8120902	244589
79959	5707514	930298	5463244	527831		19100	5953877	80385

6-5 按各种分组的国有经济固定资产投资

Investment in Fixed Assets of State-owned Units

指 标	Item	1995	2000	2005	2006
投资总额(万元)	**Total Investment(10 000 yuan)**	**2099845**	**2750621**	**11253580**	**12774776**
按资金来源分	Grouped by Source of Funds				
国家预算内资金	State Budgetary Appropriations	167282	375824	1354101	1437749
国内贷款	Domestic Loans	514959	509425	2641703	1632916
利用外资	Foreign Investment	207128	127053	61032	30655
自筹资金	Fund Raising	939696	1139959	5584185	8038117
其他资金	Others	153491	454853	1133247	945576
按构成分	Grouped by Use of Funds				
建筑安装工程	Construction and Installation	1173494	1925160	8604982	9788753
设备、工具器具购置	Purchase of Equipment and Instruments	615448	554610	1644986	1753690
其他费用	Others	310903	270851	1003612	1232333
按建设性质分	Grouped by Type of Construction				
# 新建	New Construction	820541	588067	6674345	7738422
扩建	Expansion	917390	1258468	2655493	3210470
改建	Reconstruction	242964	604524	1522155	936975
按产业分	Grouped by Type of Industry				
第一产业	Primary Industry	22483	162552	739787	938142
第二产业	Secondary Industry	1350248	774968	3969509	4292570
第三产业	Tertiary Industry	488069	1460516	6134414	6746668
按国民经济主要行业分	Grouped by Main Sector				
农业	Agriculture	22483	162552	739787	938142
工业	Industry	1341029	767129	3950737	4281402
# 能源工业	Energy	800786	427666	3473684	3595712
运输邮电业	Transportation, Postal and Telecommunications Services	280048	866275	2996162	3015270
新增固定资产(万元)	**Newly Increased Fixed Assets(10 000 yuan)**	**1766780**	**1877577**	**8086849**	**7461821**
房屋建筑面积(万平方米)	**Floor Space of Buildings(10 000 sq.m)**				
施工面积	Floor Space Under Construction	874.36	1177.96	1688.92	1903.76
竣工面积	Floor Space Completed	493.23	757.69	928.08	1149.20
# 住宅	Residential Buildings	281.08	466.73	365.35	550.26

注： 1.改建投资中不含单纯建造生活设施投资。

2.按国民经济行业分、按建设性质分不含房地产投资，其他统计分组的含。

3.根据新国民经济核算标准，对第一产业投资进行了调整。

a) The investment in reconstruction includes the investment in construction of facilities simply for the improvement of residents'life.

b) The investment in the real estate development is not included in the investment grouped by main sector and by type of construction.

c) Data on primary industry has been adjusted according to the new classification standards of national economic accounting.

6-6 按各种分组的城镇固定资产投资
Investment in Fixed Assets in Urban Area by Group

指标	Item	2004	2005	2006
投资总额(万元)	**Total Investment(10 000 yuan)**	**17146965**	**25908651**	**33078198**
隶属关系分	**By Administrative Relationship**			
中央项目	Central Government Projects	1500692	2552077	4127264
地方项目	Local Projects	15646273	23356574	28950934
按资金来源分	Grouped by Source of Funds			
国家预算内资金	State Budgetary Appropriations	1251329	1513537	1535666
国内贷款	Domestic Loans	2964961	5075839	3925129
利用外资	Foreign Investment	144249	151830	217662
自筹资金	Fund Raising	10641879	16388628	24635337
其他资金	Others	1596980	2053712	2021717
按构成分	Grouped by Use of Funds			
建筑安装工程	Construction and Installation	11714212	17883378	23413807
设备、工具器具购置	Purchase of Equipment and Instruments	3718819	5568811	6709709
其他费用	Others	1713934	2456462	2954682
按产业分	Grouped by Type of Industry			
第一产业	Primary Industry	728358	943719	1251514
第二产业	Secondary Industry	8935374	14428784	18035240
第三产业	Tertiary Industry	6190821	8727722	10277781
按国民经济主要行业分	Grouped by Main Sector			
农业	Agriculture	728358	943719	1251514
工业	Industry	8857248	14366710	17965660
#能源工业	Energy	4789605	7912901	9578598
运输邮电业	Transportation, Postal and Telecommunications Services	2715210	3723972	4100816
新增固定资产(万元)	**Newly Increased Fixed Assets(10 000 yuan)**	**8833965**	**16383857**	**20948428**
房屋建筑面积(万平方米)	**Floor Space of Buildings(10 000 sq.m)**			
施工面积	Floor Space Under Construction	4545.29	5463.91	7248.27
竣工面积	Floor Space Completed	2390.38	2509.92	3400.56
#住宅	Residential Buildings	1132.27	1241.76	1846.91

注： 1.按国民经济行业分、按建设性质分不含房地产投资，其他统计分组的含。

2.根据新国民经济核算标准，对第一产业投资进行了调整。

a) The investment in the real estate development is not included in the investment grouped by main sector and by type of construction.

b) Data on the investment in primary industry has been adjusted according to the new classification standards of national economic accounting.

6-7 国民经济各行业按建设性质分的城镇固定资产投资(2006年)

Investment in Fixed Assets in Urban Area by Type of Construction (2006)

单位：万元 (10 000 yuan)

行业	Sector	投资额 Investment	# 新建 New Construction	# 扩建 Expansion	# 改建 Reconstruction
全　　区	**Autonomous Regional Total**	**29828002**	**19414823**	**6457142**	**2741643**
农、林、牧、渔业	**Farming, Forestry, Animal Husbandry & Fishery**	**1281825**	**584591**	**640364**	**45555**
农 业	Farming	110511	81746	26996	1528
林 业	Forestry	482839	188908	278048	15603
畜牧业	Animal Husbandry	402952	121798	275594	5110
渔 业	Fishery	8100	100	8000	
农、林、牧、渔服务业	Agricultural Services	277423	192039	51726	23314
采矿业	**Mining**	**4264066**	**2396507**	**977347**	**812036**
煤炭开采和洗选业	Coal Mining & Processing	2302613	1138326	372751	726256
石油和天然气开采业	Extraction of Petroleum & Natural Gas	560412	320524	237980	1908
黑色金属矿采选业	Mining & Dressing of Ferrous Metals	795179	485986	239329	62279
有色金属矿采选业	Mining & Dressing of Nonferrous Metals	401072	278204	106673	11919
非金属矿采选业	Mining & Dressing of Nonmetal Minerals	199670	168347	20614	9674
其他采矿业	Mining of Other Mineral	5120	5120		
制造业	**Manufacturing**	**7971585**	**5670241**	**1275792**	**876832**
农副食品加工业	Processing of Agricultural Side-line Food	679338	449929	152721	65618
食品制造业	Food Manufacturing	483519	194035	264276	22550
饮料制造业	Beverage Manufacturing	239075	103408	117197	15850
烟草制品业	Tobacco Products	49504		23248	
纺织业	Textile Industry	86867	42639	18090	22118
纺织服装、鞋、帽制造业	Textile Products, Clothes, Shoes & Hats	31972	22432	860	3490
皮革、毛皮、羽毛（绒）及其制品业	Leather, Furs, Down & Related Products	31761	28267	494	
木材加工及木、竹、藤、棕、草制品业	Timber Processing, Bamboo, Cane, Palm Fiber & Straw Products	94026	77350	13611	3065
家具制造业	Furniture Manufacturing	7003	4033	850	2120
造纸及纸制品业	Paper-making & Paper Products	98428	77249	649	10610
印刷业和记录媒介的复制	Printing & Record Pressing	60052	24422	200	29900
文教体育用品制造业	Cultural, Educational & Sports Goods	80	80		
石油加工、炼焦及核燃料加工业	Petroleum Processing , Coke Products & Processing of Nuclear Fuel	1144455	1003702	85436	53665
化学原料及化学制品制造业	Raw Chemical Materials & Chemical Products	948240	810158	59454	72428
医药制造业	Medicine Manufacturing	82088	57340	19577	5171
化学纤维制造业	Chemical Fiber Manufacturing	3000	3000		

注：此表未包括房地产投资。

a)Data in this table doesn't include real estate development.

6-7 续表 1 continued

单位：万元

(10 000 yuan)

行业	Sector	投资额 Investment	#新建 New Construction	#扩建 Expansion	#改建 Reconstruction
橡胶制品业	Rubber Products	7620	2520	5100	
塑料制品业	Plastic Products	553000	519150	22500	11350
非金属矿物制品业	Nonmetal Mineral Products	677468	466109	161283	30733
黑色金属冶炼及压延加工业	Smelting & Pressing of Ferrous Metals	914721	570822	96042	245147
有色金属冶炼及压延加工业	Smelting & Pressing of Nonferrous Metals	942917	768641	137666	9871
金属制品业	Metal Products	78310	48396	10498	17048
通用设备制造业	Manufacturing of General Purpose Equipment	170463	73145	28187	57707
专用设备制造业	Special Purposes Equipment Manufacturing	265937	73102	22517	165658
交通运输设备制造业	Transportation Equipment Manufacturing	184457	150461	3283	30103
电气机械及器材制造业	Electric Equipment & Machinery	48592	43562	3930	1100
通信设备、计算机及其他电子设备制造业	Manufacturing of Telecommunications, Computer & Other Electronic Equipment	55442	35219	19673	
仪器仪表及文化、办公用机械制造业	Instruments, Meters, Cultural & Office Machinery	3290	1760		1530
工艺品及其他制造业	Handicrafts & Other Production	4700	3550	450	
废弃资源和废旧材料回收加工业	Recovering of Abandoned Resource & Waste Materical	25260	15760	8000	
电力、燃气及水的生产和供应业	**Production & Supply of Electric Power,Gas & Water**	**5851500**	**3852856**	**1685631**	**176267**
电力、热力的生产和供应业	Production & Supply of Electric Power and Heating Power	5571508	3693764	1593616	150627
燃气生产和供应业	Production & Supply of Gas	59179	35219	15810	8000
水的生产和供应业	Production & Supply of Water	220813	123873	76205	17640
建筑业	**Construction**	**151728**	**57973**	**14353**	**5230**
房屋和土木工程建筑业	Housing & Civil Engineering Construction	122175	40987	8493	5230
建筑安装业	Installation of Buildings	9111	7504		
建筑装饰业	Decoration of Buildings	8242	6982	1260	
其他建筑业	Other Construction	12200	2500	4600	
交通运输、仓储和邮政业	**Transportation, Storage & Postal Services**	**3934438**	**3034223**	**477835**	**352252**
铁路运输业	Railway Transport	1013220	930071	28669	54480
道路运输业	Roadway Transport	2618656	1986528	343779	264634
城市公共交通业	Public Traffic in Cities	12108	540	1356	
水上运输业	Waterway Transport				
航空运输业	Air Transport	137319		91981	11173
管道运输业	Pipeline Transport				
装卸搬运和其他运输服务业	Loading,Unloading,Carrying & Transport	36640	27740	7900	1000
仓储业	Storage	115430	89344	4010	20320
邮政业	Postal Services	1065		140	645
信息传输、计算机服务和软件业	**Information Transmission,Computer Service & Computer Software**	**197752**	**80820**	**27768**	**87132**
电信和其他信息传输服务	Telecommunication & other Information Transmission	191115	75793	27768	85522
计算机服务业	Computer Services	5027	5027		
软件业	Software	1610			1610
批发和零售业	**Wholesale & Retail Trade**	**659936**	**427643**	**179824**	**34634**
批发业	Wholesale Trade	380025	238186	121001	11710
零售业	Retail Trade	279911	189457	58823	22924
住宿和餐饮业	**Quarters & Catering**	**456190**	**383794**	**46451**	**15069**
住宿业	Quarters	331741	293226	27397	3668
餐饮业	Catering	124449	90568	19054	11401

6-7 续表 2 continued

单位：万元 (10 000 yuan)

行业	Sector	投资额 Investmert	# 新建 New Constr-uction	# 扩建 Expan-sion	# 改建 Recons-truction
金融业	**Banking**	**20729**	**10603**	**1025**	**120**
银行业	Banking	14019	4093	825	120
证券业	Bond	5200	5200		
保险业	Insurance	1510	1310	200	
其他金融活动	Others				
房地产业	**Real Estate**	**129269**	**68480**	**9060**	**8918**
房地产业	Real Estate	129269	68480	9060	8918
租赁和商务服务业	**Leasing & Commercial Services**	**45507**	**29178**	**8784**	**720**
租赁业	Leasing Services	2685	600		
商务服务业	Commercial Services	42822	28578	8784	720
科学研究、技术服务和地质勘查业	**Scientific Research ,Technical Services & Geological Prospecting**	**144029**	**56862**	**47067**	**37720**
研究与试验发展	Research & Development	6675	5887	68	220
专业技术服务业	Special Technical Services	37299	23449	12250	500
科技交流和推广服务业	Science & Technology Exchanging & Spreading	2526	2436	90	
地质勘查业	Geological Prospecting	97529	25090	34659	37000
水利、环境和公共设施管理业	**Water Conservancy, Environment & Public Facilities Administration**	**2142383**	**1427920**	**515133**	**196773**
水利管理业	Water Conservancy	432550	294454	110095	28001
环境管理业	Environment	124422	94463	13842	16117
公共设施管理业	Public Facilities Administration	1585411	1039003	391196	152655
居民服务和其他服务业	**Resident Services & Other Services**	**35068**	**13218**	**7090**	**14760**
居民服务业	Resident Services	31060	11640	4660	14760
其他服务业	Other Services	4008	1578	2430	
教育	**Education**	**456156**	**279758**	**105916**	**13947**
教育	Education	456156	279758	105916	13947
卫生、社会保障和社会福利业	**Health Care, Social Security &Social Welfare**	**173953**	**91524**	**34144**	**5588**
卫生	Health Care	163946	85107	34144	5268
社会保障业	Social Security				
社会福利业	Social Welfare	10007	6417		320
文化、体育和娱乐业	**Culture, Sports & Recreational Services**	**339757**	**271580**	**40029**	**14470**
新闻出版业	Press	7441	5822		519
广播、电视和音像业	Radio ,Television & Audio-visual	18282	6785	1972	725
文化艺术业	Culture & Arts	127637	105245	17610	3770
体育	Sports	84555	81505	884	
娱乐业	Recreational Services	101842	72223	19563	9456
公共管理和社会组织	**Public Administration & Social Organization**	**1572131**	**677052**	**363529**	**43620**
中国共产党机关	Chinese Communist Party Agencies	12791	1416		85
国家机构	Government Agencies	1380815	566744	322070	42255
人民政协和民主党派	People's Politics Consultative Conference & Democratic Parties				
群众团体、社会团体和宗教组织	Mass Organization ,Social Organization and Religious Organization	46613	2856	41299	1280
基层群众自治组织	Basic Mass Autonomous Organization	131912	106036	160	
国际组织	**International Organizations**				
国际组织	International Organizations				

6-8 国民经济各行业城镇固定资产投资和新增固定资产(2006年)

Investment in Fixed Assets in Urban Area & Newly Increased Fixed Assets by Sector(2006)

单位：万元 (10 000 yuan)

行业	Sector	投资额 Investment	# 地方项目 Local Projects	新增固定资产 Newly Increased Fixed Assets	# 地方项目 Local Projects
全区	**Autonomous Regional Total**	**29828002**	**25700738**	**19244147**	**17520659**
农、林、牧、渔业	**Farming, Forestry, Animal Husbandry & Fishery**	**1281825**	**1277825**	**981898**	**977898**
农业	Farming	110511	110511	81878	81878
林业	Forestry	482839	478839	291223	287223
畜牧业	Animal Husbandry	402952	402952	372157	372157
渔业	Fishery	8100	8100	100	100
农、林、牧、渔服务业	Agricultural Services	277423	277423	236540	236540
采矿业	**Mining**	**4264066**	**3382553**	**2454126**	**2191481**
煤炭开采和洗选业	Coal Mining & Processing	2302613	1768527	956326	801957
石油和天然气开采业	Extraction of Petroleum & Natural Gas	560412	214315	329905	223659
黑色金属矿采选业	Mining & Dressing of Ferrous Metals	795179	795179	700198	700198
有色金属矿采选业	Mining & Dressing of Nonferrous Metals	401072	401072	309214	309214
非金属矿采选业	Mining & Dressing of Nonmetal Minerals	199670	198340	153363	151333
其他采矿业	Mining of Other Mineral	5120	5120	5120	5120
制造业	**Manufacturing**	**7971585**	**7202976**	**5097270**	**4669103**
农副食品加工业	Processing of Agricultural Side-line Food	679338	679338	450120	450120
食品制造业	Food Manufacturing	483519	483519	481752	481752
饮料制造业	Beverage Manufacturing	239075	239075	220487	220487
烟草制品业	Tobacco Products	49504	23248	43516	
纺织业	Textile Industry	86867	86867	73723	73723
纺织服装、鞋、帽制造业	Textile Products, Clothes, Shoes & Hats	31972	31972	28224	28224
皮革、毛皮、羽毛（绒）及其制品业	Leather, Furs, Down & Related Products	31761	31761	32786	32786
木材加工及木、竹、藤、棕、草制品业	Timber Processing, Bamboo, Cane, Palm Fiber & Straw Products	94026	94026	109231	109231
家具制造业	Furniture Manufacturing	7003	7003	5053	5053
造纸及纸制品业	Paper-making & Paper Products	98428	98428	56343	56343
印刷业和记录媒介的复制	Printing & Record Pressing	60052	60052	61782	61782
文教体育用品制造业	Cultural, Educational & Sports Goods	80	80	80	80
石油加工、炼焦及核燃料加工业	Petroleum Processing , Coke Products & Processing of Nuclear Fuel	1144455	664085	306430	170764
化学原料及化学制品制造业	Raw Chemical Materials& Chemical Products	948240	943940	473635	471335
医药制造业	Medicine Manufacturing	82088	82088	82120	82120
化学纤维制造业	Chemical Fiber Manufacturing	3000	3000	3000	3000

注：此表未包括房地产投资。

a)Data in this table doesn't include real estate development.

6-8 续表 1 continued

单位：万元 (10 000 yuan)

行业	Sector	投资额 Investment	# 地方项目 Local Projects	新增固定资产 Newly Increased Fixed Assets	# 地方项目 Local Projects
橡胶制品业	Rubber Products	7620	7620	6720	6720
塑料制品业	Plastic Products	553000	553000	66418	66418
非金属矿物制品业	Nonmetal Mineral Products	677468	677098	618638	618498
黑色金属冶炼及压延加工业	Smelting & Pressing of Ferrous Metals	914721	914721	759521	759521
有色金属冶炼及压延加工业	Smelting & Pressing of Nonferrous Metals	942917	898352	406762	406762
金属制品业	Metal Products	78310	78310	70854	70854
通用设备制造业	Manufacturing of General Purpose Equipment	170463	166249	168782	164568
专用设备制造业	Special Purposes Equipment Manufacturing	265937	100730	232724	65367
交通运输设备制造业	Transportation Equipment Manufacturing	184457	153130	90734	59959
电气机械及器材制造业	Electric Equipment & Machinery	48592	48592	36912	36912
通信设备、计算机及其他电子设备制造业	Manufacturing of Telecommunications, Computer & Other Electronic Equipment	55442	51442	178973	142774
仪器仪表及文化、办公用机械制造业	Instruments, Meters, Cultural & Office Machinery	3290	3290	3290	3290
工艺品及其他制造业	Handicrafts & Other Production	4700	4700	4400	4400
废弃资源和废旧材料回收加工业	Recovering of Abandoned Resource & Waste Materical	25260	17260	24260	16260
电力、燃气及水的生产和供应业	**Production & Supply of Electric Power,Gas & Water**	**5851500**	**4433214**	**3073440**	**2802257**
电力、热力的生产和供应业	Production & Supply of Electric Power and Heating Power	5571508	4175031	2859739	2606266
燃气生产和供应业	Production & Supply of Gas	59179	42569	42192	25582
水的生产和供应业	Production & Supply of Water	220813	215614	171509	170409
建筑业	**Construction**	**151728**	**151728**	**146029**	**146029**
房屋和土木工程建筑业	Housing & Civil Engineering Construction	122175	122175	115945	115945
建筑安装业	Installation of Buildings	9111	9111	12611	12611
建筑装饰业	Decoration of Buildings	8242	8242	5273	5273
其他建筑业	Other Construction	12200	12200	12200	12200
交通运输、仓储和邮政业	**Transportation, Storage & Postal Services**	**3934438**	**3112882**	**2091115**	**1977111**
铁路运输业	Railway Transport	1013220	322000	438463	355509
道路运输业	Roadway Transport	2618656	2573270	1503179	1487179
城市公共交通业	Public Traffic in Cities	12108	12108	8967	8967
水上运输业	Waterway Transport				
航空运输业	Air Transport	137319	64059	8258	8258
管道运输业	Pipeline Transport				
装卸搬运和其他运输服务业	Loading,Unloading,Carrying & Transport	36640	36640	42430	42430
仓储业	Storage	115430	103880	87893	73843
邮政业	Postal Services	1065	925	1925	925
信息传输、计算机服务和软件业	**Information Transmission,Computer Service & Computer Software**	**197752**	**83346**	**189678**	**79031**
电信和其他信息传输服务	Telecommunication & other Information Transmission	191115	76709	186568	75921
计算机服务业	Computer Services	5027	5027	1500	1500
软件业	Software	1610	1610	1610	1610
批发和零售业	**Wholesale & Retail Trade**	**659936**	**657469**	**634009**	**631242**
批发业	Wholesale Trade	380025	378818	359866	358359
零售业	Retail Trade	279911	278651	274143	272883
住宿和餐饮业	**Quarters & Catering**	**456190**	**455925**	**292140**	**292140**
住宿业	Quarters	331741	331476	208807	208807
餐饮业	Catering	124449	124449	83333	83333

6-8 续表 2 continued

单位：万元 (10 000 yuan)

行 业	Sector	投资额 Investment	# 地方项目 Local Projects	新增固定资产 Newly Increased Fixed Assets	# 地方项目 Local Projects
金融业	**Banking**	**20729**	**12184**	**22042**	**9682**
银行业	Banking	14019	5854	18284	6304
证券业	Bond	5200	5200	2948	2948
保险业	Insurance	1510	1130	810	430
其他金融活动	Others				
房地产业	**Real Estate**	**129269**	**129269**	**113574**	**113574**
房地产业	Real Estate	129269	129269	113574	113574
租赁和商务服务业	**Leasing & Commercial Services**	**45507**	**45507**	**28189**	**28189**
租赁业	Leasing Services	2685	2685	2685	2685
商务服务业	Commercial Services	42822	42822	25504	25504
科学研究、技术服务和地质勘查业	**Scientific Research ,Technical Services & Geological Prospecting**	**144029**	**139917**	**124785**	**121495**
研究与试验发展	Research & Development	6675	5633	9468	9248
专业技术服务业	Special Technical Services	37299	34229	40438	37368
科技交流和推广服务业	Science & Technology Exchanging & Spreading	2526	2526	2362	2362
地质勘查业	Geological Prospecting	97529	97529	72517	72517
水利、环境和公共设施管理业	**Water Conservancy, Environment & Public Facilities Administration**	**2142383**	**2080316**	**2061669**	**1576526**
水利管理业	Water Conservancy	432550	375183	674690	194247
环境管理业	Environment	124422	124422	53607	53607
公共设施管理业	Public Facilities Administration	1585411	1580711	1333372	1328672
居民服务和其他服务业	**Resident Services & Other Services**	**35068**	**35068**	**33474**	**33474**
居民服务业	Resident Services	31060	31060	30666	30666
其他服务业	Other Services	4008	4008	2808	2808
教育	**Education**	**456156**	**455755**	**297622**	**296947**
教育	Education	456156	455755	297622	296947
卫生、社会保障和社会福利业	**Health Care, Social Security & Social Welfare**	**173953**	**173653**	**138423**	**138123**
卫生	Health Care	163946	163646	129859	129559
社会保障业	Social Security				
社会福利业	Social Welfare	10007	10007	8564	8564
文化、体育和娱乐业	**Culture, Sports & Recreational Services**	**339757**	**322831**	**171798**	**169872**
新闻出版业	Press	7441	6341	19668	18568
广播、电视和音像业	Radio ,Television & Audio-visual	18282	18282	19742	19742
文化艺术业	Culture & Arts	127637	112637	44036	44036
体育	Sports	84555	83729	44279	43453
娱乐业	Recreational Services	101842	101842	44073	44073
公共管理和社会组织	**Public Administration & Social Organization**	**1572131**	**1548320**	**1292866**	**1266485**
中国共产党机关	Chinese Communist Party Agencies	12791	12791	13991	13991
国家机构	Government Agencies	1380815	1357004	1170382	1144001
人民政协和民主党派	People's Politics Consultative Conference & Democratic Parties				
群众团体、社会团体和宗教组织	Mass Organization ,Social Organization and Religious Organization	46613	46613	38553	38553
基层群众自治组织	Basic Mass Autonomous Organization	131912	131912	69940	69940
国际组织	**International Organizations**				
国际组织	International Organizations				

6-9 按行业分城镇50万元以上施工、投产项目个数(2006年)

Number of Construction Projects over 500 Thousand Yuan under Construction and Put into Use in Urban Area by Sector (2006)

行 业	Sector	施工项目(个) Number of Projects Under Construction (unit)	#新开工项目 Started This Year	全部建成投产项目(个) Number of Projects Started This Year (unit)	项目建成投产率(%) Percentage of Projects Completed and Put into Use
全 区	**Autonomous Regional Total**	**8328**	**6275**	**5994**	**72.0**
农、林、牧、渔业	**Farming, Forestry, Animal Husbandry & Fishery**	**553**	**476**	**448**	**81.0**
农 业	Farming	89	79	70	78.7
林 业	Forestry	167	142	138	82.6
畜牧业	Animal Husbandry	107	89	81	75.7
渔 业	Fishery	2	2	1	50.0
农、林、牧、渔服务业	Agricultural Services	188	164	158	84.0
采矿业	**Mining**	**968**	**746**	**617**	**63.7**
煤炭开采和洗选业	Coal Mining & Processing	359	267	190	52.9
石油和天然气开采业	Extraction of Petroleum & Natural Gas	25	20	18	72.0
黑色金属矿采选业	Mining & Dressing of Ferrous Metals	236	187	181	76.7
有色金属矿采选业	Mining & Dressing of Nonferrous Metals	170	139	122	71.8
非金属矿采选业	Mining & Dressing of Nonmetal Minerals	177	133	105	59.3
其他采矿业	Mining of Other Mineral	1		1	100.0
制造业	**Manufacturing**	**2208**	**1554**	**1474**	**66.8**
农副食品加工业	Processing of Agricultural Side-line Food	344	252	246	71.5
食品制造业	Food Manufacturing	107	74	71	66.4
饮料制造业	Beverage Manufacturing	81	58	60	74.1
烟草制品业	Tobacco Products	2		1	50.0
纺织业	Textile Industry	55	38	39	70.9
纺织服装、鞋、帽制造业	Textile Products, Clothes, Shoes & Hats	15	13	12	80.0
皮革、毛皮、羽毛（绒）及其制品业	Leather, Furs, Down & Related Products	19	14	14	73.7
木材加工及木、竹、藤、棕、草制品业	Timber Processing, Bamboo, Cane, Palm Fiber & Straw Products	124	83	92	74.2
家具制造业	Furniture Manufacturing	12	9	5	41.7
造纸及纸制品业	Paper-making & Paper Products	37	27	21	56.8
印刷业和记录媒介的复制	Printing & Record Pressing	19	14	15	78.9
文教体育用品制造业	Cultural, Educational & Sports Goods	1	1	1	100.0
石油加工、炼焦及核燃料加工业	Petroleum Processing , Coke Products & Processing of Nuclear Fuel	50	25	20	40.0
化学原料及化学制品制造业	Raw Chemical Materials& Chemical Products	223	162	137	61.4
医药制造业	Medicine Manufacturing	44	27	23	52.3
化学纤维制造业	Chemical Fiber Manufacturing	1	1	1	100.0

6-9 续表 1 continued

行 业	Sector	施工项目(个) Number of Projects Under Construction (unit)	# 新开工项目 Started This Year	全部建成投产项目(个) Number of Projects Started This Year (unit)	项目建成投产率(%) Percentage of Projects Completed and Put into Use
橡胶制品业	Rubber Products	6	5	5	83.3
塑料制品业	Plastic Products	50	39	37	74.0
非金属矿物制品业	Nonmetal Mineral Products	367	312	289	78.7
黑色金属冶炼及压延加工业	Smelting & Pressing of Ferrous Metals	179	89	116	64.8
有色金属冶炼及压延加工业	Smelting & Pressing of Nonferrous Metals	164	53	36	22.0
金属制品业	Metal Products	64	56	46	71.9
通用设备制造业	General Purpose Equipment	78	74	68	87.2
专用设备制造业	Special Purposes Equipment	58	46	47	81.0
交通运输设备制造业	Transportation Equipment	46	36	33	71.7
电气机械及器材制造业	Electric Equipment & Machinery	30	23	16	53.3
通信设备、计算机及其他电子设备制造业	Telecommunications, Computer & Other Electronic Equipment	10	4	6	60.0
仪器仪表及文化、办公用机械制造业	Instruments, Meters, Cultural & Office Machinery	2	1	2	100.0
工艺品及其他制造业	Handicrafts & Other Production	12	10	9	75.0
废弃资源和废旧材料回收加工业	Recovering of Abandoned Resource & Waste Materical	8	8	6	75.0
电力、燃气及水的生产和供应业	**Production & Supply of Electric Power,Gas & Water**	**529**	**316**	**318**	**60.1**
电力、热力的生产和供应业	Electric Power and Heating Power	384	223	216	56.3
燃气生产和供应业	Production & Supply of Gas	23	15	18	78.3
水的生产和供应业	Production & Supply of Water	122	78	84	68.9
建筑业	**Construction**	**90**	**75**	**76**	**84.4**
房屋和土木工程建筑业	Housing & Civil Engineering	75	62	64	85.3
建筑安装业	Installation of Buildings	5	4	5	100.0
建筑装饰业	Decoration of Buildings	6	6	4	66.7
其他建筑业	Other Construction	4	3	3	75.0
交通运输、仓储和邮政业	**Transportation, Storage & Postal**	**547**	**415**	**359**	**65.6**
铁路运输业	Railway Transport	61	43	31	50.8
道路运输业	Roadway Transport	411	319	286	69.6
城市公共交通业	Public Traffic in Cities	6	6	3	50.0
水上运输业	Waterway Transport	1			
航空运输业	Air Transport	12	8	1	8.3
管道运输业	Pipeline Transport				
装卸搬运和其他运输服务业	Loading,Unloading,Carrying & Transport	8	5	6	75.0
仓储业	Storage	45	32	29	64.4
邮政业	Postal Services	3	2	3	100.0
信息传输、计算机服务和软件业	**Information Transmission,Computer Service & Computer Software**	**176**	**108**	**165**	**93.8**
电信和其他信息传输服务	Telecommunication & other Information Transmission	174	106	163	93.7
计算机服务业	Computer Services	1	1	1	100.0
软件业	Software	1	1	1	100.0
批发和零售业	**Wholesale & Retail Trade**	**391**	**332**	**324**	**82.9**
批发业	Wholesale Trade	187	162	159	85.0
零售业	Retail Trade	204	170	165	80.9
住宿和餐饮业	**Quarters & Catering**	**180**	**144**	**143**	**79.4**
住宿业	Quarters	106	78	78	73.6
餐饮业	Catering	74	66	65	87.8

6-9 续表 2 continued

行业	Sector	施工项目(个) Projects Under Construction (unit)	# 新开工项目 Started This Year	全部建成投产项目(个) Projects Started This Year (unit)	项目建成投产率(%) Percentage of Projects Completed and Put into Use
金融业	**Banking**	**27**	**22**	**21**	**77.8**
银行业	Banking	21	16	18	85.7
证券业	Bond	1	1		
保险业	Insurance	5	5	3	60.0
其他金融活动	Others				
房地产业	**Real Estate**	**125**	**86**	**113**	**90.4**
房地产业	Real Estate	125	86	113	90.4
租赁和商务服务业	**Leasing & Commercial Services**	**28**	**23**	**21**	**75.0**
租赁业	Leasing Services	1	1	1	100.0
商务服务业	Commercial Services	27	22	20	74.1
科学研究、技术服务和地质勘查业	**Scientific Research ,Technical Services & Geological Prospecting**	**71**	**58**	**59**	**83.1**
研究与试验发展	Research & Development	7	4	6	85.7
专业技术服务业	Special Technical Services	21	18	17	81.0
科技交流和推广服务业	Science & Technology Exchanging & Spreading	7	5	6	85.7
地质勘查业	Geological Prospecting	36	31	30	83.3
水利、环境和公共设施管理业	**Water Conservancy, Environment & Public Facilities Administration**	**818**	**635**	**619**	**75.7**
水利管理业	Water Conservancy	195	139	131	67.2
环境管理业	Environment	47	34	32	68.1
公共设施管理业	Public Facilities Administration	576	462	456	79.2
居民服务和其他服务业	**Resident Services & Other Services**	**30**	**28**	**28**	**93.3**
居民服务业	Resident Services	22	20	21	95.5
其他服务业	Other Services	8	8	7	87.5
教育	**Education**	444	359	363	81.8
教育	Education	444	359	363	81.8
卫生、社会保障和社会福利业	**Health Care, Social Security & Social Welfare**	**131**	**106**	**99**	**75.6**
卫生	Health Care	119	95	91	76.5
社会保障业	Social Security				
社会福利业	Social Welfare	12	11	8	66.7
文化、体育和娱乐业	**Culture, Sports & Recreational Services**	**157**	**117**	**94**	**59.9**
新闻出版业	Press	4	3	1	25.0
广播、电视和音像业	Radio ,Television & Audio-visual	17	11	14	82.4
文化艺术业	Culture & Arts	63	48	34	54.0
体育	Sports	26	19	16	61.5
娱乐业	Recreational Services	47	36	29	61.7
公共管理和社会组织	**Public Administration & Social Organization**	**855**	**675**	**653**	**76.4**
中国共产党机关	Chinese Communist Party Agencies	11	7	9	81.8
国家机构	Government Agencies	786	615	607	77.2
人民政协和民主党派	People's Politics Consultative Conference & Democratic Parties				
群众团体、社会团体和宗教组织	Mass ,Social Organization and Religious Organization	24	20	14	58.3
基层群众自治组织	Basic Mass Autonomous	34	33	23	67.6
国际组织	**International Organizations**				
国际组织	International Organizations				

6-10 城镇固定资产投资新增主要生产能力(2006年)

Newly Increased Productive Capacities ThroughInvestment in Fixed Assets in Urban Area(2006)

能力名称	Item	2006
原煤开采（万吨／年）	Coal Mining (10 000 tons/year)	5969
洗煤（万吨／年）	Washer Coal (10 000 tons/year)	812
焦炭（万吨／年）	Coke (10 000 tons/year)	332
天然原油开采（万吨／年）	Petroleum Extraction (10 000 tons/year)	115.27
天然气开采（亿立方米／年）	Extraction of Petroleum and Natural Gas (10 000 cu.m/year)	1.66
润滑油(综合能力)（万吨／年）	Lubricating Oil (Integration Capability) (10 000 tons/year)	15
铁矿开采(原矿)（万吨／年）	Iron-ore Mining (10 000 tons/year)	288.63
生铁（万吨／年）	Iron Smelting (10 000 tons/year)	247.1
粗钢（万吨／年）	Crude Steel (10 000 tons/year)	56.02
铁合金（折标吨／年）	Iron Alloy,Electric Furnace (10 000 tons/year)	239700
铜采矿(原矿)（万吨／年）	Copper Ore Mining (10 000 tons/year)	52.62
铜选矿：	Copper Ore Dressing	
处理原矿（万吨／年）	Crude Ore Dressing (10 000 ton/year)	61.05
铜含量（吨／年）	Copper Content (ton/year)	1881
铜冶炼（吨／年）	Copper Smelting (ton/year)	356500
#电解铜（吨／年）	Electrolytic Copper (ton/year)	101500
铅锌采矿(原矿)（万吨／年）	Plumbum / Zinc Ore Mining (10 000 tons/year)	267.4
铅锌选矿：	Plumbum and Zinc Ore Dressing	
处理原矿（万吨／年）	Crude Ore Dressing (10 000 tons/year)	257.85
铅含量（吨／年）	Plumbum Content (ton/year)	30720
锌含量（吨／年）	Zinc Content (ton/year)	63329
铅冶炼（吨／年）	Plumbum Smelting (ton/year)	20500
锌冶炼（吨／年）	Zinc Smelting (ton/year)	150000
#电解锌（吨／年）	Electrolytic Zinc (ton/year)	100000
黄金（公斤／年）	Gold (kg/year)	1227
火力发电（万千瓦）	Thermal Power (10 000 kw)	360.9
其他发电（万千瓦）	Other Power (10 000 kw)	42
输电线路长度(11万伏及以上)（公里）	Length of Electric Cable (over 110 000 va)(km)	1563.66
水泥（万吨／年）	Cement (10 000 tons/year)	679
石墨及炭素制品（吨／年）	Product of Graphite (ton/year)	505620
硫酸（吨／年）	Vitriol (ton/year)	404000
烧碱（吨／年）	Caustic Soda (ton/year)	156280
纯碱（吨／年）	Soda Ash (ton/year)	16900
电石（吨／年）	Calcium Carbide (ton/year)	89000

6-10 续表 continued

能力名称	Item	2006
合成氨（吨 / 年）	Synthetic Ammonia (10 000 tons/year)	250000
氮肥（吨 / 年）	Nitrogen Fertlizers (ton/year)	50300
磷肥（吨 / 年）	Phosphate (ton/year)	10000
钾肥（吨 / 年）	Potash Fertilizer (ton/year)	70000
精甲醇（吨 / 年）	Extracted Methanol (ton/year)	205000
塑料树脂及共聚物（吨 / 年）	Plastic Resin and Copolymer (ton/year)	50800
中成药（吨 / 年）	Chinese Patent Drug (ton/year)	13911
电视机（万部 / 年）	Television (10 000 units/year)	100
#彩色电视机（万部 / 年）	Colour TV Set (10 000 units/year)	100
啤酒（万吨 / 年）	Beer (10 000 tons/year)	39.5
白酒（万吨 / 年）	Liquor (10 000 tons/year)	12.09
卷烟（箱 / 年）	Cigrettes (10 000 boxes/year)	240000
机制纸浆（万吨 / 年）	Machine-made Pulp (10 000 tons/year)	10
机制纸（万吨 / 年）	Machine-made Paper (10 000 tons/year)	9.97
机制纸板（万吨 / 年）	Machine-made Paperboards (10 000 tons/year)	12.56
移动通信基站设备(指安装能力)（个 / 年）	Mobile Phone (set/year)	128
程控交换机 (指安装能力)（万线 / 年）	Program-controlled Switchboards(10 000 lines/year)	1.75
新建铁路主线正线交付运营里程（公里）	Length of Newly Built Main Railway put into Operation (km)	116.2
新建公路（公里）	Length of New Railway (km)	3338.92
#高速公路（公里）	Expressway (km)	129.5
一级公路（公里）	First Class Highway (km)	308.91
二级公路（公里）	Second Class Highway (km)	470.75
改建公路（公里）	Length of Reconstructed Highways (km)	2697.25
#一级公路（公里）	First Class Highway (km)	125.48
二级公路（公里）	Second Class Highway (km)	622.2
新建独立公路桥梁（延长米）	New-built Separate Highway and Bridge (extended meter)	787.94
新建独立公路桥梁（座）	New-built Separate Highway and Bridge (unit)	8
造林面积（万亩）	Afforested Area (10 000 mu)	491.39
水库容量(总库容)（亿立方米）	Capacity of Reservors (100 million cu.m)	87.34
有效灌溉面积（万亩）	Effective Irrigated Area (10 000 mu)	12.53
各类院校：学生席位（个）	All Kinds Of School: Student Seat (unit)	185879
建筑面积（平方米）	Floor space(sq.m)	1163813
医院病床（张）	Sick Beds (unit)	7240
宾馆、旅馆、招待所客房数（间）	Rooms in Guest Houses,Hotels and Hostels (unit)	2291
宾馆、旅馆、招待所客房数（平方米）	Rooms in Guest Houses,Hotels and Hostels (sq.m)	215391
城市自来水供水能力（万吨/日）	Capacity of City Tap Water Supply (10 000 tons/day)	61.86
城市公共交通车辆购置（辆）	purchase of City Communiting Vehicles (unit)	280
城市道路扩建长度（公里）	Length of City Road Extended (km)	666.85
城市道路扩建面积（万平方米）	Area of City Road Extended (10 000 sq.m)	1040.25
城市排水管道铺设长度（公里）	Length of Sewer PiPelines (km)	313.31
城市污水处理能力（万吨 / 日）	Disposal Capacity of Sewage (10 000 tons/day)	31.57

6-11 按各种分组的农村固定资产投资
Investment in Fixed Assets in Rural by Group

指 标	Item	2006
投资总额(万元)	**Total Investment(10 000 yuan)**	**329567**
按资金来源分	Grouped by Source of Funds	
国家预算内资金	State Budgetary Appropriations	39867
国内贷款	Domestic Loans	26380
利用外资	Foreign Investment	600
自筹资金	Fund Raising	226721
其他资金	Others	35722
按构成分	Grouped by Use of Funds	
建筑安装工程	Construction and Installation	206882
设备、工具器具购置	Purchase of Equipment and Instruments	50897
其他费用	Others	71788
按建设性质分	Grouped by Type of Construction	
# 新建	New Construction	242532
扩建	Expansion	38176
改建	Reconstruction	37253
按产业分	Grouped by Type of Industry	
第一产业	Primary Industry	149083
第二产业	Secondary Industry	98801
第三产业	Tertiary Industry	67427
按国民经济主要行业分	Grouped by Main Sector	
农业	Agriculture	149083
工业	Industry	97941
# 能源工业	Energy	10249
运输邮电业	Transportation, Postal and Telecommunications Services	11854
新增固定资产(万元)	**Newly Increased Fixed Assets(10 000 yuan)**	**307010**
房屋建筑面积(万平方米)	**Floor Space of Buildings(10 000 sq.m)**	
施工面积	Floor Space Under Construction	65.13
竣工面积	Floor Space Completed	53.44
# 住宅	Residential Buildings	14.86

注: 1.改建投资中不含单纯建造生活设施投资。

2.按国民经济行业分、按建设性质分不含房地产投资,其他统计分组的含。

3.根据新国民经济核算标准,对第一产业投资进行了调整。

4.本表统计范围为城市以下非农户投资项目。

a) The investment in reconstruction includes the investment inconstruction of facilities simply for the improvement of esidents'life.

b) The investment in the real estate development is not included in the investment grouped by main sector and by type of construction.

c) Data on the investment in primary industry has been adjusted according to the new classification standards of national economic accounting.

d)Framework in this table is non-farmer Investment.

6-12 国民经济各行业按建设性质分的农村固定资产投资(2006年)

Investment in Fixed Assets of Rural by Construction & Sector(2006)

单位：万元 (10 000 yuan)

行 业	Sector	投资额 Investment	#新建 New Construction	#扩建 Expansion	#改建 Reconstruction	新增固定资产 Newly Increased Fixed Assets
全　区	**Total**	**329567**	**242532**	**38176**	**37253**	**307010**
农、林、牧、渔业	**Farming, Forestry, Animal Husbandry & Fishery**	**150741**	**121804**	**14726**	**14211**	**132396**
农 业	Farming	39700	33715	5380	605	35610
林 业	Forestry	5201	2951	260	1990	5237
畜牧业	Animal Husbandry	76638	68347	6623	1668	67865
渔 业	Fishery	697	212	400	85	697
农、林、牧、渔服务业	Agricultural Services	28505	16579	2063	9863	22987
采矿业	**Mining**	**45002**	**27058**	**6809**	**8270**	**43784**
煤炭开采和洗选业	Coal Mining & Processing	7960	300	850	6610	7910
石油和天然气开采业	Petroleum & Natural Gas					
黑色金属矿采选业	Mining of Ferrous Metals	13436	9641	1900	100	13638
有色金属矿采选业	Mining of Nonferrous Metals	10880	6700	2420	1560	10696
非金属矿采选业	Mining of Nonmetal Minerals	12726	10417	1639		11540
其他采矿业	Mining of Other Mineral					
制造业	**Manufacturing**	**49846**	**36372**	**7189**	**4263**	**48853**
农副食品加工业	Processing of Agricultural Food	10717	7644	1371	1702	10276
食品制造业	Food Manufacturing	1483	1483			1273
饮料制造业	Beverage Manufacturing	1750	1220	380	150	1640
烟草制品业	Tobacco Products					
纺织业	Textile Industry	2391	320	2000		2391
纺织服装、鞋、帽制造业	Textile , Clothes, Shoes & Hats	772	600			772
皮革、毛皮、羽毛（绒）及其制品业	Leather, Furs, Down & Related Products					
木材加工及木、竹、藤、棕、草制品业	Timber, Bamboo, Cane, Palm Fiber & Straw Products	1616	1066	400		1466
家具制造业	Furniture Manufacturing					
造纸及纸制品业	Paper-making & Paper Products	142	90		52	252
印刷业和记录媒介的复制	Printing & Record Pressing					
文教体育用品制造业	Cultural, Educational & Sports	130	130			130
石油加工、炼焦及核燃料加工业	Petroleum, Coke Products & Processing of Nuclear Fuel					
化学原料及化学制品制造业	Raw Chemical Materials & Products	3993	2061	950	982	3571
医药制造业	Medicine Manufacturing	500		500		500
化学纤维制造业	Chemical Fiber					

6-12 续表 1 continued

单位：万元 (10 000 yuan)

行业	Sector	投资额 Investment	#新建 New Construction	#扩建 Expansion	#改建 Reconstruction	新增固定资产 Newly Increased Fixed Assets
橡胶制品业	Rubber Products	325	325			325
塑料制品业	Plastic Products	125	125			160
非金属矿物制品业	Nonmetal Mineral Products	18001	15853	558	850	17521
黑色金属冶炼及压延加工业	Smelting & Pressing of Ferrous Metals	2242	1265		527	3067
有色金属冶炼及压延加工业	Smelting & Pressing of Nonferrous Metals	2960	1980	980		2960
金属制品业	Metal Products	1270	1070	50		1120
通用设备制造业	General Purpose Equipment	1249	960			1249
专用设备制造业	Special Purposes Equipment Manufacturing	80	80			80
交通运输设备制造业	Transportation Equipment Manufacturing					
电气机械及器材制造业	Electric Equipment & Machinery					
通信设备、计算机及其他电子设备制造业	Manufacturing of Telecommunications, Computer & Other Electronic Equipment					
仪器仪表及文化、办公用机械制造业	Instruments, Meters, Cultural & Office Machinery					
工艺品及其他制造业	Handicrafts & Other Production	100	100			100
废弃资源和废旧材料回收加工业	Recovering of Abandoned Resource & Waste Materical					
电力、燃气及水的生产和供应业	**Production & Supply of Electric Power,Gas & Water**	**3552**	**3146**	**406**		**3452**
电力、热力的生产和供应业	Production & Supply of Electric Power and Heating Power	2289	1983	306		2289
燃气生产和供应业	Production & Supply of Gas					
水的生产和供应业	Production & Supply of Water	1263	1163	100		1163
建筑业	**Construction**	**860**	**560**			**860**
房屋和土木工程建筑业	Housing & Civil Engineering Construction	700	400			700
建筑安装业	Installation of Buildings					
建筑装饰业	Decoration of Buildings	160	160			160
其他建筑业	Other Construction					
交通运输、仓储和邮政业	**Transportation, Storage & Postal Services**	**10414**	**6253**	**1010**	**3151**	**9719**
铁路运输业	Railway Transport					
道路运输业	Roadway Transport	9924	5763	1010	3151	9229
城市公共交通业	Public Traffic in Cities					
水上运输业	Waterway Transport					
航空运输业	Air Transport					
管道运输业	Pipeline Transport					
装卸搬运和其他运输服务业	Loading,Unloading,Carrying & Transport					
仓储业	Storage	490	490			490
邮政业	Postal Services					
信息传输、计算机服务和软件业	**Information Transmission,Computer Service & Computer Software**	**1440**	**970**		**470**	**1440**
电信和其他信息传输服务	Telecommunication & other Information Transmission	1440	970		470	1440
计算机服务业	Computer Services					
软件业	Software					
批发和零售业	**Wholesale & Retail Trade**	**13334**	**11724**	**500**	**150**	**14129**
批发业	Wholesale Trade	8732	8082	500	150	9087
零售业	Retail Trade	4602	3642			5042
住宿和餐饮业	**Quarters & Catering**	**4017**	**2807**	**1130**	**80**	**3900**
住宿业	Quarters	2897	1687	1130	80	2780
餐饮业	Catering	1120	1120			1120

6-12 续表 2 continued

单位：万元 (10 000 yuan)

行业	Sector	投资额 Investment	#新建 New Construction	#扩建 Expansion	#改建 Reconstruction	新增固定资产 Newly Increased Fixed Assets
金融业	**Banking**	**20**		**20**		**60**
银行业	Banking	20		20		60
证券业	Bond					
保险业	Insurance					
其他金融活动	Others					
房地产业	**Real Estate**	**916**	**916**			**766**
房地产业	Real Estate	916	916			766
租赁和商务服务业	**Leasing & Commercial Services**	**200**	**200**			**250**
租赁业	Leasing Services	50	50			100
商务服务业	Commercial Services	150	150			150
科学研究、技术服务和地质勘查业	**Scientific Research ,Technical Services & Geological Prospecting**	**2779**	**1110**	**879**	**790**	**3117**
研究与试验发展	Research & Development					
专业技术服务业	Special Technical Services					800
科技交流和推广服务业	Science & Technology Exchanging & Spreading					
地质勘查业	Geological Prospecting	2779	1110	879	790	2317
水利、环境和公共设施管理业	**Water Conservancy, Environment & Public Facilities Administration**	**19711**	**17265**	**1338**	**1108**	**20351**
水利管理业	Water Conservancy	10057	9149		908	10997
环境管理业	Environment	102	102			102
公共设施管理业	Public Facilities Administration	9552	8014	1338	200	9252
居民服务和其他服务业	**Resident Services & Other Services**	**246**	**246**			**246**
居民服务业	Resident Services	95	95			95
其他服务业	Other Services	151	151			151
教育	**Education**	**1632**	**1152**		**130**	**1572**
教育	Education	1632	1152		130	1572
卫生、社会保障和社会福利业	**Health Care, Social Security & Social Welfare**	**359**	**89**	**270**		**414**
卫生	Health Care	285	15	270		340
社会保障业	Social Security					
社会福利业	Social Welfare	74	74			74
文化、体育和娱乐业	**Culture, Sports & Recreational Services**	**1383**	**683**	**700**		**1227**
新闻出版业	Press					
广播、电视和音像业	Radio ,Television & Audio-visual					
文化艺术业	Culture & Arts					
体育	Sports					
娱乐业	Recreational Services	1383	683	700		1227
公共管理和社会组织	**Public Administration & Social Organization**	**23115**	**10177**	**3199**	**4630**	**20474**
中国共产党机关	Chinese Communist Party Agencies					
国家机构	Government Agencies	18250	6792	2519	4630	16289
人民政协和民主党派	People's Politics Consultative Conference & Democratic Parties					
群众团体、社会团体和宗教组织	Mass Organization ,Social Organization and Religious Organization	650		650		
基层群众自治组织	Basic Mass Autonomous Organization	4215	3385	30		4185
国际组织	**International Organizations**					
国际组织	International Organizations					

6-13 按行业分农村施工、投产项目个数(2006年)

Number of Construction Projects Under Construction and Put into Use in Rural by Sector (2006)

行 业	Sector	施工项目(个) Number of Projects Under Construction (unit)	# 新开工项目 Started This Year	全部建成投产项目(个) Number of Projects Started This Year (unit)	项目建成投产率(%) Percentage of Projects Completedand Put into Use
全　　区	**Autonomous Regional Total**	**679**	**638**	**620**	**91.3**
农、林、牧、渔业	**Farming, Forestry, Animal Husbandry & Fishery**	**141**	**136**	**126**	**89.4**
农 业	Farming	24	23	21	87.5
林 业	Forestry	16	15	15	93.8
畜牧业	Animal Husbandry	59	56	52	88.1
渔 业	Fishery	3	3	3	100.0
农、林、牧、渔服务业	Agricultural Services	39	39	35	89.7
采矿业	**Mining**	**115**	**108**	**104**	**90.4**
煤炭开采和洗选业	Coal Mining & Processing	16	16	15	93.8
石油和天然气开采业	Petroleum & Natural Gas				
黑色金属矿采选业	Mining of Ferrous Metals	32	30	31	96.9
有色金属矿采选业	Mining of Nonferrous Metals	25	23	24	96.0
非金属矿采选业	Mining of Nonmetal Minerals	42	39	34	81.0
其他采矿业	Mining of Other Mineral				
制造业	**Manufacturing**	**182**	**171**	**172**	**94.5**
农副食品加工业	Processing of Agricultural Food	50	48	46	92.0
食品制造业	Food Manufacturing	5	5	4	80.0
饮料制造业	Beverage Manufacturing	8	8	8	100.0
烟草制品业	Tobacco Products				
纺织业	Textile Industry	5	5	5	100.0
纺织服装、鞋、帽制造业	Textile , Clothes, Shoes & Hats	1	1	1	100.0
皮革、毛皮、羽毛（绒）及其制品业	Leather, Furs, Down Products				
木材加工及木、竹、藤、棕、草制品业	Timber Processing, Bamboo, Cane, Palm Fiber & Straw Products	8	8	8	100.0
家具制造业	Furniture Manufacturing				
造纸及纸制品业	Paper-making & Paper Products	2	1	2	100.0
印刷业和记录媒介的复制	Printing & Record Pressing				
文教体育用品制造业	Cultural, Educational & Sports Goods	1	1	1	100.0
石油加工、炼焦及核燃料加工业	Petroleum Processing , Coke Products & Processing of Nuclear Fuel				
化学原料及化学制品制造业	Raw Chemical Materials & Products	12	12	11	91.7
医药制造业	Medicine Manufacturing	1	1	1	100.0
化学纤维制造业	Chemical Fiber Manufacturing				

6-13 续表 1 continued

行 业	Sector	施工项目(个) Number of Projects Under Construction (unit)	# 新开工项目 Started This Year	全部建成投产项目(个) Number of Projects Started This Year (unit)	项目建成投产率(%) Percentage of Projects Completed Put into Use
橡胶制品业	Rubber Products	1	1	1	100.0
塑料制品业	Plastic Products	2	1	2	100.0
非金属矿物制品业	Nonmetal Mineral Products	61	59	59	96.7
黑色金属冶炼及压延加工业	Smelting & Pressing of Ferrous Metals	9	5	8	88.9
有色金属冶炼及压延加工业	Smelting of Nonferrous Metals	5	5	5	100.0
金属制品业	Metal Products	4	4	4	100.0
通用设备制造业	General Purpose Equipment	5	4	4	80.0
专用设备制造业	Special Purposes Equipment	1	1	1	100.0
交通运输设备制造业	Transportation Equipment				
电气机械及器材制造业	Electric Equipment & Machinery				
通信设备、计算机及其他电子设备制造业	Manufacturing of Telecommunications, Computer & Other Electronic Equipment				
仪器仪表及文化、办公用机械制造业	Instruments, Meters, Cultural & Office Machinery				
工艺品及其他制造业	Handicrafts & Other Production	1	1	1	100.0
废弃资源和废旧材料回收加工业	Recovering of Abandoned Resource & Waste Materical				
电力、燃气及水的生产和供应业	**Production & Supply of Electric Power,Gas & Water**	**9**	**9**	**8**	**88.9**
电力、热力的生产和供应业	Production & Supply of Electric Power and Heating Power	5	5	5	100.0
燃气生产和供应业	Production & Supply of Gas				
水的生产和供应业	Production & Supply of Water	4	4	3	75.0
建筑业	**Construction**	**2**	**2**	**2**	**100.0**
房屋和土木工程建筑业	Housing & Civil Construction	1	1	1	100.0
建筑安装业	Installation of Buildings				
建筑装饰业	Decoration of Buildings	1	1	1	100.0
其他建筑业	Other Construction				
交通运输、仓储和邮政业	**Trans, Storage & Postal Services**	**31**	**31**	**29**	**93.5**
铁路运输业	Railway Transport				
道路运输业	Roadway Transport	28	28	26	92.9
城市公共交通业	Public Traffic in Cities				
水上运输业	Waterway Transport				
航空运输业	Air Transport				
管道运输业	Pipeline Transport				
装卸搬运和其他运输服务业	Loading,Unloading,Carrying & Transport				
仓储业	Storage	3	3	3	100.0
邮政业	Postal Services				
信息传输、计算机服务和软件业	**Information Transmission,Computer Service & Computer Software**	**3**	**3**	**3**	**100.0**
电信和其他信息传输服务	Telecommunication & other Information Transmission	3	3	3	100.0
计算机服务业	Computer Services				
软件业	Software				
批发和零售业	**Wholesale & Retail Trade**	**41**	**37**	**40**	**97.6**
批发业	Wholesale Trade	27	25	26	96.3
零售业	Retail Trade	14	12	14	100.0
住宿和餐饮业	**Quarters & Catering**	**15**	**14**	**12**	**80.0**
住宿业	Quarters	11	10	8	72.7
餐饮业	Catering	4	4	4	100.0

6-13 续表 2 continued

行 业	Sector	施工项目(个) Number of Projects Under Construction (unit)	# 新开工项目 Started This Year	全部建成投产项目(个) Number of Projects Started This Year (unit)	项目建成投产率(%) Percentage of Projects Completedand Put into Use
金融业	**Banking**	**1**		**1**	**100.0**
银行业	Banking	1		1	100.0
证券业	Bond				
保险业	Insurance				
其他金融活动	Others				
房地产业	**Real Estate**	**4**	**3**	**3**	**75.0**
房地产业	Real Estate	4	3	3	75.0
租赁和商务服务业	**Leasing & Commercial Services**	**2**	**1**	**2**	**100.0**
租赁业	Leasing Services	1		1	100.0
商务服务业	Commercial Services	1	1	1	100.0
科学研究、技术服务和地质勘查业	**Scientific Research ,Technical Services & Geological Prospecting**	**8**	**7**	**6**	**75.0**
研究与试验发展	Research & Development				
专业技术服务业	Special Technical Services	1		1	100.0
科技交流和推广服务业	Science & Technology Exchanging & Spreading				
地质勘查业	Geological Prospecting	7	7	5	71.4
水利、环境和公共设施管理业	**Water Conservancy, Environment & Public Facilities Administration**	**44**	**42**	**41**	**93.2**
水利管理业	Water Conservancy	23	21	23	100.0
环境管理业	Environment	1	1	1	100.0
公共设施管理业	Public Facilities Administration	20	20	17	85.0
居民服务和其他服务业	**Resident Services & Other Services**	**3**	**3**	**3**	**100.0**
居民服务业	Resident Services	1	1	1	100.0
其他服务业	Other Services	2	2	2	100.0
教育	**Education**	**8**	**8**	**7**	**87.5**
教育	Education	8	8	7	87.5
卫生、社会保障和社会福利业	**Health Care, Social Security & Social Welfare**	**3**	**2**	**3**	**100.0**
卫生	Health Care	2	1	2	100.0
社会保障业	Social Security				
社会福利业	Social Welfare	1	1	1	100.0
文化、体育和娱乐业	**Culture, Sports & Recreational Services**	**5**	**5**	**4**	**80.0**
新闻出版业	Press				
广播、电视和音像业	Radio ,Television & Audio-visual				
文化艺术业	Culture & Arts				
体育	Sports				
娱乐业	Recreational Services	5	5	4	80.0
公共管理和社会组织	**Public Administration & Social Organization**	**62**	**56**	**54**	**87.1**
中国共产党机关	Chinese Communist Party Agencies				
国家机构	Government Agencies	55	49	49	89.1
人民政协和民主党派	People's Politics Consultative Conference & Democratic Parties				
群众团体、社会团体和宗教组织	Mass Organization ,Social Organization and Religious Organization	1	1		
基层群众自治组织	Basic Mass Autonomous Organization	6	6	5	83.3
国际组织	**International Organizations**				
国际组织	International Organizations				

6-14 农村新增主要生产能力(2006年)

Newly Increased Productive Capacities of Rural(2006)

能力名称	Item	2006
原煤开采（万吨／年）	Coal Mining (10 000 tons/year)	401.3
铁矿开采(原矿)（万吨／年）	Iron-ore Mining (10 000 tons/year)	8.5
铁矿石成品矿（万吨／年）	Mine of Iron Ore (10 000 tons/year)	94.2
生铁（万吨／年）	Iron Smelting (10 000 tons/year)	19.5
铁合金（折标吨／年）	Iron Alloy, Electric Furnace(10 000 tons/year)	1500
铅锌采矿(原矿)（万吨／年）	Plumbum / Zinc Ore Mining (10 000 tons/year)	8.3
铅锌选矿：(1)处理原矿（万吨／年）	Crude Ore Dressing (10 000 tons/year)	13
黄金（公斤／年）	Gold (kg/year)	60
银选矿：	Silver Ore Dressing	
处理原矿（吨／年）	Crude Ore Dressing (ton/year)	30000
银含量（公斤／年）	Silver Content (kg/year)	855
输电线路长度(11万伏及以上)（公里）	Length of Electric Cable (over 110 000 va)(km)	23
水泥（万吨／年）	Cement (10 000 tons/year)	30
中成药（吨／年）	Chinese Patent Drug (ton/year)	50
棉纺锭（锭）	Cotton Spindles (unit)	13000
白酒（万吨／年）	Liquor(10 000 tons/year)	0.1
其他酒（万吨／年）	Other Spirt (10 000 tons/year)	0.2
新建公路（公里）	Length of New Highways (km)	51
二级公路（公里）	Second Class Highway (km)	11
改建公路（公里）	Lengh of Reconstructed Highways (km)	33
新(扩)建客、货运站（个）	New-Built or Expanded Passenger & Freight Stations (unit)	2
新(扩)建客、货运站（平方米）	New-Built or Expanded Passenger & Freight Stations (sq.m)	332
造林面积（万亩）	Afforested Area (10 000 mu)	4.55
水库容量(总库容)（亿立方米）	Capacity of Reservors (100 million cu.m)	0.02
有效灌溉面积（万亩）	Effective Irrigated Area (10 000 mu)	3
各类院校：学生席位（个）	All Kinds Of School: Student Seat (unit)	3400
建筑面积（平方米）	Floor Space(sq.m)	13878
医院病床（张）	Sick Beds(unit)	24
宾馆、旅馆、招待所客房数（间）	Rooms in Guest Houses,hotels and hostels (unit)	114
宾馆、旅馆、招待所客房数（平方米）	Rooms in Guest Houses,hotels and hostels (sq.m)	2556

6-15 农村个人固定资产投资和建房

Individual Investment in Fixed Assets & Building Construction in Rural Areas

年份 Year	投资总额 (万元) Total Investment (10 000 yuan)	# 竣工房屋投资 Investment in Buildings Completed		施工房屋建筑面积 (万平方米) Floor Space of Buildings Under Construction (10 000 sq.m)	竣工房屋建筑面积 (万平方米) Floor Space of Buildings Completed (10 000 sq.m)		竣工房屋造价 (元/平方米) Cost of Buildings Completed (yuan/sq.m)	
		小 计 Subtotal	# 住宅 Residential Buildings		总 计 Total	# 住宅 Residential Buildings	总 计 Total	# 住宅 Residential Buildings
1985	87369	48929	35718	1112	1112	812		44.0
1986	59978		17787	636	590	549		32.4
1987	88573		31132	749	719	613		50.8
1988	149132		38671	696	684	635		60.9
1989	108402		45730	692	668	572		79.9
1990	81263	45120	42971	552	552	495	81.7	86.8
1991	110319	74186	66180	1010	910	782	81.5	84.6
1992	132675	74766	56356	813	770	656	97.1	85.8
1993	126581	62776	53630	1258	900	629	99.8	85.3
1994	195856	109418	102269	1007	967	789	113.2	129.6
1995	365345	193582	177824	1239	1221	967	158.5	183.9
1996	381618	239963	208326	1238	1224	1020	196.0	204.2
1997	390141	230023	174965	1344	1344	1018	171.1	171.9
1998	409854	207169	179393	1382	1216	875	170.4	205.0
1999	430084	231832	196678	1173	1051	863	220.6	227.9
2000	458815	220926	200248	1092	985	860	224.3	232.8
2001	502098	253278	229572	1151	1079	916	234.6	250.6
2002	521562	223103	199163	1117	1047	869	213.1	229.2
2003	556773	220324	195820	1109	1018	848	207.0	221.6
2004	582376	188669	163294	923	880	728	214.4	224.3
2005	620529	207046	170065	738	710	510	291.6	333.5
2006	655749	252738	211770	780	769	583	328.7	363.2

6-16 房地产开发情况
Main Indicators of Real Estate Development

指 标	Item	2005	2006
企业个数(个)	**Number of Enterprises(unit)**	**1012**	**1173**
内资	Domestic Funded	1003	1163
# 国有	State-owned Enterprises	35	35
集体	Collective-owned Enterprises	8	6
股份有限公司	Share-holding Corporations Ltd.	47	5
私营	Private Enterprises	392	513
港、澳、台投资	Funded by Entrepreneurs From Hong Kong.Macao and Taiwan	5	5
外商投资	Foreign Funded	4	5
平均从业人员(人)	**Average Number of Employed Persons(person)**	**27738**	**31649**
内资	Domestic Funded	27432	31247
# 国有	State-owned Enterprises	656	695
集体	Collective-owned Enterprises	118	77
股份有限公司	Share-holding Corporations Ltd.	1485	73
私营	Private Enterprises	13111	13634
港、澳、台投资	Funded by Entrepreneurs From Hong Kong.Macao and Taiwan	244	321
外商投资	Foreign Funded	62	81
土地开发及购置	**Land Development and Purchase**		
本年土地开发面积(万平方米)	Land Space Developed This Year(10 000 sq.m)	350.26	634.80
土地购置费用(万元)		263131	516527
待开发的土地面积(万平方米)	Land Space Needed to Development(10 000 sq.m)	141.39	380.15
本年土地购置面积(万平方米)	Land Space Purchased This Year(10 000 sq.m)	1006.58	1309.72
房地产开发建设投资总规模及完成投资(万元)	**General Scale of & Actually Completed Investment in Real Estate Development(10 000 yuan)**		
实际需要总投资	Total Investment Actually Needed	3969413	6786360
自开始建设至本年底累计完成投资	Accumulative Investment Actually Made Since Starting of Construction up to the End This Year	2178964	4341520
# 本年完成投资	Investment Made This Year	1621002	3250196
#商品房建设投资	Investment in Commercial Buildings	1303459	2559408
全部建成尚需投资	Further Investment Required for the Completion of Construction	1790449	2444840
按用途分的房地产开发完成投资额(万元)	**Actually Completed Investment of Enterprises for Real Estate Development by Use(10 000 yuan)**		
本年完成投资额	Investment Made This Year	1621002	3250196
住宅	Residential Buildings	1147074	2556779
# 别墅、高档公寓	Villas and Good Apartments	16073	148433
经济适用房屋	Economical Houses	93419	247193
办公楼	Office Buildings	38295	86950
商业营业用房	Houses for Business Use	385657	514578
其他	Others	49976	91889
资金来源小计(万元)	**Source of Funds(10 000 yuan)**	**1575542**	**3201283**
# 国内贷款	Domestical Loans	58734	144023
利用外资	Foreign Investment		1397
自筹资金	Fund Raising	1181130	2582572
其他资金来源	Others	335678	473291

6-16 续表 continued

指标	Item	2005	2006
房屋建筑面积(万平方米)	**Floor Space of Buildings(10 000 sq.m)**		
施工面积	Floor Space under Construction	2111.34	3601.48
本年新开工面积	Floor Space Started This Year	1425.01	2556.02
#住宅	Residential Buildings	1166.32	2159.86
#经济适用房屋	Economical Houses	93.36	222.13
竣工面积	Floor Space Completed	897.12	1332.85
#住宅	Residential Buildings	715.61	1101.66
#经济适用房屋	Economical Houses	94.56	125.21
竣工房屋价值(万元)	Value of Buildings Completed(10 000 yuan)	978783	1492260
竣工房屋造价(元/平方米)	Cost of Buildings Completed(yuan/sq.m)	1091.0	1119.6
按用途分新开工房屋面积(万平方米)	**Floor Space Started of Houses by Use(10 000 sq.m)**		
本年新开工房屋面积	Floor Space of Selling House	1425.01	2556.02
住宅	Residential Buildings	1166.32	2159.86
#别墅、高档公寓	Villas and Good Apartments	21.73	85.08
#经济适用房屋	Economical Houses	93.36	222.13
办公楼	Office Buildings	17.67	63.89
商业营业用房	Houses for Business Use	216.07	277.93
其他	Others	24.95	54.34
商品房屋销售情况	**Selling of Commercial Houses**		
房屋销售面积(万平方米)	Floor Space of Selling House(10 000 sq.m)	1078.8	1428.97
#住宅	Residential Buildings	918.4	1250.10
#经济适用房屋	Economical Houses	125.33	169.41
商品房销售额(万元)	Total Sales Of Commercial House (10 000 yuan)	1783491	2588397
#住宅	Residential Buildings	1287226	2033649
#经济适用房屋	Economical Houses	149932	224742
商品房屋销售价格(元/平方米)	Selling Price of House(yuan/sq.m)	1653.2	1811.4
#住宅	Residential Buildings	1401.6	1626.8
#经济适用房屋	Economical Houses	1196.3	1326.6
按用途分商品房屋销售面积	**Floor Space of Selling House by Use**		
房屋销售面积(万平方米)	Floor Space of Selling House(10 000 sq.m)	1078.8	1428.97
住宅	Residential Buildings	918.43	1250.10
#别墅、高档公寓	Villas and Good Apartments	22.35	33.79
#经济适用房屋	Economical Houses	125.33	169.41
办公楼	Office Buildings	19.63	18.29
商业营业用房	Houses for Business Use	131.61	147.49
其他	Others	9.14	13.09
房地产开发企业的资产负债(万元)	**Asset Balance of Enterprises for Real Estate Development（10 000 yuan）**		
实收资本合计	Total Capital Hold	77169	1057132
#国家资本金	State Capital	30448	33201
资产总计	Total Assets	2878239	4775883
累计折旧	Total Depreciation	35264	55781
#本年折旧	Depreciation This Year	7502	14881
负债总计	Total Liabilities	1950118	3323448
所有者权益	Creditors Equity	928121	1452435
资产负债率(%)	Ratio of Liabilities to Assets	67.8	69.6
经营总收入(万元)	**Total Revenue(10 000 yuan)**		
#土地转让收入	Land Transferred	4018	10334

6-17 按登记注册类型分的房地产开发投资(2006年)

指 标	Item	总 计 Total	内资 国 有 State-owned Units	内资 集 体 Collective-owned Units
企业个数(个)	**Number of Enterprises(unit)**	**1173**	**35**	**6**
#亏损企业个数	Loss-Making Enterprises	424	11	2
本年完成投资额（万元）	**Investment Completed This Year(10 000yuan)**	**3250196**	**146841**	**4244**
#商品房建设投资	Investment for Commercial Housing Construction	2559408	110011	4184
#土地开发投资	Investment for Land Development	217485	18480	
按构成分	Grouped by Use of Funds			
建筑工程	Construction Projects	2533854	110071	3834
安装工程	Installation Projects	12679		
设备工器具购置	Purchase of Equipment, Tools and Instruments	11558		
其他费用	Other Funds	692105	36770	410
#土地购置费	Purchase of Land	516520	35674	60
按构成用途分	Grouped by Use of Project			
住宅	Residential Buildings	2556779	131613	3680
#经济适用房	Economical Houses	247193	67257	450
别墅、高档公寓	Villa, Top Grade Flat	148433	327	
办公楼	Office Buildings	86950	736	
商业营业用房	Business Buildings	514578	12692	564
其他	Others	91889	1800	
本年新增固定资产(万元)	**Newly Increased Fixed Assets This Year(10 000vuan)**	**1704281**	**127643**	**3394**
资金来源(万元)	**Finance Sources(10 000yuan)**			
国内贷款	Domestic Loans	144023	240	
利用外资	Foreign Investment	1397		
自筹资金	Fund Raising	2582572	111346	4244
#自有资金	Self-owned	1686323	35073	400
其他资金来源	Others	473291	27262	
#定金及预收款	Fund Ordered and Pre-received	378869	26812	
土地开发(平方米)	**Land Development (sq.m)**			
本年土地开发面积	Area of Land Development This Year	6347986	577493	4600
待开发土地面积	Area of Land to be Developed	3801456	80000	
本年购置土地面积	Area of Land Purchased This Year	13097205	994164	5000
本年土地成交价款	Value of Land Transaction	625107	35674	60

Investment in Real Estate Development by Type of Registration(2006)

Domistic-funded Enterprises						港澳台投资 Economic Units Funded by Entrepreneurs from HK,Macao & Taiwan	外商投资 Foreign Funded Economic Units
股份合作 Coopeative Enterprises	联营经济 Joint-owned Economic Units	有限责任公司 Limited Liabibity Corp.	股份有限公司 Share-holding Corp.Ltd.	私营 Private Enter-prises	其他 Others		
5	**2**	**554**	**46**	**513**	**2**	**5**	**5**
2		197	17	189	1		5
4300	**7423**	**1609325**	**111231**	**1311097**	**10200**	**30045**	**15490**
4300	5923	1264167	103171	1032091		26071	9490
	1500	79787	4714	112049		955	
4300	5923	1247329	104122	1019308	10200	19277	9490
		4885	300	7494			
		3222		8336			
	1500	353889	6809	275959		10768	6000
	1500	265348	5798	191672		10468	6000
	6022	1261745	84294	1039783	10200	7287	12155
		89505	400	79381	10200		
	1599	95084	300	48348			2775
400		26090	500	58660			564
3900	1401	274392	22107	175273		22428	1821
		47098	4330	37381		330	950
4300	**10479**	**728583**	**111378**	**708304**	**10200**		
	2000	86381	665	53737		1000	
						1397	
4300	5423	1313462	84069	1009490	10200	27848	12190
	5423	814320	55607	760810		2500	12190
		203110	21736	221183			
		164340	11185	176532			
	77828	2939379	303815	2308581	75000	61290	
		2716556	15000	989900			
	77828	5742111	489019	5437963		219054	132066
	1500	296427	6084	267309		11123	6930

主要统计指标解释

全社会固定资产投资 固定资产投资是社会固定资产再生产的主要手段。通过建造和购置固定资产的活动，国民经济不断采用先进技术装备，建立新兴部门，进一步调整经济结构和生产力的地区分布，增强经济实力，为改善人民物质文化生活创造物质条件。这对我国的社会主义现代化建设具有重要意义。

固定资产投资额是以货币表现的建造和购置固定资产活动的工作量，它是反映固定资产投资规模、速度、比例关系和使用方向的综合性指标。全社会固定资产投资按经济类型可分为国有、集体、个体、联营、股份制、外商、港澳台商、其他等。

城镇固定资产投资 指城镇各种登记注册类型的企业、事业、行政单位及个体户进行的计划总投资(或实际需要总投资)50万元及50万元以上的建设项目投资、房地产开发投资、城镇和工矿区私人建房投资。县城及以上区域内发生的投资，县及县以上各级政府及主管部门直接领导、管理的建设项目和企业事业单位的投资均为城镇固定资产投资。

房地产开发投资 指房地产开发公司、商品房建设公司及其他房地产开发法人单位和附属于其他法人单位实际从事房地产开发或经营的活动单位统一开发的包括统代建、拆迁还建的住宅、厂房、仓库、饭店、宾馆、度假村、写字楼、办公楼等房屋建筑物和配套的服务设施，土地开发工程(如道路、给水、排水、供电、供热、通讯、平整场地等基础设施工程)的投资；不包括单纯的土地交易活动。

农村投资 包括在农村区域范围内进行固定资产投资活动的企业、事业、行政单位及农村个人投资。

建设总规模 是指在报告期内所有施工项目的计划总投资。这个指标和施工项目相对应。

在建总规模 是指在报告期末所有在建项目的计划总投资。

在建净规模 是指报告期末所有在建项目建成投产尚需的投资总量。

在建净规模＝在建总规模－累计完成投资。

固定资产投资的资金来源 根据固定资产投资的资金来源不同，分为国家预算内资金、国内贷款、利用外资、自筹资金和其他资金来源。

(1)国家预算内资金：指中央财政和地方财政中由国家统筹安排的基本建设拨款和更新改造拨款，以及中央财政安排的专项拨款中用于基本建设的资金和基本建设拨款改贷款的资金等。

(2)国内贷款：指报告期内企、事业单位向银行及非银行金融机构借入的用于固定资产投资的各种国内借款。包括银行利用自有资金及吸收的存款发放的贷款、上级主管部门拨入的国内贷款、国家专项贷款(包括煤代油贷款、劳改煤矿专项贷款等。)、地方财政专项资金安排的贷款、国内储备贷款、周转贷款等。

(3)利用外资：指报告期内收到的用于固定资产投资的国外资金，包括统借统还、自借自还的国外贷款，中外合资项目中的外资，以及对外发行债券和股票等。国家统借统还的外资指由我国政府出面同外国政府、团体或金融组织签订贷款协议、并负责偿还本息的国外贷款。

(4)自筹资金：指建设单位报告期内收到的，用于进行固定资产投资的上级主管部门、地方和企、事业单位自筹资金。

(5)其他资金来源：指报告期内收到的除以上各种拨款、借款、自筹资金之外，其他用于固定资产投资的资金。

固定资产投资按国民经济行业分 建设项目归哪个行业，按其建成投产后的主要产品或主要用途及社会经济活动性质来确定。基本建设按建设项目划分国民经济行业，更新改造、国有单位其他固定资产投资及城镇集体投资根据整个企业、事业单位所属的行业来划分。一般情况下，一个建设项目或一个企业、事业单位只属于一种国民经济行业。为了更准确地反映国民经济各行业之间的比例关系，联合企业(总厂)所属分厂属于不同行业的，原则上按分厂划分行业。

固定资产投资按建设性质分 建设项目的性质一般分为新建、扩建、改建、迁建、恢复。基本建设按建设项目划分建设性质，更新改造、国有单位其他固定资产投资及城镇集体投资等按整个企业、事业单位的建设情况确定建设性质，房地产开发单位、农村投资、城镇工矿区私人建房等投资不划分建设性质。

(1)新建：一般是指从无到有、“平地起家”新开始建设的单位。有的单位原有的基础很小，经过建设后其新增加的固定资产价值超过原有固定资产价值(原值)三倍以上的也算新建。

(2)扩建：一般是指为扩大原有产品的生产能力，在厂内或其他地点增建主要生产车间(或主要工程)、独立的生产线或分厂的企业；事业单位和行政单位在原单位增建业务用房(如学校增建教学用房、医院增建门诊部或病床用房、行政机关增建办公楼等)也作为扩建。

(3)改建：一般是指现有企业、事业单位为了技术进步，提高产品质量，增加花色品种，促进产品升级换代，降低消耗和成本，加强资源综合利用和三废治理、劳保安全等，采用新技术、新工艺、新设备、新材料等对现有设施、工艺条件进行技术改造或更新(包括相应配套的辅助性生产、生活福利设施)。有的企业为充分发挥现有生产能力，进行填平补齐而增建不增加本单位主要产品生产能力的车间等，也属于改建。

固定资产投资按构成分 固定资产投资活动按其工作内

容和实现方式分为建筑安装工程，设备、工具、器具购置，其他费用三个部门。

(1)建筑安装工程(建筑安装工作量)：指各种房屋、建筑物的建造工程和各种设备、装置的安装工程。包括各种房屋建造工程，各种用途设备基础和各种工业窑炉的砌筑工程；为施工而进行的各种准备工作和临时工程以及完工后的清理工作等；铁路、道路的铺设，矿井的开凿及石油管道的架设等；水利工程；防空地下建筑等特殊工程；以及各机械设备的安装工程；为测定安装工程质量，对设备进行的试运工作。在安装工程中，不包括被安装设备本身的价值；

(2)设备、工具、器具购置：指购置或自制达到固定资产标准的设备、工具、器具的价值，固定资产的标准按财务部门规定。新建单位、扩建单位的新建车间按照设计和计划要求购置或自制的全部设备、工具、器具，不论是否达到固定资产标准均计入“设备、工具、器具购置”中。

(3)其他费用：指在固定资产建造和购置过程中发生的，除建筑安装工程和设备、工具、器具购置以外的各种应摊入固定资产的费用。

施工项目 指报告期内曾进行建筑或安装工程施工活动的建设项目，包括报告期内新开工项目、报告期以前开工跨人报告期继续施工的项目以及报告期施过工并在报告期内全部建成投产或停缓建的项目。

全部建成投产项目 工业项目是指设计文件规定形成生产能力的主体工业及其相应配套的辅助设施全部建成，经负荷试运转，证明具备生产设计规定合格产品的条件，并经过验收鉴定合格或达到竣工验收标准，与生产性工程配套的生活福利设施可以满足近期正常生产的需要，正式移交生产的建设项目。非工业项目是指设计文件规定的主体工程和相应的配套工程全部建成，能够发挥设计规定的全部效益，经验收鉴定合格或达到竣工验收标准，正式移交作用的建设项目。

新增生产能力 指通过固定资投资活动而增加的设计能力或工程效益，它是用实物形态表示的固定资产投资的成果，也是考核投资经济效果的重要依据。新增生产能力的计算，是以能独立发挥生产能力或工程效益的单项工程(或项目)为对象。当单项工程(或项目)建成，经有关部门鉴定合格，正式移交投入生产，即可算新增生产能力。

新增生产能力或工程效益有以下几种表现形式：

(1) 用产品数量表示，以工程在单位时间内（一般是一年）所能生产的产品数量（即年产量）表示。如原煤开采用万吨/年表示。

(2) 用单位时间内所能处理的原料数量表示，以工程每天（或小时）所能处理原料的数量表示。

(3) 以新增的主要设备数量或容量表示，如棉纺锭锭数、发电机组容量等。

(4) 以节约的原材料、燃料、动力实物量表示，适用于反映更新改造节约项目的效益。

(5) 以建筑物容积、容量、面积或长度表示，是非工业项目或工程新增效益的一种表现形式。如水库容量、铁路公路里程等。

根据工程的特点，有时需要用两种或两种以上的复合计量单位表示新增生产能力（或工程效益），如新增内燃机生产能力同时用年产台数、千瓦数表示等。

房屋建筑面积 指从房屋外墙线算起的各层平面面积的总和，包括可供使用的有效面积和房屋结构(如柱、墙)占用的面积。多层建筑按各层(包括地下室)面积总和计算。

住宅建筑面积 指施工和竣工房屋建筑面积中供居住用的施工和竣工房屋建筑面积。

施工面积 指报告期内施工的全部房屋建筑面积。包括本期新开工的面积、上期跨入本期继续施工的房屋面积、上期停缓建在本期恢复施工的房屋面积、本期竣工的房屋面积及本期施工后又停缓建的房屋面积。

竣工面积 指在报告期内房屋建筑按照设计要求已全部完工，达到住人和使用条件，经验收鉴定合格，正式移交使用单位的建筑面积。

房屋建筑面积竣工率 批一定时期内房屋竣工面积占同期房屋施面积的比率。它是从房屋建筑施工速度的角度反映投资效果和建筑业经济效益的指标。

新增固定资产 指通过投资活动所形成的新的固定资产价值，包括已经建成投入生产或交付使用的工程价值和达到固定资产标准的设备、工具、器具的价值及有关应摊入的费用。它是以价值形式表示的固定资产投资成果的综合性指标，可以综合反映不同时期、不同部门、不同地区的固定资产投资成果。

建设项目投产率 指一定时期内全部建成投入生产项目个数与同期正式施工项目个数的比率。它是从项目建设速度的角度反映投资效果的指标。

商品房销售面积 指报告期内出售商品房屋的合同总面积(即双方签署的正式买卖合同中所确定的建筑面积)。由现房销售建筑面积和期房销售建筑面积两部分组成。

商品房销售额 指报告期内出售商品房屋的合同总价款(即双方签署的正式买卖合同中所确定的合同总价)。该指标与商品房销售面积同口径，由现房销售额和期房销售额两部分组成。

固定资产交付使用率 指一定时期新增固定资产与同期完成投资额的比率。它是反映各个时期固定资产动用速度，衡量建设过程中投资效果的一个综合性指标。

Explanatory Notes on Main Statistical Indicators

Total Investment in Fixed Assets in the Whole Country Investment in fixed assets is the essential means for Social reproduction of fixed assets. By means of construction and purchase of fixed assets, more advanced technologies and equipment are adopted in the national economy, and new sectors are established, which promote the adjustment of economic structure and the regional distribution of productive forces and enhance the economic strengths so as to provide the material conditions for improving people's livelihood. This is significant for speeding up the drive of socialist modernization in China.

Amount of investment in fixed assets refers to the volume of activities in construction and purchases of fixed assets in monetary terms. It is a comprehensive indicator which shows the size, pace, proportional relations and use orientation of the investment in fixed assets. Total investment in fixed assets in the whole country includes, by status of economic ownership, the investment by the state owned units, collective units, individuals, joint ownership units, share holding units, as well as investment by businessmen from foreign countries and from Hong Kong, Macao and Taiwan, and by other units.

Urban Investment in Fixed Assets refers to construction projects involving a total planned (or required) investment of 500,000 yuan and over by urban enterprises and institutions of various types of ownership, by administrative units and by individuals, investment in real estate development, and housing investment by individuals in urban areas and in industrial and mining areas. In other words, all investments that take place in county towns and urban areas, investment in construction projects under the direct leadership and management of government agencies at and above county levels and investments by enterprises and institutions at and above county levels are covered in urban investment in fixed assets.

Investment in Real Estate Development It includes the investment by the real estate development companies, commercial buildings construction companies and other real estate development units of various types of ownership in the construction of house buildings, such as residential buildings, factory buildings, warehouses, hotels, guesthouses, holiday villages, office buildings, and the complementary service facilities and land development projects, such as roads, water supply, water drainage, power supply, heating, telecommunications, land leveling and other projects of infrastructure. It excludes the activities in simple land transactions.

Investment in Rural Areas refers to investment in fixed assets by enterprises, institutions and individuals in rural areas.

Total Size of Construction refers to the planned total investment for all construction projects during the reference period.

Total Size of Investment in Projects under Construction refers to the planned total investment of all projects under construction at the end of the reference period.

Net Size of Investment in Projects under Construction refers to the required investment of all projects under construction at the end of the reference period.

Net Size of Investment = Total Size of Investment – accumulated completed investment

Sources of funds for Investment in Fixed Assets State budgetary appropriation, domestic loans, foreign investment, self raised funds, and others.

(1) State budgetary appropriation refers to appropriation in the budget of the central and local governments earmarked for capital construction and for innovation projects, and the special appropriation from the budget of the central government for capital construction and for the transfer fund to banks to be issued as loans for capital construction projects.

(2) Domestic loans refer to various funds borrowed by enterprises and institutions from banks and non bank financial institutions during the reference period for the purpose of investment in fixed assets, including loans issued by banks from their self owned funds and deposit, loans appropriated by higher responsible authorities, special loans by government (including loan for replacing petroleum with coal, special loan for reform through labor coal mines) , loans arranged by local government from special funds, domestic reserve loan, and working loan, etc. .

(3) Foreign Investment refers to foreign funds received during the reference period for the purpose of investment in fixed assets, including foreign funds borrowed and managed by the government, by individual units, foreign fund in joint venture program, and issue of bonds and stocks at the international financial markets. The foreign funds borrowed and managed by the government refer to foreign loans borrowed by the government from foreign governments, organizations, or financial institutions under official agreements signed by both parties, under which government is responsible for the repayment of both the principal and interests of the foreign loans.

(4) Self-raised funds refer to funds received by construction enterprises from their higher responsible authorities, local governments, or raised by enterprises or institutions themselves for the purpose of investment in fixed assets during the reference period.

(5) Others refer to funds received during the reference period which are not included in the above mentioned sources.

Investment in Fixed Assets by Sector The classification of construction projects by sector is determined by the major products or the purpose of the projects when they are put into production or use, and by the nature of their social economic activities. The investment in capital construction is classified by construction projects, while investment in innovation, other investment by state owned units and urban collective units are classified according to the sector which the whole enterprise or institution belongs to. In general, one project or one enterprise or institution can only belong to one sector. In order to reflect more accurately the proportions among various sectors, the branch factories of integrated complex are classified into different sectors according to their economic activities.

Investment in Fixes by Type of Construction The construction projects in general can be classified by the type of construction into new construction, expansion, reconstruction and moving away. In capital construction, the type of construction is determined by the condition of the project. In investment in innovation, in other investment by state owned units and investment by collective owned units, the type of construction is determined by the condition of the whole enterprise or institutions. Investment by type of construction is not applied to investment by real estate development units, investment in rural areas and investment in housing by urban individuals.

(1) New construction in general refers to newly constructed units. In the case in which the value of the original fixed assets is quite small, and the value of newly added fixed assets exceeds the original ones by three times, the expansion construction is considered as new construction.

(2) Expansion refers to construction of new major production workshop or independent production line within a factory or in other locations, or construction of a branch factory so as to increase the production capacity of the original products. Newly constructed business houses in institutions and administrative organizations (such as the newly constructed teaching buildings in schools, clinics or bed building in hospitals, and office buildings in administrative agencies, etc.) Are also classified as expansion.

(3) Reconstruction refers to technical innovation and transformation of the existing equipment and technical conditions undertaken by enterprises and institutions for the purposes of technological advancement, improvement in product quality, enlarging variety of products, promoting new generation of products, reducing production consumption and cost, promoting comprehensive utilization of resources, strengthening treatment of waste gas, waste water and solid wastes, and safety in production, etc. through application of new technologies and techniques, use of new equipment and new materials(including accessory facilities for production or for living and welfare purposes) . Construction of new workshops for improving existing production capacity rather than increasing production capacity is also considered as reconstruction.

Investment in Fixed Assets by Structure refers to the three major parts of investment activities, i. e. construction and installation, purchase of equipment and instrument, and other expenses.

(1) Construction and installation (work volume of construction and installation) refers to the construction of various houses and buildings and installation of various kinds of equipment and instruments, including construction of various houses, equipment foundations and industrial kilns and stoves, preparation works for project construction, and clearing up works post project construction, pavement of railways and roads, drilling of mines and putting up of oil pipes, construction of projects of water conservancy, construction of underground air raid shelters and construction of other special projects, installation of various machinery the quality of installation projects, The value of equipment installed is not included in the value of installation projects.

(2) Purchase of equipment and instruments refers to the total value of equipment, tools, and vessels purchased or self produced which come up to standards for fixed assets. Equipment, tools and vessels purchased or self produced for new work shops by newly established or expanded units are categorized as" purchase of equipment and instruments" no matter whether they come up to the standards for fixed assets or not.

(3) Other expenses refer to expenses occurring during the construction or purchase of fixed assets other than construction, installation or purchase of equipment and instruments.

Projects Under Construction refer to projects having construction and installation activities undertaken in the reference period, including projects started in the reference period, or continued from the previous period, or completed and put into production or suspended in the reference period.

Projects Completed and Put into Use Industrial projects refer to the major projects and accessory facilities completed which result in forming production capacity and have been checked and accepted while the living and welfare facilities have been completed and can ensure normal production and formally put into production.

Non-industrial projects refer to the major projects and accessory facilities completed which possess the designed capacity and have been checked, accepted and formally put into production.

Newly Increased Production Capacity refers to the increase of designed capacity and project efficiency through investment in fixed assets, which reflects the accomplishment of investment in fixed assets in kind. The calculation of newly increased production capacity is based on individual project which operates independently and efficiently. When an individual project is completed and checked and accepted and put into production, it is counted as newly increased production capacity.

The newly increased production capacity and project efficiency are usually expressed in one of the following forms:

(1) output of products, i. e. the output that the project can produce during a given period (usually a year) . For instance, the capacity in coal mining is expressed in 10, 000 tons/year, etc;

(2) raw materials processing capacity, i. e. the volume of raw materials that could be processed by the project per day (or per hour) , such as tons of materials processed per day by a sugar refining project or edible vegetable oil project, or tons of urban sewage processed per day;

(3) number or capacity of major equipment increased, such as number of cotton or silk looms increased, wool spindles increased, or capacity (in kilowatt s) of power generators increased;

(4) saved raw materials, fuels or power, which are mainly used for the efficiency of innovation and transformation projects; and

(5) physical measures (volume, capacity, area, and length) of construction, which is typical for non industrial projects, for instance, the length of new railways, etc.

Features of projects sometimes call for combined use of two or more measurement to reflect the increased production capacity (or project efficiency) , for instance, the new capacity for the production of internal combustion engines are expressed in sets per year and kilowatts per year simultaneously.

Floor Space of Buildings under Construction and Completed refers to total floor space in each story of buildings calculated from the outside line of building walls, including both usable space and the space occupied by constructions like pillars or walls. The floor space of multi story buildings includes the total floor space of each story (including basement) .

Floor Space of Residential Buildings refers to the floor space of the residential buildings under construction and completed among the total space of buildings under construction and completed.

Floor Space Under Construction refers to total floor space of all buildings under construction during the reference period, including floor space of newly started buildings during the reference period, floor space of construction extended from the previous period to the current period, floor space of construction suspended during the previous period and resumed in the current period, floor space of construction completed in the current period, and floor space of construction started and then suspended in the current period.

Floor Space of Buildings Completed refers to the floor space of buildings completed in the reference period, which have come up to the designed standards and have been put into use.

Completion Rate of Floor Space of Buildings refers to the ratio of the floor space of buildings completed in certain period of time to the floor space of buildings under construction in the same period, which reflects the investment result and economic efficiency of the construction industry from the angle of the speed of project construction.

Newly Increased Fixed Assets refer to the newly increased value of fixed assets through investment, including the value of projects completed and put into production, the value of equipment, tools, and vessels considered as fixed assets, as well as the relevant expenses as investment in fixed assets. This is a comprehensive indicator of investment in fixed assets, reflecting the achievements of investment in fixed assets in different periods, different sectors, and different regions.

Rate of Construction Projects Completed and put into Use refers to the ratio of the number of construction projects completed and put into use in certain period of time to the number of projects under construction in the same period, this reflects the investment efficiency from the angle of the speed of projects construction.

Area of Commercial Housing Sold refers to total contracted area of commercial housing (i.e. area of floor space as designated in the formal contracts signed by both sides) during the reference time. It constitutes floor space of completed housing and floor space of future housing.

Value of Commercial Housing Sold refer to total value of contracts (i.e. value of sales/purchase for selling/purchase of commercial housing as designated in the contracts signed by both sides) during the reference time. It has the same coverage as the area of commercial housing sold, constituting completed housing and floor space of future housing

Rate of Projects of Fixed Assets Completed and Put into Operation refers to the ratio of the newly increased fixed assets to the total investment made in the same period. This is a comprehensive indicator, reflecting the speed of the employment of fixed assets and the investment efficiency.

七 能源生产和消费

PRODUCTION AND CONSUMPTION OF ENERGY

资料整理 斯琴

Arranged by Si Qin

7-1 能源生产总量及构成
Total Production of Energy and Its Composition

年 份 Year	能源生产总量 (万吨标准煤) Total Energy Production (10 000 tons of SCE)	占能源生产总量的比重(%)As Percentage of Total Energy Production(%)			
		原 煤 Coal	原 油 Crude Oil	天然气 Natural Gas	水 电 Hydro-power
1978	1070.63	99.83			0.17
1980	1078.94	99.81			0.19
1985	2027.75	99.99			0.19
1986	2007.72	99.85			0.15
1987	2092.12	99.82			0.18
1988	2252.60	99.88			0.12
1989	2688.70	99.90			0.10
1990	2821.61	99.81			0.19
1991	3069.14	99.81			0.19
1992	3221.65	95.43			0.13
1993	3647.44	94.05	3.96		0.04
1994	3994.00	94.27	5.69		0.05
1995	4642.02	94.55	5.41		0.03
1996	4767.47	95.48	4.49		0.03
1997	5354.63	96.46	3.53		0.03
1998	5019.91	96.28	3.66		0.06
1999	4566.42	96.34	3.59		0.05
2000	4701.23	95.90	2.75		0.12
2001	6047.84	96.40	2.01	1.41	0.13
2002	8428.61	97.21	1.40	1.22	0.10
2003	10814.13	97.14	1.22	1.30	0.29
2004	15586.70	97.32	1.04	1.34	0.23
2005	19082.33	95.86	1.10	2.69	0.27
2006	22367.59	95.03	1.09	3.15	0.08

注：电力折算标准煤的系数根据当年平均发电煤耗计算，下表同。

a) The coefficient for conversion of electric power into SCE(standard coal equivalent)is calculated on the basic of the data on the average coal consumption in generating electric power in the same year.The same as in the following tables.

7-2 能源消费总量及构成

Total Consumption of Energy and Its Composition

年 份 Year	能源消费总量(万吨标准煤) Total Energy Production (10 000 tons of SCE)	占能源消费总量的比重(%) As Percentage of Total Energy Consumption(%)				单位GDP能耗(吨标准煤/万元) Energy Consumption Per 10 000 yuan of GDP (ton of SCE/10 000 yuan)	单位工业增加值能耗(吨标准煤/万元) Energy Consumption Per 10 000 yuan of Industrial Value-added (ton of SCE/10 000 yuan)	单位GDP电耗(千瓦时/万元) Electricity Consumption Per 10 000 yuan of Industrial Value-added (kw /10 000 yuan)
		原 煤 Coal	原 油 Crude Oil	天然气 Natural Gas	水 电 Hydro-power			
1985	1870.66							
1986	1856.66	57.38	0.11		0.16			
1987	1967.11	55.76	0.07		0.20			
1988	2035.52	54.25	0.04		0.14			
1989	2250.36	54.89	0.04		0.12			
1990	2423.51	52.77	0.04		0.22			
1991	2505.19	53.30	0.03		0.20			
1992	2554.99	50.50	1.65		0.17			
1993	2676.11	93.00	4.94		0.05			
1994	2812.19	94.63	4.87		0.07			
1995	3268.44	82.38	3.82		0.05			
1996	3144.36	93.87	4.56		0.05			
1997	3708.95	93.23	4.36		0.05			
1998	3440.06	95.44	4.78		0.09	2.42		
1999	3634.88	94.97	4.96		0.06	2.39		
2000	3937.54	93.14	4.58		0.14	2.31		
2001	4453.48	93.34	4.27	0.04	0.16	2.30		
2002	5190.12	93.47	3.47	0.05	0.16	2.35		
2003	6612.77	95.58	2.78	0.41	0.15	2.42		
2004	8601.81	96.71	1.14	0.05	0.16	2.51	6.33	1761.20
2005	10764.90	92.30	1.75	0.78	0.17	2.48	5.67	1714.1
2006	12777.61	89.86	1.55	1.49	0.13	2.41	5.37	1913.1

注：1.1999年以后能源消费量为估算数。

2.单位GDP能耗中电力、热力按等价热值折算。

a)Data on energy consumption were estimated figures since 1999.

b)Electric power & heat are converted on the basic of equal caloric value in the energy consumption per 10 000 yuan of GDP.

7-3 综合能源平衡表
Overall Energy Balance

单位：万吨标准煤 (10 000 tons of SCE)

项 目	Item	1990	1995	2000	2005	2006
可供消费的能源总量	**Total Energy Available for Consumption**	**2418.00**	**2922.20**	**3996.41**	**9493.38**	**11040.37**
一次能源生产量	Primary Energy Output	2821.61	4642.02	4701.23	19082.33	22367.59
回收量	Recovery of Energy			193.37	391.33	441.58
进口量	Imports	3.33	4.56		228.02	338.62
出口量(-)	Exports(-)	16.81	48.38	141.96	-11.21	-1080.18
年初年末库存差额	Stock Changes in the Year	-57.33	-61.74	47.81	416.06	92.92
能源消费总量	**Total Energy Consumption**	**2423.51**	**3268.44**	**3937.54**	**9642.64**	**11163.11**
在总量中：	Consumption by Sector					
1.农、林、牧、渔业	1.Farming, Forestry, Animal Husbandry & Fishery	83.39	100.09	128.62	319.53	337.69
2.工业	2.Industry	1368.62	1338.90	2059.93	6936.80	8093.76
3.建筑业	3.Construction	29.69	35.69	57.57	105.80	119.99
4.交通运输、仓储及邮电通信业	4.Transportation, Storage, Post & Telecommunications Services	152.46	154.58	151.07	686.73	785.99
5.批发、零售业和住宿餐饮业	5.Wholesale，Retail Trade, Quarters & Catering	43.72	73.44	92.87	308.58	360.67
6.其他	6.Others	115.66	128.19	80.27	271.38	322.78
7.生活消费	7.Residential Consumption	437.18	155.45	225.40	1006.47	1131.50
在总量中：	Consumption by Usage					
(一)终端消费	(Ⅰ)Final Consumption	2230.72	1986.38	2795.70	8808.27	10189.25
# 工业	Industry	1368.62	1338.90	2059.93	6109.78	7130.62
(二)加工转换损失量	(Ⅱ)Losses in Processing & Transformation	135.67	905.20	1119.59	827.02	963.14
# 炼焦	Coking	43.91	36.52	16.30	255.60	272.05
炼油	Petroleum Refining		1.11	24.69	4.12	8.89
(三)损失量	(Ⅲ)Other Losses	57.12	376.86	22.25	7.34	10.71
平衡差额	**Balance**	**-5.51**	**-346.24**	**58.87**	**-149.26**	**-122.74**

注： 1.村办工业包括在工业中(下同)。

2.电力、热力按等价热值折算，因此加工转换损失量中不包括发电、供热损失量。

3.进口量包括我国飞机、轮船在国外加油量；出口量包括外国飞机、轮船在我国加油量。

a)Data on industry include the data of village-run industry.(The same as in the following tables).

b)Electric power & heat are converted on the basic of equal caloric value.Therefore, losses in processing and transformation exclude losses in power generation and heating.

c)Data on imports include the petroleum consumed by the Chinese airplane and ships in refueling abroad.Data on exports include the petroleum consumed by the foreign airplanes and ships in refueling in China.

7-4 石油平衡表

Petroleum Balance

单位：万吨 (10 000 tons)

项目	Item	2005	2006
可供量	**Total Energy Available for Consumption**	**636.53**	**759.93**
生产量	Output	146.92	171.88
外省(区、市)调入量	Transfer From Other Province(Region、City)	525.70	588.07
本省(区、市)调出量(-)	Transfer to Other Province(Region、City)(-)	-29.70	-111.71
年初年末库存差额	Stock Changes in the Year	13.60	9.07
消费量	**Total Energy Consumption**	**636.53**	**759.93**
在消费总量中：	Consumption by Sector		
1.农、林、牧、渔业	1.Farming, Forestry, Animal Husbandry and Fishery	66.42	72.92
2.工业	2.Industry	86.39	93.13
3.建筑业	3.Construction	21.67	25.37
4.交通运输、仓储及邮电通信业	4.Transportation, Storage, Post and Telecommunications Services	333.95	418.91
5.批发、零售业和住宿餐饮业	5.Wholesale，Retail Trade, Quarters and Catering	60.29	71.90
6.其他	6.Others	38.55	45.76
7.生活消费	7.Residential Consumption	29.26	31.95
在消费总量中：	Consumption by Usage		
(一)终端消费	(Ⅰ)Final Consumption	629.24	749.19
#工业	Industry	79.10	82.39
(二)中间消费	(Ⅱ)Intermediate Consumption	119.64	131.39
(用于加工转换)	(Consumed in Transformation)		
发电	Power Generation	0.91	0.81
供热	Heating	0.01	
炼焦	Coking		
制气	Gas Production		
(三)洗选损耗	(Ⅲ)Losses in Coal Washingand Dressing		
平衡差额	**Balance**		

注：生产量为原油产量。

a)Data on output refer to the output of crude oil.

7-5 煤炭平衡表
Coal Balance Sheet

单位：万吨 (10 000 tons)

项目	Item	1995	2000	2005	2006
可供量	**Total Energy supply**	**4342.19**	**5817.19**	**13706.67**	**16010.19**
生产量	Output	7055.21	7247.29	25607.69	29759.63
进口量	Imports			248.80	335.22
出口量(-)	Exports(-)	-71.51	-197.59		-1200.00
年初年末库存差额	Stock Changes in the Year		117.49	584.06	139.46
消费量	**Total Energy Consumption**	**4329.02**	**5739.52**	**13921.81**	**16173.89**
在消费总量中：	Consumption by Sector				
1.农、林、牧、渔业	1.Farming,Forestry,Animal Husbandry & Fishery	57.87	75.25	127.82	120.58
2.工业	2.Industry	934.94	1420.45	12359.47	14781.36
3.建筑业	3.Construction	30.75	30.55	76.96	84.88
4.交通运输、仓储及邮电通信业	4.Transport, Storage, Post & Telecomm Services	186.65	99.99	178.67	120.08
5.批发、零售业和住宿餐饮业	5.Wholesale，Retail Trade, Quarters & Catering	65.87	37.58	187.24	216.06
6.其他	6.Others	92.11	38.00	170.40	203.18
7.生活消费	7.Residential Consumption	144.00	143.44	811.25	647.74
在消费总量中：	Consumption by Usage				
(一)终端消费	(Ⅰ)Final Consumption	1512.19	1845.26	4440.07	4173.05
#工业	Industry	934.94	1420.45	2887.73	2780.52
(二)中间消费	(Ⅱ)Intermediate Consumption	-2786.83	-3864.26	-9471.74	-12000.84
(用于加工转换)	(Consumed in Transformation)				
发电	Power Generation	1882.61	2566.34	6277.23	8465.82
供热	Heating	275.56	366.26	808.20	993.45
炼焦	Coking	60.45	126.06	1590.07	1599.47
制气	Gas Production			1.96	0.60
(三)洗选损耗	(Ⅲ)Losses in Coal Washing				
平衡差额	**Balance**	**13.17**	**77.67**	**-215.14**	**-178.69**

注：生产量为原煤产量。

a)Data on output refer to the output of raw coal.

7-6 电力平衡表

Electricity Balance Sheet

单位：亿千瓦小时 (100 million kwh)

项 目	Item	1990	1995	2000	2005	2006
可供量	**Total Energy supply**	**169.54**	**278.54**	**439.22**	**1025.27**	**1416.16**
生产量	Output	169.54	278.54	439.22	1025.27	1416.16
水电	Hydro-power	1.34	1.43	5.59	11.38	11.16
火电	Thermal Power	168.50	277.11	432.09	1010.21	1395.73
核电	Nuclear Power					
进口量	Imports					
出口量(-)	Exports(-)					
消费量	**Total Energy Consumption**	**121.82**	**186.83**	**256.07**	**667.72**	**884.91**
在消费总量中：	Consumption by Sector					
1.农、林、牧、渔业	1.Farming, estry,Animal Husbandry & Fishery	9.10	11.59	16.99	27.73	32.01
2.工业	2.Industry	95.28	145.52	195.65	566.67	770.81
3.建筑业	3.Construction	1.50	1.79	4.27	2.43	2.77
4.交通运输、仓储及邮电通信业	4.Transportation, Storage, Post & Telecommunications Services	1.45	2.50	4.22	6.14	6.55
5.批发、零售业和住宿餐饮业	5.Wholesale，Retail Trade, Quarters & Catering	1.50	2.94	5.65	8.75	10.69
6.其他	6.Others	4.20	6.88	7.36	14.41	15.62
7.生活消费	7.Residential Consumption	8.79	15.61	22.36	41.80	46.45
在消费总量中：	Consumption by Usage					
(一)终端消费	(Ⅰ)Final Consumption	115.84	186.83	256.07	667.72	884.91
# 工业	Industry	95.28	145.52	195.65	566.67	770.81
(二)输配电损失量	(Ⅱ)Losses in Transmission	5.98				

7-7 分行业能源消费总量和主要能源品种消费量(2006年)

Consumption of Total Energy & Its Main Varieties by Sector(2006)

行 业	Sector	能源消费总量(万吨标准煤) Total Energy Consumption (10 000 tons of SCE)	煤炭消费量(万吨) Coal Consumption (10 000 tons)	焦炭消费量(万吨) Coke Consumption (10 000 tons)	原油消费量(万吨) Crude Oil Consumption (10 000 tons)	汽油消费量(万吨) Gasoline Consumption (10 000 tons)
消费总量	**Total Consumption**	**11163**	**16144**	**1008**	**139**	**212**
农、林、牧、渔业	**Farming, Forestry, Animal Husbandry & Fishery**	**338**	**121**	**4**		**23**
工业	**Industry**	**8104**	**14746**	**992**	**139**	**7**
采矿业	**Mining**	**1037**	**1347**	**9**	**9**	**3**
煤炭开采和洗选业	Coal Mining & Processing	829	1223	6		1
石油和天然气开采业	Extraction of Petroleum & Natural Gas	22	3		9	
黑色金属矿采选业	Mining & Dressing of Ferrous Metals	65	31			1
有色金属矿采选业	Mining & Dressing of Nonferrous Metals	64	36	3		
非金属矿采选业	Mining & Dressing of Nonmetal Minerals	53	55			
其他采矿业	Mining of Other Mineral	3				
制造业	**Manufacturing**	**5895**	**4572**	**984**	**131**	**3**
农副食品加工业	Processing of Agricultural Side-line Food	166	202	4		
食品制造业	Food Manufacturing	106	115			1
饮料制造业	Beverage Manufacturing	71	78			
烟草制品业	Tobacco Products	11	3			
纺织业	Textile Industry	98	128			
纺织服装、鞋、帽制造业	Textile Products, Clothes, Shoes & Hats	9	12			
皮革、毛皮、羽毛(绒)及其制品业	Leather, Furs, Down & Related Products	3	3			
木材加工及木、竹、藤、棕、草制品业	Timber Processing, Bamboo, Cane, Palm Fiber & Straw Products	39	39			
家具制造业	Furniture Manufacturing	5	1			
造纸及纸制品业	Paper-making & Paper Products	44	60			
印刷业和记录媒介的复制	Printing & Record Pressing	21	25			
文教体育用品制造业	Cultural, Educational & Sports Goods	1	1			

注：1.工业能源消费量中包括村办工业。

2. 工业分行业数字中不包括其他石油制品和其他焦化产品,但工业合计中包括。

a)The energy consumption by the industrial sector includes the consumption by village run industry.

b)The consumption of other petroleum products and other coking products (such as benzence etc.) is included in the total consumption of the industrial sector , but not included the various industrial branches.

7-7 续表 1 continued

行 业	Sector	煤油消费量(万吨) Kerosene Consumption (10 000 tons)	柴油消费量(万吨) Diesel Oil Consumption (10 000 tons)	燃料油消费量(万吨) Fuel Oil Consumption (10 000 tons)	天然气消费量(亿立方米) Natural Gas Consumption (100 million cu.m)	电力消费量(亿千瓦小时) Electricity Consumption (100 million kwh)
消费总量	**Total Consumption**	**6**	**493**	**10**	**14**	**878**
农、林、牧、渔业	**Farming, Forestry, Animal Husbandry & Fishery**		**50**			**32**
工业	**Industry**		**54**	**8**	**12**	**764**
采矿业	**Mining**		**34**			**38**
煤炭开采和洗选业	Coal Mining & Processing		24			18
石油和天然气开采业	Extraction of Petroleum & Natural Gas		1			2
黑色金属矿采选业	Mining & Dressing of Ferrous Metals		8			7
有色金属矿采选业	Mining & Dressing of Nonferrous Metals		1			8
非金属矿采选业	Mining & Dressing of Nonmetal Minerals					3
其他采矿业	Mining of Other Mineral					1
制造业	**Manufacturing**		**14**	**7**	**9**	**530**
农副食品加工业	Processing of Agricultural Side-line Food					4
食品制造业	Food Manufacturing					3
饮料制造业	Beverage Manufacturing					2
烟草制品业	Tobacco Products					2
纺织业	Textile Industry					3
纺织服装、鞋、帽制造业	Textile Products, Clothes, Shoes & Hats					
皮革、毛皮、羽毛(绒)及其制品业	Leather, Furs, Down & Related Products					
木材加工及木、竹、藤、棕、草制品业	Timber Processing, Bamboo, Cane, Palm Fiber & Straw Products					1
家具制造业	Furniture Manufacturing					1
造纸及纸制品业	Paper-making & Paper Products					2
印刷业和记录媒介的复制	Printing & Record Pressing					1
文教体育用品制造业	Cultural, Educational & Sports Goods					

7-7 续表 2 continued

行业	Sector	能源消费总量(万吨标准煤) Total Energy Consum-ption (10 000 tons of SCE)	煤炭消费量(万吨) Coal Cons-umption (10 000 tons)	焦炭消费量(万吨) Coke Consum-ption (10 000 tons)	原油消费量(万吨) Crude Oil Consum-ption (10 000 tons)	汽油消费量(万吨) Gasoline Consum-ption (10 000 tons)
石油加工、炼焦及核燃料加工业	Petroleum Processing , Coke Products & Processing of Nuclear Fuel	287	1094	3	131	
化学原料及化学制品制造业	Raw Chemical Materials & Chemical Products	1320	513	199		
医药制造业	Medicine Manufacturing	59	71			
化学纤维制造业	Chemical Fiber Manufacturing	2				
橡胶制品业	Rubber Products	7	3			
塑料制品业	Plastic Products	21	26			
非金属矿物制品业	Nonmetal Mineral Products	553	642	16		
黑色金属冶炼及压延加工业	Smelting & Pressing of Ferrous Metals	2248	943	736		
有色金属冶炼及压延加工业	Smelting & Pressing of Nonferrous Metals	588	410	23		
金属制品业	Metal Products	44	42			
通用设备制造业	Manufacturing of General-Purpose Equipment	57	63	1		
专用设备制造业	Special Purposes Equipment Manufacturing	63	30	1		
交通运输设备制造业	Transportation Equipment Manufacturing	29	37			
电气机械及器材制造业	Electric Equipment & Machinery	23	18			
信设备、计算机及其他电子设备制造业	Manufacturing of Telecommunications, Computer & Other Electronic Equipment	6	2			
仪器仪表及文化、办公用机械制造业	Instruments, Meters, Cultural & Office Machinery					
工艺品及其他制造业	Handicrafts & Other Production	12	12			
废弃资源和废旧材料回收加工业	Recovering of Abandoned Resource & Waste Materical	0				
电力、燃气及水的生产和供应业	**Production & Supply of Electric Power, Gas & Water**	**1173**	**8827**			**1**
电力、热力的生产和供应业	Production & Supply of Electric Power & Heating Power	1115	8772			1
燃气生产和供应业	Production & Supply of Gas	43	50			
水的生产和供应业	Production & Supply of Water	15	5			
建筑业	**Construction**	**120**	**85**			**9**
交通运输、仓储及邮电通信业	**Transportation,Storage, Postal & Telecommunications Services**	**786**	**125**			**107**
批发、零售业和住宿、餐饮业	**Wholesale，Retail Trade, Quarters & Catering**	**361**	**216**	**10**		**32**
其他	**Others**	**323**	**203**			**25**
生活消费	**Residential Consumption**	**1132**	**648**	**2**		**9**

7-7 续表 3 continued

行业	Sector	煤油消费量(万吨) Kerosene Consumption (10 000 tons)	柴油消费量(万吨) Diesel Oil Consumption (10 000 tons)	燃料油消费量(万吨) Fuel Oil Consumption (10 000 tons)	天然气消费量(亿立方米) Natural Gas Consumption (100 million cu.m)	电力消费量(亿千瓦小时) Electricity Consumption (100 million kwh)
石油加工、炼焦及核燃料加工业	Petroleum Processing, Coke Products & Processing of Nuclear Fuel					3
化学原料及化学制品制造业	Raw Chemical Materials & Chemical Products		1		5	160
医药制造业	Medicine Manufacturing					5
化学纤维制造业	Chemical Fiber Manufacturing					1
橡胶制品业	Rubber Products					1
塑料制品业	Plastic Products					1
非金属矿物制品业	Nonmetal Mineral Products		1	6		25
黑色金属冶炼及压延加工业	Smelting & Pressing of Ferrous Metals		9		1	197
有色金属冶炼及压延加工业	Smelting & Pressing of Nonferrous Metals		1		3	106
金属制品业	Metal Products					3
通用设备制造业	Manufacturing of General-Purpose Equipment					2
专用设备制造业	Special Purposes Equipment Manufacturing				1	2
交通运输设备制造业	Transportation Equipment Manufacturing					
电气机械及器材制造业	Electric Equipment & Machinery					2
通信设备、计算机及其他电子设备制造业	Manufacturing of Telecommunications, Computer & Other Electronic Equipment					1
仪器仪表及文化、办公用机械制造业	Instruments, Meters, Cultural & Office Machinery					
工艺品及其他制造业	Handicrafts & Other Production					1
废弃资源和废旧材料回收加工业	Recovering of Abandoned Resource & Waste Matecrical					
电力、燃气及水的生产和供应业	**Production & Supply of Electric Power, Gas & Water**		**5**	**1**	**3**	**196**
电力、热力的生产和供应业	Production & Supply of Electric Power & Heating Power		5	1	1	193
燃气生产和供应业	Production & Supply of Gas				2	1
水的生产和供应业	Production & Supply of Water					3
建筑业	**Construction**		**14**	**2**		**3**
交通运输、仓储及邮电通信业	**Transportation,Storage, Postal & Telecommunications Services**	**5**	**307**			**7**
批发、零售业和住宿、餐饮业	**Wholesale, Retail Trade, Quarters & Catering**		**36**			**11**
其他	**Others**		**20**			**16**
生活消费	**Residential Consumption**		**11**		**2**	**46**

7-8 能源生产弹性系数

Elasticity Ratio of Energy Production

年份 Year	能源生产比上年增长% Growth Rate of Energy Production over Preceding Year (%)	电力生产比上年增长% Growth Rate of Electricity Production over Preceding Year (%)	生产总值比上年增长% Growth Rate of Gross Domestic Product(GDP) over Preceding Year (%)	能源生产弹性系数 Elasticity Ratio of Energy Production	电力生产弹性系数 Elasticity Ratio of Electricity Production
1984	10.15	14.35	16.4	0.62	0.89
1985	20.49	15.69	18.2	1.15	0.91
1986	-0.99	39.54	5.9	-0.17	6.30
1987	4.20	13.76	9.0	0.47	1.53
1988	7.67	9.33	9.8	0.78	0.95
1989	19.36	11.12	2.7	7.17	4.12
1990	4.94	10.51	7.5	0.66	1.40
1991	8.77	11.31	7.5	1.17	1.51
1992	4.97	17.63	11.0	0.45	1.60
1993	13.22	5.82	11.7	1.13	0.50
1994	9.50	11.07	11.2	0.85	0.99
1995	16.22	6.61	10.1	1.61	0.65
1996	2.70	16.32	14.4	0.19	1.13
1997	12.32	5.62	10.8	1.14	0.52
1998	-6.25	2.39	10.7	-0.58	0.22
1999	-9.03	8.62	8.8	-1.03	0.98
2000	2.95	16.87	10.8	0.27	1.56
2001	28.64	5.98	10.6	2.68	0.56
2002	39.37	11.27	13.2	2.98	0.85
2003	27.99	25.05	17.6	1.59	1.42
2004	44.13	26.09	20.9	2.11	1.25
2005	22.43	31.01	23.8	0.94	1.30
2006	17.22	38.13	18.7	0.92	2.04

注：生产总值增长速度按可比价格计算，下表同。

a)The growth rates of GDP are calculated at comparable prices.The same as in the following tables.

7-9 能源消费弹性系数

Elasticity Ratio of Energy Consumption

年份 Year	能源消费比上年增长% Growth Rate of Energy Consumption over Preceding Year (%)	电力消费比上年增长% Growth Rate of Electricity Consumption over Preceding Year (%)	生产总值比上年增长% Growth Rate of Gross Domestic Product(GDP) over Preceding Year (%)	能源消费弹性系数 Elasticity Ratio of Energy Consumption	电力消费弹性系数 Elasticity Ratio of Electricity Consumption
1986	1.97	7.94	5.9	0.33	1.35
1987	5.95	9.70	9.0	0.66	1.08
1988	3.48	14.15	9.8	0.36	1.44
1989	10.03	13.95	2.7	3.71	5.17
1990	8.21	13.55	7.5	1.09	1.81
1991	3.37	3.87	7.5	0.45	0.52
1992	1.98	10.65	11.0	0.18	0.97
1993	4.74	39.43	11.7	0.41	3.37
1994	5.08	-17.23	11.2	0.45	-1.54
1995	16.22	-18.43	10.1	1.61	-1.82
1996	-3.80	49.76	14.4	-0.26	3.46
1997	17.96	4.68	10.8	1.66	0.43
1998	-7.25	-10.42	10.7	-0.68	-0.97
1999	5.66	24.91	8.8	0.64	2.83
2000	8.33	8.15	10.8	0.77	0.75
2001	13.10	9.22	10.6	1.24	0.87
2002	16.54	14.57	13.2	1.25	1.10
2003	27.41	26.89	17.6	1.56	1.53
2004	30.08	31.72	20.9	1.44	1.52
2005	25.15	24.67	23.8	1.06	1.04
2006	15.76	32.48	18.7	0.84	1.74

注:1999年以后为估算数。

a) The data were estimated figures since 1999.

主要统计指标解释

能源生产总量 指一定时期内全区一次能源生产量的总和，是观察全区能源生产水平、规模、构成和发展速度的总量指标。一次能源生产量包括原煤、原油、天然气、水电、核能及其他动力能(如风能、地热能等)发电量，不包括低热值燃料生产量、生物质能、太阳能等的利用和由一次能源加工转换而成的二次能源产量。

能源消费总量 指一定时期内全区物质生产部门、非物质生产部门和生活消费的各种能源的总和，是观察能源消费水平、构成和增长速度的总量指标。能源消费总量包括原煤和原油及其制品、天然气、电力，不包括低热值燃料、生物质能和太阳能等的利用。能源消费总量分为终端能源消费量、能源加工转换损失量和损失量三部分。

(1)终端能源消费量：指一定时期内全区生产和生活消费的各种能源在扣除了用于加工转换二次能源消费量和损失量以后的数量。

(2)能源加工转换损失量：指一定时期内全区投入加工转换的各种能源数量之和与产出各种能源产品之和的差额，是观察能源在加工转换过程中损失量变化的指标。

(3)能源损失量：指一定时期内能源在输送、分配、储存过程中发生的损失和由客观原因造成的各种损失量，不包括各种气体能源放空、放散量。

能源生产弹性系数 是研究能源生产增长速度与国民经济增长速度之间关系的指标。计算分式为：

能源生产弹性系数=能源生产总量年平均增长速度/国民经济年平均增长速度

国民经济年平均增长速度，可根据不同的目的或需要，用地区收入总值、地区生产总值等指标来计算，本年鉴是采用国内生产总值指标计算的。

电力生产弹性系数 是研究电力生产增长速度与国民经济增长速度之间关系的指标。一般来说，电力的发展应当快于国民经济的发展，也就是说电力应超前发展。计算公式为：

电力生产弹性系数=电力生产量年平均增长速度/国民经济年平均增长速度

能源消费弹性系数 是反映能源消费增长速度与国民经济增长速度之间比例关系的指标。计算公式为：

能源消费弹忙系数=能源消费量年平均增长速度/国民经济年平均增长速度

电力消费弹忙系数 反映电力消费增长速度与国民经济增长速度之间比例关系的指标。计算公式为：

电力消费弹性系数=电力消费量年平均增长速度/国民经济年平均增长速度

能源加工转换效率 指一定时期内能源经过加工、转换后，产出的各种能源产品的数量与同期内投入加工转换的各种能源数量的比率。它是观察能源加工转换装置和生产工艺先进与落后、管理水平高低等的重要指标。计算公式为：

能源加工转换效率=能源加工、转换产出量/能源加工、转换投入量×100%

Explanatory Notes on Main Statistical Indicators

Total Energy Production refers to the total production of primary energy by all energy producing enterprises in the autonomous region in a given period of time. It is a comprehensive indicator to show the capacity, scale, composition and development of energy production of the country. The production of primary energy includes that of coal, crude oil, natural gas, hydropower and elect recite generated by nuclear energy and other means such as wind power and geothermal power. However, it excludes the production of fuels of low calorific value, bio-energy, solar-energy and the secondary energy converted from the primary energy.

Total Domestic Energy Consumption refers to the total consumption of energy of various kinds by material production sectors, nonmaterial production sectors and households in the autonomous region in a given period of time. It is a comprehensive indicator to show the scale, composition and development of energy consumption. The total energy consumption includes that of coal, crude oil and their products, natural gas and electricity. However, it excludes the consumption of fuel of low calorific value, bio-energy and solar energy. Total domestic energy consumption can be divided into three parts:

(1) Final Energy Consumption: It refers to the total energy consumption by material production sectors. Non material production sectors and households in the autonomous region in a given period of time, but excludes the consumption in conversion o f the primary energy into the secondary energy and the loss in the process of energy conversion.

(2) Loss During the Process of Energy Conversion: It refers to the total input of various kinds of energy for conversion, minus the total output of various kinds of energy in the autonomous region in a given period of time. It is an indicator to show the loss that occurs during the process of energy conversion.

(3) Loss: It refers to the total of the loss of energy during the course of energy transport, distribution and storage and the loss caused by any objective reason in a given period of time. The loss of various kinds of gas due to gas discharges and stocktaking is excluded.

Elasticity Ratio of Energy Production is an indicator to show the relationship between the growth rate of energy production and the growth rat e of the national economy. The formula is:

Elasticity Ratio of Energy Production=Average Annual Growth Rate of Energy Production ÷ Average Annual Growth Rate of National Economy

The average annual growth rate of the national economy can be shown by the gross national product, gross domestic product and other indicators, depending upon the purposes or needs. The gross domestic product is used in calculation of the ratio in this chapter.

Elasticity Ratio of Electricity Production is an indicator to show the relations hip between the growth rate of electricity production and the growth rate of the national economy. Generally speaking, the growth rate of electricity production should be higher than that of the national economy. Its formula is:

Elasticity Ratio of Electricity Production = Average Annual Growth Rate of Electricity Production ÷ Average Annual Growth Rate of National Economy

Elasticity Ratio of Energy Consumption is an indicator to show the relationship between the growth rate of energy consumption and the growth r ate of the national economy. The formula is:

Elasticity Ratio of Energy Consumption=Average Annual Growth Rate of Energy Consumption ÷ Average Annual Growth Rate of National Economy

Elasticity Ratio of Electricity Consumption is an indicator to show the relation ship between the growth rate of electricity consumption and the growth rate of t he national economy. The formula is:

Elasticity Ratio of Electricity Consumption = Average Annual Growth Rate of Electricity ÷ Average Annual Growth Rate of National Economy

Efficiency of Energy Processing and Conversion refers to the ratio of the total output of energy products of various kinds after processing and conversion and the total input of energy of various kinds for processing and conversion in the same reference period. It is an important indicator to show the current conditions of energy processing and conversion equipment, production technique and management. The formula is:

Efficiency of Energy Processing and Conversion = Output of Energy After Processing and Conversion ÷ Input of Energy for Processing and Conversion×100%

八 财政

GOVERNMENT FINANCE

资料整理　包利军　王艳伟

Arranged by Bao Lijun,Wang Yanwei

8-1 财政收支总额及增长速度

Total Government Revenue and Expenditures and Their Increase Rate

年 份 Year	财政收入 (万元) Total Revenue (10 000 yuan)	财政支出 (万元) Total Expenditures (10 000 yuan)	增长速度(%) Incease Rate(%)	
			财政收入 Total Revenue	财政支出 Total Expenditures
1947	9	39		
1948	110	262	1122.2	571.8
1949	739	786	571.8	200.0
1950	5347	4562	623.5	480.4
1951	5376	6025	0.5	32.1
1952	13335	10280	148.0	70.6
1953	8657	13997	-35.1	36.2
1954	18503	18045	113.7	28.9
1955	21090	17489	14.0	-3.1
1956	27597	29032	30.9	66.0
1957	31385	26771	13.7	-7.8
1958	42764	64432	36.3	140.7
1959	70269	99357	64.3	54.2
1960	89917	122162	28.0	23.0
1961	49529	56471	-44.9	-53.8
1962	33590	37641	-32.2	-33.3
1963	38345	39952	14.2	6.1
1964	43219	49683	12.7	24.4
1965	45967	51808	6.4	4.3
1966	48455	59224	5.4	14.3
1967	40232	47949	-17.0	-19.0
1968	38882	41477	-3.4	-13.5
1969	27680	61706	-28.8	48.8
1970	44088	78582	59.3	27.3
1971	36543	90915	-17.1	15.7
1972	31314	97994	-14.3	7.8
1973	34123	114983	9.0	17.3
1974	26863	124842	-21.3	8.6
1975	27375	129157	1.9	3.6
1976	26587	138332	-2.9	7.1
1977	29339	140470	10.4	1.5

8-1 续表 continued

单位：万元 (10 000 yuan)

年 份 Year	财政收入 (万元) Total Revenue (10 000 yuan)	财政支出 (万元) Total Expenditures (10 000 yuan)	增长速度(%) Incease Rate(%) 财政收入 Total Revenue	财政支出 Total Expenditures
1978	69046	186888	135.3	33.0
1979	45553	210416	-34.0	12.6
1980	41284	183721	-9.4	-12.7
1981	41585	163506	0.7	-11.0
1982	51842	203074	24.7	24.2
1983	69891	228273	34.8	12.4
1984	84556	308604	21.0	35.2
1985	131789	341832	55.9	10.8
1986	160206	438955	21.6	28.4
1987	194326	455597	21.3	3.8
1988	241343	510137	24.2	12.0
1989	286679	558124	18.8	9.4
1990	329763	609023	15.0	9.1
1991	393966	666190	19.5	9.4
1992	390775	720731	-0.8	8.2
1993	561177	882773	43.6	22.5
1994	682167	928235	21.6	5.1
1995	763458	1021780	11.9	10.1
1996	932403	1263825	22.1	23.7
1997	1112749	1429118	19.3	13.1
1998	1312330	1817593	17.9	27.2
1999	1436887	2128369	9.5	17.1
2000	1555898	2610629	8.3	22.7
2001	1677409	3359808	7.8	28.7
2002	2068097	4133327	23.3	23.0
2003	2580321	4710924	24.8	14.0
2004	3646653	6027524	41.3	27.9
2005	5363633	7346079	47.1	21.9
2006	7129718	9149716	32.9	24.6

注： 在财政收支中，价格补贴1985年以前冲减财政收入，1986年以后列为财政支出。

a) Government price subsidies were listed as negative revenue items prior to 1986, but they have been listed as expenditure items in government accounts since 1986.

8-2 财政收入占生产总值的比重

Government Revenue as Percentage to Gross Domestic Product

年 份 Year	财政收入 (亿元) Total Revenue (100 million yuan)	生产总值 (亿元) Gross Domestic Products (100 million yuan)	财政收入占 生产总值的比重(%) Percentage of Government Revenue to GDP(%)
1949	0.001	5.37	
1952	1.33	12.16	11.0
1953	0.87	15.57	5.6
1957	3.14	21.27	14.8
1962	3.36	25.12	13.4
1965	4.60	35.41	13.0
1970	4.41	39.17	11.3
1975	2.74	48.55	5.6
1978	6.90	58.04	11.9
1979	4.56	64.14	7.1
1980	4.13	68.40	6.0
1981	4.16	77.91	5.3
1982	5.18	93.22	5.6
1983	6.99	105.88	6.6
1984	8.46	128.20	6.6
1985	13.18	163.83	8.0
1986	16.02	181.58	8.8
1987	19.43	212.27	9.2
1988	24.13	270.81	8.9
1989	28.67	292.69	9.8
1990	32.98	319.31	10.3
1991	39.40	359.66	11.0
1992	39.08	421.68	9.3
1993	56.12	537.81	10.4
1994	68.23	695.06	9.8
1995	76.35	857.06	8.9
1996	93.24	1023.09	9.1
1997	111.27	1153.51	9.6
1998	131.12	1262.54	10.4
1999	143.69	1379.31	10.4
2000	155.59	1539.12	10.1
2001	167.74	1713.81	9.8
2002	206.81	1940.94	10.7
2003	258.03	2388.38	10.8
2004	364.67	3041.07	12.0
2005	536.36	3895.55	13.8
2006	712.97	4791.48	14.9

8-3 财政分项收入
Government Revenue by Source

单位：万元 (10 000 yuan)

年份 Year	财政收入 Total Government Revenue	地方财政收入 Local Government Revenue	一般预算收入 General Budgetary Financial Revenue	#工商税收 Industrial and Commercial Tax	#农牧业税和耕地占用税 Agricultural and Animal Husbandry and Tax on the use of Cultivated land	#企业所得税 Income Tax of Enterprises	#国有企业上缴利润 Payed Profits by State-owned Enterprises
1947	9	9	9			1	
1948	110	110	110		43	20	
1949	739	739	739	149	282	196	
1950	5347	5347	5347	1852	1680	1568	
1951	5376	5376	5376	2266	510	1306	
1952	13335	13335	13335	3744	2700	5049	
1953	8657	8657	8657	4507	450	2550	
1954	18503	18503	18503	7725	4544	5260	
1955	21090	21090	21090	8549	5370	6324	
1956	27597	27597	27597	11797	5512	9328	
1957	31385	31385	31385	12535	5550	9409	
1958	42764	42764	42764	15174	5598	17065	
1959	70269	70269	70269	19237	6506	39150	
1960	89917	89917	89917	24690	6410	52872	
1961	49529	49529	49529	16531	4297	24238	
1962	33590	33590	33590	18027	5000	7788	
1963	38345	38345	38345	19929	5996	9734	
1964	43219	43219	43219	20196	7500	12499	
1965	45967	45967	45967	22577	6128	13144	
1966	48455	48455	48455	21712	6978	16086	
1967	40232	40232	40232	20303	7519	9058	
1968	38882	38882	38882	20537	6636	7549	
1969	27680	27680	27680	20168	5265	1509	
1970	44088	44088	44088	27399	9627	6076	
1971	36543	36543	36543	29455	7743	-1820	
1972	31314	31314	31314	31085	4845	-5822	
1973	34123	34123	34123	34954	7500	-9309	
1974	26863	26863	26863	34257	7604	-16136	
1975	27375	27375	27375	40295	6894	-21044	
1976	26587	26587	26587	43142	7988	-25703	
1977	29339	29339	29339	49579	7271	-29193	

8-3 续表 continued

单位：万元 (10 000 yuan)

年份 Year	财政收入 Total Government Revenue	地方财政收入 Local Government Revenue	一般预算收入 General Budgetary Financial Revenue	#工商税收 Industrial and Commercial Tax	#农牧业税和耕地占用税 Agricultural and Animal Husbandry and Tax on the use of Cultivated land	#企业所得税 Income Tax of Enterprises	#国有企业上缴利润 Payed Profits by State-owned Enterprises
1978	69046	69046	69046	54486	5639	3234	
1979	45553	45553	45553	54648	6158	-20749	
1980	41284	41284	41284	58537	3668	-26724	
1981	41585	41585	41585	62493	6022	-32579	
1982	51842	51842	51842	71540	6701	-35624	
1983	69891	69891	69891	78370	7628	-25171	
1984	84556	84556	84556	86862	8774	-20618	
1985	131789	131789	131789	119871	10688	36495	7429
1986	160206	160206	160206	145866	9303	37092	706
1987	194326	194326	194326	176890	10241	35797	9344
1988	241343	241343	241343	214128	14631	41206	11050
1989	286679	286679	286679	261270	15836	40045	3193
1990	329763	329763	329763	278480	22760	40954	17895
1991	393966	393966	393966	299621	22137	39320	16833
1992	390775	390775	390775	335490	28081	38992	12382
1993	561177	561177	561177	511777	28520	37311	9745
1994	682167	362969	362969	261719	57655	43005	4900
1995	763458	437028	437028	278344	65817	62222	4070
1996	932403	572571	548777	339614	113751	56853	5230
1997	1112747	731774	660777	415328	130023	60554	5964
1998	1312330	897747	776654	492585	127233	50815	12083
1999	1436887	1008228	865714	502477	134371	80821	13766
2000	1555898	1106808	950320	546435	126444	105983	12815
2001	1677630	1173825	994313	571829	105819	151985	19489
2002	2068097	1329097	1128546	673679	121828	90287	40610
2003	2580321	1627213	1387157	857381	136418	71615	60521
2004	3646653	2382753	1967589	1220909	132486	86995	147494
2005	5363633	3350925	2774553	1768690	107582	193550	147758
2006	7129718	4617618	3433774	2183213	150232	272831	188849

注：1.1984年以前企业所得税包括国有企业上缴利润和国有企业亏损补贴；
2.1994年以来地方财政收入为分税制财政体制统计口径。

a)Before 1984, Enterprises income tax including payed profits and planned subsidies for the losses of the state-owned enterprises;
b)Since 1994, Revenue of the local governments has been counted by the classification of the structure of the government finance.

8-4 地方财政支出及主要支出项目

单位：万元

年 份 Year	地方财政支出 Local Government Expenditure	基本建设 Expenditure for Capital Construction	技术改造 Innovation Funds of Enterprises	农林水利气象及其事业费 Expenditure for Expenses of Agriculture, Forestry,Water Conservancy and Meteorology	工交商事业 Operating Expenses of Industrial, Transportation and Commercial Departments	教、科、文、卫 Operating Expenses of Science, Education, Culture & Health-care
1947	39				26	
1948	262			1	53	5
1949	786			22	107	23
1950	4562			653	904	375
1951	6025	161		634	191	1055
1952	10280	2538		370	9	1467
1953	13997	4886		595	153	2939
1954	18045	6248		1705	114	3165
1955	17489	5739		1391	432	2949
1956	29032	13170		2382	584	4354
1957	26771	9818		2974	652	5345
1958	64432	41211		4784	2556	6187
1959	99357	60090		8158	3379	7072
1960	122162	64463		13188	3149	10306
1961	56471	11553		9497	1081	8767
1962	37641	7446		5530	470	8096
1963	39952	8963		7059	388	8913
1964	49683	12785		5926	645	10158
1965	51808	18704	165	5692	645	10560
1966	59224	20208	495	7109	845	10912
1967	47949	16741	29	5412	690	10812
1968	41477	13614	254	4223	600	9194
1969	61706	23589		5051	635	9706
1970	78582	35075		5091	809	11013
1971	90915	37465	2238	6836	810	13650
1972	97994	37032	2058	9657	1324	17094
1973	114983	39413	1338	16863	1488	18509
1974	124842	48527	1833	18103	1417	19931
1975	129157	44712	1609	20869	1633	21228
1976	138332	43050	2665	23387	1801	23035
1977	140470	36983	4181	26237	2137	24444

Local Government Expenditures by Accounting Item

(10 000 yuan)

# 教育事业 Educational Operating Expenses	城市维护 Expenditure for City Maintenance	社会保障补助支出 Expenditure on Subsidies to Social Security Programs	抚恤社救 Expenditure for Pensions Social Welfare and Relief	国家管理 Government Management	# 行政管理 Expenditure for Government Administration
				8	8
				75	75
8			8	365	365
150	28		77	1559	1559
377	61		237	2785	2785
674	6		552	3022	3022
1784	236		295	3886	3886
1905	79		262	4702	4702
1894	94		360	4443	4443
2614	150		625	5808	5808
3337	156		406	5743	5743
3969	127		493	6199	6199
4144	269		609	8043	8043
6061	337		509	8873	8873
5338	205		807	8626	8626
5068	180		1550	7128	7128
5593	555		1171	7425	7425
6141	993		1340	8310	8310
6512	815		1738	8037	8037
7024	741		2242	8560	8560
7118	618		2337	7385	7385
6091	559		1194	7667	7667
5816	703		1766	9489	9489
6368	889		1687	10864	10864
8193	1422		1579	12498	12498
10261	1519		2308	12956	12956
10984	1679		3638	12834	12834
11739	1818		2824	13125	13125
12357	1932		2623	14035	14035
13490	2219		4013	15046	15046
14267	2336		3700	16172	16172

8-4 续表

单位：万元

年 份 Year	地方财政支出 Local Government Expenditure	基本建设 Expenditure for Capital Construction	技术改造 Innovation Funds of Enterprises	农林水利气象及其事业费 Expenditure for Expenses of Agriculture, Forestry,Water Conservancy and Meteorology	工交商事业 Operating Expenses of Industrial, Transportion and Commercial Departments	教、科、文、卫 Operating Expenses of Science, Education, Culture & Health-care
1978	186888	55978	10310	34582	2265	30439
1979	210416	61070	7762	39042	2527	34134
1980	183721	40674	7892	39605	2495	38017
1981	163506	20784	7652	33177	2351	41396
1982	203074	28733	10658	37083	2837	50282
1983	228273	35479	14724	41206	3239	57613
1984	308604	44460	23958	50332	5194	74432
1985	341832	56848	17019	47901	6457	83954
1986	438955	72939	24210	56524	7911	98486
1987	455597	54114	25196	58632	7299	105036
1988	510137	50165	27945	62685	9048	123436
1989	558124	45852	36297	70723	10596	134540
1990	609023	49415	37777	80121	11342	150197
1991	666190	62478	35871	83901	12241	156308
1992	720731	63988	47315	87189	12482	176436
1993	882773	61791	129793	94196	14008	209357
1994	928235	57617	99683	104992	17733	252797
1995	1021780	56159	88247	102837	16555	276638
1996	1263825	75551	65970	125911	18346	261614
1997	1429118	91114	72650	136318	23296	341169
1998	1817593	143054	60571	171262	17390	388895
1999	2128369	181797	61502	218848	18793	431302
2000	2610629	343664	92525	215342	19498	466695
2001	3359808	513916	97683	348649	29841	627072
2002	4133327	812413	97799	364853	36134	717519
2003	4710924	781312	147553	355487	44016	836686
2004	6027524	759463	202233	756374	58218	982266
2005	7346079	1106816	291274	720218	80216	1163434
2006	9149716	1253030	240095	876707	91729	1439749

continued

(10 000 yuan)

# 教育事业 Educational Operating Expenses	城市维护 Expenditure for City Maintenance	社会保障补助支出 Expenditure on Subsidies to Social Security Programs	抚恤社救 Expenditure for Pensions Social Welfare and Relief	国家管理 Government Management	# 行政管理 Expenditure for Government Administration	# 公检法 Expenditure for Bureau of Public Security, Procurator's Agency and Court of Justice	政策性补贴 Expenditure for Price Subsidies
17873	2647		4821	17180	17180		
19807	3673		6130	20003	20003		
22736	4311		5896	22573	22573		
24589	4320		6221	23420	23420		
29409	6967		5352	28972	28972		
32294	9752		6366	34202	34202		
41660	18601		8184	49006	49006		
48420	17283		9404	40697	40697		40706
55765	23508		11965	50967	41000	9967	46408
60345	20629		11132	50976	41365	9611	67237
71570	23258		11803	65619	48533	17086	76976
77245	26732		11463	72101	52253	19848	84116
85647	27940		14094	86470	63413	23057	80141
85884	30441		13487	98264	73149	25115	76102
100203	30421		14806	118675	88907	29768	96425
122475	37522		16266	143303	108521	34782	68366
150400	44289		19710	175202	130705	44497	61803
165580	46407	782	21679	199402	149798	49604	71089
197786	57257	945	33275	236496	173468	63028	127019
202451	64198	2956	31948	260401	191056	69345	122402
242189	63681	47355	42065	302634	198978	103656	112521
275159	71025	91094	38229	343095	213031	130064	139641
297521	73168	146199	40656	393348	242583	145405	186028
397389	112129	161678	54268	503144	317596	173835	178737
482847	141729	220864	72861	580553	378229	187481	219506
543525	185405	244960	109468	703312	456517	229631	198437
662206	254763	418242	116165	876212	569237	286448	163692
786645	378206	324628	147111	1058531	714427	318539	158001
950332	545077	401224	198760	1248459	821707	395100	235350

8-5 各项税收收入

Government Tax Revenue

单位：万元 (10 000 yuan)

年 份 Year	税收总额 Total Tax	地方税收 Local Government Tax	# 工商税收 Industrial and Commercial Tax	# 农业各税 Agricultural and Related	# 企业所得税 Income Tax of Enterprises	税收总额占财政收入比重(%) Percentage of Government Tax Revenue to Government Revenue(%)
1947	4	4	4		1	44.4
1948	69	69	26	43	20	62.7
1949	431	431	149	282	196	58.3
1950	3588	3588	1908	1680	1568	67.1
1951	2871	2871	2361	510	1306	53.4
1952	6544	6544	3856	2700	5049	49.1
1953	4981	4981	4546	450	2550	57.5
1954	12373	12373	7867	4544	5260	66.9
1955	14249	14249	8904	5370	6324	67.6
1956	17834	17834	12334	5512	9328	64.6
1957	21579	21579	16209	5550	9409	68.8
1958	25331	25331	19733	5598	17065	59.2
1959	29277	29277	22771	6506	39150	41.7
1960	34050	34050	27640	6410	52872	47.9
1961	23348	23348	18421	4297	24238	47.2
1962	24442	24442	19442	5000	7788	72.8
1963	27163	27163	21167	5996	9734	70.8
1964	29705	29705	22205	7500	12499	68.7
1965	31784	31784	25656	6128	13144	69.1
1966	31722	31722	24744	6978	16086	65.5
1967	30754	30754	23235	7519	9058	76.4
1968	30590	30590	23954	6636	7549	78.7
1969	25668	25668	20403	5265	1509	92.7
1970	37427	37427	27800	9627	6076	84.9
1971	37573	37573	29830	7743	-1820	102.8
1972	36369	36369	31524	4845	-5822	116.1
1973	42897	42897	35397	7500	-9309	125.7
1974	42330	42330	34726	7604	-16136	157.5
1975	47743	47743	40849	6894	-21044	174.4
1976	51665	51665	43677	7988	-25703	194.3
1977	57440	57440	50169	7271	-29193	195.8

8-5 续表 continued

单位：万元 (10 000 yuan)

年 份 Year	税收总额 Total Tax	地方税收 Local Government Tax	# 工商税收 Industrial and Commercial Tax	# 农业各税 Agricultural and Related	# 企业所得税 Income Tax of Enterprises	税收总额占财政收入比重(%) Percentage of Government Tax Revenue to Government Revenue(%)
1978	60750	60750	55111	5639	3234	88.0
1979	63755	63755	57597	6158	-20749	139.9
1980	64858	64858	61190	3668	-26724	157.1
1981	71049	71049	65071	6022	-32579	170.9
1982	81872	81872	75171	6701	-35624	157.9
1983	89833	89833	82205	7628	-25171	128.5
1984	99926	99926	91152	8774	-20618	118.2
1985	130558	130558	119865	10688	36495	97.5
1986	155167	155167	145866	9432	37092	96.8
1987	187130	187130	176890	10483	35797	96.3
1988	228758	228758	214128	15117	41206	94.8
1989	317150	317150	261270	16397	40045	110.6
1990	342192	342192	278480	23565	40954	103.8
1991	355665	355665	299621	23181	39320	90.3
1992	363571	363571	335490	29712	38992	93.0
1993	540247	540247	511777	29736	37311	96.3
1994	631630	312432	261719	58722	43005	92.6
1995	672614	346184	278344	66469	60801	88.1
1996	870713	510884	339614	113751	57519	93.3
1997	988192	607219	415328	130023	61868	88.8
1998	1085216	670633	492585	127233	50815	82.7
1999	1144680	716021	502477	134371	80821	79.7
2000	1226549	777459	546435	126444	105983	78.8
2001	1315328	811744	571829	105819	151985	78.4
2002	1624794	885794	673679	121828	90287	78.6
2003	2018522	1065414	857381	136418	71615	78.2
2004	2704290	1440390	1220909	132436	86995	74.2
2005	4082530	2069822	1768690	107532	193550	76.1
2006	5118845	2606745	2183213	150232	272831	71.8

注： 1.农业各税包括农业税、牧业税、耕地占用税、农业特产税和契税。

2.企业所得税中1985-1993年包括国有企业调节税，1994年以后包括地方金融企业所得税，2002年以后包括上划中央税收收入。

a)The agricultural and retail taxes include the agricultural tax, the animal husbandry tax, the tax on the use of cultivated land, the tax on special agricultural products and the contract tax.

b)During the Years 1985 to 1993, the income tax levied on state-owned enterprises included the tax for adjusting income. Since 1994,it has also included the income tax levied on banking institutions.

主要统计指标解释

财政收入 指国家财政参与社会产品分配所取得的收入，是实现国家职能的财力保证。财政收入所包括的内容几经变化，目前主要包括：

(1)各项税收：包括增值税、营业税、消费税、土地增值税、城市维护建设税、资源税、城市土地使用税、印花税、个人所得税、企业所得税、关税、农牧业税和耕地占用税等。

(2)专项收入：包括征收排污费收入、征收城市水资源费收入、教育费附加收入等。

(3)其他收入：包括基本建设贷款归还收入、基本建设收入、捐赠收入等。

(4)国有企业计划亏损补贴：这项为负收入，冲减财政收入。

财政支出 国家财政将筹集起来的资金进行分配使用，以满足经济建设和各项事业的需要，主要包括：

(1)基本建设支出：指按国家有关规定，属于基本建设范围内的基本建设有偿使用、拨款、资本金支出以及经国家批准对专项和政策性基建投资贷款，在部门的基建投资额中统筹支付的贴息支出。

(2)企业挖潜改造资金：指国家预算内拨给的用于企业挖潜、革新和改造方面的资金。包括各部门企业挖潜改造资金和企业挖潜改造贷款资金，为农业服务的县办“五小”企业技术改造补助，挖潜改造贷款利息支出。

(3)地质勘探费用：指国家预算用于地质勘探单位的勘探工作费用，包括地质勘探管理机构及其事业单位经费、地质勘探经费。

(4)科技三项费用：指国家预算用于科技支出的费用，包括新产品试制费、中间试验费、 重要科学研究补助费。

(5)支援农村生产支出：指国家财政支援农村集体(户)各项生产的支出。包括对农村举办的小型农田水利和打井、喷灌等的补助费，对农村水土保持措施的补助费，对农村举办的小水电站的补助费，特大抗旱的补助费，农村开荒补助费，扶持乡镇企业资金，农村农技推广和植保补助费，农村草场和畜禽保护补助费，农村造林和林木保护补助费，农村水产补助费，发展粮食生产专项资金。

(6)农林水利气象等部门的事业费用：指国家财政用于农垦、农场、农业、畜牧、农机、林 业、森工、水利、水产、气象、乡镇企业的技术推广、良种推广(示范)、动植物(畜禽、森 林)保护、水质监测、勘探设计、资源调查、干部训练等项费用，园艺特产场补助费，中等专业学校经费，飞播牧草试验补助费，营林机构、气象机构经费，渔政费以及农业管理事业费等。

(7)工业交通商业等部门的事业费：指国家预算支付给工交商各部门用于事业发展的经费， 包括勘探设计费、中等专业学校经费、技术学校经费、干部训练费。

(8)文教科学卫生事业费：指国家预算用于文化、出版、文物、教育、卫生、中医、公费医疗、体育、档案、地震、海洋、通讯、电影电视、计划生育、党政群干部训练、自然科学、 社会科学、科协等项事业的经费支出和高技术研究专项经费。主要包括工资、补助工资、福利费、离退休费、助学金、公务费、设备购置费、修缮费、业务费、差额补助费。

(9)抚恤和社会福利救济费：指国家预算用于抚恤和社会福利救济事业的经费。包括由民政部门开支的烈士家属和牺牲病残人员家属的一次性、定期抚恤金，革命伤残人员的抚恤金，各种伤残 补助费，烈军属、复员退伍军人生活补助费，退伍军人安置费，优抚事业单位经费，烈士纪念建筑物管理、维修费，自然灾害救济事业费和特大自然灾害灾后重建补助费等。

(10)行政事业单位离退休支出：指实行归口管理的行政事业单位离退休经费。

(11)社会保障补助支出：指国家预算用于社会保障的补助支出，包括对社会保障基金的补助、促进就业补助、国有企业下岗职工补助、补充全国社会保障基金等。

(12) 国防支出：指国家预算用于国防建设和保卫国家安全的支出，包括国防费、国防科研事业费、民兵建设以及专项工程支出等。

(13)行政管理费：包括行政管理支出，党派团体补助支出，外交支出、公安安全支出，司法 支出、法院支出，检察院支出和公检法办案费用补助。

(14) 政策性补贴支出：指经国家批准，由国家财政拨给的政策性补贴支出。主要包括粮、棉、油差价补贴，平抑物价和储备糖补贴，农业生产资料价差补贴，粮食风险基金，副食品风险基金，地方煤炭风险基金等。

(15)债务利息支出：指国家预算中用于偿还国内外债务利息的支出。

中央财政收入和地方财政收入 指按财政体制划分的中央本级收入和地方本级收入。1994 年分税制财政体制以后，属于中央财政的收入包括关税、海关代征消费税和增值税，消费税，中央企业所得税，地方银行和外资银行及非银行金融企业所得税，铁道、银行总行、保险总公司等集中缴纳的营业税、所得税、利润和城市维护建设税，增值税的 75%部分，证券交易税(印花税)94%部分和海洋石油资源税。属于地方财政的收入包括营业税，地方企业所得税，个人所得税，城镇土地使用税，固定资产投资方向调节税，城镇维护建设税，房产税，车船使用税，印花税、屠宰税，农牧业税，农业特产税，耕地占用税，契税，增值税 25%部分，证券交易税(印花税)6%部分和除海洋石油资源税以外的其他资源税。

中央财政支出和地方财政支出 指根据政府在经济和社会活动中的不同职责，划分中央和地方政府的责权，按照政府的责权划分确定的支出。中央财政支出包括国防支出，武装警察部队支出，中央级行政管理费和各项事业费，重点建设支出以及中央政府调整国民经济结构、协调地区发展、实施宏观调控的支出。地方财政支出主要包括地方行政管理和各项事业费，地方统筹的基本建设、技术改造支出，支援农村生产支出，城市维护和建设经费，价格补贴支出等。

预算外资金收支 预算外资金指国家机关、事业单位和社会团体为履行或代行政府职能，依据国家法律、法规和具有法律效力的规章而收取、提取和安排使用的未纳入国家预算管理的各种财政性资金。其范围主要包括：法律、法规规定的行政事业性收费、基金和附加收入等；国务院或省级人民政府及其财政、计划(物价)部门审批的行政事业性收费；国务院及财政部审批建立的基金、附加收入等；主管部门所属单位集中上缴资金；用于乡镇政府开支的乡自筹和乡统筹资金；其他未纳入预算管理的财政性资金。社会保障基金在国家财政尚未建立社会保障预算制度以前，先按预算外资金管理制度进行管理，专款专用。财政部门在银行开设统一的专户，用于预算外资金收入和支出管理。部门和单位的预算外收入必须上缴同级财政专户，支出由同级财政按预算外资金收支计划和单位财务收支计划统筹安排，从财政专户中拨付，实行收支两条线管理。

Explanatory Notes on Main Statistical Indicators

Government Revenue refers to the revenue of the government finance by means of participating in the distribution of the social products, which are the financial resources for ensuring the government to function. The contents of government revenue have been changed several times. Now it includes the following main items:

(1) Various tax revenues, including value added tax, business tax, consumption tax, land value added tax, tax on city maintenance and construction, resources tax, tax on use of urban land, stamp tax, personal income tax, enterprise income tax, tariff, tax on agriculture and animal husbandry and tax on occupancy of cultivated l and, etc.

(2) Special revenues, including revenue collected from imposing fee on sewage treatment, revenue collected from imposing fee on urban water resources, and extra charges for education, etc.

(3) Other revenues, including revenue from the repayment of capital construction l loan, revenue from capital construction projects, and donations and grants.

(4) Planned subsidies for the losses of the state owned enterprises. This is s an item of negative revenue, used to eat up part of the government revenue.

Government Expenditure refers to the distribution and use of the funds the government finance has raise d, so as to meet the needs of economic construction and various causes. It include s the following main items:

(1) Expenditure for capital construction: It refers to the non gratuitous use and appropriation of funds for capital construction in the range of capital construction, outlay of capital as well as the loans on capital construction approved by the government for special purpose or policy purpose and the expenditure with discount paid in an overall way within the amount of the funds appropriated to the departments for capital construction.

(2) Innovation funds of the enterprises: They refer to the funds appropriated from the government budget for the enterprises to tap the latent power, upgrade the technology and carry out innovation, including the innovation fund of the departments, loan of the enterprises for innovation, subsidies on the innovation of the small fertilizer plant, small cement plant, small coal mines, small machinery plant and small steel plant, the expenditure of interest for the loan for innovation.

(3) Geological prospecting expenses: They refer to the expenses appropriated from the government budget to the geological prospecting units for the expenditure of the prospecting work, including the expenditures of the administrative agencies for geological prospecting and their institutional units as well as the geologic al prospecting expenditure.

(4) Expenditures for science and technology promotion: They refer to the expense s appropriated from the government budget for the scientific and technological expenditure, including new products development expenditure, expenditure for intermediate trial and subsidies on important scientific researches.

(5) Expenditure for supporting rural production: It refers to the expenditures appropriated from the government budget for supporting the various expenditures of the rural collective units or households for production, including the subsidies to the small water conservancy projects and well drilling, sprinkling irrigation projects run by the villages; subsidies on the rural water and soil conserving measures; subsidies to the small power stations run by the villages; subsidies to the expenditure for fighting against particularly severe draughts; subsidies on the rural was the land exclamation; fund for supporting the township enterprises; subsidies to the expenditure for popularization of the agricultural technologies and plant protection in the rural areas; subsidies to the expenditure for the protection of grasslands and cattle and fowls; subsidies on afforestation and forest protection in rural areas; subsidies on the rural aquatic products industry; special fund for developing grain production.

(6) Operating expenses of the departments of farming, forestry, water conservancy and meteorology etc. : They refer to the expenses appropriated from the government budget for the expenditures of agricultural exclamation, farms, agriculture, animal husbandry, agricultural machinery, forestry, timber industry, water conservancy, aqua tic products industry, meteorology, technology popularization in township enterprises, popularization (demonstration) of improved varieties, plant (cattle and fowls, forest) protection, water quality monitoring, prospecting and designing, resources investigation, cadres training, subsidies to horticulture gardens, expenditure of specialized secondary schools, subsidies on the experiments of sowing herbage seeds by flights, expenditures of afforestation agencies and meteorology agencies, expenses for fishery administration and operating expenses for agricultural administration, etc.

(7) Operating expenses of the departments of industry, transport and commerce: They refer to the expenses appropriated from the government budget to the departments of industry, transport and commerce for the expenditure of business development, including expenses for prospecting and designing, expenditures of specialized

secondary schools, expenditures of the technical training schools and expenditures or cadres training, etc.

(8) Operating expenses of the departments of culture, education, science and public health: They refer to the expenses appropriated from the government budget for t he expenditures of the causes of culture, publication, cultural relics, education, public health, traditional Chinese medical science, free medical services, sports, archives, earthquake, ocean, communications, broadcasting, film and television, family planning; expenditure for training of cadres of government, party and mass organization; expenditures for natural sciences, social sciences, associations for science and technology and the special expenditure for the high tech researches. They include mainly wages, extra wages, welfare funds, pension for the retirees, stipend, expenses for official business, expenses for equipment purchases, expenses for repairs, business expenses and subsidies to the un its which are unable to support their expenditures by their own earnings.

(9) Pension for the disabled or for the families of the bereaved and relief funds for social welfare: They refer to the funds appropriated from the government bud get for the expenditures of pension for the disabled or for the families of the bereaved and relief funds for social welfare, including the lump sum or regular pension paid by the departments of civil affairs to the members of martyrs families and families of those who died for the public interest, pension to the revolutionary disabled, subsidies for permanent disability of various kinds, subsidies to the military martyrs dependents and the demobilized servicemen, expenditure for settling down the demobilized servicemen, operating expenses of the consoling institutions, expenses for management and repair of the commemorative buildings for the martyrs, the expenses managed by the departments of civil affairs for the retirees and those who have quitted their work, expenses for social relief in rural and urban areas, operating expenses for providing relief to the areas of natural calamity and subsidies on the reconstruction after the particularly severe natural calamities, etc.

(10) Expenditures on retiree : It refers to the expenditures of government agencies and institutions that covered by the state budget.

(11) Expenditures on subsidies to social security system: It refers to expenditure from the state budget for subsidies to the social insurance fund, subsidies to promoting employment, subsidies to laid-off workers of state-owner enterprises, supplement to national social security funds, etc.

(12) Expenditures for national defence: They refer to the funds appropriated from the government budget for the expenditures for building up national defence and safeguarding national security, including expenses of national defence, expenses o f scientific researches on national defence, expenses for building up people's militia and expenditure for special projects, etc.

(13) Administrative expenses: They include expenditure for administration, subsidies to the parties and mass organizations, diplomatic expenditure, expenditure for public security, judicial expenditure, law court expenditure, procuratorial expenditure and subsidies to the expenses for treating the cases by the public security departments, procuratorial organs and law courts.

(14) Expenditure for price subsidies: It refers to the expenditure appropriated, with the approval of the government, from the government budget for the policy subsidies to price adjustment, including the fund for the increase of grain prices, the subsidies to the difference between the selling prices and purchasing prices o f grains, cotton and edible oil, awards in addition to the purchasing prices of cotton, risk fund for non staple food, subsidies on the prices of meat and meat products, subsidies on the price difference for curbing the high market prices of meat, meat products and vegetables and the subsidies approved by the government on the prices of textbooks and newsprint of newspapers and periodicals.

(15) Expenditure on interest of debts: It refers to expenses from the state budget on paying interest of domestic and foreign debts.

Revenue of the central government and revenue of the local governments In accordance with the classification of the structure of the government finance in 1994 on the basis of the classification of channels for collection of tax revenues, the revenue of the central government and the revenue of the local governments have different coverage. The revenue of the central government includes tariff, consumption tax and value added tax levied by the customs, consumption tax, income tax of the enterprises subordinate to the central government, income taxes of the local banks, foreign funded banks and non bank financial institutions, business tax, income tax and profits of railways, head offices of banks, head office of insurance company, which are handed over to the government in a centralized way, tax on city maintenance and construction, 75% of the value added tax, tax on ocean petroleum resources, 94% of the tax on stock dealing (stamp tax) . The revenue of the local governments includes business tax, income tax of the enterprises subordinate to the local government, personal income tax, tax on the use of urban land, tax on the adjustment of the investment in fixed assets, tax on town maintenance and construction, tax on real estates, tax on the use of vehicles and ships, stamp tax, slaughter tax, tax on agriculture and animal husbandry, tax on special agricultural products, tax on the occupancy of cultivated land, contract tax, 25% of the value added tax, 6% of the tax on stock dealing(stamp tax) and tax on resources other than the ocean petroleum resources.

Expenditure of the central government and expenditure of the local governments according to the different functions of the central government and local governments in the economic and social activities, the rights of affairs administration are classified between the central government and local governments; and the classification of the expenditure between the central government and local governments are made on the basis of the classification of the rights of affairs administration between them. The expenditure of the central government includes the expenditure for national defence, expenditure for armed police forces, the administrative expenses and various operating expenses at the level of central government, expenditure for key projects and the expenditure of the central government for adjusting the national economic structure, coordinating the development among different regions and exercising the macro economic regulation and control. The expenditure of the local governments includes mainly the administrative expenses and various operating expenses at the level of local governments, the expenditure for capital construction and technological innovation with the funds raised by the local government, expenditure for supporting rural production, expenditure for city maintenance and construction and expenditure for price subsidies, etc.

Extra-budgetary revenue and expenditure Extra-budgetary fund refers to financial fund of various types not covered by the regular government budgetary management, which is collected, allocated or arranged by government agencies, institutions and social organizations while performing duties delegated to them or on behalf o f the government in accordance with laws, rules and regulations. It mainly covers following items: administrative and institutional fees, funds and extra charges that are stipulated by laws and regulations; administrative and institutional fees approved by the State Council and provincial governments and their financial and planning (price management) departments; funds and extra charges established by the State Council and the Ministry of Finance; funds turned over to competent departments by their subordinate institutions; self raised and collected funds by township governments for their own expenditure; and other financial funds that a re not covered in budgetary management. Social security funds are treated as extra budget fund and managed for its exclusive use, given the circumstance that separate government budgetary system for social security is yet to be designed. Special accounts are opened by the financial departments in banks for the management of revenue and expenditure of extra budgetary fund. Extra budgetary revenue and expenditure is managed separately, namely, revenue of institutions and departments must enter into the special accounts of the financial department s at the same administrative level, and their extra budgetary expenditure is arranged in line with the extra budget plans and appropriated from these accounts.

九 物价指数

PRICE INDICES

资料整理 张永林 张立新 张宝明 刘世友

Arranged by Zhang Yonglin,Zhang Lixin,Zhang Baoming,

Liu Shiyou

9-1 各种价格总指数
General Price Indices

(上年=100) (preceding year=100)

年份 Year	居民消费价格指数 General Consumer Price Index	城市居民消费价格指数 Urban Areas	农村居民消费价格指数 Rural Areas	商品零售价格指数 General Retail Price Index	农产品收购价格指数 General Purchasing Price Index of Farm Products	农村工业品零售价格指数 General Rural Retail Price Index of Industrial Products	工农业商品综合比价指数 General Price Parity Index of Industrial & Farm Products
1952		110.7		109.4	100.1	109.8	109.7
1953		104.7		103.2	113.3	102.2	90.2
1957		97.8		99.3	105.1	98.3	93.5
1962		104.9		108.2	101.7	107.9	106.1
1965		98.6		99.6	99.1	98.1	99.0
1970		100.4		100.1	101.1	100.4	99.3
1975		101.4		100.7	101.3	99.5	98.0
1978		101.5		101.0	101.5	100.0	98.8
1979		102.3		101.9	120.2	99.6	82.9
1980		106.1		105.5	112.0	100.4	89.6
1981		101.9		101.8	106.3	100.9	94.9
1982		101.7		101.7	99.9	101.4	101.5
1983		101.2		101.0	101.6	100.9	99.3
1984	104.0	104.9	102.2	104.4	106.9	103.6	96.9
1985	109.3	108.9	110.0	108.5	113.5	103.9	91.5
1986	105.2	105.5	104.5	105.0	114.1	103.1	90.4
1987	107.8	108.5	106.0	108.1	118.6	105.7	89.1
1988	116.3	117.0	115.0	116.3	124.6	114.3	91.7
1989	115.7	114.7	118.3	115.9	105.1	117.9	112.2
1990	102.3	101.8	103.4	102.9	95.2	107.0	112.4
1991	104.6	106.0	102.5	104.5	95.0	103.4	108.8
1992	107.4	108.7	103.9	106.8	104.0	102.4	98.5
1993	114.1	114.7	112.5	112.5	115.5	110.5	95.7
1994	122.9	124.3	121.3	119.6	144.6	116.7	80.7
1995	117.5	117.1	118.0	116.8	124.7	112.8	90.5
1996	107.6	107.5	107.7	105.8	96.3	105.8	109.9
1997	104.5	104.6	104.3	102.3	94.9	102.7	108.2
1998	99.3	99.3	99.2	98.1	97.3	99.0	101.7
1999	99.8	100.3	99.1	97.7	93.8	97.3	103.7
2000	101.3	101.3	101.2	98.8	99.7	99.6	99.9
2001	100.6	100.6	100.5	100.0	105.7	99.4	94.0
2002	102.3	100.8	105.4	99.4	99.0	99.3	100.3
2003	102.2	101.5	103.5	99.6		98.9	
2004	102.9	102.5	103.9	102.7		102.8	
2005	102.4	102.0	103.3	101.5			
2006	101.5	101.3	102.0	101.4			

注：工农业商品综合比价指数是以农产品收购价格指数为100，下表同。

a)The general purchasing price index of farm products is taken as 100 in calculating the general price parity index of industrial and farm products.The same as in the following table.

9-2 各种价格总指数
General Price Indices

(1978年=100) (1978=100)

年 份 Year	居民消费价格指数 General Consumer Price Index	城市居民消费价格指数 Urban Areas	农村居民消费价格指数 Rural Areas	商品零售价格指数 General Retail Price Index	农产品收购价格指数 General Purchasing Price Index of Farm Products	农村工业品零售价格指数 General Rural Retail Price Index of Industrial Products	工农业商品综合比价指数 General Price Parity Index of Industrial & Farm Products
1978		100.0		100.0	100.0	100.0	
1979		102.3		101.9	120.2	99.6	82.9
1980		108.5		107.5	134.6	100.0	74.3
1981		110.6		109.4	143.1	100.9	70.5
1982		112.5		111.3	143.0	102.3	71.5
1983	100.0	113.8	100.0	112.4	145.2	103.2	71.1
1984	104.0	119.4	102.2	117.3	155.3	106.9	68.8
1985	113.7	130.0	112.4	127.3	176.2	111.1	63.1
1986	119.6	137.2	117.5	133.7	201.1	114.6	57.0
1987	128.9	148.9	124.5	144.5	238.5	121.1	50.8
1988	149.9	174.2	143.2	168.1	297.2	138.4	46.6
1989	173.5	199.8	169.4	194.8	312.3	163.2	52.3
1990	177.5	203.3	175.2	200.5	297.3	174.5	58.7
1991	185.6	215.6	179.6	209.5	282.4	180.5	63.9
1992	199.3	234.3	186.6	223.7	293.7	184.9	63.0
1993	227.5	268.7	209.9	251.7	339.3	204.1	60.2
1994	279.5	334.1	254.6	301.0	490.6	238.2	48.6
1995	328.5	391.2	300.4	351.6	611.8	268.8	43.9
1996	353.4	420.5	323.5	372.0	589.1	284.3	48.2
1997	369.3	439.9	337.4	380.6	559.1	291.9	52.2
1998	366.7	436.8	334.7	373.3	544.0	289.0	53.1
1999	366.0	438.1	331.7	364.7	510.3	281.2	55.1
2000	370.8	443.8	335.7	360.3	508.7	280.1	55.1
2001	372.2	446.5	337.4	360.3	537.7	278.4	51.8
2002	380.8	450.1	355.6	358.1	532.3	276.5	51.9
2003	389.2	456.9	368.0	356.7		273.5	
2004	400.5	468.3	382.4	366.3		281.2	
2005	410.1	477.7	395.0	371.8			
2006	416.3	487.3	402.9	377.0			

9-3 居民消费价格分类指数(2006年)

Consumer Price Indices by Category(2006)

(上年=100) (preceding year=100)

项目	Item	全区 Autonomous Regional Indices	城市 Urban Indices	农村 Rural Indices
居民消费价格总指数	**General Consumer Price Index**	**101.5**	**101.3**	**102.0**
非食品价格指数	Non-food Price Index	101.0	100.6	101.8
服务项目价格指数	Service Index	101.9	101.2	103.2
扣除鲜菜鲜果总指数	General Index Except Fresh Vegetables & Fruits	100.9	100.6	101.6
消费品价格指数	Consumer Goods Price Index	101.3	101.3	101.5
食品	**Food**	**102.6**	**102.7**	**102.4**
粮食	Grain	102.5	102.6	102.4
# 大米	Rice	103.6	104.8	102.8
面粉	Flour	101.2	100.9	101.5
淀粉及薯类	Starches & Tubers	104.1	103.7	104.3
干豆类及豆制品	Bean and Its Products	100.1	100.8	99.0
油脂	Oil or Fat	98.8	99.9	96.8
# 植物油脂	Vegetable Oil	100.1	100.2	99.8
肉禽及其制品	Meal, Poultry and Their Products	97.2	97.0	97.8
食用畜肉及副产品	Meal and Its Products	96.6	96.8	96.2
# 猪肉	Pork	91.8	92.4	90.1
牛肉	Beef	101.9	101.0	103.8
羊肉	Mutton	105.4	106.2	103.1
禽	Poultry	93.3	91.9	96.0
肉禽加工制品	Products of Meal and Poultry	101.7	101.2	102.6
蛋	Eggs	98.2	98.8	94.9
水产品	Aquatic Products	100.0	100.2	99.4
鱼	Fish	98.1	97.8	99.0
其它水产品	Other Aquatic Products	106.8	107.6	101.5
菜	Vegetables	112.7	112.7	112.7
调味品	Flavoring	101.5	102.6	100.6
# 盐	Salt	100.9	101.2	100.7
糖	Carbohydrate	111.2	107.3	115.2
# 食糖	Sugar	134.7	138.3	132.8
糖果	Candy	104.0	102.1	106.0
茶及饮料	Tea and Beverages	100.5	100.8	99.6
# 茶叶	Tea	101.4	102.2	99.7
饮料	Beverages	100.2	100.3	99.5
干鲜瓜果	Dried and Fresh Melon and Fruits	116.8	117.4	114.9

9-3 续表 1 continued

(上年=100) (preceding year=100)

项目	Item	全区 Autonomous Regional Indices	城市 Urban Indices	农村 Rural Indices
#鲜果	Fresh Fruits	121.4	122.1	119.0
糕点饼干面包	Cake, Biscuit and Bread	100.5	100.9	99.7
奶及奶制品	Milk and Its Products	101.0	101.0	100.9
#鲜奶	Fresh Milk	101.1	101.2	95.8
奶粉	Milk Powder	102.1	101.5	102.7
在外用膳食品	Outdoor Food	100.8	100.6	101.6
#主食	Staple Food	100.4	100.2	101.1
炒菜	Fried Dishes	101.0	100.9	101.4
其它食品及食品加工服务	Other Food & Service of Food Processing	101.9	102.5	100.7
烟酒及用品	**Tobacco and Liquor and Articles for Them**	**101.9**	**103.6**	**99.8**
烟草	Tobacco	101.3	102.2	100.2
#国产卷烟	Cigarette Made in China	100.8	101.5	99.9
酒	Alcoholic Drink	102.8	106.7	99.4
#白酒	Liquor	104.1	109.6	99.3
啤酒	Beer	100.0	100.5	99.5
吸烟饮酒用品	Articles for Smoking and Drinking	100.0	100.0	100.0
衣着	**Clothing**	**100.1**	**99.8**	**101.3**
服装	Garments	99.7	99.3	101.4
男式服装	Men's Garment	99.6	99.5	100.7
女式服装	Women's Garment	99.4	99.2	100.8
儿童服装	Children's Garment	101.6	99.5	103.1
衣着材料	Clothing Material	100.5	99.8	100.8
#棉布	Cotton Cloth	100.7	100.6	100.7
化纤布	Chemical Fiber Cloth	100.4	100.0	100.7
毛织品	Woolen Textiles	100.4	99.5	101.9
鞋袜帽	Footwear and Hats	101.1	101.1	101.0
鞋	Shoes	101.2	101.3	101.2
袜子	Socks and Stockings	100.2	99.5	100.8
帽子	Hats	99.3	99.8	98.7
衣着加工服务	Service of Clothing Processing	99.4	98.6	102.5
家庭设备用品及维修服务	**Household Facilities and Repairing Services**	**100.3**	**100.4**	**100.1**
耐用消费品	Durable Consumer Goods	100.4	100.8	99.5
家具	Furniture	99.7	100.0	98.9
家庭设备	Household Facilities	101.2	101.5	100.1

9-3 续表 2 continued

(上年=100) (preceding year=100)

项目	Item	全区 Autonomous Regional Indices	城市 Urban Indices	农村 Rural Indices
#洗衣机	Washing Machine	101.0	101.2	100.5
电冰箱(柜)	Refrigerator	100.2	100.3	100.1
电炊具	Electric Cooking Appliances	100.5	100.2	101.4
室内装饰品	Interior Decorations	100.1	100.2	99.8
床上用品	Bed Articles	99.0	98.9	99.2
家庭日用杂品	Daily Use Household Articles	100.6	100.6	100.5
家庭服务及加工维修服务	Family Service and Repairing Service	100.7	99.8	103.6
医疗保健和个人用品	**Medicine & Medical Articles and Personal Necessities**	**99.5**	**99.0**	**100.8**
医疗保健	Medical and Health Care	98.0	97.4	99.3
医疗器具及用品	Medical Appliances and Articles	100.1	99.8	100.1
中药材及中成药	Traditional Chinese Medicine	98.2	98.1	98.4
西药	Western Medicine	96.6	95.9	98.0
#感冒药	Medicine for Cold			
心血管病用药	Cardiovascular Drug			
保健器具及用品	Health Care Appliances and Articles	99.3	99.0	99.8
医疗保健服务	Medical and Health Care Services	100.1	100.1	100.0
#挂号费	Registration Fee	100.0	100.1	100.0
手术费	Operation Fee	100.0	100.0	100.0
住院费	Hospitalization Expenses	100.0	99.9	100.0
个人用品及服务	Personal Necessities and Services	102.7	102.2	104.0
化妆美容用品	Cosmetic and Beauties	99.6	99.6	99.4
卫生用品	Articles for Daily Use	99.8	99.4	101.2
个人饰品	Personal Decorations	107.3	107.6	106.8
个人服务	Personal Services	103.8	103.5	104.2
交通和通讯	**Transportation and Communication**	**101.1**	**100.2**	**103.0**
交通	Transportation	104.1	103.8	104.6
交通工具	Means of Transportation	100.7	99.7	101.5
#摩托车	Motor	101.4	99.5	102.1
自行车	Bike	101.4	99.9	102.0
汽　车	Automobile	99.3	99.4	98.4
车用燃料及零配件	Fuel and Spares of Vehicles	109.9	110.4	107.1
#汽油	Gasoline	114.1	113.8	116.6
柴油	Diesel Oil	113.8	113.5	114.9
车辆使用及维修	Utilize and Repair of Vehicles	102.0	101.8	102.2

9-3 续表 3 continued

(上年=100) (preceding year=100)

项目	Item	全区 Autonomous Regional Indices	城市 Urban Indices	农村 Rural Indices
市区公共交通	Public Traffic in City	102.5	100.8	107.8
# 公共汽车票	Bus Ticket	103.6	100.9	110.1
出租汽车	Taxi	101.0	100.7	106.6
城市间交通	Traffic between Cities	109.0	108.7	109.4
# 火车票	Train Ticket	106.2	108.4	100.0
长途汽车	Long Distance Bus	113.2	112.6	113.5
通信	Communication	98.0	97.6	99.4
通信工具	Means of Communication	92.8	91.8	95.9
通信服务	Service of Communication	99.8	99.5	101.1
娱乐教育文化用品及服务	**Recreation, Education and Culture Articles & Services**	**100.8**	**100.1**	**101.9**
文娱用耐用消费品及服务	Durable Consumer Goods for Recreation Use and Service	97.0	97.1	97.0
# 电视机	Television	95.7	96.3	94.7
影碟机	Video Disc Player	96.1	96.6	92.3
照相机	Camera	92.2	88.7	99.1
电　脑	Computer	97.8	97.9	99.8
教育	Education	102.6	102.5	102.8
教材及参考书	Teaching Materials and Reference Books	101.4	102.6	98.3
学杂托幼费	Tuition and Child Care	102.7	102.5	102.9
文化娱乐用品	Cultural and Recreational Articles	100.1	100.1	100.0
文化娱乐	Culture and Recreation	100.1	100.2	99.8
书报杂志	Newspapers and Magazines	100.1	100.0	100.2
文娱费	Recreational Fee	100.2	100.2	100.5
旅游及外出	Tourism and Outdoor	95.0	94.6	99.7
居住	**Residence**	**103.9**	**104.5**	**103.1**
建房及装修材料	Housing and Building Decoration Material	100.8	101.3	100.3
# 木材	Wood	101.0	101.3	100.8
水泥	Cement	102.8	108.8	101.0
涂料	Paint	100.2	100.1	100.3
玻璃	Glass	101.9	102.4	101.6
租房	Rent	102.0	101.5	103.2
自有住房	Individual-own House	103.5	104.0	102.6
水、电、燃料	Water, Electricity and Fuels	106.6	106.5	106.9
# 水	Water	104.0	104.3	102.3
电	Electricity	102.8	104.2	99.7

9-4 商品零售价格分类指数(2006年)

Retail Price Indices by Category of Commodities(2006)

(上年=100) (preceding year=100)

项 目	Item	全区 Autonomous Regional Indices	城市 Urban Indices	农村 Rural Indices
商品零售价格指数	**General Retail Price Index**	**101.4**	**101.5**	**101.2**
食品	**Food**	**102.7**	**102.8**	**102.3**
粮食	Grain	102.4	102.6	102.3
淀粉及薯类	Starch and Potatoes	104.6	104.5	104.7
干豆类及豆制品	Dry Beans and Bean Products	99.1	99.6	98.5
油脂	Oil or Fat	98.5	99.9	96.4
肉禽及制品	Meal, Poultry	97.1	96.8	97.6
蛋	Eggs	99.6	100.6	94.7
水产品	Aquatic Products	100.8	101.2	99.3
菜	Vegetables	112.5	112.7	111.9
调味品	Condiments	101.4	102.7	100.3
糖	Sugar	110.8	106.7	114.5
干鲜瓜果	Dried and fresh Fruits	116.6	117.0	115.5
糕点饼干面包	Cake, Biscuits and Bread	100.3	100.8	99.5
奶及奶制品	Mike and Its Products	101.3	101.3	100.8
在外用膳食品	Out-of-home Food	101.1	101.0	101.4
其他食品	Other Food	101.7	101.8	101.4
饮料烟酒	**Beverages, Tobacco and Liquor**	**101.2**	**102.0**	**99.8**
茶及饮料	Tea and Beverages	100.6	100.9	99.1
烟草	Tobacco	100.7	101.2	100.0
酒	Liquor	101.9	103.1	99.7
服装鞋帽	**Garments, Shoes and Hats**	**99.9**	**99.8**	**100.0**
服装	Garments	99.6	99.5	99.7
鞋袜帽	Shoes, Sock and Cap	100.6	100.5	101.0
其他	Others	99.9	100.1	99.6
纺织品	**Textiled**	**99.7**	**99.7**	**99.8**
衣着材料	Material of Cloth	100.8	100.9	100.6
床上用品	Bedding	98.8	98.8	98.7
家用电器及音像器材	**Household Appliances**	**97.9**	**98.1**	**97.5**
文化办公用品	**Cultural and Office Goods**	**98.5**	**98.3**	**98.9**
日用品	**Articles for Daily Use**	**100.9**	**100.9**	**100.9**
体育娱乐用品	**Sports Entertainment Goods**	**98.2**	**98.0**	**98.7**
交通通信用品	**Transportation and communication**	**96.6**	**95.9**	**98.0**
家　具	**Furniture**	**99.5**	**99.9**	**98.0**
化妆品	**Cosmetics**	**98.7**	**98.3**	**99.8**
金银珠宝	**Jewelry**	**121.9**	**121.2**	**123.3**
中西药品及医疗保健用品	**Traditional Chinese and Western Medicines**	**98.5**	**97.9**	**99.8**
医疗器具及用品	Medical Appliances and Articles	100.1	100.1	100.1
中药材及中成药	Traditional Chinese Medicine	99.7	99.8	99.6
西药	Western Medicines	97.6	96.4	99.9
保健器具及用品	Health Care Appliances and Articles	99.0	98.5	99.8
书报杂志及电子出版物	**Newspapers,Magazines and Electronic Publications**	**101.5**	**101.8**	**100.7**
燃料	**Fuels**	**113.3**	**113.9**	**111.9**
建筑材料及五金电料	**Building Materials and Hardwares**	**100.9**	**101.2**	**100.6**

9-5 农产品生产者价格分类指数

Yielding Price Indices of Farm Products by Category of Commodities

(上年=100) (preceding year=100)

项目	Item	2005	2006
总指数	**General Index**	**103.2**	**103.6**
农产品	**Farm Products**	**103.1**	**105.4**
谷物(原粮)	Grain(Primary Grain)	101.3	106.9
小麦	Wheat	109.6	101.3
稻谷	Rice	110.3	106.6
玉米	Corn	99.5	108.0
杂粮	Other grain	114.8	104.9
马铃薯	Potatos	116.1	119.6
豆类	Legume	101.1	99.2
#大豆	Soybean	98.3	97.3
油料	Edible Oil	102.3	102.4
甜菜	Sugar Beet	105.7	110.9
牧草	Herbage	100.0	103.5
蔬菜	Vegetables	106.0	109.9
水果	Fruits	103.0	65.6
中药材	Raw Material of Traditional Chinese Medicine	99.3	113.2
林产品	**Forest Products**	**103.2**	**107.7**
畜产品	**Livestock Products**	**103.5**	**101.1**
牛	Cattles	102.1	100.3
羊	Sheep and Goats	102.7	102.6
猪	Hogs	104.0	94.1
家禽	Poultry	102.2	95.1
禽蛋	Poultry's egg	103.1	93.0
牛奶	Milk	99.9	100.6
绵羊毛	Sheep's wool	98.9	99.1
山羊绒	Cashmere	104.5	109.8
水产品	**Aquatic Products**	**100.2**	**102.5**

9-6 农业生产资料价格分类指数
Price Indices of Agricultural Means of Production by Category

(上年=100) (preceding year=100)

项 目	Item	2003	2004	2005	2006
总指数	**General Index**	**101.2**	**109.5**	**108.3**	**101.1**
小农具	Small Farm Tools	96.5	96.3	100.7	100.1
饲料	Forage	95.4	115.3	103.4	102.9
幼禽家畜	Young Livestock & Fowls	99.5	138.8	109.5	89.4
大牲畜	Large Animal	108.8	106.1	100.9	89.4
半机械化农具	Semi-mechanized Farm Tools	98.3	98.7	102.4	100.2
机械化农具	Mechanized Farm Tools	102.5	103.9	100.7	100.3
化学肥料	Chemical Fertilizer	104.7	109.0	118.3	101.0
农药及农药械	Pesticide & Its Appliances	97.6	101.9	99.0	100.6
化学农药	Chemical Pesticide	96.7	102.4	99.3	100.6
农药械具	pesticidal Appliance	101.7	99.1	97.8	100.4
农机用油	Oil for Farm Machinery	104.0	107.7	109.9	109.2
其他	Others	96.2	104.8	106.7	101.3

9-7 工业品出厂价格分类指数
Ex-factory Price Indices of Industrial Products

(上年=100) (preceding year=100)

项 目	Item	2003	2004	2005	2006
全部工业品	**Total Industry Products**	**103.2**	**105.1**	**105.1**	**103.0**
生产资料	**Means of Production**	**104.5**	**106.3**	**106.5**	**103.8**
采掘工业	Mining & Quarrying Industry	103.9	108.7	120.1	111.7
原材料工业	Raw Materials Industry	105.4	107.0	104.8	103.0
加工工业	Manufacturing Industry	103.4	104.8	102.1	99.5
生活资料	**Consumer Goods**	**99.7**	**101.5**	**100.9**	**100.7**
食品类	Food	100.2	102.4	100.9	101.4
衣着类	Clothing	98.5	99.3	100.9	101.2
一般日用品	Articles for Daily Uses	101.3	101.3	102.7	102.0
耐用消费品	Durable Consumer Goods	97.6	96.8	96.6	90.9

9-8 主要工业原材料购进价格指数

Purchasing Price Index of Majority Industrial Raw Materials

(上年=100) (preceding year=100)

项目	Item	2003	2004	2005	2006
原材料、燃料、动力购进价格总指数	**General Purchasing Price Index of Raw Materials and Energy**	**102.9**	**109.2**	**109.9**	**105.9**
燃料、动力	Fuels and Energy	103.5	106.6	114.8	109.8
黑色金属材料	Ferrous Metals	106.7	118.0	107.5	99.7
#钢材	Steel Products	106.2	112.8	104.2	98.1
有色金属材料和电线	Nonferrous Metals and Wires	106.0	124.0	117.0	117.7
化工原料	Chemical Raw Materials	100.0	108.9	108.9	100.8
木材及纸浆	Wood and Paper Pulps	98.2	100.8	102.5	102.5
建筑材料类及非金属矿	Construction Materials	99.9	102.4	106.2	102.1
其它工业原材料类及半成品	Other Industrial Raw Materials and Semi-products	101.1	104.4	102.3	104.1
农副产品类	Farm and Sideline Products	103.3	109.3	104.8	101.6
纺织原料类	Textile Raw Materials	100.4	102.9	103.2	104.2

9-9 固定资产投资价格指数

Price Indices of Investment in Fixed Assets

(上年=100) (preceding year=100)

项目	Item	2003	2004	2005	2006
固定资产投资	**Investment in Fixed Assets**	**102.6**	**105.0**	**103.7**	**103.3**
建筑安装工程	Construction and Installation	103.7	105.9	104.5	104.1
设备、工器具购置	Purchase of Equipment,Tools & Instruments	100.2	104.1	101.2	100.7
其他费用	Others	100.5	101.4	103.4	103.9

主要统计指标解释

商品零售价格指数 是反映城乡商品零售价格变动趋势的一种经济指数。零售物价的调整变动直接影响到城乡居民的生活支出和国家的财政收入，影响 居民购买力和市场供需平衡，影响消费与积累的比例。因此，计算零售价格指数，可以从一个侧面对上述经济活动进行观察和分析。

居民消费价格指数 是反映一定时期内城乡居民所购买的生活消费品价格和服务项目价格变动趋势和程度的相对数，是对城市居民消费价格指数和农村居民消费价格指数进行综合汇总计算的结果。利用居民消费价格指数，可以观察和分析消费品的零售价格和服务价格变动对城乡居民实际生活费支出的影响程度。

城市居民消费价格指数 是反映城市居民家庭所购买的生活消费品价格和服务项目价格变动趋势和程度的相对数。城市居民消费价格指数可以观察和分析消费品的零售价格和服务项目价格变动对职工货币工资的影响，作为研究职工生活和确立工资政策的依 据 。

农村居民消费价格指数 是反映农村居民家庭所购买的生活消费品价格和服务项目价格变动趋势和程度的相对数。农村居民消费价格指数可以观察农村消费品零售价格和 服务项目价格变动对农村居民生活消费支出的影响，直接反映农民生活水平的实际变化情况，为分析和研究农村居民生活问题提供依据。

农产品收购价格指数 是反映国有商业、集体商业、个体商业、外贸部门、国家机关、社会团体等各种经济类型的商业企业和有关部门收购农产品价格的变动趋势和程度的相对数。农产品收购价格指数可以观察和研究农产品收购价格总水平的变化情况，以及 对农民货币收入的影响，作为制订和检查农产品价格政策的依据。

农村工业品零售价格指数 是反映农村市场工业品零售价格水平变动趋势和程度的相对数。通过农村工业品零售价格指数，可以观察工业品零售价格变动对农民货币支 出的影响。

工业品出厂价格指数 是反映全部工业产品出厂价格总水平变动趋势和程度的相对数，包括工业企业售给本企业以外所有单位各种产品和直接售给居民用于生 活消费的产品。通过工业品出厂价格指数能观察出厂价格变动对工业总产值的影响。

固定资产投资价格指数 是反映固定资产投资额价格变动趋势和程度的相对数。固定资产投资额是由建筑安装工程投资完成额、设备、工器具购置投资完成额和其他费用投资完成额三部分组成的。编制固定资产投资价格指数应首先分别编制上述三部分投资 的价格指数，然后采用加权算术平均法求出固定资产投资价格总指数。

编制固定资产投资价格指数可以准确地反映固定资产投资中涉及的各类商品和取费项目价格变动趋势和变动幅度，消除按现价计算的固定资产投资指标中的价格变动因素，真实地反映固定资产投资的规模、速度、结构和效益，为国家科学地制定、检查固定资产投资计划并提 高宏观调控水平，为完善国民经济核算体系提供科学的、可靠的依据。

Explanatory Notes on Main Statistical Indicators

Retail Price Index reflects the general change in retail prices of commodities. The change and adjustment in retail prices directly affect the living expenditure of urban and rural residents, government revenue, purchasing power of residents and the equilibrium of market supply and demand, and the ratio of consumption to accumulation. Therefore, the calculation of retail p rice index is useful to analyze the changes of the above economic activities.

Consumer Price Index reflects the trend and degree of changes in prices of consumer goods and services purchased by urban and rural residents, and is a composite index derived from the urban consumer price index and the rural consumer price index. Consumer price index can be used to analyze the impact of consumer price change on actual expenditure for living cost of urban and rural residents.

Urban Consumer Price Index reflects the trend and degree of changes in prices of consumer goods and services purchased by urban households. It can be used to observe and analyze the impact of price changes in consumer goods and services on money wages of staff and workers, and provide basis for policy making concerning t he living cost and wages of staff and workers.

Rural Consumer Price Index reflects the trend and degree of changes in prices of consumer goods and services purchased by rural households. It can be used to observe the impact of change in retail prices of consumer goods and service prices in rural areas on living expenditure of rural households, and t o show the changes in the living standard of peasants. It provides basis for analysis and research on condition of life in rural areas.

Index of Purchasing Prices of Farm Products reflects the trend and degree of changes in purchasing prices of farm products purchased by state owned, collective owned, and individual commercial enterprises, foreign trade sectors, government agencies, social organizations and other units of various types of ownership. It is used to observe the impact of change in purchasing prices of farm products on the cash income of peasants, and serves as basis for the formulation and supervision of pricing policies for farm products.

Retail Price Index of Rural Industrial Products reflects the t rend and degree of changes in prices of industrial products in rural market and can be used to observe the impact of the price change on farmers money expenditure.

Ex-Factory Price Index of Industrial Products reflects the trend and degree of changes in general ex factory prices of all industrial products, including sales of industrial products by an industrial enterprise to all units outside the enterprise, as well as sales of consumer goods to residents. It can be used to analyze the impact of ex-factory prices on gross industrial output value.

Price Index of Investment in Fixed Assets reflects the trend and degree of changes in prices of investment in fixed assets. The investment in fixed assets consists of three components, namely the investment in construction and installation, the investment in Purchases of equipment and instrument, and the investment in other items. Price index of investment in fixed assets is calculated as the weighted arithmetic mean of the price indices of the three components of investment in fixed assets. Removing the factor of price change in the aggregates of investment at current prices, this indicator shows the changes in the pr ices of commodities and fees involved in the investment of fixed assets, and can be used to observe the actual size, growth, structure, and efficiency of investment in fixed assets and provides reliable and scientific data for government planning, management, decision making, and further improving the current national accounting system.

十 人民生活

PEOPLE´S LIVELIHOOD

资料整理 张永林 陈宝华 谢瑞平 方玲 李凤鸣

Arranged by Zhang YongLin, Chen Baohua, Xie Ruiping, Fang Ling, Li Fengming

10-1 人民物质文化生活情况
People's Material & Cultural Life

项 目	Item	1990	1995	2000	2005	2006
就 业	**Employment**					
每一农村劳动力负担人数(人)	Dependents per Rural Laborer(person)	1.68	1.55	1.48	1.42	1.40
每一城镇就业者负担人数(人)	Dependents per Urban Employee(person)	1.89	1.86	1.92	1.91	1.90
城镇登记失业率(%)	Urban Unemployment Rate(%)	3.80	3.17	3.34	4.26	4.13
收 入	**Income of Rural & Urban Residents**					
农村牧区人均纯收入(元)	Per Capita Net Income of Rural(yuan)	647	1300	2038	2989	3342
农民人均纯收入	Peasants	607	1208	1869	2813	3188
牧民人均纯收入	Herdermen	906	1871	3355	4341	4502
农村牧区居民家庭人均纯收入指数(1978=100)	Index of Per Capita Net Income of Rural Residents(1978=100)	224.3	274.0	408.7	526.1	571.1
城镇居民人均可支配收入(元)	Per Capita Disposable Income of Urban Residents(yuan)	1155	2846	5129	9137	10358
城镇居民人均可支配收入指数(1978=100)	Index of Annual Per Capita Disposable Income of Urban Residents(1978=100)	189.6	244.1	385.8	632.3	702.7
职工年平均工资(元)	Average Wages of Staff & Workers (yuan)	1846	4134	6974	15985	18469
消 费	**Consumption**					
农村牧区居民人均消费支出(元)	Expenditure of Rural Residents(yuan)	539	1261	1615	2446	2772
农村居民人均消费支出	Peasants	492	1181	1442	2244	2523
牧区居民人均消费支出	Herdsmen	843	1762	2959	4006	4656
城镇居民人均消费支出(元)	Expenditure of Urban Residents(yuan)	982	2482	3928	6929	7667
恩格尔系数(%)	Engel Coefficient(%)					
城镇居民	Urban Residerts	48.3	48.4	34.5	31.4	30.3
农民家庭	Households of Peasant	59.2	59.7	47.7	45.1	41.0
牧民家庭	Households of Herdsman	48.3	48.1	33.8	34.3	30.8
储 蓄	**Savings**					
城乡居民年底储蓄余额(亿元)	Balance of Savings Deposit of Rural & Urban Residents (100 million yuan)	110	410	876	1974	2271
平均每人储蓄存款余额(元)	Per Capita Balance of Saving Deposit(yuan)	515	1804	3875	8274	9506
住房面积(平方米)	**Per Capita Floor Space(sq.m)**					
农村牧区平均每人居住	Rural Areas	11.9	15.3	17.0	19.7	20.1
城市平均每人居住	Urban Areas	8.98	12.06	15.54	26.09	26.56
城市公用事业	**Public Utilities in Urban Areas**					
自来水普及率(%)	Rate of Access to Tap Water(%)	73.4	80.7	89.1	83.9	80.7
燃气普及率(%)	Rate of Access to Gas(%)	16.8	40.5	58.6	68.2	71.0
每万人拥有绿地面积(公顷)	Green Area per 10 000 Persons(hectare)	3.3	5.9	7.0	7.8	9.4
文 化	**Culture**					
城镇每百户有彩色电视机(台)	Number of Color TV Set per 100 Households in Urban Areas(unit)	53.43	84.22	106.66	113.34	113.35
农村每百户有电视机(台)	TV sets per 100 Households in Rural Areas(unit)	42.14	84.89	96.07	102.00	103.00
广播综合人口覆盖率(%)	Broadcast Covering Rate (%)			85.6	92.6	92.8
电视综合人口覆盖率(%)	TV Covering Rate of Population(%)			81.4	90.2	91.2
每人每年拥有报纸(份)	Newspapers per Capita(copy)	2.06	7.17	7.56	25.92	21.27
每人每年拥有图书杂志(册)	Books & Magazines per capita(copy)	4.30	3.34	3.79	4.31	4.00
教 育	**Education**					
学龄儿童入学率(%)	Enrollment Ratio of School Age Children(%)	97.90	98.90	99.50	99.40	99.70
每万人口中在校大学生数(人)	Number of University Students per 10 000 Persons(person)	15.10	16.39	29.60	96.15	105.85
卫 生	**Public Health**					
每万人有医院、卫生院病床(张)	Number of Hospital Beds per 10 000 Persons(unit)	26.62	27.25	28.24	26.83	27.13
每万人有卫生技术人员(人)	Number of Medical Technical Personnel per 10 000 Persons(person)	45.10	44.97	42.39	43.01	42.83
每万人有医生数(人)	Doctors per 10 000 Persons(person)	19	22	22	21	21

10-2 城乡居民家庭人均收入及指数

年份 Year	农牧民人均纯收入 Annual Net Income of Rural Households per Capita			
	农牧民 Peasant and Herdsman		农民 Peasant	
	绝对数(元) Value(yuan)	指数(1978=100) Index	绝对数(元) Value(yuan)	指数(1978=100) Index
1978	131	100.0	126	100.0
1979	164	115.8	156	114.9
1980	192	123.9	181	121.6
1981	241	146.1	228	144.0
1982	288	163.8	273	162.0
1983	325	174.1	294	163.6
1984	368	189.0	336	179.6
1985	400	192.3	360	180.0
1986	382	171.3	340	157.7
1987	426	185.7	389	175.8
1988	547	219.3	500	209.4
1989	553	214.5	478	179.9
1990	647	224.3	607	208.1
1991	651	242.1	618	208.7
1992	719	251.8	672	222.3
1993	829	254.1	778	225.2
1994	1062	266.2	970	228.6
1995	1300	274.0	1208	240.2
1996	1602	314.5	1552	288.7
1997	1780	335.9	1705	304.6
1998	1982	379.2	1911	341.5
1999	2003	403.5	1903	350.3
2000	2038	408.7	1869	340.8
2001	1973	393.2	1784	323.4
2002	2086	411.7	1948	350.3
2003	2268	436.5	2133	373.1
2004	2606	474.0	2465	406.9
2005	2989	526.1	2813	449.6
2006	3342	588.2	3188	509.3

Per Capita Annual Income of Urban and Rural Household and Related Index

牧 民 Herdsman		城镇居民可支配收入 Annual Disposable Income of Urban Residents per Capita	
绝对数(元) Value(yuan)	指数(1978=100) Index	绝对数(元) Value(yuan)	指数(1978=100) Index
188	100.0	301.0	100.0
236	116.8	350.1	115.5
265	118.8	407.1	124.7
326	137.2	418.3	124.7
387	153.0	452.7	133.6
530	199.5	474.2	138.5
573	206.5	548.8	152.8
650	219.9	666.0	173.0
649	205.1	773.6	187.4
662	203.3	819.7	183.0
850	233.4	915.8	174.8
1038	249.0	1052.8	175.9
906	244.8	1155.0	189.6
868	230.8	1294.7	200.5
1022	264.1	1478.9	210.7
1164	262.5	1883.3	235.2
1664	314.5	2503.0	251.5
1871	292.1	2845.7	244.1
1951	278.1	3431.8	273.9
2345	321.8	3944.7	300.9
2516	345.2	4353.0	334.5
2698	370.5	4770.5	365.5
3354	454.2	5129.1	385.8
3277	441.0	5535.9	411.9
3052	403.9	6051.0	446.7
3201	418.0	7012.9	509.6
3571	444.2	8123.1	575.9
4341	522.8	9136.8	632.3
4502	542.2	10358.0	716.8

10-3 城镇居民家庭基本情况
Basic Conditions of Urban Households

项 目	Item	1990	1995
调查户数(户)	**Number of Households Surveyed (household)**	**1400**	**1400**
平均每户家庭人口(人)	**Average Household Size(person)**	**3.73**	**3.34**
平均每户就业人口(人)	**Average Number of Employed Persons per Household(person)**	**1.97**	**1.80**
平均每户就业面(%)	**Percentage of Employment per Household(%)**	**52.79**	**53.89**
平均每一就业者负担人数(包括就业者本人)(人)	**Number of Persons Supported by Each Employee including the employee himself or herself(person)**	**1.89**	**1.86**
平均每人全部年收入(元)	**Per Capita Annual Income(yuan)**	**1160**	**2874**
#可支配收入	Disposable Income	1155	2846
薪水	Salary		
国有单位职工工资	Wages of Staff & Workers in State-owned Units	704	1941
集体及其它经济类型单位职工工资	Wages of Staff and Workers in Collective owned Units and Units of Other Type of Ownership	104	147
职工从工作单位得到的其他收入	Other Income of Staff and Workers from Their Working Units	61	103
个体经营劳动者收入	Income of Individual Laborers	16	62
被聘用或留用的离退休人员收入	Income of Re employed Retirees	7	16
其他就业者收入	Income of Other Employees	4	2
其他劳动收入	Part time Income	28	84
财产性收入	Property Income	11	39
转移性收入	Transfer Income	180	474
其他收入	Other Income		
平均每人消费性支出(元)	**Per Capita Annual Living Expenditures for Consumption(yuan)**	**982**	**2482**
#食 品	Food	474	1202
衣 着	Clothing	162	405
家庭设备用品及服务	Household Facilities, Articles and Service		168
医疗保健	Medicine and Medical Service	20	100
交通通讯	Transportation and Communications		123
娱乐教育文化服务	Recreation, Education & Cultural Service		224
居 住	Residence		156
杂项商品与服务	Miscellaneous Commodities and Services		104

10-3 续表 continued

项 目	Item	2000	2005	2006
调查户数(户)	**Number of Households Surveyed (household)**	**2300**	**2420**	**2420**
平均每户家庭人口(人)	**Average Household Size(person)**	**3.08**	**3.00**	**3.04**
平均每户就业人口(人)	**Average Number of Employed Persons per Household(person)**	**1.61**	**1.57**	**1.61**
平均每户就业面(%)	**Percentage of Employment per Household(%)**	**52.15**	**52.33**	**53.00**
平均每一就业者负担人数(包括就业者本人)(人)	**Number of Persons Supported by Each Employee including the employee himself or herself(person)**	**1.92**	**1.91**	**1.90**
平均每人全部年收入(元)	**Per Capita Annual Income(yuan)**	**5151**	**9565**	**10779**
#可支配收入	Disposable Income	5129	9137	10358
薪水	Salary		6669	7553
国有单位职工工资	Wages of Staff & Workers in State owned Units	2909		
集体及其它经济类型单位职工工资	Wages of Staff and Workers in Collective-owned Units and Units of Other Type of Ownership	191		
职工从工作单位得到的其他收入	Other Income of Staff and from Their Working Units		508	
个体经营者净收入	Income of Individuals	495	858	953
被聘用或留用的离退休人员收入	Income of Re employed Retirees	93		
其他就业者收入	Income of Other Employees	13		
其他劳动收入	Part time Income	187		649
财产性收入	Property Income	59	161	209
转移性收入	Transfer Income	1110	1877	2087
其他收入	Other Income			
平均每人消费性支出(元)	**Per Capita Annual Living Expenditures for Consumption(yuan)**	**3928**	**6929**	**7667**
#食 品	Food	1353	2178	2316
衣 着	Clothing	561	1048	1165
家庭设备用品及服务	Household Facilities, Articles and Service	289	394	463
医疗保健	Medicine and Medical Service	287	533	553
交通通讯	Transportation and Communications	359	756	926
娱乐教育文化服务	Recreation, Education & Cultural Service	488	969	1049
居 住	Residence	339	723	800
杂项商品与服务	Miscellaneous Commodities and Services	252	328	370

10-4 城镇居民家庭基本情况(2006年)

项 目	Item	全 区 All Regional Cities and County Towns
调查户数(户)	**Number of Households Surveyed(household)**	**2420**
平均每户家庭人口(人)	Average Household Size(person)	3.04
平均每户就业人口(人)	Average Number of Employees per Household(person)	1.61
平均每户就业面(%)	Percentage of Employed Persons per Household(%)	53.0
平均每一就业者负担人数(包括就业者本人)(人)	Number of Persons Supported by Each Employee (including the employee himsel for herself)(person)	1.89
平均每人全部年收入(元)	Per Capita Annual Income(yuan)	10779
平均每人可支配收入(元)	Per Capita Disposable Income(yuan)	10358
平均每人消费性支出(元)	Per Capita Annual Living Expenditure(yuan)	7667

10-5 城镇居民家庭平均每人全年消费性支出及构成(2006年)

单位：元

项 目	Item	总平均 Average	最低收入户 lowest Income Households (first decile)	#困 难 户 Difficult Households (first five percent)
消费性支出	**Total Living Expenditures**	**7643.43**	**3129.21**	**2554.95**
食 品	Food	2316.45	1186.93	1008.02
#粮 食	Grain	260.27	211.25	191.66
肉禽及其制品	Meat, Poultry and Related Products	370.14	229.21	191.31
蛋 类	Eggs	45.36	35.37	31.14
水产品	Aquatic Products	49.87	28.13	25.00
奶及奶制品	Milk and Dairy Products	124.58	62.51	52.73
衣 着	Clothing	1165.42	385.02	305.08
#服 装	Garments	822.92	253.69	204.99
家庭设备用品及服务	Household Facilities, Articles and Services	463.16	136.52	97.76
#耐用消费品	Durable Consumer Goods	219.71	34.42	22.75
医疗保健	Medicine and Medical Services	553.33	208.79	231.21
交通和通讯	Transportation and Communications	925.68	292.94	181.86
娱乐教育文化服务	Recreation, Education and Cultural Services	1049.48	440.70	304.98
#文娱用耐用消费品	Durable Consumer Goods for Recreational Use	306.55	77.49	61.66
居 住	Residence	799.84	349.06	323.76
#住 房	Housing	203.31	22.77	18.80
杂项商品和服务	Miscellaneous Commodities	370.07	129.27	102.28

Basic Conditions of Urban Households(2006)

最低收入户 lowest Income Households (first decile)	# 困难户 Difficult Households (first five percent)	低收入户 Low Income Households (second decile)	中等偏下户 Lower Middle Income Households (second quintile)	中等收入户 Middle Income Households (third quintile)	中等偏上户 Upper Middle Income Households (fourth quintile)	高收入户 High Income Households (ninth decile)	最高收入户 Highest Income Households (tenth decile)
按收入等级分 Grouped by Percentile of Households							
242	**121**	**242**	**484**	**484**	**484**	**242**	**242**
3.81	4.18	3.29	3.21	2.90	2.80	2.60	2.47
1.69	1.72	1.55	1.68	1.63	1.55	1.51	1.53
44.4	41.1	47.1	52.3	56.2	55.4	58.1	61.9
2.25	2.43	2.12	1.91	1.78	1.81	1.72	1.61
3740	2878	6119	8296	10851	14478	18141	25684
3740	2878	6119	8296	10851	14478	18141	25684
3542	2753	5830	7977	10444	13784	17417	24675

Per Capita Annual Living Expenditure of Urban Households and its Composition(2006)

(yuan)

低收入户 Low Income Households (second decile)	中等偏下户 Lower Middle Income Households (second quintile)	中等收入户 Middle Income Households (third quintile)	中等偏上户 Upper Middle Income Households (fourth quintile)	高收入户 High Income Households (ninth decile)	最高收入户 Highest Income Households (tenth decile)
4811.90	**5921.24**	**7664.67**	**10309.60**	**12103.92**	**17035.56**
1670.79	1877.18	2324.85	2880.74	3665.62	4586.09
234.97	250.73	266.73	281.46	299.68	331.00
310.00	344.04	386.77	445.48	460.38	542.16
43.08	45.08	47.53	48.28	49.04	54.36
36.21	42.04	54.28	59.70	71.67	88.52
100.10	112.15	138.47	148.18	170.06	199.18
630.94	944.29	1216.05	1608.92	1845.85	2598.91
418.40	648.04	862.48	1145.14	1353.57	1902.67
266.57	301.25	464.66	667.20	840.22	1180.05
76.95	125.60	245.50	325.95	448.00	627.80
399.66	423.11	588.14	752.66	851.45	1204.16
469.50	601.81	823.20	1546.91	1305.57	2588.48
627.55	856.02	1139.27	1340.79	1707.65	2113.76
163.85	303.34	300.63	412.14	526.36	577.08
559.49	654.85	768.32	1035.02	1318.81	1658.87
139.39	109.78	144.97	329.24	504.60	572.43
187.39	262.74	370.18	477.36	568.74	1105.24

10-6 按收入等级分的城镇居民家庭平均每人全年现金收入(2006年)

单位：元

项目	Item	总平均 Average	最低收入户 lowest Income Households (first decile)	# 困 难 户 Difficult Households (first five percent)
实际收入	**Real Income**	**10779.26**	**3740.17**	**2878.14**
# 可支配收入	Disposable Income	10357.99	3542.28	2753.14
薪水	Salary	7553.00	2542.27	1795.55
财产收入	Property Income	209.14	66.84	21.52
# 利 息	Interest	20.33	3.69	
红 利	Bonus	41.69		
其它财产租金收入	Other Property and Rent Income	9.73		
转移收入	Transfer Income	2087.35	665.96	692.07
# 离退休金	Pension	1768.15	501.78	481.97
赡养收入	Supporting Income	64.09	32.54	29.04
赠送收入	Giving Income	158.86	35.15	43.76
借贷收入	**Loan Income**	**2259.47**	**979.86**	**896.91**
# 提取储蓄存款	Withdraw Saving Deposit	1972.15	754.18	642.19
收回借出款	Paid back Loan	14.53	10.59	14.88
收回储蓄性保险本金	Withdraw Saving Premium	2.80		
兑售有价证券	Securities Encashed and Sold	0.06		
为购置房屋从银行贷款	Loan from Bank for Buying Housing	79.10	3.29	5.82
其它借贷收入	Other Loan Income	13.29	0.46	

Per Capita Annual Cash Income of Urban Households by Level of Income(2006)

(yuan)

低收入户 Low Income Households (second decile)	中等偏下户 Lower Middle Income Households (second quintile)	中等收入户 Middle Income Households (third quintile)	中等偏上户 Upper Middle Income Households (fourth quintile)	高收入户 High Income Households (ninth decile)	最高收入户 Highest Income Households (tenth decile)
6118.77	**8295.71**	**10851.37**	**14478.02**	**18141.27**	**25683.55**
5830.02	7976.74	10443.99	13783.58	17417.20	24675.44
4288.11	6014.62	7994.60	10424.68	12204.30	15904.10
64.34	138.99	144.06	178.69	425.65	1027.05
20.27	14.77	13.17	19.43	29.91	86.39
8.70	41.86	50.44	42.15	34.25	166.23
3.03	11.84	2.57	14.62	10.68	40.61
947.11	1311.89	1911.81	3049.95	4384.46	5990.86
775.51	1173.54	1710.17	2662.13	3580.16	4393.60
54.22	26.92	67.50	104.96	127.05	108.71
39.79	54.47	76.66	151.00	458.01	925.42
1841.33	**1474.83**	**1801.76**	**3371.71**	**3355.38**	**5912.12**
1460.33	1333.68	1633.47	2902.79	3104.38	5204.47
55.41	9.64	4.68	4.49	21.34	14.08
	4.46	3.56	5.70		1.34
	0.25				
3.31	52.67	26.56	148.39	58.17	459.05
106.77	1.33	1.53		0.56	

10-7 城镇居民家庭平均每人全年购买的主要商品数量
Per Capita Annual Purchases of Major Commodities in Urban Households

项目	Item	1990	1995	2000	2005	2006
粮食(千克)	Grain(kg)	134.98	101.17	77.72	80.99	80.10
食用植物油(千克)	Edible Vegetable Oil(kg)	4.45	5.82	5.56	6.14	5.99
猪肉(千克)	Pork(kg)	11.43	11.82	11.59	11.61	11.75
牛羊肉(千克)	Beef and Mutton(kg)	6.39	5.02	6.61	8.33	8.76
家禽(千克)	Poultry(kg)	0.59	1.77	3.25	3.82	3.49
鲜蛋(千克)	Fresh Eggs(kg)	2.31	7.92	9.67	8.71	8.59
水产品(千克)	Aquatic Products(kg)		3.44	4.30	4.29	3.76
鲜菜(千克)	Fresh Vegetables(kg)	162.03	125.87	107.45	103.85	96.86
干菜(千克)	Dry Vegetables(kg)			0.13	0.49	0.37
食糖(千克)	Sugar(kg)	1.44	1.14	1.08	0.90	
糖果(千克)	Candy(kg)	0.68		0.53	0.63	
卷烟(盒)	Cigarettes(pack)	38.06	29.71	26.13	21.69	
白酒(千克)	Strong White Spirit(kg)	3.77	3.78	3.17	2.75	2.63
啤酒(千克)	Beer(kg)	3.91	6.31	4.95	6.25	5.84
茶叶(千克)	Tea(kg)	0.34		0.24	0.17	0.18
鲜瓜果(千克)	Fresh Melons and Fruits(kg)	41.50	42.77	63.11	61.19	59.17
鲜奶(千克)	Fresh Milk(kg)	2.80	5.83	12.58	20.71	26.54
夹克衫(件)	Jackets(piece)			0.14		
毛线衣(件)	Woollen Sweater(piece)			0.29		
衬衫(件)	Shirts(piece)			0.19		
裤子(条)	Pants(piece)			0.54		
棉布(米)	Cotton Cloth(m)			0.26		
化纤布(米)	Chemical Fiber Cloth(m)	1.74		0.50		
呢绒(米)	Woolen Fabric(m)	0.31	0.25	0.07		
绸缎(米)	Silk and Satin(m)	0.43	0.17	0.02		
毛线(千克)	Knitting Wool(kg)			0.37		
皮鞋(双)	Leather Shoes(pair)	0.55	0.86	0.97		
旅游鞋(双)	Jogging Shoes(pair)			0.09		
布鞋(双)	Cloth Shoes(pair)	0.93		0.28		
肥皂(块)	Soap(piece)	3.57		1.28		
洗衣粉(千克)	Washing Powder for Clothes(kg)	1.43		1.47		
煤炭(千克)	Coal(kg)	480.64		205.07	224.54	131.83
液化石油气(千克)	Liquefied Gas(kg)	2.17		8.27	12.53	12.13

10-8 城镇居民家庭平均每百户耐用消费品年末拥有量
Number of Major Durable Consumer Goods Owned Per 100 Urban Households at Year-end

项 目	Item	2005	2006
组合家具(套)	Composite Furniture	74.02	75.67
摩托车(辆)	Motorcycle	27.43	27.61
自行车(辆)	Bicycle	179.44	180.31
家用汽车(辆)	Automobile	3.64	4.49
洗衣机(台)	Washing Machine	95.29	95.91
电风扇(台)	Electric Fan	61.52	61.11
电冰箱(台)	Refrigerator	85.51	86.81
冰 柜(台)	Freezer	14.04	14.94
彩色电视机(台)	Color TV Set	113.34	113.35
影碟机(台)	Video Disc Player	54.85	55.94
录放像机(台)	Video recorder	8.38	7.91
家用电脑(台)	Computer	23.17	26.82
组合音响(套)	Hi -Fi Stereo Component System	14.27	14.59
摄相机(架)	Pickup Camera	2.89	3.07
照相机(架)	Camera	35.40	36.85
钢 琴(架)	Piano	1.11	1.18
中高档乐器(件)	Other High Grade Music Instrument	6.88	7.59
微波炉(台)	Micro Wave Oven	26.18	28.35
空调器(台)	Air Conditioner	7.64	9.04
电炊具(台)	Electric Cooking Utensils	156.76	160.91
淋浴热水器(台)	Shower	42.59	45.03
排油烟机(台)	Kitchen Ventilator	64.37	65.77
洗碗机(台)	Washing-up Machine	0.23	0.23
消毒碗柜(台)	Sterilized Cupboard	1.68	1.73
饮水机(台)	Drinking Machine	31.14	31.89
吸尘器(台)	Dust Catcher	11.58	11.07
健身器材(件)	Healthy Equipment	2.07	2.34
移动电话(部)	Mobile Telephone	128.38	140.33
普通电话(部)	Telephone	89.60	89.32
传真机(部)	Fax Machine	0.62	0.44

10-9 按收入等级分的城镇居民家庭平均每人全年购买商品数量(2006年)

Per Capita Annual Purchases of Major Commodities of Urban Households by Level of Income(2006)

项 目	Item	总平均 Average	最低收入户 lowest Income Households	# 困难户 Difficult Households	低收入户 Low Income Households	中等偏下户 Lower Middle Income Households	中等收入户 Middle Income Households	中等偏上户 Upper Middle Income Households	高收入户 High Income Households	最高收入户 Highest Income Households
淀粉及薯类(千克)	Starches & Tubers(kg)	12.23	10.90	10.86	12.43	11.12	12.78	13.28	12.72	14.17
大米(千克)	Rice(kg)	30.10	28.50	26.46	32.79	32.40	30.92	25.64	25.43	33.77
面粉(千克)	Flour(kg)	22.75	25.49	25.35	22.96	23.97	21.87	19.58	20.54	24.45
食用植物油(千克)	Edible Vegetable Oil(kg)	5.99	4.99	4.65	6.43	5.64	5.99	6.01	6.55	7.97
食用动物油(千克)	Edible Animal Oil(kg)	0.14	0.19	0.19	0.19	0.15	0.17	0.07	0.06	0.06
猪肉(千克)	Pork(kg)	11.75	9.06	8.29	11.48	11.73	11.06	12.28	13.04	15.74
牛肉(千克)	Beef(kg)	4.26	3.57	2.15	3.35	4.21	5.31	4.35	4.23	4.36
羊肉(千克)	Mutton(kg)	4.50	2.12	1.50	3.51	3.81	4.65	6.30	6.09	7.24
家禽(千克)	Poultry(kg)	3.49	2.09	1.84	2.62	2.95	3.28	3.54	3.64	10.08
鸡(千克)	Chicken(kg)	2.11	1.54	1.39	1.84	1.92	2.35	2.40	2.42	2.74
禽制品(千克)	Products of Poultry(kg)	1.30	0.51	0.42	0.75	0.89	0.89	1.01	1.15	7.30
鲜蛋(千克)	Fresh Eggs(kg)	8.59	7.10	6.19	8.57	8.87	8.85	8.80	8.76	9.38
鱼(千克)	Fish(kg)	3.80	2.84	2.54	3.40	3.69	4.20	4.05	4.20	4.79
虾(千克)	Shrimp(kg)	0.24	0.10	0.10	0.12	0.19	0.29	0.26	0.42	0.51
水产制品(千克)	Aquatic Products(kg)	3.59	0.90	0.82	1.99	2.17	3.84	5.22	6.60	9.33
鲜菜(千克)	Fresh Vegetables(kg)	96.86	78.73	74.46	92.29	90.91	98.89	106.71	111.34	119.83
干菜(千克)	Dried Vegetables(kg)	0.37	0.24	0.32	0.31	0.28	0.39	0.32	0.84	0.58
菜制品(千克)	Products of Vegetables(kg)	7.48	3.66	3.00	6.05	6.55	8.28	10.78	9.92	8.73
白酒(千克)	liquor(kg)	2.63	1.92	1.11	2.12	2.31	2.85	2.66	3.78	4.22
果酒(千克)	Fruit Wine(kg)	0.10	0.04	0.02	0.07	0.07	0.12	0.12	0.12	0.21
啤酒(千克)	Beer(kg)	5.84	3.96	2.89	5.62	7.23	6.30	5.44	4.25	6.44
其他酒(千克)	Other Liquor(kg)	0.05			0.01	0.07	0.04	0.04	0.05	0.20
鲜果(千克)	Fresh Fruits(kg)	35.03	20.68	17.81	27.23	35.32	36.33	41.74	41.94	50.60
鲜瓜(千克)	Melons(kg)	24.14	16.06	12.54	17.66	19.63	28.07	30.58	32.34	33.72
糕点(千克)	Cake(kg)	3.30	1.96	1.47	3.01	3.42	3.47	3.79	3.52	4.32
鲜乳品(千克)	Fresh Dairy Products(kg)	21.34	12.86	11.11	17.16	20.28	22.40	24.85	27.66	32.11
奶粉(千克)	Milk Powder(kg)	0.32	0.14	0.12	0.38	0.36	0.28	0.40	0.38	0.39
酸奶(千克)	Yogurt Milk(kg)	2.36	0.96	0.75	1.65	1.98	3.19	2.71	3.16	3.89
男士服装(件)	Men's Clothing(piece)	3.17	1.51	1.21	2.16	2.96	3.61	3.94	4.32	4.85
女士服装(件)	Women's Clothing(piece)	3.50	1.98	1.59	2.39	3.43	3.76	4.27	4.57	5.21
儿童服装(件)	Children's Clothing (piece)	0.81	0.37	0.34	0.55	1.00	0.98	0.83	1.10	0.64
鞋类(双)	Shoes(pair)	2.72	1.71	1.47	2.37	2.69	2.85	3.14	3.21	3.62

10-10 按收入等级分的城镇居民家庭平均每百户耐用消费品年末拥有量(2006年)

Number of Durable Consumer Goods Owned Per 100 Urban Households at Year-end by Level of Income(2006)

项 目	Item	总平均 Average	最低收入户 lowest Income Households	# 困难户 Difficult Households	低收入户 Low Income Households	中等偏下户 Lower Middle Income Households	中等收入户 Middle Income Households	中等偏上户 Upper Middle Income Households	高收入户 High Income Households	最高收入户 Highest Income Households
组合家具(套)	Composite Furniture	75.67	55.4	55.43	66.36	70.87	80.93	82.34	73.54	103.97
摩托车(辆)	Motorcycle	27.61	20.93	22.3	25.16	33.09	30.23	29.71	23.86	17.93
自行车(辆)	Bicycle	180.31	183.94	189.22	188.03	189.11	182.37	171.86	161.64	172.43
家用汽车(辆)	Automobile	4.49	3.34	4.66	0.95	2.99	4.15	4.69	8.62	11.04
洗衣机(台)	Washing Machine	95.91	85.64	86.14	88.39	93.97	101.28	100.58	95.63	102.7
电风扇(台)	Electric Fan	61.11	57.29	57.04	61.12	64.52	60.72	60.09	66.42	54.67
电冰箱(台)	Refrigerator	86.81	64.53	61.23	80.26	85.17	90.93	95.83	93.73	94.57
冰 柜(台)	Freezer	14.94	10.85	13.98	17.08	14	12.15	16.09	18.69	20.71
彩色电视机(台)	Color TV Set	113.35	104.15	104.73	108.56	110.98	114.11	116.59	120.86	122.54
影碟机(台)	Video Disc Player	55.94	40.07	38.05	45.51	55.66	59.29	63.77	57.13	66.09
录放像机(台)	Video recorder	7.91	1.96	1.86	5.02	5.5	8.61	10.69	8.45	18.36
家用电脑(台)	Computer	26.82	5.79	3.82	16.14	25.42	27.94	34.49	34.39	46.68
组合音响(套)	Hi -Fi Stereo Component System	14.59	3.86	5.8	9.16	12.19	18.86	19.04	16.88	21.14
摄相机(架)	Pickup Camera	3.07	0.87	1.13	2.19	1.62	2.02	5.18	5.05	7.29
照相机(架)	Camera	36.85	16.06	17.69	21.82	31.59	40.01	46.79	50.6	57.07
钢 琴(架)	Piano	1.18			0.3	1.16	1.2	1.31	1.9	2.96
中高档乐器(件)	Other High Grade Music Instrument	7.59	2.32	2.42	4.78	4.52	12.34	11.17	6.67	9.13
微波炉(台)	Micro Wave Oven	28.35	9.03	7.26	18.59	18.27	29.76	39.13	46.29	51.26
空调器(台)	Air Conditioner	9.04	0.63	0.68	1.78	6.5	7.99	12.43	14.68	26.47
电炊具(台)	Electric Cooking Utensils	160.91	143.04	147.16	154.42	165.95	166.75	163.89	157.17	163.34
淋浴热水器(台)	Shower	45.03	18.17	15.68	28.7	35.61	49.22	59.09	62.53	71.78
排油烟机(台)	Kitchen Ventilator	65.77	43.71	45.36	55.76	63	70.23	71.65	72.88	86.31
洗碗机(台)	Washing-up Machine	0.23	0.07			0.41	0.45	0.16		0.11
消毒碗柜(台)	Sterilized Cupboard	1.73	0.07	0.14	2.13	0.71	1.8	1.33	3.78	4.99
饮水机(台)	Drinking Machine	31.89	8.58	10.14	21.23	21.04	30.85	47.73	49.98	58.38
吸尘器(台)	Dust Catcher	11.07	3.92	5.45	7.26	8.01	13.89	11.74	18.8	18.55
健身器材(件)	Healthy Equipment	2.34	0.28		0.93	0.92	2.53	2.95	1.92	9.53
移动电话(部)	Mobile Telephone	140.33	76.76	71.5	103.25	145.1	147.8	160.51	159.65	181.85
普通电话(部)	Telephone	89.32	79.89	77.46	87.07	88.93	89.11	94.84	87.75	96.45
传真机(部)	Fax Machine	0.44				0.18	0.57	0.34	0.5	2.22

10-11 农村牧区居民家庭基本情况
Basic Conditions of Rural Households

项 目	Item	1995	2000	2005	2006
调查户数(户)	**Number of Households Surveyed(Household)**	**2060**	**2036**	**2060**	**2060**
调查户常住人口(人)	**Number of Permanent Residentsin the Households Surveyed(person)**	**9293**	**8351**	**7782**	**7673**
平均每户常住人口(人)	Average Number of Permanent Residents per Household(person)	4.50	4.10	3.78	3.72
平均每户整半劳力(人)	Average Number of Able-bodied and Semi-able-bodied Laborers per Household(person)	2.90	2.77	2.67	2.65
平均每个劳动力负担人口(含本人)(人)	Average Number of Persons Supported by a Laborer(including the laborer himself)(person)	1.55	1.48	1.42	1.40
平均每人年收入(元)	**Per Capita Annual Income(yuan)**				
总收入	Total Revenue	2272.40	3440.31	5345.92	5802.52
纯收入	Net Income	1300.00	2038.21	2988.87	3341.88
现金收入	Cash Income		2448.89	4235.13	4674.47
按纯收入分组户数占调查户比重(%)	**Percentage of Households Grouped by Per Capita Annual Net Income(%)**				
500元以下	Under500 Yuan		4.17	4.17	3.45
500-800(元)	500-800 Yuan		6.78	3.35	3.59
800-1000(元)	800-1000 Yuan		7.17	3.79	2.72
1000-1500(元)	1000-1500 Yuan		22.94	9.17	7.86
1500-1700(元)	1500-1700 Yuan		8.94	4.32	5.05
1700-2000(元)	1700-2000 Yuan		10.56	8.50	6.85
2000-2500(元)	2000-2500 Yuan		13.31	13.79	11.75
2500-3000(元)	2500-3000 Yuan		8.69	11.60	10.49
3000-4000(元)	3000-4000 Yuan		8.60	16.99	17.09
4000以上(元)	4000 Yuan and over		8.84	24.32	31.15
平均每人年支出(元)	**Per Capita Annual Expenditure(yuan)**				
总支出	Total Expenditure	2236.50	3123.29	5091.91	5491.46
家庭经营费用支出	Expenditure for Household Business		1009.60	2084.79	2162.05
生活消费支出	Expenditure for Consumption		1614.91	2446.17	2771.97
其他非生产性支出	Other Nonproductive Expenditures		158.68	560.95	557.44
现金支出	Cash Expenditure	1826.71	2355.68	4174.02	4656.57
生产费用	Productive Costs	509.33	833.36	1910.02	1971.33
缴纳税金和上交集体承包费支出等	Taxes and Payments to Collective Units		219.15	9.09	9.91
生活消费支出	Expenditure for Consumption	798.80	1170.97	1992.06	2378.60

10-12 农民家庭基本情况
Basic Conditions of Households of Peasants

项目	Item	1995	2000	2005	2006
调查户数(户)	**Number of Households Surveyed(Household)**	**1820**	**1820**	**1840**	**1840**
调查户常住人口(人)	**Number of Permanent Residentsin the Households Surveyed(person)**	**7999**	**7398**	**6888**	**6776**
平均每户常住人口(人)	Average Number of Permanent Residents per Household(person)	4.40	4.06	3.74	3.68
平均每户整半劳力(人)	Average Number of Able-bodied and Semi-able-bodied Laborers per Household(person)	2.80	2.75	2.66	2.63
平均每个劳动力负担人口(含本人)(人)	Average Number of Persons Supported by a Laborer(including the laborer himself)(person)	1.57	1.48	1.41	1.39
平均每人年收入(元)	**Per Capita Annual Income(yuan)**				
总收入	Total Revenue	2053.80	3006.58	4872.38	5358.10
纯收入	Net Income	1208.40	1868.62	2813.35	3188.34
现金收入	Cash Income		2089.00	3809.72	4201.29
按纯收入分组户数占调查户比重(%)	**Percentage of Households Grouped by per Capita Annual Net Income(%)**				
500元以下	Under500 Yuan		4.45	4.51	3.42
500-800(元)	500-800 Yuan		7.31	3.33	3.80
800-1000(元)	800-1000 Yuan		7.64	4.13	2.77
1000-1500(元)	1000-1500 Yuan		24.00	9.29	8.15
1500-1700(元)	1500-1700 Yuan		9.45	4.40	5.16
1700-2000(元)	1700-2000 Yuan		10.93	8.64	7.23
2000-2500(元)	2000-2500 Yuan		13.20	14.13	12.23
2500-3000(元)	2500-3000 Yuan		8.02	11.90	10.11
3000-4000(元)	3000-4000 Yuan		7.47	17.39	17.55
4000(元)以上	4000 Yuan and over		7.53	22.28	29.58
平均每人年支出(元)	**Per Capita Annual Expenditure(yuan)**				
总支出	Total Expenditure	2098.10	2679.38	4604.97	4941.14
家庭经营费用支出	Expenditure for Household Business	664.00	804.80	1825.09	1907.08
生活消费支出	Expenditure for Consumption	1180.50	1441.78	2243.79	2522.63
现金支出	Cash Expendiure	1584.30	1992.27	3710.85	4117.77
生产费用	Productive Costs	535.60	690.67	1667.96	1710.16
缴纳税金和上交集体承包费支出等	Taxes and Payments to Collective Units	104.20	176.14	8.32	11.06
生活消费支出	Expenditure for Consumption	689.20	995.18	1780.32	2125.46

10-13 牧民家庭基本情况

Basic Conditions of Households of Herdsmen

项目	Item	1995	2000	2005	2006
调查户数(户)	**Number of Households Surveyed(Household)**	**240**	**216**	**220**	**220**
调查户常住人口(人)	**Number of Permanent Residentsin the Households Surveyed(person)**	**1294**	**953**	**894**	**897**
平均每户常住人口(人)	Average Number of Permanent Residents per Household(person)	5.39	4.41	4.06	4.08
平均每户整半劳力(人)	Average Number of Able-bodied and Semi-able-bodied Laborers per Household(person)	3.00	2.92	2.72	2.76
平均每个劳动力负担人口(含本人)(人)	Average Number of Persons Supported by a Laborer(including the laborer himself)(person)	1.80	1.51	1.49	1.48
平均每人年收入(元)	**Per Capita Annual Income(yuan)**				
总收入	Total Revenue	3364.60	6807.26	8994.41	9159.71
纯收入	Net Income	1871.00	3354.71	4341.18	4501.76
现金收入	Cash Income	3474.10	5234.96	7512.81	8248.93
按纯收入分组户数占调查户比重(%)	**Percentage of Households Grouped by Per Capita Annual Net Income(%)**				
500元以下	Under 500 Yuan		1.85	1.36	3.64
500-800(元)	500-800Yuan		2.32	3.64	1.82
800-1000(元)	800-1000Yuan		3.24	0.91	2.27
1000-1500(元)	1000-1500Yuan		13.89	8.18	5.45
1500-1700(元)	1500-1700Yuan		4.63	3.64	4.09
1700-2000(元)	1700-2000Yuan		7.41	7.27	3.64
2000-2500(元)	2000-2500Yuan		9.26	10.91	2.27
2500-3000(元)	2500-3000Yuan		14.35	9.09	10.91
3000-4000(元)	3000-4000Yuan		18.06	13.64	13.18
4000(元)以上	4000 Yuan and over		25.00	41.36	47.73
平均每人年支出(元)	**Per Capita Annual Expenditure(yuan)**				
总支出	Total Expenditure	3348.90	6569.29	8843.59	9648.61
家庭经营费用支出	Expenditure for Household Business	1092.50	2599.41	4085.68	4088.13
生活消费支出	Expenditure for Consumption	1762.20	2958.94	4005.48	4655.47
其他非生产性支出	Other Nonproductive Expenditures	75.90	149.92	329.10	491.44
现金支出	Cash Expendiure	3312.50	5176.73	7742.65	8726.71
生产费用	Productive Costs		1941.02	3775.01	3944.24
缴纳税金和上交集体承包费支出等	Taxes and Payments to Collective Units		553.01	15.06	1.24
生活消费支出	Expenditure for Consumption		2535.55	3623.48	4290.86

10-14 农村牧区居民家庭平均每人总收入和纯收入

Per Capita Annual Gross and Net Income of Rural Households

单位：元 (yuan)

项目	Item	2005	2006
总收入	**Gross Income**	**5345.92**	**5802.52**
工资性收入	Laborers'Remuneration	504.46	590.70
在非企业组织中劳动得到	Obtained from Non-enterprises	110.16	111.93
在本地企业中劳动得到	Obtained from Native Enterprises	209.67	239.75
外出从业得到	Obtained from Going on Business	184.63	239.02
其他	Others		
家庭经营收入	Income from Household Business Operation	4557.20	4834.73
农业收入	Farming	2601.53	2828.62
林业收入	Forestry	21.66	31.44
牧业收入	Animal Husbandry	1785.61	1813.85
渔业收入	Fishery	0.02	0.01
工业收入	Industry	23.81	16.53
建筑业收入	Construction	10.58	9.42
交通运输和邮电业收入	Transportation Telecommunication	44.43	32.46
批发零售贸易餐饮业收入	Wholesale and Retail Trade and Catering Services	29.60	51.83
社会服务业收入	Social Services	15.04	23.97
文教卫生业收入	Culture, Education and Health Care	7.81	7.16
其他家庭经营收入	Others	17.11	17.81
转移性和财产性收入	Transfer Income and Property Income	284.26	377.08
纯收入	**Net Income**	**2988.87**	**3341.88**
按收入来源分	**By Source**		
工资性收入	Laborers' Remuneration	504.46	590.70
家庭经营纯收入	Net Income from Household Business	2223.26	2406.21
转移性和财产性收入	Transfer Income and Property Income	261.15	344.97

10-15 农民家庭平均每人总收入和纯收入
Per Capita Annual Gross and Net Income of Household of Peasants

单位：元 (yuan)

项 目	Item	2005	2006
总收入	**Gross Income**	**4872.38**	**5358.10**
基本收入	Basic Income		
劳动者报酬收入	Laborers' Remuneration	523.14	612.72
在非企业组织中劳动得到	Obtained from Non enterprises	111.87	112.72
在本地企业中劳动得到	Obtained from Native Enterprises	214.75	244.85
外出从业得到	Obtained from Going on Business	196.53	255.16
其他	Others		
家庭经营收入	Income from Household Business Operation	4079.07	4378.97
农业收入	Farming	2765.11	3042.87
林业收入	Forestry	17.71	32.90
牧业收入	Animal Husbandry	1142.8	1137.36
渔业收入	Fishery	0.03	0.01
工业收入	Industry	24.55	15.56
建筑业收入	Construction	11.95	10.66
交通运输和邮电业收入	Transportation Telecommunication	43.53	29.56
批发零售贸易餐饮业收入	Wholesale and Retail Trade and Catering Services	32.96	55.61
社会服务业收入	Social Services	16.96	26.70
文教卫生业收入	Culture, Education and Health Care	8.38	8.11
其他家庭经营收入	Others	15.09	19.62
转移性和财产性收入	Transfer Income and Property Income	270.17	366.40
按收入来源分	**Net Income By Source**		
纯收入	**Net Income**	**2813.35**	**3188.34**
基本收入	Basic Income		
劳动者报酬收入	Laborers' Remuneration	523.14	612.72
家庭经营纯收入	Net Income from Household Business	2042.08	2238.70
转移性和财产性收入	Transfer Income and Property Income	248.13	336.91

10-16 牧民家庭平均每人总收入和纯收入

Per Capita Annual Gross and Net Income of Households of Herdsmen

单位：元 (yuan)

项 目	Item	2005	2006
总收入	**Gross Income**	**8994.41**	**9159.71**
基本收入	Basic Income		
劳动者报酬收入	Laborers' Remuneration	360.47	424.30
在非企业组织中劳动得到	Obtained from Non-enterprises	96.99	105.97
在本地企业中劳动得到	Obtained from Native Enterprises	170.50	201.19
外出从业得到	Obtained from Going on Business	92.98	117.13
其他	Others		
家庭经营收入	Income from Household Business Operation	8241.10	8277.59
农业收入	Farming	1341.21	1210.18
林业收入	Forestry	52.12	22.80
牧业收入	Animal Husbandry	6738.21	6924.13
渔业收入	Fishery		
工业收入	Industry	18.13	23.90
建筑业收入	Construction		
交通运输和邮电业收入	Transportation Telecommunication	51.38	55.92
批发零售贸易餐饮业收入	Wholesale and Retail Trade and Catering Services	3.68	23.29
社会服务业收入	Social Services	0.29	3.36
文教卫生业收入	Culture, Education and Health Care		
其他家庭经营收入	Others	36.08	14.01
转移性和财产性收入	Transfer Income and Property Income	392.84	457.82
纯收入	**Net Income**	**4341.18**	**4501.76**
按收入来源分	**By Source**		
基本收入	Basic Income		
劳动者报酬收入	Laborers' Remuneration	360.47	424.30
家庭经营纯收入	Net Income from Household Business	3619.19	3671.55
转移性和财产性收入	Transfer Income and Property Income	361.52	405.91

10-17 农村牧区居民家庭平均每人生活消费支出
Per Capita Living Expenditure of Rural Households

单位：元 (yuan)

项 目	Item	2005	2006
生活消费支出	**Living Expenditure**	**2446.17**	**2771.97**
按消费类别分	**By Category of Consumption**		
食品	Food	1054.26	1082.07
#主食	Staple Food	290.06	278.66
副食	Non-staple Food	443.26	414.27
其他食品	Other Food	214.87	242.43
衣着	Clothing	150.01	184.60
居住	Residence	334.69	352.85
家庭设备用品及服务	Household Facilities, Articles and Services	84.41	98.02
医疗保健	Medicine and Medical Services	176.44	232.76
交通通讯	Transportation and Communications	293.32	361.83
文教娱乐用品及服务	Cultural, Education and Recreational Articles and Services	309.40	398.47
其他商品及服务	Other Commodities and Services	43.64	61.38
按消费性质分	**By Source of Consumption**		
货币性消费	**Consumption Paid by Money**	**1992.06**	**2378.60**
食品	Food	645.74	726.06
衣着	Clothing	147.19	184.07
居住	Residence	293.95	316.74
家庭设备用品及服务	Household Facilities, Articles and Services	84.36	97.95
医疗保健	Medicine and Medical Services	176.44	232.76
交通通讯	Transportation and Communications	293.32	361.83
文教娱乐用品及服务	Cultural, Education and Recreation Articles and Services	309.40	398.47
其他商品及服务	Other Commodities and Services	41.66	60.72
实物性消费	**Consumption in kind**	**452.08**	**392.65**
食品	Food	408.52	356.01
衣着	Clothing	2.82	0.53
居住	Residence	40.74	36.11

10-18 农民家庭平均每人生活消费支出

Per Capita Living Expenditure of Households of Peasants

单位：元 (yuan)

项 目	Item	1995	2000	2005	2006
生活消费支出	**Living Expenditure**	**1180.50**	**1441.78**	**2243.79**	**2522.63**
按消费类别分	**By Category of Consumption**				
食品	Food	704.70	687.72	1012.84	1035.26
# 主食	Staple Food	362.90	300.46	289.29	277.59
副食	Non-staple Food	239.00	243.29	430.55	397.09
其他食品	Other Food	84.00	106.05	199.70	224.23
衣着	Clothing	86.20	90.85	130.13	157.85
居住	Residence	157.00	216.17	316.94	349.77
家庭设备用品及服务	Household Facilities, Articles and Services	50.00	50.67	70.28	81.29
医疗保健	Medicine and Medical Services	48.50	90.13	151.05	203.47
交通通讯	Transportation and Communications	22.40	62.56	231.86	269.52
文教娱乐用品及服务	Cultural, Education and Recreational Articles and Services	97.50	212.63	292.16	371.49
其他商品及服务	Other Commodities and Services	14.20	31.05	38.52	53.99
按消费性质分	**By Source of Consumption**				
货币性消费	**Consumption Paid by Money**	**689.20**	**995.18**	**1780.32**	**2125.46**
食品	Food	232.90	298.33	595.80	677.34
衣着	Clothing	85.70	90.83	128.58	157.26
居住	Residence	137.90	158.99	274.30	311.85
家庭设备用品及服务	Household Facilities, Articles and Services	50.00	50.67	70.28	81.29
医疗保健	Medicine and Medical Services	48.50	90.13	151.05	203.47
交通通讯	Transportation and Communications	22.40	62.56	231.86	269.52
文教娱乐用品及服务	Cultural, Education and Recreation, Articles and Services	97.50	212.63	292.16	371.49
其他商品及服务	Other Commodities and Services	14.30	31.05	36.29	53.25
实物性消费	**Consumption in kind**	**491.30**	**446.60**	**461.23**	**396.43**
食品	Food	471.80	389.39	417.04	357.92
衣着	Clothing	0.50	0.02	1.55	0.59
居住	Residence	19.10	57.18	42.64	37.92

10-19 牧民家庭平均每人生活消费支出

Per Capita Living Expenditure of Households of Herdsmen

单位：元 (yuan)

项 目	Item	2005	2006
生活消费支出	**Living Expenditure**	**4005.48**	**4655.47**
按消费类别分	**By Category of Consumption**		
食品	Food	1373.42	1435.68
# 主食	Staple Food	295.93	287.45
副食	Non-staple Food	541.21	543.92
其他食品	Other Food	331.72	379.88
衣着	Clothing	303.20	386.64
居住	Residence	471.43	376.09
家庭设备用品及服务	Household Facilities, Articles and Services	193.23	224.40
医疗保健	Medicine and Medical Services	372.01	454.07
交通通讯	Transportation and Communications	766.85	1059.12
文教娱乐用品及服务	Cultural, Education and Recreational Articles and Services	442.30	602.32
其他商品及服务	Other Commodities and Services	83.04	117.16
按消费性质分	**By Source of Consumption**		
货币性消费	**Consumption Paid by Money**	**3623.48**	**4290.86**
食品	Food	1030.53	1094.08
衣着	Clothing	290.56	386.64
居住	Residence	445.28	353.65
家庭设备用品及服务	Household Facilities, Articles and Services	192.91	223.82
医疗保健	Medicine and Medical Services	372.01	454.07
交通通讯	Transportation and Communications	766.85	1059.12
文教娱乐用品及服务	Cultural, Education and Recreation, Articles and Services	442.30	602.32
其他商品及服务	Other Commodities and Services	83.04	117.16
实物性消费	**Consumption in kind**	**381.68**	**364.04**
食品	Food	342.89	341.60
衣着	Clothing	12.64	
居住	Residence	26.15	22.44

10-20 农村牧区居民家庭平均每人主要消费品消费量
Per Capita Consumption of Major Consumer Goods in Rural Households

项 目	Item	2005	2006
粮食(公斤)	Grain(kg)	198.72	188.26
蔬菜(公斤)	Fresh Vegetables(kg)	76.93	77.94
食油(公斤)	Edible Oil(kg)	4.35	3.85
猪牛羊肉(公斤)	Pork, Beef and Mutton(kg)	26.25	25.75
家禽(公斤)	Poultry(kg)	2.25	1.63
蛋及制品(公斤)	Eggs and Related Products(kg)	4.29	4.51
水产品(公斤)	Fish and Shrimp(kg)	1.56	1.72
食糖(公斤)	Sugar(kg)	1.08	1.07
酒 (公斤)	Liquor(kg)	13.53	14.28

10-21 农民家庭平均每人主要消费品消费量
Per Capita Consumption of Major Consumer Goods in Households of Peasants

项 目	Item	2005	2006
粮 食(公斤)	Grain(kg)	214.14	203.06
蔬 菜(公斤)	Fresh Vegetables(kg)	79.51	80.77
食 油(公斤)	Edible Oil(kg)	4.52	3.97
猪牛羊肉(公斤)	Pork, Beef and Mutton(kg)	24.64	24.25
家 禽(公斤)	Poultry(kg)	2.36	1.71
蛋及制品(公斤)	Eggs and Related Products(kg)	4.70	4.98
鱼 虾(公斤)	Fish and Shrimp(kg)	1.70	1.87
食 糖(公斤)	Sugar(kg)	1.05	0.99
酒(公斤)	Liquor(kg)	13.93	14.62

10-22 牧民家庭平均每人主要消费品消费量
Per Capita Consumption of Major Consumer Goods in Households of Herdsmen

项 目	Item	2005	2006
粮 食(公斤)	Grain(kg)	165.20	156.66
蔬 菜(公斤)	Fresh Vegetables(kg)	57.06	56.54
食 油(公斤)	Edible Oil(kg)	3.01	2.97
猪牛羊肉(公斤)	Pork, Beef and Mutton(kg)	38.77	37.11
家 禽(公斤)	Poultry(kg)	1.42	0.97
蛋及制品(公斤)	Eggs and Related Products(kg)	1.13	0.93
鱼 虾(公斤)	Fish and Shrimp(kg)	0.47	0.59
食 糖(公斤)	Sugar(kg)	1.13	1.63
酒(公斤)	Liquor(kg)	10.46	11.74

10-23 农村牧区居民家庭平均每百户耐用消费品年末拥有量
Number of Durable Consumer Goods Owned Per 100 Rural Households at the Year-end

品 名	Item	2005	2006
电风扇(台)	Electric Fan(unit)	18	21
洗衣机(台)	Washing Machine(unit)	36	47
家用电冰箱(台)	Refrigerator(unit)	13	21
摩托车(辆)	Motorcycle(unit)	50	60
黑白电视机(台)	Black and White TV Set(unit)	15	13
彩色电视机(台)	Color TV Set(unit)	87	90
收录机(台)	Radio Cassette Player(unit)	16	15
照相机(架)	Camera(unit)	3	4

10-24 农民家庭平均每百户耐用消费品年末拥有量
Number of Durable Consumer Goods Owned Per 100 Households of Peasants at the Year-end

品 名	Item	2005	2006
自行车(辆)	Bicycle(unit)	67.00	67.00
电风扇(台)	Electric Fan(unit)	19.00	23.00
洗衣机(台)	Washing Machine(unit)	37.88	47.99
家用电冰箱(台)	Refrigerator(unit)	12.55	19.29
摩托车(辆)	Motorcycle(unit)	46.58	53.59
黑白电视机(台)	Black and White TV Set(unit)	14.00	12.17
彩色电视机(台)	Color TV Set(unit)	87.00	90.33
收录机(台)	Radio Cassette Player(unit)	11.47	9.73
照相机(架)	Camera(unit)	1.41	2.01

10-25 牧民家庭平均每百户耐用消费品年末拥有量
Number of Durable Consumer Goods Owned Per 100 Households of Herdsmen at the Year-end

品 名	Item	2005	2006
自行车(辆)	Bicycle(unit)	12	14
电风扇(台)	Electric Fan(unit)	3	5
洗衣机(台)	Washing Machine(unit)	21	34
家用电冰箱(台)	Refrigerator(unit)	15	31
摩托车(辆)	Motorcycle(unit)	75	118
电视机(台)	TV Set(unit)	105	111
#彩色电视机(台)	Color TV Set(unit)	86	92
收录机(台)	Radio Cassette Player(unit)	55	56
照相机(架)	Camera(unit)	15	17

10-26 农牧民家庭房屋使用情况
Housing Conditions of Rural Households

本表为农村住户抽样调查资料。
Data in this table are obtained from the sample surveys on rural households.

项 目	Item	2005	2006
牧民家庭	**Households of Herdsmen**		
本年新建购房屋面积(平方米/户)	**Rooms Newly Built Within the Year Per Household Floor Space of Houses(sq.m/househole)**	**2.82**	**1.07**
# 砖木结构	Brick and Wood Structure	1.40	0.89
每平方米价值(元)	Value per Square Meter(yuan)	299.32	356.84
年末使用房屋	**Rooms Used at the End of Year**		
居住面积(平方米/人)	Per Capita Floor Space(sq.m/person)	20.63	20.94
# 砖木结构	Brick and Wood Structure	11.99	12.19
钢筋混凝土结构	Reinforced Concrete Structures	0.67	0.28
房屋价值(元/平方米)	Value per Room(yuan/sq.m)	192.40	248.44
农民家庭	**Households of Peasants**		
本年新建房屋面积(平方米/户)	**Rooms Newly Built Within the Year Per Capita Floor Space of Houses(sq.m/person)**	**1.41**	**1.51**
# 砖木结构	Brick and Wood Structure	1.32	1.47
钢筋混凝土结构	Reinforced Concrete Structure	0.03	
每平方米价值(元)	Value per Square Meter(yuan)	330.98	276.77
年末使用房屋	**Rooms Used at the End of Year**		
居住面积(平方米/人)	Per Capita Floor Space(sq.m/person)	19.52	20.00
# 砖木结构	Brick and Wood Structure	11.76	12.12
钢筋混凝土结构	Reinforced Concrete Structures	0.09	0.22
房屋价值(元/平方米)	Value per Room(yuan/sq.m)	163.87	192.58

主要统计指标解释

城镇居民家庭全部收入 指被调查城镇居民家庭全部的实际收入，包括经常或固定得到的收入和一次性收入。不包括周转性收入，如提取银行存款、向亲友借款、收回借出款以及其他各种暂收款。

城镇居民家庭可支配收入 指被调查的城镇居民家庭在支付个人所得税、财产税及其他经常性转移支出后所余下的实际收入。

城镇居民家庭消费性支出 指被调查的城镇居民家庭用于日常生活的全部支出，包括购买商品支出和文化生活、服务等非商品性支出。不包括罚没、丢失款和缴纳的各种税款(如个人所得税、牌照税、房产税等)，也不包括个体劳动者生产经营过程中发生的各项费用。

城镇居民家庭购买商品支出 指被调查的城镇居民家庭为自用或赠送亲友而购买商品的全部支出，包括从商店、工厂、饮食业、工作单位食堂、集市以及直接从农民手中购买各种商品的开支。商品支出分为以下八类：食品；衣着；家庭设备用品及服务；医疗保健；交通与通信；娱乐、教育、文化服务；居住；杂项商品和服务。

农村牧区居民家庭纯收入 指农村牧区常住居民家庭总收入中，扣除从事生产和非生产经营费用支出、缴纳税款和上交承包集体任务金额以后剩余的，可直接用于进行生产性、非生产性建设投资、生活消费和积蓄的那一部分收入。农村牧区居民家庭纯收入包括从事生产性和非生产性的经营收入，取自在外人口寄回带回和国家财政救济、各种补贴等非经营性收入；既包括货币收入，又包括自产自用的实物收入。但不包括向银行、信用社和向亲友借款等属于借贷性的收入。

农村牧区居民家庭生活消费支出 指农村牧区常住居民家庭用于日常生活的全部开支，是反映和研究农牧民家庭实际生活消费水平高低的重要指标。

城镇居民储蓄存款余额 指某一时点城乡居民存入银行及农村信用社的储蓄金额，包括城镇居民储蓄存款和农牧民个人储蓄存款，不包括居民的手存现金和工矿企业、部队、机关、团体等单位存款。

Explanatory Notes on Main Statistical Indicators

Total Income of Urban Households refers to the total actual income of the sample households, including regular or fixed income and occasional income. The income of a circulating nature such as withdrawal from bank deposits, loans borrowed from relatives or friends, repayment of loans received and various temporary collection of money are excluded.

Disposable Income of Urban Households refers to the income of the sample households which can be used for daily expenses, i. e. . total income minus income tax, property tax and other current transfers.

Expenditure for Consumption of Urban Households refers to total expenditure of the sample households for consumption in daily life, including expenditure for various commodities and expenses for non commodity items such as culture and service, etc. , but excluding fines and confiscation, loss, tax payments(such as income tax, license tax, real estates tax, etc.) And various expenses by individual laborers for business purposes.

Expenditure for Purchases of Commodities of Urban Households refers to total expenses of the sample households for the purchases of commodities, for their own use or as gifts to relatives and friends, from shops, factories, catering trade, canteens, markets and from the peasants. Such expenditure is classified into eight categories: food, clothing, household appliances and services, health care and medical services, transport and communications, recreation, education and cultural services, housing, miscellaneous goods and services.

Net Income of Rural Households refers to the total income of the permanent residents of the rural households during a year after the deduction of the expenses for productive and non-productive business operation, the payment for taxes and the payment for collective units for their contracted tasks, which can then be spent for investments in productive and non-productive construction, for consumption in daily life and for savings deposit. It is a comprehensive indicator to show the actual level of the income of the peasants' household. The net income of the rural households includes not only the income from the productive and non-productive business operation, but also the income from the non business operation, such as the money remitted or brought back by the members of the household who are in other places, the government relief payment and various subsidies. It includes not only the money income, but also the income in kind. But the income from borrowing from banks, friends and relatives is excludes.

Expenditure of Rural Households for Consumption refers to total expenses of rural households on daily life, including expenses on food, clothing, housing, fuel, articles for daily use, and expenses on cultural life and services. This indicator is used to show the actual consumption level of peasants.

The Savings Deposits of Urban and Rural Residents refers to the total value of Savings deposits of urban and rural households in banks and rural credit cooperatives at a given point of time, including the savings deposit of urban residents and the savings deposit of rural residents. The cash in hand by residents and the deposits of organizations such as enterprises, military units, government agencies, institutions, etc. are not included.

十一 城市概况

GENERAL SURVEY OF CITIES

资料整理 崔京英

Arranged by Cui Jingying

11-1 城市社会经济指标(2006年)

Main Social and Economic Indicators of Cities(2006)

指标	Item	2006
年末人口数(万人)	**Population (year-end) (10 000 persons)**	**850.92**
#非农业人口	Non-agricultural Population	591.41
全社会从业者人数(万人)	**Number of Employed Persons(10 000 persons)**	**446.78**
#单位职工人数	Staff and Workers	134.76
按产业分的从业人员	Grouped by Industry	
第一产业	Primary Industry	105.25
第二产业	Secondary Industry	130.52
第三产业	Tertiary Industry	211.01
土地面积(万平方公里)	**Total Area (10 000 sq.km)**	**14.63**
生产总值(亿元)	**Gross Domestic Product (100 million yuan)**	**2730.75**
第一产业	Primary Industry	152.96
第二产业	Secondary Indutry	1210.44
#工业	Industry	1040.21
第三产业	Tertiary Industry	1367.35
生产总值指数(上年=100)	Indices of Gross Domestic Product (Preceding year=100)	118.2
农林牧渔业总产值 (当年价格,亿元)	**Gross Agricultural Output Value (at current prices) (100 million yuan)**	**258.22**
年末实有耕地面积(万公顷)	**Area of Cultivated land year-end (10 000 hectares)**	**126.45**
主要农产品产量	**Output of Major Agricultural Products**	
粮食产量(万吨)	Gain (10 000 tons)	363.64
猪牛羊肉产量(万吨)	Pork, Beef and Mutton (10 000 tons)	45.20
水 果(万吨)	Fruits (10 000 tons)	9.86
水产品(万吨)	Aquatic Products (10 000 tons)	2.58
规模以上工业	**Industry of All State-owned & Non-state-owned Industrial Enterprises above Designated Size**	
工业总产值(当年价格,亿元)	Gross Output Value (100 million yuan)	2357.79
工业增加值(当年价，亿元)	Value Added (100 million yuan)	912.46
工业产品销售收入(亿元)	Sales Revenue (100 millon yuan)	2184.65
工业利润总额(亿元)	Total Profits(100 million yuan)	142.06
运输邮电	**Transportation, Postal and Telecom**	
客运量(发送)(亿人)	Passenger Traffic (100 million persons)	0.59
货运量(发送)(亿吨)	Freight Traffic (100 million tons)	2.55

注：本表数据不包括市辖县统计数。

a)Data in this table don't include the data of county directly under the city.

11-1 续表 continued

指 标	Item	2006
邮电业务总量(2000年不变价.亿元)	Revenud of Postal and Telecommunications Services (at 2000 constant prices) (100 million yuan)	99.05
本地网电话机部数(万部)	Number of Telephons Sets(10 000 sets)	325.05
固定资产投资额(亿元)	**Total Investment in Fixed Assets (100 million yuan)**	**1551.03**
社会消费品零售总额(亿元)	**Total Retail Sales of Consumer Goods (100 million yuan)**	**1104.54**
实际利用外资金额(亿美元)	**Amount of Foreign Capital Actually Utilized (USD 100 million)**	**9.99**
在校学生数(万人)	**Student Enrollment (10 000 persons)**	
普通高等学校	Number of Regular Institutes of Higher Education	26.04
中等专业学校	Number of Specialized Secondary Schools	15.53
普通中学	Number of Regular Secondary Schools	71.42
小 学	Number of Primary Schools	62.46
成人高等学校	Noumber of Schools Higher Education for Aduals	5.87
医院、卫生院数(个)	**Number of Hospitals (unit)**	**497**
医院、卫生院床位数(万张)	**Number of Beds in Hospitals (10 000 unit)**	**4.09**
卫生技术人员数(万人)	**Number of Medical Technical Personnel in Hospitals (10 000 persons)**	**4.32**
专业技术人员数(万人)	**Number of Technical Personnel (10 000 persons)**	**32.54**
在岗职工工资总额(亿元)	**Total Wages of Fully Emploged Staff and Workers (100 million yuan)**	**279.17**
年底城乡储蓄存款余额(亿元)	**Outstanding Amount of Savings Deposit in Urban and Rural Areas at year end(100 million yuan)**	**1657.80**
地方财政一般预算收入(亿元)	**Budgetary Reuenue of Local Governments (100 million yuan)**	**160.63**

11-2 城市主要经济指标(2006年)

Main Economic Indicators of Cities(2006)

城市名称	City	土地面积(万平方公里) Total Area (10 000 Sq.km)	年末总人口(万人) Population (year-end) (10 000 persons)	年末非农业人口(万人) Nonagricultural Population (year-end) (10 000 persons)	生产总值(不包括市辖县)(亿元) Gross Domestic Product (100 million yuan)
合 计	**Total**	**68.33**	**2172.30**	**898.74**	**2730.75**
呼和浩特市	Hohhot City	1.72	260.63	100.12	626.90
包头市	Baotou City	2.77	245.76	133.79	840.69
呼伦贝尔市	Hulunbeier City	25.30	269.96	178.76	59.43
通辽市	Tongliao City	5.95	309.10	112.80	155.33
赤峰市	Chifeng City	9.00	438.53	101.90	183.45
乌兰察布市	Wulanchabu City	5.50	214.12	67.41	46.61
鄂尔多斯市	Erdos City	8.68	151.45	45.68	186.90
巴彦淖尔市	Bayannaoer City	6.44	173.61	61.16	85.93
乌海市	Wuhai City	0.17	47.01	44.91	152.39
满洲里市	Manzhouli City	0.07	16.13	16.11	64.15
扎兰屯市	Zhalantun City	1.68	43.16	16.65	36.48
牙克石市	Yakeshi City	2.76	38.55	37.03	41.60
根河市	Genhe City	1.97	16.57	16.57	15.87
额尔古纳市	Eerguna City	2.80	8.52	7.86	13.55
乌兰浩特市	Wulanhaote City	0.08	28.90	22.46	41.81
阿尔山市	Aershan City	0.74	4.67	4.66	4.71
霍林郭勒市	Huolinguole City	0.06	7.37	7.37	50.01
二连浩特市	Erlianhaote City	0.40	7.94	7.38	19.11
锡林浩特市	Xilinhaote City	1.58	20.62	17.71	60.01
丰镇市	Fengzhen City	0.27	33.14	8.86	45.82

11-2 续表 1 continued

城市名称	City	农业总产值(亿元) Gross Agricultural Output Value (100 million yuan)	不包括市辖县 Counties Excluded	工业总产值(亿元) Gross Industrial Output Value (100 million yuan)	不包括市辖县 Counties Excluded	客运总量(万人) Total Passenger Traffic (10 000 persons)	货运总量(万吨) Total Freight Traffic (10 000 tons)	固定资产投资(亿元) Investment in Fixed Assets (10000 million yuan)	不包括市辖县 Counties Excluded
合 计	**Total**	**958.71**	**258.22**	**3922.34**	**2357.79**	**36248**	**93430**	**3161.08**	**1551.03**
呼和浩特市	Hohhot City	91.60	21.90	643.17	371.70	4621	7606	548.40	332.10
包头市	Baotou City	61.41	18.05	1058.67	959.56	13925	23627	630.00	476.90
呼伦贝尔市	Hulunbeier City	157.46	6.64	193.12	29.92	4178	9716	204.50	24.40
通辽市	Tongliao City	160.12	41.68	314.38	166.97	3007	8025	280.00	145.34
赤峰市	Chifeng City	168.14	39.50	323.74	165.41	3094	8900	313.28	115.86
乌兰察布市	Wulanchabu City	109.37	2.79	231.47	33.39	1577	3805	225.12	20.24
鄂尔多斯市	Erdos City	72.13	2.72	634.99	123.88	2102	21330	616.67	110.92
巴彦淖尔市	Bayannaoer City	119.12	33.81	258.24	71.06	2578	3071	210.15	53.51
乌海市	Wuhai City	3.40	3.40	166.97	166.97	720	5585	64.61	64.61
满洲里市	Manzhouli City	2.10	2.10	19.05	19.05	117	2967	31.00	31.00
扎兰屯市	Zhalantun City	19.92	19.92	23.02	23.02	580	640	10.51	10.51
牙克石市	Yakeshi City	17.99	17.99	15.48	15.48	408	2834	6.07	6.07
根河市	Genhe City	6.24	6.24	4.15	4.15	89	290	3.03	3.03
额尔古纳市	Eerguna City	11.45	11.45	3.18	3.18	32	42	3.34	3.34
乌兰浩特市	Wulanhaote City	6.59	6.59	37.47	37.47	170	620	12.86	12.86
阿尔山市	Aershan City	2.34	2.34			25	133	5.90	5.90
霍林郭勒市	Huolinguole City	1.59	1.59	60.84	60.84	78	2466	45.86	45.86
二连浩特市	Erlianhaote City	0.27	0.27	7.91	7.91	75	685	11.06	11.06
锡林浩特市	Xilinhaote City	6.76	6.76	52.21	52.21	177	327	38.53	38.53
丰镇市	Fengzhen City	12.48	12.48	45.62	45.62	244	436	38.99	38.99

注：工业总产值为规模以上工业企业。

a) The gross industrial output value is covered all state-owned and Non-state-owned industrial enterprises above designated size.

11-2 续表 2 continued

城市名称	City	地方财政一般预算收入(亿元) Budgetary Revenueof Local Govern-ments (100 million yuan)	#不包括市辖县 Counties Excluded	城乡居民年底储蓄余额(亿元) Outstanding Amount of Savings Deposit of Urban and Rural Residents year-end(100 million yuan)	在岗职工人数(万人) Number of Fully-empolyed Staff and Workers (10 000 persons)	#不包括市辖县 Counties Excluded	在岗职工工资总额(亿元) Total Wages of Fully-empolyed Staff and Workers (100 million yuan)	#不包括市辖县 Counties Excluded
合 计	**Total**	**285.48**	**160.63**	**2177.41**	**218.97**	**134.76**	**411.22**	**279.17**
呼和浩特市	Hohhot City	45.52	34.12	453.08	35.54	28.34	85.67	75.71
包头市	Baotou City	67.53	54.11	437.99	33.11	28.73	75.74	67.14
呼伦贝尔市	Hulunbeier City	29.10	2.51	256.46	36.40	4.32	54.07	8.06
通辽市	Tongliao City	17.01	5.42	120.63	22.35	9.33	31.11	13.23
赤峰市	Chifeng City	24.59	9.22	258.72	29.68	11.50	45.78	20.87
乌兰察布市	Wulanchabu City	18.43	3.34	137.73	13.64	5.17	22.46	8.7
鄂尔多斯市	Erdos City	54.04	15.49	199.25	14.92	5.29	40.26	14.67
巴彦淖尔市	Bayannaoer City	13.68	3.79	144.10	14.35	6.26	22.40	10.55
乌海市	Wuhai City	9.93	9.93	91.72	10.20	10.20	19.10	19.1
满洲里市	Manzhouli City	6.73	6.73	53.42	3.34	3.34	5.57	5.57
扎兰屯市	Zhalantun City	0.71	0.71	19.44	2.46	2.46	3.32	3.32
牙克石市	Yakeshi City	1.72	1.72	45.25	2.28	2.28	3.60	3.6
根河市	Genhe City	0.43	0.43	19.96	3.76	3.76	4.38	4.38
额尔古纳市	Eerguna City	0.26	0.26	9.61	2.32	2.32	3.15	3.15
乌兰浩特市	Wulanhaote City	1.05	1.05	33.43	3.77	3.77	5.93	5.93
阿尔山市	Aershan City	0.18	0.18	3.82	0.55	0.55	0.57	0.57
霍林郭勒市	Huolinguole City	3.37	3.37	8.70	1.19	1.19	2.78	2.78
二连浩特市	Erlianhaote City	1.17	1.17	12.46	0.45	0.45	1.19	1.19
锡林浩特市	Xilinhaote City	3.25	3.25	28.02	4.01	4.01	6.94	6.94
丰镇市	Fengzhen City	3.83	3.83	16.82	1.49	1.49	3.71	3.71

11-3 城市公用事业基本情况

Basic Statistics on Urban Public Utilities

项 目	Item	2005	2006
城市及建筑物面积	**Cities Areas and Floor Space of Buildings**		
建成区面积(平方公里)	Developed Areas(sq.km)	824.36	830.09
城市人口密度(人/平方公里)	Population Density of Urban Districts(person/sq.km)	538	598
年末实有房屋建筑面积(万平方米)	Total Floor Space of Buildings(yearend)(10 000 sq.m)	33070.28	35296.54
年末实有住宅建筑面积(万平方米)	Total Floor Space of Residential Buildings (year-end)(10 000 sq.m)	20627.49	21887.22
人均住房面积(平方米)	Capita Buildings Space(sq.m)	23.22	25.72
供水、供气及供热	**Water Supply, Gas Supply and Heating**		
自来水年供水量(万吨)	Annual Supply of Tap Water(10 000 tons)	61081	60090
#生活用水量	Water Consumption for Residentialuse	15318	13243
平均每人日生活用水(升)	Per Capita Water Consumption for Residential use(liter)	129.93	105.08
用水普及率(%)	Percentage of Population with Access to Tap Water(%)	83.88	80.67
煤气供气量(万立方米)	Coal Gas Supply(10 000 cu.m)	6886.79	6113
#家庭用量	Consumption of Coal Gas for Residential Use	5319.33	4233
天然气供气量(万立方米)	Natural Gas Supply(10 000 cu.m)	9443.65	18370
#家庭用量	Consumption of Natural Gas for Residedtial Use	1440.5	2558
液化石油气供气量(吨)	Liquefied Petroleum Gas(ton)	138348	99616
#家庭用量(吨)	Consumption of Liquefied Gas for Residential use(ton)	127304	90355
煤气管道长度(公里)	Length of Gas Pipelines(km)	1008	1024
用气普及率(%)	Percentage of Population with Access to Gas(%)	68.18	71.03
集中供热面积(万平方米)	Heated Area(10 000 sq.m)	11253.90	13155.70
市政工程	**Municipal Engineering**		
铺装道路长度(公里)	Length of Paved Roads(km)	3866.95	4279.00
平均每万人拥有道路长度(公里)	Length of Paved Roads per 10000 Population(km)	6.03	6.71
铺装道路面积(万平方米)	Area of Paved Roads(10 000 sq.m)	6502.10	7332.00
人均铺装道路面积(平方米)	Area of Paved Roads per Population(sq.m)	10.14	11.34
下水道长度(公里)	Length of Sewer Pipelines(km)	4505.45	4779.00
平均每万人拥有下水道(公里)	Length of Sewer Pipelines per 10000 Population(km)	7.03	7.49
公共交通	**Public Traffic**		
公共汽车总数(辆)	Number of Public Transportation Vehicles(unit)	3594	4124
平均每万人拥有(辆)	Number of Public Transportation Vehicles Per 10 000 Population(unit)	5.61	6.08
出租汽车(辆)	Taxi(unit)	32508	33775
城市绿化	**Afforestation in Cities**		
绿地面积(公顷)	Public Green Areas(hectare)	24631.98	25551
人均绿地面积(平方米)	Public Green Areas per(Population(sq.m)	7.78	9.39
公园动物园个数(个)	Number of Parks and Zoos(unit)	86	91
公园动物园面积(公顷)	Area of Parks and Zoos(hectare)	3125.80	4679.00
环境卫生	**Environmental Sanitation**		
清运垃圾(万吨)	Volume of Garbage Disposal(10 000 tons)	329.00	331.20
清运粪便(万吨)	Disposal of Excrement and Urine(10 000 tons)	108.50	98.10
每万人有公厕(座)	Public Lavatories per 10 000 Population(unit)	6.57	7.05

注：人均拥有指标按城市人口计算。

a)Data on the public utilities per 10 000 population are based on population in urban areas.

11-4 城市面积和房屋建筑及住房(2006年)

Basic Statistics on Building Construction and Housing Condition in Cities(2006)

地 区	Region	建成区面积(平方公里) Developed Areas (sq.km)	征用土地面积(平方公里) Land Put in Requisition for State Construction Projects (sq.km)	市区人口密度(人/平方公里) Population Density of Urban Districts (person/sq.km)	年末城市实有房屋建筑面积(万平方米) Total Floor Space of Buildings (year-end) (10 000 sq.m)	年末城市实有住宅建筑面积(万平方米) Total Floor Space of Residential Buildings (year-end) (10 000 sq.m)
合 计	**Total**	**830.09**	**10.53**	**598**	**35296.54**	**21887.22**
呼和浩特市	Hohhot City	150.00		630	5622.07	2623.32
包头市	Baotou City	178.12		630	6749.25	3711.01
呼伦贝尔市	Hulunbeier City	28.00		1799	5111.38	3530.88
通辽市	Tongliao City	32.30		8006	2531.00	1583.00
赤峰市	Chifeng City	72.00	1.54	1499	4487.59	2712.00
乌兰察布市	Wulanchabu City	35.00		2869	2410.00	1598.00
鄂尔多斯市	Erdos City	66.75		552	2564.67	1972.82
巴彦淖尔市	Bayannaoer City	32.38	1.45	470	2351.10	1728.86
乌海市	Wuhai City	37.51		262	1710.00	1285.00
满洲里市	Manzhouli City	27.06		277	741.71	430.51
扎兰屯市	Zhalantun City	14.00		431	504.60	350.50
牙克石市	Yakeshi City	15.70		5504	927.00	740.00
根河市	Genhe City	17.50		217	342.16	266.10
额尔古纳市	Eerguna City	10.37		174	292.00	175.30
乌兰浩特市	Wulanhaote City	23.00	0.11	885	743.90	518.90
阿尔山市	Aershan City	9.00		355	127.52	66.52
霍林郭勒市	Huolinguole City	15.00	0.10	138	146.10	93.46
二连浩特市	Erlianhaote City	18.00	4.03	3344	157.38	66.29
锡林浩特市	Xilinhaote City	23.40		375	730.68	490.62
丰镇市	Fengzhen City	25.00	3.30	486	250.00	208.00

11-5 城市自来水(2006年)

Basic Statistics on Tap Water Supply in Cities(2006)

地 区	Region	年末自来水生产能力(万吨/日) Production Capacity of Tap Water (year-end) (10 000 tons/day)	年末供水管道长度(公里) Length of Water Supply Pipelines (year-end) (km)	全年供水总量(万吨) Total Annual Volume of Water Supply (10 000 tons)	# 生活用水 For Residential Use	# 生产用水 For Productive Use	用水人口(万人) Number of Residents with Access to Tap Water (10 000 persons)	人均日生活用水量(升) Per Capita Daily Consumption of Tap Water for Residedtial Use(litre)
合 计	**Total**	**320.20**	**6220**	**60090**	**13243**	**29161**	**571.83**	**105.08**
呼和浩特市	Hohhot City	58.70	568	12410	2023	4320	122.93	118.27
包头市	Baotou City	108.00	1739	18295	4166	9744	132.00	131.63
呼伦贝尔市	Hulunbeier City	12.70	131	2044	552	1112	19.20	125.43
通辽市	Tongliao City	28.70	504	4413	506	2464	35.00	81.96
赤峰市	Chifeng City	24.20	572	4451	715	2362	47.02	62.75
乌兰察布市	Wulanchabu City	4.40	242	1141	495	367	27.60	63.53
鄂尔多斯市	Erdos City	4.00	441	1405	653	293	32.00	69.35
巴彦淖尔市	Bayannaoer City	4.40	141	766	431	110	28.00	55.09
乌海市	Wuhai City	29.20	587	8746	1487	5345	42.69	157.17
满洲里市	Manzhouli City	4.30	317	1397	686	354	15.70	143.67
扎兰屯市	Zhalantun City	1.70	60	370	145	80	5.88	92.26
牙克石市	Yakeshi City	1.60	20	322	135	100	4.59	116.39
根河市	Genhe City	4.30	35	178	59	51	5.70	48.55
额尔古纳市	Eerguna City	5.00	35	87	41	4	1.60	138.70
乌兰浩特市	Wulanhaote City	5.30	82	829	429	315	18.22	70.22
阿尔山市	Aershan City	0.60	28	47	23	11	1.30	56.90
霍林郭勒市	Huolinguole City	3.10	215	413	300	45	7.23	135.28
二连浩特市	Erlianhaote City	2.10	62	136	29	42	5.52	30.84
锡林浩特市	Xilinhaote City	11.70	332	448	268	29	11.65	87.25
丰镇市	Fengzhen City	6.20	110	2193	101	2014	8.00	46.58

11-6 城市煤气、液化石油气、天然气(2006年)

Basic Statistics on Supply of Gas, Liquefied Petroleum Gas and Natural Gas in Cities(2006)

地区	Region	人工煤气生产能力(万立方米/日) Production Capacity of Coal Gas(10 000 cu.m/day)	管道长度(公里) Length of Gas Pipelines(km)		全年供气总量 Total Gas Supply			用气人口(万人) Population with Access to Gas(10 000 persons)		
			人工煤气 Coal Gas	天然气 Natural Gas	人工煤气(万立方米) Coal Gas (10 000 cu.m)	液化石油气(吨) Liquefied Petroleum Gas(ton)	天然气(万立方米) Natural Gas (10 000 cu.m)	人工煤气 Coal Gas	液化石油气 Liquefied Petroleum Gas	天然气 Natural Gas
合 计	**Total**	**195.40**	**1024**	**740**	**6113**	**99616**	**18370**	**79.00**	**315.49**	**109.02**
呼和浩特市	Hohhot City	16.40	250	491	2541	43650	8651	16.50	50.42	46.70
包头市	Baotou City	164.00	650	90	3084	5304	9202	56.00	25.10	54.42
呼伦贝尔市	Hulunbeier City					2330			16.70	
通辽市	Tongliao City			24		3460	164		28.79	2.90
赤峰市	Chifeng City					8511			48.51	
乌兰察布市	Wulanchabu City			51		3500	43		19.94	1.50
鄂尔多斯市	Erdos City			84		2600	310		27.50	3.50
巴彦淖尔市	Bayannaoer City					13840			20.00	
乌海市	Wuhai City	15.00	124		489	2000		6.50	12.00	
满洲里市	Manzhouli City					3614			11.85	
扎兰屯市	Zhalantun City					850			8.25	
牙克石市	Yakeshi City					2200			7.82	
根河市	Genhe City					614			3.00	
额尔古纳市	Eerguna City					1320			3.28	
乌兰浩特市	Wulanhaote City					2982			12.80	
阿尔山市	Aershan City					192			0.68	
霍林郭勒市	Huolinguole City					200			3.85	
二连浩特市	Erlianhaote City					450			4.01	
锡林浩特市	Xilinhaote City					1300			8.30	
丰镇市	Fengzhen City					700			2.69	

11-7 城市集中供热(2006年)

Basic Statistics on Heating in Cities(2006)

地 区	Region	供应能力 Heating Capacity		供热总量 Volume Supplied		管道长度(公里) Length of Pipelines(km)		供热面积(万平方米) Heated Area (10 000 sq.m)
		蒸汽(吨/小时) Steam (ton/hour)	热水(兆瓦) Hot Water (mw)	蒸 汽(万吉焦) Steam (10 000 gigajouies)	热 水(万吉焦) Hot Water (10 000 gigajoules)	蒸 汽 Steam	热 水 Hot Water	
合 计	**Total**	**277**	**13328**	**198**	**10578**	**26**	**3582**	**13155.7**
呼和浩特市	Hohhot City	40	2616	11	1467	2	328	2271.6
包头市	Baotou City		3265		2287		1650	3333.0
呼伦贝尔市	Hulunbeier City		388		517		87	475.0
通辽市	Tongliao City		1003		803		206	790.0
赤峰市	Chifeng City	235	2157	182	1290	18	171	2475.0
乌兰察布市	Wulanchabu City		254		220		179	165.0
鄂尔多斯市	Erdos City		783		514		76	573.4
巴彦淖尔市	Bayannaoer City		444		300		84	638.0
乌海市	Wuhai City		602		486		275	642.0
满洲里市	Manzhouli City		471		461		168	388.7
扎兰屯市	Zhalantun City		80		192		30	130.0
牙克石市	Yakeshi City		187		405		44	260.0
根河市	Genhe City		91		287		9	73.6
额尔古纳市	Eerguna City		17		27		11	32.5
乌兰浩特市	Wulanhaote City		387		350		61	410.0
阿尔山市	Aershan City		17		90		10	17.5
霍林郭勒市	Huolinguole City		126		194		76	135.0
二连浩特市	Erlianhaote City		78		162		33	40.0
锡林浩特市	Xilinhaote City		333		505		78	264.0
丰镇市	Fengzhen City	2	28	5	22	6	7	41.4

11-8 城市市政工程(2006年)

Basic Statistics on Municipal Engineering in Cities(2006)

地 区	Region	年末实有铺装道路长度(公里) Length of Paved Roads (year-end) (km)	年末实有铺装道路面积(万平方米) Area of Paved Roads (year-end) (10 000 sq.m)	城市桥梁(座) Number of Bridges (unit)	城市排水管道长度(公里) Length of Sewer Pipelines (km)	城市污水日处理能力(万吨) Daily Disposal Capacity of Sewage (10 000 tons)	城市路灯(千盏) Number of Street Lights (1000 unit)
合 计	**Total**	**4279**	**7332**	**299**	**4779**	**102.20**	**474**
呼和浩特市	Hohhot City	596	1306	41	809	10.00	187
包头市	Baotou City	1091	1726	37	1279	16.50	30
呼伦贝尔市	Hulunbeier City	170	267	8	114	5.00	7
通辽市	Tongliao City	163	325	4	448	20.00	78
赤峰市	Chifeng City	296	391	30	286	15.00	40
乌兰察布市	Wulanchabu City	142	320	15	199	6.30	10
鄂尔多斯市	Erdos City	222	607	6	317	4.00	22
巴彦淖尔市	Bayannaoer City	214	329	6	353	6.00	27
乌海市	Wuhai City	348	492	48	204	4.00	15
满洲里市	Manzhouli City	250	383	5	110		5
扎兰屯市	Zhalantun City	66	109	28	23	4.00	8
牙克石市	Yakeshi City	143	192	25	21	3.40	4
根河市	Genhe City	31	43	7	8		1
额尔古纳市	Eerguna City	60	62	3	4		1
乌兰浩特市	Wulanhaote City	98	125	5	101	2.00	8
阿尔山市	Aershan City	50	47	7	26		2
霍林郭勒市	Huolinguole City	67	116	9	191		2
二连浩特市	Erlianhaote City	37	70		68		23
锡林浩特市	Xilinhaote City	152	319		146	4.00	5
丰镇市	Fengzhen City	83	103	15	72	2.00	2

11-9 城市公共汽车、出租汽车(2006年)
Basic Statistics on Buses and Taxis in Cities(2006)

地区	Region	年末实有公共汽车(辆) Public Transportation Vehicles(year-end) (unit)	运客总数 (万人次) Number of Passengers Carried (10 000 Person times)	出租汽车 (辆) Number of Taxis (unit)
合计	**Total**	**4124**	**45968**	**33775**
呼和浩特市	Hohhot City	1104	22294	3966
包头市	Baotou City	1094	8595	5556
呼伦贝尔市	Hulunbeier City	172	800	2000
通辽市	Tongliao City	162	1200	2200
赤峰市	Chifeng City	365	3859	4336
乌兰察布市	Wulanchabu City	89	810	2800
鄂尔多斯市	Erdos City	190	2400	1810
巴彦淖尔市	Bayannaoer City	112	1000	1540
乌海市	Wuhai City	417	2923	953
满洲里市	Manzhouli City	32	120	1258
扎兰屯市	Zhalantun City	68	165	900
牙克石市	Yakeshi City	36	63	1408
根河市	Genhe City	36	245	264
额尔古纳市	Eerguna City			210
乌兰浩特市	Wulanhaote City	98	608	1500
阿尔山市	Aershan City	38	50	56
霍林郭勒市	Huolinguole City	47	106	328
二连浩特市	Erlianhaote City			490
锡林浩特市	Xilinhaote City	47	550	1750
丰镇市	Fengzhen City	17	180	450

11-10 城市园林绿化(2006年)

Basic Statistics on Parks, Gardens and Green Areas in Cities(2006)

地 区	Region	城市园林绿地面积(公顷) Total Area (hectare)	公共绿地面积(公顷) Public Green Areas (hectare)	公 园(个) Number of Parks (unit)	公园面积(公顷) Area of Parks (hectare)
合 计	**Total**	**6659**	**21187**	**91**	**4679**
呼和浩特市	Hohhot City	1374	4239	14	1756
包头市	Baotou City	1761	6525	15	1122
呼伦贝尔市	Hulunbeier City	541	874	2	484
通辽市	Tongliao City	308	1058	2	48
赤峰市	Chifeng City	346	1472	14	240
乌兰察布市	Wulanchabu City	737	858	2	35
鄂尔多斯市	Erdos City	141	818	2	39
巴彦淖尔市	Bayannaoer City	125	780	7	118
乌海市	Wuhai City	373	1050	5	196
满洲里市	Manzhouli City	149	711	4	48
扎兰屯市	Zhalantun City	150	428	1	68
牙克石市	Yakeshi City	54	400	2	21
根河市	Genhe City	34	323	3	27
额尔古纳市	Eerguna City	39	299	1	10
乌兰浩特市	Wulanhaote City	342	643	4	345
阿尔山市	Aershan City	4	17	3	1
霍林郭勒市	Huolinguole City	15	229	4	15
二连浩特市	Erlianhaote City	28	210	1	28
锡林浩特市	Xilinhaote City	51	99	2	36
丰镇市	Fengzhen City	87	154	3	42

11-11 城市公共卫生(2006年)

Basic Statistics on Urban Sanitation in Cities(2006)

地 区	Region	清扫面积 (万平方米) Area Under Cleaning Program (10 000 sq.m)	生活垃圾清运量 (万吨) Volume of Garbage Disposal (10 000tons)	粪便清运量 (万吨) Volume of Excrement and Urine Disposal (10 000 tons)	环卫机械总数 (台) Environmental Sanitation Equipment (unit)	公共厕所 (座) Number of Public Lavatories (unit)
合 计	**Total**	**5319**	**331.2**	**98.10**	**1214**	**4501**
呼和浩特市	Hohhot City	1020	38.7	20.00	229	413
包头市	Baotou City	1297	71.7	23.20	221	233
呼伦贝尔市	Hulunbeier City	247	14.4	3.40	44	244
通辽市	Tongliao City	300	26.0	6.00	43	194
赤峰市	Chifeng City	301	30.6	7.20	55	142
乌兰察布市	Wulanchabu City	162	16.0	4.50	81	324
鄂尔多斯市	Erdos City	365	15.0	5.40	90	613
巴彦淖尔市	Bayannaoer City	218	14.6	4.00	51	393
乌海市	Wuhai City	471	25.6	7.40	148	615
满洲里市	Manzhouli City	241	11.0	3.00	65	499
扎兰屯市	Zhalantun City	80	8.0	2.00	28	35
牙克石市	Yakeshi City	83	8.0	1.20	22	24
根河市	Genhe City	40	4.0	0.90	10	30
额尔古纳市	Eerguna City	47	2.6	0.60	12	10
乌兰浩特市	Wulanhaote City	106	15.0	3.80	15	196
阿尔山市	Aershan City	18	3.0	0.40		14
霍林郭勒市	Huolinguole City	51	5.1	1.10	18	52
二连浩特市	Erlianhaote City	65	4.0	0.60	10	29
锡林浩特市	Xilinhaote City	135	9.1	1.80	16	217
丰镇市	Fengzhen City	72	8.8	1.70	56	224

11-12 城市设施水平(2006年)
Level of Public Facilities in Cities(2006)

地 区	Region	城市人口用水普及率(%) Percentage of Population with Access to Tap Water(%)	城市用气普及率(%) Percentage of Population with Access to Gas(%)	每万人拥有公共汽车辆(标台) Number of Public Buses per 10 000 Persons (st.set)	人均拥有铺装道路面积(平方米) Per Capita Area of Paved Roads (sq.m)	人均公共绿地面积(平方米) Per Capita Public Green Areas (sq.m)	每万人拥有公共厕所(座) Number of Public Lavatories per 10 000 Population (unit)
全 区	**All Region**	**80.67**	**71.03**	**6.08**	**10.34**	**9.39**	**7.05**
呼和浩特市	Hohhot City	94.99	87.80	9.49	10.09	10.62	3.70
包头市	Baotou City	80.84	83.00	8.57	10.57	10.79	1.75
呼伦贝尔市	Hulunbeier City	79.08	68.78	6.18	11.00	22.28	9.40
通辽市	Tongliao City	84.56	76.57	2.88	7.85	7.44	4.43
赤峰市	Chifeng City	62.35	64.33	5.01	5.18	4.59	2.02
乌兰察布市	Wulanchabu City	84.25	65.45	2.32	9.77	22.50	10.78
鄂尔多斯市	Erdos City	92.67	89.78	5.04	17.58	4.08	25.83
巴彦淖尔市	Bayannaoer City	89.17	63.69	3.06	10.48	3.98	13.37
乌海市	Wuhai City	92.72	40.18	7.78	10.69	8.10	14.40
满洲里市	Manzhouli City	77.34	58.37	1.58	18.87	7.34	30.99
扎兰屯市	Zhalantun City	44.04	61.80	4.04	8.16	11.24	2.62
牙克石市	Yakeshi City	34.75	59.20	1.89	14.53	4.09	1.81
根河市	Genhe City	74.90	39.42	3.29	5.65	4.47	3.99
额尔古纳市	Erguna City	36.36	74.55		14.09	8.86	2.50
乌兰浩特市	Wulanhaote City	78.84	55.39	3.46	5.41	14.80	6.78
阿尔山市	Aershan City	26.75	13.99	5.56	9.67	0.82	3.00
霍林郭勒市	Huolinguole City	89.26	47.53	4.07	14.32	1.85	6.67
二连浩特市	Erlianhaote City	85.98	62.50		10.90	4.36	12.08
锡林浩特市	Xilinhaote City	75.80	54.00	3.06	20.75	3.32	13.65
丰镇市	Fengzhen City	58.74	19.75	0.88	7.56	6.39	17.01

主要统计指标解释

年末自来水生产能力　指年底城建部门管理的自来水厂和自备水源的社会单位取水、净化、送水、出厂输水干管等环节的实际生产能力。

年末供水管道长度　指从送水泵到用户水表之间所有管道的长度。全年供水总量指公用自来水厂和自备水源的社会单位全年的供水总量，包括有效供水量及损失水量。

年末供水总量　指报告期供水企业（单位）供出的全部水量，包括有效供水量及损失水量。

生活用水量　指居民日常生活与公共福利设施的用水量，包括居民、饮食店、旅馆、医院、理发店、浴池、洗衣店、游泳池、商店、学校、机关、部队等单位的用水量。

城市人口用水普及率　指城市用水的非农业人口数(不包括临时人口和流动人口)与城市非农业人口总数之比。计算公式为：

用水普及率=城市用水的非农业人口数/城市非农业人口数×100%

人工煤气生产能力　指城市煤气厂制气、净化、输送等环节的综合实际生产能力。

输气管道长度　指由压缩机、鼓风机、储气罐的出口到用户煤气表之间的全部管道长度。

全年供气总量　指全年售给各类用户的全部煤气量，包括工业用量、家庭用量和其他用量。

城市用气普及率　指使用煤气(包括人工煤气、液化石油气、天然气)的城市非农业人口数(不包括临时人口和流动人口)与城市非农业人口总数之比。计算公式为：

城市煤气普及率=城市用气的非农业人口数/城市非农业人口总数×100%

城市供热能力　指热电厂、热力公司和达到标准的集中采暖锅炉房和城市输送的供热源的设计能力，即每小时向城市输送蒸汽、热水的能力。

城市供热总量　指热电厂、热力公司和达到标准的集中采暖锅炉房向城市输送的全部蒸汽、热水量。

城市供热管道长度　指热电厂、热力公司和达到标准的集中采暖锅炉房管理的集中供热热源到用户之间的全部供气、供热水的管道长度。

年底实有铺装道路长度　指除土路外，路面经过铺装宽度在 3.5 米以上的道路，包括高级、次高级道路和普通道路。

城市桥梁　指城市范围内，修建在河道上的桥梁和道路与道路立交、道路跨越铁路的立交桥及人行天桥。包括永久性桥和半永久性桥，不包括临时性桥、铁路桥、涵洞。

城市下水道总长度　指所有排水总管、干管、支管及暗渠、检查井、连接井进出水口等长度之和。

城市污水日处理能力　指污水处理厂每昼夜处理污水量的设计能力。

年末实有公共汽车　指年底可参加营运的全部车辆数，包括营运车辆数和库存查封未参加营运的车辆。不包括非营运车辆，如架线车、油罐车、工程车、货车及其他专用车辆和借入的客运车辆。

城市园林绿地面积　指城市公共绿地、专用绿地、生产绿地、防护绿地、郊区风景名胜区的全部面积。

公共绿地　指供游览休息的各种公园、动物园、植物园、陵园以及花园、游园和供游览休息用的林荫道绿地、广场绿地，不包括一般栽植的行道树及林荫道的面积。

Explanatory Notes on Main Statistical Indicators

Production Capacity of Tap Water at the Year-end refers to the actual comprehensive production capacity of the waterworks administered by the urban construction department and those owned by enterprises or institutions, taking the capacity of the main links, such as water inflow, purification, conveyance and outflow of the trunk pipelines into account.

Length of Water Supply Pipelines at the Year-end refers to the total length of all the pipelines between the water pumps and the users water meters.

Annual Volume of Water Supply refers to the total volume of water supplied by the public water works and those owned by individual enterprises and institutions during the whole year, including both the effective water supply and loss during the water supply.

Consumption of Water for Residential Use refers to the water consumption of households for daily life and the water consumption of public welfare facilities, including the consumption of restaurants, hotels, hospitals, barber shops, public bathhouses, laundries, swimming pools, shops, schools, institutions, army units and other units.

Percentage of Urban Population with Access to Tap Water refers to the ratio of the urban non-agricultural population (excluding temporary and mobile population) with access to tap water to the total urban non-agricultural population. The formula is:

Percentage of Population with Access to Tap Water = Urban Non-agricultural Population with Access to Tap Water ÷ Urban Non-agricultural Population×100%

Production Capacity of Gasworks Gas refers to the actual comprehensive production capacity of the urban gasworks in gas generation, purification and delivery.

Length of Gas Pipelines refers to the total length of pipelines between the outlet of the compressor, blower or gas tank and the gas meters of users.

Volume of Gas Supply refers to the total volume of gas sold to users in a year, including the volume for industrial use, residential use and other uses.

Percentage of Urban Population with Access to the Gas refers to ratio of the urban non-agricultural population with access to gas(including gas, liquefied petroleum gas and natural gas) to the urban non agricultural population(excluding temporary and mobile population) . The formula is:

Percentage of Population with Access to Gas = Urban Non-agricultural Population with Access to Gas ÷ Urban Non-agricultural Population×100%

Heating Capacity in Urban Area refers to the capacity of hourly supply of steam and hot water to cities by thermal power plants, heating corporations and centralized heating boiler rooms which meet certain standard.

Heating Volume in Urban Area refers to the total volume of steam and hot water supplied to cities every year by thermal power plants, heating corporations and centralized heating boiler rooms which meet certain standard.

Length of Heating Pipelines refers to the total length of pipelines for centralized supply of steam and hot water from the thermal power plants, heating corporations and centralized heating boiler rooms which meet certain standard to the users.

Length of Paved Roads at the Year-end refers to the length of roads with a paved surface, and with a width of more than 3.5 meters, including high quality, medium quality and ordinary roads.

Urban Bridges refer to bridges over river courses, great separated junctions and overpasses in urban areas. Permanent bridges and semi permanent bridges are included. Temporary bridges, railway bridges and culverts are excluded.

Length of Urban Sewage Pipes refers to the total length of general drainage, trunks. Branch and blind drainage, inspection wells, connection wells, inlets and outlets, etc.

Daily Disposal Capacity of Urban Sewage refers to the designed 24-hour capacity of sewage disposal at the sewage treatment works.

Number of Public Vehicles at the Year-end refers to the total number of operational buses available at the year-end, including the year-end operational vehicles and vehicles in stock. Non-operational vehicles such astringing cars, tank cars, machine shop cars, trucks and other special vehicles and the borrowed passenger vehicles are excluded.

Area of Urban Gardens and Green Areas refers to the total area of urban public green land, special green land, production green land, protection green land and suburban scenic spots.

Public Green Area refers to green areas of various parks, zoos, botanical gardens, cemeteries, amusement parks, tree flanked boulevards' Greenland squares for tourism and relaxing. Areas with trees planted along side the streets and boulevards are excluded.

十二 农业

AGRICULTURE

资料整理 张永林 共青 李丽萍 张俊卿 刘世友 邱艳丽

Arranged by Zhang Yonglin, Gong Qing, Li Liping,

Zhang Junqing, Liu Shiyou, Qiu Yanli

12-1 农村牧区基层组织和农牧业基本情况(2006年)
Basic Conditions of Rural Grassroots Units, Farming &Animal Husbandry(2006)

指标	Item	总计 Total	农村 Farm Area	牧区 Pastoral Area
农村牧区基层组织情况	**Basic Conditions of Rural Grassroots Units**			
乡镇(苏木)(个)	Number of Township &Town Governments(unit)	601	419	182
#镇(个)	Number of Town Governments(unit)	407	323	84
村委会(嘎查)(个)	Number of Villages' Committees(unit)	11355	9014	2341
农村牧区社会基础设施	**Rural Fundamental Facilities of Society**			
自来水受益村(个)	Number of Villages Benefiting from Pipewater(unit)	4966	4554	412
通汽车村(个)	Number of Villages Automobiles Arriving at(unit)	10445	8593	1852
通电话村(个)	Number of Villages with Telecomm Services(unit)	10486	8537	1949
农村牧区人口与从业人口	**Rural Population &Employment**			
乡村户数(万户)	Number of Rural Households(10 000 households)	353.90	314.54	39.36
乡村人口(万人)	Rural Population(10 000 persons)	1323.35	1172.63	150.71
乡村劳动力资源(万人)	Resource of Rural Laborers(10 000 persons)	785.52	700.36	85.16
乡村从业人员(万人)	Number of Rural Employed Persons(10 000 persons)	686.20	608.54	77.66
男(万人)	Male(10 000 persons)	383.74	340.02	43.72
女(万人)	Female(10 000 persons)	302.46	268.52	33.94
按行业分乡村劳动力	**Rural Employed Persons by Sector**			
农林牧渔业从业人员(万人)	Number of Rural Employee of Farming, Foresting, Animal Husbandry & Fishery(10 000 persons)	534.64	465.05	69.59
#农业从业人员(万人)	Farming(10 000 persons)	447.51	416.22	31.29
牧业从业人员(万人)	Animal Husbandry(10 000 persons)	74.2	36.56	37.64
工业从业人员(万人)	Employed Persons of Industry(10 000 persons)	26.06	24.91	1.15
建筑业从业人员(万人)	Employed Persons of Construction(10 000 persons)	35.14	33.79	1.35
交通运输业、仓储及邮电通信从业人员(万人)	Employed Persons of Transport, Storage, Post &Telecommunication Services(10 000 persons)	11.60	10.89	0.71
批零贸易及餐饮从业人员(万人)	Employed Persons of Wholesale, Retail Trade & Catering Service(10 000 persons)	20.42	19.14	1.28
其他非农行业人员(万人)	Employed Persons of Other Non-agricultural Trades(10 000 persons)	46.99	44.29	2.70
农牧业生产条件	**Productive Condition of Farming & Animal Husbandry**			
年末实有耕地面积(万公顷)	Cultivated Areas at Year-end(10 000 hectares)	748.00	651.00	97.00
农作物总播种面积(万公顷)	Total Sown Areas(10 000 hectares)	629.70		
年末草场面积(万公顷)	Areas of Grassland at Year-end(10 000 hectares)	8666.70		
有效灌溉面积(万公顷)	Irrigated Areas(10 000 hectares)	279.00		
农牧业机械总动力(万千瓦)	Total Power of Machinery for Farming &Animal Husbandry(10 000 kw)	2053.00		
化肥施用量(折纯)(万吨)	Consumption of Chemical Fertilizers(10 000 tons)	126.70		
农村牧区用电量(亿千瓦小时)	Electricity Consumed in Rural Area &Pastoral Area(100 Million kwh)	31.95		
主要农牧业生产情况	**Output of Farming &Animal Husbandry**			
粮食总产量(万吨)	Gross Yield of Grain(10 000 tons)	1704.94		
牲畜总增头数(万头只)	Total Number of Livestocks Added(10 000 heads)	5022.06		
肉类总产量(万吨)	Gross Output of Meat(10 000 tons)	255.97		
蔬菜总产量(万吨)	Gross Output of Vegetables(10 000 tons)	1174.44		

12-2 农、林、牧、渔业总产值

Gross Output Value of Farming, Forestry, Animal Husbandry and Fishery

单位:万元 (10 000 yuan)

年份 Year	农林牧渔业总产值 Total	#农业 Farming	#种植业 Plant Products Industry	#林业 Forestry	#畜牧业 Animal Husbandry	#渔业 Fishery
1947	47200	37335	35588	48	9770	47
1949	60100	47780	46217	60	12200	60
1952	120600	96601	94430	844	22914	241
1957	112000	82992	25712	1792	26992	224
1962	170500	116281	100084	2387	50639	1193
1965	194000	129980	109998	4656	58200	1164
1970	240000	158160	140160	9360	72000	480
1975	308300	198545	169256	8016	101122	617
1978	283500	187961	173786	10490	84200	849
1979	315800	206533	189796	11369	97266	632
1980	306844	197403	181340	13460	95199	782
1981	394274	255550	232657	22848	114744	1132
1982	471608	307328	274780	31393	131391	1496
1983	524301	347389	299604	38108	136887	1917
1984	612772	408789	341956	44356	157230	2397
1985	731955	465638	401175	48284	214048	3985
1986	772500	483567	402848	43670	239908	5355
1987	877426	544449	450608	36254	290178	6545
1988	1223765	729359	614262	38582	447432	8392
1989	1267208	763517	639781	39968	453357	10366
1990	1569192	1031256	888314	62298	464131	11507
1991	1640837	1066021	918894	66705	494474	13637
1992	1802705	1156550	1005362	78040	552787	15328
1993	2208047	1420784	1265080	91549	677461	18253
1994	3093195	1892180	1682500	103350	1070005	27659
1995	3735936	2311734	2080477	121176	1271609	31417
1996	4653285	2995270	2731580	139653	1485617	32745
1997	5043396	3142026	2833824	152632	1712322	36416
1998	5343765	3353206	3032350	168785	1773911	47863
1999	5323166	3187204	2852798	210062	1871452	54448
2000	5431645	3083645	2725199	236071	2054581	57349
2001	5559041	3075703	2706529	260696	2162426	60216
2002	5869716	3321447	3043459	288371	2205642	54256
2003	6663815	3359567	2640337	479357	2671028	49373
2004	8513045	4115399	3334515	465808	3746932	59527
2005	9802098	4738918	3837514	397888	4445801	72420
2006	10858614	5324029	4213705	418318	4872555	82670

注：本表绝对数按当年价格计算。

a)Data value terms in this table are calculated at current prices.

12-3 主要年份农业总产值指数

Indices of Gross Output Value of Farming, Forestry, Animal Husbandry and Fishery

按可比价格计算。

Indices are calculated at comparable prices。

上年=100 (Preceding year=100)

年份 Year	农林牧渔业总产值 Total	#农业 Farming	#种植业 Plant Products Industry	#林业 Forestry	#畜牧业 Animal Husbandry	#渔业 Fishery
1979	104.8	102.8	102.8	102.3	108.4	70.5
1980	87.1	81.4	96.3	87.1	96.9	96.3
1981	120.2	123.2	123.2	151.9	112.2	131.1
1982	115.8	115.2	115.2	113.8	111.9	101.6
1983	107.2	106.8	106.8	120.4	99.6	109.7
1984	112.1	110.1	110.1	113.3	105.1	106.7
1985	110.3	113.0	113.0	104.2	113.6	129.5
1986	94.7	88.9	88.9	85.8	104.1	121.6
1987	104.1	103.3	103.3	83.2	104.6	105.6
1988	114.2	120.2	120.2	95.6	109.0	109.6
1989	98.3	91.9	91.9	101.5	108.5	121.6
1990	120.2	133.7	133.7	114.1	102.4	100.8
1991	104.0	101.3	101.3	104.3	108.8	112.8
1992	105.8	106.8	106.7	113.0	105.2	110.0
1993	107.1	123.4	109.1	111.4	104.3	115.7
1994	103.3	99.3	96.7	104.7	108.4	124.7
1995	103.5	99.9	98.1	106.7	110.9	111.7
1996	123.7	131.4	136.0	103.8	114.9	99.7
1997	104.0	98.7	98.0	110.1	112.7	103.9
1998	106.5	108.5	108.8	105.3	103.1	126.2
1999	101.3	97.4	96.7	111.6	106.3	113.6
2000	102.5	100.3	99.9	115.0	104.1	104.8
2001	102.0	99.3	98.7	109.5	104.9	105.5
2002	104.9	106.5	114.1	110.8	102.0	102.2
2003	106.2	94.8	91.6	110.1	122.0	87.2
2004	114.9	109.4	110.5	93.0	126.0	107.4
2005	111.2	110.6	110.2	82.6	115.2	116.0
2006	106.8	105.9	103.0	96.3	108.6	105.4

12-4 年末主要农牧业机械拥有量
Major Machinery for Farming & Animal Husbandry at Year-end

项 目	Item	2005	2006
农牧业机械原值(万元)	Original Value of Machinery for Farming and Animal Husbandry(10 000 yuan)	1193558	1309908
农牧业机械净值(万元)	Net Value of Machinery for Farming & Animal Husbandry (10 000 yuan)	898376	997638
农牧业机械总动力(万千瓦)	Total Power of Machinery for Farming & Animal Husbandry (10 000 kw)	1922	2053
大中型农用拖拉机(混合台)	Large & Medium Agricultural Tractors (mixed unit)	73658	91735
大中型农用拖拉机(万千瓦)	Large & Medium Agricultural Tractors(10 000 kw)	226	224
小型拖拉机(台)	Mini -Tractors (unit)	544600	557298
小型拖拉机(万千瓦)	Mini -Tractors (10 000 kw)	639	652
联合收割机(台)	Combine Harvesters (unit)	4652	5015
联合收割机(万千瓦)	Combine Harvesters (10 000 kw)	27	30
农用运输车(万辆)	Trucks for Agricultural Use (10000unit)	40	7
农用运输车(万千瓦)	Trucks for Agricultural Use (10 000 kw)	588	159
排灌用电动机(台)	Electric Motor for Irrigating & Draining (unit)	165223	172712
排灌用电动机(万千瓦)	Electric Motor for Irrigating & Draining (10 000 kw)	122	126
排灌用柴油机(台)	Diesel Engine for Irrigating & Draining (unit)	169313	177830
排灌用柴油机(万千瓦)	Diesel Engine for Irrigating & Draining (10 000 kw)	156	169
大中型拖拉机配套农具(部)	Number of Large & Medium Agricultural Tractor Towing Farm Machinery (unit)	100614	152992
小型拖拉机配套农具(部)	Number of Mini-tractor Towing Farm Machinery (unit)	739217	796113
机动脱粒机(台)	Motorized Threshing Machines (unit)	76226	80806
机动割晒机(台)	Motorized Harvesters (unit)	14634	16297
机引牧草收割机(部)	Towed Harvesters for Grass (unit)	37755	41035
饲料粉碎机(部)	Smashing Machines for Feed (unit)	113175	124293
机动剪毛机(台)	Motorized Sheepshears (unit)	406	240
农 用 水 泵(万台)	Water Pumps for Agricultural Use (10 000 unit)	32	37

12-5 灌溉、化肥施用量、农村牧区用电、水库和治理水土情况

Irrigation, Consumption of Chemical Fertilizers, Electricity Consumption of Rural Area, Number of Reservoirs and Areas of Soil Erosion under Control

项目	Item	2005	2006
有效灌溉面积(万公顷)	Effective Irrigated Areas(10 000 hectares)	270.22	275.81
#灌区有效灌溉面积(万公顷)	Effective Irrigated Areas in Irrigation Area(10 000 hectares)	130.33	129.93
节水灌溉面积(万公顷)	Watersaving Irrigated Areas(10 000 hectares)	149.37	165.26
喷灌和滴灌(万公顷)	Jetting Irrigation Dropping Irrigatation(10000 hectares)	45.75	49.87
管道输水(万公顷)	Pipeline Transportation(10 000 hectares)	53.73	60.21
化肥施用量(万吨)	Consumption of Chemical Fertilizers(10 000 tons)	116.72	126.70
氮肥(万吨)	Nitrogenous Fertilizer(10 000 tons)	60.45	63.00
磷肥(万吨)	Phosphate Fertilizer(10 000 tons)	20.47	22.00
钾肥(万吨)	Potash Fertilizer(10 000 tons)	9.20	10.00
复合肥(万吨)	Compound Fertilizer(10 000 tons)	26.60	32.00
农村用电量(万千瓦时)	Electricity Consumption in Rural Area(10 000 kwh)	293053	319535
水库个数(座)	Number of Reservoirs(unit)	487	487
大型水库(座)	Large(unit)	9	9
中型水库(座)	Medium-sized(unit)	74	76
小型水库(座)	Small(unit)	404	402
水库容量(亿立方米)	Capacity of Reservoirs(100 million cu.m)	81.73	82.53
大型水库(亿立方米)	Large(100 million cu.m)	48.87	48.87
中型水库(亿立方米)	Medium-Sized(100 million cu.m)	26.10	26.81
小型水库(亿立方米)	Small(100 million cu.m)	6.76	6.85
治理水土面积(万公顷)	Areas of Soil Erosion under Control(10 000 hectares)	922.14	955.75

12-6 农牧民家庭平均每户年末固定资产原值
Original Value of Fixed Assets Owned Per Rural Household (End of Year)

单位:元 (yuan)

项 目	Item	2005	2006
年末生产性固定资产原值	**Original Value of Productive Fixed Assets at year-end**	**13603.24**	**14334.54**
役畜、产品畜	Draught Animals, Commodity Animals	3366.23	3328.92
大中型铁木农具	Large and Medium Wood and Iron Farm Tools	824.04	834.06
农林牧渔业机械	Machinery for Farming, Forestry, Animal Husbandry and Fishery	4387.36	4546.98
工业机械	Industrial Machinery	41.23	30.55
运输机械	Transport Machinery	213.61	296.77
生产用房	Building for Productive Purpose	3595.04	3860.25
其他生产用固定资产	Others	1175.73	1437.01

12-7 农牧民家庭平均每百户年末拥有固定资产数量
Number of Fixed Assets Owned Per 100 Rural Households (End of Year)

项 目	Item	2005	2006
汽 车(辆)	Automobiles(unit)	2	2
大中型拖拉机(台)	Large and Medium Tractors(unit)	3	3
小型和手扶拖拉机(台)	Mini - tractors and Walking Tractors(unit)	49	51
机动脱粒机(台)	Motorized Threshing Machines(unit)	4	4
胶 轮 大 车(辆)	Carts with Rubber Tires(unit)	30	30
水 泵(台)	Pumps(unit)	32	33
役 畜(头)	Draught Animals(head)	66	68
产 品 畜(头)	Commodity Animals(head)	272	223

12-8 农民家庭平均每户年末生产性固定资产原值

Original Value of Productive Fixed Assets Owned Per Peasant Household (End of Year)

单位:元 (yuan)

项 目	Item	2005	2006
年末生产性固定资产原值	**Original Value of Productive Fixed Assets at Year-end**	**11431.45**	**12270.23**
役畜、产品畜	Draught Animals, Commodity Animals	3156.65	3182.03
大中型铁木农具	Large and Medium Wood and Iron Farm Tools	762.88	759.25
农林牧渔业机械	Machinery for Farming, Forestry, Animal Husbandry and Fishery	3885.13	4044.70
工业机械	Industrial Machinery	46.16	34.21
运输机械	Transport Machinery	220.13	330.00
生产用房	Building for Productive Purpose	2784.02	3103.00
其他生产用固定资产	Others	576.48	817.04

12-9 农民家庭平均每百户固定资产拥有量

Number of Fixed Assets Owned Per 100 Peasant Households (End of Year)

项 目	Item	2005	2006
汽 车(辆)	Automobiles(unit)	1	1
大中型拖拉机(台)	Large and Medium Tractors(unit)	3	3
小型和手扶拖拉机(台)	Mini - tractors and Walking Tractors(unit)	48	49
机动脱粒机(台)	Motorized Threshing Machines(unit)	4	4
胶 轮 大 车(辆)	Carts with Rubber Tires(unit)	32	31
水 泵(台)	Pumps(unit)	31	33
役 畜(头)	Draught Animals(head)	65	68
产 品 畜(头)	Commodity Animals(head)	63	77

12-10 牧民家庭年末生产性固定资产原值及固定资产拥有量
Original Value and Number of Productive Fixed Assets Owned Herdsman Households (End of Year)

项 目	Item	2005	2006
生产性固定资产原值(平均每户)(元)	**Original Value of Productive Fixed Assets Owned Per Herdsman Household(Yuan)**	**31767**	**31600**
役畜、产品畜(元)	Draught Animals, Commodity Animals(yuan)	5119	4557
大中型牧业工具(元)	Large and Medium Animal Husbandry Tools(yuan)	1336	1460
农林牧业机械(元)	Machinery for Farming, Forestry and Animal Husbandry(yuan)	8588	8730
运 输 机 械(元)	Transport Machinery(yuan)	159	
生产资料拥有量(平均每百户)	**Number of Productive material (Per 100 Households)**		
汽 车(辆)	Automobiles(unit)	9.00	8.00
大中型拖拉机(台)	Large and Medium -Tractors(unit)	6.00	3.00
小型拖拉机(台)	Mini -Tractors(unit)	60.00	68.00
水 泵(台)	Pumps (unit)	38.00	36.00

12-11 农业机械化、电气化情况
Basic Statistics on Agricultural Mechanization and Electrification

项 目	Item	2005	2006
农业机械化程度	**Level of Agricultural Mechanization**		
机耕地面积(万公顷)	Areas of Tractor Plowing(10 000 hectares)	466.56	486.75
占耕地面积的比重(%)	Percentage to Cultivated Areas(%)	63.43	65.07
机械播种面积(万公顷)	Areas of Mechine Sowing(10 000 hectares)	413.82	438.31
占农作物总播种面积的比重(%)	Percentage to Total Sown Areas(%)	66.58	69.61
机械收割面积(万公顷)	Areas of Machine Harvesting(10 000 hectares)	148.03	161.29
占农作物总播种面积的比重(%)	Percentage to Total Sown Areas(%)	23.82	25.61
每公顷耕地拥有农业机械总动力(瓦特)	Total Power of Machinery for Per Hectare(w)	2613.15	2744.65
农业电气化情况	**Level of Agricultural Electrification**		
农村用电量(亿千瓦小时)	Electricity Consumption by Rural Area (100 million kwh)	29.31	31.95
平均每公顷耕地用电量(千瓦小时)	Electricity Consumption Per Hectare(kwh)	398.49	427.14
乡村(嘎查)及村以下办水电站个数(个)	Number of Hydroelectric Stations Run by Villiges and Lower Level (unit)	3	3
发 电 量(万千瓦小时)	Number of Generating Electricity(10 000 kwh)	7.00	6.00

12-12 耕地面积、造林面积和播种面积

Cultivated Areas, Afforested Areas and Sown Areas

单位：万公顷 (10 000 hectares)

年 份 Year	年末实有耕地面积 Cultivated Areas at Year end	水 田 Paddy Fields	旱 地 Dry Fields	# 水浇地 Irrigated Fields	当年造林面积 Annual Afforested Hilly Areas	总播种面积 Total Sown Areas	粮食作物播种面积 Sown Areas of Grain Crops	经济作物播种面积 Sown Areas of Industrial Crops
1947	396.7	0.8	395.9	29.5		347.9	318.9	20.4
1948	417.0	0.9	416.1	31.6		372.7	337.2	27.1
1949	433.1	1.4	431.7	32.1		389.6	352.8	28.0
1950	472.6	2.0	470.6	33.5	0.53	423.8	388.8	28.3
1951	506.3	1.8	504.5	39.8	1.66	469.7	416.0	46.2
1952	517.4	1.5	515.9	52.9	4.43	494.9	436.0	49.7
1953	531.9	1.6	530.3	54.3	3.68	477.6	428.7	40.5
1954	531.6	1.1	530.5	55.5	3.93	484.9	437.8	36.6
1955	542.3	1.4	540.9	57.9	3.73	488.6	435.8	41.9
1956	569.9	3.3	566.6	68.0	12.79	531.0	472.9	42.8
1957	571.5	4.3	567.2	64.5	8.27	527.9	463.2	48.6
1958	555.3	9.4	545.9	104.1	37.13	505.5	445.2	40.9
1959	539.3	9.7	529.6	100.1	31.93	487.0	414.2	56.6
1960	602.0	9.8	592.2	108.3	39.10	575.0	486.2	56.1
1961	609.7	7.0	602.7	78.3	7.41	580.0	503.1	43.8
1962	586.7	4.0	582.7	55.4	4.73	544.6	484.7	39.0
1963	554.2	3.6	550.6	56.3	5.23	526.1	471.6	36.4
1964	561.4	3.1	558.3	67.4	15.86	534.2	478.4	39.5
1965	561.5	1.9	559.6	86.9	20.00	528.1	470.9	37.9
1966	548.0	1.7	546.3	110.7	16.32	510.0	449.4	33.7
1967	540.3	1.7	538.6	99.4	15.55	510.2	448.5	35.9
1968	531.2	2.3	528.9	91.5	11.10	497.1	443.4	34.0
1969	534.3	2.9	531.4	87.0	9.61	499.3	445.7	35.7
1970	545.0	2.8	542.2	93.6	11.71	508.4	453.5	35.3
1971	544.1	1.9	542.2	95.1	16.33	503.5	451.0	32.2
1972	542.7	2.1	540.6	100.5	16.20	499.8	444.1	33.9
1973	541.2	1.7	539.5	107.0	18.77	498.9	441.0	35.5
1974	537.7	1.5	536.2	113.1	20.59	496.3	436.1	36.4
1975	534.1	1.5	532.6	124.7	23.68	490.9	429.0	37.7
1976	526.7	2.0	524.7	130.3	26.19	480.7	410.1	42.9
1977	525.1	2.7	522.4	122.8	34.52	478.1	406.5	44.7

12-12 续表 continued

单位：万公顷 (10 000 hectares)

年 份 Year	年末实有耕地面积 Cultivated Areas at Year-end	水 田 Paddy Fields	旱 地 Dry Fields	# 水浇地 Irrigated Fields	当年造林面积 Annual Afforested Hilly Areas	总播种面积 Total Sown Areas	粮食作物播种面积 Sown Areas of Grain Crops	经济作物播种面积 Sown Areas of Industrial Crops
1978	532.6	1.7	530.9	120.9	29.79	482.4	409.4	44.9
1979	534.7	1.7	533.0	115.2	30.47	488.1	404.2	52.8
1980	525.2	1.5	523.7	106.0	29.81	479.7	388.2	61.1
1981	518.6	1.7	516.9	103.2	38.12	466.2	385.4	55.6
1982	510.9	1.6	509.3	101.1	51.65	464.1	384.3	58.2
1983	506.5	1.7	504.8	100.5	60.94	463.1	383.7	58.5
1984	500.6	1.9	498.7	96.1	69.91	463.1	376.2	63.9
1985	493.0	2.3	490.7	94.2	70.41	454.9	342.2	91.4
1986	489.5	2.7	486.8	97.9	22.63	455.6	358.1	71.6
1987	485.1	2.8	482.3	101.0	24.83	447.4	355.6	64.3
1988	487.1	3.6	483.5	104.3	26.60	455.9	363.6	66.8
1989	491.2	5.1	486.1	110.2	23.70	457.6	372.1	61.9
1990	496.6	7.6	489.0	117.3	29.80	472.2	387.5	62.6
1991	500.5	8.7	491.8	123.6	41.08	476.8	387.9	68.9
1992	508.1	9.5	498.6	127.3	51.82	485.4	392.5	72.4
1993	517.1	7.4	509.7	130.8	39.68	486.8	398.7	67.3
1994	531.0	6.5	524.5	132.1	37.19	492.5	402.7	66.3
1995	549.1	8.4	540.7	135.8	40.25	507.9	414.3	71.3
1996	592.4	9.1	583.3	146.5	43.59	529.1	442.4	64.9
1997	746.3	11.3	735.0	173.5	46.44	583.8	490.6	80.4
1998	722.4	11.3	711.0	171.7	47.78	602.7	503.1	85.9
1999	752.4	11.6	740.8	191.9	53.40	607.7	495.1	97.2
2000	731.7	12.1	719.6	194.6	59.00	591.4	443.6	122.9
2001	709.1	11.1	698.0	195.5	73.19	570.7	438.3	92.4
2002	709.1	11.6	697.5	202.1	90.74	588.7	434.3	104.0
2003	686.3	10.1	676.3	207.9	83.60	574.9	405.1	103.6
2004	711.5	10.9	700.6	244.7	63.09	592.4	418.1	100.0
2005	735.5	9.3	726.2	249.4	38.38	621.6	437.4	104.0
2006	748.0	9.1	738.9	231.4	25.65	629.7	446.2	106.0

注：1997年耕地面积为农业普查数据；1997年以后耕地面积以该口径调整。

a) The Cultivated Areas at end of 1997 is obtained from Agricultural Census; The Cultivated Areas after 1997 is calculated at this specification.

12-13 主要粮食作物播种面积
Sown Areas of Major Grain Crops

单位：万公顷 (10 000 hectares)

年份 Year	农作物总播种面积 Total Sown Area	粮食作物播种面积 Sown Areas of Grain Crops	谷物 Cereal	小麦 Wheat	玉米 Corn	稻谷 Rice	谷子 Millet	莜麦 Sweet-oats	糜黍 Broom Corn Millet	薯类 Tubers	豆类 Beans	#大豆 Soybean
1947	347.9	318.9		22.6	19.1	0.8	61.0	32.0	42.0	15.1		14.7
1948	372.7	337.2		25.0	20.1	0.9	63.8	33.1	46.0	16.2		14.9
1949	389.6	352.8		26.7	22.4	1.4	65.7	35.3	46.7	16.6		16.5
1950	423.8	388.8		29.6	24.7	2.0	73.3	40.3	49.3	17.1		11.7
1951	469.7	416.0		33.9	19.1	1.6	73.5	52.7	56.5	21.8		11.1
1952	494.9	436.0		43.9	22.9	1.5	79.8	60.8	71.5	22.1		15.8
1953	477.6	428.7		47.6	24.4	0.8	77.0	62.0	69.1	21.1		21.7
1954	484.9	437.8		58.0	26.4	1.0	73.3	60.4	70.4	20.6		22.7
1955	488.6	435.8		60.2	31.9	1.4	71.9	64.7	68.8	19.8		26.9
1956	531.0	472.9		60.1	50.6	2.9	88.7	59.6	71.9	21.9		24.2
1957	527.9	463.2		64.0	36.2	4.0	84.7	64.2	68.1	22.4		26.8
1958	505.5	445.2		57.9	57.6	8.9	81.8	55.5	48.1	39.4		21.2
1959	487.0	414.2		59.7	35.1	8.9	68.2	61.4	53.6	27.1		20.5
1960	575.0	486.2		73.7	52.2	8.9	79.1	63.2	66.6	29.6		23.0
1961	580.0	503.1		80.8	48.7	6.3	73.0	67.8	73.2	31.2		23.1
1962	544.6	484.7		67.1	50.1	3.9	79.7	69.7	68.8	26.7		23.5
1963	526.1	471.6		67.1	45.0	3.5	76.8	70.7	66.0	27.1		
1964	534.2	478.4		71.4	47.7	3.4	83.1	71.3	63.4	26.0		26.6
1965	528.1	470.9		72.5	50.1	1.8	85.3	66.3	63.9	24.2		24.4
1966	510.1	449.4		71.4	66.4	1.6	80.3	62.2	55.9	32.2		21.7
1967	510.2	448.5		74.1	62.3		82.2	63.3	52.4	24.4		
1968	497.1	443.4		72.3	56.2		78.1	61.7	55.1	23.7		
1969	499.3	445.7		78.3	53.3		81.1	64.2	45.7	22.5		
1970	508.4	453.5		84.8	52.4		82.1	65.2	53.7	21.8		
1971	503.5	451.0		85.7	63.5		79.7	58.7	50.3	22.9		
1972	499.8	444.1		83.8	61.6		72.3	54.8	53.1	23.6		
1973	498.9	441.0		86.9	59.7		78.0	50.5	51.1	25.6		
1974	496.3	436.1		87.0	66.5		74.7	48.6	45.0	25.6		
1975	490.9	429.0		92.1	70.9		68.5	47.3	40.3	26.9		
1976	480.7	410.1		105.5	70.7		57.2	39.1	34.7	25.3		
1977	478.1	406.5		108.4	65.2		55.9	40.4	31.2	26.6		

12-13 续表 continued

单位：万公顷 (10 000 hectares)

年份 Year	农作物总播种面积 Total Sown Area	粮食作物播种面积 Sown Areas of Grain Crops										
			谷物 Cereal	小麦 Wheat	玉米 Corn	稻谷 Rice	谷子 Millet	莜麦 Sweet-oats	糜黍 Broom Corn Millet	薯类 Tubers	豆类 Beans	#大豆 Soybean
1978	482.4	409.4		108.6	66.8		56.7	38.6	29.6	29.2		
1979	488.1	404.2		95.2	67.0	1.6	56.4	45.4	37.6	27.7		18.3
1980	479.7	388.2		95.7	65.3	1.5	50.2	47.4	36.0	25.2		17.1
1981	466.2	385.4		90.3	59.2	1.6	53.4	43.8	41.5	23.2		19.4
1982	464.1	384.3		87.8	50.5	1.6	57.0	44.4	39.7	24.3		23.9
1983	463.1	383.7		91.1	49.4	1.7	55.9	45.0	38.2	25.4		21.9
1984	463.1	376.3		93.2	46.4	1.8	51.9	41.4	40.9	24.6		19.3
1985	454.9	342.2		92.7	43.4	2.4	46.3	36.5	31.1	22.7		21.9
1986	455.6	358.1		93.7	54.8	2.7	41.4	34.0	32.4	22.5		26.4
1987	447.4	355.7		92.1	66.0	2.8	38.7	33.8	26.8	22.9		27.5
1988	455.9	363.6		97.4	66.9	3.5	38.5	28.9	26.8	25.3		31.1
1989	457.6	372.1		100.8	69.6	5.3	37.4	26.8	13.0	24.7		31.8
1990	472.2	387.5		115.4	77.4	7.9	35.7	26.5	11.7	24.6		30.1
1991	476.8	387.9		119.2	81.2	8.8	33.4	25.2	11.0	23.9		30.1
1992	485.4	392.5	318.8	133.4	77.5	9.4	28.5	18.7	9.8	25.0	48.7	35.6
1993	486.8	398.7	293.6	118.9	76.2	7.3	25.8	17.2	7.9	26.3	78.8	57.1
1994	492.5	402.7	292.1	103.4	83.7	6.8	23.3	16.9	8.5	25.3	85.3	60.4
1995	507.9	414.3	300.9	101.7	99.2	7.9	23.7	13.7	8.2	35.5	77.9	55.7
1996	529.1	442.4	323.2	109.4	111.6	9.0	25.2	13.0	17.1	41.6	77.6	55.5
1997	583.8	490.6	339.0	116.5	127.9	12.2	25.7	11.3	20.7	46.4	105.2	75.8
1998	602.7	503.1	340.5	109.3	147.1	11.8	22.4	10.2	14.9	50.1	112.5	77.1
1999	607.7	495.1	330.9	93.8	157.2	11.7	20.7	9.3	12.4	58.2	106.0	73.7
2000	591.4	443.6	264.8	61.7	129.8	11.8	16.4	6.2	12.8	65.0	113.7	79.4
2001	570.7	438.3	263.8	51.6	151.9	8.6	17.6	3.3	11.5	56.7	117.9	75.5
2002	588.7	434.3	271.8	46.5	156.2	9.0	17.7	4.5	10.0	58.0	104.6	59.6
2003	574.9	405.1	243.4	31.8	159.1	6.7	14.2	4.4	8.1	53.6	108.2	69.7
2004	592.4	418.1	258.3	41.9	167.6	8.1	12.6	3.8	7.4	52.8	107.0	75.3
2005	621.6	437.4	273.4	46.1	180.6	8.4	12.5	3.9	6.1	56.2	107.7	79.7
2006	629.7	446.2	277.4	40.9	185.2	9.1	13.9	3.9	5.6	59.9	108.9	75.4

12-14 主要经济作物播种面积
Sown Areas of Major Industrial Crops

单位：万公顷 (10 000 hectares)

年 份 Year	经济作物播种面积 Sown Areas of Industrial Crops	油料 Oil bearing Crops	葵花籽 Sunflo-wer Seeds	胡麻籽 Flax Seeds	油菜籽 Rape Seeds	甜菜 Beet-roots	烟叶 Tob-acco	麻类 Fiber Crops	蔬菜 Vege-table	果用瓜 Melons (use on Fruit)	其它作物播种面积 Sown Areas of other Crops	#青饲料 Green fodder
1947	20.4	18.7		7.8	2.3		0.2	0.8	2.3		38.6	
1948	27.1	25.0		8.5	2.4		0.2	1.0	4.7		8.4	
1949	28.0	25.8		9.2	1.9		0.2	1.0	5.0		8.8	
1950	28.3	25.0		9.4	3.4		0.1	0.8	3.7		6.6	
1951	46.2	36.4		14.3	5.0		0.2	0.9	4.2		7.5	
1952	49.7	46.6		17.7	6.9		0.2	1.5	5.1		9.3	
1953	40.5	38.4		17.2	6.0		0.2	1.2	4.7		8.3	
1954	36.7	34.9		17.3	4.8		0.2	0.9	5.6		10.4	
1955	41.9	39.6		21.5	4.8	0.8	0.3	0.9	6.0		11.0	
1956	42.8	39.8		21.6	5.6	1.0	0.3	0.9	6.3		15.3	
1957	48.6	43.1		22.7	5.4	1.4	0.3	1.7	6.6		16.1	
1958	40.9	35.9		18.9	4.6	1.6	0.3	1.6	7.4		19.4	
1959	56.6	48.6		23.8	5.8	2.4	0.4	2.1	8.8		16.1	
1960	56.1	48.1		21.8	8.1	3.7	0.3	2.0	152.0		32.7	
1961	43.8	38.3		16.6	7.3	1.9	0.5	1.9	19.1		33.1	
1962	39.0	34.4		14.3	6.3	0.7	0.5	2.1	12.2		20.8	
1963	36.4	31.8		14.9	4.5	0.8	0.4	2.1	9.5		18.1	
1964	39.5	33.5		14.8	5.1	1.5	0.4	1.9	8.1		16.3	
1965	37.9	31.4		14.7	4.7	1.9	0.3	1.8	7.9		19.3	
1966	33.7	27.8		13.1	4.1	2.2	0.3	1.6	8.2		26.9	
1967	35.9	28.9				2.8					25.8	
1968	34.0	27.4				2.8					19.7	
1969	35.7	38.3				3.1					17.9	
1970	35.3	28.9				2.9					19.6	
1971	32.2	26.7				2.4					20.3	
1972	33.9	27.2				3.6					21.8	
1973	35.5	27.2				4.6					22.4	
1974	36.4	28.4				4.1					23.8	
1975	37.7	28.8				4.7					24.2	
1976	42.9	32.4				5.7					27.7	
1977	44.7	34.2				5.3					26.9	

12-14 续表 continued

单位：万公顷 (10 000 hectares)

年 份 Year	经济作物播种面积 Sown Areas of Industrial Crops	油料 Oil-bearing Crops	葵花籽 Sunflo-wer Seeds	胡麻籽 Flax Seeds	油菜籽 Rape Seeds	甜菜 Beet-roots	烟叶 Tob-acco	麻类 Fiber Crops	蔬菜 Vege-table	果用瓜 Melons (use on Fruit)	其它作物播种面积 Sown Areas of other Crops	# 青饲料 Green fodder
1978	44.9	34.8				4.8					28.1	
1979	52.8	41.9	5.7	19.1	7.1	4.5	0.4	1.6	8.9	2.0	31.1	15.3
1980	61.1	52.0	16.3	18.9	7.9	5.6	0.3	1.2	8.5	1.4	30.4	14.0
1981	55.6	46.9	14.3	14.6	8.1	5.7	0.4	0.9	7.3	1.6	25.2	10.4
1982	58.2	49.3	15.0	16.4	7.8	6.1	0.5	0.4	6.8	1.5	21.6	9.7
1983	58.5	49.0	15.4	16.3	6.8	6.1	0.2	0.3	6.7	1.3	20.9	9.6
1984	63.9	54.3	21.5	15.4	6.9	6.1	0.2	0.2	6.1	1.7	23.0	11.8
1985	91.4	76.6	30.1	18.3	8.8	10.0	0.4	0.3	5.8	2.0	21.4	11.4
1986	71.6	60.4	25.8	15.6	6.7	7.5	0.4	0.3	5.7	2.0	26.0	14.4
1987	64.3	54.6	22.3	16.6	6.6	7.5	0.3	0.1	6.4	1.6	27.4	16.7
1988	66.8	53.7	19.0	17.4	7.3	10.3	0.5	0.1	6.1	1.7	25.6	14.6
1989	61.9	51.1	17.7	16.4	4.9	8.2	0.7	0.1	6.3	1.2	23.6	13.0
1990	62.6	51.8	17.2	16.8	6.0	9.5	0.5	0.3	6.4	0.9	22.2	12.4
1991	68.9	55.1	19.7	17.2	7.5	11.9	0.7	0.4	5.9	0.9	20.1	11.2
1992	72.4	58.2	22.6	16.9	9.1	10.8	0.4	0.5	7.8	1.5	20.5	9.8
1993	67.3	50.3	18.3	15.2	7.9	10.9	0.4	0.1	8.2	1.5	20.9	9.5
1994	66.3	53.1	20.7	15.2	10.8	11.8	0.2	0.4	7.1	1.3	23.5	10.6
1995	71.3	55.7	20.7	15.1	13.5	14.0	3.0	0.8	1.3	1.3	9.9	
1996	64.9	50.6	18.9	14.6	11.8	12.7	0.8	0.4	8.8	1.5	21.8	8.4
1997	78.8	49.9	21.6	13.5	11.7	12.6	1.6	0.4	11.8	1.8	14.4	9.8
1998	84.3	56.7	27.1	11.5	15.6	11.7	0.6	0.3	11.5	2.6	15.3	9.3
1999	97.2	68.0	35.1	10.5	17.5	6.6	0.7	0.6	16.4	4.1	15.4	9.0
2000	122.9	87.9	36.3	10.1	29.5	5.9	0.8	0.1	20.9	4.8	25.0	13.1
2001	92.4	60.8	32.0	3.8	19.9	5.8	0.6	0.3	18.2	3.5	40.0	33.3
2002	104.0	68.9	34.5	7.6	22.5	7.1	0.5	0.4	20.8	3.6	50.4	43.8
2003	103.6	72.3	32.8	6.8	28.0	3.7	0.7	0.5	19.2	3.8	66.2	56.5
2004	100.0	67.1	29.5	5.9	27.8	3.6	0.6	0.8	20.4	3.5	74.3	65.5
2005	104.0	69.5	35.6	5.6	25.6	3.8	0.8	1.0	22.1	3.9	80.2	72.2
2006	106.0	66.0	36.1	5.8	21.2	4.9	0.7	0.7	25.2	5.3	77.5	63.4

12-15 主要年份主要农产品产量
Yield of Major Farm Crops in Major Years

单位:万吨 (10 000 tons)

年份 Year	粮食 Grain	谷物 Cereal	小麦 Wheat	玉米 Corn	稻谷 Rice	谷子 Millet	莜麦 Sweet -oats	糜子 Broom Corn Millet	薯类 Tubers	豆类 Beans	#大豆 Soybean
1947	184.5		10.0	19.0	1.2	43.5	16.9	13.0	14.8		6.3
1949	212.5		13.0	24.0	2.0	43.5	18.6	19.2	18.1		8.0
1952	348.5		25.5	28.5	2.5	72.0	33.0	42.7	42.9		12.2
1957	302.5		52.5	34.5	4.2	51.0	32.7	33.8	29.2		14.6
1965	382.0		59.5	81.0	2.8	64.0	35.9	34.6	22.2		16.0
1970	469.5		66.0	101.0		95.0	46.5	42.0	25.0		
1975	519.5		93.5	157.0		71.5	34.0	36.0	37.5		
1978	499.0		88.0	173.5	3.6	60.0	25.0	26.5	42.0		
1980	396.5		82.7	139.2	4.1	39.7	21.3	19.0	30.0		12.4
1981	510.0		99.8	142.6	4.0	59.9	37.8	36.3	37.6		19.3
1982	530.0		126.7	105.9	4.7	71.2	37.2	23.3	41.6		24.3
1983	560.2		120.9	142.9	4.2	79.2	20.9	26.4	41.9		24.3
1984	594.4		144.2	148.3	6.0	73.6	32.5	26.4	49.9		24.3
1985	604.1		148.5	159.8	7.8	78.6	28.6	18.1	48.2		28.8
1986	528.5		130.8	192.7	8.3	38.3	15.9	12.3	36.4		41.0
1987	607.0		125.7	273.3	7.7	52.1	7.3	10.1	33.7		36.7
1988	738.3		163.4	305.5	12.0	46.4	20.9	15.5	61.2		47.5
1989	677.9		187.5	285.1	19.2	31.3	9.0	10.0	42.5		36.9
1990	973.0		261.7	393.1	31.1	59.4	25.3	13.6	61.3		47.7
1991	958.5		280.2	413.7	35.2	45.1	17.0	9.3	46.5		45.1
1992	1046.8	937.4	330.3	435.4	41.4	44.3	13.3	12.4	58.7	50.7	40.0
1993	1108.3	930.9	298.5	453.9	33.0	48.4	12.1	9.2	63.8	113.6	90.1
1994	1083.5	910.4	234.8	482.3	30.5	41.4	10.0	10.7	55.3	117.8	94.0
1995	1055.4	914.1	262.2	518.4	39.6	23.9	8.8	7.3	74.3	67.0	52.5
1996	1535.3	1301.7	318.9	751.5	51.0	49.3	13.4	11.4	124.0	109.6	83.4
1997	1421.0	1188.0	307.9	677.9	70.6	41.1	7.6	11.0	114.4	118.7	97.4
1998	1575.4	1319.9	282.7	839.8	60.3	44.3	10.0	10.8	127.0	128.5	93.8
1999	1428.5	1210.6	273.1	771.4	68.8	29.2	6.4	5.5	110.7	107.2	82.5
2000	1241.9	947.9	181.8	629.2	72.2	15.0	2.7	5.3	184.3	109.7	85.8
2001	1239.1	1016.5	127.1	757.0	56.7	25.7	1.3	5.1	108.8	113.8	83.4
2002	1406.1	1097.7	121.5	821.5	56.0	30.3	3.9	5.3	168.5	139.9	96.4
2003	1360.7	1092.3	79.0	888.7	45.0	21.4	5.9	5.5	174.5	93.9	53.6
2004	1505.4	1180.4	110.5	948.0	54.5	19.9	5.6	5.1	189.8	135.1	103.1
2005	1662.2	1342.1	143.6	1066.2	62.1	23.4	2.8	4.5	156.0	164.1	130.9
2006	1704.9	1381.2	145.7	1091.7	65.5	26.1	3.1	3.6	180.6	143.2	104.5

12-15 续表 continued

单位：万吨 (10 000 tons)

年份 Year	油料 Oil-bearing Crops	葵花籽 Sunflower Seeds	胡麻籽 Flax Seeds	油菜籽 Rape -seeds	甜菜 Beet-roots	烟叶 Tobacco	麻类 Fiber Crops	蔬菜 Veget-ables	果用瓜 Melons (Use on Fruit)
1947	6.0		1.6	0.7		0.2	0.3	21.1	
1949	9.0		2.5	0.7		0.1	0.4	44.9	
1952	17.5		5.2	2.1	0.1	0.1	0.8	46.4	
1957	13.0		7.5	1.5	22.1	0.2	0.6	66.4	
1965	9.0		4.7	0.9	20.9	0.2	0.5	110.7	
1970	10.5				34.0				
1975	10.5				37.1				
1978	12.5				43.1				
1980	25.0	16.5	4.6	1.8	81.2	0.2	0.4	157.6	9.7
1981	36.5	23.7	4.7	2.2	82.3	0.6	0.4	147.1	17.5
1982	49.0	32.0	8.2	3.0	115.2	0.9	0.2	156.8	16.3
1983	54.0	38.7	5.7	1.5	135.1	0.3	0.1	199.0	19.4
1984	60.0	42.1	8.4	3.0	141.0	0.3	0.1	158.5	23.3
1985	79.5	49.5	10.8	4.6	254.2	0.6	0.3	182.7	33.4
1986	66.0	48.4	7.6	2.2	159.0	0.6	0.2	220.9	36.9
1987	54.0	38.6	6.4	2.2	167.8	0.4	0.1	195.4	34.1
1988	56.5	35.0	10.3	3.2	219.0	0.8	0.1	203.0	36.3
1989	48.6	33.8	6.0	1.7	177.6	0.9	0.1	226.8	30.0
1990	69.4	41.7	11.5	4.4	236.4	0.8	0.7	243.3	22.8
1991	71.8	50.1	10.8	3.3	302.8	1.2	0.8	220.5	27.9
1992	81.4	56.8	11.1	5.5	260.1	0.8	1.4	271.2	50.9
1993	72.6	49.8	9.6	5.7	278.6	1.3	0.2	327.6	44.5
1994	65.0	44.5	8.7	8.3	233.6	0.9	0.9	267.9	121.8
1995	70.2	47.2	8.0	9.5	263.5	0.5	1.5	308.3	40.5
1996	81.4	53.9	11.2	10.5	320.7	1.8	1.0	365.4	49.6
1997	73.1	53.5	8.5	8.9	306.4	4.1	0.6	420.4	61.9
1998	90.3	59.4	10.6	14.1	259.2	1.3	0.3	433.4	84.4
1999	100.9	71.6	7.2	18.5	136.8	1.6		594.9	121.8
2000	116.4	69.1	6.5	30.5	141.3	1.4	0.1	759.9	161.7
2001	80.6	61.0	1.9	13.0	133.1	1.0	0.4	768.7	106.9
2002	108.9	70.4	6.5	28.2	195.0	1.0	1.0	755.3	120.8
2003	102.3	62.6	6.9	25.3	99.4	1.6	1.2	846.8	103.2
2004	103.7	58.9	7.3	31.3	96.3	1.3	1.9	872.8	109.6
2005	122.2	85.3	4.6	28.3	138.3	2.0	2.5	1009.1	156.8
2006	116.8	79.7	6.2	25.7	174.6	2.6	1.7	1174.4	197.6

12-16 主要农产品产量及单位面积产量

Yield of Major Farm Crops and Yield of Major Farm Crops Per Hectare

年份	Item	2005		2006	
		总产量 (万吨) Total Yield (10000 tons)	单位面积产量 (公斤/公顷) Yield Per Hectare (kg/hectare)	总产量 (万吨) Total Yield (10000 tons)	单位面积产量 (公斤/公顷) Yield Per Hectare (kg/hectare)
粮食	**Grain**	**1662.15**	**3800**	**1704.94**	**3821**
谷物	Cereal	1342.10	4908	1381.16	4980
#稻谷	Rice	62.15	7358	65.53	7191
小麦	Wheat	143.56	3117	145.71	3562
玉米	Corn	1066.20	5904	1091.69	5896
高粱	Sorghum	21.70	3789	28.01	4063
谷子	Millet	23.36	1876	26.13	1882
莜麦	Sweet Oats	2.84	728	3.10	801
糜子	Broom Corn Millet	4.52	1803	3.56	1427
荞麦	Buckwheat	8.54	970	9.11	917
豆类	Beans	164.05	1523	143.15	1314
#大豆	Soybean	130.86	1642	104.51	1385
薯类	Tubers	156.00	2777	180.62	3014
油料	**Oil bearing Crops**	**122.17**	**1759**	**116.84**	**1771**
#葵花籽	Sunflower Seeds	85.30	2398	79.70	2208
油菜籽	Rape seeds	28.34	1109	25.70	1210
胡麻籽	Flax Seeds	4.57	817	6.16	1068
甜菜	**Beetroots**	**138.28**	**36328**	**174.61**	**35719**
棉花	**Cotton**	**0.18**	**1120**	**0.22**	**1131**
麻类	**Fiber Crops**	**2.54**	**2455**	**1.69**	**2555**
蔬菜	**Vegetables**	**1009.14**	**45566**	**1174.44**	**46665**
瓜类(果用瓜)	**Melons (Use on Fruit)**	**156.76**	**39784**	**197.58**	**37096**
水果	**Fruits**	**22.03**	**4232**	**22.90**	**4684**

12-17 自然灾害面积
Areas Covered by Natural Disaster

单位：万公顷 (10 000 hectares)

项目	Item	2005	2006
农作物受灾面积	**Areas Covered**	**308.80**	**444.55**
#旱 灾	Drought	195.06	264.10
洪涝灾	Flood	46.01	17.87
风雹灾	Windstorm and Hail	34.85	30.66
低温冷冻灾	Freeze Injury	14.08	119.02
病虫害	Plant Diseases and Insect Pests	18.80	6.97
农作物绝收面积	**Areas Without Output**	**97.44**	**114.96**
#旱 灾	Drought	60.23	59.80
洪涝灾	Flood	17.84	7.47
风雹灾	Windstorm and Hail	11.04	13.17
低温冷冻灾	Freeze Injury	0.05	32.15
病虫害	Plant Diseases and Insect Pests	8.28	1.15

12-18 造林面积和封山育林面积(2006年)
Area of Afforestation and Closing Hill for Afforestation(2006)

单位：万公顷 (10 000 hectares)

地区	Region	造林面积 Area of Afforestation	人工造林 Artificial Afforestation	飞播造林 Afforestation by Plane	当年封山育林 Closing Hill for Afforestation
总 计	**Total**	**25.65**	**16.16**	**9.49**	**22.33**
呼和浩特市	Hohhot City	2.65	1.22	1.42	1.10
包头市	Baotou City	0.27	0.27		1.57
呼伦贝尔市	Hulunbeier City	0.43	0.43		1.07
兴安盟	Xingan League	0.74	0.74		0.26
通辽市	Tongliao City	2.35	2.35		0.36
赤峰市	Chifeng City	3.41	2.47	0.93	4.61
锡林郭勒盟	Xilinguole League	2.89	1.16	1.73	3.55
乌兰察布市	Wulanchabu City	0.84	0.84		3.62
鄂尔多斯市	Erdos City	6.91	3.97	2.93	3.29
巴彦淖尔市	Bayannaoer City	3.24	1.78	1.47	2.44
乌海市	Wuhai City	0.22	0.22		0.27
阿拉善盟	Alashan League	1.32	0.32	1.00	0.19
大兴安岭林管局	DaXinganLing Bureru of Forestry	0.38	0.38		

12-19 林业基本情况
Basic Statistics on Forestry

单位：万公顷、个 (10 000 hectares、unit)

项目	Item	2005	2006
造林、封育面积	**Areas of Afforesting and closing hill for afforestation**	**67.80**	**47.98**
人工造林	Artificial Afforestation	28.32	16.16
飞播造林	Afforestation by Plane	10.06	9.49
当年封山育林面积	Area of Closing Hill for Afforestation this Year	29.41	22.33
按六大林业重点工程分	**Classified by Six Key Projects**		
天然林资源保护工程造林、封山育林	Afforestation of Protection of Natura Forest and Closing Hill for Afforestation	16.30	11.21
退耕还林工程造林、封山育林	Afforestation of Returning Land for Farming to Forestry and Closing Hill for Afforestation	36.12	5.82
#退耕地造林	Afforesting on the Returned Farmland	14.40	1.56
京津风沙源治理工程造林、封山育林	Afforestation & Closing Hill for Afforestation of Controlling Sand Sround Beijing & Tianjin	14.69	18.33
"三北"四期防护林工程造林、封山育林	Afforestation & Closing Hill for Afforestation of the Forth Stage of "The Three North Shelter Forest Project"		6.52
速生丰产用材林基地建设工程	Project of Establishing the Base of Fast-growing and High-yield Timber Forest		
林业系统野生动植物保护和自然保护区建设工程	Project of Protesting Wild Animals and Plants and Setting up Nature Reserve		
自然保护区个数	Number of Nature Reserve	127	125
#国家级	National Nature Reserve	13	15
自然保护区面积	Area of Nature Reserve	1424.4	939.5
造林面积按权属分	**Areas of Afforestation Classified by Ownership**		
国有造林	National Afforestation	3.56	4.04
国社合作造林	Cooperation Afforestation		
集体造林	Collective Afforestation	4.83	8.57
个人造林	Private Afforestation	29.99	13.04
造林面积按林种分	**Areas of Afforestation classified by sorts of forests**		
用材林	Timber Forest	0.89	0.52
经济林	Economic Forest	0.17	1.08
防护林	Shelter Forest	37.32	24.05
薪炭林	Firewood Forest		
其他林	Others		
森林覆盖率(%)	**Forest Cover Rate(%)**	**17.57**	**17.57**

12-20 草原建设及利用情况
Basic Statistics on Construction and Utilization of Grasslands

项 目	Item	2005	2006
草场面积(万公顷)	**Areas of Grasslands(10 000 hectares)**	**8666.70**	**8800.00**
# 承包到户面积(万公顷)	Areas Contracted with Households (10 000 hectares)	5037.70	5346.67
草库伦面积(围栏草场面积)(万公顷)	**Areas of Fenced Grasslands(10 000 hectares)**	**1985.09**	**2204.82**
# 当年新增面积(万公顷)	Annual Newly Increased Areas (10 000 hectares)	323.90	557.51
人工种草保有面积(万公顷)	**Areas of Grasslands Planted and Surviving (10 000 hectares)**	**205.30**	**145.73**
# 当年种草面积(万公顷)	Annual Areas of Planted Grasslands (10 000 hectares)	80.96	79.88
飞机播种面积(万公顷)	Aircraft Sowing(10 000 hectares)	34.38	7.02
当年打草量(万吨)	**Annual Quantity of Harvested Grass(10 000 tons)**	**1290.33**	**1199.54**
现有畜棚数(万间)	**Number of Animal Sheds in Present(10 000 units)**	**341.80**	
畜棚面积(万平方米)	Areas of Animal Sheds(10 000 sq.m)	7813.47	
每平米畜棚拥有牲畜数(只/平方米)	Number of Animals per Square meter in Sheds(head/sq.m)	0.85	
现有畜圈数(万座)	**Number of Animal Corrals in Present (10 000 units)**	**299.10**	
畜圈面积(万平方米)	Areas of Animal Corrals(10 000 sq.m)	12568.60	
每平米畜圈拥有牲畜数(只/平方米)	Number of Animals per Square meter in Corrals(head/sq.m)	1.37	
草原利用率	**Utilization Rate of Grasslands**		
草原(可利用草原)载畜量(只/万公顷)	Animal Loading Capacity of Grasslands (head/10 000 hectares)		

注:每平方米畜棚、畜圈拥有牲畜及草原载畜量均按标准羊单位计算;草原载畜量为每万公顷草场饲养牲畜数量。

a) Number of Animals per S.m in Sheds, Number of Animals per S.m Corrals and Animal Loading Capacity of Grasslands are Calculated at standardized sheep; Animal Loading Capacity of Grasslands is the number of animals which per 10000 hectares grassland can load.

12-21 牲畜总头数和总增头数

Total Number of Livestock and Livestock Added

单位:万头(只)　　(10 000 heads)

项 目	Item	2005 总头数 年中数 Year-middle	2005 总头数 年末数 Year-end	2005 总增头数 Total Number Added of Live-stocks	2006 总头数 年中数 Year-middle	2006 总头数 年末数 Year-end	2006 总增头数 Total Number Added of Live-stocks
大牲畜和羊合计	**Total Number of Large Animals, Sheep and Goats**	**9647.21**	**6203.23**	**4589.74**	**10004.20**	**6436.31**	**5022.06**
大牲畜	Large Animals	934.19	783.23	253.41	1006.7	841.87	300.74
牛	Cattles	721.86	576.37	215.61	783.82	630.88	257.38
#良种及改良种乳牛	Fine Breed and Improved Milk Cows	251.77	268.57	82.48	293.61	301.56	101.28
马	Horses	74.48	67.89	13.77	76.27	69.81	14.62
驴	Donkeys	84.31	86.82	20.08	92.42	88.98	24.62
骡	Mules	42.97	43.61	2.27	42.98	42.59	2.55
骆驼	Camels	10.57	8.54	1.68	11.22	9.6	1.57
羊	Sheep and Goats	8713.02	5419.99	4336.32	8997.49	5594.44	4721.32
绵羊	Sheep	5904.31	3708.97	3303.77	6048.48	3732.26	3512.90
#细毛羊及改良羊	Nap Sheep or Improved Sheep	2039.81	1286.31		2051.82	1270	
半细毛羊及改良羊	Semi-nap Sheep or Improved Sheep	764.72	455.27		757.27	450.9	
山羊	Goats	2808.72	1711.03	1032.56	2949.01	1862.18	1208.42
猪	**Hogs**	**968.08**	**700.32**	**579.43**	**1047.3**	**750.4**	**687.56**

注：总增头数是指牧业年度繁殖成活仔畜头数减去期内成幼畜死亡头数。

a) Total Number of Livestoks Added refers to survival number of newborn livestocks in the period subtract death livestocks.

12-22 牲畜总头数

Total Number of Livestock

单位：万头(只) (10 000 heads)

年份 Year	年中数 Year-middle 合计 Total	大牲畜 Large Animals	羊 Sheep & Goats	猪 Hogs	年末数 Year-end 合计 Total	大牲畜 Large Animals	羊 Sheep & Goats	猪 Hogs
1947	931.9	271.0	570.8	90.1	851.8	262.9	510.8	78.1
1948	949.9	286.5	571.6	91.8	869.1	277.9	511.6	79.6
1949	1058.6	313.7	642.6	102.3	968.6	304.3	575.6	88.7
1950	1191.4	343.1	731.8	116.5	1068.4	331.1	636.3	101.0
1951	1418.1	388.0	902.0	128.1	1278.6	372.5	795.0	111.1
1952	1749.9	450.6	1143.2	156.1	1467.6	430.3	902.0	135.3
1953	2105.2	504.5	1434.4	166.3	1844.7	442.5	1235.0	167.2
1954	2428.6	558.4	1672.2	198.0	1959.0	494.7	1292.6	171.7
1955	2501.3	586.9	1724.4	190.0	1912.3	514.7	1232.9	164.7
1956	2635.2	591.6	1874.9	168.7	2094.4	496.9	1451.2	146.3
1957	2438.9	552.7	1713.9	172.3	1809.9	450.5	1210.0	149.4
1958	2674.0	550.7	1879.7	243.6	2184.9	468.1	1505.6	211.2
1959	3070.8	589.0	2244.2	237.6	2576.7	537.2	1833.5	206.0
1960	3315.5	612.9	2431.7	270.9	2709.4	553.5	1921.0	234.9
1961	3305.4	623.4	2494.8	187.2	2671.2	550.5	1958.4	162.3
1962	3497.3	643.3	2621.0	233.0	2801.4	568.1	2031.3	202.0
1963	3981.7	699.7	3005.5	276.5	3242.4	628.3	2374.4	239.7
1964	4282.5	750.1	3242.1	290.3	3315.5	664.6	2399.2	251.7
1965	4488.4	787.9	3388.3	312.2	3606.1	716.2	2619.2	270.7
1966	4012.8	748.5	2969.0	295.3	3231.4	680.4	2295.0	256.0
1967	4164.6	730.0	3140.6	294.0	3469.4	680.9	2531.0	257.5
1968	4150.7	750.2	3067.6	332.9	3288.2	679.8	2349.0	259.4
1969	3844.5	721.7	2823.1	299.7	3213.0	665.1	2311.2	236.7
1970	3865.2	726.4	2840.3	298.5	3319.6	689.1	2356.4	274.1
1971	4032.5	754.3	2922.0	356.2	3419.7	712.2	2363.4	344.1
1972	4197.2	775.6	2985.5	436.1	3478.5	717.2	2372.3	389.0
1973	4317.2	781.3	3092.7	443.2	3654.6	738.2	2519.4	397.0
1974	4425.5	805.8	3160.3	459.4	3707.0	752.3	2532.6	422.1
1975	4628.5	820.3	3307.9	500.3	3757.6	766.8	2638.1	352.7
1976	4465.4	808.4	3058.0	599.0	3649.0	748.7	2397.8	502.5
1977	4428.6	784.1	3056.4	588.1	3643.4	715.3	2394.6	533.5

12-22 续表 continued

单位：万头(只) (10 000 heads)

年份 Year	年中数 Year-middle				年末数 Year-end			
	合计 Total	大牲畜 Large Animals	羊 Sheep & Goats	猪 Hogs	合计 Total	大牲畜 Large Animals	羊 Sheep & Goats	猪 Hogs
1978	4162.3	697.5	2860.5	604.3	3586.5	659.3	2378.1	549.1
1979	4513.4	724.6	3177.6	611.2	3873.1	685.3	2633.2	554.6
1980	4656.8	741.3	3317.0	598.5	3753.3	681.3	2553.4	518.6
1981	4565.6	723.2	3307.2	535.2	3817.2	678.9	2670.0	468.3
1982	4721.9	744.3	3474.0	503.6	3903.9	708.0	2735.0	460.9
1983	4413.6	739.9	3177.9	495.8	3539.8	694.7	2418.0	427.1
1984	4259.5	740.9	3053.7	464.9	3488.3	698.2	2377.3	412.8
1985	4341.8	775.3	3060.7	505.8	3667.4	736.6	2468.4	462.4
1986	4434.5	799.5	3082.7	552.3	3734.5	751.3	2502.2	481.0
1987	4555.2	811.5	3219.9	523.8	3731.0	730.8	2544.7	455.5
1988	4685.9	792.3	3408.8	484.8	4093.8	734.6	2892.8	466.4
1989	5301.5	812.7	3945.0	543.8	4215.4	718.6	3009.5	487.3
1990	5307.5	784.9	3955.2	567.4	4254.4	707.5	3023.9	523.0
1991	5568.2	783.8	4160.0	624.4	4220.5	699.8	2960.9	559.8
1992	5558.0	774.4	4067.4	716.2	4168.4	690.2	2856.7	621.5
1993	5577.9	771.8	3942.1	864.0	4231.9	685.7	2860.3	685.9
1994	5711.3	756.6	4038.9	915.8	4450.7	682.4	3028.1	740.2
1995	6065.7	783.8	4302.5	979.4	4795.0	708.3	3321.0	765.7
1996	6697.7	825.5	4804.3	1067.9	5066.8	734.9	3561.8	770.1
1997	7112.4	840.8	5164.8	1106.8	5180.4	714.0	3656.7	809.7
1998	7387.2	817.8	5383.5	1185.9	5206.3	677.3	3712.9	816.1
1999	7436.2	802.8	5491.6	1141.7	5147.6	667.4	3702.6	777.6
2000	7300.5	803.3	5406.2	1090.9	4912.0	622.1	3551.6	738.3
2001	7135.0	702.3	5427.8	1004.9	4817.6	536.3	3515.9	765.4
2002	7260.1	652.0	5675.2	932.9	5176.9	543.4	3951.7	681.8
2003	7987.6	718.1	6396.1	873.5	5713.3	615.4	4450.1	647.7
2004	9274.4	814.5	7514.7	945.2	6722.9	718.2	5318.5	686.2
2005	10615.3	934.2	8713.0	968.1	6903.5	783.2	5420.0	700.3
2006	11051.2	1006.7	8997.5	1047.3	7186.7	841.9	5594.4	750.4

12-23 大牲畜和羊(年中数)

Total Number of Large Animals, Sheep and Goats(Year-middle)

单位：万头(只) (10 000 heads)

年份 Year	合计 Total	牛 Cattles	马 Horses	驴 Donkeys	骡 Mules	骆驼 Camels	绵羊 Sheep	山羊 Goats
1947	841.8	174.6	48.7	33.7	3.0	11.0	342.6	228.2
1948	858.1	186.7	48.1	37.6	3.2	10.9	348.0	223.6
1949	956.3	208.5	45.3	44.9	3.2	11.8	403.8	238.8
1950	1074.9	232.1	45.0	94.1	3.7	13.2	457.3	274.5
1951	1290.1	262.6	50.5	56.3	4.3	14.3	550.2	351.9
1952	1593.8	307.1	59.7	63.6	4.9	15.3	692.4	450.8
1953	1938.9	348.9	67.0	66.4	5.4	16.8	853.7	580.7
1954	2230.6	385.6	73.8	74.7	6.2	18.1	991.3	680.9
1955	2311.3	394.2	83.5	81.2	7.8	20.2	1030.6	693.8
1956	2466.5	389.0	90.9	82.1	8.5	21.2	1098.8	776.1
1957	2266.6	353.2	94.5	74.6	8.1	22.3	992.5	721.4
1958	2430.4	346.9	95.9	77.5	8.2	22.2	1097.9	781.8
1959	2833.2	380.7	103.1	73.5	8.5	23.2	1281.0	963.2
1960	3044.6	402.8	109.5	66.0	9.0	25.6	1379.0	1052.7
1961	3118.2	415.7	116.3	57.1	8.9	25.4	1417.8	1077.0
1962	3264.3	421.2	125.3	61.1	8.9	26.8	1453.3	1167.7
1963	3705.2	454.2	140.4	68.6	9.3	27.2	1696.3	1309.2
1964	3992.2	476.7	155.6	78.7	10.4	28.7	1875.7	1366.4
1965	4176.2	493.2	166.9	85.3	11.6	30.9	2017.4	1370.9
1966	3717.5	454.3	165.9	88.6	13.4	26.3	1844.2	1124.8
1967	3870.6	436.7	163.0	88.8	16.0	25.5	1952.8	1187.8
1968	3817.8	427.5	180.7	92.2	19.2	30.6	1935.8	1131.8
1969	3544.8	396.9	184.9	86.0	22.4	31.5	1755.1	1068.0
1970	3566.7	390.5	196.7	86.7	23.2	29.3	1815.4	1024.9
1971	3676.3	400.2	205.5	88.8	27.2	32.6	1887.8	1034.2
1972	3761.1	409.8	212.7	90.9	28.8	33.4	1974.6	1010.9
1973	3874.0	410.2	218.9	90.6	30.6	31.0	2119.0	973.7
1974	3966.1	418.1	231.4	93.1	32.3	30.9	2186.8	973.5
1975	4128.2	422.7	239.0	91.2	34.2	33.2	2304.2	1003.7
1976	3866.4	423.2	231.2	84.4	35.2	34.4	2162.4	895.6
1977	3840.5	412.3	224.9	76.3	34.7	35.9	2183.5	872.9

12-23 续表 continued

单位：万头(只) (10 000 heads)

年份 Year	合计 Total	牛 Cattles	马 Horses	驴 Donkeys	骡 Mules	骆驼 Camels	绵羊 Sheep	山羊 Goats
1978	3558.0	358.5	192.8	75.9	34.4	35.9	1986.7	873.8
1979	3902.2	376.2	198.2	78.0	34.1	38.2	2212.4	965.2
1980	4058.3	391.1	196.3	80.9	34.1	38.9	2354.7	962.3
1981	4030.4	381.6	187.7	79.8	33.9	40.2	2408.7	898.5
1982	4218.3	404.2	189.1	75.2	35.0	40.8	2543.8	930.2
1983	3917.8	407.4	185.1	74.3	37.6	35.6	2394.8	783.1
1984	3794.6	404.0	184.2	78.1	40.8	33.8	2273.4	780.3
1985	3836.0	424.0	189.4	85.2	44.6	32.2	2263.2	797.5
1986	3882.2	437.3	192.3	90.8	48.5	30.6	2255.5	827.2
1987	4031.4	445.2	194.2	93.2	51.9	27.0	2365.3	854.6
1988	4201.1	438.4	184.1	91.4	53.8	24.6	2454.1	954.7
1989	4757.7	457.8	180.9	92.1	56.5	25.4	2776.0	1169.0
1990	4740.1	439.8	169.2	93.0	58.2	24.7	2734.3	1220.9
1991	4943.8	434.9	166.8	96.7	61.8	23.6	2847.4	1312.6
1992	4841.9	426.4	164.1	97.6	65.3	21.0	2779.8	1287.7
1993	4713.8	424.2	161.9	100.1	68.0	17.7	2652.3	1289.8
1994	4795.5	415.4	158.2	96.8	69.7	16.6	2694.6	1344.3
1995	5086.3	442.7	158.0	97.6	69.4	16.1	2779.6	1522.9
1996	5629.8	477.2	161.5	100.4	70.1	16.3	3083.4	1720.9
1997	6005.6	488.0	161.3	102.9	72.2	16.5	3285.0	1879.9
1998	6201.3	478.6	149.9	101.8	71.8	15.7	3419.0	1964.5
1999	6294.5	475.2	140.4	100.9	71.6	14.8	3544.0	1947.6
2000	6209.6	490.2	130.5	99.5	69.5	13.6	3537.4	1868.8
2001	6130.1	431.4	108.4	87.9	62.3	12.3	3408.1	2019.7
2002	6327.2	419.6	87.6	80.4	55.5	8.9	3476.8	2198.4
2003	7114.1	499.3	79.2	81.1	49.4	9.1	3974.0	2422.1
2004	8329.2	600.0	74.6	82.9	47.0	10.1	4936.7	2578.0
2005	9647.2	721.9	74.5	84.3	43.0	10.6	5904.3	2808.7
2006	10004.2	783.8	76.3	92.4	43.0	11.2	6048.5	2949.0

12-24 牲畜增减变化情况(2006年, 年末数)

Number of Newly Increased and Decreased Livestock(End of 2006)

单位:万头(只) (10 000 heads)

项 目	Item	繁殖仔畜 New Born Stocks	成活仔畜 Survival New Born Stocks		成幼畜死亡 Death Number of Young and Adult Stocks	
			头数 Number	成活率 (%) Survival Rate	头数 Number	死亡率 (%) Death Rate
大牲畜和羊合计	**Total Number of Large Animals, Sheep and Goats**	**4759.81**	**4628.11**	**97.2**	**85.90**	**1.38**
大牲畜	Large Animals	294.00	286.38	97.4	5.67	0.72
牛	Cattles	247.58	241.00	97.3	4.36	0.76
# 良种及改良种乳牛	Fine Breed and Improved Milk Cows	105.94	103.41	97.6	1.34	0.50
马	Horses	16.30	15.95	97.9	0.58	0.85
驴	Donkeys	24.67	24.13	97.8	0.51	0.59
骡	Mules	3.88	3.78	97.4	0.15	0.34
骆驼	Camels	1.57	1.52	96.8	0.07	0.82
羊	Sheep and Goats	4465.81	4341.73	97.2	80.23	1.48
绵羊	Sheep	3398.66	3307.24	97.3	55.06	1.48
山羊	Goats	1067.15	1034.49	96.9	25.17	1.47
猪	**Hogs**	**818.13**	**791.45**	**96.7**	**16.40**	**2.34**

12-24 续表 continued

单位:万头(只) (10 000 heads)

项 目	Item	自宰自食 killed for Self-use	出卖 Selling	#出卖肉畜 Sold Meat Stocks	出栏率 (%) Slaughter Rate	商品率 (%) Commodity Rate
大牲畜和羊合计	**Total Number of Large Animals, Sheep and Goats**	**493.89**	**5484.54**	**4823.88**	**85.7**	**109.21**
大牲畜	Large Animals	19.02	369.46	287.71	39.2	122.85
牛	Cattles	16.12	304.09	237.75	44.1	118.15
马	Horses	0.50	21.92	17.38	26.3	149.97
驴	Donkeys	1.96	32.55	24.37	30.3	132.22
骡	Mules	0.31	9.25	6.64	15.9	362.60
骆驼	Camels	0.13	1.64	1.57	19.9	104.64
羊	Sheep and Goats	474.88	5115.08	4536.18	92.5	108.34
绵羊	Sheep	352.05	3862.84	3503.48	104.0	109.96
山羊	Goats	122.82	1252.24	1032.70	67.5	103.63
猪	**Hogs**	**306.01**	**1089.77**	**748.28**	**150.5**	**108.83**

12-25 牲畜总增情况(年中数)

Total Number of Newly Increased Livestock(Middle of Year)

单位:万头(只) (10 000 heads)

项目	Item	总增头数 Total Number of Livestocks Added 2005	2006	总增率(%) Growth Rate 2005	2006
大牲畜和羊合计	**Total Number of Large Animals, Sheep and Goats**	**4589.74**	**5022.06**	**55.1**	**52.06**
大牲畜	Large Animals	253.41	300.74	31.11	32.19
牛	Cattles	215.61	257.38	35.94	35.65
#良种及改良种乳牛	Fine Breed and Improved Milk Cows	82.48	101.28	45.43	40.23
马	Horses	13.77	14.62	18.46	19.63
驴	Donkeys	20.08	24.62	24.23	29.2
骡	Mules	2.27	2.55	4.84	5.94
骆驼	Camels	1.68	1.57	16.7	14.85
羊	Sheep and Goats	4336.32	4721.32	57.7	54.19
绵羊	Sheep	3303.77	3512.9	66.92	59.46
山羊	Goats	1032.55	1208.42	40.05	43.08
猪	**Hogs**	**579.43**	**687.56**	**61.3**	**71.02**

12-26 牲畜增减变化情况(2006年,年中数)

Number of Newly Increased and Decreased Livestock(Middle of 2006)

单位:万头(只) (10 000 heads)

项目	Item	繁殖成活仔畜 New Born Stocks And Survival New Born Stocks: 繁殖仔畜 New Born Stocks	成活仔畜 Survival New Born Stocks	成活率(%) Survival Rate	繁成率(%) Rate of Breeding and Surviving	成幼畜死亡 Death Number of Stocks: 头数 Number	死亡率(%) Death Rate
大牲畜和羊合计	**Total Number of Large Animals, Sheep and Goats**	**5336.54**	**5145.79**	**96.43**	**117.25**	**123.73**	**1.28**
大牲畜	Large Animals	315.21	308.03	97.72	72.33	7.29	0.78
牛	Cattles	269.32	263.34	97.78	73.95	5.96	0.83
#良种及改良种乳牛	Fine Breed and Improved Milk Cows	105.33	102.84	97.64	63.14	1.57	0.62
马	Horses	15.75	15.17	96.33	62.16	0.55	0.74
驴	Donkeys	25.64	25.12	97.98	60.93	0.5	0.59
骡	Mules	2.74	2.69	98.25		0.14	0.33
骆驼	Camels	1.76	1.71	97.22	41.55	0.14	1.31
羊	Sheep and Goats	5021.33	4837.76	96.34	122.08	116.44	1.34
绵羊	Sheep	3724.69	3589.88	96.38	127.25	76.98	1.30
山羊	Goats	1296.65	1247.88	96.24	109.31	39.46	1.41
猪	**Hogs**	**728.61**	**707.44**	**97.10**	**987.2**	**19.88**	**2.05**

12-27 能繁殖母畜、耕畜及改良畜(2006年, 年中数)

Female Parent Stocks, Plow Stocks and Improved Stock(Middle of 2006)

单位: 万头(只) (10 000 heads)

项 目	Item	能繁殖母畜 Female Parent Stocks	耕 畜 Plow Stocks	良种牲畜 Fine Breed Stocks	改良种牲畜 Improved Stocks
大牲畜和羊合计	**Total Number of Large Animals, Sheep and Goats**	**5749.66**	**169.58**	**3689.54**	**5634.41**
大牲畜	Large Animals	497.70	169.58	277.96	543.89
牛	Cattles	422.89	34.66	236.90	459.00
# 良种及改良种乳牛	Fine Breed and Improved Milk Cows	173.12			
马	Horses	26.97	38.83	16.03	33.28
驴	Donkeys	43.23	60.99	17.89	50.83
骡	Mules		34.22		
骆驼	Camels	4.60	0.88	7.46	0.77
羊	Sheep and Goats	5251.96		3411.58	5090.52
绵羊	Sheep	3595.41		2350.00	3408.80
# 细毛羊及改良羊	Nap Sheep or Improved Sheep	937.90			
半细毛羊及改良羊	Semi nap Sheep or Improved Sheep	263.90			
山羊	Goats	1656.55		1061.57	1681.72
猪	**Hogs**	**87.93**		**296.85**	**611.42**

12-28 能繁殖母畜、耕畜及改良畜(2006年, 年末数)

Female Parent Stocks, Plow Stocks and Improved Stock(End of 2006)

单位:万头(只) (10 000 heads)

项 目	Item	能繁殖母畜 Female Parent Stocks	耕 畜 Plow Stocks	良种牲畜 Fine Breed Stocks	改良种牲畜 Improved Stocks
大牲畜和羊合计	**Total Number of Large Animals,Sheep and Goats**	**4358.89**	**154.28**	**2398.27**	**3467.32**
大牲畜	Large Animals	453.69	154.28	253.75	439.11
牛	Cattles	377.24	25.76	216.31	350.61
马	Horses	26.43	37.50	13.88	34.56
驴	Donkeys	45.34	56.45	19.09	53.82
骡	Mules		34.16		
骆驼	Camels	4.67	0.42	6.47	0.12
羊	Sheep and Goats	3905.19		2144.52	3028.20
绵羊	Sheep	2636.85		1464.83	2027.05
山羊	Goats	1268.34		679.69	1001.15
猪	**Hogs**	**76.58**		**209.62**	**477.59**

12-29 主要畜禽产品产量

Output of Major Livestock and Poultry

项目	Item	2005	2006
当年出栏肉猪头数(头)	Annual Number of Sold Fatten Hogs (head)	9621090	10542800
当年出栏和自宰的肉用牛(头)	Annual Number of Sold and Killed Meat Cattles (head)	2162347	2538700
当年出售和自宰的肉用羊(只)	Annual Numberof Sold and Killed Mutton Goats and Sheep (head)	45122844	50110500
当年肉类总产量(吨)	Annual Output of Meat (ton)	2299138	2559656
#猪肉产量(吨)	Pork (ton)	880217	956137
牛肉产量(吨)	Beef (ton)	336061	390535
羊肉产量(吨)	Mutton (ton)	724436	809925
奶类产品(吨)	Milks (ton)	6969001	8774536
#牛 奶(吨)	Cow Millk (ton)	6910834	8691631
山羊毛产量(吨)	Goat Wool (ton)	7558	7710
绵羊毛产量(吨)	Sheep Wool (ton)	94902	98195
山羊绒产量(吨)	Cashmere (ton)	6646	6797
蜂蜜产量(吨)	Honey (ton)	4641	3896
禽蛋产量(吨)	Poultry Eggs (ton)	461780	502779
年末实有家禽(万只)	Number of Poultry at Yearend (10 000 heads)	8211.34	7764.96
年内牛皮产量(张)	Annual Output of Cattle Skin (unit)	2200911	2312800
绵羊皮产量(张)	Output of Sheep Skin (unit)	35165515	38694700
山羊皮产量(张)	Output of Goat Skin (unit)	12133567	11636100
驼绒产量(吨)	Output of Fine Hair of Camel (ton)	328	382
出售肉类总量(吨)	Products of Sold Meat (ton)	1927493	2134293
#出售猪肉(吨)	Pork (ton)	642136	738451
出售牛肉(吨)	Beef (ton)	301327	350409
出售羊肉(吨)	Mutton (ton)	644106	713099
出售牛羊奶数量(吨)	Products of Sold Milk (ton)	6388409	7877266
出售羊毛数量(吨)	Products of Sold Wool of Sheep and Goats (ton)	94533	95125
出售家禽只数(万只)	Number of Sold Poultry (10 000 heads)	13665.93	13724.90
水 产 品(吨)	Aquatic Products (ton)	82608	87049

主要统计指标解释

农林牧渔业总产值 指以货币表现的农、林、牧、渔业全部产品的总量，它反映一定时期内农业生产总规模和总成果。农业总产值的计算方法通常是按农林牧渔业产品及其副产品的产量分别乘以各自单位产品价格求得；少数生产周期较长，当年没有产品或产品产量不易统计的，则采用间接方法匡算其产值；然后将四业产品产值相加即为农业总产值。

粮食产量 指全社会的产量。包括国有经济经营的、集体统一经营的和农民家庭经营的粮食产量，还包括工矿企业办的农场和其他生产单位的产量。粮食除包括稻谷、小麦、玉米、高粱、谷子及其他杂粮外，还包括薯类和豆类。其产量计算方法，豆类按去豆荚后的干豆计算；薯类(包括甘薯和马铃薯，不包括芋头和木薯)1963 年以前按每4 公斤鲜薯折 1 公斤粮食计算，从 1964 年开始改为按 5 公斤鲜薯折 1 公斤粮食计算。城市郊区作为蔬菜的薯类(如马铃薯等)按鲜品计算，并且不作粮食统计。其他粮食一律按脱粒后的原粮计算。

油料产量 指全部油料作物的生产量。包括花生、油菜籽、芝麻、向日葵籽、胡麻籽(亚麻籽)和其他油料。不包括大豆，木本油料和野生油料。花生以带壳干花生计算。

水产品产量 指人工养殖的水产品和天然生长的水产品的捕捞量。包括海水的鱼类、虾蟹类、贝类和藻类以及内陆水域的鱼类、虾蟹类和贝类，不包括淡水生植物。

猪、牛、羊肉产量 指当年出栏并已屠宰、除去头蹄下水后带骨肉(即胴体重)的重量。

牲畜总增头数 是反映牲畜的总体增长情况、牲畜头数增殖情况和死亡损失情况的一项数量指标，以大畜、小畜和猪分畜种计算。

总增头数=期内繁殖成活仔畜头数—期内成幼畜死亡头数

期末牲畜存栏头数 指调查期末农村各种合作经济组织和国营农场，农民个人，机关、团体、学校、工矿企业，部队等单位以及城镇居民饲养的大牲畜、猪、羊的存栏头数。

耕地面积 指可以用来种植农作物、经常进行耕锄的田地，包括熟地、当年新开荒地、连续撂荒未满三年的耕地和当年的休闲地(轮歇地)，还包括以种植农作物为主并附带种植桑树、茶树、果树和其他林木的土地，以及沿海、沿湖地区已围垦利用的“海涂”、“湖田”等面积。不包括属于专业性的桑园、茶园、果园、果木苗圃、林地、芦苇地、天然或人工草地面积。

农作物播种面积 指实际播种或移植有农作物的面积。凡是实际种植有农作物的面积，不论种植在耕地上还是种植在非耕地上，均包括在农作物播种面积中。在播种季节基本结束后，因遭灾而重新改种和补种的农作物面积，也包括在内。

有效灌溉面积 指具有一定的水源，地块比较平整，灌溉工程或设备已经配套，在一般年景下当年能够进行正常灌溉的耕地面积。

农用化肥施用量 指本年内实际用于农业生产的化肥数量，包括氮肥、磷肥、钾肥和复合肥。化肥施用量要求按折纯量计算数量。折纯量是把氮肥、磷肥、钾肥分别按含氮、含五氧化二磷、含氧化钾的百分之一百成份进行折算后的数量。复合肥按其所含主要成分折算。

农业机械总动力 指主要用于农、林、牧、渔业的各种动力机械的动力总和。包括耕作机械、排灌机械、收获机械、农用运输机械、植物保护机械、牧业机械、林业机械、渔业机械和其他农业机械［内燃机按引擎马力折成瓦(特)计算、电动机按功率折成瓦(特)计算］。不包括专门用于乡、镇、村、组办工业、基本建设、非农业运输、科学试验和教学等非农业生产方面用的动力机械与作业机械。

农林牧渔业劳动力 指全社会直接参加农林牧渔业生产活动的劳动力。

Explanatory Notes on Main Statistical Indicators

Gross Output Value of Farming, Forestry, Animal Husbandry and Fishery refers to the total value of products of farming, forestry, animal husbandry and fishery, which reflects the total scale and result of agricultural production during a given period. Gross output value of agriculture is obtained by first multiplying the output of each product or by product by its price, resulting in the output value of each single item. For a small number of products, annual output of which is not available or difficult to get due to the long production growing process involved, the output value is estimated through an indirect approach. The sum of output value of all products of farming, forestry, animal husbandry, and fishery is then equal to the gross output value of agriculture.

Grain Yield refers to the yield in the whole country including grains produced by state farms, collective units, industrial enterprises and mines. Grain includes rice, wheat, corn, sorghum, millet and other miscellaneous grains as well as tubers and beans. Output of beans refers to dry beans without pods. The output of tubers (sweet potatoes and potatoes, not including taros and cassava) was converted into that of grain at the ratio 4:1, i. e. 4 kilograms of fresh tubers was equivalent to 1 kilogram of grain up to 1963. Since 1964 the ratio for conversion has been 5:1. Tubers supplied as vegetables (such as potatoes) in cities and suburbs are calculated as fresh vegetables and their output is not included in the output of grain . Output of all other grains refers to husked grain.

Yield of Oil-bearing Crops refers to the total yield of oil bearing crops of various kinds, including peanuts, (dry, in shell) rape seeds, sesame, sunflower seeds, flax seeds, and other oil bearing crops, Soybeans, oil bearing woody plants, and wild oil bearing crops are not included.

Output of Aquatic Products refers to catches of both artificially cultured and naturally grown aquatic products, including fish, shrimps, crabs and shellfish in sea and inland water as well as seaweed. Freshwater plants are not included.

Output of pork, Beef, and Mutton refers to the meat of slaughtered hogs, cattle, sheep and goats with head, feet, and offal taken away.

Total Number of Livestock Added is a kind of numeral index which reflects the total statistics of increase, breeding and death of livestock, it is calculated at different kinds of livestock.

Total Number of Livestock Added = Survival Number of Newborn Livestock in the given Period-Death Number of Livestock

Number of Livestock in stock at Beginning(or End) refers to the total number of large animals, pigs, sheep, etc. raised by rural cooperative organizations, state farms, rural individuals, government agencies, schools, industrial and mining enterprises, army, and urban residents at the beginning(or end) of the reference period.

Cultivated Area (Area under cultivation) refers to farmland which is plowed constantly for growing crops, including cultivated land, newly cultivated land in the current year, farmland left without cultivation for less than three years and fallow land in the current year, rotation land, rotation land of grass and crops, farmland with some fruit trees, mulberry trees and other trees and cultivated seashore land, lake land and etc. The land of mulberry fields, tea plantations, orchards, nurseries of young plants, forestland, reed land, natural and manmade grassland and other land are not included in cultivated land.

Sown Area of Crops refers to area of land sown or transplanted with crops regardless of being in cultivated area or non-cultivated area. Area of land re sown due to natural disasters is also included.

Irrigated Area refers to areas that are effectively irrigated, i. e. level land which has water source and complete sets of irrigation facilities to lift and move adequate water for irrigation purpose under normal conditions.

Consumption of Chemical Fertilizers in Agriculture refers to the quantity of chemical fertilizers applied in agriculture in the year, including nitrogenous fertilizer, phosphate fertilizer, potash fertilizer, and compound fertilizer. The consumption of chemical fertilizers is required in calculation to convert the gross weight into weight containing 100% effective component. Compound fertilizer is converted with its major component.

Total Power of Farm Machinery refers to total mechanical power of machinery used in farming, forestry, animal husbandry, and fishery, including ploughing, irrigation and drainage, harvesting, transport, plant protection, stock breeding, forestry and fishery. The power of internal combustion engines is required to convert horsepower into watts and the power of electric motors is required to be converted into watts. Machinery employed for non-agricultural purposes, such as the machines used in township run and village run industry, construction, non agricultural transport, scientific experiments and teaching, is excluded.

Labour Force Engaged in Farming, Forestry, Animal Husbandry and Fishery refers to the total laborers who are directly engaged in production of farming, forestry, animal husbandry and fishery.

十三 工业

INDUSTRY

资料整理 梁卫国 刘洁

Arranged by Liang Weiguo, Liu Jie

13-1 工业企业单位数和工业总产值

Number of Industrial Enterprises and Gross Industrial Output Value by Ownership

项 目	Item	2000	2005	2006
企业单位数(个)	**Number of Industrial Enterprises(unit)**	**147769**	**130898**	**106675**
在总计中:	Of the Total:			
国有及国有控股企业	State-owned Enterprises(including enterprises with controlling share hold by the state)	757	525	489
在总计中:	Of the Total:			
轻工业	Light Industry	97464	81391	65754
重工业	Heavy Industry	50305	49507	40921
在总计中:	Of the Total:			
国有企业	State-owned Enterprises	545	353	320
集体企业	Collective-owned Enterprises	3874	1207	1086
个体企业	Individual-owned Enterprises	133421	119446	95600
其他经济类型企业	Enterprises of Other Types of Ownership	9929	9892	9669
#股份制经济	Share-holding Corporations	371	2382	2416
外商及港澳台商投资企业	Enterprises Funded by Foreigners or by Entrepreneurs from Hong Kong, Macao and Taiwan	90	245	255
工业总产值(亿元)	**Gross Industrial Output Value (100 million yuan)**	**1202.85**	**3861.58**	**5201.12**
在总计中:	Of the Total:			
国有及国有控股企业	State-owned Enterprises(including enterprises with controlling share hold by the state)	636.95	1684.26	1972.38
在总计中:	Of the Total:			
轻工业	Light Industry	464.26	1171.70	1506.72
重工业	Heavy Industry	738.59	2689.88	3694.40
在总计中:	Of the Total:			
国有企业	State-owned Enterprises	245.68	415.17	514.60
集体企业	Collective-owned Enterprises	65.64	60.94	67.07
个体企业	Individual-owned Enterprises	245.29	405.69	477.35
其他经济类型企业	Enterprises of Other Types of Ownership	646.24	2979.78	4142.10
#股份制经济	Share-holding Corporations	410.35	1927.37	2519.49
外商及港澳台商投资企业	Enterprises Funded by Foreigners or by Entrepreneurs from Hong Kong, Macao and Taiwan	58.10	358.39	481.75

注：工业总产值按核算口径工业总产出计算。

a)The gross industrial output value is calculated at gross industrial output of national accounts .

13-2 工业总产值

Gross Industrial Output Value

本表按当年价计算。

Data in this table are calculated at current prices.

单位：亿元 (100 million yuan)

年份 Year	工业总产值 Total Industry	按轻重工业分 Grouped by Light & Heavy Industry		按经济类型分 Grouped by Ownership			
		轻工业 Light Industry	重工业 Heavy Industry	国有及国有控股企业 State-owned or Controlling Share Hold Industry	集体企业 Collective-owned Industry	个体企业 Individual-Owned Industry	其他经济类型企业 Industry of Other Types of Ownership
1952	1.63	1.06	0.57	0.91	0.01	0.71	
1957	6.33	3.48	2.85	5.23	1.02	0.08	
1962	14.26	7.84	6.42	11.78	2.29	0.18	
1965	26.79	9.61	17.18	24.15	2.60	0.03	
1970	27.80	8.85	18.95	25.16	2.64		
1975	36.89	15.28	21.61	30.22	6.67		
1978	52.96	22.05	30.91	40.89	10.78		
1979	57.40	23.90	33.50	44.32	11.68		
1980	59.39	24.58	34.81	46.23	13.13	0.02	0.01
1981	61.76	28.41	33.35	49.10	12.60	0.04	0.02
1982	73.73	31.45	42.28				
1983	81.53	34.06	47.47	65.76	15.62	0.13	0.03
1984	90.02	36.99	53.03	75.57	17.09	0.35	0.02
1985	112.93	45.78	67.15	91.86	20.38	0.65	0.04
1986	126.46	52.69	73.77	97.87	25.67	2.84	0.07
1987	150.84	64.10	86.74	115.86	30.93	3.94	0.11
1988	193.86	86.41	107.45	144.60	42.21	6.76	0.28
1989	243.13	105.31	137.82	178.22	55.03	9.20	0.68
1990	263.33	108.51	154.82	193.14	57.69	11.55	0.94
1991	304.43	108.98	195.45	233.55	55.15	13.03	2.70
1992	363.72	131.55	234.91	276.33	67.11	15.98	4.30
1993	470.36	141.87	328.49	371.91	70.25	20.77	7.42
1994	522.10	169.98	352.12	392.39	94.14	24.44	11.13
1995	626.52	215.92	410.61	389.89	121.40	63.86	51.37
1996	745.56	293.21	452.35	454.64	145.67	78.81	66.45
1997	872.30	347.20	525.10	505.74	162.26	116.68	87.62
1998	942.08	371.08	571.00	472.70	162.87	176.56	129.95
1999	1055.13	383.65	671.48	559.69	87.03	206.43	201.97
2000	1202.85	464.26	738.59	636.95	65.64	245.29	254.97
2001	1347.19	536.76	810.43	689.16	53.92	269.87	334.24
2002	1535.80	614.38	921.42	767.98	61.46	307.63	398.73
2003	1935.11	754.71	1180.40	849.26	77.44	387.60	620.81
2004	2805.21	893.21	1912.00	1182.28	52.38	358.06	1212.50
2005	3861.58	1171.70	2689.88	1684.26	60.94	405.69	1710.69
2006	5201.12	1506.72	3694.40	1972.38	67.07	477.35	2684.32

注：工业总产值按核算口径工业总产出计算。

a)The gross industrial output value is calculated at gross industrial output of national accounts.

13-3 工业总产值指数

Indices of Gross Industrial Output Value

(上年=100)　　(preceding year=100)

年份 Year	工业总产值 Total Industry	按轻重工业分 Grouped by Light & Heavy Industry		按经济类型分 Grouped by Ownership			
		轻工业 Light Industry	重工业 Heavy Industry	国有及国有控股企业 State-owned or Controlling Share Hold Industry	集体企业 Collective-owned Industry	个体企业 Individual-Owned Industry	其他经济类型企业 Industry of Other Types of Ownership
1978	116.2	109.0	121.9	114.2	110.1		
1979	106.7	101.5	110.3	108.4	112.9		
1980	104.8	112.3	99.9	104.0	107.5		
1981	100.6	110.9	92.9	102.7	92.8	191.7	300.0
1982	115.1	107.9	121.1	114.9	115.5	200.5	96.7
1983	109.6	108.4	110.5	110.3	106.3	173.2	120.0
1984	108.1	107.4	108.6	108.0	107.1	252.9	87.0
1985	116.6	116.8	116.6	113.9	93.6	444.7	157.5
1986	109.6	112.8	107.2	107.7	146.0	168.3	188.7
1987	112.5	115.6	110.0	111.5	113.5	130.8	136.2
1988	113.9	116.1	112.2	110.7	121.1	152.1	229.2
1989	112.6	107.7	116.7	110.7	117.0	122.1	217.9
1990	104.1	102.8	105.0	104.1	100.7	120.7	134.0
1991	108.1	108.1	108.0	106.4	107.8	138.4	156.1
1992	111.3	108.0	113.5	107.9	118.4	133.8	148.5
1993	113.8	106.0	117.2	105.1	124.5	143.9	272.5
1994	114.0	118.0	113.2	103.7	122.1	142.0	295.0
1995	112.0	115.5	111.0	107.2	97.0	186.8	126.3
1996	111.5	112.5	110.1	101.6	124.6	158.9	161.1
1997	115.0	117.2	112.0	101.5	118.0	127.4	140.0
1998	110.0	109.7	110.4	106.5	86.6	114.8	145.3
1999	111.0	117.2	105.9	109.6	91.3	111.1	123.6
2000	112.0	120.7	106.8	106.7	67.2	125.5	135.6
2001	111.1	114.1	108.6	106.3	76.6	110.3	125.4
2002	114.0	116.8	112.5	115.1	108.4	112.4	137.4
2003	125.0	123.6	125.9	109.1	119.9	108.3	146.1
2004	129.7	127.5	130.8	126.2	68.0	93.1	149.6
2005	130.7	126.0	133.2	134.7	113.4	111.0	133.6
2006	132.1	126.1	134.7	122.6	126.9	115.4	153.9

注：本表按可比价格计算，以上年为100。

a)Data in this table are calculated at comparable prices, preceding year=100.

13-4 全部国有及规模以上非国有工业分行业职工(2006年)

Number of Staff & Workers in All State-owned & Non-state-owned above Designated Size Industrial Enterprises by Industrial Branch(2006)

单位：万人 (10 000 persons)

项目	Item	2006
总计	**Total**	**90.72**
按登记注册类型分	**Grouped by Ownership**	
国有	State-owned	11.88
集体	Collective-owned	2.01
其他	Other Ownership	76.83
按行业分	**Grouped by Sector**	
采矿业	**Mining**	**22.47**
煤炭开采和洗选业	Coal Mining & Processing	15.39
石油和天然气开采业	Petroleum & Natural Gas Pumped	0.48
黑色金属矿采选业	Mining & Dressing of Ferrous Metals	2.46
有色金属矿采选业	Mining & Dressing of Nonferrous Metals	2.86
非金属矿采选业	Mining & Dressing of Nonmetal Minerals	1.27
其他采矿业	Mining of Other Mineral	0.01
制造业	**Manufacturing**	**59.35**
农副食品加工业	Processing of Agricultural Side-Line Food	5.06
食品制造业	Food Manufacturing	3.60
饮料制造业	Beverage Manufacturing	2.12
烟草制品业	Tobacco Products	0.26
纺织业	Textile Industry	5.64
纺织服装、鞋、帽制造业	Textile Products, Clothes, Shoes & Hats	0.84
皮革、毛皮、羽毛（绒）及其制品业	Leather, Furs, Down & Related Products	0.16
木材加工及木、竹、藤、棕、草制品业	Timber Processing, Bamboo, Cane, Palm Fiber & Straw Products	1.14
家具制造业	Furniture Manufacturing	0.15
造纸及纸制品业	Paper-making & Paper Products	1.09
印刷业和记录媒介的复制	Printing & Record Pressing	0.23
文教体育用品制造业	Cultural, Educational & Sports Goods	
石油加工、炼焦及核燃料加工业	Petroleum Processing ,Coke Products & Processing of Nuclear Fuel	1.48
化学原料及化学制品制造业	Raw Chemical Materials & Chemical Products	6.09
医药制造业	Medicine Manufacturing	1.65
化学纤维制造业	Chemical Fiber Manufacturing	0.04
橡胶制品业	Rubber Products	0.01
塑料制品业	Plastic Products	0.31
非金属矿物制品业	Nonmetal Mineral Products	4.85
黑色金属冶炼及压延加工业	Smelting & Pressing of Ferrous Metals	11.14
有色金属冶炼及压延加工业	Smelting & Pressing of Nonferrous Metals	3.85
金属制品业	Metal Products	0.67
通用设备制造业	Manufacturing of General-Purpose Equipment	1.75
专用设备制造业	Special Purposes Equipment Manufacturing	4.43
交通运输设备制造业	Transportation Equipment Manufacturing	1.05
电气机械及器材制造业	Electric Equipment & Machinery	0.72
通信设备、计算机及其他电子设备制造业	Manufacturing of Telecoms,Computer & Other Electronic Equipment	0.66
仪器仪表及文化、办公用机械制造业	Instruments, Meters, Cultural & Office Machinery	
工艺品及其他制造业	Handicrafts & Other Production	0.38
废弃资源和废旧材料回收加工业	Recovering of Abandoned Resource & Waste Materical	0.01
电力、燃气及水的生产和供应业	**Production & Supply of Electric Power,Gas & Water**	**8.90**
电力、热力的生产和供应业	Production & Supply of Electric Power & Heating Power	7.54
燃气生产和供应业	Production & Supply of Gas	0.21
水的生产和供应业	Production & Supply of Water	1.15

注：规模以上工业是指全部国有工业和年销售收入500万元以上的非国有工业(下同)。

a)Industrial enterprises above designated size refer to all state-owned plus the non state-owned industrial enterprises with an annual sales income of over 5 million yuan(The next table is the same)

13-5 全部国有及规模以上非国有工业企业工业总产值
Gross Industrial Output Value of All State-owned and Non-state-owned above Designated Size Industrial Enterprises

单位：万元 (10 000 yuan)

行 业	Item	2005年工业总产值(现价) Gross Industrial Output Value in 2005 (at current prices)	2006年工业总产值(现价) Gross Industrial Output Value in 2006 (at current prices)
总 计	**Total**	**29955924**	**41400506**
按经济类型分	**Grouped by Ownership**		
在总计中：	Of the Total:		
国有及国有控股企业	State-owned Enterprises(including with controlling share hold by the state)	15811675	18423566
在总计中：	Of the Total:		
集体企业	Collective-owned Enterprises	266645	249085
股份有限公司	Share-holding Corporation	6235109	7037535
外商投资企业	Foreign Funded Enterprises	2311416	2973733
港澳台商投资企业	Enterprises Funded by Entrepreneurs from Hong Kong, Macao and Taiwan	993202	1516049
按轻重工业分	**Grouped by Light & Heavy Industry**		
轻工业	Light Industry	7961752	10605945
重工业	Heavy Industry	21994172	30794561
按企业规模分	**Grouped by Size of Enterprises**		
大型企业	Large	11611164	14204265
中型企业	Medium-sized	8912843	12350158
小型企业	Small	9431917	14846083
按行业分	**Grouped by Sector**		
煤炭开采和洗选业	Coal Mining and Processing	3292123	4906724
石油和天然气开采业	Petroleum and Natural Gas Pumped	405880	612683
黑色金属矿采选业	Mining and Dressing of Ferrous Metals	529339	880662
有色金属矿采选业	Mining and Dressing of Nonferrous Metals	440416	1037386
非金属矿采选业	Mining and Dressing of Nonmetal Minerals	233421	343519
其他采矿业	Mining of Other Mineral		8482
农副食品加工业	Processing of Agricultural Side-line Food	2200256	2797918
食品制造业	Food Manufacturing	2447164	3100895
饮料制造业	Beverage Manufacturing	385185	590532

13-5 续表 1 continued

单位：万元 (10 000 yuan)

行 业	Item	2005年工业总产值(现价) Gross Industrial Output Value in 2005 (at current prices)	2006年工业总产值(现价) Gross Industrial Output Value in 2006 (at current prices)
烟草制品业	Tobacco Products	192282	236353
纺织业	Textile Industry	1470180	1880607
纺织服装、鞋、帽制造业	Textile Products, Clothes, Shoes and Hats	80817	100612
皮革、毛皮、羽毛(绒)及其制品业	Leather, Furs, Down & Related Products	31273	34704
木材加工及木、竹、藤、棕、草制品业	Timber Processing, Bamboo, Cane, Palm Fiber & Straw Products	187328	315474
家具制造业	Furniture Manufacturing	26975	45080
造纸及纸制品业	Paper-making and Paper Products	203704	198186
印刷业和记录媒介的复制	Printing and Record Pressing	22145	39098
文教体育用品制造业	Cultural, Educational and Sports Goods		
石油加工、炼焦及核燃料加工业	Petroleum Processing , Coke Products & Processing of Nuclear Fuel	886943	1145913
化学原料及化学制品制造业	Raw Materials & Chemical Products	1532286	2081326
医药制造业	Medicine Manufacturing	467667	581092
化学纤维制造业	Chemical Fiber Manufacturing	3543	6093
橡胶制品业	Rubber Products		2919
塑料制品业	Plastic Products	68529	94109
非金属矿物制品业	Nonmetal Mineral Products	903541	1243286

13-5 续表 2 continued

单位：万元 (10 000 yuan)

行业	Item	2005年工业总产值(现价) Gross Industrial Output Value in 2005 (at current prices)	2006年工业总产值(现价) Gross Industrial Output Value in 2006 (at current prices)
黑色金属冶炼及压延加工业	Smelting and Pressing of Ferrous Metals	5383292	6800965
有色金属冶炼及压延加工业	Smelting and Pressing of Nonferrous Metals	1727423	3150172
金属制品业	Metal Products	106158	143763
通用设备制造业	Manufacturing of General Purpose Equipment	177799	333335
专用设备制造业	Special Purposes Equipment Manufacturing	879761	972888
交通运输设备制造业	Transportation Equipment Manufacturing	449714	615315
电气机械及器材制造业	Electric Equipment and Machinery	90045	166891
通信设备、计算机及其他电子设备制造业	Manufacturing of Telecomm ,Computer & Other Electronic Equipment	658892	801983
仪器仪表及文化、办公用机械制造业	Instruments, Meters, Cultural & Office Machinery		
工艺品及其他制造业	Handicrafts and Other Production	70542	76490
废弃资源和废旧材料回收加工业	Recovering of Abandoned Resource & Waste Materical	2268	3099
电力、热力的生产和供应业	Production & Supply of Electric Power & Heating Power	4038682	5524319
燃气生产和供应业	Production and Supply of Gas	297860	450307
水的生产和供应业	Production and Supply of Water	62493	77330

13-6 全部国有及规模以上非国有工业企业主要经济指标(2006年)

单位:万元

项 目	Item	企业单位数(个) Number of Enterprises (unit)	工业总产值(现价) Gross Industrial Output Value (at current prices)	工业增加值(现价) Value Added of Industry (at current prices)
总 计	**Total**	**3075**	**41400506**	**17765136**
在总计中:	Of the Total:			
亏损企业	Enterprises at Lose	565	3609501	1389623
按轻重分	**Grouped by Light & Heavy Industry**			
轻工业	Light Industry	1030	10605945	3807383
重工业	Heavy Industry	2045	30794561	13957753
按行业分	**Grouped by Sector**			
采矿业	Mining	574	7789455	4622396
制造业	Manufacturing	2232	27559095	10306219
电力、燃气及水的生产和供应业	Production & Supply of Electric Power,Gas & Water	269	6051956	2836521
按企业规模分	**Grouped by Size of Enterprises**			
大型企业	Large	49	14204265	6019584
中型企业	Medium sized	348	12350158	5506156
小型企业	Small	2678	14846083	6239397
按登记注册类型分组	**Grouped by Registration Status**			
内资企业	Domestic-funded Enterprise	2922	36910724	16220827
国有企业	State-owned Enterprises	270	4787964	1963873
中央企业	Central Enterprises	30	1555983	581150
地方企业	Local Enterprises	240	3231980	1382724
集体企业	Collective-owned Enterprises	95	249085	108451
股份合作企业	Cooperative Enterprises	34	272693	153191
联营企业	Joint Ownership Enterprises	8	36655	13580
国有联营企业	State joint Ownership Enterprises			
集体联营企业	Collective Joint Ownership Enterprises	2	1970	884
国有与集体联营企业	Joint State Collective Enterprises	4	18185	5468
其他联营企业	Other Joint Ownership Enterprises	2	16501	7229
有限责任公司	Limited Liability Corporations	931	16140161	7401734
国有独资公司	Exclusive State-funded Limited Liability Corporations	52	6025169	2852073
股份有限公司	Share-holding Corporations Ltd.	174	7037535	3183720
私营企业	Private Enterprises	1402	8350451	3381315
其他企业	Other Enterprises	8	36182	14962
港澳台商投资企业	Enterprises Funded by Entrepreneurs from Hong Kong, Macao and Taiwan	52	1516049	434044
外商投资企业	Enterprises Funded by Foreigners	101	2973733	1110266

Main Indicators of All State-owned and Non-state-owned Industrial Enterprises above Designated Size(2006)

(10 000 yuan)

资产合计 Total Assets	流动资产合计 Circulating Funds	流动资产年平均余额 Annual Average Balance of Funds Circulating	固定资产原价 Original Value of Fixed Assets	固定资产净值年平均余额 Annual Average Balance of Net Value of Fixed Assets	流动负债合计 Liquid Liabilities
56059166	**18646662**	**17486939**	**37755598**	**25281466**	**21141213**
5752159	1980019	1977518	4025495	2601453	2797375
8635322	3954489	3824637	3680672	2617309	3973471
47423844	14692173	13662302	34074925	22664157	17167741
10239483	3780807	3218916	6152084	3877918	3013580
25660852	11347432	10753104	13462838	8654134	11893838
20158831	3518423	3514919	18140676	12749413	6233795
17829382	6348389	5897188	12446684	6910874	6868557
21273052	6608537	6194930	13855335	9650853	7940316
16956732	5689736	5394821	11453579	8719738	6332340
48858695	15467644	14424244	34692187	22902886	18403349
6457968	1705958	1771143	5652050	3469312	2248853
1840510	693094	717673	1335354	760553	607366
4617458	1012865	1053470	4316696	2708759	1641488
192058	114641	113527	86998	50253	104146
320905	172553	135924	119887	86043	141958
24219	15678	16334	11226	7724	10183
5278	4277	4232	1005	811	3541
9772	5366	5559	5714	4289	3023
9169	6035	6544	4508	2624	3619
28023813	8047124	7468356	20672618	13660729	10232351
14832958	4363373	3987655	11228826	6797540	5338058
8399344	2743396	2483587	5741706	3742701	3055087
5398978	2650944	2423329	2384968	1867131	2580797
41412	17351	12045	22734	18992	29974
3598592	1669732	1673345	1654728	1357525	1168733
3601878	1509286	1389350	1408683	1021055	1569131

13-6 续表

单位:万元

项 目	Item	长期负债合计 Long-term Liabilities	所有者权益 Creditors Equity	实收资本 Total Capital Hold
总 计	**Total**	**12713448**	**21772573**	**13006711**
在总计中:	Of the Total:			
亏损企业	Enterprises at Lose	1229166	1704307	1589856
按轻重分	**Grouped by Light & Heavy Industry**			
轻工业	Light Industry	681611	3923198	1874847
重工业	Heavy Industry	12031837	17849376	11131865
按行业分	**Grouped by Sector**			
采矿业	Mining	1067716	6049492	2434376
制造业	Manufacturing	2360181	11220151	6852535
电力、燃气及水的生产和供应业	Production & Supply of Electric Power,Gas & Water	9285552	4502930	3719800
按企业规模分	**Grouped by Size of Enterprises**			
大型企业	Large	2300559	8533540	4666457
中型企业	Medium-sized	5716834	7441569	4150398
小型企业	Small	4696055	5797465	4189857
按登记注册类型分组	**Grouped by Registration Status**			
内资企业	Domestic funded Enterprise	11477143	18559198	11124895
国有企业	State-owned Enterprises	2551207	1540372	1085819
中央企业	Central Enterprises	562993	665611	333705
地方企业	Local Enterprises	1988215	874761	752115
集体企业	Collective-owned Enterprises	6967	72923	52065
股份合作企业	Cooperative Enterprises	21990	150716	54485
联营企业	Joint Ownership Enterprises	62	13214	7869
国有联营企业	State joint Ownership Enterprises			
集体联营企业	Collective Joint Ownership Enterprises		1737	256
国有与集体联营企业	Joint State Collective Enterprises		6749	4699
其他联营企业	Other Joint Ownership Enterprises	62	4728	2915
有限责任公司	Limited Liability Corporations	6991304	10644626	6507345
国有独资公司	Exclusive State-funded Limited Liability Corporations	3357671	6056762	3591128
股份有限公司	Share-holding Corporations Ltd.	1432806	3854734	1994748
私营企业	Private Enterprises	472182	2271804	1410312
其他企业	Other Enterprises	627	10810	12252
港澳台商投资企业	Enterprises Funded by Entrepreneurs from Hong Kong, Macao and Taiwan	948085	1479621	1250629
外商投资企业	Enterprises Funded by Foreigners	288220	1733754	631187

continued

(10 000 yuan)

主营业务收入 Revenues of Main Business	主营业务成本 Cost of Main Business	主营业务税金及附加 Sales Tax and Extra Charges	利润总额 Total Profits	本年应交增值税 Value Added Tax Payable
42053348	**33197675**	**565362**	**3486867**	**2159858**
3514017	3232142	24061	-172524	137451
10177485	7960518	211069	598413	279517
31875863	25237157	354293	2888455	1880340
8026875	4765958	193967	1578082	583879
26627610	22329922	317214	1328040	856018
7398863	6101795	54180	580745	719961
14010649	11373270	173070	986990	686553
14190130	10753989	238938	1591745	789841
13852570	11070416	153354	908132	683463
36393668	28715612	529998	3020280	1906188
3945963	3088563	149518	254719	319055
1710111	1329466	129620	93009	95299
2235852	1759097	19898	161710	223756
240193	186477	3716	17545	11204
295545	207972	4747	47178	16242
37469	30841	394	2043	1556
2181	1690	5	30	62
19231	16993	147	1121	976
16058	12159	242	892	517
17244223	13392035	215695	1759567	941902
7819707	6619302	81716	513527	439791
6556757	5229609	65783	469941	334702
8038234	6556507	88619	467824	280551
35285	23608	1527	1463	978
2576851	2249766	13336	148716	135314
3082829	2232297	22028	317871	118355

13-7 国有及国有控股工业企业主要经济指标(2006年)

单位:万元

项 目	Item	企业单位数(个) Number of Enterprises (unit)	工业总产值(现价) Gross Industrial Output Value (at curent prices)
总 计	**Total**	**489**	**18423566**
在总计中:亏损企业	Of the Total: Enterprises at Lose	130	1360887
在总计中:中央企业	Of the Total: Central Enterprises	60	6848232
地方企业	Local Enterprises	429	11575335
在总计中:轻工业	Of the Total:Light Industry	140	2068597
重工业	Heavy Industry	349	16354969
在总计中:	Of the Total:		
采矿业	Mining	65	3317423
制造业	Manufacturing	213	10143433
电力、燃气及水的生产和供应业	Production & Supply of Electric Power,Gas & Water	211	4962710
在总计中:	Of the Total:		
大型企业	Large	34	10953338
中型企业	Medium-sized	118	4455450
小型企业	Small	337	3014779

13-7 续表

单位:万元

行 业	Item	长期负债合计 Long-term Liabilities	所有者权益 Creditors Equity
总 计	**Total**	**10237203**	**13357452**
在总计中:亏损企业	Of the Total:Enterprises at Lose	965442	1140396
在总计中:中央企业	Of the Total:Central Enterprises	3677137	5535266
地方企业	Local Enterprises	6560065	7822186
在总计中:轻工业	Of the Total:Light Industry	195559	1074863
重工业	Heavy Industry	10041644	12282589
在总计中:	Of the Total:		
采矿业	Mining	702071	3915964
制造业	Manufacturing	1036849	5428605
电力、燃气及水的生产和供应业	Production & Supply of Electric Power,Gas & Water	8498283	4012882
在总计中:	Of the Total:		
大型企业	Large	1914270	6904555
中型企业	Medium-sized	4534632	4042516
小型企业	Small	3788301	2410381

Main Indicators on Economic Benefit of State-owned and State Holding Majority Shares Industrial Enterprises(2006)

(10 000 yuan)

工业增加值(现价) Value Added of Industry (at curent prices)	资产合计 Total Assets	流动资产合计 Circulating Funds	流动资产年平均余额 Annual Average Balance of Circulating Funds	固定资产原价 Original Value of Fixed Assets	固定资产净值年平均余额 Annual Average Balance of Net Value of Fixed Assets	流动负债合计 Liquid Liabilities
8406019	**36197199**	**10296213**	**9722407**	**28306340**	**18017275**	**12338559**
584876	3586184	1019085	1065413	2739525	1787689	1473128
3429134	13389493	3539454	3313712	10580422	6970486	4090300
4976885	22807706	6756759	6408695	17725918	11046789	8248259
820876	2330354	982302	986245	1113619	712916	1056352
7585143	33866845	9313911	8736162	27192721	17304359	11282206
2137275	6151969	1890324	1604431	4653318	2784161	1483151
3985515	11974216	5264873	4938919	7312139	3953386	5412513
2283230	18071014	3141016	3179057	16340883	11279728	5442894
4860530	14309194	5070493	4685405	10989187	5801482	5363693
2146168	12979564	3234906	3060411	9988688	6819746	4296037
1399321	8908441	1990814	1976591	7328465	5396047	2678829

continued

(10 000 yuan)

实收资本 Total Capital Hold	主营业务收入 Revenues of Main Business	主营业务成本 Cost of Main Business	主营业务税金及附加 Sales Tax and Extra Charges	利润总额 Total Profits	本年应交增值税 Value Added Tax Payable
8409799	**19655432**	**15897233**	**318164**	**1398651**	**1300201**
990999	1398286	1241765	10942	-93859	81239
2799415	6933521	5012372	202501	859374	445673
5610384	12721911	10884861	115663	539277	854528
505343	1967745	1373535	123247	80191	96738
7904456	17687687	14523698	194917	1318459	1203463
1621142	3522174	2276557	92008	518955	272862
3466430	9749830	8312978	178375	400555	356256
3322227	6383429	5307698	47781	479141	671084
4005654	10706254	8793741	131369	681026	584494
2293856	6455169	4966572	160961	623608	420891
2110290	2494009	2136920	25834	94017	294816

13-8 规模以上集体工业企业主要经济指标(2006年)

单位:万元

项 目	Item	企业单位数(个) Number of Enterprises (unit)	工业总产值(现价) Gross Industrial Output Value (at current prices)
总计	**Total**	**95**	**249085**
在总计中：亏损企业	Of the Total：Enterprises at Lose	12	34028
在总计中：轻工业	Of the Total：Light Industry	14	44880
重工业	Heavy Industry	81	204205
在总计中：	Of the Total：		
采矿业	Mining	34	85402
制造业	Manufacturing	59	160355
电力、燃气及水的生产和供应业	Production & Supply of Electric Power,Gas & Water	2	3328
在总计中：	Of the Total：		
大型企业	Large		
中型企业	Medium-sized	3	19502
小型企业	Small	92	229583

13-8 续表

单位：万元

项 目	Item	长期负债合计 Long-term Liabilities	所有者权益 Creditors Equity
总 计	**Total**	**6967**	**72923**
在总计中：亏损企业	Of the Total：Enterprises at Lose	470	4590
在总计中：轻工业	Of the Total：Light Industry	5241	8924
重工业	Heavy Industry	1726	63999
在总计中：	Of the Total：		
采矿业	Mining	598	29522
制造业	Manufacturing	5859	41260
电力、燃气及水的生产和供应业	Production & Supply of Electric Power,Gas & Water	510	2141
在总计中：	Of the Total：		
大型企业	Large		
中型企业	Medium-sized		13378
小型企业	Small	6967	59545

Main Indicator on Economic Benefit of Collective-owned Enterprises above Designated Size(2006)

(10 000 yuan)

工业增加值 (现价) Value Added of Industry (at current prices)	资产合计 Total Assets	流动资产合计 Circulating Funds	流动资产年平均余额 Annual Average Balance of Circulating Funds	固定资产原价 Original Value of Fixed Assets	固定资产净值年平均余额 Annual Average Balance of Net Value of Fixed Assets	流动负债合计 Liquid Liabilities
108451	**192058**	**114641**	**113527**	**86998**	**50253**	**104146**
13305	21755	13030	13046	13050	6260	16695
16592	23910	13670	13227	13465	9700	9662
91859	168148	100971	100300	73533	40553	94484
46760	60406	37764	32107	24777	15031	28595
60396	127597	75066	79596	59730	32930	75110
1295	4054	1812	1824	2491	2293	442
8431	25327	21105	18861	6913	4255	11950
100021	166730	93536	94666	80085	45998	92196

continued

(10 000 yuan)

实收资本 Total Capital Hold	主营业务收入 Revenue of Main Business	主营业务成本 Cost of Main Business	主营业务税金及附加 Sales Tax and Extra Charges	利润总额 Total Profits	本年应交增值税 Value Added Tax Payable
52065	**240193**	**186477**	**3716**	**17545**	**11204**
5110	33386	30946	704	-1596	1850
22533	42335	33649	389	1979	1527
29531	197858	152828	3327	15566	9677
10171	77993	53750	1464	11713	4622
40301	159050	130338	2221	5529	6460
1593	3150	2389	32	302	123
1039	16175	8000	294	4159	947
51025	224018	178477	3422	13386	10257

13-9 全部国有及规模以上非国有工业企业分行业主要经济指标(2006年)

单位:万元

行业	Item	企业单位数(个) Enterprise (unit)	工业总产值(现价) Gross Industrial Output Value (at current prices)
总计	**Total**	**3075**	**41400506**
采矿业	**Mining**	**574**	**7789455**
煤炭开采和洗选业	Coal Mining & Processing	290	4906724
石油和天然气开采业	Petroleum & Natural Gas Extraction	7	612683
黑色金属矿采选业	Mining & Dressing of Ferrous Metals	127	880662
有色金属矿采选业	Mining & Dressing of Nonferrous Metals	92	1037386
非金属矿采选业	Mining & Dressing of Nonmetal Minerals	57	343519
其他采矿业	Mining of Other Mineral	1	8482
制造业	**Manufacturing**	**2232**	**27559095**
农副食品加工业	Processing of Agricultural Side-Line Food	392	2797918
食品制造业	Food Manufacturing	106	3100895
饮料制造业	Beverage Manufacturing	86	590532
烟草制品业	Tobacco Products	2	236353
纺织业	Textile Industry	156	1880607
纺织服装、鞋、帽制造业	Textile Products, Clothes, Shoes & Hats	31	100612
皮革、毛皮、羽毛（绒）及其制品业	Leather, Furs, Down & Related Products	11	34704
木材加工及木、竹、藤、棕、草制品业	Timber Processing, Bamboo, Cane, Palm Fiber & Straw Products	61	315474
家具制造业	Furniture Manufacturing	12	45080
造纸及纸制品业	Paper-making & Paper Products	36	198186
印刷业和记录媒介的复制	Printing & Record Pressing	22	39098
文教体育用品制造业	Cultural, Educational & Sports Goods		
石油加工、炼焦及核燃料加工业	Petroleum Processing , Coke Products & Processing of Nuclear Fuel	47	1145913
化学原料及化学制品制造业	Raw Chemical Materials & Chemical Products	304	2081326
医药制造业	Medicine Manufacturing	64	581092
化学纤维制造业	Chemical Fiber Manufacturing	2	6093
橡胶制品业	Rubber Products	1	2919
塑料制品业	Plastic Products	31	94109
非金属矿物制品业	Nonmetal Mineral Products	249	1243286
黑色金属冶炼及压延加工业	Smelting & Pressing of Ferrous Metals	243	6800965
有色金属冶炼及压延加工业	Smelting & Pressing of Nonferrous Metals	119	3150172
金属制品业	Metal Products	49	143763
通用设备制造业	Manufacturing of General-Purpose Equipment	76	333335
专用设备制造业	Special Purposes Equipment Manufacturing	38	972888
交通运输设备制造业	Transportation Equipment Manufacturing	27	615315
电气机械及器材制造业	Electric Equipment & Machinery	39	166891
通信	Manufacturing of Telecommunications, Computer & Other Electronic Equipment	18	801983
仪器仪表及文化、办公用机械制造业	Instruments, Meters, Cultural & Office Machinery		
工艺品及其他制造业	Handicrafts & Other Production	9	76490
废弃资源和废旧材料回收加工业	Recovering of Abandoned Resource & Waste Materical	1	3099
电力、燃气及水的生产和供应业	**Production & Supply of Electric Power,Gas & Water**	**269**	**6051956**
电力、热力的生产和供应业	Production & Supply of Electric Power & Heating Power	197	5524319
燃气生产和供应业	Production & Supply of Gas	4	450307
水的生产和供应业	Production & Supply of Water	68	77330

Main Indicators on Economic Benefit of All State-owned & Non-state-owned Industrial Enterprises above Designated Size by Industrial Branch(2006)

(10 000 yuan)

工业增加值(现价) Value Added of Industry (at current prices)	资产合计 Total Assets	流动资产合计 Circulating Funds	流动资产年平均余额 Annual Average Balance of Circulating Funds	固定资产原价 Original Value of Fixed Assets	固定资产净值年平均余额 Annual Average Balance of Net Value of Fixed Assets	流动负债合计 Liquid Liabilities
17765136	**56059166**	**18646662**	**17486939**	**37755598**	**25281466**	**21141213**
4622396	**10239483**	**3780807**	**3218916**	**6152084**	**3877918**	**3013580**
2980465	7384055	2589835	2197152	4351483	2738308	2156102
507420	1019239	338283	238743	951868	514847	100494
440407	695061	329230	322759	303934	241686	350847
534712	800002	407917	349453	320923	224414	300054
156639	340763	115244	110511	223810	158597	105719
2754	364	298	298	66	66	364
10306219	**25660852**	**11347432**	**10753104**	**13462838**	**8654134**	**11893838**
979458	1603304	682293	677425	754851	531118	789367
1042290	1997609	754175	727886	793436	581718	862529
249840	641543	232408	245917	305500	201913	235253
179775	208521	117711	104621	59448	34277	75666
670839	1981560	1171854	1143171	561011	362133	1139650
34420	85112	54422	53061	31041	23266	49894
11628	30894	16316	14053	13671	12249	9698
115136	212294	90031	104776	134131	97783	93724
14221	16914	8329	7591	7906	5780	8450
73460	292616	83322	70889	183179	146920	115176
14124	38066	19237	17829	25109	16425	18118
331484	856070	409311	432996	465536	348335	319309
832376	2291031	802683	794723	1527905	988940	943885
236747	712664	244626	245296	415860	325694	295973
1655	4506	3608	3226	1021	566	3701
1239	961	458	363	705	409	512
39330	79591	41226	39178	29345	19834	26282
534604	1975067	621567	603445	1198676	785817	724528
2776917	6426053	2640124	2343366	4330762	2264756	2803050
1139008	2683203	1109236	990348	1369472	1025137	1490021
52075	147121	72061	69558	67716	48952	87141
142836	271010	175948	169357	131544	67006	176490
333195	1414852	778696	727235	618593	418534	705780
206127	878323	601920	566752	240400	219806	506843
69848	165840	97178	88285	64903	43141	83845
198766	497136	421575	425563	69489	47686	266624
24115	145019	96768	85839	60905	35247	61182
711	3974	352	359	725	694	1147
2836521	**20158831**	**3518423**	**3514919**	**18140676**	**12749413**	**6233795**
2580384	19582762	3360994	3359821	17673489	12397320	6076206
215817	187464	30191	35379	127854	106270	92784
40320	388605	127238	119719	339333	245824	64805

13-9 续表

单位：万元

行 业	Item	长期负债合计 Long-term Liabilities	所有者权益 Creditors Equity	实收资本 Total Capital Hold
总计	**Total**	**12713448**	**21772573**	**13006711**
采矿业	**Mining**	**1067716**	**6049492**	**2434376**
煤炭开采和洗选业	Coal Mining & Processing	958962	4207981	1872195
石油和天然气开采业	Petroleum & Natural Gas Extraction		885908	58005
黑色金属矿采选业	Mining & Dressing of Ferrous Metals	47258	294589	178436
有色金属矿采选业	Mining & Dressing of Nonferrous Metals	22891	472980	225575
非金属矿采选业	Mining & Dressing of Nonmetal Minerals	38605	188035	99665
其他采矿业	Mining of Other Mineral			500
制造业	**Manufacturing**	**2360181**	**11220151**	**6852535**
农副食品加工业	Processing of Agricultural Side-Line Food	93365	690040	397734
食品制造业	Food Manufacturing	95189	1031940	244053
饮料制造业	Beverage Manufacturing	95773	307684	166637
烟草制品业	Tobacco Products	13788	119067	86309
纺织业	Textile Industry	63699	767778	383211
纺织服装、鞋、帽制造业	Textile Products, Clothes, Shoes & Hats	977	33556	22653
皮革、毛皮、羽毛（绒）及其制品业	Leather, Furs, Down & Related Products	6299	14897	7254
木材加工及木、竹、藤、棕、草制品业	Timber Processing, Bamboo, Cane, Palm Fiber & Straw Products	13291	97537	75460
家具制造业	Furniture Manufacturing	121	8218	2877
造纸及纸制品业	Paper-making & Paper Products	21372	155621	94814
印刷业和记录媒介的复制	Printing & Record Pressing	8968	10978	9226
文教体育用品制造业	Cultural, Educational & Sports Goods			
石油加工、炼焦及核燃料加工业	Petroleum Processing , Coke Products & Processing of Nuclear Fuel	116761	385798	348065
化学原料及化学制品制造业	Raw Chemical Materials & Chemical Products	176682	1163501	882678
医药制造业	Medicine Manufacturing	131169	281659	231607
化学纤维制造业	Chemical Fiber Manufacturing		806	1200
橡胶制品业	Rubber Products	350	99	100
塑料制品业	Plastic Products	9387	42946	19393
非金属矿物制品业	Nonmetal Mineral Products	443683	788396	501271
黑色金属冶炼及压延加工业	Smelting & Pressing of Ferrous Metals	603416	3016281	2138641
有色金属冶炼及压延加工业	Smelting & Pressing of Nonferrous Metals	123979	1067639	500971
金属制品业	Metal Products	6664	51171	42885
通用设备制造业	Manufacturing of General-Purpose Equipment	12459	79665	73649
专用设备制造业	Special Purposes Equipment Manufacturing	203861	461288	270176
交通运输设备制造业	Transportation Equipment Manufacturing	79233	286259	202133
电气机械及器材制造业	Electric Equipment & Machinery	6813	73107	47032
通信设备、计算机及其他电子设备制造业	Manufacturing of Telecommunications, Computer & Other Electronic Equipment	4157	226313	82632
仪器仪表及文化、办公用机械制造业	Instruments, Meters, Cultural & Office Machinery			
工艺品及其他制造业	Handicrafts & Other Production	28725	55082	19773
废弃资源和废旧材料回收加工业	Recovering of Abandoned Resource & Waste Materical		2827	100
电力、燃气及水的生产和供应业	**Production & Supply of Electric Power, Gas & Water**	**9285552**	**4502930**	**3719800**
电力、热力的生产和供应业	Production & Supply of Electric Power & Heating Power	9165419	4204612	3550556
燃气生产和供应业	Production & Supply of Gas	16169	78511	71835
水的生产和供应业	Production & Supply of Water	103964	219807	97409

continued

(10 000 yuan)

主营业务收入 Revenues of Main Business	主营业务成本 Cost of Main Business	主营业务税金及附加 Sales Tax & Extra Charges	利润总额 Total Profits	本年应交增值税 Value Added Tax Payable
42053348	**33197675**	**565362**	**3486867**	**2159858**
8026875	**4765958**	**193967**	**1578082**	**583879**
5217946	3178693	142065	940126	385766
582642	236826	8526	140167	58845
854857	629151	14727	64152	43248
1020801	470729	17858	414120	80345
342654	243853	10772	18796	15078
7975	6705	20	720	598
26627610	**22329922**	**317214**	**1328040**	**856018**
2673051	2187425	19969	124474	40051
2962588	2192179	14615	181807	92308
556762	372218	52321	54552	28249
241440	81577	103642	28081	28477
1832953	1541067	12938	93160	36449
97284	83361	256	797	3135
32102	25579	209	1983	823
293682	238716	3617	15437	9559
39334	32279	97	3628	672
198353	163376	2168	17079	9082
39666	33112	153	1040	1055
1138286	1013265	23854	25915	34526
2060934	1711065	10580	78030	77264
534239	411548	1998	35709	19993
5463	5339	5	-124	25
1091	820	12	12	71
91692	75232	566	7064	2730
1211899	969274	11540	69424	58245
6574160	6020707	39109	212491	241960
3020982	2553910	11181	276686	115052
148150	126100	1616	4013	2303
308551	262404	1425	5424	15352
957225	850014	2058	10126	16256
579240	487110	1833	19079	4904
160228	135244	1137	9225	4167
795703	699563	112	49485	11886
69454	54715	186	3204	1334
3101	2724	18	241	92
7398863	**6101795**	**54180**	**580745**	**719961**
6872242	5665691	52393	520772	708528
452329	380053	645	63250	8239
74292	56051	1143	-3277	3194

13-10 国有及国有控股工业企业分行业主要经济指标(2006年)

单位:万元

行 业	Item	企业单位数(个) Number of Enterprise (unit)	工业总产值(现价) Gross Industrial Output Value (at current prices)
总计	**Total**	**489**	**18423566**
采矿业	**Mining**	**65**	**3317423**
煤炭开采和洗选业	Coal Mining & Processing	37	2452141
石油和天然气开采业	Petroleum & Natural Gas Extraction	5	551495
黑色金属矿采选业	Mining & Dressing of Ferrous Metals	4	73415
有色金属矿采选业	Mining & Dressing of Nonferrous Metals	11	62102
非金属矿采选业	Mining & Dressing of Nonmetal Minerals	8	178271
其他采矿业	Mining of Other Mineral		
制造业	**Manufacturing**	**213**	**10143433**
农副食品加工业	Processing of Agricultural Side-Line Food	19	172877
食品制造业	Food Manufacturing	13	1060526
饮料制造业	Beverage Manufacturing	7	109295
烟草制品业	Tobacco Products	2	236353
纺织业	Textile Industry	6	210820
纺织服装、鞋、帽制造业	Textile Products, Clothes, Shoes & Hats	7	21440
皮革、毛皮、羽毛（绒）及其制品业	Leather, Furs, Down & Related Products	1	1497
木材加工及木、竹、藤、棕、草制品业	Timber Processing, Bamboo, Cane, Palm Fiber & Straw Products	3	38787
家具制造业	Furniture Manufacturing	1	
造纸及纸制品业	Paper-making & Paper Products	4	19459
印刷业和记录媒介的复制	Printing & Record Pressing	6	1467
文教体育用品制造业	Cultural, Educational & Sports Goods		
石油加工、炼焦及核燃料加工业	Petroleum Processing , Coke Products & Processing of Nuclear Fuel	5	672772
化学原料及化学制品制造业	Raw Chemical Materials & Chemical Products	17	488515
医药制造业	Medicine Manufacturing	7	112830
化学纤维制造业	Chemical Fiber Manufacturing		
橡胶制品业	Rubber Products		
塑料制品业	Plastic Products	2	5158
非金属矿物制品业	Nonmetal Mineral Products	32	218967
黑色金属冶炼及压延加工业	Smelting & Pressing of Ferrous Metals	11	4180566
有色金属冶炼及压延加工业	Smelting & Pressing of Nonferrous Metals	20	980573
金属制品业	Metal Products	1	6514
通用设备制造业	Manufacturing of General-Purpose Equipment	16	128444
专用设备制造业	Special Purposes Equipment Manufacturing	13	874487
交通运输设备制造业	Transportation Equipment Manufacturing	8	529482
电气机械及器材制造业	Electric Equipment & Machinery	6	16500
通信设备、计算机及其他电子设备制造业	Manufacturing of Telecommunications, Computer & Other Electronic Equipment	4	10120
仪器仪表及文化、办公用机械制造业	Instruments, Meters, Cultural & Office Machinery		
工艺品及其他制造业	Handicrafts & Other Production	2	45986
废弃资源和废旧材料回收加工业	Recovering of Abandoned Resource & Waste Materical		
电力、燃气及水的生产和供应业	**Production & Supply of Electric Power,Gas & Water**	**211**	**4962710**
电力、热力的生产和供应业	Production & Supply of Electric Power & Heating Power	147	4856724
燃气生产和供应业	Production & Supply of Gas	1	36905
水的生产和供应业	Production & Supply of Water	63	69081

Main Indicators on Economic Benefit of State-owned and State Holding Majority Shares Industrial Enterprises by Industrial Branch(2006)

(10 000 yuan)

工业增加值(现价) Value Added of Industry (at current prices)	资产合计 Total Assets	流动资产合计 Circulating Funds	流动资产年平均余额 Annual Average Balance of Circulating Funds	固定资产原价 Original Value of Fixed Assets	固定资产净值年平均余额 Annual Average Balance of Net Value of Fixed Assets	流动负债合计 Liquid Liabilities
8406019	**36197199**	**10296213**	**9722407**	**28306340**	**18017275**	**12338559**
2137275	**6151969**	**1890324**	**1604431**	**4653318**	**2784161**	**1483151**
1510466	4837787	1431092	1239210	3514516	2134852	1287163
456857	978330	316977	229318	929428	504152	78117
44902	72926	42398	41915	24761	20044	21564
34506	58651	26069	22732	39030	23362	25519
90544	204276	73788	71256	145582	101751	70788
3985515	**11974216**	**5264873**	**4938919**	**7312139**	**3953386**	**5412513**
64337	274490	85645	86226	100770	58680	87025
344427	712961	244888	273615	260710	164140	374412
42643	78196	29965	30194	53537	27713	25454
179775	208521	117711	104621	59448	34277	75666
74206	283930	201836	213951	126795	74065	215263
6384	36214	22627	23508	14676	7926	15685
464	876	434	434	497	442	755
21129	54683	25783	24678	41514	27206	24238
	1189	336	341	855	746	268
6671	37357	12919	10377	25465	22090	19495
525	3326	1370	1305	2588	1647	2732
118427	402838	166979	175057	251735	157875	120604
236333	1150734	306861	317980	907906	534436	391730
50581	239040	76173	70998	124202	83056	122033
2047	4189	2674	2848	1686	939	1763
103582	455052	147419	154643	319374	217844	146070
1775515	4521353	1882262	1666289	3479218	1422007	1907943
394554	1069558	447755	396409	598257	460306	536279
2272	43329	18517	20303	16619	11795	24817
61753	147970	94932	92997	88938	39277	110603
299301	1347041	736745	685494	590865	399494	670165
175618	741922	533600	493047	174580	170577	463801
10922	22542	17413	14679	8512	3152	11247
2552	14043	8935	8667	9204	3478	9439
11498	122863	81095	70259	54190	30220	55027
2283230	**18071014**	**3141016**	**3179057**	**16340883**	**11279728**	**5442894**
2237790	17648263	3021760	3060618	15977518	11036151	5342123
8471	95965	15430	21415	74829	36543	40083
36969	326786	103826	97024	288536	207034	60689

13-10 续表

单位:万元

行业	Item	长期负债合计 Long-term Liabilities	所有者权益 Creditors Equity
总计	**Total**	**10237203**	**13357452**
采矿业	**Mining**	**702071**	**3915964**
煤炭开采和洗选业	Coal Mining & Processing	653592	2881158
石油和天然气开采业	Petroleum & Natural Gas Extraction		867376
黑色金属矿采选业	Mining & Dressing of Ferrous Metals	13171	38191
有色金属矿采选业	Mining & Dressing of Nonferrous Metals	5790	26618
非金属矿采选业	Mining & Dressing of Nonmetal Minerals	29519	102621
其他采矿业	Mining of Other Mineral		
制造业	**Manufacturing**	**1036849**	**5428605**
农副食品加工业	Processing of Agricultural Side-Line Food	8152	177639
食品制造业	Food Manufacturing	2875	334129
饮料制造业	Beverage Manufacturing	9440	43302
烟草制品业	Tobacco Products	13788	119067
纺织业	Textile Industry	14249	54418
纺织服装、鞋、帽制造业	Textile Products, Clothes, Shoes & Hats	698	19831
皮革、毛皮、羽毛（绒）及其制品业	Leather, Furs, Down & Related Products		121
木材加工及木、竹、藤、棕、草制品业	Timber Processing, Bamboo, Cane, Palm Fiber & Straw Products	6305	24140
家具制造业	Furniture Manufacturing		921
造纸及纸制品业	Paper-making & Paper Products	2200	15334
印刷业和记录媒介的复制	Printing & Record Pressing	72	519
文教体育用品制造业	Cultural, Educational & Sports Goods		
石油加工、炼焦及核燃料加工业	Petroleum Processing , Coke Products & Processing of Nuclear Fuel	25346	222686
化学原料及化学制品制造业	Raw Chemical Materials & Chemical Products	74486	684518
医药制造业	Medicine Manufacturing	20815	96192
化学纤维制造业	Chemical Fiber Manufacturing		
橡胶制品业	Rubber Products		
塑料制品业	Plastic Products	319	2107
非金属矿物制品业	Nonmetal Mineral Products	107567	191871
黑色金属冶炼及压延加工业	Smelting & Pressing of Ferrous Metals	389258	2224152
有色金属冶炼及压延加工业	Smelting & Pressing of Nonferrous Metals	58254	474925
金属制品业	Metal Products	5720	12792
通用设备制造业	Manufacturing of General-Purpose Equipment	9376	26487
专用设备制造业	Special Purposes Equipment Manufacturing	201235	431719
交通运输设备制造业	Transportation Equipment Manufacturing	55983	218755
电气机械及器材制造业	Electric Equipment & Machinery	2876	8418
通信设备、计算机及其他电子设备制造业	Manufacturing of Telecommunications, Computer & Other Electronic Equipment	422	4141
仪器仪表及文化、办公用机械制造业	Instruments, Meters, Cultural & Office Machinery		
工艺品及其他制造业	Handicrafts & Other Production	27415	40422
废弃资源和废旧材料回收加工业	Recovering of Abandoned Resource & Waste Materical		
电力、燃气及水的生产和供应业	**Production & Supply of Electric Power, Gas & Water**	**8498283**	**4012882**
电力、热力的生产和供应业	Production & Supply of Electric Power & Heating Power	8387223	3801991
燃气生产和供应业	Production & Supply of Gas	16169	39713
水的生产和供应业	Production & Supply of Water	94890	171178

continued

(10 000 yuan)

实收资本 Total Capital Hold	主营业务收入 Revenues of Main Business	主营业务成本 Cost of Main Business	主营业务税金及附加 Sales Tax and Extra Charges	利润总额 Total Profits	本年应交增值税 Value Added Tax Payable
8409799	**19655432**	**15897233**	**318164**	**1398651**	**1300201**
1621142	**3522174**	**2276557**	**92008**	**518955**	**272862**
1496804	2676846	1884607	71294	338411	197494
52807	521454	217133	8468	135328	58024
13017	73373	17459	3215	11305	4890
15050	64570	26301	504	24400	4158
43464	185930	131057	8528	9511	8296
3466430	**9749830**	**8312978**	**178375**	**400555**	**356256**
71158	155530	123596	710	3812	4901
91164	1035210	739272	4315	43578	44121
31428	103001	73927	12765	5305	5279
86309	241440	81577	103642	28081	28477
59789	158175	134481	473	-5061	3852
9616	23614	20419	10	294	91
200	1380	1081	14	174	
17398	36565	30395	188	550	2578
373	6	7		-42	
9810	18444	15050	98	1857	991
558	1667	1302	16	5	147
181058	691800	632137	20935	9110	11624
551853	484336	396473	3176	28482	24688
79619	115957	94319	263	4636	5626
1700	5131	4068	61	553	202
100313	204890	156440	1381	17677	11704
1499627	3991873	3694064	22935	160928	157647
210762	906727	740975	3906	74548	26259
9920	16173	12027	107	460	153
38653	119982	103580	580	-1789	8379
253781	864677	775979	1777	7173	15026
137836	500822	422489	715	17758	3103
6416	16472	13973	278	1135	840
5363	14384	12418	20	29	492
11727	41577	32930	7	1302	77
3322227	**6383429**	**5307698**	**47781**	**479141**	**671084**
3244621	6277790	5223055	46587	483091	667157
26683	40005	34121	325	303	903
50923	65634	50522	869	-4253	3024

13-11 规模以上集体工业企业分行业主要经济指标(2006年)

单位:万元

行 业	Item	企业单位数(个) Number of Enterprise (unit)	工业总产值(现价) Gross Industrial Output Value (at current prices)
总计	**Total**	**95**	**249085**
采矿业	**Mining**	**34**	**85402**
煤炭开采和洗选业	Coal Mining & Processing	28	52451
石油和天然气开采业	Petroleum & Natural Gas Extraction		
黑色金属矿采选业	Mining & Dressing of Ferrous Metals	2	5992
有色金属矿采选业	Mining & Dressing of Nonferrous Metals	4	26959
非金属矿采选业	Mining & Dressing of Nonmetal Minerals		
其他采矿业	Mining of Other Mineral		
制造业	**Manufacturing**	**59**	**160355**
农副食品加工业	Processing of Agricultural Side-Line Food	5	9981
食品制造业	Food Manufacturing		
饮料制造业	Beverage Manufacturing		
烟草制品业	Tobacco Products		
纺织业	Textile Industry		
纺织服装、鞋、帽制造业	Textile Products, Clothes, Shoes & Hats	3	8703
皮革、毛皮、羽毛(绒)及其制品业	Leather, Furs, Down & Related Products		
木材加工及木、竹、藤、棕、草制品业	Timber Processing, Bamboo, Cane, Palm Fiber & Straw Products		
家具制造业	Furniture Manufacturing		
造纸及纸制品业	Paper-making & Paper Products	2	1195
印刷业和记录媒介的复制	Printing & Record Pressing	1	913
文教体育用品制造业	Cultural, Educational & Sports Goods		
石油加工、炼焦及核燃料加工业	Petroleum Processing , Coke Products & Processing of Nuclear Fuel		
化学原料及化学制品制造业	Raw Chemical Materials & Chemical Products	6	17062
医药制造业	Medicine Manufacturing	2	22385
化学纤维制造业	Chemical Fiber Manufacturing		
橡胶制品业	Rubber Products		
塑料制品业	Plastic Products	1	543
非金属矿物制品业	Nonmetal Mineral Products	12	29150
黑色金属冶炼及压延加工业	Smelting & Pressing of Ferrous Metals	5	18175
有色金属冶炼及压延加工业	Smelting & Pressing of Nonferrous Metals	3	4242
金属制品业	Metal Products	5	12735
通用设备制造业	Manufacturing of General-Purpose Equipment	5	15623
专用设备制造业	Special Purposes Equipment Manufacturing	2	2985
交通运输设备制造业	Transportation Equipment Manufacturing	1	503
电气机械及器材制造业	Electric Equipment & Machinery	6	16160
通信	Manufacturing of Telecommunications, Computer & Other Electronic Equipment		
仪器仪表及文化、办公用机械制造业	Instruments, Meters, Cultural & Office Machinery		
工艺品及其他制造业	Handicrafts & Other Production		
废弃资源和废旧材料回收加工业	Recovering of Abandoned Resource & Waste Materical		
电力、燃气及水的生产和供应业	**Production & Supply of Electric Power,Gas & Water**	**2**	**3328**
电力、热力的 生产和供应业	Production & Supply of Electric Power & Heating Power	1	1625
燃气生产和供应业	Production & Supply of Gas		
水的生产和供应业	Production & Supply of Water	1	1703

Main Indicators on Economic Benefit of Collective-owned Enterprises above Designated Size by Industrial Branch(2006)

(10 000 yuan)

工业增加值(现价) Value Added of Industry (at current prices)	资产合计 Total Assets	流动资产合计 Circulating Funds	流动资产年平均余额 Annual Average Balance of Circulating Funds	固定资产原价 Original Value of Fixed Assets	固定资产净值年平均余额 Annual Average Balance of Net Value of Fixed Assets	流动负债合计 Liquid Liabilities
108451	**192058**	**114641**	**113527**	**86998**	**50253**	**104146**
46760	**60406**	**37764**	**32107**	**24777**	**15031**	**28595**
33603	36199	17739	14812	17935	10865	17417
1671	8714	6285	5769	3675	2372	8526
11486	15493	13739	11526	3167	1794	2652
60396	**127597**	**75066**	**79596**	**59730**	**32930**	**75110**
3228	8225	2552	2478	5877	5232	2672
3313	3474	2528	2505	1322	817	2029
380	625	360	334	490	282	563
186	1636	741	623	1747	837	1213
5817	25484	10647	17437	8262	4422	15073
8805	9036	7309	7095	3049	1750	3032
237	349	226	274	129	75	146
11828	22466	12648	13396	12586	5715	14995
7199	16422	8160	7012	11351	5353	9860
1371	1871	1295	1162	881	576	1411
4134	8020	6385	5663	3246	1085	5376
6204	11249	8087	8197	3761	2127	6807
1124	1553	1052	1108	666	462	610
161	483	284	298	418	208	295
6410	16706	12792	12016	5947	3992	11028
1295	**4054**	**1812**	**1824**	**2491**	**2293**	**442**
615	3140	1631	1631	1510	1510	289
680	914	181	193	981	783	153

13-11 续表

单位：万元

行业	Item	长期负债合计 Long-term Liabilities	所有者权益 Creditors Equity
总计	**Total**	**6967**	**72923**
采矿业	**Mining**	**598**	**29522**
煤炭开采和洗选业	Coal Mining & Processing	598	16493
石油和天然气开采业	Petroleum & Natural Gas Extraction		
黑色金属矿采选业	Mining & Dressing of Ferrous Metals		188
有色金属矿采选业	Mining & Dressing of Nonferrous Metals		12841
非金属矿采选业	Mining & Dressing of Nonmetal Minerals		
其他采矿业	Mining of Other Mineral		
制造业	**Manufacturing**	**5859**	**41260**
农副食品加工业	Processing of Agricultural Side-Line Food	2341	3212
食品制造业	Food Manufacturing		
饮料制造业	Beverage Manufacturing		
烟草制品业	Tobacco Products		
纺织业	Textile Industry		
纺织服装、鞋、帽制造业	Textile Products, Clothes, Shoes & Hats		1444
皮革、毛皮、羽毛（绒）及其制品业	Leather, Furs, Down & Related Products		
木材加工及木、竹、藤、棕、草制品业	Timber Processing, Bamboo, Cane, Palm Fiber & Straw Products		
家具制造业	Furniture Manufacturing		
造纸及纸制品业	Paper-making & Paper Products		62
印刷业和记录媒介的复制	Printing & Record Pressing	470	-48
文教体育用品制造业	Cultural, Educational & Sports Goods		
石油加工、炼焦及核燃料加工业	Petroleum Processing , Coke Products & Processing of Nuclear Fuel		
化学原料及化学制品制造业	Raw Chemical Materials & Chemical Products	40	7327
医药制造业	Medicine Manufacturing	2430	3491
化学纤维制造业	Chemical Fiber Manufacturing		
橡胶制品业	Rubber Products		
塑料制品业	Plastic Products		203
非金属矿物制品业	Nonmetal Mineral Products		7254
黑色金属冶炼及压延加工业	Smelting & Pressing of Ferrous Metals		6562
有色金属冶炼及压延加工业	Smelting & Pressing of Nonferrous Metals		460
金属制品业	Metal Products	56	2588
通用设备制造业	Manufacturing of General-Purpose Equipment	114	4328
专用设备制造业	Special Purposes Equipment Manufacturing	91	853
交通运输设备制造业	Transportation Equipment Manufacturing		187
电气机械及器材制造业	Electric Equipment & Machinery	317	3336
通信设备、计算机及其他电子设备制造业	Manufacturing of Telecommunications, Computer & Other Electronic Equipment		
仪器仪表及文化、办公用机械制造业	Instruments, Meters, Cultural & Office Machinery		
工艺品及其他制造业	Handicrafts & Other Production		
废弃资源和废旧材料回收加工业	Recovering of Abandoned Resource & Waste Materical		
电力、燃气及水的生产和供应业	**Production & Supply of Electric Power,Gas & Water**	**510**	**2141**
电力、热力的生产和供应业	Production & Supply of Electric Power & Heating Power	510	1380
燃气生产和供应业	Production & Supply of Gas		
水的生产和供应业	Production & Supply of Water		761

continued

(10 000 yuan)

实收资本 Total Capital Hold	主营业务收入 Revenues of Main Business	主营业务成本 Cost of Main Business	主营业务税金及附加 Sales Tax and Extra Charges	利润总额 Total Profits	本年应交增值税 Value Added Tax Payable
52065	**240193**	**186477**	**3716**	**17545**	**11204**
10171	**77993**	**53750**	**1464**	**11713**	**4622**
8120	48380	32606	1069	7556	3187
382	6552	5611	177	29	154
1670	23061	15534	218	4128	1280
40301	**159050**	**130338**	**2221**	**5529**	**6460**
1139	9868	8434	25	277	62
720	8240	7893	16	74	101
38	1303	1099	6	5	51
300	914	866	3	-121	25
3420	15983	12721	200	982	725
20124	20308	13884	337	1632	1268
89	593	581	1	6	31
4232	30472	26535	495	1433	1717
3557	18638	14330	187	44	556
466	4804	4154	49	446	87
1414	12401	11115	567	30	150
2469	16022	13340	79	234	728
277	2828	2290	8	138	76
269	504	358	3	-69	29
1788	16174	12739	245	419	854
1593	**3150**	**2389**	**32**	**302**	**123**
1380	1447	916	28	191	103
213	1703	1473	4	111	20

13-12 主要工业产品产量

年份 Year	原煤 (万吨) Coal (10000 tons)	原盐 (万吨) Salt (10000 tons)	发电量 (亿千瓦小时) Electricity (100 million kwh)	钢 (万吨) Steel (10000 tons)	成品钢材 (万吨) Steel Products (10000 tons)	生铁 (万吨) Pig Iron (10000 tons)	水泥 (万吨) Cement (10000 tons)	木材 (万立方米) Timber (10000 cu·m)	平板玻璃 (万重量箱) Plate Glass (10000 Weight cases)	小型拖拉机 (台) Small Tractors (unit)
1947	35	6.84	0.13					6.47		
1949	46	6.51	0.12					17.47		
1952	75	11.91	0.15					42.71		
1957	217	43.89	0.92			0.02		186.67		
1965	806	8.16	12.55	34	1.76	51.00	3.06	391.36		
1970	1215	63.58	22.01	81	16.02	66.00	11.14	244.43		
1975	1699	38.03	28.26	49	27.44	50.00	57.64	378.65	6.74	361
1978	2194	65.18	37.78	99	36.23	107.00	91.91	378.17	11.83	193
1980	2211	43.00	49.05	133	41.32	138.00	109.85	414.55	23.66	537
1981	2180	45.53	54.50	132	37.71	137.00	104.40	427.15	23.99	370
1982	2382	48.79	58.40	129	54.94	137.00	124.43	448.71	40.75	1365
1983	2487	61.61	60.82	134	60.47	151.00	145.88	480.48	121.60	6196
1984	2740	62.74	69.55	149	74.80	160.00	151.40	478.47	175.53	12118
1985	3204	66.34	80.46	170	100.14	182.00	185.11	502.07	112.84	16025
1986	3292	99.13	111.24	186	106.85	214.00	207.97	626.99	154.54	12045
1987	3410	97.29	126.54	216	130.53	257.00	218.84	596.00	157.41	17073
1988	3734	86.88	138.47	221	137.70	227.00	239.62	594.74	118.82	23780
1989	4382	109.97	153.72	242	157.27	255.00	250.55	527.89	235.32	12488
1990	4762	93.28	169.54	273	175.47	281.00	227.97	525.96	250.20	12464
1991	4923	100.66	189.04	269	179.69	271.00	270.60	483.87	254.92	14520
1992	5039	116.05	222.29	309	210.97	302.00	319.61	494.19	163.64	12852
1993	5514	111.93	235.23	346.11	244.58	329.95	371.50	500.02	341.07	3700
1994	6052	107.09	261.27	335.75	267.11	328.88	312.00	500.00	393.55	4522
1995	7055	76.13	278.54	355.36	257.77	345.78	349.27	504.35	445.42	7903
1996	7317	83.22	324.01	431.95	291.44	428.12	399.84	540.73	388.14	3948
1997	8303	100.00	342.23	453.32	339.94	450.84	465.76	524.15	399.77	5070
1998	7769	148.28	350.41	404.36	342.10	408.74	486.82	486.86	339.49	2881
1999	7071	132.07	380.61	416.30	365.80	424.86	549.70	379.23	390.93	5809
2000	7247	126.68	439.22	423.60	378.91	440.84	630.00	321.65	371.58	8419
2001	8163	136.75	465.50	453.75	388.39	476.06	698.00	280.72	464.33	5266
2002	11471	149.18	517.98	515.58	484.71	556.12	787.22	274.61	752.61	4175
2003	14707	148.72	647.73	576.83	560.36	606.90	947.86	255.35	852.49	1335
2004	21235	161.82	816.75	626.54	604.62	678.46	1282.83	377.75	1074.45	572
2005	25608	215.84	1056.59	805.49	747.77	922.69	1632.25	340.96	1144.59	
2006	29760	206.45	1416.00	861.86	823.97	1108.33	2215.59	350.52	999.52	

注:1979年以后化肥产量按折合100%计算。

Output of Major Industrial Products

化肥 (万吨) Chemical Fertilizer (10000 tons)	机制纸及纸板 (万吨) Machine-made Paper and Paperboards (10000 tons)	合成洗涤剂 (吨) Synthetic Detergents (ton)	糖 (万吨) Sugar (10000 tons)	电视机 (台) Television Sets (unit)	彩色电视机 (台) Color Television Sets (unit)	自行车 (辆) Bicycle (unit)	纱 (吨) Yarn (ton)	布 (万米) Cloth (10000 m)
	0.37		1.83					
0.49	0.69		0.16				104	37
0.88	1.83		4.17				706	238
2.91	1.88		5.80				10267	5562
8.19	3.08	1352	3.28	150			8559	4741
16.65	4.25	2042	4.23	1020			14278	7604
4.00	4.24	2646	6.92	13803		1121	14814	7950
6.22	4.02	2641	10.93	26736		18189	15328	8270
9.54	4.67	3322	9.58	41360		13559	14884	8448
10.16	2.50	4851	12.87	52992	3000	6206	13475	8202
10.81	7.16	6417	17.28	100111	8676	15317	12851	7168
9.81	9.53	7898	17.88	175087	66889	25074	14951	7104
10.16	10.70	8261	20.60	155047	84448	62038	16860	8109
12.13	10.92	11919	17.15	220168	108858	61500	19334	8814
12.84	11.73	19354	15.22	276936	135286	51276	21612	10313
12.18	13.02	16353	19.76	342102	134548	44004	22581	10548
13.48	13.59	11936	16.37	384451	157331	19110	23950	10785
12.50	15.05	9530	23.54	286128	170647	7732	24090	10826
13.44	15.64	10454	29.23	293761	213085	10552	20912	9537
13.03	14.45	11686	26.43	333600	229200	5000	17742	8782
17.92	14.90	13130	18.34	410000	305285	10000	19343	9232
17.35	19.15	17326	17.07	326833	270907	600	19105	8548
20.95	20.14	10588	27.21	228718	170210	2524	18921	8728
16.87	16.03	7730	26.70	156560	115779	1955	19782	8271
21.12	13.76	4240	20.12	34307	34307	1548	18241	7197
43.72	14.27	2252	11.95	127796	125396	1627	18312	6191
35.54	12.19	1929	12.04	518000	518000	504	15718	3287
39.58	14.33	1064	19.67	961388	961388		20523	4078
48.70	18.59	127	18.77	1267016	1267016		23814	5275
50.93	18.92	329	14.74	1342993	1342993		22560	4685
57.87	25.17		10.67	2374871	2374871		22171	4203
65.58	25.74		14.75	2390900	2390900		32194	8337
68.95	19.73	1994	25.88	3337425	3337425		14512	13576

a)The output of chemical fertilizer is calculated on the basis of 100% effective content since 1979.

13-13 主要工业产品产量

Output of Major Industrial Products

项　目	Item	2005	2006
原 煤(万吨)	Coal(10 000 tons)	25607.69	29759.63
汽 油(万吨)	Gasoline(10 000 tons)	44.99	60.57
柴 油(万吨)	Diesel Oil(10 000 tons)	41.01	53.93
天然气(亿立方米)	Natural Gas(100 million cu.m)	38.57	53.07
原 油(万吨)	Crude Oil(10 000 tons)	146.92	171.88
发电量(亿千瓦小时)	Electricity(100 million kwh)	1056.59	1416.00
食用植物油(万吨)	Edible Vegetable Oil(10 000 tons)	26.17	32.31
罐 头(万吨)	Canned Food(10 000 tons)	0.18	0.07
乳 制 品(万吨)	Dairy Products(10000 tons)	307.53	345.76
液体乳（万吨）	Liquid Dairy(10 000 tons)	293.50	310.11
啤 酒(千升)	Beer(1000 litres)	645536.75	756904.00
白 酒(千升)	Liquor(1000 litres)	208376.74	236583.00
卷 烟(万支)	Cigarettes(10000 pcs)	1724999.00	1850000.00
呢 绒(万米)	Woolen Piece Goods(10 000 m)	611.76	722.78
服 装(万件)	Garments(10 000 pcs)	1980.72	2104.57
中成药(万吨)	Traditional Chinese Medicine(10 000 tons)	0.50	0.59
化学原料药(万吨)	Chemical Medicine(10 000 tons)	11.09	21.44
胶合板(万立方米)	Plywood(10 000cu·m)	10.18	11.78
纤 维 板(万立方米)	Fiberboard(10 000cu·m)	33.48	39.04
印 染 布(万米)	Printed and Dyed Cloth(10 000 m)	313.72	239.68
焦 炭(万吨)	Coke(10 000 tons)	1034.19	1060.15
硫 酸(万吨)	Sulfuric Acid(10 000 tons)	48.92	96.68
烧碱(氢氧化钠)(万吨)	Caustic Soda(10 000 tons)	30.93	41.41
纯碱(无水碳酸钠)(万吨)	Soda Ash(10 000 tons)	75.97	78.88
农用化学肥料(万吨)	Chemical Fertilizer(10 000 tons)	65.58	68.95
氮 肥(万吨)	Nitrogen Fertilizers(10 000 tons)	55.39	67.47
磷 肥(万吨)	Phosphate Fertlizers(10 000 tons)	5.50	1.34

注：生产量包括规模以下非国有工业企业工业产品产量。

a)The output of products includes the products of non-state-owned industrial enterprises below designated size.

13-13 续表 continued

项目	Item	2005	2006
合成氨(万吨)	Synthetic Ammonia(10 000 tons)	63.72	71.80
水泥(万吨)	Cement(10 000 tons)	1632.25	2215.59
平板玻璃(万重量箱)	Plate Glass(10 000 weight cases)	1144.60	999.52
铝(万吨)	Aluminum(10 000 tons)	51.38	66.94
生铁(万吨)	Pig Iron(10 000 tons)	922.69	1108.33
钢(万吨)	Steel(10 000 tons)	805.49	861.86
成品钢材(万吨)	Steel Products(10 000 tons)	747.77	823.97
载货汽车(辆)	Trucks(unit)	6910	8907
铁路货车(万辆)	Railway Freight Coaches(10 000 units)	0.26	0.21
彩色电视机(万部)	Color Television Sets(10 000 sets)	239.09	333.74
激光视盘机(万台)	Laser Video Disc Player(10 000 sets)	347.70	812.97
显示器(万台)	Monitor(10 000 sets)	40.87	0.11
铁合金(万吨)	Ferroalloy(10 000 tons)	158.98	245.77
精甲醇(万吨)	Purified Carbinol(10 000 tons)	18.70	27.20
化学农药原药(万吨)	Original Chemical Peoticide(10 000 tons)	1.06	1.37
碳化钙(电石)(万吨)	Calcium Carbide(10 000 tons)	299.34	418.78
铁矿石原矿量(万吨)	Crudeiron Ore(10 000 tons)	2998.37	4026.48
洗煤(万吨)	Washed Coal(10 000 tons)	1764.64	1865.47
硫铁矿石(万吨)	Pyritel Ore(10 000 tons)	30.60	46.10
配混合饲料(万吨)	Forage(10 000 tons)	149.71	202.94
精炼铜(万吨)	Refined Copper(10 000 tons)	5.76	6.34

13-14 主要工业产品生产能力(2006年)
Production Capacity of Major Industrial Products(2006)

产品名称	Item	2006
原煤(万吨)	Coal(10 000tons)	33093.54
焦炭(万吨)	Coke(10 000tons)	1558.23
天然原油(万吨)	Crude Oil(10 000tons)	178.12
成品糖(日处理糖料量)(万吨)	Sugar Products Refined (Sugar Materials Processing Perday)(10 000tons)	1.48
发电设备容量总计(万千瓦)	Capacity Of Generator (10 000kw)	2828
卷烟(万支)	Cigarettes(10 000pieces)	2931280
农用氮磷钾化学肥料(万吨)	Chemical Fertilizer(10 000tons)	123.5
化学纤维(吨)	Chemical Fiber(10 000tons)	8620
棉布织机(万台)	Looms(10 000sets)	0.17
原铝(万吨)	Aluminum(10 000 tons)	99.5
水泥(万吨)	Cement(10 000tons)	3451.43
平板玻璃(万重量箱)	Plate Glass(10 000weight cases)	1507.35
生铁(万吨)	Pig Iron(10 000tons)	1414.4
钢(万吨)	Steel(10 000tons)	1257.82
钢材(万吨)	Rolled Steel(10 000tons)	1169.93
铁合金(万吨)	Ferroalloy(10 000tons)	330.04
载货汽车(辆)	Truck(unit)	15701
移动通信手持机（手机）(万部)	Mobile-phone(10 000units)	500
电视机(万台)	Television Sets(10 000sets)	280
#彩色电视机(万台)	Color TV Sets(10 000sets)	280

主要统计指标解释

工业 指从事自然资源的开采，对采掘品和农产品进行加工和再加工的物质生产部门。具体包括：(1)对自然资源的开采，如采矿、晒盐、森林采伐等(但不包括禽兽捕猎和水产捕捞)(2)对农副产品的加工、再加工，如粮油加工；食品加工、轧花、缫丝、纺织、制革等；(3)对采掘品的加工、再加工，如炼铁、炼钢、化工生产、石油加工、机器制造、木材加工等，以及电力、自来水、煤气的生产和供应等；(4)对工业品的修理、翻新，如机器设备的修理，交通运输工具(包括小卧车)的修理等。

工业统计调查单位 工业统计调查单位分为两类：独立核算法人工业企业和工业活动单位。

(1)独立核算法人工业企业 是指从事工业生产经营活动的单位。独立核算法人工业企业应同时具备以下条件：①依法成立，有自己的名称、组织机构和场所，能够承担民事责任；②独立拥有和使用资产，承担负债，有权与其他单位签订合同；③独立核算盈亏，并能够编制资产负债表。

(2)工业活动单位 是指在一个场所从事一种或主要从事一种工业生产活动的经济单位。它包括独立核算工业企业按主营业务活动(即工业生产活动)划分的主营业务活动单位和非工业企业所属的工业生产活动单位(即原非独立核算工业生产单位)。工业活动单位，一般应同时具备以下三个条件：①具有一个场所，从事一种或主要从事一种工业活动；②单独组织工业生产、经营或业务活动；③单独核算收入和支出。

轻工业 指主要提供生活消费品和制作手工工具的工业。按其所使用的原料不同，可分为两大类：(1)以农产品为原料的轻工业，是指直接或间接以农产品为基本原料的轻工业。主要包括食品制造、饮料制造、烟草加工、纺织、缝纫、皮革和毛皮制作、造纸以及印刷等工业；(2)以非农产品为原料的轻工业，是指以工业品为原料的轻工业。主要包括文教体育用品、化学药品制造、合成纤维制造、日用化学制品、日用玻璃制品、日用金属制品、手工工具制造、医疗器械制造、文化和办公用机械制造等工业。

重工业 是指为国民经济各部门提供物质技术基础的主要生产资料的工业。按其生产性质和产品用途，可以分为下列三类：(1)采掘(伐)工业，是指对自然资源的开采，包括石油开采、煤炭开采、金属矿开采、非金属矿开采和木材采伐等工业；(2)原材料工业，指向国民经济各部门提供基本材料、动力和燃料的工业。包括金属冶炼及加工、炼焦及焦炭、化学、化工原料、水泥、人造板以及电力、石油和煤炭加工等工业；(3)加工工业，是指对工业原材料进行再加工制造的工业。包括装备国民经济各部门的机械设备制造工业、金属结构、水泥制品等工业，以及为农业提供的生产资料如化肥、农药等工业。

根据上述划分原则，修理业中以重工业产品为修理作业对象的划为重工业，反之划为轻工业。

工业总产值 是以货币表现的工业企业在一定时期内生产的已出售或可供出售工业产品总量，它反映一定时间内工业生产的总规模和总水平。它包括：在本企业内不再进行加工，经检验、包装入库(规定不需包装的产品除外)的成品价值，对外加工费收入，自制半成品、在产品期末期初差额价值。工业总产值采用“工厂法”计算，即以工业企业作为一个整体，按企业工业生产活动的最终成果来计算，企业内部不允许重复计算，不能把企业内部各个车间(分厂)生产的成果相加。但在企业之间、行业之间、地区之间存在着重复计算。

工业增加值 是指工业行业在报告期内以货币表现的工业生产活动的最终成果。

实收资本 指企业实际收到的投资人投入的资本。按投资主体可分为国家资本、集体资本、法人资本、个人资本、港澳台资本和外商资本等。

资产合计 指企业拥有或控制的能以货币计量的经济资源。包括各种财产、债权和其他权利。资产按其流动性划分为流动资产、长期投资、固定资产、无形及递延资产和其他资产。

(1)流动资产 指企业可以在一年内或者超过一年的一个生产周期内变现或耗用的资产合计。包括现金及各种存款、短期投资、应收及预付款项、存货等。

(2)固定资产 指企业固定资产净值、固定资产清理、在建工程、待处理固定资产损失所占用的资金合计。

(3)无形资产 指企业长期使用而没有实物形态的资产。包括专利权、非专利技术、商标权、著作权、土地使用权、商誉等。

负债合计 指企业承担的能以货币计量，将以资产或劳务偿付的债务。负债一般按偿还期长短分为流动负债和长期负债、递延税项等。

(1)流动负债 指企业在一年内或者超过一年的一个营业周期内需要偿还的债务合计，其中包括短期借款、应付及预收款项、应付工资、应交税金和应交利润等。

(2)长期负债 指企业在一年以上或者超过一年的一个营业周期以上需要偿还的债务合计，其中包括长期借款、应付债务、长期应付款项等。

所有者权益 指企业投资人对企业净资产的所有权。企业净资产等于企业全部资产减去全部负债后的余额，其中包括投资者对企业的最初投入，以及资本公积金、盈余公积金和未分配利润，对股份制企业即为股东权益。

固定资产原价 指企业在建造、购置、安装、改建、扩建、技术改造某项固定资产时所支出的全部货币总额。它一般包括买价、包装费、运杂费和安装费等。

固定资产净值 是指固定资产原价减去历年已提折旧额后的净额。

流动资产 是指可以在一年或者超过一年的一个营业周期内变现或者耗用的资产，包括现金及各种存款、短期投资、应收及预付货款、存货等。

产品销售收入 指企业销售产品和提供劳务等主要经营业务取得的业务总额。

产品销售成本 指企业销售产品和提供劳务等主要经营业务的实际成本。

产品销售税金及附加 指企业销售产品和提供工业性劳务等主要经营业务应负担的城市维护建设税、消费税、资源税和教育费附加。

产品销售利润 指企业销售产品和提供工业性劳务等主要经营业务收入扣除其成本、费用、税金后的利润。

利润总额 指企业实现的利润。

应交增值税 指企业在报告期内应交纳的增值税额。

总资产贡献率 反映企业全部资产的获利能力，是企业经营业绩和管理水平的集中体现，是评价和考核企业盈利能力的核心指标。计算公式为：

总资产贡献率(%)=(利润总额+税金总额+利息支出)/平均资产总额×100%

资产负债率 该指标既反映企业经营风险的大小，也反映企业利用债权人提供的资金从事经营活动的能力。计算公式为：

总资产负债率(%)=负债总额/资产总额×100%

工业成本费用利润率 指在一定时期内实现的利润与成本费用之比，是反映工业生产成本及费用投入的经济效益指标，同时也是反映降低成本的经济效益的指标。

计算公式为：

工业成本费用利润率(%)=利润总额/成本费用总额×100%

工业增加值率 指在一定时期内工业增加值占同期工业总产值的比重，反映降低中间消耗的经济效益。计算公式为：

工业增加值率(%)=工业增加值(现价)/工业总产值(现价)×100%

流动资金周转次数 指在一定时期内流动资产完成的周转次数，反映流动资产的周转速度。计算公式为：

流动资金周转次数=产品销售收入/全部流动资产平均余额

产品销售率 指报告期工业销售产值与同期全部工业总产值之比，是反映工业产品已实现销售的程度，分析工业产销衔接情况，研究工业产品满足社会需求程度的指标。计算公式为：

产品销售率(%)=工业销售产值/工业总产值(现价)×100%

全员劳动生产率 指根据产品的价值量指标计算的平均每一个从业人员在单位时间内的产品生产量。是考核企业经济活动的重要指标，是企业生产技术水平、经营管理水平、职工技术熟练程度和劳动积极性的综合表现。目前我国的全员劳动生产率是将工业企业的工业增加值除以同一时期全部从业人员的平均人数来计算的。计算公式为：

全员劳动生产率=工业增加值/全部从业人员平均人数

为了使各年度的全员劳动生产率数字可以比较，1990年以前各年的全员劳动生产率均按指数换算成1990年不变价格。

单位生产总值能耗 是指某地区总能耗与生产总值之比，也就是每产生万元生产总值所消耗的能源消费量。它是衡量能源利用水平和效率的综合性指标。计算公式是万元生产总值能耗=能源消费量(吨标准煤)/地区生产总值(万元)。

Explanatory Notes on Main Statistical Indicators

Industry refers to the material production sector which is engaged in extraction of natural resources and processing and reprocessing of minerals and agricultural products, including (1) extraction of natural resources, such as mining, salt production, logging (but not including hunting and fishing) ; (2) processing and reprocessing of farm and sideline produces, such as rice husking, flour milling, wine making, oil pressing, cotton ginning, silk reeling, spinning and weaving, and leather making; (3) manufacture of industrial products, such as steel making, iron smelting, chemicals manufacturing, petroleum processing, machine building, timber processing; water and gas production and electricity generation and supply; (4) repairing of industrial products such as the repairing of machinery and means of transport(including cars) .

Units of Industrial Statistics and Inquiry They are classified into two categories (1) corporate industrial enterprises with independent accounting system (2) industrial establishments.

(1) Corporate industrial enterprises with independent accounting system refer to enterprises engaging in industrial production activities, which meet the following requirements: ①They are established legally, having their own names, organizations, location, able to take civil liability; ②They possess and use their assets independently, assume liabilities, and are entitled to sign contracts with other units; ③They are financially independent and compile their own balance sheets.

(2) Industrial establishments refer to economic units which located in one single place and engaged entirely or primarily in one kind of industrial activity, including financially independent industrial enterprises and units engaged in industrial activities under the non industrial enterprises (or financially dependent) . Industrial establishments generally meet the following requirements: ①They have each one location and are engaged in one kind of industrial activity each; ②They operate and manage their industrial production activities separately; ③They have accounts of income and expenditures separately.

Light Industry refers to the industry that produces consumer goods and hand tools. It consists of two categories, depending on the materials used:

(1) Industries using farm products as raw materials. These are branches of light industry which directly or indirectly use farm products as basic raw materials, including the manufacture of food and beverages, tobacco processing, textile, clothing, fur and leather manufacturing, paper making printing, etc.

(2) Industries using non-farm products as raw materials. These are branches of light industry which use manufactured goods as raw materials, including the manufacture of cultural, educational articles and sports goods, chemicals, synthetic fiber, chemical products for daily use, glass products for daily use, metal products for daily use, hand tools, medical apparatus and instruments, and the manufacture of cultural and clerical machinery

Heavy Industry refers to the industry which produces capital goods, and provides various sectors of the national economy with necessary material and technical basis. It consists of the following three branches according to the purpose of production or the use of products:

(1) Mining, quarrying and logging industry refers to the industry that extracts natural resources, including extraction of petroleum, coal, metal and non metal and logging.

(2) Raw materials industry refers to the industry that provides various sectors of the national economy with raw materials, fuels and power. It includes smelting and processing of metals, coking and coke chemistry, chemical materials and building materials such as cement, plywood, and power, petroleum refining and coal dressing.

(3) Manufacturing industry refers to the industry that processes raw materials. It includes machine building industry which equips sectors of the national economy, industries of metal structure and cement products, industries producing means of agricultural production, such as chemical fertilizers and pesticides. According to the above principle of classification, the repairing trades which are engaged primarily in repairing products of heavy industry are classified into heavy industry while these engaged in repairing products of light industry are classified into light industry.

Gross Industrial Output Value is the total volume of industrial products sold or available for sale in value terms which reflects the total achievements and overall scale of industrial production during a given period. It includes the value of the finished products, which are not to be further processed in the enterprises and have been inspected, packed and put in storage, the value of industrial services rendered to other units, and the changes in the value of the semi finished products and products in process between the beginning and closing of the period. The gross industrial output value is calculated with "factory method". No double calculations are to be made within the same enterprise. However, double counting does occur among different enterprises.

Value-added of Industry refers to the final results

of industrial production of the industrial trade in money terms during the reference period.

Capital Obtained refers to capital actually received by the enterprise from investors. It can be further classified by investors as state capital, collective capital, corporate capital, individual capital, capital from Hong Kong, Macao and Taiwan and foreign capital.

Total Assets refer to all economic resources, owned or controlled by enterprises that could be measured in monetary terms, including properties, creditors equity and other economic rights of all forms. Classified by the degree of equitability, total assets include circulating assets, long term investment, fixed assets, intangible assets and deferred assets, and other assets.

(1) Circulating assets (working capital) refer to assets which can be cashed in or spent or consumed in an operating cycle of one year or over one year, including cash, all kinds of deposits, short term investment, receivables, advance payment, stock, etc.

(2) Fixed assets refer to the net value of fixed assets, clearance of fixed assets, project under construction, fixed assets losses in suspense. These are corporations, fund holdings.

(3) Intangible assets refer to the assets without material form used by enterprises over a long time, such as patents, non patent technologies, trade marks, copyright, land use right, business reputation, etc.

Total Liabilities refer to the debts, measured in monetary terms, that enterprises are responsible for repayment in the form of cash, assets or labour. Classified by terms of repayment, liability includes liquid liabilities and long-term liabilities.

(1) Liquid liabilities (also called quick liabilities or immediate liabilities) refer to enterprises' total debt payable within an operating cycle of one year or over one year, including short term loans, payables and advance payments, wages payable, taxes payable and profit payable, etc.

(2) Long term liabilities refers to total debt payable within an operating cycle of one year or over one year, including long term loans, payable liabilities, long term payables, etc.

Creditors' Equity refers to investors' ownership of net assets of the enterprise. It is equal to the total assets of the enterprise minus its total liabilities, including the primary input from investors, capital accumulation fund, surplus accumulation fund and undistributed profit. It is the shareholder's equity in shareholding companies.

Original Value of Fixed Assets refers to the original value of all fixed assets owned by industrial enterprises, calculated at the cost paid at the time of purchase, installation, reconstruction, expansion, and technical innovation and transformation of the said assets, which includes expenses on purchase, package, transportation, and installation, etc.

Net Value of Fixed Assets is obtained by deducting depreciation over years from the original value of fixed assets.

Working Capital (Circulating Assets) refers to assets which can be cashed in or spent or consumed in an operating cycle of one year or over one year, which includes cash, various deposits, short term investment, and receivable payments, and advance payments, stock, etc.

Sales Revenue of Industrial Products refers to the revenue from the sales of products by industrial enterprises and the revenue from services provided and etc.

Sales Cost of Industrial Products refers to the actual cost of products of industrial enterprises and industrial services provided, etc. .

Tax and Extra Charges on Sales of Products refer to the tax on city maintenance and construction, consumption tax, resources tax and extra charges for education, which should be borne by the enterprises in selling products and providing industrial services.

Sales Profit of Products refers to the profit gained by the enterprises by deducting cost, charges and taxes from the business income of the enterprises obtained in selling products and providing industrial services.

Total Profits refer to the profits gained by the enterprises.

Value-added Tax Payable refers to the amount of the value added tax which should be paid by the enterprises in the reporting period.

Ratio of Profits, Taxes and Interests to Average Assets reflects the profit making capability of all assets of the enterprise and is a key indicator manifesting the performance and management and evaluating the profit making potential of the enterprise. It is calculated as follows:

Ratio of profits, taxes and interests to average assets(%) =[(Total profits + total Taxes + interest payment) ÷ average assets] ×100%

Ratio of Debts to Assets reflect both the operation risk and the capability of the enterprise in making use of the capital from the creditors. It is calculated as follows:

Ratio of debts to assets (%) =(Total debts ÷ total assets) ×100%

Ratio of Profits to Total Industrial Costs refers to the ratio of profits realized in a given period to the total costs in the same period, which reflects the economic efficiency of input cost and is calculated as follows:

Ratio of Profits to Total Industrial Cost(%) =(Total

Profits ÷ Total Costs) ×100%

Value-added Rate of Industry refers to the ratio of value added of industry in a given period to the gross output value in the same period, which reflects the economic efficiency of cutting down the intermediate input and is calculated as follows:

Value added Rate of Industry(%) = [Value added of Industry(at current prices)] ÷ [Gross Output Value(at Current Prices)] ×100%

Turnover of Working Capital refers to the number of times of turnover of working capital in a given period of time, which reflects the speed of the turnover of working capital and is calculated as follows:

Turnover of Working Capital (%) =(Sales Revenue of Products) ÷(Average Balance of Total Working Capital) ×100%

Ratio of Sales to Gross Output Value refers to the sales of industrial products to the gross industrial output value during the reference period, and is important in reflecting the linkage between production and sales and the extent of the needs of the society that has been met by the supply of industrial products. It is calculated as follows:

Ratio of Sales to Gross Output Value=Industrial sales ÷ Gross industrial output value (at current prices) ×100%

Overall Labour Productivity of Industrial Enterprises refers to the average output per employed person in industrial enterprises in value terms. At present, the value added and the average number of staff and workers of an industrial enterprise in a given period are used to calculate the overall labour productivity. The formula used is:

Overall Labour Productivity=(Value Added of Industry) ÷(Average Number of Staff and Workers)

For the purpose of comparison of the overall labour productivity among different years, the data on the overall labour productivity of the years prior to 1990 have been adjusted on the basis of 1990 constant prices.

Energy Consumption of 10 000 yuan GDP refers to the ratio of the bobal energy consumption to GDP,means to produce per-10 000 yuan of GDP consuming how much energy. It is a general indicator to show the relationship between utiltity and efficiency of energy . the formula is:

Energy Consumption of 10 000 yuan GDP=Total Energy Consumption (ton of SCE)/GDP (10 000 yuan)

十四 建筑业

CONSTRUCTION

资料整理 胡梅林

Arranged by Hu Meilin

14-1 建筑业企业基本情况
Basic Statistics on Construction Enterprises

年份 Year	总计 Total	国有 State-owned	城镇集体 Urban Collective-owned	其他经济 Others
企业单位数(个) Number of Enterprises(unit)				
1995	815	235	532	48
1996	836	212	524	100
1997	809	200	479	130
1998	859	174	337	348
1999	975	164	266	545
2000	984	140	211	633
2001	919	112	192	615
2002	726	56	67	603
2003	674	39	31	604
2004	674	18	9	647
2005	676	20	14	642
2006	703	17	7	679
年末从业人员(万人) Number of Persons Engaged(10 000 persons)				
1995	30.98	15.37	14.04	1.57
1996	34.70	14.08	18.19	2.43
1997	32.50	14.75	14.26	1.49
1998	30.33	11.53	9.36	9.44
1999	33.22	9.92	8.57	14.73
2000	35.30	9.20	6.68	19.42
2001	39.37	9.40	6.71	23.26
2002	27.68	5.00	1.88	20.80
2003	26.63	2.10	0.67	23.86
2004	27.53	1.69	0.15	25.69
2005	26.35	1.57	0.32	24.26
2006	29.62	2.84	0.14	26.64
建筑业总产值(亿元) Gross Output Value (100 million yuan)				
1995	85.52	50.35	31.58	3.59
1996	87.64	44.15	38.17	5.32
1997	96.39	50.51	37.50	8.38
1998	101.76	47.65	27.38	26.73
1999	116.87	46.50	24.77	45.60
2000	138.80	50.11	21.29	67.40
2001	178.26	61.12	23.96	93.18
2002	220.02	50.53	13.68	155.81
2003	257.66	36.34	9.92	211.40
2004	354.51	29.42	2.44	322.65
2005	381.30	38.78	3.10	339.42
2006	467.00	38.17	2.74	426.09

14-2 建筑业企业主要经济指标(2006年)

指标	Item	合计 Total
建筑业企业个数(个)	Number of Construction Enterprises(unit)	703
#亏损企业个数	Number of Loss-mading Exterprises	77
年末从业人员(万人)	Number of Persons Engaged(10 000 persons)	29.62
自有机械设备净价(万元)	Fixed Machinery and Equipment Owned(net valued)(10 000 yuan)	348868
自有机械设备台数(万台)	Number of Machinery and Equipment Owned(10000 set)	12.04
自有机械设备总功率(万千瓦)	Total Power of Machinery and Equipment Owned(10 000 kw)	217.30
建筑业总产值(万元)	Gross Output Value of Construction(10 000 yuan)	4670050
建筑工程	Construction Projects	3933802
安装工程	Installation Projests	596342
其他产值	Other	139906
竣工产值	Output of Buildings Completed	3270535
建筑业增加值(万元)	Value Added of Construction(10 000 yuan)	1396723
#固定资产折旧(万元)	Depreciation of Fixed Assets(10 000 yuan)	71040
应付工资(万元)	Wages Payable(10 000 yuan)	727599
应付福利费(万元)	Welfare Expenses Payable(10 000 yuan)	82282
工程结算税金及附加(万元)	Taxes and Extra Charges on Project Settle Accounts(10 000 yuan)	182431
管理费用中的税金(万元)	Taxes in Management Expenses(10 000 yuan)	14675
工程结算利润(万元)	Profits of Project Settle Accounts(10 000 yuan)	510366
施工面积(万平方米)	Floor Space of Buildings Under Construction(10 000 sq.m)	3598.64
竣工面积(万平方米)	Floor Space of Buildings Completed(10 000 sq.m)	2089.22
利润总额(万元)	Total Profits(10 000 yuan)	284213
税金总额(万元)	Total Tax(10 000 yuan)	197106
劳动生产率	Overall Labor Productivity	
按总产值计算(元/人)	In Terms of Gross Output Value(yuan/person)	93302
按增加值计算(元/人)	In Terms of Value-added(yuan/person)	27905
技术装备率(元/人)	Value of Machines per Laborer(yuan/person)	11779
动力装备率(千瓦/人)	Power of Machines per Laborer(kw/person)	7.34
房屋建筑面积竣工率(%)	Rate of Floor Space of Buildings Completed(%)	58.1
产值利润率(%)	Ratio of Profit to Gross Output Value(%)	6.1
产值利税率(%)	Ratio of Pre-tax Profit to Gross Output Value(%)	10.3

Main Economic Indicators on Construction Enterprises(2006)

内资企业 Domestic Funded Enterprises	#国有 State-owned Enterprises	#集体 Collective-owned Enterprise	#股份合作企业 Share Holding Enterprises	#私营企业 Private Enterprises	港澳台商投资企业 Funded by Entrepreneurs from Hong Kong, Macao and Taiwan	外商投资企业 Foreign Funded Enterprises
702	17	7	6	252		1
76	4	1	1	24		1
29.61	2.84	0.14	0.07	7.01		0.01
348768	30851	623	416	93741		100
12.03	0.29	0.51	0.02	2.91		0.01
217.17	11.46	1.47	0.24	54.41		0.13
4669636	381716	27381	4687	1349494		414
3933388	254822	24389	2868	1194751		414
596342	82585	2715	1819	107718		
139906	44309	277		47025		
3270433	91812	19509	4118	909485		102
1394617	103922	8341	2749	424722		307
70897	6185	1082	96	16484		144
727312	66582	4695	2056	206597		286
82263	9411	541	200	21567		19
182419	12670	966	144	48604		12
14674	2484	116	22	3690		2
510344	28837	2532	404	177974		22
3598.64	20.28	12.38	2.46	1410.57		
2089.22	13.42	12.38	2.39	805.30		
284220	5464	1254	10	118050		-7
197092	15154	1082	166	52294		14
93319	110533	102512	46919	88586		30463
27870	30093	31227	27521	27880		22537
11780	10856	4483	6271	13364		9434
7.34	4.03	10.60	3.54	7.76		12.58
58.1	66.2	100.0	97.2	57.1		
6.1	1.4	4.6	0.2	8.7		-1.7
10.3	5.4	8.5	3.8	12.6		1.7

14-3 建筑业企业分行业主要经济指标(2006年)

项 目	Item	合 计 Total
建筑业企业个数(个)	Number of Construction Enterprises(unit)	703
#亏损企业个数	Number of Loss-mading Exterprises	77
年末从业人员(万人)	Number of Persons Engaged(10 000 persons)	29.62
自有机械设备净价(万元)	Fixed Machinery and Equipment Owned(net valued)(10 000 yuan)	348868
自有机械设备台数(万台)	Number of Machinery and Equipment Owned(10 000 set)	12.04
自有机械设备总功率(万千瓦)	Total Power of Machinery and Equipment Owned(10 000 kw)	217.30
建筑业总产值(万元)	Gross Output Value of Construction(10 000 yuan)	4670050
建筑工程	Construction Projects	3933802
安装工程	Installation Projests	596342
其他产值	Other	139906
竣工产值	Output of Buildings Completed	3270535
建筑业增加值(万元)	Value Added of Construction(10 000 yuan)	1396723
#固定资产折旧(万元)	Depreciation of Fixed Assets(10 000 yuan)	71040
应付工资(万元)	Wages Payable(10 000 yuan)	727599
应付福利费(万元)	Welfare Expenses Payable(10 000 yuan)	82282
工程结算税金及附加(万元)	Taxes and Extra Charges on Project Settle Accounts(10 000 yuan)	182431
管理费用中的税金(万元)	Taxes in Management Expenses(10 000 yuan)	14675
工程结算利润(万元)	Profits of Project Settle Accounts(10 000 yuan)	510366
施工面积(万平方米)	Floor Space of Buildings Under Construction(10 000 sq.m)	3598.64
竣工面积(万平方米)	Floor Space of Buildings Completed(10 000 sq.m)	2089.22
利润总额(万元)	Total Profits(10 000 yuan)	284213
税金总额(万元)	Total Tax(10 000 yuan)	197106
劳动生产率	Overall Labor Productivity	
按总产值计算(元/人)	In Terms of Gross Output Value(yuan/person)	93302
按增加值计算(元/人)	In Terms of Value-added(yuan/person)	27905
技术装备率(元/人)	Value of Machines per Laborer(yuan/person)	11779
动力装备率(千瓦/人)	Power of Machines per Laborer(kw/person)	7.34
房屋建筑面积竣工率(%)	Rate of Floor Space of Buildings Completed(%)	58.1
产值利润率(%)	Ratio of Profit to Gross Output Value(%)	6.1
产值利税率(%)	Ratio of Pre-tax Profit to Gross Output Value(%)	10.3

Main Economic Indictors of Construction Enterprises by Branch(2006)

房屋和土木工程建筑业 Housing & Civil Engineering Construction	# 房屋工程建筑 Housing	# 土木工程建筑 Civil Engineering	建筑安装业 Installation of Buildings	建筑装饰业 Decoration of Building	其他建筑业 Other Construction
598	454	144	62	23	17
54	32	22	12	7	4
28.16	20.98	7.18	0.96	0.27	0.23
334375	188696	145680	9996	2619	1878
11.41	9.70	1.71	0.44	0.16	0.03
207.57	134.84	72.74	7.75	1.16	0.83
4424499	2957521	1466978	202655	17162	25734
3848110	2722054	1126056	67002	4220	14470
460349	162549	297800	129868	1032	5093
116040	72919	43121	5785	11910	6171
3140891	2167718	973180	108574	13060	8010
1329190	927970	401220	52553	6208	8772
62155	33440	28715	7161	726	999
695208	498999	196209	22840	3957	5593
78334	54427	23907	2715	467	766
173686	118872	54814	7162	516	1067
13353	7435	5918	759	122	441
481378	318822	162555	23207	2503	3279
3544.83	3502.82	42.01	51.92	1.89	
2067.97	2049.36	18.61	21.25		
273869	191974	81896	9999	655	-311
187039	126307	60733	7921	637	1508
92309	81245	127248	135419	59261	76658
27731	25492	34802	35117	21437	26132
11875	8996	20287	10422	9527	8342
7.37	6.43	10.13	8.08	4.21	3.68
58.3	58.5	44.3	40.9		
6.2	6.5	5.6	4.9	3.8	-1.2
10.4	10.8	9.7	8.8	7.5	4.7

14-4 建筑施工企业主要财务指标(2006年)

单位：万元

项目	Item	资产合计 Total Assets	流动资产合计 Total Circul-ating Assets	#存货 Stock	长期投资 Longterm Invest-ment
总计	**Total**	**3895997**	**2692135**	**408653**	**152444**
按企业登记注册类型分	**Grouped by Type of Enterprises Registered**				
内资企业	Domestic Investment	3894857	2691095	408499	152444
国有企业	State-owned	270768	207109	32382	4148
集体企业	Collective-owned	22693	15080	1233	89
私营企业	Private	1020577	669292	128940	32397
联营企业	Joint-owned	21828	21153	32	410
股份有限公司	Share Holding Company	539187	347797	38426	60041
有限责任公司	Limited-liability Company	2008474	1425065	206847	54845
股份合作企业	Share Holding Cooperative	4890	2847	460	15
其他企业	Others	6439	2752	179	500
外商投资企业	Foreign Funded	1140	1040	154	
港、澳、台商投资企业	Hong kong, Macao & Taiwan Funded				
按行业类别分	**Grouped by Sector**				
房屋和土木工程建筑业	Housing Construction and Civil Engineering Industry	3608324	2486029	377409	146704
建筑安装业	Construction and Installation Industry	196752	151452	18675	3899
建筑装饰业	Construction and Decoration Industry	35103	18165	2726	1162
其他建筑业	Other Construction Industries	55817	36488	9843	679
按隶属关系分	**Grouped by Administrative Relationship**				
中 央	Central	139691	97323	21530	5796
地 方	Local	3756306	2594812	387123	146648
自治区属	Approach to Autonomous Region	635528	503331	52241	9049
盟市属	Approach to Leagues & Cities	810457	577497	66440	20021
旗县属及以下	Approach to Banners & Counties and under	2310320	1513983	268442	117578
按企业资质等级分	**Grouped by Intelligent Grade of Enterprises**				
#一级	First	1477402	1047865	90122	91224
二 级	Second	1204295	821793	137885	40170
三 级及以下	Third and under	1062076	698940	148323	20353

Main Financial Indicators on Construction Enterprises With Independent Accounting System(2006)

(10 000 yuan)

固定资产合计 Total Fixed Assets	固定资产原价合计 Original Value of Fixed Assets	#生产经营用 for Production Use	累计折旧 Accumulative Depreciation	#本年折旧 Of this Year	在建工程 Under Construction	无形及递延资产合计 Intangible & Deffered Assets	#无形资产 Intangible	其它资产 others
911609	**1199637**	**965607**	**396771**	**71040**	**74296**	**129172**	**112172**	**10637**
911509	1199295	965266	396530	70897	74296	129172	112172	10637
57545	104209	91303	49991	6185	30	1966	1873	
6718	8522	3055	2206	1082	71	673	673	133
267138	311341	261379	72837	16484	18705	50693	46411	1057
265	522	522	256	22				
112357	100384	79162	27444	7474	37636	18893	18801	99
462725	669302	526585	242290	39468	16610	56492	44365	9348
2028	3016	1693	996	96	1			
2733	2000	1567	511	86	1244	454	50	
100	341	341	241	144				
851555	1098439	881898	351554	62155	73660	115452	100336	8584
32894	55537	47871	26313	7161	378	7307	6327	1200
10534	13165	4769	2888	726	189	4748	3925	494
16626	32496	31069	16016	999	69	1665	1585	359
28991	56467	47768	30195	6621	505	5298		2282
882618	1143170	917839	366577	64420	73792	123874	112172	8355
96626	164165	131042	72093	12461	2689	22615	20443	3906
189331	254656	208481	76590	16447	5515	22353	21353	1254
596660	724349	578316	217894	35512	65588	78905	70377	3194
262889	355399	302390	130199	26470	37649	69239	62669	6184
314644	425354	317185	135912	21384	17591	25991	21867	1697
316952	389977	318570	116271	21845	16549	23076	16770	2755

14-4 续表 1

单位：万元

项 目	Item	负债合计 Total Liability	流动负债合计 Total Circulating Liability	长期负债合计 Total Longterm Liability	所有者权益合计 Ownership Interest
总 计	**Total**	**2318575**	**2146074**	**172501**	**1577422**
按企业登记注册类型分	**Grouped by Type of Enterprises Registered**				
内资企业	Domestic Investment	2318231	2145730	172501	1576626
国有企业	State-owned	176703	170511	6192	94065
集体企业	Collective-owned	13544	13482	62	9149
私营企业	Private	463861	416360	47500	556716
联营企业	Joint-owned	16799	16799		5030
股份有限公司	Share Holding Company	356265	288429	67837	182921
有限责任公司	Limited-liability Company	1288777	1237867	50910	719697
股份合作企业	Share Holding Cooperative	1598	1598		3292
其他企业	Others	684	684		5755
外商投资企业	Foreign Funded	344	344		796
港、澳、台商投资企业	Hong kong, Macao & Taiwan Funded				
按行业类别分	**Grouped by Sector**				
房屋和土木工程建筑业	Housing Construction and Civil Engineering Industry	2155385	1984329	171056	1452940
建筑安装业	Construction and Installation Industry	135375	135281	94	61378
建筑装饰业	Construction and Decoration Industry	12633	12616	17	22471
其他建筑业	Other Construction Industries	15183	13848	1335	40634
按隶属关系分	**Grouped by Administrative Relationship**				
中 央	Central	109461	102452	7010	30230
地 方	Local	2209114	2043622	165492	1547192
自治区属	Approach to Autonomous Region	505248	501107	4141	130280
盟市属	Approach to Leagues & Cities	509200	487629	21571	301257
旗县属及以下	Approach to Banners & Counties and under	1194665	1054887	139779	1115655
按企业资质等级分	**Grouped by Intelligent Grade of Enterprises**				
# 一 级	First	1007798	909236	98563	469604
二 级	Second	665293	607369	57924	539002
三 级及以下	Third and under	521498	505647	15851	540578

continued

(10 000 yuan)

实收资本 Contributed Capital	国家资本 State	集体资本 Collective	法人资本 Institutionnal Units	个人资本 Individuals	港澳台资本 Hong kong, Macao & Taiwan	外商资本 Foreign	工程结算收入 Revenue of Settlement of Projects
1077256	**180022**	**61070**	**347264**	**488758**		**142**	**4572872**
1076460	180022	61070	346610	488758			4572458
72894	62498		10396				399689
7774		7774					25229
326832			106099	220733			1351413
2657			2550	107			2750
97034	14422	11269	46597	24747			477761
562201	103101	41030	179112	238958			2306391
3131		997	1857	276			4687
3937				3937			4537
796			654			142	414
977121	147284	52827	324843	452167			4316450
47546	6310	5351	15998	19887			204327
19348			5153	14053		142	16835
33241	26428	2892	1270	2652			35260
27148	13719	918	11164	1347			177555
1050108	166303	60151	336101	487411		142	4395317
107523	67313	6943	30123	3145			852407
220438	46438	10969	59701	103330			787041
722146	52552	42240	246276	380936		142	2755869
263570	57949	10482	112556	82441		142	1758999
378193	67065	33496	106463	171169			1246970
404374	23889	17092	128245	235148			1419194

14-4 续表 2

单位：万元

项 目	Item	工程结算成本 Cost of Settlement of Projects	工程结算税金及附加 Tax and Extra Charges of Settlement of Projects	工程结算利润 Profits of Settlement of Projects
总 计	**Total**	**3857221**	**182431**	**510366**
按企业登记注册类型分	**Grouped by Type of Enterprises Registered**			
内资企业	Domestic Investment	3856845	182419	510344
国有企业	State-owned	357607	12670	28837
集体企业	Collective-owned	21633	966	2532
私营企业	Private	1120342	48604	177974
联营企业	Joint-owned	2005	71	637
股份有限公司	Share Holding Company	386681	18095	70028
有限责任公司	Limited-liability Company	1961402	101604	228749
股份合作企业	Share Holding Cooperative	4120	144	404
其他企业	Others	3055	264	1183
外商投资企业	Foreign Funded	376	12	22
港、澳、台商投资企业	Hong kong, Macao & Taiwan Funded			
按行业类别分	**Grouped by Sector**			
房屋和土木工程建筑业	Housing Construction and Civil Engineering Industry	3639696	173686	481378
建筑安装业	Construction and Installation Industry	173268	7162	23207
建筑装饰业	Construction and Decoration Industry	13512	516	2503
其他建筑业	Other Construction Industries	30745	1067	3279
按隶属关系分	**Grouped by Administrative Relationship**			
中 央	Central	156307	5587	15192
地 方	Local	3700915	176844	495174
自治区属	Approach to Autonomous Region	768098	28217	54973
盟市属	Approach to Leagues & Cities	643844	37987	98280
旗县属及以下	Approach to Banners & Counties and under	2288973	110640	341922
按企业资质等级分	**Grouped by Intelligent Grade of Enterprises**			
#一 级	First	1503018	66522	182810
二 级	Second	1039683	56730	144016
三 级及以下	Third and under	1179465	54303	175871

continued

(10 000 yuan)

其他业务收入 Revenue of Other Business	其他业务利润 Profits of Other Business	管理费用 Manage-ment Expenses	#税金 Taxes	#财产保险费 Premium of Property	财务费用 Financial Expense	#利息支出 Interest Expendi-ture	营业利润 Operating Profits	利润总额 Total Profits
72890	**10887**	**191061**	**14675**	**2015**	**26971**	**20411**	**303220**	**284213**
72890	10887	191032	14674	2015	26971	20411	303227	284220
996	-222	21978	2484	46	1643	1091	4993	5464
535	170	1368	116	10	42	50	1292	1254
9533	1547	44374	3690	403	8078	5684	127070	118050
24	13	169	3		-8		489	137
3527	508	13633	1717	138	6148	6048	50754	52685
58265	8862	109046	6635	1418	10772	7536	117793	105954
10	9	210	22	1	33	2	171	10
		254	6		263		666	666
		29	2				-7	-7
71020	10016	172283	13353	1858	26292	20244	292818	273869
1744	777	13630	759	134	315	67	10040	9999
45	21	1689	122	10	98	32	738	655
81	72	3459	441	14	267	69	-375	-311
2921	-67	12296	1279	34	667	616	2162	2903
69969	10954	178765	13396	1981	26304	19795	301059	281310
18580	2058	43465	3020	780	1852	1548	11714	13708
20199	2415	34164	2434	340	5145	4050	61386	59647
31191	6480	101136	7942	861	19307	14196	227959	207955
9537	1537	66821	4225	896	11091	10142	106434	108132
26098	4267	57567	5352	331	7830	5575	82886	70694
20048	3498	56631	4809	708	7325	4018	115413	105327

14-4 续表 3

单位：万元

项 目	Item	应交所得税 Income Tax Payable	应付利润 Profits Payable	劳动待业保险费 Premium for Employment
总 计	**Total**	**58904**	**108444**	**18818**
按企业登记注册类型分	**Grouped by Type of Enterprises Registered**			
内资企业	Domestic Investment	58904	108444	18818
国有企业	State-owned	1828	3582	849
集体企业	Collective-owned	212	370	178
私营企业	Private	30017	56457	2924
联营企业	Joint-owned	39	42	
股份有限公司	Share Holding Company	10914	14172	1273
有限责任公司	Limited-liability Company	15819	33751	13537
股份合作企业	Share Holding Cooperative	36	65	57
其他企业	Others	39	6	
外商投资企业	Foreign Funded			
港、澳、台商投资企业	Hong kong, Macao & Taiwan Funded			
按行业类别分	**Grouped by Sector**			
房屋和土木工程建筑业	Housing Construction and Civil Engineering Industry	57256	104268	16847
建筑安装业	Construction and Installation Industry	1277	3473	1879
建筑装饰业	Construction and Decoration Industry	223	421	15
其他建筑业	Other Construction Industries	148	281	77
按隶属关系分	**Grouped by Administrative Relationship**			
中 央	Central	418	1071	436
地 方	Local	58486	107373	18382
自治区属	Approach to Autonomous Region	1456	2645	4918
盟市属	Approach to Leagues & Cities	8106	9458	4696
旗县属及以下	Approach to Banners & Counties and under	48923	95270	8768
按企业资质等级分	**Grouped by Intelligent Grade of Enterprises**			
#一 级	First	20320	34051	6304
二 级	Second	17566	28743	6090
三 级及以下	Third and under	20977	45632	4343

continued

(10 000 yuan)

本年应付工资总额 Total Wages Payable in the Year	# 主营业务应付工资 Wage Payable of Major Business	本年应付福利费总额 Welfares Payable in the Year	# 主营业务应付 of Major Business	建筑业增加值 Value Added of Construction
727599	**714712**	**82282**	**80789**	**1396723**
727312	714576	82263	80770	1396417
66582	66554	9411	9404	103922
4695	4095	541	541	8341
206597	204060	21567	20767	424722
283	283	39	39	914
73592	72185	8212	8210	161227
372563	364403	42190	41506	692439
2056	2050	200	200	2749
946	946	104	104	2103
286	136	19	19	306
695208	683799	78334	76889	1329190
22840	21710	2715	2683	52553
3957	3623	467	452	6208
5593	5581	766	765	8772
23082	22846	3221	3190	42516
704517	691866	79061	77599	1354207
134649	132493	18038	17876	215010
128709	125767	14827	14638	264997
441159	433606	46196	45085	874200
242213	239393	31036	30570	484847
223965	221474	24306	23712	419632
246742	240323	24886	24614	468919

主要统计指标解释

建筑业统计单位 指从事房屋、构筑物建造和设备安装活动的法人企业。建筑业法人企业应同时具备的条件是：①依法成立，有自己的名称、组织机构和场所，能够承担民事责任；②独立拥有和使用资产，承担负债，有权与其他单位签订合同；③独立核算盈亏，能够编制资产负债表。

建筑业总产值(即自行完成施工产值) 是以货币表现的建筑安装企业在一定时期内生产的建筑业产品的总和。建筑业总产值包括：

(1)建筑工程产值：指列入建筑工程预算内的各种工程价值。

(2)安装工程产值：指设备安装工程价值，不包括被安装设备本身价值。

(3)其他产值：建筑业总产值中，除建筑工程、安装工程以外的产值。包括房屋、构筑物修理产值、非标准设备制造产值、总包企业向分包企业收取的管理费以及不能明确划分的施工活动所完成的产值。

a 房屋、构筑物修理产值：指房屋、构筑物修理所完成的价值，但不包括被修理房屋、构筑物本身的价值和生产设备的修理价值。

b 非标准设备制造产值：指加工制造没有定型的、非标准的生产设备的加工费和原材料价值，以及附属加工厂为本企业承建工程制作的非标准设备的价值。

建筑业增加值 指建筑业企业在报告期内以货币表现的建筑业生产经营活动的最终成果。目前建筑业增加值采用分配法(收入法)计算，即从收入的角度出发，根据生产要素在生产过程中应得的收入份额计算。具体计算公式为：

建筑业增加值=本年提取的固定资产折旧+主营业务应付工资+主营业务应付福利费+管理费用中的劳动待业保险金、税金+工程结算税金及附加+工程结算利润

房屋建筑施工面积 指在报告期内施工的全部房屋建筑面积、包括本期新开工的房屋面积、上期施工跨入本期继续施工的房屋面积、上期停缓建在本期恢复施工的房屋面积、本期竣工的房屋面积及本期施工后又停缓建的房屋面积。

房屋建筑竣工面积 指在报告期内房屋建筑按照设计要求全部完工，达到了住人和使用条件，经验收鉴定合格，正式移交使用单位的房屋建筑面积。

自有机械设备年末总台数 指归本企业所有，属于本企业固定资产的生产性机械设备年末总台数。包括施工机械、生产设备、运输设备以及其他设备。

自有机械设备年末总功率 指本企业自有施工机械、生产设备、运输设备以及其他设备等列为在册固定资产的生产性机械设备年末总功率，按设定能力或查定能力计算。包括机械本身的动力和为该机械服务的单独动力设备，如电动机等。计算单位用千瓦，动力换算可按 1 马力=0.735 千瓦折合成千瓦数。电焊机、变压器、锅炉不计算动力。

工程结算收入 指企业承包工程实现的工程价款结算收入，以及向发包单位收取的除工程价款以外的按规定列作营业收入的各种款项，如临时设施费、劳动保险费、施工机械调迁费等以及向发包单位收取的各种索赔款。

工程结算利润 指已结算工程实现的利润，如亏损以“-”号表示。计算公式为：

工程结算利润=工程结算收入-工程结算成本-工程结算税金及附加

企业总收入 指与企业生产经营直接有关的各项收入，包括工程结算收入和其他业务收入。计算公式为：

企业总收入=工程结算收入+其他业务收入

Explanatory Notes on Main Statistical Indicators

Statistical Unit in Construction refers to corporate enterprise engaged in the construction of buildings and structures and in the installation of equipment. A corporate construction enterprise should meet the following requirements: ①being set up in line with relevant legal basis, having its full name, organization and location, and capable of taking civil liabilities; ②independently possessing and using its assets and assuming its liabilities, and entitled to sign contracts with other institutions; ③ making independent accounts of its profits and losses, and capable of compiling its own balance sheet.

Gross Output Value of Construction (Output Value of Projects Under Construction) refers to total of construction products, expressed in money terms, completed by construction and installation enterprises during a given period of time. It includes:

(1) Output value of construction projects, that is the value of projects covered by the project budgets;

(2) Output value of installation projects, that is the value of the installation of equipment, (excluding the value of the equipment to be installed) ;

(3)Other Output value:

a 、Output value of repair of buildings and structures, that is the value created through the repairs of buildings or structures, but does not include the value of buildings or structures being repaired and the value of the repair of production equipment;

b 、Output value of manufactured nonstandard equipment, that is the value of nonstandard production equipment which including raw materials and manufacturing cost made for the construction project, and the equipment manufactured by subsidiary workshops.

Value added of Construction refers to the final result of the activities of production and management of construction in monetary terms in the reference period. At present, the value added of construction is calculated with the income approach. In other words, it is the sum of income of various production factors in the production process. The formula is as follows:

Value added of construction = depreciation of fixed assets in the year + wages payable of the major operation + welfare expenses payable of the major operation + insurance premium and tax for waiting for employment in the administrative expenses + taxes and surcharges on project settlement + profit gained from Project settlement.

Floor Space of Buildings Under Construction refers to floor space of buildings under construction during the reference period, including newly started buildings, buildings started earlier and continued during the reference period, and buildings suspended earlier but restarted during the reference period, buildings completed during the reference period, and buildings under construction , and then suspended during the reference period.

Floor Space of Buildings Completed refers to the floor space of buildings that are completed in the reference period in accordance with the requirements of the design, up to the standard for putting them into use, and have been checked and accepted by concerned departments as qualified ones.

Total Number of Machinery and Equipment Owned by the End of Year refers to the number of machines and equipment owned by the enterprises, and listed as the fixed assets of the enterprises by the end of the year, including machinery and equipment for construction, production and transportation.

Total Power of Machinery and Equipment Owned by the End of Year refers to the total power of machinery and equipment owned by the enterprises, and listed as the fixed assets of the enterprises by the end of the year, including machinery and equipment for construction, production and transportation. The power of the machinery is calculated on basis of the designed or verified capacity, covering the power of the machinery/equipment and the separate power equipment serving the machinery/equipment(such as electric motors) , but excluding welders, transformers and boilers. The unit used for the calculation of power is kilowatt, with horsepower converted to kilowatt by 1 horse power = 0. 735 kilowatt.

Income from Settlement of Projects refers to the income received by the construction enterprise from the contracted project through settlement procedures, and other charges to the contractoree as operational costs in addition to the value of the project, such as temporary facility fee, labour insurance premium, moving cost of construction equipment, as well as various types of claims to the contractee.

Profit from Settlement of Projects refers to profit realized through settled projects. It is calculated with the following formula:

Profit from Settlement of Projects=Income from Settlement of Projects - Cost - Taxes and Other Cost

Total Revenue of Enterprises refers to the sum of income from production and operation of enterprises, including income from settlement of projects and other operational income, namely:

Total Revenue of Enterprises = Income from Settlement of Projects + Other Operational Income

十五 运输和邮电

TRANSPORT, POST AND TELECOMMUNICATION SERVICES

资料整理 贾金辉

Arranged by Jia Jinhui

15-1 交通运输业基本情况
Basic Conditions of Transportation

指 标	Item	2005	2006
运输线路长度(公里)	**Length of Transportation Routes(km)**		
中央铁路营业里程	Railways in Operation	5188	5035
地方铁路	Local Railways	1185	1490
公路	Highways	124465	128762
内河	Navigable Inland Waterways	2508	2517
民航	Total Civil Aviation Routes	55218	56848
客运量总计(万人)	**Total Passenger Traffic(10 000 persons)**	**32114**	**35512**
铁路	Railways	3259	3437
公路	Highways	28604	31817
民用航空	Civil Aviation	251	258
旅客周转量总计(亿人公里)	**Total Passenger Kilometers(100 million passenger-km)**	**323.1**	**345.27**
铁路	Railways	113.2	122.2
公路	Highways	179.0	199.5
民用航空	Civil Aviation	30.9	32.57
货运量总计(万吨)	**Total Freight Traffic(10 000 tons)**	**73082**	**84137**
铁路	Railways	22060	25157
公路	Highways	51020	58978
民用航空	Civil Aviation	2	2
货物周转量总计(亿吨公里)	**Total Freight Ton-kilometers(100 million ton-km)**	**1604.3**	**1798.4**
铁路	Railways	1280.8	1414.03
公路	Highways	323.35	384.12
民用航空	Civil Aviation	0.2	0.2
民用汽车拥有量(辆)	**Number of Civil Motor Vehicles Owned(unit)**	**1188033**	**1303429**
# 私人汽车拥有量(辆)	Number of Motor Vehicles Owned by Individuals(unit)	562991	1021367
载客汽车辆数(辆)	Number of Buses and Cars(unit)	384575	513375
# 私人	Private-owned	277788	378576
载货汽车辆数(辆)	Number of Trucks(unit)	248809	284285
# 私人	Private-owned	156383	180361
民用运输船舶拥有量(艘)	**Number of Civil Transport Vessels(unit)**	**1108**	**883**

注：公路部门营运汽车统计口径为全社会营运汽车。

a)The statistical coverage of number of motor vehicles owned by highway departments has extended to motor vehicles of all society.

15-2 主要交通运输工具和线路里程

Major Tools and Length of Transports

年 份 Year	载货汽车(辆) Trucks (unit)	载客汽车(辆) Buses and Cars (unit)	铁 路 Railways		飞 机(架) Number of Civil Aircraft(unit)	铁路正线延展里程(公里) Extention Length of the Trunk Lines(km)	公路线路里程(公里) Total Length of Highways (km)
			机车(台) Locomotives (unit)	客车(辆) Passenger Coaches (unit)			
1947	76	18				1557	1974
1948	81	25				1557	1872
1949	89	25				1557	2394
1950	227	53				1557	3259
1951	343	78				1557	4037
1952	344	101				1574	4821
1953	617	173				1574	5495
1954	1066	269				1912	6253
1955	1750	391				1912	8325
1956	2459	496				2106	11501
1957	2828	641				2404	13020
1958	3492	797				2644	18020
1959	4100	996				3091	18752
1960	5198	1061				3222	21131
1961	5446	970				3219	21131
1962	5595	1003				3222	22804
1963	5398	1033				3190	22195
1964	5871	1000				3299	22103
1965	6335	1348				3541	25688
1966	7335	1718				3635	25180
1967	6905	1605				3496	24407
1968	7110	1669				3496	25234
1969	7007	1781				3590	25676
1970	8174	2027				3593	27605
1971	9140	2316				3491	31355
1972	11061	2852				3537	34676
1973	14388	3733				3747	29043
1974	15496	4237				3747	30308
1975	19611	5172				3747	31362
1976	23281	6046				3697	33414
1977	25001	6448				3755	36471

15-2 续表 continued

年份 Year	载货汽车(辆) Trucks (unit)	载客汽车(辆) Buses and Cars (unit)	铁路 Railways 机车(台) Locomotives (unit)	铁路 Railways 客车(辆) Passenger Coaches (unit)	飞机(架) Number of Civil Aircraft (unit)	铁路线路里程(公里) Length of the Railway Lines(km)	公路线路里程(公里) Total Length of Highways (km)	民航通航里程(公里) Length of Civil Aviation Routes(km)
1978	29027	7669				3803	37535	
1979	33011	8476				3760	23769	
1980	38647	9969				4361	35016	3734
1981	42482	11842	341	601	16	4379	35856	3734
1982	47125	13254	500	910	16	4360	36828	2933
1983	49674	14087	507	955	18	4360	37939	2933
1984	51663	15405	562	1003	18	4355	37456	7565
1985	57354	19078	532	838	21	4364	38198	7565
1986	66258	23409	627	1121	21	4405	40380	8824
1987	68618	24883	667	1282	19	4821	41984	10005
1988	71856	29940	706	1275	18	4825	42800	23193
1989	77909	32634	691	1339	19	5445	43080	21745
1990	87161	35763	676	1471	19	5596	43274	21431
1991	95489	41081	686	1522	21	5653	43396	20506
1992	103757	47958	661	1473	20	5770	43704	22496
1993	115807	58084	641	1561	19	5800	43789	38976
1994	118985	65374	668	1661	19	5733	44202	51951
1995	131055	85825	759	1802	18	5790	44753	48136
1996	111675	94187	789	1802	18	7588	45744	76116
1997	130350	118978	650	1771	19	7031	49992	66532
1998	142255	144216	745	1694	19	7083	58430	61199
1999	157377	169241	838	1595	13	7331	63824	64426
2000	167004	188154	883	1818	9	7179	67346	40469
2001	180481	241364	865	1886	11	7240	70408	51476
2002	182971	237719	898	1903	11	7475	72673	56890
2003	202306	286481	912	1757	10	7476	74135	78705
2004	240591	341371	892	1753	13	7885	75976	76725
2005	248809	384575	892	1753	15	7689	124465	55218
2006	284285	513375	980	1492	15	7839	128762	56848

15-3 运输线路长度

Length of Transports Routes

单位：公里 (km)

项 目	Item	2005	2006
铁路线路长度	**Length of Railways Routes**	**7689**	**7839**
中央铁路	Central Railways		
正线延展里程	Extention Length of the Trunk Lines	6504	6349
营业里程	Length of Railways in Operations	5188	5035
# 呼铁局	Huhhot Railway Bureau	1587	1587
哈铁局(内蒙地段)	Harbin Railway Bureau(Section of Inner Mongolia)	1736	1736
沈铁局(内蒙地段)	Shengyang Railway Bureau(Section of Inner Mongolia)	1602	1624
地方铁路线路里程	Local Railways Length of Routes	1185	1490
公路	**Highways**		
公路里程	Total Length of Highways	124465	128762
等级公路	Expressway and Class I to IV Highway	70880	83831
#高速公路	Expressway	1001	1255
一级公路	First Class	2139	2424
二级公路	Second Class	8359	9107
等外路	Highway Below Class IV	53585	44931
内河	**Inland Rivers**		
航道里程	Length of Navigabe Inland Waterways	2508	2517
民用航空	**Civil Aviation**	**55218**	**56848**
国内航线	Domestic Routes	44174	45205
国际航线	International Routes	11044	11643

15-4 民用车辆船舶年末拥有量
Figure of Civil Vehicles and Shipping at the Year-end

项目	Item	2005 合计 Total	2005 #私人 Private-owned	2006 合计 Total	2006 #私人 Private-owned
铁路运输工具	**Tool of Railway Transport**				
中央铁路：机车(台)	Central Railways:Locomotives(unit)	780		862	
客车(辆)	Passenger Coaches(unit)	1655		1390	
地方铁路：机车(台)	Local Railways:Locomotives(unit)	112		141	
客车(辆)	Passenger Coaches(unit)	98		102	
民用汽车(辆)	**Number of Civil Motor Vehicles(unit)**	**1188033**	**562991**	**1303429**	**1021367**
#载货汽车(辆)	Number of Trucks(unit)	248809	156383	284285	180361
载客汽车(辆)	Buses and Cars(unit)	384575	277788	513375	378576
轮胎式拖拉机(台)	**Type Tractors(unit)**	**612931**	**591414**	**419139**	**402373**
摩托车(辆)	**Motors(unit)**	**1139488**	**1117231**	**1428182**	**1248776**
#两轮摩托车	Two-wheel Motors	1100288	1078513	1388022	1209265
载货车挂车(辆)	**Trailer(unit)**	**58383**	**28875**	**70974**	**31152**
民用运输船(艘)	**Civil Transport Vessels(unit)**	**1108**		**883**	
#机动运输船(艘)	Motor Vessels(unit)	206		336	
非机动船(艘)	Non-motor Vessels(unit)	644		412	
挂浆船(艘)	Vessels with Oar(unit)	258		135	
民航飞机(架)	**Civil Aircraft(unit)**	**15**		**15**	
#通用飞机	General Aircraft	15		15	

15-5 客货运输量
Passenger Traffic and Freight Traffic

年份 Year	客运量 (万人) Passenger Traffic (10 000 persons)	铁路 Railways	公路 Highways	货运量 (万吨) Freight Traffic (10 000 tons)	铁路 Railways	公路 Highways
1949			0.6		0.2	0.2
1950			0.8	0.2		0.2
1951			3.0	396	391	5
1952			16	447	417	30
1953			39	755	526	229
1954			58	1168	694	474
1955			87	1433	496	937
1956			131	2093	622	1471
1957			189	2224	739	1485
1958			181	3390	1039	2351
1959	1238	993	245	6911	2657	4254
1960	1754	1456	298	5986	3289	2697
1961	2022	1723	299	3749	2355	1394
1962	1869	1585	284	2729	1754	975
1963	1416	1118	298	2235	1434	801
1964	1268	914	354	2759	1640	1116
1965	1320	852	468	3614	2060	1554
1966	1463	836	627	4160	2425	1735
1967	1688	978	710	4409	2881	1528
1968	1651	990	661	3284	1889	1395
1969	1546	1046	500	3200	1792	1408
1970	1688	1016	672	4625	2882	1743
1971	1865	1080	785	4964	2749	2215
1972	2223	1164	1059	5387	2859	2528
1973	2338	1199	1139	5477	2668	2709
1974	2364	1161	1203	5453	2604	2849
1975	2599	1324	1275	6325	3190	3135
1976	2588	1300	1288	6487	3114	3373
1977	3017	1564	1453	7399	3529	3870

15-5 续表 continued

年份 Year	客运量 (万人) Passenger Traffic (10 000 persons)	铁路 Railways	公路 Highways	航空 Civil Aviation	货运量 (万吨) Freight Traffic (10 000 tons)	铁路 Railways	公路 Highways	航空 Civil Aviation
1978	3422	1753	1669		8213	3861	4352	
1979	3470	1689	1781		8046	3924	4122	
1980	4162	1994	2164	4	7653	4142	3511	0.05
1981	4250	2071	2176	3	7305	3989	3316	0.05
1982	4926	2288	2635	3	8314	4317	3997	0.04
1983	5703	2556	3145	2	9103	4542	4561	0.04
1984	6313	2738	3573	2	10149	4957	5192	0.03
1985	6673	2784	3884	5	11588	5510	6078	0.13
1986	7612	2833	4775	4	15348	5638	9710	0.06
1987	8493	2965	5509	19	16979	6065	10914	0.06
1988	9518	3242	6242	34	18533	5296	13237	0.06
1989	9411	2997	6405	9	22515	6678	15837	0.06
1990	10475	2433	8012	30	26676	6909	19767	0.17
1991	9148	2565	6543	40	25678	7027	18651	0.24
1992	10406	2801	7567	38	29126	7198	21928	0.34
1993	11165	3014	8108	43	31708	7587	24121	0.41
1994	15294	3042	12162	90	31386	7812	23573	0.90
1995	18273	2909	15248	116	32732	8347	24384	1.13
1996	18099	2563	15418	118	34321	9435	24885	1.15
1997	19148	2735	16287	126	39008	9960	29047	1.27
1998	20205	2542	17552	111	39564	8227	31336	1.17
1999	21498	2824	18576	98	41652	8747	32903	1.90
2000	23549	3378	20061	110	44629	9648	34979	2.00
2001	24133	2956	21041	136	45970	9816	36145	0.90
2002	25376	2824	22421	132	47879	10639	37239	1.00
2003	23521	2552	20831	138	50046	11513	38532	1.10
2004	28954	3235	25510	209	61259	18560	42697	1.60
2005	32114	3259	28604	251	73082	22060	51020	2.00
2006	35512	3437	31817	258	84137	25157	58978	1.98

15-6 客货周转量
Passenger-kilometers and Freight Ton-kilometers

年份 Year	旅客周转量 (亿人公里) Passenger-kilometers (100 million passenger-km)	铁路 Railways	公路 Highways	航空 Civil Aviation	货物周转量 (亿吨公里) Freight Ton-kilometers (100 milion ton km)	#铁路 Railways	#公路 Highways
1978	31.80	22.38	9.42		224.55	214.96	9.59
1980	43.19	31.84	11.35		174.92	164.78	10.14
1981	45.55	34.33	11.22	0.15	252.36	243.98	8.38
1982	52.06	37.50	14.40	0.16	299.40	288.62	10.78
1983	61.41	43.92	17.36	0.13	348.97	335.57	13.40
1984	70.63	50.29	20.34	0.13	391.94	376.45	15.49
1985	82.53	58.34	23.86	0.32	442.51	424.30	18.20
1986	90.85	62.57	28.03	0.25	470.56	449.30	21.26
1987	100.92	65.55	33.78	1.59	492.62	469.12	23.50
1988	115.69	74.49	37.58	3.62	491.93	466.08	25.85
1989	111.29	68.18	39.84	3.27	579.63	501.93	77.70
1990	99.01	57.54	38.07	3.40	621.90	519.41	102.49
1991	104.90	60.64	40.06	4.20	608.08	505.15	102.93
1992	113.60	69.24	40.26	4.10	655.89	515.18	137.56
1993	152.95	74.44	74.03	4.48	697.86	546.50	151.36
1994	174.86	75.09	89.55	10.22	734.25	586.94	143.85
1995	173.58	71.97	89.85	11.76	785.12	625.56	159.56
1996	167.10	63.79	90.68	12.63	832.66	658.96	170.11
1997	180.27	69.14	97.69	13.43	881.49	695.86	182.18
1998	187.91	76.13	100.44	11.34	844.35	657.08	187.27
1999	205.50	88.00	108.18	9.26	898.80	701.00	197.75
2000	219.10	92.30	116.30	10.50	1041.20	828.60	211.80
2001	225.30	89.70	121.90	13.70	1090.10	869.70	220.30
2002	236.80	92.70	130.70	13.40	1132.00	900.50	231.40
2003	222.06	85.74	122.14	14.18	1218.22	976.18	241.91
2004	290.24	108.63	155.28	26.33	1441.39	1171.39	269.84
2005	323.12	113.22	178.98	30.92	1604.31	1280.75	323.35
2006	354.24	122.20	199.47	32.57	1798.35	1414.03	384.12

15-7 邮电业务基本情况

Basic Conditions of Post and Telecommunications Services

指标	Item	2005	2006
邮电业务总量(万元)	Business Volume of Post and Telecommunications Service(10 000 yuan)	1997246	2545460
邮政业务总量	Business Volume of Post Service	89351	98860
电信业务总量	Business Volume of Telecommunications Service	1907895	2446600
函件(万件)	Number of Letters(10 000 pcs)	3143	4273
包件(万件)	Number of Parcels(10 000 pcs)	151	140
特快专递(万件)	Pieces of Express Mail Services(10 000 pcs)	251	272
报刊期发数(万份)	Number of Newspapers and Magazines Circulation(10 000 copies)	194	215
长途电话(万次)	Number of Long distance Calls(10 000 times)	49600	34500
本地电话年末用户(万户)	Local Telephone Subscribers at Year-end (10 000 subscribers)	542	541
年末市内电话用户(万户)	Local(Urban)Telephone Subscribers at Year-end (10 000 subscribers)	434.0	425.9
# 住宅电话用户	Residential Telephone Subscribers	345.5	334.1
年末农村电话用户(万户)	Number of Rural Telephones Subscribers at Year-end (10 000 subscribers)	107.9	114.8
年末移动电话用户(万户)	Number of Mobile Telephones Subscribers at Year-end (10 000 subscribers)	712.3	874.1
年末互联网用户(万户)	Number of Subscribers of Internet Service at Year-end (10 000 subscribers)	106.1	143.2
邮电局所(处)	Number of Post &Telecommunications Offices(unit)	1743	1711
邮路总长度(公里)	Length of Postal Routes (km)	60713	58523
# 汽车邮路	Highway Routes	43895	44027
铁路邮路	Railway Routes	6196	5946
长话电路(路)	Number of Long-distance Telephone Lines(line)	364200	451770
局用交换机容量(万门)	Capacity of Office Telephone Exchanges(10 000 lines)	430.5	427.8
中央国有	Central State-owned	430.5	427.8
地方国有	Local State-owned		
电话机(含移动电话)(万部)	Number of Telephone Sets(10 000 units)	1254.3	1415.0
中央国有	Central State-owned	1254.3	1415.0
地方国有	Local State-owned		

注：邮电业务总量按2000年不变价格计算。

a)The business volume of post and telecommunications is calculated at 2000 constant prices.

15-8 城乡邮电局所和电话机数

Number of Post and Telecommunications Office and Telephones

年份 Year	邮电局所（处） Number of Telecommunications Offices (unit)	城市 Urban	乡村 Rural	每万人口中邮电局所（处） Number of Post and Telecoms Offices per 10 000 Person (unit)	本地网电话机部数（万部） Number of Telephone in Local Network (10 000 set)	城市本地网 Urban	乡村本地网 Rural	每万人口中电话机数（部） Number of Telephones per 10 000 persons (set)
1949	114	100	14	0.19	0.04		0.04	0.66
1952	353	330	23	0.49	0.04		0.04	0.56
1957	563	149	414	0.60	1.03	0.90	0.13	18.71
1958	799	308	481	0.82	1.31	1.17	0.14	25.69
1965	951	161	790	0.73	3.33	2.23	1.10	13.88
1970	1111	216	895	0.75	2.07	1.49	0.58	15.13
1975	835	151	684	0.48	2.66	1.98	0.68	14.59
1978	857	163	694	0.48	3.10	2.36	0.74	17.00
1979	1513	206	1307	0.82	5.87	4.16	1.71	31.70
1980	1515	212	1303	0.81	6.04	4.34	1.70	32.19
1981	1519	212	1307	0.80	6.13	4.57	1.56	32.21
1982	1520	218	1302	0.78	6.47	4.97	1.50	33.32
1983	1517	216	1301	0.77	6.98	5.46	1.52	35.44
1984	1545	232	1313	0.78	7.63	6.14	1.49	38.28
1985	1603	232	1371	0.80	8.51	7.00	1.51	42.21
1986	1634	254	1380	0.80	9.07	7.56	1.51	44.45
1987	1615	229	1386	0.78	10.31	8.71	1.60	49.89
1988	1632	236	1396	0.78	12.67	10.98	1.69	60.51
1989	1636	232	1404	0.77	14.70	12.81	1.89	69.27
1990	1638	225	1413	0.76	16.83	14.80	2.03	77.82
1991	1645	230	1415	0.75	18.48	16.34	2.14	84.62
1992	1648	228	1420	0.75	21.18	18.66	2.52	95.98
1993	1651	233	1418	0.74	28.05	25.08	2.97	125.65
1994	1765	247	1518	0.78	62.47	59.51	2.96	276.35
1995	1804	419	1385	0.79	65.89	63.59	2.26	289.94
1996	1831	424	1407	0.80	85.98	85.07	0.91	374.60
1997	1837	407	1430	0.79	105.64	89.44	16.20	454.23
1998	1815	414	1401	1.20	150.08	128.66	21.42	640.05
1999	1739	413	1326	0.74	155.26	127.63	27.63	657.35
2000	1728	417	1311	0.73	206.90	166.35	40.55	872.11
2001	1671	446	1215	0.70	258.00	203.00	55.00	1087.51
2002	1671	521	1150	0.70	311.20	242.60	68.60	1308.64
2003	1678	551	1127	0.71	430.04	345.09	84.95	1807.19
2004	1672	559	1113	0.70	501.96	399.86	102.10	2107.30
2005	1743	600	1143	0.73	541.90	433.98	107.92	2270.78
2006	1711	615	1096	0.72	540.83	425.91	114.86	2260.49

15-9 邮电业务量
Telecommunications Services

年份 Year	邮电业务总量(万元) Business Volume of post & Telecommunications (10 000 yuan)	邮政业务总量 Business Volume of Post	电信业务总量 Business Volume of Telecommunications	邮电业务总量指数(1978年=100) Index of Business Volume of Post & Telecommunications(1978=100)	函件(万件) Number of Letters (10 000 pcs)	特快专递(万件) Pieces of Express Mail Services (10 000 pcs)	报刊期发数(万份) Newspapers & Magazines Circulation (10 000 copies)
1978	7515			100	6658		253
1980	8216			109	7146		329
1985	11471			153	9416		605
1986	11953			159	9589		507
1987	14436			192	9778		596
1988	17119			228	9946	1	515
1989	18652			248	8637	1	342
1990	21194	7373	13821	282	8080		
1991	25096	8126	16970	334	7782	3	419
1992	32195	10093	22102	428	8001	9	412
1993	46809	11866	34943	623	9539	28	560
1994	69688	15317	54371	927	10858	55	567
1995	96552	19031	77521	1284	16728	95	486
1996	128846	21677	107169	1714	10277	153	625
1997	174001	25413	148588	2314	9479	157	650
1998	247762	29003	218759	3295	8521	115	408
1999	391291	34591	356700	5204	8332	100	341
2000	562463	59463	523000	7481	9677	111	395
2001	580521	76007	504515	10956	12249	147	268
2002	903848	80448	823400	17058	14002	167	249
2003	1085474	85115	1000359	20486	22066	205	249
2004	1566250	86250	1480000	20842	6229	230	218
2005	1997246	89351	1907895	26577	3143	251	194
2006	2545460	98860	2446600	33872	4273	272	215

注：邮电业务总量2000年及以前按1990年不变价格计算，2001年以后按2000年价格计算。

a)Business Volume of Post and telecommunications before 2000 is calculated at 1990 constant Prices,and after 2001 it is calculated at 2000 constant Prices.

15-9 续表 1 continued

年 份 Year	集邮业务 (万元) Philately (10 000 yuan)	长途电话 (万次) Number of Long Distance Telephone Calls(10 000 times)	无线寻呼用户 (户) Number of Subscribers of Pageing Service (subscriber)	移动电话用户 (户) Number of Mobile Telephone Subscribers (subscriber)	国际互联网络用户 (户) Number of Subscribers of Internet Service (subscriber)
1978		451			
1980		495			
1985		792			
1986		856			
1987		923	175		
1988	287	1100	558		
1989		1071	1120		
1990	1373	1257	1747		
1991	2149	1722	3799	70	
1992	3959	2615	8246	636	
1993	4829	4856	24549	2298	
1994	4944	7623	52794	8351	
1995	4935	10422	102653	21852	
1996	6248	14349	179383	52388	25
1997	10173	15686	300692	127630	382
1998	11158	17429	420108	258881	1454
1999	10024	19101	530011	533000	10306
2000	7830	21088	780008	1153000	56556
2001	11768	22160	430000	2090000	161420
2002	12527	23358	315000	3172000	330133
2003	7095	23696	104000	4790500	547046
2004	4833	51408	51500	5945700	824000
2005	4996	49600	3000	7123000	1061143
2006	4136	34500	1467	8741300	1432319

15-9 续表 2 continued

年 份 Year	本地电话年末用户（户） Number of Subscribers of Local Telephone at Year-end (subscribers)	城市电话用户 Number of Urban Telephone Subscribers	# 住宅电话 Residential Telephone Subscribers	乡村电话用户 Rural Telephone Subscribers	# 住宅电话 Residential Telephone Subscribers	公用电话（户） Public Telephone (Subscribers)
1978	30991	23561		7430		218
1980	60483	43435		17048		95
1985	86230	71101	733	15129	87	317
1986	97947	82004	2096	15943	156	386
1987	110409	93869	3047	16540	366	436
1988	127372	109781	6484	17591	484	467
1989	147108	128187	24732	18921	398	391
1990	168328	147964	32003	20364	518	278
1991	184856	163414	41193	21442	1785	376
1992	211796	186574	64151	25222	3319	679
1993	280512	250772	118788	29740	6139	1480
1994	440361	409220	265776	31141	10482	2958
1995	658577	635945	441383	22632	10586	6887
1996	859754	850652	615126	9102	3349	11759
1997	1056355	894372	697425	161983	118986	20400
1998	1254391	1040109	845015	214282	172736	32451
1999	1552582	1276323	1027119	276259	236006	41271
2000	2069000	1664000	1339000	405000	358000	48039
2001	2580000	2030000	1620000	550000	490000	70000
2002	3112000	2426000	1884000	686000	616000	74000
2003	4300400	3450900	2607300	849500	765400	168063
2004	5019600	3998600	3223000	1021000	823300	268800
2005	5420000	4340000	3455000	1079000	824000	382600
2006	5408300	4259700	3341200	1148600	1066500	430500

15-10 年末邮电局所数及邮递线路

Postal and Telecommunications Services Facilities(Year-end)

年份 Year	邮电局所(处) Number of Post and Telecommunications Offices (unit)	信筒信箱(处) Number of Post Boxes (unit)	邮路总长度(公里) Length of Postal Routes (km)	# 汽车邮路 Highway Routes	# 铁路邮路 Railway Routes	农村投递线路(公里) Rural Delivery Routes (km)
1978	857		94978	19250	2674	
1980	1515	3220	70944	35115	5740	
1985	1603	3557	59292	36174	6726	117800
1986	1634	3554	60831	37480	7023	110363
1987	1615	3671	60591	36485	7174	111786
1988	1632	3721	59203	35843	7024	110093
1989	1636	3637	63017	36037	7025	116686
1990	1638	3549	64495	36666	6802	109926
1991	1645	3600	67048	37235	6772	108231
1992	1648	3496	66966	37230	6772	107295
1993	1651	3590	66139	36401	6772	105501
1994	1765	3561	67551	39339	7050	101706
1995	1804	3576	68751	41030	6929	102757
1996	1831	3641	68873	43729	6929	104694
1997	1837	3616	71006	45955	6623	103991
1998	1815	3471	69261	44286	5936	107262
1999	1739	3059	64183	43747	5173	107280
2000	1728	3096	63759	43232	5514	106539
2001	1671	4502	72499	42969	5838	111394
2002	1671	3478	62307	42558	5764	111395
2003	1678	3022	62344	42799	5764	111636
2004	1672	5541	57762	43074	5699	110812
2005	1743	8630	60713	43895	6196	109398
2006	1711	8767	58523	44027	5946	109635

15-11 年末电信电路及长途电信线路

Line of Telecommunications Facilities(Year-end)

年 份 Year	长话业务电路 (路) Long Distance Telephone Lines(line)	# 光缆电路 Optical Cable Lines	# 数字电路 Digital Lines	长途光缆线路长度 (公里) Length of Long Distance Optical Cable Lines(km)
1990	1736			
1991	2349	351		309
1992	3191	611	881	309
1993	6593	1663	2154	950
1994	10043	4230	1658	3274
1995	11669	6765	8578	8074
1996	17174	13760	15920	9282
1997	19199	17220	18833	9846
1998	30569	27320	30559	11416
1999	26053		26053	11625
2000	48309		48309	16420
2001	84036		84036	15890
2002	166749		166749	25018
2003	247110		247110	28597
2004	213030		213030	31114
2005	364200		364200	35400
2006	451770		451770	38031

15-12 邮电通信水平

Level of Postal and Telecommunications Services

指 标	Item	1995	2000	2005	2006
全区邮电通信水平	**Autonomous Regional Level**				
平均每人每年发函件数(件)	Annual Average Number of Letters Mailed per Capita(piece)	4.72	4.09	1.32	1.76
平均每百人每年订报刊数(份)	Annual Average Number of Newspaper and Magazine Subscribed per 100 Persons(copy)	21.39	16.69	8.13	8.99
平均每百人拥有本地网电话机部数(部)	Number of Local Telephone Sets Owned per 100 Persons(set)	2.90	8.75	22.7	22.6
农村邮电通信水平	**Rural Level**				
设有邮电局、所的乡(镇)比重(%)	Percentage of Townships with Post and Telephone Communications Offices(%)		100	100	100
通电话的乡(镇)比重(%)	Percentage of Townships with Telephone Communication(%)	94.20	100	100	100
进入长话自动网的乡(镇)比重(%)	Percentage of Townships with Connected Autoexchange Net of Long Distance Call(%)	37.60	100	100	100

15-13 电信设备年末拥有量

Telecommunications Facilities at the Year-end

年 份 Year	长途自动交换机容量(路端) Capacity of Long-distance Telehone Exchanges (circuit)	本地电话局用交换机容量(门) Capacity of Local-office Telehone Exchanges (line)	# 中央国有 Central State-owned	# 地方国有 Local State-owned	电话机(部) Number of Telephone (set)	# 中央国有 Central State-owned	# 地方国有 Local State-owned
1978		50830	312180	19550	99636	42726	56910
1980		104050	60450	43600	106473	74235	32238
1985		156280	108230	48050	156929	128360	28569
1986		163960	113930	50030	181936	149191	32745
1987		179070	128820	50250	164123	129670	34453
1988	200	193155	141190	51965	232159	194589	37570
1989	1560	222675	169540	53135	266627	226723	39904
1990	1560	241305	188020	53285	296601	253525	43076
1991	2249	268605	212950	55655	329689	283773	45916
1992	5342	351793	251230	100563	363537	312632	50905
1993	9906	449154	358984	90170	454013	398342	55671
1994	25895	682979	618964	64015	624729	595081	29648
1995	68127	1059151	1029828	29323	854869	838265	16604
1996	70336	1284301	1260288	24013	1100640	1088151	12489
1997	81050	1554614	1226356	328258	1313097	1063609	249488
1998	92200	1889691	1508344	381347	1500674	1200539	300135
1999	94200	2119776	1769500	350276	2086000	1748959	337041
2000	96320	2543000	2122789	420211	3222000	2577600	644400
2001	110000	3034400	3034400		4670000	4670000	
2002	137060	3463000	3463000		6284000	6284000	
2003	68640	3705538	3705538		9090500	9090500	
2004	74000	7224000	7224000		10966000	10966000	
2005	79211	4304500	4304500		12543000	12543000	
2006	158974	4277900	4277900		14149600	14149600	

主要统计指标解释

铁路营业里程 又称营业长度(包括正式营业和临时营业里程),指办理客货运输业务的铁路正线总长度。凡是全线或部分建成双线及以上的线路,以第一线的实际长度计算;复线、站线、段管线、岔线和特殊用途线以及不计算运费的联络线都不计算营业里程。铁路营业里程是反映铁路运输业基础设施发展水平的重要指标,也是计算客货周转量、运输密度和机车车辆运用效率等指标的基础资料。

铁路正线延展里程 指正线第一线、第二线、第三线和其他正线建筑里程之和,不包括站线、段管线、岔线及特殊用途线的延展里程。它是作为计算铁路上钢轨、枕木及路基砂石需要量的主要依据。

铁路电气化里程 指在全部铁路营业里程中已安装了供电线路及设备,可以供电力机车牵引列车运行的区段的总里程。

铁路自动、半自动闭塞里程 为保证列车安全运行,在一个区间、同一时间内,一般只允许一列列车运行,这种保证列车在这个区间安全间隔运行的技术方法称为"闭塞"。自动和半自动闭塞里程是指装有列车自动或人工完成闭塞状态的铁路设备里程。自动或半自动闭塞里程占铁路营业里程的比重是反映铁路现代化的重要标志之一。

公路里程 指在一定时期内实际达到《公路工程技术标准 JTJ01-88》规定的等级公路,并经公路主管部门正式验收交付使用的公路里程数。包括大中城市的郊区公路以及通过小城镇街道部分的公路里程和桥梁、渡口的长度,不包括大中城市的街道、厂矿、林区生产用道和农业生产用道的里程。两条或多条公路共同经由同一路段,只计算一次,不得重复计算里程长度。它是反映公路建设发展规模的重要指标,也是计算运输网密度等指标的基础资料。

内河航道里程 也称内河通航里程,指在一定时期内,能通航运输船舶及排筏的天然河流、湖泊水库、运河及通航渠道的长度。包括全年季节性通航累计三个月以上的航道,不包括仅供零散流放竹、木排的河道。它是内河水运网规模、水平和发展情况的主要指标。

民用航空线里程 指民航运输定期班机飞行的航线长度的总和。航线长度按机场之间的距离计算,通常有两种计算方法:一是将每条航线长度相加称为重复计算航线里程;二是将两线或两条以上航线经过同一区段里程,只计算一次航线长度称为不重复计算航线里程,一般常用的是后者,它能确切反映民航运输网的规模,是表明民航事业为国民经济服务和方便人民生活程度的主要指标。

输油(气)管道长度 也称输油(气)里程,指油品(或天然气)的实际输送距离,一般按输油(气)管道的单线长度计算。若包括复线和备用线长度则称为输油(气)管道延展长度,是指管道铺设的实际长度。我们通常使用的是不包括复线的"输油(气)管道里程",它是反映管道运输发展规模和水平的主要指标。

货(客)运量 指在一定时期内,各种运输工具实际运送的货物(旅客)数量。它是反映运输业为国民经济和人民生活服务的数量指标,也是制定和检查运输生产计划、研究运输发展规模和速度的重要指标。货运按吨计算,客运按人计算。货物不论运输距离长短、货物类别,均按实际重量统计。旅客不论行程远近或票价多少,均按一人一次客运量统计;半价票、小孩票也按一人统计。

货(客)运密度 指在一定时期内某种运输方式在营运线路的某一区段平均每公里线路通过的货物(旅客)运输周转量。计算公式为:

货(客)运密度=货物(旅客)周转量/营业线路长度

货(客)运密度是反映交通运输线路上货物(旅客)运输量运输繁忙程度的主要指标,是平衡运输线路运输能力和通过能力,规划线路建设及改造、配备技术设备,研究运输网布局的重要依据。

货物(旅客)周转量 指在一定时期内,由各种运输工具运送的货物(旅客)数量与其相应运输距离的乘积之总和。它是反映运输业生产总成果的重要指标,也是编制和检查运输生产计划,计算运输效率、劳动生产率以及核算运输单位成本的主要基础资料。计算货物周转量通常按发出站与到达站之间的最短距离,也就是计费距离计算。计算公式为:

货物(旅客)周转量=Σ货物(旅客)运输量×运输距离

铁路货车平均静载重 指铁路货车在始发站静止状态下平均每年装载的货物重量,用以分析货车完成装车时车辆载重力的利用情况。计算公式为:

货车平均静载重=货物发送吨数/装车数

静载重的多少取决于运送货物的性质、种类、车辆的类型和装载技术的高低。根据货车的平均标记载重与静载重进行对比,可以反映货车载重能力的利用程度。计算公式为:

货车载重力利用率(%)=货车平均静载重/货车平均标记载重×100%

铁路货运机车日产量 指在一定时期内,平均每台货运机车在一昼夜内所完成的总重吨公里数,包括载运货物的重量和车辆本身的自重。它从时间和牵引能力两方面反映了机车运用效率。计算公式为:

货运机车平均日产量=货运总重吨公里数/货运机车台日数

邮电业务总量 指以价值量形式表现的邮电通信企业为社会提供各类邮电通信服务的总数量。邮电业务量按专业分类包括函件、包件、汇票、报刊发行、邮政快件、特快专递、邮政储蓄、集邮、公众电报、用户电报、传真、长途电话、出租电路、市话无线寻呼、移动电话、分组交换数据通信、出租代维等。计算方法为各类产品乘以相应的平均单价(不变价)之和,再加上出租电路和设备、代用户维护电话交换机和线路等的服务收入。它综合反映了一定时期邮电业务发展的总成果,是研究邮电业务量构成和发展趋势的重要指标。计算公式为:

邮电业务总量=Σ(各类邮电业务量×不变单价)+出租代维及其他业务收入

无线寻呼电话用户 指携带小型寻呼机、接收市话用户通过无线寻呼中心，在规定范围内向其发出声音、数字或文字显示信息的用户。在寻呼台办理登记手续的无线寻呼用户，每一部寻呼机按一户计算。

移动电话用户 指在移动电话营业部门登记，通过移动电话交换机进入电话网、占有移动电话号码的电话用户。用户数量以实际办理登记手续进入邮电部门移动电话网的户数进行计算，一部或一台移动电话统计为一户。

电话用户 指接入国家公众固定资产电话网，并按固定电话业务进行经营管理的电话用户。1997 年以前，电话用户分为市内电话用户和农村电话用户。市内电话用户是指接入县城及县以上城市电话网上的电话用户；农村电话用户是指接入县邮电局农话台及县以下农村电话交换点，以县城为中心(除市话用户外)联通县、乡(镇)、行政村、村民小组的用户。从 1997 年起，电话用户数分组调整为以用户所在区域划分为“城市电话用户”和“乡村电话用户”与过去的按市内电话和农村电话划分方法不同。而电话用户数、电话机部数统计方法不变。

住宅电话 指话机装在居民住宅里的电话，包括私人付费、公费和免费三个部分。

私人付费电话 指住宅居民自费安装并自己缴纳通话费的电话。

Explanatory Notes on Main Statistical Indicators

Length of Railways in Operation refers to the total length of the trunk line under passenger and freight transportation (including both full operation and temporary operation) . The calculation is based on the actual length of the first line even if this line has a full or partial double track or more tracks, excluding double tracks, station sidings, tracks under the charge of station, branch lines, special purpose lines and the non payable connecting lines, The length of railways in operation is an important indicator to show the development of the infrastructure for the railway transport, and also the essential data to calculate volume of passenger freight transport, traffic density and utilization efficiency of the locomotives and carriages.

Extenuation Length of Trunk Lines refers to the sum of the first, the second, the third lines and other constructed length of the trunk railways, excluding the extenuation length of the station lines, lines under the jurisdiction of depots, sidings and lines for special purpose. It provides important information for the calculation of the needs for rails, sleepers, sand and stone for the construction of railways.

Length of Electrified Railways refers to the length of the section of railways in operation in which the power supply lines and other equipment are installed for the running of electrified locomotives. The proportion of the length of electrified railways to the total length of railways in operation is an important indicator to show the modernization of railways.

Automatic-blocking and Semi-automatic blocking Length of Railways Blocking is a spacing technique by which a section of the railway only allows one train to pass at a time, in order to ensure the traffic safety. Automatic (semiautomatic) blocking length of railways refers to railways installed with equipment to perform automatic or manual blocking of trains, the proportion of automatic/semi automatic blocking length to the total length of railways in operation is an important indicator to show the modernization of railways.

Length of Highways refers to the length of highways which are built in conformity with the grades specified by the highway engineering standard formulated by the Ministry of Communications, and have been formally checked and accepted by departments of highways and put into use. The length of highways includes that of the suburb highways at large and medium sized cities, highways passing through streets at small cities and towns, and also the length of bridges and ferries. It does not include the length of streets in big and medium sized cities and highways built for the production purpose at factories, mines, forest areas and agricultural areas. If two or more highways go the same section of the way, the length of the section is only calculated for once and no duplication is allowed. The length of highways is an important indicator to show the development of the highway construction and to provide essential information to calculate the transport network density.

Length of Navigable Inland Waterways an indicator reflecting the size and development of inland water network, it refers to the length of the natural rivers, lakes, reservoirs, canals, and ditches open to navigation during a given period, which enables the transport by ships and rafts. It includes the channels open to navigation for over an accumulative 3 months in a year, yet this does not include the river courses which are only used to float odd logs and bamboo rafts.

Length of Civil Aviation Routes refers to the length of all routes for regular civil aviation flights. There are usually two ways to calculate the distance between airports connected by the route length: One is to put the length of all air routes together, called duplicated calculation of the length of the routes, the other is not to allow the duplication in calculation when two or more routes passing the same section of aviation routes. The latter is usually used, as it can precisely show the size of the civil aviation network and indicate the extent of civil aviation serving the national economy and the people.

Length of Oil (Gas) Pipelines used as an indicator to show the development, scale and level of the pipeline transportation, it refers to the actual transport distance of oil (or gas) products, and is in general calculated in the length of single pipeline. If the length of the double pipelined and alternate pip-line is included, it is called the extension length of the oil (gas) pipelines, which indicates the actual length of the pipelines built, excluding double pipelines.

Freight (Passenger) Traffic refers to the volume of freight (passenger) transported with various means. Freight transport is calculated in tons and passenger traffic is calculated in the number of persons. Despite the type of freight and traveling distance, the freight transport is calculated in the actual weight of the goods: and despite the traveling distance and ticket price, the passenger traffic is calculated by the principle that one person can be counted only once in one travel. The passenger who travels a half price ticket or a child ticket is also calculated as one person. The freight (passenger) traffic provides a quantitative measure to show how the transport industry serves the national economy and people, and is also an important indicator for planning the transport industry and for studying the development scale and speed of the transport industry.

Freight (Passenger) Traffic Density refers to the freight(passenger) traffic volume carried by a particular means of transportation during a given period through one kilometer of a specific section of transportation route. The formula is as follows.

Freight (Passenger) Traffic Density =[Freight Ton-kilometers (Passenger-kilometers)] ÷(Length of Route in Operation)

Freight (passenger) traffic density reflects the degree of business of freight (passenger) traffic on transportation routes, and therefore provides important information for balancing transport capability, planning construction and upgrading of transport routes and studying the distribution of transport network.

Freight Ton-kilometers (Passenger kilometers) refer to the sum of the products of the volume of transported cargo(passengers) multiplying by the transport distance, usually using ton kilometer and passenger kilometer as units for measurement. Normally, the shortest distance between the departure station and the destination station (i. e, the payable distance) is the basis to calculate the freight Ton kilometers. This is an important indicator to show the total results of the transport industry, to prepare and examine the transport plan and to measure the efficiency, the labour productivity and the unit cost of transport. The formula is as follows:

Freight Ton kilometers(Passenger kilometers) = {Freight (Passenger) Traffic × Distance of Transportation}

Measuring unit: ton kilometer(person kilometer)

Static Load of Freight Cars refers to the average cargo weight as loaded by each freight car under the static condition at the departure station. It is used to show the utilization extent of the loading capacity of the freight cars. The formula is:

Static Load (ton) of Freight Car=(Tonnage of Goods Dispatched) ÷(Number of Freight Cars Loaded)

The static load of freight cars is determined by the nature and type of goods loaded, the type of vehicles, and the technique of loading. The difference between the average marked load and the static load of freight cars reflects the utilization of loading capacity of freight cars. For its calculation the following formula is applied:

Utilization Rate of Capacity of Freight Cars(%) =Σ [(Average Static Load)] ÷(Average Marked Load) ×100%

Average Daily Haul of Freight Locomotives refers to the average total ton kilometers accomplished by each freight transport locomotive over day and night during a given period of time. It includes both the weight of the goods carried and the dead weight of the train itself. It is a comprehensive indicator reflecting the locomotive efficiency in terms of both time and the pulling force.

Average Daily Haul of Freight Transport Locomotive(ton kilometer) = [(Total Ton (Kilometers of Freight)] ÷(Daily Number of Freight Transport Locomotive) .

Business Volume of Post and Telecommunications refers to the total amount of post telecommunications services, expressed in value terms, provided by the post and telecommunications departments for the society. Post and telecommunication services can be classified as letters, parcels, remittance, issue of newspapers and magazines, fast mail service, express mail service, savings deposits, stamps for collection, public and individual telegraph service, facsimiles, long distance telephone service, leasing of telephone lines, urban paging service, mobile telephone service, data transfer and transmission, etc. The accounting approach is to multiply the service products of all types with their average unit price (constant price) to get sum of business value, plus income from other services such as leasing of telephone lines and equipment, maintenance of telephone switchboards and lines on behalf of customers. This indicator reflects the overall results of post and telecommunications service during a given period, and is important to study the composition of business service and the development of post and telecommunications service.

The formula is follows:

Business Volume of Post and Telecommunications = Σ(Transaction of Post and Telecommunication Service × Constant Price) + Income from Leasing, Maintenance and other Services

Subscribers of Paging Services refer to subscribers who carry small size pagers and receive audio signals, digital signals or character signals sent out by telephone through wireless paging center within assigned area. Each pager is counted as a subscriber.

Mobile Telephone Subscribers refer to the persons who own mobile telephone number connected with the mobile telephone communication network and have registered in mobile communication enterprises. The number of subscribers is calculated only when the subscribers who have gone through all the register formalities and entered into the mobile telephone network. One mobile telephone is treated as a subscriber.

Telephones Subscribers refer to subscribers that are connected to the public line telephone network provided with telephone services. Before 1997, telephone subscribers were classified as city subscribers and village subscribers. City subscribers referred to those connected to city telephone networks in county towns and cities, while village subscribers referred to those connected to village telephone stations at and below counties. Since 1997, the classification of telephone subscribers was modified on the basis of physical location of the subscribers as "urban telephone subscribers "and" rural telephone subscribers", which is different from the previous classification of categorizing "local telephones "and "rural telephones", while the definition of total subscribers and total number of telephones remain unchanged.

Household telephone subscribers refer to telephone sets installed in the dwelling units of residents, include 3 types of payment for the service: private payment, public payment and free service.

Private-paid telephone subscribers refer to subscribers of households who pay for the installation and service of telephones.

十六 国内贸易

DOMESTIC TRADE

资料整理 王亦兵 柏丽

Arranged by Wang Yibing,Bai Li

16-1 社会消费品零售总额(按销售单位所在地和行业分)

Total Retail Sale of Consumer Goods by Location of Retailers and by Sector

单位：万元 (10 000 yuan)

年份 Year	社会消费品零售总额 Total Retail Sales of Consumer Goods	市 City	县 County	县以下 Under County Level
1978	368336	109765	173880	84691
1979	396306	115097	212109	69100
1980	443085	134370	234472	74243
1981	473558	154209	220104	102245
1982	521169	168509	184330	168330
1983	576479	213026	190936	172517
1984	682854	272508	219274	191072
1985	756373	379587	204430	172356
1986	848809	435847	226870	186092
1987	963006	493222	257461	212323
1988	1188967	615424	319333	254210
1989	1256875	674326	333493	249056
1990	1305760	718633	338223	248904
1991	1455207	847989	378809	228409
1992	1686851	978585	421058	287208
1993	2222885	1274436	520515	427934
1994	2656752	1556018	612519	488215
1995	3133114	1787351	764355	581408
1996	3644208	2046368	935855	661985
1997	4171634	2494448	987127	690059
1998	4699727	2834462	1093481	771784
1999	5326021	3274132	1212618	839271
2000	6085451	3782591	1382488	920372
2001	6959858	4408005	1549876	1001977
2002	8253061	5255468	1805237	1192356
2003	9561995	6208135	2036284	1317576
2004	11607118	7720880	2398047	1488191
2005	13441043	8992846	2785634	1662563
2006	15952651	10805915	3262828	1883908

16-1 续表 continued

单位：万元 (10 000 yuan)

年份 Year	批发零售贸易业 Wholesale and Retail Sale Trade	餐饮业 Catering Trade	制造业 Manufacturing	农业生产者 Agriculture	其他行业 Others
1978	324557	9176	18424	4500	11679
1979	349203	9873	19823	4806	12601
1980	377210	12425	26812	11745	14893
1981	395242	13436	32747	12613	19520
1982	429129	15383	40642	16000	20015
1983	468060	17180	49112	18419	23708
1984	540456	21996	64587	28201	27614
1985	639621	26309	83076	43560	34446
1986	717482	31180	83815	51319	42686
1987	822095	37134	84602	60161	50035
1988	1022036	45026	110832	72734	54327
1989	1097906	44454	121209	81943	40349
1990	1154732	46081	126464	93257	41615
1991	1277458	54716	138160	111773	49581
1992	1424440	61275	166494	138677	74718
1993	1812421	274859			135605
1994	2182469	326337			147946
1995	2558304	396339			178471
1996	2972167	472720			199321
1997	3400261	563531			207842
1998	3807265	658848			233614
1999	4284513	786023			255485
2000	4875210	941049			269192
2001	5569681	1102355			287822
2002	6609147	1348192			295722
2003	7640622	1601569			319804
2004	9207247	2026590			373281
2005	10674223	2341242			425578
2006	12637995	2843016			471640

16-2 限额以上批发和零售业、住宿和餐饮业基本情况 (2006年, 按登记注册类型分)

Basic Conditions of Enterprises above Designated Size of Wholesale and Retail Sale, Hotels and Catering Trades by Registration(2006)

指 标	Item	法人企业(个) Number of Corporation Unit(unit)	产业活动单位数(个) Number of Active Unit (unit)	从业人数(人) Persons Engaged (person)
总 计	**Total**	**1127**	**2135**	**132267**
一、批发业合计	**Wholesale Trade**	**289**	**682**	**33507**
内资企业	**Domestic Funded Enterprises**	**284**	**677**	**32952**
国有企业	State-owned Enterprises	80	280	16296
集体企业	Collective-owned Enterprises	8	27	400
股份合作企业	Cooperative Enterprises	3	10	287
联营企业	Joint Ownership Enterprises			
国有联营公司	State Joint Ownership Enterprises			
集体联营企业	Collective Joint Ownership Enterprises			
国有与集体联营企业	Joint State collective Enterprises			
其他联营企业	Other Joint Ownership Enterprises			
有限责任公司	Limited Liability Corporations	81	135	5970
国有独资企业	State funded Corporations	2	3	119
其他有限责任公司	Other Limited Liability Corporations	79	132	5851
股份有限公司	Share-holding Corporations Ltd.	18	94	6444
私营企业	Private Enterprises	93	130	3546
私营独资企业	Private-funded Enterprises	2	2	84
私营合伙企业	Private Partnership Enterprises	1	1	7
私营有限责任公司	Private Limited Liability Corporations	84	121	3117
私营股份有限公司	Private Share-holding Corporations Ltd.	6	6	338
其他企业	Other Enterprises	1	1	9
港、澳、台商投资企业	**Enterprises with Investment from Hong Kong, Macao & Taiwan**			
港澳台资合资经营	Joint-venture Enterprises (HK,Macao & Taiwan)			
港澳台资合作经营	Cooperative Enterprises (HK,Macao & Taiwan)			
港澳台商独资企业	Sole Investment from HK, Macao & Taiwan			
港澳台商投资股份有限公司	Share-holding Co.,Ltd.from HK, Macao & Taiwan			
外商投资企业	**Enterprises With Foreign Investment**	**5**	**5**	**555**
中外合资经营	Joint venture Enterprises	2	2	82
中外合作经营	Cooperation Enterprises			
外资企业	Enterprises with Sole Foreign Investment	1	1	14
外商投资股份有限公司	Share-holding Co., Ltd.with Foreign Investment	2	2	459
二、零售业合计	**Retail Trade**	**375**	**911**	**48941**
内资企业	**Domestic Funded Enterprises**	**373**	**906**	**48589**
国有企业	State-owned Enterprises	38	365	7164
集体企业	Collective-owned Enterprises	7	18	705
股份合作企业	Cooperative Enterprises	6	6	216
联营企业	Joint Ownership Enterprises			
国有联营公司	State Joint Ownership Enterprises			
集体联营企业	Collective Joint Ownership Enterprises			
国有与集体联营企业	Joint-State-collective Enterprises			
其他联营企业	Other Joint Ownership Enterprises			
有限责任公司	Limited Liability Corporations	116	234	14524
国有独资企业	State funded Corporations			
其他有限责任公司	Other Limited Liability Corporations	116	234	14524
股份有限公司	Share-holding Corporations Ltd.	33	61	8348

16-2 续表 1 continued

指标	Item	法人企业(个) Number of Corporation Unit (unit)	产业活动单位(个) Number of Active Unit (unit)	从业人数(人) Persons Engaged (person)
私营企业	Private Enterprises	172	221	17592
私营独资企业	Private funded Enterprises	15	18	677
私营合伙企业	Private Partnership Enterprises	4	5	233
私营有限责任公司	Private Limited Liability Corporations	141	185	14918
私营股份有限公司	Private Share holding Corporations Ltd.	12	13	1764
其他企业	Other Enterprises	1	1	40
港、澳、台商投资企业	**Enterprises with Investment from Hong Kong, Macao & Taiwan**	**2**	**2**	**270**
港澳台资合资经营	Joint-venture Enterprises (HK,Macao & Taiwan)	2	2	270
港澳台资合作经营	Cooperative Enterprises (HK,Macao & Taiwan)			
港澳台商独资企业	Sole Investment from HK, Macao & Taiwan			
港澳台商投资股份有限公司	Share-holding Co.,Ltd.from HK, Macao & Ttaiwan			
外商投资企业	**Enterprises With Foreign Investment**		**3**	**82**
中外合资经营企业	Joint venture Enterprises		1	41
中外合作经营企业	Cooperation Enterprises		2	41
外资企业	Enterprises with Sole Foreign Investment			
外商投资股份有限公司	Share-holding Co., Ltd.with Foreign Investment			
三、住宿业合计	**Hotels**	**195**	**220**	**25796**
内资企业	**Domestic Funded Enterprises**	**190**	**215**	**24604**
国有企业	State owned Enterprises	64	74	9898
集体企业	Collective owned Enterprises	8	8	794
股份合作企业	Cooperative Enterprises	6	7	381
联营企业	Joint Ownership Enterprises	2	3	165
国有联营公司	State Joint Ownership Enterprises	1	2	104
集体联营企业	Collective Joint Ownership Enterprises			
国有与集体联营企业	Joint State collective Enterprises			
其他联营企业	Other Joint Ownership Enterprises	1	1	61
有限责任公司	Limited Liability Corporations	34	38	5685
国有独资企业	State funded Corporations		1	125
其他有限责任公司	Other Limited Liability Corporations	34	37	5560
股份有限公司	Share holding Corporations Ltd.	8	11	1383
私营企业	Private Enterprises	66	72	6140
私营独资企业	Private funded Enterprises	21	21	1019
私营合伙企业	Private Partnership Enterprises	3	3	227
私营有限责任公司	Private Limited Liability Corporations	37	40	3992
私营股份有限公司	Private Share holding Corporations Ltd.	5	8	902
其他企业	Other Enterprises	2	2	158
港、澳、台商投资企业	**Enterprises with Investment from Hong Kong, Macao Taiwan**	**3**	**3**	**981**
港澳台资合资经营	Joint-venture Enterprises (HK,Macao & Taiwan)	3	3	981
港澳台资合作经营	Cooperative Enterprises (HK,Macao & Taiwan)			
港澳台商独资企业	Sole Investment from HK, Macao & Taiwan			
港澳台商投资股份有限公司	Share-holding Co.,Ltd.from HK, Macao & Ttaiwan			
外商投资企业	**Enterprises With Foreign Investment**	**2**	**2**	**211**
中外合资经营企业	Joint venture Enterprises	1	1	41
中外合作经营企业	Cooperation Enterprises			
外资企业	Enterprises with Sole Foreign Investment	1	1	170
外商投资股份有限公司	Share-holding Co., Ltd.with Foreign Investment			

16-2 续表 2 continued

指 标	Item	法人企业(个) Number of Corporation Unit (unit)	产业活动单位(个) Number of Active Unit (unit)	从业人数(人) Persons Engaged (person)
四、 餐饮业合计	**Catering Trade**	**268**	**322**	**24023**
内资企业	**Domestic Funded Enterprises**	**264**	**301**	**22518**
国有企业	State owned Enterprises	13	14	1719
集体企业	Collective owned Enterprises	5	5	332
股份合作企业	Cooperative Enterprises	5	7	540
联营企业	Joint Ownership Enterprises			
国有联营公司	State Joint Ownership Enterprises			
集体联营企业	Collective Joint Ownership Enterprises			
国有与集体联营企业	Joint State collective Enterprises			
其他联营企业	Other Joint Ownership Enterprises			
有限责任公司	Limited Liability Corporations	46	51	4722
国有独资企业	State funded Corporations		1	161
其他有限责任公司	Other Limited Liability Corporations	46	50	4561
股份有限公司	Share holding Corporations Ltd.	15	19	1330
私营企业	Private Enterprises	139	161	11579
私营独资企业	Private funded Enterprises	38	45	3089
私营合伙企业	Private Partnership Enterprises	8	8	408
私营有限责任公司	Private Limited Liability Corporations	84	97	7445
私营股份有限公司	Private Share holding Corporations Ltd.	9	11	637
其他企业	Other Enterprises	41	44	2296
港、澳、台商投资企业	**Enterprises with Investment from Hong Kong, Macao Taiwan**	**2**	**2**	**166**
港澳台资合资经营	Joint-venture Enterprises (HK,Macao & Taiwan)	1	1	66
港澳台资合作经营	Cooperative Enterprises (HK,Macao & Taiwan)			
港澳台商独资企业	Sole Investment from HK, Macao & Taiwan	1	1	100
港澳台商投资股份有限公司	Share-holding Co.,Ltd.from HK, Macao & Ttaiwan			
外商投资企业	**Enterprises With Foreign Investment**	**2**	**19**	**1339**
中外合资经营企业	Joint venture Enterprises			
中外合作经营企业	Cooperation Enterprises		2	137
外资企业	Enterprises with Sole Foreign Investment		12	737
外商投资股份有限公司	Share-holding Co., Ltd.with Foreign Investment	2	5	465

16-3 限额以上批发、零售贸易业商品销售总额（2006年，按行业分）

Total Sales of Enterprise above Designated Size in Wholesale & Retail Trade by Sector(2006)

单位：万元 (10 000 yuan)

指标	Item	销售总额 Total Sales	批发 Whole sale	零售 Retail
总计	**Total**	**10410537**	**6894577**	**3515960**
批发业合计	**Wholesale Trade**	**7109384**	**6169641**	**939743**
农畜产品	Workstock Products	339848	309976	29872
#谷物、豆及薯类	Cereal,Beans & Tubers			
食品、饮料及烟草制品	Food, Beverages & Tobaccos	1478983	1339754	139229
#米、面制品及食用油	Grains & Edible Oil	99572	99412	160
果品、蔬菜	Fruits & Vegetables			
肉、禽、蛋及水产品	Meat,Poultry,Eggs & Aquatic			
纺织、服装及日用品	Textile, Garment & Household	136834	90277	46557
#纺织品、针织品及原料	Textile,Kintwear			
服装	Garment			
文化、体育用品及器材	Cultural,Sports & Equipment	17733	16376	1357
医药及医疗器材	Medicines & Medical Appliances	109037	101218	7819
矿产品、建材及化工产品	Minerals,Building & Chemicals	4674224	3975357	698867
#石油及制品	Petroleum & Related Products	1164518	493016	671502
煤炭及制品	Coal & Related Products	2495069	2476452	18616
化肥	Chemical Materials	223622	223622	
机械设备、五金交电及电子产品	Machinery,Hardware,Electrics	256051	240009	16042
#汽车、摩托车及零配件	Automobile,Motorcycles & Parts	84523	80122	4401
贸易经纪与代理	Trading Brokerage & Agency	9382	9382	
其他	Others	87293	87293	
零售业合计	**Retail Trade**	**3301153**	**724936**	**2576217**
综合零售	Comprehensive Retail	492811	18449	474362
#百货	Consumer Goods	354314	12667	341647
食品、饮料及烟草制品专门零售	Food, Drink & Tobaccos	50180	10547	39633
#粮油	Grains & Edible Oil			
纺织、服装及日用品专门零售	Textile , Garment & Household	45914		45914
#纺织品及针织品	Textile & Kintwear Products			
服装	Garments	26483		26483
鞋帽	Shoes & Hats			
文化、体育用品及器材专门零售	Cultural,Sports Goods	38903	3767	35136
#文具用品	Cultural Goods			
体育用品	Sports Goods			
图书	Books	37908	3767	34141
报刊	Newspapers & Magazines			
医药及医疗器材专门零售	Medicines & Medical Appliances	26567	3571	22996
汽车、摩托车、燃料及零配件专门零售	Auto,Motorbikes,Fuel & Accessory	2295980	642343	1653637
家用电器及电子产品专门零售	Electronic Products	237169	31084	206085
#计算机、软件及辅助设备	Computers, Software	15774	98	15676
五金、家具及室内装修材料专门零售	Hardware,Furniture & Home Decoration Material	93964	11354	82610
无店铺及其他零售	Non-Shop Retail & Other Retails	19667	3823	15845

16-4 限额以上批发零售贸易业商品分类销售额

Total Sales of Enterprises above Designated Size in Wholesale and Retail Sale by Category of Main Commodities

单位：万元 (10 000 yuan)

项 目	Item	合 计 Total		批 发 Wholesale		零 售 Retail Sale	
		2005	2006	2005	2006	2005	2006
食品类	Food	1510218	1942008	1358433	1738962	151785	158605
# 肉禽蛋类	Meat, Poultry and Eggs	32898	35711	10972	9963	21926	21605
饮料类	Beverages	14418	33952	4390	21793	10028	10621
烟酒类	Tobacco and Liquor	860531	1096542	826495	1062324	34037	34700
服装、鞋帽类	Garments, Footwear and Hats	221063	272425	10452	7438	210611	210322
针、纺织品类	Knitwear and Textiles	44608	45518	10447	7426	34161	34182
化妆品类	Cosmetics	20603	22315	146	138	20457	21767
金银珠宝类	Gold, Silver and Jewelry	16119	21486			16119	16260
日用品类	Articles for Daily Use	76759	86758	15359	9788	61400	72687
# 洗涤用品类	Washing Articles	24810	20843	10036	5422	14774	13434
五金、电料类	Hardware and Electrical Materials	7749	9917	1171	2308	6578	7035
体育、娱乐用品类	Sports and Recreation Articles	4981	7169	5		4976	5010
书报杂志类	Newspapers and Magazines	61206	48190	36654	19315	24552	25506
电子出版物及音像制品类	E journal and Video Products	2225	6797			2225	5396
家用电器和音像器材类	Household Appliances and Video Appliances	194187	267829	53779	72309	140408	150482
中西药品类	Traditional Chinese and Western Medicines	110257	132271	86485	101076	23772	24818
文化、办公用品类	Cultural and Official Goods	29572	52039	10436	25139	19135	22998
家具类	Furniture	6064	9587	489	21	5575	5834
通讯器材类	Communication Appliances	46561	39153	21278	8436	25283	26705
煤炭及制品类	Coal and Related Product	1920873	2683669	1917116	2675249	3757	5117
木材及制品类	Wood and Wooden Product	109846	128848	102344	121679	7503	7503
石油及制品类	Petroleum and Related Product	1630468	2428957	686937	919932	943531	1093933
化工材料类	Raw Chemical Materials	389256	449230	389127	448867	129	
黑色金属材料类	Ferrous Metals Materials						
有色金属材料类	Nonferrous Metals						
建筑及装潢材料类	Building and Decoration Materials	60842	73442	40104	31972	20739	21376
机电产品设备类	Mechanical and Electrical Products	103759	106790	95015	93339	8744	9529
# 农机类	Agricultural Machinery	24657	33095	24657	31892		
种子饲料类	Seed and Feedstuff	10174	16289	10174	16289		
棉麻、土畜类	Cotton, Hemp and Local livestock	21	222		220	21	2

16-5 星级住宿业经营情况
Business of Star-ranking Hotels

单位：万元 (10 000 yuan)

指标	Item	营业额 Business Revenue	#客房收入 Revenue from Hotel Rooms	#餐费收入 Revenue from Meals	#商品销售收入 Revenue from Commodities
总　计	**Total**	**173971**	**81476**	**81490**	**3588**
按国民经济行业分组	**Grouped by Sector**				
旅游饭店	Tourist Hotel	149835	68989	71209	2647
一般旅馆	General Hotel	22825	11896	9610	907
其他住宿服务	Others	1311	591	671	34
按地区分	**By Region**				
呼和浩特市	Hohhot City	65790	31061	31064	452
包　头　市	Baotou City	33508	14375	16073	826
呼伦贝尔市	Hulunbeier City	16108	8032	6981	752
兴　安　盟	Xingan League	3283	1486	1677	
通　辽　市	Tongliao City	12838	6448	5786	407
赤　峰　市	Chifeng City	9671	4846	4692	73
锡林郭勒盟	Xilinguole League	8603	4711	3235	128
乌兰察布市	Wulanchabu City	6522	3151	2617	509
鄂尔多斯市	Erdos City	9225	3816	5008	368
巴彦淖尔市	Bayannaoer City	1588	799	659	74
乌　海　市	Wuhai City	6141	2445	3340	
阿　拉　善　盟	Alashan League	694	306	359	

16-6 餐饮业销售情况(2006年)
Catering Trade(2006)

单位：万元 (10 000 yuan)

指标	Item	营业收入 Business Revenue	#商品零售额 Retail Sales of Commodities
总 计	**Total**	**2801958**	**2781266**
按限额标准分	**By Size of Enterprises**		
限额以上企业	Above Designated Size	173954	153262
正餐服务	Dinner Services	162253	141561
快餐服务	Fast Food Services	11701	11701
饮料及冷饮服务	Cold/Ice drink,Icecream/Ice Lolly Services		
其他餐饮服务	Others		
限额以下企业	Below Designated Size	2628004	2628004
按地区分	**By Region**		
呼和浩特市	Hohhot City	832743	825615
包　头　市	Baotou City	694198	692993
呼伦贝尔市	Hulunbeier City	200040	197277
兴　安　盟	Xingan League	72378	72166
通　辽　市	Tongliao City	149317	149317
赤　峰　市	Chifeng City	187568	187205
锡林郭勒盟	Xilinguole League	94100	94100
乌兰察布市	Wulanchabu City	119180	118294
鄂尔多斯市	Erdos City	282679	276021
巴彦淖尔市	Bayannaoer City	80566	80427
乌　海　市	Wuhai City	52613	52053
阿 拉 善 盟	Alashan League	36577	35800

16-7 限额以上批发零售贸易企业资产及负债(2006年,按登记注册类型分)

Assets and Liability of Enterprises above Designated Size in Whole sale and Retail Sale by Registration(2006)

单位：万元 (10 000 yuan)

指 标	Item	资产合计 Total Assets	# 流动资产 Circula -ting Funds	# 固定资产 Fixed Asset	负债合计 Total Liabi- lities
总 计	**Total**	**4607356**	**3230330**	**761024**	**3085710**
一、批发业合计	**Wholesale Trade**	**3150875**	**2315929**	**459564**	**2101375**
内资企业	**Domestic-Funded Enterprises**	**3079951**	**2253471**	**453910**	**2032281**
国有企业	State-owned	1705677	1328623	184943	1028747
集体企业	Collective owned	21209	19992	1187	20494
股份合作企业	Cooperative	37165	24579	3065	30871
联营企业	Joint Ownership				
国有联营公司	State Joint Ownership				
集体联营企业	Collective Joint Ownership				
国有与集体联营企业	Joint State collective				
其他联营企业	Other Joint Ownership				
有限责任公司	Limited Liability Co.	660401	434921	166911	463069
国有独资企业	State funded	91528	88140	1856	86683
其他有限责任公司	Other Limited Liability Co.	568872	346782	165055	376386
股份有限公司	Share holding Co. Ltd.	338746	210484	63503	257984
私营企业	Private Enterprises	316580	234739	34262	230999
私营独资企业	Private funded	7754	5581	1826	6180
私营合伙企业	Private Partnership	1374	1374		863
私营有限责任公司	Private Limited Liability Co.	292970	220365	28909	214676
私营股份有限公司	Private Share holding Co. Ltd.	14482	7419	3527	9281
其他企业	Other Enterprises	173	134	39	118
港、澳、台商投资企业	**Enterprises with Investment from Hong Kong, Macao & Taiwan**				
港澳台资合资经营	Joint-venture				
港澳台资合作经营	Cooperative				
港澳台商独资企业	Sole Investment				
港澳台商投资股份有限公司	Share-holding Co.Ltd.				
外商投资企业	**Enterprises With Foreign Investment**	**70924**	**62458**	**5654**	**69094**
中外合资经营企业	Joint venture	1093	1023	70	1157
中外合作经营企业	Cooperation				
外资企业	Enterprises with Sole	1250	1235		839
外商投资股份有限公司	Share-holding Co. Ltd.	68581	60200	5584	67097

16-7 续表 continued

单位：万元 (10 000 yuan)

指标	Item	资产合计 Total Assets	# 流动资产 Circulating Funds	# 固定资产 Fixed Asset	负债合计 Total Liabilities
二、零售业合计	**Retail Trade**	**1456481**	**914401**	**301460**	**984335**
内资企业	**Domestic Funded Enterprises**	**1447421**	**907186**	**300739**	**975363**
国有企业	State owned	206955	87583	80726	188679
集体企业	Collective owned	12704	11541	1111	11801
股份合作企业	Cooperative	9250	5421	3498	1997
联营企业	Joint Ownership				
国有联营公司	State Joint Ownership				
集体联营企业	Collective Joint Ownership				
国有与集体联营企业	Joint State collective				
其他联营企业	Other Joint Ownership				
有限责任公司	Limited Liability Co.	365635	257023	65656	271373
国有独资企业	State funded				
其他有限责任公司	Other Limited Liability Co.	365635	257023	65656	271373
股份有限公司	Share holding Co. Ltd.	221409	137453	53919	133868
私营企业	Private Enterprises	631017	407850	95779	367335
私营独资企业	Private funded	15399	11398	2241	11790
私营合伙企业	Private Partnership	1359	616	697	514
私营有限责任公司	Private Limited Liability Co.	582570	370320	88296	341349
私营股份有限公司	Private Share holding Co. Ltd.	31689	25517	4546	13683
其他企业	Other Enterprises	450	315	49	310
港、澳、台商投资企业	**Enterprises with Investment from Hong Kong, Macao & Taiwan**	**9060**	**7216**	**722**	**8972**
港澳台资合资经营	Joint-venture	9060	7216	722	8972
港澳台资合作经营	Cooperative				
港澳台商独资企业	Sole Investment				
港澳台商投资股份有限公司	Share-holding Co.Ltd.				
外商投资企业	**Enterprises With Foreign Investment**				
中外合资经营企业	Joint venture				
中外合作经营企业	Cooperation				
外资企业	Enterprises with Sole				
外商投资股份有限公司	Share-holding Co. Ltd.				

16-8 限额以上批发、零售贸易企业资产及负债(2006年,按行业分)

Assets and Liability of Enterprises above Designated Size in Wholesale and Retail by Sector(2006)

单位：万元 (10 000 yuan)

指标	Item	资产合计 Total Assets	#流动资产 Circulating Funds	#固定资产 Fixed Asset	负债合计 Total Liabilities
总 计	**Total**	**4607356**	**3230330**	**761024**	**3085710**
批发业合计	**Wholesale Trade**	**3150875**	**2315929**	**459564**	**2101375**
农畜产品	Workstock Products	433647	342717	51898	361294
#谷物、豆及薯类	Cereal,Beans & Tubers				
食品、饮料及烟草制品	Food, drink & Tobaccos	680716	381616.4	214744	357106
#米、面制品及食用油	Grains & Edible Oil	142615	120508	18853	130416
果品、蔬菜	Fruits & Vegetables				
肉、禽、蛋及水产品	Meat,Poultry,Eggs & Aqui- Products				
纺织、服装及日用品	Textile,Garment & Household Goods	73245	64045	6398	70468
#纺织品、针织品及原料	Textile,Kintwear & Material				
服装	Garment				
文化、体育用品及器材	Cultural,Sports Goods & Equipment	53463	25406	22370	25764
医药及医疗器材	Medicines & Medical Appliances	40745	35199	3312	34492
矿产品、建材及化工产品	Minerals,Building Materials & Chemicals	1746215	1386564	143179	1175673
#石油及制品	Petroleum & Related Products	232360	74005	87617	153463
煤炭及制品	Coal & Related Products	647787	571076	41235	535114
化肥	Chemical Materials	169084	161865	6605	158572
机械设备、五金交电及电子产品	Machinery, Equipment, Hardware, Electrical Products	97271	64170	14951	64439
#汽车、摩托车及零配件	Motor Vehicles,Motorcycles & Parts	44566	19320	11376	24262
贸易经纪与代理	Trading Brokerage & Agency	18540	11735	2283	8802
其他	Others	7034	4477	430	3337
零售业合计	**Retail Trade**	**1456481**	**914401**	**301460**	**984335**
综合零售	Comprehensive Retail	286032	146564	86778	198691
#百货零售	Consumer Goods	196881	88603	67880	153559
食品、饮料及烟草制品	Food, Beverages & Tobaccos Products	37281	23938	9674	25297
#粮油	Grains & Edible Oil				
纺织、服装及日用品	Textile , Garment & Household Goods	30174	12254	15749	16773
#纺织品及针织品	Textile & Kintwear Products				
服装	Garments	14084	5868	7375	9626
鞋帽	Shoes & Hats				
文化、体育用品及器材	Cultural,Sports Goods	42508	23980	11561	28443
#文具用品	Cultural Goods				
体育用品	Sports Goods				
图书	Books	41674	23277	11429	28279
报刊	Newspapers & Magazines				
医药及医疗器材	Medicines & Medical Appliances	15846	12388	2743	11250
汽车、摩托车、燃料及零配件	Auto,Motorbikes, Fuel & Spare & Accessory & Parts	767194	530741	126956	596312
家用电器及电子产品	Household Appliances & Electronic Products	98778	80800	8866	77703
#计算机、软件及辅助设备	Computers, Software & Appliances	11416	8434	2977	7041
五金、家具及室内装修材料	Hardware,Furniture and Interior Decoration Material	171806	78618	37400	26767
无店铺及其他	Non-Shop Retail & Other Retails	6862	5119	1734	3097

16-9 限额以上餐饮企业资产及负债(2006年,按登记注册类型和行业分)

Assets and Liability of Enterprises above Designated Size in Catering Trades by Registration and by Sector(2006)

单位：万元 (10 000 yuan)

指标	Item	资产合计 Total Assets	#流动资产 Circulating Funds	#固定资产 Fixed Asset	负债合计 Total Liabilities
总计	**Total**	**181189**	**53708**	**97175**	**102535**
按登记注册类型分	**By Status of Registration**				
内资企业	**Domestic Funded Enterprises**	**178496**	**52203**	**96074**	**101485**
国有企业	State owned	24100	3682	11979	8497
集体企业	Collective owned	1949	456	1412	905
股份合作企业	Cooperative	841	541	230	481
联营企业	Joint Ownership				
国有联营公司	State Joint Ownership				
集体联营企业	Collective Joint Ownership				
国有与集体联营企业	Joint State collective				
其他联营企业	Other Joint Ownership				
有限责任公司	Limited Liability Co.	43512	12781	23708	36429
国有独资企业	State funded Co.				
其他有限责任公司	Other Limited Liability Co.	43512	12781	23708	36429
股份有限公司	Share holding Co. Ltd.	8972	3558	716	2787
私营企业	Private Enterprises	85255	27896	48609	42985
私营独资企业	Private funded	12323	4105	7731	5334
私营合伙企业	Private Partnership	3246	646	1743	1113
私营有限责任公司	Private Limited Liability Co.	63655	21871	36574	35510
私营股份有限公司	Private Share holding Co. Ltd.	6031	1274	2561	1028
其他企业	Other .	13867	3289	9421	9402
港、澳、台商投资企业	**Enterprises with Investment from HK , Macao & Taiwan**	**932**	**815**	**114**	**318**
港澳台资合资经营	Joint-venture Enterprises (HK,Macao & Taiwan)	580	514	64	171
港澳台资合作经营	Cooperative Enterprises (HK,Macao & Taiwan)				
港澳台商独资企业	Sole Investment from HK, Macao & Taiwan	352	301	51	147
港澳台商投资股份有限公司	Share-holding Co.,Ltd.from HK, Macao & Ttaiwan				
外商投资企业	**Enterprises With Foreign Investment**	**1762**	**690**	**987**	**733**
中外合资经营企业	Joint venture				
中外合作经营企业	Cooperation				
外资企业	Enterprises with Sole Foreign Investment				
外商投资股份有限公司	Share-holding Co.Ltd. with Foreign Investment	1762	690	987	733
按服务业分	**By Business Categories**				
正餐服务	Dinner Services	181122	53665	97152	102529
快餐服务	Fast Food Services	67	42	23	7
饮料及冷饮服务	Cold drink Services				

16-10 限额以上批发零售贸易企业主要财务指标（2006年，按登记注册类型分）

Main Financial Indicators of Enterprises above Designated Size in Wholesale and Retail Sale by Registration(2006)

单位：万元 (10 000 yuan)

指标	Item	商品销售收入 Sales Revenue	商品销售成本 Cost of Sales	经营费用 Management Cost	商品销售税金及附加 Sales Tax & Extra Changes	商品销售利润 Total Profits
批发零售贸易业总计	**Total**	**9992552**	**8666474**	**371953**	**33508**	**1190123**
一、批发业合计	**Wholesale Trades**	**6961630**	**5947671**	**237101**	**24345**	**933883**
内资企业	**Domestic Funded Enterprises**	**6823329**	**5817360**	**235904**	**23725**	**926513**
国有企业	State owned	2129843	1766485	87972	5602	344120
集体企业	Collective owned	30702	28353	495	777	1281
股份合作企业	Cooperative	125997	106590	6782	176	19232
联营企业	Joint Ownership					
国有联营公司	State Joint Ownership					
集体联营企业	Collective Joint Ownership					
国有与集体联营企业	Joint State collective					
其他联营企业	Other Joint Ownership					
有限责任公司	Limited Liability Co.	2808317	2332985	67200	14211	431969
国有独资企业	State funded Co.	1416919	1092847	4629	8693	313747
其他有限责任公司	Other Limited Liability Co.	1391398	1240138	62571	5518	118222
股份有限公司	Share holding Corporations Ltd.	827647	760802	38274	857	65789
私营企业	Private	900291	821748	35004	2103	63988
私营独资企业	Private funded	1972	1441	188	11	390
私营合伙企业	Private Partnership	13836	8310	1065		5525
私营有限责任公司	Private Limited Liability Co.	814952	753442	31377	1794	47402
私营股份有限公司	Private Share holding Co. Ltd.	69532	58555	2374	299	10672
其他企业	Other Enterprises	531	397	176		134
港、澳、台商投资企业	**Enterprises with Investment from Hong Kong, Macao & Taiwan**					
港澳台资合资经营	Joint-venture Enterprises (HK,Macao & Taiwan)					
港澳台资合作经营	Cooperative Enterprises (HK,Macao & Taiwan)					
港澳台商独资企业	Sole Investment from HK, Macao & Taiwan					
港澳台商投资股份有限公司	Share-holding Co.,Ltd.from HK, Macao & Ttaiwan					
外商投资企业	**Enterprises With Foreign Investment**	**138301**	**130311**	**1198**	**620**	**7370**
中外合资经营企业	Joint venture	10043	9194	150	73	776
中外合作经营企业	Cooperation					
外资企业	Sole Foreign Investment	10502	9550			952
外商投资股份有限公司	Share-holding Co. Ltd.with Foreign Investment	117757	111567	1048	547	5642

16-10 续表 continued

单位：万元 (10 000 yuan)

指标	Item	商品销售收入 Sales Revenue	商品销售成本 Cost of Sales	经营费用 Manag-ement Cost	商品销售税金及附加 Sales Tax & Extra Changes	商品销售利润 Total Profits
二、零售企业合计	**Retail Sale Trades**	**3030922**	**2718803**	**134852**	**9164**	**256240**
内资企业	**Domestic Funded Enterprises**	**3026411**	**2715121**	**134852**	**9152**	**255424**
国有企业	State owned	727209	674648	52344	1206	44296
集体企业	Collective owned	29502	25636	1035	94	2903
股份合作企业	Cooperative	15921	14573	509	16	1246
联营企业	Joint Ownership					
国有联营公司	State Joint Ownership					
集体联营企业	Collective Joint Ownership					
国有与集体联营企业	Joint State collective					
其他联营企业	Other Joint Ownership					
有限责任公司	Limited Liability Co.	870268	779243	29020	3491	68311
国有独资企业	State funded Co.					
其他有限责任公司	Other Limited Liability Co.	870268	779243	29020	3491	68311
股份有限公司	Share holding Corporations Ltd.	422006	357399	20549	1444	58076
私营企业	Private	958658	860959	31374	2898	80410
私营独资企业	Private funded	19722	17543	940	91	1525
私营合伙企业	Private Partnership	5029	4617	126	6	388
私营有限责任公司	Private Limited Liability Co.	870211	783401	27106	2606	73739
私营股份有限公司	Private Share holding Co. Ltd.	63696	55399	3202	195	4757
其他企业	Other Enterprises	2848	2663	21	3	182
港、澳、台商投资企业	**Enterprises with Investment from Hong Kong, Macao & Taiwan**	**4510**	**3682**		**12**	**816**
港澳台资合资经营	Joint-venture Enterprises (HK,Macao & Taiwan)	4510	3682		12	816
港澳台资合作经营	Cooperative Enterprises (HK,Macao & Taiwan)					
港澳台商独资企业	Sole Investment from HK, Macao & Taiwan					
港澳台商投资股份有限公司	Share-holding Co.,Ltd.from HK, Macao & Ttaiwan					
外商投资企业	**Enterprises With Foreign Investment**					
中外合资经营企业	Joint venture					
中外合作经营企业	Cooperation					
外资企业	Sole Foreign Investment					
外商投资股份有限公司	Share-holding Co. Ltd.with Foreign Investment					

16-11 限额以上批发、零售贸易企业主要财务指标(2006年,按行业分)

Main Financial Indicators of Enterprises above Designated Size in Wholesale and Retail Sale by Sector(2006)

单位：万元 (10 000 yuan)

指 标	Item	商品销售收入 Sales Revenue	商品销售成本 Cost of Sales
总 计	**Total**	**9992552**	**8666474**
批发业合计	**Wholesale Trade**	**6961630**	**5947671**
农畜产品批发	Workstock Products	335704	292889
#谷物、豆及薯类批发	Cereal,Beans & Tubers		
食品、饮料及烟草制品批发	Food, Beverages & Tobaccos	1330641	1054984
#米、面制品及食用油批发	Grains & Edible Oil	94729	88464
果品、蔬菜批发	Fruits & Vegetables		
肉、禽、蛋及水产品批发	Meat,Poultry,Eggs & Aquatic Products		
纺织、服装及日用品批发	Textile Products, Garment & Household Goods	135327	128031
#纺织品、针织品及原料批发	Textile,Kintwear Products & Material		
服装批发	Garment		
文化、体育用品及器材批发	Cultural,Sports Goods & Equipment	12868	10591
医药及医疗器材批发	Medicines & Medical Appliances	83811	76704
矿产品、建材及化工产品批发	Minerals,Building Materials & Chemical Products	4731266	4081461
#石油及制品批发	Petroleum & Related Products	1133055	1041066
煤炭及制品批发	Coal & Related Products	2521845	2032940
化肥批发	Chemical Materials	223951	210672
机械设备、五金交电及电子产品批发	Machinery, Equipment,Hardware,Communication, Electrical Appliances & Products	262751	245857
#汽车、摩托车及零配件批发	Motor Vehicles,Motorcycles & Parts	90673	87312
贸易经纪与代理	Trading Brokerage & Agency	10811	8335
其他批发	Others	58451	48819
零售业合计	**Retail Trade**	**3030922**	**2718803**
综合零售	Comprehensive Retail	456589	405298
#百货零售	Consumer Goods	334922	298289
食品、饮料及烟草制品专门零售	Special Retail of Food, Beverages & Tobaccos Products	46484	40148
#粮油零售	Grains & Edible Oil		
纺织、服装及日用品专门零售	Special Retail of Textile Products, Garment & Household Goods	34896	25631
#纺织品及针织品零售	Textile & Kintwear Products		
服装零售	Garments	26702	19139
鞋帽零售	Shoes & Hats		
文化、体育用品及器材专门零售	Special Retail of Cultural,Sports Goods and Equipment	35798	28151
#文具用品零售	Cultural Goods		
体育用品零售	Sports Goods		
图书零售	Books	34803	27372
报刊零售	Newspapers & Magazines		
医药及医疗器材专门零售	Special Retail of Medicines & Medical Appliances	25688	22536
汽车、摩托车、燃料及零配件专门零售	Special Retail of Auto,Motorbikes, Fuel & Spare & Accessory & Parts	2089346	1910304
家用电器及电子产品专门零售	Special Retail of Household Appliances & Electronic Products	231576	206050
#计算机、软件及辅助设备零售	Computers, Software & Office Appliances	16214	13113
五金、家具及室内装修材料专门零售	Special Retail of Hardware,Furniture and Interior Decoration Material	92440	65049
无店铺及其他零售	Non-Shop Retail & Other Retails	18105	15637

16-11 续表 continued

单位：万元 (10 000 yuan)

指 标	Item	经营费用 Management Cost	商品销售税金及附加 Sales Tax & Extra Changes	商品销售利润 Total Profits
总 计	**Total**	**371953**	**33508**	**1190123**
批发业合计	**Wholesale Trade**	**237101**	**24345**	**933883**
农畜产品批发	Workstock Products	21584	820	39178
#谷物、豆及薯类批发	Cereal,Beans & Tubers			
食品、饮料及烟草制品批发	Food, Beverages & Tobaccos	45450	6243	257968
#米、面制品及食用油批发	Grains & Edible Oil	8054	36	1681
果品、蔬菜批发	Fruits & Vegetables			
肉、禽、蛋及水产品批发	Meat,Poultry,Eggs & Aquatic Products			
纺织、服装及日用品批发	Textile, Garment & Household Goods	1312	571	6352
#纺织品、针织品及原料批发	Textile,Kintwear Products & Material			
服装批发	Garment			
文化、体育用品及器材批发	Cultural,Sports Goods & Equipment	1171	29	2238
医药及医疗器材批发	Medicines & Medical Appliances	3326	118	6028
矿产品、建材及化工产品批发	Minerals,Building Materials & Chemical Products	155276	15358	598972
#石油及制品批发	Petroleum & Related Products	52162	1188	89376
煤炭及制品批发	Coal & Related Products	83699	12456	446698
化肥批发	Chemical Materials	7768	23	12963
机械设备、五金交电及电子产品批发	Machinery, Hardware,Electrical	6346	229	12201
#汽车、摩托车及零配件批发	Motor Vehicles,Motorcycles & Parts	1466	42	3056
贸易经纪与代理	Trading Brokerage & Agency	548	61	2415
其他批发	Others	2087	917	8532
零售业合计	**Retail Trade**	**134852**	**9164**	**256240**
综合零售	Comprehensive Retail	22071	5151	35817
#百货零售	Consumer Goods	12358	4055	24885
食品、饮料及烟草制品专门零售	Special Retail of Food, Beverages & Tobaccos Products	2661	139	5354
#粮油零售	Grains & Edible Oil			
纺织、服装及日用品专门零售	Special Retail of Textile Products, Garment & Household Goods	3907	230	8064
#纺织品及针织品零售	Textile & Kintwear Products			
服装零售	Garments	2162	150	7016
鞋帽零售	Shoes & Hats			
文化、体育用品及器材专门零售	Special Retail of Cultural,Sports Goods and Equipment	1944	225	7035
#文具用品零售	Cultural Goods			
体育用品零售	Sports Goods			
图书零售	Books	1898	172	6872
报刊零售	Newspapers & Magazines			
医药及医疗器材专门零售	Medicines & Medical Appliances	1381	72	1792
汽车、摩托车、燃料及零配件专门零售	Special Retail of Auto,Motorbikes, Fuel & Spare & Accessory & Parts	87514	2361	156916
家用电器及电子产品专门零售	Special Retail of Household Appliances & Electronic Products	11038	311	18501
#计算机、软件及辅助设备零售	Computers, Software & Office Appliances	402	70	1374
五金、家具及室内装修材料专门零售	Special Retail of Hardware,Furniture and Interior Decoration Material	3646	591	20695
无店铺及其他零售	Non-Shop Retail & Other Retails	690	85	2067

16-12 限额以上星级住宿企业主要财务指标（2006年,按登记注册类型和行业分）

Main Financial Indicators of Enterprises above Designated Size in Star-ranking Hotel by Registration and by Sector(2006)

单位：万元 (10 000 yuan)

指 标	Item	商品销售收入 Sales Revenue	商品销售成本 Cost of Sales	经营费用 Manag-ement Cost	商品销售税金及附加 Sales Tax & Extra Changes	商品销售利润 Total Profits
总 计	**Total**	**157278**	**52507**	**44777**	**7834**	**89557**
按登记注册类型分	**By Status of Registration**					
内资企业	**Domestic Funded Enterprises**	**147370.8**	**49791.8**	**41721**	**7230**	**82969**
国有企业	State owned	69305.2	21156.5	18298	3669	41942
集体企业	Collective owned	4473.6	1719.9	1640	222	2520
股份合作企业	Cooperative	2718.3	1074.3	548	130	1328
联营企业	Joint Ownership	1644	254.6	82	44	141
国有联营公司	State Joint Ownership	1299.8	58.1		37	
集体联营企业	Collective Joint Ownership					
国有与集体联营企业	Joint State collective					
其他联营企业	Other Joint Ownership	344.2	196.5	82	7	141
有限责任公司	Limited Liability Co.	29808.4	9864.1	10679	1515	16895
国有独资企业	State funded Co.					
其他有限责任公司	Other Limited Liability Co.	29808.4	9864.1	10679	1515	16895
股份有限公司	Share holding Co.Ltd.	5334.9	1665.9	2183	196	3295
私营企业	Private Enterprises	32946.4	13431.5	8136	1369	16420
私营独资企业	Private funded	5016.6	1893.3	1543	253	2298
私营合伙企业	Private Partnership	1977.5	844.8	609	48	1084
私营有限责任公司	Private Limited Liability Co.	22295.8	9973.3	5471	1013	10443
私营股份有限公司	Private Share holding Co. Ltd.	3656.5	720.1	513	55	2594
其他企业	Other	1140	625	155	85	430
港、澳、台商投资企业	**Enterprises with Investment from HK , Macao & Taiwan**	**7623.1**	**2013.8**	**2683**	**486**	**5123**
港澳台资合资经营	Joint-venture Enterprises (HK,Macao & Taiwan)	7623.1	2013.8	2683	486	5123
港澳台资合作经营	Cooperative Enterprises (HK,Macao & Taiwan)					
港澳台商独资企业	Sole Investment from HK, Macao & Taiwan					
港澳台商投资股份有限公司	Share-holding Co.,Ltd.from HK, Macao & Ttaiwan					
外商投资企业	**Enterprises With Foreign Investment**	**2284.2**	**701.6**	**373**	**117**	**1465**
中外合资经营企业	Joint venture	1764.2	565.4	120	88	1111
中外合作经营企业	Cooperation					
外资企业	Sole Foreign Investment	520	136.2	253	29	355
外商投资股份有限公司	Share-holding Co. Ltd. with Foreign Investment					
按国民经济行业分	**By Sector**					
旅游饭店	Tourist Hotel	136468.9	44112.3	38310	6792	80660
一般旅馆	General Hotel	19546.2	8027.8	6032	971	8577
其他住宿服务	Others	1263	367.1	435	72	321

16-13 限额以上餐饮企业主要财务指标 (2006年,按登记注册类型和行业分)

Main Financial Indicators of Enterprises above Designated Size in Catering Trades by Registration and by Sector(2006)

单位：万元 (10 000 yuan)

指标	Item	商品销售收入 Sales Revenue	商品销售成本 Cost of Sales	经营费用 Manag-ement Cost	商品销售税金及附加 Sales Tax & Extra Changes	商品销售利润 Total Profits
总 计	**Total**	**142542**	**71004**	**35357**	**6743**	**57222**
按登记注册类型分	**By Status of Registration**					
内资企业	**Domestic Funded Enterprises**	**138078**	**68838**	**33990**	**6514**	**55393**
国有企业	State owned	10860	5052	4262	545	4728
集体企业	Collective owned	1327	861	271	107	105
股份合作企业	Cooperative	2711	1607	512	162	565
联营企业	Joint Ownership					
国有联营公司	State Joint Ownership					
集体联营企业	Collective Joint Ownership					
国有与集体联营企业	Joint State collective					
其他联营企业	Other Joint Ownership					
有限责任公司	Limited Liability Co.	24922	11299	7308	1207	10417
国有独资企业	State funded Co.					
其他有限责任公司	Other Limited Liability Co.	24922	11299	7308	1207	10417
股份有限公司	Share holding Co.Ltd.	9277	4369	2462	353	4494
私营企业	Private Enterprises	72619	37749	15257	3354	27733
私营独资企业	Private funded	18105	9576	3756	887	6559
私营合伙企业	Private Partnership	3398	1628	639	164	1453
私营有限责任公司	Private Limited Liability Co.	46996	24501	9539	2146	17800
私营股份有限公司	Private Share holding Co. Ltd.	4120	2043	1323	156	1920
其他企业	Other	16363	7901	3919	785	7352
港、澳、台商投资企业	**Enterprises with Investment from HK , Macao & Taiwan**	**1861**	**1046**	**533**	**93**	**481**
港澳台资合资经营	Joint-venture Enterprises (HK,Macao & Taiwan)	671	275	241	34	121
港澳台资合作经营	Cooperative Enterprises (HK,Macao & Taiwan)					
港澳台商独资企业	Sole Investment from HK, Macao & Taiwan	1190	771	292	60	360
港澳台商投资股份有限公司	Share-holding Co.,Ltd.from HK, Macao & Ttaiwan					
外商投资企业	**Enterprises With Foreign Investment**	**2604**	**1120**	**834**	**136**	**1348**
中外合资经营企业	Joint venture					
中外合作经营企业	Cooperation					
外资企业	Sole Foreign Investment					
外商投资股份有限公司	Share-holding Co. Ltd. with Foreign Investment	2604	1120	834	136	1348
按国民经济行业分	**By Sector**					
正餐服务	Dinner Services	142478	70973	35341	6739	57193
快餐服务	Fast Food Services	64	31	16	4	29
饮料及冷饮服务	Cold drink Services					
其他餐饮服务	Others					

主要统计指标解释

社会消费品零售总额 指国民经济各行业直接售给城乡居民和社会集团的消费品总额。它是反映各行业通过多种商品流通渠道向居民和社会集团供应的生活消费品总量，是研究国内零售市场变动情况、反映经济景气程度的重要指标。

社会消费品零售总额包括：(1)售给城乡居民作为生活用的商品和修建房屋用的建筑材料；(2)售给社会集团的各种办公用品和公用消费品；(3)售给机关、团体、学校、部队、企业、事业单位的职工食堂和旅店(招待所)附设专门供本店旅客食用，不对外营业的食堂的各种食品、燃料；企业、单位和国营农场直接售给本单位职工和职工食堂的自己生产的产品；(4)售给部队干部、战士生活用的粮食、副食品、衣着品、日用品、燃料；(5)售给来华的外国人、华侨、港澳台同胞的消费品；(6)居民自费购买的中、西药品、中药材及医疗用品；(7)报社、出版社直接售给居民和社会集团的报纸、图书、杂志，集邮公司出售的新、旧纪念邮票、特种邮票、首日封、集邮册、集邮工具等；(8)旧货寄售商店自购、自销部分的商品；(9)煤气公司、液化石油气站售给居民和社会集团的煤气灶具和罐装液化石油气；(10)农民售给非农业居民和社会集团的商品。不包括售给国民经济各部门企业、事业单位(包括国有经济的农场)生产经营用的各种原材料、燃料、设备、工具等和售给批发零售贸易业、餐饮业作为转卖用的商品，旧货寄售商店受托寄售卖出的商品，服务业的营业收入，邮局出售邮票的收入，自来水、电力、煤气生产(供应)单位的产品供应收入，也不包括农民之间的商品销售。

批发零售贸易业商品购、销、存总额 指各种登记注册类型的批发、零售贸易业(不包括个体)企业(单位)以本企业(单位)为总体的商品购进、销售、库存总额。

商品购进总额 指从本企业(单位)以外的单位和个人购进(包括从境外直接进口)作为转卖或加工后转卖的商品总额。它反映批发零售贸易业从国内、国外市场上购进商品的总量。商品购进总额包括：(1)从工农业生产者购进的商品；(2)从出版社、报社的出版发行部门购进的图书、杂志和报纸；(3)从各种登记注册类型的批发零售贸易企业(单位)购进的商品；(4)从其他单位购进的商品，如从机关、团体、企业等单位购进的剩余物资，从餐饮业、服务业购进的商品，从海关、市场管理部门购进的缉私和没收的商品，从居民手中收购的废旧商品等；(5)从国(境)外直接进口的商品。不包括企业(单位)为自身经营用和未通过买卖行为而收入的商品以及销售退回、商品升溢等。

商品销售总额 指对本企业(单位)以外的单位和个人出售(包括对境外直接出口)的商品总额。它反映批发零售贸易业在国内市场上销售商品以及出口商品的总量。商品销售总额包括：(1)售给城乡居民和社会集团消费用的商品；(2)售给工业、农业、建筑业、运输邮电业、批发零售贸易业、餐饮业、服务业等作为生产、经营使用的商品；(3)售给批发零售贸易业作为转卖或加工后转卖的商品；(4)对国(境)外直接出口的商品。不包括出售本企业(单位)自用的废旧包装用品；未通过买卖行为付出的商品；经本单位介绍，由买卖双方直接结算，本单位只收取手续费的业务；购货退出的商品以及商品损耗和损失等。

批发零售贸易业库存 指报告期末各种登记注册类型的批发零售贸易企业(单位)已取得所有权的商品。它反映批发零售贸易企业(单位)的商品库存情况和对市场商品供应的保证程度。期末库存包括：(1)存放在批发零售贸易业经营单位(如门市部、批发站、经营处)仓库、货场、货柜和货架中的商品；(2)挑选、整理、包装中的商品；(3)已记入购进而尚未运到本单位的商品，即发货单或银行承兑凭证已到而货未到的部分，(4)寄放他处的商品，如因购货方拒绝承付而暂时存放在购货方的商品和已办完加工成品收回手续而未提回的商品；(5)委托其他单位代销(未作销售或调出)尚未售出的商品；(6)代其他单位购进尚未交付的商品。不包括所有权不属于本单位的商品、拨付除批发零售贸易业以外的其他行业所属独立核算加工厂等加工生产尚未收回成品的商品、代国家物资储备部门保管的商品等。

库存总额采用的计算价格是：农副产品采购单位按购进价计算；批发单位按进货价计算；零售单位按核算价格计算，即按什么价格核算就按什么价格计算。

餐饮业营业收入 指餐饮企业、活动单位或个体户的全部营业额，包括商品零售额和其他服务性收入。其主要反映餐饮企业、活动单位或个体户的经营情况及发展变化趋势。

餐饮业商品零售额 指餐饮企业、活动单位或个体户直接对居民和社会集团零售的各种商品。包括：（1）经烹饪、调制加工后出售的各种食品，如主食、炒菜、凉拌菜等；（2）不经加工直接转卖的各种外购商品，如卷烟、酒、饮料、熟食、水果等；（3）附设非独立核算的销售商品的小卖部出售的各种食品及其他商品。

消费品市场成交额 指从事消费品交易的商品市场的全部商品成交金额。消费品市场包括农副产品市场和工业消费品市场。

Explanatory Notes on Main Statistical Indicators

Total Retail Sales of Consumer Goods refer to the sum of retail sales of consumer goods sold by all sectors of the national economy to urban and rural residents and social groups. This indicator is used to show the supply of consumer goods through various channels to households and institutions, and is very important for the study on changes at the domestic retail market, and on economic cycles

The retail sales of consumer goods include:(1) commodities sold to urban and rural residents for their daily use and building materials sold to them for the construction or repair of houses; (2) office appliances and supplies sold to institutions; (3) food and fuels sold to canteens of institutions, enterprises, schools, military units and to canteens of hotels and hostels that only serve their guests, and commodities produced by enterprises, institutions or state farms and sold directly to their employees or their canteens; (4) grain and non staple food, clothing, daily articles and fuels sold to military personnel; (5) consumer goods sold to foreigners, overseas Chinese, and Chinese compatriots from Taiwan, Hong Kong and Macao during their stay in the mainland of China; (6) Chinese and western medicines, herbs and medical facilities purchased by residents; (7) newspapers, books and magazines directly sold to residents and social groups by publishers, new and old commemorative stamps, special stamps, first day covers, stamp albums and other stamp collection articles sold by stamp companies; (8) consumer goods purchased and then sold by second hand shops; (9) stoves and other heating facilities and liquefied gas sold by gas companies to households and institutions; and (10) commodities sold by farmers to non agricultural residents and social groups . Excluded under this heading are: raw materials, fuels, equipment, tools sold to enterprises, institutions and state farms for production purpose; commodities sold to trade establishments for reselling; commissioned sales at second hand shops; operational income of urban public utilities; stamps sold at post offices; income of water, power, gas production and supply establishments from the supply of their products; and sales of commodities among farmers.

Purchase, Sales and Stock of Commodities by Wholesale and Retail Trade refer to the purchase, sales and stock of commodities by wholesale and retail establishments of different status of registration (excluding individual sellers) .

Total Purchases of Commodities refer to the total value of purchases of commodities by the establishments from other establishments or individuals (including direct import from abroad) for the purpose of re selling, either with or without further processing of the commodities purchased. This indicator is used to show the total value of purchases of commodities by wholesale and retail establishments from domestic and overseas markets. The total purchases include: (1)agricultural and industrial products purchased from producers; (2)books, magazines and newspapers purchased from distribution departments of the publishers;(3)commodities purchased from wholesale and retail establishments of different status of registration; (4)commodities purchased from other units, such as surplus materials purchased from government agencies, enterprises or institutions, commodities purchased from catering and service establishments, confiscated goods purchased from customs authorities or market management agencies, second hand goods and wastes purchased from residents; and (5)commodities directly imported from abroad. Excluded are commodities purchased by establishments (units) for use in their own business operation, commodities obtained without buying or selling procedures, rejected commodities, etc.

Total Sales of Commodities refer to value of commodities sold by the establishments to other establishments and individuals (including direct export) . This indicator is used to show the total value of sales of commodities at domestic markets and export. The total sales include:(1) commodities sold to urban and rural residents and social groups for their consumption; (2) commodities sold to establishments in industry, agriculture, construction, transportation, post and telecommunications, wholesale and retail trades, catering trade and public utility for their production and operation; (3) commodities sold to wholesale and retail establishments for re selling, with or without further processing; and (4) commodities for direct export to other countries. Excluded are selling of waste packaging materials used by the establishments (units) themselves, commodities transferred without buying or selling procedures, commission income from brokerage in transactions whose settlement is directly handled by buyers and sellers, rejected commodities in the purchase, loss in commodities, etc.

Commodity Stock of Wholesale and Retail Enterprises refers to total commodities possessed by wholesale and retail enterprises (units) of various types of registration status at the end of the reference period, which reflects the commodity stock level of various wholesale and retail enterprises and the potential for market supply. It includes:(1) commodities located in storage, garages, counters, and shelves of operating units(such as sale stores, wholesale centers, and operating offices) of wholesale and retail enterprises; (2) commodities in the process of selecting, sorting, and packing; (3) commodities not arrived but recorded as purchase in the account, i. e. . commodities not arrived but payment receipts for the commodities from the sellers or the banks arrived; (4) commodities deposited in other places rather than places mentioned above, for instance: commodities in the hold of purchasers temporarily due to the refusal of payment and commodities not taken back after going through the formalities; (5) commodities entrusted to other units to sell but not sold yet; (6) commodities purchased for other units but not delivered yet. Commodities not included as stock are those not owned by the enterprises (units) , those allocated to financially independent factories rather than wholesale and retail enterprises for processing but not taken back yet, and finally those put in stock by wholesale and retail enterprises on behalf of the state material reserves units.

For the calculation of the value of commodities stock,the value is calculated at purchasing prices in agricultural goods purchasing units and wholesale units, and at the accounting prices in retail units.

Business Income of Catering Industryrefer to the total turnover of catering businesses, establishments or individuals, including retail sales and other services income. It reflects the operational and managerial conditions and development trend of catering businesses, establishment s and individuals in t his sector.

Retail Sales of Commodities in Catering Industryrefer to retail sales to residents and social groups by catering enterprises, establishments and individual, including: (1) various food sold after cooking and processing, such as: staple food, cooked dishes, cold and dressed dishes and so on. (2) re-selling commodities without further processing, such as: cigarettes, liquor, beverage, cooked food, fruit s and son on. (3) various food and other commodities sold in and ascent buffets with dependant accounting system.

Volume of Transaction at Free Markets for Consumer Goods refers to the value of transaction or all goods at the free trade markets for consumer goods, where markets include both free markets for farm and sideline products and for manufactured consumer goods.

十七 对外经济贸易

FOREIGN TRADE AND ECONOMIC COOPERATION

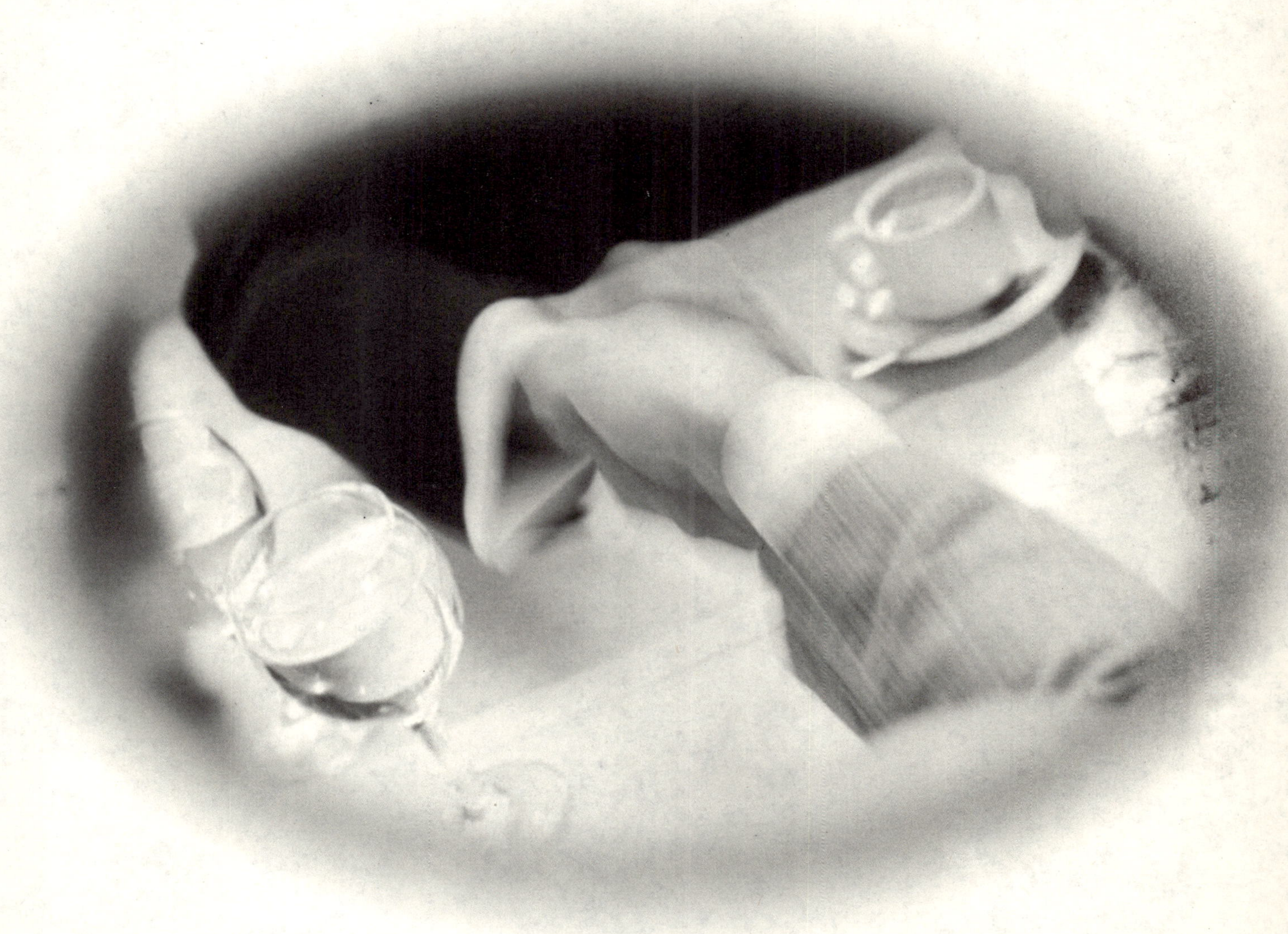

资料整理 钱新源

Arranged by Qian Xinyuan

17-1 对外经济贸易

Foreign Trade and Economic Cooperation

指标	Item	2000	2005	2006
进出口总额(万元人民币)	**Total Imports and Exports (RMB10 000 yuan)**	**1687811**	**4165757**	**4643967**
出口总额	Total Exports	847114	1666408	1672155
进口总额	Total Imports	840697	2499349	2971812
进出口总额(万美元)	**Total Imports and Exports(USD 10 000)**	**203596**	**516190**	**594717**
出口总额	Total Exports	102185	206489	214140
进口总额	Total Imports	101411	309701	380577
外商投资企业进出口额(万美元)	**Total Imports and Exports of Foreign-funded Enterprises(USD 10 000)**	**13597**	**82872**	**67579**
出口总额	Total Exports	11535	41547	40000
进口总额	Total Imports	2062	41325	27579
对外签订利用外资协议(合同)项目(个)	**Number of Projects for Utilization of Foreign Capital in the Signed Agreements & Contracts(unit)**	**127**	**209**	
对外借款	Foreign Loans	32	12	
外商直接投资	Foreign Direct Investments	95	197	
对外签订利用外资协议(合同)金额(万美元)	**Total Amount of Foreign Capital to Be Utilized in the Signed Agreements & Contracts(USD 10 000)**	**51273**	**161700**	
对外借款	Foreign Loans	25475	23369	
外商直接投资	Foreign Direct Investments	25798	138331	
外商其他投资	Other Foreign Investments			
实际利用外资额(万美元)	**Total Amount of Foreign Capital Actually Used(USD 10 000)**	**54819**	**140007**	**196863**
对外借款	Foreign Loans	43583	21430	22797
外商直接投资	Foreign Direct Investments	11236	118577	174066
外商其他投资	Other Foreign Investments			
外商投资企业基本情况	**Registered Foreign-funded Enterprises**			
年底登记户数(户)	Number of Registered Enterprises(unit)	874	914	1030
投资总额(万美元)	Total Investment(USD 10 000)	253634	1264645	1482341
注册资本(万美元)	Registered Capital(USD 10 000)	171773	627138	747254
# 外方	Capital from Foreign Partners	84084	407333	501324
对外经济合作(万美元)	**Economic Cooperation with Foreign Countries & Territories(USD 10 000)**			
合同金额	Contracted Value	5157	18017	19800
# 对外承包工程	Contracted Projects	1730	4613	13595
对外劳务合作	Labor Services	3427	13404	6205
完成营业额	Value of Business Fulfilled	2549	6100	6710
# 对外承包工程	Contracted Projects	404	1986	4177
对外劳务合作	Labor services	2145	4114	2533

17-2 外贸进出口贸易总额
Total Imports and Exports

年份 Year	按人民币计算(万元) RMB 10 000 Yuan			按美元计算(万美元) USD 10 000		
	进出口总额 Total Imports & Exports	出口总额 Total Exports	进口总额 Total Imports	进出口总额 Total Imports & Exports	出口总额 Total Exports	进口总额 Total Imports
1952				1062		1062
1957				1754		1754
1965				333		333
1970				554	158	396
1975				925	394	531
1978	2674	1768	906	1552	1026	526
1980	6555	3970	2585	4397	2663	1734
1981	10676	8100	2576	6008	4558	1450
1982	15733	13881	1852	8173	7211	962
1983	17615	11176	6439	9001	5711	3290
1984	28557	20661	7896	10912	7895	3017
1985	59053	43880	15173	18448	13708	4740
1986	89086	63656	25430	23937	17104	6833
1987	113130	84310	28820	30398	22654	7744
1988	141303	109390	31913	37968	29393	8575
1989	161191	125158	36033	43312	33630	9682
1990	252898	169483	83415	48430	32456	15974
1991	321692	224597	97095	59964	41865	18099
1992	507068	319168	187901	93555	58887	34668
1993	1041650	561843	479807	120283	64878	55405
1994	914685	513373	401312	106128	59565	46563
1995	937671	506785	430886	112310	60840	51470
1996	1038914	569132	469782	124981	68590	56391
1997	1086188	609458	476730	131027	73519	57508
1998	1147173	681635	465538	138581	82343	56238
1999	1330986	750028	580958	160786	90605	70181
2000	1687811	847114	840697	203596	102185	101411
2001	2109035	943996	1165039	254819	114056	140763
2002	2487279	1134776	1352503	300494	137095	163399
2003	2576975	1192581	1384394	311353	144089	167264
2004	3350865	1391710	1959155	404865	168152	236713
2005	4165757	1666408	2499349	516190	206489	309701
2006	4643967	1672155	2971812	594717	214140	380577

注：本表2003年以后数据由呼和浩特海关提供（下同）。
a) Data after 2003 in this table were obtained from the Hohhot Customs statistics.The same as in the following table.

17-3 对外贸易出口总值

Total Value of Export Commodities

单位:万美元 (USD 10 000)

项 目	Item	2005	2006
出 口 总 值	**Total Value**	**206489**	**214140**
按商品类别分	**By Category of Commodities**		
活动物;动物产品	Live Animals & Animal Products	2761	2963
植物产品	Vegetables; Fruits & Cereals	18021	12259
动植物油脂及分解产品;精制食用油脂;动植物蜡	Animal & Vegetable Oils; Fats & Wax; Refined Edible Oils & Fats	94	389
食品、饮料、酒及醋;烟草及代用品的制品	Food; Beverages; Liquor & Vinegar; Tobacco & Tobacco Substitutes	7809	7619
矿产品	Minerals	968	1672
化学工业及其相关工业的产品	Chemicals & Related Products	17213	20883
塑料及其制品;橡胶及其制品	Plastics & Related Products;Rubber & Related Products	2963	4412
生皮、皮革、毛皮及制品;鞍具挽具;旅行用品、手提包及类似物品;动物肠线制品	Raw Hides; Leather; Furs & Related Products; Saddle;Travel Articles; Handbags and Similar Containers	1994	2076
木及木制品;木炭;软木及制品;稻草、秸杆、针茅或其他编结材料制品;篮筐及柳条编结品	Wood & Wooden Products; Charcoal; Cork & Related Products; Straws; Plaited Products; Baskets & Wickerwork	1149	1849
木浆及其他纤维状纤维素浆;纸及纸板的废碎品;纸、纸板及其制品	Paper Pulp & Cellulose Pulp; Paper and Waste Paper;Paperboard & Related	328	445
纺织原料及纺织制品	Textile Materials & Products	46975	48726
鞋、帽、伞、杖、鞭及其零件;已加工的羽毛及其制品;人造花;人发制品	Footwear; Headgear; Umbrellas; Canes; Whips; Processed Feather; Artificial Flowers; Wigs	1713	2138
石料石膏水泥石棉云母及类似材料的制品;陶瓷产品;玻璃及其制品	Gypsum; Cement; Asbestos; Mica; Ceramic Glass	1926	2912
天然或养殖珍珠、宝石或半宝石、贵金属、包贵金属及其制品，仿首饰硬币	Pearls; Precious or ; Jewelry Metal or Rolled Precious Metal; Artificial Jewelry;Coins	2851	3841
贱金属及其制品	Base Metals & Related Products	37723	73506
机器、机械器具、电气设备及零件;录音机及放声机、电视图象声音的录制和重放设备及零附件	Machinery; Electric Equipment & Accessories; Recorders; Video Recorder & Accessories	26561	16265
车辆、航空器、船舶及有关运输设备	Locomotives; Vehicles; Aircraft; Ship and Related Transportation Equipment	3658	8000
光学、照相、电影、计量、检验、医疗或外科用仪器设备、精密仪器及设备;钟表;乐器;及其零附件	Optical; Photos; Film; Measuring & Medical Instruments & Equipment;Clocks; Musical Instruments;Related Parts & Accessories	335	841
其他	Others	2031	3344
按国家(地区)分	**Country(Territory)**		
中国香港	Hong kong, China	29327	10681
中国澳门	Macao, China	100	93
中国台湾	Taiwan, China	1984	2340
日　本	Japan	22718	30091
新 加 坡	Singapore	3547	4406
德　国	Federal Republic of Germany	2522	3165
法　国	France	1606	2763
意 大 利	Italy	10072	16624
英　国	United Kingdom	2023	7699
加 拿 大	Canada	1113	1558
美　国	United States	25473	29233
比 利 时	Belgium	611	5320
俄 罗 斯	Russia	6566	8840
蒙　古	Mongolia	9393	11877
韩　国	Korea	22117	20912

17-4 对外贸易出口主要商品数量

Main Export Commodities of Foreign Trade in Volume

项目	Item	2005	2006
荞 麦(吨)	Buckwheat(ton)	27144	15700
玉米(吨)	Corn(ton)	827472	390917
马铃薯(吨)	Potato(ton)	34860	51093
活 牛(头)	Live Cattles(head)	8422	7491
鲜、冻牛肉（吨）	Fresh,Frozen Beef (ton)	946	1167
鲜、冻羊肉（吨）	Fresh,Frozen Mutton (ton)	2152	2620
抗菌素及药品（吨）	Antibiotic and Other Medicines	2258	3831
羊绒毛纱线(千克)	Cashmere Yarn(kg)	650046	800545
毛纺机织物（万米）	Wool Textile(10 000 m)	358	399
已梳山羊绒(吨)	Cashmere Combed(ton)	1050	854
番茄酱罐头(吨)	Tomato Tin(ton)	52285	47123
羊绒衫(件/千克)	Cashmere Sweater(unit/kg)	5974784	6256319
皮革或再生皮革制的衣服(件)	Fur Clothing(unit)	7744	
地毯（平方米）	Carpet(sq.m)	1265926	1595067
饲料添加剂(吨)	Additive of Forage(ton)	21513	19019
平板玻璃（平方米）	Plate Glass(sq.m)		3877752
锁（吨）	Lock(ton)	100	
铁合金(吨)	Ferroalloy(ton)	85864	287646
钢材（吨）	Rolled Steel(ton)	285485	714912
未锻轧铝（吨）	Unwrought Aluminum(ton)	35445	14387
未锻造银(千克)	Unwrought Silver(kg)	105040	110372
硅铁(吨)	Ferro-silicon(ton)	80414	30014
稀土金属、钪、钇、及其混合物（吨）	Metals of Rare-earth and other Mixture(ton)	9610	11468
数字化视频光盘（DVD）（播放机）（台）	Digital Video Player(unit)	1472866	853630

17-5 对外贸易进口总值及主要商品数量

Main Import Commodities of Foreign Trade in Value & Volume

项 目	Item	2005	2006
进口总值(万美元)	**Total Import Value(USD 10 000)**	**309701**	**380577**
按主要商品类别分	**By Categories of Commodities**		
活动物；动物产品	Live Animals & Animal Products	2261	1878
植物产品	Vegetables; Fruits & Cereals	874	1283
动植物油脂及分解产品；精制食用油脂；动植物蜡	Animal & Vegetable Oils; Fats & Wax; Refined Edible Oils & Fats	236	581
食品、饮料、酒及醋；烟草及代用品的制品	Food; Beverages; Liquor & Vinegar; Tobacco & Tobacco Substitutes	1264	299
矿产品	Minerals	68337	125759
化学工业及其相关工业的产品	Chemicals & Related Products	46934	52835
塑料及其制品；橡胶及其制品	Plastics & Related Products; Rubber & Related Products	14933	13201
生皮、皮革、毛皮及制品；鞍具挽具；旅行用品、手提包及类似物品； 动物肠线制品	Raw Hides; Leather; Furs & Related Products; Saddle;Travel Articles; Handbags & Similar Containers	1586	1161
木及木制品；木炭；软木及制品；稻草 、秸秆、针茅 或其他编结材料制品；篮筐及柳条编结品	Wood & Wooden Products; Charcoal; Cork & Related Products; Straws; Plaited Products; Baskets & Wickerwork	86311	103688
木浆及其他纤维状纤维素浆；纸及纸板的废碎品；纸、纸板及其制品	Paper Pulp & Cellulose Pulp;Paper & Waste Paper;Paperboard & Related	7743	16594
纺织原料及纺织制品	Textile Materials & Products	1308	1662
鞋、帽、伞、杖、鞭及其零件；已加工的羽毛及其制品；人造花；人发制品	Footwear; Headgear; Umbrellas;Canes; Whips; Processed Feather;Artificial Flowers; Wigs	1	
石料石膏水泥石棉云母及类似材料的制品；陶瓷产品；玻璃及其制品	Gypsum; Cement; Asbestos; Mica; Ceramic Glass	88	174
天然或养殖珍珠、宝石或半宝石、贵金属、包贵金属及其制品，仿首饰硬币	Natural or Cultivated Pearls; Precious or Semi-Stones; Jewelry of Precious Metal or Rolled Precious Metal;Artificial Jewelry;Coins	555	4885
贱金属及其制品	Base Metals & Related Products	14702	8089
机器、机械器具、电气设备及零件；录音机及放声机、电视图象声音的录制和重放设备及零附件	Machinery; Electric Equipment & Accessories; Recorders; Video Recorder & Accessories	56774	43421
车辆、航空器、船舶及有关运输设备	Locomotives; Vehicles; Aircraft; Ship & Related Transportation Equipment	3388	3297
光学、照相、电影、计量、检验、医疗或外科用仪器设备、精密仪器及设备；钟表；乐器；及其零附件	Optical,Photographic, Film; Measuring,Medical,Music Instruments & Equipment;Clocks;Parts & Accessories	2406	1753
其他	Others		17
按品种分	**By Varieties**		
钢铁 （万美元）	Steel(USD 10 000)	11465	6285
金属矿砂(吨)	Metal Ores(ton)	2702530	2587904
塑料及其制品（万美元）	Plastics & Related Products(USD 10 000)	8883	5475
原 木(立方米)	Logs(cu.m)	10357986	10887390
化 肥(吨)	Chemical Fertilizers(ton)	948848	1068445
橡胶及其制品（万美元）	Rubber & Related Products(USD 10 000)	6050	7727
有机化学品（万美元）	Organic Chemicals(USD 10 000)	22338	27636

17-6 利用外资
Utilization of Foreign Capital

单位：万美元 (USD 10 000)

年份 Year	实际利用外资额 Total Amount of Foreign Capital Actually Used	对外借款 Foreign Loans	外商直接投资 Direct Foreign Investments	外商其他投资额 Other Foreign Investments
1984	178	178		
1985	530			530
1986	664	230	136	298
1987	1120	468	109	543
1988	961	491	337	133
1989	3050	2415	42	593
1990	2530	1199	1064	267
1991	5532	5422	110	
1992	7910	7300	610	
1993	19213	10713	8093	407
1994	29086	17484	11602	
1995	61801	37696	10605	13500
1996	38355	32931	5424	
1997	44209	29076	8433	6700
1998	44253	31771	9082	3400
1999	40133	30683	9450	
2000	54819	43583	11236	
2001	47342	36466	10876	
2002	58211	35410	22801	
2003	66529	29724	36805	
2004	89664	26921	62743	
2005	140007	21430	118577	
2006	196863	22797	174066	

17-7 利用外资(按方式分,2006年)
Utilization of Foreign Capital and Investment(by Pattern 2006)

金额单位：万美元 (USD 10 000)

指标	Item	实际使用金额 Used Value
总 计	**Total**	**196863**
对外借款	**Foreign Loans**	**22797**
外国政府贷款	Government Loans	8201
国际金融机构贷款	Loans from International Financial Organizations	
买方信贷	Buyer Credit	12702
外国银行商业贷款	Commercial Loans	
对外发行债券	External Bonds	
其他	Others	1894
外商直接投资	**Foreign Direct Investments**	**174066**
合资经营企业	Joint Ventures Enterprises	86685
合作经营企业	Cooperative Operation Enterprises	2036
外资企业	Foreign Investment Enterprises	79345
外商投资股份制企业	Foreign Investment Share Enterprises	6000
合作开发	Cooperative Development	
其 他	Others	
外商其他投资	**Other Foreign Investment**	
对外发行股票	Sale Share	
国际租赁	International Lease	
补偿贸易	Compensation Trade	
加工装配	Processing and Assembly	

17-8 按行业分外商实际直接投资额(2006年)

Actually Used Amount of Foreign Direct Investment by Sector(2006)

单位：万美元 (USD 10 000)

行 业	Sector	2006
总 计	**Total**	**174066**
农、林、牧、渔业	Farming, Forestry, Animal Husbandry & Fishery	593
采矿业	Mining	2556
制造业	Manufacturing	94933
电力、燃气及水的生产和供应业	Production & Supply of Electric Power, Gas & Water	49960
建筑业	Construction	485
交通运输、仓储和邮政业	Transportation, Storage & Postal Services	12
信息传输、计算机服务和软件业	Information Transmission, Computer Service & Computer Software	
批发和零售业	Wholesale & Retail Trade	47
住宿和餐饮业	Quarters & Catering	5087
金融业	Banking	
房地产业	Real Estate	10075
租赁和商务服务业	Leasing & Commercial Services	6191
科学研究、技术服务和地质勘查业	Scientific Research,Technical Services & Geological Prospecting	392
水利、环境和公共设施管理业	Water Conservancy, Environment & Public Facilities Administration	
居民服务和其他服务业	Resident Services & Other Services	3735
教育	Education	
卫生、社会保障和社会福利业	Health Care, Social Security & Social Welfare	
文化、体育和娱乐业	Culture, Sports & Recreational Services	
公共管理和社会组织	Public Administration & Social Organization	
国际组织	International Organizations	

17-9 年末登记外商投资企业行业分布(2006年)

Sector Distribution Registered of Foreign-Funded Enterprises(2006)

行业	Sector	企业数(户) Number of Registered Enterprises (unit)	投资总额 (万美元) Total Investment (USD 10 000)	注册资本 (万美元) Registeres Capital (USD 10 000)	#外方 Capital Invested by Foreign Partner
总 计	**Total**	**1030**	**1482341**	**747254**	**501324**
农、林、牧、渔业	Farming, Forestry, Animal Husbandry & Fishery	99	78408	50414	43063
采矿业	Mining	61	76198	47899	38901
制造业	Manufacturing	570	444914	246305	158147
电力、燃气及水的生产和供应业	Production & Supply of Electric Power, Gas & Water	32	591487	252556	141903
建筑业	Construction	28	99605	48696	37766
交通运输、仓储和邮政业	Transportation, Storage & Postal Services	13	19433	8768	6846
信息传输、计算机服务和软件业	Information Transmission, Computer Service & Software	1	65	65	65
批发和零售业	Wholesale & Retail Trade	33	13848	8090	4745
住宿和餐饮业	Quarters & Catering	51	43352	15995	11972
金融业	Banking	2	1980	825	825
房地产业	Real Estate	41	35888	20718	19445
租赁和商务服务业	Leasing & Commercial Services	13	5358	1009	955
科学研究、技术服务和地质勘查业	Scientific Research,Tech Services & Geological Prospecting	24	10040	7593	7010
水利、环境和公共设施管理业	Water Conservancy, Environment & Public Facilities Administration	7	23542	12270	10188
居民服务和其他服务业	Resident Services & Other Services	28	9588	7728	4761
教育	Education	8	2092	1325	515
卫生、社会保障和社会福利业	Health Care, Social Security & Social Welfare	4	10237	8520	6802
文化、体育和娱乐业	Culture, Sports & Recreational Services	12	4854	2589	2084
公共管理和社会组织	Public Administration & Social Organization				
其他行业	Others	3	11452	5889	5331

17-10 对外经济合作

Economic Cooperation with Foreign Countries or Territories

年份 Year	合同数 (份) Number of Contracts (copy)	合同金额 (万美元) Contracted Value (USD 10 000)	完成营业额 (万美元) Value of Business Fulfilled (USD 10 000)
总计 Total			
1976-1988	2	613	337
1989	32	11772	6150
1990	99	5572	2787
1991	72	2636	1450
1992	242	8245	4536
1993	143	12281	6755
1994	124	6047	2176
1995	151	6258	4281
1996	164	8532	4636
1997	100	2943	1853
1998	103	4540	2393
1999	102	5298	3173
2000	80	5157	2549
2001	84	5403	2511
2002	110	7440	5092
2003	120	7510	2742
2004	120	55958	6082
2005	92	18017	6100
2006	109	19800	6710
对外承包工程 Contracted Projects			
1976-1988			
1989	5	938	191
1990	30	2070	1064
1991	3	220	121
1992	4	1003	694
1993	1	3360	1848
1994	3	2296	287
1995	5	756	1083
1996	14	1459	1182
1997	5	434	688
1998	25	1362	718
1999	21	2119	1269
2000	9	1730	404
2001	10	3630	1561
2002	24	5040	2622
2003	16	3366	1385
2004	2	21	735
2005	8	4613	1986
2006	15	13595	4177
对外劳务合作 Labor Cooperation			
1976-1988	2	613	337
1989	27	10834	5959
1990	60	3507	1723
1991	69	2416	1329
1992	238	7242	3842
1993	142	8921	4907
1994	121	3751	1889
1995	146	5502	3198
1996	150	7073	3454
1997	95	2509	1175
1998	78	3178	1675
1999	81	3178	1903
2000	71	3427	2145
2001	74	1773	950
2002	86	2400	2470
2003	104	4144	1357
2004	118	55937	5347
2005	84	13404	4114
2006	94	6205	2533

主要统计指标解释

进出口总额 海关进出口总额指实际进出我国国境的货物总金额。包括对外贸易实际进出口货物，来料加工装配进出口货物，国家间、联合国及国际组织无偿援助物资和赠送品，华侨、港澳台同胞和外籍华人捐赠品，租赁期满归承租人所有的租赁货物，进料加工进出口货物，边境地方贸易及边境地区小额贸易进出口货物(边民互市贸易除外)，中外合资经营企业、中外合作经营企业、外商独资企业进出口货物和公用物品，到日离岸价格在规定限额以上的进出口货样和广告品(无商业价值、无使用价值和免费提供出口的除外)，从保税仓库提取在中国境内销售的进口货物，以及其他进出口货物。进出口总额用以观察一个国家在对外贸易方面的总规模。我国规定出口货物按离岸价格统计，进口货物按到岸价格统计。

商品经营单位所在地进、出口额 指所在地海关注册登记的有进出口经营权的企业实际进、出口额。

利用外资 指我国各级政府、部门、企业和其他经济组织通过对外 借款、吸收外商直接投资以及用其他方式筹措的境外现汇、设备、技术等。

对外借款 是我国利用外资的重要部分。指通过对外正式签订借款 协议，从境外筹措的资金 ，包括外国政府贷款、国际金融组织贷款、外国银行商业贷款、出口信贷以及对外发行债券等。1996 年及以前还包括对外发行股票。

外商直接投资 指外国企业和经济组织或个人(包括华侨、港澳台胞以及我国在境外注册的企业)按我国有关政策、法规，用现汇、实物、技术等在我国境内开办外商独资企业、与我国境内的企业或经济组织共同举办中外合资经营企业，合作经营企业或合作开发资源的投资 (包括外商投资收益的再投资)，以及经政府有关部门批准的项目投资总额内企业从境外借入的资金。

外商其他投资 指除对外借款和外商直接投资以外的各种利用外资的形式。包括企业在境内外股票市场公开发行的以外币计价的股票(目前主要是在香港证券市场发行的 H 股和在境内证券市场发行的 B 股)发行价总额，国际租赁进口设备的应付款，补偿贸易中外商提供的进口设备、技术、物料的价款，加工装配贸易中外商提供的进口设备、物料的价款。

对外承包工程 指各对外承包公司以招标议标承包方式承揽的下列业务：(1)承包国外工程建设项目，(2)承包我国对外经援项目，(3)承包我国驻外机构的工程建设项目，(4)承包我国境内利用外资进行建设的工程项目，(5)与外国承包公司合营或联合承包工程项目时我国公司分包部分，(6)对外承包兼营的房屋开发业务。对外承包工程的营业额是以货币表现的本期内完成的对外承包工程的工作量，包括以前年度签订的合同和本年度新签订的合同在报告期内完成的工作量。

对外劳务合作 指以收取工资的形式向业主或承包商提供技术和劳动服务的活动。我国对外承包公司在境外开办的合营企业，中国公司同时又提供劳务的，其劳务部分也纳入劳务合作统计。劳务合作营业额按报告期向雇主提交的结算数(包括工资、加班费和奖金等)统计。

对外设计咨询 指以服务成果向业主收费的技术服务项目。包括承担地形地貌测绘，地质资源勘探与普查，建设区域规划，提供设计文件、图纸、生产工艺技术资料和工程技术经济咨询，工程项目的可行性考察、研究和评估，进行技术指导和培训人员等；也包括承担国(境)内利用外资进行建设的工程项目的上述规定的设计咨询项目的收取外币部分。

Explanatory Notes on Main Statistical Indicators

Total Imports and Exports at Customs refer to the value of commodities imported into and exported from the boundary of China. They include the actual imports and exports through foreign trade, imported and exported goods under the processing and assembling trades and materials, supplies and gifts as aid given gratis between governments and by the United Nation and other international organizations, and contributions donated by over seas Chinese, compatriots in Hong Kong and Macao and Chinese with foreign citizenship, leasing commodities owned by tenant at the expiration of leasing period, the imported and exported commodities processed with imported materials, commodities trading in border areas(excluding mutual exchange goods) , the imported and exported commodities and articles for public use of the Sino foreign joint ventures, cooperative enterprises and ventures exclusively with foreign own investment. Also included are import or export of samples and advertising goods for whose CIF or FOB value are beyond the permitted ceiling (excluding goods of no trading or use value and free commodities for export) , imported goods sold in China from bonded warehouses and other imported or exported goods. The indicator of the total imports and exports at customs can be used to ob serve the total size of external trade in a country. In accordance with the stipulation of the Chinese government, imports are calculated at CIF, while exports are calculated at FOB

Import and Export Value by Location of China's Foreign Trade Managing Units refers to actual value of imports and exports carried out by corporations which have been registered by the local customhouse and are vested with right to run import export business.

Utilization of Foreign Capital refers to remittance, equipment and technology financed from abroad, by loans, foreign direct investment and other forms undertaken by the Chinese governments at all levels by various departments, enterprises and other economic units.

Foreign Borrowings an important part of China's utilization of foreign capital, it refers to funds borrowed from abroad through formal signing o f borrowing agreements with foreign institutions, including loans of foreign governments, loans of international financial institutions, commercial loans of foreign banks, export credit, and funds raised by Chinese bonds (and shares before 1996) issued abroad.

Direct Investment by Foreign Entrepreneurs refers to the investments inside China by foreign enterprises and economic organizations or individuals (including overseas Chinese, compatriots from Hong Kong and Macao, and Chinese enterprises registered abroad) , following the relevant policies and laws of China, for the establishment of ventures exclusively with foreign own investment, Sino-foreign joint ventures and cooperative enterprises or for co operative exploration of resources with enterprises or economic organizations in China. It includes the re investment of the foreign entrepreneurs with the profits gained fro m the investment an d the funds that enterprises borrow from abroad in the total investment of projects which are approved by the relevant department of the government.

Other Investment by Foreign Entrepreneurs refers to all forms of utilization of foreign capitals other than foreign borrowings and foreign direct investment. It includes the total value of stock shares in foreign currencies issued by enterprises at domestic or foreign stock exchanges (now mainly consisting of H shares issued at Hong Kong Security Market and B shares issued at domestic security markets) , rent payable for the imported equipment through international leasing arrangement, cost of imported equipment, technology and materials provided by foreign counterparts in compensation trade and processing and assembly trade.

Contracted Projects with Foreign Countries refer to projects undertaken by Chine se contractors (project contracting companies) through bidding process. They include:(1) overseas civil engineering construction projects financed by foreign investors;(2) overseas projects financed by the Chinese government through its foreign aid programs;(3) construction projects of Chinese diplomatic missions, trade offices and other institutions stationed abroad;(4) construction projects in China financed by foreign investment;(5) subcontracted projects to be taken by Chinese contractors through a joint umbrella project with foreign contractor;(6) housing development projects. The business income from international contracted projects is the work volume of contracted projects completed during the reference period, expressed in monetary terms, including completed work on projects signed in previous years.

Service Cooperation with Foreign Countries refers to the activities of providing technology and labour services to employers or contractors in the forms of receiving salaries and wages. Labour services providing by contractual joint venture s of Chinese international contracting corporations should be included in the statistics of service cooperation with foreign countries. The business income of labour service co-operation is the income in the form of wages and salaries, over time pay, bonuses and other remuneration received from the employers during the reference period.

Overseas Design and Consultation Service refers to projects wit h charges for technical services from overseas operators. It includes geographic and topographic mapping, geological resource prospecting and survey, planning of construction areas, provision of design documents, blueprints, materials on production process and techniques, as well as engineering, technical and economic consultation, and feasibility study, research and evaluation of projects. Also included under this category are the abovementioned services of foreign financed projects in China that are paid in foreign currencies.

十八 旅游

TOURISM

资料整理 王秀云

Arranged by Wang Xiuyun

18-1 旅游业基本情况
Basic Statistics on Tourism

指标	Item	2000	2005	2006
旅行社总数(个)	**Total Number of Agencies(unit)**	**88**	**404**	**501**
国际旅行社	International Travel Agencies	25	40	49
国内旅行社	Domestic Travel Agencies	63	364	452
旅行社职工人数(人)	**Number of Staff and Workers of Travel Agencies(person)**	**1075**	**2051**	**4020**
国际旅行社	International Travel Agencies	562	480	600
国内旅行社	Domestic Travel Agencies	513	1571	3420
星级宾馆个数(个)	**Total Number of Stars Hotel(unit)**		**202**	**226**
入境旅游人数(人次)	**Total Number of International Tourists Inbound (person-times)**	**391970**	**1001635**	**1232468**
外国人	Foreigners	384000	995007	1223456
华 侨	Overseas Chinese			
港澳同胞	Compatriots from Hong Kong and Macao	2814	5550	4504
台湾同胞	Compatriots from Taiwan	5156	1078	4508
国内居民出境总人数(人次)	**Total Number of Domestic Resident Outbound(person-times)**	**19425**	**25808**	**19343**
#旅行社组织出境游	For Private Purpose	19425	25808	19343
国内旅游人数(万人次)	**Number of Domestic Tourism (10 000 person times)**	**735**	**2062**	**2452**
旅游总收入(亿元人民币)	**Income of Tourism(100 million yuan)**	**42.72**	**208.09**	**279.71**
国际旅游外汇收入 (万美元)	Earnings from International Tourism (USD 10 000)	12645	35207	40379
国内旅游收入(万元人民币)	Earnings from Domestic Tourism (10 000 RMB yuan)	322300	1797200	2482400

18-2 各地区旅行社单位数(2006年末)

Number of Travel Agencies by Region(End of 2006)

地 区	Region	旅行社数(个) Total Number of Travel Agencies (unit)	国际旅行社 International Travel Agencies	国内旅行社 Domestic Travel Agencies
全 区	**Autonomous Regional Total**	**501**	**49**	**452**
呼和浩特市	Hohhot City	141	17	124
包 头 市	Baotou City	61	1	60
呼伦贝尔市	Hulunbeier City	78	14	64
兴 安 盟	Xingan League	23	3	20
通 辽 市	Tongliao City	21	2	19
赤 峰 市	Chifeng City	63	2	61
锡林郭勒盟	Xilinguole League	20	6	14
乌兰察布市	Wulanchabu City	18	1	17
鄂尔多斯市	Erdos City	39	2	37
巴彦淖尔市	Bayannaoer City	16	1	15
乌 海 市	Wuhai City	11		11
阿拉善盟	Alashan League	10		10

18-3 各地区星级宾馆个数(2006年末)

Number of Stars Hotels by Region(End of 2006)

单位：个 (unit)

地 区	Region	星级宾馆个数 Total Number of Stars Hotels	五星级 Five Stars	四星级 Four Stars	三星级 Three Stars	二星级 Two Stars	一星级 One Stars
全 区	**Autonomous Regional Total**	**226**	**3**	**9**	**55**	**143**	**16**
呼和浩特市	Hohhot City	33	2	5	12	14	
包 头 市	Baotou City	30	1	1	10	18	
呼伦贝尔市	Hulunbeier City	38			13	23	2
兴 安 盟	Xingan League	7			1	6	
通 辽 市	Tongliao City	11		1	3	6	1
赤 峰 市	Chifeng City	28		1	4	23	
锡林郭勒盟	Xilinguole League	19			2	13	4
乌兰察布市	Wulanchabu City	15			1	13	1
鄂尔多斯市	Erdos City	25		1	6	15	3
巴彦淖尔市	Bayannaoer City	13				9	4
乌 海 市	Wuhai City	3			1	2	
阿拉善盟	Alashan League	4			2	1	1

18-4 接待外国旅游人数

Number of Foreign Tourists by Country

国别	country	2005	2006
入境旅游人数总计(人次)	**Total Number of Entry Tourists(person times)**	**1001635**	**1232468**
外国人(包括外籍华人)	Foreigners(Including Chinese owning foreign nationality)	995007	1223456
日本	Japan	19808	29218
菲律宾	Philippines	573	310
新加坡	Sigapore	2994	3338
美国	United States	5187	10492
加拿大	Canada	3393	3920
英国	United Kingdom	3882	4910
德国	Federal Republic of Germany	8881	7453
法国	France	911	1530
意大利	Italy	2340	3267
瑞士	Switzerland	179	1069
荷兰	Netherlands	279	88
澳大利亚	Australia	2448	3117
新西兰	New Zealand	317	430
俄罗斯	Russia	484033	536890
蒙古	Mongolia	444270	577154
华侨	Overseas Chinese		
港澳台同胞	Chinese Compatriots from Hong Kong, Macao and Taiwan	6628	9012
旅游者平均逗留天数(天)	**Average Days of Tourist Staying(day)**	**1.69**	**2.02**
外国人(包括外籍华人)	Foreigners(Including Chinese owing foreign nationality)	2.30	2.02
华侨	Overseas Chinese		
港澳台同胞	Chinese Compatriots from Hong Kong, Macao and Taiwan	2.05	2.50

18-5 入境旅游外汇收入
Foreign Exchange Earnings

项 目	Item	2005	2006
旅游外汇收入总额(万美元)	**Foreign Exchange Earnings (USD 10000)**	**35207**	**40379**
长途交通费	Long Distance Transportation	6795	5209
#飞 机	Air	5492	4280
火 车	Railway	387	444
汽 车	Highway	915	485
住 宿	Accommodation	4542	4845
餐 饮	Cater	2852	3069
景区游览	Visiting	458	1292
娱 乐	Entertainment	2465	686
购 物	Shopping	11583	22289
市内交通	Local Transportation	1970	404
邮电通讯	Postal and Communication	1725	686
其 他	Other	2817	1898

18-6 国内旅游情况
Condition of Civil Tourism

项 目	Item	2005	2006
国内旅游总人数(万人次)	**Total of Civil Tourist (10 000 person-times)**	**2062**	**2452**
#城镇居民	Urban Residents	2062	2452
农村居民	Rural Residents		
国内旅游总花费(万元)	**Total Expenditure of Civil Tourist (10 000 yuan)**	**1797200**	**2482400**
#城镇居民	Urban Residents	1797200	2482400
农村居民	Rural Residents		
人均花费(元/天)	Per Capita Expenditure (yuan/day)	363	393

主要统计指标解释

旅游人数 包括入境国际旅游者人数、出境居民人数和国内旅游者人数。

(1)入境国际旅游者人数：指来中国参观、访问、旅行、探亲、访友、休养、考察、参加会议和从事经济、科技、文化、教育、宗教等活动的外国人、华侨、港澳同胞和台湾同胞的人数。不包括外国在我国的常驻机构，如使领馆、通讯社、企业办事处的工作人员；来我国常住的外国专家、留学生以及在岸逗留不过夜人员。

(2)出境居民人数：指大陆居民因公务活动或私人事务短期出境的人数。公务活动出境居民人数包括在国际交通工具上的中国服务员工，因私出境居民人数不包括在国际交通工具上的中国服务员工。

(3)国内旅游者人数：指我国大陆居民和在我国常住 1 年以上的外国人、华侨、港澳台同胞离开常住地在境内其他地方的旅游设施内至少停留一夜，最长不超过 6 个月的人数。

国际旅游(外汇)收入 指入境旅游的外国人、华侨、港澳同胞和台湾同胞在中国大陆旅游过程中发生的一切旅游支出，对于国家来说就是国际旅游(外汇)收入。

国际旅行社 指经营对外招徕并接待外国人、华侨、港澳同胞和台湾同胞来中国、归国或回内地旅游业务的旅行社。

国内旅行社 指负责经营招徕、组团、接待国内旅客的旅游业务，以及不对外招徕，负责经营接待国际旅行社或其它涉外部门组织的外国人、华侨、港澳同胞和台湾同胞来中国、归国或回内地的旅游业务的旅行社。

星级饭店 指已评定星级的饭店。

Explanatory Notes on Main Statistical Indicators

Number of Tourists include international tourists entering into China, Chinese residents going abroad and domestic tourists.

(1) International tourists refer to foreigners, overseas Chinese, Chinese compatriots from Hong Kong, Macao and Taiwan coming to China for sightseeing, visits, tours, family reunions, vacations, study tours, conferences and other activities of a business, scientific and technological, cultural, educational and religious nature. It does not include representatives and employees of resident institutions of foreign countries in China such as embassies, consulates, news agencies and offices of foreign companies and organizations, nor does it include long term foreign experts or students residing in China, or persons in transition without spending a night in China.

(2) Chinese residents going abroad refer to Chinese residents going abroad for short terms for either public business or private purposes. Chinese employees working on international transport carriers are included in those going abroad for public business purpose, not in those for private purpose.

(3) Domestic tourists refer to residents of the mainland of China who stay for one night at least, but no more than 6 months at tourist facilities in other places than their permanent residence within the territory of the mainland China, including foreigners, overseas Chinese and Chinese compatriots from Hong Kong, Macao and Taiwan who have resided in China for over one year.

Foreign Exchange Earnings from International Tourism refer to the total expenditures of foreigners, overseas Chinese, Chinese compatriots from Hong Kong, Macao and Taiwan during their stay in the mainland of China, which are earnings of foreign exchange from international tourism from the point of view from China.

International Travel Agencies refer to travel agencies engaged in the promotion, solicitation, organization and reception of tours to the mainland of China by foreigners, overseas Chinese, Chinese compatriots from Hong Kong, Macao and Taiwan.

Domestic Travel Agencies refer to travel agencies engaged in the promotion, solicitation, organization and reception of domestic tourists, and in the reception of foreigners, overseas Chinese, Chinese compatriots from Hong Kong, Macao and Taiwan organized by international travel agencies or other departments concerned, without their own promotion and solicitation programs.

Star-hotels refer to hotels rated with stars.

十九 金融和保险

BANKING AND INSURANCE

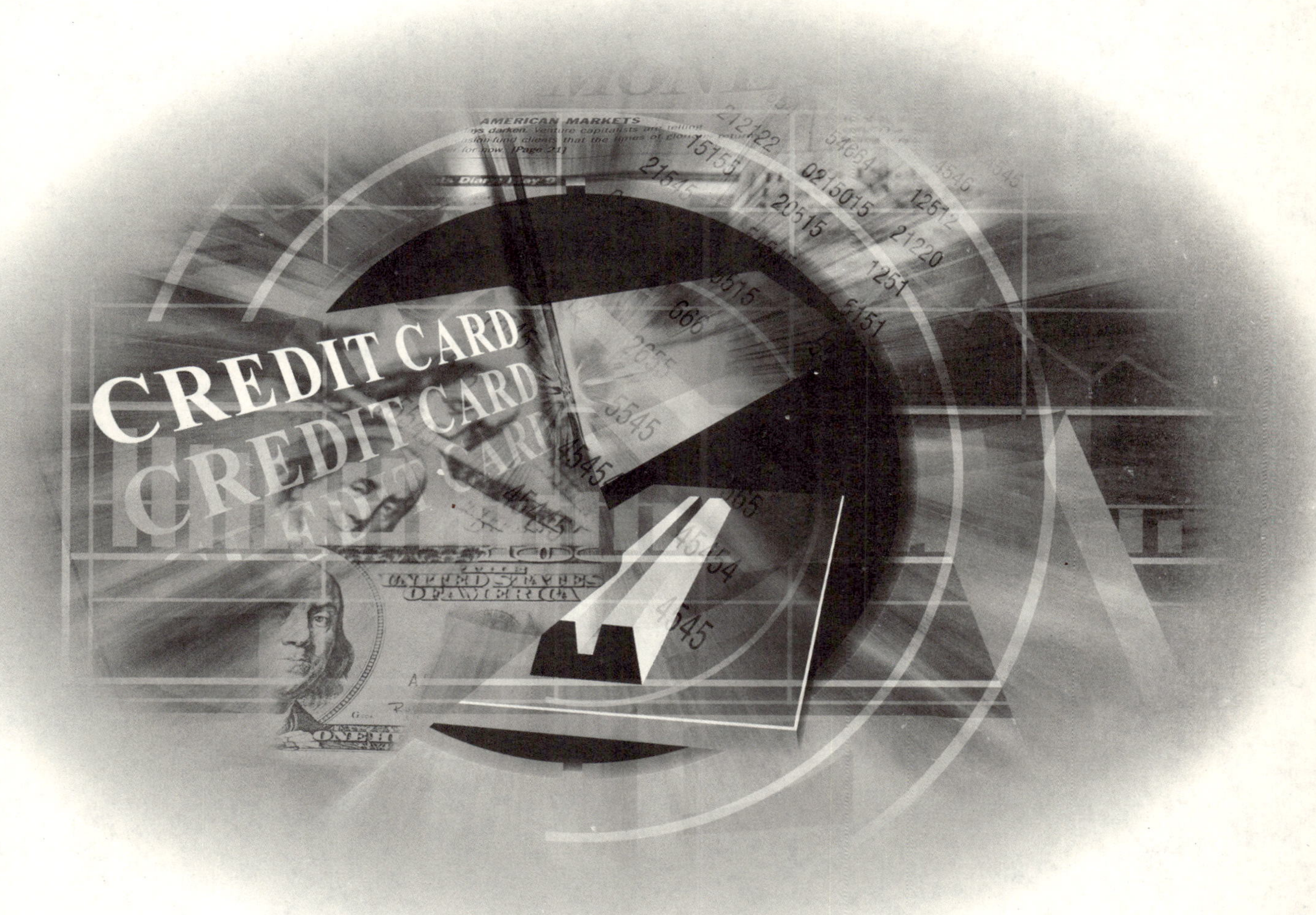

资料整理 包利军 王艳伟

Arrangde by Bao Lijun, Wang Yanwei

19-1 银行业金融机构、人员数(2006年末)

Number of Institutions and Persons Engaged in Finance System(End of 2006)

项 目	Item	机构数(个) Number of Institutions (unit)	年末人数(人) Number of Staff and Workers (person)
总计	**Total**	**5288**	**63354**
中国工商银行	Industrial and Commercial Bank of China	534	10532
中国农业银行	Agricultural Bank of China	619	12210
中国银行	Bank of China	260	4125
国家开发银行	State Development Bank	1	82
中国建设银行	Construction Bank of China	293	6953
中国农业发展银行	Agricultural Development Bank of China	84	1931
交通银行	Bank of Communications	11	303
华夏银行	Hua Xia Bank	3	127
城市商业银行	City Commercial Bank	138	2212
城市信用社	City Credit Cooperatives	43	362
农村信用社	Rural Credit Cooperatives	2584	18225
邮政储汇局	Postal Savings & Remittance Bureau	713	5970
资产管理公司	Asset Management Corporation	3	182
信托投资公司	Trust and Investment Corporation	2	140

19-2 金融机构现金收入(2006年)

Cash Income of Financial Institutions(2006)

单位：万元 (10 000 yuan)

项 目	Item	2006
收入总计	**Total Income**	**142164120**
商品销售收入	Income from Commodity Sales	11154781
服务业收入	Income from Service Trade	4659145
税款收入	Income from Taxes	1080155
城乡个体经营收入	Income from Urban and Rural Individual Business	3682912
储蓄存款收入	Income from Savings Deposits	108198998
其他金融机构收入	Income from Other Financial Institutions	758417
居民归还贷款收入	Income from Repayment of Loans by Residents	3740730
汇兑收入	Income from Remittances	987311
有价证券收入	Income from Securities	47678
其他收入	Other Income	7853992
# 兑换外币收入	Income from Exchange of Foreign Currencies	25228

19-3 金融机构现金支出(2006年)
Cash Expenditures of Financial Institutions(2006)

单位：万元 (10 000 yuan)

项目	Item	2006
支出总计	**Total**	**144261481**
工资性支出	Wages	7660244
农副产品采购支出	Purchases of Agricultural and Sideline Products	4764902
工矿及其他产品采购支出	Expenditures for Purchases of Industrial and Mineral Products	2985219
行政事业管理费支出	Government and Enterprises Overhead	3984366
城乡个体经营支出	Expenditures for Individual Business	4182990
储蓄存款支出	Expenditure for Savings Deposits	107459860
其他金融机构支出	Expenditure for Other Financial Institutions	669975
居民提取贷款支出	Expenditure for Loans by Residents	3777316
汇兑支出	Expenditure for Remittances	609892
有价证券支出	Expenditure for Securitizes	30575
其他支出	Other Expenditure	8136142

19-4 金融机构现金投放回笼差额
Cash Statistics of Financial Institutions

单位：万元 (10 000 yuan)

年份 Year	现金收入 Cash Income	现金支出 Cash Expenditures	投放 Currency Issuance
1957	96679	100217	3538
1962	143970	152371	8401
1965	145337	149936	4599
1970	176281	179675	3394
1975	248013	266734	18721
1978	298013	321277	23264
1980	418115	462285	44170
1986	1250322	1379167	128845
1987	1602153	1714137	111984
1988	2270253	2481981	211728
1989	2508577	2744153	235576
1990	2847454	3149857	302403
1991	3434787	3772786	337999
1992	4569761	5150855	581094
1993	6802651	7642020	839369
1994	9564614	10546016	981402
1995	13031467	14186247	1154780
1996	15761966	17020632	1258666
1997	34244200	35993800	1749200
1998	41387500	43300600	1913100
1999	34243414	35993245	1749831
2000	41387490	43300578	1913088
2001	49696827	51539283	1842456
2002	58538869	60426223	1887354
2003	75397042	77336143	1939101
2004	96818901	98403367	1584466
2005	115366652	117562936	2196284
2006	142164120	144261481	2097361

19-5 金融机构人民币存、贷款年末余额
Saving Deposits and Loans of Financial Institutions at the Year-end

单位：万元 (10 000 yuan)

年 份 Year	各项存款余额合计 Depoits	# 企业存款 Depoits of Enterprises	# 城乡储蓄存款 Urban and Rural Savings Deposits	各项贷款余额合计 Loans	# 工业贷款 Loans to Industrial Enterprises	# 商业贷款 Loans to Commercial Enterprises	# 农业贷款 Agricultural Loans
1949	140	120		195	92	91	12
1950	1525	635	119	767	75	459	233
1951	4227	1619	219	3312	402	2163	747
1952	9034	3161	397	7089	593	5017	1479
1953	9937	3543	590	16492	1367	13360	1765
1954	12477	4223	1256	33777	2146	29908	1723
1955	17259	4126	1235	40223	2445	36242	1536
1956	15456	6427	2426	40576	3745	30496	6330
1957	19212	5527	3456	45042	3536	36810	4696
1958	50202	14707	5481	66279	12923	48083	5273
1959	62204	11976	7776	140589	49725	86119	4745
1960	83174	14756	10272	177063	85910	84703	6450
1961	76297	19608	5616	173300	59865	105884	7551
1962	66097	31248	3708	140530	37211	93696	9623
1963	63565	27446	4144	107154	25294	73514	8346
1964	86304	19796	5885	98027	25451	72465	111
1965	76946	22060	6913	102246	24133	77336	777
1966	91036	29410	7386	134554	30299	92977	11278
1967	85323	29687	7814	146590	44634	89084	12872
1968	94204	34411	8380	154190	51580	89045	13565
1969	84049	33112	7068	174312	61467	97906	14939
1970	98931	35109	7844	233001	68242	150137	14622
1971	105614	39136	9504	268530	82034	172315	14181
1972	102931	40288	11994	260678	77738	165836	17104
1973	127154	51746	14163	279108	88418	167532	23158
1974	123097	50332	15959	292432	91734	174258	26440
1975	148439	68452	17464	318410	92559	196711	29140
1976	153865	70737	18552	345268	95167	216124	33977
1977	162209	67821	21908	367586	97370	231722	38494

19-5 续表 continued

单位：万元 (10 000 yuan)

年 份 Year	各项存款余额合计 Deposits	# 企业存款 Deposits of Enterprises	# 城乡储蓄存款 Urban & Rural Savings Deposits	各项贷款余额合计 Loans	# 工业贷款 Loans to Industrial Enterprises	# 商业贷款 Loans to Commercial Enterprises	# 农业贷款 Agricultural Loans	# 基建贷款 Loans for Capital Construction	# 技改贷款 Loans for Technical Innovation
1978	164678	67214	25307	403314	110930	246495	45889		
1979	206997	75522	33092	436393	120396	256689	52236		
1980	231227	82688	48642	492949	129636	289980	67516		5677
1981	296065	103970	63106	558697	141810	330354	68239		14667
1982	364613	114791	84452	620194	148745	355038	73375	15587	26437
1983	442119	121952	112569	710563	175272	402264	75706	24778	28525
1984	500609	169826	155599	809114	219008	434714	86724	24767	32332
1985	560822	165393	210077	905412	275658	490451	89030	22465	42905
1986	782114	291284	290738	1291351	373446	590163	99373	48935	82523
1987	971166	337985	389691	1520239	436267	689530	114882	93458	188982
1988	1198527	401268	508287	1802119	537013	819194	126932	66132	119188
1989	1360860	382088	679584	2127588	681802	944070	139861	78510	139794
1990	1697712	424678	934355	2729173	869405	1272231	158545	109050	158675
1991	2057796	483906	1193618	3268535	1017327	1447576	188438	229244	201602
1992	2628246	783031	1497165	3951616	1153695	1683779	229783	353655	275853
1993	3505394	773581	2321390	5297191	1379014	2033053	427737	603560	327876
1994	4577562	1135970	3183199	6743662	1617514	2290203	229180	1054354	382402
1995	5663419	1303563	4108239	8198675	1879398	2566713	428884	1535360	466283
1996	7037693	1651490	5053804	10029833	2215841	3025593	510457	2011886	547128
1997	8455291	1993334	6050130	11721737	2518926	3467961	582678	2565495	587911
1998	9966107	2233337	7075160	13187511	2813556	3764324	533490	2885535	652933
1999	10923695	2512228	7976283	13641685	2649791	3794411	614282	3005261	636275
2000	12701349	3041165	8757399	13407383	2313181	3565930	692289	2513615	577427
2001	14987869	3750596	9867305	14707493	2570704	3437091	874092	3041254	594685
2002	17352559	4227073	11381038	16497795	2795982	3402539	1041324	4280175	139797
2003	20909846	5442363	13556610	19241312	3264636	3121745	1136558	5342779	222438
2004	25763691	6900717	16038752	22397621	3330576	2956277	1412981	6897652	302228
2005	32981538	8448175	19735996	25885704	3216173	3465313	1750056	8841665	358323
2006	40365605	10326769	22713442	32051943	4561123	3548955	1921286	11503692	259640

19-6 金融机构人民币信贷收支

Sources and Uses of Credit Funds of Financial Institutions

单位:万元 (10 000 yuan)

项 目	Item	2006
各项存款	**Deposits**	**40365605**
#企业存款	Deposits of Enterprises	10326769
财政存款	Treasury Deposits	1655900
机关团体存款	Deposits of Government Agencies and Organizations	2371623
储蓄存款	Savings Deposits	22713442
#定 期	Fixed Deposits	12048149
农业存款	Agricultural Deposits	721375
其他类存款	Other Deposits	2568902
各项贷款	**Loans**	**32051943**
短期贷款	Short-term Loans	13539548
工业贷款	Loans to Industrial Enterprises	4561123
商业贷款	Loans to Commercial Enterprises	3548955
#农副产品采购贷款	Loans of Purchases of Agricultural and Sideline Products	
建筑业贷款	Loans to Construction Enterprises	164424
农业贷款	Agricultural Loans	1921286
乡镇企业贷款	Loans to Urban Collective Enterprises	252034
三资企业贷款	Loans to Sino-foreign Joint Venture and Cooperative Enterprises and Foreign funded Enterprises	35383
私营及个体工商 企业贷款	Loans to Private Enterprises and Individuals	289660
其他短期贷款	Other Short-term Loans	2766683
中长期贷款	Medium-term & Long-term Loans	16999130
基本建设贷款	Loans to Capital Construction	11503692
技术改造贷款	Loans to Technical Updates and Transformation	259640
其他中长期贷款	Other Medium-term & Long-term Loans	5235798
票据融资	Circulated Fund by Bills	1485432
各项垫款	Money Advanced	27749

19-7 商业银行人民币信贷收支
Sources and Uses of Credit Funds of Commercial Banks

(年末余额)单位：万元 (year-end)(10 000 yuan)

项 目	Item	2006
各 项 存 款	**Deposits**	**30439872**
# 企业存款	Deposits of Enterprises	9688065
机关团体存款	Deposits of Government Agencies and Organizations	2243788
储蓄存款	Savings Deposits	16094636
# 定 期	Fixed Deposits	8554831
农业存款	Agricultural Deposits	17189
其他类存款	Other Deposits	2396194
各 项 贷 款	**Loans**	**21909414**
短期贷款	Short-term Loans	7363719
工业贷款	Loans to Industrial Enterprises	4550024
商业贷款	Loans to Commercial Enterprises	681638
建筑业贷款	Loans to Construction Enterprises	154524
农业贷款	Agricultural Loans	221597
乡镇企业贷款	Loans to Urban Collective Enterpises	1035
三资企业贷款	Loans to Sino-foreign Joint Venture and Cooperative Enterprises and Foreign funded Enterprises	35383
私营及个体工商 企业贷款	Loans to Private Enterprises and Individuals	148235
其他短期贷款	Other Short-term Loans	1571283
中长期贷款	Medium-term & Long-term Loans	13041534
基本建设贷款	Loans to Capital Construction	8561006
技术改造贷款	Loans to Technical Updates and Transformation	259640
其他中长期贷款	Other Medium-term & Long-term Loans	4220888
票据融资	Circulated Fund by Bills	1477152
各项垫款	Money Advanced	27009

19-8 金融机构法定存款利率

Legal Interest Rates on Deposits of Financial Institutions

单位：年利率%　　(annual interest rate %)

项 目	Item	1998年7月1日 Jul. 1, 1998	1998年12月7日 Dec. 7, 1998	1999年6月10日 Jun. 10, 1999	2002年2月21日 Feb 21, 2002	2004年10月29日 Oct. 29, 2004	2006年8月19日 Aug. 19, 2006
个人人民币储蓄存款	**Household Deposits**						
活期	Demand	1.44	1.44	0.99	0.72	0.72	0.72
定期	Time						
三个月	3Months	2.79	2.79	1.98	1.71	1.71	1.80
半年	6Months	3.96	3.33	2.16	1.89	2.07	2.25
一年	1Year	4.77	3.78	2.25	1.98	2.25	2.52
二年	2Year	4.86	3.96	2.43	2.25	2.70	3.06
三年	3Year	4.95	4.14	2.70	2.52	3.24	3.69
五年	5Year	5.22	4.50	2.88	2.79	3.60	4.14
企业单位	**Enterprises Deposits**						
活期	Demand	1.44	1.44	0.99	0.72	0.72	0.72
定期	Tirne						
三个月	3Months	2.79	2.79	1.98	1.71	1.71	1.80
半年	6Months	3.96	3.33	2.16	1.89	2.07	2.25
一年	1Year	4.77	3.78	2.25	1.98	2.25	2.52
二年	2Year	4.86	3.96	2.43	2.25	2.70	3.06
三年	3Year	4.95	4.14	2.70	2.52	3.24	3.69
五年	5Year	5.22	4.50	2.88	2.79	3.60	4.14
大额可转让定期存单	**CDs**						
1个月	1Months						
3个月	3Months	2.79	2.79	1.98	1.71	1.71	1.80
6个月	6Months	3.96	3.33	2.16	1.89	2.07	2.25
9个月	9Months						
12个月	12Months	4.77	3.78	2.25	1.98	2.25	2.52

19-9 金融机构法定贷款利率

Legal Interest Rates on Loans of Financial Institutions

单位：年利率%　　(annual interest rate%)

项 目	Item	1998年7月1日 Jul. 1, 1998	1998年12月7日 Dec. 7, 1998	1999年6月10日 Jun. 10, 1999	2002年2月21日 Feb 21, 2002	2004年10月29日 Oct. 29, 2004	2006年8月19日 Aug. 19, 2006
流动资金贷款	**Working Capital Loans**						
一般流动资金	Ordinary						
六个月	6 Months	6.57	6.12	5.58	5.04	5.22	5.58
一年	1 Year	6.93	6.39	5.85	5.31	5.58	6.12
个体工商户贷款	Individuals Enterprises						
固定资产投资贷款	**Fixed Asset Investment Loans**						
技术改造贷款	Technical Innovation	c	c	c	c	c	c
基本建设贷款	Capital Construdtion						
一年以内及一年	1 Year or Less	6.93	6.12-6.39	5.58-5.85	5.04-5.31	5.22-5.58	2.58-6.12
一年以上至三年	1 Year to 3 Years	7.11	6.66	5.94	5.49	5.76	6.30
三年以上至五年	3 Years to 5 Years	7.65	7.20	6.03	5.58	5.85	6.48
五年以上	More than 5 Year	8.01	7.56	6.21	5.76	6.12	6.84

注：c与同档次基本建设贷款相同。

a) "c" Same as interest rates on capital construction loans with corresponding maturity

19-10 上市公司情况

Summary for Number of Listed Companies

单位：个 (unit)

年 份 Year	全区合计 All Region	上交所 Shanghai Stock Exchange	深交所 Shenzhen Stock Exchange	#仅发A股公司 A share Only	#仅发B股公司 B share Only	H股 H share	增发A股公司 A Share Add
1994	1	1		1			
1995	1	1			1		
1996	4	1	3	4			
1997	5	3	2	4	1		
1998	2	2		2			
1999	1	1		1			
2000	5	5		5			
2001	1	1		1			1
2002							2
2003							
2004	2	1		1		1	
2005	1	1		1			
2006							

注：2002年发行A股公司为增发A股。

a)The companies issuing A share in 2002 only issued A share add.

19-11 股票发行筹资情况

Issuing Summary for Stocks

年 份 Year	股票发行量 (万股) Amount Issued (10 000 shares)	A股 A share	B股 B share	A、B股配股 A & B Shares Rights Issued	H股 H share	股票筹资额 (亿元) Raised Capital (100 million yuan)	A股 A share	B股 B share	A、B股配股 A & B Shares Rights Issued	H股 H share
1989	1820	1820				0.5	0.5			
1994	5000	5000				1.95	1.95			
1995	11000		11000			4.38	4.38			
1996	6520	5020		1500		3.46	2.86		0.60	
1997	51800	22200	16600	13000		25.36	10.83	5.61	8.92	
1998	32852	13100	19752	22.72		8.37		14.35		
1999	13095			13095		9.71		9.71		
2000	38230	30800		7430		32.58	24.10		8.48	
2001	44720	43000		1720		33.84	31.57		2.27	
2002	15896	15896				17.95	17.95			
2003	1258			1258		7.84			7.84	
2004	40000	5000			35000	17.78	3.49			14.29
2005	14000	14000				4.68	4.68			
2006										

19-12 中资保险公司业务技术指标(2006年)
Economic and Technical Indicators of Insurance Companies Funded With Chinese Capital(2006)

项 目	Item	保险金额(亿元) Amount Insured (100 million yuan)	保费收入(万元) Premium (10 000 yuan)	赔款及给付(万元) Claim and Payment (10 000 yuan)
总 计	**Total**	**10526**	**719505**	**171921**
财产保险	**Property Insurance**	**4242**	**218351**	**100724**
企业财产险	Enterprise Property Insurance	1876	22062	10678
家庭财产险	Family Property Insurance	123	2191	427
机动车辆险	Motor Vehicle Insurance	1317	180944	85029
货物运输险	Freight Transport Insurance	162	3464	1224
建筑、安装工程	Construction and Installation Projects	129	2054	953
其它财产保险	Other Property Insurance	4	225	95
责任险	liability Insurance	604	5590	2069
产品责任险	Products Liability Insurance	36	166	67
雇主责任险	Employers Liability Insurance	33	691	478
公众责任险	Public Liability Insurance	405	2813	1036
其它责任险	Other Liability Insurance	131	1921	488
信用保险	Credit Insurance			
保证保险	Guarantee Insurance	19	1551	217
农业保险	Agriculture Insurance	8	268	33
人身保险	**Accident in Surance**	**6284**	**501155**	**71197**
寿险	Life Insurance	744	443158	48843
健康险	Health Insurance	1423	29809	13174
人身意外伤害险	Unforeseen Human Injury Insurance	4117	28187	9180

注:“企业财产险”中包括“机器损坏保险”。

a)The Data of Enterprise Property Insurance Including Machine Damage Insurance.

19-13 财产保险业务收入与赔付(2006年)

Premiums and Claim & Payment of Property Insurance(2006)

单位：万元 (10 000 yuan)

项 目	Item	保险金额 Amount Insured	保费收入 Promiums	已决赔款 Indrmnity	未决赔款 Loss Assessment of Unsrttled Claims
财产保险	**Property Insurance**	**42424746**	**218351**	**105079**	**29971**
# 企业财产险	Enterprise Property	18758406	22062	10702	3994
家庭财产险	Family Property	1231541	2191	458	85
机动车辆险	Motor Vehicle Insurance	13172406	180944	85155	22211
货物运输保险	Freight Transport Insurance	1621551	3464	1334	245
责任险	Liability Insurance	6044413	5590	2069	1540
产品责任险	Products Liability Insurance	355754	166	67	3
雇主责任险	Employers Liability Insurance	331507	691	467	172
公众责任险	Public Liability Insurance	4050718	2813	1036	1049
其它责任险	Other Liability Insurance	1306433	1921	499	316
保证保险	Guarantee Insurance	192350	1551	188	152
农业保险	Agriculture Insurance	81465	268	33	4
# 种植业险	Planting Insurance	74527	75		
养殖业险	Animal Husbandry Insurance	6758	193	33	4

19-14 人身保险业务收入与赔付(2006年)

Premiums and Claim & Payment of Accident in Surance Insurance(2006)

项 目	Item	新保承保人数(万人) New Person of Insurance (10 000 Person)	保费收入(万元) Premiums (10 000 yuan)	赔款(万元) Claim (10 000 yuan)	满期给付(万元) Value of Expiration Payment (10 000 yuan)
总 计	**Total**	**1021**	**501155**	**20933**	**50264**
寿险	Accident in Insurance	52	443158		48843
# 非分红产品	Non-Share out Bonus Products	31	210110		35806
分红产品	Share out Bonus Products	18	199110		12891
投资连接产品	Products Link to Insvestment		1280		31
万能产品	All-purpose Products	3	32658		116
意外伤害保险	Unforeseen Human Injury Insurance	522	28187	9180	
# 一年期以内	Less than one Year	59	946	36	
一年期	One Year	463	27241	9144	
健康保险	Health Insurance	448	29809	11753	1421
# 一年期(及一年期以内)	One Year(Less than one Year)	435	14979	11753	
一年期以上	Over One Year	13	14830		1421

主要统计指标解释

信贷资金　指金融机构以信用方式积聚和分配的货币资金。金融机构信贷资金的来源有各项存款、对国际金融机构负债、流通中货币、银行自有资金及当年结益等；信贷资金的运用有各项贷款、黄金占款、外汇占款、财政借款及在国际金融机构中的资产等。

存款　指企业、机关、团体或居民根据资金必须收回的原则，把货币资金存入银行或其他信用机构保管并取得一定利息的一种信用活动形式。根据存款对象的不同可划分为企业存款、财政存款、机关团体存款、基本建设存款、城镇储蓄存款、农村存款等科目。它是银行信贷资金的主要来源。

贷款　指银行或其他信用机构根据资金必须归还的原则，按一定利率，为企业、个人等提供资金的一种信用活动形式。我国银行贷款分为流动资金贷款、固定资产贷款、城乡个体工商户贷款以及农业贷款等科目。

中资保险公司　指中国公民、法人或其他组织出资(含外资参股)设立的保险公司。

保险金额　指保险人承担赔偿或者给付保险金责任的最高限额。

保费　指投保人为取得保险人在约定范围内所承担赔偿责任而支付给保险人的费用。

赔款　指保险人根据保险合同的规定，向被保险人支付的赔偿保险责任损失的金额。

给付　包括死伤医疗给付和满期给付。死伤医疗给付是指保险人根据人寿保险及长期健康保险合同的规定，因被保险人在保险期内发生保险责任范围内的保险事故支付给被保险人(或受益人)的金额。满期给付是指被保险人生存期满，保险人按人寿保险合同规定支付给被保险人的满期保险金额。

Explanatory Notes on Main Statistical Indicators

Credit Funds refer to the funds issued as loans by banking institutions. The sources of credit funds of the banking institutions included deposits, Liabilities to international financial institutions, currency in circulation, self-owned funds and current retained profits, etc. The credit funds can be used in forms of loans, gold, foreign exchange, government debt and assets in the international financial institutions.

Deposit is a form of credit by which enterprises, institutions, organizations or households can put money into banks and other credit institutions for safekeeping and interest earning under the principle of free withdrawal. According to different depositors, deposits are divided into enterprise deposits, treasury deposits, deposits of government agencies and organizations, capital construction deposits, urban savings deposits, rural deposits and other deposits. Deposits are major sources of the credit funds of banks.

Loan is a form of credit by which banks and other credit institutions provide funds at certain interest rate to enterprises and individuals in the light of the principle of unconditional repayment. Loans from Chinese banks include circulating capital loans, fixed assets loans, loans to urban and rural individuals engaged in industrial and commercial business and agricultural loans.

Insurance Companies Funded with Chinese Capital refer to insurance companies established with capitals from Chinese citizens, corporate institutions or other organizations (including companies with shares from foreign capital) .

Amount Insured refers to the maximum that the insurant will get for the claim of the case insured.

Premium is the fee paid by the insurant to the insurer to obtain the obligation of compensation from the insurance within the agreed terms.

Settled Claim is the compensation paid by the insurer to the insurant in accordance with the insurance contract.

Payment includes payment for death, injury or medical treatment and mature payment. Payment for death, injury or medical treatment refers to the money paid to the insurant (or the beneficiary) in accordance with the life or health insurance contract when the insurant encounters accidents within the insured period covered in the contract. Mature payment refers to the mature payment to the insurant in accordance with the life insurance contract at the end of the insured period.

二十　教育、科技和文化

EDUCATION, SCIENCE AND CULTURE

资料整理　杨源　白丽丽

Arranged by Yang Yuan, Bai Lili

20-1 教育事业基本情况

Basic Statistics on Education

项目	Item	2005	2006
学校数(所)	**Number of Schools(unit)**		
普通高等学校	Regular Institutions of Higher Education	33	36
普通中等学校	Secondary Schools	1869	1747
#中等专业学校	Specialized Secondary Schools	57	74
中等技术学校	Technical Secondary Schools	53	70
中等师范学校	Teacher Secondary Schools	4	4
普通中学	Regular Secondary Schools	1583	1484
职业中学	Vocational Secondary Schools	229	189
小学	Primary Schools	5850	4884
幼儿园	Kindergartens	1201	1504
特殊教育	Special Schools	28	28
专任教师(人)	**Number of Full time Teachers(person)**		
普通高等学校	Regular Instiutions of Higher Education	16189	19101
普通中等学校	Secondary Schools	107704	108717
#中等专业学校	Specialized Secondary Schools	3962	4587
中等技术学校	Technical Secondary Schools	3641	4324
中等师范学校	Teacher Secondary Schools	321	263
普通中学	Regular Secondary Schools	93656	95116
职业中学	Vocational Secondary Schools	10086	9014
小学	Primary Schools	118988	116582
幼儿园	Kindergartens	10686	12130
特殊教育	Special Schools	667	696
招生数(人)	**New Student Enrollment(person)**		
普通高等学校	Regular Institutions of Higher Education	70913	81011
普通中等学校	Secondary Schools	602757	599877
#中等专业学校	Specialized Secondary Schools	38388	41274
中等技术学校	Technical Secondary Schools	37850	39770
中等师范学校	Teacher Secondary Schools	538	1504
普通中学	Regular Secondary Schools	511873	505865
职业中学	Vocational Secondary Schools	52496	52738
小学	Primary Schools	258947	260748
幼儿园	Kindergartens	204839	201941
特殊教育	Special Schools	483	397
在校学生(人)	**Student Enrollment(person)**		
普通高等学校	Regular Institutions of Higher Education	229354	252917
普通中等学校	Secondary Schools	1798804	1802490
#中等专业学校	Specialized Secondary Schools	103422	114804
中等技术学校	Technical Secondary Schools	91420	109822
中等师范学校	Teacher Secondary Schools	12002	4982
普通中学	Regular Secondary Schools	1554738	1551957
高中	Senior Secondary Schools	523497	561484
初中	Junior Secondary Schools	1031241	990473
职业中学	Vocational Secondary Schools	140644	135729
小学	Primary Schools	1596381	1563790
幼儿园	Kindergartens	287674	291059
特殊教育	Special Schools	2844	3168
毕业生数(人)	**Graduates(person)**		
普通高等学校	Regular Institutions of Higher Education	39474	55653
普通中等学校	Secondary Schools	558717	564899
#中等专业学校	Specialized Secondary Schools	27234	30826
中等技术学校	Technical Secondary Schools	25736	29101
中等师范学校	Teacher Secondary Schools	1498	1725
普通中学	Regular Secondary Schools	481629	491313
高中	Senior Secondary Schools	136562	157028
初中	Junior Secondary Schools	345067	334285
职业中学	Vocational Secondary Schools	49854	42760
小学	Primary Schools	327773	311752
幼儿园	Kindergartens	178548	170983
特殊教育	Special Schools	219	197

注：普通中学的高中学校数包括高级中学和完全中学。

a)Number of senior secondary schools in regular secondary schools include senior secondary schools & whole secondary schools.

20-2 在校学生民族构成

Composition of Student Enrollment by Nationality

单位:人 (person)

项　目	Item	2005	2006
普通高等教育	**Regular Institutions of Higher Education**	**229354**	**252917**
蒙古族	Mongolian	52295	57008
其他少数民族	Other Minority Nationality	10566	12383
高等教育中研究生	Postgradate Students Enrollment	7110	8694
蒙古族	Mongolian	2130	2755
其他少数民族	Other Minority Nationality	236	294
中等专业学校	**Specialized Secondary Schools**	**103422**	**114804**
中等技术学校	Technical Schools	91420	111528
蒙古族	Mongolian	17052	23169
其他少数民族	Other Minority Nationality	2226	2817
中等师范学校	Teacher Training Schools Secondary	12002	4982
蒙古族	Mongolian	1139	641
其他少数民族	Other Minority Nationality	170	177
普通中学	**Rogular Secondary Schools**	**1554738**	**1551957**
高中	Senior	523497	561484
蒙古族	Mongolian	121996	130757
其他少数民族	Other Minority Nationality	19240	18391
初中	Junior	1031241	990473
蒙古族	Mongolian	218780	208878
其他少数民族	Other Minority Nationality	32343	31084
职业中学	**Vocational Secondary Schools**	**140644**	**135729**
蒙古族	Mongalian	15569	18326
其他少数民族	Other Minority Nationality	2868	2946
小学	**Primary Schools**	**1596381**	**1563790**
蒙古族	Mongolian	328894	325541
其他少数民族	Other Minority Nationality	40485	38762

20-3 普通高等学校分类情况(2006年)

Basic Statistics of Colleges and Universities by Different Types(2006)

项 目	Item	学校数(所) Number (unit)	毕业生数(人) Graduates (person)	招生数(人) New Student Enrollment (person)	在校学生(人) Student Enrollment (person)
普通高校	**Regular Institutions of Higher Education**	**36**	**55082**	**80795**	**252268**
综合大学	Comprehensive Universities	15	25549	32720	107024
理工院校	Science and Engineering Universities	11	10705	22972	61623
农业大学	Agricultural Universities	1	4925	6034	22142
医药院校	Medicinal Universities	1	1217	2910	9053
师范院校	Normal Universities	2	8254	8707	31932
财经院校	Economics and Finance Universities	3	3301	6331	17883
政法院校	Law Universities	1	926	537	1621
体育院校	Physical Universities	1	205	361	721
艺术院校	Arts Universities	1		223	269

注：学生数中不含成人高校附设普通班学生数。

a)The number of student does not include the number of student who as studing in general class belonging to adult university.

20-3 续表 continued

项 目	Item	教职工合计(人) Number of Staff and Workers (person)	#专任教师 Teachers	#正、副教授 Professors and Asso.Prof.	#讲师 Lecturers	#助教、教员 Assistants and Instructors
普通高校	**Universities and Colleges**	**31136**	**19101**	**7208**	**5830**	**6063**
综合大学	Comprehensive Universities	15061	8766	3374	2898	2494
理工院校	Science and Engineering Universities	6231	4204	1252	1351	1601
农业大学	Agricultural Universities	2403	1395	628	365	402
医药院校	Medicinal Universities	1700	1240	603	129	508
师范院校	Normal Universities	3212	1921	818	640	463
财经院校	Economics & Finance Universities	1823	1090	407	298	385
政法院校	Law Universities	302	180	68	49	63
体育院校	Physical Universities	173	144	31	52	61
艺术院校	Arts Universities	231	161	27	48	86

20-4 普通高等院校基本情况(2006年)

Basic Statistics of Colleges and Universities(2006)

项 目	Item	毕业生数(人) Graduates (person)	招生数(人) New Student Enrollment (person)	在校生数(人) Student Enrollment (person)
内蒙古大学	Inner Mongolia University	3746	3886	14454
内蒙古科技大学	Inner Mongolia Science & Technology University	7829	9248	32801
内蒙古工业大学	Inner Mongolia Engineering University	4305	5502	21281
内蒙古农业大学	Inner Mongolia Agriculture University	4925	6034	22142
内蒙古医学院	Inner Mongolia Medicinal College	1217	2910	9053
内蒙古师范大学	Inner Mongolia Normal University	5482	6194	24688
内蒙古民族大学	Inner Mongolia Nationality University	3869	3616	15653
赤峰学院	Chifeng College	1847	2295	7481
内蒙古财经学院	Inner Mongolia Eco & Finance College	2885	3741	12307
呼伦贝尔学院	Hulunbeier College	2579	3464	11118
内蒙古建筑职业技术学院	Hohhot Professional and Technical College	2027	2497	7817
集宁师范高等专科学校	Jining Teacher Training Academy	2772	2513	7244
内蒙古丰州职业学院	Inner Mongolia Fengzhou College	276	632	1028
河套大学	Hetao University	1299	1254	4012
内蒙古民族高等专科学校	Inner Mongolia Nationality Academy	1454	1570	4496
包头职业技术学院	Baotou Pro.& Tech. College	1706	2507	6056
兴安职业技术学院	Xingan Pro. & Tech. College	625	569	1256
呼和浩特职业学院	Hohhot Vocational College	1213	2962	8334
包头轻工职业技术学院	Baotou Light Industry Professional and Technical College	647	1981	5113
内蒙古电子信息职业技术学院	Inner Mongolia Electronics Vocational College	1081	2398	5541
内蒙古机电职业技术学院	Inner Mongolia Machinery & Electronics Professional and Technical College	473	2601	5996
内蒙古化工职业学院	Inner Mongolia Chemical Engineering Vocational College	466	2412	5159
内蒙古商贸职业学院	Inner Mongolia Trade Vocational College	416	2239	5225
锡林郭勒职业学院	Xilingguole Vocational College	438	977	2214
内蒙古警察职业学院	Inner Mongolia Police Vocational College	926	537	1621
内蒙古体育职业学院	Inner Mongolia Sport Vocational College	205	361	721
乌兰察布职业学院	Wulanchabu Vocational College		873	1592
通辽职业学院	Tongliao Vocational College	374	891	2102
科尔沁艺术职业学院	Keerqin Arts Vocational College		223	269
内蒙古交通职业技术学院	Inner Mongolia Transport Tech College		1198	1887
包头钢铁职业技术学院	Baotou Iron and Steel Vocational College		813	1231
乌海职业技术学院	Wuhai Vocational College		785	1264
内蒙古科技职业学院	Inner Mongolia Sci & Tech College		278	278
内蒙古北方职业技术学院	Inner Mongolia North Tech College		271	271
赤峰职业技术学院	Chifeng Vocational College		212	212
内蒙古经贸外语职业学院	Inner Mongolia Trade & Language College		351	351

注：学生数中不含成人高校附设普通班学生数。

a)The number of student does not include the number of student who was studing in general class belonging toadult university.

20-4 续表 continued

项 目	Item	教职工总数(人) Number of Staff & Workers (person)	#专任教师 Teacher	#中级职称以上教师 Medium over Professional Certification
内蒙古大学	Inner Mongolia University	2398	1366	1040
内蒙古科技大学	Inner Mongolia Science & Technology University	3079	1785	1309
内蒙古工业大学	Inner Mongolia Engineering University	2102	1364	993
内蒙古农业大学	Inner Mongolia Agriculture University	2403	1395	993
内蒙古医学院	Inner Mongolia Medicinal College	1700	1240	732
内蒙古师范大学	Inner Mongolia Normal University	2247	1376	1150
内蒙古民族大学	Inner Mongolia Nationality University	1837	1021	715
赤峰学院	Chifeng College	1385	769	557
内蒙古财经学院	Inner Mongolia Eco & Finance College	1362	812	541
呼伦贝尔学院	Hulunbeier College	1051	722	458
内蒙古建筑职业技术学院	Hohhot Pro. and Tech. College	490	313	166
集宁师范高等专科学校	Jining Teacher Training Academy	965	545	308
内蒙古丰州职业学院	Inner Mongolia Fengzhou Vocational College	94	62	50
河套大学	Hetao University	1091	557	412
内蒙古民族高等专科学校	Inner Mongolia Nationality Academy	448	306	183
包头职业技术学院	Baotou Pro. and Tech. College	934	542	341
兴安职业技术学院	Xingan Pro and Tech College	557	357	263
呼和浩特职业学院	Hohhot Vocational College	1037	639	372
包头轻工职业技术学院	Baotou Light Industry Professional and Technical College	453	316	141
内蒙古电子信息职业技术学院	Inner Mongolia Electronics Vocational College	452	383	255
内蒙古机电职业技术学院	Inner Mongolia Machinery & Electronics Professional and Technical College	522	395	266
内蒙古化工职业学院	Inner Mongolia Chemical Engineering Vocational College	458	353	130
内蒙古商贸职业学院	Inner Mongolia Trade Vocational College	372	242	153
锡林郭勒职业学院	Xilingguole Vocational College	720	378	309
内蒙古警察职业学院	Inner Mongolia Police Vocational College	302	180	117
内蒙古体育职业学院	Inner Mongolia Sport College	173	144	83
乌兰察布职业学院	Wulanchabu Vocational College	500	298	216
通辽职业学院	Tongliao Vocational College	724	414	328
科尔沁艺术职业学院	Keerqin Arts Vocational College	231	161	75
内蒙古交通职业技术学院	Inner Mongolia Tansport Vocational Technological College	230	164	90
包头钢铁职业技术学院	Baotou Iron and Steel Vocational College	282	167	128
乌海职业技术学院	Wuhai Vocational College	199	157	79
内蒙古科技职业学院	Inner Mongolia Science & Technology College	109	50	14
内蒙古北方职业技术学院	Inner Mongolia North Technology College	85	68	50
赤峰职业技术学院	Chifeng Vocational College	82	24	10
内蒙古经贸外语职业学院	Inner Mongolia Trade & Language College	89	36	11

20-5 科技活动基本情况(2006年)

Basic Statistics on Scientific and Technological Activities(2006)

项目	Item	2006
科技活动	**Scientific and Technological Activities**	
科技活动人员(人)	**Number of Persons Engaged in Scientific and Technological Activities(person)**	**38917**
#科学家与工程师	Scientists and Engineers	28545
研究与试验发展折合全时人员(人年)	**Number of Full-time Persons in Research and Developmeut Activities(person year)**	**13803**
#科学家与工程师	Scientists and Engineers	11505
科技经费筹集额(万元)	**Funding for Scientific and Technological Activities(10 000 yuan)**	**420626**
#政府资金	Government Funds	91671
企业资金	Self-raised by Enterprises	285256
银行贷款	Bank Loans	31922
科技经费内部支出(万元)	**Expenditures for Scientific and Technological Activities (10 000 yuan)**	**418782**
#劳务费	Service Fees	78671
固定资产购建费	Purchases of Fixed Assets	171425
#研究与试验发展经费内部支出	Research and Development Expenses	160611
基础研究	Fundamental Research	5379
应用研究	Applied Research	35860
试验发展	Experimental Development	119372
研究与发展经费支出占生产总值比重(%)	**Proportion of Research and Development Expenses to GDP(%)**	**0.34**
技术成果和国家奖励	**Achievements in Scientific and Technological Research and National Prizes Won**	
自治区科技进步奖(项)	Number of Major Achievements in Science and Technology(item)	
国家发明奖(项)	Number of National Invention Prizes Awarded(item)	
国家科学技术进步奖(项)	Number of National Scientific and Technological Progress Prizes Awarded(item)	
技术市场成交额(万元)	**Transaction Value in Technical Market(10 000 yuan)**	**411208**
专 利	**Patent**	
专利申请受理量(件)	Total Patent Applications Examined(item)	1946
发明	Creation and Inventions	430
实用新型	Utility Models	915
外观设计	Designs	601
专利申请批准量(件)	Total Patent Applications Certified(item)	978
发明	Creation and Inventions	108
实用新型	Utility Models	543
外观设计	Designs	327

20-6 地方国有单位各类专业技术人员
Special Technical Personnel of State-owned Units

单位:人 (person)

年份 Year	合 计 Total	工程技术人员 Engineering	农业技术人员 Agriculture	科学研究人员 Scientific Research	卫生技术人员 Health Care	教学人员 Teaching
1986	298360	50544	16026	1561	43130	137854
1987	344667	58353	17665	1794	44962	166079
1988	385181	66901	18436	1646	47332	158905
1989	428612	71848	18649	1845	49311	175621
1990	442659	75686	19644	1803	51184	180408
1991	453193	78705	20168	1839	53585	184784
1992	461901	79224	20710	2174	54257	187739
1993	454591	77474	18534	2043	54236	192023
1994	463501	77624	19096	2026	54873	199488
1995	471197	78640	18781	1877	56045	205952
1996	476610	78450	18946	1832	56854	214200
1997	477411	77127	19010	1792	60806	218651
1998	476012	74538	18499	1762	60990	223704
1999	504045	78903	19246	1992	65578	242551
2000	509470	77348	19076	2002	68954	250740
2001	497202	69548	18979	2084	69156	257165
2002	486215	64635	18288	1927	68725	260445
2003	514746	68669	22202	2029	72508	274565
2004	532891	65362	26978	2631	80287	286581
2005	534906	62700	27393	2401	81181	291842
2006	536071	59529	27465	1985	81658	300322

20-7 国有各类独立科技机构、人员、经费(2006年)

Number of State-owned Research and Development Institutions, Persons and Funds(2006)

项 目	Item	旗县以上国有科技机构合计 R & D Institutions at & above County Level	自然科学与技术领域 Natural Sciences and Techonology	转制科研机构 Transform Character of Institutions	社会与人文科学领域 Social Sciences & Humanities	科技信息与文献机构 Scientific Technological Information & Literature Institutions	旗县属科技机构 Scientific Institation of County
机构数(个)	Institutions(unit)	135	80	30	12	13	6
从业人员数(人)	Staff & workers(person)	11350	7642	2952	514	242	96
#从事科技活动人员	Scientific & Tech Activities	7742	5350	1736	454	202	71
#科学家、工程师	Scientists & Engineers	5530	3665	1387	346	132	22
经费收入总额(万元)	Income(10 000 yuan)	157232	65576	83787	6713	1156	245
#政府拨款	Government Appropriations	64125	50787	8055	4264	1019	243
经费支出总额(万元)	Expenditures(10 000 yuan)	137626	60792	70433	5290	1111	241
#科技经费支出额	Service Charge	74611	48722	19774	5061	1054	205
R&D经费支出额	Fands of R&D	27258	19426	5278	2525	29	19
固定资产(万元)	Fixed Assets(10 000 yuan)	124187	76817	41767	4186	1417	
课题数(个)	Number of Topics(unit)	755	555	122	60	18	8
课题经费支出(万元)	Funds of Topic(10 000 yuan)	28785	17817	8773	1950	245	31
#R&D经费支出	Funds of R&D	18177	12765	3475	1924	13	19
课题投入人员(人年)	Persons of Topics(person-year)	3006	2386	407	167	46	20
#R&D课题投入	R&D of Topics	2074	1658	252	161	3	16
专利申请受理(项)	Number of Patent Applications Accepted(item)	25	16	9			
专利授权(项)	Number of Patent Applications Granted(item)	8	1	7			
科技论文(篇)	Science Papers(piece)	824	597	110	100	17	1

注：R&D为研究与发展(Research and Development)的缩写。

a) R&D is abridge of Research and Development.

20-8 旗县以上国有独立自然科学与技术领域及转制科研机构、人员、经费(2006年)

Transformed and State-Owned Natural Scientific and Technological Institutions, Staff and Expenditure (2006)

项 目	Item	机构数(个) Institutions (unit)	从业人数(人) Staff & workers (person)	# 从事科技活动 Science & Technology	# 科学家工程师 Scientists & Engineers
总 计	**Total**	**110**	**10594**	**7086**	**5052**
按隶属关系分	**Grouped by Level**				
国务院部门属	Central Government	12	3299	2172	1587
自治区属	Autonomous Region	31	3236	2340	1852
盟市属	Leaguesand Cities	67	4059	2574	1613
按行政地域分	**Grouped by Region**				
呼和浩特市	Hohhot City	46	5230	3677	2766
包 头 市	Baotou City	12	2310	1310	964
呼伦贝尔市	Hulunbeier City	8	401	314	201
兴 安 盟	Xingan League	5	121	72	55
通 辽 市	Tongliao City	5	482	298	202
赤 峰 市	Chifeng City	5	329	285	188
锡林郭勒盟	Xilinguole League	5	282	220	122
乌兰察布市	Wulanchabu City	5	301	177	91
鄂尔多斯市	Erdos City	7	412	317	231
巴彦淖尔市	Bayannaoer City	8	620	321	181
乌 海 市	Wuhai City	1	40	32	10
阿拉善盟	Alashan League	3	66	63	41

20-8 续表 continued

单位：万元 (10 000 yuan)

项 目	Item	经费收入总额 Income	# 政府拨款 Government Appro-priations	经费支出总额 Expendi-tures	# 科技经费 Scientific Charge	固定资产原值 Purchasing Fixed	课题经费支出 Funds of Topics
总 计	**Total**	**149363**	**58842**	**131225**	**68496**	**118584**	**26590**
按隶属关系分	**Grouped by Level**						
国务院部门属	Central Government	72090	29216	68836	31727	61188	13807
自治区属	Autonomous Region	45646	16096	32482	21873	30082	7973
盟市属	Leaguesand Cities	31627	13530	29907	14896	27314	4810
按行政地域分	**Grouped by Region**						
呼和浩特市	Hohhot City	74009	36348	57809	43319	62390	16540
包 头 市	Baotou City	57972	9810	58014	13225	35164	6807
呼伦贝尔市	Hulunbeier City	3525	2813	3449	2711	3222	671
兴 安 盟	Xingan League	542	523	523	430	756	267
通 辽 市	Tongliao City	2748	2115	2673	2127	1818	731
赤 峰 市	Chifeng City	1398	1398	1398	1361	1518	258
锡林郭勒盟	Xilinguole League	2195	565	1184	852	1680	80
乌兰察布市	Wulanchabu City	789	790	789	705	352	19
鄂尔多斯市	Erdos City	2528	1213	2186	1391	9457	306
巴彦淖尔市	Bayannaoer City	3163	2791	2712	1931	1813	696
乌 海 市	Wuhai City	168	168	168	157	229	100
阿拉善盟	Alashan League	326	308	320	287	185	115

20-9 大中型工业企业科技活动基本情况

Basic Statistics on Scientific and Technological Activities of Large and Medium-sized Industrial Enterprises

项　目	Item	2005	2006
单位数(个)	**Number of units(units)**	**378**	**411**
#有科技活动单位数	Having Scientific and Technological Activities	103	100
有R&D活动单位数	Having Activivities of R&D	54	53
从业人员年平均人数(人)	**Average of Staff and Workers(person)**	**563446**	**583560**
#科技活动人员	Persons Engaged in Scientific & Technological Activities	21552	22391
科学家和工程师	Scientists and Engineers	14071	15683
R&D人员折合全时人员(人年)	**Persons Engaged in R&D Converted into Full-time Persons(person/year)**	**8550**	**9198**
#科学家和工程师	Scientists and Engineers	6680	7277
科技活动经费筹集额(万元)	**Funds for Scientific and Technological Activities(10 000 yuan)**	**240827**	**311888**
#政府资金	Government Funds	19462	22708
企业资金	Enterprises Funds	210975	254205
金融机构贷款	Bank Loans	6156	29489
其他资金	Other Funds	4234	5486
科技经费内部支出(万元)	**Internal Expenditures of Funds of R&D (10 000 yuan)**	**224698**	**305521**
#劳务费	Labor Wage	42424	52150
固定资产购建费	Expenditures of Purchasing and Fixing Fixed Assets	86022	138065
R&D经费内部支出(万元)	**Inter Expenditures of Funds of R&D(10 000 yuan)**	**81933**	**120494**
#基础研究	Fundamental Research	301	89
应用研究	Applied Research	16755	17250
试验发展	Experiment and Development	64877	103155

20-10 高等学校科技活动基本情况

Basic Statistics on Scientific and Technological Activities of Colleges and Universities

项　目	Item	2005	2006
单位数(个)	**Number of units(unit)**	**15**	**15**
#有科技活动单位数	Units Having Scientific and Technological Activites	13	15
有R&D活动单位数	Units Having Activities of R&D	13	15
科技活动人员(人)	**Persons Engaged in Scientific & Technological Activities**	**3114**	**4944**
#科学家工程师	Scientists and Engineers	3065	4844
R&D人员全时当量(人年)	**Persons Engaged in R&D Converted into Full-time(person/year)**	**1685**	**2398**
#科学家工程师	Scientists and Engineers	1652	2366
基础研究	Fundamental Research	549	859
应用研究	Applied Research	789	1142
试验发展	Experiment and Development	347	397
科技经费筹集额(万元)	**Funds for Science and Technology(10 000 yuan)**	**17980**	**21350**
#政府资金	Government Funds	10047	13600
自筹资金	Self-raised	1340	805
银行贷款	Bank Loans		
科技经费内部支出额(万元)	**Internal Expenditures of Funds of R&D(10 000 yuan)**	**15700**	**19933**
#劳务费	Labor Expenses	2069	2585
固定资产购建费	Expenditurd of Purchases of Fixed Assets	3713	5033
R&D经费内部支出(万元)	**Inter Expenditures of Funds of R&D(10 000 yuan)**	**8193**	**13173**
#基础研究	Fundamental Research	1818	2789
应用研究	Applied Research	3555	8106
试验发展	Experiment and Development	2820	2278

20-11 科技成果获奖

Number of Achievements in Scientific and Technological Research and National Prizes Won

单位：项 (item)

年份 Year	国家发明奖 Number of National Invention Prizes Awarded	国家科技进步奖 Number of National Scientific & Technological Prizes Awarded	国家自然科学奖 Number of National Natural Sciences Prizes Awarded	自治区科技进步奖 Number of Autonomous Regional Scientific & Technological Prizes Awarded	一等奖 First Class Prize	二等奖 Second Class Prize	三等奖 Third Class Prize
1983				126	2	32	92
1985	1	4		167	12	36	119
1986				96	8	20	68
1987			1	121	12	35	74
1988	2	3		103	3	22	78
1989		4		102	7	20	75
1990		3		103	5	20	78
1991		2	1	130	6	14	110
1992		4		105	3	15	87
1993	1	3		123	3	18	102
1994				104	4	14	86
1995	1	2		124	7	22	95
1996		3		129	5	21	103
1997		2		115	3	25	87
1998		1		123	4	22	97
1999	1	3	2	142	4	20	118
2000		1		89	5	16	68
2001		1		100	5	20	75
2002				93	4	20	69
2003		1		80	5	18	57
2004		1		83	7	21	55
2005		1		100	8	23	69
2006							

20-12 三种专利申请受理量及批准量

Three Types of Patent Applications Examined and Granted

单位：项 (item)

年份 Year	申请受理量合计 Number of Patent Applications Examined	发明 Inventions	实用新型 Utility Models	外观设计 Designs	批准量合计 Number of Patent Applications Granted	发明 Inventions	实用新型 Utility Models	外观设计 Designs
1985	76	42	32	2				
1986	90	31	48	11	17		16	1
1987	154	39	108	7	48	3	36	9
1988	228	46	176	6	63	7	53	3
1989	231	43	179	9	128	10	110	8
1990	347	54	270	23	170	5	158	7
1991	431	86	310	35	153	6	130	17
1992	510	102	366	42	242	14	212	16
1993	601	137	438	26	438	14	381	43
1994	731	124	474	133	337	7	296	34
1995	647	117	449	81	415	8	293	114
1996	859	215	507	137	326	6	265	55
1997	940	244	534	162	372	11	264	97
1998	785	125	519	141	523	12	375	136
1999	971	198	557	216	723	17	521	185
2000	1138	234	602	302	775	60	530	185
2001	1089	185	664	240	743	73	440	230
2002	1202	233	643	326	679	53	428	198
2003	1394	242	716	436	816	82	419	315
2004	1457	286	699	472	831	108	437	286
2005	1455	307	708	440	845	98	452	295
2006	1946	430	915	601	978	108	543	327

20-13 文化艺术和文物事业机构、人员(2006年)

Number of Institutions and Personnel in Culture, Art and Cultural Relics(2006)

机构类别	Category of Institution	机构数(个) Number of Institutions (unit)	从业人数(人) Number of Persons Engaged (person)
文化事业合计	**Culture**	**1334**	**12213**
艺术事业	Art Institutions	136	5402
艺术表演团体	Art Performance Troupes	108	4927
话剧、儿童剧、滑稽剧团	Drama, Children Plays ,Comedy	2	104
歌剧、舞剧、歌舞剧团	Opera, Ballet and Dance Troupes	2	40
歌舞团、轻音乐团	Song and Dance Troupe, Light Music	14	1600
文工团、文宣队、乌兰牧骑	Cultural and Performance Troupes and Ulanmuchi (equestrain art troupes)	69	2124
戏曲剧团	Local Opera Troupes	14	819
#京剧	Local Beijing Opera Troupes	1	66
曲艺、杂技、木偶、皮影团	Recitation and Ballad, Acrobatics and Circus, Puppet Show, and Shadow Play Troupes	2	121
艺术表演场所	Art Centers	28	475
剧场、影剧院	Theaters and Music Halls	28	475
书场、曲艺场	Storytelling Places, Recitation and Ballad Places		
杂技、马戏场	Acrobatics, Circus Places		
音乐厅	Concert Halls		
图书馆事业	Libraries	110	1754
群众文化事业	Mass Culture	1026	3620
群众艺术馆	Mass Art Centers	13	435
文化馆	Cultural Centers	102	1348
文化站	Cultural Stations	911	1837
#乡文化站	Township Cultural Stations	815	1697
艺术教育事业	Culture and Education	7	484
其他文化事业	Other Cultural Units	30	873
艺术创作机构	Art Creation Institutions	7	42
艺术研究机构	Art Research Institutions	8	125
艺术展览机构	Art Exhibition Institutions	4	197
#美术馆	Art Gallery	1	8
其他	Others	11	509
文化艺术经纪与代理业	Brokers and Agents for Cultural and Arts Activities	25	80
文物事业合计	**Cultural Relics**	**112**	**1481**
文物保护管理机构	Agency of Historical Relics Preservation	74	605
文物科研机构	Scientific and Research Historical Relics	1	57
其他文物机构	Other Historical Relics Agency		
博物馆	Museums	35	780
综合性博物馆	Comprehensive Museum	30	752
历史类博物馆	Special Museum	2	8
自然科技类博物馆	Nature Science and Technology Museum	1	8
其他博物馆	Memorial Museum	2	12
文物商店	Cultural Relics Agencies	2	39

20-14 图书、杂志、报纸出版

Books, Magazines and Newspapers Published

项 目	Item	2005	2006
图 书	**Books Published**		
种 数(种)	Number of Publications(kind)	2229	2971
# 蒙 文(种)	Mongol(kind)	922	1031
新 出(种)	New Books(kind)	861	2506
重 印(种)	Republication(kind)	251	465
总印数(万册)	Total Printed Copies(10 000 copies)	8888.15	8385.43
总印张数(万印张)	Printed Sheets(10 000 sheets)	61546.75	61159.84
定价总金额(万元)	Total of Fixed Price(10 000 yuan)	56306.70	71174.5
杂 志	**Magazines Publised**		
种 数(种)	Number of Publications(kind)	150	150
# 蒙 文(种)	Mongol(kind)	47	47
总印数(万册)	Total Printed Copies(10 000 copies)	1384.00	1174.20
总印张数(万印张)	Printed Sheets(10 000 sheets)	5979.20	5969.70
定价总金额(万元)	Total of Fixed Price(10 000 yuan)	7864.00	7921.50
报 纸	**Newspapers Publised**		
种 数(种)	Number of News Published(kind)	50	61
# 蒙 文(种)	Mongol(kind)	13	13
总印数(万份)	Total Printed Copies(10 000 copies)	61819.00	50815.00
总印张数(万印张)	Printed Signatures(10 000 sheets)	36203.70	40648.80
定价总金额(万元)	Total of Fixed Price(10 000 yuan)	19040.00	19218.00

20-15 广播电视事业
Statistics on Broadcasting and Television Stations

项 目	Item	2005	2006
广 播	**Broadcasting**		
广播电台(座)	Number of Broadcasting Stations(set)	13	13
调频转播发射台座数(座)	Transmission Stations of Frequency Modulation(set)	742	466
中短波转播发射台座数(座)	Transmission Stations of Short and medium Wave(set)	57	57
广播人口覆盖率(%)	Listener Rating(%)	92.64	92.84
节目套数(套)	Number of Programs(set)	114	115
广播节目全年播出情况	**Annual Statistics on Broadcasting**		
新闻资讯类（小时：分）	News Programs(hour:minute)	83175:02	95211:35
专题服务类（小时：分）	Special Subject Programs(hour:minute)	93931:55	116330:47
综艺类（小时：分）	Programs of Entertainment(hour:minute)	184027:51	196416:59
广播剧类（小时：分）	Radio Play(hour:minute)	16969:41	9955:20
广告类（小时：分）	Programs of Advertisment(hour:minute)	27362:52	28849:56
其他类（小时：分）	Other Programs(hour:minute)	92242:00	80342:25
广播节目全年制作情况	**Annual Statistics on Production of Broadcasting**		
新闻资讯类（小时）	News Programs(hour)	31160	28753
专题服务类（小时）	Special Subject Programs(hour)	68398	68721
综艺类（小时）	Programs of Entertainment(hour)	49015	55742
广播剧类（小时）	Radio Play(hour)	1462	21
广告类（小时）	Programs of Advertisment(hour)	19294	16963
其他类（小时）	Other Programs(hour)	13651	9335
电 视	**Television**		
电 视 台(座)	Number of Television Stations(set)	14	14
电视转播发射台座数(座)	Transmission and Relaying Stations(set)	2316	1838
卫星地球站(座)	Satellits Television Station(set)	1	1
卫星收转站(座)	Satellits Transmission Stations(set)	42741	57799
电视人口覆盖率(%)	Viewer Rating(%)	90.15	91.23
节 目 套 数(套)	Number of Programs(set)	119	118
电视节目全年播出情况	**Annual Statistics on Dissemination of TV Programs**		
新闻资讯类（小时：分）	News Programs(hour:minute)	54841:57	57543:32
专题服务类（小时：分）	Special Subject Programs(hour:minute)	51602:13	57093:46
综艺益智类（小时：分）	Programs of Entertainment(hour:minute)	61765:47	48028:56
影视剧类（小时：分）	Programs of Film and TV Play (hour:minute)	242193:29	262660:09
广告类（小时：分）	Programs of Advertisment(hour:minute)	50433:35	55302:30
其他类（小时：分）	Other Programs(hour:minute)	75501:03	71430:00
电视节目全年制作情况	**Annual Statistics on Production of TV Programs**		
新闻资讯类（小时）	News Programs(hour)	16784	15083
专题服务类（小时）	Special Subject Programs(hour)	18017	14003
综艺益智类（小时）	Programs of Entertainment(hour)	11640	9002
影视剧类（小时）	Programs of Film and TV Play (hour)	1297	1248
广告类（小时）	Programs of Advertisment(hour)	18334	16395
其他类（小时）	Other Programs(hour)	5019	4173

主要统计指标解释

普通高等学校 指按照国家规定的设置标准和审批程序批准举办，通过国家统一招生考试，招收高中毕业生为主要培养对象，实施高等教育的全日制大学、独立设置的学院和高等专科学校、短期职业大学。

成人高等学校 指按照国家有关规定审批，招收通过全国成人高教统一招生考试的具有高中毕业或同等学历的在职从业人员，利用脱产、半脱产、业余或函授等多种形式对其实施高等学历教育，培养高等教育专科或本科毕业水平的专门人才，修业年限，课程设置和总学时数均按高等学历教育要求付诸实施的学校。包括广播电视大学、职工高等学校、农民高等学校、管理干部学院、教育学院、独立设备的函授学院等。

小学学龄儿童入学率 指调查范围内已入小学学习的学龄儿童占校内外学龄儿童总数(包括弱智儿童，不包括盲聋哑儿童)的比重。计算公式为：

小学学龄儿童入学率=已入学的小学学龄儿童数/校内外小学学龄儿童总数×100%

科技活动 指在自然科学、农业科学、医药科学、工程与技术科学、人文与社会科学领域(简称科学技术领域)中，与科技知识的产生、发展、传播和应用密切相关的有组织的活动。可分为研究与试验发展(R&D)、研究与试验发展成果应用及相关的科技服务三类活动。该定义是联合国教科文组织考虑成员国特别是发展中国家开展科技统计工作的需要，而对科技活动所作的统计界定。

科技活动人员 指直接从事科技活动、以及专门从事科技活动管理和为科技活动提供直接服务，累计的实际工作时间占全年制度工作时间 10%及以上的人员。(1)直接从事科技活动的人员包括：在独立核算的科学研究与技术开发机构、高等学校、各类企业及其他事业单位内设的研究室、实验室、技术开发中心及中试车间(基地)等机构中从事科技活动的研究人员、工程技术人员、技术工人及其它人员；虽不在上述机构工作，但编入科技活动项目(课题)组的人员；科技信息与文献机构中的专业技术人员；从事论文设计的研究生等。(2)专门从事科技活动管理和为科技活动提供直接服务的人员，包括：独立核算的科学研究与技术开发机构、科技信息与文献机构、高等学校、各类企业及其他事业单位主管科技工作的负责人，专门从事科技活动的计划、行政、人事、财务、物资供应、设备维护、图书资料管理等工作的各类人员，但不包括保卫、医疗保健人员、司机、食堂人员、茶炉工、水暖工、清洁工等为科技活动提供间接服务的人员。该指标用来反映投入科技活动人力的规模。

科学家与工程师 指科技活动人员中具有高、中级技术职称(职务)的人员和不具有高、中级技术职称(职务)的大学本科及以上学历人员。该指标用来反映投入科技活动人力的素质。

专业技术人员 指从事专业技术工作和专业技术管理工作的人员，即企事业单位中已经聘任专业技术职务从事专业技术工作和专业技术管理工作的人员，以及未聘任专业技术职务，现在专业技术岗位上工作的人员。包括工程技术人员，农业技术人员，科学研究人员，卫生技术人员，教学人员，经济人员，会计人员，统计人员，翻译人员，图书资料、档案、文博人员，新闻出版人员，律师、公证人员，广播电视播音人员，工艺美术人员，体育人员，艺术人员及企业政治思想工作人员，共十七个专业技术职务类别。用来反映科技人力资源情况。

研究与试验发展(R&D) 指在科学技术领域，为增加知识总量、以及运用这些知识去创造新的应用进行的系统的创造性的活动，包括基础研究、应用研究、试验发展三类活动。国际上通常采用 R&D 活动的规模和强度指标反映一国的科技实力和核心竞争力。

科技活动经费筹集 指从各种渠道筹集到的计划用于科技活动的经费，包括政府资金、企业资金、事业单位资金、金融机构贷款、国外资金和其他资金等。反映各社会经济主体对促进科技进步所做的努力。

专利 是专利权的简称，是对发明人的发明创造经审查合格后，由专利局依据专利法授予发明人和设计人对该项发明创造享有的专有权。包括发明、实用新型和外观设计。反映拥有自主知识产权的科技和设计成果情况。

发明 是专利法及其实施细则所称的发明，指对有关产品、方法或其改进所提出的新的技术方案。

实用新型 是专利法及其实施细则所称的实用新型，指对产品的形状、构造或者其结合所提出的适于实用的新的技术方案。

外观设计 是专利法及其实施细则所称的外观设计，指对产品的形状、图案、色彩或者其结合所作出的富有美感并适于工业上应用的新设计。

文化事业机构 指从事专业文化工作和为专业文化工作服务的独立建制的单位。不包括这些单位另外举办独立核算的其他机构和各部门的业余文化组织。

艺术表演团体 指从事戏曲、音乐、舞蹈、杂技等专业艺术表演，有独立帐户的单位，不包括半工半艺、半农半艺和民间职业剧团。

电影放映单位 指具有放映机器设备、固定或不固定的放映场所与专职或兼职的放映技术人员，经有关部门登记批准，经常为一定的观众对象放映电影的机构。

艺术表演观众人数(人次) 指售票、包场演出或民族地区免费演出的艺术表演观众人次数，不包括彩排审查和内部观摩演出的观看人次数。

Explanatory on Main Statistical Indicators

Regular Institutions of Higher Learning refer to educational establishments set up according to the government evaluation and approval procedures, enrolling graduates from senior secondary schools and providing higher education courses and training for senior professionals. They include fulltime universities, colleges, high professional schools and short-term professional universities.

Institutions of Higher Learning for Adults refer to educational establishments, set up in line with relevant rules approved by the government, enrolling staff and workers with senior secondary school or equivalent education, and providing higher education courses in many forms of full time, pray time, spare time, or correspondence for adults. Professionals thus trained receive a qualification equivalent to graduates studying regular courses at regular universities, colleges and professional colleges. Institutions of higher learning for adults include Radio and TV universities, schools of high education for staff and workers and peasants, colleges for management cadres, pedagogical colleges, independent correspondence colleges.

Enrollment Rate of Primary School age Children refers to the proportion of school age children enrolled at schools to the total number of school age children both in and outside schools (including retarded children, but excluding blind, deaf and mute children) . The formula is: Enrollment Rate of Primary School age Children=(Total Primary School age Children at Schools) ÷(Total Primary School age Children Both at and Outside Schools) ×100%

Scientific and Technological Activities (S&T Activities) refer to organized activities which are closely related with the creation, development, dissemination and application of the scientific and technical knowledge in t he fields of natural sciences, agricultural science, medical science, engineering and technological science, humanities and social sciences (referred to as scientific and technological fields) . S&T activities can be classified in to 3 categories: research and development (R&D) activities, application of R&D results, and related S&T services. This statistical definition is made by UNICHIEF for scientific and technological activities to meet the need of carrying out statistical work in this field for its member countries in particular those developing countries.

Personnel Engaged in S&T Activities refer to personnel directly engaged in S&T activities, in the management of S&T activities, and in providing direct service to S&T activities, who sp end over 10% of the total working hours in a year in S&T activities. (1) Personnel directly engaged in S&T activities include researchers, engineers, technicians and other related personnel engaged in S&T activities in independent-accounting R&D institutions, institutions of higher learning, and in research institutes, laboratories, technology development centers and central experiment workshops under enterprises and institutions. Also included are people working in S&T research project teams, professional and technical personnel working in S&T information archiving institutes, and graduate students working on the design of their thesis. (2) Personnel engaged in the management of S&T activities and in providing direct service to S&T activities include senior management people responsible for S&T activities in independent -accounting R&D institutions, S&T information archiving institutes, institutions of higher learning, and in enterprises and institutions where S&T activities are undertaken. Also included are people responsible for the planning, administration, personnel management, financial management, logistics supply, equipment maintenance, information and library management that are related with S&T activities. People providing indirect services are excluded, such as security, medical service, drivers, plumbers, cleaners and those providing catering and related service. This indicator reflects the size of personnel engaged in S&T activities.

Scientists and Engineers refer to persons engaged in S&T activities who have obtained titles of senior and middle level professional positions, and those without such position but have completed university or higher education. This indicator reflects the quality of personnel engaged in S&T activities.

Professional and Technical Personnel refer to persons engaged in professional and technical work or in the management of professional and technical activities, i. e. , people with professional or technical posit ions who are engaged in professional and technical work or in the management of professional and technical activities, and people without professional or technical positions but are working on professional or technical posts. They include professionals and technicians working in 17 categories of technical occupations including engineering, agriculture, scientific researches, medical service, teaching, economic research and application, accounting, statistics, translation, libraries, archives, cultural and museum service, journalism and publication, lawyers, notarization service, radio and television broadcasting, handicraft and fine arts, sports, performing art, and political workers in enterprises. This indicator reflects the condition of human resources in S&T.

Research and Development (R&D) refers to systematic and creative activities in the field of science and technology aiming at increasing the knowledge and using the knowledge for new application. R&D includes 3 categories of activities: basic research, applied research and experiments and development. The scale and intensity of R&D are widely us ed internationally to reflect the strength of S&T and the core competitiveness of a country in the world.

Funding for S&T Activities refers to funds obtained from various sources for S&T activities, including government funds, self-raised funds by enterprises, self-raised funds by institutions, loans from financial institutions, foreign funds and other funds . This indicator reflects the efforts made by various social economic entities in promoting the development of S&T.

Patent is an abbreviation for the patent right and refers to the exclusive right of ownership by the inventors or designers for the creation or inventions, given from the patent offices after due process of assessment and approval in accordance wit h the Patent Law. Patents are grant ed for inventions, utility model sand designs. This indicator reflects the achievements of S&T and design with in dependent intellectual property.

Inventions refer to the inventions as specified by the patent law and its detailed rules and regulations for implementation. They refer to the new technical proposals to the products or methods or their modifications.

Utility Models refer to the utility models as specified by the patent law and its detailed rules and regulations for implementation. They refer to the practical and new technical proposals on the shape and structure of the product or the combination of both.

Designs refer to the designs as specified by the Patent law and its detailed rules and regulation for implementation. They refer to the aesthetics and industry applicable new designs for the shape, pattern and color of the product, or their combinations.

Cultural Institutions refer to units which have their own organizational system and independent accounting system and specialize in or serve cultural development. They exclude other establishments run by these cultural institutions and amateur cultural groups established by various departments.

Art Troupe refers to the troupe which is engaged in drama, opera, music, dance, acrobatics or other art performance, opens independent accounts with banks and has self supporting accounting system; excluding the troupes which are engaged partly in industrial or agricultural activities, partly in art performance and the professional troupes organized by the people.

Film Projection Units refer to units with film projection equipment, full or part time projectionists, permanent or non permanent places, approved by related administrative departments to show films regularly for certain groups of audience, including those film projection units which have been approved to give commercial shows and run business with independent accounting system as well as those film renting units of the military system.

Number of Spectators at Art performance refers to the number of attendants at commercial shows, completely booked shows or free shows given in minority national areas, and does not include the number of spectators at rehearsals for examination and internal shows for study.

二十一 体育、卫生、社会福利、环境保护和其他

SPORTS, PUBLIC HEALTH, SOCIAL WELFARE, ENVIRONMENTAL PROTECTION AND OTHERS

资料整理 杨源

Arranged by Yang Yuan

21-1 等级运动员分项发展情况(2006年)

Development of Athletes in Grade By Type of Sports(2006)

单位:人 (person)

项目	Item	合计 Total	国际级健将 International Master of Sports	国家级运动健将 National Master of Sports	一级 First Grade Sportsmen	二级 Second Grade Sportsmen
总计	**Total**	**709**	**3**	**38**		**668**
#田径	Track and Field	249		1		248
游泳	Swimming	22				22
举重	Weightlifting	3				3
拳击	Box	11	2	1		8
国际式摔跤	Wrestling	71		30		41
跆拳道	Tackwonde	34				34
柔道	Judo	26		4		22
射击	Shooting	7				7
足球	Football	58				58
篮球	Basketball	75				75
排球	Volleyball	34				34
乒乓球	Table Tennis	15				15
羽毛球	Badminton	8				8
台球	Billiards					
网球	Tennis	26				26
软式网球	Soft Tennis					
速度滑冰	Speed Skating					
短道速滑	Short Skating					
航空模型	Model Airplane					
武术	Wu Shu	53		1		52
马术	Horsemanship	8		1		7
围棋	Encirclement Chess					
国际象棋	International Chess					
中国象棋	Chinese Chess					
射箭	Archery	8				8
击剑	Fencing					
健美操	Aerobics					
轮滑	Roller Skating	1	1			

21-2 运动员获奖牌情况(2006年)

Medals Won by Athletes(2006)

单位：枚 (piece)

项目	Item	金牌 Gold Medal	银牌 Silver Medal	铜牌 Copper Medal
总计	**Total**	**565**	**513**	**571**
国际比赛	International Race	16	13	17
国内比赛	National Race	549	500	554

21-3 等级裁判员分项发展情况(2006年)

Development of Referees in Grades by Type of Sports(2006)

单位:人 (person)

项 目	Item	合 计 Total	国际裁判 International Referees	国家级 National Referees	一 级 First Grade Referees	二 级 Second Grade Referees
总 计	**Total**	**793**		**10**	**59**	**724**
#田 径	Track and Field	288		2	6	280
游 泳	Swimming	10				10
体 操	Gymnastics	16				16
举 重	Weightlifting	10				10
拳 击	Boxing	22			10	12
国际式摔跤	Wrestling	43		2	5	36
中国式摔跤	Chinese Wrestling					
柔道	Judo	18		5	7	6
跆拳道	Tackwonde	16				16
射 击	Shooting	14			2	12
射 箭	Archery	11			3	8
足 球	Football	3				3
篮 球	Basketball	115			8	107
排 球	Volleyball	10				10
乒 乓 球	Table Tennis	89		1	12	76
羽 毛 球	Badminton	13				13
网 球	Tennis	23				23
毽 球	Shuttlecock					
速度滑冰	Speed Skating	6			6	
台球	Billiards	5				5
武 术	Wu Shu	6				6
马 术	Horsemanship	10				10
自 行 车	Cycling					
围 棋	Encirclement Chess					
中国象棋	Chinese Chess					
桥 牌	Bridge					
马 球	Polo					
无线电测向	Radio Goniometry					
门球	Doorball	15				15
体育舞蹈	Physical Dance	2				2
信鸽	Pigeon	15				15
地掷球	Ground Ball					
风筝	Kite	10				10
健美操	Aerobics	23				23

21-4 医疗卫生事业

Basic Statistics of Public Health

项 目	Item	2005	2006
卫生机构(个)	**Health Institutions(unit)**	**3774**	**3693**
#医院、卫生院	Hospitals	1834	1820
县及县以上医院	Hospitals at County and Higher Levels	476	474
乡镇卫生院	Health Center at Town	1330	1325
疗养院、所	Sanatoriums	9	8
门诊部	Clinics	75	61
社区卫生服务中心（站）	Health Service Center for Community	421	537
妇幼保健所、站	Maternity and Child Care Centers	116	113
疾病预防控制机构	CDC(Center for Disease Control)	146	140
床位(张)	**Beds(unit)**	**69440**	**70284**
#医院、卫生院	Hospitals	64002	64816
县及县以上医院	Hospitals at County and Higher Levels	50595	51500
乡镇卫生院	Health Center at Town	13116	13148
疗养院、所	Sanatoriums	1554	1397
职工人数(人)	**Persons Engaged in Health Institution(person)**	**121180**	**120571**
#卫生技术人员	Medical Technical Personnel	102587	102336
#执业医师	Permitted Doctors	41646	42116
助理执业医师	Assistant Permitted Doctors	8662	8293
注册护师、护士	Registered Senior and Junior Nurses	27052	27601
药剂人员	Pharmacists	8686	8930
检验人员	Laboratory Technical	4728	4682
其他技术人员	Other Technical Personnel	4156	4331
管理人员	Managerical Personnel	6353	6324
工勤人员	Logistics Workers	8084	7580

21-5 卫生机构
Number of Health Care Institutions

单位：个　　　　　　　　　　　　　　　　　　　　　　　　　　　　　　　　　　(unit)

年份 Year	总计 Total	医院、卫生院 Hospitals & Public Health Clinic	疗养院所 Sanat-oriums	专科防治所站 Specialized Prevention & Treatment Centers or Stations	疾病预防控制中心 CDC	妇幼保健所站 Maternity & Child Care Centers	每万人口拥有卫生机构数 Number of Health Institutions Per 10000 Population
1947	55	28			1		0.10
1949	78	25	1	4	12		0.13
1952	538	103	9	14	5	93	0.75
1957	2152	136	3	28	59	234	2.30
1965	3820	436	16	18	116	116	2.95
1970	4952	1582	4	4	88	50	3.32
1975	3621	1612	9	8	113	110	2.08
1978	4000	1723	8	26	118	117	2.19
1979	4146	1743	8	34	117	116	2.24
1980	4350	1760	9	39	126	118	2.32
1981	4630	1794	12	42	136	120	2.43
1982	4660	1796	14	43	138	121	2.41
1983	4632	1819	14	45	135	120	2.37
1984	4711	1841	14	53	139	121	2.37
1985	4749	1763	14	55	141	120	2.37
1986	4905	1770	13	57	140	122	2.42
1987	4991	1780	12	60	143	123	2.42
1988	5120	1787	13	61	144	123	2.45
1989	5152	1810	11	62	150	118	2.43
1990	5161	1856	12	64	153	122	2.39
1991	5172	1927	12	66	155	122	2.37
1992	5253	1928	12	61	157	120	2.38
1993	4932	1987	11	64	190	119	2.21
1994	4918	2000	11	65	189	119	2.18
1995	4915	2003	11	64	188	117	2.16
1996	5037	2016	11	53	143	107	2.19
1997	4863	1991	11	63	183	113	2.10
1998	4641	1991	11	63	182	110	1.99
1999	4468	1982	11	63	183	108	1.89
2000	4427	1988	11	63	185	108	1.87
2001	4296	1892	11	61	187	107	1.85
2002	3768	1857	10	58	147	118	1.58
2003	3595	1819	9	57	146	117	1.51
2004	3715	1831	9	54	147	117	1.56
2005	3774	1834	9	54	146	116	1.58
2006	3693	1820	8	51	140	113	1.54

21-6 卫生机构床位

Number of Beds in Health Institutions

单位：张 (unit)

年份 Year	总计 Total	医院、卫生院 Hospitals & Public Health Clinic	疗养院所 Sanat-oriums	专科防治所站 Specialized Prevention & Treatment Centers or Stations	疾病预防控制中心 CDC	妇幼保健所站 Maternity & Child Care Centers	每万人口卫生机构床位数 Number of Public Health Orgon Beds Per 10 000 Population
1947	519	519					0.92
1949	726	639	70				1.05
1952	2890	1274	1567				1.78
1957	7733	5700	194				6.09
1965	23241	15820	1669				12.20
1970	25614	24833	280				16.66
1975	22198	21089	500				21.87
1978	25023	24079	500				24.23
1979	48769	46495	1290				25.11
1980	49630	47271	1295				25.19
1981	51319	47942	1948				25.19
1982	51002	47339	2270				24.44
1983	52436	48739	2217				24.92
1984	52911	49307	2274				24.84
1985	53572	50567	2194				25.20
1986	54726	51566	2053			344	25.41
1987	57651	54354	1933	6		401	26.30
1988	59414	55867	2143	36		421	26.68
1989	60090	56776	1863	88		402	26.75
1990	60727	57558	1871	87		404	26.62
1991	62929	59268	2182	66	4	452	27.14
1992	64446	60730	2182	66	4	514	27.52
1993	65221	60893	2062	97	12	584	27.28
1994	65464	61425	2007	65		500	27.17
1995	66515	61933	2124	144	15	574	27.25
1996	65247	61667	2260	105	4	716	26.86
1997	65387	61918	2260	123		749	26.73
1998	65794	62499	2080	83		766	26.76
1999	66367	62832	2102	147		740	28.10
2000	66903	63156	1984	176		1000	28.24
2001	66682	63071	1884	191	25	1580	28.75
2002	64742	61909	1773	409	54	1944	27.30
2003	65072	60438	1768	224	26	1920	27.37
2004	66699	61155	1757	174	95	2269	28.00
2005	69440	64002	1554	234	77	2422	29.10
2006	70284	64816	1397	253	150	2388	29.38

注：医院、卫生院2002年以前为医院口径。

a)The Data about Hospitals and Public Health Clinic Refer to Date of Hospitals before 2002.

21-7 卫生机构人员
Number of Persons Engaged in Health Institutions

单位：人 (person)

年份 Year	总计 Total	卫生技术人员 Medical Technical Personnel	#医生 Doctors	#执业医师 Certified Doctors	#助理执业医师 Certified Assistant Doctors	#注册护师、护士 Registered Senior and Junior Nurses	每万人口医生数 Number of Doctors per 10 000 Population
1947	6158	5979	4483			128	8
1949	7529	7204	4736			201	8
1952	12233	10727	6097			552	9
1957	21848	18290	10556			1977	11
1965	40695	33215	18027			4664	14
1970	42097	33333	17101			6490	11
1975	60529	47845	22114			7932	13
1978	75123	59277	26724			8225	15
1979	82855	65615	28417			7949	16
1980	88188	70022	31068			9129	17
1981	98165	77647	32184			10426	17
1982	101637	80450	32975			10969	17
1983	104446	82873	33456			11768	17
1984	107234	85185	34903			12264	18
1985	109210	87130	36467			12598	18
1986	112011	89257	38103			13427	19
1987	115164	91437	37781			14458	18
1988	117779	94095	42794			18605	20
1989	119044	94969	44579			21310	21
1990	121443	96764	41453			22123	19
1991	123935	97984	42520			22797	19
1992	126859	100365	46612			23157	21
1993	127494	99878	47171			23425	21
1994	129101	102220	48962			24575	22
1995	129483	102187	49345			24617	22
1996	130368	103606	50263			25313	22
1997	129306	102983	52438			25953	22
1998	129765	104890	56384			26163	24
1999	125632	101312	51602			25766	22
2000	124362	100688	52299			25726	22
2001	131931	109147	53021			26755	22
2002	120628	100665	48866	39901	8965	25740	21
2003	120264	101073	49304	40241	9063	25555	21
2004	120253	101730	50177	41252	8925	26517	21
2005	121180	102587	50308	41646	8662	27052	21
2006	120571	102336	50409	42116	8293	27601	21

21-8 社会保障基本情况
Basic Statistics on Social Security

项目	Item	2005	2006
一、社会救济和社会优抚	**Persons Receiving Social Special Relief and Pensions**		
城镇居民最低生活保障人数(人)	Persons Receiving Lowest Cost-of-Living in Urban Area(person)	696895	724082
城镇居民最低生活保障户数(户)	Housholds(household)	321378	347359
农村居民最低生活保障人数(人)	Persons Receiving Lowest Cost-of-Living in Rural Area(person)	60119	427541
农村居民最低生活保障户数(户)	Housholds(household)	39603	247420
二、社会福利事业	**Social Welfare**		
收养性福利事业单位(个)	Adopting Social Welfare Institutions(unit)	774	790
优抚类收养性单位	Adopting Institution of Social Special Relief	33	33
福利类收养性单位	Adopting Institution of Social Welfare	741	757
收养性福利事业单位床位数(张)	Number of Beds of Adopting Social Welfare Instiutions(bed)	26411	25332
优抚类收养性单位	Adopting Institution of Social Special Relief	2026	2014
福利类收养性单位	Adopting Institution of Social Welfare	24385	23318
年末收养人数(人)	Number of Persons Adopted at the year-end(person)	16251	18852
优抚类收养性单位	Adopting Institution of Social Special Relief	1219	1195
福利类收养性单位	Adopting Institution of Social Welfare	15032	17657
社会福利事业支出(万元)	Expenditure for Social Welfare(10 000 yuan)	145209	197140
# 抚恤、离退休和社会福利救济	Pensions and Relief Funds for Social Welfare	123790	168955
自然灾害生活救助	Life Salvation of Natural Calamity	17937	18192
三、社会福利企业	**Social Welfare Enterprises**		
单位数(个)	Number of Units(unit)	438	441
工作人员(人)	Number of Staff and Works(person)	14870	16335
四、社区服务	**Community Service**		
城镇社区服务设施(个)	Number of Urban Welfare Facilities(uint)	4192	4985
城镇便民利民服务网点(个)	Number of Urban Service Points for Civilian(uint)	22903	23411
五、社会保障	**Social Security**		
参加基本养老保险人数(万人)	People join in Basic Pension Insurance(10 000 persons)	339	357
参加基本养老保险离退休人数(万人)	Retirees join in Basic Pension Insurance(10 000 persons)	86	91
参加失业保险人数(万人)	Contributors of Unemployment Insurance(10 000 persons)	222	223
参加基本医疗保险人数(万人)	Contributors of Basic Medical Insurance(10 000 persons)	292	316
#参加大病统筹的人数(万人)	Contributors of Comprehensive Arrangement for Serious Disease(10 000 persons)	230	235
农村社会养老保险参保人数(万人)	Contributors of Rural Social Pension Insurance(10 000 persons)	81	73
养老、失业、医疗、工伤、生育保险基金收入(亿元)	Revenue of Pension, Unemployment, Medical, Work injury, Meternity insurance Fun(100 million yuan)	113.19	160.28
养老、失业、医疗、工伤、生育保险基金支出(亿元)	Expenses of Pension, Unemployment, Medical, Work injury, Meternity insurance Fun(100 million yuan)	96.76	118.43
#失业保险基金支出(亿元)	Relief Funds of Unemployment(100 million yuan)	2.70	2.42
养老、失业、医疗、工伤、生育保险基金累计节余(亿元)	Balance of Pension, Unemployment, Medical, Work injury, Meternity insurance Fun(100 million yuan)	74.78	117.32

21-9 社会福利事业、企业单位和工作人员

Number of Social Welfare Institutions and Enterprises and Persons Engaged

项　目	Item	机构(个) Number of Institutions or Enterprises(unit)		工作人员(人) Number of Persons Engaged(person)	
		2005	2006	2005	2006
全区总计	**Autonomous Regional Total**	**1599**	**1762**	**22392**	**24604**
收养性福利事业单位	Adopting Social Welfare Institutions	774	790	4389	4233
优抚类收养性单位	Adopting Institution of Social Special Relief	33	33	685	667
福利类收养性单位	Adopting Institution of Social Welfare	741	757	3704	3566
社会救助单位	Social Salvation Organizations	32	32	406	413
殡葬事业单位	Funeral and Intermert Instiutions	100	117	1374	1661
福利彩票发行单位	Welfare Lottery Ticket	13	14	103	136
慈善团体	Philanthropic Organizations	2	4	5	20
社区服务单位	Community Service Institutions	240	364	1245	1806
社会福利企业	Social Welfare Enterprises	438	441	14870	16335
国有福利企业	State-owned Enterprises	21		1383	
集体福利企业	Colective-owned Enderprises	180		6682	
其他福利企业	Other	237		6805	

21-10 收养性社会福利事业单位基本情况(2006年)

Basic Statistics on Social Welfare Institutions(2006)

项　目		院数(个) Homes (unit)	工作人员(人) Staff and Workers (person)	#医护人员(人) Doctors & Nurses (person)	床位(张) Beds (unit)	年末收养人数(人) Persons Housed year-end (person)
全区总计	**Autonomous Regional Total**	**790**	**4233**		**25332**	**18852**
优抚类单位	Institution of Social Special Relief	33	667		2014	1195
荣誉军人康复医院	Disable Veteran Hospital	1	75		100	28
复员军人疗养院	Sanatorium of Demobilized Soldier	2	78		290	33
复退军人精神病院	Psychiatric Hospital of Veteran	2	174		200	171
光荣院	Homes for Disabled Veterans	28	340		1424	963
福利类单位	Institution of Social Welfare	757	3566		23318	17657
社会福利院	Social Welfare Homes	36	729		3084	2334
儿童福利机构	Baby Welfare Homes	5	130		580	440
社会福利医院	Social Welfare Hospitals	3	295		639	425
城镇老年福利机构	Urban Adopting Elderly Units	93	343		2701	1912
农村五保供养服务机构	Rural Guaranted Service Units	618	2027		16102	12353
其他福利机构	Other Elderly Units	2	42		212	193

21-11 享受补助、救济人员情况(2006年)
Persons Receiving Subsidies or Relief Funds(2006)

单位：人、户、人次　　(person)(household)(person-time)

项　目	Item	2006
城镇社会救济情况	**Social Relief in Urban Area**	
城镇居民最低生活保障人数	Number of Persons Receiving Lowest Cost-of-Living in Urban Area	724082
城镇居民最低生活保障家庭数	Number of Households Receiving Lowest Cost-of-Living in Urban Area	347359
城镇临时救济人次数	Number of Poor Person-times Receiving Temporary Almsgiving in Urban Area	22692
农村社会救济情况	**Social Relief in Rural Area**	
农村居民最低生活保障人数	Number of Persons Receiving Lowest Cost-of-Living in Rural Area	427541
农村居民最低生活保障家庭数	Number of Housholds Receiving Lowest Cost-of-Living in Rural Area	247420
农村特困户救济人数	Number of Persons in Poor Households Receiving in Rural Area	70506
农村特困户救济户数	Number of Poor Housholds in Rural Area Receiving Relief Funds	44050
农村五保户供养人数	Number of Persons of Rural Guaranteed Five Aspects	106984
农村传统救济人数	Number of Persons Receiving Traditional Relief Funds	19606
农村临时救济人次数	Number of Poor Persons Receiving Temporary Almsgiving in Rural Area	207684

21-12 城镇社区服务设施
Basic Statistics on Urban Welfare Facilities

单位：个，人　　(unit)(person)

项　目	Item	2005	2006
城镇社区服务设施数	Number of Urban Welfare Facilities	4192	4985
社区从业人员数	Number of People with Jobs in Community	115915	82350
#安置下岗职工	Unemployed Workers Employed again	47968	45224
社区服务志愿者组织数	Number of Organization of Service Volunteer in Community	4676	4369
社区服务志愿者人数	Number of Service Volunteers in Community	110627	120538
城镇便民利民服务网点数	Urban Service Points for Civilian	22903	23411

21-13 年末离休、退休、退职人员

Number of Retired and Resigned Persons at the Year-end

单位：万人 (10000 persons)

项 目	Item	2005	2006
全区离休、退休、退职人员数	**Number of Retired and Resigned Persons**	**126.72**	**121.54**
# 企业人员	Enterprises	88.45	80.21
事业人员	Institutions	23.26	24.32
机关人员	Agencies & Organization	10.74	10.63
其他	Others	4.27	6.38

21-14 离休、退休、退职保险福利费

Insurance and Welfare for Retired and Resigned Persons

单位：万元 (10000 yuan)

项 目	Item	2005	2006
全区离休、退休、退职人员保险福利费	**Total Regional Social Insuarauce and Welfare Fund of Retired and Resigned Persons**	**1289082**	**1405258**
企业人员	Enterprises	491555	829025
事业人员	Institutions	368613	387849
机关人员	Agencies & Organization	187488	188384
平均每人领取额(元)	Per Capita Funds(yuan)	9686	11562

21-15 工业“三废”排放及治理
Discharge and Treatment of Waste Water, Waste Gas and Solid Wastes by Industry Enterprises

项目	Item	2005	2006
废水	**Waste Water**		
工业废水排放总量(万吨)	Total Volume of Industrial Waste Water Discharged (10 000 tons)	24967.47	27822.91
工业废水排放达标量(万吨)	Volume of Industrial Waste Water up to the Standards for Discharge(10 000 tons)	16634.05	21415.64
工业废水排放达标率(%)	Percentage of Industrial Waste Water up to the Standards for Discharge(%)	66.62	77.00
废气	**Waste Gas**		
工业废气排放总量(亿标立方米)	Total Volume of Industrial Waste Gas Diffused (100 Million cu.m)	12071.03	18415.35
工业二氧化硫排放量(万吨)	Volume of Sulphur Dioxide Diffused(10 000 tons)	129.57	138.36
工业二氧化硫排放达标率(%)		75.11	79.20
工业烟尘排放量(万吨)	Volume of Soot Diffused(10 000 tons)	60.35	48.84
工业烟尘排放达标率(%)		63.44	70.40
工业粉尘排放量(万吨)	Volume of Industrial Dust Diffused(10 000 tons)	45.61	26.98
工业粉尘排放达标率(%)		24.16	74.80
固体废物	**Solid Wastes**		
工业固体废物产生量(万吨)	Volume of Industrial Solid Wastes Produced (10 000 tons)	7362.57	8170.20
工业固体废物综合利用量(万吨)	Volume of Industrial Solid Wastes Utilized in a Comprehensive way(10 000 tons)	3051.56	3703.00
工业固体废物综合利用率(%)	Percentage of Industrial Solid Wastes Utilized in a Comprehensive way(%)	40.90	44.00
工业固体废物贮存量(万吨)	Volume of Industrial Solid Wastes Accumulated (10 000 tons)	3692.79	2344.90
工业固体废物处置量(万吨)	Volume of Industrial Solid Wastes Treated (10 000 tons)	661.31	2578.13
工业固体废物排放量(万吨)	Volume of Industrial Solid Wastes Discharged (10 000 tons)	62.50	28.22
“三废”综合利用产品产值(万元)	Output Value of Products Made from Waste Gas, Waste Water and Solid Wastes(10 000 yuan)	86505.00	83917.10
污染治理	**Pollution Treatment**		
当年安排污染治理项目数(个)	Number of Projects for Pollution Treatment in the Year(unit)	101	195
污染治理项目本年完成投资额(万元)	Actual Investment in Pollution Treatment in the Year(10 000 yuan)	25678.10	177234.80
# 治理废水	Treatment of Waste Water	9876.10	26040.40
治理废气	Treatment of Waste Gas	14019.50	144638.70
治理固体废物	Treatment of Solid Wastes	1331.50	517.00
治理噪声	Noise Abatmenet	3.00	20.00
治理其他	Others	448.00	6018.70
排污收费及使用	**Fee for Discharging Waste and Fines for Pollution**		
排污费交纳单位(个)	Number of Units Charged levied(unit)	18403.00	18702.00
排污费征收额(万元)	Amount of Pollution Charges(10 000 yuan)	20523.20	34465.90
排污费支出额(万元)	Outlays of Pollution levy Charges(10 000 yuan)	13903.70	

21-16 分行业"三废"排放及处理情况(2006年)

行业	Branch	汇总企业数(个) Industrial Enterprises (unit)	工业废水处理量(万吨) Treatment of Waste Water (10 000 tons)
总计	**Total**	**1328**	**64292.24**
林业	**Forestry**	**12**	
畜牧业	**Animal Husbandry**	**1**	
采矿业	**Mining**	**225**	**3486.88**
煤炭开采和洗选业	Coal Mining & Processing	101	2335.09
石油和天然气开采业	Petroleum & Natural Gas Pumped	2	
黑色金属矿采选业	Mining & Dressing of Ferrous Metals	43	176.19
有色金属矿采选业	Mining & Dressing of Nonferrous Metals	65	870.70
非金属矿采选业	Mining & Dressing of Nonmetal Minerals	13	103.28
其他采矿业	Mining of Other Mineral	1	1.62
制造业	**Manufacturing**	**921**	**54563.45**
农副食品加工业	Processing of Agricultural Side-Line Food	116	2001.23
食品制造业	Manufacturing of Food	65	1001.75
饮料制造业	Manufacturing of Beverage	49	963.66
烟草制品业	Tobacco Products	2	
纺织业	Textile Industry	44	288.76
纺织服装、鞋、帽制造业	Textile, Clothes, Shoes & Hats	4	33.80
皮革、毛皮、羽毛(绒)及其制品业	Leather, Furs, Down & Related Products	5	
木材加工及木、竹、藤、棕、草制品业	Timber Processing, Bamboo, Cane, Palm Fiber & Straw Products	12	43.75
造纸及纸制品业	Paper-making & Paper Products	19	1649.28
印刷业和记录媒介的复制	Printing & Record Pressing	2	
石油加工、炼焦及核燃料加工业	Petroleum Processing, Coke Products & Processing of Nuclear Fuel	32	489.70
化学原料及化学制品制造业	Chemical Materials & Products	154	3179.71
医药制造业	Manufacturing of Medicine	39	550.38
塑料制品业	Plastic Products	3	
非金属矿物制品业	Nonmetal Mineral Products	167	79.18
其中：水泥制造		71	43.17
黑色金属冶炼及压延加工业	Smelting & Pressing of Ferrous Metals	134	42358.72
有色金属冶炼及压延加工业	Smelting & Pressing of Nonferrous Metals	33	1852.57
金属制品业	Metal Products	5	
通用设备制造业	General-Purpose Equipment	5	
专用设备制造业	Special Equipment	13	8.03
交通运输设备制造业	Transported Equipment	6	62.62
电气机械及器材制造业	Electric Equipment & Machinery	6	
通信设备、计算机及其他电子设备制造业	Manufacturing of Telecoms, Computer & Other Electronic Equipment	5	0.30
仪器仪表及文化、办公用机械制造业	Instruments, Meters, Cultural & Office Machinery	1	
电力、燃气及水的生产和供应业	**Production & Supply of Electric Power,Gas & Water**	**145**	**6208.82**
电力、热力的生产和供应业	Production & Supply of Electric Power	94	593.86
火力发电		46	5614.23
燃气生产和供应业	Production & Supply of Gas	3	
水的生产和供应业	Production & Supply of Water	2	0.73
房屋和土木工程建筑业	**Housing & Civil Construction**	**3**	
铁路运输业	**Railway Transport**	**8**	**31.50**
其他行业	**Other Sectors**	**13**	**1.60**

Emission and Treatment of Waste Gas, Water and Solid by Branch(2006)

工业废水排放量(万吨) Waste Water Discharged (10 000 tons)	工业废水排放达标量(万吨)Waste Water up to Standard for Discharge (10 000tons)	化学需氧量去除量(吨)OCD Removed (ton)	化学需氧量排放量(吨)OCD Discharged (ton)	工业废气排放总量(万标立方米) Waste Gas Diffused (10 000 cu.m)	废气治理设施数(套) Facilities (set)
26081.84	**20526.27**	**279090.28**	**129333.90**	**184153494**	**4007**
38.44	**36.57**		**34.97**	**62554**	**140**
91.89	**91.89**		**367.56**		
5330.88	**2737.62**	**1564.59**	**22395.41**	**9048115**	**476**
2803.38	2293.14	1561.52	2420.75	4285318	386
				5932	4
183.68	154.84		62.89	10426	20
2333.65	283.91	3.07	19855.28	248957	57
10.17	5.74		56.50	4497482	9
14867.95	**12419.47**	**267515.88**	**103236.15**	**85985899**	**2404**
2354.16	2099.70	12663.20	14288.04	681294	103
1503.61	1144.62	20636.63	13062.19	657363	79
1137.49	671.79	22270.00	8210.09	471636	85
22.25	5.73		120.49	25206	5
575.83	548.29	69.62	2338.83	317719	48
34.79	34.79	75.00	169.00	12048	8
23.86	13.78		53.28	4770	3
56.84	14.71		206.52	52681	59
1776.36	1377.91	167055.12	48700.96	299574	41
				559	3
199.17	185.66	4438.84	175.87	7174364	194
2053.64	1642.71	18783.44	5505.76	8340286	278
582.49	525.54	11304.08	6855.48	568447	54
0.28	0.10		0.04	952	5
276.73	261.79	62.93	203.92	22764833	447
114.26	100.99	0.02	140.31	16828066	348
3808.49	3455.46	10027.67	2923.28	35028701	571
239.44	234.51	100.00	235.40	9283543	199
0.66	0.66		1.14	21523	7
8.27	0.32		23.33	20556	6
117.76	108.20		104.87	116479	23
76.11	75.74	28.18	39.92	104100	162
8.85	8.27	1.04	5.19	30354	17
10.00	8.34	0.13	11.55	6516	6
0.84	0.84		1.01	2395	1
5650.45	**5145.14**	**8783.87**	**3076.80**	**88833359**	**648**
583.60	574.04	485.73	357.28	12436290	414
5066.06	4570.31	8297.72	2718.64	76333637	199
0.06	0.06			62592	34
0.73	0.73	0.42	0.88	840	1
7.01	**7.01**		**3.91**	**54761**	**47**
57.90	**51.42**	**1225.89**	**208.85**	**93243**	**156**
37.32	**37.16**		**10.25**	**75563**	**136**

21-16 续表

行 业	Branch	工业二氧化硫去除量(吨) SO2 Removed(ton)	工业二氧化硫排放量(吨) SO2 Emission(ton)
总 计	**Total**	**439173.86**	**1312983.15**
林业	**Forestry**		**717.25**
畜牧业	**Animal Husbandry**		
采矿业	**Mining**	**4212.13**	**42250.59**
煤炭开采和洗选业	Coal Mining & Processing	4185.17	26658.85
石油和天然气开采业	Petroleum & Natural Gas Pumped		272.19
黑色金属矿采选业	Mining & Dressing of Ferrous Metals	16.27	1299.65
有色金属矿采选业	Mining & Dressing of Nonferrous Metals	10.69	6293.14
非金属矿采选业	Mining & Dressing of Nonmetal Minerals		7726.77
其他采矿业	Mining of Other Mineral		
制造业	**Manufacturing**	**220544.92**	**371335.53**
农副食品加工业	Processing of Agricultural Side-Line Food	234.58	7311.24
食品制造业	Manufacturing of Food	982.81	11933.17
饮料制造业	Manufacturing of Beverage	307.51	2583.79
烟草制品业	Tobacco Products	23.58	109.74
纺织业	Textile Industry	303.54	3695.02
纺织服装、鞋、帽制造业	Textile, Clothes, Shoes & Hats		306.15
皮革、毛皮、羽毛(绒)及其制品业	Leather, Furs, Down & Related Products		98.23
木材加工及木、竹、藤、棕、草制品业	Timber Processing, Bamboo, Cane, Palm Fiber & Straw Products		640.40
造纸及纸制品业	Paper-making & Paper Products	12.34	3130.07
印刷业和记录媒介的复制	Printing & Record Pressing		14.92
石油加工、炼焦及核燃料加工业	Petroleum Processing, Coke Products & Processing of Nuclear Fuel	4785.72	92546.42
化学原料及化学制品制造业	Chemical Materials & Products	1799.27	45557.84
医药制造业	Manufacturing of Medicine	3111.82	2586.28
塑料制品业	Plastic Products	1.04	6.72
非金属矿物制品业	Nonmetal Mineral Products	3139.91	74332.10
其中：水泥制造		2988.98	27596.46
黑色金属冶炼及压延加工业	Smelting & Pressing of Ferrous Metals	50807.01	100131.12
有色金属冶炼及压延加工业	Smelting & Pressing of Nonferrous Metals	154982.39	25123.96
金属制品业	Metal Products	0.10	29.31
通用设备制造业	General-Purpose Equipment		112.02
专用设备制造业	Special Equipment	7.92	488.41
交通运输设备制造业	Transported Equipment	16.42	509.28
电气机械及器材制造业	Electric Equipment & Machinery	24.63	46.58
通信设备、计算机及其他电子设备制造业	Manufacturing of Telecoms, Computer & Other Electronic Equipment	2.60	32.94
仪器仪表及文化、办公用机械制造业	Instruments, Meters, Cultural & Office Machinery	1.73	9.84
电力、燃气及水的生产和供应业	**Production & Supply of Electric Power,Gas & Water**	**213564.51**	**895049.81**
电力、热力的生产和供应业	Production & Supply of Electric Power	25900.72	92553.04
火力发电		187663.79	800351.55
燃气生产和供应业	Production & Supply of Gas		2135.02
水的生产和供应业	Production & Supply of Water		10.20
房屋和土木工程建筑业	**Housing & Civil Construction**	**49.15**	**450.97**
铁路运输业	**Railway Transport**	**650.24**	**1220.00**
其他行业	**Other Sectors**	**152.92**	**1959.00**

continued

工业烟尘去除量(吨) Industrial Soot Removed(ton)	工业烟尘排放量(吨) Industrial Soot Emission (ton)	工业烟尘排放达标量 Volume of Industrial Soot Diffused up to Standard	工业粉尘去除量(吨) Industrial Dust Removed(ton)	工业粉尘排放量(吨) Industrial Dust Diffused(ton)	工业粉尘排放达标量 Volume of Industrial Dust Diffused up to Standard
14760420.22	**455710.92**	**331800.1**	**1592838.04**	**255874.17**	**193064.85**
4166.99	**691.41**	**288.00**		**1.50**	
228094.10	**44635.87**	**27884.00**	**8626.31**	**24608.12**	**24212.76**
199700.85	24904.34	9220.65	6666.40	24211.85	24191.85
874.02	146.57	9.44			
371.30	417.60	81.50	273.28	325.13	
10146.39	3364.09	2889.94	41.63	10.91	10.41
17001.54	15803.27	15682.47	1645.00	60.24	10.50
690976.22	**215029.05**	**160337.64**	**1582123.90**	**228794.44**	**168852.09**
18078.61	2916.45	1346.41			
29434.20	3078.48	2344.81		473.59	
15756.06	1862.05	1414.57			
871.48	144.86	47.41			
19261.77	1832.63	1723.83			
614.53	30.52	30.52			
645.38	47.98	5.18		58.05	
2566.05	466.94	30.77			
10907.31	937.85	662.76			
91.37	12.27	9.41			
41046.59	41659.79	39263.58	12342.28	9784.13	9262.34
139419.48	20566.61	11207.26	49514.01	2748.75	2227.37
26323.97	3103.37	2530.47			
34.26	8.85	7.48			
134184.93	81172.89	69018.42	785322.18	144695.50	94421.79
66530.04	15596.52	6715.25	752443.36	123317.35	84045.78
231383.99	41995.34	21898.59	704392.47	67777.72	60223.60
17822.26	9583.79	8519.95	27764.46	2823.61	2547.61
43.17	7.29	2.49	2082.50	142.50	120.00
711.48	50.31	11.63			
287.57	5289.19	9.04	457.21	257.26	17.19
1137.50	184.24	180.28	247.63	31.41	31.41
145.01	35.21	30.64	1.15	1.92	0.77
144.46	25.81	25.81			
64.80	16.32	16.32			
13824389.53	**193423.677**	**141996.65**	**2085.64**	**2468.73**	
855102.00	38861.43	32174.51	2085.64	2468.73	
12959564.02	153372.68	108868.52			
9710.27	1182.10	951.81			
13.24	7.47	1.81			
2494.86	**395.64**	**76.84**			
3716.21	**688.89**	**607.09**	**2.19**		
6582.31	**846.38**	**609.88**		**1.38**	

21-17 火灾、交通事故情况(2006年)

Basic Statistics on Fires(2006)

项目	Item	合计 Total	按事故发生程度分 By Serious Degree of Fires		
			特大 Extraordinarily Serious	重大 Serious	一般 Ordinary
一、火灾事故情况	**Fires**				
发生(起)	Fires(case)	6121		6	6115
死亡(人)	Deaths(person)	50		8	42
受伤(人)	Injuries(person)	47			47
损失折款(万元)	Losses Converted into Cash(10 000 yuan)	1598.49		261.57	1336.92
平均每起事故损失(元)	Average Loss per Fire(yuan)	2611		435949	2186
二、交通事故情况					
发生(起)	Fires(case)	6479	49		
死亡(人)	Deaths(person)	1872	195		
受伤(人)	Injuries(person)	7058	133		
损失折款(万元)	Losses Coverted into Cash(10 000 yuan)	1877.97	256.60		

21-18 民间组织管理情况(2006年)

Statistics on Non Governmental Organizations(2006)

单位：个、人 (unit)(person)

项目	Item	2006
社团管理	**Mass Organizations**	
年末实有社团数	The Number of Mass Organizations at Year-end	3428
本年注、撤消、取缔社团数	The Number of Mass Organizations Canceled in The year	
社团负责人	The Number of Leaders of Mass Organizations	
# 女性	Female	
应建立党组织的社会团体	Mass Organizations Need Setting up Party Organization	664
民办非企业单位	**Nonbusinesses Run by Local People**	
年末实有民办非企业单位	Nonbusinesses Run by Local People at Year-end	1771
本年注、撤消、取缔单位	Nonbusinesses Canceled in The year	
民办非企业单位负责人	Leaders of Nonbusinesses	
# 女性	Female	
应建立党组织的民办非企业单位	Nonbusinesses Need Setting up Party Organization	540

主要统计指标解释

等级运动员人数 指经考核正式批准授予等级运动员称号的人数。运动员等级分为国际级运动健将，运动健将、一级运动员、二级运动员、三级运动员、少年级运动员。

等级裁判员人数 指经考核正式批准授予等级裁判员称号的人数。裁判员等级分为国际裁判、国家级裁判、一级裁判、二级裁判、三级裁判。

体育场 指有 400 米跑道(中心含足球场)，有固定道牙，跑道 6 条以上，并有固定看台的室外田径场地。体育场按看台容纳观众人数分为：甲级 25000 人以上，乙级 15000-25000 人，丙级 5000-15000 人，丁级 5000 人以下。

体育馆 指有固定看台，可供篮球、排球、羽毛球、乒乓球、体操等项目训练比赛活动用的室内运动场地。体育馆按看台容纳观众人数分为：甲级 6000 人以上，乙级 4000-6000 人，丙级 2000-4000 人，丁级 2000 人以下。

卫生机构 包括医疗机构、疾病预防控制中心(防疫站)、采供血机构、卫生监督及监测(检验)机构、医学科研和在职培训机构、健康教育所等。医疗机构包括医院、社区卫生服务中心(站)、疗养院、卫生院、门诊部、诊所(卫生所、医务室)、妇幼保健院(所、站)、专科疾病防治院(所、站)、急救中心(站)和临床检验中心。医疗机构分为非赢利性医疗机构和赢利性医疗机构。

医院 包括综合医院、中医医院、中西医结合医院、民族医院、各类专科医院和护理院。

卫生技术人员 指卫生机构中医生、护理人员、药剂人员、检验人员等卫生技术人员。

医生 指在医疗、预防保健机构工作且取得《执业医师证书》的执业医师和执业助理医师。

卫生服务总费用 反映全国当年用于医疗卫生保健服务所消耗的资金总额，用筹资来源法测算。政府预算卫生支出指各级政府用于卫生事业的财政预算拨款。社会卫生支出指政府预算外的卫生资金投入，主要表现为社会医疗保险。其中包括如企事业单位和乡村集体经济单位举办医疗卫生机构设施建设费，企业职工医疗卫生费，行政事业单位负担的职工公费医疗超支部分等。居民个人卫生支出指城乡居民用自己可支配的经济收入支付的各项医疗卫生费用和医疗保险费用。

社会福利事业单位 指集中收养社会孤老、残、幼的机构，包括由民政部门管理的社会福利院、儿童福利院、精神病人福利院和城镇集体举办的福利院及农村集体举办的敬老院以及优抚医院和具有收养能力的社区服务中心等。该指标主要反映我国在社会福利性单位投入的水平。

社会福利事业单位收养人数 包括民政部门管理和城镇、农村集体举办的社会福利事业单位中收养的老人、少年儿童、缺乏生活自理能力的残疾人员和精神病人。

社会福利企业单位 指以安置城镇有一定劳动能力的盲、聋、哑和肢体残疾人员就业为目的，享受国家减免税待遇的国有或集体企业。包括福利工厂、福利商业和服务业、假肢厂和安置农场等单位。

农村五保户 指农村中既无劳动能力，又无经济来源的老、弱、孤、残的农民，其生活由集体供养，实行保吃、保穿、保住、保医、保葬(孤儿保教)，简称“五保”。享受五保待遇的家庭叫五保户。

双扶户 包括被扶持的优抚户和贫困户。主要是对具有一定劳动能力且生活困难的两户给予一定的救济金以扶持其通过生产自救达到脱贫的目的。

基本养老保险

1. 参加保险人数：指报告期末按照国家法律、法规和有关政策规定参加基本养老保险的职工人数。包括不能正常缴费、已中断缴费但未终止保险关系的职工人数。

2. 社会统筹基金收入：指根据国家规定，由纳入基本养老保险范围的单位，按照国家规定的缴费基数和缴费比例缴纳的社会统筹基金， 以及通过其他方式取得的形成基金来源的收入，包括：单位缴纳的社会统筹基金收入、财政补贴收入、利息收入、其他收入。

3. 社会统筹基金支出：指按照国家政策规定的开支范围和开支标准从社会统筹基金中支付给参加基本养老保险的离休、退休、退职人员个人的养老金、丧葬抚恤补助，以及由于保险关系转移、上下级之间调剂资金等原因而发生的支出。包括 基础性养老金、过渡性养老金、离休金、退休金、退职金、补贴、丧葬抚恤补助、其他支出。

4. 社会统筹基金结余：指截止报告期末基本养老保险的社会统筹基金结余金额。包括银行存款、财政专户、债券投资和其他。

基本医疗保险

1. 参加保险人数：指报告期末按国家有关规定参加基本医疗保险的人数。包括参加保险的职工人数和退休人员人数。

2. 社会统筹基金收入：指根据国家有关规定，由纳入基本医疗保险范围的缴费单位， 按国家规定的缴费基数和缴费比例缴纳的社会统筹基金，以及通过其他方式取得的形成基金来源的款项，包括：单位缴纳的社会统筹基金收入、财政补贴收入、利息收入、其他收入。

3. 社会统筹基金支出：指按照国家政策规定的开支范围和开支标准从社会统筹基金中支付给参加基本医疗保险的职工和退休人员的医疗保险待遇支出及其他支出。包括：住院医疗费用支出、门急诊医疗费用支出、其他支出。

4. 社会统筹基金结余：指截止报告期末基本医疗保险的社会统筹基金结余金额。包括银行存款、财政专户、债券投资和其他。

失业保险

1. 参加保险人数：指报告期末按照国家法律、法规和有关政策规定参加了失业保险的城镇企业事业单位的职工及地方政府规定参加失业保险的其他人员的人数。

2. 失业保险金：指为保障失业人员的基本生活而按规定支付的失业保险金金额。保险福利费用总额指各单位在工资以外支付给职工和离休、退休、退职人员个人和用于集体的保险福利费用，不包括用于职工的劳动保护费用，由保险福利费用开支的医务人员工资，集体福利机构工作人员和病伤休息期满6个月以上人员的工资。

保险福利费用总额 指各单位在工资以外支付给职工和离休、退休、退职人员、个人和集体的保险福利费用，不包括用于职工的劳动保护费用，由保险福利费用开支的医务人员工资，具体福利机构工作人员和病伤休息期满 6 个月以上人员的工资。

离休、退休、退职人员 指正式办理了离休、退休、退职手续，并享受相应的离休、退休、退职待遇的人员。

离休、退休、退职人员保险福利费用 包括：

1.离休金：指发给离休干部的工资和按 1982 年国务院《关于老干部离职休养制度的几项规定的通知》发给符合规定的离休干部相当于一至两个月标准工资的生活补贴及1988年增发的生活补贴。

2.退休金：指按照国家有关规定发给退休职工的退休费和1988 年增发的生活补贴。

3.退职生活费：指按照 1978 年国务院《关于工人退休、退职的暂行办法》发给退职人员的生活费用和 1988 年增发的生活补贴。

以上离退休、退职人员的离退休金、退职生活费还应包括发给离退休、退职人员的生活补贴和物价补贴。

4.医疗卫生费：指离休、退休、退职人员的医疗费、住院费以及住院伙食补助等费用。

5.其他：指上述费用以外的其他保险福利费用，如丧葬抚恤救济费、交通费补贴、冬季取暖补贴等。

工业废水排放量 指经过企业厂区所有排放口排到企业外部的工业废水量。包括生产废水、外排的直接冷却水、超标排放的矿井地下水和与工业废水混排的厂区生活污水，不包括外排的间接冷却水(清污不分流的间接冷却水应计算在内)。

工业废水排放达标量 指各项指标都达到国家或地方排放标准的外排工业废水量，包括未经处理外排达标和经过处理后外排达标两部分。

工业废水处理量 指报告期内各种水治理设施实际处理的工业废水量，包括处理后外排和处理后回用的工业废水量和虽经处理但未达到国家或地方排放标准的废水量。如车间和厂排放口均有治理设施，并对同一废水分级处理时，不应重复计算工业废水处理量。

工业废气排放量 指企业厂区内燃料燃烧和生产工艺过程中产生的各种排入空气的含有污染物的气体总量，按标准状态［273K，101325pa］计算。

工业二氧化硫排放量 指企业在燃料燃烧和生产工艺过程中排入大气的二氧化硫数量。 烟尘排放量 指企业厂区内燃料燃烧产生的烟气中夹带的颗粒物数量。

工业粉尘排放量 指企业在生产工艺过程中排放的颗粒物重量，如钢铁企业的耐火材料粉尘、焦化企业的筛焦系统粉尘、烧结机的粉尘、石灰窑的粉尘、建材企业的水泥粉尘等。不包括电厂排入大气的烟尘。

工业固体废物产生量 指企业在生产过程中产生的固体状、半固体状和高浓度液体状废弃物的总量，包括危险废物、冶炼废渣、粉煤灰、炉渣、煤矸石、尾矿、放射性废物和其他废物等；不包括矿山开采的剥离废石和掘进废石(煤矸石和呈酸性或碱性的废石除外)。酸性或碱性废石指采掘的废石其流经水、雨淋水的PH值小于4或PH值大于10.5者。

危险废物 指列入国家危险废物名录或根据国家规定的危险废物鉴别标准和鉴别方法认定的，具有爆炸性、易燃性、易氧化性、毒性、腐蚀性、易传染疾病等危险特性之一的废物。

工业固体废物综合利用量 指通过回收、加工、循环、交换等方式，从固体废物中提取或者使其转化为可以利用的资源、能源和其他原材料的固体废物量(包括当年利用往年的工业固体废物累计贮存量)，如用作农业肥料、生产建筑材料、筑路等。综合利用量由原产生固体废物的单位统计。

工业固体废物贮存量 指以综合利用或处置为目的，将固体废物暂时贮存或堆存在专设的贮存设施或专设的集中堆存场所内的数量。专设的固体废物贮存场所或贮存设施必须有防扩散、防流失、防渗漏、防止污染大气、水体的措施。

工业固体废物处置量 指将固体废物焚烧或者最终置于符合环境保护规定要求的场所，并不再回取的工业固体废物量(包括当年处置往年的工业固体废物累计贮存量)。处置方法有填埋(其中危险废物应安全填埋)、焚烧、专业贮存场(库)封场处理、深层灌注、回填矿井等。

工业固体废物排放量 指将所产生的固体废物排到固体废物污染防治设施、场所以外的数量，不包括矿山开采的剥离废石和掘进废石(煤矸石和呈酸性或碱性的废石除外)。

“三废”综合利用产品产值 指利用“三废”(废液、废气、废渣)作为主要原料生产的产品价值(现行价)，已经销售或准备销售的应计算产品价值，留作生产自用的不应计算产品价值。

“三废”综合利用产品利润 指利用“三废”(废液、废气、废渣)生产的产品，销售后所得到的利润。

环境污染与破坏事故 指由于违反环境保护法规的经济、社会活动与行为，以及意外因素的影响或不可抗拒的自然灾害等原因，致使环境受到污染，国家重点保护的野生动植物、自然保护区受到破坏，人体健康受到危害，社会经济和人民财产受到损失，造成不良社会影响的突发性事件。

Explanatory Notes on Main Statistical Indicators

Number of Athletes in Grades refers to the number of athletes who have been given titles through examination. The titles of athletes include international masters of sports, masters of sports, first grade, second grade and third grade sportsmen and young athletes.

Number of Referees in Grades refers to the number of referees who have been given titles after examination. They are classified as international referees, national referees and referees of the first, second and third grades.

Stadiums refer to stadiums for track and field events with six lane 400 meter tracks around soccer fields, permanent track marks and permanent bleachers. Stadiums are classified according to seating capacity. They include: Class A stadiums seating 25000 people each. Class B stadiums seating 15000 to 25000 people each. Class C stadiums seating 5000 to 15000 people each, and Class D stadiums seating fewer than 5000 people.

Gymnasiums refer to indoor sports grounds with permanent seats in which basketball, volleyball. Badminton, table tennis and gymnastics competitions can be held. Gymnasiums are classified according to seating capacity. They include Class A gymnasiums seating over 6000 people. Class B gymnasiums seating 4000 to 6000 people. Class C gymnasiums seating 2000 to 4000 people, and Class D gymnasiums seating fewer than 2000 people.

Medical Organizations include: hospitals, health service centers (stations) of communities, nursing homes, health centers, clinics, clinics (health stations and infirmaries) , maternity and child care agencies (centers and stations) , special disease prevention and curing agencies (centers and stations) , first aid centers (stations) and clinical inspection centers. Medical organizations are grouped by two types: profit- making and non- profit-making medical organizations.

Hospitals include: polyclinics, traditional Chinese medical hospitals, hospitals integrated with traditional Chinese therapeutics and western therapeutics, ethical hospitals, various specialties hospitals and nursing hospitals.

Medical Technical Personnel refers to doctors, assistant nurses, pharmacists, and laboratory technicians working in medical institutions.

Doctors refer to certified physicians and certified assistant physicians with certifications working in medical and health care and prevention agencies.

Total Cost of Health Services reflects the total expenditures on medical and health care services for the whole country, calculated on basis of sources of funding. Health expenditure from government budget refers to budgetary allocation for health undertakings by governments at all levels. Social health expenditure refers to non-government budgetary cap ital input, mainly the health insurance. It includes expenditure on health institutions run by enterprises and rural collective entities, expenditure on medical and health care of employees of enterprises, and excessive health expenditure of government employees that could be covered by the government health care system. Health expenditure on individuals refers to expenditure on health service and health insurance paid by residents from their disposable income.

Social Welfare Institutions refer to institutions taking care of old pople without children, handicapped people and orphans. They include social welfare institutions run by civil affairs departments, children welfare institutions, social welfare institutions for mental patients, collective-owned old peoples homes in rural areas, convalescent homes and community service centers with the capaCity of receiving those people. This indicator reflects the input in social welfare institutions.

Number of People Taken in by Social Welfare Institutions refers to the number of old people, children, totally dependent handicapped people and mental patients taken in by social welfare institutions run by civil affairs departments and those run by collective units in urban and rural areas.

Social Welfare Enterprises are collective-owned enterprises which employ the blind, deaf mute, and other handicapped people who are able to work in cities and towns and enjoy exemption from state taxes, including welfare plants, welfare commercial services, artificial limb plants and farms, etc.

Rural Households with Livelihood Guaranteed in Five Aspects refer to the households in which there are old people without child, orphans and handicapped people who are unable to work and without financial resources in rural areas. They are taken care of by the collective units and their food, clothing, housing, medical care, funeral expenses (or schooling for orphans) are guaranteed to be provided for.

Households in the Poor Household Support Program refer to the households of martyrs and disabled servicemen, and poor households, who are able to work but in poor conditions, receiving government or collective relief funds. In this way, the households can get to work and make them break away from poverty.

Basic Endowment Insurance

1. Number of people participating in the insurance program: by the end of reference period, number of staff

and workers participating in the insurance program in line with national laws, regulations and related policies, including those who can not make regular payment or interrupt payment but not terminate the insurance program.

2. Revenue of social comprehensive funds: according to national provision, payments made by units covered in basic endowment insurance program, and income from other resources, including: income of social comprehensive funds paid by unites, financial subsidies, interest income and others.

3. Expenditure of social comprehensive funds: refer to payment made to those retired and resigned people covered in endowment insurance program in terms of pens ion or compensation within the expenditure scope and standards according to related national policies, and the expenditure occurred due to shift of the insurance relationship or adjustment funds among agencies, including: basic pension, transitional pension, pension for resigned people, pension for retired people, pension for people quitting jobs, subsidies, funeral subsidies and other expenditure.

4. Balance of social comprehensive funds: refer to the balance of basic endowment insurance of social comprehensive funds at the end of the reference period, including: bank savings, special fiscal account, investment in bonds and others.

Basic Medical Care Insurance:

1. Number of people participated in the insurance program: refer to number of people participated in the basic medical care insurance program according to related regulation by the end of reference period, including: number of staff and workers and retired persons participated in this insurance program.

2. Revenue of social comprehensive funds: according to national provision, payments made by units covered in basic medical care insurance program, and income from other resources, including: income of social comprehensive funds paid by unites, financial subsidies, interest income and others.

3. Expenditure of social comprehensive funds: refer to payment made to those retired and resigned people covered in basic medical care insurance within the expenditure scope and standards according to related national policies, including: expenditure on fee-for-service in hospital, expenditure on fee-for-service in clinic and other expenditure.

4. Balance of social comprehensive funds: refer to the balance of medical care insurance of social comprehensive funds at the end of the reference period, including: bank savings, special fiscal account, investment in bonds and others.

Unemployment Insurance

1. Number of people participated in unemployment insurance program: number of staff and workers in urban enterprises or institutions and other people according to local government regulations participated in unemployment insurance program in line with national law, regulations and related policies by the end of the reference period.

2. Sum of Unemployment Insurance: refer to total amount of insurance paid to un-employees to guarantee their basic lives according to related regulations.

Insurance and Welfare Funds refers to labor insurance and welfare fund paid by enterprises, organizations and institutions to their staff and workers as well as retired and resigned persons in addition to their wages and salaries excluding labor protection fees, wages paid to medical workers from insurance and welfare fund and wages paid to staff members working in collective welfare agencies and to people with over 6 months of sick-leave.

Retired or Resigned Personnel refers to the persons who have formally gone through the formalities for their retirement or quitting work and enjoy the corresponding treatments.

Insurance and Welfare Funds for Retired and Resigned Staff and Workers

1. Pensions for retired veteran cadres: They refer to pensions, other subsidies, and additional allowances paid to retired in line with relevant government documents.

2. Pensions for Retirement: They refer to living allowance; other subsidies and additional allowances paid to retired staff and workers in line with the relevant government documents.

3. Resignation Allowances for Living Expenses: They refer to living allowance, and additional allowances subsidies paid to resigned staff and workers in line with relevant government instructions.

It also includes living subsidies and prices subsidies paid to retired and resigned staff and workers.

4. Medical Care Allowance: refer to fee-for-service, cost of medical care and per diem subsidies during hospitalizations of retired and resigned staff and workers.

5. Others: They refer to other expenses, including other types of insurance and welfare fund, fees for funerals, traveling subsidies and heating subsidies during the winter time.

Volume of Industrial Waste Water Discharged refers to the volume of industrial waste water discharged, through all outlets, to the outside of industrial enterprises, including waste water produced, direct cooling water, underground water from mines that does not meet the standard of discharge, and the domestic sewage mixed up with industrial waste water when discharged, but excluding discharged indirect cooling water.

Volume of Waste Water up to the Standard for Discharge refers to the volume of discharged industrial waste water that, with or without treatment, has come up to the national or local standards for discharge.

Volume of Treated Industrial Waste Water refers to the volume of industrial waste water after being treated and purified through various water treatment facilities in the reference period, including the volume discharged or recovered after being treated. The volume of waste water that fails to meet the national or local standards after treatment is also included. If there are treatment facilities both at the outlets of workshops and at the outlets of the factory, and the same volume of waste water has been treated twice, duplication should be avoided in the calculation of the volume of treated industrial waste water.

Volume of Waste Industrial Gas Emission refers to waste gas emitted from burning of fuels and from production process in the area of the factory, and is measured by 10000 standard cubic meters each year under normal condition.

Volume of Industrial Sulphur Dioxide Discharged refers to the volume of sulphur dioxide discharged to the air in the process of fuel burning or in the production process.

Industrial Dust Discharged refers to the total weight of solid dust discharged by industrial enterprises in the production process, such as dust of refractory materials from iron plants, dust from coke screening system or from sintering machines of coking plants, dust from lime kilns, cement dust from building material enterprises, etc. but excluding smoke and dust discharged by power plants.

Volume of Industrial Solid Wastes Produced refers to the total volume of solid, semi solid or high concentration liquid residue produced by industrial enterprises in their production process, including dangerous wastes, residues from melting, slag, powdered coal ash, gangue, chemical residues, tailings, radio active residues and other residues, but excluding stripped or dug stones in mining(except gangue and acid or alkali stones which are stones washed or soaked by water with a pH value smaller than 4 or larger than 10. 5)

Dangerous Wastes refers to the wastes which are listed by the government as the dangerous wastes or the wastes which are explosive, inflammable, oxidizable, poisonous, corrosive or liable to cause infectious diseases or have other dangerous characteristics specified in accordance with the standards or methods stipulated by the government for identifying the dangerous wastes.

Volume of Industrial Solid Wastes Utilized in a Comprehensive Way refers to the volume of solid wastes from which useful materials can be extracted or which can be changed to be utilizable resources, energy or other materials, including the volume of industrial solid wastes stored up in the previous years and utilized in the current year, such as the solid wastes utilized as fertilizers, building materials, for making roads or for other purpose. Statistical data on utilization of industrial solid wastes are collected by solid wastes producing units.

Volume of Industrial Stored up Solid Wastes refers to the volume of industrial solid wastes temporarily stored up or piled with special facilities or piled in the special sites for purpose of utilization or treatment in future. The special facilities or special sites for the storing up solid wastes should have the measures against spreading or being washed away to other places, permeating the soil or causing air pollution or water contamination.

Volume of Industrial Solid Wastes Treated refers to solid wastes disposed of in a non recoverable place that meet the requirement of environmental protection, such as burying (The dangerous wastes should be buried safely) , burning, piling in designated sites, pouring water into the deep strata, filling of old mines, etc. (including treatment of solid wastes piled up in the previous years) .

Volume of Industrial Solid Wastes Discharged refers to the volume of industrial solid wastes produced and discharged at the places outside the special facilities or special sites for preventing against pollution, excluding stripped or dug stones in mining(except gangue and acid or alkali waste stones) .

Output Value of Products Made from Utilization of Waste Gas, Waste Water and Industrial Solid Wastes refers to the value of products (calculated at current prices) made by industrial enterprises using recovered waste water, waste gas or solid wastes as main raw materials. Only the value of the products which have been sold or are ready to be sold should be included. The value of the products which will be used in the production of the enterprises should not be included.

Profit Obtained from Utilization of Waste Gas, Waste Water and Industrial Solid Wastes refers to profit obtained from selling or own consumption of products made by industrial enterprises using recovered waste water, waste gas or solid wastes as main raw materials.

Accidents of Environment Pollution and Destruction refer to sudden accidents, due to economic and social behavior or activities in contrast with environment protection legislation, unexpected factors or irresistible natural disasters, that cause the pollution of environment, the destruction of natural protection zones, wild plants and animals, the danger to the health of people, and the loss in the property of the society and people.

二十二 盟市资料

STATISTICS OF LEAGUES AND CITIES

资料整理 包利军 包建钢

Arranged by Bao Lijun, Bao Jiangang

22-1 各盟市行政区域土地面积和城市建设(2006年)
Administrative Areas and Construction in Cities by Region(2006)

地区	Region	行政区域土地面积(万平方公里) Gross Area (10 000 sq.km)	城市面积(平方公里) Areas of City (sq.km)	城市建成区面积(平方公里) Urban Developed Area (sq.km)	公园个数(个) Parks (unit)	公园面积(公顷) Area of Parks (hectare)	建成区绿化覆盖面积(公顷) Green Coverage Developed Area(hectare)
总计	**Total**	**118.30**	**11856.94**	**830.09**	**91**	**4679**	**22065**
呼和浩特市	Hohhot City	1.72	2054.00	150.00	14	1756	4515
包头市	Baotou City	2.77	2591.00	178.12	15	1122	6271
呼伦贝尔市	Hulunbeier City	25.30	1804.44	112.63	13	658	3067
兴安盟	Xingan League	5.98	398.00	32.00	7	346	924
通辽市	Tongliao City	5.95	636.70	47.30	6	63	1042
赤峰市	Chifeng City	9.00	503.00	72.00	14	240	1635
锡林郭勒盟	Xilinguole League	20.26	428.60	41.40	3	64	654
乌兰察布市	Wulanchabu City	5.50	394.20	60.00	5	77	1075
鄂尔多斯市	Erdos City	8.68	625.00	66.75	2	39	917
巴彦淖尔市	Bayannaoer City	6.44	668.00	32.38	7	118	722
乌海市	Wuhai City	0.17	1754.00	37.51	5	196	1093
阿拉善盟	Alashan League	27.02					

22-2 各盟市年末常住人口(2006年)
Number of Population at the Year-end by Region(2006)

地区	Region	年末常住人口(万人) Total Population(10 000 Persons)			出生人口(万人) Birth (10 000 persons)	死亡人口(万人) Death (10 000 persons)
		合计 Total	男 Male	女 Female		
呼和浩特市	Hohhot City	260.63	135.04	125.59	2.54	1.44
包头市	Baotou City	245.76	126.53	119.23	2.10	1.24
呼伦贝尔市	Hulunbeier City	269.96	137.97	131.99	2.56	1.65
兴安盟	Xingan League	159.86	82.04	77.82	1.75	0.96
通辽市	Tongliao City	309.10	157.38	151.72	3.39	1.75
赤峰市	Chifeng City	438.53	225.03	213.50	4.49	2.62
锡林郭勒盟	Xilinguole League	100.90	51.99	48.91	1.07	0.55
乌兰察布市	Wulanchabu City	214.12	111.24	102.88	1.85	1.59
鄂尔多斯市	Erdos City	151.45	79.59	71.86	1.57	0.86
巴彦淖尔市	Bayannaoer City	173.61	89.04	84.57	1.61	1.10
乌海市	Wuhai City	47.01	24.31	22.70	0.45	0.24
阿拉善盟	Alashan League	21.42	11.14	10.28	0.20	0.11

22-3 各盟市生产总值(2006年)
Gross Domestic Product by Region(2006)

单位：亿元 (100 million yuan)

地区	Region	生产总值 Gross Domestic Product	第一产业 Primary Industry	第二产业 Secondary Industry	工业 Industry	建筑业 Construction	第三产业 Tertiary Industry	人均生产总值(元) Per Capita GDP(yuan)
呼和浩特市	Hohhot City	900.08	52.16	350.24	283.77	66.47	497.69	34710
包头市	Baotou City	1010.12	35.11	547.53	485.35	62.18	427.48	41334
呼伦贝尔市	Hulunbeier City	395.06	97.39	127.13	103.63	23.50	170.54	14628
兴安盟	Xingan League	126.53	43.74	35.39	28.75	6.64	47.41	7912
通辽市	Tongliao City	413.03	97.79	159.89	134.35	25.54	155.35	13354
赤峰市	Chifeng City	428.01	98.85	176.30	150.16	26.14	152.86	9751
锡林郭勒盟	Xilinguole League	215.43	35.71	115.39	92.88	22.51	64.34	21328
乌兰察布市	Wulanchabu City	285.09	64.37	124.27	97.22	27.05	96.45	13215
鄂尔多斯市	Erdos City	800.01	43.08	439.64	367.68	71.96	317.28	53166
巴彦淖尔市	Bayannaoer City	278.23	72.32	125.02	100.39	24.63	80.89	16045
乌海市	Wuhai City	152.40	2.04	96.92	87.23	9.69	53.44	32598
阿拉善盟	Alashan League	86.03	4.60	55.65	46.75	8.90	25.78	40372

注：本表按当年价格计算。

a)Data in value terms in this table are calculated at current prices.

22-4 各盟市生产总值指数(2006年)
Indices of Gross Domestic Product by Region(2006)

(上年=100) (preceding year=100)

地区	Region	生产总值 Gross Domestic Product	第一产业 Primary Industry	第二产业 Secondary Industry	工业 Industry	建筑业 Construction	第三产业 Tertiary Industry	人均生产总值 Per Capita GDP
呼和浩特市	Hohhot City	118.0	105.6	122.4	125.0	112.3	116.5	116.6
包头市	Baotou City	118.5	106.9	121.3	123.0	109.0	116.1	117.3
呼伦贝尔市	Hulunbeier City	118.0	106.6	124.0	127.6	110.5	121.2	118.3
兴安盟	Xingan League	104.4	106.6	106.0	108.3	96.4	101.3	104.7
通辽市	Tongliao City	118.3	105.5	127.7	132.1	109.7	119.0	118.7
赤峰市	Chifeng City	118.1	106.5	125.8	128.9	110.6	118.7	118.5
锡林郭勒盟	Xilinguole League	118.6	104.8	126.2	130.8	111.2	115.5	116.3
乌兰察布市	Wulanchabu City	116.7	106.2	123.8	129.9	107.2	115.7	117.6
鄂尔多斯市	Erdos City	124.0	104.6	129.7	128.0	140.4	119.8	122.0
巴彦淖尔市	Bayannaoer City	118.0	106.6	129.1	134.2	114.3	115.6	117.6
乌海市	Wuhai City	118.1	103.9	118.2	124.7	80.0	118.5	116.7
阿拉善盟	Alashan League	122.8	103.5	131.0	132.8	123.1	112.4	121.8

注：本表按可比价格计算。

a)The indices in this table are calculated at comparable prices.

22-5 各盟市按三次产业分的年末就业人员(2006年)

Number of Employed Persons at the Year-end by Type of Industry and by Region(2006)

地区	Region	就业人员(万人) Number of Employed Persons (10 000 persons)				构成(合计=100) Composition in Percentage(total=100)		
			第一产业 Primary Industry	第二产业 Secondary Industry	第三产业 Tertiary Industry	第一产业 Primary Industry	第二产业 Secondary Industry	第三产业 Tertiary Industry
呼和浩特市	Hohhot City	149.60	42.80	45.30	61.50	28.6	30.3	41.1
包头市	Baotou City	121.70	27.20	39.20	55.30	22.4	32.2	45.4
呼伦贝尔市	Hulunbeier City	91.91	49.20	13.52	29.19	53.5	14.7	31.8
兴安盟	Xingan League	66.60	46.20	6.10	14.30	69.4	9.2	21.5
通辽市	Tongliao City	142.35	93.35	16.16	32.84	65.6	11.4	23.1
赤峰市	Chifeng City	216.33	117.44	35.10	63.79	54.3	16.2	29.5
锡林郭勒盟	Xilinguole League	46.70	24.50	5.40	16.80	52.5	11.6	36.0
乌兰察布市	Wulanchabu City	119.61	69.26	16.57	33.78	57.9	13.9	28.2
鄂尔多斯市	Erdos City	84.80	30.60	22.20	32.00	36.1	26.2	37.7
巴彦淖尔市	Bayannaoer City	87.90	50.70	11.80	25.40	57.7	13.4	28.9
乌海市	Wuhai City	21.60	2.30	9.70	9.60	10.6	44.9	44.4
阿拉善盟	Alashan League	9.92	3.94	2.43	3.54	39.7	24.5	35.7

22-6 各盟市城镇年末就业人员(2006年)

Number of Employed Persons at the Year-end in Urban Areas by Region(2006)

单位：人 (person)

地区	Region	合计 Total	国有单位 State-owned Units	集体单位 Collective-owned Units	其他单位 Units of Other Types of Ownership
呼和浩特市	Hohhot City	542266	199780	12371	87734
包头市	Baotou City	474142	125585	30829	177521
呼伦贝尔市	Hulunbeier City	401581	192493	5382	63176
兴安盟	Xingan League	167582	87874	4600	19895
通辽市	Tongliao City	302766	179732	9134	35040
赤峰市	Chifeng City	458347	198710	14477	86343
锡林郭勒盟	Xilinguole League	169457	76352	3239	22519
乌兰察布市	Wulanchabu City	232567	110212	4823	25840
鄂尔多斯市	Erdos City	256509	93568	3117	53574
巴彦淖尔市	Bayannaoer City	215231	101182	5468	37689
乌海市	Wuhai City	152537	25882	1428	75763
阿拉善盟	Alashan League	58174	21543	756	16109
直报单位	Units of Direct Reporting	218415	192475	19502	4264

注：表中私营企业和个体数据由工商部门提供。

a)The Statistics of Private Enterprises and Self-employed Individuals are provided by the Department of Industry and Commerce.

22-6 续表 continued

单位：人 (person)

地 区	Region	# 港澳台商投资单位 Economic Units Funded by Entrepreneurs from H. K,Macao and Taiwan	# 外商投资单位 Foreign Funded Units	私营企业 Private Enterprises	个 体 Self-employed Individuals
呼和浩特市	Hohhot City	3890	3700	145322	97059
包 头 市	Baotou City	1490	2948	60781	79426
呼伦贝尔市	Hulunbeier City	541	471	45586	94944
兴 安 盟	Xingan League	271	644	17650	37563
通 辽 市	Tongliao City	520	4169	18338	60522
赤 峰 市	Chifeng City	549	104	72309	86508
锡林郭勒盟	Xilinguole League	138	296	19002	48345
乌兰察布市	Wulanchabu City	292	800	41043	50649
鄂尔多斯市	Erdos City	2485	11539	52131	54119
巴彦淖尔市	Bayannaoer City	1773	1983	20674	50218
乌 海 市	Wuhai City	93	350	28502	20962
阿拉善盟	Alashan League	17	175	9892	9874
直报单位	Units of Direct Reporting	1191		2174	

22-7 各盟市登记注册类型年末职工人数(2006年)

Number of Staff and Workers at the Year-end by Status of Registration and by Region(2006)

单位：人 (person)

地 区	Region	合 计 Total	国有单位 State-owned Units	城镇集体单位 Urban Collective-owned Units	其他单位 Units of Other Types of Ownership
呼和浩特市	Hohhot City	292050	198701	12340	81009
包 头 市	Baotou City	331084	123903	30633	176548
呼伦贝尔市	Hulunbeier City	259311	191021	5355	62935
兴 安 盟	Xingan League	111015	87112	4471	19432
通 辽 市	Tongliao City	223568	179425	9121	35022
赤 峰 市	Chifeng City	296782	196305	14452	86025
锡林郭勒盟	Xilinguole League	100553	74893	3237	22423
乌兰察布市	Wulanchabu City	136449	107123	3710	25616
鄂尔多斯市	Erdos City	149182	92561	3117	53504
巴彦淖尔市	Bayannaoer City	143511	100568	5436	37507
乌 海 市	Wuhai City	102050	25776	1420	74854
阿拉善盟	Alashan League	38118	21288	741	16089
直报单位	Units of Direct Reporting	209178	186062	18895	4221

22-8 各盟市登记注册类型女性年末就业人员(2006年)

Number of Female Employed by Registration Status and by Region at the Year-end(2006)

单位：人

(person)

地区	Region	合计 Total	国有单位 State-owned Units	城镇集体单位 Urban Collective-owned Units	其他单位 Units of Other Types of Ownership
呼和浩特市	Hohhot City	129936	82829	4711	42396
包头市	Baotou City	130868	54613	11938	64317
呼伦贝尔市	Hulunbeier City	96735	76618	2438	17679
兴安盟	Xingan League	43536	35896	1925	5715
通辽市	Tongliao City	86278	71244	3979	11055
赤峰市	Chifeng City	105101	80609	4411	20081
锡林郭勒盟	Xilinguole League	38897	30151	1288	7458
乌兰察布市	Wulanchabu City	49958	39526	1496	8936
鄂尔多斯市	Erdos City	60312	37685	1294	21333
巴彦淖尔市	Bayannaoer City	60882	45810	2912	12160
乌海市	Wuhai City	35333	12618	381	22334
阿拉善盟	Alashan League	13543	9614	374	3555
直报单位	Units of Direct Reporting	56516	45922	8871	1723

22-9 各盟市私营企业年末就业人员(2006年)

Number of Employed Persons in Private Enterprises at the Year-end by Region(2006)

单位：户、人

(enterprise, person)

地区	Region	合计 Total			城镇 Urban Areas			乡村 Rural Areas		
		户数 Enterprises	就业人数 Employed Persons	#投资者 Employers	户数 Enterprises	就业人数 Employed Persons	#投资者 Employers	户数 Enterprises	就业人数 Employed Persons	#投资者 Employers
总计	**Total**	**54381**	**736420**	**148315**	**43465**	**533404**	**111796**	**10916**	**203016**	**36519**
呼和浩特市	Hohhot City	13858	163920	35684	12840	145322	32601	1018	18598	3083
包头市	Baotou City	10460	126577	28080	6230	60781	14182	4230	65796	13898
呼伦贝尔市	Hulunbeier City	3906	48556	12313	3579	45586	11339	327	2970	974
兴安盟	Xingan League	1319	19269	2410	1247	17650	2241	72	1619	169
通辽市	Tongliao City	4219	22464	7893	3794	18338	7157	425	4126	736
赤峰市	Chifeng City	6172	103763	22555	4274	72309	13984	1898	31454	8571
锡林郭勒盟	Xilinguole League	2021	23367	4256	1717	19002	3430	304	4365	826
乌兰察布市	Wulanchabu City	2045	52956	5821	1683	41043	4667	362	11913	1154
鄂尔多斯市	Erdos City	5940	100345	18140	4387	52131	12726	1553	48214	5414
巴彦淖尔市	Bayannaoer City	1628	27038	3446	1239	20674	2699	389	6364	747
乌海市	Wuhai City	1583	28502	4553	1583	28502	4553			
阿拉善盟	Alashan League	889	17256	2517	562	9892	1594	327	7364	923

注：本资料由工商部门提供。

a)The Statistics are provided by the Department of Industry and Commerce.

22-10 各盟市年末个体就业人员(2006年)

Number of Self-Employed Individuals at the Year-end by Region(2006)

单位：户、人 (enterprise, person)

地区	Region	合计 Total		城镇 Urban Areas		乡村 Rural Areas	
		户数 Number of Households	就业人数 Number of Employed Individuals	户数 Number of Households	就业人数 Number of Employed Individuals	户数 Number of Households	就业人数 Number of Employed Individuals
总计	**Total**	**496549**	**877664**	**387522**	**690189**	**109027**	**187475**
呼和浩特市	Hohhot City	55657	112417	46318	97059	9339	15358
包头市	Baotou City	55711	94502	48122	79426	7589	15076
呼伦贝尔市	Hulunbeier City	69870	104317	63153	94944	6717	9373
兴安盟	Xingan League	22551	44101	17512	37563	5039	6538
通辽市	Tongliao City	56766	84374	40273	60522	16493	23852
赤峰市	Chifeng City	83653	138859	51737	86508	31916	52351
锡林郭勒盟	Xilinguole League	27778	52619	25298	48345	2480	4274
乌兰察布市	Wulanchabu City	29380	64586	24233	50649	5147	13937
鄂尔多斯市	Erdos City	42925	76425	30132	54119	12793	22306
巴彦淖尔市	Bayannaoer City	30256	70528	21064	50218	9192	20310
乌海市	Wuhai City	13191	20962	13191	20962		
阿拉善盟	Alashan League	8811	13974	6489	9874	2322	4100

注：本资料由工商部门提供。

a)The Statistics are provided by the Department of Industry and Commerce.

22-11 各盟市城镇登记年末失业人员

Number of Registered Unemployed Persons at the Year-end in Urban Areas by Region

单位：人 (person)

地区	Region	1995	2000	2005	2006
总计	**Total**	**139713**	**126478**	**177483**	**179786**
呼和浩特市	Hohhot City	11781	13120	24465	24571
包头市	Baotou City	27205	20412	31972	31829
呼伦贝尔市	Hulunbeier City	25887	29283	24601	25055
兴安盟	Xingan League	4079	5564	8539	8818
通辽市	Tongliao City	12559	8696	15027	14547
赤峰市	Chifeng City	14266	14374	21000	21428
锡林郭勒盟	Xilinguole League	4783	4943	7809	7775
乌兰察布市	Wulanchabu City	11337	9155	14271	15066
鄂尔多斯市	Erdos City	5900	3653	9620	10029
巴彦淖尔市	Bayannaoer City	11511	9562	11074	11196
乌海市	Wuhai City	8359	5715	6860	7177
阿拉善盟	Alashan League	2046	2001	2245	2295

注：本资料由劳动社会保障厅提供。

a)The Statistics are provided by the Bureau of Labour and Social Insurance

22-12 各盟市城镇登记失业率

Registered Unemployment Rate in Urban Areas by Region

单位：%　　(%)

地 区	Region	1995	2000	2004	2005	2006
总 计	**Total**	**3.17**	**3.34**	**4.59**	**4.26**	**4.13**
呼和浩特市	Hohhot City	2.41	3.01	4.79	4.29	4.11
包 头 市	Baotou City	3.81	3.44	4.67	4.14	3.92
呼伦贝尔市	Hulunbeier City	4.83	4.24	4.69	4.36	4.25
兴 安 盟	Xingan League	1.88	2.48	4.46	4.30	4.17
通 辽 市	Tongliao City	3.14	2.46	4.42	4.20	3.95
赤 峰 市	Chifeng City	3.13	2.90	4.17	4.22	4.20
锡林郭勒盟	Xilinguole League	2.77	3.25	4.87	4.65	4.27
乌兰察布市	Wulanchabu City	3.63	4.01	4.50	4.40	4.40
鄂尔多斯市	Erdos City	3.13	2.07	4.47	3.97	3.98
巴彦淖尔市	Bayannaoer City	4.49	3.84	4.80	4.25	4.13
乌 海 市	Wuhai City	5.12	4.40	4.60	4.50	4.50
阿拉善盟	Alashan League	4.00	3.46	4.87	4.12	3.92

注：本资料由劳动社会保障厅提供。

a)The Statistics are provided by the Bureau of Labour and Social Insurance

22-13 各盟市职工工资总额和指数(2006年)

Total Wages of Staff and Workers and Related Index by Region(2006)

地 区	Region	工资总额(万元) Total Wages(10 000 yuan)				指 数(上年=100) Index(preceding year=100)			
		合 计 Total	国有单位 State-owned Units	城镇集体单位 Urban Collect-iveowned Units	其他单位 Units of Other Types of Owner ship	合 计 Total	国有单位 State-owned Units	城镇集体单位 Urban Collect-iveowned Units	其他单位 Units of Other Types of Owner ship
呼和浩特市	Hohhot City	696228	545163	17866	133200	116.5	115.4	111.4	122.1
包 头 市	Baotou City	757428	337708	43664	376056	100.9	104.7	93.8	98.5
呼伦贝尔市	Hulunbeier City	426492	330094	6435	89963	119.7	121.3	107.1	114.9
兴 安 盟	Xingan League	139815	113039	4152	22625	109.4	108.2	108.3	116.0
通 辽 市	Tongliao City	311134	251629	11397	48108	117.8	116.2	96.7	134.0
赤 峰 市	Chifeng City	457794	307720	17919	132154	120.1	112.8	124.6	140.8
锡林郭勒盟	Xilinguole League	179465	143752	5095	30619	115.6	114.3	110.3	123.0
乌兰察布市	Wulanchabu City	224586	174308	5110	45168	113.3	117.4	114.6	99.6
鄂尔多斯市	Erdos City	402589	250754	5749	146086	132.4	131.9	132.8	133.4
巴彦淖尔市	Bayannaoer City	223961	155110	8386	60465	114.4	114.8	117.2	113.0
乌 海 市	Wuhai City	191006	57449	1459	132098	121.0	112.7	42.2	127.6
阿拉善盟	Alashan League	78641	48375	1691	28574	114.3	114.5	120.1	113.5

22-14 各盟市职工平均工资及指数(2006年)

Average Wage of Staff and Workers and Related Indices by Region(2006)

地 区	Region	平均货币工资(元) Average Money Wage(yuan)				指数(上年=100)Indices (preceding year=100)			
		合 计 Total	国有单位 State-owned Units	城镇集体单位 Urban Collective-owned Units	其他单位 Units of Other Types of Ownership	合 计 Total	国有单位 State-owned Units	城镇集体单位 Urban Collective-owned Units	其他单位 Units of Other Types of Owner-ship
呼和浩特市	Hohhot City	22948	26809	13310	15376	116.4	116.4	134.1	115.4
包 头 市	Baotou City	22815	26584	14931	21402	103.8	106.9	101.7	101.0
呼伦贝尔市	Hulunbeier City	16724	17517	11734	14723	119.7	120.5	121.8	115.9
兴 安 盟	Xingan League	12351	12883	8585	10968	111.8	111.1	106.6	117.0
通 辽 市	Tongliao City	13908	13995	12376	13861	119.1	119.3	119.8	116.6
赤 峰 市	Chifeng City	14986	15719	12515	13852	118.9	117.1	129.1	124.4
锡林郭勒盟	Xilinguole League	17608	19240	16066	12738	112.8	114.2	118.0	109.6
乌兰察布市	Wulanchabu City	16534	16435	14596	17189	112.6	115.6	101.5	102.7
鄂尔多斯市	Erdos City	27074	27320	18838	27120	125.2	126.9	145.4	121.8
巴彦淖尔市	Bayannaoer City	14820	15035	14780	14300	119.0	112.7	115.0	134.5
乌 海 市	Wuhai City	18181	22488	10903	16898	116.5	113.9	105.5	117.6
阿拉善盟	Alashan League	21661	23193	23040	19420	112.6	112.1	126.0	112.7

22-15 各盟市城乡划分全社会固定资产投资(2006年)

Total Investment in Fixed Assets by Channel of Management and by Region(2006)

单位：万元 (10 000 yuan)

地 区	Region	总 计 Total	城镇 Urban	#房地产开发 Real Estate Development	农村 Rural
呼和浩特市	Hohhot City	4904256	4881242	949934	23014
包 头 市	Baotou City	6001727	5984762	592948	16965
呼伦贝尔市	Hulunbeier City	1800522	1792889	219650	7633
兴 安 盟	Xingan League	520120	504456	31860	15664
通 辽 市	Tongliao City	2677812	2668395	176157	9417
赤 峰 市	Chifeng City	3071536	2932453	293163	139083
锡林郭勒盟	Xilinguole League	2314658	2303098	102988	11560
乌兰察布市	Wulanchabu City	2123005	2091311	155014	31694
鄂尔多斯市	Erdos City	5958990	5924447	405562	34543
巴彦淖尔市	Bayannaoer City	2028344	1991870	172302	36474
乌 海 市	Wuhai City	616412	616412	134244	
阿拉善盟	Alashan League	790711	787191	16374	3520

注：农村未包括农户投资。

a)Investment in Fixed Assets of Rural don't included investment of Rural Households.

22-16 各盟市按建设性质分的城镇固定资产投资(2006年)

Investment in Capital Construction in Urban Area by Type of Construction and by Region(2006)

单位：万元 (10 000 yuan)

地区	Region	投资额 Investment	#新建 New Construction	#扩建 Expansion	#改建 Reconstruction
呼和浩特市	Hohhot City	3931308	1919184	1462344	128524
包头市	Baotou City	5391814	3760440	653105	893708
呼伦贝尔市	Hulunbeier City	1573239	1206237	279440	67755
兴安盟	Xingan League	472596	338826	88897	32048
通辽市	Tongliao City	2492238	1535636	705577	151583
赤峰市	Chifeng City	2639290	1737356	636504	118240
锡林郭勒盟	Xilinguole League	2200110	1337724	594024	235930
乌兰察布市	Wulanchabu City	1936297	1314345	492322	73924
鄂尔多斯市	Erdos City	5518885	4309335	311041	675782
巴彦淖尔市	Bayannaoer City	1819568	774081	746824	191440
乌海市	Wuhai City	482168	333299	60923	76721
阿拉善盟	Alashan League	770817	584845	145980	39992

注:本表不含房地产开发投资。

a)Data in this tabale indude real estate development.

22-17 各盟市城镇固定资产投资、投产项目和新增固定资产(2006年)

Capital Construction Projects and Put into Use and Newly Increased Fixed Assets by Region(2006)

地区	Region	施工项目(个) Number of Projects under Construction (unit)	全部建成投产项目(个) Number of Projects Completed & Put into Use (unit)	项目建成投产率(%) Rate of Projects Completed and Put into Use(%)	新增固定资产(万元) Newly Increased Fixed Assets (10 000 yuan)	固定资产交付使用率(%) Rate of Fixed Assets Put into Use(%)
呼和浩特市	Hohhot City	816	572	70.10	3316771	84.37
包头市	Baotou City	1226	863	70.39	3473482	64.42
呼伦贝尔市	Hulunbeier City	794	514	64.74	1556335	98.93
兴安盟	Xingan League	354	224	63.28	265147	56.10
通辽市	Tongliao City	940	738	78.51	1553351	62.33
赤峰市	Chifeng City	883	705	79.84	1632625	61.86
锡林郭勒盟	Xilinguole League	751	434	57.79	894930	40.68
乌兰察布市	Wulanchabu City	559	444	79.43	1669742	86.23
鄂尔多斯市	Erdos City	907	664	73.21	2230108	40.41
巴彦淖尔市	Bayannaoer City	609	472	77.50	1396119	76.73
乌海市	Wuhai City	280	216	77.14	527447	109.39
阿拉善盟	Alashan League	185	133	71.89	618278	80.21

22-18 各盟市城镇固定资产投资房屋建筑面积(2006年)

Floor Space of Buildings Through Capital Construction by Region(2006)

单位：万平方米 (10 000 sq.m)

地区	Region	施工面积 Floor Space of Buildings Under Construction	#住宅 Residential Buildings	竣工面积 Floor Space of Buildings Completed	#住宅 Residential Buildings
呼和浩特市	Hohhot City	1043.48	388.78	483.06	226.47
包头市	Baotou City	501.36	124.75	263.38	67.41
呼伦贝尔市	Hulunbeier City	269.79	56.23	150.82	32.13
兴安盟	Xingan League	101.95	27.15	49.35	17.23
通辽市	Tongliao City	311.75	71.45	208.96	53.02
赤峰市	Chifeng City	259.44	77.86	218.34	72.33
锡林郭勒盟	Xilinguole League	212.92	41.43	106.95	33.56
乌兰察布市	Wulanchabu City	278.20	82.79	177.66	81.53
鄂尔多斯市	Erdos City	318.19	152.03	197.46	94.83
巴彦淖尔市	Bayannaoer City	233.35	64.49	137.04	53.08
乌海市	Wuhai City	74.34	3.19	40.83	2.88
阿拉善盟	Alashan League	37.39	12.21	33.46	10.77

注:本表数字不含商品房。

a)Data in this doesn't include commercial house.

22-19 各盟市按构成分的城镇固定资产投资(2006年)

Investment in Innovation by Type of Construction and by Region(2006)

单位：万元 (10 000 yuan)

地区	Region	投资额 Investment	建筑工程 Construction Projects	安装工程 Installation Projects	设备工器具购置 Purchase of Equipment and Instruments	其他费用 Others
呼和浩特市	Hohhot City	3931308	2563663	163558	756100	447987
包头市	Baotou City	5391814	3264054	610884	1217529	299347
呼伦贝尔市	Hulunbeier City	1573239	1224479	69897	223239	55624
兴安盟	Xingan League	472596	258658	38116	96748	79074
通辽市	Tongliao City	2492238	1168346	134068	1021201	168623
赤峰市	Chifeng City	2639290	1570604	161712	626686	280288
锡林郭勒盟	Xilinguole League	2200110	1402219	200836	449562	147493
乌兰察布市	Wulanchabu City	1936297	958681	214181	606812	156623
鄂尔多斯市	Erdos City	5518885	3804571	452229	896643	365442
巴彦淖尔市	Bayannaoer City	1819568	1057512	192447	454102	115507
乌海市	Wuhai City	482168	244808	82444	109394	45522
阿拉善盟	Alashan League	770817	441164	116634	204363	8656

22-20 各盟市按资金来源分的城镇固定资产(2006年)
Number of Innovation Projects Under Construction and Put into Use and Newly Increased Fixed Assets by Region(2006)

单位:万元 (10000 yuan)

地区	Region	国家预算内资金 State Budgetary	国内贷款 Domestic Loans	利用外资 Foreign Investment	自筹资金 Fund Raising	其他资金 Others
呼和浩特市	Hohhot City	96268	346301	91061	2443031	201384
包头市	Baotou City	31984	272977	44300	4896764	147293
呼伦贝尔市	Hulunbeier City	153803	258399	36320	939492	25896
兴安盟	Xingan League	56851	14891	1406	333613	27838
通辽市	Tongliao City	57309	319335	5432	1910546	100006
赤峰市	Chifeng City	135946	304098	5129	1938164	243507
锡林郭勒盟	Xilinguole League	130288	177337	250	1586695	233943
乌兰察布市	Wulanchabu City	336583	615977	11202	835861	136035
鄂尔多斯市	Erdos City	203697	936374	19610	4489092	269977
巴彦淖尔市	Bayannaoer City	66237	300401	1075	1370356	146614
乌海市	Wuhai City	56213	75318	480	303068	11892
阿拉善盟	Alashan League	64693	125398		579917	4041

22-21 各盟市农村固定资产投资和房屋建筑面积(2006年)
Investment in Fixed Assets in Rural Area, Floor Space of Buildings by Region(2006)

地区	Region	投资额(万元) Investment (10 000 yuan)	新增固定资产(万元) Newly Increased Fixed Assets (10 000 yuan)	房屋建筑面积(万平方米) Floor Space of Buildings(10 000 sq. m)			
				施工面积 Under Construction	#住宅 Residential Buildings	竣工面积 Completed	#住宅 Residential Buildings
呼和浩特市	Hohhot City	23014	23014	6.23	1.50	6.23	1.50
包头市	Baotou City	16965	16806	4.94	1.12	4.14	1.12
呼伦贝尔市	Hulunbeier City	7633	7250	4.57	0.98	4.11	0.85
兴安盟	Xingan League	15664	12212	10.53	6.60	3.61	0.22
通辽市	Tongliao City	9417	9297	2.44	0.04	2.42	0.04
赤峰市	Chifeng City	139083	120860	8.61	2.06	8.30	2.06
锡林郭勒盟	Xilinguole League	11560	12040	1.80	0.28	1.05	0.28
乌兰察布市	Wulanchabu City	31694	26994	8.01	1.93	7.34	1.93
鄂尔多斯市	Erdos City	34543	36938	6.79	4.65	6.59	4.65
巴彦淖尔市	Bayannaoer City	36474	39279	10.09	2.10	8.54	2.10
乌海市	Wuhai City						
阿拉善盟	Alashan League	3520	2320	1.12	0.12	1.12	0.12

注:本表数据统计范围为农村范围内建设的计划总投资50万元以上项目。

a)Frame work in this table is construction projects over 500 thousand yuan in rural area.

22-22 各盟市城镇集体单位固定资产投资、新增固定资产和房屋建筑面积(2006年)

Investment in Fixed Assets of Urban Collective-Owned Units and Floor Space of Buildings by Region(2006)

地区	Region	投资额(万元) Investment (10 000 yuan)	新增固定资产(万元) Newly Increased Fixed Assets (10 000 yuan)	房屋建筑面积(万平方米) Floor Space of Buildings(10 000 sq. m)			
				施工面积 Under Construction	#住宅 Residential Buildings	竣工面积 Completed	#住宅 Residential Buildings
呼和浩特市	Hohhot City	88496	39185	112.11	96.04	21.47	16.25
包头市	Baotou City	140216	95825	62.97	43.80	8.17	
呼伦贝尔市	Hulunbeier City	4909	2869	2.19	0.46	0.96	0.46
兴安盟	Xingan League	5510		1.20			
通辽市	Tongliao City	16655	40340	1.31	0.08	1.31	0.08
赤峰市	Chifeng City	55052	48399	7.76	1.25	7.26	1.25
锡林郭勒盟	Xilinguole League	11980	180	0.78		0.09	
乌兰察布市	Wulanchabu City	9890	16330	1.00	0.90	0.10	
鄂尔多斯市	Erdos City	355782	92012	25.21	2.97	23.21	2.97
巴彦淖尔市	Bayannaoer City	5230	8260	0.70		0.70	
乌海市	Wuhai City	20670	15900	2.76	0.40	0.76	0.40
阿拉善盟	Alashan League	140	140	0.12		0.12	

22-23 各盟市房地产开发企业(单位)个数(2006年)

Number of Enterprises for Real Estate Development by Region(2006)

单位：个 (unit)

地区	Region	企业个数 Number of Enterprises	内资企业 Domestic Funded Enterprises	#国有 State-owned Enterprises	#集体 Collective Owned Enterprises	港、澳、台投资企业 Funded by Entrepreneurs from Hong Kong Macao & Taiwan	外商投资企业 Foreign Funded Enterprises
呼和浩特市	Hohhot City	245	243	5	1		2
包头市	Baotou City	170	165	11		4	1
呼伦贝尔市	Hulunbeier City	118	116	12		1	1
兴安盟	Xingan League	60	60	1	1		
通辽市	Tongliao City	84	84	1			
赤峰市	Chifeng City	85	84		1		1
锡林郭勒盟	Xilinguole League	72	72	1			
乌兰察布市	Wulanchabu City	66	66				
鄂尔多斯市	Erdos City	138	138		1		
巴彦淖尔市	Bayannaoer City	54	54	1	2		
乌海市	Wuhai City	70	70	3			
阿拉善盟	Alashan League	11	11				

22-24 各盟市房地产开发企业(单位)年底从业人员(2006年)

Number of Employed Persons in Enterprises for Real Estate Development by Region(end of 2006)

单位：人 (person)

地区	Region	年末从业人数 Number of Employed Persons	内资企业 Domestic Funded Enterprises	#国有 State-owned Enterprises	#集体 Collective-owned Enterprises	港、澳、台投资企业 Funded by Entrepreneurs from Hong Kong Macao and Taiwan	外商投资企业 Foreign Funded Enterprises
呼和浩特市	Hohhot City	4544	4487	119	23		57
包头市	Baotou City	4620	4301	258		311	8
呼伦贝尔市	Hulunbeier City	1546	1527	196		13	6
兴安盟	Xingan League	1011	1011	10	11		
通辽市	Tongliao City	1362	1362	2			
赤峰市	Chifeng City	1919	1909		10		10
锡林郭勒盟	Xilinguole League	2527	2527	4			
乌兰察布市	Wulanchabu City	1495	1495				
鄂尔多斯市	Erdos City	3629	3629		1		
巴彦淖尔市	Bayannaoer City	1105	1105	16	16		
乌海市	Wuhai City	889	889	42			
阿拉善盟	Alashan League	264	264				

22-25 各盟市按用途分的房地产开发企业(单位)完成投资额(2006年)

Actually Completed Investment of Enterprises for Real Estate Development by Region and by Use(2006)

单位：万元 (10 000 yuan)

地区	Region	本年完成投资额 Investment Made This Year	住宅 Residential Buildings	#经济适用房屋 Economical Houses	办公楼 Office Buildings	商业营业用房 Houses for Business Use	其他 Others
呼和浩特市	Hohhot City	949934	705462	50556	43958	164502	36012
包头市	Baotou City	592948	477918	62556	1195	111812	2023
呼伦贝尔市	Hulunbeier City	219650	148950	20827	1269	55425	14006
兴安盟	Xingan League	31860	23300	1298	711	6154	1695
通辽市	Tongliao City	176157	153366	22280	485	20167	2139
赤峰市	Chifeng City	293163	230590		8415	38288	15870
锡林郭勒盟	Xilinguole League	102988	71871		5447	23413	2257
乌兰察布市	Wulanchabu City	155014	141905	35670	48	11801	1260
鄂尔多斯市	Erdos City	405562	317452	18108	24137	49148	14825
巴彦淖尔市	Bayannaoer City	172302	155858	8098	1000	15364	80
乌海市	Wuhai City	134244	114183	27800	285	18074	1702
阿拉善盟	Alashan League	16374	15924			430	20

22-26 各盟市商品房建筑面积和造价(2006年)
Floor Space of Buildings and Cost in Commercial House by Region(2006)

地 区	Region	施工房屋面积(万平方米) Floor Space of Buildings under Construction (10 000 sq.m)	竣工房屋面积(万平方米) Floor Space of Buildings Completed (10 000 sq.m)	房屋建筑面积竣工率(%) Rate of Floor Space of Buildings Completed (%)	竣工房屋价值(万元) Value of Buildings Completed (10 000 yuan)	竣工房屋造价(元/平方米) Cost of Buildings Completed (yuan/sq.m)
呼和浩特市	Hohhot City	996.56	168.56	16.91	179051	1062
包头市	Baotou City	562.40	197.54	35.12	267306	1353
呼伦贝尔市	Hulunbeier City	248.57	181.56	73.04	216944	1195
兴安盟	Xingan League	54.98	23.59	42.92	21851	926
通辽市	Tongliao City	244.14	38.73	15.86	40609	1049
赤峰市	Chifeng City	271.18	211.58	78.02	266343	1259
锡林郭勒盟	Xilinguole League	138.43	80.14	57.89	74483	929
乌兰察布市	Wulanchabu City	187.89	29.25	15.57	27094	926
鄂尔多斯市	Erdos City	498.34	200.98	40.33	207839	1034
巴彦淖尔市	Bayannaoer City	214.01	90.85	42.45	86078	947
乌海市	Wuhai City	165.88	92.15	55.56	88388	959
阿拉善盟	Alashan League	19.11	17.90	93.65	16274	909

22-27 各盟市商品房屋销售情况(2006年)
Selling of Commercial Houses by Region(2006)

地 区	Region	房屋销售面积(万平方米) Floor Space of Selling House (10 000 sq. m)	#住宅 Residential Buildings	商品房销售额(万元) Total Sales of Commerical Houses (10 000 yuan)	#住宅 Residential Buildings
呼和浩特市	Hohhot City	215.32	193.85	509824	421772
包头市	Baotou City	262.03	229.25	508412	387547
呼伦贝尔市	Hulunbeier City	122.50	94.13	229009	140784
兴安盟	Xingan League	31.32	24.44	40284	28268
通辽市	Tongliao City	65.02	55.17	94258	68619
赤峰市	Chifeng City	174.08	156.01	287587	231711
锡林郭勒盟	Xilinguole League	60.27	44.06	68498	48520
乌兰察布市	Wulanchabu City	40.72	38.86	49788	43863
鄂尔多斯市	Erdos City	239.27	214.13	475781	380386
巴彦淖尔市	Bayannaoer City	90.58	83.40	126966	111060
乌海市	Wuhai City	109.98	100.04	176360	151809
阿拉善盟	Alashan League	17.90	16.74	21630	19310

22-28 各盟市地方财政收支(2006年)

Financial Revenue and Expenditure by Region(2006)

单位：万元 (10 000 yuan)

地区	Region	地方财政收入 Total Revenue	# 地方一般预算收入 Intra-Budgetary Revenue	地方财政支出 Total Expenditure	# 地方一般预算支出 Intra-Budgetary Expenditure
呼和浩特市	Hohhot City	640226	455203	922229	751633
包头市	Baotou City	784019	675343	1057327	979715
呼伦贝尔市	Hulunbeier City	290991	226128	781183	716170
兴安盟	Xingan League	43584	34696	313465	300956
通辽市	Tongliao City	243527	170091	700151	625130
赤峰市	Chifeng City	245933	163770	905492	827184
锡林郭勒盟	Xilinguole League	185954	129550	499935	443659
乌兰察布市	Wulanchabu City	167984	112183	542049	488618
鄂尔多斯市	Erdos City	729130	540387	957784	792445
巴彦淖尔市	Bayannaoer City	158016	136837	474136	450770
乌海市	Wuhai City	123293	99276	211350	188249
阿拉善盟	Alashan League	67164	60843	183171	175237

注：财政收、支合计中不包括社会保险基金。

a)Financial revenue and expenditure enclude social insurance fund.

22-29 各盟市地方财政收入(2006年)

Final Statement of Local Government Revenue by Region(2006)

单位：万元 (10 000 yuan)

地区	Region	收入合计 Total Revenue	# 增值税 Value-added Tax	# 营业税 Operation Tax	# 企业所得税 Enterprises Income Tax	# 农业五税 Agricultural Five Taxes
呼和浩特市	Hohhot City	640226	56800	127586	37419	30462
包头市	Baotou City	784019	97141	130725	25794	47136
呼伦贝尔市	Hulunbeier City	290991	37403	39232	9770	8927
兴安盟	Xingan League	43584	4565	8828	1668	1821
通辽市	Tongliao City	243527	23954	43124	7220	7483
赤峰市	Chifeng City	245933	33331	45373	14415	9646
锡林郭勒盟	Xilinguole League	185954	19233	39184	5813	2241
乌兰察布市	Wulanchabu City	167984	26553	31894	2354	12210
鄂尔多斯市	Erdos City	729130	113311	112042	91395	23166
巴彦淖尔市	Bayannaoer City	158016	21206	41516	10490	3780
乌海市	Wuhai City	123293	29190	17736	4120	2545
阿拉善盟	Alashan League	67164	12205	14683	3083	815

注：地方财政收入中不含中央、自治区财政返还。

a)Local government revenue does not include the back parts of the tax revenue sent by central and autonomous regional government.

22-30 各盟市地方财政支出(2006年)

Final Statement of Local Government Expenditure by Region(2006)

单位：万元 (10 000 yuan)

地区	Region	支出合计 Total Expenditure	#基本建设 Expenditure for Capital Construction	#农林水利气象部门支出 Expenditure for Agriculture ,Forestry, Water Conservancy & Mateorology	#医疗卫生支出 Expenditure for Medical treatment and Health
呼和浩特市	Hohhot City	922229	75535	49216	24831
包头市	Baotou City	1057327	129145	62871	26501
呼伦贝尔市	Hulunbeier City	781183	132623	62153	27446
兴安盟	Xingan League	313465	48083	41777	8502
通辽市	Tongliao City	700151	84764	72218	24242
赤峰市	Chifeng City	905492	148491	118776	27665
锡林郭勒盟	Xilinguole League	499935	85442	18679	14664
乌兰察布市	Wulanchabu City	542049	54578	87436	14527
鄂尔多斯市	Erdos City	957784	185102	84642	24865
巴彦淖尔市	Bayannaoer City	474136	75713	65649	15485
乌海市	Wuhai City	211350	52063	5192	4526
阿拉善盟	Alashan League	183171	33241	27838	6865

22-30 续表 continued

单位：万元 (10 000 yuan)

地区	Region	#社会保障补助支出 Expenditure Subsidies to Social Security Programs	#行政管理费 Govermment Administration	#教育支出 Expenditure for Education	#公检法司支出 Expenditure of Public Security, Procuratorate and Court
呼和浩特市	Hohhot City	34794	75937	89846	41511
包头市	Baotou City	80572	110806	96894	34964
呼伦贝尔市	Hulunbeier City	33460	83593	1192	30640
兴安盟	Xingan League	18120	29590	46046	11209
通辽市	Tongliao City	21762	72136	95650	26665
赤峰市	Chifeng City	27053	91949	153755	30600
锡林郭勒盟	Xilinguole League	15766	53990	38230	16347
乌兰察布市	Wulanchabu City	20676	54382	64066	16210
鄂尔多斯市	Erdos City	19325	94543	71052	29362
巴彦淖尔市	Bayannaoer City	20026	60453	60347	21139
乌海市	Wuhai City	13334	19261	21126	8484
阿拉善盟	Alashan League	6177	23543	13521	5971

22-31 各盟市金融机构人民币存、贷款余额(2006年末)

Saving Deposits and loans of Financial Institutions by Region(end of 2006)

单位：万元 (10 000 yuan)

地区	Region	金融机构存款 Deposits	# 企业存款 Deposits of Enterprises	# 居民储蓄存款 Urban and Rural Savings Deposits	定期 Time	活期 Demand
呼和浩特市	Hohhot City	9518008	2755641	4505577	2523367	1982210
包头市	Baotou City	8556975	2596971	4379926	2562437	1817489
呼伦贝尔市	Hulunbeier City	3831792	705587	2564585	1616805	947780
兴安盟	Xingan League	972434	155125	586010	309607	276404
通辽市	Tongliao City	2037261	456765	1206293	584145	622148
赤峰市	Chifeng City	3863423	748711	2587171	1478110	1109061
锡林郭勒盟	Xilinguole League	1224278	239259	769738	323366	446371
乌兰察布市	Wulanchabu City	1852717	247366	1377333	777040	600293
鄂尔多斯市	Erdos City	3884417	1199298	1980207	573224	1406983
巴彦淖尔市	Bayannaoer City	2174130	379128	1440983	620928	820055
乌海市	Wuhai City	1352548	315385	917233	465217	452016
阿拉善盟	Alashan League	597246	123327	358682	192049	166633

22-31 续表 continued

单位：万元 (10 000 yuan)

地区	Region	金融机构贷款 Deposits	# 工业短期贷款 Short-term Industrial Loans	# 商业短期贷款 Short-term Commercial Loans	# 农业短期贷款 Short-term Agricultural Loans
呼和浩特市	Hohhot City	5939499	421737	425961	193148
包头市	Baotou City	4824822	1430782	404062	124938
呼伦贝尔市	Hulunbeier City	1880473	194417	371586	245909
兴安盟	Xingan League	960562	58643	450129	69739
通辽市	Tongliao City	2584993	433516	848693	129722
赤峰市	Chifeng City	2253042	214515	296107	414271
锡林郭勒盟	Xilinguole League	1083182	72519	65692	114503
乌兰察布市	Wulanchabu City	1337680	53203	129680	121566
鄂尔多斯市	Erdos City	3882161	979318	126217	169646
巴彦淖尔市	Bayannaoer City	1748147	230432	344723	275629
乌海市	Wuhai City	1111669	130549	37551	923
阿拉善盟	Alashan League	558765	242043	21457	72593

22-32 各盟市中资保险公司业务经济技术指标(2006年)

Economic and Technical Indicators of Insurance Companies Funded with Chinese Capital by Region(2006)

单位：万元 (10 000 yuan)

地区	Region	保险金额 Amount Insured	财产保险公司 Property Insurance Co	人身保险公司 Accident in Insurance Co	保费 Premium	财产保险公司 Property Insurance Co	人身保险公司 Accident in Insurance Co
呼和浩特市	Hohhot City	39917807	13513623	26404184	143273	41113	102160
包头市	Baotou City	22757944	12578833	10179111	130832	39457	91375
呼伦贝尔市	Hulunbeier City	7630555	5302183	2328372	74422	18198	56224
兴安盟	Xingan League	2175769	1096730	1079040	21742	4675	17067
通辽市	Tongliao City	6093271	4105443	1987828	43210	17163	26047
赤峰市	Chifeng City	13120764	10664856	2455908	83759	21990	61769
锡林郭勒盟	Xilinguole League	4480911	1487747	2993163	25746	8175	17571
乌兰察布市	Wulanchabu City	6747385	5185789	1561596	31123	11205	19918
鄂尔多斯市	Erdos City	17095820	7663004	9432817	94639	45665	48974
巴彦淖尔市	Bayannaoer City	6461228	3109023	3352205	40564	10885	29679
乌海市	Wuhai City	2533130	1874251	658879	17682	7426	10257
阿拉善盟	Alashan League	1353444	947748	405696	12513	4044	8469

22-32 续表 continued

地区	Region	赔款及给付(万元) Claim and Payment (10 000 yuan)	财产保险公司 Property Insurance Co	人身保险公司 Accident in Insurance Co	机构数(个) Number of Institution (unit)	财产保险公司 Property Insurance Co	人身保险公司 Accident in Insurance Co
呼和浩特市	Hohhot City	30365	18174	12191	92	32	60
包头市	Baotou City	26850	18131	8719	88	42	46
呼伦贝尔市	Hulunbeier City	16468	8096	8372	133	51	82
兴安盟	Xingan League	6763	2044	4719	20	8	12
通辽市	Tongliao City	12493	8229	4264	87	41	46
赤峰市	Chifeng City	25730	12704	13025	126	34	92
锡林郭勒盟	Xilinguole League	5816	3498	2318	49	19	30
乌兰察布市	Wulanchabu City	7606	4772	2833	51	19	32
鄂尔多斯市	Erdos City	25489	20016	5473	92	45	47
巴彦淖尔市	Bayannaoer City	7416	4360	3055	57	25	32
乌海市	Wuhai City	4123	3219	904	25	8	17
阿拉善盟	Alashan League	2698	1612	1086	6	5	1

22-33 各盟市财产保险业务收入与赔付(2006年)
Insurance Business Income of Property and Claim & Payment by Region(2006)

单位：万元 (10 000 yuan)

地区	Region	保费收入合计 Total Premium	# 企业财产保险 Enterprise Property Insurance	# 机动车辆保险 Motor Vehicle Insurance	# 货物运输保险 Freight Transport Insurance	# 责任保险 Insurance of Duty	# 农业保险 Agriculture Insurance
呼和浩特市	Hohhot City	39567	3612	33169	745	953	188
包头市	Baotou City	37780	3645	30960	1262	671	
呼伦贝尔市	Hulunbeier City	17235	2934	12505	299	683	
兴安盟	Xingan League	4508	420	3841	46	113	2
通辽市	Tongliao City	16219	1399	13455	227	546	78
赤峰市	Chifeng City	20507	1742	17588	92	462	
锡林郭勒盟	Xilinguole League	7677	542	6654	29	276	
乌兰察布市	Wulanchabu City	10427	969	8752	50	396	1
鄂尔多斯市	Erdos City	43621	4956	36432	357	871	
巴彦淖尔市	Bayannaoer City	10040	627	8757	166	348	
乌海市	Wuhai City	7044	509	6251	31	149	
阿拉善盟	Alashan League	3725	707	2580	161	113	

22-33 续表 continued

单位：万元 (10 000 yuan)

地区	Region	赔款支出合计 Claim and Payment	# 企业财产保险 Enterprise Property Insurance	# 机动车辆保险 Motor venicle Insurance	# 货物运输保险 Frenight Transport Insurance	# 责任保险 Insurance of Duty	# 农业保险 Agriculture Insurance
呼和浩特市	Hohhot City	18174	1136	15718	281	300	32
包头市	Baotou City	18131	1552	15042	256	461	
呼伦贝尔市	Hulunbeier City	8096	1693	5353	43	347	
兴安盟	Xingan League	2044	197	1664	39	43	1
通辽市	Tongliao City	8229	1255	6342	94	89	
赤峰市	Chifeng City	12704	1038	10216	286	206	
锡林郭勒盟	Xilinguole League	3498	138	2946	9	45	
乌兰察布市	Wulanchabu City	4772	437	3972	6	84	
鄂尔多斯市	Erdos City	20016	2199	16622	47	273	
巴彦淖尔市	Bayannaoer City	4360	219	3658	57	89	
乌海市	Wuhai City	3219	436	2501	26	92	
阿拉善盟	Alashan League	1612	378	994	77	37	

22-34 各盟市人身保险业务收入与赔付(2006年)

Insurance Business Income and Settled Claim & Payment of Accident in Insurance by Region(2006)

单位：万元 (10 000 yuan)

地 区	Region	保费收入 Remium	寿险 Life Insurance Business	意外伤害险 Personal Insurance Accident	健康险 Health Insurance
呼和浩特市	Hohhot City	103706	85347	6962	11397
包 头 市	Baotou City	93051	83256	3331	6465
呼伦贝尔市	Hulunbeier City	57187	52468	2844	1875
兴 安 盟	Xingan League	17234	15554	672	1007
通 辽 市	Tongliao City	26992	24367	1975	650
赤 峰 市	Chifeng City	63253	57854	2725	2674
锡林郭勒盟	Xilinguole League	18068	16302	1012	754
乌兰察布市	Wulanchabu City	20696	18635	1467	594
鄂尔多斯市	Erdos City	51018	44794	3717	2506
巴彦淖尔市	Bayannaoer City	30524	27480	1966	1078
乌 海 市	Wuhai City	10662	9355	842	464
阿拉善盟	Alashan League	8765	7744	675	346

22-34 续表 continued

单位：万元 (10 000 yuan)

地 区	Region	赔款支出与给付 Benefit Paidand Expenditare of Payment	寿险 Life Insurance Business	意外伤害险 Personal Accident Insurance	健康险 Health Insuranec
呼和浩特市	Hohhot City	12532	8168	1203	3161
包 头 市	Baotou City	9273	5993	1175	2105
呼伦贝尔市	Hulunbeier City	8873	7054	985	835
兴 安 盟	Xingan League	4756	3066	324	1365
通 辽 市	Tongliao City	4603	3254	750	599
赤 峰 市	Chifeng City	13619	10499	1147	1972
锡林郭勒盟	Xilinguole League	2523	1632	459	432
乌兰察布市	Wulanchabu City	3088	2127	453	509
鄂尔多斯市	Erdos City	6200	4002	1292	906
巴彦淖尔市	Bayannaoer City	3378	1848	820	710
乌 海 市	Wuhai City	1663	990	346	327
阿拉善盟	Alashan League	585	211	225	149

22-35 各盟市居民消费价格分类指数(2006年)

Consumer Price Indices by Category and by Region(2006)

(上年=100) (preceding year=100)

地 区	Region	总指数 General Index	食 品 Food	衣 着 Clothing	家庭设备及用品 Household Appliances	医疗保健用品 Health Care	交通和通讯工具 Means of Transportation & Communication	娱乐教育和文化用品 Recreational, Educational & Cultural Goods	居 住 Housing
呼和浩特市	Hohhot City	101.7	104.2	101.9	101.4	99.8	99.1	97.3	104.5
包 头 市	Baotou City	101.5	103.2	99.0	100.7	98.9	100.1	100.7	103.4
呼伦贝尔市	Hulunbeier City	101.6	102.3	98.8	99.9	100.1	101.7	101.9	105.1
兴 安 盟	Xingan League	102.0	103.9	99.7	99.6	98.7	101.0	102.6	103.7
通 辽 市	Tongliao City	101.4	102.9	100.1	99.7	99.7	101.1	100.4	102.4
赤 峰 市	Chifeng City	101.9	102.9	99.6	100.0	101.2	103.5	101.4	103.0
锡林郭勒盟	Xilinguole League	102.0	103.1	101.6	100.6	102.2	100.3	100.5	104.0
乌兰察布市	Wulanchabu City	101.7	102.6	102.5	100.3	98.1	101.1	100.7	105.1
鄂尔多斯市	Erdos City	102.3	103.4	98.9	99.2	101.9	99.5	105.8	106.1
巴彦淖尔市	Bayannaoer City	101.9	102.3	100.2	100.6	100.2	100.2	101.4	106.7
乌 海 市	Wuhai City	101.8	103.0	99.5	100.4	100.8	99.4	103.0	104.6
阿拉善盟	Alashan League	102.9	104.3	107.1	101.7	99.5	101.6	101.3	101.0

22-36 各盟市城镇居民家庭基本情况(2006年)

Basic Conditions of Urban Households by Region(2006)

地 区	Region	调查户数(户) Number of Households Surveyed (household)	平均每户家庭人口数(人) Average Household Size (person)	平均每户就业人口(人) Average Number of Employed Persons per Household (person)	平均每户就业面(%) Percentage of Employment per Household (%)	平均每一就业者负担人数(人) Number of Persons Supported by Each Employee (person)
呼和浩特市	Hohhot City	500	2.76	1.46	52.90	1.89
包 头 市	Baotou City	500	2.68	1.45	54.10	1.85
呼伦贝尔市	Hulunbeier City	400	3.09	1.79	57.93	1.73
兴 安 盟	Xingan League	300	3.00	1.57	52.33	1.91
通 辽 市	Tongliao City	300	3.29	1.50	45.59	2.19
赤 峰 市	Chifeng City	400	2.99	1.62	54.18	1.85
锡林郭勒盟	Xilinguole League	300	3.04	1.52	50.00	2.00
乌兰察布市	Wulanchabu City	350	2.91	1.49	51.20	1.95
鄂尔多斯市	Erdos City	300	3.04	1.73	56.91	1.76
巴彦淖尔市	Bayannaoer City	400	2.96	1.55	52.36	1.91
乌 海 市	Wuhai City	150	2.93	1.72	58.70	1.70
阿拉善盟	Alashan League	130	3.09	1.54	49.84	2.01

22-36 续表 continued

地 区	Region	平均每人实际收入(元) Per Capita Annual Income (yuan)	平均每人可支配收入(元) Per Capita Disposable Income (yuan)	平均每人消费支出(元) Per Capita Annual Living Expenditures for Consumption (yuan)	# 食品支出 Food	平均每人居住面积(平方米) Per Capita Net Living Space in Urban Areas (sq.m)
呼和浩特市	Hohhot City	14729.06	14054.93	9831.08	3226.80	26.77
包 头 市	Baotou City	15800.17	15121.56	11549.35	3625.46	27.72
呼伦贝尔市	Hulunbeier City	9400.59	9051.46	6450.45	1894.20	24.57
兴 安 盟	Xingan League	7760.68	7612.42	5372.68	1541.98	25.30
通 辽 市	Tongliao City	8731.11	8468.71	7680.33	1993.65	23.02
赤 峰 市	Chifeng City	8813.78	8451.30	6479.89	1986.43	26.88
锡林郭勒盟	Xilinguole League	8770.11	8436.97	6816.58	2438.41	25.83
乌兰察布市	Wulanchabu City	8694.51	8441.15	6801.94	1924.75	25.01
鄂尔多斯市	Erdos City	13665.04	13001.12	10356.26	2708.61	33.90
巴彦淖尔市	Bayannaoer City	9347.48	9010.46	6095.43	1740.60	27.58
乌 海 市	Wuhai City	12051.85	11430.12	9323.31	2486.77	27.65
阿拉善盟	Alashan League	11376.08	10401.07	9708.12	2797.78	32.44

22-37 各盟市农村牧区居民家庭基本情况(2006年)
Basic Conditions of Rural Households by Region(2006)

地 区	Region	调查户数(户) Number of Households Surveyed (household)	调查户人口(人) Number of Residents Surveyed (person)	平均每户常住人口(人) Average Number of Permanent Residents per Household (person)	平均每户整半劳动力(人) Average Number of Able bodied and Semiable-bodied Laborers per Household (person)	平均每个劳动力负担人口(人) Average Number of Persons Supported by a Laborer (person)
呼和浩特市	Hohhot City	265	985	3.72	2.66	0.72
包 头 市	Baotou City	305	1140	3.74	2.77	0.74
呼伦贝尔市	Hulunbeier City	340	1342	3.95	2.88	0.73
兴 安 盟	Xingan League	505	1973	3.91	2.81	0.72
通 辽 市	Tongliao City	617	2447	3.97	2.78	0.70
赤 峰 市	Chifeng City	915	3369	3.68	2.68	0.73
锡林郭勒盟	Xilinguole League	310	1214	3.92	2.82	0.72
乌兰察布市	Wulanchabu City	387	1210	3.13	2.36	0.75
鄂尔多斯市	Erdos City	300	1055	3.52	2.47	0.70
巴彦淖尔市	Bayannaoer City	631	2187	3.47	2.50	0.72
乌 海 市	Wuhai City	30	92	3.07	2.37	0.77
阿拉善盟	Alashan League	80	306	3.83	2.51	0.66

22-37 续表 continued

地区	Region	平均每人年收入(元) Per Capita Annual Income (yuan)	平均每人纯收入(元) Net Income (yuan)	平均每人现金收入(元) Cash Income (yuan)	平均每人年支出(元) Per Capita Annual Expenditure (yuan)	# 食品支出 Food
呼和浩特市	Hohhot City	8402.93	5308.40	6985.85	6488.90	1153.13
包头市	Baotou City	8898.88	5338.09	7812.20	7168.83	1212.73
呼伦贝尔市	Hulunbeier City	6395.47	3608.16	5110.50	5652.92	975.83
兴安盟	Xingan League	3874.08	2449.44	3961.25	3431.77	674.28
通辽市	Tongliao City	5784.27	3794.03	4796.22	4877.11	1050.32
赤峰市	Chifeng City	5053.29	3220.40	4186.94	4413.05	915.32
锡林郭勒盟	Xilinguole League	7449.54	3308.93	6178.31	7785.74	1211.05
乌兰察布市	Wulanchabu City	4736.40	3225.18	3623.06	3666.08	890.13
鄂尔多斯市	Erdos City	9360.00	5307.78	7814.28	8767.50	1379.07
巴彦淖尔市	Bayannaoer City	8919.48	4718.63	7289.57	8308.20	1373.53
乌海市	Wuhai City	10212.68	5640.21	8549.06	9209.60	1684.26
阿拉善盟	Alashan League	10661.67	4409.10	10248.70	11913.61	1547.93

22-38 各盟市农牧民人均纯收入(2006年)

Per Capita Annual Net Income of Peasant and Herdsman Households by Region(2006)

单位：元 (yuan)

地区	Region	农牧民人均可支配收入 Annual Per Capita Disposable Income	农牧民人均纯收入 Per Capita Net Income	农民 Peasant	牧民 Herdsman
呼和浩特市	Hohhot City	5024.38	5308.40	5308.40	
包头市	Baotou City	5268.55	5338.09	5306.93	5899.00
呼伦贝尔市	Hulunbeier City	3388.71	3608.16	3496.39	4903.46
兴安盟	Xingan League	2328.35	2449.44		
通辽市	Tongliao City	3547.07	3794.03		
赤峰市	Chifeng City	3059.33	3220.40	3234.00	3068.00
锡林郭勒盟	Xilinguole League	3013.42	3308.93	2611.13	4209.03
乌兰察布市	Wulanchabu City	3119.19	3225.18	3074.00	4085.00
鄂尔多斯市	Erdos City	5079.42	5307.78	5354.92	5229.15
巴彦淖尔市	Bayannaoer City	4103.54	4718.63	4779.90	3474.00
乌海市	Wuhai City	5351.51	5640.21	5640.21	
阿拉善盟	Alashan League	3278.99	4409.10		4409.10

22-39 各盟市农村基层组织情况(2006年)

Basic Conditions of Rural Grassroots Units by Region(2006)

地区	Region	乡镇数(个) Number of Township & Town Govern-ments (unit)	#镇数 Town Gover-nments	村民委员会(个) Number of Villagers' Committees (unit)	乡村户数(万户) Number of Households (10 000 households)	乡村人口数(万人) Rural Population (10 000 persons)	乡村从业人员(万人) Number of Rural Employers (10 000 persons)	男 Male	女 Fe-male
呼和浩特市	Hohhot City	40	23	1008	29.3	109.2	58.3	33.4	24.9
包头市	Baotou City	33	27	636	17.3	62.4	34.7	19.8	14.8
呼伦贝尔市	Hulunbeier City	62	34	782	22.6	87.7	39.8	23.5	16.4
兴安盟	Xingan League	39	32	860	27.4	106.4	49.3	30.1	19.1
通辽市	Tongliao City	76	59	2128	58.9	232.1	109.5	60.5	49.0
赤峰市	Chifeng City	116	80	2072	92.9	352.5	170.5	94.5	76.0
锡林郭勒盟	Xilinguole League	48	24	837	12.4	45.7	26.8	14.6	12.2
乌兰察布市	Wulanchabu City	72	40	1361	42.8	146.5	88.4	49.4	39.0
鄂尔多斯市	Erdos City	41	32	767	20.8	64.0	45.1	24.0	21.1
巴彦淖尔市	Bayannaoer City	48	40	651	26.5	106.8	56.7	29.9	26.8
乌海市	Wuhai City	3	3	62	1.3	4.3	3.0	1.7	1.3
阿拉善盟	Alashan League	23	13	191	1.7	5.7	4.1	2.2	1.9

22-40 各盟市乡村年末从业人员(2006年)

Rural Employers Force by Sector at the Year-end by Region(2006)

单位：人 (persons)

地区	Region	农林牧渔业 Farming Forestry Animal Husbandry and Fishery	工业 Industry	建筑业 Construc-tion	交通运输业、仓储及邮电通信业 Transportation and Storage	批发零售贸易业餐饮业 Wholesale, Retail Sale - Catering Trades	其他非农行业 Other Non-agricultural Trades
呼和浩特市	Hohhot City	427786	39916	43774	15976	31357	22461
包头市	Baotou City	253796	23912	17502	9947	23011	17850
呼伦贝尔市	Hulunbeier City	355117	5789	6645	2577	19653	7316
兴安盟	Xingan League	433842	12009	12679	1798	18278	13221
通辽市	Tongliao City	877736	39112	72460	11595	59205	32546
赤峰市	Chifeng City	1152953	75944	125688	35583	71102	240931
锡林郭勒盟	Xilinguole League	246555	1475	6533	1425	3840	8057
乌兰察布市	Wulanchabu City	691342	18056	38777	10634	25632	98724
鄂尔多斯市	Erdos City	350082	23117	17264	18359	27516	13880
巴彦淖尔市	Bayannaoer City	497503	17741	8788	6125	22599	14301
乌海市	Wuhai City	22359	3007	1159	995	1963	436
阿拉善盟	Alashan League	37291	522	128	1019	1684	18

22-41 各盟市农、林、牧、渔业总产值(2006年)
Gross Output Value of Farming, Forestry, Animal Husbandry and Fishery by Region(2006)

单位:万元 (10000 yuan)

地区	Region	农林牧渔业总产值 Total	农业 Farming	林业 Forestry	牧业 Animal Husbandry	渔业 Fishery	农林牧渔服务业 Agricultural Services
呼和浩特市	Hohhot City	916137	288431	14864	595732	7838	9272
包头市	Baotou City	614099	240952	2370	355590	6614	8573
呼伦贝尔市	Hulunbeier City	1575611	846847	158462	520056	25870	24377
兴安盟	Xingan League	725496	374706	32786	303078	4332	10595
通辽市	Tongliao City	1601204	957351	16832	571972	5983	19066
赤峰市	Chifeng City	1681444	786121	63933	795291	8950	27150
锡林郭勒盟	Xilinguole League	626785	201474	10688	402099	1730	10793
乌兰察布市	Wulanchabu City	1093654	501441	15701	554663	2595	19254
鄂尔多斯市	Erdos City	721262	344247	29462	328277	6297	12980
巴彦淖尔市	Bayannaoer City	1191885	726754	39964	397299	11751	16118
乌海市	Wuhai City	34022	17501	1059	14450	218	795
阿拉善盟	Alashan League	77015	38204	2200	34048	494	2070

注:本表绝对数按当年价格计算。
a)Data in value terms in this table are calculated at current prices.

22-42 各盟市造林、耕地及农作物播种面积(2006年)
Afforested Area, Cultivated Area and Sown Area of Farm Crops by Region(2006)

单位：千公顷 (1 000 hectares)

地区	Region	造林面积 Afforested Area	耕地面积 Cultivated Area	农作物总播种面积 Total Sown Area	#粮食作物播种面积 Sown Area of Grain Crops	有效灌溉面积 Irrigated Area
呼和浩特市	Hohhot City	26.50	519.20	414.90	290.20	184.68
包头市	Baotou City	2.70	423.10	319.20	199.20	130.29
呼伦贝尔市	Hulunbeier City	4.30	1444.60	1360.30	1078.30	165.93
兴安盟	Xingan League	7.40	764.10	686.10	595.90	237.16
通辽市	Tongliao City	23.50	1031.90	1013.30	781.10	608.83
赤峰市	Chifeng City	34.10	1022.60	1029.40	788.90	409.18
锡林郭勒盟	Xilinguole League	28.90	195.70	237.50	96.30	19.57
乌兰察布市	Wulanchabu City	8.40	798.90	590.40	420.30	211.86
鄂尔多斯市	Erdos City	69.10	420.80	368.00	206.20	187.60
巴彦淖尔市	Bayannaoer City	32.40	587.30	531.20	271.80	592.76
乌海市	Wuhai City	2.20	6.60	7.40	5.00	10.25
阿拉善盟	Alashan League	13.20	32.40	29.20	16.50	

22-43 各盟市农业机械总动力和农村用电量及化肥施用量(2006年)

Total Power of Agricultural Machinery, Electricity Consumed in Rural Area and Consumption of Chemical Fertilizer by Region(2006)

地区	Region	农业机械总动力(万千瓦) Total Power of Agricultural Machinery (10 000 kw)	农村用电量(万千瓦小时) Electricity Consumed in Rural Area (10 000 kwh)	农药使用量(吨) Consumption of Pesticide (ton)	化肥施用量(折纯量)(吨) Consumption of Chemical Fertilizer (ton)
呼和浩特市	Hohhot City	156.63	26235	277	82328
包头市	Baotou City	116.05	26549	743	61675
呼伦贝尔市	Hulunbeier City	255.89	18121	4944	139230
兴安盟	Xingan League	165.56	11280	1528	121177
通辽市	Tongliao City	314.75	49095	3299	326637
赤峰市	Chifeng City	286.91	85747	1094	173402
锡林郭勒盟	Xilinguole League	88.60	3603	436	9433
乌兰察布市	Wulanchabu City	150.37	21079	581	56202
鄂尔多斯市	Erdos City	205.60	30855	875	72893
巴彦淖尔市	Bayannaoer City	276.73	35423	999	207652
乌海市	Wuhai City	17.92	3400	96	6813
阿拉善盟	Alashan League	18.11	8147	192	9473

22-44 各盟市主要农产品产量(2006年)

Yield of Major Farm Crops by Region(2006)

单位：万吨 (10 000 tons)

地区	Region	粮食 Grain	谷物 Cereal	#小麦 Wheat	#玉米 Corn	豆类 Beans	薯类 Tubers	油料 Oil-bearing Crops
呼和浩特市	Hohhot City	120.07	96.03	4.77	86.67	1.73	22.32	5.88
包头市	Baotou City	98.29	80.96	9.81	70.31	0.28	17.05	4.46
呼伦贝尔市	Hulunbeier City	304.99	188.25	58.12	103.62	89.44	27.30	23.80
兴安盟	Xingan League	190.76	164.04	5.70	127.40	18.80	7.92	4.43
通辽市	Tongliao City	429.34	406.41	8.09	357.75	19.95	2.88	10.66
赤峰市	Chifeng City	314.85	285.18	6.70	209.76	8.65	21.02	6.88
锡林郭勒盟	Xilinguole League	23.00	13.87	6.85	3.67	0.44	8.69	1.45
乌兰察布市	Wulanchabu City	105.84	42.73	2.27	37.62	3.05	60.06	4.91
鄂尔多斯市	Erdos City	122.21	111.04	3.10	105.05	0.56	10.62	6.23
巴彦淖尔市	Bayannaoer City	192.25	189.36	84.62	104.66	0.26	2.63	46.96
乌海市	Wuhai City	3.41	3.34	0.09	2.82		0.08	0.16
阿拉善盟	Alashan League	12.77	12.70	0.34	9.77		0.06	1.03

22-45 各盟市大牲畜年中数(2006年)

Number of Large Animals at the Middle of Year by Region(2006)

单位：万头

(10 000 heads)

地区	Region	大牲畜 Large Animals	牛 Cattle and Buffalos	马 Horses	驴 Donkeys	骡 Mules	骆驼 Camels
呼和浩特市	Hohhot City	79.67	71.78	0.79	3.17	3.79	0.13
包头市	Baotou City	52.10	47.91	0.32	2.14	1.26	0.47
呼伦贝尔市	Hulunbeier City	155.07	138.08	15.15	0.86	0.45	0.17
兴安盟	Xingan League	63.01	50.06	6.06	6.11	0.78	
通辽市	Tongliao City	208.27	155.06	26.51	18.34	8.35	
赤峰市	Chifeng City	227.84	146.65	14.77	51.15	15.25	0.04
锡林郭勒盟	Xilinguole League	87.23	77.50	8.55	0.47	0.08	0.63
乌兰察布市	Wulanchabu City	59.33	50.11	1.82	2.99	3.87	0.56
鄂尔多斯市	Erdos City	38.40	30.13	0.96	3.62	3.59	0.09
巴彦淖尔市	Bayannaoer City	25.42	15.07	0.87	3.14	5.34	1.00
乌海市	Wuhai City	0.65	0.41		0.10	0.15	
阿拉善盟	Alashan League	9.70	1.07	0.08	0.34	0.06	8.14

22-46 各盟市大牲畜年末数(2006年)

Number of Large Animals at the Year-end by Region(2006)

单位：万头

(10 000 heads)

地区	Region	大牲畜 Large Animals	牛 Cattle and Buffalos	马 Horses	驴 Donkeys	骡 Mules	骆驼 Camels
呼和浩特市	Hohhot City	79.75	74.56	0.39	2.15	2.48	0.16
包头市	Baotou City	55.72	53.18	0.24	1.21	0.85	0.23
呼伦贝尔市	Hulunbeier City	109.52	97.06	11.31	0.73	0.26	0.16
兴安盟	Xingan League	58.01	44.60	6.60	5.77	1.03	
通辽市	Tongliao City	190.57	134.60	27.27	20.28	8.41	
赤峰市	Chifeng City	161.36	79.77	14.92	49.95	16.69	0.03
锡林郭勒盟	Xilinguole League	63.89	56.65	6.12	0.47	0.07	0.57
乌兰察布市	Wulanchabu City	48.53	41.06	1.32	1.97	3.90	0.29
鄂尔多斯市	Erdos City	39.47	33.06	0.65	2.86	2.84	0.06
巴彦淖尔市	Bayannaoer City	25.91	15.13	0.91	3.23	5.85	0.79
乌海市	Wuhai City	0.61	0.35		0.10	0.15	
阿拉善盟	Alashan League	8.53	0.85	0.06	0.25	0.06	7.31

22-47 各盟市羊和猪年中数(2006年)

Number of Sheep, Goats and Hogs at the Middle of Year by Region(2006)

单位：万只(头) (10 000 heads)

地区	Region	羊 Sheep and Goats	绵羊 Sheep	山羊 Goats	生猪 Hogs
呼和浩特市	Hohhot City	247.11	201.91	45.2	58.85
包头市	Baotou City	263.1	169.88	93.32	38.56
呼伦贝尔市	Hulunbeier City	1285.29	1072.2	312.09	98.04
兴安盟	Xingan League	619.97	439.67	180.3	88.42
通辽市	Tongliao City	751.48	342.67	408.81	340.73
赤峰市	Chifeng City	1275.53	772.58	502.94	166.51
锡林郭勒盟	Xilinguole League	1366.97	1073.73	293.24	6.48
乌兰察布市	Wulanchabu City	734.28	667.35	66.92	84.39
鄂尔多斯市	Erdos City	1367.71	622.07	745.64	92.67
巴彦淖尔市	Bayannaoer City	877.44	622.27	255.17	67.28
乌海市	Wuhai City	9.96	5.08	4.88	4.44
阿拉善盟	Alashan League	198.67	59.07	135.59	0.89

22-48 各盟市羊和猪年末数(2006年)

Number of Sheep, Goats and Hogs at the Year-end by Region(2006)

单位：万只(头) (10 000 heads)

地区	Region	羊 Sheep and Goats	绵羊 Sheep	山羊 Goats	生猪 Hogs	肉猪出栏头数 Slaughtered Fattened Hogs
呼和浩特市	Hohhot City	125.72	100.84	24.88	20.79	84.27
包头市	Baotou City	147.74	97.74	50.00	24.37	45.93
呼伦贝尔市	Hulunbeier City	775.92	640.96	134.97	59.72	79.19
兴安盟	Xingan League	470.24	301.92	168.31	68.96	71.28
通辽市	Tongliao City	564.62	293.24	271.38	281.72	220.86
赤峰市	Chifeng City	598.55	310.25	288.31	132.21	195.00
锡林郭勒盟	Xilinguole League	742.33	566.54	185.79	3.85	7.31
乌兰察布市	Wulanchabu City	491.08	460.39	30.69	41.98	174.88
鄂尔多斯市	Erdos City	811.06	380.49	430.57	50.64	82.59
巴彦淖尔市	Bayannaoer City	748.50	558.98	189.53	61.28	82.62
乌海市	Wuhai City	9.54	5.13	4.41	4.16	8.93
阿拉善盟	Alashan League	109.13	25.78	83.35	0.72	1.42

22-49 各盟市主要畜产品产量(2006年)

Output of Major Livestock Products by Region(2006)

地区	Region	肉类产量(吨) Output of Meat (ton)	# 猪牛羊肉 Output of Pork, Beef and Mutton	猪肉 Pork	牛肉 Beef	羊肉 Mutton	奶类(吨) Milk (ton)	# 牛奶 Cow Milk
呼和浩特市	Hohhot City	126209	118319	77947	18617	21755	2826711	2821311
包头市	Baotou City	102310	94996	42056	12819	40121	1329067	1328887
呼伦贝尔市	Hulunbeier City	240208	207801	71271	53370	83160	1243897	1242695
兴安盟	Xingan League	169314	143940	64153	25611	54176	453144	453144
通辽市	Tongliao City	443880	343859	198774	104005	41080	533628	511694
赤峰市	Chifeng City	521490	333487	175501	84289	73697	402874	402874
锡林郭勒盟	Xilinguole League	186425	182334	6583	44819	130932	338700	330700
乌兰察布市	Wulanchabu City	326627	310155	148644	26965	134546	905582	903172
鄂尔多斯市	Erdos City	176828	173149	82591	13290	77268	333797	291018
巴彦淖尔市	Bayannaoer City	241043	225650	78492	6240	140918	388365	388365
乌海市	Wuhai City	11185	10490	8573	189	1728	11920	11920
阿拉善盟	Alashan League	14137	12417	1552	321	10544	6851	5851

22-49 续表 continued

地区	Region	绵羊毛(吨) Sheep Wool (ton)	山羊毛(吨) Goat Wool (ton)	羊绒(吨) Cashmere (ton)	牛皮(万张) Cattle hide (10 000 pieces)	羊皮(万张) Sheep skin (10 000 pieces)	禽蛋(吨) Poultry Eggs (ton)
呼和浩特市	Hohhot City	2484	132	50	14.24	142.23	31086
包头市	Baotou City	2584	58	147	8.61	240.33	23338
呼伦贝尔市	Hulunbeier City	16244	300	311	40.70	595.08	32263
兴安盟	Xingan League	12431	1098	550	14.39	363.37	17641
通辽市	Tongliao City	7344	2458	716	44.88	296.75	44850
赤峰市	Chifeng City	16860	1280	1697	46.51	342.94	309092
锡林郭勒盟	Xilinguole League	12700	138	671	28.94	736.13	3474
乌兰察布市	Wulanchabu City	9690	36	85	19.44	860.65	19899
鄂尔多斯市	Erdos City	9553	1714	1734	8.90	486.46	11700
巴彦淖尔市	Bayannaoer City	7610	81	497	4.22	891.70	7482
乌海市	Wuhai City	99	55	11	0.12	10.91	1848
阿拉善盟	Alashan League	596	360	328	0.32	66.52	106

22-50 各盟市全部国有及规模以上非国有工业企业单位数和工业总产值(2006年)

Number of All State owned and Non-state owned above Designated Size Industrial Enterprises and Their Gross Output Value by Region(2006)

单位：个、万元 (unit)(10 000 yuan)

地区	Region	全部国有及规模以上非国有企业 All States-owned and Non state-owned Enterprises above Designated Size		# 国有及国有控股企业 State-owned Enterprises	
		企业单位数 Number of Enterprises	总产值(当年价格) Gross Output Value (At Current Prices)	企业单位数 Number of Enterprises	总产值(当年价格) Gross Output Value (At Current Prices)
呼和浩特市	Hohhot City	279	6431716	68	2961819
包头市	Baotou City	399	10586676	72	7490199
呼伦贝尔市	Hulunbeier City	227	1931160	66	995058
兴安盟	Xingan League	97	637599	14	213765
通辽市	Tongliao City	287	3141042	22	741075
赤峰市	Chifeng City	331	3237372	58	1263852
锡林郭勒盟	Xilinguole League	271	1540173	57	602650
乌兰察布市	Wulanchabu City	257	2315127	30	476211
鄂尔多斯市	Erdos City	443	6349861	39	1945017
巴彦淖尔市	Bayannaoer City	245	2582369	25	381438
乌海市	Wuhai City	145	1669671	21	960175
阿拉善盟	Alashan League	90	946219	13	360786

22-50 续表 1 continued

单位：个、万元 (unit)(10 000 yuan)

地区	Region	# 集体企业 Collective-owned Enterprises		# 股份有限公司 Share Holding Enterprises	
		企业单位数 Number of Enterprises	总产值(当年价格) Gross Output Value (At Current Prices)	企业单位数 Number of Enterprises	总产值(当年价格) Gross Output Value (At Current Prices)
呼和浩特市	Hohhot City	7	6636	11	1216022
包头市	Baotou City	24	70486	23	2481863
呼伦贝尔市	Hulunbeier City	2	2985	11	63174
兴安盟	Xingan League	5	13759	7	36532
通辽市	Tongliao City	14	48346	17	521896
赤峰市	Chifeng City	22	57996	26	356910
锡林郭勒盟	Xilinguole League	4	5573	20	456866
乌兰察布市	Wulanchabu City	1	7205	11	146610
鄂尔多斯市	Erdos City	12	23511	25	917280
巴彦淖尔市	Bayannaoer City	3	8644	9	256172
乌海市	Wuhai City			6	291919
阿拉善盟	Alashan League	1	3945	8	292294

22-50 续表 2 continued

单位：个、万元

(unit)(10 000 yuan)

地区	Region	# 外商投资企业 Foreign Funded Enterprises		# 港澳台商投资企业 Enterprises Funded by Entrepreneurs from Hong Kong, Macao & Taiwan	
		企业单位数 Number of Enterprises	总产值(当年价格) Gross Output Value (At Current Prices)	企业单位数 Number of Enterprises	总产值(当年价格) Gross Output Value (At Current Prices)
呼和浩特市	Hohhot City	20	1058565	15	975525
包头市	Baotou City	21	262828	8	125540
呼伦贝尔市	Hulunbeier City	10	152835	3	61374
兴安盟	Xingan League	5	80523	1	1820
通辽市	Tongliao City	10	456330	3	207664
赤峰市	Chifeng City	3	140749	6	40997
锡林郭勒盟	Xilinguole League	3	20787		
乌兰察布市	Wulanchabu City	3	43053	1	6748
鄂尔多斯市	Erdos City	17	559828	8	52368
巴彦淖尔市	Bayannaoer City	7	152946	3	29295
乌海市	Wuhai City	1	15232	2	1695
阿拉善盟	Alashan League	1	30057	1	5223

22-50 续表 3 continued

单位：个、万元

(unit)(10 000 yuan)

地区	Region	轻工业 Enterprises of Light Industry		重工业 Enterprises of Heavy Industry	
		企业单位数 Number of Enterprises	总产值(当年价格) Gross Output Value (At Current Prices)	企业单位数 Number of Enterprises	总产值(当年价格) Gross Output Value (At Current Prices)
呼和浩特市	Hohhot City	140	3816326	139	2615391
包头市	Baotou City	60	709432	339	9877244
呼伦贝尔市	Hulunbeier City	105	618242	122	1312918
兴安盟	Xingan League	48	318794	49	318806
通辽市	Tongliao City	132	1491097	155	1649944
赤峰市	Chifeng City	97	742123	234	2495249
锡林郭勒盟	Xilinguole League	144	371820	127	1168353
乌兰察布市	Wulanchabu City	74	450449	183	1864678
鄂尔多斯市	Erdos City	93	932538	350	5417323
巴彦淖尔市	Bayannaoer City	117	1108812	128	1473557
乌海市	Wuhai City	9	9770	136	1659901
阿拉善盟	Alashan League	11	36544	79	909675

22-50 续表 4 continued

单位：个、万元 (unit) (10 000 yuan)

地区	Region	大型企业 Large Enterprises 企业单位数 Number of Enterprises	大型企业 总产值(当年价格) Gross Output Value (At Current Prices)	中型企业 Medium-sized Enterprises 企业单位数 Number of Enterprises	中型企业 总产值(当年价格) Gross Output Value (At Current Prices)	小型企业 Small Enterprises 企业单位数 Number of Enterprises	小型企业 总产值(当年价格) Gross Output Value (At Current Prices)
呼和浩特市	Hohhot City	5	2761954	41	2137211	233	1532551
包头市	Baotou City	15	6986623	58	2066674	326	1533379
呼伦贝尔市	Hulunbeier City	3	200565	20	797184	204	933412
兴安盟	Xingan League	1	102014	7	150769	89	384817
通辽市	Tongliao City	4	637937	29	1230533	254	1272572
赤峰市	Chifeng City	7	845693	50	1307440	274	1084239
锡林郭勒盟	Xilinguole League	1	273268	11	238905	259	1028000
乌兰察布市	Wulanchabu City	1	173883	18	591117	238	1550127
鄂尔多斯市	Erdos City	7	1683524	42	1893470	394	2772868
巴彦淖尔市	Bayannaoer City	1	53021	33	1105829	211	1423519
乌海市	Wuhai City	2	251329	19	419372	124	998970
阿拉善盟	Alashan League	2	234455	17	380134	71	331630

22-51 各盟市全部国有及规模以上非国有工业企业主要指标(2006年)

Main Indicators of All State-owned and Non-state-owned above Designed Size Industrial Enterprises by Region(2006)

单位：万元 (10 000 yuan)

地区	Region	工业增加值 Value Added of Industry	资产合计 Total Assets	负债合计 Total Liabilities	主营业务收入 Revenue of main business	利润总额 Total Profits
呼和浩特市	Hohhot City	2300681	6208229	3823435	6074302	459317
包头市	Baotou City	4002725	11559452	6886488	10204014	481283
呼伦贝尔市	Hulunbeier City	848904	3418521	2104317	1675895	285509
兴安盟	Xingan League	237171	578976	411900	584162	12939
通辽市	Tongliao City	1173038	2616455	1596421	2960516	371597
赤峰市	Chifeng City	1158399	4319936	2551054	3112402	242424
锡林郭勒盟	Xilinguole League	847617	2073685	1266838	1359547	92247
乌兰察布市	Wulanchabu City	805210	2628897	1974458	2325240	53638
鄂尔多斯市	Erdos City	3121244	10384331	5071799	6275972	1068408
巴彦淖尔市	Bayannaoer City	916843	2576495	1856710	2156858	300897
乌海市	Wuhai City	802105	2525998	1755894	1298511	16001
阿拉善盟	Alashan League	441371	1374971	892593	853725	36957

22-52 各盟市全部国有及规模以上非国有工业企业主要指标(2006年)

Main Indicators of All State-owned and Non-state-owned above Designed Size Industrial Enterprises by Region(2006)

单位：万元 (10 000 yuan)

地 区	Region	所有者权益 Creditors Equity	利税总额 Total Profits and Taxes	本年应交增值税 Value Added Tax Payable	流动资产合计 Circulating Funds	固定资产合计 Total Fixed Assets
呼和浩特市	Hohhot City	2384794	819361	223612	2117406	3419035
包 头 市	Baotou City	4629042	982345	443894	4968346	5247037
呼伦贝尔市	Hulunbeier City	1314203	444392	132817	927452	2299088
兴 安 盟	Xingan League	167076	57445	20042	220306	348782
通 辽 市	Tongliao City	1020034	554530	127956	759667	1606638
赤 峰 市	Chifeng City	1768882	449183	166474	1313758	2508235
锡林郭勒盟	Xilinguole League	806847	193974	84418	409907	1336471
乌兰察布市	Wulanchabu City	654439	157579	90192	596473	1929332
鄂尔多斯市	Erdos City	5312533	1599579	406623	3193690	5336517
巴彦淖尔市	Bayannaoer City	719785	417613	96877	881304	1542607
乌 海 市	Wuhai City	770105	154806	124796	762369	1532408
阿拉善盟	Alashan League	482378	93611	41887	641150	641246

22-53 各盟市主要工业产品产量(2006年)

Output of Major Industrial Products by Region(2006)

地 区	Region	白酒 (千升) Liquor (1000 litres)	糖 (吨) Sugar (ton)	液体乳 (万吨) Milk (10000 tons)	卷 烟 (万支) Cigarettes (10 000 pcs)	布 (万米) Cloth (10 000 m)	毛 线(吨) Knitting Wool (ton)	呢 绒(万米) Woolen Piece Goods (10 000 m)
呼和浩特市	Hohhot City	7915		211.39	1400000	11000	208	
包 头 市	Baotou City	9163	37089	44.06		2564		6
呼伦贝尔市	Hulunbeier City	16157	9715	0.42				
兴 安 盟	Xingan League	21369	6034	14.97	450000			
通 辽 市	Tongliao City	61114	33527	10.86			117	239
赤 峰 市	Chifeng City	16091	84083	6.01				444
锡林郭勒盟	Xilinguole League	12483		4.33				
乌兰察布市	Wulanchabu City	39302	61256					
鄂尔多斯市	Erdos City	29679		0.18				33
巴彦淖尔市	Bayannaoer City	20652	27118	17.88				
乌 海 市	Wuhai City	2088						
阿拉善盟	Alashan League	571						

22-53 续表 1 continued

地区	Region	原盐(万吨) Salt (10 000 tons)	机制纸及纸板(吨) Machine-made Paper and Paperboards (ton)	原油(吨) Crude Oil (ton)	原煤(万吨) Coal (10 000 tons)	发电量(亿千瓦小时) Electricity (100 million kwh)	焦炭(万吨) Coke (10 000 tons)
呼和浩特市	Hohhot City		21118		444.59	271.29	26.81
包头市	Baotou City				181.66	165.99	376.78
呼伦贝尔市	Hulunbeier City		48632	510032	3088.94	96.45	
兴安盟	Xingan League		15594			2.32	
通辽市	Tongliao City			45000	3413.42	85.85	
赤峰市	Chifeng City		38188	164157	1811.18	111.08	0.01
锡林郭勒盟	Xilinguole League	10.51	9500	921561	1121.00	32.67	
乌兰察布市	Wulanchabu City		11358			169.54	
鄂尔多斯市	Erdos City	5.32	9430		17624.85	277.98	176.83
巴彦淖尔市	Bayannaoer City		43519	78090	28.34	45.87	
乌海市	Wuhai City				1284.39	150.69	331.23
阿拉善盟	Alashan League	190.61			761.25	2.81	148.49

22-53 续表 2 continued

地区	Region	钢(万吨) Steel (10 000 tons)	生铁(万吨) Pig Iron (10 000 tons)	成品钢材(万吨) Steel Products (10 000 tons)	水泥(万吨) Cement (10 000 tons)	化肥(万吨) Chemical Fertilizer (10 000 tons)
呼和浩特市	Hohhot City		14.98	0.01	230.89	28.89
包头市	Baotou City	799.36	893.63	768.76	225.22	2.75
呼伦贝尔市	Hulunbeier City	0.04	0.60	2.03	183.69	0.93
兴安盟	Xingan League	41.50	37.31	36.51	61.50	
通辽市	Tongliao City			16.13	117.71	3.79
赤峰市	Chifeng City	11.83	42.95		280.91	7.81
锡林郭勒盟	Xilinguole League		0.28		87.11	
乌兰察布市	Wulanchabu City		2.49		338.21	3.31
鄂尔多斯市	Erdos City		38.11		445.73	1.94
巴彦淖尔市	Bayannaoer City		9.82		54.55	19.22
乌海市	Wuhai City	9.13	44.88	0.52	151.71	0.31
阿拉善盟	Alashan League		23.27		38.36	

22-54 各盟市建筑业企业情况(2006年)

Main Indicators on Construction Enterprises by Region(2006)

地 区	Region	企业单位数(个) Enterprises (unit)	# 国有 State-owned	# 集体 Collective owned	从业人员(人) Persons Employed (person)	# 国有 State-owned	# 集体 Collective owned	建筑业总产值(万元) Gross Output Value (10 000 yuan)	# 国有 State-owned	# 集体 Collective owned
呼和浩特市	Hohhot City	156	7	2	84649	24009	458	1184984	304844	3195
包头市	Baotou City	91	2	3	43645	270	893	837871	6697	16066
呼伦贝尔市	Hulunbeier City	70			24910			273471		
兴安盟	Xingan League	20	1		4329	61		54462	238	
通辽市	Tongliao City	39	1		16338	1833		201248	43656	
赤峰市	Chifeng City	113		1	47364		28	458472		120
锡林郭勒盟	Xilinguole League	23	1		7230	89		78740	60	
乌兰察布市	Wulanchabu City	36			6657			125411		
鄂尔多斯市	Erdos City	75	2		29602	1513		1006741	18409	
巴彦淖尔市	Bayannaoer City	53	3	1	10929	642	10	219348	7812	8000
乌海市	Wuhai City	34			17035			192765		
阿拉善盟	Alashan League	9			3308			26001		

22-55 各盟市房屋建筑面积(2006年)

Floor Space of Building by Region(2006)

单位：万平方米 (10 000 sq.m)

地 区	Region	房屋建筑面积 Floor Space of Building Construction			国有 State-owned		集体 Collective-owned	
		施工面积 Floor Space Under Construction	竣工面积 Floor Space Completed	# 住宅 Residential Buildings	施工面积 Floor Space Under Construction	竣工面积 Floor Space Completed	施工面积 Floor Space Under Construction	竣工面积 Floor Space Completed
呼和浩特市	Hohhot City	723.74	267.46	184.07	15.87	9.41		
包头市	Baotou City	655.61	325.67	193.57	4.01	4.01	3.88	3.88
呼伦贝尔市	Hulunbeier City	148.63	133.75	66.00				
兴安盟	Xingan League	62.74	54.46	31.75				
通辽市	Tongliao City	136.14	107.47	75.70				
赤峰市	Chifeng City	582.08	441.79	306.44				
锡林郭勒盟	Xilinguole League	64.22	42.35	18.88				
乌兰察布市	Wulanchabu City	218.30	120.33	79.56				
鄂尔多斯市	Erdos City	560.61	286.10	165.62	0.40			
巴彦淖尔市	Bayannaoer City	194.86	153.97	115.92			8.50	8.50
乌海市	Wuhai City	216.13	136.48	89.61				
阿拉善盟	Alashan League	30.83	20.18	12.11				

22-56 各盟市城镇自来水情况(2006年)

Basic Statistics on Tap Water Supply in Towns and Cities by Region(2006)

地区	Region	年末供水管道长度(公里) Length of Water Supply Pipelines (year-end)(km)	全年供水总量(万吨) Total Annual Volume of Water Supply (10 000 tons)	#生产运营用水 For Productive Use	#生活用水 For Residential Use	用水人口(万人) Number of Residents with Access to Tap water (10 000 persons)
总计	**Total**	**6220**	**60090**	**29161**	**13243**	**571.83**
呼和浩特市	Hohhot City	568	12410	4320	2023	112.93
包头市	Baotou City	1739	18295	9744	4166	132.00
呼伦贝尔市	Hulunbeier City	597	4398	1701	1618	52.67
兴安盟	Xingan League	110	876	326	452	19.52
通辽市	Tongliao City	719	4826	2509	806	42.23
赤峰市	Chifeng City	572	4451	2362	715	47.02
锡林郭勒盟	Xilinguole League	394	584	71	297	17.17
乌兰察布市	Wulanchabu City	352	3334	2381	596	35.60
鄂尔多斯市	Erdos City	441	1405	293	653	32.00
巴彦淖尔市	Bayannaoer City	141	766	110	431	28.00
乌海市	Wuhai City	587	8746	5345	1487	42.69
阿拉善盟	Alashan League					

22-57 各盟市城镇煤气、液化石油气、天然气(2006年)

Basic Statistics on Supply of Gas, Liquefied Petroleum Gas and Natural Gas in Towns and Cities by Region(2006)

地区	Region	煤气供气量(万立方米) Coal Gas Supply (10 000 cu.m)	#家庭用量 For Residential Use	天然气供气量(万立方米) Natural Gas Supply (10 000 cu.m)	#家庭用量 For Residential Use	液化石油气供气量(万立方米) Liquefied Petroleum Gas Supply (10 000 cu.m)	#家庭用量 For Residential Use
总计	**Total**	**6113**	**4233**	**18370**	**2558**	**99616**	**90355**
呼和浩特市	Hohhot City	2541	967	8651	1196	43650	42013
包头市	Baotou City	3084	3081	9202	954	5304	3581
呼伦贝尔市	Hulunbeier City					10928	10072
兴安盟	Xingan League					3174	2961
通辽市	Tongliao City			164	139	3660	3500
赤峰市	Chifeng City					8511	7673
锡林郭勒盟	Xilinguole League					1750	1430
乌兰察布市	Wulanchabu City			43	21	4200	2120
鄂尔多斯市	Erdos City			310	248	2600	2400
巴彦淖尔市	Bayannaoer City					13840	13000
乌海市	Wuhai City	489	185			2000	1605
阿拉善盟	Alashan League						

22-58 各盟市城镇市政工程(2006年)
Basic Statistics on Municipal Engineering in Towns and Cities by Region(2006)

地 区	Region	污水排放量(万吨) Volume of Waste Water Discharged (10 000 tons)	城市污水日处理能力(万吨) Daily Disposal Capacity of Sewage (10 000 tons)	排水管道长度(公里) Length of Sewer Pipelines (km)	生活垃圾清运量(万吨) Volume of Garbage Disposal (10 000 tons)	生活垃圾无害化处理量(万吨) Volume of Garbage Treated (10 000 tons)
总 计	**Total**	**37954**	**102.2**	**4779**	**331.2**	**210.3**
呼和浩特市	Hohhot City	7818	10.0	809	38.7	34.1
包 头 市	Baotou City	11213	16.5	1279	71.7	70.9
呼伦贝尔市	Hulunbeier City	2795	12.4	280	48.0	
兴 安 盟	Xingan League	550	2.0	127	18.0	12.3
通 辽 市	Tongliao City	3162	20.0	639	31.1	20.0
赤 峰 市	Chifeng City	2822	15.0	286	30.6	28.1
锡林郭勒盟	Xilinguole League	379	4.0	214	13.1	10.8
乌兰察布市	Wulanchabu City	2130	8.3	271	24.8	
鄂尔多斯市	Erdos City	1085	4.0	317	15.0	
巴彦淖尔市	Bayannaoer City	490	6.0	353	14.6	14.0
乌 海 市	Wuhai City	5510	4.0	204	25.6	20.0
阿拉善盟	Alashan League					

22-59 各盟市年末公路运输线路长度和运量(2006年)
Length of Highways for Transportation Routes and Traffic by Region(End of 2006)

地 区	Region	公路里程(公里) Total Length of Highways (km)	等级路 Expressway & Class I to IV Highway	等外路 Highway Below Class IV	客运量(万人) Passenger Traffic (10 000 persons)	旅客周转量(万人公里) Passenger-Kilometers (10 000 passenger-km)	货运量(万吨) Freight Traffic (10 000 tons)	货物周转量(万吨公里) Freight Ton-Kilometers (10 000 ton-km)
呼和浩特市	Hohhot City	5900	4711	1189	3821	282637	7104	442392
包 头 市	Baotou City	6261	4484	1777	10213	343873	9800	927308
呼伦贝尔市	Hulunbeier City	14411	11270	3141	3436	176065	4838	309794
兴 安 盟	Xingan League	8119	7343	776	605	73871	1603	133823
通 辽 市	Tongliao City	14995	4040	10955	2363	143466	3939	225555
赤 峰 市	Chifeng City	19442	14601	4841	2750	152275	7750	290249
锡林郭勒盟	Xilinguole League	12587	8167	4420	1443	181048	3093	257036
乌兰察布市	Wulanchabu City	10459	8025	2434	1577	157430	3805	178650
鄂尔多斯市	Erdos City	12183	9248	2935	2102	156537	9500	722864
巴彦淖尔市	Bayannaoer City	18331	6459	11872	2578	233225	3071	129111
乌 海 市	Wuhai City	724	724		495	48941	3309	69039
阿拉善盟	Alashan League	5350	4759	591	434	45323	1166	155389

22-60 各盟市邮政业务基本情况(2006年)
Basic Conditions of Post Services by Region(2006)

地 区	Region	邮政业务总量 (万元) Business Volume of Post and Telecommunications (10 000 yuan)	函 件 (万件) Number of Letters (10 000 Pcs)	报刊期发数 (万份) Newspapers and Magazines Circulation (10 000 copies)	邮政局所总数 (处) Number of Post and Telecommunications Offices (unit)
呼和浩特市	Hohhot City	18009	1472	26	127
包 头 市	Baotou City	13115	654	22	120
呼伦贝尔市	Hulunbeier City	13959	296	17	216
兴 安 盟	Xingan League	4388	149	6	101
通 辽 市	Tongliao City	7212	160	17	154
赤 峰 市	Chifeng City	12314	566	29	287
锡林郭勒盟	Xilinguole League	3284	193	9	160
乌兰察布市	Wulanchabu City	6250	184	10	172
鄂尔多斯市	Erdos City	5204	206	16	159
巴彦淖尔市	Bayannaoer City	5466	227	11	152
乌 海 市	Wuhai City	4242	126	5	33
阿拉善盟	Alashan League	1718	39	3	30

22-61 各盟市社会消费品零售总额(2006年, 按销售单位所在地分)
Total Retail Sale of Consumer Goods by Location of Retailers by Region(2006)

单位：万元 (10 000 yuan)

地 区	Region	社会消费品零售总额 Total Retail Sales of Consumer Goods	市 City	县 County	县以下 Under County Level
呼和浩特市	Hohhot City	3609919	3227897	246544	135478
包 头 市	Baotou City	3494202	3235439	181687	77076
呼伦贝尔市	Hulunbeier City	1264469	894948	250488	119033
兴 安 盟	Xingan League	566914	325483	140029	101402
通 辽 市	Tongliao City	1109607	526559	289664	293384
赤 峰 市	Chifeng City	1602962	830596	429004	343362
锡林郭勒盟	Xilinguole League	575055	228114	248291	98650
乌兰察布市	Wulanchabu City	775567	186649	382352	206566
鄂尔多斯市	Erdos City	1826952	823104	683402	320446
巴彦淖尔市	Bayannaoer City	609662	189303	272016	148343
乌 海 市	Wuhai City	337820	337820		
阿拉善盟	Alashan League	179519		139350	40169

22-62 各盟市社会消费品零售总额(2006年, 按行业分)

Total Retail Sale of Consumer Goods by Sector by Region(2006)

单位：万元 (10 000 yuan)

地区	Region	批发零售贸易业 Whole-sale and Retail Sale Trade	住宿和餐饮业 Catering Trade	其他行业 Others
呼和浩特市	Hohhot City	2720946	849354	39619
包头市	Baotou City	2752420	693643	48139
呼伦贝尔市	Hulunbeier City	982241	205030	77198
兴安盟	Xingan League	460872	73426	32616
通辽市	Tongliao City	908299	158612	42696
赤峰市	Chifeng City	1343411	191118	68433
锡林郭勒盟	Xilinguole League	452623	96592	25840
乌兰察布市	Wulanchabu City	620331	119768	35468
鄂尔多斯市	Erdos City	1496629	283475	46848
巴彦淖尔市	Bayannaoer City	484536	81171	43955
乌海市	Wuhai City	282079	54136	1605
阿拉善盟	Alashan League	133608	36689	9222

22-63 各盟市限额以上批发零售贸易、住宿餐饮业法人企业(2006年)

Number of Corporation Units above Designated Size in Wholesale and Retail Sale, Catering Trades (2006)

单位：个 (unit)

地区	Region	合计 Total	批发业 Wholesale Trade	零售业 Retail Trade	住宿业	餐饮业 Catering Trade
呼和浩特市	Hohhot City	336	74	94	41	127
包头市	Baotou City	226	51	95	19	61
呼伦贝尔市	Hulunbeier City	86	29	26	25	6
兴安盟	Xingan League	44	16	15	11	2
通辽市	Tongliao City	69	24	27	15	3
赤峰市	Chifeng City	44	16	7	20	1
锡林郭勒盟	Xilinguole League	58	28	7	22	1
乌兰察布市	Wulanchabu City	29	3	6	15	5
鄂尔多斯市	Erdos City	128	29	47	14	38
巴彦淖尔市	Bayannaoer City	41	13	17	6	5
乌海市	Wuhai City	48	3	30	5	10
阿拉善盟	Alashan League	18	3	4	2	9

22-64 各盟市限额以上批发零售贸易、住宿餐饮业产业活动单位(2006年)

Number of Active Units above Designated Size in Wholesale and Retail Sale, Catering Trades (2006)

单位：个 (unit)

地区	Region	合计 Total	批发业 Wholesale Trade	零售业 Retail Trade	住宿业	餐饮业 Catering Trade
呼和浩特市	Hohhot City	501	204	112	45	140
包头市	Baotou City	385	92	168	28	97
呼伦贝尔市	Hulunbeier City	395	94	259	34	8
兴安盟	Xingan League	54	26	15	11	2
通辽市	Tongliao City	118	46	54	15	3
赤峰市	Chifeng City	63	33	7	21	2
锡林郭勒盟	Xilinguole League	180	28	129	22	1
乌兰察布市	Wulanchabu City	49	23	6	15	5
鄂尔多斯市	Erdos City	182	53	75	16	38
巴彦淖尔市	Bayannaoer City	108	71	24	6	7
乌海市	Wuhai City	48	3	30	5	10
阿拉善盟	Alashan League	52	9	32	2	9

22-65 各盟市限额以上批发零售贸易、住宿餐饮业从业人员(2006年)

Number of Persons Engaged in Enterprises above Designated Size in Wholesale and Retail Sale, Catering Trades (2006)

单位：人 (person)

地区	Region	合计 Total	批发业 Wholesale Trade	零售业 Retail Trade	住宿业	餐饮业 Catering Trade
呼和浩特市	Hohhot City	38786	8905	11636	8299	9946
包头市	Baotou City	31391	4210	16558	4365	6258
呼伦贝尔市	Hulunbeier City	10535	1784	5170	2800	781
兴安盟	Xingan League	3625	2535	332	614	144
通辽市	Tongliao City	6860	1679	3265	1730	186
赤峰市	Chifeng City	8067	4473	994	2287	313
锡林郭勒盟	Xilinguole League	3399	472	1526	1293	108
乌兰察布市	Wulanchabu City	6107	2468	1437	1512	690
鄂尔多斯市	Erdos City	10688	2359	3136	1428	3765
巴彦淖尔市	Bayannaoer City	6262	2869	2554	356	483
乌海市	Wuhai City	4506	866	1974	978	688
阿拉善盟	Alashan League	2041	887	359	134	661

22-66 各盟市限额以上批发零售贸易业商品销售总额(2006年)

Total Sales of Enterprise above Designated Size in Wholesale and Retail Sale Trades by Region(2006)

单位：万元 (10 000 yuan)

地区	Region	销售总额 Total Sales	批发 Wholesale Trade	零售 Retail Trade
呼和浩特市	Hohhot City	2550622	1498641	1051981
包头市	Baotou City	1996342	1189048	807294
呼伦贝尔市	Hulunbeier City	717631	494400	223231
兴安盟	Xingan League	284368	174831	109537
通辽市	Tongliao City	473174	267910	205264
赤峰市	Chifeng City	481343	331041	150302
锡林郭勒盟	Xilinguole League	457851	355514	102337
乌兰察布市	Wulanchabu City	228378	185895	42483
鄂尔多斯市	Erdos City	2376942	1829265	547677
巴彦淖尔市	Bayannaoer City	368564	272667	95897
乌海市	Wuhai City	294602	186581	108020
阿拉善盟	Alashan League	180721	108785	71937

22-67 各盟市限额以上批发零售贸易企业主要财务指标(2006年)

Main Financial Indicators of Enterprises above Designated Size in Wholesale and Retail by Region(2006)

单位：万元 (10 000 yuan)

地区	Region	商品销售收入 Sales Revenue	商品销售成本 Cost of Sales	经营费用 Management Cost	商品销售税金及附加 Sales Tax and Extra Changes	商品销售利润 Total Profits
呼和浩特市	Hohhot City	2441623	2150598	87224	4657	237757
包头市	Baotou City	1797666	1548589	73970	6366	205769
呼伦贝尔市	Hulunbeier City	651101	585625	30258	2368	61611
兴安盟	Xingan League	284368	252626	17646	242	30922
通辽市	Tongliao City	441282	397017	20066	1038	41336
赤峰市	Chifeng City	448389	397223	23143	1357	46250
锡林郭勒盟	Xilinguole League	501240	472939	11395	1319	24556
乌兰察布市	Wulanchabu City	229377	200481	8516	480	28062
鄂尔多斯市	Erdos City	2375191	1967890	30425	10832	395156
巴彦淖尔市	Bayannaoer City	368564	317211	21758	1354	49928
乌海市	Wuhai City	294596	252567	17921	1174	40007
阿拉善盟	Alashan League	159156	123708	29633	2323	28770

22-68 各盟市限额以上住宿和餐饮企业主要财务指标(2006年)

Main Financial Indicators of Enterprises above Designated Size in Catering Trade by Region(2006)

单位：万元 (10 000 yuan)

地区	Region	营业收入 Sales Revenue	营业成本 Cost of Sales	营业费用 Management Cost	商品销售税金及附加 Sales Tax and Extra Changes	经营利润 Profits
呼和浩特市	Hohhot City	133792	49678	29839	6921	72220
包头市	Baotou City	56089	25748	17004	2874	25385
呼伦贝尔市	Hulunbeier City	16494	6830	5611	851	7880
兴安盟	Xingan League	3863	2017	708	161	1662
通辽市	Tongliao City	12605	3785	2946	448	6711
赤峰市	Chifeng City	10454	3861	4210	532	5729
锡林郭勒盟	Xilinguole League	8824	3214	2367	309	3748
乌兰察布市	Wulanchabu City	8999	4261	3182	508	3650
鄂尔多斯市	Erdos City	28807	14005	8590	1331	12471
巴彦淖尔市	Bayannaoer City	3856	2349	731	203	1303
乌海市	Wuhai City	11792	6055	3093	313	5262
阿拉善盟	Alashan League	4248	1709	1853	127	759

22-69 各盟市入境旅游人数和外汇收入(2006年)

Number of Foreign Tourists and Foreign Exchange Earnings by Region(2006)

地区	Region	入境旅游人数(人次) Total Number of International Tourists Inbound (person-times)	#外国人 Foreigners	旅游外汇收入(万美元) Earnings from International Tourism(USD 10 000)
呼和浩特市	Hohhot City	59031	56435	2781.79
包头市	Baotou City	14800	12730	583.09
呼伦贝尔市	Hulunbeier City	550675	550539	18133.68
兴安盟	Xingan League	3100	2791	110.93
通辽市	Tongliao City	6580	6546	312.34
赤峰市	Chifeng City	21000	20424	1028.34
锡林郭勒盟	Xilinguole League	525197	525029	15613.56
乌兰察布市	Wulanchabu City	8984	7658	220.33
鄂尔多斯市	Erdos City	11860	11442	550.69
巴彦淖尔市	Bayannaoer City	15900	15212	538.68
乌海市	Wuhai City	118	118	5.81
阿拉善盟	Alashan League	15223	14532	499.90

22-70 各盟市普通高等学校基本情况(2006年)
Basic Statistics on Higher Education by Region(2006)

地 区	Region	学校数(所) Number of Schools (unit)	毕业生数(人) Number of Graduates (person)	招生数(人) New Student Enrollment (person)	在校学生数(人) Student Enrollment (person)	教职工数(人) Number of Staff and Teachers (person)	# 专任教师 Full-time Teachers
总 计	**Total**	**36**	**55653**	**81011**	**252917**	**31136**	**19101**
呼和浩特市	Hohhot City	19	31319	47376	150920	16816	10724
包 头 市	Baotou City	4	10182	14549	45201	4748	2810
呼伦贝尔市	Hulunbeier City	1	2579	3464	11118	1051	722
兴 安 盟	Xingan League	1	625	569	1256	557	357
通 辽 市	Tongliao City	3	4243	4730	18024	2792	1596
赤 峰 市	Chifeng City	3	1847	3705	9580	1697	957
锡林郭勒盟	Xilinguole League	1	438	977	2214	720	378
乌兰察布市	Wulanchabu City	2	2772	3386	8836	1465	843
鄂尔多斯市	Erdos City		349	216	492		
巴彦淖尔市	Bayannaoer City	1	1299	1254	4012	1091	557
乌 海 市	Wuhai City	1		785	1264	199	157
阿拉善盟	Alashan League						

注：毕业生数、招生数、在校学生数包括成人高校附设普通班学生数。

a)Number of graduates and new student enrollment and student enrodment include the number of students of ordinary classes attached adult colleges.

22-71 各盟市成人高等学校基本情况(2006年)
Basic Statistics on Adult Education by Region(2006)

地 区	Region	学校数(所) Number of Schools (unit)	毕业生数(人) Number of Graduates (person)	招生数(人) New Student Enrollment (person)	在校学生数(人) Student Enrollment (person)	教职工数(人) Number of Staff and Teachers (person)	# 专任教师 Full-time Teachers
总 计	**Total**	**3**	**12631**	**24245**	**75454**	**724**	**336**
呼和浩特市	Hohhot City	1	4767	12817	42740	403	147
包 头 市	Baotou City	1	5231	4345	14876	99	47
呼伦贝尔市	Hulunbeier City			378	1016		
兴 安 盟	Xingan League		72	27	378		
通 辽 市	Tongliao City		1424	1416	6113		
赤 峰 市	Chifeng City		228	3231	5127		
锡林郭勒盟	Xilinguole League		416	195	450		
乌兰察布市	Wulanchabu City		15	1371	3329		
鄂尔多斯市	Erdos City	1	199	60	184	222	142
巴彦淖尔市	Bayannaoer City		50	205	221		
乌 海 市	Wuhai City		229	200	1020		
阿拉善盟	Alashan League						

注：毕业生数、招生数，在校学生数中包含普通高校附设成人班学生数。

a)Number of graduates and new student enrollment and student enrodment include the number of students of ordinary classes attached adult colleges.

22-72 各盟市中等专业学校基本情况(2006年)
Basic Statistics on Specialized Secondary Schools by Region(2006)

地区	Region	学校数(所) Number of Schools (unit)	毕业生数(人) Number of Graduates (person)	招生数(人) New Student Enrollment (person)	在校学生数(人) Student Enrollment (person)	教职工数(人) Number of Staff and Teachers (person)	#专任教师 Full-time Teacher
总计	**Total**	**74**	**30826**	**41274**	**114804**	**7571**	**4587**
呼和浩特市	Hohhot City	19	11311	13413	39996	1404	829
包头市	Baotou City	10	4443	6680	21341	1104	613
呼伦贝尔市	Hulunbeier City	15	3144	6036	13840	1672	690
兴安盟	Xingan League	3	802	271	1143	205	165
通辽市	Tongliao City	6	2108	2249	6248	332	289
赤峰市	Chifeng City	6	3129	3488	9611	1084	665
锡林郭勒盟	Xilinguole League		592	999	2287		
乌兰察布市	Wulanchabu City	2	997	995	2586	471	397
鄂尔多斯市	Erdos City	7	2381	3685	10351	772	520
巴彦淖尔市	Bayannaoer City	5	1141	2112	4809	327	287
乌海市	Wuhai City	1	778	1346	2592	200	132
阿拉善盟	Alashan League						

22-73 各盟市普通中学基本情况(2006年)
Basic Statistics on Regular Secondary Schools by Region(2006)

地区	Region	学校数(所) Number of Schools (unit)	毕业生数(人) Number of Graduates (person)	初中 Junior Secondary Schools	高中 Senior Secondary Schools	招生数(人) New Student Enrollment (person)	初中 Junior Secondary Schools	高中 Senior Secondary Schools
总计	**Total**	**1484**	**491313**	**334285**	**157028**	**505865**	**303378**	**202487**
呼和浩特市	Hohhot City	142	46261	31394	14867	53892	32173	21719
包头市	Baotou City	133	48999	32244	16755	51386	32122	19264
呼伦贝尔市	Hulunbeier City	230	53391	38722	14669	55842	34161	21681
兴安盟	Xingan League	118	28868	21622	7246	30295	20365	9930
通辽市	Tongliao City	209	63498	42973	20525	67390	45939	21451
赤峰市	Chifeng City	273	105061	69683	35378	102321	57861	44460
锡林郭勒盟	Xilinguole League	49	21278	15044	6234	20861	12246	8615
乌兰察布市	Wulanchabu City	87	42986	28973	14013	43863	25238	18625
鄂尔多斯市	Erdos City	77	28553	19033	9520	30942	17383	13559
巴彦淖尔市	Bayannaoer City	113	38621	25440	13181	34176	16860	17316
乌海市	Wuhai City	33	9868	6511	3357	10729	6570	4159
阿拉善盟	Alashan League	20	3929	2646	1283	4168	2460	1708

22-73 续表 continued

地区	Region	在校学生数(人) Student Enrollment (person)	初中 Junior Secondary Schools	高中 Senior Secondary Schools	教职工数(人) Number of Staff and Teachers (person)	# 专任教师 Full-time Teacher
总计	**Total**	**1551957**	**990473**	**561484**	**123928**	**95116**
呼和浩特市	Hohhot City	154644	95511	59133	11759	8503
包头市	Baotou City	176610	122214	54396	12885	9831
呼伦贝尔市	Hulunbeier City	164273	107714	56559	15349	12270
兴安盟	Xingan League	90561	63015	27546	8721	6674
通辽市	Tongliao City	199415	135597	63818	15813	12788
赤峰市	Chifeng City	313592	186682	126910	24166	18564
锡林郭勒盟	Xilinguole League	60299	38064	22235	5063	3880
乌兰察布市	Wulanchabu City	137260	85929	51331	9670	7046
鄂尔多斯市	Erdos City	100435	64780	35655	8302	6155
巴彦淖尔市	Bayannaoer City	110710	62685	48025	8029	6220
乌海市	Wuhai City	29961	18967	10994	2777	2096
阿拉善盟	Alashan League	14197	9315	4882	1394	1089

22-74 各盟市职业中学基本情况(2006年)
Basic Statistics on Vocational Secondary Schools by Region(2006)

地区	Region	学校数(所) Number of Schools (unit)	毕业生数(人) Number of Graduates (person)	招生数(人) New Student Enrollment (person)	在校学生数(人) Student Enrollment (person)	教职工数(人) Number of Staff and Teachers (person)	# 专任教师 Full-time Teacher
总计	**Total**	**189**	**42760**	**52738**	**135729**	**12113**	**9014**
呼和浩特市	Hohhot City	32	5700	7405	20448	1690	1255
包头市	Baotou City	9	2108	4260	8055	942	641
呼伦贝尔市	Hulunbeier City	14	2166	3735	8882	945	762
兴安盟	Xingan League	10	1796	2398	6368	570	429
通辽市	Tongliao City	14	2405	2040	5856	764	608
赤峰市	Chifeng City	36	10513	14055	36953	2629	2032
锡林郭勒盟	Xilinguole League	11	1252	2937	5717	461	356
乌兰察布市	Wulanchabu City	22	5409	6876	18112	1397	1102
鄂尔多斯市	Erdos City	28	5052	4075	12071	1589	910
巴彦淖尔市	Bayannaoer City	9	5843	4225	11526	962	790
乌海市	Wuhai City	1	28	342	553	9	9
阿拉善盟	Alashan League	3	488	390	1188	155	120

22-75 各盟市小学基本情况(2006年)
Basic Statistics on Primary Schools by Region(2006)

地 区	Region	学校数(所) Number of Schools (unit)	毕业生数(人) Number of Graduates (person)	招生数(人) New Student Enrollment (person)	在校学生数(人) Student Enrollment (person)	教职工数(人) Number of Staff and Teachers (person)	# 专任教师 Full-time Teacher
总 计	**Total**	**4884**	**311752**	**260748**	**1563790**	**138487**	**116582**
呼和浩特市	Hohhot City	693	32374	29791	183966	11962	10246
包 头 市	Baotou City	317	32044	25589	136261	9726	8645
呼伦贝尔市	Hulunbeier City	499	34175	22351	144864	16032	14070
兴 安 盟	Xingan League	479	20221	15785	103134	10815	9084
通 辽 市	Tongliao City	826	46308	36999	218067	20390	18621
赤 峰 市	Chifeng City	1085	60724	51069	303526	29674	24229
锡林郭勒盟	Xilinguole League	107	12280	10782	64140	5544	4546
乌兰察布市	Wulanchabu City	295	27648	21493	142157	13261	10351
鄂尔多斯市	Erdos City	167	18744	18414	98125	8220	5836
巴彦淖尔市	Bayannaoer City	338	18093	20504	119201	8769	7533
乌 海 市	Wuhai City	47	6689	5685	37224	2975	2451
阿拉善盟	Alashan League	31	2452	2286	13125	1119	970

22-76 各盟市幼儿园基本情况(2006年)
Basic Statistics on Kindergartens by Region(2006)

地 区	Region	园 数 (所) Number of Kindergartens (unit)	幼儿数 (人) Student Enrollment (person)	教职工数 (人) Number of Staff and Teachers (person)	# 教 师 Teachers
总 计	**Total**	**1504**	**291059**	**19221**	**12130**
呼和浩特市	Hohhot City	131	31728	2995	1587
包 头 市	Baotou City	105	25504	2485	1400
呼伦贝尔市	Hulunbeier City	290	30572	2477	1472
兴 安 盟	Xingan League	118	15937	815	566
通 辽 市	Tongliao City	22	28990	712	486
赤 峰 市	Chifeng City	426	59910	3413	2360
锡林郭勒盟	Xilinguole League	39	13214	771	496
乌兰察布市	Wulanchabu City	63	17013	908	659
鄂尔多斯市	Erdos City	118	30132	2116	1417
巴彦淖尔市	Bayannaoer City	140	25571	1544	1029
乌 海 市	Wuhai City	41	8711	590	385
阿拉善盟	Alashan League	11	3777	395	273

22-77 各盟市文化艺术、文物事业单位数(2006年)

Number of Institutions for Culture, Art and Cultural Relics by Region(2006)

单位：个 (unit)

地区	Region	艺术表演团体 Art Performance Troupes	艺术表演场所 Art Performance Places	文化馆 Cultural Centers	公共图书馆 Public Libraries	博物馆 Museums
总计	**Total**	**108**	**28**	**102**	**110**	**35**
呼和浩特市	Hohhot City	7	1	9	9	2
包头市	Baotou City	8	3	10	10	1
呼伦贝尔市	Hulunbeier City	13	1	13	14	10
兴安盟	Xingan League	7	3	6	7	1
通辽市	Tongliao City	9	5	8	9	3
赤峰市	Chifeng City	11	2	12	14	8
锡林郭勒盟	Xilinguole League	12	1	12	12	1
乌兰察布市	Wulanchabu City	12	2	11	12	2
鄂尔多斯市	Erdos City	10	4	8	9	1
巴彦淖尔市	Bayannaoer City	8	5	7	8	3
乌海市	Wuhai City	1	1	3	1	1
阿拉善盟	Alashan League	4		3	4	1
自治区直属	Units Attached to Autonomous Region	6			1	1

22-78 各盟市卫生机构、床位(2006年)

Number of Health Institutions, Beds by Region(2006)

地区	Region	机构数(个) Health Institutions (unit)	#医院、卫生院 Hospital	#疾病预防控制中心 CDC	#妇幼保健所、站 Maternity and Child Care Centers	床位合计(张) Beds Total (unit)	#医院、卫生院 Hospital
总计	**Total**	**3693**	**1820**	**140**	**113**	**70284**	**64816**
呼和浩特市	Hohhot City	346	143	12	12	9360	8969
包头市	Baotou City	316	114	11	11	9570	8870
呼伦贝尔市	Hulunbeier City	695	247	38	15	10418	9594
兴安盟	Xingan League	173	116	6	7	4201	3596
通辽市	Tongliao City	411	185	9	7	5497	5121
赤峰市	Chifeng City	622	304	11	13	11750	11064
锡林郭勒盟	Xilinguole League	281	147	14	13	2564	2233
乌兰察布市	Wulanchabu City	292	216	12	12	3835	3625
鄂尔多斯市	Erdos City	216	130	9	9	4749	4455
巴彦淖尔市	Bayannaoer City	199	137	9	8	5380	4544
乌海市	Wuhai City	51	25	5	3	2141	1985
阿拉善盟	Alashan League	91	56	4	3	819	760

22-79 各盟市卫生机构人员(2006年)

Number of Persons Engaged in Health Institutions by Region(2006)

单位：人 (person)

地区	Region	卫生机构人员 Total	卫生技术人员 Medical Technical Personnel	执业医师、执业助理医师 Doctors	# 执业医师 Physician	注册护师、护士 Registered Senior and Junior Nurses
总计	**Total**	**120571**	**102336**	**50409**	**42116**	**27601**
呼和浩特市	Hohhot City	16256	13355	6246	5476	4112
包头市	Baotou City	16870	14032	6388	5984	4911
呼伦贝尔市	Hulunbeier City	18111	15042	7316	5719	4517
兴安盟	Xingan League	7142	5979	2783	2157	1320
通辽市	Tongliao City	10898	9571	5229	4281	2111
赤峰市	Chifeng City	17309	14920	7475	5964	3276
锡林郭勒盟	Xilinguole League	5653	4810	2643	2275	1067
乌兰察布市	Wulanchabu City	8023	6852	3547	2845	1473
鄂尔多斯市	Erdos City	7094	6359	3191	2711	1617
巴彦淖尔市	Bayannaoer City	8374	7289	3592	2980	1915
乌海市	Wuhai City	3031	2533	1161	1027	873
阿拉善盟	Alashan League	1810	1594	838	697	409

22-80 各盟市交通事故(2006年)

Basic Statistics on Traffic Accidents by Region(2006)

地区	Region	发生数(起) Number of Traffic Accidents (case)	死亡人数(人) Number of Deaths (person)	受伤人数(人) Number of Injuries (person)	直接经济损失(万元) Direct Losses (10 000 yuan)
总计	**Total**	**6479**	**1872**	**7058**	**1877.97**
呼和浩特市	Hohhot City	1077	193	1149	185.47
包头市	Baotou City	1598	201	1675	180.14
呼伦贝尔市	Hulunbeier City	228	160	238	54.32
兴安盟	Xingan League	205	106	250	65.00
通辽市	Tongliao City	771	198	821	252.98
赤峰市	Chifeng City	754	300	746	175.87
锡林郭勒盟	Xilinguole League	145	57	109	29.68
乌兰察布市	Wulanchabu City	361	117	462	84.38
鄂尔多斯市	Erdos City	602	181	724	194.27
巴彦淖尔市	Bayannaoer City	332	136	346	102.23
乌海市	Wuhai City	121	63	139	45.03
阿拉善盟	Alashan League	87	40	164	94.64
高速公路支队	Expressway Detachment	198	120	235	413.96

22-81 各盟市火灾事故(2006年)

Basic Statistics on Fires by Region(2006)

地 区	Region	发生数(起) Number of Traffic Accidents (case)	死亡人数(人) Number of Deaths (person)	受伤人数(人) Number of Injuries (person)	直接经济损失(万元) Direct Losses (10 000 yuan)
总 计	**Total**	**6121**	**50**	**47**	**1598.49**
呼和浩特市	Hohhot City	1582	7	1	122.53
包 头 市	Baotou City	1302	6		133.13
呼伦贝尔市	Hulunbeier City	156	9	20	239.93
兴 安 盟	Xingan League	70	1	2	75.62
通 辽 市	Tongliao City	712	4	6	185.07
赤 峰 市	Chifeng City	1083	3	7	180.76
锡林郭勒盟	Xilinguole League	136	3		81.23
乌兰察布市	Wulanchabu City	97	1	2	86.15
鄂尔多斯市	Erdos City	55	2		99.46
巴彦淖尔市	Bayannaoer City	397	4	1	71.10
乌 海 市	Wuhai City	416	2	4	108.50
阿拉善盟	Alashan League	58	7		180.84
内蒙古森工集团	Inner Mongolia Forest Industy Co.,Ltd	57	1	4	34.18

22-82 年末环保系统机构、人员(2006年)

Environmental Protection Agencies and Persons Engaged by Region(2006)

地 区	Region	机构总数(个) Agencies (unit)	人员总数(人) Staff & Workers (person)	# 科研人员 Scientific Research Personnel	# 监测人员 Monitoring Personnel	# 监理人员 Supervising & Administrative Personnel
总 计	**Total**	**292**	**4167**	**123**	**1058**	**883**
呼和浩特市	Hohhot City	19	645	56	76	49
包 头 市	Baotou City	27	450	24	163	158
呼伦贝尔市	Hulunbeier City	37	303		103	85
兴 安 盟	Xingan League	22	216		70	73
通 辽 市	Tongliao City	24	241		92	43
赤 峰 市	Chifeng City	39	562	13	142	164
锡林郭勒盟	Xilinguole League	29	210		41	51
乌兰察布市	Wulanchabu City	29	442		103	191
鄂尔多斯市	Erdos City	26	322		74	15
巴彦淖尔市	Bayannaoer City	10	299		45	9
乌 海 市	Wuhai City	13	193		59	31
阿拉善盟	Alashan League	9	77		8	
自治区直属	Directly Under Autonomous Region	8	207	30	82	14

22-83 各盟市县以上国有研究与开发机构及科技信息与文献机构、人员(2006年)

State-owned R & D and Information Literature Institutions at Above County Level & Persons Engaged by Region(2006)

地区	Region	合计 Total Number			自然科学技术领域及转制科研机构 Field of Natural Sciences & Technology,Transformed Institution		
		机构 (个) Institutions (unit)	从业人员 (人) Employees (person)	# 科技活动人员 S&T personnel	机构 (个) Institutions (unit)	从业人员 (人) Employees (person)	# 科技活动人员 S&T personnel
总计	**Total**	**135**	**11350**	**7742**	**110**	**10594**	**7086**
呼和浩特市	Hohhot City	59	5775	4150	46	5230	3677
包头市	Baotou City	13	2329	1329	12	2310	1310
呼伦贝尔市	Hulunbeier City	9	414	326	8	401	314
兴安盟	Xingan League	6	136	85	5	121	72
通辽市	Tongliao City	7	509	324	5	482	298
赤峰市	Chifeng City	5	329	285	5	329	285
锡林郭勒盟	Xilinguole League	6	298	231	5	282	220
乌兰察布市	Wulanchabu City	6	343	205	5	301	177
鄂尔多斯市	Erdos City	9	458	358	7	412	317
巴彦淖尔市	Bayannaoer City	9	640	341	8	620	321
乌海市	Wuhai City	2	50	42	1	40	32
阿拉善盟	Alashan League	4	69	66	3	66	63

22-83 续表 continued

地区	Region	社会、人文科学技术领域 Field of Social Sciences & Humanities			科技信息和文献机构 Scientific Technical Information & Literature Institutions		
		机构 (个) Institutions (unit)	从业人员 (人) Employees (person)	# 科技活动人员 S&T personnel	机构 (个) Institutions (unit)	从业人员 (人) Employees (person)	# 科技活动人员 S&T personnel
总计	**Total**	**12**	**514**	**454**	**13**	**242**	**202**
呼和浩特市	Hohhot City	10	468	410	3	77	63
包头市	Baotou City				1	19	19
呼伦贝尔市	Hulunbeier City				1	13	12
兴安盟	Xingan League				1	15	13
通辽市	Tongliao City	1	10	10	1	17	16
赤峰市	Chifeng City						
锡林郭勒盟	Xilinguole League				1	16	11
乌兰察布市	Wulanchabu City				1	42	28
鄂尔多斯市	Erdos City	1	36	34	1	10	7
巴彦淖尔市	Bayannaoer City				1	20	20
乌海市	Wuhai City				1	10	10
阿拉善盟	Alashan League				1	3	3

22-84 各盟市旗县以上国有研究与开发机构及科技信息与文献机构科技经费筹集和支出总额(2006年)

Total Funds & Expenditures of State-Owned Research & Development Information & Literature Institutions at above County Level by Region(2006)

单位：万元 (10 000 yuan)

地 区	Region	合 计 Total		自然科学技术领域及转制机构 Field of Natural Sciences & Tech & Trasformed Institution			
		科技经费筹集总额 Scientific Funds	科技经费支出总额 Scientific Expenditures	科技经费筹集总额 Scientific Funds	# 政府拨款 Government Appropriations	科技经费支出总额 Scientific Expenditures	# 资产购建支出 For purchase & Construction of Assets
总 计	**Total**	**81559**	**74612**	**76124**	**58841**	**68496**	**8966**
呼和浩特市	Hohhot City	54059	48632	49523	36348	43319	5279
包 头 市	Baotou City	12017	13304	11940	9810	13225	3040
呼伦贝尔市	Hulunbeier City	2864	2761	2813	2813	2711	121
兴 安 盟	Xingan League	565	466	522	522	430	9
通 辽 市	Tongliao City	2267	2256	2136	2115	2127	382
赤 峰 市	Chifeng City	1398	1361	1398	1398	1361	12
锡林郭勒盟	Xilinguole League	1850	897	1795	565	852	6
乌兰察布市	Wulanchabu City	877	781	789	789	705	
鄂尔多斯市	Erdos City	2168	1620	1915	1213	1391	50
巴彦淖尔市	Bayannaoer City	2878	1989	2799	2791	1931	51
乌 海 市	Wuhai City	264	232	168	168	157	1
阿拉善盟	Alashan League	352	313	326	309	287	15

22-84 续表 continued

单位：万元 (10 000 yuan)

地 区	Region	社会、人文科学技术领域 Field of Social Sciences and Humanities				科技信息和文献机构 Scientific Technical Information and Literature Institutions			
		科技经费筹集总额 Scientific Funds	# 政府拨款 Government Appropriations	科技经费支出总额 Scientific Expenditures	# 资产购建支出 For purchase & Construction of Assets	科技经费筹集总额 scientific Funds	# 政府拨款 Government Appropriations	科技经费支出总额 Scientific Expenditures	# 资产购建支出 For purchase & Construction of Assets
总 计	**Total**	**4284**	**4264**	**5061**	**514**	**1151**	**1019**	**1055**	**54**
呼和浩特市	Hohhot City	4049	4029	4848	514	487	358	465	6
包 头 市	Baotou City					77	77	79	9
呼伦贝尔市	Hulunbeier City					51	51	50	1
兴 安 盟	Xingan League					43	43	36	4
通 辽 市	Tongliao City	40	40	40		91	91	89	13
赤 峰 市	Chifeng City								
锡林郭勒盟	Xilinguole League					55	52	45	4
乌兰察布市	Wulanchabu City					88	88	76	
鄂尔多斯市	Erdos City	195	195	173		58	58	56	
巴彦淖尔市	Bayannaoer City					79	79	58	
乌 海 市	Wuhai City					96	96	75	3
阿拉善盟	Alashan League					26	26	26	14

二十三 旗县区资料

STATISTICS OF BANNERS, COUNTIES AND DISTRICTS

资料整理 包利军 斯日古楞 崔京英

Arrang by Bao Lijun, Si Riguleng, Cui Jingying

23-1 各旗县(区)按年末总人口排序(2006年)

Banners, Counties and Districts Ranked by Population (Year end of 2006)

单位：人 (person)

位次 Order	旗县(区)名称	Name of Banners, Counties and Districts	年末总人口 Total Population at the Year-end
1	通辽市科尔沁区	Keerqin District in Tongliao City	812785
2	赤峰市宁城县	Ningcheng County in Chifeng City	598227
3	赤峰市敖汉旗	Aohan Banner in Chifeng City	588888
4	包头市昆都仑区	Kundulun District in Baotou City	572005
5	巴彦淖尔市临河区	Linhe District in Bayannaoer City	540363
6	通辽市科尔沁左翼中旗	Keerqinzuoyizhong Banner in Tongliao City	527315
7	赤峰市松山区	Songshan District in Chifeng City	515736
8	赤峰市翁牛特旗	Wengniute Banner in Chifeng City	471691
9	包头市东河区	Donghe District in Baotou City	459030
10	通辽市奈曼旗	Naiman Banner in Tongliao City	439573
11	呼伦贝尔市扎兰屯市	Zhalantun City in Hulunbeier City	431666
12	包头市青山区	Qingshan District in Baotou City	411305
13	通辽市科尔沁左翼后旗	Keerqinzuoyihou Banner in Tongliao City	398149
14	兴安盟扎赉特旗	Zhalaite Banner in Xingan League	393003
15	通辽市开鲁县	Kailu County in Tongliao City	392464
16	呼伦贝尔市牙克石市	Yakeshi City in Hulunbeier City	385523
17	呼和浩特市赛罕区	Saihan District in Hohhot City	372095
18	赤峰市巴林左旗	Balinzuo Banner in Chifeng City	356896
19	兴安盟科尔沁右翼前旗	Keerqinyouyiqian Banner in Xingan League	356574
20	呼和浩特市土默特左旗	Tumotezuo Banner in Hohhot City	352919
21	赤峰市红山区	Hongshan District in Chifeng City	342989
22	乌兰察布市商都县	Shangdu County in Wulanchabu City	342795
23	鄂尔多斯市达拉特旗	Dalate Banner in Erdos City	341467
24	赤峰市喀喇沁旗	Kalaqin Banner in Chifeng City	338573
25	巴彦淖尔市乌拉特前旗	Wulateqian Banner in Bayannaoer City	335964
26	呼和浩特市新城区	Xincheng District in Hohhot City	332833
27	乌兰察布市丰镇市	Fengzhen City in Wulanchabu City	331414
28	呼伦贝尔市莫力达瓦达斡尔族自治旗	Molidawadawoer National Autonomous Banner in Hulunbeier City	329269
29	呼伦贝尔市阿荣旗	Arong Banner in Hulunbeier City	327517
30	赤峰市元宝山区	Yuanbaoshan District in Chifeng City	321130
31	包头市土默特右旗	Tumoteyou Banner in Baotou City	316378
32	兴安盟突泉县	Tuquan County in Xingan League	313160
33	巴彦淖尔市杭锦后旗	Hangjinhou Banner in Bayannaoer City	311948
34	乌兰察布市兴和县	Xinghe County in Wulanchabu City	308863

23-1 续表 1 continued

单位：人 (person)

位次 Order	旗县(区)名称	Name of Banners, Counties and Districts	年末总人口 Total Population at the Year-end
35	通辽市扎鲁特旗	Zhalute Banner in Tongliao City	304849
36	赤峰市阿鲁科尔沁旗	Alukeerqin Banner in Chifeng City	297335
37	乌兰察布市集宁区	Jining District in Wulanchabu City	294395
38	兴安盟乌兰浩特市	Wulanhaote City in Xingan League	288981
39	包头市九原区	Jiuyuan District in Baotou City	281905
40	巴彦淖尔市五原县	Wuyuan County in Bayannaoer City	280496
41	呼伦贝尔市鄂伦春自治旗	Elunchun National Autonomous Banner in Hulunbeier City	280308
42	鄂尔多斯市准格尔旗	Zhungeer Banner in Erdos City	277949
43	呼伦贝尔市海拉尔区	Hailaer District in Hulunbeier City	259705
44	兴安盟科尔沁右翼中旗	Keerqinyouyizhong Banner in Xingan League	254354
45	赤峰市克什克腾旗	Keshiketeng Banner in Chifeng City	246779
46	乌兰察布市察哈尔右翼前旗	Chahaeryouyiqian Banner in Wulanchabu City	242384
47	乌兰察布市凉城县	Liangcheng County in Wulanchabu City	241871
48	赤峰市林西县	Linxi County in Chifeng City	241825
49	鄂尔多斯市东胜区	Dongsheng District in Erdos City	237319
50	乌海市海勃湾区	Haibowan District in Wuhai City	227830
51	乌兰察布市卓资县	Zhuozi County in Wulanchabu City	223514
52	呼和浩特市回民区	Huimin District in Hohhot City	222626
53	乌兰察布市察哈尔右翼后旗	Chahaeryouyihou Banner in Wulanchabu City	211746
54	乌兰察布市察哈尔右翼中旗	Chahaeryouyizhong Banner in Wulanchabu City	211148
55	乌兰察布市四子王旗	Siziwang Banner in Wulanchabu City	205563
56	锡林郭勒盟太仆寺旗	Taipusi Banner in Xilinguole League	204433
57	呼和浩特市托克托县	Tuoketuo County in Hohhot City	196827
58	呼和浩特市玉泉区	Yuquan District in Hohhot City	187548
59	呼和浩特市和林格尔县	Helingeer County in Hohhot City	186902
60	赤峰市巴林右旗	Balinyou Banner in Chifeng City	179525
61	包头市固阳县	Guyang County in Baotou City	177410
62	通辽市库伦旗	Kulun Banner in Tongliao City	176304
63	呼和浩特市武川县	Wuchuan County in Hohhot City	173065
64	乌兰察布市化德县	Huade County in Wulanchabu City	167936
65	呼伦贝尔市根河市	Genhe City in Hulunbeier City	165747
66	呼伦贝尔市满洲里市	Manzhouli City in Hulunbeier City	161256
67	锡林郭勒盟锡林浩特市	Xilinhaote City in Xilinguole League	159566
68	鄂尔多斯市伊金霍洛旗	Yijinhuoluo Banner in Erdos City	147892

23-1 续表 2 continued

单位：人 (person)

位次 Order	旗县(区)名称	Name of Banners, Counties and Districts	年末总人口 Total Population at the Year-end
69	呼伦贝尔市鄂温克族自治旗	Ewenke National Autonomous Banner in Hulunbeier City	143270
70	阿拉善盟阿拉善左旗	Alashanzuo Banner in Alashan League	140741
71	巴彦淖尔市乌拉特中旗	Wulatezhong Banner in Bayannaoer City	139475
72	鄂尔多斯市杭锦旗	Hangjin Banner in Erdos City	137069
73	呼和浩特市清水河县	Qingshuihe County in Hohhot City	133236
74	乌海市乌达区	Wuda District in Wuhai City	132751
75	巴彦淖尔市磴口县	Dengkou County in Bayannaoer City	123798
76	乌海市海南区	Hainan District in Wuhai City	109519
77	包头市达尔罕茂明安联合旗	Daerhanmaomingan Union Banner in Baotou City	101301
78	鄂尔多斯市乌审旗	Wushen Banner in Erdos City	100991
79	锡林郭勒盟多伦县	Duolun County in Xilinguole League	99566
80	鄂尔多斯市鄂托克旗	Etuoke Banner in Erdos City	93945
81	呼伦贝尔市额尔古纳市	Eerguna City in Hulunbeier City	85162
82	锡林郭勒盟正蓝旗	Zhenglan Banner in Xilinguole League	79833
83	通辽市霍林郭勒市	Huolinguole City in Tongliao City	73655
84	鄂尔多斯市鄂托克前旗	Etuokeqian Banner in Erdos City	73368
85	锡林郭勒盟东乌珠穆沁旗	Dongwuzhumuqin Banner in Xilinguole League	72054
86	锡林郭勒盟西乌珠穆沁旗	xiwuzhumuqin Banner in Xilinguole League	71344
87	锡林郭勒盟正镶白旗	Zhengxiangbai Banner in Xilinguole League	71293
88	锡林郭勒盟苏尼特右旗	Suniteyou Banner in Xilinguole League	68773
89	巴彦淖尔市乌拉特后旗	Wulatehou Banner in Bayannaoer City	62060
90	呼伦贝尔市陈巴尔虎旗	Chenbaerhu Banner in Hulunbeier City	59351
91	包头市石拐矿区	Shiguai District in Baotou City	48399
92	兴安盟阿尔山市	Aershan City in Xingan League	46665
93	锡林郭勒盟阿巴嘎旗	Abaga Banner in Xilinguole League	43021
94	呼伦贝尔市新巴尔虎左旗	Xinbaerhuzuo Banner in Hulunbeier City	40143
95	呼伦贝尔市新巴尔虎右旗	Xinbaerhuyou Banner in Hulunbeier City	33814
96	锡林郭勒盟苏尼特左旗	Sunitezuo Banner in Xilinguole League	33488
97	锡林郭勒盟镶黄旗	Xianghuang Banner in Xilinguole League	29716
98	包头市白云鄂博矿区	Baiyun Mineral District in Baotou City	24308
99	阿拉善盟阿拉善右旗	Alashanyou Banner in Alashan League	24290
100	锡林郭勒盟二连浩特市	Erlianhaote City in Xilinguole League	24108
101	阿拉善盟额济纳旗	Ejina Banner in Alashan League	17023

23-2 各旗县（区）按生产总值排序（2006年）

Banners, Counties and Districts Ranked by Gross Domestic Product(2006)

单位：万元 (10 000 yuan)

位次 Order	旗县(区)名称	Name of Banners, Counties and Districts	生产总值 GDP
1	包头市昆都仑区	Kundulun District in Baotou City	3551239
2	鄂尔多斯市准格尔旗	Zhungeer Banner in Erdos City	2000027
3	呼和浩特市新城区	Xincheng District in Hohhot City	1900641
4	鄂尔多斯市东胜区	Dongsheng District in Erdos City	1868974
5	包头市青山区	Qingshan District in Baotou City	1761547
6	呼和浩特市赛罕区	Saihan District in Hohhot City	1561600
7	通辽市科尔沁区	Keerqin District in Tongliao City	1553305
8	包头市东河区	Donghe District in Baotou City	1300130
9	鄂尔多斯市伊金霍洛旗	Yijinhuoluo Banner in Erdos City	1300031
10	呼和浩特市回民区	Huimin District in Hohhot City	1230105
11	鄂尔多斯市达拉特旗	Dalate Banner in Erdos City	1170906
12	包头市九原区	Jiuyuan District in Baotou City	1051814
13	呼和浩特市玉泉区	Yuquan District in Hohhot City	869460
14	巴彦淖尔市临河区	Linhe District in Bayannaoer City	859300
15	呼和浩特市托克托县	Tuoketuo County in Hohhot City	830916
16	鄂尔多斯市鄂托克旗	Etuoke Banner in Erdos City	790849
17	呼和浩特市和林格尔县	Helingeer County in Hohhot City	780309
18	呼和浩特市土默特左旗	Tumotezuo Banner in Hohhot City	720008
19	赤峰市红山区	Hongshan District in Chifeng City	704335
20	赤峰市元宝山区	Yuanbaoshan District in Chifeng City	670810
21	呼伦贝尔市满洲里市	Manzhouli City in Hulunbeier City	641539
22	阿拉善盟阿拉善左旗	Alashanzuo Banner in Alashan League	611889
23	乌海市海勃湾区	Haibowan District in Wuhai City	602892
24	锡林郭勒盟锡林浩特市	Xilinhaote City in Xilinguole League	600103
25	呼伦贝尔市海拉尔区	Hailaer District in Hulunbeier City	594312
26	包头市土默特右旗	Tumoteyou Banner in Baotou City	524010
27	包头市达尔罕茂明安联合旗	Daerhanmaomingan Union Banner in Baotou City	522867
28	通辽市霍林郭勒市	Huolinguole City in Tongliao City	500080
29	乌海市海南区	Hainan District in Wuhai City	495933
30	通辽市科尔沁左翼后旗	Keerqinzuoyihou Banner in Tongliao City	467252
31	乌兰察布市集宁区	Jining District in Wulanchabu City	466100
32	赤峰市松山区	Songshan District in Chifeng City	459318
33	乌兰察布市丰镇市	Fengzhen City in Wulanchabu City	458208
34	通辽市开鲁县	Kailu County in Tongliao City	454043

23-2 续表 1 continued

单位：万元　　(10 000 yuan)

位次 Order	旗县(区)名称	Name of Banners, Counties and Districts	生产总值 GDP
35	巴彦淖尔市杭锦后旗	Hangjinhou Banner in Bayannaoer City	449900
36	巴彦淖尔市乌拉特前旗	Wulateqian Banner in Bayannaoer City	448200
37	鄂尔多斯市乌审旗	Wushen Banner in Erdos City	426443
38	乌海市乌达区	Wuda District in Wuhai City	424427
39	兴安盟乌兰浩特市	Wulanhaote City in Xingan League	418121
40	呼伦贝尔市牙克石市	Yakeshi City in Hulunbeier City	416084
41	通辽市科尔沁左翼中旗	Keerqinzuoyizhong Banner in Tongliao City	395495
42	赤峰市敖汉旗	Aohan Banner in Chifeng City	386440
43	赤峰市翁牛特旗	Wengniute Banner in Chifeng City	367240
44	呼伦贝尔市扎兰屯市	Zhalantun City in Hulunbeier City	364834
45	赤峰市宁城县	Ningcheng County in Chifeng City	360950
46	呼伦贝尔市阿荣旗	Arong Banner in Hulunbeier City	360637
47	乌兰察布市凉城县	Liangcheng County in Wulanchabu City	343177
48	通辽市扎鲁特旗	Zhalute Banner in Tongliao City	343040
49	巴彦淖尔市五原县	Wuyuan County in Bayannaoer City	339000
50	通辽市奈曼旗	Naiman Banner in Tongliao City	336998
51	呼伦贝尔市鄂温克族自治旗	Ewenke National Autonomous Banner in Hulunbeier City	314501
52	包头市固阳县	Guyang County in Baotou City	305177
53	呼伦贝尔市莫力达瓦达斡尔族自治旗	Molidawadawoer National Autonomous Banner in Hulunbeier City	300747
54	赤峰市巴林左旗	Balinzuo Banner in Chifeng City	288773
55	鄂尔多斯市杭锦旗	Hangjin Banner in Erdos City	288630
56	巴彦淖尔市乌拉特后旗	Wulatehou Banner in Bayannaoer City	270300
57	赤峰市克什克腾旗	Keshiketeng Banner in Chifeng City	256963
58	乌兰察布市察哈尔右翼前旗	Chahaeryouyiqian Banner in Wulanchabu City	256784
59	锡林郭勒盟东乌珠穆沁旗	Dongwuzhumuqin Banner in Xilinguole League	243967
60	包头市石拐矿区	Shiguai District in Baotou City	241122
61	呼和浩特市武川县	Wuchuan County in Hohhot City	240336
62	兴安盟科尔沁右翼前旗	Keerqinyouyiqian Banner in Xingan League	234599
63	赤峰市阿鲁科尔沁旗	Alukeerqin Banner in Chifeng City	232611
64	乌兰察布市察哈尔右翼后旗	Chahaeryouyihou Banner in Wulanchabu City	229396
65	乌兰察布市卓资县	Zhuozi County in Wulanchabu City	223998
66	兴安盟扎赉特旗	Zhalaite Banner in Xingan League	220020
67	巴彦淖尔市磴口县	Dengkou County in Bayannaoer City	214000
68	乌兰察布市兴和县	Xinghe County in Wulanchabu City	207291

23-2 续表 2 continued

单位：万元 (10 000 yuan)

位次 Order	旗县(区)名称	Name of Banners, Counties and Districts	生产总值 GDP
69	赤峰市喀喇沁旗	Kalaqin Banner in Chifeng City	206495
70	巴彦淖尔市乌拉特中旗	Wulatezhong Banner in Bayannaoer City	202000
71	呼伦贝尔市新巴尔虎右旗	Xinbaerhuyou Banner in Hulunbeier City	198991
72	兴安盟突泉县	Tuquan County in Xingan League	196466
73	乌兰察布市商都县	Shangdu County in Wulanchabu City	194859
74	锡林郭勒盟二连浩特市	Erlianhaote City in Xilinguole League	191103
75	锡林郭勒盟西乌珠穆沁旗	xiwuzhumuqin Banner in Xilinguole League	190386
76	乌兰察布市四子王旗	Siziwang Banner in Wulanchabu City	188167
77	呼伦贝尔市陈巴尔虎旗	Chenbaerhu Banner in Hulunbeier City	185527
78	呼伦贝尔市鄂伦春自治旗	Elunchun National Autonomous Banner in Hulunbeier City	181525
79	赤峰市林西县	Linxi County in Chifeng City	175129
80	鄂尔多斯市鄂托克前旗	Etuokeqian Banner in Erdos City	168199
81	锡林郭勒盟正蓝旗	Zhenglan Banner in Xilinguole League	161353
82	呼和浩特市清水河县	Qingshuihe County in Hohhot City	160008
83	呼伦贝尔市根河市	Genhe City in Hulunbeier City	158682
84	赤峰市巴林右旗	Balinyou Banner in Chifeng City	153053
85	兴安盟科尔沁右翼中旗	Keerqinyouyizhong Banner in Xingan League	146559
86	通辽市库伦旗	Kulun Banner in Tongliao City	146106
87	乌兰察布市察哈尔右翼中旗	Chahaeryouyizhong Banner in Wulanchabu City	143743
88	锡林郭勒盟太仆寺旗	Taipusi Banner in Xilinguole League	139357
89	锡林郭勒盟苏尼特右旗	Suniteyou Banner in Xilinguole League	139004
90	锡林郭勒盟多伦县	Duolun County in Xilinguole League	137394
91	呼伦贝尔市额尔古纳市	Eerguna City in Hulunbeier City	135495
92	乌兰察布市化德县	Huade County in Wulanchabu City	124726
93	锡林郭勒盟苏尼特左旗	Sunitezuo Banner in Xilinguole League	108704
94	阿拉善盟额济纳旗	Ejina Banner in Alashan League	105189
95	锡林郭勒盟阿巴嘎旗	Abaga Banner in Xilinguole League	104060
96	阿拉善盟阿拉善右旗	Alashanyou Banner in Alashan League	101898
97	包头市白云鄂博矿区	Baiyun Mineral District in Baotou City	101133
98	呼伦贝尔市新巴尔虎左旗	Xinbaerhuzuo Banner in Hulunbeier City	97149
99	锡林郭勒盟镶黄旗	Xianghuang Banner in Xilinguole League	83435
100	锡林郭勒盟正镶白旗	Zhengxiangbai Banner in Xilinguole League	77343
101	兴安盟阿尔山市	Aershan City in Xingan League	47086

23-3 各旗县（区）按粮食产量排序（2006年）

Banners, Counties and Districts Ranked by Output of Grain （2006）

单位：吨 (ton)

位次 Order	旗县(区)名称	Name of Banners, Counties and Districts	粮食产量 Output of Grain
1	通辽市科尔沁区	Keerqin District in Tongliao City	886902
2	呼伦贝尔市莫力达瓦达斡尔族自治旗	Molidawadawoer National Autonomous Banner in Hulunbeier City	882560
3	通辽市科尔沁左翼中旗	Keerqinzuoyizhong Banner in Tongliao City	795002
4	通辽市开鲁县	Kailu County in Tongliao City	785473
5	呼伦贝尔市阿荣旗	Arong Banner in Hulunbeier City	750983
6	通辽市科尔沁左翼后旗	Keerqinzuoyihou Banner in Tongliao City	738500
7	包头市土默特右旗	Tumoteyou Banner in Baotou City	632416
8	兴安盟扎赉特旗	Zhalaite Banner in Xingan League	593640
9	赤峰市松山区	Songshan District in Chifeng City	580000
10	赤峰市宁城县	Ningcheng County in Chifeng City	575249
11	通辽市奈曼旗	Naiman Banner in Tongliao City	571018
12	赤峰市翁牛特旗	Wengniute Banner in Chifeng City	556907
13	赤峰市敖汉旗	Aohan Banner in Chifeng City	556500
14	鄂尔多斯市达拉特旗	Dalate Banner in Erdos City	551682
15	兴安盟科尔沁右翼前旗	Keerqinyouyiqian Banner in Xingan League	503249
16	兴安盟突泉县	Tuquan County in Xingan League	463401
17	巴彦淖尔市乌拉特前旗	Wulateqian Banner in Bayannaoer City	416935
18	呼伦贝尔市扎兰屯市	Zhalantun City in Hulunbeier City	415108
19	呼和浩特市土默特左旗	Tumotezuo Banner in Hohhot City	406000
20	巴彦淖尔市杭锦后旗	Hangjinhou Banner in Bayannaoer City	403985
21	巴彦淖尔市临河区	Linhe District in Bayannaoer City	400780
22	巴彦淖尔市五原县	Wuyuan County in Bayannaoer City	392795
23	通辽市扎鲁特旗	Zhalute Banner in Tongliao City	319247
24	兴安盟科尔沁右翼中旗	Keerqinyouyizhong Banner in Xingan League	252763
25	呼伦贝尔市鄂伦春自治旗	Elunchun National Autonomous Banner in Hulunbeier City	250910
26	赤峰市巴林左旗	Balinzuo Banner in Chifeng City	245000
27	呼伦贝尔市牙克石市	Yakeshi City in Hulunbeier City	243878
28	鄂尔多斯市杭锦旗	Hangjin Banner in Erdos City	222286
29	呼伦贝尔市额尔古纳市	Eerguna City in Hulunbeier City	219779
30	乌兰察布市凉城县	Liangcheng County in Wulanchabu City	212520
31	呼和浩特市托克托县	Tuoketuo County in Hohhot City	200002
32	呼和浩特市和林格尔县	Helingeer County in Hohhot City	181601
33	巴彦淖尔市乌拉特中旗	Wulatezhong Banner in Bayannaoer City	176650
34	通辽市库伦旗	Kulun Banner in Tongliao City	175216

23-3 续表 1 continued

单位：吨 (ton)

位次 Order	旗县(区)名称	Name of Banners, Counties and Districts	粮食产量 Output of Grain
35	赤峰市喀喇沁旗	Kalaqin Banner in Chifeng City	175058
36	呼和浩特市武川县	Wuchuan County in Hohhot City	165953
37	赤峰市林西县	Linxi County in Chifeng City	158968
38	乌兰察布市丰镇市	Fengzhen City in Wulanchabu City	144643
39	呼伦贝尔市陈巴尔虎旗	Chenbaerhu Banner in Hulunbeier City	143690
40	赤峰市元宝山区	Yuanbaoshan District in Chifeng City	139307
41	乌兰察布市四子王旗	Siziwang Banner in Wulanchabu City	134725
42	包头市九原区	Jiuyuan District in Baotou City	119344
43	乌兰察布市察哈尔右翼前旗	Chahaeryouyiqian Banner in Wulanchabu City	115500
44	包头市达尔罕茂明安联合旗	Daerhanmaomingan Union Banner in Baotou City	112830
45	赤峰市克什克腾旗	Keshiketeng Banner in Chifeng City	111919
46	阿拉善盟阿拉善左旗	Alashanzuo Banner in Alashan League	110117
47	呼和浩特市赛罕区	Saihan District in Hohhot City	107000
48	鄂尔多斯市乌审旗	Wushen Banner in Erdos City	106720
49	乌兰察布市兴和县	Xinghe County in Wulanchabu City	104000
50	巴彦淖尔市磴口县	Dengkou County in Bayannaoer City	103015
51	包头市固阳县	Guyang County in Baotou City	93292
52	乌兰察布市卓资县	Zhuozi County in Wulanchabu City	89768
53	鄂尔多斯市准格尔旗	Zhungeer Banner in Erdos City	89741
54	鄂尔多斯市伊金霍洛旗	Yijinhuoluo Banner in Erdos City	83703
55	鄂尔多斯市鄂托克前旗	Etuokeqian Banner in Erdos City	79931
56	赤峰市阿鲁科尔沁旗	Alukeerqin Banner in Chifeng City	77280
57	乌兰察布市商都县	Shangdu County in Wulanchabu City	76287
58	呼和浩特市清水河县	Qingshuihe County in Hohhot City	71491
59	锡林郭勒盟多伦县	Duolun County in Xilinguole League	71274
60	锡林郭勒盟太仆寺旗	Taipusi Banner in Xilinguole League	69005
61	赤峰市巴林右旗	Balinyou Banner in Chifeng City	68542
62	鄂尔多斯市鄂托克旗	Etuoke Banner in Erdos City	66424
63	乌兰察布市察哈尔右翼后旗	Chahaeryouyihou Banner in Wulanchabu City	66184
64	兴安盟乌兰浩特市	Wulanhaote City in Xingan League	60423
65	呼伦贝尔市鄂温克族自治旗	Ewenke National Autonomous Banner in Hulunbeier City	59082
66	乌兰察布市化德县	Huade County in Wulanchabu City	56253
67	赤峰市红山区	Hongshan District in Chifeng City	54318
68	呼伦贝尔市新巴尔虎左旗	Xinbaerhuzuo Banner in Hulunbeier City	46031

23-3 续表 2 continued

单位：吨 (ton)

位次 Order	旗县(区)名称	Name of Banners, Counties and Districts	粮食产量 Output of Grain
69	乌兰察布市察哈尔右翼中旗	Chahaeryouyizhong Banner in Wulanchabu City	45850
70	锡林郭勒盟东乌珠穆沁旗	Dongwuzhumuqin Banner in Xilinguole League	39327
71	呼和浩特市玉泉区	Yuquan District in Hohhot City	38731
72	兴安盟阿尔山市	Aershan City in Xingan League	34087
73	呼伦贝尔市海拉尔区	Hailaer District in Hulunbeier City	32798
74	巴彦淖尔市乌拉特后旗	Wulatehou Banner in Bayannaoer City	28340
75	呼和浩特市新城区	Xincheng District in Hohhot City	26183
76	锡林郭勒盟正蓝旗	Zhenglan Banner in Xilinguole League	24327
77	鄂尔多斯市东胜区	Dongsheng District in Erdos City	21653
78	通辽市霍林郭勒市	Huolinguole City in Tongliao City	21004
79	乌海市海南区	Hainan District in Wuhai City	16715
80	锡林郭勒盟锡林浩特市	Xilinhaote City in Xilinguole League	14597
81	阿拉善盟阿拉善右旗	Alashanyou Banner in Alashan League	14348
82	乌兰察布市集宁区	Jining District in Wulanchabu City	12660
83	乌海市海勃湾区	Haibowan District in Wuhai City	9334
84	锡林郭勒盟正镶白旗	Zhengxiangbai Banner in Xilinguole League	8770
85	乌海市乌达区	Wuda District in Wuhai City	8098
86	包头市石拐矿区	Shiguai District in Baotou City	5082
87	呼伦贝尔市根河市	Genhe City in Hulunbeier City	3981
88	呼和浩特市回民区	Huimin District in Hohhot City	3772
89	阿拉善盟额济纳旗	Ejina Banner in Alashan League	3212
90	锡林郭勒盟苏尼特右旗	Suniteyou Banner in Xilinguole League	1920
91	呼伦贝尔市满洲里市	Manzhouli City in Hulunbeier City	1024
92	锡林郭勒盟阿巴嘎旗	Abaga Banner in Xilinguole League	675
93	锡林郭勒盟西乌珠穆沁旗	xiwuzhumuqin Banner in Xilinguole League	79
94	呼伦贝尔市新巴尔虎右旗	Xinbaerhuyou Banner in Hulunbeier City	55
95	锡林郭勒盟镶黄旗	Xianghuang Banner in Xilinguole League	26
96	锡林郭勒盟二连浩特市	Erlianhaote City in Xilinguole League	
97	锡林郭勒盟苏尼特左旗	Sunitezuo Banner in Xilinguole League	
98	包头市白云鄂博矿区	Baiyun Mineral District in Baotou City	
99	包头市昆都仑区	Kundulun District in Baotou City	
100	包头市青山区	Qingshan District in Baotou City	
101	包头市东河区	Donghe District in Baotou City	

23-4 各旗县（区）按年末牲畜存栏头数排序（2006年）

Banners, Counties and Districts Ranked by Number of Livestock (Year end of 2006)

单位：万头（只） (10 000 heads)

位次 Order	旗县(区)名称	Name of Banners, Counties and Districts	年末牲畜存栏头数 Number of Livestock at the Year-end
1	兴安盟科尔沁右翼前旗	Keerqinyouyiqian Banner in Xingan League	233.45
2	锡林郭勒盟东乌珠穆沁旗	Dongwuzhumuqin Banner in Xilinguole League	218.47
3	鄂尔多斯市达拉特旗	Dalate Banner in Erdos City	212.16
4	巴彦淖尔市临河区	Linhe District in Bayannaoer City	206.93
5	呼伦贝尔市阿荣旗	Arong Banner in Hulunbeier City	202.05
6	通辽市扎鲁特旗	Zhalute Banner in Tongliao City	199.59
7	兴安盟科尔沁右翼中旗	Keerqinyouyizhong Banner in Xingan League	172.77
8	巴彦淖尔市杭锦后旗	Hangjinhou Banner in Bayannaoer City	167.34
9	通辽市科尔沁区	Keerqin District in Tongliao City	167.00
10	鄂尔多斯市杭锦旗	Hangjin Banner in Erdos City	151.00
11	通辽市科尔沁左翼中旗	Keerqinzuoyizhong Banner in Tongliao City	149.25
12	通辽市开鲁县	Kailu County in Tongliao City	145.66
13	锡林郭勒盟西乌珠穆沁旗	xiwuzhumuqin Banner in Xilinguole League	145.28
14	赤峰市敖汉旗	Aohan Banner in Chifeng City	142.70
15	呼伦贝尔市莫力达瓦达斡尔族自治旗	Molidawadawoer National Autonomous Banner in Hulunbeier City	140.25
16	巴彦淖尔市乌拉特前旗	Wulateqian Banner in Bayannaoer City	136.56
17	巴彦淖尔市乌拉特中旗	Wulatezhong Banner in Bayannaoer City	131.68
18	鄂尔多斯市乌审旗	Wushen Banner in Erdos City	130.15
19	鄂尔多斯市鄂托克旗	Etuoke Banner in Erdos City	128.00
20	通辽市奈曼旗	Naiman Banner in Tongliao City	127.06
21	赤峰市翁牛特旗	Wengniute Banner in Chifeng City	126.15
22	赤峰市阿鲁科尔沁旗	Alukeerqin Banner in Chifeng City	125.30
23	赤峰市巴林右旗	Balinyou Banner in Chifeng City	123.99
24	呼伦贝尔市扎兰屯市	Zhalantun City in Hulunbeier City	120.74
25	通辽市科尔沁左翼后旗	Keerqinzuoyihou Banner in Tongliao City	116.42
26	赤峰市巴林左旗	Balinzuo Banner in Chifeng City	115.20
27	呼伦贝尔市新巴尔虎右旗	Xinbaerhuyou Banner in Hulunbeier City	113.21
28	巴彦淖尔市五原县	Wuyuan County in Bayannaoer City	111.69
29	鄂尔多斯市鄂托克前旗	Etuokeqian Banner in Erdos City	105.43
30	兴安盟扎赉特旗	Zhalaite Banner in Xingan League	101.92
31	呼伦贝尔市新巴尔虎左旗	Xinbaerhuzuo Banner in Hulunbeier City	97.51
32	锡林郭勒盟阿巴嘎旗	Abaga Banner in Xilinguole League	94.53
33	阿拉善盟阿拉善左旗	Alashanzuo Banner in Alashan League	92.51
34	乌兰察布市四子王旗	Siziwang Banner in Wulanchabu City	89.62

23-4 续表 1 continued

单位：万头（只）

(10 000 heads)

位次 Order	旗县(区)名称	Name of Banners, Counties and Districts	年末牲畜存栏头数 Number of Livestock at the Year-end
35	乌兰察布市丰镇市	Fengzhen City in Wulanchabu City	86.93
36	乌兰察布市兴和县	Xinghe County in Wulanchabu City	78.90
37	赤峰市克什克腾旗	Keshiketeng Banner in Chifeng City	77.72
38	锡林郭勒盟锡林浩特市	Xilinhaote City in Xilinguole League	77.65
39	鄂尔多斯市伊金霍洛旗	Yijinhuoluo Banner in Erdos City	73.98
40	鄂尔多斯市准格尔旗	Zhungeer Banner in Erdos City	72.53
41	呼伦贝尔市陈巴尔虎旗	Chenbaerhu Banner in Hulunbeier City	70.98
42	呼伦贝尔市鄂伦春自治旗	Elunchun National Autonomous Banner in Hulunbeier City	69.23
43	包头市土默特右旗	Tumoteyou Banner in Baotou City	63.43
44	通辽市库伦旗	Kulun Banner in Tongliao City	61.18
45	呼伦贝尔市鄂温克族自治旗	Ewenke National Autonomous Banner in Hulunbeier City	60.59
46	包头市达尔罕茂明安联合旗	Daerhanmaomingan Union Banner in Baotou City	60.48
47	兴安盟突泉县	Tuquan County in Xingan League	58.57
48	锡林郭勒盟苏尼特左旗	Sunitezuo Banner in Xilinguole League	57.81
49	乌兰察布市凉城县	Liangcheng County in Wulanchabu City	57.65
50	赤峰市林西县	Linxi County in Chifeng City	57.53
51	包头市固阳县	Guyang County in Baotou City	57.35
52	乌兰察布市察哈尔右翼前旗	Chahaeryouyiqian Banner in Wulanchabu City	56.66
53	乌兰察布市察哈尔右翼中旗	Chahaeryouyizhong Banner in Wulanchabu City	52.10
54	赤峰市松山区	Songshan District in Chifeng City	48.75
55	呼和浩特市和林格尔县	Helingeer County in Hohhot City	48.33
56	锡林郭勒盟苏尼特右旗	Suniteyou Banner in Xilinguole League	47.11
57	乌兰察布市卓资县	Zhuozi County in Wulanchabu City	46.88
58	锡林郭勒盟正镶白旗	Zhengxiangbai Banner in Xilinguole League	45.49
59	呼和浩特市土默特左旗	Tumotezuo Banner in Hohhot City	43.97
60	巴彦淖尔市乌拉特后旗	Wulatehou Banner in Bayannaoer City	43.91
61	呼和浩特市武川县	Wuchuan County in Hohhot City	42.83
62	乌兰察布市商都县	Shangdu County in Wulanchabu City	39.87
63	锡林郭勒盟正蓝旗	Zhenglan Banner in Xilinguole League	39.19
64	赤峰市宁城县	Ningcheng County in Chifeng City	37.73
65	巴彦淖尔市磴口县	Dengkou County in Bayannaoer City	37.60
66	乌兰察布市化德县	Huade County in Wulanchabu City	36.67
67	锡林郭勒盟镶黄旗	Xianghuang Banner in Xilinguole League	35.31
68	包头市九原区	Jiuyuan District in Baotou City	35.11

23-4 续表 2 continued

单位：万头（只） (10 000 heads)

位次 Order	旗县(区)名称	Name of Banners, Counties and Districts	年末牲畜存栏头数 Number of Livestock at the Year-end
69	锡林郭勒盟太仆寺旗	Taipusi Banner in Xilinguole League	33.25
70	乌兰察布市察哈尔右翼后旗	Chahaeryouyihou Banner in Wulanchabu City	30.21
71	赤峰市喀喇沁旗	Kalaqin Banner in Chifeng City	30.07
72	呼伦贝尔市额尔古纳市	Eerguna City in Hulunbeier City	28.99
73	呼和浩特市清水河县	Qingshuihe County in Hohhot City	28.37
74	呼和浩特市托克托县	Tuoketuo County in Hohhot City	28.17
75	呼和浩特市赛罕区	Saihan District in Hohhot City	25.77
76	呼伦贝尔市牙克石市	Yakeshi City in Hulunbeier City	25.15
77	鄂尔多斯市东胜区	Dongsheng District in Erdos City	20.51
78	通辽市霍林郭勒市	Huolinguole City in Tongliao City	20.09
79	阿拉善盟阿拉善右旗	Alashanyou Banner in Alashan League	18.58
80	兴安盟乌兰浩特市	Wulanhaote City in Xingan League	17.20
81	兴安盟阿尔山市	Aershan City in Xingan League	13.30
82	锡林郭勒盟多伦县	Duolun County in Xilinguole League	12.81
83	赤峰市元宝山区	Yuanbaoshan District in Chifeng City	11.87
84	呼伦贝尔市海拉尔区	Hailaer District in Hulunbeier City	8.42
85	乌海市海南区	Hainan District in Wuhai City	7.77
86	阿拉善盟额济纳旗	Ejina Banner in Alashan League	7.28
87	赤峰市红山区	Hongshan District in Chifeng City	6.99
88	乌兰察布市集宁区	Jining District in Wulanchabu City	6.08
89	包头市石拐矿区	Shiguai District in Baotou City	5.77
90	呼伦贝尔市满洲里市	Manzhouli City in Hulunbeier City	5.33
91	乌海市海勃湾区	Haibowan District in Wuhai City	4.68
92	呼和浩特市新城区	Xincheng District in Hohhot City	4.20
93	呼和浩特市玉泉区	Yuquan District in Hohhot City	3.32
94	锡林郭勒盟二连浩特市	Erlianhaote City in Xilinguole League	3.16
95	呼伦贝尔市根河市	Genhe City in Hulunbeier City	2.76
96	乌海市乌达区	Wuda District in Wuhai City	1.61
97	呼和浩特市回民区	Huimin District in Hohhot City	1.28
98	包头市白云鄂博矿区	Baiyun Mineral District in Baotou City	
99	包头市昆都仑区	Kundulun District in Baotou City	
100	包头市青山区	Qingshan District in Baotou City	
101	包头市东河区	Donghe District in Baotou City	

23-5 各旗县（区）按农牧民人均纯收入排序（2006年）

Banners, Counties and Districts Ranked by Net Income of Peasants and Herdsmen （2006）

单位：元 (yuan)

位次 Order	旗县(区)名称	Name of Banners, Counties and Districts	农牧民人均纯收入 Net Income of Peasants & Herdsmen
1	锡林郭勒盟东乌珠穆沁旗	Dongwuzhumuqin Banner in Xilinguole League	7084
2	呼和浩特市回民区	Huimin District in Hohhot City	6997
3	呼和浩特市玉泉区	Yuquan District in Hohhot City	6814
4	呼和浩特市新城区	Xincheng District in Hohhot City	6753
5	呼伦贝尔市海拉尔区	Hailaer District in Hulunbeier City	6649
6	呼和浩特市赛罕区	Saihan District in Hohhot City	6530
7	包头市九原区	Jiuyuan District in Baotou City	6410
8	呼伦贝尔市额尔古纳市	Eerguna City in Hulunbeier City	6291
9	乌海市海勃湾区	Haibowan District in Wuhai City	5940
10	呼和浩特市土默特左旗	Tumotezuo Banner in Hohhot City	5881
11	赤峰市红山区	Hongshan District in Chifeng City	5807
12	呼和浩特市托克托县	Tuoketuo County in Hohhot City	5513
13	通辽市霍林郭勒市	Huolinguole City in Tongliao City	5506
14	鄂尔多斯市鄂托克前旗	Etuokeqian Banner in Erdos City	5485
15	鄂尔多斯市伊金霍洛旗	Yijinhuoluo Banner in Erdos City	5446
16	鄂尔多斯市乌审旗	Wushen Banner in Erdos City	5443
17	鄂尔多斯市东胜区	Dongsheng District in Erdos City	5430
18	鄂尔多斯市准格尔旗	Zhungeer Banner in Erdos City	5412
19	包头市土默特右旗	Tumoteyou Banner in Baotou City	5379
20	乌海市海南区	Hainan District in Wuhai City	5360
21	赤峰市元宝山区	Yuanbaoshan District in Chifeng City	5283
22	巴彦淖尔市临河区	Linhe District in Bayannaoer City	5265
23	鄂尔多斯市达拉特旗	Dalate Banner in Erdos City	5208
24	呼伦贝尔市鄂温克族自治旗	Ewenke National Autonomous Banner in Hulunbeier City	5200
25	鄂尔多斯市鄂托克旗	Etuoke Banner in Erdos City	5189
26	呼和浩特市和林格尔县	Helingeer County in Hohhot City	5082
27	阿拉善盟额济纳旗	Ejina Banner in Alashan League	5000
28	鄂尔多斯市杭锦旗	Hangjin Banner in Erdos City	4997
29	呼伦贝尔市陈巴尔虎旗	Chenbaerhu Banner in Hulunbeier City	4963
30	巴彦淖尔市磴口县	Dengkou County in Bayannaoer City	4922
31	巴彦淖尔市杭锦后旗	Hangjinhou Banner in Bayannaoer City	4909
32	锡林郭勒盟西乌珠穆沁旗	xiwuzhumuqin Banner in Xilinguole League	4820
33	通辽市科尔沁区	Keerqin District in Tongliao City	4816
34	呼伦贝尔市新巴尔虎左旗	Xinbaerhuzuo Banner in Hulunbeier City	4815

23-5 续表 1 continued

单位：元 (yuan)

位次 Order	旗县(区)名称	Name of Banners, Counties and Districts	农牧民人均纯收入 Net Income of Peasants & Herdsmen
35	包头市达尔罕茂明安联合旗	Daerhanmaomingan Union Banner in Baotou City	4806
36	阿拉善盟阿拉善右旗	Alashanyou Banner in Alashan League	4748
37	巴彦淖尔市乌拉特前旗	Wulateqian Banner in Bayannaoer City	4743
38	呼伦贝尔市新巴尔虎右旗	Xinbaerhuyou Banner in Hulunbeier City	4710
39	巴彦淖尔市五原县	Wuyuan County in Bayannaoer City	4693
40	通辽市开鲁县	Kailu County in Tongliao City	4670
41	锡林郭勒盟锡林浩特市	Xilinhaote City in Xilinguole League	4565
42	乌兰察布市集宁区	Jining District in Wulanchabu City	4311
43	包头市石拐矿区	Shiguai District in Baotou City	4204
44	包头市固阳县	Guyang County in Baotou City	4106
45	阿拉善盟阿拉善左旗	Alashanzuo Banner in Alashan League	4003
46	兴安盟乌兰浩特市	Wulanhaote City in Xingan League	4000
47	锡林郭勒盟阿巴嘎旗	Abaga Banner in Xilinguole League	3984
48	赤峰市松山区	Songshan District in Chifeng City	3850
49	呼和浩特市清水河县	Qingshuihe County in Hohhot City	3785
50	呼伦贝尔市阿荣旗	Arong Banner in Hulunbeier City	3760
51	乌兰察布市凉城县	Liangcheng County in Wulanchabu City	3650
52	乌兰察布市丰镇市	Fengzhen City in Wulanchabu City	3638
53	通辽市扎鲁特旗	Zhalute Banner in Tongliao City	3625
54	巴彦淖尔市乌拉特中旗	Wulatezhong Banner in Bayannaoer City	3614
55	通辽市科尔沁左翼中旗	Keerqinzuoyizhong Banner in Tongliao City	3376
56	乌兰察布市察哈尔右翼前旗	Chahaeryouyiqian Banner in Wulanchabu City	3355
57	赤峰市克什克腾旗	Keshiketeng Banner in Chifeng City	3311
58	赤峰市巴林右旗	Balinyou Banner in Chifeng City	3305
59	呼伦贝尔市牙克石市	Yakeshi City in Hulunbeier City	3285
60	锡林郭勒盟二连浩特市	Erlianhaote City in Xilinguole League	3252
61	赤峰市巴林左旗	Balinzuo Banner in Chifeng City	3232
62	赤峰市宁城县	Ningcheng County in Chifeng City	3210
63	赤峰市翁牛特旗	Wengniute Banner in Chifeng City	3202
64	乌兰察布市四子王旗	Siziwang Banner in Wulanchabu City	3189
65	通辽市科尔沁左翼后旗	Keerqinzuoyihou Banner in Tongliao City	3166
66	呼和浩特市武川县	Wuchuan County in Hohhot City	3079
67	呼伦贝尔市扎兰屯市	Zhalantun City in Hulunbeier City	3064
68	赤峰市敖汉旗	Aohan Banner in Chifeng City	3052

23-5 续表 2 continued

单位：元 (yuan)

位次 Order	旗县(区)名称	Name of Banners, Counties and Districts	农牧民人均纯收入 Net Income of Peasants & Herdsmen
69	赤峰市林西县	Linxi County in Chifeng City	3045
70	通辽市奈曼旗	Naiman Banner in Tongliao City	3029
71	乌兰察布市卓资县	Zhuozi County in Wulanchabu City	2951
72	乌兰察布市察哈尔右翼后旗	Chahaeryouyihou Banner in Wulanchabu City	2948
73	乌兰察布市兴和县	Xinghe County in Wulanchabu City	2940
74	锡林郭勒盟正蓝旗	Zhenglan Banner in Xilinguole League	2931
75	赤峰市喀喇沁旗	Kalaqin Banner in Chifeng City	2920
76	呼伦贝尔市莫力达瓦达斡尔族自治旗	Molidawadawoer National Autonomous Banner in Hulunbeier City	2912
77	通辽市库伦旗	Kulun Banner in Tongliao City	2891
78	赤峰市阿鲁科尔沁旗	Alukeerqin Banner in Chifeng City	2786
79	锡林郭勒盟苏尼特左旗	Sunitezuo Banner in Xilinguole League	2632
80	锡林郭勒盟多伦县	Duolun County in Xilinguole League	2610
81	锡林郭勒盟太仆寺旗	Taipusi Banner in Xilinguole League	2608
82	乌兰察布市察哈尔右翼中旗	Chahaeryouyizhong Banner in Wulanchabu City	2580
83	乌兰察布市化德县	Huade County in Wulanchabu City	2494
84	乌兰察布市商都县	Shangdu County in Wulanchabu City	2490
85	巴彦淖尔市乌拉特后旗	Wulatehou Banner in Bayannaoer City	2474
86	锡林郭勒盟苏尼特右旗	Suniteyou Banner in Xilinguole League	2420
87	锡林郭勒盟镶黄旗	Xianghuang Banner in Xilinguole League	2275
88	兴安盟突泉县	Tuquan County in Xingan League	2269
89	呼伦贝尔市鄂伦春自治旗	Elunchun National Autonomous Banner in Hulunbeier City	2221
90	锡林郭勒盟正镶白旗	Zhengxiangbai Banner in Xilinguole League	2172
91	兴安盟科尔沁右翼前旗	Keerqinyouyiqian Banner in Xingan League	2119
92	兴安盟科尔沁右翼中旗	Keerqinyouyizhong Banner in Xingan League	1981
93	兴安盟扎赉特旗	Zhalaite Banner in Xingan League	1969
94	包头市白云鄂博矿区	Baiyun Mineral District in Baotou City	
95	包头市昆都仑区	Kundulun District in Baotou City	
96	包头市青山区	Qingshan District in Baotou City	
97	乌海市乌达区	Wuda District in Wuhai City	
98	包头市东河区	Donghe District in Baotou City	
99	呼伦贝尔市满洲里市	Manzhouli City in Hulunbeier City	
100	呼伦贝尔市根河市	Genhe City in Hulunbeier City	
101	兴安盟阿尔山市	Aershan City in Xingan League	

23-6 各旗县（区）按在岗职工平均工资排序（2006年）

Banners, Counties and Districts Ranked by Average Wage of Staff and Workers Employed in（2006）

单位：元　　(yuan)

位次 Order	旗县(区)名称	Name of Banners, Counties and Districts	职工平均工资 Average Wage
1	鄂尔多斯市伊金霍洛旗	Yijinhuoluo Banner in Erdos City	34057
2	鄂尔多斯市准格尔旗	Zhungeer Banner in Erdos City	33971
3	鄂尔多斯市东胜区	Dongsheng District in Erdos City	28103
4	包头市白云鄂博矿区	Baiyun Mineral District in Baotou City	25437
5	乌兰察布市丰镇市	Fengzhen City in Wulanchabu City	25218
6	包头市昆都仑区	Kundulun District in Baotou City	24651
7	包头市青山区	Qingshan District in Baotou City	24601
8	鄂尔多斯市鄂托克旗	Etuoke Banner in Erdos City	23758
9	通辽市霍林郭勒市	Huolinguole City in Tongliao City	23549
10	鄂尔多斯市达拉特旗	Dalate Banner in Erdos City	23373
11	锡林郭勒盟二连浩特市	Erlianhaote City in Xilinguole League	23373
12	包头市九原区	Jiuyuan District in Baotou City	22918
13	阿拉善盟阿拉善左旗	Alashanzuo Banner in Alashan League	22081
14	包头市达尔罕茂明安联合旗	Daerhanmaomingan Union Banner in Baotou City	21533
15	呼伦贝尔市鄂温克族自治旗	Ewenke National Autonomous Banner in Hulunbeier City	20650
16	阿拉善盟额济纳旗	Ejina Banner in Alashan League	20459
17	阿拉善盟阿拉善右旗	Alashanyou Banner in Alashan League	20332
18	鄂尔多斯市鄂托克前旗	Etuokeqian Banner in Erdos City	19926
19	呼和浩特市托克托县	Tuoketuo County in Hohhot City	19841
20	乌海市乌达区	Wuda District in Wuhai City	19673
21	鄂尔多斯市乌审旗	Wushen Banner in Erdos City	19297
22	赤峰市元宝山区	Yuanbaoshan District in Chifeng City	19287
23	呼和浩特市赛罕区	Saihan District in Hohhot City	19169
24	锡林郭勒盟镶黄旗	Xianghuang Banner in Xilinguole League	19092
25	锡林郭勒盟太仆寺旗	Taipusi Banner in Xilinguole League	19043
26	呼伦贝尔市海拉尔区	Hailaer District in Hulunbeier City	18950
27	包头市固阳县	Guyang County in Baotou City	18861
28	锡林郭勒盟正蓝旗	Zhenglan Banner in Xilinguole League	18801
29	乌海市海勃湾区	Haibowan District in Wuhai City	18601
30	呼伦贝尔市新巴尔虎右旗	Xinbaerhuyou Banner in Hulunbeier City	18547
31	呼和浩特市玉泉区	Yuquan District in Hohhot City	18426
32	包头市东河区	Donghe District in Baotou City	18353
33	乌兰察布市四子王旗	Siziwang Banner in Wulanchabu City	18239
34	乌海市海南区	Hainan District in Wuhai City	18226

23-6 续表 1 continued

单位：元 (yuan)

位次 Order	旗县(区)名称	Name of Banners, Counties and Districts	职工平均工资 Average Wage
35	锡林郭勒盟阿巴嘎旗	Abaga Banner in Xilinguole League	18213
36	包头市石拐矿区	Shiguai District in Baotou City	18127
37	呼和浩特市回民区	Huimin District in Hohhot City	18117
38	锡林郭勒盟苏尼特右旗	Suniteyou Banner in Xilinguole League	17887
39	锡林郭勒盟正镶白旗	Zhengxiangbai Banner in Xilinguole League	17847
40	呼伦贝尔市满洲里市	Manzhouli City in Hulunbeier City	17549
41	锡林郭勒盟多伦县	Duolun County in Xilinguole League	17549
42	呼伦贝尔市新巴尔虎左旗	Xinbaerhuzuo Banner in Hulunbeier City	17432
43	呼和浩特市新城区	Xincheng District in Hohhot City	17378
44	巴彦淖尔市乌拉特后旗	Wulatehou Banner in Bayannaoer City	16826
45	赤峰市松山区	Songshan District in Chifeng City	16788
46	锡林郭勒盟锡林浩特市	Xilinhaote City in Xilinguole League	16787
47	锡林郭勒盟苏尼特左旗	Sunitezuo Banner in Xilinguole League	16763
48	呼伦贝尔市陈巴尔虎旗	Chenbaerhu Banner in Hulunbeier City	16743
49	锡林郭勒盟西乌珠穆沁旗	xiwuzhumuqin Banner in Xilinguole League	16692
50	乌兰察布市集宁区	Jining District in Wulanchabu City	16683
51	赤峰市红山区	Hongshan District in Chifeng City	16056
52	锡林郭勒盟东乌珠穆沁旗	Dongwuzhumuqin Banner in Xilinguole League	15926
53	包头市土默特右旗	Tumoteyou Banner in Baotou City	15769
54	呼伦贝尔市牙克石市	Yakeshi City in Hulunbeier City	15538
55	乌兰察布市察哈尔右翼中旗	Chahaeryouyizhong Banner in Wulanchabu City	15496
56	赤峰市敖汉旗	Aohan Banner in Chifeng City	15447
57	巴彦淖尔市临河区	Linhe District in Bayannaoer City	15426
58	兴安盟乌兰浩特市	Wulanhaote City in Xingan League	15379
59	乌兰察布市凉城县	Liangcheng County in Wulanchabu City	15326
60	呼和浩特市和林格尔县	Helingeer County in Hohhot City	15211
61	鄂尔多斯市杭锦旗	Hangjin Banner in Erdos City	15176
62	呼伦贝尔市莫力达瓦达斡尔族自治旗	Molidawadawoer National Autonomous Banner in Hulunbeier City	15066
63	乌兰察布市卓资县	Zhuozi County in Wulanchabu City	14914
64	巴彦淖尔市杭锦后旗	Hangjinhou Banner in Bayannaoer City	14870
65	乌兰察布市察哈尔右翼后旗	Chahaeryouyihou Banner in Wulanchabu City	14864
66	呼和浩特市武川县	Wuchuan County in Hohhot City	14627
67	巴彦淖尔市乌拉特前旗	Wulateqian Banner in Bayannaoer City	14597
68	呼伦贝尔市鄂伦春自治旗	Elunchun National Autonomous Banner in Hulunbeier City	14502

23-6 续表 2 continued

单位：元 (yuan)

位 次 Order	旗县(区)名称	Name of Banners, Counties and Districts	职工平均工资 Average Wage
69	赤峰市克什克腾旗	Keshiketeng Banner in Chifeng City	14353
70	乌兰察布市兴和县	Xinghe County in Wulanchabu City	14341
71	赤峰市巴林左旗	Balinzuo Banner in Chifeng City	14249
72	通辽市科尔沁区	Keerqin District in Tongliao City	14247
73	呼和浩特市清水河县	Qingshuihe County in Hohhot City	13992
74	赤峰市翁牛特旗	Wengniute Banner in Chifeng City	13982
75	呼伦贝尔市扎兰屯市	Zhalantun City in Hulunbeier City	13926
76	呼和浩特市土默特左旗	Tumotezuo Banner in Hohhot City	13844
77	巴彦淖尔市乌拉特中旗	Wulatezhong Banner in Bayannaoer City	13794
78	呼伦贝尔市额尔古纳市	Eerguna City in Hulunbeier City	13574
79	巴彦淖尔市五原县	Wuyuan County in Bayannaoer City	13542
80	赤峰市宁城县	Ningcheng County in Chifeng City	13269
81	通辽市库伦旗	Kulun Banner in Tongliao City	13250
82	乌兰察布市化德县	Huade County in Wulanchabu City	13243
83	乌兰察布市商都县	Shangdu County in Wulanchabu City	13173
84	呼伦贝尔市阿荣旗	Arong Banner in Hulunbeier City	13059
85	通辽市科尔沁左翼中旗	Keerqinzuoyizhong Banner in Tongliao City	13017
86	乌兰察布市察哈尔右翼前旗	Chahaeryouyiqian Banner in Wulanchabu City	13005
87	通辽市开鲁县	Kailu County in Tongliao City	12726
88	赤峰市巴林右旗	Balinyou Banner in Chifeng City	12725
89	赤峰市喀喇沁旗	Kalaqin Banner in Chifeng City	12585
90	通辽市科尔沁左翼后旗	Keerqinzuoyihou Banner in Tongliao City	12522
91	巴彦淖尔市磴口县	Dengkou County in Bayannaoer City	12463
92	通辽市扎鲁特旗	Zhalute Banner in Tongliao City	12404
93	通辽市奈曼旗	Naiman Banner in Tongliao City	12349
94	赤峰市阿鲁科尔沁旗	Alukeerqin Banner in Chifeng City	12133
95	呼伦贝尔市根河市	Genhe City in Hulunbeier City	11887
96	赤峰市林西县	Linxi County in Chifeng City	11735
97	兴安盟扎赉特旗	Zhalaite Banner in Xingan League	11723
98	兴安盟科尔沁右翼中旗	Keerqinyouyizhong Banner in Xingan League	10896
99	兴安盟科尔沁右翼前旗	Keerqinyouyiqian Banner in Xingan League	10404
100	兴安盟阿尔山市	Aershan City in Xingan League	10277
101	兴安盟突泉县	Tuquan County in Xingan League	10016

23-7 各旗县（区）按地方财政收入排序（2006年）

Banners, Counties and Districts Ranked by Local Government Revenue（2006）

单位：万元　　(10 000 yuan)

位次 Order	旗县(区)名称	Name of Banners, Counties and Districts	地方财政收入 Local Government Revenue
1	鄂尔多斯市东胜区	Dongsheng District in Erdos City	275275
2	鄂尔多斯市准格尔旗	Zhungeer Banner in Erdos City	169613
3	包头市青山区	Qingshan District in Baotou City	106743
4	包头市九原区	Jiuyuan District in Baotou City	94241
5	鄂尔多斯市伊金霍洛旗	Yijinhuoluo Banner in Erdos City	93480
6	呼和浩特市赛罕区	Saihan District in Hohhot City	88865
7	包头市昆都仑区	Kundulun District in Baotou City	86188
8	包头市东河区	Donghe District in Baotou City	79833
9	呼和浩特市托克托县	Tuoketuo County in Hohhot City	72291
10	呼和浩特市新城区	Xincheng District in Hohhot City	68634
11	呼伦贝尔市满洲里市	Manzhouli City in Hulunbeier City	67266
12	鄂尔多斯市达拉特旗	Dalate Banner in Erdos City	62316
13	通辽市科尔沁区	Keerqin District in Tongliao City	54245
14	包头市达尔罕茂明安联合旗	Daerhanmaomingan Union Banner in Baotou City	53242
15	鄂尔多斯市鄂托克旗	Etuoke Banner in Erdos City	51845
16	呼和浩特市回民区	Huimin District in Hohhot City	46273
17	呼和浩特市玉泉区	Yuquan District in Hohhot City	44854
18	赤峰市红山区	Hongshan District in Chifeng City	42747
19	呼和浩特市和林格尔县	Helingeer County in Hohhot City	42047
20	锡林郭勒盟锡林浩特市	Xilinhaote City in Xilinguole League	39524
21	包头市土默特右旗	Tumoteyou Banner in Baotou City	39236
22	巴彦淖尔市临河区	Linhe District in Bayannaoer City	37947
23	呼和浩特市土默特左旗	Tumotezuo Banner in Hohhot City	34989
24	通辽市霍林郭勒市	Huolinguole City in Tongliao City	33663
25	赤峰市元宝山区	Yuanbaoshan District in Chifeng City	32384
26	乌兰察布市丰镇市	Fengzhen City in Wulanchabu City	32021
27	阿拉善盟阿拉善左旗	Alashanzuo Banner in Alashan League	31757
28	包头市固阳县	Guyang County in Baotou City	30009
29	乌兰察布市集宁区	Jining District in Wulanchabu City	28350
30	鄂尔多斯市乌审旗	Wushen Banner in Erdos City	26675
31	呼伦贝尔市海拉尔区	Hailaer District in Hulunbeier City	25722
32	锡林郭勒盟东乌珠穆沁旗	Dongwuzhumuqin Banner in Xilinguole League	24766
33	巴彦淖尔市乌拉特前旗	Wulateqian Banner in Bayannaoer City	23999
34	巴彦淖尔市乌拉特后旗	Wulatehou Banner in Bayannaoer City	22073

23-7 续表 1 continued

单位：万元 (10 000 yuan)

位 次 Order	旗县(区)名称	Name of Banners, Counties and Districts	地方财政收入 Local Government Revenue
35	乌兰察布市凉城县	Liangcheng County in Wulanchabu City	19932
36	乌海市海勃湾区	Haibowan District in Wuhai City	19496
37	锡林郭勒盟正蓝旗	Zhenglan Banner in Xilinguole League	19346
38	锡林郭勒盟二连浩特市	Erlianhaote City in Xilinguole League	18225
39	呼伦贝尔市牙克石市	Yakeshi City in Hulunbeier City	17200
40	赤峰市松山区	Songshan District in Chifeng City	17118
41	巴彦淖尔市杭锦后旗	Hangjinhou Banner in Bayannaoer City	16955
42	通辽市扎鲁特旗	Zhalute Banner in Tongliao City	15792
43	乌海市海南区	Hainan District in Wuhai City	14777
44	巴彦淖尔市五原县	Wuyuan County in Bayannaoer City	14401
45	锡林郭勒盟苏尼特右旗	Suniteyou Banner in Xilinguole League	14363
46	通辽市奈曼旗	Naiman Banner in Tongliao City	13979
47	乌兰察布市兴和县	Xinghe County in Wulanchabu City	13785
48	兴安盟乌兰浩特市	Wulanhaote City in Xingan League	13698
49	呼伦贝尔市鄂温克族自治旗	Ewenke National Autonomous Banner in Hulunbeier City	13517
50	锡林郭勒盟多伦县	Duolun County in Xilinguole League	13120
51	赤峰市克什克腾旗	Keshiketeng Banner in Chifeng City	12864
52	赤峰市宁城县	Ningcheng County in Chifeng City	12753
53	乌海市乌达区	Wuda District in Wuhai City	12741
54	鄂尔多斯市杭锦旗	Hangjin Banner in Erdos City	12527
55	通辽市开鲁县	Kailu County in Tongliao City	12525
56	赤峰市敖汉旗	Aohan Banner in Chifeng City	12347
57	锡林郭勒盟西乌珠穆沁旗	xiwuzhumuqin Banner in Xilinguole League	11712
58	通辽市科尔沁左翼后旗	Keerqinzuoyihou Banner in Tongliao City	11198
59	赤峰市喀喇沁旗	Kalaqin Banner in Chifeng City	11168
60	赤峰市阿鲁科尔沁旗	Alukeerqin Banner in Chifeng City	10688
61	乌兰察布市察哈尔右翼后旗	Chahaeryouyihou Banner in Wulanchabu City	10598
62	通辽市科尔沁左翼中旗	Keerqinzuoyizhong Banner in Tongliao City	10096
63	呼伦贝尔市新巴尔虎右旗	Xinbaerhuyou Banner in Hulunbeier City	9989
64	阿拉善盟额济纳旗	Ejina Banner in Alashan League	9922
65	赤峰市翁牛特旗	Wengniute Banner in Chifeng City	9906
66	鄂尔多斯市鄂托克前旗	Etuokeqian Banner in Erdos City	9735
67	巴彦淖尔市磴口县	Dengkou County in Bayannaoer City	9670
68	巴彦淖尔市乌拉特中旗	Wulatezhong Banner in Bayannaoer City	9664

23-7 续表 2 continued

单位：万元 (10 000 yuan)

位次 Order	旗县(区)名称	Name of Banners, Counties and Districts	地方财政收入 Local Government Revenue
69	包头市石拐矿区	Shiguai District in Baotou City	9436
70	赤峰市巴林左旗	Balinzuo Banner in Chifeng City	9368
71	赤峰市巴林右旗	Balinyou Banner in Chifeng City	9010
72	呼伦贝尔市阿荣旗	Arong Banner in Hulunbeier City	8971
73	乌兰察布市察哈尔右翼前旗	Chahaeryouyiqian Banner in Wulanchabu City	8950
74	包头市白云鄂博矿区	Baiyun Mineral District in Baotou City	8615
75	呼伦贝尔市陈巴尔虎旗	Chenbaerhu Banner in Hulunbeier City	8611
76	乌兰察布市卓资县	Zhuozi County in Wulanchabu City	8291
77	呼伦贝尔市扎兰屯市	Zhalantun City in Hulunbeier City	7711
78	锡林郭勒盟镶黄旗	Xianghuang Banner in Xilinguole League	7419
79	锡林郭勒盟阿巴嘎旗	Abaga Banner in Xilinguole League	6880
80	呼和浩特市武川县	Wuchuan County in Hohhot City	6688
81	锡林郭勒盟正镶白旗	Zhengxiangbai Banner in Xilinguole League	6536
82	赤峰市林西县	Linxi County in Chifeng City	6417
83	通辽市库伦旗	Kulun Banner in Tongliao City	6400
84	呼和浩特市清水河县	Qingshuihe County in Hohhot City	6271
85	呼伦贝尔市莫力达瓦达斡尔族自治旗	Molidawadawoer National Autonomous Banner in Hulunbeier City	5972
86	乌兰察布市商都县	Shangdu County in Wulanchabu City	5557
87	兴安盟科尔沁右翼前旗	Keerqinyouyiqian Banner in Xingan League	5488
88	兴安盟扎赉特旗	Zhalaite Banner in Xingan League	5341
89	阿拉善盟阿拉善右旗	Alashanyou Banner in Alashan League	5328
90	锡林郭勒盟苏尼特左旗	Sunitezuo Banner in Xilinguole League	5139
91	兴安盟科尔沁右翼中旗	Keerqinyouyizhong Banner in Xingan League	5008
92	锡林郭勒盟太仆寺旗	Taipusi Banner in Xilinguole League	4377
93	乌兰察布市察哈尔右翼中旗	Chahaeryouyizhong Banner in Wulanchabu City	3725
94	乌兰察布市四子王旗	Siziwang Banner in Wulanchabu City	3476
95	呼伦贝尔市鄂伦春自治旗	Elunchun National Autonomous Banner in Hulunbeier City	3338
96	乌兰察布市化德县	Huade County in Wulanchabu City	3286
97	兴安盟突泉县	Tuquan County in Xingan League	3069
98	呼伦贝尔市根河市	Genhe City in Hulunbeier City	2749
99	呼伦贝尔市额尔古纳市	Eerguna City in Hulunbeier City	2572
100	兴安盟阿尔山市	Aershan City in Xingan League	2136
101	呼伦贝尔市新巴尔虎左旗	Xinbaerhuzuo Banner in Hulunbeier City	1636

23-8 呼和浩特市新城区

指 标	Item	2005	2006	2006年比上年增长% Increase Rate in 2006 Over 2005(%)
行政区域土地面积(平方公里)	**Area of Administration(Sq.km)**	**700**	**700**	**0.0**
人口和就业	**Population & Employment**			
年末总人口(人)	Total Population Year-end(person)	326695	332833	1.9
#男性(人)	Male(person)	163891	167166	2.0
#乡村人口(人)	Rural(person)	49502	48885	-1.2
年末总户数(户)	Total Number of Households at the Year-end(Household)	106077	109880	3.6
#乡村户数(户)	Number of Rural Household(Household)	15495	17104	10.4
出生人口(人)	Births(person)	2703	2391	-11.5
死亡人口(人)	Deaths(person)	1412	1063	-24.7
全社会就业人员(人)	Employment(person)	216570	198021	-8.6
第一产业(人)	Primary Industry(person)	39058	39604	1.4
第二产业(人)	Secondary Industry(person)	34587	29703	-14.1
第三产业(人)	Tertiary Industry(person)	142925	128714	-9.9
在岗职工人数(人)	Number of Staff & Workers Employed in(person)	10460	10253	-2.0
乡村劳动力(人)	Number of Rural Laborers(person)	34130	34031	-0.3
#农林牧渔业(人)	Farming,Forestry,Animal Husbandry & Fishery(person)	20653	19789	-4.2
国民经济综合指标	**Summary Item on the National Economy**			
生产总值(万元)	Gross Domestic Product(10 000 yuan)	1485391	1900641	18.6
第一产业(万元)	Primary Industry(10 000 yuan)	9384	10062	5.4
第二产业(万元)	Secondary Industry(10 000 yuan)	173006	243693	19.1
#工业(万元)	Industry(10 000 yuan)	96581	140983	20.9
第三产业(万元)	Tertiary Industry(10 000 yuan)	1303001	1646886	18.7
人均生产总值(元)	Per Capita GDP(yuan)	45684	57105	17.0
全社会固定资产投资(万元)	Total Investment in Fixed Assets(10 000 yuan)	475408	684256	43.9
按登记注册类型分	Grouped by Registered Type			
#国有(万元)	State-owned Enterprises(10 000 yuan)	200696	208495	3.9
集体(万元)	Collective-owned Enterprises(10 000 yuan)	260	13686	5163.8
有限责任公司(万元)	Limited Liability Corporations(10 000 yuan)	51992	290129	458.0
股份有限公司(万元)	Share Holding Enterprises(10 000 yuan)	58534	39050	-33.3
私营企业(万元)	Private Enterprises(10 000 yuan)	23112	126803	448.6
外商及港澳台投资企业 (万元)	Funds from HK,Macao,Taiwan & Foreign(10 000 yuan)	400	159	-60.2
按城乡渠道分	Grouped by Urban and Rural Area			
城镇 (万元)	Urban(10 000 yuan)	471470	684256	45.1
农村 (万元)	Rural(10 000 yuan)			
地方财政收入(万元)	Local Governments Revenue(10 000 yuan)	56776	68634	
地方财政支出(万元)	Local Governments Expenditures(10 000 yuan)	34016	49061	
城乡居民储蓄存款余额(万元)	Resident Saving Deposit in Urban & Rural(10 000 yuan)			
在岗职工工资总额(万元)	Total Wages of Staff & Workers Empioyed in(10 000 yuan)	16918	18055	6.7
在岗职工平均工资(元)	Average Wage of Staff & Workers Employed in(yuan)	15820	17378	9.8
农牧民人均纯收入(元)	Per Capita Net Income of Peasant & Herdsman(yuan)	6003	6753	12.5
农村牧区经济	**Economic Development in Rural & Pastoral Area**			
耕地面积(公顷)	Cultivated Area(hectare)	10915	10847	-0.6
农作物总播种面积(公顷)	Total Sown Area(hectare)	7075	6885	-2.7
#粮食作物播种面积(公顷)	Sown Area of Grain Crops(hectare)	6070	6064	-0.1
有效灌溉面积(公顷)	Irrigated Area(hectare)	2507	2507	0.0
农牧业机械总动力(万千瓦)	Total Power of Agricultural Machinery(10 000 kw)	3.49	3.90	11.7
化肥施用折纯量(吨)	Consumption of Chemical Fertilizer(ton)	117	122	4.3
农村用电量(万千瓦小时)	Electricity Consumed in Rural Area(10 000 kwh)	786	855	8.8
农林牧渔业总产值(万元)	Gross Output of Farming,Forestry,Animal Husbandry & Fishery(10 000 yuan)	15494	16741	5.6
粮食产量(吨)	Yield of Grain(ton)	21081	26183	24.2
油料产量(吨)	Yield of Oil-bearing Grops(ton)	288	293	1.7
甜菜产量(吨)	Yield of Beetroots(ton)			
猪牛羊肉产量(吨)	Output of Pork, Beef & Mutton(ton)	2079	2122	2.1
#猪肉产量(吨)	Output of Pork(ton)	1396	1423	1.9
牛肉产量(吨)	Output of Beef(ton)	224	168	-25.0
羊肉产量(吨)	Output of Mutton(ton)	459	421	-8.3
羊毛产量(吨)	Output of Wool(ton)	66	57	-13.6

23-8 Xincheng District in Hohhot City

指 标	Item	2005	2006	2006年比上年增长% Increase Rate in 2006 Over 2005(%)
年末牲畜存栏头数(万头只)	Total Livestock at the Year-end(10 000 heads)	4.21	4.20	-0.2
# 大牲畜(万头只)	Large Animals(10 000 heads)	1.33	1.24	-6.8
羊(万只)	Sheep & Goats(10 000 heads)	2.11	2.44	15.6
猪(万头)	Hogs(10 000 heads)	0.77	0.52	-32.5
规模以上工业	**Industrial Enterprises above Designated size**			
工业企业单位数(个)	Number of Industrial Enterprises(unit)	26	30	15.4
# 内资企业(个)	Civil Funded Enterprises(unit)	25	29	16.0
工业总产值(万元)	Gross Industrial Output Value(10 000 yuan)	174427	227057	30.2
内资企业(万元)	Civil Funded Enterprises(10 000 yuan)	173906	226507	30.2
国有企业(万元)	State-owned Enterprises(10 000 yuan)	135495	167626	23.7
集体企业(万元)	Collective-owned Enterprises(10 000 yuan)	500	503	0.6
股份合作企业(万元)	Share Holding Enterprises(10 000 yuan)			
联营企业(万元)	Joint Owned Enterprises(10 000 yuan)			
有限责任公司(万元)	Limited Company(10 000 yuan)	6474	13008	100.9
股份有限公司(万元)	Share Holding Limited Company(10 000 yuan)	2423	1985	-18.1
私营企业(万元)	Privately Owned Enterprises(10 000 yuan)	26757	43385	62.1
其他企业(万元)	Enterprises of Other Ownership(10 000 yuan)	2257		
港澳台商投资企业(万元)	Funds from HK,Macao & Taiwan(10 000 yuan)			
外商投资企业(万元)	Foreign Funded Enterprises(10 000 yuan)	521	550	5.6
工业企业增加值(万元)	Value Added of Industrial Enterprises(10 000 yuan)	65055	81781	25.7
工业企业资产总计(万元)	Total Assets of Industrial Enterprises(10 000 yuan)	457396	491719	7.5
工业企业负债合计(万元)	Total Liabilities of Industrial Enterprises(10 000 yuan)	342680	370959	8.3
工业企业产品销售收入(万元)	Sales of Revenue Industrial Enterprises(10 000 yuan)	69696	95842	37.5
工业企业利润总额(万元)	Total Profits of Industrial Enterprises(10 000 yuan)	-1105	133	
建筑业	**Construction**			
建筑企业单位数(个)	Number of Construction Enterprises(unit)	46	45	-2.2
建筑企业从业人员(人)	Number of Employee in Construction Enterprises(person)	21527	36178	68.1
建筑业总产值(万元)	Gross Construction Output Value(10 000 yuan)	474943	500419	5.4
交通运输邮电通信业	**Transportation,Post & Telecommunications**			
公路里程(公里)	Total Length of Highways(km)			
邮电业务总量(万元)	Business Volume of Post & Telecoms(10 000 yuan)			
本地电话用户(户)	Number of Subscribers of Local Telephone(Household)			
国内贸易	**Demestic Trade**			
社会消费品零售总额(万元)	Total Retail Sales of Consumer Goods(10 000 yuan)	943349	1127701	19.5
# 贸易业(万元)	Wholesale & Retail Sales Trades(10 000 yuan)	726430	866832	19.3
餐饮业(万元)	Catering Trade(10 000 yuan)	206368	249849	21.1
科技教育卫生	**Science,Education & Public Health**			
各类专业技术人员(人)	Speccial Technical Personnel(person)	4006	3961	-1.1
幼儿园数(所)	Number of Kindergartens(unit)	23	25	8.7
学龄儿童入学率(%)	Percentage of School-Age Children Enrolled(%)	100.0	100.0	0.0
小学学校数(所)	Number of Primary Schools(unit)	56	48	-14.3
小学专任教师数(人)	Number of Full-time Teachers of Primary Schools(person)	1669	1694	1.5
小学在校学生数(人)	Number of Student Enrollment of Primary Schools(person)	34135	33893	-0.7
普通中学学校数(所)	Number of Regular Secondary Schools(unit)	23	25	8.7
普通中学专任教师数(人)	Number of Teachers of Secondary Shools(person)	1642	1667	1.5
初中在校学生数(人)	Number of Student in Junior Secondary Schools(person)	15651	15333	-2.0
高中在校学生数(人)	Number of Student in Senior Secondary Schools(person)	10060	12056	19.8
卫生机构数(所)	Number of Health Institutions(unit)	20	21	5.0
# 医院(所)	Hospitals(unit)	9	10	11.1
卫生院(所)	Township Hospitals(unit)	2	2	0.0
床位数(张)	Number of Beds(unit)	1422	1867	31.3
# 医院(张)	Hospitals(unit)	1406	1847	31.4
卫生院(张)	Township Hospitals(unit)	14	10	-28.6
卫生技术人员(人)	Medical Technical Presonnel(person)	1440	1827	26.9
# 医院(人)	Hospitals(person)	1161	1480	27.5
卫生院(人)	Township Hospitals(person)	23	23	0.0

23-9 呼和浩特市回民区

指 标	Item	2005	2006	2006年比上年增长% Increase Rate in 2006 Over 2005(%)
行政区域土地面积(平方公里)	**Area of Administration(Sq.km)**	**175**	**175**	**0.0**
人口和就业	**Population & Employment**			
年末总人口(人)	Total Population Year-end(person)	220810	222626	0.8
#男性(人)	Male(person)	111889	112283	0.4
#乡村人口(人)	Rural(person)	33258	33202	-0.2
年末总户数(户)	Total Number of Households at the Year-end(Household)	74722	76651	2.6
#乡村户数(户)	Number of Rural Household(Household)	8921	9032	1.2
出生人口(人)	Births(person)	1687	1553	-7.9
死亡人口(人)	Deaths(person)	1015	964	-5.0
全社会就业人员(人)	Employment(person)	56270	43000	-23.6
第一产业(人)	Primary Industry(person)	3808	5896	54.8
第二产业(人)	Secondary Industry(person)	12658	9910	-21.7
第三产业(人)	Tertiary Industry(person)	39804	27194	-31.7
在岗职工人数(人)	Number of Staff & Workers Employed in(person)	9890	8899	-10.0
乡村劳动力(人)	Number of Rural Laborers(person)	16770	24800	47.9
#农林牧渔业(人)	Farming,Forestry,Animal Husbandry & Fishery(person)	3808	5896	54.8
国民经济综合指标	**Summary Item on the National Economy**			
生产总值(万元)	Gross Domestic Product(10 000 yuan)	958527	1230105	17.7
第一产业(万元)	Primary Industry(10 000 yuan)	7454	4147	-19.0
第二产业(万元)	Secondary Industry(10 000 yuan)	176353	263124	15.9
#工业(万元)	Industry(10 000 yuan)	135262	186828	10.6
第三产业(万元)	Tertiary Industry(10 000 yuan)	774720	962834	18.4
人均生产总值(元)	Per Capita GDP(yuan)	43530	55481	16.9
全社会固定资产投资(万元)	Total Investment in Fixed Assets(10 000 yuan)	293000	461599	57.5
按登记注册类型分	Grouped by Registered Type			
#国有(万元)	State-owned Enterprises(10 000 yuan)	113682	103728	-8.8
集体(万元)	Collective-owned Enterprises(10 000 yuan)			
有限责任公司(万元)	Limited Liability Corporations(10 000 yuan)	59779	199169	233.2
股份有限公司(万元)	Share Holding Enterprises(10 000 yuan)	5340	5130	-3.9
私营企业(万元)	Private Enterprises(10 000 yuan)	13156	118260	798.9
外商及港澳台投资企业(万元)	Funds from HK,Macao,Taiwan & Foreign(10 000 yuan)	11348	35312	211.2
按城乡渠道分	Grouped by Urban and Rural Area			
城镇（万元）	Urban(10 000 yuan)	287950	459873	59.7
农村（万元）	Rural(10 000 yuan)	5050	1726	-65.8
地方财政收入(万元)	Local Governments Revenue(10 000 yuan)	39743	46273	16.4
地方财政支出(万元)	Local Governments Expenditures(10 000 yuan)	31689	46958	48.2
城乡居民储蓄存款余额(万元)	Resident Saving Deposit in Urban & Rural(10 000 yuan)			
在岗职工工资总额(万元)	Total Wages of Staff & Workers Empioyed in(10 000 yuan)	16423	16800	2.3
在岗职工平均工资(元)	Average Wage of Staff & Workers Employed in(yuan)	15541	18117	16.6
农牧民人均纯收入(元)	Per Capita Net Income of Peasant & Herdsman(yuan)	6338	6997	10.4
农村牧区经济	**Economic Development in Rural & Pastoral Area**			
耕地面积(公顷)	Cultivated Area(hectare)	1388	1361	-1.9
农作物总播种面积(公顷)	Total Sown Area(hectare)	1207	1276	5.7
#粮食作物播种面积(公顷)	Sown Area of Grain Crops(hectare)	801	902	12.6
有效灌溉面积(公顷)	Irrigated Area(hectare)	720	938	30.3
农牧业机械总动力(万千瓦)	Total Power of Agricultural Machinery(10 000 kw)	1.06	1.58	49.1
化肥施用折纯量(吨)	Consumption of Chemical Fertilizer(ton)	356	291	-18.3
农村用电量(万千瓦小时)	Electricity Consumed in Rural Area(10 000 kwh)	1365	1423	4.2
农林牧渔业总产值(万元)	Gross Output of Farming,Forestry,Animal Husbandry & Fishery(10 000 yuan)	8931	6853	-23.3
粮食产量(吨)	Yield of Grain(ton)	4168	3772	-9.5
油料产量(吨)	Yield of Oil-bearing Grops(ton)			
甜菜产量(吨)	Yield of Beetroots(ton)			
猪牛羊肉产量(吨)	Output of Pork, Beef & Mutton(ton)	979	1047	6.9
#猪肉产量(吨)	Output of Pork(ton)	820	585	-28.7
牛肉产量(吨)	Output of Beef(ton)	79	382	383.5
羊肉产量(吨)	Output of Mutton(ton)	80	80	0.0
羊毛产量(吨)	Output of Wool(ton)	12	10	-16.7

23-9 Huimin District in Hohhot City

指 标	Item	2005	2006	2006年比上年增长% Increase Rate in 2006 Over 2005(%)
年末牲畜存栏头数(万头只)	Total Livestock at the Year-end(10 000 heads)	1.55	1.28	-17.4
#大牲畜(万头只)	Large Animals(10 000 heads)	0.65	0.39	-40.0
羊(万只)	Sheep & Goats(10 000 heads)	0.40	0.40	0.0
猪(万头)	Hogs(10 000 heads)	0.50	0.49	-2.0
规模以上工业	**Industrial Enterprises above Designated size**			
工业企业单位数(个)	Number of Industrial Enterprises(unit)	27	27	0.0
#内资企业(个)	Civil Funded Enterprises(unit)	27	27	0.0
工业总产值(万元)	Gross Industrial Output Value(10 000 yuan)	265807	275547	3.7
内资企业(万元)	Civil Funded Enterprises(10 000 yuan)	210829	221187	4.9
国有企业(万元)	State-owned Enterprises(10 000 yuan)	17795	17697	-0.6
集体企业(万元)	Collective-owned Enterprises(10 000 yuan)			
股份合作企业(万元)	Share Holding Enterprises(10 000 yuan)			
联营企业(万元)	Joint Owned Enterprises(10 000 yuan)			
有限责任公司(万元)	Limited Company(10 000 yuan)	107822	118992	10.4
股份有限公司(万元)	Share Holding Limited Company(10 000 yuan)	62926	53416	-15.1
私营企业(万元)	Privately Owned Enterprises(10 000 yuan)	22286	31082	39.5
其他企业(万元)	Enterprises of Other Ownership(10 000 yuan)			
港澳台商投资企业(万元)	Funds from HK,Macao & Taiwan(10 000 yuan)	54978	54360	-1.1
外商投资企业(万元)	Foreign Funded Enterprises(10 000 yuan)			
工业企业增加值(万元)	Value Added of Industrial Enterprises(10 000 yuan)	103255	121631	1.9
工业企业资产总计(万元)	Total Assets of Industrial Enterprises(10 000 yuan)	448811	499092	11.2
工业企业负债合计(万元)	Total Liabilities of Industrial Enterprises(10 000 yuan)	341267	375498	10.0
工业企业产品销售收入(万元)	Sales of Revenue Industrial Enterprises(10 000 yuan)	165796	179335	8.2
工业企业利润总额(万元)	Total Profits of Industrial Enterprises(10 000 yuan)	2935	4266	45.3
建筑业	**Construction**			
建筑企业单位数(个)	Number of Construction Enterprises(unit)	31	31	0.0
建筑企业从业人员(人)	Number of Employee in Construction Enterprises(person)	11694	20962	79.3
建筑业总产值(万元)	Gross Construction Output Value(10 000 yuan)	185829	205636	10.7
交通运输邮电通信业	**Transportation,Post & Telecommunications**			
公路里程(公里)	Total Length of Highways(km)			
邮电业务总量(万元)	Business Volume of Post & Telecoms(10 000 yuan)			
本地电话用户(户)	Number of Subscribers of Local Telephone(Household)			
国内贸易	**Demestic Trade**			
社会消费品零售总额(万元)	Total Retail Sales of Consumer Goods(10 000 yuan)	927284	1049194	13.1
#贸易业(万元)	Wholesale & Retail Sales Trades(10 000 yuan)	759839	847305	11.5
餐饮业(万元)	Catering Trade(10 000 yuan)	158386	192466	21.5
科技教育卫生	**Science,Education & Public Health**			
各类专业技术人员(人)	Speccial Technical Personnel(person)	6723	6082	-9.5
幼儿园数(所)	Number of Kindergartens(unit)	20	25	25.0
学龄儿童入学率(%)	Percentage of School-Age Children Enrolled(%)	100.0	100.0	0.0
小学学校数(所)	Number of Primary Schools(unit)	36	39	8.3
小学专任教师数(人)	Number of Full-time Teachers of Primary Schools(person)	899	964	7.2
小学在校学生数(人)	Number of Student Enrollment of Primary Schools(person)	19841	20425	2.9
普通中学学校数(所)	Number of Regular Secondary Schools(unit)	15	22	46.7
普通中学专任教师数(人)	Number of Teachers of Secondary Shools(person)	1363	1505	10.4
初中在校学生数(人)	Number of Student in Junior Secondary Schools(person)	14098	14150	0.4
高中在校学生数(人)	Number of Student in Senior Secondary Schools(person)	11055	12068	9.2
卫生机构数(所)	Number of Health Institutions(unit)	16	16	0.0
#医院(所)	Hospitals(unit)	10	10	0.0
卫生院(所)	Township Hospitals(unit)	1	1	0.0
床位数(张)	Number of Beds(unit)	3442	2348	-31.8
#医院(张)	Hospitals(unit)	3176	2002	-37.0
卫生院(张)	Township Hospitals(unit)	12	25	108.3
卫生技术人员(人)	Medical Technical Presonnel(person)	3614	2973	-17.7
#医院(人)	Hospitals(person)	2386	2457	3.0
卫生院(人)	Township Hospitals(person)	18	16	-11.1

23-10 呼和浩特市玉泉区

指标	Item	2005	2006	2006年比上年增长% Increase Rate in 2006 Over 2005(%)
行政区域土地面积(平方公里)	**Area of Administration(Sq.km)**	**270**	**258**	**-4.4**
人口和就业	**Population & Employment**			
年末总人口(人)	Total Population Year-end(person)	185389	187548	1.2
#男性(人)	Male(person)	94467	95286	0.9
#乡村人口(人)	Rural(person)	43233	45879	6.1
年末总户数(户)	Total Number of Households at the Year-end(Household)	67827	69191	2.0
#乡村户数(户)	Number of Rural Household(Household)	12450	12580	1.0
出生人口(人)	Births(person)	1860	1585	-14.8
死亡人口(人)	Deaths(person)	1497	691	-53.8
全社会就业人员(人)	Employment(person)	61706	63471	2.9
第一产业(人)	Primary Industry(person)	12992	13906	7.0
第二产业(人)	Secondary Industry(person)	22438	21503	-4.2
第三产业(人)	Tertiary Industry(person)	26276	28062	6.8
在岗职工人数(人)	Number of Staff & Workers Employed in(person)	5710	5641	-1.2
乡村劳动力(人)	Number of Rural Laborers(person)	19591	21110	7.8
#农林牧渔业(人)	Farming,Forestry,Animal Husbandry & Fishery(person)	12947	13845	6.9
国民经济综合指标	**Summary Item on the National Economy**			
生产总值(万元)	Gross Domestic Product(10 000 yuan)	607897	869460	17.7
第一产业(万元)	Primary Industry(10 000 yuan)	20203	17460	-10.3
第二产业(万元)	Secondary Industry(10 000 yuan)	249359	332000	17.0
#工业(万元)	Industry(10 000 yuan)	205630	247000	17.1
第三产业(万元)	Tertiary Industry(10 000 yuan)	338335	520000	19.4
人均生产总值(元)	Per Capita GDP(yuan)	32406	46828	18.4
全社会固定资产投资(万元)	Total Investment in Fixed Assets(10 000 yuan)	251000	458034	82.5
按登记注册类型分	Grouped by Registered Type			
#国有(万元)	State-owned Enterprises(10 000 yuan)	97446	172036	76.5
集体(万元)	Collective-owned Enterprises(10 000 yuan)		14650	
有限责任公司(万元)	Limited Liability Corporations(10 000 yuan)	45039	102444	127.5
股份有限公司(万元)	Share Holding Enterprises(10 000 yuan)	29600	66840	125.8
私营企业(万元)	Private Enterprises(10 000 yuan)	16277	92019	465.3
外商及港澳台投资企业(万元)	Funds from HK,Macao,Taiwan & Foreign(10 000 yuan)		5500	
按城乡渠道分	Grouped by Urban and Rural Area			
城镇(万元)	Urban(10 000 yuan)	250936	433384	72.7
农村(万元)	Rural(10 000 yuan)	64	24650	38415.6
地方财政收入(万元)	Local Governments Revenue(10 000 yuan)	30950	44854	44.9
地方财政支出(万元)	Local Governments Expenditures(10 000 yuan)	19598	45438	131.9
城乡居民储蓄存款余额(万元)	Resident Saving Deposit in Urban & Rural(10 000 yuan)			
在岗职工工资总额(万元)	Total Wages of Staff & Workers Empioyed in(10 000 yuan)	9513	10337	8.7
在岗职工平均工资(元)	Average Wage of Staff & Workers Employed in(yuan)	16838	18426	9.4
农牧民人均纯收入(元)	Per Capita Net Income of Peasant & Herdsman(yuan)	6157	6814	10.7
农村牧区经济	**Economic Development in Rural & Pastoral Area**			
耕地面积(公顷)	Cultivated Area(hectare)	5241	5007	-4.5
农作物总播种面积(公顷)	Total Sown Area(hectare)	5442	5219	-4.1
#粮食作物播种面积(公顷)	Sown Area of Grain Crops(hectare)	3757	3817	1.6
有效灌溉面积(公顷)	Irrigated Area(hectare)	4721	4600	-2.6
农牧业机械总动力(万千瓦)	Total Power of Agricultural Machinery(10 000 kw)	3.77	5.73	52.0
化肥施用折纯量(吨)	Consumption of Chemical Fertilizer(ton)	773	931	20.4
农村用电量(万千瓦小时)	Electricity Consumed in Rural Area(10 000 kwh)	1119	1099	-1.8
农林牧渔业总产值(万元)	Gross Output of Farming,Forestry,Animal Husbandry & Fishery(10 000 yuan)	33947	29049	-14.4
粮食产量(吨)	Yield of Grain(ton)	35814	38731	8.1
油料产量(吨)	Yield of Oil-bearing Grops(ton)	62	61	-1.6
甜菜产量(吨)	Yield of Beetroots(ton)			
猪牛羊肉产量(吨)	Output of Pork, Beef & Mutton(ton)	1200	1202	0.2
#猪肉产量(吨)	Output of Pork(ton)	684	756	10.5
牛肉产量(吨)	Output of Beef(ton)	422	332	-21.3
羊肉产量(吨)	Output of Mutton(ton)	94	114	21.3
羊毛产量(吨)	Output of Wool(ton)	10	10	0.0

23-10 Yuquan District in Hohhot City

指 标	Item	2005	2006	2006年比上年增长% Increase Rate in 2006 Over 2005(%)
年末牲畜存栏头数(万头只)	Total Livestock at the Year-end(10 000 heads)	4.46	3.32	-25.6
#大牲畜(万头只)	Large Animals(10 000 heads)	3.31	2.25	-32.0
羊(万只)	Sheep & Goats(10 000 heads)	0.75	0.74	-1.3
猪(万头)	Hogs(10 000 heads)	0.40	0.33	-17.5
规模以上工业	**Industrial Enterprises above Designated size**			
工业企业单位数(个)	Number of Industrial Enterprises(unit)	19	24	26.3
#内资企业(个)	Civil Funded Enterprises(unit)	18	23	27.8
工业总产值(万元)	Gross Industrial Output Value(10 000 yuan)	216837	266543	22.9
内资企业(万元)	Civil Funded Enterprises(10 000 yuan)	214924	263443	22.6
国有企业(万元)	State-owned Enterprises(10 000 yuan)	149955	192988	28.7
集体企业(万元)	Collective-owned Enterprises(10 000 yuan)	1197	1879	57.0
股份合作企业(万元)	Share Holding Enterprises(10 000 yuan)			
联营企业(万元)	Joint Owned Enterprises(10 000 yuan)			
有限责任公司(万元)	Limited Company(10 000 yuan)	4740	3948	-16.7
股份有限公司(万元)	Share Holding Limited Company(10 000 yuan)	39498	28298	-28.4
私营企业(万元)	Privately Owned Enterprises(10 000 yuan)	19534	36330	86.0
其他企业(万元)	Enterprises of Other Ownership(10 000 yuan)			
港澳台商投资企业(万元)	Funds from HK,Macao & Taiwan(10 000 yuan)			
外商投资企业(万元)	Foreign Funded Enterprises(10 000 yuan)	1913	3100	62.0
工业企业增加值(万元)	Value Added of Industrial Enterprises(10 000 yuan)	132821	171395	21.1
工业企业资产总计(万元)	Total Assets of Industrial Enterprises(10 000 yuan)	205372	259002	26.1
工业企业负债合计(万元)	Total Liabilities of Industrial Enterprises(10 000 yuan)	92778	131494	41.7
工业企业产品销售收入(万元)	Sales of Revenue Industrial Enterprises(10 000 yuan)	205909	266970	29.7
工业企业利润总额(万元)	Total Profits of Industrial Enterprises(10 000 yuan)	24062	34181	42.1
建筑业	**Construction**			
建筑企业单位数(个)	Number of Construction Enterprises(unit)	19	19	0.0
建筑企业从业人员(人)	Number of Employee in Construction Enterprises(person)	6160	5101	-17.2
建筑业总产值(万元)	Gross Construction Output Value(10 000 yuan)	49412	79122	60.1
交通运输邮电通信业	**Transportation,Post & Telecommunications**			
公路里程(公里)	Total Length of Highways(km)			
邮电业务总量(万元)	Business Volume of Post & Telecoms(10 000 yuan)			
本地电话用户(户)	Number of Subscribers of Local Telephone(Household)			
国内贸易	**Demestic Trade**			
社会消费品零售总额(万元)	Total Retail Sales of Consumer Goods(10 000 yuan)	386953	465369	20.3
#贸易业(万元)	Wholesale & Retail Sales Trades(10 000 yuan)		322962	
餐饮业(万元)	Catering Trade(10 000 yuan)		134994	
科技教育卫生	**Science,Education & Public Health**			
各类专业技术人员(人)	Speccial Technical Personnel(person)	1900	1916	0.8
幼儿园数(所)	Number of Kindergartens(unit)	15	20	33.3
学龄儿童入学率(%)	Percentage of School-Age Children Enrolled(%)	100.0	100.0	0.0
小学学校数(所)	Number of Primary Schools(unit)	48	44	-8.3
小学专任教师数(人)	Number of Full-time Teachers of Primary Schools(person)	1093	1165	6.6
小学在校学生数(人)	Number of Student Enrollment of Primary Schools(person)	22533	23681	5.1
普通中学学校数(所)	Number of Regular Secondary Schools(unit)	13	17	30.8
普通中学专任教师数(人)	Number of Teachers of Secondary Shools(person)	717	793	10.6
初中在校学生数(人)	Number of Student in Junior Secondary Schools(person)	8624	8984	4.2
高中在校学生数(人)	Number of Student in Senior Secondary Schools(person)	2727	3939	44.4
卫生机构数(所)	Number of Health Institutions(unit)	12	12	0.0
#医院(所)	Hospitals(unit)	2	2	0.0
卫生院(所)	Township Hospitals(unit)	3	3	0.0
床位数(张)	Number of Beds(unit)	130	130	0.0
#医院(张)	Hospitals(unit)	130	130	0.0
卫生院(张)	Township Hospitals(unit)			
卫生技术人员(人)	Medical Technical Presonnel(person)	311	311	0.0
#医院(人)	Hospitals(person)	110	110	0.0
卫生院(人)	Township Hospitals(person)	22	22	0.0

23-11 呼和浩特市赛罕区

指 标	Item	2005	2006	2006年比上年增长% Increase Rate in 2006 Over 2005(%)
行政区域土地面积(平方公里)	**Area of Administration(Sq.km)**	**1013**	**1025**	**1.2**
人口和就业	**Population & Employment**			
年末总人口(人)	Total Population Year-end(person)	363280	372095	2.4
# 男性(人)	Male(person)	186320	189412	1.7
# 乡村人口(人)	Rural(person)	135525	133081	-1.8
年末总户数(户)	Total Number of Households at the Year-end(Household)	116190	119392	2.8
# 乡村户数(户)	Number of Rural Household(Household)	39079	42462	8.7
出生人口(人)	Births(person)	3786	3447	-9.0
死亡人口(人)	Deaths(person)	1346	1307	-2.9
全社会就业人员(人)	Employment(person)	115696	120030	3.7
第一产业(人)	Primary Industry(person)	52764	53409	1.2
第二产业(人)	Secondary Industry(person)	16820	19180	14.0
第三产业(人)	Tertiary Industry(person)	46112	47441	2.9
在岗职工人数(人)	Number of Staff & Workers Employed in(person)	12741	12716	-0.2
乡村劳动力(人)	Number of Rural Laborers(person)	67963	72476	6.6
# 农林牧渔业(人)	Farming,Forestry,Animal Husbandry & Fishery(person)	52764	53409	1.2
国民经济综合指标	**Summary Item on the National Economy**			
生产总值(万元)	Gross Domestic Product(10 000 yuan)	1142172	1561600	22.2
第一产业(万元)	Primary Industry(10 000 yuan)	88524	88300	7.3
第二产业(万元)	Secondary Industry(10 000 yuan)	249420	438300	32.0
# 工业(万元)	Industry(10 000 yuan)	168101	336400	37.7
第三产业(万元)	Tertiary Industry(10 000 yuan)	804228	1035000	19.9
人均生产总值(元)	Per Capita GDP(yuan)	31378	42471	20.9
全社会固定资产投资(万元)	Total Investment in Fixed Assets(10 000 yuan)	472000	716206	51.7
按登记注册类型分	Grouped by Registered Type			
# 国有(万元)	State-owned Enterprises(10 000 yuan)	323766	402818	24.4
集体(万元)	Collective-owned Enterprises(10 000 yuan)	28186	56030	98.8
有限责任公司(万元)	Limited Liability Corporations(10 000 yuan)	79854	134870	68.9
股份有限公司(万元)	Share Holding Enterprises(10 000 yuan)	17974	26756	48.9
私营企业(万元)	Private Enterprises(10 000 yuan)	9469	92232	874.0
外商及港澳台投资企业(万元)	Funds from HK,Macao,Taiwan & Foreign(10 000 yuan)	1400	1000	-28.6
按城乡渠道分	Grouped by Urban and Rural Area			
城镇(万元)	Urban(10 000 yuan)	450020	716206	59.1
农村(万元)	Rural(10 000 yuan)	21980		
地方财政收入(万元)	Local Governments Revenue(10 000 yuan)	70158	88865	26.7
地方财政支出(万元)	Local Governments Expenditures(10 000 yuan)	68145	80617	18.3
城乡居民储蓄存款余额(万元)	Resident Saving Deposit in Urban & Rural(10 000 yuan)			
在岗职工工资总额(万元)	Total Wages of Staff & Workers Empioyed in(10 000 yuan)	22678	24190	6.7
在岗职工平均工资(元)	Average Wage of Staff & Workers Employed in(yuan)	17792	19169	7.7
农牧民人均纯收入(元)	Per Capita Net Income of Peasant & Herdsman(yuan)	5898	6530	10.7
农村牧区经济	**Economic Development in Rural & Pastoral Area**			
耕地面积(公顷)	Cultivated Area(hectare)	44062	43451	-1.4
农作物总播种面积(公顷)	Total Sown Area(hectare)	28878	29154	1.0
# 粮食作物播种面积(公顷)	Sown Area of Grain Crops(hectare)	22400	21235	-5.2
有效灌溉面积(公顷)	Irrigated Area(hectare)	19906	20152	1.2
农牧业机械总动力(万千瓦)	Total Power of Agricultural Machinery(10 000 kw)	21.11	21.11	0.0
化肥施用折纯量(吨)	Consumption of Chemical Fertilizer(ton)	9662	9783	1.3
农村用电量(万千瓦小时)	Electricity Consumed in Rural Area(10 000 kwh)	4289	4389	2.3
农林牧渔业总产值(万元)	Gross Output of Farming,Forestry,Animal Husbandry & Fishery(10 000 yuan)	153387	166361	7.6
粮食产量(吨)	Yield of Grain(ton)	114919	107000	-6.9
油料产量(吨)	Yield of Oil-bearing Grops(ton)	368	482	31.0
甜菜产量(吨)	Yield of Beetroots(ton)			
猪牛羊肉产量(吨)	Output of Pork, Beef & Mutton(ton)	8178	9408	15.0
# 猪肉产量(吨)	Output of Pork(ton)	4644	4827	3.9
牛肉产量(吨)	Output of Beef(ton)	3087	3983	29.0
羊肉产量(吨)	Output of Mutton(ton)	447	598	33.8
羊毛产量(吨)	Output of Wool(ton)	100	90	-10.0

23-11 Saihan District in Hohhot City

指 标	Item	2005	2006	2006年比上年增长% Increase Rate in 2006 Over 2005(%)
年末牲畜存栏头数(万头只)	Total Livestock at the Year-end(10 000 heads)	24.05	25.77	7.2
#大牲畜(万头只)	Large Animals(10 000 heads)	17.12	19.10	11.6
羊(万只)	Sheep & Goats(10 000 heads)	2.82	3.84	36.2
猪(万头)	Hogs(10 000 heads)	4.11	2.83	-31.1
规模以上工业	**Industrial Enterprises above Designated size**			
工业企业单位数(个)	Number of Industrial Enterprises(unit)	27	32	18.5
#内资企业(个)	Civil Funded Enterprises(unit)	25	30	20.0
工业总产值(万元)	Gross Industrial Output Value(10 000 yuan)	513713	751469	46.3
内资企业(万元)	Civil Funded Enterprises(10 000 yuan)	491851	729794	48.4
国有企业(万元)	State-owned Enterprises(10 000 yuan)	360254	557240	54.7
集体企业(万元)	Collective-owned Enterprises(10 000 yuan)		1443	
股份合作企业(万元)	Share Holding Enterprises(10 000 yuan)			
联营企业(万元)	Joint Owned Enterprises(10 000 yuan)			
有限责任公司(万元)	Limited Company(10 000 yuan)	108494	142920	31.7
股份有限公司(万元)	Share Holding Limited Company(10 000 yuan)	11139	14041	26.1
私营企业(万元)	Privately Owned Enterprises(10 000 yuan)	11964	14150	18.3
其他企业(万元)	Enterprises of Other Ownership(10 000 yuan)			
港澳台商投资企业(万元)	Funds from HK,Macao & Taiwan(10 000 yuan)	4206	3716	-11.7
外商投资企业(万元)	Foreign Funded Enterprises(10 000 yuan)	17656	17959	1.7
工业企业增加值(万元)	Value Added of Industrial Enterprises(10 000 yuan)	145977	262240	26.6
工业企业资产总计(万元)	Total Assets of Industrial Enterprises(10 000 yuan)	648724	706500	8.9
工业企业负债合计(万元)	Total Liabilities of Industrial Enterprises(10 000 yuan)	405083	351334	-13.3
工业企业产品销售收入(万元)	Sales of Revenue Industrial Enterprises(10 000 yuan)	530798	773932	45.8
工业企业利润总额(万元)	Total Profits of Industrial Enterprises(10 000 yuan)	30083	14928	-50.4
建筑业	**Construction**			
建筑企业单位数(个)	Number of Construction Enterprises(unit)	38	35	-7.9
建筑企业从业人员(人)	Number of Employee in Construction Enterprises(person)	15894	18646	17.3
建筑业总产值(万元)	Gross Construction Output Value(10 000 yuan)	331052	358056	8.2
交通运输邮电通信业	**Transportation,Post & Telecommunications**			
公路里程(公里)	Total Length of Highways(km)			
邮电业务总量(万元)	Business Volume of Post & Telecoms(10 000 yuan)			
本地电话用户(户)	Number of Subscribers of Local Telephone(Household)			
国内贸易	**Demestic Trade**			
社会消费品零售总额(万元)	Total Retail Sales of Consumer Goods(10 000 yuan)	453000	525130	15.9
#贸易业(万元)	Wholesale & Retail Sales Trades(10 000 yuan)	272705	325201	19.3
餐饮业(万元)	Catering Trade(10 000 yuan)	173219	192575	11.2
科技教育卫生	**Science,Education & Public Health**			
各类专业技术人员(人)	Speccial Technical Personnel(person)	4970	4892	-1.6
幼儿园数(所)	Number of Kindergartens(unit)	17	21	23.5
学龄儿童入学率(%)	Percentage of School-Age Children Enrolled(%)	100.0	100.0	0.0
小学学校数(所)	Number of Primary Schools(unit)	88	84	-4.5
小学专任教师数(人)	Number of Full-time Teachers of Primary Schools(person)	1687	1666	-1.2
小学在校学生数(人)	Number of Student Enrollment of Primary Schools(person)	34626	34835	0.6
普通中学学校数(所)	Number of Regular Secondary Schools(unit)	24	24	0.0
普通中学专任教师数(人)	Number of Teachers of Secondary Shools(person)	1474	1524	3.4
初中在校学生数(人)	Number of Student in Junior Secondary Schools(person)	18539	18793	1.4
高中在校学生数(人)	Number of Student in Senior Secondary Schools(person)	9817	10319	5.1
卫生机构数(所)	Number of Health Institutions(unit)	46	46	0.0
#医院(所)	Hospitals(unit)	23	22	-4.3
卫生院(所)	Township Hospitals(unit)	7	7	0.0
床位数(张)	Number of Beds(unit)	2474	2708	9.5
#医院(张)	Hospitals(unit)	2412	2650	9.9
卫生院(张)	Township Hospitals(unit)	44	40	-9.1
卫生技术人员(人)	Medical Technical Presonnel(person)	3670	3478	-5.2
#医院(人)	Hospitals(person)	2997	2790	-6.9
卫生院(人)	Township Hospitals(person)	41	43	4.9

23-12 呼和浩特市土默特左旗

指 标	Item	2005	2006	2006年比上年增长% Increase Rate in 2006 Over 2005(%)
行政区域土地面积(平方公里)	**Area of Administration(Sq.km)**	**2712**	**2712**	**0.0**
人口和就业	**Population & Employment**			
年末总人口(人)	Total Population Year-end(person)	349756	352919	0.9
#男性(人)	Male(person)	184564	186097	0.8
#乡村人口(人)	Rural(person)	300809	301506	0.2
年末总户数(户)	Total Number of Households at the Year-end(Household)	102464	105442	2.9
#乡村户数(户)	Number of Rural Household(Household)	76964	75983	-1.3
出生人口(人)	Births(person)	2710	4147	53.0
死亡人口(人)	Deaths(person)	6573	820	-87.5
全社会就业人员(人)	Employment(person)	175180	177730	1.5
第一产业(人)	Primary Industry(person)	115990	116830	0.7
第二产业(人)	Secondary Industry(person)	27180	28100	3.4
第三产业(人)	Tertiary Industry(person)	32010	32800	2.5
在岗职工人数(人)	Number of Staff & Workers Employed in(person)	14966	15597	4.2
乡村劳动力(人)	Number of Rural Laborers(person)	147236	146657	-0.4
#农林牧渔业(人)	Farming,Forestry,Animal Husbandry & Fishery(person)	113911	114730	0.7
国民经济综合指标	**Summary Item on the National Economy**			
生产总值(万元)	Gross Domestic Product(10 000 yuan)	540735	720008	14.5
第一产业(万元)	Primary Industry(10 000 yuan)	133694	139100	7.4
第二产业(万元)	Secondary Industry(10 000 yuan)	203545	272928	16.7
#工业(万元)	Industry(10 000 yuan)	142365	188577	25.7
第三产业(万元)	Tertiary Industry(10 000 yuan)	203496	307980	16.0
人均生产总值(元)	Per Capita GDP(yuan)	15350	20493	14.5
全社会固定资产投资(万元)	Total Investment in Fixed Assets(10 000 yuan)	441000	333792	-24.3
按登记注册类型分	Grouped by Registered Type			
#国有(万元)	State-owned Enterprises(10 000 yuan)	219954	125165	-43.1
集体(万元)	Collective-owned Enterprises(10 000 yuan)	2190	1440	-34.2
有限责任公司(万元)	Limited Liability Corporations(10 000 yuan)	70400	70091	-0.4
股份有限公司(万元)	Share Holding Enterprises(10 000 yuan)	30580	59420	94.3
私营企业(万元)	Private Enterprises(10 000 yuan)	15838	28626	80.7
外商及港澳台投资企业(万元)	Funds from HK,Macao,Taiwan & Foreign(10 000 yuan)	3334		
按城乡渠道分	Grouped by Urban and Rural Area			
城镇(万元)	Urban(10 000 yuan)	431717	333792	-22.7
农村(万元)	Rural(10 000 yuan)	9283		
地方财政收入(万元)	Local Governments Revenue(10 000 yuan)	27367	34989	27.9
地方财政支出(万元)	Local Governments Expenditures(10 000 yuan)	51388	63230	23.0
城乡居民储蓄存款余额(万元)	Resident Saving Deposit in Urban & Rural(10 000 yuan)	94690	112298	18.6
在岗职工工资总额(万元)	Total Wages of Staff & Workers Empioyed in(10 000 yuan)	20131	22397	11.3
在岗职工平均工资(元)	Average Wage of Staff & Workers Employed in(yuan)	12917	13844	7.2
农牧民人均纯收入(元)	Per Capita Net Income of Peasant & Herdsman(yuan)	5258	5881	11.8
农村牧区经济	**Economic Development in Rural & Pastoral Area**			
耕地面积(公顷)	Cultivated Area(hectare)	114307	114409	0.1
农作物总播种面积(公顷)	Total Sown Area(hectare)	68045	70667	3.9
#粮食作物播种面积(公顷)	Sown Area of Grain Crops(hectare)	50285	54822	9.0
有效灌溉面积(公顷)	Irrigated Area(hectare)	83013	83088	0.1
农牧业机械总动力(万千瓦)	Total Power of Agricultural Machinery(10 000 kw)	39.32	40.64	3.4
化肥施用折纯量(吨)	Consumption of Chemical Fertilizer(ton)	12763	13279	4.0
农村用电量(万千瓦小时)	Electricity Consumed in Rural Area(10 000 kwh)	7120	7835	10.0
农林牧渔业总产值(万元)	Gross Output of Farming,Forestry,Animal Husbandry & Fishery(10 000 yuan)	230431	244790	6.2
粮食产量(吨)	Yield of Grain(ton)	367199	406000	10.6
油料产量(吨)	Yield of Oil-bearing Grops(ton)	6167	5700	-7.6
甜菜产量(吨)	Yield of Beetroots(ton)	15926	32285	102.7
猪牛羊肉产量(吨)	Output of Pork, Beef & Mutton(ton)	36320	40589	11.8
#猪肉产量(吨)	Output of Pork(ton)	30001	33736	12.4
牛肉产量(吨)	Output of Beef(ton)	3794	4275	12.7
羊肉产量(吨)	Output of Mutton(ton)	2525	2578	2.1
羊毛产量(吨)	Output of Wool(ton)	298	249	-16.4

23-12 Tumotezuo Banner in Hohhot City

指 标	Item	2005	2006	2006年比上年增长% Increase Rate in 2006 Over 2005(%)
年末牲畜存栏头数(万头只)	Total Livestock at the Year-end(10 000 heads)	43.43	43.97	1.2
#大牲畜(万头只)	Large Animals(10 000 heads)	22.18	23.51	6.0
羊(万只)	Sheep & Goats(10 000 heads)	10.84	14.26	31.5
猪(万头)	Hogs(10 000 heads)	10.41	6.20	-40.4
规模以上工业	**Industrial Enterprises above Designated size**			
工业企业单位数(个)	Number of Industrial Enterprises(unit)	21	25	19.0
#内资企业(个)	Civil Funded Enterprises(unit)	17	22	29.4
工业总产值(万元)	Gross Industrial Output Value(10 000 yuan)	90414	159074	75.9
内资企业(万元)	Civil Funded Enterprises(10 000 yuan)	61390	137845	124.5
国有企业(万元)	State-owned Enterprises(10 000 yuan)	577	715	23.9
集体企业(万元)	Collective-owned Enterprises(10 000 yuan)			
股份合作企业(万元)	Share Holding Enterprises(10 000 yuan)			
联营企业(万元)	Joint Owned Enterprises(10 000 yuan)			
有限责任公司(万元)	Limited Company(10 000 yuan)	24340	62557	157.0
股份有限公司(万元)	Share Holding Limited Company(10 000 yuan)	2007		
私营企业(万元)	Privately Owned Enterprises(10 000 yuan)	34466	74573	116.4
其他企业(万元)	Enterprises of Other Ownership(10 000 yuan)			
港澳台商投资企业(万元)	Funds from HK,Macao & Taiwan(10 000 yuan)	6370		
外商投资企业(万元)	Foreign Funded Enterprises(10 000 yuan)	22654	21229	-6.3
工业企业增加值(万元)	Value Added of Industrial Enterprises(10 000 yuan)	33185	54822	67.5
工业企业资产总计(万元)	Total Assets of Industrial Enterprises(10 000 yuan)	87093	166023	90.6
工业企业负债合计(万元)	Total Liabilities of Industrial Enterprises(10 000 yuan)	48669	86821	78.4
工业企业产品销售收入(万元)	Sales of Revenue Industrial Enterprises(10 000 yuan)	85518	154580	80.8
工业企业利润总额(万元)	Total Profits of Industrial Enterprises(10 000 yuan)	4681	9287	98.4
建筑业	**Construction**			
建筑企业单位数(个)	Number of Construction Enterprises(unit)	3	3	0.0
建筑企业从业人员(人)	Number of Employee in Construction Enterprises(person)	656	511	-22.1
建筑业总产值(万元)	Gross Construction Output Value(10 000 yuan)	2940	3105	5.6
交通运输邮电通信业	**Transportation,Post & Telecommunications**			
公路里程(公里)	Total Length of Highways(km)	1114	1114	0.0
邮电业务总量(万元)	Business Volume of Post & Telecoms(10 000 yuan)	5504	6015	9.3
本地电话用户(户)	Number of Subscribers of Local Telephone(Household)	32577	39678	21.8
国内贸易	**Demestic Trade**			
社会消费品零售总额(万元)	Total Retail Sales of Consumer Goods(10 000 yuan)	136029	158420	16.5
#贸易业(万元)	Wholesale & Retail Sales Trades(10 000 yuan)	122910	131001	6.6
餐饮业(万元)	Catering Trade(10 000 yuan)	11994	26222	118.6
科技教育卫生	**Science,Education & Public Health**			
各类专业技术人员(人)	Speccial Technical Personnel(person)	4598	4679	1.8
幼儿园数(所)	Number of Kindergartens(unit)	9	9	0.0
学龄儿童入学率(%)	Percentage of School-Age Children Enrolled(%)	100.0	100.0	0.0
小学学校数(所)	Number of Primary Schools(unit)	115	129	12.2
小学专任教师数(人)	Number of Full-time Teachers of Primary Schools(person)	1823	1772	-2.8
小学在校学生数(人)	Number of Student Enrollment of Primary Schools(person)	27001	25680	-4.9
普通中学学校数(所)	Number of Regular Secondary Schools(unit)	26	21	-19.2
普通中学专任教师数(人)	Number of Teachers of Secondary Shools(person)	931	886	-4.8
初中在校学生数(人)	Number of Student in Junior Secondary Schools(person)	11913	11591	-2.7
高中在校学生数(人)	Number of Student in Senior Secondary Schools(person)	5648	6591	16.7
卫生机构数(所)	Number of Health Institutions(unit)	24	25	4.2
#医院(所)	Hospitals(unit)	2	2	0.0
卫生院(所)	Township Hospitals(unit)	16	16	0.0
床位数(张)	Number of Beds(unit)	296	296	0.0
#医院(张)	Hospitals(unit)	146	146	0.0
卫生院(张)	Township Hospitals(unit)	150	150	0.0
卫生技术人员(人)	Medical Technical Presonnel(person)	498	499	0.2
#医院(人)	Hospitals(person)	173	187	8.1
卫生院(人)	Township Hospitals(person)	228	227	-0.4

23-13 呼和浩特市托克托县

指 标	Item	2005	2006	2006年比上年增长% Increase Rate in 2006 Over 2005(%)
行政区域土地面积(平方公里)	**Area of Administration(Sq.km)**	**1313**	**1313**	**0.0**
人口和就业	**Population & Employment**			
年末总人口(人)	Total Population Year-end(person)	195879	196827	0.5
#男性(人)	Male(person)	101304	101883	0.6
#乡村人口(人)	Rural(person)	144733	148861	2.9
年末总户数(户)	Total Number of Households at the Year-end(Household)	61163	64699	5.8
#乡村户数(户)	Number of Rural Household(Household)	38763	39097	0.9
出生人口(人)	Births(person)	2401	2163	-9.9
死亡人口(人)	Deaths(person)	2656	624	-76.5
全社会就业人员(人)	Employment(person)	113338	111815	-1.3
第一产业(人)	Primary Industry(person)	63470	57468	-9.5
第二产业(人)	Secondary Industry(person)	22119	24424	10.4
第三产业(人)	Tertiary Industry(person)	27749	29923	7.8
在岗职工人数(人)	Number of Staff & Workers Employed in(person)	13239	14199	7.3
乡村劳动力(人)	Number of Rural Laborers(person)	85283	83354	-2.3
#农林牧渔业(人)	Farming,Forestry,Animal Husbandry & Fishery(person)	62670	57468	-8.3
国民经济综合指标	**Summary Item on the National Economy**			
生产总值(万元)	Gross Domestic Product(10 000 yuan)	651088	830916	24.0
第一产业(万元)	Primary Industry(10 000 yuan)	65157	77005	10.1
第二产业(万元)	Secondary Industry(10 000 yuan)	474962	607027	28.4
#工业(万元)	Industry(10 000 yuan)	383463	532117	40.9
第三产业(万元)	Tertiary Industry(10 000 yuan)	110969	146884	16.0
人均生产总值(元)	Per Capita GDP(yuan)	32464	42317	23.4
全社会固定资产投资(万元)	Total Investment in Fixed Assets(10 000 yuan)	953000	401720	-57.8
按登记注册类型分	Grouped by Registered Type			
#国有(万元)	State-owned Enterprises(10 000 yuan)	116093	85372	-26.5
集体(万元)	Collective-owned Enterprises(10 000 yuan)	8126	4890	-39.8
有限责任公司(万元)	Limited Liability Corporations(10 000 yuan)	776439	292153	-62.4
股份有限公司(万元)	Share Holding Enterprises(10 000 yuan)	34537	13375	-61.3
私营企业(万元)	Private Enterprises(10 000 yuan)	6600	2180	-67.0
外商及港澳台投资企业(万元)	Funds from HK,Macao,Taiwan & Foreign(10 000 yuan)	9768	2950	-69.8
按城乡渠道分	Grouped by Urban and Rural Area			
城镇(万元)	Urban(10 000 yuan)	942723	400920	-57.5
农村(万元)	Rural(10 000 yuan)	10277	800	-92.2
地方财政收入(万元)	Local Governments Revenue(10 000 yuan)	51585	72291	40.1
地方财政支出(万元)	Local Governments Expenditures(10 000 yuan)	72830	92274	26.7
城乡居民储蓄存款余额(万元)	Resident Saving Deposit in Urban & Rural(10 000 yuan)	75946	91384	20.3
在岗职工工资总额(万元)	Total Wages of Staff & Workers Empioyed in(10 000 yuan)	24708	30136	22.0
在岗职工平均工资(元)	Average Wage of Staff & Workers Employed in(yuan)	18257	19841	8.7
农牧民人均纯收入(元)	Per Capita Net Income of Peasant & Herdsman(yuan)	4907	5513	12.3
农村牧区经济	**Economic Development in Rural & Pastoral Area**			
耕地面积(公顷)	Cultivated Area(hectare)	42828	42813	0.0
农作物总播种面积(公顷)	Total Sown Area(hectare)	48056	48384	0.7
#粮食作物播种面积(公顷)	Sown Area of Grain Crops(hectare)	33698	32615	-3.2
有效灌溉面积(公顷)	Irrigated Area(hectare)	32554	32687	0.4
农牧业机械总动力(万千瓦)	Total Power of Agricultural Machinery(10 000 kw)	18.20	19.30	6.0
化肥施用折纯量(吨)	Consumption of Chemical Fertilizer(ton)	30744	30863	0.4
农村用电量(万千瓦小时)	Electricity Consumed in Rural Area(10 000 kwh)	4544	4737	4.2
农林牧渔业总产值(万元)	Gross Output of Farming,Forestry,Animal Husbandry & Fishery(10 000 yuan)	112014	134249	20.4
粮食产量(吨)	Yield of Grain(ton)	203498	200002	-1.7
油料产量(吨)	Yield of Oil-bearing Grops(ton)	6761	7335	8.5
甜菜产量(吨)	Yield of Beetroots(ton)	10341	18570	79.6
猪牛羊肉产量(吨)	Output of Pork, Beef & Mutton(ton)	15087	15408	2.1
#猪肉产量(吨)	Output of Pork(ton)	8988	9577	6.6
牛肉产量(吨)	Output of Beef(ton)	3593	3306	-8.0
羊肉产量(吨)	Output of Mutton(ton)	2506	2525	0.8
羊毛产量(吨)	Output of Wool(ton)	708	543	-23.3

23-13 Tuoketuo County in Hohhot City

指 标	Item	2005	2006	2006年比上年增长% Increase Rate in 2006 Over 2005(%)
年末牲畜存栏头数(万头只)	Total Livestock at the Year-end(10 000 heads)	30.06	28.17	-6.3
#大牲畜(万头只)	Large Animals(10 000 heads)	9.61	11.18	16.3
羊(万只)	Sheep & Goats(10 000 heads)	14.70	13.67	-7.0
猪(万头)	Hogs(10 000 heads)	5.74	3.32	-42.2
规模以上工业	**Industrial Enterprises above Designated size**			
工业企业单位数(个)	Number of Industrial Enterprises(unit)	16	22	37.5
#内资企业(个)	Civil Funded Enterprises(unit)	14	20	42.9
工业总产值(万元)	Gross Industrial Output Value(10 000 yuan)	731594	1086506	48.5
内资企业(万元)	Civil Funded Enterprises(10 000 yuan)	649334	964381	48.5
国有企业(万元)	State-owned Enterprises(10 000 yuan)	1943	28922	1388.5
集体企业(万元)	Collective-owned Enterprises(10 000 yuan)			
股份合作企业(万元)	Share Holding Enterprises(10 000 yuan)		3171	
联营企业(万元)	Joint Owned Enterprises(10 000 yuan)			
有限责任公司(万元)	Limited Company(10 000 yuan)	618721	841518	36.0
股份有限公司(万元)	Share Holding Limited Company(10 000 yuan)			
私营企业(万元)	Privately Owned Enterprises(10 000 yuan)	28670	90770	216.6
其他企业(万元)	Enterprises of Other Ownership(10 000 yuan)			
港澳台商投资企业(万元)	Funds from HK,Macao & Taiwan(10 000 yuan)		122125	
外商投资企业(万元)	Foreign Funded Enterprises(10 000 yuan)	82260		
工业企业增加值(万元)	Value Added of Industrial Enterprises(10 000 yuan)	331742	490543	48.1
工业企业资产总计(万元)	Total Assets of Industrial Enterprises(10 000 yuan)	1534420	1883031	22.7
工业企业负债合计(万元)	Total Liabilities of Industrial Enterprises(10 000 yuan)	1131364	1420373	25.5
工业企业产品销售收入(万元)	Sales of Revenue Industrial Enterprises(10 000 yuan)	675400	1043752	54.5
工业企业利润总额(万元)	Total Profits of Industrial Enterprises(10 000 yuan)	143470	224658	56.6
建筑业	**Construction**			
建筑企业单位数(个)	Number of Construction Enterprises(unit)	6	6	0.0
建筑企业从业人员(人)	Number of Employee in Construction Enterprises(person)	1279	1218	-4.8
建筑业总产值(万元)	Gross Construction Output Value(10 000 yuan)	14568	21434	47.1
交通运输邮电通信业	**Transportation,Post & Telecommunications**			
公路里程(公里)	Total Length of Highways(km)	910	910	0.0
邮电业务总量(万元)	Business Volume of Post & Telecoms(10 000 yuan)	1949	2076	6.5
本地电话用户(户)	Number of Subscribers of Local Telephone(Household)	26460	27567	4.2
国内贸易	**Demestic Trade**			
社会消费品零售总额(万元)	Total Retail Sales of Consumer Goods(10 000 yuan)	112635	127592	13.3
#贸易业(万元)	Wholesale & Retail Sales Trades(10 000 yuan)	104698	116792	11.6
餐饮业(万元)	Catering Trade(10 000 yuan)	5433	9881	81.9
科技教育卫生	**Science,Education & Public Health**			
各类专业技术人员(人)	Speccial Technical Personnel(person)	4209	4494	6.8
幼儿园数(所)	Number of Kindergartens(unit)	8	7	-12.5
学龄儿童入学率(%)	Percentage of School-Age Children Enrolled(%)	100.0	100.0	0.0
小学学校数(所)	Number of Primary Schools(unit)	64	91	42.2
小学专任教师数(人)	Number of Full-time Teachers of Primary Schools(person)	995	936	-5.9
小学在校学生数(人)	Number of Student Enrollment of Primary Schools(person)	16028	15453	-3.6
普通中学学校数(所)	Number of Regular Secondary Schools(unit)	8	6	-25.0
普通中学专任教师数(人)	Number of Teachers of Secondary Shools(person)	751	729	-2.9
初中在校学生数(人)	Number of Student in Junior Secondary Schools(person)	10592	9985	-5.7
高中在校学生数(人)	Number of Student in Senior Secondary Schools(person)	5433	4929	-9.3
卫生机构数(所)	Number of Health Institutions(unit)	15	13	-13.3
#医院(所)	Hospitals(unit)	2	2	0.0
卫生院(所)	Township Hospitals(unit)	9	9	0.0
床位数(张)	Number of Beds(unit)	260	243	-6.5
#医院(张)	Hospitals(unit)	156	130	-16.7
卫生院(张)	Township Hospitals(unit)	104	98	-5.8
卫生技术人员(人)	Medical Technical Presonnel(person)	430	461	7.2
#医院(人)	Hospitals(person)	190	126	-33.7
卫生院(人)	Township Hospitals(person)	240	167	-30.4

23-14 呼和浩特市和林格尔县

指 标	Item	2005	2006	2006年比上年增长% Increase Rate in 2006 Over 2005(%)
行政区域土地面积(平方公里)	**Area of Administration(Sq.km)**	**3401**	**3401**	**0.0**
人口和就业	**Population & Employment**			
年末总人口(人)	Total Population Year-end(person)	184249	186902	1.4
#男性(人)	Male(person)	97890	99091	1.2
#乡村人口(人)	Rural(person)	157574	152266	-3.4
年末总户数(户)	Total Number of Households at the Year-end(Household)	55411	57169	3.2
#乡村户数(户)	Number of Rural Household(Household)	39390	38849	-1.4
出生人口(人)	Births(person)	2295	1189	-48.2
死亡人口(人)	Deaths(person)	8004	550	-93.1
全社会就业人员(人)	Employment(person)	97673	100291	2.7
第一产业(人)	Primary Industry(person)	63543	64416	1.4
第二产业(人)	Secondary Industry(person)	15718	16610	5.7
第三产业(人)	Tertiary Industry(person)	18412	19265	4.6
在岗职工人数(人)	Number of Staff & Workers Employed in(person)	17304	17667	2.1
乡村劳动力(人)	Number of Rural Laborers(person)	73224	78349	7.0
#农林牧渔业(人)	Farming,Forestry,Animal Husbandry & Fishery(person)	63543	64416	1.4
国民经济综合指标	**Summary Item on the National Economy**			
生产总值(万元)	Gross Domestic Product(10 000 yuan)	618819	780309	21.6
第一产业(万元)	Primary Industry(10 000 yuan)	84567	90699	9.2
第二产业(万元)	Secondary Industry(10 000 yuan)	423619	531426	21.9
#工业(万元)	Industry(10 000 yuan)	371064	448965	22.2
第三产业(万元)	Tertiary Industry(10 000 yuan)	110633	158184	28.9
人均生产总值(元)	Per Capita GDP(yuan)	33078	42048	22.6
全社会固定资产投资(万元)	Total Investment in Fixed Assets(10 000 yuan)	362000	518546	43.2
按登记注册类型分	Grouped by Registered Type			
#国有(万元)	State-owned Enterprises(10 000 yuan)	128347	327424	155.1
集体(万元)	Collective-owned Enterprises(10 000 yuan)			
有限责任公司(万元)	Limited Liability Corporations(10 000 yuan)	170133	87372	-48.6
股份有限公司(万元)	Share Holding Enterprises(10 000 yuan)			
私营企业(万元)	Private Enterprises(10 000 yuan)			
外商及港澳台投资企业(万元)	Funds from HK,Macao,Taiwan & Foreign(10 000 yuan)	63520	94750	49.2
按城乡渠道分	Grouped by Urban and Rural Area			
城镇(万元)	Urban(10 000 yuan)	360940	503614	39.5
农村(万元)	Rural(10 000 yuan)	1060	14932	1308.7
地方财政收入(万元)	Local Governments Revenue(10 000 yuan)	33720	42047	24.7
地方财政支出(万元)	Local Governments Expenditures(10 000 yuan)	56133	66953	19.3
城乡居民储蓄存款余额(万元)	Resident Saving Deposit in Urban & Rural(10 000 yuan)	58855	80091	36.1
在岗职工工资总额(万元)	Total Wages of Staff & Workers Empioyed in(10 000 yuan)	21137	25295	19.7
在岗职工平均工资(元)	Average Wage of Staff & Workers Employed in(yuan)	15196	15211	0.1
农牧民人均纯收入(元)	Per Capita Net Income of Peasant & Herdsman(yuan)	4379	5082	16.1
农村牧区经济	**Economic Development in Rural & Pastoral Area**			
耕地面积(公顷)	Cultivated Area(hectare)	105929	105842	-0.1
农作物总播种面积(公顷)	Total Sown Area(hectare)	65968	65900	-0.1
#粮食作物播种面积(公顷)	Sown Area of Grain Crops(hectare)	43555	45636	4.8
有效灌溉面积(公顷)	Irrigated Area(hectare)	17385	17820	2.5
农牧业机械总动力(万千瓦)	Total Power of Agricultural Machinery(10 000 kw)	30.74	31.21	1.5
化肥施用折纯量(吨)	Consumption of Chemical Fertilizer(ton)	7805	6294	-19.4
农村用电量(万千瓦小时)	Electricity Consumed in Rural Area(10 000 kwh)	2336	3085	32.1
农林牧渔业总产值(万元)	Gross Output of Farming,Forestry,Animal Husbandry & Fishery(10 000 yuan)	145692	160071	9.9
粮食产量(吨)	Yield of Grain(ton)	191549	181601	-5.2
油料产量(吨)	Yield of Oil-bearing Grops(ton)	4485	5472	22.0
甜菜产量(吨)	Yield of Beetroots(ton)			
猪牛羊肉产量(吨)	Output of Pork, Beef & Mutton(ton)	18417	21223	15.2
#猪肉产量(吨)	Output of Pork(ton)	9405	9433	0.3
牛肉产量(吨)	Output of Beef(ton)	2708	2990	10.4
羊肉产量(吨)	Output of Mutton(ton)	6304	8800	39.6
羊毛产量(吨)	Output of Wool(ton)	755	1123	48.7

23-14 Helingeer County in Hohhot City

指 标	Item	2005	2006	2006年比上年增长% Increase Rate in 2006 Over 2005(%)
年末牲畜存栏头数(万头只)	Total Livestock at the Year-end(10 000 heads)	44.99	48.33	7.4
#大牲畜(万头只)	Large Animals(10 000 heads)	13.85	15.15	9.4
羊(万只)	Sheep & Goats(10 000 heads)	27.62	30.60	10.8
猪(万头)	Hogs(10 000 heads)	3.52	2.58	-26.7
规模以上工业	**Industrial Enterprises above Designated size**			
工业企业单位数(个)	Number of Industrial Enterprises(unit)	13	18	38.5
#内资企业(个)	Civil Funded Enterprises(unit)	9	12	33.3
工业总产值(万元)	Gross Industrial Output Value(10 000 yuan)	1007032	1294310	28.5
内资企业(万元)	Civil Funded Enterprises(10 000 yuan)	155560	303215	94.9
国有企业(万元)	State-owned Enterprises(10 000 yuan)			
集体企业(万元)	Collective-owned Enterprises(10 000 yuan)			
股份合作企业(万元)	Share Holding Enterprises(10 000 yuan)			
联营企业(万元)	Joint Owned Enterprises(10 000 yuan)			
有限责任公司(万元)	Limited Company(10 000 yuan)	30170	4100	-86.4
股份有限公司(万元)	Share Holding Limited Company(10 000 yuan)			
私营企业(万元)	Privately Owned Enterprises(10 000 yuan)	125390	299115	138.5
其他企业(万元)	Enterprises of Other Ownership(10 000 yuan)	155560	303215	94.9
港澳台商投资企业(万元)	Funds from HK,Macao & Taiwan(10 000 yuan)			
外商投资企业(万元)	Foreign Funded Enterprises(10 000 yuan)	851472	991095	16.4
工业企业增加值(万元)	Value Added of Industrial Enterprises(10 000 yuan)	342530	417811	25.9
工业企业资产总计(万元)	Total Assets of Industrial Enterprises(10 000 yuan)	524569	693016	32.1
工业企业负债合计(万元)	Total Liabilities of Industrial Enterprises(10 000 yuan)	202805	259739	28.1
工业企业产品销售收入(万元)	Sales of Revenue Industrial Enterprises(10 000 yuan)	946080	1226652	29.7
工业企业利润总额(万元)	Total Profits of Industrial Enterprises(10 000 yuan)	92679	62981	-32.0
建筑业	**Construction**			
建筑企业单位数(个)	Number of Construction Enterprises(unit)	2	2	0.0
建筑企业从业人员(人)	Number of Employee in Construction Enterprises(person)	100	238	138.0
建筑业总产值(万元)	Gross Construction Output Value(10 000 yuan)	2708	2490	-8.1
交通运输邮电通信业	**Transportation,Post & Telecommunications**			
公路里程(公里)	Total Length of Highways(km)	560	650	16.1
邮电业务总量(万元)	Business Volume of Post & Telecoms(10 000 yuan)	5260	6400	21.7
本地电话用户(户)	Number of Subscribers of Local Telephone(Household)	26036	25652	-1.5
国内贸易	**Demestic Trade**			
社会消费品零售总额(万元)	Total Retail Sales of Consumer Goods(10 000 yuan)	54949	64669	17.7
#贸易业(万元)	Wholesale & Retail Sales Trades(10 000 yuan)	48824	50168	2.8
餐饮业(万元)	Catering Trade(10 000 yuan)	4857	13175	171.3
科技教育卫生	**Science,Education & Public Health**			
各类专业技术人员(人)	Speccial Technical Personnel(person)	2459	2688	9.3
幼儿园数(所)	Number of Kindergartens(unit)	2	2	0.0
学龄儿童入学率(%)	Percentage of School-Age Children Enrolled(%)	100.0	99.6	-0.4
小学学校数(所)	Number of Primary Schools(unit)	119	97	-18.5
小学专任教师数(人)	Number of Full-time Teachers of Primary Schools(person)	710	659	-7.2
小学在校学生数(人)	Number of Student Enrollment of Primary Schools(person)	9823	9527	-3.0
普通中学学校数(所)	Number of Regular Secondary Schools(unit)	8	6	-25.0
普通中学专任教师数(人)	Number of Teachers of Secondary Shools(person)	535	593	10.8
初中在校学生数(人)	Number of Student in Junior Secondary Schools(person)	7615	7827	2.8
高中在校学生数(人)	Number of Student in Senior Secondary Schools(person)	4018	3955	-1.6
卫生机构数(所)	Number of Health Institutions(unit)	17	17	0.0
#医院(所)	Hospitals(unit)	1	1	0.0
卫生院(所)	Township Hospitals(unit)	13	13	0.0
床位数(张)	Number of Beds(unit)	226	226	0.0
#医院(张)	Hospitals(unit)	100	100	0.0
卫生院(张)	Township Hospitals(unit)	117	117	0.0
卫生技术人员(人)	Medical Technical Presonnel(person)	355	417	17.5
#医院(人)	Hospitals(person)	110	110	0.0
卫生院(人)	Township Hospitals(person)	165	216	30.9

23-15 呼和浩特市清水河县

指标	Item	2005	2006	2006年比上年增长% Increase Rate in 2006 Over 2005(%)
行政区域土地面积(平方公里)	**Area of Administration(Sq.km)**	**2859**	**2859**	**0.0**
人口和就业	**Population & Employment**			
年末总人口(人)	Total Population Year-end(person)	136826	133236	-2.6
#男性(人)	Male(person)	71343	69598	-2.4
#乡村人口(人)	Rural(person)	99463	97156	-2.3
年末总户数(户)	Total Number of Households at the Year-end(Household)	38151	40397	5.9
#乡村户数(户)	Number of Rural Household(Household)	25880	24820	-4.1
出生人口(人)	Births(person)	1567	762	-51.4
死亡人口(人)	Deaths(person)	720	370	-48.6
全社会就业人员(人)	Employment(person)	53618	56370	5.1
第一产业(人)	Primary Industry(person)	33123	33149	0.1
第二产业(人)	Secondary Industry(person)	10377	11767	13.4
第三产业(人)	Tertiary Industry(person)	10118	11454	13.2
在岗职工人数(人)	Number of Staff & Workers Employed in(person)	7769	9382	20.8
乡村劳动力(人)	Number of Rural Laborers(person)	45141	44915	-0.5
#农林牧渔业(人)	Farming,Forestry,Animal Husbandry & Fishery(person)	33123	33149	0.1
国民经济综合指标	**Summary Item on the National Economy**			
生产总值(万元)	Gross Domestic Product(10 000 yuan)	122987	160008	10.4
第一产业(万元)	Primary Industry(10 000 yuan)	30924	41758	8.7
第二产业(万元)	Secondary Industry(10 000 yuan)	40003	46675	0.9
#工业(万元)	Industry(10 000 yuan)	26764	34308	4.5
第三产业(万元)	Tertiary Industry(10 000 yuan)	52060	71575	15.9
人均生产总值(元)	Per Capita GDP(yuan)	8983	11850	12.0
全社会固定资产投资(万元)	Total Investment in Fixed Assets(10 000 yuan)	102000	55449	-45.6
按登记注册类型分	Grouped by Registered Type			
#国有(万元)	State-owned Enterprises(10 000 yuan)	33768	25844	-23.5
集体(万元)	Collective-owned Enterprises(10 000 yuan)			
有限责任公司(万元)	Limited Liability Corporations(10 000 yuan)	57600	29605	-48.6
股份有限公司(万元)	Share Holding Enterprises(10 000 yuan)	580		
私营企业(万元)	Private Enterprises(10 000 yuan)	2845		
外商及港澳台投资企业(万元)	Funds from HK,Macao,Taiwan & Foreign(10 000 yuan)			
按城乡渠道分	Grouped by Urban and Rural Area			
城镇(万元)	Urban(10 000 yuan)	92883	55449	-40.3
农村(万元)	Rural(10 000 yuan)	9117		
地方财政收入(万元)	Local Governments Revenue(10 000 yuan)	4376	6271	43.3
地方财政支出(万元)	Local Governments Expenditures(10 000 yuan)	18378	23332	27.0
城乡居民储蓄存款余额(万元)	Resident Saving Deposit in Urban & Rural(10 000 yuan)	64513	81008	25.6
在岗职工工资总额(万元)	Total Wages of Staff & Workers Empioyed in(10 000 yuan)	9595	9836	2.5
在岗职工平均工资(元)	Average Wage of Staff & Workers Employed in(yuan)	12017	13992	16.4
农牧民人均纯收入(元)	Per Capita Net Income of Peasant & Herdsman(yuan)	3282	3785	15.3
农村牧区经济	**Economic Development in Rural & Pastoral Area**			
耕地面积(公顷)	Cultivated Area(hectare)	54459	65324	20.0
农作物总播种面积(公顷)	Total Sown Area(hectare)	47337	52746	11.4
#粮食作物播种面积(公顷)	Sown Area of Grain Crops(hectare)	27046	36151	33.7
有效灌溉面积(公顷)	Irrigated Area(hectare)	3148	3178	1.0
农牧业机械总动力(万千瓦)	Total Power of Agricultural Machinery(10 000 kw)	7.50	6.90	-8.0
化肥施用折纯量(吨)	Consumption of Chemical Fertilizer(ton)	10276	10353	0.7
农村用电量(万千瓦小时)	Electricity Consumed in Rural Area(10 000 kwh)	671	732	9.1
农林牧渔业总产值(万元)	Gross Output of Farming,Forestry,Animal Husbandry & Fishery(10 000 yuan)	48201	70805	10.1
粮食产量(吨)	Yield of Grain(ton)	70501	71491	1.4
油料产量(吨)	Yield of Oil-bearing Grops(ton)	8166	10502	28.6
甜菜产量(吨)	Yield of Beetroots(ton)			
猪牛羊肉产量(吨)	Output of Pork, Beef & Mutton(ton)	13732	20020	45.8
#猪肉产量(吨)	Output of Pork(ton)	10709	15069	40.7
牛肉产量(吨)	Output of Beef(ton)	752	752	0.0
羊肉产量(吨)	Output of Mutton(ton)	2271	4199	84.9
羊毛产量(吨)	Output of Wool(ton)	307	250	-18.6

23-15 Qingshuihe County in Hohhot City

指 标	Item	2005	2006	2006年比上年增长% Increase Rate in 2006 Over 2005(%)
年末牲畜存栏头数(万头只)	Total Livestock at the Year-end(10 000 heads)	25.47	28.37	11.4
#大牲畜(万头只)	Large Animals(10 000 heads)	2.57	4.04	57.2
羊(万只)	Sheep & Goats(10 000 heads)	20.10	21.53	7.1
猪(万头)	Hogs(10 000 heads)	2.80	2.80	0.0
规模以上工业	**Industrial Enterprises above Designated size**			
工业企业单位数(个)	Number of Industrial Enterprises(unit)	15	15	0.0
#内资企业(个)	Civil Funded Enterprises(unit)	14	14	0.0
工业总产值(万元)	Gross Industrial Output Value(10 000 yuan)	45578	59657	30.9
内资企业(万元)	Civil Funded Enterprises(10 000 yuan)	42986	56699	31.9
国有企业(万元)	State-owned Enterprises(10 000 yuan)	108	181	67.6
集体企业(万元)	Collective-owned Enterprises(10 000 yuan)	815	1259	54.5
股份合作企业(万元)	Share Holding Enterprises(10 000 yuan)			
联营企业(万元)	Joint Owned Enterprises(10 000 yuan)			
有限责任公司(万元)	Limited Company(10 000 yuan)	13218	11185	-15.4
股份有限公司(万元)	Share Holding Limited Company(10 000 yuan)	13508	21002	55.5
私营企业(万元)	Privately Owned Enterprises(10 000 yuan)	15337	23072	50.4
其他企业(万元)	Enterprises of Other Ownership(10 000 yuan)			
港澳台商投资企业(万元)	Funds from HK,Macao & Taiwan(10 000 yuan)	2592	2958	14.1
外商投资企业(万元)	Foreign Funded Enterprises(10 000 yuan)			
工业企业增加值(万元)	Value Added of Industrial Enterprises(10 000 yuan)	22992	25555	1.0
工业企业资产总计(万元)	Total Assets of Industrial Enterprises(10 000 yuan)	70367	91166	29.6
工业企业负债合计(万元)	Total Liabilities of Industrial Enterprises(10 000 yuan)	41705	49315	18.2
工业企业产品销售收入(万元)	Sales of Revenue Industrial Enterprises(10 000 yuan)	42494	61252	44.1
工业企业利润总额(万元)	Total Profits of Industrial Enterprises(10 000 yuan)	-453	1228	
建筑业	**Construction**			
建筑企业单位数(个)	Number of Construction Enterprises(unit)	1	1	0.0
建筑企业从业人员(人)	Number of Employee in Construction Enterprises(person)	6	180	2900.0
建筑业总产值(万元)	Gross Construction Output Value(10 000 yuan)	112	971	767.0
交通运输邮电通信业	**Transportation,Post & Telecommunications**			
公路里程(公里)	Total Length of Highways(km)	637	721	13.2
邮电业务总量(万元)	Business Volume of Post & Telecoms(10 000 yuan)	4152	4262	2.6
本地电话用户(户)	Number of Subscribers of Local Telephone(Household)	17516	13093	-25.3
国内贸易	**Demestic Trade**			
社会消费品零售总额(万元)	Total Retail Sales of Consumer Goods(10 000 yuan)	15800	18253	15.5
#贸易业(万元)	Wholesale & Retail Sales Trades(10 000 yuan)	12720	14909	17.2
餐饮业(万元)	Catering Trade(10 000 yuan)	2978	3228	8.4
科技教育卫生	**Science,Education & Public Health**			
各类专业技术人员(人)	Speccial Technical Personnel(person)	2947	3016	2.3
幼儿园数(所)	Number of Kindergartens(unit)	3	2	-33.3
学龄儿童入学率(%)	Percentage of School-Age Children Enrolled(%)	100.0	100.0	0.0
小学学校数(所)	Number of Primary Schools(unit)	85	94	10.6
小学专任教师数(人)	Number of Full-time Teachers of Primary Schools(person)	679	694	2.2
小学在校学生数(人)	Number of Student Enrollment of Primary Schools(person)	11780	10273	-12.8
普通中学学校数(所)	Number of Regular Secondary Schools(unit)	8	7	-12.5
普通中学专任教师数(人)	Number of Teachers of Secondary Shools(person)	311	389	25.1
初中在校学生数(人)	Number of Student in Junior Secondary Schools(person)	7603	5353	-29.6
高中在校学生数(人)	Number of Student in Senior Secondary Schools(person)	1352	1889	39.7
卫生机构数(所)	Number of Health Institutions(unit)	18	18	0.0
#医院(所)	Hospitals(unit)	1	1	0.0
卫生院(所)	Township Hospitals(unit)	14	14	0.0
床位数(张)	Number of Beds(unit)	200	200	0.0
#医院(张)	Hospitals(unit)	100	100	0.0
卫生院(张)	Township Hospitals(unit)	100	100	0.0
卫生技术人员(人)	Medical Technical Presonnel(person)	349	349	0.0
#医院(人)	Hospitals(person)	81	81	0.0
卫生院(人)	Township Hospitals(person)	102	102	0.0

23-16 呼和浩特市武川县

指 标	Item	2005	2006	2006年比上年增长% Increase Rate in 2006 Over 2005(%)
行政区域土地面积(平方公里)	**Area of Administration(Sq.km)**	**4885**	**4885**	**0.0**
人口和就业	**Population & Employment**			
年末总人口(人)	Total Population Year-end(person)	172003	173065	0.6
#男性(人)	Male(person)	91797	92039	0.3
#乡村人口(人)	Rural(person)	135818	132118	-2.7
年末总户数(户)	Total Number of Households at the Year-end(Household)	50641	52207	3.1
#乡村户数(户)	Number of Rural Household(Household)	34520	33458	-3.1
出生人口(人)	Births(person)	2114	1430	-32.4
死亡人口(人)	Deaths(person)	1675	1698	1.4
全社会就业人员(人)	Employment(person)	86969	87045	0.1
第一产业(人)	Primary Industry(person)	67528	65084	-3.6
第二产业(人)	Secondary Industry(person)	5895	8178	38.7
第三产业(人)	Tertiary Industry(person)	13546	13783	1.7
在岗职工人数(人)	Number of Staff & Workers Employed in(person)	7762	8523	9.8
乡村劳动力(人)	Number of Rural Laborers(person)	79061	77119	-2.5
#农林牧渔业(人)	Farming,Forestry,Animal Husbandry & Fishery(person)	67528	65084	-3.6
国民经济综合指标	**Summary Item on the National Economy**			
生产总值(万元)	Gross Domestic Product(10 000 yuan)	194601	240336	23.4
第一产业(万元)	Primary Industry(10 000 yuan)	42660	46496	8.3
第二产业(万元)	Secondary Industry(10 000 yuan)	97558	128108	32.0
#工业(万元)	Industry(10 000 yuan)	67069	95694	43.9
第三产业(万元)	Tertiary Industry(10 000 yuan)	54383	65732	20.2
人均生产总值(元)	Per Capita GDP(yuan)	11321	14156	22.9
全社会固定资产投资(万元)	Total Investment in Fixed Assets(10 000 yuan)	183252	244237	33.3
按登记注册类型分	Grouped by Registered Type			
#国有(万元)	State-owned Enterprises(10 000 yuan)	39398	60445	53.4
集体(万元)	Collective-owned Enterprises(10 000 yuan)		100	
有限责任公司(万元)	Limited Liability Corporations(10 000 yuan)	6589	10030	52.2
股份有限公司(万元)	Share Holding Enterprises(10 000 yuan)	120192	162444	35.2
私营企业(万元)	Private Enterprises(10 000 yuan)	17073	2360	-86.2
外商及港澳台投资企业(万元)	Funds from HK,Macao,Taiwan & Foreign(10 000 yuan)		300	
按城乡渠道分	Grouped by Urban and Rural Area			
城镇(万元)	Urban(10 000 yuan)	175243	215237	22.8
农村(万元)	Rural(10 000 yuan)	8009	29000	262.1
地方财政收入(万元)	Local Governments Revenue(10 000 yuan)	4681	6688	42.9
地方财政支出(万元)	Local Governments Expenditures(10 000 yuan)	21796	28480	30.7
城乡居民储蓄存款余额(万元)	Resident Saving Deposit in Urban & Rural(10 000 yuan)	63968	70655	10.5
在岗职工工资总额(万元)	Total Wages of Staff & Workers Empioyed in(10 000 yuan)	10008	12043	20.3
在岗职工平均工资(元)	Average Wage of Staff & Workers Employed in(yuan)	12934	14627	13.1
农牧民人均纯收入(元)	Per Capita Net Income of Peasant & Herdsman(yuan)	2372	3079	29.8
农村牧区经济	**Economic Development in Rural & Pastoral Area**			
耕地面积(公顷)	Cultivated Area(hectare)	130323	130162	-0.1
农作物总播种面积(公顷)	Total Sown Area(hectare)	134692	134667	0.0
#粮食作物播种面积(公顷)	Sown Area of Grain Crops(hectare)	83205	88933	6.9
有效灌溉面积(公顷)	Irrigated Area(hectare)	11670	12000	2.8
农牧业机械总动力(万千瓦)	Total Power of Agricultural Machinery(10 000 kw)	25.06	25.20	0.6
化肥施用折纯量(吨)	Consumption of Chemical Fertilizer(ton)	10748	10412	-3.1
农村用电量(万千瓦小时)	Electricity Consumed in Rural Area(10 000 kwh)	2050	2081	1.5
农林牧渔业总产值(万元)	Gross Output of Farming,Forestry,Animal Husbandry & Fishery(10 000 yuan)	76898	87219	13.4
粮食产量(吨)	Yield of Grain(ton)	139577	165953	18.9
油料产量(吨)	Yield of Oil-bearing Grops(ton)	34306	28974	-15.5
甜菜产量(吨)	Yield of Beetroots(ton)			
猪牛羊肉产量(吨)	Output of Pork, Beef & Mutton(ton)	5285	7410	40.2
#猪肉产量(吨)	Output of Pork(ton)	2225	2541	14.2
牛肉产量(吨)	Output of Beef(ton)	1581	2429	53.6
羊肉产量(吨)	Output of Mutton(ton)	1479	2440	65.0
羊毛产量(吨)	Output of Wool(ton)	274	285	4.0

23-16 Wuchuan County in Hohhot City

指 标	Item	2005	2006	2006年比上年增长% Increase Rate in 2006 Over 2005(%)
年末牲畜存栏头数(万头只)	Total Livestock at the Year-end(10 000 heads)	20.94	42.83	104.5
#大牲畜(万头只)	Large Animals(10 000 heads)	4.75	2.90	-38.9
羊(万只)	Sheep & Goats(10 000 heads)	13.79	38.22	177.2
猪(万头)	Hogs(10 000 heads)			
规模以上工业	**Industrial Enterprises above Designated size**			
工业企业单位数(个)	Number of Industrial Enterprises(unit)	26	29	11.5
#内资企业(个)	Civil Funded Enterprises(unit)	26	29	11.5
工业总产值(万元)	Gross Industrial Output Value(10 000 yuan)	46950	115240	145.5
内资企业(万元)	Civil Funded Enterprises(10 000 yuan)	46950	115240	145.5
国有企业(万元)	State-owned Enterprises(10 000 yuan)	6656	208	-96.9
集体企业(万元)	Collective-owned Enterprises(10 000 yuan)			
股份合作企业(万元)	Share Holding Enterprises(10 000 yuan)			
联营企业(万元)	Joint Owned Enterprises(10 000 yuan)			
有限责任公司(万元)	Limited Company(10 000 yuan)	506	33254	6471.9
股份有限公司(万元)	Share Holding Limited Company(10 000 yuan)	615		
私营企业(万元)	Privately Owned Enterprises(10 000 yuan)	39173	81778	108.8
其他企业(万元)	Enterprises of Other Ownership(10 000 yuan)			
港澳台商投资企业(万元)	Funds from HK,Macao & Taiwan(10 000 yuan)			
外商投资企业(万元)	Foreign Funded Enterprises(10 000 yuan)			
工业企业增加值(万元)	Value Added of Industrial Enterprises(10 000 yuan)	23926	54541	123.6
工业企业资产总计(万元)	Total Assets of Industrial Enterprises(10 000 yuan)	37894	101111	166.8
工业企业负债合计(万元)	Total Liabilities of Industrial Enterprises(10 000 yuan)	22509	67028	197.8
工业企业产品销售收入(万元)	Sales of Revenue Industrial Enterprises(10 000 yuan)	48998	112141	128.9
工业企业利润总额(万元)	Total Profits of Industrial Enterprises(10 000 yuan)	495	2259	356.4
建筑业	**Construction**			
建筑企业单位数(个)	Number of Construction Enterprises(unit)	3	3	0.0
建筑企业从业人员(人)	Number of Employee in Construction Enterprises(person)	25	142	468.0
建筑业总产值(万元)	Gross Construction Output Value(10 000 yuan)	1215	640	-47.3
交通运输邮电通信业	**Transportation,Post & Telecommunications**			
公路里程(公里)	Total Length of Highways(km)	511	511	0.0
邮电业务总量(万元)	Business Volume of Post & Telecoms(10 000 yuan)	1617	1940	20.0
本地电话用户(户)	Number of Subscribers of Local Telephone(Household)	21437	18993	-11.4
国内贸易	**Demestic Trade**			
社会消费品零售总额(万元)	Total Retail Sales of Consumer Goods(10 000 yuan)	34511	39316	13.9
#贸易业(万元)	Wholesale & Retail Sales Trades(10 000 yuan)	26516	29742	12.2
餐饮业(万元)	Catering Trade(10 000 yuan)	7783	9341	20.0
科技教育卫生	**Science,Education & Public Health**			
各类专业技术人员(人)	Speccial Technical Personnel(person)	2103	2169	3.1
幼儿园数(所)	Number of Kindergartens(unit)	17	20	17.6
学龄儿童入学率(%)	Percentage of School-Age Children Enrolled(%)	99.9	100.0	0.1
小学学校数(所)	Number of Primary Schools(unit)	33	66	100.0
小学专任教师数(人)	Number of Full-time Teachers of Primary Schools(person)	726	747	2.9
小学在校学生数(人)	Number of Student Enrollment of Primary Schools(person)	9125	10199	11.8
普通中学学校数(所)	Number of Regular Secondary Schools(unit)	23	19	-17.4
普通中学专任教师数(人)	Number of Teachers of Secondary Shools(person)	524	455	-13.2
初中在校学生数(人)	Number of Student in Junior Secondary Schools(person)	6871	5030	-26.8
高中在校学生数(人)	Number of Student in Senior Secondary Schools(person)	3877	3387	-12.6
卫生机构数(所)	Number of Health Institutions(unit)	26	26	0.0
#医院(所)	Hospitals(unit)	2	2	0.0
卫生院(所)	Township Hospitals(unit)	19	19	0.0
床位数(张)	Number of Beds(unit)	208	273	31.2
#医院(张)	Hospitals(unit)	100	179	79.0
卫生院(张)	Township Hospitals(unit)	99	94	-5.1
卫生技术人员(人)	Medical Technical Presonnel(person)	451	468	3.8
#医院(人)	Hospitals(person)	129	136	5.4
卫生院(人)	Township Hospitals(person)	218	202	-7.3

23-17 包头市东河区

指 标	Item	2005	2006	2006年比上年增长% Increase Rate in 2006 Over 2005(%)
行政区域土地面积(平方公里)	**Area of Administration(Sq.km)**	**85**	**85**	**0.0**
人口和就业	**Population & Employment**			
年末总人口(人)	Total Population Year-end(person)	454000	459030	1.1
#男性(人)	Male(person)	227900	230300	1.1
#乡村人口(人)	Rural(person)			
年末总户数(户)	Total Number of Households at the Year-end(Household)	166300	167529	0.7
#乡村户数(户)	Number of Rural Household(Household)			
出生人口(人)	Births(person)	2393	2802	17.1
死亡人口(人)	Deaths(person)	2031	2185	7.6
全社会就业人员(人)	Employment(person)	191328	209080	9.3
第一产业(人)	Primary Industry(person)	6328	6725	6.3
第二产业(人)	Secondary Industry(person)	56718	65741	15.9
第三产业(人)	Tertiary Industry(person)	128282	136614	6.5
在岗职工人数(人)	Number of Staff & Workers Employed in(person)	51740	51861	0.2
乡村劳动力(人)	Number of Rural Laborers(person)			
#农林牧渔业(人)	Farming,Forestry,Animal Husbandry & Fishery(person)			
国民经济综合指标	**Summary Item on the National Economy**			
生产总值(万元)	Gross Domestic Product(10 000 yuan)	1031452	1300130	16.7
第一产业(万元)	Primary Industry(10 000 yuan)	6215	6700	5.3
第二产业(万元)	Secondary Industry(10 000 yuan)	435435	566763	18.0
#工业(万元)	Industry(10 000 yuan)	340634	452249	18.8
第三产业(万元)	Tertiary Industry(10 000 yuan)	589802	726667	15.8
人均生产总值(元)	Per Capita GDP(yuan)	22817	28480	15.6
全社会固定资产投资(万元)	Total Investment in Fixed Assets(10 000 yuan)	900000	1000000	11.1
按登记注册类型分	Grouped by Registered Type			
#国有(万元)	State-owned Enterprises(10 000 yuan)	266684	129620	-51.4
集体(万元)	Collective-owned Enterprises(10 000 yuan)	17542	15246	-13.1
有限责任公司(万元)	Limited Liability Corporations(10 000 yuan)	381908	656338	71.9
股份有限公司(万元)	Share Holding Enterprises(10 000 yuan)	36881	9501	-74.2
私营企业(万元)	Private Enterprises(10 000 yuan)	29534	130395	341.5
外商及港澳台投资企业(万元)	Funds from HK,Macao,Taiwan & Foreign(10 000 yuan)	27472	19800	-27.9
按城乡渠道分	Grouped by Urban and Rural Area			
城镇(万元)	Urban(10 000 yuan)	764634	974064	27.4
农村(万元)	Rural(10 000 yuan)			
地方财政收入(万元)	Local Governments Revenue(10 000 yuan)	61672	79833	29.4
地方财政支出(万元)	Local Governments Expenditures(10 000 yuan)	60097	97798	62.7
城乡居民储蓄存款余额(万元)	Resident Saving Deposit in Urban & Rural(10 000 yuan)			
在岗职工工资总额(万元)	Total Wages of Staff & Workers Empioyed in(10 000 yuan)	83041	93870	13.0
在岗职工平均工资(元)	Average Wage of Staff & Workers Employed in(yuan)	16052	18353	14.3
农牧民人均纯收入(元)	Per Capita Net Income of Peasant & Herdsman(yuan)			
农村牧区经济	**Economic Development in Rural & Pastoral Area**			
耕地面积(公顷)	Cultivated Area(hectare)			
农作物总播种面积(公顷)	Total Sown Area(hectare)			
#粮食作物播种面积(公顷)	Sown Area of Grain Crops(hectare)			
有效灌溉面积(公顷)	Irrigated Area(hectare)			
农牧业机械总动力(万千瓦)	Total Power of Agricultural Machinery(10 000 kw)			
化肥施用折纯量(吨)	Consumption of Chemical Fertilizer(ton)			
农村用电量(万千瓦小时)	Electricity Consumed in Rural Area(10 000 kwh)			
农林牧渔业总产值(万元)	Gross Output of Farming,Forestry,Animal Husbandry & Fishery(10 000 yuan)			
粮食产量(吨)	Yield of Grain(ton)			
油料产量(吨)	Yield of Oil-bearing Grops(ton)			
甜菜产量(吨)	Yield of Beetroots(ton)			
猪牛羊肉产量(吨)	Output of Pork, Beef & Mutton(ton)			
#猪肉产量(吨)	Output of Pork(ton)			
牛肉产量(吨)	Output of Beef(ton)			
羊肉产量(吨)	Output of Mutton(ton)			
羊毛产量(吨)	Output of Wool(ton)			

23-17 Donghe District in Baotou City

指 标	Item	2005	2006	2006年比上年增长% Increase Rate in 2006 Over 2005(%)
年末牲畜存栏头数(万头只)	Total Livestock at the Year-end(10 000 heads)			
#大牲畜(万头只)	Large Animals(10 000 heads)			
羊(万只)	Sheep & Goats(10 000 heads)			
猪(万头)	Hogs(10 000 heads)			
规模以上工业	**Industrial Enterprises above Designated size**			
工业企业单位数(个)	Number of Industrial Enterprises(unit)	41	46	12.2
#内资企业(个)	Civil Funded Enterprises(unit)	39	43	10.3
工业总产值(万元)	Gross Industrial Output Value(10 000 yuan)	823964	1081468	31.3
内资企业(万元)	Civil Funded Enterprises(10 000 yuan)	821663	1075874	30.9
国有企业(万元)	State-owned Enterprises(10 000 yuan)	191424	179942	-6.0
集体企业(万元)	Collective-owned Enterprises(10 000 yuan)	13518		
股份合作企业(万元)	Share Holding Enterprises(10 000 yuan)	16447		
联营企业(万元)	Joint Owned Enterprises(10 000 yuan)			
有限责任公司(万元)	Limited Company(10 000 yuan)	468375	759743	62.2
股份有限公司(万元)	Share Holding Limited Company(10 000 yuan)	96139	74533	-22.5
私营企业(万元)	Privately Owned Enterprises(10 000 yuan)	35760	61656	72.4
其他企业(万元)	Enterprises of Other Ownership(10 000 yuan)			
港澳台商投资企业(万元)	Funds from HK,Macao & Taiwan(10 000 yuan)	1161	3964	241.4
外商投资企业(万元)	Foreign Funded Enterprises(10 000 yuan)	1140	1630	43.0
工业企业增加值(万元)	Value Added of Industrial Enterprises(10 000 yuan)	282267	360345	21.2
工业企业资产总计(万元)	Total Assets of Industrial Enterprises(10 000 yuan)	1210680	1545228	27.6
工业企业负债合计(万元)	Total Liabilities of Industrial Enterprises(10 000 yuan)	710977	1107746	55.8
工业企业产品销售收入(万元)	Sales of Revenue Industrial Enterprises(10 000 yuan)	738116	957448	29.7
工业企业利润总额(万元)	Total Profits of Industrial Enterprises(10 000 yuan)	5571	41848	651.2
建筑业	**Construction**			
建筑企业单位数(个)	Number of Construction Enterprises(unit)	16	15	-6.2
建筑企业从业人员(人)	Number of Employee in Construction Enterprises(person)	4896	5822	18.9
建筑业总产值(万元)	Gross Construction Output Value(10 000 yuan)	67720	111355	64.4
交通运输邮电通信业	**Transportation,Post & Telecommunications**			
公路里程(公里)	Total Length of Highways(km)	151	151	0.0
邮电业务总量(万元)	Business Volume of Post & Telecoms(10 000 yuan)	28115	34110	21.3
本地电话用户(户)	Number of Subscribers of Local Telephone(Household)	92030	78226	-15.0
国内贸易	**Demestic Trade**			
社会消费品零售总额(万元)	Total Retail Sales of Consumer Goods(10 000 yuan)	618661	714473	15.5
#贸易业(万元)	Wholesale & Retail Sales Trades(10 000 yuan)	505061	576222	14.1
餐饮业(万元)	Catering Trade(10 000 yuan)	103560	130189	25.7
科技教育卫生	**Science,Education & Public Health**			
各类专业技术人员(人)	Speccial Technical Personnel(person)	13461	13239	-1.6
幼儿园数(所)	Number of Kindergartens(unit)	14	10	-28.6
学龄儿童入学率(%)	Percentage of School-Age Children Enrolled(%)	100.0	100.0	0.0
小学学校数(所)	Number of Primary Schools(unit)	36	36	0.0
小学专任教师数(人)	Number of Full-time Teachers of Primary Schools(person)	1302	1298	-0.3
小学在校学生数(人)	Number of Student Enrollment of Primary Schools(person)	22230	23087	3.9
普通中学学校数(所)	Number of Regular Secondary Schools(unit)	27	28	3.7
普通中学专任教师数(人)	Number of Teachers of Secondary Shools(person)	1923	2034	5.8
初中在校学生数(人)	Number of Student in Junior Secondary Schools(person)	22034	22068	0.2
高中在校学生数(人)	Number of Student in Senior Secondary Schools(person)	10596	11234	6.0
卫生机构数(所)	Number of Health Institutions(unit)	22	22	0.0
#医院(所)	Hospitals(unit)	13	13	0.0
卫生院(所)	Township Hospitals(unit)	9	9	0.0
床位数(张)	Number of Beds(unit)	2610	2791	6.9
#医院(张)	Hospitals(unit)	2363	2544	7.7
卫生院(张)	Township Hospitals(unit)	247	247	0.0
卫生技术人员(人)	Medical Technical Presonnel(person)	2631	2579	-2.0
#医院(人)	Hospitals(person)	2441	2404	-1.5
卫生院(人)	Township Hospitals(person)	190	175	-7.9

23-18 包头市昆都仑区

指 标	Item	2005	2006	2006年比上年增长% Increase Rate in 2006 Over 2005(%)
行政区域土地面积(平方公里)	**Area of Administration(Sq.km)**	**103**	**103**	**0.0**
人口和就业	**Population & Employment**			
年末总人口(人)	Total Population Year-end(person)	563200	572005	1.6
#男性(人)	Male(person)	281700	286600	1.7
#乡村人口(人)	Rural(person)			
年末总户数(户)	Total Number of Households at the Year-end(Household)	209150	211854	1.3
#乡村户数(户)	Number of Rural Household(Household)			
出生人口(人)	Births(person)	2717	2285	-15.9
死亡人口(人)	Deaths(person)	1391	1689	21.4
全社会就业人员(人)	Employment(person)	190243	198724	4.5
第一产业(人)	Primary Industry(person)	5897	6305	6.9
第二产业(人)	Secondary Industry(person)	85970	85877	-0.1
第三产业(人)	Tertiary Industry(person)	98376	106542	8.3
在岗职工人数(人)	Number of Staff & Workers Employed in(person)	116086	109265	-5.9
乡村劳动力(人)	Number of Rural Laborers(person)			
#农林牧渔业(人)	Farming,Forestry,Animal Husbandry & Fishery(person)			
国民经济综合指标	**Summary Item on the National Economy**			
生产总值(万元)	Gross Domestic Product(10 000 yuan)	2871020	3551239	22.2
第一产业(万元)	Primary Industry(10 000 yuan)	1679	1800	4.7
第二产业(万元)	Secondary Industry(10 000 yuan)	1754996	2124116	24.2
#工业(万元)	Industry(10 000 yuan)	1656808	2008552	24.9
第三产业(万元)	Tertiary Industry(10 000 yuan)	1114345	1425323	18.9
人均生产总值(元)	Per Capita GDP(yuan)	51186	62566	20.6
全社会固定资产投资(万元)	Total Investment in Fixed Assets(10 000 yuan)	1060000	1107000	4.4
按登记注册类型分	Grouped by Registered Type			
#国有(万元)	State-owned Enterprises(10 000 yuan)	602845	210844	-65.0
集体(万元)	Collective-owned Enterprises(10 000 yuan)	29551	57322	94.0
有限责任公司(万元)	Limited Liability Corporations(10 000 yuan)	161240	634162	293.3
股份有限公司(万元)	Share Holding Enterprises(10 000 yuan)	60900	131981	116.7
私营企业(万元)	Private Enterprises(10 000 yuan)	4300	8200	90.7
外商及港澳台投资企业(万元)	Funds from HK,Macao,Taiwan & Foreign(10 000 yuan)	5000	13835	176.7
按城乡渠道分	Grouped by Urban and Rural Area			
城镇(万元)	Urban(10 000 yuan)	884956	1084458	22.5
农村(万元)	Rural(10 000 yuan)			
地方财政收入(万元)	Local Governments Revenue(10 000 yuan)	70075	86188	23.0
地方财政支出(万元)	Local Governments Expenditures(10 000 yuan)	60384	86645	43.5
城乡居民储蓄存款余额(万元)	Resident Saving Deposit in Urban & Rural(10 000 yuan)	1502177	1787644	19.0
在岗职工工资总额(万元)	Total Wages of Staff & Workers Empioyed in(10 000 yuan)	238033	264514	11.1
在岗职工平均工资(元)	Average Wage of Staff & Workers Employed in(yuan)	20423	24651	20.7
农牧民人均纯收入(元)	Per Capita Net Income of Peasant & Herdsman(yuan)			
农村牧区经济	**Economic Development in Rural & Pastoral Area**			
耕地面积(公顷)	Cultivated Area(hectare)			
农作物总播种面积(公顷)	Total Sown Area(hectare)			
#粮食作物播种面积(公顷)	Sown Area of Grain Crops(hectare)			
有效灌溉面积(公顷)	Irrigated Area(hectare)			
农牧业机械总动力(万千瓦)	Total Power of Agricultural Machinery(10 000 kw)			
化肥施用折纯量(吨)	Consumption of Chemical Fertilizer(ton)			
农村用电量(万千瓦小时)	Electricity Consumed in Rural Area(10 000 kwh)			
农林牧渔业总产值(万元)	Gross Output of Farming,Forestry,Animal Husbandry & Fishery(10 000 yuan)			
粮食产量(吨)	Yield of Grain(ton)			
油料产量(吨)	Yield of Oil-bearing Grops(ton)			
甜菜产量(吨)	Yield of Beetroots(ton)			
猪牛羊肉产量(吨)	Output of Pork, Beef & Mutton(ton)			
#猪肉产量(吨)	Output of Pork(ton)			
牛肉产量(吨)	Output of Beef(ton)			
羊肉产量(吨)	Output of Mutton(ton)			
羊毛产量(吨)	Output of Wool(ton)			

23-18 Kundulun District in Baotou City

指 标	Item	2005	2006	2006年比上年增长% Increase Rate in 2006 Over 2005(%)
年末牲畜存栏头数(万头只)	Total Livestock at the Year-end(10 000 heads)			
#大牲畜(万头只)	Large Animals(10 000 heads)			
羊(万只)	Sheep & Goats(10 000 heads)			
猪(万头)	Hogs(10 000 heads)			
规模以上工业	**Industrial Enterprises above Designated size**			
工业企业单位数(个)	Number of Industrial Enterprises(unit)	74	66	-10.8
#内资企业(个)	Civil Funded Enterprises(unit)	72	64	-11.1
工业总产值(万元)	Gross Industrial Output Value(10 000 yuan)	4403789	4835626	9.8
内资企业(万元)	Civil Funded Enterprises(10 000 yuan)	4387463	4815782	9.8
国有企业(万元)	State-owned Enterprises(10 000 yuan)	135040	187075	38.5
集体企业(万元)	Collective-owned Enterprises(10 000 yuan)	49521	48244	-2.6
股份合作企业(万元)	Share Holding Enterprises(10 000 yuan)			
联营企业(万元)	Joint Owned Enterprises(10 000 yuan)	2875		
有限责任公司(万元)	Limited Company(10 000 yuan)	2079711	2104093	1.2
股份有限公司(万元)	Share Holding Limited Company(10 000 yuan)	2118964	2023542	-4.5
私营企业(万元)	Privately Owned Enterprises(10 000 yuan)	1309	452828	
其他企业(万元)	Enterprises of Other Ownership(10 000 yuan)	43		
港澳台商投资企业(万元)	Funds from HK,Macao & Taiwan(10 000 yuan)	13696	16207	18.3
外商投资企业(万元)	Foreign Funded Enterprises(10 000 yuan)	2630	3637	38.3
工业企业增加值(万元)	Value Added of Industrial Enterprises(10 000 yuan)	1594498	1979946	23.5
工业企业资产总计(万元)	Total Assets of Industrial Enterprises(10 000 yuan)	4516931	5191116	14.9
工业企业负债合计(万元)	Total Liabilities of Industrial Enterprises(10 000 yuan)	2229165	2628890	17.9
工业企业产品销售收入(万元)	Sales of Revenue Industrial Enterprises(10 000 yuan)	4480185	4642596	3.6
工业企业利润总额(万元)	Total Profits of Industrial Enterprises(10 000 yuan)	159328	179040	12.4
建筑业	**Construction**			
建筑企业单位数(个)	Number of Construction Enterprises(unit)	18	20	11.1
建筑企业从业人员(人)	Number of Employee in Construction Enterprises(person)	17570	18266	4.0
建筑业总产值(万元)	Gross Construction Output Value(10 000 yuan)	234938	309700	31.8
交通运输邮电通信业	**Transportation,Post & Telecommunications**			
公路里程(公里)	Total Length of Highways(km)	271	302	11.4
邮电业务总量(万元)	Business Volume of Post & Telecoms(10 000 yuan)	171527	208780	21.7
本地电话用户(户)	Number of Subscribers of Local Telephone(Household)	209629	184474	-12.0
国内贸易	**Demestic Trade**			
社会消费品零售总额(万元)	Total Retail Sales of Consumer Goods(10 000 yuan)	973903	1132048	16.2
#贸易业(万元)	Wholesale & Retail Sales Trades(10 000 yuan)	700462	808614	15.4
餐饮业(万元)	Catering Trade(10 000 yuan)	248628	304569	22.5
科技教育卫生	**Science,Education & Public Health**			
各类专业技术人员(人)	Speccial Technical Personnel(person)	30598	27790	-9.2
幼儿园数(所)	Number of Kindergartens(unit)	29	25	-13.8
学龄儿童入学率(%)	Percentage of School-Age Children Enrolled(%)	100.0	100.0	0.0
小学学校数(所)	Number of Primary Schools(unit)	44	40	-9.1
小学专任教师数(人)	Number of Full-time Teachers of Primary Schools(person)	1997	2007	0.5
小学在校学生数(人)	Number of Student Enrollment of Primary Schools(person)	38679	37208	-3.8
普通中学学校数(所)	Number of Regular Secondary Schools(unit)	33	33	0.0
普通中学专任教师数(人)	Number of Teachers of Secondary Shools(person)	2630	2685	2.1
初中在校学生数(人)	Number of Student in Junior Secondary Schools(person)	33741	34710	2.9
高中在校学生数(人)	Number of Student in Senior Secondary Schools(person)	16520	17362	5.1
卫生机构数(所)	Number of Health Institutions(unit)	18	25	38.9
#医院(所)	Hospitals(unit)	6	7	16.7
卫生院(所)	Township Hospitals(unit)	1	1	0.0
床位数(张)	Number of Beds(unit)	2096	2093	-0.1
#医院(张)	Hospitals(unit)	2052	1998	-2.6
卫生院(张)	Township Hospitals(unit)	16	16	0.0
卫生技术人员(人)	Medical Technical Presonnel(person)	3769	3462	-8.1
#医院(人)	Hospitals(person)	3400	3014	-11.4
卫生院(人)	Township Hospitals(person)	11	11	0.0

23-19 包头市青山区

指 标	Item	2005	2006	2006年比上年增长% Increase Rate in 2006 Over 2005(%)
行政区域土地面积(平方公里)	**Area of Administration(Sq.km)**	**67**	**67**	**0.0**
人口和就业	**Population & Employment**			
年末总人口(人)	Total Population Year-end(person)	402800	411305	2.1
# 男性(人)	Male(person)	201782	206100	2.1
# 乡村人口(人)	Rural(person)			
年末总户数(户)	Total Number of Households at the Year-end(Household)	150936	151215	0.2
# 乡村户数(户)	Number of Rural Household(Household)			
出生人口(人)	Births(person)	2805	2888	3.0
死亡人口(人)	Deaths(person)	1202	1197	-0.4
全社会就业人员(人)	Employment(person)	178762	181899	1.8
第一产业(人)	Primary Industry(person)	1200	1225	2.1
第二产业(人)	Secondary Industry(person)	88076	89309	1.4
第三产业(人)	Tertiary Industry(person)	89486	91365	2.1
在岗职工人数(人)	Number of Staff & Workers Employed in(person)	93832	94338	0.5
乡村劳动力(人)	Number of Rural Laborers(person)			
# 农林牧渔业(人)	Farming,Forestry,Animal Husbandry & Fishery(person)			
国民经济综合指标	**Summary Item on the National Economy**			
生产总值(万元)	Gross Domestic Product(10 000 yuan)	1346401	1761547	19.5
第一产业(万元)	Primary Industry(10 000 yuan)	3500	3757	4.8
第二产业(万元)	Secondary Industry(10 000 yuan)	659473	896323	20.9
# 工业(万元)	Industry(10 000 yuan)	564553	761595	18.8
第三产业(万元)	Tertiary Industry(10 000 yuan)	683428	861467	18.2
人均生产总值(元)	Per Capita GDP(yuan)	33799	43281	17.0
全社会固定资产投资(万元)	Total Investment in Fixed Assets(10 000 yuan)	980000	1073000	9.5
按登记注册类型分	Grouped by Registered Type			
# 国有(万元)	State-owned Enterprises(10 000 yuan)	407510	199065	-51.2
集体(万元)	Collective-owned Enterprises(10 000 yuan)	9738	3850	-60.5
有限责任公司(万元)	Limited Liability Corporations(10 000 yuan)	330612	716721	116.8
股份有限公司(万元)	Share Holding Enterprises(10 000 yuan)	37262	19317	-48.2
私营企业(万元)	Private Enterprises(10 000 yuan)	16592	52399	215.8
外商及港澳台投资企业(万元)	Funds from HK,Macao,Taiwan & Foreign(10 000 yuan)	23940	37538	56.8
按城乡渠道分	Grouped by Urban and Rural Area			
城镇(万元)	Urban(10 000 yuan)	830536	1030570	24.1
农村(万元)	Rural(10 000 yuan)			
地方财政收入(万元)	Local Governments Revenue(10 000 yuan)	93748	106743	13.9
地方财政支出(万元)	Local Governments Expenditures(10 000 yuan)	71267	104349	46.4
城乡居民储蓄存款余额(万元)	Resident Saving Deposit in Urban & Rural(10 000 yuan)	884622	1145998	29.5
在岗职工工资总额(万元)	Total Wages of Staff & Workers Empioyed in(10 000 yuan)	194667	239265	22.9
在岗职工平均工资(元)	Average Wage of Staff & Workers Employed in(yuan)	20315	24601	21.1
农牧民人均纯收入(元)	Per Capita Net Income of Peasant & Herdsman(yuan)			
农村牧区经济	**Economic Development in Rural & Pastoral Area**			
耕地面积(公顷)	Cultivated Area(hectare)			
农作物总播种面积(公顷)	Total Sown Area(hectare)			
# 粮食作物播种面积(公顷)	Sown Area of Grain Crops(hectare)			
有效灌溉面积(公顷)	Irrigated Area(hectare)			
农牧业机械总动力(万千瓦)	Total Power of Agricultural Machinery(10 000 kw)			
化肥施用折纯量(吨)	Consumption of Chemical Fertilizer(ton)			
农村用电量(万千瓦小时)	Electricity Consumed in Rural Area(10 000 kwh)			
农林牧渔业总产值(万元)	Gross Output of Farming,Forestry,Animal Husbandry & Fishery(10 000 yuan)			
粮食产量(吨)	Yield of Grain(ton)			
油料产量(吨)	Yield of Oil-bearing Grops(ton)			
甜菜产量(吨)	Yield of Beetroots(ton)			
猪牛羊肉产量(吨)	Output of Pork, Beef & Mutton(ton)			
# 猪肉产量(吨)	Output of Pork(ton)			
牛肉产量(吨)	Output of Beef(ton)			
羊肉产量(吨)	Output of Mutton(ton)			
羊毛产量(吨)	Output of Wool(ton)			

23-19 Qingshan District in Baotou City

指 标	Item	2005	2006	2006年比上年增长% Increase Rate in 2006 Over 2005(%)
年末牲畜存栏头数(万头只)	Total Livestock at the Year-end(10 000 heads)			
#大牲畜(万头只)	Large Animals(10 000 heads)			
羊(万只)	Sheep & Goats(10 000 heads)			
猪(万头)	Hogs(10 000 heads)			
规模以上工业	**Industrial Enterprises above Designated size**			
工业企业单位数(个)	Number of Industrial Enterprises(unit)	30	44	46.7
#内资企业(个)	Civil Funded Enterprises(unit)	26	41	57.7
工业总产值(万元)	Gross Industrial Output Value(10 000 yuan)	1726576	2074576	20.2
内资企业(万元)	Civil Funded Enterprises(10 000 yuan)	1637980	1985538	21.2
国有企业(万元)	State-owned Enterprises(10 000 yuan)	494036	579333	17.3
集体企业(万元)	Collective-owned Enterprises(10 000 yuan)	28716	11668	-59.4
股份合作企业(万元)	Share Holding Enterprises(10 000 yuan)			
联营企业(万元)	Joint Owned Enterprises(10 000 yuan)			
有限责任公司(万元)	Limited Company(10 000 yuan)	972118	1219115	25.4
股份有限公司(万元)	Share Holding Limited Company(10 000 yuan)	126122	154990	22.9
私营企业(万元)	Privately Owned Enterprises(10 000 yuan)	16988	20432	20.3
其他企业(万元)	Enterprises of Other Ownership(10 000 yuan)			
港澳台商投资企业(万元)	Funds from HK,Macao & Taiwan(10 000 yuan)	8597	2689	-68.7
外商投资企业(万元)	Foreign Funded Enterprises(10 000 yuan)	79999	86349	7.9
工业企业增加值(万元)	Value Added of Industrial Enterprises(10 000 yuan)	461906	649870	19.1
工业企业资产总计(万元)	Total Assets of Industrial Enterprises(10 000 yuan)	2059600	2407958	16.9
工业企业负债合计(万元)	Total Liabilities of Industrial Enterprises(10 000 yuan)	1448818	1690154	16.7
工业企业产品销售收入(万元)	Sales of Revenue Industrial Enterprises(10 000 yuan)	1617640	2058974	27.3
工业企业利润总额(万元)	Total Profits of Industrial Enterprises(10 000 yuan)	13573	132516	876.3
建筑业	**Construction**			
建筑企业单位数(个)	Number of Construction Enterprises(unit)	28	28	0.0
建筑企业从业人员(人)	Number of Employee in Construction Enterprises(person)	12668	11614	-8.3
建筑业总产值(万元)	Gross Construction Output Value(10 000 yuan)	302022	290508	-3.8
交通运输邮电通信业	**Transportation,Post & Telecommunications**			
公路里程(公里)	Total Length of Highways(km)	256	256	0.0
邮电业务总量(万元)	Business Volume of Post & Telecoms(10 000 yuan)	23855	29037	21.7
本地电话用户(户)	Number of Subscribers of Local Telephone(Household)	82362	75773	-8.0
国内贸易	**Demestic Trade**			
社会消费品零售总额(万元)	Total Retail Sales of Consumer Goods(10 000 yuan)	795875	921054	15.7
#贸易业(万元)	Wholesale & Retail Sales Trades(10 000 yuan)	665660	762945	14.6
餐饮业(万元)	Catering Trade(10 000 yuan)	115901	141635	22.2
科技教育卫生	**Science,Education & Public Health**			
各类专业技术人员(人)	Speccial Technical Personnel(person)	25456	26496	4.1
幼儿园数(所)	Number of Kindergartens(unit)	24	17	-29.2
学龄儿童入学率(%)	Percentage of School-Age Children Enrolled(%)	100.0	100.0	0.0
小学学校数(所)	Number of Primary Schools(unit)	24	23	-4.2
小学专任教师数(人)	Number of Full-time Teachers of Primary Schools(person)	1159	1122	-3.2
小学在校学生数(人)	Number of Student Enrollment of Primary Schools(person)	23774	23755	-0.1
普通中学学校数(所)	Number of Regular Secondary Schools(unit)	17	17	0.0
普通中学专任教师数(人)	Number of Teachers of Secondary Shools(person)	1665	1681	1.0
初中在校学生数(人)	Number of Student in Junior Secondary Schools(person)	21969	22025	0.3
高中在校学生数(人)	Number of Student in Senior Secondary Schools(person)	12975	13038	0.5
卫生机构数(所)	Number of Health Institutions(unit)	25	25	0.0
#医院(所)	Hospitals(unit)	10	10	0.0
卫生院(所)	Township Hospitals(unit)	1	1	0.0
床位数(张)	Number of Beds(unit)	2641	2785	5.5
#医院(张)	Hospitals(unit)	2636	2780	5.5
卫生院(张)	Township Hospitals(unit)	5	5	0.0
卫生技术人员(人)	Medical Technical Presonnel(person)	3433	3193	-7.0
#医院(人)	Hospitals(person)	3428	3188	-7.0
卫生院(人)	Township Hospitals(person)	5	5	0.0

23-20 包头市九原区

指 标	Item	2005	2006	2006年比上年增长% Increase Rate in 2006 Over 2005(%)
行政区域土地面积(平方公里)	**Area of Administration(Sq.km)**	**1700**	**1700**	**0.0**
人口和就业	**Population & Employment**			
年末总人口(人)	Total Population Year-end(person)	277300	281905	1.7
#男性(人)	Male(person)	143500	145800	1.6
#乡村人口(人)	Rural(person)	228045	215400	-5.5
年末总户数(户)	Total Number of Households at the Year-end(Household)	90620	91826	1.3
#乡村户数(户)	Number of Rural Household(Household)	77096	72770	-5.6
出生人口(人)	Births(person)	2752	2816	2.3
死亡人口(人)	Deaths(person)	1200	1424	18.7
全社会就业人员(人)	Employment(person)	182282	185306	1.7
第一产业(人)	Primary Industry(person)	96386	97446	1.1
第二产业(人)	Secondary Industry(person)	47126	48043	1.9
第三产业(人)	Tertiary Industry(person)	38770	39817	2.7
在岗职工人数(人)	Number of Staff & Workers Employed in(person)	12445	11953	-4.0
乡村劳动力(人)	Number of Rural Laborers(person)	123823	125877	1.7
#农林牧渔业(人)	Farming,Forestry,Animal Husbandry & Fishery(person)	92888	94430	1.7
国民经济综合指标	**Summary Item on the National Economy**			
生产总值(万元)	Gross Domestic Product(10 000 yuan)	842718	1051814	17.7
第一产业(万元)	Primary Industry(10 000 yuan)	82193	89000	4.6
第二产业(万元)	Secondary Industry(10 000 yuan)	387249	486278	21.2
#工业(万元)	Industry(10 000 yuan)	299511	386015	24.2
第三产业(万元)	Tertiary Industry(10 000 yuan)	373276	476536	17.0
人均生产总值(元)	Per Capita GDP(yuan)	30533	37619	16.2
全社会固定资产投资(万元)	Total Investment in Fixed Assets(10 000 yuan)	870000	885000	1.7
按登记注册类型分	Grouped by Registered Type			
#国有(万元)	State-owned Enterprises(10 000 yuan)	398191	553062	38.9
集体(万元)	Collective-owned Enterprises(10 000 yuan)	28280	44600	57.7
有限责任公司(万元)	Limited Liability Corporations(10 000 yuan)	229510	102735	-55.2
股份有限公司(万元)	Share Holding Enterprises(10 000 yuan)	1615	10685	561.6
私营企业(万元)	Private Enterprises(10 000 yuan)	23558	54010	129.3
外商及港澳台投资企业(万元)	Funds from HK,Macao,Taiwan & Foreign(10 000 yuan)	1800	16200	800.0
按城乡渠道分	Grouped by Urban and Rural Area			
城镇(万元)	Urban(10 000 yuan)	693784	770679	11.1
农村(万元)	Rural(10 000 yuan)	8202	13873	69.1
地方财政收入(万元)	Local Governments Revenue(10 000 yuan)	74037	94241	27.3
地方财政支出(万元)	Local Governments Expenditures(10 000 yuan)	86089	113206	31.5
城乡居民储蓄存款余额(万元)	Resident Saving Deposit in Urban & Rural(10 000 yuan)	289526	290439	0.3
在岗职工工资总额(万元)	Total Wages of Staff & Workers Empioyed in(10 000 yuan)	25901	28365	9.5
在岗职工平均工资(元)	Average Wage of Staff & Workers Employed in(yuan)	19956	22918	14.8
农牧民人均纯收入(元)	Per Capita Net Income of Peasant & Herdsman(yuan)	5540	6410	15.7
农村牧区经济	**Economic Development in Rural & Pastoral Area**			
耕地面积(公顷)	Cultivated Area(hectare)	46066	45835	-0.5
农作物总播种面积(公顷)	Total Sown Area(hectare)	28667	29215	1.9
#粮食作物播种面积(公顷)	Sown Area of Grain Crops(hectare)	18340	18292	-0.3
有效灌溉面积(公顷)	Irrigated Area(hectare)	31284	31053	-0.7
农牧业机械总动力(万千瓦)	Total Power of Agricultural Machinery(10 000 kw)	31.70	33.37	5.3
化肥施用折纯量(吨)	Consumption of Chemical Fertilizer(ton)	12474	13034	4.5
农村用电量(万千瓦小时)	Electricity Consumed in Rural Area(10 000 kwh)	11392	11426	0.3
农林牧渔业总产值(万元)	Gross Output of Farming,Forestry,Animal Husbandry & Fishery(10 000 yuan)	144216	161160	13.8
粮食产量(吨)	Yield of Grain(ton)	128094	119344	-6.8
油料产量(吨)	Yield of Oil-bearing Grops(ton)	2041	2229	9.2
甜菜产量(吨)	Yield of Beetroots(ton)	5355	11249	110.1
猪牛羊肉产量(吨)	Output of Pork, Beef & Mutton(ton)	13832	15497	12.0
#猪肉产量(吨)	Output of Pork(ton)	10083	12168	20.7
牛肉产量(吨)	Output of Beef(ton)	1087	720	-33.8
羊肉产量(吨)	Output of Mutton(ton)	2662	2609	-2.0
羊毛产量(吨)	Output of Wool(ton)	215	257	19.5

23-20 Jiuyuan District in Baotou City

指 标	Item	2005	2006	2006年比上年增长% Increase Rate in 2006 Over 2005(%)
年末牲畜存栏头数(万头只)	Total Livestock at the Year-end(10 000 heads)	32.59	35.11	7.7
#大牲畜(万头只)	Large Animals(10 000 heads)	14.74	17.90	21.4
羊(万只)	Sheep & Goats(10 000 heads)	11.86	11.46	-3.4
猪(万头)	Hogs(10 000 heads)	5.99	5.75	-4.0
规模以上工业	**Industrial Enterprises above Designated size**			
工业企业单位数(个)	Number of Industrial Enterprises(unit)	38	41	7.9
#内资企业(个)	Civil Funded Enterprises(unit)	36	39	8.3
工业总产值(万元)	Gross Industrial Output Value(10 000 yuan)	273670	385797	41.0
内资企业(万元)	Civil Funded Enterprises(10 000 yuan)	265022	375956	41.9
国有企业(万元)	State-owned Enterprises(10 000 yuan)	59485	44824	-24.6
集体企业(万元)	Collective-owned Enterprises(10 000 yuan)	5212	5425	4.1
股份合作企业(万元)	Share Holding Enterprises(10 000 yuan)			
联营企业(万元)	Joint Owned Enterprises(10 000 yuan)		898	
有限责任公司(万元)	Limited Company(10 000 yuan)	37467	91677	144.7
股份有限公司(万元)	Share Holding Limited Company(10 000 yuan)			
私营企业(万元)	Privately Owned Enterprises(10 000 yuan)	162858	233132	43.2
其他企业(万元)	Enterprises of Other Ownership(10 000 yuan)			
港澳台商投资企业(万元)	Funds from HK,Macao & Taiwan(10 000 yuan)			
外商投资企业(万元)	Foreign Funded Enterprises(10 000 yuan)	8648	9841	13.8
工业企业增加值(万元)	Value Added of Industrial Enterprises(10 000 yuan)	95428	128399	42.0
工业企业资产总计(万元)	Total Assets of Industrial Enterprises(10 000 yuan)	250468	375227	49.8
工业企业负债合计(万元)	Total Liabilities of Industrial Enterprises(10 000 yuan)	201082	273427	36.0
工业企业产品销售收入(万元)	Sales of Revenue Industrial Enterprises(10 000 yuan)	271844	417403	53.5
工业企业利润总额(万元)	Total Profits of Industrial Enterprises(10 000 yuan)	-2485	4091	
建筑业	**Construction**			
建筑企业单位数(个)	Number of Construction Enterprises(unit)	5	5	0.0
建筑企业从业人员(人)	Number of Employee in Construction Enterprises(person)	388	227	-41.5
建筑业总产值(万元)	Gross Construction Output Value(10 000 yuan)	10952	17386	58.7
交通运输邮电通信业	**Transportation,Post & Telecommunications**			
公路里程(公里)	Total Length of Highways(km)	1120	1120	0.0
邮电业务总量(万元)	Business Volume of Post & Telecoms(10 000 yuan)	7668	8665	13.0
本地电话用户(户)	Number of Subscribers of Local Telephone(Household)	42879	40227	-6.2
国内贸易	**Demestic Trade**			
社会消费品零售总额(万元)	Total Retail Sales of Consumer Goods(10 000 yuan)	208301	238647	14.6
#贸易业(万元)	Wholesale & Retail Sales Trades(10 000 yuan)	161209	184500	14.4
餐饮业(万元)	Catering Trade(10 000 yuan)	45378	52317	15.3
科技教育卫生	**Science,Education & Public Health**			
各类专业技术人员(人)	Speccial Technical Personnel(person)	4515	4641	2.8
幼儿园数(所)	Number of Kindergartens(unit)	17	33	94.1
学龄儿童入学率(%)	Percentage of School-Age Children Enrolled(%)	100.0	100.0	0.0
小学学校数(所)	Number of Primary Schools(unit)	71	67	-5.6
小学专任教师数(人)	Number of Full-time Teachers of Primary Schools(person)	1002	1206	20.4
小学在校学生数(人)	Number of Student Enrollment of Primary Schools(person)	15375	16506	7.4
普通中学学校数(所)	Number of Regular Secondary Schools(unit)	18	17	-5.6
普通中学专任教师数(人)	Number of Teachers of Secondary Shools(person)	1030	1072	4.1
初中在校学生数(人)	Number of Student in Junior Secondary Schools(person)	13239	13096	-1.1
高中在校学生数(人)	Number of Student in Senior Secondary Schools(person)	3844	3744	-2.6
卫生机构数(所)	Number of Health Institutions(unit)	15	15	0.0
#医院(所)	Hospitals(unit)	3	3	0.0
卫生院(所)	Township Hospitals(unit)	10	10	0.0
床位数(张)	Number of Beds(unit)	373	380	1.9
#医院(张)	Hospitals(unit)	248	232	-6.5
卫生院(张)	Township Hospitals(unit)	117	136	16.2
卫生技术人员(人)	Medical Technical Presonnel(person)	487	428	-12.1
#医院(人)	Hospitals(person)	180	171	-5.0
卫生院(人)	Township Hospitals(person)	233	182	-21.9

23-21 包头市石拐区

指 标	Item	2005	2006	2006年比上年增长% Increase Rate in 2006 Over 2005(%)
行政区域土地面积(平方公里)	**Area of Administration(Sq.km)**	**619**	**619**	**0.0**
人口和就业	**Population & Employment**			
年末总人口(人)	Total Population Year-end(person)	48700	48399	-0.6
# 男性(人)	Male(person)	25000	24699	-1.2
# 乡村人口(人)	Rural(person)	11493	8700	-24.3
年末总户数(户)	Total Number of Households at the Year-end(Household)	18100	17794	-1.7
# 乡村户数(户)	Number of Rural Household(Household)	3801	3178	-16.4
出生人口(人)	Births(person)	384	325	-15.4
死亡人口(人)	Deaths(person)	429	355	-17.2
全社会就业人员(人)	Employment(person)	22494	18399	-18.2
第一产业(人)	Primary Industry(person)	5511	4266	-22.6
第二产业(人)	Secondary Industry(person)	10768	9325	-13.4
第三产业(人)	Tertiary Industry(person)	6215	4808	-22.6
在岗职工人数(人)	Number of Staff & Workers Employed in(person)	7523	5710	-24.1
乡村劳动力(人)	Number of Rural Laborers(person)	8716	6827	-21.7
# 农林牧渔业(人)	Farming,Forestry,Animal Husbandry & Fishery(person)	5475	4228	-22.8
国民经济综合指标	**Summary Item on the National Economy**			
生产总值(万元)	Gross Domestic Product(10 000 yuan)	153244	241122	36.3
第一产业(万元)	Primary Industry(10 000 yuan)	2359	2540	5.1
第二产业(万元)	Secondary Industry(10 000 yuan)	124302	203388	42.5
# 工业(万元)	Industry(10 000 yuan)	113066	191661	47.2
第三产业(万元)	Tertiary Industry(10 000 yuan)	26583	35194	13.6
人均生产总值(元)	Per Capita GDP(yuan)	31338	49614	37.1
全社会固定资产投资(万元)	Total Investment in Fixed Assets(10 000 yuan)	126000	128000	1.6
按登记注册类型分	Grouped by Registered Type			
# 国有(万元)	State-owned Enterprises(10 000 yuan)	2613	956	-63.4
集体(万元)	Collective-owned Enterprises(10 000 yuan)			
有限责任公司(万元)	Limited Liability Corporations(10 000 yuan)	29450	13820	-53.1
股份有限公司(万元)	Share Holding Enterprises(10 000 yuan)			
私营企业(万元)	Private Enterprises(10 000 yuan)	77998	96145	23.3
外商及港澳台投资企业 (万元)	Funds from HK,Macao,Taiwan & Foreign(10 000 yuan)			
按城乡渠道分	Grouped by Urban and Rural Area			
城镇（万元）	Urban(10 000 yuan)	110461	120041	8.7
农村（万元）	Rural(10 000 yuan)			
地方财政收入(万元)	Local Governments Revenue(10 000 yuan)	8810	9436	7.1
地方财政支出(万元)	Local Governments Expenditures(10 000 yuan)	19954	26396	32.3
城乡居民储蓄存款余额(万元)	Resident Saving Deposit in Urban & Rural(10 000 yuan)	48033	51597	7.4
在岗职工工资总额(万元)	Total Wages of Staff & Workers Empioyed in(10 000 yuan)	11637	11886	2.1
在岗职工平均工资(元)	Average Wage of Staff & Workers Employed in(yuan)	15522	18127	16.8
农牧民人均纯收入(元)	Per Capita Net Income of Peasant & Herdsman(yuan)	3700	4204	13.6
农村牧区经济	**Economic Development in Rural & Pastoral Area**			
耕地面积(公顷)	Cultivated Area(hectare)	5027	5012	-0.3
农作物总播种面积(公顷)	Total Sown Area(hectare)	1892	1897	0.3
# 粮食作物播种面积(公顷)	Sown Area of Grain Crops(hectare)	1553	1707	9.9
有效灌溉面积(公顷)	Irrigated Area(hectare)	1140	1140	0.0
农牧业机械总动力(万千瓦)	Total Power of Agricultural Machinery(10 000 kw)	4.20	4.28	1.9
化肥施用折纯量(吨)	Consumption of Chemical Fertilizer(ton)	637	670	5.2
农村用电量(万千瓦小时)	Electricity Consumed in Rural Area(10 000 kwh)	240	263	9.6
农林牧渔业总产值(万元)	Gross Output of Farming,Forestry,Animal Husbandry & Fishery(10 000 yuan)	3747	4187	14.0
粮食产量(吨)	Yield of Grain(ton)	4490	5082	13.2
油料产量(吨)	Yield of Oil-bearing Grops(ton)	24	6	-75.0
甜菜产量(吨)	Yield of Beetroots(ton)		200	
猪牛羊肉产量(吨)	Output of Pork, Beef & Mutton(ton)	693	823	18.8
# 猪肉产量(吨)	Output of Pork(ton)	320	287	-10.3
牛肉产量(吨)	Output of Beef(ton)	142	251	76.8
羊肉产量(吨)	Output of Mutton(ton)	231	285	23.4
羊毛产量(吨)	Output of Wool(ton)	34	35	2.9

23-21 Shiguai District in Baotou City

指 标	Item	2005	2006	2006年比上年增长% Increase Rate in 2006 Over 2005(%)
年末牲畜存栏头数(万头只)	Total Livestock at the Year-end(10 000 heads)	5.50	5.77	4.9
#大牲畜(万头只)	Large Animals(10 000 heads)	0.29	0.40	37.9
羊(万只)	Sheep & Goats(10 000 heads)	4.92	5.13	4.3
猪(万头)	Hogs(10 000 heads)	0.29	0.24	-17.2
规模以上工业	**Industrial Enterprises above Designated size**			
工业企业单位数(个)	Number of Industrial Enterprises(unit)	22	30	36.4
#内资企业(个)	Civil Funded Enterprises(unit)	22	30	36.4
工业总产值(万元)	Gross Industrial Output Value(10 000 yuan)	199452	390557	95.8
内资企业(万元)	Civil Funded Enterprises(10 000 yuan)	199452	390557	95.8
国有企业(万元)	State-owned Enterprises(10 000 yuan)	88488	199688	125.7
集体企业(万元)	Collective-owned Enterprises(10 000 yuan)			
股份合作企业(万元)	Share Holding Enterprises(10 000 yuan)			
联营企业(万元)	Joint Owned Enterprises(10 000 yuan)			
有限责任公司(万元)	Limited Company(10 000 yuan)	646	12402	1819.8
股份有限公司(万元)	Share Holding Limited Company(10 000 yuan)			
私营企业(万元)	Privately Owned Enterprises(10 000 yuan)	110318	178467	61.8
其他企业(万元)	Enterprises of Other Ownership(10 000 yuan)			
港澳台商投资企业(万元)	Funds from HK,Macao & Taiwan(10 000 yuan)			
外商投资企业(万元)	Foreign Funded Enterprises(10 000 yuan)			
工业企业增加值(万元)	Value Added of Industrial Enterprises(10 000 yuan)	98539	182900	75.9
工业企业资产总计(万元)	Total Assets of Industrial Enterprises(10 000 yuan)	117341	165062	40.7
工业企业负债合计(万元)	Total Liabilities of Industrial Enterprises(10 000 yuan)	118678	146557	23.5
工业企业产品销售收入(万元)	Sales of Revenue Industrial Enterprises(10 000 yuan)	193668	361001	86.4
工业企业利润总额(万元)	Total Profits of Industrial Enterprises(10 000 yuan)	-3181	-3347	
建筑业	**Construction**			
建筑企业单位数(个)	Number of Construction Enterprises(unit)	1	1	0.0
建筑企业从业人员(人)	Number of Employee in Construction Enterprises(person)	648	460	-29.0
建筑业总产值(万元)	Gross Construction Output Value(10 000 yuan)	6490	7402	14.1
交通运输邮电通信业	**Transportation,Post & Telecommunications**			
公路里程(公里)	Total Length of Highways(km)	70	139	98.6
邮电业务总量(万元)	Business Volume of Post & Telecoms(10 000 yuan)	1312	1392	6.1
本地电话用户(户)	Number of Subscribers of Local Telephone(Household)	4855	4400	-9.4
国内贸易	**Demestic Trade**			
社会消费品零售总额(万元)	Total Retail Sales of Consumer Goods(10 000 yuan)	21742	23661	8.8
#贸易业(万元)	Wholesale & Retail Sales Trades(10 000 yuan)	15810	17172	8.6
餐饮业(万元)	Catering Trade(10 000 yuan)	5443	5955	9.4
科技教育卫生	**Science,Education & Public Health**			
各类专业技术人员(人)	Speccial Technical Personnel(person)	2390	2396	0.3
幼儿园数(所)	Number of Kindergartens(unit)	2	2	0.0
学龄儿童入学率(%)	Percentage of School-Age Children Enrolled(%)	99.5	99.0	-0.5
小学学校数(所)	Number of Primary Schools(unit)	5	10	100.0
小学专任教师数(人)	Number of Full-time Teachers of Primary Schools(person)	317	365	15.1
小学在校学生数(人)	Number of Student Enrollment of Primary Schools(person)	1643	1357	-17.4
普通中学学校数(所)	Number of Regular Secondary Schools(unit)	8	3	-62.5
普通中学专任教师数(人)	Number of Teachers of Secondary Shools(person)	268	192	-28.4
初中在校学生数(人)	Number of Student in Junior Secondary Schools(person)	1646	1337	-18.8
高中在校学生数(人)	Number of Student in Senior Secondary Schools(person)	432	366	-15.3
卫生机构数(所)	Number of Health Institutions(unit)	22	20	-9.1
#医院(所)	Hospitals(unit)	2	1	-50.0
卫生院(所)	Township Hospitals(unit)	2	2	0.0
床位数(张)	Number of Beds(unit)	480	351	-26.9
#医院(张)	Hospitals(unit)	448	334	-25.4
卫生院(张)	Township Hospitals(unit)	32	17	-46.9
卫生技术人员(人)	Medical Technical Presonnel(person)	416	368	-11.5
#医院(人)	Hospitals(person)	367	325	-11.4
卫生院(人)	Township Hospitals(person)	14	10	-28.6

23-22 包头市白云矿区

指 标	Item	2005	2006	2006年比上年增长% Increase Rate in 2006 Over 2005(%)
行政区域土地面积(平方公里)	**Area of Administration(Sq.km)**	**303**	**303**	**0.0**
人口和就业	**Population & Employment**			
年末总人口(人)	Total Population Year-end(person)	24400	24308	-0.4
#男性(人)	Male(person)	12200	12200	0.0
#乡村人口(人)	Rural(person)			
年末总户数(户)	Total Number of Households at the Year-end(Household)	8440	8434	-0.1
#乡村户数(户)	Number of Rural Household(Household)			
出生人口(人)	Births(person)	156	162	3.8
死亡人口(人)	Deaths(person)	87	67	-23.0
全社会就业人员(人)	Employment(person)	13197	13630	3.3
第一产业(人)	Primary Industry(person)	146	217	48.6
第二产业(人)	Secondary Industry(person)	8442	8362	-0.9
第三产业(人)	Tertiary Industry(person)	4609	5051	9.6
在岗职工人数(人)	Number of Staff & Workers Employed in(person)	8610	8739	1.5
乡村劳动力(人)	Number of Rural Laborers(person)			
#农林牧渔业(人)	Farming,Forestry,Animal Husbandry & Fishery(person)			
国民经济综合指标	**Summary Item on the National Economy**			
生产总值(万元)	Gross Domestic Product(10 000 yuan)	76885	101133	25.2
第一产业(万元)	Primary Industry(10 000 yuan)	186	196	2.7
第二产业(万元)	Secondary Industry(10 000 yuan)	59803	79940	27.7
#工业(万元)	Industry(10 000 yuan)	55619	74577	28.0
第三产业(万元)	Tertiary Industry(10 000 yuan)	16896	20997	16.4
人均生产总值(元)	Per Capita GDP(yuan)	31640	41448	24.7
全社会固定资产投资(万元)	Total Investment in Fixed Assets(10 000 yuan)	53000	63000	18.9
按登记注册类型分	Grouped by Registered Type			
#国有(万元)	State-owned Enterprises(10 000 yuan)	32870	25380	-22.8
集体(万元)	Collective-owned Enterprises(10 000 yuan)	10822	34815	221.7
有限责任公司(万元)	Limited Liability Corporations(10 000 yuan)			
股份有限公司(万元)	Share Holding Enterprises(10 000 yuan)			
私营企业(万元)	Private Enterprises(10 000 yuan)			
外商及港澳台投资企业(万元)	Funds from HK,Macao,Taiwan & Foreign(10 000 yuan)			
按城乡渠道分	Grouped by Urban and Rural Area			
城镇（万元）	Urban(10 000 yuan)	43692	60195	37.8
农村（万元）	Rural(10 000 yuan)			
地方财政收入(万元)	Local Governments Revenue(10 000 yuan)	7073	8615	21.8
地方财政支出(万元)	Local Governments Expenditures(10 000 yuan)	10686	14800	38.5
城乡居民储蓄存款余额(万元)	Resident Saving Deposit in Urban & Rural(10 000 yuan)	36050	41700	15.7
在岗职工工资总额(万元)	Total Wages of Staff & Workers Empioyed in(10 000 yuan)	18242	22209	21.7
在岗职工平均工资(元)	Average Wage of Staff & Workers Employed in(yuan)	21122	25437	20.4
农牧民人均纯收入(元)	Per Capita Net Income of Peasant & Herdsman(yuan)			
农村牧区经济	**Economic Development in Rural & Pastoral Area**			
耕地面积(公顷)	Cultivated Area(hectare)			
农作物总播种面积(公顷)	Total Sown Area(hectare)			
#粮食作物播种面积(公顷)	Sown Area of Grain Crops(hectare)			
有效灌溉面积(公顷)	Irrigated Area(hectare)			
农牧业机械总动力(万千瓦)	Total Power of Agricultural Machinery(10 000 kw)			
化肥施用折纯量(吨)	Consumption of Chemical Fertilizer(ton)			
农村用电量(万千瓦小时)	Electricity Consumed in Rural Area(10 000 kwh)			
农林牧渔业总产值(万元)	Gross Output of Farming,Forestry,Animal Husbandry & Fishery(10 000 yuan)			
粮食产量(吨)	Yield of Grain(ton)			
油料产量(吨)	Yield of Oil-bearing Grops(ton)			
甜菜产量(吨)	Yield of Beetroots(ton)			
猪牛羊肉产量(吨)	Output of Pork, Beef & Mutton(ton)			
#猪肉产量(吨)	Output of Pork(ton)			
牛肉产量(吨)	Output of Beef(ton)			
羊肉产量(吨)	Output of Mutton(ton)			
羊毛产量(吨)	Output of Wool(ton)			

23-22 Baiyun Mineral District in Baotou City

指 标	Item	2005	2006	2006年比上年增长% Increase Rate in 2006 Over 2005(%)
年末牲畜存栏头数(万头只)	Total Livestock at the Year-end(10 000 heads)			
# 大牲畜(万头只)	Large Animals(10 000 heads)			
羊(万只)	Sheep & Goats(10 000 heads)			
猪(万头)	Hogs(10 000 heads)			
规模以上工业	**Industrial Enterprises above Designated size**			
工业企业单位数(个)	Number of Industrial Enterprises(unit)	3	6	100.0
# 内资企业(个)	Civil Funded Enterprises(unit)	3	6	100.0
工业总产值(万元)	Gross Industrial Output Value(10 000 yuan)	8053	21459	166.5
内资企业(万元)	Civil Funded Enterprises(10 000 yuan)	8053	21459	166.5
国有企业(万元)	State-owned Enterprises(10 000 yuan)			
集体企业(万元)	Collective-owned Enterprises(10 000 yuan)	3924	4016	2.3
股份合作企业(万元)	Share Holding Enterprises(10 000 yuan)			
联营企业(万元)	Joint Owned Enterprises(10 000 yuan)			
有限责任公司(万元)	Limited Company(10 000 yuan)	4129	14383	248.3
股份有限公司(万元)	Share Holding Limited Company(10 000 yuan)			
私营企业(万元)	Privately Owned Enterprises(10 000 yuan)		3060	
其他企业(万元)	Enterprises of Other Ownership(10 000 yuan)			
港澳台商投资企业(万元)	Funds from HK,Macao & Taiwan(10 000 yuan)			
外商投资企业(万元)	Foreign Funded Enterprises(10 000 yuan)			
工业企业增加值(万元)	Value Added of Industrial Enterprises(10 000 yuan)	3752	9364	161.7
工业企业资产总计(万元)	Total Assets of Industrial Enterprises(10 000 yuan)	11719	18831	60.7
工业企业负债合计(万元)	Total Liabilities of Industrial Enterprises(10 000 yuan)	11103	17643	58.9
工业企业产品销售收入(万元)	Sales of Revenue Industrial Enterprises(10 000 yuan)	8117	20651	154.4
工业企业利润总额(万元)	Total Profits of Industrial Enterprises(10 000 yuan)	237	179	-24.5
建筑业	**Construction**			
建筑企业单位数(个)	Number of Construction Enterprises(unit)	1	1	0.0
建筑企业从业人员(人)	Number of Employee in Construction Enterprises(person)	155	156	0.6
建筑业总产值(万元)	Gross Construction Output Value(10 000 yuan)	982	1391	41.6
交通运输邮电通信业	**Transportation,Post & Telecommunications**			
公路里程(公里)	Total Length of Highways(km)	77	77	0.0
邮电业务总量(万元)	Business Volume of Post & Telecoms(10 000 yuan)	1629	1972	21.1
本地电话用户(户)	Number of Subscribers of Local Telephone(Household)	24700	27100	9.7
国内贸易	**Demestic Trade**			
社会消费品零售总额(万元)	Total Retail Sales of Consumer Goods(10 000 yuan)	17802	20023	12.5
# 贸易业(万元)	Wholesale & Retail Sales Trades(10 000 yuan)	12836	13818	7.7
餐饮业(万元)	Catering Trade(10 000 yuan)	4593	5808	26.5
科技教育卫生	**Science,Education & Public Health**			
各类专业技术人员(人)	Speccial Technical Personnel(person)	1110	1281	15.4
幼儿园数(所)	Number of Kindergartens(unit)	1	1	0.0
学龄儿童入学率(%)	Percentage of School-Age Children Enrolled(%)	100.0	100.0	0.0
小学学校数(所)	Number of Primary Schools(unit)	4	3	-25.0
小学专任教师数(人)	Number of Full-time Teachers of Primary Schools(person)	125	118	-5.6
小学在校学生数(人)	Number of Student Enrollment of Primary Schools(person)	1850	1808	-2.3
普通中学学校数(所)	Number of Regular Secondary Schools(unit)	2	2	0.0
普通中学专任教师数(人)	Number of Teachers of Secondary Shools(person)	114	105	-7.9
初中在校学生数(人)	Number of Student in Junior Secondary Schools(person)	1350	1377	2.0
高中在校学生数(人)	Number of Student in Senior Secondary Schools(person)	275	425	54.5
卫生机构数(所)	Number of Health Institutions(unit)	10	10	0.0
# 医院(所)	Hospitals(unit)	2	2	0.0
卫生院(所)	Township Hospitals(unit)			
床位数(张)	Number of Beds(unit)	100	100	0.0
# 医院(张)	Hospitals(unit)	100	100	0.0
卫生院(张)	Township Hospitals(unit)			
卫生技术人员(人)	Medical Technical Presonnel(person)	150	150	0.0
# 医院(人)	Hospitals(person)	144	144	0.0
卫生院(人)	Township Hospitals(person)			

23-23 包头市土默特右旗

指 标	Item	2005	2006	2006年比上年增长% Increase Rate in 2006 Over 2005(%)
行政区域土地面积(平方公里)	**Area of Administration(Sq.km)**	**2368**	**2368**	**0.0**
人口和就业	**Population & Employment**			
年末总人口(人)	Total Population Year-end(person)	315300	316378	0.3
#男性(人)	Male(person)	172400	173000	0.3
#乡村人口(人)	Rural(person)	236235	231900	-1.8
年末总户数(户)	Total Number of Households at the Year-end(Household)	100400	103223	2.8
#乡村户数(户)	Number of Rural Household(Household)	74292	73145	-1.5
出生人口(人)	Births(person)	2868	2889	0.7
死亡人口(人)	Deaths(person)	1538	1511	-1.8
全社会就业人员(人)	Employment(person)	173125	173644	0.3
第一产业(人)	Primary Industry(person)	113905	113210	-0.6
第二产业(人)	Secondary Industry(person)	22230	22297	0.3
第三产业(人)	Tertiary Industry(person)	36990	38137	3.1
在岗职工人数(人)	Number of Staff & Workers Employed in(person)	14648	13738	-6.2
乡村劳动力(人)	Number of Rural Laborers(person)	145741	139829	-4.1
#农林牧渔业(人)	Farming,Forestry,Animal Husbandry & Fishery(person)	113905	99274	-12.8
国民经济综合指标	**Summary Item on the National Economy**			
生产总值(万元)	Gross Domestic Product(10 000 yuan)	427317	524010	14.5
第一产业(万元)	Primary Industry(10 000 yuan)	129817	141259	5.3
第二产业(万元)	Secondary Industry(10 000 yuan)	132630	177315	22.6
#工业(万元)	Industry(10 000 yuan)	103170	136029	19.1
第三产业(万元)	Tertiary Industry(10 000 yuan)	164870	205436	14.9
人均生产总值(元)	Per Capita GDP(yuan)	13512	16593	14.7
全社会固定资产投资(万元)	Total Investment in Fixed Assets(10 000 yuan)	457000	490000	7.2
按登记注册类型分	Grouped by Registered Type			
#国有(万元)	State-owned Enterprises(10 000 yuan)	70886	133065	87.7
集体(万元)	Collective-owned Enterprises(10 000 yuan)	200		
有限责任公司(万元)	Limited Liability Corporations(10 000 yuan)	137024	174367	27.3
股份有限公司(万元)	Share Holding Enterprises(10 000 yuan)	360		
私营企业(万元)	Private Enterprises(10 000 yuan)	172894	126250	-27.0
外商及港澳台投资企业(万元)	Funds from HK,Macao,Taiwan & Foreign(10 000 yuan)		22000	
按城乡渠道分	Grouped by Urban and Rural Area			
城镇（万元）	Urban(10 000 yuan)	387422	457002	18.0
农村（万元）	Rural(10 000 yuan)	6742	6380	-5.4
地方财政收入(万元)	Local Governments Revenue(10 000 yuan)	31039	39236	26.4
地方财政支出(万元)	Local Governments Expenditures(10 000 yuan)	50976	72646	42.5
城乡居民储蓄存款余额(万元)	Resident Saving Deposit in Urban & Rural(10 000 yuan)	126524	152805	20.8
在岗职工工资总额(万元)	Total Wages of Staff & Workers Empioyed in(10 000 yuan)	20418	20920	2.5
在岗职工平均工资(元)	Average Wage of Staff & Workers Employed in(yuan)	14111	15769	11.7
农牧民人均纯收入(元)	Per Capita Net Income of Peasant & Herdsman(yuan)	4803	5379	12.0
农村牧区经济	**Economic Development in Rural & Pastoral Area**			
耕地面积(公顷)	Cultivated Area(hectare)	102982	102976	0.0
农作物总播种面积(公顷)	Total Sown Area(hectare)	110674	112931	2.0
#粮食作物播种面积(公顷)	Sown Area of Grain Crops(hectare)	73211	75057	2.5
有效灌溉面积(公顷)	Irrigated Area(hectare)	82998	91673	10.5
农牧业机械总动力(万千瓦)	Total Power of Agricultural Machinery(10 000 kw)	25.60	14.95	-41.6
化肥施用折纯量(吨)	Consumption of Chemical Fertilizer(ton)	26418	28824	9.1
农村用电量(万千瓦小时)	Electricity Consumed in Rural Area(10 000 kwh)	4117	5369	30.4
农林牧渔业总产值(万元)	Gross Output of Farming,Forestry,Animal Husbandry & Fishery(10 000 yuan)	221701	247749	14.0
粮食产量(吨)	Yield of Grain(ton)	612335	632416	3.3
油料产量(吨)	Yield of Oil-bearing Grops(ton)	25817	24185	-6.3
甜菜产量(吨)	Yield of Beetroots(ton)	169899	230201	35.5
猪牛羊肉产量(吨)	Output of Pork, Beef & Mutton(ton)	27746	31026	11.8
#猪肉产量(吨)	Output of Pork(ton)	13742	15002	9.2
牛肉产量(吨)	Output of Beef(ton)	7727	8344	8.0
羊肉产量(吨)	Output of Mutton(ton)	6277	7680	22.4
羊毛产量(吨)	Output of Wool(ton)	550	623	13.3

23-23 Tumoteyou Banner in Baotou City

指 标	Item	2005	2006	2006年比上年增长% Increase Rate in 2006 Over 2005(%)
年末牲畜存栏头数(万头只)	Total Livestock at the Year-end(10 000 heads)	57.12	63.43	11.0
#大牲畜(万头只)	Large Animals(10 000 heads)	20.00	23.75	18.8
羊(万只)	Sheep & Goats(10 000 heads)	26.58	29.01	9.1
猪(万头)	Hogs(10 000 heads)	10.54	10.67	1.2
规模以上工业	**Industrial Enterprises above Designated size**			
工业企业单位数(个)	Number of Industrial Enterprises(unit)	26	30	15.4
#内资企业(个)	Civil Funded Enterprises(unit)	25	29	16.0
工业总产值(万元)	Gross Industrial Output Value(10 000 yuan)	84489	144867	71.5
内资企业(万元)	Civil Funded Enterprises(10 000 yuan)	76177	133223	74.9
国有企业(万元)	State-owned Enterprises(10 000 yuan)	131		
集体企业(万元)	Collective-owned Enterprises(10 000 yuan)			
股份合作企业(万元)	Share Holding Enterprises(10 000 yuan)			
联营企业(万元)	Joint Owned Enterprises(10 000 yuan)			
有限责任公司(万元)	Limited Company(10 000 yuan)	45978	78595	70.9
股份有限公司(万元)	Share Holding Limited Company(10 000 yuan)			
私营企业(万元)	Privately Owned Enterprises(10 000 yuan)	30068	54628	81.7
其他企业(万元)	Enterprises of Other Ownership(10 000 yuan)			
港澳台商投资企业(万元)	Funds from HK,Macao & Taiwan(10 000 yuan)	8312	11644	40.1
外商投资企业(万元)	Foreign Funded Enterprises(10 000 yuan)			
工业企业增加值(万元)	Value Added of Industrial Enterprises(10 000 yuan)	34322	55282	63.1
工业企业资产总计(万元)	Total Assets of Industrial Enterprises(10 000 yuan)	46332	61885	33.6
工业企业负债合计(万元)	Total Liabilities of Industrial Enterprises(10 000 yuan)	20912	32718	56.5
工业企业产品销售收入(万元)	Sales of Revenue Industrial Enterprises(10 000 yuan)	83176	145380	74.8
工业企业利润总额(万元)	Total Profits of Industrial Enterprises(10 000 yuan)	4455	4861	9.1
建筑业	**Construction**			
建筑企业单位数(个)	Number of Construction Enterprises(unit)	7	7	0.0
建筑企业从业人员(人)	Number of Employee in Construction Enterprises(person)	2577	3229	25.3
建筑业总产值(万元)	Gross Construction Output Value(10 000 yuan)	14584	21425	46.9
交通运输邮电通信业	**Transportation,Post & Telecommunications**			
公路里程(公里)	Total Length of Highways(km)	1032	2076	101.2
邮电业务总量(万元)	Business Volume of Post & Telecoms(10 000 yuan)	7099	7763	9.4
本地电话用户(户)	Number of Subscribers of Local Telephone(Household)	25991	25236	-2.9
国内贸易	**Demestic Trade**			
社会消费品零售总额(万元)	Total Retail Sales of Consumer Goods(10 000 yuan)	116470	129003	10.8
#贸易业(万元)	Wholesale & Retail Sales Trades(10 000 yuan)	98214	108286	10.3
餐饮业(万元)	Catering Trade(10 000 yuan)	16066	18236	13.5
科技教育卫生	**Science,Education & Public Health**			
各类专业技术人员(人)	Speccial Technical Personnel(person)	4995	4746	-5.0
幼儿园数(所)	Number of Kindergartens(unit)	4	4	0.0
学龄儿童入学率(%)	Percentage of School-Age Children Enrolled(%)	99.8	99.8	0.0
小学学校数(所)	Number of Primary Schools(unit)	102	75	-26.5
小学专任教师数(人)	Number of Full-time Teachers of Primary Schools(person)	1166	1167	0.1
小学在校学生数(人)	Number of Student Enrollment of Primary Schools(person)	16923	15539	-8.2
普通中学学校数(所)	Number of Regular Secondary Schools(unit)	22	18	-18.2
普通中学专任教师数(人)	Number of Teachers of Secondary Shools(person)	1116	1009	-9.6
初中在校学生数(人)	Number of Student in Junior Secondary Schools(person)	15689	13891	-11.5
高中在校学生数(人)	Number of Student in Senior Secondary Schools(person)	4993	4647	-6.9
卫生机构数(所)	Number of Health Institutions(unit)	31	31	0.0
#医院(所)	Hospitals(unit)	2	2	0.0
卫生院(所)	Township Hospitals(unit)	17	17	0.0
床位数(张)	Number of Beds(unit)	674	674	0.0
#医院(张)	Hospitals(unit)	200	200	0.0
卫生院(张)	Township Hospitals(unit)	156	156	0.0
卫生技术人员(人)	Medical Technical Presonnel(person)	734	741	1.0
#医院(人)	Hospitals(person)	210	213	1.4
卫生院(人)	Township Hospitals(person)	349	353	1.1

23-24 包头市固阳县

指 标	Item	2005	2006	2006年比上年增长% Increase Rate in 2006 Over 2005(%)
行政区域土地面积(平方公里)	**Area of Administration(Sq.km)**	**5021**	**5021**	**0.0**
人口和就业	**Population & Employment**			
年末总人口(人)	Total Population Year-end(person)	176800	177410	0.3
#男性(人)	Male(person)	99400	99610	0.2
#乡村人口(人)	Rural(person)	136042	132310	-2.7
年末总户数(户)	Total Number of Households at the Year-end(Household)	54230	54420	0.4
#乡村户数(户)	Number of Rural Household(Household)	36173	35305	-2.4
出生人口(人)	Births(person)	1526	1437	-5.8
死亡人口(人)	Deaths(person)	911	763	-16.2
全社会就业人员(人)	Employment(person)	107246	108947	1.6
第一产业(人)	Primary Industry(person)	70464	66270	-6.0
第二产业(人)	Secondary Industry(person)	24709	27101	9.7
第三产业(人)	Tertiary Industry(person)	12073	15576	29.0
在岗职工人数(人)	Number of Staff & Workers Employed in(person)	9423	8936	-5.2
乡村劳动力(人)	Number of Rural Laborers(person)	70467	71720	1.8
#农林牧渔业(人)	Farming,Forestry,Animal Husbandry & Fishery(person)	57805	52270	-9.6
国民经济综合指标	**Summary Item on the National Economy**			
生产总值(万元)	Gross Domestic Product(10 000 yuan)	250418	305177	18.2
第一产业(万元)	Primary Industry(10 000 yuan)	42484	48000	10.3
第二产业(万元)	Secondary Industry(10 000 yuan)	149336	187194	22.3
#工业(万元)	Industry(10 000 yuan)	118970	154794	27.1
第三产业(万元)	Tertiary Industry(10 000 yuan)	58598	69983	13.4
人均生产总值(元)	Per Capita GDP(yuan)	14212	17232	17.6
全社会固定资产投资(万元)	Total Investment in Fixed Assets(10 000 yuan)	321000	350000	9.0
按登记注册类型分	Grouped by Registered Type			
#国有(万元)	State-owned Enterprises(10 000 yuan)	26027	6838	-73.7
集体(万元)	Collective-owned Enterprises(10 000 yuan)		2300	
有限责任公司(万元)	Limited Liability Corporations(10 000 yuan)	174770	215510	23.3
股份有限公司(万元)	Share Holding Enterprises(10 000 yuan)		3700	
私营企业(万元)	Private Enterprises(10 000 yuan)	79722	110340	38.4
外商及港澳台投资企业(万元)	Funds from HK,Macao,Taiwan & Foreign(10 000 yuan)			
按城乡渠道分	Grouped by Urban and Rural Area			
城镇（万元）	Urban(10 000 yuan)	285073	338808	18.8
农村（万元）	Rural(10 000 yuan)	2506	411	-83.6
地方财政收入(万元)	Local Governments Revenue(10 000 yuan)	23539	30009	27.5
地方财政支出(万元)	Local Governments Expenditures(10 000 yuan)	39685	48690	22.7
城乡居民储蓄存款余额(万元)	Resident Saving Deposit in Urban & Rural(10 000 yuan)	47632	64906	36.3
在岗职工工资总额(万元)	Total Wages of Staff & Workers Empioyed in(10 000 yuan)	15454	16852	9.0
在岗职工平均工资(元)	Average Wage of Staff & Workers Employed in(yuan)	16399	18861	15.0
农牧民人均纯收入(元)	Per Capita Net Income of Peasant & Herdsman(yuan)	3200	4106	28.3
农村牧区经济	**Economic Development in Rural & Pastoral Area**			
耕地面积(公顷)	Cultivated Area(hectare)	190260	190314	0.0
农作物总播种面积(公顷)	Total Sown Area(hectare)	107290	116296	8.4
#粮食作物播种面积(公顷)	Sown Area of Grain Crops(hectare)	64363	65756	2.2
有效灌溉面积(公顷)	Irrigated Area(hectare)	13310	13345	0.3
农牧业机械总动力(万千瓦)	Total Power of Agricultural Machinery(10 000 kw)	30.00	30.59	2.0
化肥施用折纯量(吨)	Consumption of Chemical Fertilizer(ton)	12137	12300	1.3
农村用电量(万千瓦小时)	Electricity Consumed in Rural Area(10 000 kwh)	4492	5030	12.0
农林牧渔业总产值(万元)	Gross Output of Farming,Forestry,Animal Husbandry & Fishery(10 000 yuan)	75694	84587	13.0
粮食产量(吨)	Yield of Grain(ton)	25611	93292	264.3
油料产量(吨)	Yield of Oil-bearing Grops(ton)	1542	14155	818.0
甜菜产量(吨)	Yield of Beetroots(ton)	2250	11003	389.0
猪牛羊肉产量(吨)	Output of Pork, Beef & Mutton(ton)	22342	24330	8.9
#猪肉产量(吨)	Output of Pork(ton)	8759	9850	12.5
牛肉产量(吨)	Output of Beef(ton)	497	540	8.7
羊肉产量(吨)	Output of Mutton(ton)	13086	13940	6.5
羊毛产量(吨)	Output of Wool(ton)	709	701	-1.1

23-24 Guyang County in Baotou City

指 标	Item	2005	2006	2006年比上年增长% Increase Rate in 2006 Over 2005(%)
年末牲畜存栏头数(万头只)	Total Livestock at the Year-end(10 000 heads)	43.65	57.35	31.4
# 大牲畜(万头只)	Large Animals(10 000 heads)	3.71	4.01	8.1
羊(万只)	Sheep & Goats(10 000 heads)	35.62	48.83	37.1
猪(万头)	Hogs(10 000 heads)	4.32	4.51	4.4
规模以上工业	**Industrial Enterprises above Designated size**			
工业企业单位数(个)	Number of Industrial Enterprises(unit)	15	18	20.0
# 内资企业(个)	Civil Funded Enterprises(unit)	15	18	20.0
工业总产值(万元)	Gross Industrial Output Value(10 000 yuan)	54423	120368	121.2
内资企业(万元)	Civil Funded Enterprises(10 000 yuan)	54423	120368	121.2
国有企业(万元)	State-owned Enterprises(10 000 yuan)	140		
集体企业(万元)	Collective-owned Enterprises(10 000 yuan)			
股份合作企业(万元)	Share Holding Enterprises(10 000 yuan)			
联营企业(万元)	Joint Owned Enterprises(10 000 yuan)			
有限责任公司(万元)	Limited Company(10 000 yuan)	43579	98442	125.9
股份有限公司(万元)	Share Holding Limited Company(10 000 yuan)			
私营企业(万元)	Privately Owned Enterprises(10 000 yuan)	10704	21926	104.8
其他企业(万元)	Enterprises of Other Ownership(10 000 yuan)			
港澳台商投资企业(万元)	Funds from HK,Macao & Taiwan(10 000 yuan)			
外商投资企业(万元)	Foreign Funded Enterprises(10 000 yuan)			
工业企业增加值(万元)	Value Added of Industrial Enterprises(10 000 yuan)	27340	56985	119.2
工业企业资产总计(万元)	Total Assets of Industrial Enterprises(10 000 yuan)	61073	69932	14.5
工业企业负债合计(万元)	Total Liabilities of Industrial Enterprises(10 000 yuan)	41944	51779	23.4
工业企业产品销售收入(万元)	Sales of Revenue Industrial Enterprises(10 000 yuan)	53502	117141	118.9
工业企业利润总额(万元)	Total Profits of Industrial Enterprises(10 000 yuan)	1693	2416	42.7
建筑业	**Construction**			
建筑企业单位数(个)	Number of Construction Enterprises(unit)	2	1	-50.0
建筑企业从业人员(人)	Number of Employee in Construction Enterprises(person)	336	300	-10.7
建筑业总产值(万元)	Gross Construction Output Value(10 000 yuan)	5703	8162	43.1
交通运输邮电通信业	**Transportation,Post & Telecommunications**			
公路里程(公里)	Total Length of Highways(km)	1260	1260	0.0
邮电业务总量(万元)	Business Volume of Post & Telecoms(10 000 yuan)	1422	1510	6.2
本地电话用户(户)	Number of Subscribers of Local Telephone(Household)	9500	9600	1.1
国内贸易	**Demestic Trade**			
社会消费品零售总额(万元)	Total Retail Sales of Consumer Goods(10 000 yuan)	56785	62686	10.4
# 贸易业(万元)	Wholesale & Retail Sales Trades(10 000 yuan)	46138	49949	8.3
餐饮业(万元)	Catering Trade(10 000 yuan)	10635	12514	17.7
科技教育卫生	**Science,Education & Public Health**			
各类专业技术人员(人)	Speccial Technical Personnel(person)	2977	3010	1.1
幼儿园数(所)	Number of Kindergartens(unit)	3	8	166.7
学龄儿童入学率(%)	Percentage of School-Age Children Enrolled(%)	99.3	99.7	0.4
小学学校数(所)	Number of Primary Schools(unit)	38	32	-15.8
小学专任教师数(人)	Number of Full-time Teachers of Primary Schools(person)	940	935	-0.5
小学在校学生数(人)	Number of Student Enrollment of Primary Schools(person)	7760	7222	-6.9
普通中学学校数(所)	Number of Regular Secondary Schools(unit)	9	7	-22.2
普通中学专任教师数(人)	Number of Teachers of Secondary Shools(person)	635	588	-7.4
初中在校学生数(人)	Number of Student in Junior Secondary Schools(person)	8137	7911	-2.8
高中在校学生数(人)	Number of Student in Senior Secondary Schools(person)	2123	2338	10.1
卫生机构数(所)	Number of Health Institutions(unit)	30	32	6.7
# 医院(所)	Hospitals(unit)	2	2	0.0
卫生院(所)	Township Hospitals(unit)	12	16	33.3
床位数(张)	Number of Beds(unit)	470	470	0.0
# 医院(张)	Hospitals(unit)	190	198	4.2
卫生院(张)	Township Hospitals(unit)	272	272	0.0
卫生技术人员(人)	Medical Technical Presonnel(person)	529	501	-5.3
# 医院(人)	Hospitals(person)	187	248	32.6
卫生院(人)	Township Hospitals(person)	243	253	4.1

23-25 包头市达尔罕茂明安联合旗

指 标	Item	2005	2006	2006年比上年增长% Increase Rate in 2006 Over 2005(%)
行政区域土地面积(平方公里)	**Area of Administration(Sq.km)**	**17410**	**17410**	**0.0**
人口和就业	**Population & Employment**			
年末总人口(人)	Total Population Year-end(person)	102229	101301	-0.9
#男性(人)	Male(person)	55466	55027	-0.8
#乡村人口(人)	Rural(person)	79850	73400	-8.1
年末总户数(户)	Total Number of Households at the Year-end(Household)	30790	30884	0.3
#乡村户数(户)	Number of Rural Household(Household)	20065	17811	-11.2
出生人口(人)	Births(person)	836	518	-38.0
死亡人口(人)	Deaths(person)	1246	531	-57.4
全社会就业人员(人)	Employment(person)	60640	62530	3.1
第一产业(人)	Primary Industry(person)	38293	37685	-1.6
第二产业(人)	Secondary Industry(person)	6667	7425	11.4
第三产业(人)	Tertiary Industry(person)	15680	17420	11.1
在岗职工人数(人)	Number of Staff & Workers Employed in(person)	8234	6702	-18.6
乡村劳动力(人)	Number of Rural Laborers(person)	43165	35937	-16.7
#农林牧渔业(人)	Farming,Forestry,Animal Husbandry & Fishery(person)	36990	26058	-29.6
国民经济综合指标	**Summary Item on the National Economy**			
生产总值(万元)	Gross Domestic Product(10 000 yuan)	386120	522867	18.6
第一产业(万元)	Primary Industry(10 000 yuan)	48044	54300	10.4
第二产业(万元)	Secondary Industry(10 000 yuan)	237528	343699	20.9
#工业(万元)	Industry(10 000 yuan)	185758	286752	24.2
第三产业(万元)	Tertiary Industry(10 000 yuan)	100548	124868	16.4
人均生产总值(元)	Per Capita GDP(yuan)	38060	51362	18.3
全社会固定资产投资(万元)	Total Investment in Fixed Assets(10 000 yuan)	460000	500000	8.7
按登记注册类型分	Grouped by Registered Type			
#国有(万元)	State-owned Enterprises(10 000 yuan)	141820	137668	-2.9
集体(万元)	Collective-owned Enterprises(10 000 yuan)			
有限责任公司(万元)	Limited Liability Corporations(10 000 yuan)	214380	264737	23.5
股份有限公司(万元)	Share Holding Enterprises(10 000 yuan)	6000		
私营企业(万元)	Private Enterprises(10 000 yuan)	40100	67660	68.7
外商及港澳台投资企业(万元)	Funds from HK,Macao,Taiwan & Foreign(10 000 yuan)			
按城乡渠道分	Grouped by Urban and Rural Area			
城镇(万元)	Urban(10 000 yuan)	394750	466365	18.1
农村(万元)	Rural(10 000 yuan)	7550	3700	-51.0
地方财政收入(万元)	Local Governments Revenue(10 000 yuan)	42476	53242	25.3
地方财政支出(万元)	Local Governments Expenditures(10 000 yuan)	60332	83461	38.3
城乡居民储蓄存款余额(万元)	Resident Saving Deposit in Urban & Rural(10 000 yuan)	48152	53893	11.9
在岗职工工资总额(万元)	Total Wages of Staff & Workers Empioyed in(10 000 yuan)	15861	14085	-11.2
在岗职工平均工资(元)	Average Wage of Staff & Workers Employed in(yuan)	19020	21533	13.2
农牧民人均纯收入(元)	Per Capita Net Income of Peasant & Herdsman(yuan)	4095	4806	17.4
农村牧区经济	**Economic Development in Rural & Pastoral Area**			
耕地面积(公顷)	Cultivated Area(hectare)	75017	74843	-0.2
农作物总播种面积(公顷)	Total Sown Area(hectare)	41983	52637	25.4
#粮食作物播种面积(公顷)	Sown Area of Grain Crops(hectare)	30745	35471	15.4
有效灌溉面积(公顷)	Irrigated Area(hectare)	12850	13227	2.9
农牧业机械总动力(万千瓦)	Total Power of Agricultural Machinery(10 000 kw)	14.50	20.55	41.7
化肥施用折纯量(吨)	Consumption of Chemical Fertilizer(ton)	4735	5109	7.9
农村用电量(万千瓦小时)	Electricity Consumed in Rural Area(10 000 kwh)	1556	1599	2.8
农林牧渔业总产值(万元)	Gross Output of Farming,Forestry,Animal Husbandry & Fishery(10 000 yuan)	77835	86980	14.0
粮食产量(吨)	Yield of Grain(ton)	60314	112830	87.1
油料产量(吨)	Yield of Oil-bearing Grops(ton)	949	3820	302.5
甜菜产量(吨)	Yield of Beetroots(ton)			
猪牛羊肉产量(吨)	Output of Pork, Beef & Mutton(ton)	20560	21393	4.1
#猪肉产量(吨)	Output of Pork(ton)	3440	3993	16.1
牛肉产量(吨)	Output of Beef(ton)	1775	2100	18.3
羊肉产量(吨)	Output of Mutton(ton)	15345	15300	-0.3
羊毛产量(吨)	Output of Wool(ton)	1088	1010	-7.2

23-25 Daerhanmaomingan Union Banner in Baotou City

指 标	Item	2005	2006	2006年比上年增长% Increase Rate in 2006 Over 2005(%)
年末牲畜存栏头数(万头只)	Total Livestock at the Year-end(10 000 heads)	56.45	60.48	7.1
#大牲畜(万头只)	Large Animals(10 000 heads)	7.76	7.38	-4.9
羊(万只)	Sheep & Goats(10 000 heads)	46.45	50.79	9.3
猪(万头)	Hogs(10 000 heads)	2.24	2.31	3.1
规模以上工业	**Industrial Enterprises above Designated size**			
工业企业单位数(个)	Number of Industrial Enterprises(unit)	18	27	50.0
#内资企业(个)	Civil Funded Enterprises(unit)	18	27	50.0
工业总产值(万元)	Gross Industrial Output Value(10 000 yuan)	195688	313852	60.4
内资企业(万元)	Civil Funded Enterprises(10 000 yuan)	195688	313852	60.4
国有企业(万元)	State-owned Enterprises(10 000 yuan)	12679	13194	4.1
集体企业(万元)	Collective-owned Enterprises(10 000 yuan)			
股份合作企业(万元)	Share Holding Enterprises(10 000 yuan)			
联营企业(万元)	Joint Owned Enterprises(10 000 yuan)			
有限责任公司(万元)	Limited Company(10 000 yuan)	74855	78577	5.0
股份有限公司(万元)	Share Holding Limited Company(10 000 yuan)			
私营企业(万元)	Privately Owned Enterprises(10 000 yuan)	108154	222081	105.3
其他企业(万元)	Enterprises of Other Ownership(10 000 yuan)			
港澳台商投资企业(万元)	Funds from HK,Macao & Taiwan(10 000 yuan)			
外商投资企业(万元)	Foreign Funded Enterprises(10 000 yuan)			
工业企业增加值(万元)	Value Added of Industrial Enterprises(10 000 yuan)	99390	153665	26.9
工业企业资产总计(万元)	Total Assets of Industrial Enterprises(10 000 yuan)	147048	189833	29.1
工业企业负债合计(万元)	Total Liabilities of Industrial Enterprises(10 000 yuan)	86072	122930	42.8
工业企业产品销售收入(万元)	Sales of Revenue Industrial Enterprises(10 000 yuan)	186828	316295	69.3
工业企业利润总额(万元)	Total Profits of Industrial Enterprises(10 000 yuan)	20659	20751	0.4
建筑业	**Construction**			
建筑企业单位数(个)	Number of Construction Enterprises(unit)	2	2	0.0
建筑企业从业人员(人)	Number of Employee in Construction Enterprises(person)	175	449	156.6
建筑业总产值(万元)	Gross Construction Output Value(10 000 yuan)	6000	6600	10.0
交通运输邮电通信业	**Transportation,Post & Telecommunications**			
公路里程(公里)	Total Length of Highways(km)	1524	1524	0.0
邮电业务总量(万元)	Business Volume of Post & Telecoms(10 000 yuan)	2180	2250	3.2
本地电话用户(户)	Number of Subscribers of Local Telephone(Household)	9974	12331	23.6
国内贸易	**Demestic Trade**			
社会消费品零售总额(万元)	Total Retail Sales of Consumer Goods(10 000 yuan)	60588	67306	11.1
#贸易业(万元)	Wholesale & Retail Sales Trades(10 000 yuan)	50207	54803	9.2
餐饮业(万元)	Catering Trade(10 000 yuan)	10302	12404	20.4
科技教育卫生	**Science,Education & Public Health**			
各类专业技术人员(人)	Speccial Technical Personnel(person)	3337	2477	-25.8
幼儿园数(所)	Number of Kindergartens(unit)	6	5	-16.7
学龄儿童入学率(%)	Percentage of School-Age Children Enrolled(%)	99.7	99.6	-0.1
小学学校数(所)	Number of Primary Schools(unit)	32	18	-43.8
小学专任教师数(人)	Number of Full-time Teachers of Primary Schools(person)	633	427	-32.5
小学在校学生数(人)	Number of Student Enrollment of Primary Schools(person)	5886	5636	-4.2
普通中学学校数(所)	Number of Regular Secondary Schools(unit)	7	7	0.0
普通中学专任教师数(人)	Number of Teachers of Secondary Shools(person)	343	356	3.8
初中在校学生数(人)	Number of Student in Junior Secondary Schools(person)	4452	4327	-2.8
高中在校学生数(人)	Number of Student in Senior Secondary Schools(person)	1182	1242	5.1
卫生机构数(所)	Number of Health Institutions(unit)	25	23	-8.0
#医院(所)	Hospitals(unit)	2	2	0.0
卫生院(所)	Township Hospitals(unit)	16	16	0.0
床位数(张)	Number of Beds(unit)	261	291	11.5
#医院(张)	Hospitals(unit)	133	180	35.3
卫生院(张)	Township Hospitals(unit)	128	102	-20.3
卫生技术人员(人)	Medical Technical Presonnel(person)	366	352	-3.8
#医院(人)	Hospitals(person)	177	150	-15.3
卫生院(人)	Township Hospitals(person)	131	121	-7.6

23-26 呼伦贝尔市海拉尔区

指 标	Item	2005	2006	2006年比上年增长% Increase Rate in 2006 Over 2005(%)
行政区域土地面积(平方公里)	**Area of Administration(Sq.km)**	**1440**	**1440**	**0.0**
人口和就业	**Population & Employment**			
年末总人口(人)	Total Population Year-end(person)	256497	259705	1.3
#男性(人)	Male(person)	128489	127915	-0.4
#乡村人口(人)	Rural(person)	22548	22488	-0.3
年末总户数(户)	Total Number of Households at the Year-end(Household)	77975	78840	1.1
#乡村户数(户)	Number of Rural Household(Household)	4857	5281	8.7
出生人口(人)	Births(person)	1532	1262	-17.6
死亡人口(人)	Deaths(person)	1304	1146	-12.1
全社会就业人员(人)	Employment(person)	69426	70449	1.5
第一产业(人)	Primary Industry(person)	9263	9711	4.8
第二产业(人)	Secondary Industry(person)	11277	11060	-1.9
第三产业(人)	Tertiary Industry(person)	48886	49678	1.6
在岗职工人数(人)	Number of Staff & Workers Employed in(person)	42525	43191	1.6
乡村劳动力(人)	Number of Rural Laborers(person)	7918	8374	5.8
#农林牧渔业(人)	Farming,Forestry,Animal Husbandry & Fishery(person)	6038	7071	17.1
国民经济综合指标	**Summary Item on the National Economy**			
生产总值(万元)	Gross Domestic Product(10 000 yuan)	473440	594312	24.1
第一产业(万元)	Primary Industry(10 000 yuan)	36598	39000	3.7
第二产业(万元)	Secondary Industry(10 000 yuan)	106900	164116	49.7
#工业(万元)	Industry(10 000 yuan)	81353	131623	57.1
第三产业(万元)	Tertiary Industry(10 000 yuan)	329942	391196	18.1
人均生产总值(元)	Per Capita GDP(yuan)	18458	23026	34.0
全社会固定资产投资(万元)	Total Investment in Fixed Assets(10 000 yuan)	220700	244016	10.6
按登记注册类型分	Grouped by Registered Type			
#国有(万元)	State-owned Enterprises(10 000 yuan)	162002	82297	-49.2
集体(万元)	Collective-owned Enterprises(10 000 yuan)		1960	
有限责任公司(万元)	Limited Liability Corporations(10 000 yuan)	40539	140702	247.1
股份有限公司(万元)	Share Holding Enterprises(10 000 yuan)	9200	77	-99.2
私营企业(万元)	Private Enterprises(10 000 yuan)	2863	13920	386.2
外商及港澳台投资企业(万元)	Funds from HK,Macao,Taiwan & Foreign(10 000 yuan)	2610	3050	16.9
按城乡渠道分	Grouped by Urban and Rural Area			
城镇(万元)	Urban(10 000 yuan)		244016	
农村(万元)	Rural(10 000 yuan)			
地方财政收入(万元)	Local Governments Revenue(10 000 yuan)	24263	25722	6.0
地方财政支出(万元)	Local Governments Expenditures(10 000 yuan)	37862	51938	37.2
城乡居民储蓄存款余额(万元)	Resident Saving Deposit in Urban & Rural(10 000 yuan)	524621	587882	12.1
在岗职工工资总额(万元)	Total Wages of Staff & Workers Empioyed in(10 000 yuan)	68499	80623	17.7
在岗职工平均工资(元)	Average Wage of Staff & Workers Employed in(yuan)	16388	18950	15.6
农牧民人均纯收入(元)	Per Capita Net Income of Peasant & Herdsman(yuan)	6030	6649	10.3
农村牧区经济	**Economic Development in Rural & Pastoral Area**			
耕地面积(公顷)	Cultivated Area(hectare)	31276	31139	-0.4
农作物总播种面积(公顷)	Total Sown Area(hectare)	23500	25467	8.4
#粮食作物播种面积(公顷)	Sown Area of Grain Crops(hectare)	12094	13820	14.3
有效灌溉面积(公顷)	Irrigated Area(hectare)	4027	4230	5.0
农牧业机械总动力(万千瓦)	Total Power of Agricultural Machinery(10 000 kw)	9.10	9.70	6.6
化肥施用折纯量(吨)	Consumption of Chemical Fertilizer(ton)	4577	3471	-24.2
农村用电量(万千瓦小时)	Electricity Consumed in Rural Area(10 000 kwh)	580	711	22.6
农林牧渔业总产值(万元)	Gross Output of Farming,Forestry,Animal Husbandry & Fishery(10 000 yuan)	60344	66373	10.0
粮食产量(吨)	Yield of Grain(ton)	38436	32798	-14.7
油料产量(吨)	Yield of Oil-bearing Grops(ton)	8622	3475	-59.7
甜菜产量(吨)	Yield of Beetroots(ton)			
猪牛羊肉产量(吨)	Output of Pork, Beef & Mutton(ton)	5145	4290	-16.6
#猪肉产量(吨)	Output of Pork(ton)	1978	1646	-16.8
牛肉产量(吨)	Output of Beef(ton)	2761	2114	-23.4
羊肉产量(吨)	Output of Mutton(ton)	406	530	30.5
羊毛产量(吨)	Output of Wool(ton)	90	97	7.8

23-26 Hailaer District in Hulunbeier City

指 标	Item	2005	2006	2006年比上年增长% Increase Rate in 2006 Over 2005(%)
年末牲畜存栏头数(万头只)	Total Livestock at the Year-end(10 000 heads)	9.54	8.42	-11.7
#大牲畜(万头只)	Large Animals(10 000 heads)	4.21	4.42	5.0
羊(万只)	Sheep & Goats(10 000 heads)	4.48	3.27	-27.0
猪(万头)	Hogs(10 000 heads)	0.85	0.73	-14.1
规模以上工业	**Industrial Enterprises above Designated size**			
工业企业单位数(个)	Number of Industrial Enterprises(unit)	27	33	22.2
#内资企业(个)	Civil Funded Enterprises(unit)	25	29	16.0
工业总产值(万元)	Gross Industrial Output Value(10 000 yuan)	174124	299187	71.8
内资企业(万元)	Civil Funded Enterprises(10 000 yuan)	153127	249188	62.7
国有企业(万元)	State-owned Enterprises(10 000 yuan)	50210	47580	-5.2
集体企业(万元)	Collective-owned Enterprises(10 000 yuan)			
股份合作企业(万元)	Share Holding Enterprises(10 000 yuan)			
联营企业(万元)	Joint Owned Enterprises(10 000 yuan)			
有限责任公司(万元)	Limited Company(10 000 yuan)	77418	181543	134.5
股份有限公司(万元)	Share Holding Limited Company(10 000 yuan)	6525		
私营企业(万元)	Privately Owned Enterprises(10 000 yuan)	18974	20065	5.7
其他企业(万元)	Enterprises of Other Ownership(10 000 yuan)			
港澳台商投资企业(万元)	Funds from HK,Macao & Taiwan(10 000 yuan)	19205	35880	86.8
外商投资企业(万元)	Foreign Funded Enterprises(10 000 yuan)	1792	14119	687.9
工业企业增加值(万元)	Value Added of Industrial Enterprises(10 000 yuan)	77786	113582	67.4
工业企业资产总计(万元)	Total Assets of Industrial Enterprises(10 000 yuan)	257145	274315	6.7
工业企业负债合计(万元)	Total Liabilities of Industrial Enterprises(10 000 yuan)	198117	200412	1.2
工业企业产品销售收入(万元)	Sales of Revenue Industrial Enterprises(10 000 yuan)	118460	235863	99.1
工业企业利润总额(万元)	Total Profits of Industrial Enterprises(10 000 yuan)	8253	19740	139.2
建筑业	**Construction**			
建筑企业单位数(个)	Number of Construction Enterprises(unit)	19	20	5.3
建筑企业从业人员(人)	Number of Employee in Construction Enterprises(person)	10754	10205	-5.1
建筑业总产值(万元)	Gross Construction Output Value(10 000 yuan)	69699	90425	29.7
交通运输邮电通信业	**Transportation,Post & Telecommunications**			
公路里程(公里)	Total Length of Highways(km)	177	307	73.6
邮电业务收入(万元)	Business Volume of Post & Telecoms(10 000 yuan)	30453	33651	10.5
本地电话用户(户)	Number of Subscribers of Local Telephone(Household)	164545	160239	-2.6
国内贸易	**Demestic Trade**			
社会消费品零售总额(万元)	Total Retail Sales of Consumer Goods(10 000 yuan)	245905	296273	20.5
#贸易业(万元)	Wholesale & Retail Sales Trades(10 000 yuan)	179513	219659	22.4
餐饮业(万元)	Catering Trade(10 000 yuan)	37542	47920	27.6
科技教育卫生	**Science,Education & Public Health**			
各类专业技术人员(人)	Speccial Technical Personnel(person)	5238	5175	-1.2
幼儿园数(所)	Number of Kindergartens(unit)	10	8	-20.0
学龄儿童入学率(%)	Percentage of School-Age Children Enrolled(%)	100.0	100.0	0.0
小学学校数(所)	Number of Primary Schools(unit)	28	21	-25.0
小学专任教师数(人)	Number of Full-time Teachers of Primary Schools(person)	1042	1002	-3.8
小学在校学生数(人)	Number of Student Enrollment of Primary Schools(person)	15502	14486	-6.6
普通中学学校数(所)	Number of Regular Secondary Schools(unit)	24	24	0.0
普通中学专任教师数(人)	Number of Teachers of Secondary Shools(person)	1593	1599	0.4
初中在校学生数(人)	Number of Student in Junior Secondary Schools(person)	11525	11600	0.7
高中在校学生数(人)	Number of Student in Senior Secondary Schools(person)	12527	13509	7.8
卫生机构数(所)	Number of Health Institutions(unit)	139	132	-5.0
#医院(所)	Hospitals(unit)	15	15	0.0
卫生院(所)	Township Hospitals(unit)	5	6	20.0
床位数(张)	Number of Beds(unit)	1832	1855	1.3
#医院(张)	Hospitals(unit)	1664	1688	1.4
卫生院(张)	Township Hospitals(unit)	40	66	65.0
卫生技术人员(人)	Medical Technical Presonnel(person)	2385	2283	-4.3
#医院(人)	Hospitals(person)	1713	1599	-6.7
卫生院(人)	Township Hospitals(person)	34	74	117.6

23-27 呼伦贝尔市满洲里市

指 标	Item	2005	2006	2006年比上年增长% Increase Rate in 2006 Over 2005(%)
行政区域土地面积(平方公里)	**Area of Administration(Sq.km)**	**696**	**696**	**0.0**
人口和就业	**Population & Employment**			
年末总人口(人)	Total Population Year-end(person)	160213	161256	0.7
#男性(人)	Male(person)	81253	81798	0.7
#乡村人口(人)	Rural(person)			
年末总户数(户)	Total Number of Households at the Year-end(Household)	61821	62628	1.3
#乡村户数(户)	Number of Rural Household(Household)			
出生人口(人)	Births(person)	923	829	-10.2
死亡人口(人)	Deaths(person)	784	584	-25.5
全社会就业人员(人)	Employment(person)	67082	65440	-2.4
第一产业(人)	Primary Industry(person)	950	909	-4.3
第二产业(人)	Secondary Industry(person)	18102	19956	10.2
第三产业(人)	Tertiary Industry(person)	48030	44575	-7.2
在岗职工人数(人)	Number of Staff & Workers Employed in(person)	31612	33419	5.7
乡村劳动力(人)	Number of Rural Laborers(person)			
#农林牧渔业(人)	Farming,Forestry,Animal Husbandry & Fishery(person)			
国民经济综合指标	**Summary Item on the National Economy**			
生产总值(万元)	Gross Domestic Product(10 000 yuan)	551770	641539	13.5
第一产业(万元)	Primary Industry(10 000 yuan)	12226	13184	4.9
第二产业(万元)	Secondary Industry(10 000 yuan)	192333	198567	-2.7
#工业(万元)	Industry(10 000 yuan)	114024	154323	25.6
第三产业(万元)	Tertiary Industry(10 000 yuan)	347211	429787	22.7
人均生产总值(元)	Per Capita GDP(yuan)	30028	32025	10.5
全社会固定资产投资(万元)	Total Investment in Fixed Assets(10 000 yuan)	580000	310000	-46.6
按登记注册类型分	Grouped by Registered Type			
#国有(万元)	State-owned Enterprises(10 000 yuan)	157464	164288	4.3
集体(万元)	Collective-owned Enterprises(10 000 yuan)	23511		
有限责任公司(万元)	Limited Liability Corporations(10 000 yuan)	241488	85806	-64.5
股份有限公司(万元)	Share Holding Enterprises(10 000 yuan)	124667	29877	-76.0
私营企业(万元)	Private Enterprises(10 000 yuan)	16630	26548	59.6
外商及港澳台投资企业(万元)	Funds from HK,Macao,Taiwan & Foreign(10 000 yuan)	16240	3481	-78.6
按城乡渠道分	Grouped by Urban and Rural Area			
城镇(万元)	Urban(10 000 yuan)		310000	
农村(万元)	Rural(10 000 yuan)			
地方财政收入(万元)	Local Governments Revenue(10 000 yuan)	55777	67266	20.6
地方财政支出(万元)	Local Governments Expenditures(10 000 yuan)	81579	103824	27.3
城乡居民储蓄存款余额(万元)	Resident Saving Deposit in Urban & Rural(10 000 yuan)	460034	534232	16.1
在岗职工工资总额(万元)	Total Wages of Staff & Workers Empioyed in(10 000 yuan)	41993	55676	32.6
在岗职工平均工资(元)	Average Wage of Staff & Workers Employed in(yuan)	13284	17549	32.1
农牧民人均纯收入(元)	Per Capita Net Income of Peasant & Herdsman(yuan)			
农村牧区经济	**Economic Development in Rural & Pastoral Area**			
耕地面积(公顷)	Cultivated Area(hectare)	1839	1839	0.0
农作物总播种面积(公顷)	Total Sown Area(hectare)	1723	1723	0.0
#粮食作物播种面积(公顷)	Sown Area of Grain Crops(hectare)	195	195	0.0
有效灌溉面积(公顷)	Irrigated Area(hectare)			
农牧业机械总动力(万千瓦)	Total Power of Agricultural Machinery(10 000 kw)			
化肥施用折纯量(吨)	Consumption of Chemical Fertilizer(ton)	96	96	0.0
农村用电量(万千瓦小时)	Electricity Consumed in Rural Area(10 000 kwh)	100	100	0.0
农林牧渔业总产值(万元)	Gross Output of Farming,Forestry,Animal Husbandry & Fishery(10 000 yuan)	20159	20985	4.1
粮食产量(吨)	Yield of Grain(ton)	1024	1024	0.0
油料产量(吨)	Yield of Oil-bearing Grops(ton)			
甜菜产量(吨)	Yield of Beetroots(ton)			
猪牛羊肉产量(吨)	Output of Pork, Beef & Mutton(ton)	2033	2109	3.7
#猪肉产量(吨)	Output of Pork(ton)	1262	1313	4.0
牛肉产量(吨)	Output of Beef(ton)	380	405	6.6
羊肉产量(吨)	Output of Mutton(ton)	391	391	0.0
羊毛产量(吨)	Output of Wool(ton)	92	92	0.0

23-27 Manzhouli City in Hulunbeier City

指 标	Item	2005	2006	2006年比上年增长% Increase Rate in 2006 Over 2005(%)
年末牲畜存栏头数(万头只)	Total Livestock at the Year-end(10 000 heads)	5.31	5.33	0.4
#大牲畜(万头只)	Large Animals(10 000 heads)	0.43	0.43	0.0
羊(万只)	Sheep & Goats(10 000 heads)	3.80	3.78	-0.5
猪(万头)	Hogs(10 000 heads)	1.08	1.12	3.7
规模以上工业	**Industrial Enterprises above Designated size**			
工业企业单位数(个)	Number of Industrial Enterprises(unit)	24	40	66.7
#内资企业(个)	Civil Funded Enterprises(unit)	22	37	68.2
工业总产值(万元)	Gross Industrial Output Value(10 000 yuan)	134795	190470	41.3
内资企业(万元)	Civil Funded Enterprises(10 000 yuan)	127495	179380	40.7
国有企业(万元)	State-owned Enterprises(10 000 yuan)	90232	105208	16.6
集体企业(万元)	Collective-owned Enterprises(10 000 yuan)			
股份合作企业(万元)	Share Holding Enterprises(10 000 yuan)	2011	5070	152.1
联营企业(万元)	Joint Owned Enterprises(10 000 yuan)			
有限责任公司(万元)	Limited Company(10 000 yuan)	20118	26030	29.4
股份有限公司(万元)	Share Holding Limited Company(10 000 yuan)			
私营企业(万元)	Privately Owned Enterprises(10 000 yuan)	15134	43072	184.6
其他企业(万元)	Enterprises of Other Ownership(10 000 yuan)			
港澳台商投资企业(万元)	Funds from HK,Macao & Taiwan(10 000 yuan)	6038	10103	67.3
外商投资企业(万元)	Foreign Funded Enterprises(10 000 yuan)	1262	987	-21.8
工业企业增加值(万元)	Value Added of Industrial Enterprises(10 000 yuan)	61675	78023	22.0
工业企业资产总计(万元)	Total Assets of Industrial Enterprises(10 000 yuan)	273378	290015	6.1
工业企业负债合计(万元)	Total Liabilities of Industrial Enterprises(10 000 yuan)	176303	183906	4.3
工业企业产品销售收入(万元)	Sales of Revenue Industrial Enterprises(10 000 yuan)	103263	188983	83.0
工业企业利润总额(万元)	Total Profits of Industrial Enterprises(10 000 yuan)	1975	3772	91.0
建筑业	**Construction**			
建筑企业单位数(个)	Number of Construction Enterprises(unit)	8	9	12.5
建筑企业从业人员(人)	Number of Employee in Construction Enterprises(person)	1688	1994	18.1
建筑业总产值(万元)	Gross Construction Output Value(10 000 yuan)	192617	100573	-47.8
交通运输邮电通信业	**Transportation,Post & Telecommunications**			
公路里程(公里)	Total Length of Highways(km)	160	214	33.8
邮电业务总量(万元)	Business Volume of Post & Telecoms(10 000 yuan)	12086	14044	16.2
本地电话用户(户)	Number of Subscribers of Local Telephone(Household)	45803	35073	-23.4
国内贸易	**Demestic Trade**			
社会消费品零售总额(万元)	Total Retail Sales of Consumer Goods(10 000 yuan)	250600	296236	18.2
#贸易业(万元)	Wholesale & Retail Sales Trades(10 000 yuan)	197843	262169	32.5
餐饮业(万元)	Catering Trade(10 000 yuan)	25300	32057	26.7
科技教育卫生	**Science,Education & Public Health**			
各类专业技术人员(人)	Speccial Technical Personnel(person)	3235	3452	6.7
幼儿园数(所)	Number of Kindergartens(unit)	3	4	33.3
学龄儿童入学率(%)	Percentage of School-Age Children Enrolled(%)	100.0	100.0	0.0
小学学校数(所)	Number of Primary Schools(unit)	20	16	-20.0
小学专任教师数(人)	Number of Full-time Teachers of Primary Schools(person)	865	863	-0.2
小学在校学生数(人)	Number of Student Enrollment of Primary Schools(person)	13392	12941	-3.4
普通中学学校数(所)	Number of Regular Secondary Schools(unit)	12	12	0.0
普通中学专任教师数(人)	Number of Teachers of Secondary Shools(person)	937	911	-2.8
初中在校学生数(人)	Number of Student in Junior Secondary Schools(person)	10091	8972	-11.1
高中在校学生数(人)	Number of Student in Senior Secondary Schools(person)	3199	3528	10.3
卫生机构数(所)	Number of Health Institutions(unit)	16	20	25.0
#医院(所)	Hospitals(unit)	8	8	0.0
卫生院(所)	Township Hospitals(unit)	1	1	0.0
床位数(张)	Number of Beds(unit)	846	815	-3.7
#医院(张)	Hospitals(unit)	836	715	-14.5
卫生院(张)	Township Hospitals(unit)	10	10	0.0
卫生技术人员(人)	Medical Technical Presonnel(person)	1417	1165	-17.8
#医院(人)	Hospitals(person)	1397	898	-35.7
卫生院(人)	Township Hospitals(person)	20	24	20.0

23-28 呼伦贝尔市扎兰屯市

指 标	Item	2005	2006	2006年比上年增长% Increase Rate in 2006 Over 2005(%)
行政区域土地面积(平方公里)	**Area of Administration(Sq.km)**	**16800**	**16800**	**0.0**
人口和就业	**Population & Employment**			
年末总人口(人)	Total Population Year-end(person)	431013	431666	0.2
# 男性(人)	Male(person)	221376	221725	0.2
# 乡村人口(人)	Rural(person)	293903	298290	1.5
年末总户数(户)	Total Number of Households at the Year-end(Household)	132508	136306	2.9
# 乡村户数(户)	Number of Rural Household(Household)	81252	83958	3.3
出生人口(人)	Births(person)	3490	3124	-10.5
死亡人口(人)	Deaths(person)	1484	1441	-2.9
全社会就业人员(人)	Employment(person)	139764	144031	3.1
第一产业(人)	Primary Industry(person)	92511	95900	3.7
第二产业(人)	Secondary Industry(person)	14537	15017	3.3
第三产业(人)	Tertiary Industry(person)	32716	33114	1.2
在岗职工人数(人)	Number of Staff & Workers Employed in(person)	24244	24609	1.5
乡村劳动力(人)	Number of Rural Laborers(person)	108387	110323	1.8
# 农林牧渔业(人)	Farming,Forestry,Animal Husbandry & Fishery(person)	90589	100560	11.0
国民经济综合指标	**Summary Item on the National Economy**			
生产总值(万元)	Gross Domestic Product(10 000 yuan)	295849	364834	16.9
第一产业(万元)	Primary Industry(10 000 yuan)	111286	120005	4.9
第二产业(万元)	Secondary Industry(10 000 yuan)	88349	116894	26.5
# 工业(万元)	Industry(10 000 yuan)	73649	103664	33.9
第三产业(万元)	Tertiary Industry(10 000 yuan)	96213	127935	21.8
人均生产总值(元)	Per Capita GDP(yuan)	6868	8426	10.7
全社会固定资产投资(万元)	Total Investment in Fixed Assets(10 000 yuan)	125083	105085	-16.0
按登记注册类型分	Grouped by Registered Type			
# 国有(万元)	State-owned Enterprises(10 000 yuan)	89567	59673	-33.4
集体(万元)	Collective-owned Enterprises(10 000 yuan)			
有限责任公司(万元)	Limited Liability Corporations(10 000 yuan)	18525	32356	74.7
股份有限公司(万元)	Share Holding Enterprises(10 000 yuan)	9247	8597	-7.0
私营企业(万元)	Private Enterprises(10 000 yuan)	2254		
外商及港澳台投资企业(万元)	Funds from HK,Macao,Taiwan & Foreign(10 000 yuan)	3600	3509	-2.5
按城乡渠道分	Grouped by Urban and Rural Area			
城镇（万元）	Urban(10 000 yuan)		104039	
农村（万元）	Rural(10 000 yuan)		1046	
地方财政收入(万元)	Local Governments Revenue(10 000 yuan)	16191	7711	-52.4
地方财政支出(万元)	Local Governments Expenditures(10 000 yuan)	52434	55060	5.0
城乡居民储蓄存款余额(万元)	Resident Saving Deposit in Urban & Rural(10 000 yuan)	179371	194446	8.4
在岗职工工资总额(万元)	Total Wages of Staff & Workers Empioyed in(10 000 yuan)	28360	33150	16.9
在岗职工平均工资(元)	Average Wage of Staff & Workers Employed in(yuan)	12907	13926	7.9
农牧民人均纯收入(元)	Per Capita Net Income of Peasant & Herdsman(yuan)	2760	3064	11.0
农村牧区经济	**Economic Development in Rural & Pastoral Area**			
耕地面积(公顷)	Cultivated Area(hectare)	227759	220976	-3.0
农作物总播种面积(公顷)	Total Sown Area(hectare)	213453	205529	-3.7
# 粮食作物播种面积(公顷)	Sown Area of Grain Crops(hectare)	159036	163287	2.7
有效灌溉面积(公顷)	Irrigated Area(hectare)	5513	6620	20.1
农牧业机械总动力(万千瓦)	Total Power of Agricultural Machinery(10 000 kw)	43.81	41.00	-6.4
化肥施用折纯量(吨)	Consumption of Chemical Fertilizer(ton)	29805	27366	-8.2
农村用电量(万千瓦小时)	Electricity Consumed in Rural Area(10 000 kwh)	2760	3207	16.2
农林牧渔业总产值(万元)	Gross Output of Farming,Forestry,Animal Husbandry & Fishery(10 000 yuan)	187237	199215	6.4
粮食产量(吨)	Yield of Grain(ton)	501500	415108	-17.2
油料产量(吨)	Yield of Oil-bearing Grops(ton)	55113	32273	-41.4
甜菜产量(吨)	Yield of Beetroots(ton)	4292	865	-79.8
猪牛羊肉产量(吨)	Output of Pork, Beef & Mutton(ton)	34501	43767	26.9
# 猪肉产量(吨)	Output of Pork(ton)	17854	21804	22.1
牛肉产量(吨)	Output of Beef(ton)	5134	9924	93.3
羊肉产量(吨)	Output of Mutton(ton)	11513	12039	4.6
羊毛产量(吨)	Output of Wool(ton)	2238	2585	15.5

23-28 Zhalantun City in Hulunbeier City

指 标	Item	2005	2006	2006年比上年增长% Increase Rate in 2006 Over 2005(%)
年末牲畜存栏头数(万头只)	Total Livestock at the Year-end(10 000 heads)	95.35	120.74	26.6
#大牲畜(万头只)	Large Animals(10 000 heads)	14.63	14.00	-4.3
羊(万只)	Sheep & Goats(10 000 heads)	66.09	92.52	40.0
猪(万头)	Hogs(10 000 heads)	14.63	14.22	-2.8
规模以上工业	**Industrial Enterprises above Designated size**			
工业企业单位数(个)	Number of Industrial Enterprises(unit)	25	32	28.0
#内资企业(个)	Civil Funded Enterprises(unit)	23	30	30.4
工业总产值(万元)	Gross Industrial Output Value(10 000 yuan)	162049	230219	41.6
内资企业(万元)	Civil Funded Enterprises(10 000 yuan)	130349	186174	42.8
国有企业(万元)	State-owned Enterprises(10 000 yuan)	11572	14508	25.4
集体企业(万元)	Collective-owned Enterprises(10 000 yuan)			
股份合作企业(万元)	Share Holding Enterprises(10 000 yuan)		4955	
联营企业(万元)	Joint Owned Enterprises(10 000 yuan)			
有限责任公司(万元)	Limited Company(10 000 yuan)	118777	85757	-27.8
股份有限公司(万元)	Share Holding Limited Company(10 000 yuan)		25401	
私营企业(万元)	Privately Owned Enterprises(10 000 yuan)		55554	
其他企业(万元)	Enterprises of Other Ownership(10 000 yuan)			
港澳台商投资企业(万元)	Funds from HK,Macao & Taiwan(10 000 yuan)			
外商投资企业(万元)	Foreign Funded Enterprises(10 000 yuan)	31700	44045	38.9
工业企业增加值(万元)	Value Added of Industrial Enterprises(10 000 yuan)	61573	87848	40.6
工业企业资产总计(万元)	Total Assets of Industrial Enterprises(10 000 yuan)	149168	183136	22.8
工业企业负债合计(万元)	Total Liabilities of Industrial Enterprises(10 000 yuan)	89875	120552	34.1
工业企业产品销售收入(万元)	Sales of Revenue Industrial Enterprises(10 000 yuan)	128878	192061	49.0
工业企业利润总额(万元)	Total Profits of Industrial Enterprises(10 000 yuan)	7748	11841	52.8
建筑业	**Construction**			
建筑企业单位数(个)	Number of Construction Enterprises(unit)	7	7	0.0
建筑企业从业人员(人)	Number of Employee in Construction Enterprises(person)	1119	1845	64.9
建筑业总产值(万元)	Gross Construction Output Value(10 000 yuan)	9091	20040	120.4
交通运输邮电通信业	**Transportation,Post & Telecommunications**			
公路里程(公里)	Total Length of Highways(km)	1557	1557	0.0
邮电业务总量(万元)	Business Volume of Post & Telecoms(10 000 yuan)	9520	11130	16.9
本地电话用户(户)	Number of Subscribers of Local Telephone(Household)	66984	71040	6.1
国内贸易	**Demestic Trade**			
社会消费品零售总额(万元)	Total Retail Sales of Consumer Goods(10 000 yuan)	120696	140370	16.3
#贸易业(万元)	Wholesale & Retail Sales Trades(10 000 yuan)	105330	122714	16.5
餐饮业(万元)	Catering Trade(10 000 yuan)	12686	15055	18.7
科技教育卫生	**Science,Education & Public Health**			
各类专业技术人员(人)	Speccial Technical Personnel(person)	8505	8612	1.3
幼儿园数(所)	Number of Kindergartens(unit)	47	80	70.2
学龄儿童入学率(%)	Percentage of School-Age Children Enrolled(%)	100.0	100.0	0.0
小学学校数(所)	Number of Primary Schools(unit)	148	125	-15.5
小学专任教师数(人)	Number of Full-time Teachers of Primary Schools(person)	2026	2043	0.8
小学在校学生数(人)	Number of Student Enrollment of Primary Schools(person)	21152	19802	-6.4
普通中学学校数(所)	Number of Regular Secondary Schools(unit)	37	29	-21.6
普通中学专任教师数(人)	Number of Teachers of Secondary Shools(person)	1256	1242	-1.1
初中在校学生数(人)	Number of Student in Junior Secondary Schools(person)	17031	15082	-11.4
高中在校学生数(人)	Number of Student in Senior Secondary Schools(person)	5352	6113	14.2
卫生机构数(所)	Number of Health Institutions(unit)	271	246	-9.2
#医院(所)	Hospitals(unit)	9	9	0.0
卫生院(所)	Township Hospitals(unit)	24	24	0.0
床位数(张)	Number of Beds(unit)	1537	1502	-2.3
#医院(张)	Hospitals(unit)	804	804	0.0
卫生院(张)	Township Hospitals(unit)	326	321	-1.5
卫生技术人员(人)	Medical Technical Presonnel(person)	1587	1403	-11.6
#医院(人)	Hospitals(person)	827	811	-1.9
卫生院(人)	Township Hospitals(person)	424	365	-13.9

23-29 呼伦贝尔市牙克石市

指 标	Item	2005	2006	2006年比上年增长% Increase Rate in 2006 Over 2005(%)
行政区域土地面积（平方公里）	**Area of Administration(Sq.km)**	**27590**	**27590**	**0.0**
人口和就业	**Population & Employment**			
年末总人口(人)	Total Population Year-end(person)	389326	385523	-1.0
＃男性(人)	Male(person)	197440	195394	-1.0
＃乡村人口(人)	Rural(person)	4389	4200	-4.3
年末总户数(户)	Total Number of Households at the Year-end(Household)	141663	142516	0.6
＃乡村户数(户)	Number of Rural Household(Household)	1284	1238	-3.6
出生人口(人)	Births(person)	2004	1688	-15.8
死亡人口(人)	Deaths(person)	2671	2210	-17.3
全社会就业人员(人)	Employment(person)	92362	83857	-9.2
第一产业(人)	Primary Industry(person)	34841	35595	2.2
第二产业(人)	Secondary Industry(person)	16538	18447	11.5
第三产业(人)	Tertiary Industry(person)	40983	29815	-27.3
在岗职工人数(人)	Number of Staff & Workers Employed in(person)	24995	22838	-8.6
乡村劳动力(人)	Number of Rural Laborers(person)	3399	3308	-2.7
＃农林牧渔业(人)	Farming,Forestry,Animal Husbandry & Fishery(person)	3048	2957	-3.0
国民经济综合指标	**Summary Item on the National Economy**			
生产总值(万元)	Gross Domestic Product(10 000 yuan)	319130	416084	21.1
第一产业(万元)	Primary Industry(10 000 yuan)	94921	110002	12.8
第二产业(万元)	Secondary Industry(10 000 yuan)	70379	106847	34.9
＃工业(万元)	Industry(10 000 yuan)	61254	94363	34.8
第三产业(万元)	Tertiary Industry(10 000 yuan)	153830	199235	20.0
人均生产总值(元)	Per Capita GDP(yuan)	8197	10740	22.6
全社会固定资产投资(万元)	Total Investment in Fixed Assets(10 000 yuan)	43042	60738	41.1
按登记注册类型分	Grouped by Registered Type			
＃国有(万元)	State-owned Enterprises(10 000 yuan)	16551	33166	100.4
集体(万元)	Collective-owned Enterprises(10 000 yuan)			
有限责任公司(万元)	Limited Liability Corporations(10 000 yuan)	22600	23792	5.3
股份有限公司(万元)	Share Holding Enterprises(10 000 yuan)	3891	2880	-26.0
私营企业(万元)	Private Enterprises(10 000 yuan)			
外商及港澳台投资企业(万元)	Funds from HK,Macao,Taiwan & Foreign(10 000 yuan)		900	
按城乡渠道分	Grouped by Urban and Rural Area			
城镇（万元）	Urban(10 000 yuan)		60738	
农村（万元）	Rural(10 000 yuan)			
地方财政收入(万元)	Local Governments Revenue(10 000 yuan)	13798	17200	24.7
地方财政支出(万元)	Local Governments Expenditures(10 000 yuan)	36290	52825	45.6
城乡居民储蓄存款余额(万元)	Resident Saving Deposit in Urban & Rural(10 000 yuan)	404245	452546	11.9
在岗职工工资总额(万元)	Total Wages of Staff & Workers Empioyed in(10 000 yuan)	33506	35994	7.4
在岗职工平均工资(元)	Average Wage of Staff & Workers Employed in(yuan)	13479	15538	15.3
农牧民人均纯收入(元)	Per Capita Net Income of Peasant & Herdsman(yuan)	2918	3285	12.6
农村牧区经济	**Economic Development in Rural & Pastoral Area**			
耕地面积(公顷)	Cultivated Area(hectare)	119934	123990	3.4
农作物总播种面积(公顷)	Total Sown Area(hectare)	92813	100681	8.5
＃粮食作物播种面积(公顷)	Sown Area of Grain Crops(hectare)	56345	65759	16.7
有效灌溉面积(公顷)	Irrigated Area(hectare)	2760	3160	14.5
农牧业机械总动力(万千瓦)	Total Power of Agricultural Machinery(10 000 kw)	20.87	23.08	10.6
化肥施用折纯量(吨)	Consumption of Chemical Fertilizer(ton)	9986	11059	10.7
农村用电量(万千瓦小时)	Electricity Consumed in Rural Area(10 000 kwh)	1979	1980	0.1
农林牧渔业总产值(万元)	Gross Output of Farming,Forestry,Animal Husbandry & Fishery(10 000 yuan)	161639	179859	11.3
粮食产量(吨)	Yield of Grain(ton)	168248	243878	45.0
油料产量(吨)	Yield of Oil-bearing Grops(ton)	41778	34997	-16.2
甜菜产量(吨)	Yield of Beetroots(ton)	13515	17730	31.2
猪牛羊肉产量(吨)	Output of Pork, Beef & Mutton(ton)	16030	17543	9.4
＃猪肉产量(吨)	Output of Pork(ton)	7730	8033	3.9
牛肉产量(吨)	Output of Beef(ton)	4277	5341	24.9
羊肉产量(吨)	Output of Mutton(ton)	4023	4169	3.6
羊毛产量(吨)	Output of Wool(ton)	415	476	14.7

23-29 Yakeshi City in Hulunbeier City

指 标	Item	2005	2006	2006年比上年增长% Increase Rate in 2006 Over 2005(%)
年末牲畜存栏头数(万头只)	Total Livestock at the Year-end(10 000 heads)	24.60	25.15	2.2
#大牲畜(万头只)	Large Animals(10 000 heads)	6.33	6.84	8.1
羊(万只)	Sheep & Goats(10 000 heads)	14.23	15.33	7.7
猪(万头)	Hogs(10 000 heads)	4.04	2.98	-26.2
规模以上工业	**Industrial Enterprises above Designated size**			
工业企业单位数(个)	Number of Industrial Enterprises(unit)	16	21	31.2
#内资企业(个)	Civil Funded Enterprises(unit)	15	19	26.7
工业总产值(万元)	Gross Industrial Output Value(10 000 yuan)	97810	154839	58.3
内资企业(万元)	Civil Funded Enterprises(10 000 yuan)	72810	106243	45.9
国有企业(万元)	State-owned Enterprises(10 000 yuan)	7971	11607	45.6
集体企业(万元)	Collective-owned Enterprises(10 000 yuan)			
股份合作企业(万元)	Share Holding Enterprises(10 000 yuan)			
联营企业(万元)	Joint Owned Enterprises(10 000 yuan)			
有限责任公司(万元)	Limited Company(10 000 yuan)	46680	67848	45.3
股份有限公司(万元)	Share Holding Limited Company(10 000 yuan)	18159	20162	11.0
私营企业(万元)	Privately Owned Enterprises(10 000 yuan)		6626	
其他企业(万元)	Enterprises of Other Ownership(10 000 yuan)			
港澳台商投资企业(万元)	Funds from HK,Macao & Taiwan(10 000 yuan)	25000	40005	60.0
外商投资企业(万元)	Foreign Funded Enterprises(10 000 yuan)		8591	
工业企业增加值(万元)	Value Added of Industrial Enterprises(10 000 yuan)	37210	64806	43.4
工业企业资产总计(万元)	Total Assets of Industrial Enterprises(10 000 yuan)	138241	156364	13.1
工业企业负债合计(万元)	Total Liabilities of Industrial Enterprises(10 000 yuan)	106059	115698	9.1
工业企业产品销售收入(万元)	Sales of Revenue Industrial Enterprises(10 000 yuan)	75798	111535	47.1
工业企业利润总额(万元)	Total Profits of Industrial Enterprises(10 000 yuan)	2631	10986	317.6
建筑业	**Construction**			
建筑企业单位数(个)	Number of Construction Enterprises(unit)	8	12	50.0
建筑企业从业人员(人)	Number of Employee in Construction Enterprises(person)	1090	1816	66.6
建筑业总产值(万元)	Gross Construction Output Value(10 000 yuan)	10311	74761	625.1
交通运输邮电通信业	**Transportation,Post & Telecommunications**			
公路里程(公里)	Total Length of Highways(km)	1063	1643	54.6
邮电业务总量(万元)	Business Volume of Post & Telecoms(10 000 yuan)	12985	12898	-0.7
本地电话用户(户)	Number of Subscribers of Local Telephone(Household)	117506	206856	76.0
国内贸易	**Demestic Trade**			
社会消费品零售总额(万元)	Total Retail Sales of Consumer Goods(10 000 yuan)	109642	125676	14.6
#贸易业(万元)	Wholesale & Retail Sales Trades(10 000 yuan)	80039	90755	13.4
餐饮业(万元)	Catering Trade(10 000 yuan)	27411	32481	18.5
科技教育卫生	**Science,Education & Public Health**			
各类专业技术人员(人)	Speccial Technical Personnel(person)	3689	3515	-4.7
幼儿园数(所)	Number of Kindergartens(unit)	25	56	124.0
学龄儿童入学率(%)	Percentage of School-Age Children Enrolled(%)	100.0	100.0	0.0
小学学校数(所)	Number of Primary Schools(unit)	38	35	-7.9
小学专任教师数(人)	Number of Full-time Teachers of Primary Schools(person)	1527	1509	-1.2
小学在校学生数(人)	Number of Student Enrollment of Primary Schools(person)	19294	17045	-11.7
普通中学学校数(所)	Number of Regular Secondary Schools(unit)	41	32	-22.0
普通中学专任教师数(人)	Number of Teachers of Secondary Shools(person)	1719	1736	1.0
初中在校学生数(人)	Number of Student in Junior Secondary Schools(person)	15378	13960	-9.2
高中在校学生数(人)	Number of Student in Senior Secondary Schools(person)	9968	11689	17.3
卫生机构数(所)	Number of Health Institutions(unit)	252	262	4.0
#医院(所)	Hospitals(unit)	22	22	0.0
卫生院(所)	Township Hospitals(unit)	15	15	0.0
床位数(张)	Number of Beds(unit)	2129	2188	2.8
#医院(张)	Hospitals(unit)	1957	2004	2.4
卫生院(张)	Township Hospitals(unit)	143	150	4.9
卫生技术人员(人)	Medical Technical Presonnel(person)	2846	2925	2.8
#医院(人)	Hospitals(person)	2020	2041	1.0
卫生院(人)	Township Hospitals(person)	195	174	-10.8

23-30 呼伦贝尔市额尔古纳市

指 标	Item	2005	2006	2006年比上年增长% Increase Rate in 2006 Over 2005(%)
行政区域土地面积(平方公里)	**Area of Administration(Sq.km)**	**28000**	**28000**	**0**
人口和就业	**Population & Employment**			
年末总人口(人)	Total Population Year-end(person)	85363	85162	-0.2
# 男性(人)	Male(person)	43750	43453	-0.7
# 乡村人口(人)	Rural(person)	1683	1713	1.8
年末总户数(户)	Total Number of Households at the Year-end(Household)	31547	31486	-0.2
# 乡村户数(户)	Number of Rural Household(Household)	476	503	5.7
出生人口(人)	Births(person)	649	427	-34.2
死亡人口(人)	Deaths(person)	561	265	-52.8
全社会就业人员(人)	Employment(person)	44365	46919	5.8
第一产业(人)	Primary Industry(person)	20739	25171	21.4
第二产业(人)	Secondary Industry(person)	7676	7016	-8.6
第三产业(人)	Tertiary Industry(person)	15950	14732	-7.6
在岗职工人数(人)	Number of Staff & Workers Employed in(person)	22761	23164	1.8
乡村劳动力(人)	Number of Rural Laborers(person)	1054	1123	6.5
# 农林牧渔业(人)	Farming,Forestry,Animal Husbandry & Fishery(person)	649	841	29.6
国民经济综合指标	**Summary Item on the National Economy**			
生产总值(万元)	Gross Domestic Product(10 000 yuan)	117994	135495	11.3
第一产业(万元)	Primary Industry(10 000 yuan)	63152	70001	7.9
第二产业(万元)	Secondary Industry(10 000 yuan)	17514	18560	3.9
# 工业(万元)	Industry(10 000 yuan)	13999	14521	1.3
第三产业(万元)	Tertiary Industry(10 000 yuan)	37328	46934	20.5
人均生产总值(元)	Per Capita GDP(yuan)	13823	15892	11.7
全社会固定资产投资(万元)	Total Investment in Fixed Assets(10 000 yuan)	30667	33403	8.9
按登记注册类型分	Grouped by Registered Type			
# 国有(万元)	State-owned Enterprises(10 000 yuan)	17331	14551	-16.0
集体(万元)	Collective-owned Enterprises(10 000 yuan)	981	600	-38.8
有限责任公司(万元)	Limited Liability Corporations(10 000 yuan)	6552	5907	-9.8
股份有限公司(万元)	Share Holding Enterprises(10 000 yuan)	500	150	-70.0
私营企业(万元)	Private Enterprises(10 000 yuan)	2671	1945	-27.2
外商及港澳台投资企业(万元)	Funds from HK,Macao,Taiwan & Foreign(10 000 yuan)	2134	10180	377.0
按城乡渠道分	Grouped by Urban and Rural Area			
城镇（万元）	Urban(10 000 yuan)		32356	
农村（万元）	Rural(10 000 yuan)		1047	
地方财政收入(万元)	Local Governments Revenue(10 000 yuan)	5380	2572	-52.2
地方财政支出(万元)	Local Governments Expenditures(10 000 yuan)	16779	22327	33.1
城乡居民储蓄存款余额(万元)	Resident Saving Deposit in Urban & Rural(10 000 yuan)	87935	96068	9.2
在岗职工工资总额(万元)	Total Wages of Staff & Workers Empioyed in(10 000 yuan)	19235	31483	63.7
在岗职工平均工资(元)	Average Wage of Staff & Workers Employed in(yuan)	12613	13574	7.6
农牧民人均纯收入(元)	Per Capita Net Income of Peasant & Herdsman(yuan)	5514	6291	14.1
农村牧区经济	**Economic Development in Rural & Pastoral Area**			
耕地面积(公顷)	Cultivated Area(hectare)	166339	158422	-4.8
农作物总播种面积(公顷)	Total Sown Area(hectare)	97800	105035	7.4
# 粮食作物播种面积(公顷)	Sown Area of Grain Crops(hectare)	41067	49266	20.0
有效灌溉面积(公顷)	Irrigated Area(hectare)			
农牧业机械总动力(万千瓦)	Total Power of Agricultural Machinery(10 000 kw)	14.30	14.67	2.6
化肥施用折纯量(吨)	Consumption of Chemical Fertilizer(ton)	10696	11992	12.1
农村用电量(万千瓦小时)	Electricity Consumed in Rural Area(10 000 kwh)	1104	1243	12.6
农林牧渔业总产值(万元)	Gross Output of Farming,Forestry,Animal Husbandry & Fishery(10 000 yuan)	105082	114454	8.9
粮食产量(吨)	Yield of Grain(ton)	161441	219779	36.1
油料产量(吨)	Yield of Oil-bearing Grops(ton)	101224	98280	-2.9
甜菜产量(吨)	Yield of Beetroots(ton)			
猪牛羊肉产量(吨)	Output of Pork, Beef & Mutton(ton)	3445	4077	18.3
# 猪肉产量(吨)	Output of Pork(ton)	910	812	-10.8
牛肉产量(吨)	Output of Beef(ton)	1793	2030	13.2
羊肉产量(吨)	Output of Mutton(ton)	742	1235	66.4
羊毛产量(吨)	Output of Wool(ton)	252	302	19.8

23-30 Eerguna City in Hulunbeier City

指　标	Item	2005	2006	2006年比上年增长% Increase Rate in 2006 Over 2005(%)
年末牲畜存栏头数(万头只)	Total Livestock at the Year-end(10 000 heads)	26.89	28.99	7.8
#大牲畜(万头只)	Large Animals(10 000 heads)	7.44	7.93	6.6
羊(万只)	Sheep & Goats(10 000 heads)	18.58	20.27	9.1
猪(万头)	Hogs(10 000 heads)	0.87	0.78	-10.3
规模以上工业	**Industrial Enterprises above Designated size**			
工业企业单位数(个)	Number of Industrial Enterprises(unit)	9	8	-11.1
#内资企业(个)	Civil Funded Enterprises(unit)	8	7	-12.5
工业总产值(万元)	Gross Industrial Output Value(10 000 yuan)	27586	31807	15.3
内资企业(万元)	Civil Funded Enterprises(10 000 yuan)	18820	16609	-12.0
国有企业(万元)	State-owned Enterprises(10 000 yuan)	8573	3588	-58.2
集体企业(万元)	Collective-owned Enterprises(10 000 yuan)	1681	1355	-19.4
股份合作企业(万元)	Share Holding Enterprises(10 000 yuan)			
联营企业(万元)	Joint Owned Enterprises(10 000 yuan)			
有限责任公司(万元)	Limited Company(10 000 yuan)	8566	11666	36.2
股份有限公司(万元)	Share Holding Limited Company(10 000 yuan)			
私营企业(万元)	Privately Owned Enterprises(10 000 yuan)			
其他企业(万元)	Enterprises of Other Ownership(10 000 yuan)			
港澳台商投资企业(万元)	Funds from HK,Macao & Taiwan(10 000 yuan)			
外商投资企业(万元)	Foreign Funded Enterprises(10 000 yuan)	8766	15198	73.4
工业企业增加值(万元)	Value Added of Industrial Enterprises(10 000 yuan)	12013	12926	1.7
工业企业资产总计(万元)	Total Assets of Industrial Enterprises(10 000 yuan)	24413	37089	51.9
工业企业负债合计(万元)	Total Liabilities of Industrial Enterprises(10 000 yuan)	13087	27018	106.4
工业企业产品销售收入(万元)	Sales of Revenue Industrial Enterprises(10 000 yuan)	25864	28845	11.5
工业企业利润总额(万元)	Total Profits of Industrial Enterprises(10 000 yuan)	377	862	128.6
建筑业	**Construction**			
建筑企业单位数(个)	Number of Construction Enterprises(unit)	2	2	0.0
建筑企业从业人员(人)	Number of Employee in Construction Enterprises(person)	570	664	16.5
建筑业总产值(万元)	Gross Construction Output Value(10 000 yuan)	3778	6243	65.2
交通运输邮电通信业	**Transportation,Post & Telecommunications**			
公路里程(公里)	Total Length of Highways(km)	2766	2768	0.1
邮电业务总量(万元)	Business Volume of Post & Telecoms(10 000 yuan)	3270	3785	15.7
本地电话用户(户)	Number of Subscribers of Local Telephone(Household)	25634	24838	-3.1
国内贸易	**Demestic Trade**			
社会消费品零售总额(万元)	Total Retail Sales of Consumer Goods(10 000 yuan)	30533	34750	13.8
#贸易业(万元)	Wholesale & Retail Sales Trades(10 000 yuan)	25201	28555	13.3
餐饮业(万元)	Catering Trade(10 000 yuan)	4161	4689	12.7
科技教育卫生	**Science,Education & Public Health**			
各类专业技术人员(人)	Speccial Technical Personnel(person)	1686	2828	67.7
幼儿园数(所)	Number of Kindergartens(unit)	8	13	62.5
学龄儿童入学率(%)	Percentage of School-Age Children Enrolled(%)	100.0	100.0	0.0
小学学校数(所)	Number of Primary Schools(unit)	11	10	-9.1
小学专任教师数(人)	Number of Full-time Teachers of Primary Schools(person)	520	522	0.4
小学在校学生数(人)	Number of Student Enrollment of Primary Schools(person)	5417	5051	-6.8
普通中学学校数(所)	Number of Regular Secondary Schools(unit)	11	11	0.0
普通中学专任教师数(人)	Number of Teachers of Secondary Shools(person)	476	497	4.4
初中在校学生数(人)	Number of Student in Junior Secondary Schools(person)	4450	3653	-17.9
高中在校学生数(人)	Number of Student in Senior Secondary Schools(person)	1147	1261	9.9
卫生机构数(所)	Number of Health Institutions(unit)	108	107	-0.9
#医院(所)	Hospitals(unit)	7	7	0.0
卫生院(所)	Township Hospitals(unit)	3	3	0.0
床位数(张)	Number of Beds(unit)	394	416	5.6
#医院(张)	Hospitals(unit)	328	350	6.7
卫生院(张)	Township Hospitals(unit)	60	60	0.0
卫生技术人员(人)	Medical Technical Presonnel(person)	737	764	3.7
#医院(人)	Hospitals(person)	542	443	-18.3
卫生院(人)	Township Hospitals(person)	57	55	-3.5

23-31 呼伦贝尔市根河市

指 标	Item	2005	2006	2006年比上年增长% Increase Rate in 2006 Over 2005(%)
行政区域土地面积(平方公里)	**Area of Administration(Sq.km)**	**19659**	**19659**	**0.0**
人口和就业	**Population & Employment**			
年末总人口(人)	Total Population Year-end(person)	167228	165747	-0.9
#男性(人)	Male(person)	85060	84304	-0.9
#乡村人口(人)	Rural(person)			
年末总户数(户)	Total Number of Households at the Year-end(Household)	54024	53971	-0.1
#乡村户数(户)	Number of Rural Household(Household)			
出生人口(人)	Births(person)	849	652	-23.2
死亡人口(人)	Deaths(person)	1174	755	-35.7
全社会就业人员(人)	Employment(person)	44774	45045	0.6
第一产业(人)	Primary Industry(person)	11057	11255	1.8
第二产业(人)	Secondary Industry(person)	11506	11909	3.5
第三产业(人)	Tertiary Industry(person)	22211	21881	-1.5
在岗职工人数(人)	Number of Staff & Workers Employed in(person)	37703	37613	-0.2
乡村劳动力(人)	Number of Rural Laborers(person)			
#农林牧渔业(人)	Farming,Forestry,Animal Husbandry & Fishery(person)			
国民经济综合指标	**Summary Item on the National Economy**			
生产总值(万元)	Gross Domestic Product(10 000 yuan)	127746	158682	17.4
第一产业(万元)	Primary Industry(10 000 yuan)	33567	37788	9.5
第二产业(万元)	Secondary Industry(10 000 yuan)	33519	45211	19.3
#工业(万元)	Industry(10 000 yuan)	30269	40965	18.2
第三产业(万元)	Tertiary Industry(10 000 yuan)	60660	75683	20.7
人均生产总值(元)	Per Capita GDP(yuan)	7596	9478	17.3
全社会固定资产投资(万元)	Total Investment in Fixed Assets(10 000 yuan)	26000	30330	16.7
按登记注册类型分	Grouped by Registered Type			
#国有(万元)	State-owned Enterprises(10 000 yuan)	7230	7240	0.1
集体(万元)	Collective-owned Enterprises(10 000 yuan)			
有限责任公司(万元)	Limited Liability Corporations(10 000 yuan)	15770	23090	46.4
股份有限公司(万元)	Share Holding Enterprises(10 000 yuan)	3000		
私营企业(万元)	Private Enterprises(10 000 yuan)			
外商及港澳台投资企业(万元)	Funds from HK,Macao,Taiwan & Foreign(10 000 yuan)			
按城乡渠道分	Grouped by Urban and Rural Area			
城镇（万元）	Urban(10 000 yuan)	26000	30330	16.7
农村（万元）	Rural(10 000 yuan)			
地方财政收入(万元)	Local Governments Revenue(10 000 yuan)	4439	2749	-38.1
地方财政支出(万元)	Local Governments Expenditures(10 000 yuan)	16820	22985	36.7
城乡居民储蓄存款余额(万元)	Resident Saving Deposit in Urban & Rural(10 000 yuan)	190280	199567	4.9
在岗职工工资总额(万元)	Total Wages of Staff & Workers Empioyed in(10 000 yuan)	39062	43827	12.2
在岗职工平均工资(元)	Average Wage of Staff & Workers Employed in(yuan)	10358	11887	14.8
农牧民人均纯收入(元)	Per Capita Net Income of Peasant & Herdsman(yuan)			
农村牧区经济	**Economic Development in Rural & Pastoral Area**			
耕地面积(公顷)	Cultivated Area(hectare)	2168	2168	0.0
农作物总播种面积(公顷)	Total Sown Area(hectare)	2198	2024	-7.9
#粮食作物播种面积(公顷)	Sown Area of Grain Crops(hectare)	892	1229	37.8
有效灌溉面积(公顷)	Irrigated Area(hectare)			
农牧业机械总动力(万千瓦)	Total Power of Agricultural Machinery(10 000 kw)	1.43	1.45	1.4
化肥施用折纯量(吨)	Consumption of Chemical Fertilizer(ton)	478	674	41.0
农村用电量(万千瓦小时)	Electricity Consumed in Rural Area(10 000 kwh)			
农林牧渔业总产值(万元)	Gross Output of Farming,Forestry,Animal Husbandry & Fishery(10 000 yuan)	56499	62358	10.4
粮食产量(吨)	Yield of Grain(ton)	2783	3981	43.0
油料产量(吨)	Yield of Oil-bearing Grops(ton)	1491	706	-52.6
甜菜产量(吨)	Yield of Beetroots(ton)			
猪牛羊肉产量(吨)	Output of Pork, Beef & Mutton(ton)	2677	2696	0.7
#猪肉产量(吨)	Output of Pork(ton)	2012	1745	-13.3
牛肉产量(吨)	Output of Beef(ton)	479	721	50.5
羊肉产量(吨)	Output of Mutton(ton)	186	230	23.7
羊毛产量(吨)	Output of Wool(ton)	6	13	116.7

23-31 Genhe City in Hulunbeier City

指 标	Item	2005	2006	2006年比上年增长% Increase Rate in 2006 Over 2005(%)
年末牲畜存栏头数(万头只)	Total Livestock at the Year-end(10 000 heads)	3.55	2.76	-22.3
#大牲畜(万头只)	Large Animals(10 000 heads)	0.39	0.30	-23.1
羊(万只)	Sheep & Goats(10 000 heads)	1.38	1.09	-21.0
猪(万头)	Hogs(10 000 heads)	1.78	1.37	-23.0
规模以上工业	**Industrial Enterprises above Designated size**			
工业企业单位数(个)	Number of Industrial Enterprises(unit)	3	3	0.0
#内资企业(个)	Civil Funded Enterprises(unit)	3	3	0.0
工业总产值(万元)	Gross Industrial Output Value(10 000 yuan)	22046	41459	88.1
内资企业(万元)	Civil Funded Enterprises(10 000 yuan)	22046	41459	88.1
国有企业(万元)	State-owned Enterprises(10 000 yuan)	18364	19554	6.5
集体企业(万元)	Collective-owned Enterprises(10 000 yuan)			
股份合作企业(万元)	Share Holding Enterprises(10 000 yuan)			
联营企业(万元)	Joint Owned Enterprises(10 000 yuan)			
有限责任公司(万元)	Limited Company(10 000 yuan)			
股份有限公司(万元)	Share Holding Limited Company(10 000 yuan)			
私营企业(万元)	Privately Owned Enterprises(10 000 yuan)			
其他企业(万元)	Enterprises of Other Ownership(10 000 yuan)	3682	21905	494.9
港澳台商投资企业(万元)	Funds from HK,Macao & Taiwan(10 000 yuan)			
外商投资企业(万元)	Foreign Funded Enterprises(10 000 yuan)			
工业企业增加值(万元)	Value Added of Industrial Enterprises(10 000 yuan)	11249	17106	62.8
工业企业资产总计(万元)	Total Assets of Industrial Enterprises(10 000 yuan)	28906	27941	-3.3
工业企业负债合计(万元)	Total Liabilities of Industrial Enterprises(10 000 yuan)	32117	32159	0.1
工业企业产品销售收入(万元)	Sales of Revenue Industrial Enterprises(10 000 yuan)	12795	30064	135.0
工业企业利润总额(万元)	Total Profits of Industrial Enterprises(10 000 yuan)	-851	-934	
建筑业	**Construction**			
建筑企业单位数(个)	Number of Construction Enterprises(unit)	3	6	100.0
建筑企业从业人员(人)	Number of Employee in Construction Enterprises(person)	284	788	177.5
建筑业总产值(万元)	Gross Construction Output Value(10 000 yuan)	1239	1495	20.7
交通运输邮电通信业	**Transportation,Post & Telecommunications**			
公路里程(公里)	Total Length of Highways(km)	980	980	0.0
邮电业务总量(万元)	Business Volume of Post & Telecoms(10 000 yuan)	4062	4477	10.2
本地电话用户(户)	Number of Subscribers of Local Telephone(Household)	41088	26960	-34.4
国内贸易	**Demestic Trade**			
社会消费品零售总额(万元)	Total Retail Sales of Consumer Goods(10 000 yuan)	47420	54060	14.0
#贸易业(万元)	Wholesale & Retail Sales Trades(10 000 yuan)	35662	48995	37.4
餐饮业(万元)	Catering Trade(10 000 yuan)	10833	5065	-53.2
科技教育卫生	**Science,Education & Public Health**			
各类专业技术人员(人)	Speccial Technical Personnel(person)	7253	6599	-9.0
幼儿园数(所)	Number of Kindergartens(unit)	10	11	10.0
学龄儿童入学率(%)	Percentage of School-Age Children Enrolled(%)	100.0	100.0	0.0
小学学校数(所)	Number of Primary Schools(unit)	14	14	0.0
小学专任教师数(人)	Number of Full-time Teachers of Primary Schools(person)	972	975	0.3
小学在校学生数(人)	Number of Student Enrollment of Primary Schools(person)	8398	7715	-8.1
普通中学学校数(所)	Number of Regular Secondary Schools(unit)	16	16	0.0
普通中学专任教师数(人)	Number of Teachers of Secondary Shools(person)	821	819	-0.2
初中在校学生数(人)	Number of Student in Junior Secondary Schools(person)	5568	4917	-11.7
高中在校学生数(人)	Number of Student in Senior Secondary Schools(person)	2911	3079	5.8
卫生机构数(所)	Number of Health Institutions(unit)	99	76	-23.2
#医院(所)	Hospitals(unit)	9	9	0.0
卫生院(所)	Township Hospitals(unit)	5	5	0.0
床位数(张)	Number of Beds(unit)	724	668	-7.7
#医院(张)	Hospitals(unit)	693	628	-9.4
卫生院(张)	Township Hospitals(unit)	28	37	32.1
卫生技术人员(人)	Medical Technical Presonnel(person)	1036	1074	3.7
#医院(人)	Hospitals(person)	824	815	-1.1
卫生院(人)	Township Hospitals(person)	65	65	0.0

23-32 呼伦贝尔市阿荣旗

指 标	Item	2005	2006	2006年比上年增长% Increase Rate in 2006 Over 2005(%)
行政区域土地面积(平方公里)	**Area of Administration(Sq.km)**	**12063**	**12063**	**0.0**
人口和就业	**Population & Employment**			
年末总人口(人)	Total Population Year-end(person)	319054	327517	2.7
#男性(人)	Male(person)	164066	167934	2.4
#乡村人口(人)	Rural(person)	239001	240472	0.6
年末总户数(户)	Total Number of Households at the Year-end(Household)	92911	98501	6.0
#乡村户数(户)	Number of Rural Household(Household)	57319	58153	1.5
出生人口(人)	Births(person)	2870	2698	-6.0
死亡人口(人)	Deaths(person)	1080	917	-15.1
全社会就业人员(人)	Employment(person)	137585	132286	-3.9
第一产业(人)	Primary Industry(person)	105401	98051	-7.0
第二产业(人)	Secondary Industry(person)	8588	9035	5.2
第三产业(人)	Tertiary Industry(person)	23596	25200	6.8
在岗职工人数(人)	Number of Staff & Workers Employed in(person)	18767	18062	-3.8
乡村劳动力(人)	Number of Rural Laborers(person)	96597	111816	15.8
#农林牧渔业(人)	Farming,Forestry,Animal Husbandry & Fishery(person)	86142	86782	0.7
国民经济综合指标	**Summary Item on the National Economy**			
生产总值(万元)	Gross Domestic Product(10 000 yuan)	286184	360637	20.3
第一产业(万元)	Primary Industry(10 000 yuan)	165678	187004	9.8
第二产业(万元)	Secondary Industry(10 000 yuan)	59701	85098	42.5
#工业(万元)	Industry(10 000 yuan)	45456	61527	35.8
第三产业(万元)	Tertiary Industry(10 000 yuan)	60805	88535	26.8
人均生产总值(元)	Per Capita GDP(yuan)	8968	11155	18.8
全社会固定资产投资(万元)	Total Investment in Fixed Assets(10 000 yuan)	87288	132488	51.8
按登记注册类型分	Grouped by Registered Type			
#国有(万元)	State-owned Enterprises(10 000 yuan)	42772	66896	56.4
集体(万元)	Collective-owned Enterprises(10 000 yuan)			
有限责任公司(万元)	Limited Liability Corporations(10 000 yuan)	30643	56362	83.9
股份有限公司(万元)	Share Holding Enterprises(10 000 yuan)	9810	4500	-54.1
私营企业(万元)	Private Enterprises(10 000 yuan)	1491	4600	208.5
外商及港澳台投资企业(万元)	Funds from HK,Macao,Taiwan & Foreign(10 000 yuan)			
按城乡渠道分	Grouped by Urban and Rural Area			
城镇(万元)	Urban(10 000 yuan)		130096	
农村(万元)	Rural(10 000 yuan)		2392	
地方财政收入(万元)	Local Governments Revenue(10 000 yuan)	7780	8971	15.3
地方财政支出(万元)	Local Governments Expenditures(10 000 yuan)	40384	49640	22.9
城乡居民储蓄存款余额(万元)	Resident Saving Deposit in Urban & Rural(10 000 yuan)	84806	95096	12.1
在岗职工工资总额(万元)	Total Wages of Staff & Workers Empioyed in(10 000 yuan)	22680	25193	11.1
在岗职工平均工资(元)	Average Wage of Staff & Workers Employed in(yuan)	10970	13059	19.0
农牧民人均纯收入(元)	Per Capita Net Income of Peasant & Herdsman(yuan)	3338	3760	12.6
农村牧区经济	**Economic Development in Rural & Pastoral Area**			
耕地面积(公顷)	Cultivated Area(hectare)	290497	283831	-2.3
农作物总播种面积(公顷)	Total Sown Area(hectare)	290497	283831	-2.3
#粮食作物播种面积(公顷)	Sown Area of Grain Crops(hectare)	265073	240133	-9.4
有效灌溉面积(公顷)	Irrigated Area(hectare)	39800	41533	4.4
农牧业机械总动力(万千瓦)	Total Power of Agricultural Machinery(10 000 kw)	26.79	55.19	106.0
化肥施用折纯量(吨)	Consumption of Chemical Fertilizer(ton)	13583	14201	4.5
农村用电量(万千瓦小时)	Electricity Consumed in Rural Area(10 000 kwh)	3093	3518	13.7
农林牧渔业总产值(万元)	Gross Output of Farming,Forestry,Animal Husbandry & Fishery(10 000 yuan)	277581	288689	4.0
粮食产量(吨)	Yield of Grain(ton)	750500	750983	0.1
油料产量(吨)	Yield of Oil-bearing Grops(ton)	17327	15322	-11.6
甜菜产量(吨)	Yield of Beetroots(ton)	15610	13670	-12.4
猪牛羊肉产量(吨)	Output of Pork, Beef & Mutton(ton)	34623	44186	27.6
#猪肉产量(吨)	Output of Pork(ton)	17302	18244	5.4
牛肉产量(吨)	Output of Beef(ton)	4197	6453	53.8
羊肉产量(吨)	Output of Mutton(ton)	13124	19489	48.5
羊毛产量(吨)	Output of Wool(ton)	3750	3182	-15.1

23-32 Arong Banner in Hulunbeier City

指 标	Item	2005	2006	2006年比上年增长% Increase Rate in 2006 Over 2005(%)
年末牲畜存栏头数(万头只)	Total Livestock at the Year-end(10 000 heads)	193.58	202.05	4.4
#大牲畜(万头只)	Large Animals(10 000 heads)	12.98	13.81	6.4
羊(万只)	Sheep & Goats(10 000 heads)	161.26	169.90	5.4
猪(万头)	Hogs(10 000 heads)	19.34	18.34	-5.2
规模以上工业	**Industrial Enterprises above Designated size**			
工业企业单位数(个)	Number of Industrial Enterprises(unit)	15	17	12.2
#内资企业(个)	Civil Funded Enterprises(unit)	15	17	13.3
工业总产值(万元)	Gross Industrial Output Value(10 000 yuan)	87800	127427	45.1
内资企业(万元)	Civil Funded Enterprises(10 000 yuan)	87800	127427	45.1
国有企业(万元)	State-owned Enterprises(10 000 yuan)	3174	3540	11.5
集体企业(万元)	Collective-owned Enterprises(10 000 yuan)			
股份合作企业(万元)	Share Holding Enterprises(10 000 yuan)			
联营企业(万元)	Joint Owned Enterprises(10 000 yuan)			
有限责任公司(万元)	Limited Company(10 000 yuan)	60658	88488	45.9
股份有限公司(万元)	Share Holding Limited Company(10 000 yuan)			
私营企业(万元)	Privately Owned Enterprises(10 000 yuan)	23968	35399	47.7
其他企业(万元)	Enterprises of Other Ownership(10 000 yuan)			
港澳台商投资企业(万元)	Funds from HK,Macao & Taiwan(10 000 yuan)			
外商投资企业(万元)	Foreign Funded Enterprises(10 000 yuan)			
工业企业增加值(万元)	Value Added of Industrial Enterprises(10 000 yuan)	27770	42781	43.4
工业企业资产总计(万元)	Total Assets of Industrial Enterprises(10 000 yuan)	40074	42401	5.8
工业企业负债合计(万元)	Total Liabilities of Industrial Enterprises(10 000 yuan)	25003	26484	5.9
工业企业产品销售收入(万元)	Sales of Revenue Industrial Enterprises(10 000 yuan)	80665	128342	59.1
工业企业利润总额(万元)	Total Profits of Industrial Enterprises(10 000 yuan)	-477	1473	
建筑业	**Construction**			
建筑企业单位数(个)	Number of Construction Enterprises(unit)	4	4	0.0
建筑企业从业人员(人)	Number of Employee in Construction Enterprises(person)	1840	1928	4.8
建筑业总产值(万元)	Gross Construction Output Value(10 000 yuan)	12976	19083	47.1
交通运输邮电通信业	**Transportation,Post & Telecommunications**			
公路里程(公里)	Total Length of Highways(km)	1747	1747	0.0
邮电业务总量(万元)	Business Volume of Post & Telecoms(10 000 yuan)	3127	4655	48.9
本地电话用户(户)	Number of Subscribers of Local Telephone(Household)	37495	80976	116.0
国内贸易	**Demestic Trade**			
社会消费品零售总额(万元)	Total Retail Sales of Consumer Goods(10 000 yuan)	68405	79480	16.2
#贸易业(万元)	Wholesale & Retail Sales Trades(10 000 yuan)	58672	67670	15.3
餐饮业(万元)	Catering Trade(10 000 yuan)	8673	10637	22.6
科技教育卫生	**Science,Education & Public Health**			
各类专业技术人员(人)	Speccial Technical Personnel(person)	5223	5341	2.3
幼儿园数(所)	Number of Kindergartens(unit)	14	14	0.0
学龄儿童入学率(%)	Percentage of School-Age Children Enrolled(%)	100.0	100.0	0.0
小学学校数(所)	Number of Primary Schools(unit)	155	109	-29.7
小学专任教师数(人)	Number of Full-time Teachers of Primary Schools(person)	1635	1614	-1.3
小学在校学生数(人)	Number of Student Enrollment of Primary Schools(person)	15910	14421	-9.4
普通中学学校数(所)	Number of Regular Secondary Schools(unit)	23	21	-8.7
普通中学专任教师数(人)	Number of Teachers of Secondary Shools(person)	1199	1167	-2.7
初中在校学生数(人)	Number of Student in Junior Secondary Schools(person)	14061	12875	-8.4
高中在校学生数(人)	Number of Student in Senior Secondary Schools(person)	3854	4323	12.2
卫生机构数(所)	Number of Health Institutions(unit)	124	105	-15.3
#医院(所)	Hospitals(unit)	4	4	0.0
卫生院(所)	Township Hospitals(unit)	17	17	0.0
床位数(张)	Number of Beds(unit)	440	435	-1.1
#医院(张)	Hospitals(unit)	277	272	-1.8
卫生院(张)	Township Hospitals(unit)	135	143	5.9
卫生技术人员(人)	Medical Technical Presonnel(person)	730	689	-5.6
#医院(人)	Hospitals(person)	371	370	-0.3
卫生院(人)	Township Hospitals(person)	271	252	-7.0

23-33 呼伦贝尔市莫力达瓦达斡尔族自治旗

指 标	Item	2005	2006	2006年比上年增长% Increase Rate in 2006 Over 2005(%)
行政区域土地面积(平方公里)	**Area of Administration(Sq.km)**	**10500**	**10500**	**0.0**
人口和就业	**Population & Employment**			
年末总人口(人)	Total Population Year-end(person)	325790	329269	1.1
#男性(人)	Male(person)	168881	170969	1.2
#乡村人口(人)	Rural(person)	233350	243322	4.3
年末总户数(户)	Total Number of Households at the Year-end(Household)	100728	103072	2.3
#乡村户数(户)	Number of Rural Household(Household)	59619	71783	20.4
出生人口(人)	Births(person)	4274	3450	-19.3
死亡人口(人)	Deaths(person)	2553	511	-80.0
全社会就业人员(人)	Employment(person)	122070	116416	-4.6
第一产业(人)	Primary Industry(person)	102657	99309	-3.3
第二产业(人)	Secondary Industry(person)	2279	2390	4.9
第三产业(人)	Tertiary Industry(person)	17134	14717	-14.1
在岗职工人数(人)	Number of Staff & Workers Employed in(person)	22732	22174	-2.5
乡村劳动力(人)	Number of Rural Laborers(person)	110877	107305	-3.2
#农林牧渔业(人)	Farming,Forestry,Animal Husbandry & Fishery(person)	91314	88264	-3.3
国民经济综合指标	**Summary Item on the National Economy**			
生产总值(万元)	Gross Domestic Product(10 000 yuan)	254765	300747	13.3
第一产业(万元)	Primary Industry(10 000 yuan)	146810	157848	4.6
第二产业(万元)	Secondary Industry(10 000 yuan)	51591	67901	28.2
#工业(万元)	Industry(10 000 yuan)	34095	45342	28.3
第三产业(万元)	Tertiary Industry(10 000 yuan)	56364	74998	22.4
人均生产总值(元)	Per Capita GDP(yuan)	7847	9182	12.3
全社会固定资产投资(万元)	Total Investment in Fixed Assets(10 000 yuan)	146304	121487	-17.0
按登记注册类型分	Grouped by Registered Type			
#国有(万元)	State-owned Enterprises(10 000 yuan)	11570	22976	98.6
集体(万元)	Collective-owned Enterprises(10 000 yuan)		909	
有限责任公司(万元)	Limited Liability Corporations(10 000 yuan)	118978	64617	-45.7
股份有限公司(万元)	Share Holding Enterprises(10 000 yuan)			
私营企业(万元)	Private Enterprises(10 000 yuan)	15756	32985	109.3
外商及港澳台投资企业(万元)	Funds from HK,Macao,Taiwan & Foreign(10 000 yuan)			
按城乡渠道分	Grouped by Urban and Rural Area			
城镇(万元)	Urban(10 000 yuan)		120470	
农村(万元)	Rural(10 000 yuan)		1017	
地方财政收入(万元)	Local Governments Revenue(10 000 yuan)	10949	5972	-45.5
地方财政支出(万元)	Local Governments Expenditures(10 000 yuan)	40717	52564	29.1
城乡居民储蓄存款余额(万元)	Resident Saving Deposit in Urban & Rural(10 000 yuan)	71698	87819	22.5
在岗职工工资总额(万元)	Total Wages of Staff & Workers Empioyed in(10 000 yuan)	29597	33406	12.9
在岗职工平均工资(元)	Average Wage of Staff & Workers Employed in(yuan)	12639	15066	19.2
农牧民人均纯收入(元)	Per Capita Net Income of Peasant & Herdsman(yuan)	2185	2912	33.3
农村牧区经济	**Economic Development in Rural & Pastoral Area**			
耕地面积(公顷)	Cultivated Area(hectare)	459333	445999	-2.9
农作物总播种面积(公顷)	Total Sown Area(hectare)	459333	445998	-2.9
#粮食作物播种面积(公顷)	Sown Area of Grain Crops(hectare)	368482	409867	11.2
有效灌溉面积(公顷)	Irrigated Area(hectare)	12956	36833	184.3
农牧业机械总动力(万千瓦)	Total Power of Agricultural Machinery(10 000 kw)	37.00	42.00	13.5
化肥施用折纯量(吨)	Consumption of Chemical Fertilizer(ton)	37215	42579	14.4
农村用电量(万千瓦小时)	Electricity Consumed in Rural Area(10 000 kwh)	3168	5218	64.7
农林牧渔业总产值(万元)	Gross Output of Farming,Forestry,Animal Husbandry & Fishery(10 000 yuan)	247003	258090	4.5
粮食产量(吨)	Yield of Grain(ton)	815053	882560	8.3
油料产量(吨)	Yield of Oil-bearing Grops(ton)	7835	4810	-38.6
甜菜产量(吨)	Yield of Beetroots(ton)	420	6454	1436.7
猪牛羊肉产量(吨)	Output of Pork, Beef & Mutton(ton)	18964	24951	31.6
#猪肉产量(吨)	Output of Pork(ton)	9845	14031	42.5
牛肉产量(吨)	Output of Beef(ton)	3319	3635	9.5
羊肉产量(吨)	Output of Mutton(ton)	5800	7285	25.6
羊毛产量(吨)	Output of Wool(ton)	2572	2467	-4.1

23-33 Molidawadawoer National Autonomous Banner in Hulunbeier City

指 标	Item	2005	2006	2006年比上年增长% Increase Rate in 2006 Over 2005(%)
年末牲畜存栏头数(万头只)	Total Livestock at the Year-end(10 000 heads)	162.73	140.25	-13.8
#大牲畜(万头只)	Large Animals(10 000 heads)	12.93	12.99	0.5
羊(万只)	Sheep & Goats(10 000 heads)	134.95	114.44	-15.2
猪(万头)	Hogs(10 000 heads)	14.85	12.80	-13.8
规模以上工业	**Industrial Enterprises above Designated size**			
工业企业单位数(个)	Number of Industrial Enterprises(unit)	11	14	27.3
#内资企业(个)	Civil Funded Enterprises(unit)	11	14	27.3
工业总产值(万元)	Gross Industrial Output Value(10 000 yuan)	62339	92048	47.7
内资企业(万元)	Civil Funded Enterprises(10 000 yuan)	62339	92048	47.7
国有企业(万元)	State-owned Enterprises(10 000 yuan)	4095	4734	15.6
集体企业(万元)	Collective-owned Enterprises(10 000 yuan)	1657	1703	2.8
股份合作企业(万元)	Share Holding Enterprises(10 000 yuan)			
联营企业(万元)	Joint Owned Enterprises(10 000 yuan)			
有限责任公司(万元)	Limited Company(10 000 yuan)	49014	76054	55.2
股份有限公司(万元)	Share Holding Limited Company(10 000 yuan)			
私营企业(万元)	Privately Owned Enterprises(10 000 yuan)	7573	9557	26.2
其他企业(万元)	Enterprises of Other Ownership(10 000 yuan)			
港澳台商投资企业(万元)	Funds from HK,Macao & Taiwan(10 000 yuan)			
外商投资企业(万元)	Foreign Funded Enterprises(10 000 yuan)			
工业企业增加值(万元)	Value Added of Industrial Enterprises(10 000 yuan)	23164	33478	40.4
工业企业资产总计(万元)	Total Assets of Industrial Enterprises(10 000 yuan)	51004	59032	15.7
工业企业负债合计(万元)	Total Liabilities of Industrial Enterprises(10 000 yuan)	28423	30920	8.8
工业企业产品销售收入(万元)	Sales of Revenue Industrial Enterprises(10 000 yuan)	60277	91734	52.2
工业企业利润总额(万元)	Total Profits of Industrial Enterprises(10 000 yuan)	5619	5058	-10.0
建筑业	**Construction**			
建筑企业单位数(个)	Number of Construction Enterprises(unit)	3	3	0.0
建筑企业从业人员(人)	Number of Employee in Construction Enterprises(person)	853	1093	28.1
建筑业总产值(万元)	Gross Construction Output Value(10 000 yuan)	7852	4775	-39.2
交通运输邮电通信业	**Transportation,Post & Telecommunications**			
公路里程(公里)	Total Length of Highways(km)	1142	1719	50.5
邮电业务总量(万元)	Business Volume of Post & Telecoms(10 000 yuan)	2632	2895	10.0
本地电话用户(户)	Number of Subscribers of Local Telephone(Household)	34709	26235	-24.4
国内贸易	**Demestic Trade**			
社会消费品零售总额(万元)	Total Retail Sales of Consumer Goods(10 000 yuan)	69032	80200	16.2
#贸易业(万元)	Wholesale & Retail Sales Trades(10 000 yuan)	53091	60787	14.5
餐饮业(万元)	Catering Trade(10 000 yuan)	9818	13228	34.7
科技教育卫生	**Science,Education & Public Health**			
各类专业技术人员(人)	Speccial Technical Personnel(person)	5531	5562	0.6
幼儿园数(所)	Number of Kindergartens(unit)	33	33	0.0
学龄儿童入学率(%)	Percentage of School-Age Children Enrolled(%)	91.9	92.0	0.1
小学学校数(所)	Number of Primary Schools(unit)	159	150	-5.7
小学专任教师数(人)	Number of Full-time Teachers of Primary Schools(person)	1986	1981	-0.3
小学在校学生数(人)	Number of Student Enrollment of Primary Schools(person)	20066	19669	-2.0
普通中学学校数(所)	Number of Regular Secondary Schools(unit)	28	29	3.6
普通中学专任教师数(人)	Number of Teachers of Secondary Shools(person)	1195	1225	2.5
初中在校学生数(人)	Number of Student in Junior Secondary Schools(person)	13456	13170	-2.1
高中在校学生数(人)	Number of Student in Senior Secondary Schools(person)	3358	3490	3.9
卫生机构数(所)	Number of Health Institutions(unit)	29	29	0.0
#医院(所)	Hospitals(unit)	6	6	0.0
卫生院(所)	Township Hospitals(unit)	19	19	0.0
床位数(张)	Number of Beds(unit)	453	459	1.3
#医院(张)	Hospitals(unit)	276	281	1.8
卫生院(张)	Township Hospitals(unit)	167	158	-5.4
卫生技术人员(人)	Medical Technical Presonnel(person)	751	772	2.8
#医院(人)	Hospitals(person)	323	329	1.9
卫生院(人)	Township Hospitals(person)	259	283	9.3

23-34 呼伦贝尔市鄂伦春自治旗

指标	Item	2005	2006	2006年比上年增长% Increase Rate in 2006 Over 2005(%)
行政区域土地面积(平方公里)	**Area of Administration(Sq.km)**	**59800**	**59800**	**0.0**
人口和就业	**Population & Employment**			
年末总人口(人)	Total Population Year-end(person)	279718	280308	0.2
#男性(人)	Male(person)	142998	143113	0.1
#乡村人口(人)	Rural(person)	59775	63933	7.0
年末总户数(户)	Total Number of Households at the Year-end(Household)	95587	96345	0.8
#乡村户数(户)	Number of Rural Household(Household)	15397	16101	4.6
出生人口(人)	Births(person)	2344	2854	21.8
死亡人口(人)	Deaths(person)	1527	947	-38.0
全社会就业人员(人)	Employment(person)	83821	73460	-12.4
第一产业(人)	Primary Industry(person)	45812	40403	-11.8
第二产业(人)	Secondary Industry(person)	19641	16896	-14.0
第三产业(人)	Tertiary Industry(person)	18368	16161	-12.0
在岗职工人数(人)	Number of Staff & Workers Employed in(person)	15447	14627	-5.3
乡村劳动力(人)	Number of Rural Laborers(person)	39786	34000	-14.5
#农林牧渔业(人)	Farming,Forestry,Animal Husbandry & Fishery(person)	37850	31425	-17.0
国民经济综合指标	**Summary Item on the National Economy**			
生产总值(万元)	Gross Domestic Product(10 000 yuan)	169233	181525	4.2
第一产业(万元)	Primary Industry(10 000 yuan)	87893	80695	-10.7
第二产业(万元)	Secondary Industry(10 000 yuan)	19078	23334	18.7
#工业(万元)	Industry(10 000 yuan)	15218	19570	24.3
第三产业(万元)	Tertiary Industry(10 000 yuan)	62262	77496	20.8
人均生产总值(元)	Per Capita GDP(yuan)	6050	6476	4.1
全社会固定资产投资(万元)	Total Investment in Fixed Assets(10 000 yuan)	30100	27555	-8.5
按登记注册类型分	Grouped by Registered Type			
#国有(万元)	State-owned Enterprises(10 000 yuan)	17092	20948	22.6
集体(万元)	Collective-owned Enterprises(10 000 yuan)	280		
有限责任公司(万元)	Limited Liability Corporations(10 000 yuan)	8826	4957	-43.8
股份有限公司(万元)	Share Holding Enterprises(10 000 yuan)			
私营企业(万元)	Private Enterprises(10 000 yuan)	2410	1190	-50.6
外商及港澳台投资企业(万元)	Funds from HK,Macao,Taiwan & Foreign(10 000 yuan)			
按城乡渠道分	Grouped by Urban and Rural Area			
城镇(万元)	Urban(10 000 yuan)		26565	
农村(万元)	Rural(10 000 yuan)		990	
地方财政收入(万元)	Local Governments Revenue(10 000 yuan)	6127	3338	-45.5
地方财政支出(万元)	Local Governments Expenditures(10 000 yuan)	29455	37016	25.7
城乡居民储蓄存款余额(万元)	Resident Saving Deposit in Urban & Rural(10 000 yuan)	164610	172391	4.7
在岗职工工资总额(万元)	Total Wages of Staff & Workers Empioyed in(10 000 yuan)	18474	21268	15.1
在岗职工平均工资(元)	Average Wage of Staff & Workers Employed in(yuan)	11742	14502	23.5
农牧民人均纯收入(元)	Per Capita Net Income of Peasant & Herdsman(yuan)	2625	2221	-15.4
农村牧区经济	**Economic Development in Rural & Pastoral Area**			
耕地面积(公顷)	Cultivated Area(hectare)	190919	189805	-0.6
农作物总播种面积(公顷)	Total Sown Area(hectare)	191791	184205	-4.0
#粮食作物播种面积(公顷)	Sown Area of Grain Crops(hectare)	184039	180162	-2.1
有效灌溉面积(公顷)	Irrigated Area(hectare)			
农牧业机械总动力(万千瓦)	Total Power of Agricultural Machinery(10 000 kw)	25.60	28.70	12.1
化肥施用折纯量(吨)	Consumption of Chemical Fertilizer(ton)	13938	20270	45.4
农村用电量(万千瓦小时)	Electricity Consumed in Rural Area(10 000 kwh)	721	933	29.4
农林牧渔业总产值(万元)	Gross Output of Farming,Forestry,Animal Husbandry & Fishery(10 000 yuan)	147878	132249	-10.6
粮食产量(吨)	Yield of Grain(ton)	326662	250910	-23.2
油料产量(吨)	Yield of Oil-bearing Grops(ton)	1061	927	-12.6
甜菜产量(吨)	Yield of Beetroots(ton)			
猪牛羊肉产量(吨)	Output of Pork, Beef & Mutton(ton)	14218	20263	42.5
#猪肉产量(吨)	Output of Pork(ton)	5710	7702	34.9
牛肉产量(吨)	Output of Beef(ton)	3621	4221	16.6
羊肉产量(吨)	Output of Mutton(ton)	4887	8340	70.7
羊毛产量(吨)	Output of Wool(ton)	420	627	49.3

23-34 Elunchun National Autonomous Banner in Hulunbeier City

指 标	Item	2005	2006	2006年比上年增长% Increase Rate in 2006 Over 2005(%)
年末牲畜存栏头数(万头只)	Total Livestock at the Year-end(10 000 heads)	66.46	69.23	4.2
#大牲畜(万头只)	Large Animals(10 000 heads)	6.62	8.86	33.8
羊(万只)	Sheep & Goats(10 000 heads)	54.33	53.72	-1.1
猪(万头)	Hogs(10 000 heads)	5.51	6.65	20.7
规模以上工业	**Industrial Enterprises above Designated size**			
工业企业单位数(个)	Number of Industrial Enterprises(unit)	8	10	25.0
#内资企业(个)	Civil Funded Enterprises(unit)	8	10	25.0
工业总产值(万元)	Gross Industrial Output Value(10 000 yuan)	30067	42013	39.7
内资企业(万元)	Civil Funded Enterprises(10 000 yuan)	30067	42013	39.7
国有企业(万元)	State-owned Enterprises(10 000 yuan)			
集体企业(万元)	Collective-owned Enterprises(10 000 yuan)			
股份合作企业(万元)	Share Holding Enterprises(10 000 yuan)	30067		
联营企业(万元)	Joint Owned Enterprises(10 000 yuan)			
有限责任公司(万元)	Limited Company(10 000 yuan)		33666	
股份有限公司(万元)	Share Holding Limited Company(10 000 yuan)			
私营企业(万元)	Privately Owned Enterprises(10 000 yuan)		8347	
其他企业(万元)	Enterprises of Other Ownership(10 000 yuan)			
港澳台商投资企业(万元)	Funds from HK,Macao & Taiwan(10 000 yuan)			
外商投资企业(万元)	Foreign Funded Enterprises(10 000 yuan)			
工业企业增加值(万元)	Value Added of Industrial Enterprises(10 000 yuan)	9957	15276	33.6
工业企业资产总计(万元)	Total Assets of Industrial Enterprises(10 000 yuan)	18764	18242	-2.8
工业企业负债合计(万元)	Total Liabilities of Industrial Enterprises(10 000 yuan)	10978	12312	12.2
工业企业产品销售收入(万元)	Sales of Revenue Industrial Enterprises(10 000 yuan)	27135	37182	37.0
工业企业利润总额(万元)	Total Profits of Industrial Enterprises(10 000 yuan)	177	-156	
建筑业	**Construction**			
建筑企业单位数(个)	Number of Construction Enterprises(unit)	1	4	300.0
建筑企业从业人员(人)	Number of Employee in Construction Enterprises(person)	329	528	60.5
建筑业总产值(万元)	Gross Construction Output Value(10 000 yuan)	3400	2370	-30.3
交通运输邮电通信业	**Transportation,Post & Telecommunications**			
公路里程(公里)	Total Length of Highways(km)	1214	1214	0.0
邮电业务总量(万元)	Business Volume of Post & Telecoms(10 000 yuan)	7038	7907	12.4
本地电话用户(户)	Number of Subscribers of Local Telephone(Household)	105599	99660	-5.6
国内贸易	**Demestic Trade**			
社会消费品零售总额(万元)	Total Retail Sales of Consumer Goods(10 000 yuan)	65535	74641	13.9
#贸易业(万元)	Wholesale & Retail Sales Trades(10 000 yuan)	57137	58817	2.9
餐饮业(万元)	Catering Trade(10 000 yuan)	6988	11661	66.9
科技教育卫生	**Science,Education & Public Health**			
各类专业技术人员(人)	Speccial Technical Personnel(person)	3041	4178	37.4
幼儿园数(所)	Number of Kindergartens(unit)	8	31	287.5
学龄儿童入学率(%)	Percentage of School-Age Children Enrolled(%)	100.0	100.0	0.0
小学学校数(所)	Number of Primary Schools(unit)	83	82	-1.2
小学专任教师数(人)	Number of Full-time Teachers of Primary Schools(person)	1704	1705	0.1
小学在校学生数(人)	Number of Student Enrollment of Primary Schools(person)	20022	18430	-8.0
普通中学学校数(所)	Number of Regular Secondary Schools(unit)	27	27	0.0
普通中学专任教师数(人)	Number of Teachers of Secondary Shools(person)	1314	1366	4.0
初中在校学生数(人)	Number of Student in Junior Secondary Schools(person)	11824	10695	-9.5
高中在校学生数(人)	Number of Student in Senior Secondary Schools(person)	6145	6505	5.9
卫生机构数(所)	Number of Health Institutions(unit)	98	93	-5.1
#医院(所)	Hospitals(unit)	14	14	0.0
卫生院(所)	Township Hospitals(unit)	9	9	0.0
床位数(张)	Number of Beds(unit)	975	877	-10.1
#医院(张)	Hospitals(unit)	880	782	-11.1
卫生院(张)	Township Hospitals(unit)	81	81	0.0
卫生技术人员(人)	Medical Technical Presonnel(person)	1617	1590	-1.7
#医院(人)	Hospitals(person)	1058	1078	1.9
卫生院(人)	Township Hospitals(person)	95	96	1.1

23-35 呼伦贝尔市鄂温克族自治旗

指 标	Item	2005	2006	2006年比上年增长% Increase Rate in 2006 Over 2005(%)
行政区域土地面积(平方公里)	**Area of Administration(Sq.km)**	**19111**	**19111**	**0.0**
人口和就业	**Population & Employment**			
年末总人口(人)	Total Population Year-end(person)	142791	143270	0.3
#男性(人)	Male(person)	74588	74892	0.4
#乡村人口(人)	Rural(person)	21089	25413	20.5
年末总户数(户)	Total Number of Households at the Year-end(Household)	48259	49087	1.7
#乡村户数(户)	Number of Rural Household(Household)	5717	6039	5.6
出生人口(人)	Births(person)	1092	783	-28.3
死亡人口(人)	Deaths(person)	778	610	-21.6
全社会就业人员(人)	Employment(person)	47884	49565	3.5
第一产业(人)	Primary Industry(person)	12541	14478	15.4
第二产业(人)	Secondary Industry(person)	22848	22195	-2.9
第三产业(人)	Tertiary Industry(person)	12495	12892	3.2
在岗职工人数(人)	Number of Staff & Workers Employed in(person)	30365	30119	-0.8
乡村劳动力(人)	Number of Rural Laborers(person)	12277	13862	12.9
#农林牧渔业(人)	Farming,Forestry,Animal Husbandry & Fishery(person)	10880	12819	17.8
国民经济综合指标	**Summary Item on the National Economy**			
生产总值(万元)	Gross Domestic Product(10 000 yuan)	265977	314501	18.2
第一产业(万元)	Primary Industry(10 000 yuan)	39285	42664	5.7
第二产业(万元)	Secondary Industry(10 000 yuan)	164910	190946	19.7
#工业(万元)	Industry(10 000 yuan)	146325	165444	17.6
第三产业(万元)	Tertiary Industry(10 000 yuan)	61782	80891	22.4
人均生产总值(元)	Per Capita GDP(yuan)	18483	21993	19.8
全社会固定资产投资(万元)	Total Investment in Fixed Assets(10 000 yuan)	201453	301934	49.9
按登记注册类型分	Grouped by Registered Type			
#国有(万元)	State-owned Enterprises(10 000 yuan)	70315	63428	-9.8
集体(万元)	Collective-owned Enterprises(10 000 yuan)			
有限责任公司(万元)	Limited Liability Corporations(10 000 yuan)	125515	228507	82.1
股份有限公司(万元)	Share Holding Enterprises(10 000 yuan)		1000	
私营企业(万元)	Private Enterprises(10 000 yuan)	4170	7244	73.7
外商及港澳台投资企业(万元)	Funds from HK,Macao,Taiwan & Foreign(10 000 yuan)			
按城乡渠道分	Grouped by Urban and Rural Area			
城镇(万元)	Urban(10 000 yuan)	197280	301934	53.0
农村(万元)	Rural(10 000 yuan)	240		
地方财政收入(万元)	Local Governments Revenue(10 000 yuan)	23719	13517	-43.0
地方财政支出(万元)	Local Governments Expenditures(10 000 yuan)	34348	46054	34.1
城乡居民储蓄存款余额(万元)	Resident Saving Deposit in Urban & Rural(10 000 yuan)	114096	133799	17.3
在岗职工工资总额(万元)	Total Wages of Staff & Workers Empioyed in(10 000 yuan)	46328	54365	17.3
在岗职工平均工资(元)	Average Wage of Staff & Workers Employed in(yuan)	17820	20650	15.9
农牧民人均纯收入(元)	Per Capita Net Income of Peasant & Herdsman(yuan)	4781	5200	8.8
农村牧区经济	**Economic Development in Rural & Pastoral Area**			
耕地面积(公顷)	Cultivated Area(hectare)	13666	28592	109.2
农作物总播种面积(公顷)	Total Sown Area(hectare)	27488	27488	0.0
#粮食作物播种面积(公顷)	Sown Area of Grain Crops(hectare)	17317	17317	0.0
有效灌溉面积(公顷)	Irrigated Area(hectare)			
农牧业机械总动力(万千瓦)	Total Power of Agricultural Machinery(10 000 kw)	7.30	9.25	26.7
化肥施用折纯量(吨)	Consumption of Chemical Fertilizer(ton)	6046	5824	-3.7
农村用电量(万千瓦小时)	Electricity Consumed in Rural Area(10 000 kwh)	53	58	9.4
农林牧渔业总产值(万元)	Gross Output of Farming,Forestry,Animal Husbandry & Fishery(10 000 yuan)	62781	69758	11.1
粮食产量(吨)	Yield of Grain(ton)	55931	59082	5.6
油料产量(吨)	Yield of Oil-bearing Grops(ton)	7423	8082	8.9
甜菜产量(吨)	Yield of Beetroots(ton)	5085	5085	0.0
猪牛羊肉产量(吨)	Output of Pork, Beef & Mutton(ton)	11384	11433	0.4
#猪肉产量(吨)	Output of Pork(ton)	2273	1346	-40.8
牛肉产量(吨)	Output of Beef(ton)	5704	5089	-10.8
羊肉产量(吨)	Output of Mutton(ton)	3407	4998	46.7
羊毛产量(吨)	Output of Wool(ton)	968	1140	17.8

23-35 Ewenke National Autonomous Banner in Hulunbeier City

指 标	Item	2005	2006	2006年比上年增长% Increase Rate in 2006 Over 2005(%)
年末牲畜存栏头数(万头只)	Total Livestock at the Year-end(10 000 heads)	65.42	60.59	-7.4
#大牲畜(万头只)	Large Animals(10 000 heads)	13.84	13.47	-2.7
羊(万只)	Sheep & Goats(10 000 heads)	51.12	46.72	-8.6
猪(万头)	Hogs(10 000 heads)	0.46	0.40	-13.0
规模以上工业	**Industrial Enterprises above Designated size**			
工业企业单位数(个)	Number of Industrial Enterprises(unit)	10	11	10.0
#内资企业(个)	Civil Funded Enterprises(unit)	9	11	22.2
工业总产值(万元)	Gross Industrial Output Value(10 000 yuan)	253551	312184	23.1
内资企业(万元)	Civil Funded Enterprises(10 000 yuan)	246694	306755	24.3
国有企业(万元)	State-owned Enterprises(10 000 yuan)			
集体企业(万元)	Collective-owned Enterprises(10 000 yuan)			
股份合作企业(万元)	Share Holding Enterprises(10 000 yuan)			
联营企业(万元)	Joint Owned Enterprises(10 000 yuan)			
有限责任公司(万元)	Limited Company(10 000 yuan)	240854	300320	24.7
股份有限公司(万元)	Share Holding Limited Company(10 000 yuan)			
私营企业(万元)	Privately Owned Enterprises(10 000 yuan)	5840	6435	10.2
其他企业(万元)	Enterprises of Other Ownership(10 000 yuan)			
港澳台商投资企业(万元)	Funds from HK,Macao & Taiwan(10 000 yuan)			
外商投资企业(万元)	Foreign Funded Enterprises(10 000 yuan)	6857	5429	-20.8
工业企业增加值(万元)	Value Added of Industrial Enterprises(10 000 yuan)	107602	160938	18.1
工业企业资产总计(万元)	Total Assets of Industrial Enterprises(10 000 yuan)	1113382	1394870	25.3
工业企业负债合计(万元)	Total Liabilities of Industrial Enterprises(10 000 yuan)	994222	1174244	18.1
工业企业产品销售收入(万元)	Sales of Revenue Industrial Enterprises(10 000 yuan)	223815	279189	24.7
工业企业利润总额(万元)	Total Profits of Industrial Enterprises(10 000 yuan)	11822	40148	239.6
建筑业	**Construction**			
建筑企业单位数(个)	Number of Construction Enterprises(unit)	4	3	-25.0
建筑企业从业人员(人)	Number of Employee in Construction Enterprises(person)	3648	3341	-8.4
建筑业总产值(万元)	Gross Construction Output Value(10 000 yuan)	43607	39509	-9.4
交通运输邮电通信业	**Transportation,Post & Telecommunications**			
公路里程(公里)	Total Length of Highways(km)	367	390	6.3
邮电业务总量(万元)	Business Volume of Post & Telecoms(10 000 yuan)	3382	3805	12.5
本地电话用户(户)	Number of Subscribers of Local Telephone(Household)	41707	28610	-31.4
国内贸易	**Demestic Trade**			
社会消费品零售总额(万元)	Total Retail Sales of Consumer Goods(10 000 yuan)	34568	39049	13.0
#贸易业(万元)	Wholesale & Retail Sales Trades(10 000 yuan)	26767	31251	16.8
餐饮业(万元)	Catering Trade(10 000 yuan)	7801	7798	0.0
科技教育卫生	**Science,Education & Public Health**			
各类专业技术人员(人)	Speccial Technical Personnel(person)	3439	3216	-6.5
幼儿园数(所)	Number of Kindergartens(unit)	5	18	260.0
学龄儿童入学率(%)	Percentage of School-Age Children Enrolled(%)	100.0	100.0	0.0
小学学校数(所)	Number of Primary Schools(unit)	20	11	-45.0
小学专任教师数(人)	Number of Full-time Teachers of Primary Schools(person)	890	871	-2.1
小学在校学生数(人)	Number of Student Enrollment of Primary Schools(person)	8281	7544	-8.9
普通中学学校数(所)	Number of Regular Secondary Schools(unit)	16	14	-12.5
普通中学专任教师数(人)	Number of Teachers of Secondary Shools(person)	866	876	1.2
初中在校学生数(人)	Number of Student in Junior Secondary Schools(person)	7221	6518	-9.7
高中在校学生数(人)	Number of Student in Senior Secondary Schools(person)	2769	2994	8.1
卫生机构数(所)	Number of Health Institutions(unit)	76	76	0.0
#医院(所)	Hospitals(unit)	6	6	0.0
卫生院(所)	Township Hospitals(unit)	10	10	0.0
床位数(张)	Number of Beds(unit)	697	707	1.4
#医院(张)	Hospitals(unit)	506	491	-3.0
卫生院(张)	Township Hospitals(unit)	99	96	-3.0
卫生技术人员(人)	Medical Technical Presonnel(person)	876	870	-0.7
#医院(人)	Hospitals(person)	520	521	0.2
卫生院(人)	Township Hospitals(person)	118	114	-3.4

23-36 呼伦贝尔市新巴尔虎右旗

指 标	Item	2005	2006	2006年比上年增长% Increase Rate in 2006 Over 2005(%)
行政区域土地面积(平方公里)	**Area of Administration(Sq.km)**	**25102**	**25102**	**0.0**
人口和就业	**Population & Employment**			
年末总人口(人)	Total Population Year-end(person)	33539	33814	0.8
#男性(人)	Male(person)	16942	17046	0.6
#乡村人口(人)	Rural(person)	15415	16108	4.5
年末总户数(户)	Total Number of Households at the Year-end(Household)	11501	11834	2.9
#乡村户数(户)	Number of Rural Household(Household)	4389	4927	12.3
出生人口(人)	Births(person)	338	272	-19.5
死亡人口(人)	Deaths(person)	339	212	-37.5
全社会就业人员(人)	Employment(person)	17866	19060	6.7
第一产业(人)	Primary Industry(person)	9368	9811	4.7
第二产业(人)	Secondary Industry(person)	3640	4275	17.4
第三产业(人)	Tertiary Industry(person)	4858	4974	2.4
在岗职工人数(人)	Number of Staff & Workers Employed in(person)	6364	7031	10.5
乡村劳动力(人)	Number of Rural Laborers(person)	12945	13112	1.3
#农林牧渔业(人)	Farming,Forestry,Animal Husbandry & Fishery(person)	9065	9553	5.4
国民经济综合指标	**Summary Item on the National Economy**			
生产总值(万元)	Gross Domestic Product(10 000 yuan)	167016	198991	25.5
第一产业(万元)	Primary Industry(10 000 yuan)	21755	23539	5.3
第二产业(万元)	Secondary Industry(10 000 yuan)	126517	151505	29.6
#工业(万元)	Industry(10 000 yuan)	116816	133289	24.9
第三产业(万元)	Tertiary Industry(10 000 yuan)	18744	23947	21.2
人均生产总值(元)	Per Capita GDP(yuan)	49798	58225	25.0
全社会固定资产投资(万元)	Total Investment in Fixed Assets(10 000 yuan)	85000	154649	81.9
按登记注册类型分	Grouped by Registered Type			
#国有(万元)	State-owned Enterprises(10 000 yuan)	76119	106783	40.3
集体(万元)	Collective-owned Enterprises(10 000 yuan)			
有限责任公司(万元)	Limited Liability Corporations(10 000 yuan)	5731	4303	-24.9
股份有限公司(万元)	Share Holding Enterprises(10 000 yuan)	1500	6868	357.9
私营企业(万元)	Private Enterprises(10 000 yuan)	1600		
外商及港澳台投资企业(万元)	Funds from HK,Macao,Taiwan & Foreign(10 000 yuan)		36210	
按城乡渠道分	Grouped by Urban and Rural Area			
城镇（万元）	Urban(10 000 yuan)		154649	
农村（万元）	Rural(10 000 yuan)			
地方财政收入(万元)	Local Governments Revenue(10 000 yuan)	10341	9989	-3.4
地方财政支出(万元)	Local Governments Expenditures(10 000 yuan)	19588	29959	52.9
城乡居民储蓄存款余额(万元)	Resident Saving Deposit in Urban & Rural(10 000 yuan)	15926	18442	15.8
在岗职工工资总额(万元)	Total Wages of Staff & Workers Empioyed in(10 000 yuan)	10966	12852	17.2
在岗职工平均工资(元)	Average Wage of Staff & Workers Employed in(yuan)	16273	18547	14.0
农牧民人均纯收入(元)	Per Capita Net Income of Peasant & Herdsman(yuan)	4265	4710	10.4
农村牧区经济	**Economic Development in Rural & Pastoral Area**			
耕地面积(公顷)	Cultivated Area(hectare)	320	320	0.0
农作物总播种面积(公顷)	Total Sown Area(hectare)	2668	1000	-62.5
#粮食作物播种面积(公顷)	Sown Area of Grain Crops(hectare)	282	140	-50.4
有效灌溉面积(公顷)	Irrigated Area(hectare)			
农牧业机械总动力(万千瓦)	Total Power of Agricultural Machinery(10 000 kw)	2.80	5.97	113.2
化肥施用折纯量(吨)	Consumption of Chemical Fertilizer(ton)	57	46	-19.3
农村用电量(万千瓦小时)	Electricity Consumed in Rural Area(10 000 kwh)	145	150	3.4
农林牧渔业总产值(万元)	Gross Output of Farming,Forestry,Animal Husbandry & Fishery(10 000 yuan)	32750	36542	5.3
粮食产量(吨)	Yield of Grain(ton)	1200	55	-95.4
油料产量(吨)	Yield of Oil-bearing Grops(ton)			
甜菜产量(吨)	Yield of Beetroots(ton)			
猪牛羊肉产量(吨)	Output of Pork, Beef & Mutton(ton)	13424	15554	15.9
#猪肉产量(吨)	Output of Pork(ton)	7	37	428.6
牛肉产量(吨)	Output of Beef(ton)	2326	2593	11.5
羊肉产量(吨)	Output of Mutton(ton)	11091	12924	16.5
羊毛产量(吨)	Output of Wool(ton)	1899	2444	28.7

23-36 Xinbaerhuyou Banner in Hulunbeier City

指 标	Item	2005	2006	2006年比上年增长% Increase Rate in 2006 Over 2005(%)
年末牲畜存栏头数(万头只)	Total Livestock at the Year-end(10 000 heads)	123.95	113.21	-8.7
# 大牲畜(万头只)	Large Animals(10 000 heads)	4.64	4.04	-12.9
羊(万只)	Sheep & Goats(10 000 heads)	119.24	109.09	-8.5
猪(万头)	Hogs(10 000 heads)	0.07	0.08	14.3
规模以上工业	**Industrial Enterprises above Designated size**			
工业企业单位数(个)	Number of Industrial Enterprises(unit)	7	10	42.9
# 内资企业(个)	Civil Funded Enterprises(unit)	7	10	42.9
工业总产值(万元)	Gross Industrial Output Value(10 000 yuan)	171703	281105	26.9
内资企业(万元)	Civil Funded Enterprises(10 000 yuan)	171703	281105	26.9
国有企业(万元)	State-owned Enterprises(10 000 yuan)			
集体企业(万元)	Collective-owned Enterprises(10 000 yuan)			
股份合作企业(万元)	Share Holding Enterprises(10 000 yuan)			
联营企业(万元)	Joint Owned Enterprises(10 000 yuan)			
有限责任公司(万元)	Limited Company(10 000 yuan)	171703	279347	26.1
股份有限公司(万元)	Share Holding Limited Company(10 000 yuan)			
私营企业(万元)	Privately Owned Enterprises(10 000 yuan)		1758	
其他企业(万元)	Enterprises of Other Ownership(10 000 yuan)			
港澳台商投资企业(万元)	Funds from HK,Macao & Taiwan(10 000 yuan)			
外商投资企业(万元)	Foreign Funded Enterprises(10 000 yuan)			
工业企业增加值(万元)	Value Added of Industrial Enterprises(10 000 yuan)	56044	131971	25.2
工业企业资产总计(万元)	Total Assets of Industrial Enterprises(10 000 yuan)	381628	478351	25.3
工业企业负债合计(万元)	Total Liabilities of Industrial Enterprises(10 000 yuan)	60209	68522	13.8
工业企业产品销售收入(万元)	Sales of Revenue Industrial Enterprises(10 000 yuan)	168057	281400	67.4
工业企业利润总额(万元)	Total Profits of Industrial Enterprises(10 000 yuan)	88170	185386	110.3
建筑业	**Construction**			
建筑企业单位数(个)	Number of Construction Enterprises(unit)			
建筑企业从业人员(人)	Number of Employee in Construction Enterprises(person)			
建筑业总产值(万元)	Gross Construction Output Value(10 000 yuan)			
交通运输邮电通信业	**Transportation,Post & Telecommunications**			
公路里程(公里)	Total Length of Highways(km)	487	523	7.4
邮电业务总量(万元)	Business Volume of Post & Telecoms(10 000 yuan)	1826	1996	9.3
本地电话用户(户)	Number of Subscribers of Local Telephone(Household)	4731	5075	7.3
国内贸易	**Demestic Trade**			
社会消费品零售总额(万元)	Total Retail Sales of Consumer Goods(10 000 yuan)	12586	14339	13.9
# 贸易业(万元)	Wholesale & Retail Sales Trades(10 000 yuan)	10539	11886	12.8
餐饮业(万元)	Catering Trade(10 000 yuan)	1871	2274	21.5
科技教育卫生	**Science,Education & Public Health**			
各类专业技术人员(人)	Speccial Technical Personnel(person)	1131	1121	-0.9
幼儿园数(所)	Number of Kindergartens(unit)	4	4	0.0
学龄儿童入学率(%)	Percentage of School-Age Children Enrolled(%)	100.0	100.0	0.0
小学学校数(所)	Number of Primary Schools(unit)	9	2	-77.8
小学专任教师数(人)	Number of Full-time Teachers of Primary Schools(person)	300	264	-12.0
小学在校学生数(人)	Number of Student Enrollment of Primary Schools(person)	2117	1903	-10.1
普通中学学校数(所)	Number of Regular Secondary Schools(unit)	2	2	0.0
普通中学专任教师数(人)	Number of Teachers of Secondary Shools(person)	152	172	13.2
初中在校学生数(人)	Number of Student in Junior Secondary Schools(person)	1765	1471	-16.7
高中在校学生数(人)	Number of Student in Senior Secondary Schools(person)			
卫生机构数(所)	Number of Health Institutions(unit)	25	25	0.0
# 医院(所)	Hospitals(unit)	2	2	0.0
卫生院(所)	Township Hospitals(unit)	13	13	0.0
床位数(张)	Number of Beds(unit)	154	154	0.0
# 医院(张)	Hospitals(unit)	77	77	0.0
卫生院(张)	Township Hospitals(unit)	48	48	0.0
卫生技术人员(人)	Medical Technical Presonnel(person)	248	230	-7.3
# 医院(人)	Hospitals(person)	107	105	-1.9
卫生院(人)	Township Hospitals(person)	73	62	-15.1

23-37 呼伦贝尔市新巴尔虎左旗

指标	Item	2005	2006	2006年比上年增长% Increase Rate in 2006 Over 2005(%)
行政区域土地面积(平方公里)	**Area of Administration(Sq.km)**	**22000**	**22000**	**0.0**
人口和就业	**Population & Employment**			
年末总人口(人)	Total Population Year-end(person)	40163	40143	0.0
#男性(人)	Male(person)	20509	21349	4.1
#乡村人口(人)	Rural(person)	20440	18794	-8.1
年末总户数(户)	Total Number of Households at the Year-end(Household)	13851	14640	5.7
#乡村户数(户)	Number of Rural Household(Household)	5208	5713	9.7
出生人口(人)	Births(person)	482	494	2.5
死亡人口(人)	Deaths(person)	630	270	-57.1
全社会就业人员(人)	Employment(person)	20682	19040	-7.9
第一产业(人)	Primary Industry(person)	13511	11740	-13.1
第二产业(人)	Secondary Industry(person)	1069	959	-10.3
第三产业(人)	Tertiary Industry(person)	6102	6341	3.9
在岗职工人数(人)	Number of Staff & Workers Employed in(person)	6028	4835	-19.8
乡村劳动力(人)	Number of Rural Laborers(person)	12723	12654	-0.5
#农林牧渔业(人)	Farming,Forestry,Animal Husbandry & Fishery(person)	11036	10377	-6.0
国民经济综合指标	**Summary Item on the National Economy**			
生产总值(万元)	Gross Domestic Product(10 000 yuan)	74861	97149	22.6
第一产业(万元)	Primary Industry(10 000 yuan)	35367	38232	5.2
第二产业(万元)	Secondary Industry(10 000 yuan)	17523	29395	53.0
#工业(万元)	Industry(10 000 yuan)	9386	13319	15.8
第三产业(万元)	Tertiary Industry(10 000 yuan)	21971	29523	26.5
人均生产总值(元)	Per Capita GDP(yuan)	18639	24195	24.7
全社会固定资产投资(万元)	Total Investment in Fixed Assets(10 000 yuan)	61078	120948	98.0
按登记注册类型分	Grouped by Registered Type			
#国有(万元)	State-owned Enterprises(10 000 yuan)	60892	117631	93.2
集体(万元)	Collective-owned Enterprises(10 000 yuan)			
有限责任公司(万元)	Limited Liability Corporations(10 000 yuan)		580	
股份有限公司(万元)	Share Holding Enterprises(10 000 yuan)		2607	
私营企业(万元)	Private Enterprises(10 000 yuan)		130	
外商及港澳台投资企业(万元)	Funds from HK,Macao,Taiwan & Foreign(10 000 yuan)			
按城乡渠道分	Grouped by Urban and Rural Area			
城镇(万元)	Urban(10 000 yuan)			
农村(万元)	Rural(10 000 yuan)			
地方财政收入(万元)	Local Governments Revenue(10 000 yuan)	2160	1636	-24.3
地方财政支出(万元)	Local Governments Expenditures(10 000 yuan)	15100	20048	32.8
城乡居民储蓄存款余额(万元)	Resident Saving Deposit in Urban & Rural(10 000 yuan)	9622	11813	22.8
在岗职工工资总额(万元)	Total Wages of Staff & Workers Empioyed in(10 000 yuan)	7450	8360	12.2
在岗职工平均工资(元)	Average Wage of Staff & Workers Employed in(yuan)	12373	17432	40.9
农牧民人均纯收入(元)	Per Capita Net Income of Peasant & Herdsman(yuan)	4257	4815	13.1
农村牧区经济	**Economic Development in Rural & Pastoral Area**			
耕地面积(公顷)	Cultivated Area(hectare)	30000	30000	0.0
农作物总播种面积(公顷)	Total Sown Area(hectare)	21313	23400	9.8
#粮食作物播种面积(公顷)	Sown Area of Grain Crops(hectare)	14031	11718	-16.5
有效灌溉面积(公顷)	Irrigated Area(hectare)			
农牧业机械总动力(万千瓦)	Total Power of Agricultural Machinery(10 000 kw)	5.71	5.85	2.5
化肥施用折纯量(吨)	Consumption of Chemical Fertilizer(ton)	620	610	-1.6
农村用电量(万千瓦小时)	Electricity Consumed in Rural Area(10 000 kwh)	293	367	25.3
农林牧渔业总产值(万元)	Gross Output of Farming,Forestry,Animal Husbandry & Fishery(10 000 yuan)	56521	62154	9.9
粮食产量(吨)	Yield of Grain(ton)	32304	46031	42.5
油料产量(吨)	Yield of Oil-bearing Grops(ton)	9000	9360	4.0
甜菜产量(吨)	Yield of Beetroots(ton)			
猪牛羊肉产量(吨)	Output of Pork, Beef & Mutton(ton)	19583	17799	-9.1
#猪肉产量(吨)	Output of Pork(ton)	89	87	-2.2
牛肉产量(吨)	Output of Beef(ton)	5329	4280	-19.7
羊肉产量(吨)	Output of Mutton(ton)	14165	13432	-5.2
羊毛产量(吨)	Output of Wool(ton)	3437	2905	-15.5

23-37 Xinbaerhuzuo Banner in Hulunbeier City

指 标	Item	2005	2006	2006年比上年增长% Increase Rate in 2006 Over 2005(%)
年末牲畜存栏头数(万头只)	Total Livestock at the Year-end(10 000 heads)	100.82	97.51	-3.3
#大牲畜(万头只)	Large Animals(10 000 heads)	8.94	9.14	2.2
羊(万只)	Sheep & Goats(10 000 heads)	91.78	88.28	-3.8
猪(万头)	Hogs(10 000 heads)	0.09	0.09	0.0
规模以上工业	**Industrial Enterprises above Designated size**			
工业企业单位数(个)	Number of Industrial Enterprises(unit)	4	7	75.0
#内资企业(个)	Civil Funded Enterprises(unit)	4	7	75.0
工业总产值(万元)	Gross Industrial Output Value(10 000 yuan)	16114	22744	41.1
内资企业(万元)	Civil Funded Enterprises(10 000 yuan)	16114	22744	41.1
国有企业(万元)	State-owned Enterprises(10 000 yuan)	642	824	28.3
集体企业(万元)	Collective-owned Enterprises(10 000 yuan)			
股份合作企业(万元)	Share Holding Enterprises(10 000 yuan)			
联营企业(万元)	Joint Owned Enterprises(10 000 yuan)			
有限责任公司(万元)	Limited Company(10 000 yuan)	15472	21256	37.4
股份有限公司(万元)	Share Holding Limited Company(10 000 yuan)			
私营企业(万元)	Privately Owned Enterprises(10 000 yuan)			
其他企业(万元)	Enterprises of Other Ownership(10 000 yuan)		664	
港澳台商投资企业(万元)	Funds from HK,Macao & Taiwan(10 000 yuan)			
外商投资企业(万元)	Foreign Funded Enterprises(10 000 yuan)			
工业企业增加值(万元)	Value Added of Industrial Enterprises(10 000 yuan)	9199	11948	18.2
工业企业资产总计(万元)	Total Assets of Industrial Enterprises(10 000 yuan)	84412	104881	24.2
工业企业负债合计(万元)	Total Liabilities of Industrial Enterprises(10 000 yuan)	8342	13612	63.2
工业企业产品销售收入(万元)	Sales of Revenue Industrial Enterprises(10 000 yuan)	14355	21494	49.7
工业企业利润总额(万元)	Total Profits of Industrial Enterprises(10 000 yuan)	1462	-1617	
建筑业	**Construction**			
建筑企业单位数(个)	Number of Construction Enterprises(unit)			
建筑企业从业人员(人)	Number of Employee in Construction Enterprises(person)			
建筑业总产值(万元)	Gross Construction Output Value(10 000 yuan)			
交通运输邮电通信业	**Transportation,Post & Telecommunications**			
公路里程(公里)	Total Length of Highways(km)	402	743	84.8
邮电业务总量(万元)	Business Volume of Post & Telecoms(10 000 yuan)	2011	2130	5.9
本地电话用户(户)	Number of Subscribers of Local Telephone(Household)	6570	5900	-10.2
国内贸易	**Demestic Trade**			
社会消费品零售总额(万元)	Total Retail Sales of Consumer Goods(10 000 yuan)	14602	16546	12.7
#贸易业(万元)	Wholesale & Retail Sales Trades(10 000 yuan)	11732	13099	11.7
餐饮业(万元)	Catering Trade(10 000 yuan)	2870	3357	17.0
科技教育卫生	**Science,Education & Public Health**			
各类专业技术人员(人)	Speccial Technical Personnel(person)	1553	1423	-8.4
幼儿园数(所)	Number of Kindergartens(unit)	10	10	0.0
学龄儿童入学率(%)	Percentage of School-Age Children Enrolled(%)	100.0	100.0	0.0
小学学校数(所)	Number of Primary Schools(unit)	10	5	-50.0
小学专任教师数(人)	Number of Full-time Teachers of Primary Schools(person)	405	335	-17.3
小学在校学生数(人)	Number of Student Enrollment of Primary Schools(person)	2519	2146	-14.8
普通中学学校数(所)	Number of Regular Secondary Schools(unit)	5	4	-20.0
普通中学专任教师数(人)	Number of Teachers of Secondary Shools(person)	163	156	-4.3
初中在校学生数(人)	Number of Student in Junior Secondary Schools(person)	1641	1656	0.9
高中在校学生数(人)	Number of Student in Senior Secondary Schools(person)			
卫生机构数(所)	Number of Health Institutions(unit)	31	30	-3.2
#医院(所)	Hospitals(unit)	2	2	0.0
卫生院(所)	Township Hospitals(unit)	15	11	-26.7
床位数(张)	Number of Beds(unit)	147	141	-4.1
#医院(张)	Hospitals(unit)	85	85	0.0
卫生院(张)	Township Hospitals(unit)	62	56	-9.7
卫生技术人员(人)	Medical Technical Presonnel(person)	277	273	-1.4
#医院(人)	Hospitals(person)	187	183	-2.1
卫生院(人)	Township Hospitals(person)	90	90	0.0

23-38 呼伦贝尔市陈巴尔虎旗

指 标	Item	2005	2006	2006年比上年增长% Increase Rate in 2006 Over 2005(%)
行政区域土地面积(平方公里)	**Area of Administration(Sq.km)**	**21192**	**21192**	**0.0**
人口和就业	**Population & Employment**			
年末总人口(人)	Total Population Year-end(person)	59035	59351	0.5
#男性(人)	Male(person)	30491	31102	2.0
#乡村人口(人)	Rural(person)	12800	12800	0.0
年末总户数(户)	Total Number of Households at the Year-end(Household)	21318	21260	-0.3
#乡村户数(户)	Number of Rural Household(Household)	3566	3575	0.3
出生人口(人)	Births(person)	507	329	-35.1
死亡人口(人)	Deaths(person)	385	211	-45.2
全社会就业人员(人)	Employment(person)	25121	26473	5.4
第一产业(人)	Primary Industry(person)	14187	15681	10.5
第二产业(人)	Secondary Industry(person)	3551	3278	-7.7
第三产业(人)	Tertiary Industry(person)	7383	7514	1.8
在岗职工人数(人)	Number of Staff & Workers Employed in(person)	15963	15933	-0.2
乡村劳动力(人)	Number of Rural Laborers(person)	5660	6504	14.9
#农林牧渔业(人)	Farming,Forestry,Animal Husbandry & Fishery(person)	5335	5661	6.1
国民经济综合指标	**Summary Item on the National Economy**			
生产总值(万元)	Gross Domestic Product(10 000 yuan)	125861	185527	25.7
第一产业(万元)	Primary Industry(10 000 yuan)	37930	45025	15.5
第二产业(万元)	Secondary Industry(10 000 yuan)	49516	73718	32.2
#工业(万元)	Industry(10 000 yuan)	31463	52018	39.7
第三产业(万元)	Tertiary Industry(10 000 yuan)	38416	66784	27.0
人均生产总值(元)	Per Capita GDP(yuan)	21292	31343	25.5
全社会固定资产投资(万元)	Total Investment in Fixed Assets(10 000 yuan)	150000	180313	20.2
按登记注册类型分	Grouped by Registered Type			
#国有(万元)	State-owned Enterprises(10 000 yuan)	121835	145752	19.6
集体(万元)	Collective-owned Enterprises(10 000 yuan)			
有限责任公司(万元)	Limited Liability Corporations(10 000 yuan)		11850	
股份有限公司(万元)	Share Holding Enterprises(10 000 yuan)		11400	
私营企业(万元)	Private Enterprises(10 000 yuan)		11311	
外商及港澳台投资企业(万元)	Funds from HK,Macao,Taiwan & Foreign(10 000 yuan)			
按城乡渠道分	Grouped by Urban and Rural Area			
城镇(万元)	Urban(10 000 yuan)	150000	180313	20.2
农村(万元)	Rural(10 000 yuan)			
地方财政收入(万元)	Local Governments Revenue(10 000 yuan)	10217	8611	-15.7
地方财政支出(万元)	Local Governments Expenditures(10 000 yuan)	22941	27825	21.3
城乡居民储蓄存款余额(万元)	Resident Saving Deposit in Urban & Rural(10 000 yuan)	33315	40793	22.4
在岗职工工资总额(万元)	Total Wages of Staff & Workers Empioyed in(10 000 yuan)	18437	25664	39.2
在岗职工平均工资(元)	Average Wage of Staff & Workers Employed in(yuan)	11606	16743	44.3
农牧民人均纯收入(元)	Per Capita Net Income of Peasant & Herdsman(yuan)	4433	4963	12.0
农村牧区经济	**Economic Development in Rural & Pastoral Area**			
耕地面积(公顷)	Cultivated Area(hectare)	87914	86229	-1.9
农作物总播种面积(公顷)	Total Sown Area(hectare)	64373	63764	-0.9
#粮食作物播种面积(公顷)	Sown Area of Grain Crops(hectare)	33747	36120	7.0
有效灌溉面积(公顷)	Irrigated Area(hectare)			
农牧业机械总动力(万千瓦)	Total Power of Agricultural Machinery(10 000 kw)	12.70	13.40	5.5
化肥施用折纯量(吨)	Consumption of Chemical Fertilizer(ton)	7208	4836	-32.9
农村用电量(万千瓦小时)	Electricity Consumed in Rural Area(10 000 kwh)	947	1033	9.1
农林牧渔业总产值(万元)	Gross Output of Farming,Forestry,Animal Husbandry & Fishery(10 000 yuan)	77101	85001	10.2
粮食产量(吨)	Yield of Grain(ton)	107198	143690	34.0
油料产量(吨)	Yield of Oil-bearing Grops(ton)	38522	29735	-22.8
甜菜产量(吨)	Yield of Beetroots(ton)			
猪牛羊肉产量(吨)	Output of Pork, Beef & Mutton(ton)	13762	15735	14.3
#猪肉产量(吨)	Output of Pork(ton)	531	383	-27.9
牛肉产量(吨)	Output of Beef(ton)	7018	8177	16.5
羊肉产量(吨)	Output of Mutton(ton)	6213	7175	15.5
羊毛产量(吨)	Output of Wool(ton)	704	802	13.9

23-38 Chenbaerhu Banner in Hulunbeier City

指 标	Item	2005	2006	2006年比上年增长% Increase Rate in 2006 Over 2005(%)
年末牲畜存栏头数(万头只)	Total Livestock at the Year-end(10 000 heads)	69.74	70.98	1.8
#大牲畜(万头只)	Large Animals(10 000 heads)	12.55	13.28	5.8
羊(万只)	Sheep & Goats(10 000 heads)	56.96	57.56	1.1
猪(万头)	Hogs(10 000 heads)	0.21	0.14	-33.3
规模以上工业	**Industrial Enterprises above Designated size**			
工业企业单位数(个)	Number of Industrial Enterprises(unit)	7	10	42.9
#内资企业(个)	Civil Funded Enterprises(unit)	7	10	42.9
工业总产值(万元)	Gross Industrial Output Value(10 000 yuan)	58137	95695	64.6
内资企业(万元)	Civil Funded Enterprises(10 000 yuan)	58137	95695	64.6
国有企业(万元)	State-owned Enterprises(10 000 yuan)	52089	83682	60.7
集体企业(万元)	Collective-owned Enterprises(10 000 yuan)			
股份合作企业(万元)	Share Holding Enterprises(10 000 yuan)			
联营企业(万元)	Joint Owned Enterprises(10 000 yuan)		2001	
有限责任公司(万元)	Limited Company(10 000 yuan)	723	782	8.1
股份有限公司(万元)	Share Holding Limited Company(10 000 yuan)	1030	1889	83.4
私营企业(万元)	Privately Owned Enterprises(10 000 yuan)	4295	7342	70.9
其他企业(万元)	Enterprises of Other Ownership(10 000 yuan)			
港澳台商投资企业(万元)	Funds from HK,Macao & Taiwan(10 000 yuan)			
外商投资企业(万元)	Foreign Funded Enterprises(10 000 yuan)			
工业企业增加值(万元)	Value Added of Industrial Enterprises(10 000 yuan)	28068	48340	44.8
工业企业资产总计(万元)	Total Assets of Industrial Enterprises(10 000 yuan)	110093	120232	9.2
工业企业负债合计(万元)	Total Liabilities of Industrial Enterprises(10 000 yuan)	51864	60890	17.4
工业企业产品销售收入(万元)	Sales of Revenue Industrial Enterprises(10 000 yuan)	56745	95417	68.2
工业企业利润总额(万元)	Total Profits of Industrial Enterprises(10 000 yuan)	10297	10713	4.0
建筑业	**Construction**			
建筑企业单位数(个)	Number of Construction Enterprises(unit)	1	1	0.0
建筑企业从业人员(人)	Number of Employee in Construction Enterprises(person)	116	125	7.8
建筑业总产值(万元)	Gross Construction Output Value(10 000 yuan)	760	252	-66.8
交通运输邮电通信业	**Transportation,Post & Telecommunications**			
公路里程(公里)	Total Length of Highways(km)	307	193	-37.1
邮电业务总量(万元)	Business Volume of Post & Telecoms(10 000 yuan)	2173	1344	-38.2
本地电话用户(户)	Number of Subscribers of Local Telephone(Household)	34240	36918	7.8
国内贸易	**Demestic Trade**			
社会消费品零售总额(万元)	Total Retail Sales of Consumer Goods(10 000 yuan)	11681	12849	10.0
#贸易业(万元)	Wholesale & Retail Sales Trades(10 000 yuan)	7398	12114	63.7
餐饮业(万元)	Catering Trade(10 000 yuan)	114	117	2.6
科技教育卫生	**Science,Education & Public Health**			
各类专业技术人员(人)	Speccial Technical Personnel(person)	1531	1691	10.5
幼儿园数(所)	Number of Kindergartens(unit)	1	1	0.0
学龄儿童入学率(%)	Percentage of School-Age Children Enrolled(%)	100.0	100.0	0.0
小学学校数(所)	Number of Primary Schools(unit)	8	6	-25.0
小学专任教师数(人)	Number of Full-time Teachers of Primary Schools(person)	380	387	1.8
小学在校学生数(人)	Number of Student Enrollment of Primary Schools(person)	4072	3676	-9.7
普通中学学校数(所)	Number of Regular Secondary Schools(unit)	7	5	-28.6
普通中学专任教师数(人)	Number of Teachers of Secondary Shools(person)	295	272	-7.8
初中在校学生数(人)	Number of Student in Junior Secondary Schools(person)	3480	3213	-7.7
高中在校学生数(人)	Number of Student in Senior Secondary Schools(person)	209	217	3.8
卫生机构数(所)	Number of Health Institutions(unit)	14	14	0.0
#医院(所)	Hospitals(unit)	6	5	-16.7
卫生院(所)	Township Hospitals(unit)	6	6	0.0
床位数(张)	Number of Beds(unit)	203	193	-4.9
#医院(张)	Hospitals(unit)	146	113	-22.6
卫生院(张)	Township Hospitals(unit)	50	50	0.0
卫生技术人员(人)	Medical Technical Presonnel(person)	458	422	-7.9
#医院(人)	Hospitals(person)	254	306	20.5
卫生院(人)	Township Hospitals(person)	57	57	0.0

23-39 兴安盟乌兰浩特市

指 标	Item	2005	2006	2006年比上年增长% Increase Rate in 2006 Over 2005(%)
行政区域土地面积(平方公里)	**Area of Administration(Sq.km)**	**772**	**772**	**0.0**
人口和就业	**Population & Employment**			
年末总人口(人)	Total Population Year-end(person)	286833	288981	0.7
#男性(人)	Male(person)	142709	143718	0.7
#乡村人口(人)	Rural(person)	63546	63999	0.7
年末总户数(户)	Total Number of Households at the Year-end(Household)	94382	101707	7.8
#乡村户数(户)	Number of Rural Household(Household)	16523	16654	0.8
出生人口(人)	Births(person)	1911	1077	-43.6
死亡人口(人)	Deaths(person)	2000	580	-71.0
全社会就业人员(人)	Employment(person)	106251	107007	0.7
第一产业(人)	Primary Industry(person)	25815	26325	2.0
第二产业(人)	Secondary Industry(person)	23680	23552	-0.5
第三产业(人)	Tertiary Industry(person)	56756	57130	0.7
在岗职工人数(人)	Number of Staff & Workers Employed in(person)	38306	37655	-1.7
乡村劳动力(人)	Number of Rural Laborers(person)	31859	32438	1.8
#农林牧渔业(人)	Farming,Forestry,Animal Husbandry & Fishery(person)	24736	25172	1.8
国民经济综合指标	**Summary Item on the National Economy**			
生产总值(万元)	Gross Domestic Product(10 000 yuan)	402639	418121	3.6
第一产业(万元)	Primary Industry(10 000 yuan)	38731	39335	-1.2
第二产业(万元)	Secondary Industry(10 000 yuan)	170054	168744	-0.2
#工业(万元)	Industry(10 000 yuan)	147352	146222	0.6
第三产业(万元)	Tertiary Industry(10 000 yuan)	193854	210042	7.8
人均生产总值(元)	Per Capita GDP(yuan)	14059	14523	3.0
全社会固定资产投资(万元)	Total Investment in Fixed Assets(10 000 yuan)	273753	128598	-53.0
按登记注册类型分	Grouped by Registered Type			
#国有(万元)	State-owned Enterprises(10 000 yuan)	212370	84298	-60.3
集体(万元)	Collective-owned Enterprises(10 000 yuan)	610	400	-34.4
有限责任公司(万元)	Limited Liability Corporations(10 000 yuan)	19319	17064	-11.7
股份有限公司(万元)	Share Holding Enterprises(10 000 yuan)			
私营企业(万元)	Private Enterprises(10 000 yuan)	37337	26092	-30.1
外商及港澳台投资企业(万元)	Funds from HK,Macao,Taiwan & Foreign(10 000 yuan)	2230	744	-66.6
按城乡渠道分	Grouped by Urban and Rural Area			
城镇(万元)	Urban(10 000 yuan)	245907	108376	-55.9
农村(万元)	Rural(10 000 yuan)	879	3650	315.2
地方财政收入(万元)	Local Governments Revenue(10 000 yuan)	15859	13698	-13.6
地方财政支出(万元)	Local Governments Expenditures(10 000 yuan)	35643	45206	26.8
城乡居民储蓄存款余额(万元)	Resident Saving Deposit in Urban & Rural(10 000 yuan)	304118	334296	9.9
在岗职工工资总额(万元)	Total Wages of Staff & Workers Empioyed in(10 000 yuan)	54145	59262	9.5
在岗职工平均工资(元)	Average Wage of Staff & Workers Employed in(yuan)	13747	15379	11.9
农牧民人均纯收入(元)	Per Capita Net Income of Peasant & Herdsman(yuan)	3803	4000	5.2
农村牧区经济	**Economic Development in Rural & Pastoral Area**			
耕地面积(公顷)	Cultivated Area(hectare)	25863	25838	-0.1
农作物总播种面积(公顷)	Total Sown Area(hectare)	20433	21140	3.5
#粮食作物播种面积(公顷)	Sown Area of Grain Crops(hectare)	16530	17548	6.2
有效灌溉面积(公顷)	Irrigated Area(hectare)	9102	9102	0.0
农牧业机械总动力(万千瓦)	Total Power of Agricultural Machinery(10 000 kw)	9.10	10.55	15.9
化肥施用折纯量(吨)	Consumption of Chemical Fertilizer(ton)	4552	10815	137.6
农村用电量(万千瓦小时)	Electricity Consumed in Rural Area(10 000 kwh)	1447	1573	8.7
农林牧渔业总产值(万元)	Gross Output of Farming,Forestry,Animal Husbandry & Fishery(10 000 yuan)	65481	65943	0.9
粮食产量(吨)	Yield of Grain(ton)	72998	60423	-17.2
油料产量(吨)	Yield of Oil-bearing Grops(ton)	2145	848	-60.5
甜菜产量(吨)	Yield of Beetroots(ton)			
猪牛羊肉产量(吨)	Output of Pork, Beef & Mutton(ton)	8638	8986	4.0
#猪肉产量(吨)	Output of Pork(ton)	6847	6824	-0.3
牛肉产量(吨)	Output of Beef(ton)	555	1027	85.0
羊肉产量(吨)	Output of Mutton(ton)	1236	1135	-8.2
羊毛产量(吨)	Output of Wool(ton)	164	201	22.6

23-39 Wulanhaote City in Xingan League

指 标	Item	2005	2006	2006年比上年增长% Increase Rate in 2006 Over 2005(%)
年末牲畜存栏头数(万头只)	Total Livestock at the Year-end(10 000 heads)	17.17	17.20	0.2
#大牲畜(万头只)	Large Animals(10 000 heads)	6.18	6.51	5.3
羊(万只)	Sheep & Goats(10 000 heads)	6.61	6.35	-3.9
猪(万头)	Hogs(10 000 heads)	4.38	4.34	-0.9
规模以上工业	**Industrial Enterprises above Designated size**			
工业企业单位数(个)	Number of Industrial Enterprises(unit)	31	37	19.4
#内资企业(个)	Civil Funded Enterprises(unit)	29	33	13.8
工业总产值(万元)	Gross Industrial Output Value(10 000 yuan)	373745	374733	0.3
内资企业(万元)	Civil Funded Enterprises(10 000 yuan)	364244	298998	-17.9
国有企业(万元)	State-owned Enterprises(10 000 yuan)	91100	92215	1.2
集体企业(万元)	Collective-owned Enterprises(10 000 yuan)	1378	579	-58.0
股份合作企业(万元)	Share Holding Enterprises(10 000 yuan)		891	
联营企业(万元)	Joint Owned Enterprises(10 000 yuan)			
有限责任公司(万元)	Limited Company(10 000 yuan)	253245	182474	-27.9
股份有限公司(万元)	Share Holding Limited Company(10 000 yuan)	6746	13668	102.6
私营企业(万元)	Privately Owned Enterprises(10 000 yuan)	11775	9172	-22.1
其他企业(万元)	Enterprises of Other Ownership(10 000 yuan)			
港澳台商投资企业(万元)	Funds from HK,Macao & Taiwan(10 000 yuan)	2491	1820	-26.9
外商投资企业(万元)	Foreign Funded Enterprises(10 000 yuan)	7010	73915	954.4
工业企业增加值(万元)	Value Added of Industrial Enterprises(10 000 yuan)	134088	141364	0.3
工业企业资产总计(万元)	Total Assets of Industrial Enterprises(10 000 yuan)	343758	406912	18.4
工业企业负债合计(万元)	Total Liabilities of Industrial Enterprises(10 000 yuan)	254718	303009	19.0
工业企业产品销售收入(万元)	Sales of Revenue Industrial Enterprises(10 000 yuan)	293449	330423	12.6
工业企业利润总额(万元)	Total Profits of Industrial Enterprises(10 000 yuan)	12328	10551	-14.4
建筑业	**Construction**			
建筑企业单位数(个)	Number of Construction Enterprises(unit)	15	15	0.0
建筑企业从业人员(人)	Number of Employee in Construction Enterprises(person)	2958	1937	-34.5
建筑业总产值(万元)	Gross Construction Output Value(10 000 yuan)	25792	36168	40.2
交通运输邮电通信业	**Transportation,Post & Telecommunications**			
公路里程(公里)	Total Length of Highways(km)	204	434	112.7
邮电业务总量(万元)	Business Volume of Post & Telecoms(10 000 yuan)	16323	18232	11.7
本地电话用户(户)	Number of Subscribers of Local Telephone(Household)	135099	131252	-2.8
国内贸易	**Demestic Trade**			
社会消费品零售总额(万元)	Total Retail Sales of Consumer Goods(10 000 yuan)	252320	301829	19.6
#贸易业(万元)	Wholesale & Retail Sales Trades(10 000 yuan)	203307	244843	20.4
餐饮业(万元)	Catering Trade(10 000 yuan)	38279	45443	18.7
科技教育卫生	**Science,Education & Public Health**			
各类专业技术人员(人)	Speccial Technical Personnel(person)	8912	8809	-1.2
幼儿园数(所)	Number of Kindergartens(unit)	89	79	-11.2
学龄儿童入学率(%)	Percentage of School-Age Children Enrolled(%)	100.0	100.0	0.0
小学学校数(所)	Number of Primary Schools(unit)	45	36	-20.0
小学专任教师数(人)	Number of Full-time Teachers of Primary Schools(person)	1315	1344	2.2
小学在校学生数(人)	Number of Student Enrollment of Primary Schools(person)	19815	19341	-2.4
普通中学学校数(所)	Number of Regular Secondary Schools(unit)	20	21	5.0
普通中学专任教师数(人)	Number of Teachers of Secondary Shools(person)	1478	1553	5.1
初中在校学生数(人)	Number of Student in Junior Secondary Schools(person)	14372	14269	-0.7
高中在校学生数(人)	Number of Student in Senior Secondary Schools(person)	11432	12502	9.4
卫生机构数(所)	Number of Health Institutions(unit)	150	169	12.7
#医院(所)	Hospitals(unit)	11	14	27.3
卫生院(所)	Township Hospitals(unit)	3	3	0.0
床位数(张)	Number of Beds(unit)	1276	1288	0.9
#医院(张)	Hospitals(unit)	1207	1210	0.2
卫生院(张)	Township Hospitals(unit)	35	32	-8.6
卫生技术人员(人)	Medical Technical Presonnel(person)	1722	1812	5.2
#医院(人)	Hospitals(person)	1056	1052	-0.4
卫生院(人)	Township Hospitals(person)	39	36	-7.7

23-40 兴安盟阿尔山市

指 标	Item	2005	2006	2006年比上年增长% Increase Rate in 2006 Over 2005(%)
行政区域土地面积(平方公里)	**Area of Administration(Sq.km)**	**7409**	**7409**	**0.0**
人口和就业	**Population & Employment**			
年末总人口(人)	Total Population Year-end(person)	47198	46665	-1.1
#男性(人)	Male(person)	24728	23836	-3.6
#乡村人口(人)	Rural(person)	960	1070	11.5
年末总户数(户)	Total Number of Households at the Year-end(Household)	17977	18421	2.5
#乡村户数(户)	Number of Rural Household(Household)	358	267	-25.4
出生人口(人)	Births(person)	250	25	-90.0
死亡人口(人)	Deaths(person)	207	20	-90.3
全社会就业人员(人)	Employment(person)	13713	13362	-2.6
第一产业(人)	Primary Industry(person)	8412	8387	-0.3
第二产业(人)	Secondary Industry(person)	349	370	6.0
第三产业(人)	Tertiary Industry(person)	4952	4605	-7.0
在岗职工人数(人)	Number of Staff & Workers Employed in(person)	5355	5480	2.3
乡村劳动力(人)	Number of Rural Laborers(person)	462	1011	118.8
#农林牧渔业(人)	Farming,Forestry,Animal Husbandry & Fishery(person)	440	938	113.2
国民经济综合指标	**Summary Item on the National Economy**			
生产总值(万元)	Gross Domestic Product(10 000 yuan)	45782	47086	1.6
第一产业(万元)	Primary Industry(10 000 yuan)	14257	13290	-9.3
第二产业(万元)	Secondary Industry(10 000 yuan)	6114	6663	3.9
#工业(万元)	Industry(10 000 yuan)	1460	1598	4.1
第三产业(万元)	Tertiary Industry(10 000 yuan)	25411	27133	7.2
人均生产总值(元)	Per Capita GDP(yuan)	9403	10033	5.4
全社会固定资产投资(万元)	Total Investment in Fixed Assets(10 000 yuan)	55142	58982	7.0
按登记注册类型分	Grouped by Registered Type			
#国有(万元)	State-owned Enterprises(10 000 yuan)	27124	29738	9.6
集体(万元)	Collective-owned Enterprises(10 000 yuan)			
有限责任公司(万元)	Limited Liability Corporations(10 000 yuan)	4600	2414	-47.5
股份有限公司(万元)	Share Holding Enterprises(10 000 yuan)	9250	10730	16.0
私营企业(万元)	Private Enterprises(10 000 yuan)	6570	13800	110.0
外商及港澳台投资企业(万元)	Funds from HK,Macao,Taiwan & Foreign(10 000 yuan)			
按城乡渠道分	Grouped by Urban and Rural Area			
城镇（万元）	Urban(10 000 yuan)	53026	58487	10.3
农村（万元）	Rural(10 000 yuan)			
地方财政收入(万元)	Local Governments Revenue(10 000 yuan)	3226	2136	-33.8
地方财政支出(万元)	Local Governments Expenditures(10 000 yuan)	7896	11669	47.8
城乡居民储蓄存款余额(万元)	Resident Saving Deposit in Urban & Rural(10 000 yuan)	34450	38181	10.8
在岗职工工资总额(万元)	Total Wages of Staff & Workers Empioyed in(10 000 yuan)	5460	5717	4.7
在岗职工平均工资(元)	Average Wage of Staff & Workers Employed in(yuan)	9719	10277	5.7
农牧民人均纯收入(元)	Per Capita Net Income of Peasant & Herdsman(yuan)			
农村牧区经济	**Economic Development in Rural & Pastoral Area**			
耕地面积(公顷)	Cultivated Area(hectare)	16084	16084	0.0
农作物总播种面积(公顷)	Total Sown Area(hectare)	12237	12199	-0.3
#粮食作物播种面积(公顷)	Sown Area of Grain Crops(hectare)	8254	8933	8.2
有效灌溉面积(公顷)	Irrigated Area(hectare)			
农牧业机械总动力(万千瓦)	Total Power of Agricultural Machinery(10 000 kw)	5.00	5.13	2.6
化肥施用折纯量(吨)	Consumption of Chemical Fertilizer(ton)	1995	2150	7.8
农村用电量(万千瓦小时)	Electricity Consumed in Rural Area(10 000 kwh)	8	10	25.0
农林牧渔业总产值(万元)	Gross Output of Farming,Forestry,Animal Husbandry & Fishery(10 000 yuan)	25344	23427	-10.2
粮食产量(吨)	Yield of Grain(ton)	31207	34087	9.2
油料产量(吨)	Yield of Oil-bearing Grops(ton)	1666	1599	-4.0
甜菜产量(吨)	Yield of Beetroots(ton)			
猪牛羊肉产量(吨)	Output of Pork, Beef & Mutton(ton)	2377	2248	-5.4
#猪肉产量(吨)	Output of Pork(ton)	211	389	84.4
牛肉产量(吨)	Output of Beef(ton)	1103	584	-47.1
羊肉产量(吨)	Output of Mutton(ton)	1063	1275	19.9
羊毛产量(吨)	Output of Wool(ton)	387	427	10.3

23-40 Aershan City in Xingan League

指 标	Item	2005	2006	2006年比上年增长% Increase Rate in 2006 Over 2005(%)
年末牲畜存栏头数(万头只)	Total Livestock at the Year-end(10 000 heads)	13.39	13.30	-0.7
#大牲畜(万头只)	Large Animals(10 000 heads)	0.93	1.05	12.9
羊(万只)	Sheep & Goats(10 000 heads)	12.05	11.74	-2.6
猪(万头)	Hogs(10 000 heads)	0.41	0.51	24.4
规模以上工业	**Industrial Enterprises above Designated size**			
工业企业单位数(个)	Number of Industrial Enterprises(unit)			
#内资企业(个)	Civil Funded Enterprises(unit)			
工业总产值(万元)	Gross Industrial Output Value(10 000 yuan)			
内资企业(万元)	Civil Funded Enterprises(10 000 yuan)			
国有企业(万元)	State-owned Enterprises(10 000 yuan)			
集体企业(万元)	Collective-owned Enterprises(10 000 yuan)			
股份合作企业(万元)	Share Holding Enterprises(10 000 yuan)			
联营企业(万元)	Joint Owned Enterprises(10 000 yuan)			
有限责任公司(万元)	Limited Company(10 000 yuan)			
股份有限公司(万元)	Share Holding Limited Company(10 000 yuan)			
私营企业(万元)	Privately Owned Enterprises(10 000 yuan)			
其他企业(万元)	Enterprises of Other Ownership(10 000 yuan)			
港澳台商投资企业(万元)	Funds from HK,Macao & Taiwan(10 000 yuan)			
外商投资企业(万元)	Foreign Funded Enterprises(10 000 yuan)			
工业企业增加值(万元)	Value Added of Industrial Enterprises(10 000 yuan)			
工业企业资产总计(万元)	Total Assets of Industrial Enterprises(10 000 yuan)			
工业企业负债合计(万元)	Total Liabilities of Industrial Enterprises(10 000 yuan)			
工业企业产品销售收入(万元)	Sales of Revenue Industrial Enterprises(10 000 yuan)			
工业企业利润总额(万元)	Total Profits of Industrial Enterprises(10 000 yuan)			
建筑业	**Construction**			
建筑企业单位数(个)	Number of Construction Enterprises(unit)			
建筑企业从业人员(人)	Number of Employee in Construction Enterprises(person)			
建筑业总产值(万元)	Gross Construction Output Value(10 000 yuan)			
交通运输邮电通信业	**Transportation,Post & Telecommunications**			
公路里程(公里)	Total Length of Highways(km)	565	582	3.0
邮电业务总量(万元)	Business Volume of Post & Telecoms(10 000 yuan)	2079	2468	18.7
本地电话用户(户)	Number of Subscribers of Local Telephone(Household)	17226	17775	3.2
国内贸易	**Demestic Trade**			
社会消费品零售总额(万元)	Total Retail Sales of Consumer Goods(10 000 yuan)	27716	32378	16.8
#贸易业(万元)	Wholesale & Retail Sales Trades(10 000 yuan)	17077	20622	20.8
餐饮业(万元)	Catering Trade(10 000 yuan)	5365	6577	22.6
科技教育卫生	**Science,Education & Public Health**			
各类专业技术人员(人)	Speccial Technical Personnel(person)	236	224	-5.1
幼儿园数(所)	Number of Kindergartens(unit)	2	3	50.0
学龄儿童入学率(%)	Percentage of School-Age Children Enrolled(%)	100.0	100.0	0.0
小学学校数(所)	Number of Primary Schools(unit)	7	5	-28.6
小学专任教师数(人)	Number of Full-time Teachers of Primary Schools(person)	244	242	-0.8
小学在校学生数(人)	Number of Student Enrollment of Primary Schools(person)	2739	2418	-11.7
普通中学学校数(所)	Number of Regular Secondary Schools(unit)	4	4	0.0
普通中学专任教师数(人)	Number of Teachers of Secondary Shools(person)	166	174	4.8
初中在校学生数(人)	Number of Student in Junior Secondary Schools(person)	1587	1451	-8.6
高中在校学生数(人)	Number of Student in Senior Secondary Schools(person)	447	453	1.3
卫生机构数(所)	Number of Health Institutions(unit)	25	25	0.0
#医院(所)	Hospitals(unit)	4	4	0.0
卫生院(所)	Township Hospitals(unit)	1	1	0.0
床位数(张)	Number of Beds(unit)	667	665	-0.3
#医院(张)	Hospitals(unit)	140	140	0.0
卫生院(张)	Township Hospitals(unit)	12	12	0.0
卫生技术人员(人)	Medical Technical Presonnel(person)	283	247	-12.7
#医院(人)	Hospitals(person)	162	159	-1.9
卫生院(人)	Township Hospitals(person)	12	7	-41.7

23-41 兴安盟科尔沁右翼前旗

指 标	Item	2005	2006	2006年比上年增长% Increase Rate in 2006 Over 2005(%)
行政区域土地面积(平方公里)	**Area of Administration(Sq.km)**	**19375**	**19375**	**0.0**
人口和就业	**Population & Employment**			
年末总人口(人)	Total Population Year-end(person)	356591	356574	0.0
#男性(人)	Male(person)	184041	184460	0.2
#乡村人口(人)	Rural(person)	297994	298354	0.1
年末总户数(户)	Total Number of Households at the Year-end(Household)	100589	104277	3.7
#乡村户数(户)	Number of Rural Household(Household)	87779	86880	-1.0
出生人口(人)	Births(person)	3152	1944	-38.3
死亡人口(人)	Deaths(person)	2233	548	-75.5
全社会就业人员(人)	Employment(person)	131777	129260	-1.9
第一产业(人)	Primary Industry(person)	105390	104054	-1.3
第二产业(人)	Secondary Industry(person)	5485	5152	-6.1
第三产业(人)	Tertiary Industry(person)	20902	20054	-4.1
在岗职工人数(人)	Number of Staff & Workers Employed in(person)	19962	18599	-6.8
乡村劳动力(人)	Number of Rural Laborers(person)	106038	104485	-1.5
#农林牧渔业(人)	Farming,Forestry,Animal Husbandry & Fishery(person)	98791	97452	-1.4
国民经济综合指标	**Summary Item on the National Economy**			
生产总值(万元)	Gross Domestic Product(10 000 yuan)	218849	234599	6.4
第一产业(万元)	Primary Industry(10 000 yuan)	108239	113645	2.1
第二产业(万元)	Secondary Industry(10 000 yuan)	49677	57253	17.3
#工业(万元)	Industry(10 000 yuan)	41324	49163	22.3
第三产业(万元)	Tertiary Industry(10 000 yuan)	60933	63701	5.1
人均生产总值(元)	Per Capita GDP(yuan)	6115	6579	6.8
全社会固定资产投资(万元)	Total Investment in Fixed Assets(10 000 yuan)	76171	88817	16.6
按登记注册类型分	Grouped by Registered Type			
#国有(万元)	State-owned Enterprises(10 000 yuan)	36733	50957	38.7
集体(万元)	Collective-owned Enterprises(10 000 yuan)			
有限责任公司(万元)	Limited Liability Corporations(10 000 yuan)	8385	9460	12.8
股份有限公司(万元)	Share Holding Enterprises(10 000 yuan)			
私营企业(万元)	Private Enterprises(10 000 yuan)	28030	28400	1.3
外商及港澳台投资企业(万元)	Funds from HK,Macao,Taiwan & Foreign(10 000 yuan)			
按城乡渠道分	Grouped by Urban and Rural Area			
城镇(万元)	Urban(10 000 yuan)	72148	82407	14.2
农村(万元)	Rural(10 000 yuan)	1000	3450	245.0
地方财政收入(万元)	Local Governments Revenue(10 000 yuan)	9382	5488	-41.5
地方财政支出(万元)	Local Governments Expenditures(10 000 yuan)	43634	53860	23.4
城乡居民储蓄存款余额(万元)	Resident Saving Deposit in Urban & Rural(10 000 yuan)	29860	31133	4.3
在岗职工工资总额(万元)	Total Wages of Staff & Workers Empioyed in(10 000 yuan)	19677	20493	4.1
在岗职工平均工资(元)	Average Wage of Staff & Workers Employed in(yuan)	9458	10404	10.0
农牧民人均纯收入(元)	Per Capita Net Income of Peasant & Herdsman(yuan)	2087	2119	1.5
农村牧区经济	**Economic Development in Rural & Pastoral Area**			
耕地面积(公顷)	Cultivated Area(hectare)	152667	162332	6.3
农作物总播种面积(公顷)	Total Sown Area(hectare)	176800	181826	2.8
#粮食作物播种面积(公顷)	Sown Area of Grain Crops(hectare)	130529	149189	14.3
有效灌溉面积(公顷)	Irrigated Area(hectare)	54449	54449	0.0
农牧业机械总动力(万千瓦)	Total Power of Agricultural Machinery(10 000 kw)	41.50	41.85	0.8
化肥施用折纯量(吨)	Consumption of Chemical Fertilizer(ton)	31881	32870	3.1
农村用电量(万千瓦小时)	Electricity Consumed in Rural Area(10 000 kwh)	3838	3869	0.8
农林牧渔业总产值(万元)	Gross Output of Farming,Forestry,Animal Husbandry & Fishery(10 000 yuan)	193567	201528	3.1
粮食产量(吨)	Yield of Grain(ton)	585644	503249	-14.1
油料产量(吨)	Yield of Oil-bearing Grops(ton)	31740	17836	-43.8
甜菜产量(吨)	Yield of Beetroots(ton)	9720	10385	6.8
猪牛羊肉产量(吨)	Output of Pork, Beef & Mutton(ton)	45086	44626	-1.0
#猪肉产量(吨)	Output of Pork(ton)	21243	12915	-39.2
牛肉产量(吨)	Output of Beef(ton)	5967	6219	4.2
羊肉产量(吨)	Output of Mutton(ton)	17876	25492	42.6
羊毛产量(吨)	Output of Wool(ton)	6603	6065	-8.1

23-41 Keerqinyouyiqian Banner in Xingan League

指 标	Item	2005	2006	2006年比上年增长% Increase Rate in 2006 Over 2005(%)
年末牲畜存栏头数(万头只)	Total Livestock at the Year-end(10 000 heads)	219.20	233.45	6.5
#大牲畜(万头只)	Large Animals(10 000 heads)	10.86	11.67	7.5
羊(万只)	Sheep & Goats(10 000 heads)	195.13	207.90	6.5
猪(万头)	Hogs(10 000 heads)	13.21	13.88	5.1
规模以上工业	**Industrial Enterprises above Designated size**			
工业企业单位数(个)	Number of Industrial Enterprises(unit)	12	18	50.0
#内资企业(个)	Civil Funded Enterprises(unit)	11	17	54.5
工业总产值(万元)	Gross Industrial Output Value(10 000 yuan)	88408	116384	31.6
内资企业(万元)	Civil Funded Enterprises(10 000 yuan)	87001	113725	30.7
国有企业(万元)	State-owned Enterprises(10 000 yuan)	2032	2288	12.6
集体企业(万元)	Collective-owned Enterprises(10 000 yuan)		3495	
股份合作企业(万元)	Share Holding Enterprises(10 000 yuan)			
联营企业(万元)	Joint Owned Enterprises(10 000 yuan)			
有限责任公司(万元)	Limited Company(10 000 yuan)	42208	67833	60.7
股份有限公司(万元)	Share Holding Limited Company(10 000 yuan)			
私营企业(万元)	Privately Owned Enterprises(10 000 yuan)	42761	40108	-6.2
其他企业(万元)	Enterprises of Other Ownership(10 000 yuan)			
港澳台商投资企业(万元)	Funds from HK,Macao & Taiwan(10 000 yuan)			
外商投资企业(万元)	Foreign Funded Enterprises(10 000 yuan)	1407	2659	89.0
工业企业增加值(万元)	Value Added of Industrial Enterprises(10 000 yuan)	32350	43863	25.3
工业企业资产总计(万元)	Total Assets of Industrial Enterprises(10 000 yuan)	54105	75683	39.9
工业企业负债合计(万元)	Total Liabilities of Industrial Enterprises(10 000 yuan)	35205	54998	56.2
工业企业产品销售收入(万元)	Sales of Revenue Industrial Enterprises(10 000 yuan)	84932	115162	35.6
工业企业利润总额(万元)	Total Profits of Industrial Enterprises(10 000 yuan)	2345	973	-58.5
建筑业	**Construction**			
建筑企业单位数(个)	Number of Construction Enterprises(unit)	2	2	0.0
建筑企业从业人员(人)	Number of Employee in Construction Enterprises(person)	195	212	8.7
建筑业总产值(万元)	Gross Construction Output Value(10 000 yuan)	3138	2918	-7.0
交通运输邮电通信业	**Transportation,Post & Telecommunications**			
公路里程(公里)	Total Length of Highways(km)	1416	2103	48.5
邮电业务总量(万元)	Business Volume of Post & Telecoms(10 000 yuan)	2629	2863	8.9
本地电话用户(户)	Number of Subscribers of Local Telephone(Household)	21761	20607	-5.3
国内贸易	**Demestic Trade**			
社会消费品零售总额(万元)	Total Retail Sales of Consumer Goods(10 000 yuan)	63022	72573	15.2
#贸易业(万元)	Wholesale & Retail Sales Trades(10 000 yuan)	56742	65768	15.9
餐饮业(万元)	Catering Trade(10 000 yuan)	3728	4082	9.5
科技教育卫生	**Science,Education & Public Health**			
各类专业技术人员(人)	Speccial Technical Personnel(person)	7633	6884	-9.8
幼儿园数(所)	Number of Kindergartens(unit)	13	11	-15.4
学龄儿童入学率(%)	Percentage of School-Age Children Enrolled(%)	100.0	100.0	0.0
小学学校数(所)	Number of Primary Schools(unit)	220	182	-17.3
小学专任教师数(人)	Number of Full-time Teachers of Primary Schools(person)	2042	1984	-2.8
小学在校学生数(人)	Number of Student Enrollment of Primary Schools(person)	23155	23188	0.1
普通中学学校数(所)	Number of Regular Secondary Schools(unit)	30	29	-3.3
普通中学专任教师数(人)	Number of Teachers of Secondary Shools(person)	1503	1508	0.3
初中在校学生数(人)	Number of Student in Junior Secondary Schools(person)	14877	14888	0.1
高中在校学生数(人)	Number of Student in Senior Secondary Schools(person)	3248	3236	-0.4
卫生机构数(所)	Number of Health Institutions(unit)	32	32	0.0
#医院(所)	Hospitals(unit)	1	1	0.0
卫生院(所)	Township Hospitals(unit)	28	28	0.0
床位数(张)	Number of Beds(unit)	598	612	2.3
#医院(张)	Hospitals(unit)	207	207	0.0
卫生院(张)	Township Hospitals(unit)	371	389	4.9
卫生技术人员(人)	Medical Technical Presonnel(person)	1268	1310	3.3
#医院(人)	Hospitals(person)	310	301	-2.9
卫生院(人)	Township Hospitals(person)	782	764	-2.3

23-42 兴安盟科尔沁右翼中旗

指 标	Item	2005	2006	2006年比上年增长% Increase Rate in 2006 Over 2005(%)
行政区域土地面积(平方公里)	**Area of Administration(Sq.km)**	**15613**	**15613**	**0.0**
人口和就业	**Population & Employment**			
年末总人口(人)	Total Population Year-end(person)	247167	254354	2.9
#男性(人)	Male(person)	125529	128636	2.5
#乡村人口(人)	Rural(person)	170155	168318	-1.1
年末总户数(户)	Total Number of Households at the Year-end(Household)	60618	63060	4.0
#乡村户数(户)	Number of Rural Household(Household)	39687	40102	1.0
出生人口(人)	Births(person)	2497	3432	37.4
死亡人口(人)	Deaths(person)	1596	1288	-19.3
全社会就业人员(人)	Employment(person)	98547	95908	-2.7
第一产业(人)	Primary Industry(person)	73773	72365	-1.9
第二产业(人)	Secondary Industry(person)	6240	6281	0.7
第三产业(人)	Tertiary Industry(person)	18534	17262	-6.9
在岗职工人数(人)	Number of Staff & Workers Employed in(person)	16314	15656	-4.0
乡村劳动力(人)	Number of Rural Laborers(person)	77174	76381	-1.0
#农林牧渔业(人)	Farming,Forestry,Animal Husbandry & Fishery(person)	69534	68263	-1.8
国民经济综合指标	**Summary Item on the National Economy**			
生产总值(万元)	Gross Domestic Product(10 000 yuan)	135908	146559	5.7
第一产业(万元)	Primary Industry(10 000 yuan)	62954	66342	2.5
第二产业(万元)	Secondary Industry(10 000 yuan)	26048	29633	10.6
#工业(万元)	Industry(10 000 yuan)	18915	22092	14.2
第三产业(万元)	Tertiary Industry(10 000 yuan)	46906	50584	7.4
人均生产总值(元)	Per Capita GDP(yuan)	5502	5845	4.2
全社会固定资产投资(万元)	Total Investment in Fixed Assets(10 000 yuan)	65035	92140	41.7
按登记注册类型分	Grouped by Registered Type			
#国有(万元)	State-owned Enterprises(10 000 yuan)	28567	45792	60.3
集体(万元)	Collective-owned Enterprises(10 000 yuan)	234	110	-53.0
有限责任公司(万元)	Limited Liability Corporations(10 000 yuan)	750	6920	822.7
股份有限公司(万元)	Share Holding Enterprises(10 000 yuan)	7567	9800	29.5
私营企业(万元)	Private Enterprises(10 000 yuan)	17169	26400	53.8
外商及港澳台投资企业(万元)	Funds from HK,Macao,Taiwan & Foreign(10 000 yuan)	960	240	-75.0
按城乡渠道分	Grouped by Urban and Rural Area			
城镇(万元)	Urban(10 000 yuan)	51925	86880	67.3
农村(万元)	Rural(10 000 yuan)	5312	2700	-49.2
地方财政收入(万元)	Local Governments Revenue(10 000 yuan)	6722	5008	-25.5
地方财政支出(万元)	Local Governments Expenditures(10 000 yuan)	38008	43128	13.5
城乡居民储蓄存款余额(万元)	Resident Saving Deposit in Urban & Rural(10 000 yuan)	35512	40005	12.7
在岗职工工资总额(万元)	Total Wages of Staff & Workers Empioyed in(10 000 yuan)	15958	16990	6.5
在岗职工平均工资(元)	Average Wage of Staff & Workers Employed in(yuan)	9746	10896	11.8
农牧民人均纯收入(元)	Per Capita Net Income of Peasant & Herdsman(yuan)	1890	1981	4.8
农村牧区经济	**Economic Development in Rural & Pastoral Area**			
耕地面积(公顷)	Cultivated Area(hectare)	99419	99419	0.0
农作物总播种面积(公顷)	Total Sown Area(hectare)	108478	109374	0.8
#粮食作物播种面积(公顷)	Sown Area of Grain Crops(hectare)	89894	91025	1.3
有效灌溉面积(公顷)	Irrigated Area(hectare)	46348	46348	0.0
农牧业机械总动力(万千瓦)	Total Power of Agricultural Machinery(10 000 kw)	24.60	30.60	24.4
化肥施用折纯量(吨)	Consumption of Chemical Fertilizer(ton)	11850	10040	-15.3
农村用电量(万千瓦小时)	Electricity Consumed in Rural Area(10 000 kwh)	1568	1608	2.6
农林牧渔业总产值(万元)	Gross Output of Farming,Forestry,Animal Husbandry & Fishery(10 000 yuan)	117587	122874	7.9
粮食产量(吨)	Yield of Grain(ton)	227621	252763	11.0
油料产量(吨)	Yield of Oil-bearing Grops(ton)	17319	8086	-53.3
甜菜产量(吨)	Yield of Beetroots(ton)		18	
猪牛羊肉产量(吨)	Output of Pork, Beef & Mutton(ton)	23466	29038	23.7
#猪肉产量(吨)	Output of Pork(ton)	9270	8129	-12.3
牛肉产量(吨)	Output of Beef(ton)	7334	11773	60.5
羊肉产量(吨)	Output of Mutton(ton)	6862	9136	33.1
羊毛产量(吨)	Output of Wool(ton)	2651	3253	22.7

23-42 Keerqinyouyizhong Banner in Xingan League

指 标	Item	2005	2006	2006年比上年增长% Increase Rate in 2006 Over 2005(%)
年末牲畜存栏头数(万头只)	Total Livestock at the Year-end(10 000 heads)	160.52	172.77	7.6
#大牲畜(万头只)	Large Animals(10 000 heads)	15.97	19.62	22.9
羊(万只)	Sheep & Goats(10 000 heads)	128.90	138.03	7.1
猪(万头)	Hogs(10 000 heads)	15.65	15.11	-3.5
规模以上工业	**Industrial Enterprises above Designated size**			
工业企业单位数(个)	Number of Industrial Enterprises(unit)	12	11	-8.3
#内资企业(个)	Civil Funded Enterprises(unit)	11	10	-9.1
工业总产值(万元)	Gross Industrial Output Value(10 000 yuan)	31868	34884	9.5
内资企业(万元)	Civil Funded Enterprises(10 000 yuan)	30119	30936	2.7
国有企业(万元)	State-owned Enterprises(10 000 yuan)	2539	3021	19.0
集体企业(万元)	Collective-owned Enterprises(10 000 yuan)	12095	6910	-42.9
股份合作企业(万元)	Share Holding Enterprises(10 000 yuan)			
联营企业(万元)	Joint Owned Enterprises(10 000 yuan)			
有限责任公司(万元)	Limited Company(10 000 yuan)	5070	4608	-9.1
股份有限公司(万元)	Share Holding Limited Company(10 000 yuan)			
私营企业(万元)	Privately Owned Enterprises(10 000 yuan)	10415	16397	57.4
其他企业(万元)	Enterprises of Other Ownership(10 000 yuan)			
港澳台商投资企业(万元)	Funds from HK,Macao & Taiwan(10 000 yuan)			
外商投资企业(万元)	Foreign Funded Enterprises(10 000 yuan)	1749	3948	125.7
工业企业增加值(万元)	Value Added of Industrial Enterprises(10 000 yuan)	12807	14084	20.5
工业企业资产总计(万元)	Total Assets of Industrial Enterprises(10 000 yuan)	15273	25380	66.2
工业企业负债合计(万元)	Total Liabilities of Industrial Enterprises(10 000 yuan)	6011	15869	164.0
工业企业产品销售收入(万元)	Sales of Revenue Industrial Enterprises(10 000 yuan)	31863	34888	9.5
工业企业利润总额(万元)	Total Profits of Industrial Enterprises(10 000 yuan)	618	479	-22.5
建筑业	**Construction**			
建筑企业单位数(个)	Number of Construction Enterprises(unit)			
建筑企业从业人员(人)	Number of Employee in Construction Enterprises(person)			
建筑业总产值(万元)	Gross Construction Output Value(10 000 yuan)			
交通运输邮电通信业	**Transportation,Post & Telecommunications**			
公路里程(公里)	Total Length of Highways(km)	776	1215	56.6
邮电业务总量(万元)	Business Volume of Post & Telecoms(10 000 yuan)	3542	4269	20.5
本地电话用户(户)	Number of Subscribers of Local Telephone(Household)	29309	30722	4.8
国内贸易	**Demestic Trade**			
社会消费品零售总额(万元)	Total Retail Sales of Consumer Goods(10 000 yuan)	56044	67473	20.4
#贸易业(万元)	Wholesale & Retail Sales Trades(10 000 yuan)	45936	55512	20.8
餐饮业(万元)	Catering Trade(10 000 yuan)	4096	4964	21.2
科技教育卫生	**Science,Education & Public Health**			
各类专业技术人员(人)	Speccial Technical Personnel(person)	5610	5610	0.0
幼儿园数(所)	Number of Kindergartens(unit)	2	2	0.0
学龄儿童入学率(%)	Percentage of School-Age Children Enrolled(%)	100.0	99.7	-0.3
小学学校数(所)	Number of Primary Schools(unit)	30	27	-10.0
小学专任教师数(人)	Number of Full-time Teachers of Primary Schools(person)	1736	1881	8.4
小学在校学生数(人)	Number of Student Enrollment of Primary Schools(person)	19194	17566	-8.5
普通中学学校数(所)	Number of Regular Secondary Schools(unit)	25	24	-4.0
普通中学专任教师数(人)	Number of Teachers of Secondary Shools(person)	1057	1086	2.7
初中在校学生数(人)	Number of Student in Junior Secondary Schools(person)	10390	10709	3.1
高中在校学生数(人)	Number of Student in Senior Secondary Schools(person)	3638	3892	7.0
卫生机构数(所)	Number of Health Institutions(unit)	46	47	2.2
#医院(所)	Hospitals(unit)	5	5	0.0
卫生院(所)	Township Hospitals(unit)	19	19	0.0
床位数(张)	Number of Beds(unit)	572	608	6.3
#医院(张)	Hospitals(unit)	335	360	7.5
卫生院(张)	Township Hospitals(unit)	223	234	4.9
卫生技术人员(人)	Medical Technical Presonnel(person)	1034	966	-6.6
#医院(人)	Hospitals(person)	494	509	3.0
卫生院(人)	Township Hospitals(person)	366	342	-6.6

23-43 兴安盟扎赉特旗

指 标	Item	2005	2006	2006年比上年增长% Increase Rate in 2006 Over 2005(%)
行政区域土地面积(平方公里)	**Area of Administration(Sq.km)**	**11837**	**11837**	**0.0**
人口和就业	**Population & Employment**			
年末总人口(人)	Total Population Year-end(person)	391831	393003	0.3
#男性(人)	Male(person)	204313	204805	0.2
#乡村人口(人)	Rural(person)	305745	295806	-3.3
年末总户数(户)	Total Number of Households at the Year-end(Household)	115506	118024	2.2
#乡村户数(户)	Number of Rural Household(Household)	74048	70169	-5.2
出生人口(人)	Births(person)	4820	4308	-10.6
死亡人口(人)	Deaths(person)	2963	1984	-33.0
全社会就业人员(人)	Employment(person)	184593	174995	-5.2
第一产业(人)	Primary Industry(person)	152253	138793	-8.8
第二产业(人)	Secondary Industry(person)	8272	12134	46.7
第三产业(人)	Tertiary Industry(person)	24068	24068	0.0
在岗职工人数(人)	Number of Staff & Workers Employed in(person)	20664	20365	-1.4
乡村劳动力(人)	Number of Rural Laborers(person)	160401	150504	-6.2
#农林牧渔业(人)	Farming,Forestry,Animal Husbandry & Fishery(person)	146451	132990	-9.2
国民经济综合指标	**Summary Item on the National Economy**			
生产总值(万元)	Gross Domestic Product(10 000 yuan)	204802	220020	4.0
第一产业(万元)	Primary Industry(10 000 yuan)	102489	109602	4.0
第二产业(万元)	Secondary Industry(10 000 yuan)	25933	29539	0.7
#工业(万元)	Industry(10 000 yuan)	16940	22574	14.8
第三产业(万元)	Tertiary Industry(10 000 yuan)	76380	80879	5.0
人均生产总值(元)	Per Capita GDP(yuan)	5209	5607	4.2
全社会固定资产投资(万元)	Total Investment in Fixed Assets(10 000 yuan)	71325	85552	19.9
按登记注册类型分	Grouped by Registered Type			
#国有(万元)	State-owned Enterprises(10 000 yuan)	41350	45573	10.2
集体(万元)	Collective-owned Enterprises(10 000 yuan)			
有限责任公司(万元)	Limited Liability Corporations(10 000 yuan)	15132	12963	-14.3
股份有限公司(万元)	Share Holding Enterprises(10 000 yuan)	3330	733	-78.0
私营企业(万元)	Private Enterprises(10 000 yuan)	4439	22419	405.0
外商及港澳台投资企业(万元)	Funds from HK,Macao,Taiwan & Foreign(10 000 yuan)			
按城乡渠道分	Grouped by Urban and Rural Area			
城镇(万元)	Urban(10 000 yuan)	63108	74254	17.7
农村(万元)	Rural(10 000 yuan)	1333	3975	198.2
地方财政收入(万元)	Local Governments Revenue(10 000 yuan)	8199	5341	-34.9
地方财政支出(万元)	Local Governments Expenditures(10 000 yuan)	49315	59451	20.6
城乡居民储蓄存款余额(万元)	Resident Saving Deposit in Urban & Rural(10 000 yuan)	73429	79754	8.6
在岗职工工资总额(万元)	Total Wages of Staff & Workers Empioyed in(10 000 yuan)	21103	23883	13.2
在岗职工平均工资(元)	Average Wage of Staff & Workers Employed in(yuan)	10154	11723	15.5
农牧民人均纯收入(元)	Per Capita Net Income of Peasant & Herdsman(yuan)	1886	1969	4.4
农村牧区经济	**Economic Development in Rural & Pastoral Area**			
耕地面积(公顷)	Cultivated Area(hectare)	253613	315222	24.3
农作物总播种面积(公顷)	Total Sown Area(hectare)	216201	231488	7.1
#粮食作物播种面积(公顷)	Sown Area of Grain Crops(hectare)	200989	210709	4.8
有效灌溉面积(公顷)	Irrigated Area(hectare)	77253	77253	0.0
农牧业机械总动力(万千瓦)	Total Power of Agricultural Machinery(10 000 kw)	39.30	43.25	10.1
化肥施用折纯量(吨)	Consumption of Chemical Fertilizer(ton)	29039	40840	40.6
农村用电量(万千瓦小时)	Electricity Consumed in Rural Area(10 000 kwh)	2831	3455	22.0
农林牧渔业总产值(万元)	Gross Output of Farming,Forestry,Animal Husbandry & Fishery(10 000 yuan)	160000	169666	4.6
粮食产量(吨)	Yield of Grain(ton)	633294	593640	-6.3
油料产量(吨)	Yield of Oil-bearing Grops(ton)	11597	11852	2.2
甜菜产量(吨)	Yield of Beetroots(ton)		7970	
猪牛羊肉产量(吨)	Output of Pork, Beef & Mutton(ton)	24207	41853	72.9
#猪肉产量(吨)	Output of Pork(ton)	7672	24431	218.4
牛肉产量(吨)	Output of Beef(ton)	3589	5064	41.1
羊肉产量(吨)	Output of Mutton(ton)	12946	12358	-4.5
羊毛产量(吨)	Output of Wool(ton)	4350	2450	-43.7

23-43 Zhalaite Banner in Xingan League

指 标	Item	2005	2006	2006年比上年增长% Increase Rate in 2006 Over 2005(%)
年末牲畜存栏头数(万头只)	Total Livestock at the Year-end(10 000 heads)	100.78	101.92	1.1
#大牲畜(万头只)	Large Animals(10 000 heads)	10.25	11.67	13.9
羊(万只)	Sheep & Goats(10 000 heads)	77.47	65.07	-16.0
猪(万头)	Hogs(10 000 heads)	13.06	25.18	92.8
规模以上工业	**Industrial Enterprises above Designated size**			
工业企业单位数(个)	Number of Industrial Enterprises(unit)	14	19	35.7
#内资企业(个)	Civil Funded Enterprises(unit)	14	19	35.7
工业总产值(万元)	Gross Industrial Output Value(10 000 yuan)	34736	51773	49.0
内资企业(万元)	Civil Funded Enterprises(10 000 yuan)	34736	51773	49.0
国有企业(万元)	State-owned Enterprises(10 000 yuan)	5716	6177	8.1
集体企业(万元)	Collective-owned Enterprises(10 000 yuan)	689		
股份合作企业(万元)	Share Holding Enterprises(10 000 yuan)			
联营企业(万元)	Joint Owned Enterprises(10 000 yuan)			
有限责任公司(万元)	Limited Company(10 000 yuan)	17979	21733	20.9
股份有限公司(万元)	Share Holding Limited Company(10 000 yuan)			
私营企业(万元)	Privately Owned Enterprises(10 000 yuan)	10352	23863	130.5
其他企业(万元)	Enterprises of Other Ownership(10 000 yuan)			
港澳台商投资企业(万元)	Funds from HK,Macao & Taiwan(10 000 yuan)			
外商投资企业(万元)	Foreign Funded Enterprises(10 000 yuan)			
工业企业增加值(万元)	Value Added of Industrial Enterprises(10 000 yuan)	11316	16646	21.6
工业企业资产总计(万元)	Total Assets of Industrial Enterprises(10 000 yuan)	31321	35823	14.4
工业企业负债合计(万元)	Total Liabilities of Industrial Enterprises(10 000 yuan)	16616	16446	-1.0
工业企业产品销售收入(万元)	Sales of Revenue Industrial Enterprises(10 000 yuan)	31706	46797	47.6
工业企业利润总额(万元)	Total Profits of Industrial Enterprises(10 000 yuan)	1088	1012	-7.0
建筑业	**Construction**			
建筑企业单位数(个)	Number of Construction Enterprises(unit)	1	1	0.0
建筑企业从业人员(人)	Number of Employee in Construction Enterprises(person)	650	960	47.7
建筑业总产值(万元)	Gross Construction Output Value(10 000 yuan)	3819	5291	38.5
交通运输邮电通信业	**Transportation,Post & Telecommunications**			
公路里程(公里)	Total Length of Highways(km)	1208	2081	72.3
邮电业务总量(万元)	Business Volume of Post & Telecoms(10 000 yuan)	4859	5217	7.4
本地电话用户(户)	Number of Subscribers of Local Telephone(Household)	40203	37547	-6.6
国内贸易	**Demestic Trade**			
社会消费品零售总额(万元)	Total Retail Sales of Consumer Goods(10 000 yuan)	77200	85580	10.9
#贸易业(万元)	Wholesale & Retail Sales Trades(10 000 yuan)	66592	73251	10.0
餐饮业(万元)	Catering Trade(10 000 yuan)	6256	7783	24.4
科技教育卫生	**Science,Education & Public Health**			
各类专业技术人员(人)	Speccial Technical Personnel(person)	6885	5536	-19.6
幼儿园数(所)	Number of Kindergartens(unit)	15	19	26.7
学龄儿童入学率(%)	Percentage of School-Age Children Enrolled(%)	99.2	100.0	0.8
小学学校数(所)	Number of Primary Schools(unit)	148	131	-11.5
小学专任教师数(人)	Number of Full-time Teachers of Primary Schools(person)	2035	2345	15.2
小学在校学生数(人)	Number of Student Enrollment of Primary Schools(person)	20020	18803	-6.1
普通中学学校数(所)	Number of Regular Secondary Schools(unit)	33	28	-15.2
普通中学专任教师数(人)	Number of Teachers of Secondary Shools(person)	1420	1561	9.9
初中在校学生数(人)	Number of Student in Junior Secondary Schools(person)	14718	12616	-14.3
高中在校学生数(人)	Number of Student in Senior Secondary Schools(person)	3259	3323	2.0
卫生机构数(所)	Number of Health Institutions(unit)	39	38	-2.6
#医院(所)	Hospitals(unit)	5	5	0.0
卫生院(所)	Township Hospitals(unit)	21	21	0.0
床位数(张)	Number of Beds(unit)	569	609	7.0
#医院(张)	Hospitals(unit)	364	384	5.5
卫生院(张)	Township Hospitals(unit)	199	219	10.1
卫生技术人员(人)	Medical Technical Presonnel(person)	903	882	-2.3
#医院(人)	Hospitals(person)	432	409	-5.3
卫生院(人)	Township Hospitals(person)	325	324	-0.3

23-44 兴安盟突泉县

指 标	Item	2005	2006	2006年比上年增长% Increase Rate in 2006 Over 2005(%)
行政区域土地面积(平方公里)	**Area of Administration(Sq.km)**	**4800**	**4800**	**0.0**
人口和就业	**Population & Employment**			
年末总人口(人)	Total Population Year-end(person)	307153	313160	2.0
# 男性(人)	Male(person)	157880	160849	1.9
# 乡村人口(人)	Rural(person)	238149	236648	-0.6
年末总户数(户)	Total Number of Households at the Year-end(Household)	89412	92373	3.3
# 乡村户数(户)	Number of Rural Household(Household)	58973	59624	1.1
出生人口(人)	Births(person)	3358	2784	-17.1
死亡人口(人)	Deaths(person)	4330	834	-80.7
全社会就业人员(人)	Employment(person)	150188	145637	-3.0
第一产业(人)	Primary Industry(person)	119276	111632	-6.4
第二产业(人)	Secondary Industry(person)	12577	13567	7.9
第三产业(人)	Tertiary Industry(person)	18335	20438	11.5
在岗职工人数(人)	Number of Staff & Workers Employed in(person)	12746	13260	4.0
乡村劳动力(人)	Number of Rural Laborers(person)	133166	127738	-4.1
# 农林牧渔业(人)	Farming,Forestry,Animal Husbandry & Fishery(person)	116651	109027	-6.5
国民经济综合指标	**Summary Item on the National Economy**			
生产总值(万元)	Gross Domestic Product(10 000 yuan)	188256	196466	3.8
第一产业(万元)	Primary Industry(10 000 yuan)	83953	89731	4.0
第二产业(万元)	Secondary Industry(10 000 yuan)	60463	59996	2.1
# 工业(万元)	Industry(10 000 yuan)	42268	43779	9.3
第三产业(万元)	Tertiary Industry(10 000 yuan)	43840	46739	6.0
人均生产总值(元)	Per Capita GDP(yuan)	6120	6334	3.1
全社会固定资产投资(万元)	Total Investment in Fixed Assets(10 000 yuan)	75528	76031	0.7
按登记注册类型分	Grouped by Registered Type			
# 国有(万元)	State-owned Enterprises(10 000 yuan)	25663	22862	-10.9
集体(万元)	Collective-owned Enterprises(10 000 yuan)			
有限责任公司(万元)	Limited Liability Corporations(10 000 yuan)	13245	4301	-67.5
股份有限公司(万元)	Share Holding Enterprises(10 000 yuan)	23640	30950	30.9
私营企业(万元)	Private Enterprises(10 000 yuan)	11030	17918	62.4
外商及港澳台投资企业(万元)	Funds from HK,Macao,Taiwan & Foreign(10 000 yuan)			
按城乡渠道分	Grouped by Urban and Rural Area			
城镇 (万元)	Urban(10 000 yuan)	60319	56192	-6.8
农村 (万元)	Rural(10 000 yuan)	4819	7889	63.7
地方财政收入(万元)	Local Governments Revenue(10 000 yuan)	7773	3069	-60.5
地方财政支出(万元)	Local Governments Expenditures(10 000 yuan)	36986	39400	6.5
城乡居民储蓄存款余额(万元)	Resident Saving Deposit in Urban & Rural(10 000 yuan)	58815	62641	6.5
在岗职工工资总额(万元)	Total Wages of Staff & Workers Empioyed in(10 000 yuan)	11476	13471	17.4
在岗职工平均工资(元)	Average Wage of Staff & Workers Employed in(yuan)	9008	10016	11.2
农牧民人均纯收入(元)	Per Capita Net Income of Peasant & Herdsman(yuan)	2155	2269	5.3
农村牧区经济	**Economic Development in Rural & Pastoral Area**			
耕地面积(公顷)	Cultivated Area(hectare)	145234	145234	0.0
农作物总播种面积(公顷)	Total Sown Area(hectare)	119783	130046	8.6
# 粮食作物播种面积(公顷)	Sown Area of Grain Crops(hectare)	108056	118497	9.7
有效灌溉面积(公顷)	Irrigated Area(hectare)	59547	59547	0.0
农牧业机械总动力(万千瓦)	Total Power of Agricultural Machinery(10 000 kw)	22.70	23.45	3.3
化肥施用折纯量(吨)	Consumption of Chemical Fertilizer(ton)	25084	24462	-2.5
农村用电量(万千瓦小时)	Electricity Consumed in Rural Area(10 000 kwh)	764	765	0.1
农林牧渔业总产值(万元)	Gross Output of Farming,Forestry,Animal Husbandry & Fishery(10 000 yuan)	134036	142058	5.4
粮食产量(吨)	Yield of Grain(ton)	550104	463401	-15.8
油料产量(吨)	Yield of Oil-bearing Grops(ton)	5821	4075	-30.0
甜菜产量(吨)	Yield of Beetroots(ton)	951	1721	81.0
猪牛羊肉产量(吨)	Output of Pork, Beef & Mutton(ton)	16911	17189	1.6
# 猪肉产量(吨)	Output of Pork(ton)	10489	11465	9.3
牛肉产量(吨)	Output of Beef(ton)	1726	944	-45.3
羊肉产量(吨)	Output of Mutton(ton)	4696	4780	1.8
羊毛产量(吨)	Output of Wool(ton)	942	1133	20.3

23-44 Tuquan County in Xingan League

指 标	Item	2005	2006	2006年比上年增长% Increase Rate in 2006 Over 2005(%)
年末牲畜存栏头数(万头只)	Total Livestock at the Year-end(10 000 heads)	64.55	58.57	-9.3
#大牲畜(万头只)	Large Animals(10 000 heads)	6.48	7.48	15.4
羊(万只)	Sheep & Goats(10 000 heads)	47.31	41.15	-13.0
猪(万头)	Hogs(10 000 heads)	10.76	9.94	-7.6
规模以上工业	**Industrial Enterprises above Designated size**			
工业企业单位数(个)	Number of Industrial Enterprises(unit)	17	12	-29.4
#内资企业(个)	Civil Funded Enterprises(unit)	17	12	-29.4
工业总产值(万元)	Gross Industrial Output Value(10 000 yuan)	83578	59825	-28.4
内资企业(万元)	Civil Funded Enterprises(10 000 yuan)	83578	59825	-28.4
国有企业(万元)	State-owned Enterprises(10 000 yuan)	3242	3461	6.8
集体企业(万元)	Collective-owned Enterprises(10 000 yuan)	780	2775	255.8
股份合作企业(万元)	Share Holding Enterprises(10 000 yuan)	11104	6591	-40.6
联营企业(万元)	Joint Owned Enterprises(10 000 yuan)			
有限责任公司(万元)	Limited Company(10 000 yuan)	9404	3625	-61.5
股份有限公司(万元)	Share Holding Limited Company(10 000 yuan)	12507	22864	82.8
私营企业(万元)	Privately Owned Enterprises(10 000 yuan)	39472	20510	-48.0
其他企业(万元)	Enterprises of Other Ownership(10 000 yuan)	7069		
港澳台商投资企业(万元)	Funds from HK,Macao & Taiwan(10 000 yuan)			
外商投资企业(万元)	Foreign Funded Enterprises(10 000 yuan)			
工业企业增加值(万元)	Value Added of Industrial Enterprises(10 000 yuan)	30556	21477	11.4
工业企业资产总计(万元)	Total Assets of Industrial Enterprises(10 000 yuan)	48864	35178	-28.0
工业企业负债合计(万元)	Total Liabilities of Industrial Enterprises(10 000 yuan)	26741	21577	-19.3
工业企业产品销售收入(万元)	Sales of Revenue Industrial Enterprises(10 000 yuan)	79628	56892	-28.6
工业企业利润总额(万元)	Total Profits of Industrial Enterprises(10 000 yuan)	2016	-77	
建筑业	**Construction**			
建筑企业单位数(个)	Number of Construction Enterprises(unit)	1	1	0.0
建筑企业从业人员(人)	Number of Employee in Construction Enterprises(person)	1023	1220	19.3
建筑业总产值(万元)	Gross Construction Output Value(10 000 yuan)	10855	10085	-7.1
交通运输邮电通信业	**Transportation,Post & Telecommunications**			
公路里程(公里)	Total Length of Highways(km)	653	1704	160.9
邮电业务总量(万元)	Business Volume of Post & Telecoms(10 000 yuan)	3975	4419	11.2
本地电话用户(户)	Number of Subscribers of Local Telephone(Household)	32904	31830	-3.3
国内贸易	**Demestic Trade**			
社会消费品零售总额(万元)	Total Retail Sales of Consumer Goods(10 000 yuan)	62113	70743	13.9
#贸易业(万元)	Wholesale & Retail Sales Trades(10 000 yuan)	55417	62652	13.1
餐饮业(万元)	Catering Trade(10 000 yuan)	4855	5886	21.2
科技教育卫生	**Science,Education & Public Health**			
各类专业技术人员(人)	Speccial Technical Personnel(person)	5049	5049	0.0
幼儿园数(所)	Number of Kindergartens(unit)	6	4	-33.3
学龄儿童入学率(%)	Percentage of School-Age Children Enrolled(%)	99.0	99.2	0.2
小学学校数(所)	Number of Primary Schools(unit)	105	98	-6.7
小学专任教师数(人)	Number of Full-time Teachers of Primary Schools(person)	1322	1288	-2.6
小学在校学生数(人)	Number of Student Enrollment of Primary Schools(person)	22084	21818	-1.2
普通中学学校数(所)	Number of Regular Secondary Schools(unit)	12	12	0.0
普通中学专任教师数(人)	Number of Teachers of Secondary Shools(person)	774	792	2.3
初中在校学生数(人)	Number of Student in Junior Secondary Schools(person)	8958	9082	1.4
高中在校学生数(人)	Number of Student in Senior Secondary Schools(person)	3865	4140	7.1
卫生机构数(所)	Number of Health Institutions(unit)	31	34	9.7
#医院(所)	Hospitals(unit)	3	3	0.0
卫生院(所)	Township Hospitals(unit)	12	12	0.0
床位数(张)	Number of Beds(unit)	396	419	5.8
#医院(张)	Hospitals(unit)	230	235	2.2
卫生院(张)	Township Hospitals(unit)	156	174	11.5
卫生技术人员(人)	Medical Technical Presonnel(person)	789	754	-4.4
#医院(人)	Hospitals(person)	361	343	-5.0
卫生院(人)	Township Hospitals(person)	270	249	-7.8

23-45 通辽市科尔沁区

指 标	Item	2005	2006	2006年比上年增长% Increase Rate in 2006 Over 2005(%)
行政区域土地面积(平方公里)	**Area of Administration(Sq.km)**	**3212**	**3212**	**0.0**
人口和就业	**Population & Employment**			
年末总人口(人)	Total Population Year-end(person)	805208	812785	0.9
#男性(人)	Male(person)	405797	409724	1.0
#乡村人口(人)	Rural(person)	443917	484518	9.1
年末总户数(户)	Total Number of Households at the Year-end(Household)	255941	260897	1.9
#乡村户数(户)	Number of Rural Household(Household)	122240	127460	4.3
出生人口(人)	Births(person)	6484	6317	-2.6
死亡人口(人)	Deaths(person)	4148	2484	-40.1
全社会就业人员(人)	Employment(person)	339348	352787	4.0
第一产业(人)	Primary Industry(person)	204520	221545	8.3
第二产业(人)	Secondary Industry(person)	48886	50544	3.4
第三产业(人)	Tertiary Industry(person)	85942	80698	-6.1
在岗职工人数(人)	Number of Staff & Workers Employed in(person)	91225	93333	2.3
乡村劳动力(人)	Number of Rural Laborers(person)	209696	221256	5.5
#农林牧渔业(人)	Farming,Forestry,Animal Husbandry & Fishery(person)	150140	159600	6.3
国民经济综合指标	**Summary Item on the National Economy**			
生产总值(万元)	Gross Domestic Product(10 000 yuan)	1279865	1553305	17.8
第一产业(万元)	Primary Industry(10 000 yuan)	230936	246245	4.7
第二产业(万元)	Secondary Industry(10 000 yuan)	612275	787313	25.0
#工业(万元)	Industry(10 000 yuan)	460437	626369	31.6
第三产业(万元)	Tertiary Industry(10 000 yuan)	436654	519747	14.8
人均生产总值(元)	Per Capita GDP(yuan)	15880	19200	17.6
全社会固定资产投资(万元)	Total Investment in Fixed Assets(10 000 yuan)	1128925	1453433	28.7
按登记注册类型分	Grouped by Registered Type			
#国有(万元)	State-owned Enterprises(10 000 yuan)	743839	762277	2.5
集体(万元)	Collective-owned Enterprises(10 000 yuan)	880		
有限责任公司(万元)	Limited Liability Corporations(10 000 yuan)	202439	533503	163.5
股份有限公司(万元)	Share Holding Enterprises(10 000 yuan)	135331	116641	-13.8
私营企业(万元)	Private Enterprises(10 000 yuan)	16442	32572	98.1
外商及港澳台投资企业(万元)	Funds from HK,Macao,Taiwan & Foreign(10 000 yuan)	21874	8440	-61.4
按城乡渠道分	Grouped by Urban and Rural Area			
城镇(万元)	Urban(10 000 yuan)	1038600	1314416	26.6
农村(万元)	Rural(10 000 yuan)	90325	139017	53.9
地方财政收入(万元)	Local Governments Revenue(10 000 yuan)	58993	54245	-8.0
地方财政支出(万元)	Local Governments Expenditures(10 000 yuan)	73480	93359	27.1
城乡居民储蓄存款余额(万元)	Resident Saving Deposit in Urban & Rural(10 000 yuan)	595768	620507	4.2
在岗职工工资总额(万元)	Total Wages of Staff & Workers Empioyed in(10 000 yuan)	114379	132312	15.7
在岗职工平均工资(元)	Average Wage of Staff & Workers Employed in(yuan)	12612	14247	13.0
农牧民人均纯收入(元)	Per Capita Net Income of Peasant & Herdsman(yuan)	4276	4816	12.6
农村牧区经济	**Economic Development in Rural & Pastoral Area**			
耕地面积(公顷)	Cultivated Area(hectare)	123282	140301	13.8
农作物总播种面积(公顷)	Total Sown Area(hectare)	138405	147643	6.7
#粮食作物播种面积(公顷)	Sown Area of Grain Crops(hectare)	105353	115154	9.3
有效灌溉面积(公顷)	Irrigated Area(hectare)	118174	135954	15.0
农牧业机械总动力(万千瓦)	Total Power of Agricultural Machinery(10 000 kw)	46.30	46.66	0.8
化肥施用折纯量(吨)	Consumption of Chemical Fertilizer(ton)	54226	80098	47.7
农村用电量(万千瓦小时)	Electricity Consumed in Rural Area(10 000 kwh)	16705	15125	-9.5
农林牧渔业总产值(万元)	Gross Output of Farming,Forestry,Animal Husbandry & Fishery(10 000 yuan)	381523	416792	6.1
粮食产量(吨)	Yield of Grain(ton)	860552	886902	3.1
油料产量(吨)	Yield of Oil-bearing Grops(ton)	6428	9113	41.8
甜菜产量(吨)	Yield of Beetroots(ton)	75	75	0.0
猪牛羊肉产量(吨)	Output of Pork, Beef & Mutton(ton)	98307	124060	26.2
#猪肉产量(吨)	Output of Pork(ton)	65269	70190	7.5
牛肉产量(吨)	Output of Beef(ton)	30459	29629	-2.7
羊肉产量(吨)	Output of Mutton(ton)	2579	2600	0.8
羊毛产量(吨)	Output of Wool(ton)	663	1486	124.1

23-45 Keerqin District in Tongliao City

指 标	Item	2005	2006	2006年比上年增长% Increase Rate in 2006 Over 2005(%)
年末牲畜存栏头数(万头只)	Total Livestock at the Year-end(10 000 heads)	132.62	167.00	25.9
#大牲畜(万头只)	Large Animals(10 000 heads)	25.80	28.28	9.6
羊(万只)	Sheep & Goats(10 000 heads)	30.04	58.95	96.2
猪(万头)	Hogs(10 000 heads)	76.78	79.76	3.9
规模以上工业	**Industrial Enterprises above Designated size**			
工业企业单位数(个)	Number of Industrial Enterprises(unit)	85	126	48.2
#内资企业(个)	Civil Funded Enterprises(unit)	77	116	50.6
工业总产值(万元)	Gross Industrial Output Value(10 000 yuan)	1146383	1669673	45.6
内资企业(万元)	Civil Funded Enterprises(10 000 yuan)	810767	1253463	54.6
国有企业(万元)	State-owned Enterprises(10 000 yuan)	242427	257948	6.4
集体企业(万元)	Collective-owned Enterprises(10 000 yuan)	9518	15946	67.5
股份合作企业(万元)	Share Holding Enterprises(10 000 yuan)			
联营企业(万元)	Joint Owned Enterprises(10 000 yuan)			
有限责任公司(万元)	Limited Company(10 000 yuan)	239198	480696	101.0
股份有限公司(万元)	Share Holding Limited Company(10 000 yuan)	198655	248833	25.3
私营企业(万元)	Privately Owned Enterprises(10 000 yuan)	120970	250039	106.7
其他企业(万元)	Enterprises of Other Ownership(10 000 yuan)			
港澳台商投资企业(万元)	Funds from HK,Macao & Taiwan(10 000 yuan)	429	200189	46585.9
外商投资企业(万元)	Foreign Funded Enterprises(10 000 yuan)	335187	216021	-35.6
工业企业增加值(万元)	Value Added of Industrial Enterprises(10 000 yuan)	415432	608849	35.5
工业企业资产总计(万元)	Total Assets of Industrial Enterprises(10 000 yuan)	815276	1143471	40.3
工业企业负债合计(万元)	Total Liabilities of Industrial Enterprises(10 000 yuan)	463101	668066	44.3
工业企业产品销售收入(万元)	Sales of Revenue Industrial Enterprises(10 000 yuan)	1096623	1601152	46.0
工业企业利润总额(万元)	Total Profits of Industrial Enterprises(10 000 yuan)	167956	192612	14.7
建筑业	**Construction**			
建筑企业单位数(个)	Number of Construction Enterprises(unit)	20	23	15.0
建筑企业从业人员(人)	Number of Employee in Construction Enterprises(person)	13638	11335	-16.9
建筑业总产值(万元)	Gross Construction Output Value(10 000 yuan)	1011814	1374466	35.8
交通运输邮电通信业	**Transportation,Post & Telecommunications**			
公路里程(公里)	Total Length of Highways(km)	551	617	12.1
邮电业务总量(万元)	Business Volume of Post & Telecoms(10 000 yuan)	30395	40064	31.8
本地电话用户(户)	Number of Subscribers of Local Telephone(Household)	279426	316391	13.2
国内贸易	**Demestic Trade**			
社会消费品零售总额(万元)	Total Retail Sales of Consumer Goods(10 000 yuan)	414293	495291	19.6
#贸易业(万元)	Wholesale & Retail Sales Trades(10 000 yuan)	376939	442945	17.5
餐饮业(万元)	Catering Trade(10 000 yuan)	35770	44503	24.4
科技教育卫生	**Science,Education & Public Health**			
各类专业技术人员(人)	Speccial Technical Personnel(person)	20341	21398	5.2
幼儿园数(所)	Number of Kindergartens(unit)	6	6	0.0
学龄儿童入学率(%)	Percentage of School-Age Children Enrolled(%)	100.0	100.0	0.0
小学学校数(所)	Number of Primary Schools(unit)	202	165	-18.3
小学专任教师数(人)	Number of Full-time Teachers of Primary Schools(person)	3766	3867	2.7
小学在校学生数(人)	Number of Student Enrollment of Primary Schools(person)	57347	57434	0.2
普通中学学校数(所)	Number of Regular Secondary Schools(unit)	49	51	4.1
普通中学专任教师数(人)	Number of Teachers of Secondary Shools(person)	3431	3690	7.5
初中在校学生数(人)	Number of Student in Junior Secondary Schools(person)	38865	41930	7.9
高中在校学生数(人)	Number of Student in Senior Secondary Schools(person)	25173	25675	2.0
卫生机构数(所)	Number of Health Institutions(unit)	45	46	2.2
#医院(所)	Hospitals(unit)	13	15	15.4
卫生院(所)	Township Hospitals(unit)	22	21	-4.5
床位数(张)	Number of Beds(unit)	2933	2972	1.3
#医院(张)	Hospitals(unit)	2453	2524	2.9
卫生院(张)	Township Hospitals(unit)	364	346	-4.9
卫生技术人员(人)	Medical Technical Presonnel(person)	5077	5131	1.1
#医院(人)	Hospitals(person)	3512	3595	2.4
卫生院(人)	Township Hospitals(person)	805	776	-3.6

23-46 通辽市霍林郭勒市

指 标	Item	2005	2006	2006年比上年增长% Increase Rate in 2006 Over 2005(%)
行政区域土地面积(平方公里)	**Area of Administration(Sq.km)**	**585**	**585**	**0.0**
人口和就业	**Population & Employment**			
年末总人口(人)	Total Population Year-end(person)	72549	73655	1.5
#男性(人)	Male(person)	37400	37946	1.5
#乡村人口(人)	Rural(person)	8465	8484	0.2
年末总户数(户)	Total Number of Households at the Year-end(Household)	22925	23007	0.4
#乡村户数(户)	Number of Rural Household(Household)	2124	2127	0.1
出生人口(人)	Births(person)	734	575	-21.7
死亡人口(人)	Deaths(person)	251	151	-39.8
全社会就业人员(人)	Employment(person)	26652	33690	26.4
第一产业(人)	Primary Industry(person)	4000	3905	-2.4
第二产业(人)	Secondary Industry(person)	11201	14792	32.1
第三产业(人)	Tertiary Industry(person)	11451	14993	30.9
在岗职工人数(人)	Number of Staff & Workers Employed in(person)	11909	11853	-0.5
乡村劳动力(人)	Number of Rural Laborers(person)	5516	3905	-29.2
#农林牧渔业(人)	Farming,Forestry,Animal Husbandry & Fishery(person)	1938	1951	0.7
国民经济综合指标	**Summary Item on the National Economy**			
生产总值(万元)	Gross Domestic Product(10 000 yuan)	264630	500080	68.7
第一产业(万元)	Primary Industry(10 000 yuan)	5582	8940	52.5
第二产业(万元)	Secondary Industry(10 000 yuan)	189996	351927	65.1
#工业(万元)	Industry(10 000 yuan)	157383	315627	77.5
第三产业(万元)	Tertiary Industry(10 000 yuan)	69052	139213	81.3
人均生产总值(元)	Per Capita GDP(yuan)	36654	68410	68.5
全社会固定资产投资(万元)	Total Investment in Fixed Assets(10 000 yuan)	340669	458567	34.6
按登记注册类型分	Grouped by Registered Type			
#国有(万元)	State-owned Enterprises(10 000 yuan)	54421	153696	182.4
集体(万元)	Collective-owned Enterprises(10 000 yuan)	10376	239	-97.7
有限责任公司(万元)	Limited Liability Corporations(10 000 yuan)	233627	235953	1.0
股份有限公司(万元)	Share Holding Enterprises(10 000 yuan)	40219	51989	29.3
私营企业(万元)	Private Enterprises(10 000 yuan)		5220	
外商及港澳台投资企业(万元)	Funds from HK,Macao,Taiwan & Foreign(10 000 yuan)	2026	650	-67.9
按城乡渠道分	Grouped by Urban and Rural Area			
城镇（万元）	Urban(10 000 yuan)	340669	458567	34.6
农村（万元）	Rural(10 000 yuan)			
地方财政收入(万元)	Local Governments Revenue(10 000 yuan)	18861	33663	78.5
地方财政支出(万元)	Local Governments Expenditures(10 000 yuan)	24588	47335	92.5
城乡居民储蓄存款余额(万元)	Resident Saving Deposit in Urban & Rural(10 000 yuan)	73064	86953	19.0
在岗职工工资总额(万元)	Total Wages of Staff & Workers Empioyed in(10 000 yuan)	23863	27802	16.5
在岗职工平均工资(元)	Average Wage of Staff & Workers Employed in(yuan)	20204	23549	16.6
农牧民人均纯收入(元)	Per Capita Net Income of Peasant & Herdsman(yuan)	3715	5506	48.2
农村牧区经济	**Economic Development in Rural & Pastoral Area**			
耕地面积(公顷)	Cultivated Area(hectare)	13105	13090	-0.1
农作物总播种面积(公顷)	Total Sown Area(hectare)	7321	9692	32.4
#粮食作物播种面积(公顷)	Sown Area of Grain Crops(hectare)	3257	6615	103.1
有效灌溉面积(公顷)	Irrigated Area(hectare)	433	300	-30.7
农牧业机械总动力(万千瓦)	Total Power of Agricultural Machinery(10 000 kw)	2.00	2.40	20.0
化肥施用折纯量(吨)	Consumption of Chemical Fertilizer(ton)	705	1468	108.2
农村用电量(万千瓦小时)	Electricity Consumed in Rural Area(10 000 kwh)	461	465	0.9
农林牧渔业总产值(万元)	Gross Output of Farming,Forestry,Animal Husbandry & Fishery(10 000 yuan)	9577	15853	62.3
粮食产量(吨)	Yield of Grain(ton)	11047	21004	90.1
油料产量(吨)	Yield of Oil-bearing Grops(ton)	1180	552	-53.2
甜菜产量(吨)	Yield of Beetroots(ton)			
猪牛羊肉产量(吨)	Output of Pork, Beef & Mutton(ton)	3548	3572	0.7
#猪肉产量(吨)	Output of Pork(ton)	1260	1285	2.0
牛肉产量(吨)	Output of Beef(ton)	688	513	-25.4
羊肉产量(吨)	Output of Mutton(ton)	1600	1653	3.3
羊毛产量(吨)	Output of Wool(ton)	400	640	60.0

23-46 Huolinguole City in Tongliao City

指 标	Item	2005	2006	2006年比上年增长% Increase Rate in 2006 Over 2005(%)
年末牲畜存栏头数(万头只)	Total Livestock at the Year-end(10 000 heads)	10.85	20.09	85.2
#大牲畜(万头只)	Large Animals(10 000 heads)	0.90	0.96	6.7
羊(万只)	Sheep & Goats(10 000 heads)	8.57	18.43	115.1
猪(万头)	Hogs(10 000 heads)	0.70	0.70	0.0
规模以上工业	**Industrial Enterprises above Designated size**			
工业企业单位数(个)	Number of Industrial Enterprises(unit)	19	23	21.1
#内资企业(个)	Civil Funded Enterprises(unit)	18	21	16.7
工业总产值(万元)	Gross Industrial Output Value(10 000 yuan)	316914	608423	66.9
内资企业(万元)	Civil Funded Enterprises(10 000 yuan)	244674	368114	30.8
国有企业(万元)	State-owned Enterprises(10 000 yuan)		1500	
集体企业(万元)	Collective-owned Enterprises(10 000 yuan)			
股份合作企业(万元)	Share Holding Enterprises(10 000 yuan)		466	
联营企业(万元)	Joint Owned Enterprises(10 000 yuan)			
有限责任公司(万元)	Limited Company(10 000 yuan)	38345	92915	110.7
股份有限公司(万元)	Share Holding Limited Company(10 000 yuan)	161147	190355	2.7
私营企业(万元)	Privately Owned Enterprises(10 000 yuan)	45182	82878	59.5
其他企业(万元)	Enterprises of Other Ownership(10 000 yuan)			
港澳台商投资企业(万元)	Funds from HK,Macao & Taiwan(10 000 yuan)			
外商投资企业(万元)	Foreign Funded Enterprises(10 000 yuan)	72240	240310	189.3
工业企业增加值(万元)	Value Added of Industrial Enterprises(10 000 yuan)	144356	313926	89.1
工业企业资产总计(万元)	Total Assets of Industrial Enterprises(10 000 yuan)	792676	957331	20.8
工业企业负债合计(万元)	Total Liabilities of Industrial Enterprises(10 000 yuan)	590202	635805	7.7
工业企业产品销售收入(万元)	Sales of Revenue Industrial Enterprises(10 000 yuan)	273092	537317	96.8
工业企业利润总额(万元)	Total Profits of Industrial Enterprises(10 000 yuan)	49911	102978	106.3
建筑业	**Construction**			
建筑企业单位数(个)	Number of Construction Enterprises(unit)	5	5	0.0
建筑企业从业人员(人)	Number of Employee in Construction Enterprises(person)	2026	3945	94.7
建筑业总产值(万元)	Gross Construction Output Value(10 000 yuan)	29784	32139	7.9
交通运输邮电通信业	**Transportation,Post & Telecommunications**			
公路里程(公里)	Total Length of Highways(km)	65	66	1.4
邮电业务总量(万元)	Business Volume of Post & Telecoms(10 000 yuan)	3623	5854	61.6
本地电话用户(户)	Number of Subscribers of Local Telephone(Household)	23340	62500	167.8
国内贸易	**Demestic Trade**			
社会消费品零售总额(万元)	Total Retail Sales of Consumer Goods(10 000 yuan)	51143	91129	78.2
#贸易业(万元)	Wholesale & Retail Sales Trades(10 000 yuan)	37824	61069	61.5
餐饮业(万元)	Catering Trade(10 000 yuan)	12889	29580	129.5
科技教育卫生	**Science,Education & Public Health**			
各类专业技术人员(人)	Speccial Technical Personnel(person)	1285	1533	19.3
幼儿园数(所)	Number of Kindergartens(unit)	6	6	0.0
学龄儿童入学率(%)	Percentage of School-Age Children Enrolled(%)	100.0	99.9	-0.1
小学学校数(所)	Number of Primary Schools(unit)	11	10	-9.1
小学专任教师数(人)	Number of Full-time Teachers of Primary Schools(person)	345	359	4.1
小学在校学生数(人)	Number of Student Enrollment of Primary Schools(person)	6479	6872	6.1
普通中学学校数(所)	Number of Regular Secondary Schools(unit)	7	7	0.0
普通中学专任教师数(人)	Number of Teachers of Secondary Shools(person)	519	538	3.7
初中在校学生数(人)	Number of Student in Junior Secondary Schools(person)	3713	3245	-12.6
高中在校学生数(人)	Number of Student in Senior Secondary Schools(person)	3704	3634	-1.9
卫生机构数(所)	Number of Health Institutions(unit)	5	6	20.0
#医院(所)	Hospitals(unit)	5	6	20.0
卫生院(所)	Township Hospitals(unit)			
床位数(张)	Number of Beds(unit)	238	398	67.2
#医院(张)	Hospitals(unit)	238	398	67.2
卫生院(张)	Township Hospitals(unit)			
卫生技术人员(人)	Medical Technical Presonnel(person)	317	322	1.6
#医院(人)	Hospitals(person)	317	322	1.6
卫生院(人)	Township Hospitals(person)			

23-47 通辽市科尔沁左翼中旗

指 标	Item	2005	2006	2006年比上年增长% Increase Rate in 2006 Over 2005(%)
行政区域土地面积(平方公里)	**Area of Administration(Sq.km)**	**9811**	**9811**	**0.0**
人口和就业	**Population & Employment**			
年末总人口(人)	Total Population Year-end(person)	520816	527315	1.2
#男性(人)	Male(person)	264314	269012	1.8
#乡村人口(人)	Rural(person)	439614	445411	1.3
年末总户数(户)	Total Number of Households at the Year-end(Household)	134828	145016	7.6
#乡村户数(户)	Number of Rural Household(Household)	101973	104281	2.3
出生人口(人)	Births(person)	4557	3855	-15.4
死亡人口(人)	Deaths(person)	6159	626	-89.8
全社会就业人员(人)	Employment(person)	224327	236711	5.5
第一产业(人)	Primary Industry(person)	156452	159745	2.1
第二产业(人)	Secondary Industry(person)	14413	22191	54.0
第三产业(人)	Tertiary Industry(person)	53462	54775	2.5
在岗职工人数(人)	Number of Staff & Workers Employed in(person)	26105	26329	0.9
乡村劳动力(人)	Number of Rural Laborers(person)	200403	205379	2.5
#农林牧渔业(人)	Farming,Forestry,Animal Husbandry & Fishery(person)	143475	162931	13.6
国民经济综合指标	**Summary Item on the National Economy**			
生产总值(万元)	Gross Domestic Product(10 000 yuan)	325492	395495	16.7
第一产业(万元)	Primary Industry(10 000 yuan)	127557	139251	7.0
第二产业(万元)	Secondary Industry(10 000 yuan)	65462	95942	34.7
#工业(万元)	Industry(10 000 yuan)	53494	83714	42.3
第三产业(万元)	Tertiary Industry(10 000 yuan)	132473	160302	17.0
人均生产总值(元)	Per Capita GDP(yuan)	6205	7546	16.7
全社会固定资产投资(万元)	Total Investment in Fixed Assets(10 000 yuan)	80000	109000	36.2
按登记注册类型分	Grouped by Registered Type			
#国有(万元)	State-owned Enterprises(10 000 yuan)	36406	48191	32.4
集体(万元)	Collective-owned Enterprises(10 000 yuan)			
有限责任公司(万元)	Limited Liability Corporations(10 000 yuan)	26590	46124	73.5
股份有限公司(万元)	Share Holding Enterprises(10 000 yuan)	4094	9362	128.7
私营企业(万元)	Private Enterprises(10 000 yuan)	3548		
外商及港澳台投资企业(万元)	Funds from HK,Macao,Taiwan & Foreign(10 000 yuan)			
按城乡渠道分	Grouped by Urban and Rural Area			
城镇(万元)	Urban(10 000 yuan)	74520	103892	39.4
农村(万元)	Rural(10 000 yuan)	5480	5108	-6.8
地方财政收入(万元)	Local Governments Revenue(10 000 yuan)	8710	10096	15.9
地方财政支出(万元)	Local Governments Expenditures(10 000 yuan)	50477	63897	26.6
城乡居民储蓄存款余额(万元)	Resident Saving Deposit in Urban & Rural(10 000 yuan)	60190	63310	5.2
在岗职工工资总额(万元)	Total Wages of Staff & Workers Empioyed in(10 000 yuan)	25708	34155	32.9
在岗职工平均工资(元)	Average Wage of Staff & Workers Employed in(yuan)	9740	13017	33.6
农牧民人均纯收入(元)	Per Capita Net Income of Peasant & Herdsman(yuan)	3089	3376	9.3
农村牧区经济	**Economic Development in Rural & Pastoral Area**			
耕地面积(公顷)	Cultivated Area(hectare)	196999	204280	3.7
农作物总播种面积(公顷)	Total Sown Area(hectare)	190998	204000	6.8
#粮食作物播种面积(公顷)	Sown Area of Grain Crops(hectare)	125487	137333	9.4
有效灌溉面积(公顷)	Irrigated Area(hectare)	90148	150000	66.4
农牧业机械总动力(万千瓦)	Total Power of Agricultural Machinery(10 000 kw)	46.00	57.00	23.9
化肥施用折纯量(吨)	Consumption of Chemical Fertilizer(ton)	35836	45021	25.6
农村用电量(万千瓦小时)	Electricity Consumed in Rural Area(10 000 kwh)	6085	6165	1.3
农林牧渔业总产值(万元)	Gross Output of Farming,Forestry,Animal Husbandry & Fishery(10 000 yuan)	208223	229312	8.0
粮食产量(吨)	Yield of Grain(ton)	840500	795002	-5.4
油料产量(吨)	Yield of Oil-bearing Grops(ton)	41105	42590	3.6
甜菜产量(吨)	Yield of Beetroots(ton)	13846	17385	25.6
猪牛羊肉产量(吨)	Output of Pork, Beef & Mutton(ton)	51673	74848	44.8
#猪肉产量(吨)	Output of Pork(ton)	24557	31664	28.9
牛肉产量(吨)	Output of Beef(ton)	21036	20123	-4.3
羊肉产量(吨)	Output of Mutton(ton)	6080	5913	-2.7
羊毛产量(吨)	Output of Wool(ton)	1175	1120	-4.7

23-47 Keerqinzuoyizhong Banner in Tongliao City

指 标	Item	2005	2006	2006年比上年增长% Increase Rate in 2006 Over 2005(%)
年末牲畜存栏头数(万头只)	Total Livestock at the Year-end(10 000 heads)	113.10	149.25	32.0
# 大牲畜(万头只)	Large Animals(10 000 heads)	25.36	31.98	26.1
羊(万只)	Sheep & Goats(10 000 heads)	49.92	77.80	55.8
猪(万头)	Hogs(10 000 heads)	37.82	39.47	4.4
规模以上工业	**Industrial Enterprises above Designated size**			
工业企业单位数(个)	Number of Industrial Enterprises(unit)	17	27	58.8
# 内资企业(个)	Civil Funded Enterprises(unit)	17	27	58.8
工业总产值(万元)	Gross Industrial Output Value(10 000 yuan)	100273	182149	60.8
内资企业(万元)	Civil Funded Enterprises(10 000 yuan)	100273	182149	60.8
国有企业(万元)	State-owned Enterprises(10 000 yuan)	3727	4808	14.2
集体企业(万元)	Collective-owned Enterprises(10 000 yuan)	16911	25770	34.9
股份合作企业(万元)	Share Holding Enterprises(10 000 yuan)	8153	17888	94.2
联营企业(万元)	Joint Owned Enterprises(10 000 yuan)			
有限责任公司(万元)	Limited Company(10 000 yuan)	4134	23398	400.9
股份有限公司(万元)	Share Holding Limited Company(10 000 yuan)	7213	17211	111.2
私营企业(万元)	Privately Owned Enterprises(10 000 yuan)	60135	93074	37.0
其他企业(万元)	Enterprises of Other Ownership(10 000 yuan)			
港澳台商投资企业(万元)	Funds from HK,Macao & Taiwan(10 000 yuan)			
外商投资企业(万元)	Foreign Funded Enterprises(10 000 yuan)			
工业企业增加值(万元)	Value Added of Industrial Enterprises(10 000 yuan)	51936	70451	20.0
工业企业资产总计(万元)	Total Assets of Industrial Enterprises(10 000 yuan)	100887	141410	40.2
工业企业负债合计(万元)	Total Liabilities of Industrial Enterprises(10 000 yuan)	57982	75824	30.8
工业企业产品销售收入(万元)	Sales of Revenue Industrial Enterprises(10 000 yuan)	73787	161434	118.8
工业企业利润总额(万元)	Total Profits of Industrial Enterprises(10 000 yuan)	19110	15806	-17.3
建筑业	**Construction**			
建筑企业单位数(个)	Number of Construction Enterprises(unit)		1	
建筑企业从业人员(人)	Number of Employee in Construction Enterprises(person)		18	
建筑业总产值(万元)	Gross Construction Output Value(10 000 yuan)		402	
交通运输邮电通信业	**Transportation,Post & Telecommunications**			
公路里程(公里)	Total Length of Highways(km)	552	562	1.8
邮电业务总量(万元)	Business Volume of Post & Telecoms(10 000 yuan)	6179	6981	13.0
本地电话用户(户)	Number of Subscribers of Local Telephone(Househcld)	90068	163792	81.9
国内贸易	**Demestic Trade**			
社会消费品零售总额(万元)	Total Retail Sales of Consumer Goods(10 000 yuan)	80095	91001	13.6
# 贸易业(万元)	Wholesale & Retail Sales Trades(10 000 yuan)	58643	68076	16.1
餐饮业(万元)	Catering Trade(10 000 yuan)	18449	20323	10.2
科技教育卫生	**Science,Education & Public Health**			
各类专业技术人员(人)	Speccial Technical Personnel(person)	6945	7031	1.2
幼儿园数(所)	Number of Kindergartens(unit)	1	1	0.0
学龄儿童入学率(%)	Percentage of School-Age Children Enrolled(%)	100.0	100.0	0.0
小学学校数(所)	Number of Primary Schools(unit)	182	167	-8.2
小学专任教师数(人)	Number of Full-time Teachers of Primary Schools(person)	3126	3095	-1.0
小学在校学生数(人)	Number of Student Enrollment of Primary Schools(person)	35655	33977	-4.7
普通中学学校数(所)	Number of Regular Secondary Schools(unit)	41	37	-9.8
普通中学专任教师数(人)	Number of Teachers of Secondary Shools(person)	1944	1875	-3.5
初中在校学生数(人)	Number of Student in Junior Secondary Schools(person)	20650	19840	-3.9
高中在校学生数(人)	Number of Student in Senior Secondary Schools(person)	6218	5988	-3.7
卫生机构数(所)	Number of Health Institutions(unit)	37	37	0.0
# 医院(所)	Hospitals(unit)	3	3	0.0
卫生院(所)	Township Hospitals(unit)	29	29	0.0
床位数(张)	Number of Beds(unit)	418	454	8.6
# 医院(张)	Hospitals(unit)	231	231	0.0
卫生院(张)	Township Hospitals(unit)	179	215	20.1
卫生技术人员(人)	Medical Technical Presonnel(person)	1022	1010	-1.2
# 医院(人)	Hospitals(person)	292	292	0.0
卫生院(人)	Township Hospitals(person)	585	564	-3.6

23-48 通辽市科尔沁左翼后旗

指 标	Item	2005	2006	2006年比上年增长% Increase Rate in 2006 Over 2005(%)
行政区域土地面积(平方公里)	**Area of Administration(Sq.km)**	**11481**	**11481**	**0.0**
人口和就业	**Population & Employment**			
年末总人口(人)	Total Population Year-end(person)	393732	398149	1.1
#男性(人)	Male(person)	201755	204064	1.1
#乡村人口(人)	Rural(person)	295668	331574	12.1
年末总户数(户)	Total Number of Households at the Year-end(Household)	115076	117863	2.4
#乡村户数(户)	Number of Rural Household(Household)	76738	83309	8.6
出生人口(人)	Births(person)	3904	3794	-2.8
死亡人口(人)	Deaths(person)	5901	820	-86.1
全社会就业人员(人)	Employment(person)	167063	168007	0.6
第一产业(人)	Primary Industry(person)	127233	120077	-5.6
第二产业(人)	Secondary Industry(person)	8408	9410	11.9
第三产业(人)	Tertiary Industry(person)	31422	38520	22.6
在岗职工人数(人)	Number of Staff & Workers Employed in(person)	21609	20609	-4.6
乡村劳动力(人)	Number of Rural Laborers(person)	127233	120077	-5.6
#农林牧渔业(人)	Farming,Forestry,Animal Husbandry & Fishery(person)	107761	107042	-0.7
国民经济综合指标	**Summary Item on the National Economy**			
生产总值(万元)	Gross Domestic Product(10 000 yuan)	379831	467252	19.0
第一产业(万元)	Primary Industry(10 000 yuan)	118576	125215	5.0
第二产业(万元)	Secondary Industry(10 000 yuan)	80605	119002	35.0
#工业(万元)	Industry(10 000 yuan)	59055	96522	46.6
第三产业(万元)	Tertiary Industry(10 000 yuan)	180650	223035	21.0
人均生产总值(元)	Per Capita GDP(yuan)	9602	11802	19.0
全社会固定资产投资(万元)	Total Investment in Fixed Assets(10 000 yuan)	114747	135176	17.8
按登记注册类型分	Grouped by Registered Type			
#国有(万元)	State-owned Enterprises(10 000 yuan)	72840	56990	-21.8
集体(万元)	Collective-owned Enterprises(10 000 yuan)		386	
有限责任公司(万元)	Limited Liability Corporations(10 000 yuan)	7406	19472	162.9
股份有限公司(万元)	Share Holding Enterprises(10 000 yuan)	4270	3680	-13.8
私营企业(万元)	Private Enterprises(10 000 yuan)	29591	50301	70.0
外商及港澳台投资企业(万元)	Funds from HK,Macao,Taiwan & Foreign(10 000 yuan)		3000	
按城乡渠道分	Grouped by Urban and Rural Area			
城镇(万元)	Urban(10 000 yuan)	108965	128156	17.6
农村(万元)	Rural(10 000 yuan)	5782	7020	21.4
地方财政收入(万元)	Local Governments Revenue(10 000 yuan)	9598	11198	16.7
地方财政支出(万元)	Local Governments Expenditures(10 000 yuan)	48873	63463	29.9
城乡居民储蓄存款余额(万元)	Resident Saving Deposit in Urban & Rural(10 000 yuan)	58694	59742	1.8
在岗职工工资总额(万元)	Total Wages of Staff & Workers Employed in(10 000 yuan)	23723	26508	11.7
在岗职工平均工资(元)	Average Wage of Staff & Workers Employed in(yuan)	10869	12522	15.2
农牧民人均纯收入(元)	Per Capita Net Income of Peasant & Herdsman(yuan)	2800	3166	13.1
农村牧区经济	**Economic Development in Rural & Pastoral Area**			
耕地面积(公顷)	Cultivated Area(hectare)	188400	200067	6.2
农作物总播种面积(公顷)	Total Sown Area(hectare)	180437	190781	5.7
#粮食作物播种面积(公顷)	Sown Area of Grain Crops(hectare)	159435	171534	7.6
有效灌溉面积(公顷)	Irrigated Area(hectare)	77167	79850	3.5
农牧业机械总动力(万千瓦)	Total Power of Agricultural Machinery(10 000 kw)	29.40	40.54	37.9
化肥施用折纯量(吨)	Consumption of Chemical Fertilizer(ton)	49873	50540	1.3
农村用电量(万千瓦小时)	Electricity Consumed in Rural Area(10 000 kwh)	3402	4436	30.4
农林牧渔业总产值(万元)	Gross Output of Farming,Forestry,Animal Husbandry & Fishery(10 000 yuan)	187428	213000	11.4
粮食产量(吨)	Yield of Grain(ton)	737500	738500	0.1
油料产量(吨)	Yield of Oil-bearing Grops(ton)	12285	14830	20.7
甜菜产量(吨)	Yield of Beetroots(ton)			
猪牛羊肉产量(吨)	Output of Pork, Beef & Mutton(ton)	29699	41005	38.1
#猪肉产量(吨)	Output of Pork(ton)	14850	14883	0.2
牛肉产量(吨)	Output of Beef(ton)	12119	12981	7.1
羊肉产量(吨)	Output of Mutton(ton)	2730	2742	0.4
羊毛产量(吨)	Output of Wool(ton)	724	1309	80.8

23-48 Keerqinzuoyihou Banner in Tongliao City

指 标	Item	2005	2006	2006年比上年增长% Increase Rate in 2006 Over 2005(%)
年末牲畜存栏头数(万头只)	Total Livestock at the Year-end(10 000 heads)	104.73	116.42	11.2
#大牲畜(万头只)	Large Animals(10 000 heads)	37.53	38.64	3.0
羊(万只)	Sheep & Goats(10 000 heads)	45.64	55.99	22.7
猪(万头)	Hogs(10 000 heads)	21.56	21.79	1.1
规模以上工业	**Industrial Enterprises above Designated size**			
工业企业单位数(个)	Number of Industrial Enterprises(unit)	13	20	53.8
#内资企业(个)	Civil Funded Enterprises(unit)	13	20	53.8
工业总产值(万元)	Gross Industrial Output Value(10 000 yuan)	120583	207185	52.1
内资企业(万元)	Civil Funded Enterprises(10 000 yuan)	120583	207185	52.1
国有企业(万元)	State-owned Enterprises(10 000 yuan)	26867	54032	78.0
集体企业(万元)	Collective-owned Enterprises(10 000 yuan)	2321	5999	128.7
股份合作企业(万元)	Share Holding Enterprises(10 000 yuan)		5161	
联营企业(万元)	Joint Owned Enterprises(10 000 yuan)			
有限责任公司(万元)	Limited Company(10 000 yuan)	31897	38085	5.7
股份有限公司(万元)	Share Holding Limited Company(10 000 yuan)	24038	35943	32.3
私营企业(万元)	Privately Owned Enterprises(10 000 yuan)	35461	67964	69.6
其他企业(万元)	Enterprises of Other Ownership(10 000 yuan)			
港澳台商投资企业(万元)	Funds from HK,Macao & Taiwan(10 000 yuan)			
外商投资企业(万元)	Foreign Funded Enterprises(10 000 yuan)			
工业企业增加值(万元)	Value Added of Industrial Enterprises(10 000 yuan)	48224	86072	58.0
工业企业资产总计(万元)	Total Assets of Industrial Enterprises(10 000 yuan)	130174	124029	-4.7
工业企业负债合计(万元)	Total Liabilities of Industrial Enterprises(10 000 yuan)	78958	67418	-14.6
工业企业产品销售收入(万元)	Sales of Revenue Industrial Enterprises(10 000 yuan)	123210	206228	67.4
工业企业利润总额(万元)	Total Profits of Industrial Enterprises(10 000 yuan)	6570	8694	32.3
建筑业	**Construction**			
建筑企业单位数(个)	Number of Construction Enterprises(unit)	1	1	0.0
建筑企业从业人员(人)	Number of Employee in Construction Enterprises(person)	408	476	16.7
建筑业总产值(万元)	Gross Construction Output Value(10 000 yuan)	3246	2983	-8.1
交通运输邮电通信业	**Transportation,Post & Telecommunications**			
公路里程(公里)	Total Length of Highways(km)	1389	3000	116.0
邮电业务总量(万元)	Business Volume of Post & Telecoms(10 000 yuan)	6050	7260	20.0
本地电话用户(户)	Number of Subscribers of Local Telephone(Household)	39090	39500	1.0
国内贸易	**Demestic Trade**			
社会消费品零售总额(万元)	Total Retail Sales of Consumer Goods(10 000 yuan)	88153	102444	16.2
#贸易业(万元)	Wholesale & Retail Sales Trades(10 000 yuan)	74050	85167	15.0
餐饮业(万元)	Catering Trade(10 000 yuan)	14103	17277	22.5
科技教育卫生	**Science,Education & Public Health**			
各类专业技术人员(人)	Speccial Technical Personnel(person)	8114	8289	2.2
幼儿园数(所)	Number of Kindergartens(unit)	2	2	0.0
学龄儿童入学率(%)	Percentage of School-Age Children Enrolled(%)	100.0	100.0	0.0
小学学校数(所)	Number of Primary Schools(unit)	117	88	-24.8
小学专任教师数(人)	Number of Full-time Teachers of Primary Schools(person)	2578	2517	-2.4
小学在校学生数(人)	Number of Student Enrollment of Primary Schools(person)	26156	24770	-5.3
普通中学学校数(所)	Number of Regular Secondary Schools(unit)	28	24	-14.3
普通中学专任教师数(人)	Number of Teachers of Secondary Shools(person)	1506	1509	0.2
初中在校学生数(人)	Number of Student in Junior Secondary Schools(person)	15095	13844	-8.3
高中在校学生数(人)	Number of Student in Senior Secondary Schools(person)	5000	5689	13.8
卫生机构数(所)	Number of Health Institutions(unit)	39	39	0.0
#医院(所)	Hospitals(unit)	5	5	0.0
卫生院(所)	Township Hospitals(unit)	28	28	0.0
床位数(张)	Number of Beds(unit)	609	568	-6.7
#医院(张)	Hospitals(unit)	276	236	-14.5
卫生院(张)	Township Hospitals(unit)	299	300	0.3
卫生技术人员(人)	Medical Technical Presonnel(person)	1006	981	-2.5
#医院(人)	Hospitals(person)	413	390	-5.6
卫生院(人)	Township Hospitals(person)	418	406	-2.9

23-49 通辽市开鲁县

指 标	Item	2005	2006	2006年比上年增长% Increase Rate in 2006 Over 2005(%)
行政区域土地面积(平方公里)	**Area of Administration(Sq.km)**	**4488**	**4488**	**0.0**
人口和就业	**Population & Employment**			
年末总人口(人)	Total Population Year-end(person)	389799	392464	0.7
#男性(人)	Male(person)	198223	200186	1.0
#乡村人口(人)	Rural(person)	306557	293321	-4.3
年末总户数(户)	Total Number of Households at the Year-end(Household)	116083	123870	6.7
#乡村户数(户)	Number of Rural Household(Household)	82817	83500	0.8
出生人口(人)	Births(person)	3533	3375	-4.5
死亡人口(人)	Deaths(person)	5162	1476	-71.4
全社会就业人员(人)	Employment(person)	198911	200832	1.0
第一产业(人)	Primary Industry(person)	129628	124006	-4.3
第二产业(人)	Secondary Industry(person)	29334	34044	16.1
第三产业(人)	Tertiary Industry(person)	39949	42782	7.1
在岗职工人数(人)	Number of Staff & Workers Employed in(person)	21315	21023	-1.4
乡村劳动力(人)	Number of Rural Laborers(person)	179535	167637	-6.6
#农林牧渔业(人)	Farming,Forestry,Animal Husbandry & Fishery(person)	129628	124006	-4.3
国民经济综合指标	**Summary Item on the National Economy**			
生产总值(万元)	Gross Domestic Product(10 000 yuan)	368905	454043	19.1
第一产业(万元)	Primary Industry(10 000 yuan)	176085	189184	5.3
第二产业(万元)	Secondary Industry(10 000 yuan)	52270	94513	67.8
#工业(万元)	Industry(10 000 yuan)	32750	72500	101.3
第三产业(万元)	Tertiary Industry(10 000 yuan)	140550	170346	18.1
人均生产总值(元)	Per Capita GDP(yuan)	9432	11609	19.1
全社会固定资产投资(万元)	Total Investment in Fixed Assets(10 000 yuan)	139000	200000	43.9
按登记注册类型分	Grouped by Registered Type			
#国有(万元)	State-owned Enterprises(10 000 yuan)	43623	38531	-11.7
集体(万元)	Collective-owned Enterprises(10 000 yuan)	486	55	-88.7
有限责任公司(万元)	Limited Liability Corporations(10 000 yuan)	47803	58287	21.9
股份有限公司(万元)	Share Holding Enterprises(10 000 yuan)	13700	36665	167.6
私营企业(万元)	Private Enterprises(10 000 yuan)	13055	24967	91.2
外商及港澳台投资企业(万元)	Funds from HK,Macao,Taiwan & Foreign(10 000 yuan)	500	1200	140.0
按城乡渠道分	Grouped by Urban and Rural Area			
城镇(万元)	Urban(10 000 yuan)	116317	182981	57.3
农村(万元)	Rural(10 000 yuan)	22683	17019	-25.0
地方财政收入(万元)	Local Governments Revenue(10 000 yuan)	8839	12525	41.7
地方财政支出(万元)	Local Governments Expenditures(10 000 yuan)	42007	54740	30.3
城乡居民储蓄存款余额(万元)	Resident Saving Deposit in Urban & Rural(10 000 yuan)	91381	94640	3.6
在岗职工工资总额(万元)	Total Wages of Staff & Workers Empioyed in(10 000 yuan)	22873	27204	18.9
在岗职工平均工资(元)	Average Wage of Staff & Workers Employed in(yuan)	10425	12726	22.1
农牧民人均纯收入(元)	Per Capita Net Income of Peasant & Herdsman(yuan)	4212	4670	10.9
农村牧区经济	**Economic Development in Rural & Pastoral Area**			
耕地面积(公顷)	Cultivated Area(hectare)	103375	103388	0.0
农作物总播种面积(公顷)	Total Sown Area(hectare)	116436	125666	7.9
#粮食作物播种面积(公顷)	Sown Area of Grain Crops(hectare)	74353	82000	10.3
有效灌溉面积(公顷)	Irrigated Area(hectare)	82871	82907	0.0
农牧业机械总动力(万千瓦)	Total Power of Agricultural Machinery(10 000 kw)	49.89	67.41	35.1
化肥施用折纯量(吨)	Consumption of Chemical Fertilizer(ton)	20364	23346	14.6
农村用电量(万千瓦小时)	Electricity Consumed in Rural Area(10 000 kwh)	6968	6608	-5.2
农林牧渔业总产值(万元)	Gross Output of Farming,Forestry,Animal Husbandry & Fishery(10 000 yuan)	286317	320359	9.7
粮食产量(吨)	Yield of Grain(ton)	761500	785473	3.1
油料产量(吨)	Yield of Oil-bearing Grops(ton)	2408	2811	16.7
甜菜产量(吨)	Yield of Beetroots(ton)	6192	11040	78.3
猪牛羊肉产量(吨)	Output of Pork, Beef & Mutton(ton)	47181	74611	58.1
#猪肉产量(吨)	Output of Pork(ton)	31346	36013	14.9
牛肉产量(吨)	Output of Beef(ton)	11304	10021	-11.3
羊肉产量(吨)	Output of Mutton(ton)	4531	4705	3.8
羊毛产量(吨)	Output of Wool(ton)	1628	2220	36.4

23-49 Kailu County in Tongliao City

指 标	Item	2005	2006	2006年比上年增长% Increase Rate in 2006 Over 2005(%)
年末牲畜存栏头数(万头只)	Total Livestock at the Year-end(10 000 heads)	114.69	145.66	27.0
#大牲畜(万头只)	Large Animals(10 000 heads)	13.93	17.86	28.2
羊(万只)	Sheep & Goats(10 000 heads)	61.70	88.70	43.8
猪(万头)	Hogs(10 000 heads)	39.05	39.11	0.2
规模以上工业	**Industrial Enterprises above Designated size**			
工业企业单位数(个)	Number of Industrial Enterprises(unit)	15	31	106.7
#内资企业(个)	Civil Funded Enterprises(unit)	15	31	106.7
工业总产值(万元)	Gross Industrial Output Value(10 000 yuan)	65321	162471	120.1
内资企业(万元)	Civil Funded Enterprises(10 000 yuan)	65321	162471	120.1
国有企业(万元)	State-owned Enterprises(10 000 yuan)	7597	8907	3.8
集体企业(万元)	Collective-owned Enterprises(10 000 yuan)			
股份合作企业(万元)	Share Holding Enterprises(10 000 yuan)	2975	2106	-37.4
联营企业(万元)	Joint Owned Enterprises(10 000 yuan)			
有限责任公司(万元)	Limited Company(10 000 yuan)			
股份有限公司(万元)	Share Holding Limited Company(10 000 yuan)	1867	4242	101.0
私营企业(万元)	Privately Owned Enterprises(10 000 yuan)	52882	147216	146.4
其他企业(万元)	Enterprises of Other Ownership(10 000 yuan)			
港澳台商投资企业(万元)	Funds from HK,Macao & Taiwan(10 000 yuan)			
外商投资企业(万元)	Foreign Funded Enterprises(10 000 yuan)			
工业企业增加值(万元)	Value Added of Industrial Enterprises(10 000 yuan)	25538	61597	113.5
工业企业资产总计(万元)	Total Assets of Industrial Enterprises(10 000 yuan)	68055	93884	38.0
工业企业负债合计(万元)	Total Liabilities of Industrial Enterprises(10 000 yuan)	34412	43862	27.5
工业企业产品销售收入(万元)	Sales of Revenue Industrial Enterprises(10 000 yuan)	63784	159319	149.8
工业企业利润总额(万元)	Total Profits of Industrial Enterprises(10 000 yuan)	2114	32696	1446.6
建筑业	**Construction**			
建筑企业单位数(个)	Number of Construction Enterprises(unit)	3	3	0.0
建筑企业从业人员(人)	Number of Employee in Construction Enterprises(person)	1028	1038	1.0
建筑业总产值(万元)	Gross Construction Output Value(10 000 yuan)	9021	9774	8.3
交通运输邮电通信业	**Transportation,Post & Telecommunications**			
公路里程(公里)	Total Length of Highways(km)	2987	2987	0.0
邮电业务总量(万元)	Business Volume of Post & Telecoms(10 000 yuan)	7248	7977	10.1
本地电话用户(户)	Number of Subscribers of Local Telephone(Household)	48000	50212	4.6
国内贸易	**Demestic Trade**			
社会消费品零售总额(万元)	Total Retail Sales of Consumer Goods(10 000 yuan)	90225	108307	20.0
#贸易业(万元)	Wholesale & Retail Sales Trades(10 000 yuan)	80769	93618	15.9
餐饮业(万元)	Catering Trade(10 000 yuan)	9419	13588	44.3
科技教育卫生	**Science,Education & Public Health**			
各类专业技术人员(人)	Speccial Technical Personnel(person)	5874	6041	2.8
幼儿园数(所)	Number of Kindergartens(unit)			
学龄儿童入学率(%)	Percentage of School-Age Children Enrolled(%)	100.0	100.0	0.0
小学学校数(所)	Number of Primary Schools(unit)	156	141	-9.6
小学专任教师数(人)	Number of Full-time Teachers of Primary Schools(person)	2529	2415	-4.5
小学在校学生数(人)	Number of Student Enrollment of Primary Schools(person)	31847	31478	-1.2
普通中学学校数(所)	Number of Regular Secondary Schools(unit)	26	26	0.0
普通中学专任教师数(人)	Number of Teachers of Secondary Shools(person)	1704	1716	0.7
初中在校学生数(人)	Number of Student in Junior Secondary Schools(person)	18372	18752	2.1
高中在校学生数(人)	Number of Student in Senior Secondary Schools(person)	4820	5190	7.7
卫生机构数(所)	Number of Health Institutions(unit)	26	26	0.0
#医院(所)	Hospitals(unit)	4	4	0.0
卫生院(所)	Township Hospitals(unit)	18	18	0.0
床位数(张)	Number of Beds(unit)	418	434	3.8
#医院(张)	Hospitals(unit)	218	200	-8.3
卫生院(张)	Township Hospitals(unit)	176	210	19.3
卫生技术人员(人)	Medical Technical Presonnel(person)	889	846	-4.8
#医院(人)	Hospitals(person)	365	340	-6.8
卫生院(人)	Township Hospitals(person)	408	393	-3.7

23-50 通辽市库伦旗

指 标	Item	2005	2006	2006年比上年增长% Increase Rate in 2006 Over 2005(%)
行政区域土地面积(平方公里)	**Area of Administration(Sq.km)**	**4650**	**4650**	**0.0**
人口和就业	**Population & Employment**			
年末总人口(人)	Total Population Year-end(person)	175266	176304	0.6
#男性(人)	Male(person)	90555	90705	0.2
#乡村人口(人)	Rural(person)	140724	137670	-2.2
年末总户数(户)	Total Number of Households at the Year-end(Household)	46416	47656	2.7
#乡村户数(户)	Number of Rural Household(Household)	34103	34690	1.7
出生人口(人)	Births(person)	1718	1052	-38.8
死亡人口(人)	Deaths(person)	1678	341	-79.7
全社会就业人员(人)	Employment(person)	87697	94064	7.3
第一产业(人)	Primary Industry(person)	63560	74944	17.9
第二产业(人)	Secondary Industry(person)	9434	6920	-26.6
第三产业(人)	Tertiary Industry(person)	14703	12200	-17.0
在岗职工人数(人)	Number of Staff & Workers Employed in(person)	10169	10258	0.9
乡村劳动力(人)	Number of Rural Laborers(person)	71494	75297	5.3
#农林牧渔业(人)	Farming,Forestry,Animal Husbandry & Fishery(person)	61756	72956	18.1
国民经济综合指标	**Summary Item on the National Economy**			
生产总值(万元)	Gross Domestic Product(10 000 yuan)	121426	146106	16.0
第一产业(万元)	Primary Industry(10 000 yuan)	39767	41100	2.8
第二产业(万元)	Secondary Industry(10 000 yuan)	34139	49003	32.1
#工业(万元)	Industry(10 000 yuan)	22637	35851	42.3
第三产业(万元)	Tertiary Industry(10 000 yuan)	47520	56003	15.5
人均生产总值(元)	Per Capita GDP(yuan)	6912	8311	16.0
全社会固定资产投资(万元)	Total Investment in Fixed Assets(10 000 yuan)	75110	81202	8.1
按登记注册类型分	Grouped by Registered Type			
#国有(万元)	State-owned Enterprises(10 000 yuan)	37746	41702	10.5
集体(万元)	Collective-owned Enterprises(10 000 yuan)		4600	
有限责任公司(万元)	Limited Liability Corporations(10 000 yuan)	1000	200	-80.0
股份有限公司(万元)	Share Holding Enterprises(10 000 yuan)	16898	9500	-43.8
私营企业(万元)	Private Enterprises(10 000 yuan)	18040	25200	39.7
外商及港澳台投资企业(万元)	Funds from HK,Macao,Taiwan & Foreign(10 000 yuan)			
按城乡渠道分	Grouped by Urban and Rural Area			
城镇(万元)	Urban(10 000 yuan)	75110	81202	8.1
农村(万元)	Rural(10 000 yuan)			
地方财政收入(万元)	Local Governments Revenue(10 000 yuan)	5218	6400	22.7
地方财政支出(万元)	Local Governments Expenditures(10 000 yuan)	29343	37846	29.0
城乡居民储蓄存款余额(万元)	Resident Saving Deposit in Urban & Rural(10 000 yuan)	32018	35828	11.9
在岗职工工资总额(万元)	Total Wages of Staff & Workers Empioyed in(10 000 yuan)	11566	13640	17.9
在岗职工平均工资(元)	Average Wage of Staff & Workers Employed in(yuan)	11474	13250	15.5
农牧民人均纯收入(元)	Per Capita Net Income of Peasant & Herdsman(yuan)	2520	2891	14.7
农村牧区经济	**Economic Development in Rural & Pastoral Area**			
耕地面积(公顷)	Cultivated Area(hectare)	98098	91882	-6.3
农作物总播种面积(公顷)	Total Sown Area(hectare)	77588	82811	6.7
#粮食作物播种面积(公顷)	Sown Area of Grain Crops(hectare)	62780	68811	9.6
有效灌溉面积(公顷)	Irrigated Area(hectare)	6970	8766	25.8
农牧业机械总动力(万千瓦)	Total Power of Agricultural Machinery(10 000 kw)	15.03	17.02	13.2
化肥施用折纯量(吨)	Consumption of Chemical Fertilizer(ton)	23525	27981	18.9
农村用电量(万千瓦小时)	Electricity Consumed in Rural Area(10 000 kwh)	1309	1616	23.5
农林牧渔业总产值(万元)	Gross Output of Farming,Forestry,Animal Husbandry & Fishery(10 000 yuan)	64662	70667	7.1
粮食产量(吨)	Yield of Grain(ton)	267036	175216	-34.4
油料产量(吨)	Yield of Oil-bearing Grops(ton)	11698	11698	0.0
甜菜产量(吨)	Yield of Beetroots(ton)		922	
猪牛羊肉产量(吨)	Output of Pork, Beef & Mutton(ton)	18690	26292	40.7
#猪肉产量(吨)	Output of Pork(ton)	11070	11250	1.6
牛肉产量(吨)	Output of Beef(ton)	5332	6216	16.6
羊肉产量(吨)	Output of Mutton(ton)	2288	2292	0.2
羊毛产量(吨)	Output of Wool(ton)	336	334	-0.6

23-50 Kulun Banner in Tongliao City

指 标	Item	2005	2006	2006年比上年增长% Increase Rate in 2006 Over 2005(%)
年末牲畜存栏头数(万头只)	Total Livestock at the Year-end(10 000 heads)	47.86	61.18	27.8
#大牲畜(万头只)	Large Animals(10 000 heads)	14.64	16.69	14.0
羊(万只)	Sheep & Goats(10 000 heads)	22.00	32.92	49.6
猪(万头)	Hogs(10 000 heads)	11.22	11.57	3.1
规模以上工业	**Industrial Enterprises above Designated size**			
工业企业单位数(个)	Number of Industrial Enterprises(unit)	9	11	22.2
#内资企业(个)	Civil Funded Enterprises(unit)	9	11	22.2
工业总产值(万元)	Gross Industrial Output Value(10 000 yuan)	48088	73972	36.1
内资企业(万元)	Civil Funded Enterprises(10 000 yuan)	48088	73972	36.1
国有企业(万元)	State-owned Enterprises(10 000 yuan)	10240	6980	-39.7
集体企业(万元)	Collective-owned Enterprises(10 000 yuan)			
股份合作企业(万元)	Share Holding Enterprises(10 000 yuan)			
联营企业(万元)	Joint Owned Enterprises(10 000 yuan)			
有限责任公司(万元)	Limited Company(10 000 yuan)	18940	41360	93.3
股份有限公司(万元)	Share Holding Limited Company(10 000 yuan)	18908		
私营企业(万元)	Privately Owned Enterprises(10 000 yuan)		25632	
其他企业(万元)	Enterprises of Other Ownership(10 000 yuan)			
港澳台商投资企业(万元)	Funds from HK,Macao & Taiwan(10 000 yuan)			
外商投资企业(万元)	Foreign Funded Enterprises(10 000 yuan)			
工业企业增加值(万元)	Value Added of Industrial Enterprises(10 000 yuan)	17931	24741	22.1
工业企业资产总计(万元)	Total Assets of Industrial Enterprises(10 000 yuan)	33344	34657	3.9
工业企业负债合计(万元)	Total Liabilities of Industrial Enterprises(10 000 yuan)	19358	18326	-5.3
工业企业产品销售收入(万元)	Sales of Revenue Industrial Enterprises(10 000 yuan)	47554	71934	51.3
工业企业利润总额(万元)	Total Profits of Industrial Enterprises(10 000 yuan)	4846	7779	60.5
建筑业	**Construction**			
建筑企业单位数(个)	Number of Construction Enterprises(unit)	1	2	100.0
建筑企业从业人员(人)	Number of Employee in Construction Enterprises(person)	130	320	146.2
建筑业总产值(万元)	Gross Construction Output Value(10 000 yuan)	681	2020	196.6
交通运输邮电通信业	**Transportation,Post & Telecommunications**			
公路里程(公里)	Total Length of Highways(km)	1300	1300	0.0
邮电业务总量(万元)	Business Volume of Post & Telecoms(10 000 yuan)	2873	3492	21.5
本地电话用户(户)	Number of Subscribers of Local Telephone(Household)	48038	72777	51.5
国内贸易	**Demestic Trade**			
社会消费品零售总额(万元)	Total Retail Sales of Consumer Goods(10 000 yuan)	31098	40687	30.8
#贸易业(万元)	Wholesale & Retail Sales Trades(10 000 yuan)	25193	31690	25.8
餐饮业(万元)	Catering Trade(10 000 yuan)	3706	5979	61.3
科技教育卫生	**Science,Education & Public Health**			
各类专业技术人员(人)	Speccial Technical Personnel(person)	3771	3971	5.3
幼儿园数(所)	Number of Kindergartens(unit)	3	3	0.0
学龄儿童入学率(%)	Percentage of School-Age Children Enrolled(%)	100.0	100.0	0.0
小学学校数(所)	Number of Primary Schools(unit)	30	25	-16.7
小学专任教师数(人)	Number of Full-time Teachers of Primary Schools(person)	1514	1652	9.1
小学在校学生数(人)	Number of Student Enrollment of Primary Schools(person)	12692	12502	-1.5
普通中学学校数(所)	Number of Regular Secondary Schools(unit)	11	11	0.0
普通中学专任教师数(人)	Number of Teachers of Secondary Shools(person)	748	736	-1.6
初中在校学生数(人)	Number of Student in Junior Secondary Schools(person)	6233	5743	-7.9
高中在校学生数(人)	Number of Student in Senior Secondary Schools(person)	3667	3467	-5.5
卫生机构数(所)	Number of Health Institutions(unit)	16	16	0.0
#医院(所)	Hospitals(unit)	2	2	0.0
卫生院(所)	Township Hospitals(unit)	10	10	0.0
床位数(张)	Number of Beds(unit)	304	304	0.0
#医院(张)	Hospitals(unit)	160	160	0.0
卫生院(张)	Township Hospitals(unit)	131	131	0.0
卫生技术人员(人)	Medical Technical Presonnel(person)	469	469	0.0
#医院(人)	Hospitals(person)	180	180	0.0
卫生院(人)	Township Hospitals(person)	203	203	0.0

23-51 通辽市奈曼旗

指 标	Item	2005	2006	2006年比上年增长% Increase Rate in 2006 Over 2005(%)
行政区域土地面积(平方公里)	**Area of Administration(Sq.km)**	**8120**	**8120**	**0.0**
人口和就业	**Population & Employment**			
年末总人口(人)	Total Population Year-end(person)	433573	439573	1.4
# 男性(人)	Male(person)	222006	225038	1.4
# 乡村人口(人)	Rural(person)	371984	372288	0.1
年末总户数(户)	Total Number of Households at the Year-end(Household)	121592	123153	1.3
# 乡村户数(户)	Number of Rural Household(Household)	92163	92362	0.2
出生人口(人)	Births(person)	4446	3907	-12.1
死亡人口(人)	Deaths(person)	2267	1773	-21.8
全社会就业人员(人)	Employment(person)	213476	215069	0.7
第一产业(人)	Primary Industry(person)	153161	154883	1.1
第二产业(人)	Secondary Industry(person)	24314	24839	2.2
第三产业(人)	Tertiary Industry(person)	36001	35347	-1.8
在岗职工人数(人)	Number of Staff & Workers Employed in(person)	18831	18500	-1.8
乡村劳动力(人)	Number of Rural Laborers(person)	199953	186961	-6.5
# 农林牧渔业(人)	Farming,Forestry,Animal Husbandry & Fishery(person)	148877	154235	3.6
国民经济综合指标	**Summary Item on the National Economy**			
生产总值(万元)	Gross Domestic Product(10 000 yuan)	266542	336998	21.9
第一产业(万元)	Primary Industry(10 000 yuan)	96760	106027	7.4
第二产业(万元)	Secondary Industry(10 000 yuan)	44653	77641	60.9
# 工业(万元)	Industry(10 000 yuan)	31001	62000	81.8
第三产业(万元)	Tertiary Industry(10 000 yuan)	125129	153330	19.2
人均生产总值(元)	Per Capita GDP(yuan)	6162	7719	21.0
全社会固定资产投资(万元)	Total Investment in Fixed Assets(10 000 yuan)	120572	150600	24.9
按登记注册类型分	Grouped by Registered Type			
# 国有(万元)	State-owned Enterprises(10 000 yuan)	22963	39363	71.4
集体(万元)	Collective-owned Enterprises(10 000 yuan)			
有限责任公司(万元)	Limited Liability Corporations(10 000 yuan)	38378	11500	-70.0
股份有限公司(万元)	Share Holding Enterprises(10 000 yuan)	7150		
私营企业(万元)	Private Enterprises(10 000 yuan)	24804	39198	58.0
外商及港澳台投资企业(万元)	Funds from HK,Macao,Taiwan & Foreign(10 000 yuan)	4000		
按城乡渠道分	Grouped by Urban and Rural Area			
城镇(万元)	Urban(10 000 yuan)	95495	121556	27.3
农村(万元)	Rural(10 000 yuan)	559	10660	1807.0
地方财政收入(万元)	Local Governments Revenue(10 000 yuan)	10215	13979	36.8
地方财政支出(万元)	Local Governments Expenditures(10 000 yuan)	51772	69371	34.0
城乡居民储蓄存款余额(万元)	Resident Saving Deposit in Urban & Rural(10 000 yuan)	84020	94188	12.1
在岗职工工资总额(万元)	Total Wages of Staff & Workers Empioyed in(10 000 yuan)	20150	22738	12.8
在岗职工平均工资(元)	Average Wage of Staff & Workers Employed in(yuan)	10800	12349	14.3
农牧民人均纯收入(元)	Per Capita Net Income of Peasant & Herdsman(yuan)	2619	3029	15.6
农村牧区经济	**Economic Development in Rural & Pastoral Area**			
耕地面积(公顷)	Cultivated Area(hectare)	127924	131115	2.5
农作物总播种面积(公顷)	Total Sown Area(hectare)	122590	131333	7.1
# 粮食作物播种面积(公顷)	Sown Area of Grain Crops(hectare)	94279	103467	9.7
有效灌溉面积(公顷)	Irrigated Area(hectare)	84200	85870	2.0
农牧业机械总动力(万千瓦)	Total Power of Agricultural Machinery(10 000 kw)	41.11	42.50	3.4
化肥施用折纯量(吨)	Consumption of Chemical Fertilizer(ton)	55707	79662	43.0
农村用电量(万千瓦小时)	Electricity Consumed in Rural Area(10 000 kwh)	6823	11275	65.2
农林牧渔业总产值(万元)	Gross Output of Farming,Forestry,Animal Husbandry & Fishery(10 000 yuan)	157334	175113	9.1
粮食产量(吨)	Yield of Grain(ton)	489500	571018	16.7
油料产量(吨)	Yield of Oil-bearing Grops(ton)	19780	18919	-4.4
甜菜产量(吨)	Yield of Beetroots(ton)	2625	195	-92.6
猪牛羊肉产量(吨)	Output of Pork, Beef & Mutton(ton)	42043	46495	10.6
# 猪肉产量(吨)	Output of Pork(ton)	30084	20910	-30.5
牛肉产量(吨)	Output of Beef(ton)	9000	8379	-6.9
羊肉产量(吨)	Output of Mutton(ton)	2959	3263	10.3
羊毛产量(吨)	Output of Wool(ton)	1476	1495	1.3

23-51 Naiman Banner in Tongliao City

指 标	Item	2005	2006	2006年比上年增长% Increase Rate in 2006 Over 2005(%)
年末牲畜存栏头数(万头只)	Total Livestock at the Year-end(10 000 heads)	113.42	127.06	12.0
#大牲畜(万头只)	Large Animals(10 000 heads)	19.48	27.20	39.6
羊(万只)	Sheep & Goats(10 000 heads)	63.69	68.66	7.8
猪(万头)	Hogs(10 000 heads)	30.25	31.20	3.1
规模以上工业	**Industrial Enterprises above Designated size**			
工业企业单位数(个)	Number of Industrial Enterprises(unit)	12	25	108.3
#内资企业(个)	Civil Funded Enterprises(unit)	12	24	100.0
工业总产值(万元)	Gross Industrial Output Value(10 000 yuan)	55813	127700	102.5
内资企业(万元)	Civil Funded Enterprises(10 000 yuan)	55813	120226	90.6
国有企业(万元)	State-owned Enterprises(10 000 yuan)	5902	9617	44.2
集体企业(万元)	Collective-owned Enterprises(10 000 yuan)		3432	
股份合作企业(万元)	Share Holding Enterprises(10 000 yuan)			
联营企业(万元)	Joint Owned Enterprises(10 000 yuan)			
有限责任公司(万元)	Limited Company(10 000 yuan)	22414	10968	-56.7
股份有限公司(万元)	Share Holding Limited Company(10 000 yuan)		25312	
私营企业(万元)	Privately Owned Enterprises(10 000 yuan)	27497	70896	128.2
其他企业(万元)	Enterprises of Other Ownership(10 000 yuan)			
港澳台商投资企业(万元)	Funds from HK,Macao & Taiwan(10 000 yuan)		7475	
外商投资企业(万元)	Foreign Funded Enterprises(10 000 yuan)			
工业企业增加值(万元)	Value Added of Industrial Enterprises(10 000 yuan)	22924	44389	71.4
工业企业资产总计(万元)	Total Assets of Industrial Enterprises(10 000 yuan)	50517	73050	44.6
工业企业负债合计(万元)	Total Liabilities of Industrial Enterprises(10 000 yuan)	41628	52784	26.8
工业企业产品销售收入(万元)	Sales of Revenue Industrial Enterprises(10 000 yuan)	53849	126063	134.1
工业企业利润总额(万元)	Total Profits of Industrial Enterprises(10 000 yuan)	2638	8237	212.2
建筑业	**Construction**			
建筑企业单位数(个)	Number of Construction Enterprises(unit)	3	3	0.0
建筑企业从业人员(人)	Number of Employee in Construction Enterprises(person)	190	130	-31.6
建筑业总产值(万元)	Gross Construction Output Value(10 000 yuan)	6911	7767	12.4
交通运输邮电通信业	**Transportation,Post & Telecommunications**			
公路里程(公里)	Total Length of Highways(km)	2550	2672	4.8
邮电业务总量(万元)	Business Volume of Post & Telecoms(10 000 yuan)	2396	2968	23.9
本地电话用户(户)	Number of Subscribers of Local Telephone(Household)	80600	124700	54.7
国内贸易	**Demestic Trade**			
社会消费品零售总额(万元)	Total Retail Sales of Consumer Goods(10 000 yuan)	78041	87935	12.7
#贸易业(万元)	Wholesale & Retail Sales Trades(10 000 yuan)	66725	72530	8.7
餐饮业(万元)	Catering Trade(10 000 yuan)	11310	15398	36.1
科技教育卫生	**Science,Education & Public Health**			
各类专业技术人员(人)	Speccial Technical Personnel(person)	7957	7979	0.3
幼儿园数(所)	Number of Kindergartens(unit)	2	2	0.0
学龄儿童入学率(%)	Percentage of School-Age Children Enrolled(%)	100.0	100.0	0.0
小学学校数(所)	Number of Primary Schools(unit)	163	162	-0.6
小学专任教师数(人)	Number of Full-time Teachers of Primary Schools(person)	2419	2495	3.1
小学在校学生数(人)	Number of Student Enrollment of Primary Schools(person)	30765	30659	-0.3
普通中学学校数(所)	Number of Regular Secondary Schools(unit)	27	25	-7.4
普通中学专任教师数(人)	Number of Teachers of Secondary Shools(person)	1431	1411	-1.4
初中在校学生数(人)	Number of Student in Junior Secondary Schools(person)	18524	18940	2.2
高中在校学生数(人)	Number of Student in Senior Secondary Schools(person)	7896	8321	5.4
卫生机构数(所)	Number of Health Institutions(unit)	28	30	7.1
#医院(所)	Hospitals(unit)	3	3	0.0
卫生院(所)	Township Hospitals(unit)	21	21	0.0
床位数(张)	Number of Beds(unit)	560	606	8.2
#医院(张)	Hospitals(unit)	165	165	0.0
卫生院(张)	Township Hospitals(unit)	357	359	0.6
卫生技术人员(人)	Medical Technical Presonnel(person)	975	1008	3.4
#医院(人)	Hospitals(person)	270	270	0.0
卫生院(人)	Township Hospitals(person)	607	616	1.5

23-52 通辽市扎鲁特旗

指 标	Item	2005	2006	2006年比上年增长% Increase Rate in 2006 Over 2005(%)
行政区域土地面积(平方公里)	**Area of Administration(Sq.km)**	**17193**	**17193**	**0.0**
人口和就业	**Population & Employment**			
年末总人口(人)	Total Population Year-end(person)	302424	304849	0.8
#男性(人)	Male(person)	153350	155689	1.5
#乡村人口(人)	Rural(person)	239926	247277	3.1
年末总户数(户)	Total Number of Households at the Year-end(Household)	88916	90417	1.7
#乡村户数(户)	Number of Rural Household(Household)	59156	61629	4.2
出生人口(人)	Births(person)	2386	2474	3.7
死亡人口(人)	Deaths(person)	1530	803	-47.5
全社会就业人员(人)	Employment(person)	135819	150182	10.6
第一产业(人)	Primary Industry(person)	93715	104626	11.6
第二产业(人)	Secondary Industry(person)	9780	11313	15.7
第三产业(人)	Tertiary Industry(person)	32324	34243	5.9
在岗职工人数(人)	Number of Staff & Workers Employed in(person)	22724	21663	-4.7
乡村劳动力(人)	Number of Rural Laborers(person)	111334	114883	3.2
#农林牧渔业(人)	Farming,Forestry,Animal Husbandry & Fishery(person)	87635	95015	8.4
国民经济综合指标	**Summary Item on the National Economy**			
生产总值(万元)	Gross Domestic Product(10 000 yuan)	264164	343040	19.8
第一产业(万元)	Primary Industry(10 000 yuan)	106046	109028	2.8
第二产业(万元)	Secondary Industry(10 000 yuan)	41303	87678	47.6
#工业(万元)	Industry(10 000 yuan)	27783	72112	59.0
第三产业(万元)	Tertiary Industry(10 000 yuan)	116815	146334	20.9
人均生产总值(元)	Per Capita GDP(yuan)	8705	11298	19.0
全社会固定资产投资(万元)	Total Investment in Fixed Assets(10 000 yuan)	157000	204000	29.9
按登记注册类型分	Grouped by Registered Type			
#国有(万元)	State-owned Enterprises(10 000 yuan)	44179	49841	12.8
集体(万元)	Collective-owned Enterprises(10 000 yuan)	6000	8160	36.0
有限责任公司(万元)	Limited Liability Corporations(10 000 yuan)	26040	23860	-8.4
股份有限公司(万元)	Share Holding Enterprises(10 000 yuan)	17670	48720	175.7
私营企业(万元)	Private Enterprises(10 000 yuan)	17580	15498	-11.8
外商及港澳台投资企业(万元)	Funds from HK,Macao,Taiwan & Foreign(10 000 yuan)			
按城乡渠道分	Grouped by Urban and Rural Area			
城镇（万元）	Urban(10 000 yuan)	117750	142800	21.3
农村（万元）	Rural(10 000 yuan)	39250	61200	55.9
地方财政收入(万元)	Local Governments Revenue(10 000 yuan)	11320	15792	39.5
地方财政支出(万元)	Local Governments Expenditures(10 000 yuan)	45227	65041	43.8
城乡居民储蓄存款余额(万元)	Resident Saving Deposit in Urban & Rural(10 000 yuan)	67003	74931	11.8
在岗职工工资总额(万元)	Total Wages of Staff & Workers Empioyed in(10 000 yuan)	21909	26776	22.2
在岗职工平均工资(元)	Average Wage of Staff & Workers Employed in(yuan)	9652	12404	28.5
农牧民人均纯收入(元)	Per Capita Net Income of Peasant & Herdsman(yuan)	3205	3625	13.1
农村牧区经济	**Economic Development in Rural & Pastoral Area**			
耕地面积(公顷)	Cultivated Area(hectare)	126050	147807	17.3
农作物总播种面积(公顷)	Total Sown Area(hectare)	113191	121408	7.3
#粮食作物播种面积(公顷)	Sown Area of Grain Crops(hectare)	87801	96148	9.5
有效灌溉面积(公顷)	Irrigated Area(hectare)	56053	55933	-0.2
农牧业机械总动力(万千瓦)	Total Power of Agricultural Machinery(10 000 kw)	34.54	36.46	5.6
化肥施用折纯量(吨)	Consumption of Chemical Fertilizer(ton)	19503	18521	-5.0
农村用电量(万千瓦小时)	Electricity Consumed in Rural Area(10 000 kwh)	2816	3405	20.9
农林牧渔业总产值(万元)	Gross Output of Farming,Forestry,Animal Husbandry & Fishery(10 000 yuan)	176498	192491	6.9
粮食产量(吨)	Yield of Grain(ton)	352102	319247	-9.3
油料产量(吨)	Yield of Oil-bearing Grops(ton)	8348	6042	-27.6
甜菜产量(吨)	Yield of Beetroots(ton)	7		
猪牛羊肉产量(吨)	Output of Pork, Beef & Mutton(ton)	44855	52997	18.2
#猪肉产量(吨)	Output of Pork(ton)	10869	12579	15.7
牛肉产量(吨)	Output of Beef(ton)	16786	16134	-3.9
羊肉产量(吨)	Output of Mutton(ton)	17200	17912	4.1
羊毛产量(吨)	Output of Wool(ton)	2145	2557	19.2

23-52 Zhalute Banner in Tongliao City

指 标	Item	2005	2006	2006年比上年增长% Increase Rate in 2006 Over 2005(%)
年末牲畜存栏头数(万头只)	Total Livestock at the Year-end(10 000 heads)	207.80	199.59	-4.0
#大牲畜(万头只)	Large Animals(10 000 heads)	23.53	23.43	-0.4
羊(万只)	Sheep & Goats(10 000 heads)	170.45	162.34	-4.8
猪(万头)	Hogs(10 000 heads)	13.14	13.82	5.2
规模以上工业	**Industrial Enterprises above Designated size**			
工业企业单位数(个)	Number of Industrial Enterprises(unit)	11	25	127.3
#内资企业(个)	Civil Funded Enterprises(unit)	11	25	127.3
工业总产值(万元)	Gross Industrial Output Value(10 000 yuan)	53702	112270	85.0
内资企业(万元)	Civil Funded Enterprises(10 000 yuan)	53702	112270	85.0
国有企业(万元)	State-owned Enterprises(10 000 yuan)	4316	5279	8.2
集体企业(万元)	Collective-owned Enterprises(10 000 yuan)			
股份合作企业(万元)	Share Holding Enterprises(10 000 yuan)	8009	9540	5.4
联营企业(万元)	Joint Owned Enterprises(10 000 yuan)			
有限责任公司(万元)	Limited Company(10 000 yuan)	27338	42183	36.5
股份有限公司(万元)	Share Holding Limited Company(10 000 yuan)	2449		
私营企业(万元)	Privately Owned Enterprises(10 000 yuan)	11589	52311	299.4
其他企业(万元)	Enterprises of Other Ownership(10 000 yuan)		2956	
港澳台商投资企业(万元)	Funds from HK,Macao & Taiwan(10 000 yuan)			
外商投资企业(万元)	Foreign Funded Enterprises(10 000 yuan)			
工业企业增加值(万元)	Value Added of Industrial Enterprises(10 000 yuan)	26248	53690	81.0
工业企业资产总计(万元)	Total Assets of Industrial Enterprises(10 000 yuan)	39300	54858	39.6
工业企业负债合计(万元)	Total Liabilities of Industrial Enterprises(10 000 yuan)	30374	36480	20.1
工业企业产品销售收入(万元)	Sales of Revenue Industrial Enterprises(10 000 yuan)	41381	99827	141.2
工业企业利润总额(万元)	Total Profits of Industrial Enterprises(10 000 yuan)	825	2886	250.0
建筑业	**Construction**			
建筑企业单位数(个)	Number of Construction Enterprises(unit)	2	3	50.0
建筑企业从业人员(人)	Number of Employee in Construction Enterprises(person)	117	361	208.5
建筑业总产值(万元)	Gross Construction Output Value(10 000 yuan)	3111	9216	196.2
交通运输邮电通信业	**Transportation,Post & Telecommunications**			
公路里程(公里)	Total Length of Highways(km)	1308	1193	-8.8
邮电业务总量(万元)	Business Volume of Post & Telecoms(10 000 yuan)	5642	6775	20.1
本地电话用户(户)	Number of Subscribers of Local Telephone(Household)	73562	133211	81.1
国内贸易	**Demestic Trade**			
社会消费品零售总额(万元)	Total Retail Sales of Consumer Goods(10 000 yuan)	78320	92813	18.5
#贸易业(万元)	Wholesale & Retail Sales Trades(10 000 yuan)	67845	83651	23.3
餐饮业(万元)	Catering Trade(10 000 yuan)	10430	9029	-13.4
科技教育卫生	**Science,Education & Public Health**			
各类专业技术人员(人)	Speccial Technical Personnel(person)	6782	6303	-7.1
幼儿园数(所)	Number of Kindergartens(unit)	2	2	0.0
学龄儿童入学率(%)	Percentage of School-Age Children Enrolled(%)	100.0		
小学学校数(所)	Number of Primary Schools(unit)	84	68	-19.0
小学专任教师数(人)	Number of Full-time Teachers of Primary Schools(person)	2500	2563	2.5
小学在校学生数(人)	Number of Student Enrollment of Primary Schools(person)	21940	20375	-7.1
普通中学学校数(所)	Number of Regular Secondary Schools(unit)	33	28	-15.2
普通中学专任教师数(人)	Number of Teachers of Secondary Shools(person)	1314	1313	-0.1
初中在校学生数(人)	Number of Student in Junior Secondary Schools(person)	13811	13303	-3.7
高中在校学生数(人)	Number of Student in Senior Secondary Schools(person)	5283	5854	10.8
卫生机构数(所)	Number of Health Institutions(unit)	33	34	3.0
#医院(所)	Hospitals(unit)	2	2	0.0
卫生院(所)	Township Hospitals(unit)	26	26	0.0
床位数(张)	Number of Beds(unit)	370	389	5.1
#医院(张)	Hospitals(unit)	170	190	11.8
卫生院(张)	Township Hospitals(unit)	200	170	-15.0
卫生技术人员(人)	Medical Technical Presonnel(person)	782	752	-3.8
#医院(人)	Hospitals(person)	258	236	-8.5
卫生院(人)	Township Hospitals(person)	396	380	-4.0

23-53 赤峰市红山区

指标	Item	2005	2006	2006年比上年增长% Increase Rate in 2006 Over 2005(%)
行政区域土地面积(平方公里)	**Area of Administration(Sq.km)**	**170**	**507**	198.0
人口和就业	**Population & Employment**			
年末总人口(人)	Total Population Year-end(person)	305281	342989	12.4
#男性(人)	Male(person)	152150	170888	12.3
#乡村人口(人)	Rural(person)	49778	81812	64.4
年末总户数(户)	Total Number of Households at the Year-end(Household)	110297	122073	10.7
#乡村户数(户)	Number of Rural Household(Household)	15685	22411	42.9
出生人口(人)	Births(person)	2367	1689	-28.6
死亡人口(人)	Deaths(person)	1070	535	-50.0
全社会就业人员(人)	Employment(person)	129634	143370	10.6
第一产业(人)	Primary Industry(person)	9732	21640	122.4
第二产业(人)	Secondary Industry(person)	31579	32578	3.2
第三产业(人)	Tertiary Industry(person)	88323	89152	0.9
在岗职工人数(人)	Number of Staff & Workers Employed in(person)	49754	48794	-1.9
乡村劳动力(人)	Number of Rural Laborers(person)	26334	43866	66.6
#农林牧渔业(人)	Farming,Forestry,Animal Husbandry & Fishery(person)	10939	21677	98.2
国民经济综合指标	**Summary Item on the National Economy**			
生产总值(万元)	Gross Domestic Product(10 000 yuan)	515423	704335	36.7
第一产业(万元)	Primary Industry(10 000 yuan)	17367	26060	50.1
第二产业(万元)	Secondary Industry(10 000 yuan)	202105	306347	51.6
#工业(万元)	Industry(10 000 yuan)	178670	276914	55.0
第三产业(万元)	Tertiary Industry(10 000 yuan)	295951	371928	25.7
人均生产总值(元)	Per Capita GDP(yuan)	16884	20535	21.6
全社会固定资产投资(万元)	Total Investment in Fixed Assets(10 000 yuan)	221457	337210	52.3
按登记注册类型分	Grouped by Registered Type			
#国有(万元)	State-owned Enterprises(10 000 yuan)	49929	110043	120.4
集体(万元)	Collective-owned Enterprises(10 000 yuan)	2478	2500	0.9
有限责任公司(万元)	Limited Liability Corporations(10 000 yuan)	107944	105470	-2.3
股份有限公司(万元)	Share Holding Enterprises(10 000 yuan)	18024	33606	86.5
私营企业(万元)	Private Enterprises(10 000 yuan)	34462	47885	39.0
外商及港澳台投资企业(万元)	Funds from HK,Macao,Taiwan & Foreign(10 000 yuan)	7970	32336	305.7
按城乡渠道分	Grouped by Urban and Rural Area			
城镇(万元)	Urban(10 000 yuan)	140430	252093	79.5
农村(万元)	Rural(10 000 yuan)	8323	3550	-57.3
地方财政收入(万元)	Local Governments Revenue(10 000 yuan)	34636	42747	23.4
地方财政支出(万元)	Local Governments Expenditures(10 000 yuan)	33279	48940	47.1
城乡居民储蓄存款余额(万元)	Resident Saving Deposit in Urban & Rural(10 000 yuan)			
在岗职工工资总额(万元)	Total Wages of Staff & Workers Empioyed in(10 000 yuan)	64963	73317	12.9
在岗职工平均工资(元)	Average Wage of Staff & Workers Employed in(yuan)	13382	16056	20.0
农牧民人均纯收入(元)	Per Capita Net Income of Peasant & Herdsman(yuan)	5157	5807	12.6
农村牧区经济	**Economic Development in Rural & Pastoral Area**			
耕地面积(公顷)	Cultivated Area(hectare)	2734	13207	383.1
农作物总播种面积(公顷)	Total Sown Area(hectare)	3575	13625	281.1
#粮食作物播种面积(公顷)	Sown Area of Grain Crops(hectare)	2042	11902	482.9
有效灌溉面积(公顷)	Irrigated Area(hectare)	2532	5030	98.7
农牧业机械总动力(万千瓦)	Total Power of Agricultural Machinery(10 000 kw)	4.54	6.59	45.2
化肥施用折纯量(吨)	Consumption of Chemical Fertilizer(ton)	1947	3894	100.0
农村用电量(万千瓦小时)	Electricity Consumed in Rural Area(10 000 kwh)	1459	2916	99.9
农林牧渔业总产值(万元)	Gross Output of Farming,Forestry,Animal Husbandry & Fishery(10 000 yuan)	28970	44365	53.1
粮食产量(吨)	Yield of Grain(ton)	21399	54318	153.8
油料产量(吨)	Yield of Oil-bearing Grops(ton)	51	619	1113.7
甜菜产量(吨)	Yield of Beetroots(ton)			
猪牛羊肉产量(吨)	Output of Pork, Beef & Mutton(ton)	4852	5757	18.7
#猪肉产量(吨)	Output of Pork(ton)	1653	1840	11.3
牛肉产量(吨)	Output of Beef(ton)	2756	3440	24.8
羊肉产量(吨)	Output of Mutton(ton)	443	477	7.7
羊毛产量(吨)	Output of Wool(ton)	24	24	0.0

23-53 Hongshan District in Chifeng City

指 标	Item	2005	2006	2006年比上年增长% Increase Rate in 2006 Over 2005(%)
年末牲畜存栏头数(万头只)	Total Livestock at the Year-end(10 000 heads)	4.23	6.99	65.2
# 大牲畜(万头只)	Large Animals(10 000 heads)	1.30	2.67	105.4
羊(万只)	Sheep & Goats(10 000 heads)	1.95	3.37	72.8
猪(万头)	Hogs(10 000 heads)	0.98	0.95	-3.1
规模以上工业	**Industrial Enterprises above Designated size**			
工业企业单位数(个)	Number of Industrial Enterprises(unit)	31	34	9.7
# 内资企业(个)	Civil Funded Enterprises(unit)	26	28	7.7
工业总产值(万元)	Gross Industrial Output Value(10 000 yuan)	425897	744512	74.8
内资企业(万元)	Civil Funded Enterprises(10 000 yuan)	321207	572238	78.2
国有企业(万元)	State-owned Enterprises(10 000 yuan)	119050	145572	22.3
集体企业(万元)	Collective-owned Enterprises(10 000 yuan)			
股份合作企业(万元)	Share Holding Enterprises(10 000 yuan)	29309		
联营企业(万元)	Joint Owned Enterprises(10 000 yuan)			
有限责任公司(万元)	Limited Company(10 000 yuan)	140017	300069	114.3
股份有限公司(万元)	Share Holding Limited Company(10 000 yuan)	32831		
私营企业(万元)	Privately Owned Enterprises(10 000 yuan)		126597	
其他企业(万元)	Enterprises of Other Ownership(10 000 yuan)			
港澳台商投资企业(万元)	Funds from HK,Macao & Taiwan(10 000 yuan)	34276	32027	-6.6
外商投资企业(万元)	Foreign Funded Enterprises(10 000 yuan)	70414	140247	99.2
工业企业增加值(万元)	Value Added of Industrial Enterprises(10 000 yuan)	130474	214058	64.1
工业企业资产总计(万元)	Total Assets of Industrial Enterprises(10 000 yuan)	553535	780717	41.0
工业企业负债合计(万元)	Total Liabilities of Industrial Enterprises(10 000 yuan)	262853	495525	88.5
工业企业产品销售收入(万元)	Sales of Revenue Industrial Enterprises(10 000 yuan)	434378	751527	73.0
工业企业利润总额(万元)	Total Profits of Industrial Enterprises(10 000 yuan)	19222	43521	126.4
建筑业	**Construction**			
建筑企业单位数(个)	Number of Construction Enterprises(unit)	22	29	31.8
建筑企业从业人员(人)	Number of Employee in Construction Enterprises(person)	11427	16105	40.9
建筑业总产值(万元)	Gross Construction Output Value(10 000 yuan)	83930	98590	17.5
交通运输邮电通信业	**Transportation,Post & Telecommunications**			
公路里程(公里)	Total Length of Highways(km)	112	156	39.3
邮电业务总量(万元)	Business Volume of Post & Telecoms(10 000 yuan)			
本地电话用户(户)	Number of Subscribers of Local Telephone(Household)	82100	91452	11.4
国内贸易	**Demestic Trade**			
社会消费品零售总额(万元)	Total Retail Sales of Consumer Goods(10 000 yuan)	337948	397939	17.8
# 贸易业(万元)	Wholesale & Retail Sales Trades(10 000 yuan)	286469	330493	15.4
餐饮业(万元)	Catering Trade(10 000 yuan)	45335	60476	33.4
科技教育卫生	**Science,Education & Public Health**			
各类专业技术人员(人)	Speccial Technical Personnel(person)	5456	5712	4.7
幼儿园数(所)	Number of Kindergartens(unit)	34	45	32.4
学龄儿童入学率(%)	Percentage of School-Age Children Enrolled(%)	100.0	100.0	0.0
小学学校数(所)	Number of Primary Schools(unit)	33	49	48.5
小学专任教师数(人)	Number of Full-time Teachers of Primary Schools(person)	1791	1994	11.3
小学在校学生数(人)	Number of Student Enrollment of Primary Schools(person)	23167	25831	11.5
普通中学学校数(所)	Number of Regular Secondary Schools(unit)	21	21	0.0
普通中学专任教师数(人)	Number of Teachers of Secondary Shools(person)	1999	2171	8.6
初中在校学生数(人)	Number of Student in Junior Secondary Schools(person)	12070	13476	11.6
高中在校学生数(人)	Number of Student in Senior Secondary Schools(person)	17243	19290	11.9
卫生机构数(所)	Number of Health Institutions(unit)	19	9	-52.6
# 医院(所)	Hospitals(unit)	7	2	-71.4
卫生院(所)	Township Hospitals(unit)	2	3	50.0
床位数(张)	Number of Beds(unit)	2392	640	-73.2
# 医院(张)	Hospitals(unit)	2259	551	-75.6
卫生院(张)	Township Hospitals(unit)	63	69	9.5
卫生技术人员(人)	Medical Technical Presonnel(person)	2941	928	-68.4
# 医院(人)	Hospitals(person)	2778	738	-73.4
卫生院(人)	Township Hospitals(person)	55	103	87.3

23-54 赤峰市元宝山区

指 标	Item	2005	2006	2006年比上年增长% Increase Rate in 2006 Over 2005(%)
行政区域土地面积(平方公里)	**Area of Administration(Sq.km)**	**952**	**952**	**0.0**
人口和就业	**Population & Employment**			
年末总人口(人)	Total Population Year-end(person)	320852	321130	0.1
#男性(人)	Male(person)	163289	163525	0.1
#乡村人口(人)	Rural(person)	155607	165607	6.4
年末总户数(户)	Total Number of Households at the Year-end(Household)	106380	108258	1.8
#乡村户数(户)	Number of Rural Household(Household)	41909	43409	3.6
出生人口(人)	Births(person)	2603	1345	-48.3
死亡人口(人)	Deaths(person)	1660	836	-49.6
全社会就业人员(人)	Employment(person)	155187	158315	2.0
第一产业(人)	Primary Industry(person)	41789	42776	2.4
第二产业(人)	Secondary Industry(person)	75311	73643	-2.2
第三产业(人)	summary Item on the National Economy	38087	41896	10.0
在岗职工人数(人)	Number of Staff & Workers Employed in(person)	40630	42270	4.0
乡村劳动力(人)	Number of Rural Laborers(person)	84669	86669	2.4
#农林牧渔业(人)	Farming,Forestry,Animal Husbandry & Fishery(person)	41631	42631	2.4
国民经济综合指标	**Summary Item on the National Economy**			
生产总值(万元)	Gross Domestic Product(10 000 yuan)	568279	670810	13.5
第一产业(万元)	Primary Industry(10 000 yuan)	60410	63700	6.7
第二产业(万元)	Secondary Industry(10 000 yuan)	327565	374845	10.7
#工业(万元)	Industry(10 000 yuan)	301154	346283	10.6
第三产业(万元)	Tertiary Industry(10 000 yuan)	180304	232265	20.6
人均生产总值(元)	Per Capita GDP(yuan)	17711	20898	13.3
全社会固定资产投资(万元)	Total Investment in Fixed Assets(10 000 yuan)	247326	334538	35.3
按登记注册类型分	Grouped by Registered Type			
#国有(万元)	State-owned Enterprises(10 000 yuan)	106408	27701	-74.0
集体(万元)	Collective-owned Enterprises(10 000 yuan)	30812	39167	27.1
有限责任公司(万元)	Limited Liability Corporations(10 000 yuan)	62785	217181	245.9
股份有限公司(万元)	Share Holding Enterprises(10 000 yuan)	9345	3065	-67.2
私营企业(万元)	Private Enterprises(10 000 yuan)	4537	7485	65.0
外商及港澳台投资企业(万元)	Funds from HK,Macao,Taiwan & Foreign(10 000 yuan)			
按城乡渠道分	Grouped by Urban and Rural Area			
城镇(万元)	Urban(10 000 yuan)	188825	235648	24.8
农村(万元)	Rural(10 000 yuan)	22956	32427	41.3
地方财政收入(万元)	Local Governments Revenue(10 000 yuan)	28452	32384	13.8
地方财政支出(万元)	Local Governments Expenditures(10 000 yuan)	37420	44619	19.2
城乡居民储蓄存款余额(万元)	Resident Saving Deposit in Urban & Rural(10 000 yuan)	350280	379611	8.4
在岗职工工资总额(万元)	Total Wages of Staff & Workers Empioyed in(10 000 yuan)	67881	94121	38.7
在岗职工平均工资(元)	Average Wage of Staff & Workers Employed in(yuan)	15164	19287	27.2
农牧民人均纯收入(元)	Per Capita Net Income of Peasant & Herdsman(yuan)	4580	5283	15.3
农村牧区经济	**Economic Development in Rural & Pastoral Area**			
耕地面积(公顷)	Cultivated Area(hectare)	23115	23115	0.0
农作物总播种面积(公顷)	Total Sown Area(hectare)	24313	24731	1.7
#粮食作物播种面积(公顷)	Sown Area of Grain Crops(hectare)	18198	17186	-5.6
有效灌溉面积(公顷)	Irrigated Area(hectare)	13769	13769	0.0
农牧业机械总动力(万千瓦)	Total Power of Agricultural Machinery(10 000 kw)	10.80	11.60	7.4
化肥施用折纯量(吨)	Consumption of Chemical Fertilizer(ton)	8758	8958	2.3
农村用电量(万千瓦小时)	Electricity Consumed in Rural Area(10 000 kwh)	20125	22125	9.9
农林牧渔业总产值(万元)	Gross Output of Farming,Forestry,Animal Husbandry & Fishery(10 000 yuan)	99256	106262	8.4
粮食产量(吨)	Yield of Grain(ton)	116065	139307	20.0
油料产量(吨)	Yield of Oil-bearing Grops(ton)	1009	1323	31.1
甜菜产量(吨)	Yield of Beetroots(ton)	1560	5168	231.3
猪牛羊肉产量(吨)	Output of Pork, Beef & Mutton(ton)	12657	13335	5.4
#猪肉产量(吨)	Output of Pork(ton)	4466	4338	-2.9
牛肉产量(吨)	Output of Beef(ton)	6543	7207	10.1
羊肉产量(吨)	Output of Mutton(ton)	1648	1790	8.6
羊毛产量(吨)	Output of Wool(ton)	377	418	10.9

23-54 Yuanbaoshan District in Chifeng City

指 标	Item	2005	2006	2006年比上年增长% Increase Rate in 2006 Over 2005(%)
年末牲畜存栏头数(万头只)	Total Livestock at the Year-end(10 000 heads)	20.75	11.87	-42.8
#大牲畜(万头只)	Large Animals(10 000 heads)	7.46	6.64	-11.0
羊(万只)	Sheep & Goats(10 000 heads)	9.68	1.73	-82.1
猪(万头)	Hogs(10 000 heads)	3.61	3.50	-3.0
规模以上工业	**Industrial Enterprises above Designated size**			
工业企业单位数(个)	Number of Industrial Enterprises(unit)	32	36	12.5
#内资企业(个)	Civil Funded Enterprises(unit)	32	36	12.5
工业总产值(万元)	Gross Industrial Output Value(10 000 yuan)	720034	670207	-6.9
内资企业(万元)	Civil Funded Enterprises(10 000 yuan)	720034	670207	-6.9
国有企业(万元)	State-owned Enterprises(10 000 yuan)	120052	4253	-96.5
集体企业(万元)	Collective-owned Enterprises(10 000 yuan)	38402	31077	-19.1
股份合作企业(万元)	Share Holding Enterprises(10 000 yuan)			
联营企业(万元)	Joint Owned Enterprises(10 000 yuan)			
有限责任公司(万元)	Limited Company(10 000 yuan)	337403	577581	71.2
股份有限公司(万元)	Share Holding Limited Company(10 000 yuan)	222463	43718	-80.3
私营企业(万元)	Privately Owned Enterprises(10 000 yuan)	1714	12503	629.5
其他企业(万元)	Enterprises of Other Ownership(10 000 yuan)		1075	
港澳台商投资企业(万元)	Funds from HK,Macao & Taiwan(10 000 yuan)			
外商投资企业(万元)	Foreign Funded Enterprises(10 000 yuan)			
工业企业增加值(万元)	Value Added of Industrial Enterprises(10 000 yuan)	266231	283958	3.1
工业企业资产总计(万元)	Total Assets of Industrial Enterprises(10 000 yuan)	1586341	1684009	6.2
工业企业负债合计(万元)	Total Liabilities of Industrial Enterprises(10 000 yuan)	970295	1088888	12.2
工业企业产品销售收入(万元)	Sales of Revenue Industrial Enterprises(10 000 yuan)	706083	645542	-8.6
工业企业利润总额(万元)	Total Profits of Industrial Enterprises(10 000 yuan)	19088	10963	-42.6
建筑业	**Construction**			
建筑企业单位数(个)	Number of Construction Enterprises(unit)	9	11	22.2
建筑企业从业人员(人)	Number of Employee in Construction Enterprises(person)	3053	7741	153.6
建筑业总产值(万元)	Gross Construction Output Value(10 000 yuan)	33469	61360	83.3
交通运输邮电通信业	**Transportation,Post & Telecommunications**			
公路里程(公里)	Total Length of Highways(km)	301	672	123.2
邮电业务总量(万元)	Business Volume of Post & Telecoms(10 000 yuan)	9638	12561	30.3
本地电话用户(户)	Number of Subscribers of Local Telephone(Household)	65492	70945	8.3
国内贸易	**Demestic Trade**			
社会消费品零售总额(万元)	Total Retail Sales of Consumer Goods(10 000 yuan)	204449	239534	17.2
#贸易业(万元)	Wholesale & Retail Sales Trades(10 000 yuan)	170395	199362	17.0
餐饮业(万元)	Catering Trade(10 000 yuan)	26839	31875	18.8
科技教育卫生	**Science,Education & Public Health**			
各类专业技术人员(人)	Speccial Technical Personnel(person)	5108	6050	18.4
幼儿园数(所)	Number of Kindergartens(unit)	30	100	233.3
学龄儿童入学率(%)	Percentage of School-Age Children Enrolled(%)	100.0	100.0	0.0
小学学校数(所)	Number of Primary Schools(unit)	68	67	-1.5
小学专任教师数(人)	Number of Full-time Teachers of Primary Schools(person)	2119	2186	3.2
小学在校学生数(人)	Number of Student Enrollment of Primary Schools(person)	25327	26916	6.3
普通中学学校数(所)	Number of Regular Secondary Schools(unit)	24	22	-8.3
普通中学专任教师数(人)	Number of Teachers of Secondary Shools(person)	1744	1659	-4.9
初中在校学生数(人)	Number of Student in Junior Secondary Schools(person)	16419	17716	7.9
高中在校学生数(人)	Number of Student in Senior Secondary Schools(person)	10794	11280	4.5
卫生机构数(所)	Number of Health Institutions(unit)	37	50	35.1
#医院(所)	Hospitals(unit)	2	2	0.0
卫生院(所)	Township Hospitals(unit)	10	10	0.0
床位数(张)	Number of Beds(unit)	573	637	11.2
#医院(张)	Hospitals(unit)	327	340	4.0
卫生院(张)	Township Hospitals(unit)	219	199	-9.1
卫生技术人员(人)	Medical Technical Presonnel(person)	732	774	5.7
#医院(人)	Hospitals(person)	314	377	20.1
卫生院(人)	Township Hospitals(person)	255	243	-4.7

23-55 赤峰市松山区

指 标	Item	2005	2006	2006年比上年增长% Increase Rate in 2006 Over 2005(%)
行政区域土地面积(平方公里)	**Area of Administration(Sq.km)**	**5618**	**5618**	**0.0**
人口和就业	**Population & Employment**			
年末总人口(人)	Total Population Year-end(person)	508892	515736	1.3
#男性(人)	Male(person)	263017	267751	1.8
#乡村人口(人)	Rural(person)	429178	429278	0.0
年末总户数(户)	Total Number of Households at the Year-end(Household)	153007	165119	7.9
#乡村户数(户)	Number of Rural Household(Household)	110191	110191	0.0
出生人口(人)	Births(person)	5225	3161	-39.5
死亡人口(人)	Deaths(person)	1973	548	-72.2
全社会就业人员(人)	Employment(person)	248761	261979	5.3
第一产业(人)	Primary Industry(person)	133477	134282	0.6
第二产业(人)	Secondary Industry(person)	46697	56205	20.4
第三产业(人)	Tertiary Industry(person)	68587	71492	4.2
在岗职工人数(人)	Number of Staff & Workers Employed in(person)	24900	24568	-1.3
乡村劳动力(人)	Number of Rural Laborers(person)	220113	220014	0.0
#农林牧渔业(人)	Farming,Forestry,Animal Husbandry & Fishery(person)	133477	133377	-0.1
国民经济综合指标	**Summary Item on the National Economy**			
生产总值(万元)	Gross Domestic Product(10 000 yuan)	384525	459318	19.6
第一产业(万元)	Primary Industry(10 000 yuan)	135955	143600	6.9
第二产业(万元)	Secondary Industry(10 000 yuan)	122293	167349	33.4
#工业(万元)	Industry(10 000 yuan)	92365	128672	50.5
第三产业(万元)	Tertiary Industry(10 000 yuan)	126277	148369	18.6
人均生产总值(元)	Per Capita GDP(yuan)	7569	9006	19.6
全社会固定资产投资(万元)	Total Investment in Fixed Assets(10 000 yuan)	345584	420414	21.7
按登记注册类型分	Grouped by Registered Type			
#国有(万元)	State-owned Enterprises(10 000 yuan)	158767	84428	-46.8
集体(万元)	Collective-owned Enterprises(10 000 yuan)		2210	
有限责任公司(万元)	Limited Liability Corporations(10 000 yuan)	14821	86461	483.4
股份有限公司(万元)	Share Holding Enterprises(10 000 yuan)	32300	30840	-4.5
私营企业(万元)	Private Enterprises(10 000 yuan)	1898	111384	5768.5
外商及港澳台投资企业(万元)	Funds from HK,Macao,Taiwan & Foreign(10 000 yuan)			
按城乡渠道分	Grouped by Urban and Rural Area			
城镇(万元)	Urban(10 000 yuan)		248301	
农村(万元)	Rural(10 000 yuan)		50698	
地方财政收入(万元)	Local Governments Revenue(10 000 yuan)	15711	17118	9.0
地方财政支出(万元)	Local Governments Expenditures(10 000 yuan)	67002	81952	22.3
城乡居民储蓄存款余额(万元)	Resident Saving Deposit in Urban & Rural(10 000 yuan)	245917	210667	-14.3
在岗职工工资总额(万元)	Total Wages of Staff & Workers Empioyed in(10 000 yuan)	34229	41295	20.6
在岗职工平均工资(元)	Average Wage of Staff & Workers Employed in(yuan)	13795	16788	21.7
农牧民人均纯收入(元)	Per Capita Net Income of Peasant & Herdsman(yuan)	3220	3850	19.6
农村牧区经济	**Economic Development in Rural & Pastoral Area**			
耕地面积(公顷)	Cultivated Area(hectare)	144343	141036	-2.3
农作物总播种面积(公顷)	Total Sown Area(hectare)	135666	141796	4.5
#粮食作物播种面积(公顷)	Sown Area of Grain Crops(hectare)	97143	107819	11.0
有效灌溉面积(公顷)	Irrigated Area(hectare)	58245	28605	-50.9
农牧业机械总动力(万千瓦)	Total Power of Agricultural Machinery(10 000 kw)	34.10	35.31	3.5
化肥施用折纯量(吨)	Consumption of Chemical Fertilizer(ton)	28605	28605	0.0
农村用电量(万千瓦小时)	Electricity Consumed in Rural Area(10 000 kwh)	9975	9999	0.2
农林牧渔业总产值(万元)	Gross Output of Farming,Forestry,Animal Husbandry & Fishery(10 000 yuan)	223362	242799	9.7
粮食产量(吨)	Yield of Grain(ton)	562134	580000	3.2
油料产量(吨)	Yield of Oil-bearing Grops(ton)	28898	18302	-36.7
甜菜产量(吨)	Yield of Beetroots(ton)	165099	112118	-32.1
猪牛羊肉产量(吨)	Output of Pork, Beef & Mutton(ton)	39116	50338	28.7
#猪肉产量(吨)	Output of Pork(ton)	20950	28907	38.0
牛肉产量(吨)	Output of Beef(ton)	15330	16901	10.2
羊肉产量(吨)	Output of Mutton(ton)	2836	4530	59.7
羊毛产量(吨)	Output of Wool(ton)	857	1300	51.7

23-55 Songshan District in Chifeng City

指 标	Item	2005	2006	2006年比上年增长% Increase Rate in 2006 Over 2005(%)
年末牲畜存栏头数(万头只)	Total Livestock at the Year-end(10 000 heads)	48.55	48.75	0.4
#大牲畜(万头只)	Large Animals(10 000 heads)	15.53	16.86	8.6
羊(万只)	Sheep & Goats(10 000 heads)	19.00	16.17	-14.9
猪(万头)	Hogs(10 000 heads)	14.01	15.72	12.2
规模以上工业	**Industrial Enterprises above Designated size**			
工业企业单位数(个)	Number of Industrial Enterprises(unit)	32	37	15.6
#内资企业(个)	Civil Funded Enterprises(unit)	32	37	15.6
工业总产值(万元)	Gross Industrial Output Value(10 000 yuan)	115383	236807	105.2
内资企业(万元)	Civil Funded Enterprises(10 000 yuan)	115383	236807	105.2
国有企业(万元)	State-owned Enterprises(10 000 yuan)	10502	12562	19.6
集体企业(万元)	Collective-owned Enterprises(10 000 yuan)	2026	2247	10.9
股份合作企业(万元)	Share Holding Enterprises(10 000 yuan)	1488	1256	-15.6
联营企业(万元)	Joint Owned Enterprises(10 000 yuan)			
有限责任公司(万元)	Limited Company(10 000 yuan)	46800	60964	30.3
股份有限公司(万元)	Share Holding Limited Company(10 000 yuan)	30421	34934	14.8
私营企业(万元)	Privately Owned Enterprises(10 000 yuan)	24146	124280	414.7
其他企业(万元)	Enterprises of Other Ownership(10 000 yuan)		564	
港澳台商投资企业(万元)	Funds from HK,Macao & Taiwan(10 000 yuan)			
外商投资企业(万元)	Foreign Funded Enterprises(10 000 yuan)			
工业企业增加值(万元)	Value Added of Industrial Enterprises(10 000 yuan)	51903	78839	78.3
工业企业资产总计(万元)	Total Assets of Industrial Enterprises(10 000 yuan)	282537	340189	20.4
工业企业负债合计(万元)	Total Liabilities of Industrial Enterprises(10 000 yuan)	103800	134126	29.2
工业企业产品销售收入(万元)	Sales of Revenue Industrial Enterprises(10 000 yuan)	114392	231351	102.2
工业企业利润总额(万元)	Total Profits of Industrial Enterprises(10 000 yuan)	16572	29655	78.9
建筑业	**Construction**			
建筑企业单位数(个)	Number of Construction Enterprises(unit)	16	20	25.0
建筑企业从业人员(人)	Number of Employee in Construction Enterprises(person)	15717	23885	52.0
建筑业总产值(万元)	Gross Construction Output Value(10 000 yuan)	48844	86341	76.8
交通运输邮电通信业	**Transportation,Post & Telecommunications**			
公路里程(公里)	Total Length of Highways(km)	1500	1500	0.0
邮电业务总量(万元)	Business Volume of Post & Telecoms(10 000 yuan)			
本地电话用户(户)、	Number of Subscribers of Local Telephone(Household)	93825	92000	-1.9
国内贸易	**Demestic Trade**			
社会消费品零售总额(万元)	Total Retail Sales of Consumer Goods(10 000 yuan)	147963	176433	19.2
#贸易业(万元)	Wholesale & Retail Sales Trades(10 000 yuan)	119353	142318	19.2
餐饮业(万元)	Catering Trade(10 000 yuan)	28128	33540	19.2
科技教育卫生	**Science,Education & Public Health**			
各类专业技术人员(人)	Speccial Technical Personnel(person)	10774	10944	1.6
幼儿园数(所)	Number of Kindergartens(unit)	49	46	-6.1
学龄儿童入学率(%)	Percentage of School-Age Children Enrolled(%)	100.0	100.0	0.0
小学学校数(所)	Number of Primary Schools(unit)	168	136	-19.0
小学专任教师数(人)	Number of Full-time Teachers of Primary Schools(person)	2317	2369	2.2
小学在校学生数(人)	Number of Student Enrollment of Primary Schools(person)	35716	35730	0.0
普通中学学校数(所)	Number of Regular Secondary Schools(unit)	41	31	-24.4
普通中学专任教师数(人)	Number of Teachers of Secondary Shools(person)	2402	2437	1.5
初中在校学生数(人)	Number of Student in Junior Secondary Schools(person)	25597	22747	-11.1
高中在校学生数(人)	Number of Student in Senior Secondary Schools(person)	15341	17553	14.4
卫生机构数(所)	Number of Health Institutions(unit)	38	39	2.6
#医院(所)	Hospitals(unit)	3	3	0.0
卫生院(所)	Township Hospitals(unit)	27	28	3.7
床位数(张)	Number of Beds(unit)	630	687	9.0
#医院(张)	Hospitals(unit)	183	225	23.0
卫生院(张)	Township Hospitals(unit)	415	430	3.6
卫生技术人员(人)	Medical Technical Presonnel(person)	664	803	20.9
#医院(人)	Hospitals(person)	213	223	4.7
卫生院(人)	Township Hospitals(person)	385	480	24.7

23-56 赤峰市阿鲁科尔沁旗

指 标	Item	2005	2006	2006年比上年增长% Increase Rate in 2006 Over 2005(%)
行政区域土地面积(平方公里)	**Area of Administration(Sq.km)**	**14555**	**14555**	**0.0**
人口和就业	**Population & Employment**			
年末总人口(人)	Total Population Year-end(person)	300587	297335	-1.1
#男性(人)	Male(person)	151402	151669	0.2
#乡村人口(人)	Rural(person)	257476	253464	-1.6
年末总户数(户)	Total Number of Households at the Year-end(Household)	94889	98426	3.7
#乡村户数(户)	Number of Rural Household(Household)	71013	71299	0.4
出生人口(人)	Births(person)	3091	2873	-7.1
死亡人口(人)	Deaths(person)	1336	1327	-0.7
全社会就业人员(人)	Employment(person)	148337	149556	0.8
第一产业(人)	Primary Industry(person)	92110	92642	0.6
第二产业(人)	Secondary Industry(person)	14840	14985	1.0
第三产业(人)	Tertiary Industry(person)	41387	41929	1.3
在岗职工人数(人)	Number of Staff & Workers Employed in(person)	21337	20243	-5.1
乡村劳动力(人)	Number of Rural Laborers(person)	127373	138671	8.9
#农林牧渔业(人)	Farming,Forestry,Animal Husbandry & Fishery(person)	87549	81434	-7.0
国民经济综合指标	**Summary Item on the National Economy**			
生产总值(万元)	Gross Domestic Product(10 000 yuan)	182118	232611	14.9
第一产业(万元)	Primary Industry(10 000 yuan)	61450	65600	6.4
第二产业(万元)	Secondary Industry(10 000 yuan)	41019	76784	30.0
#工业(万元)	Industry(10 000 yuan)	26528	58620	38.4
第三产业(万元)	Tertiary Industry(10 000 yuan)	79649	90227	13.6
人均生产总值(元)	Per Capita GDP(yuan)	6070	7781	23.2
全社会固定资产投资(万元)	Total Investment in Fixed Assets(10 000 yuan)	150000	217685	45.1
按登记注册类型分	Grouped by Registered Type			
#国有(万元)	State-owned Enterprises(10 000 yuan)	103708	162123	56.3
集体(万元)	Collective-owned Enterprises(10 000 yuan)	1309		
有限责任公司(万元)	Limited Liability Corporations(10 000 yuan)	44983	55562	23.5
股份有限公司(万元)	Share Holding Enterprises(10 000 yuan)			
私营企业(万元)	Private Enterprises(10 000 yuan)			
外商及港澳台投资企业(万元)	Funds from HK,Macao,Taiwan & Foreign(10 000 yuan)			
按城乡渠道分	Grouped by Urban and Rural Area			
城镇(万元)	Urban(10 000 yuan)	136936	198629	45.1
农村(万元)	Rural(10 000 yuan)	13064	19056	45.9
地方财政收入(万元)	Local Governments Revenue(10 000 yuan)	7727	10688	38.3
地方财政支出(万元)	Local Governments Expenditures(10 000 yuan)	50042	62832	25.6
城乡居民储蓄存款余额(万元)	Resident Saving Deposit in Urban & Rural(10 000 yuan)	64453	71961	11.6
在岗职工工资总额(万元)	Total Wages of Staff & Workers Empioyed in(10 000 yuan)	23260	26283	13.0
在岗职工平均工资(元)	Average Wage of Staff & Workers Employed in(yuan)	10882	12133	11.5
农牧民人均纯收入(元)	Per Capita Net Income of Peasant & Herdsman(yuan)	2378	2786	17.2
农村牧区经济	**Economic Development in Rural & Pastoral Area**			
耕地面积(公顷)	Cultivated Area(hectare)	89499	92505	3.4
农作物总播种面积(公顷)	Total Sown Area(hectare)	107927	78453	-27.3
#粮食作物播种面积(公顷)	Sown Area of Grain Crops(hectare)	90846	55332	-39.1
有效灌溉面积(公顷)	Irrigated Area(hectare)	23133	23710	2.5
农牧业机械总动力(万千瓦)	Total Power of Agricultural Machinery(10 000 kw)	30.30	30.60	1.0
化肥施用折纯量(吨)	Consumption of Chemical Fertilizer(ton)	8041	8269	2.8
农村用电量(万千瓦小时)	Electricity Consumed in Rural Area(10 000 kwh)	3091	4086	32.2
农林牧渔业总产值(万元)	Gross Output of Farming,Forestry,Animal Husbandry & Fishery(10 000 yuan)	102505	111677	8.5
粮食产量(吨)	Yield of Grain(ton)	192747	77280	-59.9
油料产量(吨)	Yield of Oil-bearing Grops(ton)	1760	1523	-13.5
甜菜产量(吨)	Yield of Beetroots(ton)	382	1200	214.1
猪牛羊肉产量(吨)	Output of Pork, Beef & Mutton(ton)	30885	29910	-3.2
#猪肉产量(吨)	Output of Pork(ton)	6310	6153	-2.5
牛肉产量(吨)	Output of Beef(ton)	14226	13166	-7.5
羊肉产量(吨)	Output of Mutton(ton)	10349	10591	2.3
羊毛产量(吨)	Output of Wool(ton)	1651	1680	1.8

23-56 Alukeerqin Banner in Chifeng City

指 标	Item	2005	2006	2006年比上年增长% Increase Rate in 2006 Over 2005(%)
年末牲畜存栏头数(万头只)	Total Livestock at the Year-end(10 000 heads)	143.10	125.30	-12.4
#大牲畜(万头只)	Large Animals(10 000 heads)	24.89	23.36	-6.1
羊(万只)	Sheep & Goats(10 000 heads)	108.97	93.28	-14.4
猪(万头)	Hogs(10 000 heads)	9.23	8.66	-6.2
规模以上工业	**Industrial Enterprises above Designated size**			
工业企业单位数(个)	Number of Industrial Enterprises(unit)	20	27	35.0
#内资企业(个)	Civil Funded Enterprises(unit)	20	27	35.0
工业总产值(万元)	Gross Industrial Output Value(10 000 yuan)	44055	114074	158.9
内资企业(万元)	Civil Funded Enterprises(10 000 yuan)	44055	114074	158.9
国有企业(万元)	State-owned Enterprises(10 000 yuan)	4443	66912	1406.0
集体企业(万元)	Collective-owned Enterprises(10 000 yuan)	4355	4038	-7.3
股份合作企业(万元)	Share Holding Enterprises(10 000 yuan)			
联营企业(万元)	Joint Owned Enterprises(10 000 yuan)			
有限责任公司(万元)	Limited Company(10 000 yuan)	13158	13618	3.5
股份有限公司(万元)	Share Holding Limited Company(10 000 yuan)	4709	3184	-32.4
私营企业(万元)	Privately Owned Enterprises(10 000 yuan)	17390	26322	51.4
其他企业(万元)	Enterprises of Other Ownership(10 000 yuan)			
港澳台商投资企业(万元)	Funds from HK,Macao & Taiwan(10 000 yuan)			
外商投资企业(万元)	Foreign Funded Enterprises(10 000 yuan)			
工业企业增加值(万元)	Value Added of Industrial Enterprises(10 000 yuan)	13902	43089	59.8
工业企业资产总计(万元)	Total Assets of Industrial Enterprises(10 000 yuan)	43902	84936	93.5
工业企业负债合计(万元)	Total Liabilities of Industrial Enterprises(10 000 yuan)	25693	34439	34.0
工业企业产品销售收入(万元)	Sales of Revenue Industrial Enterprises(10 000 yuan)	44804	114691	156.0
工业企业利润总额(万元)	Total Profits of Industrial Enterprises(10 000 yuan)	2809	3838	36.6
建筑业	**Construction**			
建筑企业单位数(个)	Number of Construction Enterprises(unit)	3	3	0.0
建筑企业从业人员(人)	Number of Employee in Construction Enterprises(person)	858	1220	42.2
建筑业总产值(万元)	Gross Construction Output Value(10 000 yuan)	5783	7686	32.9
交通运输邮电通信业	**Transportation,Post & Telecommunications**			
公路里程(公里)	Total Length of Highways(km)	721	857	18.9
邮电业务总量(万元)	Business Volume of Post & Telecoms(10 000 yuan)	528	588	11.4
本地电话用户(户)	Number of Subscribers of Local Telephone(Household)	27163	29429	8.3
国内贸易	**Demestic Trade**			
社会消费品零售总额(万元)	Total Retail Sales of Consumer Goods(10 000 yuan)	61726	71531	15.9
#贸易业(万元)	Wholesale & Retail Sales Trades(10 000 yuan)	54193	63613	17.4
餐饮业(万元)	Catering Trade(10 000 yuan)	6671	7046	5.6
科技教育卫生	**Science,Education & Public Health**			
各类专业技术人员(人)	Speccial Technical Personnel(person)	6752	6769	0.3
幼儿园数(所)	Number of Kindergartens(unit)	9	9	0.0
学龄儿童入学率(%)	Percentage of School-Age Children Enrolled(%)	100.0	100.0	0.0
小学学校数(所)	Number of Primary Schools(unit)	20	32	60.0
小学专任教师数(人)	Number of Full-time Teachers of Primary Schools(person)	1551	1542	-0.6
小学在校学生数(人)	Number of Student Enrollment of Primary Schools(person)	21554	20268	-6.0
普通中学学校数(所)	Number of Regular Secondary Schools(unit)	15	16	6.7
普通中学专任教师数(人)	Number of Teachers of Secondary Shools(person)	1072	1125	4.9
初中在校学生数(人)	Number of Student in Junior Secondary Schools(person)	12516	11860	-5.2
高中在校学生数(人)	Number of Student in Senior Secondary Schools(person)	5874	6217	5.8
卫生机构数(所)	Number of Health Institutions(unit)	30	53	76.7
#医院(所)	Hospitals(unit)	2	2	0.0
卫生院(所)	Township Hospitals(unit)	23	23	0.0
床位数(张)	Number of Beds(unit)	612	606	-1.0
#医院(张)	Hospitals(unit)	210	210	0.0
卫生院(张)	Township Hospitals(unit)	372	376	1.1
卫生技术人员(人)	Medical Technical Presonnel(person)	532	543	2.1
#医院(人)	Hospitals(person)	224	232	3.6
卫生院(人)	Township Hospitals(person)	201	221	10.0

23-57 赤峰市巴林左旗

指 标	Item	2005	2006	2006年比上年增长% Increase Rate in 2006 Over 2005(%)
行政区域土地面积(平方公里)	**Area of Administration(Sq.km)**	**6713**	**6713**	**0.0**
人口和就业	**Population & Employment**			
年末总人口(人)	Total Population Year-end(person)	353418	356896	1.0
#男性(人)	Male(person)	180295	182144	1.0
#乡村人口(人)	Rural(person)	300918	302963	0.7
年末总户数(户)	Total Number of Households at the Year-end(Household)	106036	107942	1.8
#乡村户数(户)	Number of Rural Household(Household)	77895	78200	0.4
出生人口(人)	Births(person)	4131	3075	-25.6
死亡人口(人)	Deaths(person)	1472	724	-50.8
全社会就业人员(人)	Employment(person)	188590	190719	1.1
第一产业(人)	Primary Industry(person)	120625	121192	0.5
第二产业(人)	Secondary Industry(person)	19729	20027	1.5
第三产业(人)	Tertiary Industry(person)	48236	49500	2.6
在岗职工人数(人)	Number of Staff & Workers Employed in(person)	20571	20470	-0.5
乡村劳动力(人)	Number of Rural Laborers(person)	158980	158333	-0.4
#农林牧渔业(人)	Farming,Forestry,Animal Husbandry & Fishery(person)	119428	135222	13.2
国民经济综合指标	**Summary Item on the National Economy**			
生产总值(万元)	Gross Domestic Product(10 000 yuan)	214697	288773	18.5
第一产业(万元)	Primary Industry(10 000 yuan)	74450	79060	5.8
第二产业(万元)	Secondary Industry(10 000 yuan)	63484	122314	37.9
#工业(万元)	Industry(10 000 yuan)	55321	110267	39.1
第三产业(万元)	Tertiary Industry(10 000 yuan)	76763	87399	14.5
人均生产总值(元)	Per Capita GDP(yuan)	6064	8131	19.5
全社会固定资产投资(万元)	Total Investment in Fixed Assets(10 000 yuan)	95140	169486	78.1
按登记注册类型分	Grouped by Registered Type			
#国有(万元)	State-owned Enterprises(10 000 yuan)	51481	96086	86.6
集体(万元)	Collective-owned Enterprises(10 000 yuan)	4850	7944	63.8
有限责任公司(万元)	Limited Liability Corporations(10 000 yuan)			
股份有限公司(万元)	Share Holding Enterprises(10 000 yuan)			
私营企业(万元)	Private Enterprises(10 000 yuan)			
外商及港澳台投资企业(万元)	Funds from HK,Macao,Taiwan & Foreign(10 000 yuan)			
按城乡渠道分	Grouped by Urban and Rural Area			
城镇(万元)	Urban(10 000 yuan)		133709	
农村(万元)	Rural(10 000 yuan)		4095	
地方财政收入(万元)	Local Governments Revenue(10 000 yuan)	8081	9368	15.9
地方财政支出(万元)	Local Governments Expenditures(10 000 yuan)	46792	54872	17.3
城乡居民储蓄存款余额(万元)	Resident Saving Deposit in Urban & Rural(10 000 yuan)	99381	118402	19.1
在岗职工工资总额(万元)	Total Wages of Staff & Workers Empioyed in(10 000 yuan)	25994	28847	11.0
在岗职工平均工资(元)	Average Wage of Staff & Workers Employed in(yuan)	12475	14249	14.2
农牧民人均纯收入(元)	Per Capita Net Income of Peasant & Herdsman(yuan)	2828	3232	14.3
农村牧区经济	**Economic Development in Rural & Pastoral Area**			
耕地面积(公顷)	Cultivated Area(hectare)	105770	106655	0.8
农作物总播种面积(公顷)	Total Sown Area(hectare)	106274	106655	0.4
#粮食作物播种面积(公顷)	Sown Area of Grain Crops(hectare)	80903	74858	-7.5
有效灌溉面积(公顷)	Irrigated Area(hectare)	31695	33515	5.7
农牧业机械总动力(万千瓦)	Total Power of Agricultural Machinery(10 000 kw)	27.45	25.90	-5.6
化肥施用折纯量(吨)	Consumption of Chemical Fertilizer(ton)	12870	14517	12.8
农村用电量(万千瓦小时)	Electricity Consumed in Rural Area(10 000 kwh)	4800	5800	20.8
农林牧渔业总产值(万元)	Gross Output of Farming,Forestry,Animal Husbandry & Fishery(10 000 yuan)	124189	134592	6.2
粮食产量(吨)	Yield of Grain(ton)	281491	245000	-13.0
油料产量(吨)	Yield of Oil-bearing Grops(ton)	3611	1785	-50.6
甜菜产量(吨)	Yield of Beetroots(ton)	3841	4183	8.9
猪牛羊肉产量(吨)	Output of Pork, Beef & Mutton(ton)	23674	25096	6.0
#猪肉产量(吨)	Output of Pork(ton)	13585	16342	20.3
牛肉产量(吨)	Output of Beef(ton)	1961	2239	14.2
羊肉产量(吨)	Output of Mutton(ton)	8128	6515	-19.8
羊毛产量(吨)	Output of Wool(ton)	734	894	21.8

23-57 Balinzuo Banner in Chifeng City

指 标	Item	2005	2006	2006年比上年增长% Increase Rate in 2006 Over 2005(%)
年末牲畜存栏头数(万头只)	Total Livestock at the Year-end(10 000 heads)	85.45	115.20	34.8
# 大牲畜(万头只)	Large Animals(10 000 heads)	12.70	13.60	7.1
羊(万只)	Sheep & Goats(10 000 heads)	57.35	85.40	48.9
猪(万头)	Hogs(10 000 heads)	15.39	16.20	5.3
规模以上工业	**Industrial Enterprises above Designated size**			
工业企业单位数(个)	Number of Industrial Enterprises(unit)	16	27	68.8
# 内资企业(个)	Civil Funded Enterprises(unit)	15	26	73.3
工业总产值(万元)	Gross Industrial Output Value(10 000 yuan)	109462	245751	124.5
内资企业(万元)	Civil Funded Enterprises(10 000 yuan)	109038	244276	124.0
国有企业(万元)	State-owned Enterprises(10 000 yuan)	69956	139122	98.9
集体企业(万元)	Collective-owned Enterprises(10 000 yuan)	6921	11686	68.8
股份合作企业(万元)	Share Holding Enterprises(10 000 yuan)			
联营企业(万元)	Joint Owned Enterprises(10 000 yuan)			
有限责任公司(万元)	Limited Company(10 000 yuan)	22005	47709	116.8
股份有限公司(万元)	Share Holding Limited Company(10 000 yuan)	10156	45759	350.6
私营企业(万元)	Privately Owned Enterprises(10 000 yuan)			
其他企业(万元)	Enterprises of Other Ownership(10 000 yuan)			
港澳台商投资企业(万元)	Funds from HK,Macao & Taiwan(10 000 yuan)	424	1475	247.9
外商投资企业(万元)	Foreign Funded Enterprises(10 000 yuan)			
工业企业增加值(万元)	Value Added of Industrial Enterprises(10 000 yuan)	37426	88223	56.0
工业企业资产总计(万元)	Total Assets of Industrial Enterprises(10 000 yuan)	159203	249059	56.4
工业企业负债合计(万元)	Total Liabilities of Industrial Enterprises(10 000 yuan)	84358	101413	20.2
工业企业产品销售收入(万元)	Sales of Revenue Industrial Enterprises(10 000 yuan)	83091	162745	95.9
工业企业利润总额(万元)	Total Profits of Industrial Enterprises(10 000 yuan)	9921	38938	292.5
建筑业	**Construction**			
建筑企业单位数(个)	Number of Construction Enterprises(unit)	2	3	50.0
建筑企业从业人员(人)	Number of Employee in Construction Enterprises(person)	1133	1440	27.1
建筑业总产值(万元)	Gross Construction Output Value(10 000 yuan)	5776	13093	126.7
交通运输邮电通信业	**Transportation,Post & Telecommunications**			
公路里程(公里)	Total Length of Highways(km)	992	937	-5.5
邮电业务总量(万元)	Business Volume of Post & Telecoms(10 000 yuan)	2941	4107	39.6
本地电话用户(户)	Number of Subscribers of Local Telephone(Household)	31313	33290	6.3
国内贸易	**Demestic Trade**			
社会消费品零售总额(万元)	Total Retail Sales of Consumer Goods(10 000 yuan)	79433	92279	16.2
# 贸易业(万元)	Wholesale & Retail Sales Trades(10 000 yuan)	65850	76844	16.7
餐饮业(万元)	Catering Trade(10 000 yuan)	9681	11266	16.4
科技教育卫生	**Science,Education & Public Health**			
各类专业技术人员(人)	Speccial Technical Personnel(person)	7698	7376	-4.2
幼儿园数(所)	Number of Kindergartens(unit)	9	14	55.6
学龄儿童入学率(%)	Percentage of School-Age Children Enrolled(%)	99.9	99.9	0.0
小学学校数(所)	Number of Primary Schools(unit)	120	114	-5.0
小学专任教师数(人)	Number of Full-time Teachers of Primary Schools(person)	2131	2123	-0.4
小学在校学生数(人)	Number of Student Enrollment of Primary Schools(person)	23109	23629	2.3
普通中学学校数(所)	Number of Regular Secondary Schools(unit)	24	21	-12.5
普通中学专任教师数(人)	Number of Teachers of Secondary Shools(person)	1467	1445	-1.5
初中在校学生数(人)	Number of Student in Junior Secondary Schools(person)	16617	16042	-3.5
高中在校学生数(人)	Number of Student in Senior Secondary Schools(person)	5473	7690	40.5
卫生机构数(所)	Number of Health Institutions(unit)	30	30	0.0
# 医院(所)	Hospitals(unit)	2	2	0.0
卫生院(所)	Township Hospitals(unit)	22	22	0.0
床位数(张)	Number of Beds(unit)	593	604	1.9
# 医院(张)	Hospitals(unit)	280	280	0.0
卫生院(张)	Township Hospitals(unit)	293	324	10.6
卫生技术人员(人)	Medical Technical Presonnel(person)	946	941	-0.5
# 医院(人)	Hospitals(person)	399	421	5.5
卫生院(人)	Township Hospitals(person)	488	412	-15.6

23-58 赤峰市巴林右旗

指 标	Item	2005	2006	2006年比上年增长% Increase Rate in 2006 Over 2005(%)
行政区域土地面积(平方公里)	**Area of Administration(Sq.km)**	**9837**	**9837**	**0.0**
人口和就业	**Population & Employment**			
年末总人口(人)	Total Population Year-end(person)	178105	179525	0.8
#男性(人)	Male(person)	91054	91692	0.7
#乡村人口(人)	Rural(person)	122969	123623	0.5
年末总户数(户)	Total Number of Households at the Year-end(Household)	60337	63111	4.6
#乡村户数(户)	Number of Rural Household(Household)	31198	33153	6.3
出生人口(人)	Births(person)	1577	1294	-17.9
死亡人口(人)	Deaths(person)	1315	377	-71.3
全社会就业人员(人)	Employment(person)	76643	80436	4.9
第一产业(人)	Primary Industry(person)	41081	44896	9.3
第二产业(人)	Secondary Industry(person)	6946	6840	-1.5
第三产业(人)	Tertiary Industry(person)	28616	28700	0.3
在岗职工人数(人)	Number of Staff & Workers Employed in(person)	16428	16530	0.6
乡村劳动力(人)	Number of Rural Laborers(person)	45998	48894	6.3
#农林牧渔业(人)	Farming,Forestry,Animal Husbandry & Fishery(person)	41081	44896	9.3
国民经济综合指标	**Summary Item on the National Economy**			
生产总值(万元)	Gross Domestic Product(10 000 yuan)	121415	153053	18.5
第一产业(万元)	Primary Industry(10 000 yuan)	37796	40502	6.0
第二产业(万元)	Secondary Industry(10 000 yuan)	34834	57085	38.1
#工业(万元)	Industry(10 000 yuan)	25225	39988	33.1
第三产业(万元)	Tertiary Industry(10 000 yuan)	48785	55466	13.8
人均生产总值(元)	Per Capita GDP(yuan)	6817	8559	18.7
全社会固定资产投资(万元)	Total Investment in Fixed Assets(10 000 yuan)	111585	225330	101.9
按登记注册类型分	Grouped by Registered Type			
#国有(万元)	State-owned Enterprises(10 000 yuan)	50757	74137	46.1
集体(万元)	Collective-owned Enterprises(10 000 yuan)			
有限责任公司(万元)	Limited Liability Corporations(10 000 yuan)	29688	26310	-11.4
股份有限公司(万元)	Share Holding Enterprises(10 000 yuan)	10360	10940	5.6
私营企业(万元)	Private Enterprises(10 000 yuan)		3100	
外商及港澳台投资企业(万元)	Funds from HK,Macao,Taiwan & Foreign(10 000 yuan)			
按城乡渠道分	Grouped by Urban and Rural Area			
城镇(万元)	Urban(10 000 yuan)	110094	223148	102.7
农村(万元)	Rural(10 000 yuan)	1491	2182	46.3
地方财政收入(万元)	Local Governments Revenue(10 000 yuan)	8157	9010	10.5
地方财政支出(万元)	Local Governments Expenditures(10 000 yuan)	46809	59314	26.7
城乡居民储蓄存款余额(万元)	Resident Saving Deposit in Urban & Rural(10 000 yuan)	61124	72457	18.5
在岗职工工资总额(万元)	Total Wages of Staff & Workers Empioyed in(10 000 yuan)	19858	22585	13.7
在岗职工平均工资(元)	Average Wage of Staff & Workers Employed in(yuan)	11739	12725	8.4
农牧民人均纯收入(元)	Per Capita Net Income of Peasant & Herdsman(yuan)	2903	3305	13.8
农村牧区经济	**Economic Development in Rural & Pastoral Area**			
耕地面积(公顷)	Cultivated Area(hectare)	39534	50152	26.9
农作物总播种面积(公顷)	Total Sown Area(hectare)	45377	48904	7.8
#粮食作物播种面积(公顷)	Sown Area of Grain Crops(hectare)	32863	35823	9.0
有效灌溉面积(公顷)	Irrigated Area(hectare)	12413	12461	0.4
农牧业机械总动力(万千瓦)	Total Power of Agricultural Machinery(10 000 kw)	19.57	20.70	5.8
化肥施用折纯量(吨)	Consumption of Chemical Fertilizer(ton)	3672	7067	92.5
农村用电量(万千瓦小时)	Electricity Consumed in Rural Area(10 000 kwh)	1592	2714	70.5
农林牧渔业总产值(万元)	Gross Output of Farming,Forestry,Animal Husbandry & Fishery(10 000 yuan)	63048	68951	8.7
粮食产量(吨)	Yield of Grain(ton)	125544	68542	-45.4
油料产量(吨)	Yield of Oil-bearing Grops(ton)	6294	1359	-78.4
甜菜产量(吨)	Yield of Beetroots(ton)			
猪牛羊肉产量(吨)	Output of Pork, Beef & Mutton(ton)	21132	21251	0.6
#猪肉产量(吨)	Output of Pork(ton)	3215	4033	25.4
牛肉产量(吨)	Output of Beef(ton)	5868	5280	-10.0
羊肉产量(吨)	Output of Mutton(ton)	12049	11938	-0.9
羊毛产量(吨)	Output of Wool(ton)	1767	1703	-3.6

23-58 Balinyou Banner in Chifeng City

指 标	Item	2005	2006	2006年比上年增长% Increase Rate in 2006 Over 2005(%)
年末牲畜存栏头数(万头只)	Total Livestock at the Year-end(10 000 heads)	104.47	123.99	18.7
#大牲畜(万头只)	Large Animals(10 000 heads)	10.70	10.17	-5.0
羊(万只)	Sheep & Goats(10 000 heads)	91.43	110.72	21.1
猪(万头)	Hogs(10 000 heads)	2.34	3.10	32.5
规模以上工业	**Industrial Enterprises above Designated size**			
工业企业单位数(个)	Number of Industrial Enterprises(unit)	9	11	22.2
#内资企业(个)	Civil Funded Enterprises(unit)	9	11	22.2
工业总产值(万元)	Gross Industrial Output Value(10 000 yuan)	47023	79855	69.8
内资企业(万元)	Civil Funded Enterprises(10 000 yuan)	47023	79855	69.8
国有企业(万元)	State-owned Enterprises(10 000 yuan)	3235	4974	53.8
集体企业(万元)	Collective-owned Enterprises(10 000 yuan)			
股份合作企业(万元)	Share Holding Enterprises(10 000 yuan)	3302		
联营企业(万元)	Joint Owned Enterprises(10 000 yuan)			
有限责任公司(万元)	Limited Company(10 000 yuan)	9386	63218	573.5
股份有限公司(万元)	Share Holding Limited Company(10 000 yuan)	4731	8695	83.8
私营企业(万元)	Privately Owned Enterprises(10 000 yuan)	26369	2968	-88.7
其他企业(万元)	Enterprises of Other Ownership(10 000 yuan)			
港澳台商投资企业(万元)	Funds from HK,Macao & Taiwan(10 000 yuan)			
外商投资企业(万元)	Foreign Funded Enterprises(10 000 yuan)			
工业企业增加值(万元)	Value Added of Industrial Enterprises(10 000 yuan)	15124	27545	45.3
工业企业资产总计(万元)	Total Assets of Industrial Enterprises(10 000 yuan)	70090	66811	-4.7
工业企业负债合计(万元)	Total Liabilities of Industrial Enterprises(10 000 yuan)	46547	37943	-18.5
工业企业产品销售收入(万元)	Sales of Revenue Industrial Enterprises(10 000 yuan)	47119	78221	66.0
工业企业利润总额(万元)	Total Profits of Industrial Enterprises(10 000 yuan)	3203	5843	82.4
建筑业	**Construction**			
建筑企业单位数(个)	Number of Construction Enterprises(unit)	8	8	0.0
建筑企业从业人员(人)	Number of Employee in Construction Enterprises(person)	1915	2115	10.4
建筑业总产值(万元)	Gross Construction Output Value(10 000 yuan)	13470	29996	122.7
交通运输邮电通信业	**Transportation,Post & Telecommunications**			
公路里程(公里)	Total Length of Highways(km)	1572	1588	1.0
邮电业务总量(万元)	Business Volume of Post & Telecoms(10 000 yuan)	4347	4943	13.7
本地电话用户(户)	Number of Subscribers of Local Telephone(Household)	19716	17600	-10.7
国内贸易	**Demestic Trade**			
社会消费品零售总额(万元)	Total Retail Sales of Consumer Goods(10 000 yuan)	52576	60597	15.3
#贸易业(万元)	Wholesale & Retail Sales Trades(10 000 yuan)	36786	42651	15.9
餐饮业(万元)	Catering Trade(10 000 yuan)	15278	17366	13.7
科技教育卫生	**Science,Education & Public Health**			
各类专业技术人员(人)	Speccial Technical Personnel(person)	5524	4754	-13.9
幼儿园数(所)	Number of Kindergartens(unit)	8	15	87.5
学龄儿童入学率(%)	Percentage of School-Age Children Enrolled(%)	100.0	100.0	0.0
小学学校数(所)	Number of Primary Schools(unit)	38	29	-23.7
小学专任教师数(人)	Number of Full-time Teachers of Primary Schools(person)	1438	1422	-1.1
小学在校学生数(人)	Number of Student Enrollment of Primary Schools(person)	13935	13599	-2.4
普通中学学校数(所)	Number of Regular Secondary Schools(unit)	15	16	6.7
普通中学专任教师数(人)	Number of Teachers of Secondary Shools(person)	555	756	36.2
初中在校学生数(人)	Number of Student in Junior Secondary Schools(person)	9544	7224	-24.3
高中在校学生数(人)	Number of Student in Senior Secondary Schools(person)	4466	5086	13.9
卫生机构数(所)	Number of Health Institutions(unit)	37	38	2.7
#医院(所)	Hospitals(unit)	5	5	0.0
卫生院(所)	Township Hospitals(unit)	29	30	3.4
床位数(张)	Number of Beds(unit)	496	525	5.8
#医院(张)	Hospitals(unit)	287	299	4.2
卫生院(张)	Township Hospitals(unit)	209	226	8.1
卫生技术人员(人)	Medical Technical Presonnel(person)	614	635	3.4
#医院(人)	Hospitals(person)	360	375	4.2
卫生院(人)	Township Hospitals(person)	240	246	2.5

23-59 赤峰市林西县

指 标	Item	2005	2006	2006年比上年增长% Increase Rate in 2006 Over 2005(%)
行政区域土地面积(平方公里)	**Area of Administration(Sq.km)**	**3933**	**3933**	**0.0**
人口和就业	**Population & Employment**			
年末总人口(人)	Total Population Year-end(person)	235690	241825	2.6
#男性(人)	Male(person)	120154	123035	2.4
#乡村人口(人)	Rural(person)	185064	180064	-2.7
年末总户数(户)	Total Number of Households at the Year-end(Household)	79355	82963	4.5
#乡村户数(户)	Number of Rural Household(Household)	53076	52076	-1.9
出生人口(人)	Births(person)	2169	1969	-9.2
死亡人口(人)	Deaths(person)	1258	988	-21.5
全社会就业人员(人)	Employment(person)	122914	123655	0.6
第一产业(人)	Primary Industry(person)	57116	59675	4.5
第二产业(人)	Secondary Industry(person)	11307	11878	5.0
第三产业(人)	Tertiary Industry(person)	54491	52102	-4.4
在岗职工人数(人)	Number of Staff & Workers Employed in(person)	20825	21097	1.3
乡村劳动力(人)	Number of Rural Laborers(person)	93225	93225	0.0
#农林牧渔业(人)	Farming,Forestry,Animal Husbandry & Fishery(person)	57116	57116	0.0
国民经济综合指标	**Summary Item on the National Economy**			
生产总值(万元)	Gross Domestic Product(10 000 yuan)	144403	175129	16.9
第一产业(万元)	Primary Industry(10 000 yuan)	39850	42600	6.5
第二产业(万元)	Secondary Industry(10 000 yuan)	45831	63144	24.0
#工业(万元)	Industry(10 000 yuan)	37270	52189	26.5
第三产业(万元)	Tertiary Industry(10 000 yuan)	58722	69385	18.3
人均生产总值(元)	Per Capita GDP(yuan)	6127	7335	13.8
全社会固定资产投资(万元)	Total Investment in Fixed Assets(10 000 yuan)	100000	122000	22.0
按登记注册类型分	Grouped by Registered Type			
#国有(万元)	State-owned Enterprises(10 000 yuan)	47670	45309	-5.0
集体(万元)	Collective-owned Enterprises(10 000 yuan)	3950	2800	-29.1
有限责任公司(万元)	Limited Liability Corporations(10 000 yuan)	6175		
股份有限公司(万元)	Share Holding Enterprises(10 000 yuan)	7700	6600	-14.3
私营企业(万元)	Private Enterprises(10 000 yuan)	9380	55730	494.1
外商及港澳台投资企业(万元)	Funds from HK,Macao,Taiwan & Foreign(10 000 yuan)			
按城乡渠道分	Grouped by Urban and Rural Area			
城镇(万元)	Urban(10 000 yuan)	80244	110439	37.6
农村(万元)	Rural(10 000 yuan)	19756	11561	-41.5
地方财政收入(万元)	Local Governments Revenue(10 000 yuan)	8317	6417	-22.8
地方财政支出(万元)	Local Governments Expenditures(10 000 yuan)	42105	49562	17.7
城乡居民储蓄存款余额(万元)	Resident Saving Deposit in Urban & Rural(10 000 yuan)	74802	91520	22.3
在岗职工工资总额(万元)	Total Wages of Staff & Workers Empioyed in(10 000 yuan)	21160	24201	14.4
在岗职工平均工资(元)	Average Wage of Staff & Workers Employed in(yuan)	10466	11735	12.1
农牧民人均纯收入(元)	Per Capita Net Income of Peasant & Herdsman(yuan)	2616	3045	16.4
农村牧区经济	**Economic Development in Rural & Pastoral Area**			
耕地面积(公顷)	Cultivated Area(hectare)	61219	61219	0.0
农作物总播种面积(公顷)	Total Sown Area(hectare)	66199	62665	-5.3
#粮食作物播种面积(公顷)	Sown Area of Grain Crops(hectare)	41149	42792	4.0
有效灌溉面积(公顷)	Irrigated Area(hectare)	24682	24692	0.0
农牧业机械总动力(万千瓦)	Total Power of Agricultural Machinery(10 000 kw)	19.60	20.80	6.1
化肥施用折纯量(吨)	Consumption of Chemical Fertilizer(ton)	5679	6005	5.7
农村用电量(万千瓦小时)	Electricity Consumed in Rural Area(10 000 kwh)	4357	4500	3.3
农林牧渔业总产值(万元)	Gross Output of Farming,Forestry,Animal Husbandry & Fishery(10 000 yuan)	66222	72522	9.3
粮食产量(吨)	Yield of Grain(ton)	169056	158968	-6.0
油料产量(吨)	Yield of Oil-bearing Grops(ton)	16149	8291	-48.7
甜菜产量(吨)	Yield of Beetroots(ton)	125736	159284	26.7
猪牛羊肉产量(吨)	Output of Pork, Beef & Mutton(ton)	17917	20950	16.9
#猪肉产量(吨)	Output of Pork(ton)	7800	8772	12.5
牛肉产量(吨)	Output of Beef(ton)	5663	6909	22.0
羊肉产量(吨)	Output of Mutton(ton)	4454	5269	18.3
羊毛产量(吨)	Output of Wool(ton)	917	1300	41.8

23-59 Linxi County in Chifeng City

指 标	Item	2005	2006	2006年比上年增长% Increase Rate in 2006 Over 2005(%)
年末牲畜存栏头数(万头只)	Total Livestock at the Year-end(10 000 heads)	56.18	57.53	2.4
#大牲畜(万头只)	Large Animals(10 000 heads)	8.32	9.06	8.9
羊(万只)	Sheep & Goats(10 000 heads)	39.46	39.73	0.7
猪(万头)	Hogs(10 000 heads)	8.40	8.74	4.0
规模以上工业	**Industrial Enterprises above Designated size**			
工业企业单位数(个)	Number of Industrial Enterprises(unit)	36	22	-38.9
#内资企业(个)	Civil Funded Enterprises(unit)	36	22	-38.9
工业总产值(万元)	Gross Industrial Output Value(10 000 yuan)	66888	101205	51.3
内资企业(万元)	Civil Funded Enterprises(10 000 yuan)	66888	101205	51.3
国有企业(万元)	State-owned Enterprises(10 000 yuan)	16471	6323	-61.6
集体企业(万元)	Collective-owned Enterprises(10 000 yuan)			
股份合作企业(万元)	Share Holding Enterprises(10 000 yuan)	1587	1700	7.1
联营企业(万元)	Joint Owned Enterprises(10 000 yuan)		1071	
有限责任公司(万元)	Limited Company(10 000 yuan)	22871	57586	151.8
股份有限公司(万元)	Share Holding Limited Company(10 000 yuan)	22301		
私营企业(万元)	Privately Owned Enterprises(10 000 yuan)	3658	34525	843.8
其他企业(万元)	Enterprises of Other Ownership(10 000 yuan)			
港澳台商投资企业(万元)	Funds from HK,Macao & Taiwan(10 000 yuan)			
外商投资企业(万元)	Foreign Funded Enterprises(10 000 yuan)			
工业企业增加值(万元)	Value Added of Industrial Enterprises(10 000 yuan)	21713	33025	34.9
工业企业资产总计(万元)	Total Assets of Industrial Enterprises(10 000 yuan)	90301	132366	46.6
工业企业负债合计(万元)	Total Liabilities of Industrial Enterprises(10 000 yuan)	54609	70349	28.8
工业企业产品销售收入(万元)	Sales of Revenue Industrial Enterprises(10 000 yuan)	68252	101234	48.3
工业企业利润总额(万元)	Total Profits of Industrial Enterprises(10 000 yuan)	5778	19683	240.7
建筑业	**Construction**			
建筑企业单位数(个)	Number of Construction Enterprises(unit)	2	2	0.0
建筑企业从业人员(人)	Number of Employee in Construction Enterprises(person)	475	485	2.1
建筑业总产值(万元)	Gross Construction Output Value(10 000 yuan)	5302	6288	18.6
交通运输邮电通信业	**Transportation,Post & Telecommunications**			
公路里程(公里)	Total Length of Highways(km)	527	527	0.0
邮电业务总量(万元)	Business Volume of Post & Telecoms(10 000 yuan)	4154	4969	19.6
本地电话用户(户)	Number of Subscribers of Local Telephone(Household)	26853	20510	-23.6
国内贸易	**Demestic Trade**			
社会消费品零售总额(万元)	Total Retail Sales of Consumer Goods(10 000 yuan)	65627	76421	16.4
#贸易业(万元)	Wholesale & Retail Sales Trades(10 000 yuan)	52174	60767	16.5
餐饮业(万元)	Catering Trade(10 000 yuan)	9660	11691	21.0
科技教育卫生	**Science,Education & Public Health**			
各类专业技术人员(人)	Speccial Technical Personnel(person)	4927	4986	1.2
幼儿园数(所)	Number of Kindergartens(unit)	12	27	125.0
学龄儿童入学率(%)	Percentage of School-Age Children Enrolled(%)	100.0	100.0	0.0
小学学校数(所)	Number of Primary Schools(unit)	63	22	-65.1
小学专任教师数(人)	Number of Full-time Teachers of Primary Schools(person)	1360	938	-31.0
小学在校学生数(人)	Number of Student Enrollment of Primary Schools(person)	18108	16947	-6.4
普通中学学校数(所)	Number of Regular Secondary Schools(unit)	12	4	-66.7
普通中学专任教师数(人)	Number of Teachers of Secondary Shools(person)	685	731	6.7
初中在校学生数(人)	Number of Student in Junior Secondary Schools(person)	7986	8679	8.7
高中在校学生数(人)	Number of Student in Senior Secondary Schools(person)	4426	5242	18.4
卫生机构数(所)	Number of Health Institutions(unit)	43	35	-18.6
#医院(所)	Hospitals(unit)	4	4	0.0
卫生院(所)	Township Hospitals(unit)	19	19	0.0
床位数(张)	Number of Beds(unit)	516	591	14.5
#医院(张)	Hospitals(unit)	340	395	16.2
卫生院(张)	Township Hospitals(unit)	156	176	12.8
卫生技术人员(人)	Medical Technical Presonnel(person)	790	757	-4.2
#医院(人)	Hospitals(person)	408	494	21.1
卫生院(人)	Township Hospitals(person)	232	120	-48.3

23-60 赤峰市克什克腾旗

指 标	Item	2005	2006	2006年比上年增长% Increase Rate in 2006 Over 2005(%)
行政区域土地面积(平方公里)	**Area of Administration(Sq.km)**	**20673**	**20673**	**0.0**
人口和就业	**Population & Employment**			
年末总人口(人)	Total Population Year-end(person)	241675	246779	2.1
# 男性(人)	Male(person)	123266	126636	2.7
# 乡村人口(人)	Rural(person)	195182	194870	-0.2
年末总户数(户)	Total Number of Households at the Year-end(Household)	74680	80395	7.7
# 乡村户数(户)	Number of Rural Household(Household)	53137	60271	13.4
出生人口(人)	Births(person)	1373	1006	-26.7
死亡人口(人)	Deaths(person)	1685	325	-80.7
全社会就业人员(人)	Employment(person)	113371	116383	2.7
第一产业(人)	Primary Industry(person)	81604	82750	1.4
第二产业(人)	Secondary Industry(person)	8462	9164	8.3
第三产业(人)	Tertiary Industry(person)	23305	24469	5.0
在岗职工人数(人)	Number of Staff & Workers Employed in(person)	12455	12429	-0.2
乡村劳动力(人)	Number of Rural Laborers(person)	121360	119547	-1.5
# 农林牧渔业(人)	Farming,Forestry,Animal Husbandry & Fishery(person)	83022	81561	-1.8
国民经济综合指标	**Summary Item on the National Economy**			
生产总值(万元)	Gross Domestic Product(10 000 yuan)	188070	256963	21.6
第一产业(万元)	Primary Industry(10 000 yuan)	60404	64600	6.6
第二产业(万元)	Secondary Industry(10 000 yuan)	74939	128549	33.7
# 工业(万元)	Industry(10 000 yuan)	53691	107042	50.1
第三产业(万元)	Tertiary Industry(10 000 yuan)	52727	63814	21.7
人均生产总值(元)	Per Capita GDP(yuan)	7706	10522	21.5
全社会固定资产投资(万元)	Total Investment in Fixed Assets(10 000 yuan)	215793	253993	17.7
按登记注册类型分	Grouped by Registered Type			
# 国有(万元)	State-owned Enterprises(10 000 yuan)	51524	61861	20.1
集体(万元)	Collective-owned Enterprises(10 000 yuan)	180	258	43.3
有限责任公司(万元)	Limited Liability Corporations(10 000 yuan)	120627	105594	-12.5
股份有限公司(万元)	Share Holding Enterprises(10 000 yuan)	15471	51050	230.0
私营企业(万元)	Private Enterprises(10 000 yuan)	15353	7980	-48.0
外商及港澳台投资企业(万元)	Funds from HK,Macao,Taiwan & Foreign(10 000 yuan)			
按城乡渠道分	Grouped by Urban and Rural Area			
城镇(万元)	Urban(10 000 yuan)	215346	253643	17.8
农村(万元)	Rural(10 000 yuan)	447	350	-21.7
地方财政收入(万元)	Local Governments Revenue(10 000 yuan)	9943	12864	29.4
地方财政支出(万元)	Local Governments Expenditures(10 000 yuan)	49551	61158	23.4
城乡居民储蓄存款余额(万元)	Resident Saving Deposit in Urban & Rural(10 000 yuan)	63557	86809	36.6
在岗职工工资总额(万元)	Total Wages of Staff & Workers Empioyed in(10 000 yuan)	17149	19799	15.5
在岗职工平均工资(元)	Average Wage of Staff & Workers Employed in(yuan)	12263	14353	17.0
农牧民人均纯收入(元)	Per Capita Net Income of Peasant & Herdsman(yuan)	2800	3311	18.2
农村牧区经济	**Economic Development in Rural & Pastoral Area**			
耕地面积(公顷)	Cultivated Area(hectare)	55965	68034	21.6
农作物总播种面积(公顷)	Total Sown Area(hectare)	56659	57714	1.9
# 粮食作物播种面积(公顷)	Sown Area of Grain Crops(hectare)	40719	41717	2.5
有效灌溉面积(公顷)	Irrigated Area(hectare)	11909	11909	0.0
农牧业机械总动力(万千瓦)	Total Power of Agricultural Machinery(10 000 kw)	15.60	16.10	3.2
化肥施用折纯量(吨)	Consumption of Chemical Fertilizer(ton)	4450	4712	5.9
农村用电量(万千瓦小时)	Electricity Consumed in Rural Area(10 000 kwh)	3861	4200	8.8
农林牧渔业总产值(万元)	Gross Output of Farming,Forestry,Animal Husbandry & Fishery(10 000 yuan)	100760	109975	9.3
粮食产量(吨)	Yield of Grain(ton)	124054	111919	-9.8
油料产量(吨)	Yield of Oil-bearing Grops(ton)	3044	2899	-4.8
甜菜产量(吨)	Yield of Beetroots(ton)	4881	10633	117.8
猪牛羊肉产量(吨)	Output of Pork, Beef & Mutton(ton)	25580	27678	8.2
# 猪肉产量(吨)	Output of Pork(ton)	4262	5373	26.1
牛肉产量(吨)	Output of Beef(ton)	10666	11280	5.8
羊肉产量(吨)	Output of Mutton(ton)	10652	11025	3.5
羊毛产量(吨)	Output of Wool(ton)	4712	4960	5.3

23-60 Keshiketeng Banner in Chifeng City

指 标	Item	2005	2006	2006年比上年增长% Increase Rate in 2006 Over 2005(%)
年末牲畜存栏头数(万头只)	Total Livestock at the Year-end(10 000 heads)	126.31	77.72	-38.5
#大牲畜(万头只)	Large Animals(10 000 heads)	18.51	16.91	-8.6
羊(万只)	Sheep & Goats(10 000 heads)	101.72	56.69	-44.3
猪(万头)	Hogs(10 000 heads)	6.08	4.12	-32.2
规模以上工业	**Industrial Enterprises above Designated size**			
工业企业单位数(个)	Number of Industrial Enterprises(unit)	9	11	22.2
#内资企业(个)	Civil Funded Enterprises(unit)	9	11	22.2
工业总产值(万元)	Gross Industrial Output Value(10 000 yuan)	84110	170996	103.3
内资企业(万元)	Civil Funded Enterprises(10 000 yuan)	84110	170996	103.3
国有企业(万元)	State-owned Enterprises(10 000 yuan)	6316	7917	25.3
集体企业(万元)	Collective-owned Enterprises(10 000 yuan)			
股份合作企业(万元)	Share Holding Enterprises(10 000 yuan)			
联营企业(万元)	Joint Owned Enterprises(10 000 yuan)			
有限责任公司(万元)	Limited Company(10 000 yuan)	73464	158279	115.5
股份有限公司(万元)	Share Holding Limited Company(10 000 yuan)			
私营企业(万元)	Privately Owned Enterprises(10 000 yuan)	4330	4800	10.9
其他企业(万元)	Enterprises of Other Ownership(10 000 yuan)			
港澳台商投资企业(万元)	Funds from HK,Macao & Taiwan(10 000 yuan)			
外商投资企业(万元)	Foreign Funded Enterprises(10 000 yuan)			
工业企业增加值(万元)	Value Added of Industrial Enterprises(10 000 yuan)	35999	85248	67.4
工业企业资产总计(万元)	Total Assets of Industrial Enterprises(10 000 yuan)	135962	295662	117.5
工业企业负债合计(万元)	Total Liabilities of Industrial Enterprises(10 000 yuan)	66846	205430	207.3
工业企业产品销售收入(万元)	Sales of Revenue Industrial Enterprises(10 000 yuan)	82944	169508	104.4
工业企业利润总额(万元)	Total Profits of Industrial Enterprises(10 000 yuan)	21666	36022	66.3
建筑业	**Construction**			
建筑企业单位数(个)	Number of Construction Enterprises(unit)	4	4	0.0
建筑企业从业人员(人)	Number of Employee in Construction Enterprises(person)	2753	3292	19.6
建筑业总产值(万元)	Gross Construction Output Value(10 000 yuan)	16220	21140	30.3
交通运输邮电通信业	**Transportation,Post & Telecommunications**			
公路里程(公里)	Total Length of Highways(km)	1323	1323	0.0
邮电业务总量(万元)	Business Volume of Post & Telecoms(10 000 yuan)	393	508	29.3
本地电话用户(户)	Number of Subscribers of Local Telephone(Household)	25106	26835	6.9
国内贸易	**Demestic Trade**			
社会消费品零售总额(万元)	Total Retail Sales of Consumer Goods(10 000 yuan)	68108	79358	16.5
#贸易业(万元)	Wholesale & Retail Sales Trades(10 000 yuan)	53602	62059	15.8
餐饮业(万元)	Catering Trade(10 000 yuan)	13208	15752	19.3
科技教育卫生	**Science,Education & Public Health**			
各类专业技术人员(人)	Speccial Technical Personnel(person)	5205	5318	2.2
幼儿园数(所)	Number of Kindergartens(unit)	3	3	0.0
学龄儿童入学率(%)	Percentage of School-Age Children Enrolled(%)	100.0	100.0	0.0
小学学校数(所)	Number of Primary Schools(unit)	93	56	-39.8
小学专任教师数(人)	Number of Full-time Teachers of Primary Schools(person)	1265	1221	-3.5
小学在校学生数(人)	Number of Student Enrollment of Primary Schools(person)	17168	14961	-12.9
普通中学学校数(所)	Number of Regular Secondary Schools(unit)	14	12	-14.3
普通中学专任教师数(人)	Number of Teachers of Secondary Shools(person)	835	869	4.1
初中在校学生数(人)	Number of Student in Junior Secondary Schools(person)	9271	8655	-6.6
高中在校学生数(人)	Number of Student in Senior Secondary Schools(person)	6400	6027	-5.8
卫生机构数(所)	Number of Health Institutions(unit)	28	28	0.0
#医院(所)	Hospitals(unit)	2	2	0.0
卫生院(所)	Township Hospitals(unit)	21	21	0.0
床位数(张)	Number of Beds(unit)	782	799	2.2
#医院(张)	Hospitals(unit)	200	212	6.0
卫生院(张)	Township Hospitals(unit)	312	338	8.3
卫生技术人员(人)	Medical Technical Presonnel(person)	763	749	-1.8
#医院(人)	Hospitals(person)	285	283	-0.7
卫生院(人)	Township Hospitals(person)	329	319	-3.0

23-61 赤峰市翁牛特旗

指 标	Item	2005	2006	2006年比上年增长% Increase Rate in 2006 Over 2005(%)
行政区域土地面积(平方公里)	**Area of Administration(Sq.km)**	**11882**	**11882**	**0.0**
人口和就业	**Population & Employment**			
年末总人口(人)	Total Population Year-end(person)	466296	471691	1.2
# 男性(人)	Male(person)	240193	242630	1.0
# 乡村人口(人)	Rural(person)	416267	420662	1.1
年末总户数(户)	Total Number of Households at the Year-end(Household)	131868	135078	2.4
# 乡村户数(户)	Number of Rural Household(Household)	105949	107067	1.1
出生人口(人)	Births(person)	4580	4624	1.0
死亡人口(人)	Deaths(person)	4975	550	-88.9
全社会就业人员(人)	Employment(person)	210768	213297	1.2
第一产业(人)	Primary Industry(person)	126934	127442	0.4
第二产业(人)	Secondary Industry(person)	19524	19836	1.6
第三产业(人)	Tertiary Industry(person)	64310	66019	2.7
在岗职工人数(人)	Number of Staff & Workers Employed in(person)	20933	23601	12.7
乡村劳动力(人)	Number of Rural Laborers(person)	211713	212983	0.6
# 农林牧渔业(人)	Farming,Forestry,Animal Husbandry & Fishery(person)	142488	143200	0.5
国民经济综合指标	**Summary Item on the National Economy**			
生产总值(万元)	Gross Domestic Product(10 000 yuan)	296806	367240	16.9
第一产业(万元)	Primary Industry(10 000 yuan)	138550	147800	6.3
第二产业(万元)	Secondary Industry(10 000 yuan)	78173	126721	33.7
# 工业(万元)	Industry(10 000 yuan)	63201	101855	39.3
第三产业(万元)	Tertiary Industry(10 000 yuan)	80083	92719	17.6
人均生产总值(元)	Per Capita GDP(yuan)	6342	7781	22.4
全社会固定资产投资(万元)	Total Investment in Fixed Assets(10 000 yuan)	144126	209200	45.2
按登记注册类型分	Grouped by Registered Type			
# 国有(万元)	State-owned Enterprises(10 000 yuan)	44868	24119	-46.2
集体(万元)	Collective-owned Enterprises(10 000 yuan)			
有限责任公司(万元)	Limited Liability Corporations(10 000 yuan)	14781	110985	650.9
股份有限公司(万元)	Share Holding Enterprises(10 000 yuan)	17730	7000	-60.5
私营企业(万元)	Private Enterprises(10 000 yuan)	24572	33274	35.4
外商及港澳台投资企业(万元)	Funds from HK,Macao,Taiwan & Foreign(10 000 yuan)	1000		
按城乡渠道分	Grouped by Urban and Rural Area			
城镇(万元)	Urban(10 000 yuan)	82520	173174	109.9
农村(万元)	Rural(10 000 yuan)	51465	28502	-44.6
地方财政收入(万元)	Local Governments Revenue(10 000 yuan)	7484	9906	32.4
地方财政支出(万元)	Local Governments Expenditures(10 000 yuan)	57050	66204	16.0
城乡居民储蓄存款余额(万元)	Resident Saving Deposit in Urban & Rural(10 000 yuan)	119640	130508	9.1
在岗职工工资总额(万元)	Total Wages of Staff & Workers Empioyed in(10 000 yuan)	24362	32839	34.8
在岗职工平均工资(元)	Average Wage of Staff & Workers Employed in(yuan)	11686	13982	19.6
农牧民人均纯收入(元)	Per Capita Net Income of Peasant & Herdsman(yuan)	2703	3202	18.5
农村牧区经济	**Economic Development in Rural & Pastoral Area**			
耕地面积(公顷)	Cultivated Area(hectare)	145505	146702	0.8
农作物总播种面积(公顷)	Total Sown Area(hectare)	156284	162332	3.9
# 粮食作物播种面积(公顷)	Sown Area of Grain Crops(hectare)	122831	128867	4.9
有效灌溉面积(公顷)	Irrigated Area(hectare)	55371	57713	4.2
农牧业机械总动力(万千瓦)	Total Power of Agricultural Machinery(10 000 kw)	27.30	31.10	13.9
化肥施用折纯量(吨)	Consumption of Chemical Fertilizer(ton)	14687	15039	2.4
农村用电量(万千瓦小时)	Electricity Consumed in Rural Area(10 000 kwh)	5940	6829	15.0
农林牧渔业总产值(万元)	Gross Output of Farming,Forestry,Animal Husbandry & Fishery(10 000 yuan)	231115	235034	2.1
粮食产量(吨)	Yield of Grain(ton)	560503	556907	-0.6
油料产量(吨)	Yield of Oil-bearing Grops(ton)	27213	17666	-35.1
甜菜产量(吨)	Yield of Beetroots(ton)	97850	56130	-42.6
猪牛羊肉产量(吨)	Output of Pork, Beef & Mutton(ton)	36553	44025	20.4
# 猪肉产量(吨)	Output of Pork(ton)	22602	26076	15.4
牛肉产量(吨)	Output of Beef(ton)	6128	7228	18.0
羊肉产量(吨)	Output of Mutton(ton)	7823	10721	37.0
羊毛产量(吨)	Output of Wool(ton)	1602	1712	6.9

23-61 Wengniute Banner in Chifeng City

指 标	Item	2005	2006	2006年比上年增长% Increase Rate in 2006 Over 2005(%)
年末牲畜存栏头数(万头只)	Total Livestock at the Year-end(10 000 heads)	138.54	126.15	-8.9
#大牲畜(万头只)	Large Animals(10 000 heads)	21.60	21.43	-0.8
羊(万只)	Sheep & Goats(10 000 heads)	97.63	87.47	-10.4
猪(万头)	Hogs(10 000 heads)	19.31	17.25	-10.7
规模以上工业	**Industrial Enterprises above Designated size**			
工业企业单位数(个)	Number of Industrial Enterprises(unit)	18	32	77.8
#内资企业(个)	Civil Funded Enterprises(unit)	17	31	82.4
工业总产值(万元)	Gross Industrial Output Value(10 000 yuan)	116872	202278	73.1
内资企业(万元)	Civil Funded Enterprises(10 000 yuan)	109795	194784	77.4
国有企业(万元)	State-owned Enterprises(10 000 yuan)	33824	8803	-74.0
集体企业(万元)	Collective-owned Enterprises(10 000 yuan)			
股份合作企业(万元)	Share Holding Enterprises(10 000 yuan)	2614	3258	24.6
联营企业(万元)	Joint Owned Enterprises(10 000 yuan)			
有限责任公司(万元)	Limited Company(10 000 yuan)	29343	121987	315.7
股份有限公司(万元)	Share Holding Limited Company(10 000 yuan)	30907	9232	-70.7
私营企业(万元)	Privately Owned Enterprises(10 000 yuan)	13107	51504	293.0
其他企业(万元)	Enterprises of Other Ownership(10 000 yuan)			
港澳台商投资企业(万元)	Funds from HK,Macao & Taiwan(10 000 yuan)	7077	7494	5.9
外商投资企业(万元)	Foreign Funded Enterprises(10 000 yuan)			
工业企业增加值(万元)	Value Added of Industrial Enterprises(10 000 yuan)	36493	68954	57.2
工业企业资产总计(万元)	Total Assets of Industrial Enterprises(10 000 yuan)	66710	39108	-41.4
工业企业负债合计(万元)	Total Liabilities of Industrial Enterprises(10 000 yuan)	41723	22244	-46.7
工业企业产品销售收入(万元)	Sales of Revenue Industrial Enterprises(10 000 yuan)	116573	123771	6.2
工业企业利润总额(万元)	Total Profits of Industrial Enterprises(10 000 yuan)	6441	11701	81.7
建筑业	**Construction**			
建筑企业单位数(个)	Number of Construction Enterprises(unit)	6	7	16.7
建筑企业从业人员(人)	Number of Employee in Construction Enterprises(person)	7434	8002	7.6
建筑业总产值(万元)	Gross Construction Output Value(10 000 yuan)	37656	48143	27.8
交通运输邮电通信业	**Transportation,Post & Telecommunications**			
公路里程(公里)	Total Length of Highways(km)	3279	3323	1.3
邮电业务总量(万元)	Business Volume of Post & Telecoms(10 000 yuan)	5950	7767	30.5
本地电话用户(户)	Number of Subscribers of Local Telephone(Household)	44119	39893	-9.6
国内贸易	**Demestic Trade**			
社会消费品零售总额(万元)	Total Retail Sales of Consumer Goods(10 000 yuan)	91054	106004	16.4
#贸易业(万元)	Wholesale & Retail Sales Trades(10 000 yuan)	77883	91923	18.0
餐饮业(万元)	Catering Trade(10 000 yuan)	11326	13191	16.5
科技教育卫生	**Science,Education & Public Health**			
各类专业技术人员(人)	Speccial Technical Personnel(person)	8356	8571	2.6
幼儿园数(所)	Number of Kindergartens(unit)	23	23	0.0
学龄儿童入学率(%)	Percentage of School-Age Children Enrolled(%)	99.7	100.0	0.3
小学学校数(所)	Number of Primary Schools(unit)	164	115	-29.9
小学专任教师数(人)	Number of Full-time Teachers of Primary Schools(person)	2822	2575	-8.8
小学在校学生数(人)	Number of Student Enrollment of Primary Schools(person)	30074	28552	-5.1
普通中学学校数(所)	Number of Regular Secondary Schools(unit)	33	31	-6.1
普通中学专任教师数(人)	Number of Teachers of Secondary Shools(person)	1866	1724	-7.6
初中在校学生数(人)	Number of Student in Junior Secondary Schools(person)	21744	19755	-9.1
高中在校学生数(人)	Number of Student in Senior Secondary Schools(person)	10010	11751	17.4
卫生机构数(所)	Number of Health Institutions(unit)	35	35	0.0
#医院(所)	Hospitals(unit)	3	3	0.0
卫生院(所)	Township Hospitals(unit)	26	26	0.0
床位数(张)	Number of Beds(unit)	626	626	0.0
#医院(张)	Hospitals(unit)	240	240	0.0
卫生院(张)	Township Hospitals(unit)	370	370	0.0
卫生技术人员(人)	Medical Technical Presonnel(person)	1075	1114	3.6
#医院(人)	Hospitals(person)	369	414	12.2
卫生院(人)	Township Hospitals(person)	462	440	-4.8

23-62 赤峰市喀喇沁旗

指 标	Item	2005	2006	2006年比上年增长% Increase Rate in 2006 Over 2005(%)
行政区域土地面积(平方公里)	**Area of Administration(Sq.km)**	**3050**	**3050**	**0.0**
人口和就业	**Population & Employment**			
年末总人口(人)	Total Population Year-end(person)	333605	338573	1.5
#男性(人)	Male(person)	173833	176500	1.5
#乡村人口(人)	Rural(person)	301406	301605	0.1
年末总户数(户)	Total Number of Households at the Year-end(Household)	79011	102566	29.8
#乡村户数(户)	Number of Rural Household(Household)	78327	79514	1.5
出生人口(人)	Births(person)	2020	2806	38.9
死亡人口(人)	Deaths(person)	1725	355	-79.4
全社会就业人员(人)	Employment(person)	146884	147450	0.4
第一产业(人)	Primary Industry(person)	84195	79862	-5.1
第二产业(人)	Secondary Industry(person)	26555	29782	12.2
第三产业(人)	Tertiary Industry(person)	36134	37806	4.6
在岗职工人数(人)	Number of Staff & Workers Employed in(person)	15616	17318	10.9
乡村劳动力(人)	Number of Rural Laborers(person)	150147	150100	0.0
#农林牧渔业(人)	Farming,Forestry,Animal Husbandry & Fishery(person)	83298	79000	-5.2
国民经济综合指标	**Summary Item on the National Economy**			
生产总值(万元)	Gross Domestic Product(10 000 yuan)	148469	206495	20.0
第一产业(万元)	Primary Industry(10 000 yuan)	43833	46820	6.5
第二产业(万元)	Secondary Industry(10 000 yuan)	49237	96405	38.0
#工业(万元)	Industry(10 000 yuan)	41748	83098	35.9
第三产业(万元)	Tertiary Industry(10 000 yuan)	55399	63270	14.3
人均生产总值(元)	Per Capita GDP(yuan)	4427	6144	20.0
全社会固定资产投资(万元)	Total Investment in Fixed Assets(10 000 yuan)	91633	161408	76.1
按登记注册类型分	Grouped by Registered Type			
#国有(万元)	State-owned Enterprises(10 000 yuan)	23101	18050	-21.9
集体(万元)	Collective-owned Enterprises(10 000 yuan)	2776	1995	-28.1
有限责任公司(万元)	Limited Liability Corporations(10 000 yuan)	21952	82507	275.9
股份有限公司(万元)	Share Holding Enterprises(10 000 yuan)	2825	260	-90.8
私营企业(万元)	Private Enterprises(10 000 yuan)	19088	42783	124.1
外商及港澳台投资企业(万元)	Funds from HK,Macao,Taiwan & Foreign(10 000 yuan)			
按城乡渠道分	Grouped by Urban and Rural Area			
城镇(万元)	Urban(10 000 yuan)	41697	118328	183.8
农村(万元)	Rural(10 000 yuan)	37294	33080	-11.3
地方财政收入(万元)	Local Governments Revenue(10 000 yuan)	7260	11168	53.8
地方财政支出(万元)	Local Governments Expenditures(10 000 yuan)	42680	55873	30.9
城乡居民储蓄存款余额(万元)	Resident Saving Deposit in Urban & Rural(10 000 yuan)	102407	131189	28.1
在岗职工工资总额(万元)	Total Wages of Staff & Workers Empioyed in(10 000 yuan)	18824	24044	27.7
在岗职工平均工资(元)	Average Wage of Staff & Workers Employed in(yuan)	10574	12585	19.0
农牧民人均纯收入(元)	Per Capita Net Income of Peasant & Herdsman(yuan)	2438	2920	19.8
农村牧区经济	**Economic Development in Rural & Pastoral Area**			
耕地面积(公顷)	Cultivated Area(hectare)	43787	43618	-0.4
农作物总播种面积(公顷)	Total Sown Area(hectare)	44861	44791	-0.2
#粮食作物播种面积(公顷)	Sown Area of Grain Crops(hectare)	33029	33158	0.4
有效灌溉面积(公顷)	Irrigated Area(hectare)	15483	15859	2.4
农牧业机械总动力(万千瓦)	Total Power of Agricultural Machinery(10 000 kw)	17.50	17.10	-2.3
化肥施用折纯量(吨)	Consumption of Chemical Fertilizer(ton)	13339	13770	3.2
农村用电量(万千瓦小时)	Electricity Consumed in Rural Area(10 000 kwh)	5057	5362	6.0
农林牧渔业总产值(万元)	Gross Output of Farming,Forestry,Animal Husbandry & Fishery(10 000 yuan)	73123	84706	15.0
粮食产量(吨)	Yield of Grain(ton)	160350	175058	9.2
油料产量(吨)	Yield of Oil-bearing Grops(ton)	3234	5135	58.8
甜菜产量(吨)	Yield of Beetroots(ton)	9154	3316	-63.8
猪牛羊肉产量(吨)	Output of Pork, Beef & Mutton(ton)	8573	12144	41.7
#猪肉产量(吨)	Output of Pork(ton)	5406	8636	59.7
牛肉产量(吨)	Output of Beef(ton)	1323	1521	15.0
羊肉产量(吨)	Output of Mutton(ton)	1844	1987	7.8
羊毛产量(吨)	Output of Wool(ton)	385	407	5.7

23-62 Kalaqin Banner in Chifeng City

指 标	Item	2005	2006	2006年比上年增长% Increase Rate in 2006 Over 2005(%)
年末牲畜存栏头数(万头只)	Total Livestock at the Year-end(10 000 heads)	28.16	30.07	6.8
#大牲畜(万头只)	Large Animals(10 000 heads)	6.81	7.46	9.5
羊(万只)	Sheep & Goats(10 000 heads)	14.86	16.03	7.9
猪(万头)	Hogs(10 000 heads)	6.49	6.58	1.4
规模以上工业	**Industrial Enterprises above Designated size**			
工业企业单位数(个)	Number of Industrial Enterprises(unit)	16	24	50.0
#内资企业(个)	Civil Funded Enterprises(unit)	15	23	53.3
工业总产值(万元)	Gross Industrial Output Value(10 000 yuan)	107772	274734	154.9
内资企业(万元)	Civil Funded Enterprises(10 000 yuan)	106997	274232	156.3
国有企业(万元)	State-owned Enterprises(10 000 yuan)	5525	7138	29.2
集体企业(万元)	Collective-owned Enterprises(10 000 yuan)			
股份合作企业(万元)	Share Holding Enterprises(10 000 yuan)			
联营企业(万元)	Joint Owned Enterprises(10 000 yuan)			
有限责任公司(万元)	Limited Company(10 000 yuan)	25339	40263	58.9
股份有限公司(万元)	Share Holding Limited Company(10 000 yuan)	73350	215956	194.4
私营企业(万元)	Privately Owned Enterprises(10 000 yuan)	2783	10875	290.8
其他企业(万元)	Enterprises of Other Ownership(10 000 yuan)			
港澳台商投资企业(万元)	Funds from HK,Macao & Taiwan(10 000 yuan)			
外商投资企业(万元)	Foreign Funded Enterprises(10 000 yuan)	775	502	-35.2
工业企业增加值(万元)	Value Added of Industrial Enterprises(10 000 yuan)	34102	73679	83.1
工业企业资产总计(万元)	Total Assets of Industrial Enterprises(10 000 yuan)	140439	213675	52.1
工业企业负债合计(万元)	Total Liabilities of Industrial Enterprises(10 000 yuan)	95776	132767	38.6
工业企业产品销售收入(万元)	Sales of Revenue Industrial Enterprises(10 000 yuan)	107533	271611	152.6
工业企业利润总额(万元)	Total Profits of Industrial Enterprises(10 000 yuan)	10830	25185	132.5
建筑业	**Construction**			
建筑企业单位数(个)	Number of Construction Enterprises(unit)	7	10	42.9
建筑企业从业人员(人)	Number of Employee in Construction Enterprises(person)	2042	3584	75.5
建筑业总产值(万元)	Gross Construction Output Value(10 000 yuan)	25525	41944	64.3
交通运输邮电通信业	**Transportation,Post & Telecommunications**			
公路里程(公里)	Total Length of Highways(km)	694	694	0.0
邮电业务总量(万元)	Business Volume of Post & Telecoms(10 000 yuan)	2406	2478	3.0
本地电话用户(户)	Number of Subscribers of Local Telephone(Household)	41830	30357	-27.4
国内贸易	**Demestic Trade**			
社会消费品零售总额(万元)	Total Retail Sales of Consumer Goods(10 000 yuan)	54190	62837	16.0
#贸易业(万元)	Wholesale & Retail Sales Trades(10 000 yuan)	50095	57567	14.9
餐饮业(万元)	Catering Trade(10 000 yuan)	3801	4923	29.5
科技教育卫生	**Science,Education & Public Health**			
各类专业技术人员(人)	Speccial Technical Personnel(person)	5530	5680	2.7
幼儿园数(所)	Number of Kindergartens(unit)	8	8	0.0
学龄儿童入学率(%)	Percentage of School-Age Children Enrolled(%)	100.0	100.0	0.0
小学学校数(所)	Number of Primary Schools(unit)	147	142	-3.4
小学专任教师数(人)	Number of Full-time Teachers of Primary Schools(person)	1859	2101	13.0
小学在校学生数(人)	Number of Student Enrollment of Primary Schools(person)	20792	22221	6.9
普通中学学校数(所)	Number of Regular Secondary Schools(unit)	20	15	-25.0
普通中学专任教师数(人)	Number of Teachers of Secondary Shools(person)	1356	1386	2.2
初中在校学生数(人)	Number of Student in Junior Secondary Schools(person)	11013	9357	-15.0
高中在校学生数(人)	Number of Student in Senior Secondary Schools(person)	9096	9654	6.1
卫生机构数(所)	Number of Health Institutions(unit)	44	46	4.5
#医院(所)	Hospitals(unit)	3	3	0.0
卫生院(所)	Township Hospitals(unit)	17	17	0.0
床位数(张)	Number of Beds(unit)	770	770	0.0
#医院(张)	Hospitals(unit)	240	240	0.0
卫生院(张)	Township Hospitals(unit)	500	500	0.0
卫生技术人员(人)	Medical Technical Presonnel(person)	750	717	-4.4
#医院(人)	Hospitals(person)	233	228	-2.1
卫生院(人)	Township Hospitals(person)	355	338	-4.8

23-63 赤峰市宁城县

指 标	Item	2005	2006	2006年比上年增长% Increase Rate in 2006 Over 2005(%)
行政区域土地面积(平方公里)	**Area of Administration(Sq.km)**	**4305**	**4305**	**0.0**
人口和就业	**Population & Employment**			
年末总人口(人)	Total Population Year-end(person)	592939	598227	0.9
#男性(人)	Male(person)	307375	310740	1.1
#乡村人口(人)	Rural(person)	529191	522556	-1.3
年末总户数(户)	Total Number of Households at the Year-end(Household)	170050	176175	3.6
#乡村户数(户)	Number of Rural Household(Household)	140718	139935	-0.6
出生人口(人)	Births(person)	6043	5855	-3.1
死亡人口(人)	Deaths(person)	3478	3016	-13.3
全社会就业人员(人)	Employment(person)	270535	272064	0.6
第一产业(人)	Primary Industry(person)	146494	146820	0.2
第二产业(人)	Secondary Industry(person)	41154	42357	2.9
第三产业(人)	Tertiary Industry(person)	82887	82887	0.0
在岗职工人数(人)	Number of Staff & Workers Employed in(person)	29310	29527	0.7
乡村劳动力(人)	Number of Rural Laborers(person)	241225	242805	0.7
#农林牧渔业(人)	Farming,Forestry,Animal Husbandry & Fishery(person)	145937	146246	0.2
国民经济综合指标	**Summary Item on the National Economy**			
生产总值(万元)	Gross Domestic Product(10 000 yuan)	309295	360950	19.6
第一产业(万元)	Primary Industry(10 000 yuan)	109293	116480	6.2
第二产业(万元)	Secondary Industry(10 000 yuan)	91433	118893	39.6
#工业(万元)	Industry(10 000 yuan)	72839	97871	46.9
第三产业(万元)	Tertiary Industry(10 000 yuan)	108569	125577	16.3
人均生产总值(元)	Per Capita GDP(yuan)	5194	6060	18.4
全社会固定资产投资(万元)	Total Investment in Fixed Assets(10 000 yuan)	204125	265160	29.9
按登记注册类型分	Grouped by Registered Type			
#国有(万元)	State-owned Enterprises(10 000 yuan)	95655	80266	-16.1
集体(万元)	Collective-owned Enterprises(10 000 yuan)			
有限责任公司(万元)	Limited Liability Corporations(10 000 yuan)	60700	152800	151.7
股份有限公司(万元)	Share Holding Enterprises(10 000 yuan)	6201	11641	87.7
私营企业(万元)	Private Enterprises(10 000 yuan)	17111	20453	19.5
外商及港澳台投资企业(万元)	Funds from HK,Macao,Taiwan & Foreign(10 000 yuan)			
按城乡渠道分	Grouped by Urban and Rural Area			
城镇(万元)	Urban(10 000 yuan)		222700	
农村(万元)	Rural(10 000 yuan)		10000	
地方财政收入(万元)	Local Governments Revenue(10 000 yuan)	10553	12753	20.8
地方财政支出(万元)	Local Governments Expenditures(10 000 yuan)	54869	67046	22.2
城乡居民储蓄存款余额(万元)	Resident Saving Deposit in Urban & Rural(10 000 yuan)	206199	236858	14.9
在岗职工工资总额(万元)	Total Wages of Staff & Workers Empioyed in(10 000 yuan)	35463	39102	10.3
在岗职工平均工资(元)	Average Wage of Staff & Workers Employed in(yuan)	12101	13269	9.7
农牧民人均纯收入(元)	Per Capita Net Income of Peasant & Herdsman(yuan)	2700	3210	18.9
农村牧区经济	**Economic Development in Rural & Pastoral Area**			
耕地面积(公顷)	Cultivated Area(hectare)	83581	84286	0.8
农作物总播种面积(公顷)	Total Sown Area(hectare)	93940	94864	1.0
#粮食作物播种面积(公顷)	Sown Area of Grain Crops(hectare)	76421	76316	-0.1
有效灌溉面积(公顷)	Irrigated Area(hectare)	34733	34733	0.0
农牧业机械总动力(万千瓦)	Total Power of Agricultural Machinery(10 000 kw)	29.00	28.90	-0.3
化肥施用折纯量(吨)	Consumption of Chemical Fertilizer(ton)	30651	30000	-2.1
农村用电量(万千瓦小时)	Electricity Consumed in Rural Area(10 000 kwh)	6109	6000	-1.8
农林牧渔业总产值(万元)	Gross Output of Farming,Forestry,Animal Husbandry & Fishery(10 000 yuan)	182311	198296	5.1
粮食产量(吨)	Yield of Grain(ton)	520500	575249	10.5
油料产量(吨)	Yield of Oil-bearing Grops(ton)	1876	1279	-31.8
甜菜产量(吨)	Yield of Beetroots(ton)	41227	29072	-29.5
猪牛羊肉产量(吨)	Output of Pork, Beef & Mutton(ton)	21317	21223	-0.4
#猪肉产量(吨)	Output of Pork(ton)	11444	12947	13.1
牛肉产量(吨)	Output of Beef(ton)	7462	6355	-14.8
羊肉产量(吨)	Output of Mutton(ton)	2411	1921	-20.3
羊毛产量(吨)	Output of Wool(ton)	702	686	-2.3

23-63 Ningcheng County in Chifeng City

指 标	Item	2005	2006	2006年比上年增长% Increase Rate in 2006 Over 2005(%)
年末牲畜存栏头数(万头只)	Total Livestock at the Year-end(10 000 heads)	49.98	37.73	-24.5
#大牲畜(万头只)	Large Animals(10 000 heads)	18.06	12.74	-29.5
羊(万只)	Sheep & Goats(10 000 heads)	19.82	13.71	-30.8
猪(万头)	Hogs(10 000 heads)	12.10	11.28	-6.8
规模以上工业	**Industrial Enterprises above Designated size**			
工业企业单位数(个)	Number of Industrial Enterprises(unit)	17	33	94.1
#内资企业(个)	Civil Funded Enterprises(unit)	17	33	94.1
工业总产值(万元)	Gross Industrial Output Value(10 000 yuan)	178112	244921	37.5
内资企业(万元)	Civil Funded Enterprises(10 000 yuan)	178112	244921	37.5
国有企业(万元)	State-owned Enterprises(10 000 yuan)	9454	12572	33.0
集体企业(万元)	Collective-owned Enterprises(10 000 yuan)	3158	19232	509.0
股份合作企业(万元)	Share Holding Enterprises(10 000 yuan)			
联营企业(万元)	Joint Owned Enterprises(10 000 yuan)			
有限责任公司(万元)	Limited Company(10 000 yuan)	163078	182467	11.9
股份有限公司(万元)	Share Holding Limited Company(10 000 yuan)			
私营企业(万元)	Privately Owned Enterprises(10 000 yuan)		26745	
其他企业(万元)	Enterprises of Other Ownership(10 000 yuan)	2422	3905	61.2
港澳台商投资企业(万元)	Funds from HK,Macao & Taiwan(10 000 yuan)			
外商投资企业(万元)	Foreign Funded Enterprises(10 000 yuan)			
工业企业增加值(万元)	Value Added of Industrial Enterprises(10 000 yuan)	49826	69523	38.2
工业企业资产总计(万元)	Total Assets of Industrial Enterprises(10 000 yuan)	120343	220606	83.3
工业企业负债合计(万元)	Total Liabilities of Industrial Enterprises(10 000 yuan)	63436	117866	85.8
工业企业产品销售收入(万元)	Sales of Revenue Industrial Enterprises(10 000 yuan)	170786	229876	34.6
工业企业利润总额(万元)	Total Profits of Industrial Enterprises(10 000 yuan)	5608	4778	-14.8
建筑业	**Construction**			
建筑企业单位数(个)	Number of Construction Enterprises(unit)	10	11	10.0
建筑企业从业人员(人)	Number of Employee in Construction Enterprises(person)	4622	5079	9.9
建筑业总产值(万元)	Gross Construction Output Value(10 000 yuan)	18589	24258	30.5
交通运输邮电通信业	**Transportation,Post & Telecommunications**			
公路里程(公里)	Total Length of Highways(km)	1504	2191	45.7
邮电业务总量(万元)	Business Volume of Post & Telecoms(10 000 yuan)	3829	4358	13.8
本地电话用户(户)	Number of Subscribers of Local Telephone(Household)	66633	55327	-17.0
国内贸易	**Demestic Trade**			
社会消费品零售总额(万元)	Total Retail Sales of Consumer Goods(10 000 yuan)	128003	148217	15.8
#贸易业(万元)	Wholesale & Retail Sales Trades(10 000 yuan)	114954	132433	15.2
餐饮业(万元)	Catering Trade(10 000 yuan)	12792	15514	21.3
科技教育卫生	**Science,Education & Public Health**			
各类专业技术人员(人)	Speccial Technical Personnel(person)	20500	19824	-3.3
幼儿园数(所)	Number of Kindergartens(unit)	20	26	30.0
学龄儿童入学率(%)	Percentage of School-Age Children Enrolled(%)	100.0	100.0	0.0
小学学校数(所)	Number of Primary Schools(unit)	202	175	-13.4
小学专任教师数(人)	Number of Full-time Teachers of Primary Schools(person)	2734	2702	-1.2
小学在校学生数(人)	Number of Student Enrollment of Primary Schools(person)	35665	34896	-2.2
普通中学学校数(所)	Number of Regular Secondary Schools(unit)	50	46	-8.0
普通中学专任教师数(人)	Number of Teachers of Secondary Shools(person)	2332	2260	-3.1
初中在校学生数(人)	Number of Student in Junior Secondary Schools(person)	25557	22413	-12.3
高中在校学生数(人)	Number of Student in Senior Secondary Schools(person)	11916	13951	17.1
卫生机构数(所)	Number of Health Institutions(unit)	38	39	2.6
#医院(所)	Hospitals(unit)	4	4	0.0
卫生院(所)	Township Hospitals(unit)	27	27	0.0
床位数(张)	Number of Beds(unit)	1176	1273	8.2
#医院(张)	Hospitals(unit)	564	618	9.6
卫生院(张)	Township Hospitals(unit)	558	586	5.0
卫生技术人员(人)	Medical Technical Presonnel(person)	1499	1446	-3.5
#医院(人)	Hospitals(person)	583	596	2.2
卫生院(人)	Township Hospitals(person)	744	667	-10.3

23-64 赤峰市敖汉旗

指 标	Item	2005	2006	2006年比上年增长% Increase Rate in 2006 Over 2005(%)
行政区域土地面积(平方公里)	**Area of Administration(Sq.km)**	**8294**	**8294**	**0.0**
人口和就业	**Population & Employment**			
年末总人口(人)	Total Population Year-end(person)	583742	588888	0.9
#男性(人)	Male(person)	302599	305226	0.9
#乡村人口(人)	Rural(person)	520440	524735	0.8
年末总户数(户)	Total Number of Households at the Year-end(Household)	166009	170318	2.6
#乡村户数(户)	Number of Rural Household(Household)	135680	135701	0.0
出生人口(人)	Births(person)	5851	3192	-45.4
死亡人口(人)	Deaths(person)	4893	762	-84.4
全社会就业人员(人)	Employment(person)	310398	338837	9.2
第一产业(人)	Primary Industry(person)	171252	197956	15.6
第二产业(人)	Secondary Industry(person)	26098	25856	-0.9
第三产业(人)	Tertiary Industry(person)	113048	115025	1.7
在岗职工人数(人)	Number of Staff & Workers Employed in(person)	22579	20405	-9.6
乡村劳动力(人)	Number of Rural Laborers(person)	300926	314215	4.4
#农林牧渔业(人)	Farming,Forestry,Animal Husbandry & Fishery(person)	171230	197956	15.6
国民经济综合指标	**Summary Item on the National Economy**			
生产总值(万元)	Gross Domestic Product(10 000 yuan)	305685	386440	18.9
第一产业(万元)	Primary Industry(10 000 yuan)	141910	151700	6.9
第二产业(万元)	Secondary Industry(10 000 yuan)	70573	124563	39.5
#工业(万元)	Industry(10 000 yuan)	55177	98800	58.4
第三产业(万元)	Tertiary Industry(10 000 yuan)	93202	110177	19.6
人均生产总值(元)	Per Capita GDP(yuan)	5227	6562	23.4
全社会固定资产投资(万元)	Total Investment in Fixed Assets(10 000 yuan)	160106	220146	37.5
按登记注册类型分	Grouped by Registered Type			
#国有(万元)	State-owned Enterprises(10 000 yuan)	52046	58852	13.1
集体(万元)	Collective-owned Enterprises(10 000 yuan)			
有限责任公司(万元)	Limited Liability Corporations(10 000 yuan)		34950	
股份有限公司(万元)	Share Holding Enterprises(10 000 yuan)		66050	
私营企业(万元)	Private Enterprises(10 000 yuan)		38030	
外商及港澳台投资企业(万元)	Funds from HK,Macao,Taiwan & Foreign(10 000 yuan)			
按城乡渠道分	Grouped by Urban and Rural Area			
城镇(万元)	Urban(10 000 yuan)		138882	
农村(万元)	Rural(10 000 yuan)		69400	
地方财政收入(万元)	Local Governments Revenue(10 000 yuan)	11076	12347	11.5
地方财政支出(万元)	Local Governments Expenditures(10 000 yuan)	63180	70748	12.0
城乡居民储蓄存款余额(万元)	Resident Saving Deposit in Urban & Rural(10 000 yuan)	138738	160075	15.4
在岗职工工资总额(万元)	Total Wages of Staff & Workers Empioyed in(10 000 yuan)	27553	31361	13.8
在岗职工平均工资(元)	Average Wage of Staff & Workers Employed in(yuan)	12256	15447	26.0
农牧民人均纯收入(元)	Per Capita Net Income of Peasant & Herdsman(yuan)	2626	3052	16.2
农村牧区经济	**Economic Development in Rural & Pastoral Area**			
耕地面积(公顷)	Cultivated Area(hectare)	169992	193452	13.8
农作物总播种面积(公顷)	Total Sown Area(hectare)	194332	194013	-0.2
#粮食作物播种面积(公顷)	Sown Area of Grain Crops(hectare)	162189	163691	0.9
有效灌溉面积(公顷)	Irrigated Area(hectare)	56582	56582	0.0
农牧业机械总动力(万千瓦)	Total Power of Agricultural Machinery(10 000 kw)	32.60	40.15	23.2
化肥施用折纯量(吨)	Consumption of Chemical Fertilizer(ton)	41155	31233	-24.1
农村用电量(万千瓦小时)	Electricity Consumed in Rural Area(10 000 kwh)	12528	12581	0.4
农林牧渔业总产值(万元)	Gross Output of Farming,Forestry,Animal Husbandry & Fishery(10 000 yuan)	236719	256588	8.1
粮食产量(吨)	Yield of Grain(ton)	553000	556500	0.6
油料产量(吨)	Yield of Oil-bearing Grops(ton)	20015	8547	-57.3
甜菜产量(吨)	Yield of Beetroots(ton)	52687	53193	1.0
猪牛羊肉产量(吨)	Output of Pork, Beef & Mutton(ton)	68746	77792	13.2
#猪肉产量(吨)	Output of Pork(ton)	54246	57415	5.8
牛肉产量(吨)	Output of Beef(ton)	3821	5344	39.9
羊肉产量(吨)	Output of Mutton(ton)	10679	15033	40.8
羊毛产量(吨)	Output of Wool(ton)	3406	3962	16.3

23-64 Aohan Banner in Chifeng City

指 标	Item	2005	2006	2006年比上年增长% Increase Rate in 2006 Over 2005(%)
年末牲畜存栏头数(万头只)	Total Livestock at the Year-end(10 000 heads)	148.40	142.70	-3.8
#大牲畜(万头只)	Large Animals(10 000 heads)	22.80	22.80	0.0
羊(万只)	Sheep & Goats(10 000 heads)	80.40	80.10	-0.4
猪(万头)	Hogs(10 000 heads)	45.20	39.80	-11.9
规模以上工业	**Industrial Enterprises above Designated size**			
工业企业单位数(个)	Number of Industrial Enterprises(unit)	23	28	21.7
#内资企业(个)	Civil Funded Enterprises(unit)	23	28	21.7
工业总产值(万元)	Gross Industrial Output Value(10 000 yuan)	86796	180447	107.9
内资企业(万元)	Civil Funded Enterprises(10 000 yuan)	86796	180447	107.9
国有企业(万元)	State-owned Enterprises(10 000 yuan)	14332	12279	-14.3
集体企业(万元)	Collective-owned Enterprises(10 000 yuan)			
股份合作企业(万元)	Share Holding Enterprises(10 000 yuan)			
联营企业(万元)	Joint Owned Enterprises(10 000 yuan)			
有限责任公司(万元)	Limited Company(10 000 yuan)	29974		
股份有限公司(万元)	Share Holding Limited Company(10 000 yuan)	16008	168168	950.5
私营企业(万元)	Privately Owned Enterprises(10 000 yuan)	26482		
其他企业(万元)	Enterprises of Other Ownership(10 000 yuan)			
港澳台商投资企业(万元)	Funds from HK,Macao & Taiwan(10 000 yuan)			
外商投资企业(万元)	Foreign Funded Enterprises(10 000 yuan)			
工业企业增加值(万元)	Value Added of Industrial Enterprises(10 000 yuan)	42200	72955	58.8
工业企业资产总计(万元)	Total Assets of Industrial Enterprises(10 000 yuan)	64552	84323	30.6
工业企业负债合计(万元)	Total Liabilities of Industrial Enterprises(10 000 yuan)	40462	53980	33.4
工业企业产品销售收入(万元)	Sales of Revenue Industrial Enterprises(10 000 yuan)	85328	177282	107.8
工业企业利润总额(万元)	Total Profits of Industrial Enterprises(10 000 yuan)	5224	7078	35.5
建筑业	**Construction**			
建筑企业单位数(个)	Number of Construction Enterprises(unit)	4	4	0.0
建筑企业从业人员(人)	Number of Employee in Construction Enterprises(person)	4815	4958	3.0
建筑业总产值(万元)	Gross Construction Output Value(10 000 yuan)	16527	18938	14.6
交通运输邮电通信业	**Transportation,Post & Telecommunications**			
公路里程(公里)	Total Length of Highways(km)	2407	2407	0.0
邮电业务总量(万元)	Business Volume of Post & Telecoms(10 000 yuan)	6548	7932	21.1
本地电话用户(户)	Number of Subscribers of Local Telephone(Household)	56130	66095	17.8
国内贸易	**Demestic Trade**			
社会消费品零售总额(万元)	Total Retail Sales of Consumer Goods(10 000 yuan)	78454	91812	17.0
#贸易业(万元)	Wholesale & Retail Sales Trades(10 000 yuan)	68253	78243	14.6
餐饮业(万元)	Catering Trade(10 000 yuan)	10201	13141	28.8
科技教育卫生	**Science,Education & Public Health**			
各类专业技术人员(人)	Speccial Technical Personnel(person)	8129	8452	4.0
幼儿园数(所)	Number of Kindergartens(unit)	39	39	0.0
学龄儿童入学率(%)	Percentage of School-Age Children Enrolled(%)	100.0	100.0	0.0
小学学校数(所)	Number of Primary Schools(unit)	194	164	-15.5
小学专任教师数(人)	Number of Full-time Teachers of Primary Schools(person)	3011	3003	-0.3
小学在校学生数(人)	Number of Student Enrollment of Primary Schools(person)	40886	39291	-3.9
普通中学学校数(所)	Number of Regular Secondary Schools(unit)	43	36	-16.3
普通中学专任教师数(人)	Number of Teachers of Secondary Shools(person)	2151	2199	2.2
初中在校学生数(人)	Number of Student in Junior Secondary Schools(person)	31197	29282	-6.1
高中在校学生数(人)	Number of Student in Senior Secondary Schools(person)	11666	11483	-1.6
卫生机构数(所)	Number of Health Institutions(unit)	38	40	5.3
#医院(所)	Hospitals(unit)	4	4	0.0
卫生院(所)	Township Hospitals(unit)	28	28	0.0
床位数(张)	Number of Beds(unit)	953	975	2.3
#医院(张)	Hospitals(unit)	520	534	2.7
卫生院(张)	Township Hospitals(unit)	383	402	5.0
卫生技术人员(人)	Medical Technical Presonnel(person)	1059	1244	17.5
#医院(人)	Hospitals(person)	392	538	37.2
卫生院(人)	Township Hospitals(person)	485	706	45.6

23-65 锡林郭勒盟二连浩特市

指 标	Item	2005	2006	2006年比上年增长% Increase Rate in 2006 Over 2005(%)
行政区域土地面积(平方公里)	**Area of Administration(Sq.km)**	**4015**	**4015**	**0.0**
人口和就业	**Population & Employment**			
年末总人口(人)	Total Population Year-end(person)	23779	24108	1.4
#男性(人)	Male(person)	12232	12422	1.6
#乡村人口(人)	Rural(person)	1289	1807	40.2
年末总户数(户)	Total Number of Households at the Year-end(Household)	9269	8851	-4.5
#乡村户数(户)	Number of Rural Household(Household)	378	628	66.1
出生人口(人)	Births(person)	227	135	-40.5
死亡人口(人)	Deaths(person)	88	32	-63.6
全社会就业人员(人)	Employment(person)	20702	22698	9.6
第一产业(人)	Primary Industry(person)	892	1041	16.7
第二产业(人)	Secondary Industry(person)	1566	1717	9.6
第三产业(人)	Tertiary Industry(person)	18244	19940	9.3
在岗职工人数(人)	Number of Staff & Workers Employed in(person)	4559	5136	12.7
乡村劳动力(人)	Number of Rural Laborers(person)	970	1084	11.8
#农林牧渔业(人)	Farming,Forestry,Animal Husbandry & Fishery(person)	892	999	12.0
国民经济综合指标	**Summary Item on the National Economy**			
生产总值(万元)	Gross Domestic Product(10 000 yuan)	151070	191103	19.5
第一产业(万元)	Primary Industry(10 000 yuan)	1436	1518	-13.5
第二产业(万元)	Secondary Industry(10 000 yuan)	27455	42459	29.0
#工业(万元)	Industry(10 000 yuan)	16407	31838	47.0
第三产业(万元)	Tertiary Industry(10 000 yuan)	122179	147126	17.8
人均生产总值(元)	Per Capita GDP(yuan)	21004	21964	14.6
全社会固定资产投资(万元)	Total Investment in Fixed Assets(10 000 yuan)	100637	110616	9.9
按登记注册类型分	Grouped by Registered Type			
#国有(万元)	State-owned Enterprises(10 000 yuan)	64751	31032	-52.1
集体(万元)	Collective-owned Enterprises(10 000 yuan)			
有限责任公司(万元)	Limited Liability Corporations(10 000 yuan)			
股份有限公司(万元)	Share Holding Enterprises(10 000 yuan)	11610		
私营企业(万元)	Private Enterprises(10 000 yuan)	24276	79584	227.8
外商及港澳台投资企业(万元)	Funds from HK,Macao,Taiwan & Foreign(10 000 yuan)			
按城乡渠道分	Grouped by Urban and Rural Area			
城镇（万元）	Urban(10 000 yuan)		65120	
农村（万元）	Rural(10 000 yuan)		45496	
地方财政收入(万元)	Local Governments Revenue(10 000 yuan)	13575	18225	34.3
地方财政支出(万元)	Local Governments Expenditures(10 000 yuan)	23194	35368	52.5
城乡居民储蓄存款余额(万元)	Resident Saving Deposit in Urban & Rural(10 000 yuan)	100611	124605	23.8
在岗职工工资总额(万元)	Total Wages of Staff & Workers Empioyed in(10 000 yuan)	9642	11890	23.3
在岗职工平均工资(元)	Average Wage of Staff & Workers Employed in(yuan)	21177	23373	10.4
农牧民人均纯收入(元)	Per Capita Net Income of Peasant & Herdsman(yuan)	2580	3252	26.0
农村牧区经济	**Economic Development in Rural & Pastoral Area**			
耕地面积(公顷)	Cultivated Area(hectare)	330	330	0.0
农作物总播种面积(公顷)	Total Sown Area(hectare)	330	330	0.0
#粮食作物播种面积(公顷)	Sown Area of Grain Crops(hectare)			
有效灌溉面积(公顷)	Irrigated Area(hectare)	330	330	0.0
农牧业机械总动力(万千瓦)	Total Power of Agricultural Machinery(10 000 kw)	0.87	0.13	-85.1
化肥施用折纯量(吨)	Consumption of Chemical Fertilizer(ton)	83	84	1.2
农村用电量(万千瓦小时)	Electricity Consumed in Rural Area(10 000 kwh)	11		
农林牧渔业总产值(万元)	Gross Output of Farming,Forestry,Animal Husbandry & Fishery(10 000 yuan)	3100	2740	-11.6
粮食产量(吨)	Yield of Grain(ton)			
油料产量(吨)	Yield of Oil-bearing Grops(ton)			
甜菜产量(吨)	Yield of Beetroots(ton)			
猪牛羊肉产量(吨)	Output of Pork, Beef & Mutton(ton)	557	731	31.2
#猪肉产量(吨)	Output of Pork(ton)		23	
牛肉产量(吨)	Output of Beef(ton)	161	224	39.1
羊肉产量(吨)	Output of Mutton(ton)	368	484	31.5
羊毛产量(吨)	Output of Wool(ton)	50	76	52.0

23-65 Erlianhaote City in Xilinguole League

指 标	Item	2005	2006	2006年比上年增长% Increase Rate in 2006 Over 2005(%)
年末牲畜存栏头数(万头只)	Total Livestock at the Year-end(10 000 heads)	4.71	3.16	-32.9
#大牲畜(万头只)	Large Animals(10 000 heads)	0.30	0.13	-56.7
羊(万只)	Sheep & Goats(10 000 heads)	4.41	3.03	-29.7
猪(万头)	Hogs(10 000 heads)			
规模以上工业	**Industrial Enterprises above Designated size**			
工业企业单位数(个)	Number of Industrial Enterprises(unit)	8	11	37.5
#内资企业(个)	Civil Funded Enterprises(unit)	8	11	37.5
工业总产值(万元)	Gross Industrial Output Value(10 000 yuan)	39138	79173	102.3
内资企业(万元)	Civil Funded Enterprises(10 000 yuan)	39138	79173	102.3
国有企业(万元)	State-owned Enterprises(10 000 yuan)	4859	5996	23.4
集体企业(万元)	Collective-owned Enterprises(10 000 yuan)			
股份合作企业(万元)	Share Holding Enterprises(10 000 yuan)			
联营企业(万元)	Joint Owned Enterprises(10 000 yuan)			
有限责任公司(万元)	Limited Company(10 000 yuan)			
股份有限公司(万元)	Share Holding Limited Company(10 000 yuan)		1210	
私营企业(万元)	Privately Owned Enterprises(10 000 yuan)	34279	71967	109.9
其他企业(万元)	Enterprises of Other Ownership(10 000 yuan)			
港澳台商投资企业(万元)	Funds from HK,Macao & Taiwan(10 000 yuan)			
外商投资企业(万元)	Foreign Funded Enterprises(10 000 yuan)			
工业企业增加值(万元)	Value Added of Industrial Enterprises(10 000 yuan)	13456	30798	94.4
工业企业资产总计(万元)	Total Assets of Industrial Enterprises(10 000 yuan)	15750	23413	48.7
工业企业负债合计(万元)	Total Liabilities of Industrial Enterprises(10 000 yuan)	5147	8189	59.1
工业企业产品销售收入(万元)	Sales of Revenue Industrial Enterprises(10 000 yuan)	38986	74692	91.6
工业企业利润总额(万元)	Total Profits of Industrial Enterprises(10 000 yuan)	7408	3949	-46.7
建筑业	**Construction**			
建筑企业单位数(个)	Number of Construction Enterprises(unit)			
建筑企业从业人员(人)	Number of Employee in Construction Enterprises(person)			
建筑业总产值(万元)	Gross Construction Output Value(10 000 yuan)			
交通运输邮电通信业	**Transportation,Post & Telecommunications**			
公路里程(公里)	Total Length of Highways(km)	215	199	-7.4
邮电业务总量(万元)	Business Volume of Post & Telecoms(10 000 yuan)	5734	7452	30.0
本地电话用户(户)	Number of Subscribers of Local Telephone(Household)	19765	22526	14.0
国内贸易	**Demestic Trade**			
社会消费品零售总额(万元)	Total Retail Sales of Consumer Goods(10 000 yuan)	65593	76798	17.1
#贸易业(万元)	Wholesale & Retail Sales Trades(10 000 yuan)	53002	64682	22.0
餐饮业(万元)	Catering Trade(10 000 yuan)	11597	7925	-31.7
科技教育卫生	**Science,Education & Public Health**			
各类专业技术人员(人)	Speccial Technical Personnel(person)	651	652	0.2
幼儿园数(所)	Number of Kindergartens(unit)	7	7	0.0
学龄儿童入学率(%)	Percentage of School-Age Children Enrolled(%)	100.0	100.0	0.0
小学学校数(所)	Number of Primary Schools(unit)	4	5	25.0
小学专任教师数(人)	Number of Full-time Teachers of Primary Schools(person)	228	223	-2.2
小学在校学生数(人)	Number of Student Enrollment of Primary Schools(person)	5707	5859	2.7
普通中学学校数(所)	Number of Regular Secondary Schools(unit)	4	4	0.0
普通中学专任教师数(人)	Number of Teachers of Secondary Shools(person)	145	221	52.4
初中在校学生数(人)	Number of Student in Junior Secondary Schools(person)	2845	2746	-3.5
高中在校学生数(人)	Number of Student in Senior Secondary Schools(person)	593	1325	123.4
卫生机构数(所)	Number of Health Institutions(unit)	4	6	50.0
#医院(所)	Hospitals(unit)	1	1	0.0
卫生院(所)	Township Hospitals(unit)	1	2	100.0
床位数(张)	Number of Beds(unit)	97	119	22.7
#医院(张)	Hospitals(unit)	80	100	25.0
卫生院(张)	Township Hospitals(unit)	1	4	300.0
卫生技术人员(人)	Medical Technical Presonnel(person)	179	207	15.6
#医院(人)	Hospitals(person)	120	127	5.8
卫生院(人)	Township Hospitals(person)	5	7	40.0

23-66 锡林郭勒盟锡林浩特市

指 标	Item	2005	2006	2006年比上年增长% Increase Rate in 2006 Over 2005(%)
行政区域土地面积(平方公里)	**Area of Administration(Sq.km)**	**14592**	**14592**	**0.0**
人口和就业	**Population & Employment**			
年末总人口(人)	Total Population Year-end(person)	155901	159566	2.4
#男性(人)	Male(person)	78445	80171	2.2
#乡村人口(人)	Rural(person)	9695	8442	-12.9
年末总户数(户)	Total Number of Households at the Year-end(Household)	53280	57354	7.6
#乡村户数(户)	Number of Rural Household(Household)	2324	2286	-1.6
出生人口(人)	Births(person)	1259	1663	32.1
死亡人口(人)	Deaths(person)	652	763	17.0
全社会就业人员(人)	Employment(person)	65152	67677	3.9
第一产业(人)	Primary Industry(person)	5506	5800	5.3
第二产业(人)	Secondary Industry(person)	14413	14972	3.9
第三产业(人)	Tertiary Industry(person)	45233	46905	3.7
在岗职工人数(人)	Number of Staff & Workers Employed in(person)	38764	40138	3.5
乡村劳动力(人)	Number of Rural Laborers(person)	5957	6632	11.3
#农林牧渔业(人)	Farming,Forestry,Animal Husbandry & Fishery(person)	5506	5634	2.3
国民经济综合指标	**Summary Item on the National Economy**			
生产总值(万元)	Gross Domestic Product(10 000 yuan)	508828	600103	17.1
第一产业(万元)	Primary Industry(10 000 yuan)	34398	38000	10.4
第二产业(万元)	Secondary Industry(10 000 yuan)	326722	387329	17.8
#工业(万元)	Industry(10 000 yuan)	271179	350511	22.1
第三产业(万元)	Tertiary Industry(10 000 yuan)	147708	174774	17.1
人均生产总值(元)	Per Capita GDP(yuan)	30938	36194	15.8
全社会固定资产投资(万元)	Total Investment in Fixed Assets(10 000 yuan)	411572	385290	-6.4
按登记注册类型分	Grouped by Registered Type			
#国有(万元)	State-owned Enterprises(10 000 yuan)	49149	198885	304.7
集体(万元)	Collective-owned Enterprises(10 000 yuan)			
有限责任公司(万元)	Limited Liability Corporations(10 000 yuan)			
股份有限公司(万元)	Share Holding Enterprises(10 000 yuan)			
私营企业(万元)	Private Enterprises(10 000 yuan)	82731	186405	125.3
外商及港澳台投资企业(万元)	Funds from HK,Macao,Taiwan & Foreign(10 000 yuan)			
按城乡渠道分	Grouped by Urban and Rural Area			
城镇(万元)	Urban(10 000 yuan)		347313	
农村(万元)	Rural(10 000 yuan)		37977	
地方财政收入(万元)	Local Governments Revenue(10 000 yuan)	18319	39524	115.8
地方财政支出(万元)	Local Governments Expenditures(10 000 yuan)	33853	50805	50.1
城乡居民储蓄存款余额(万元)	Resident Saving Deposit in Urban & Rural(10 000 yuan)	237190	280232	18.1
在岗职工工资总额(万元)	Total Wages of Staff & Workers Empioyed in(10 000 yuan)	62204	69437	11.6
在岗职工平均工资(元)	Average Wage of Staff & Workers Employed in(yuan)	15513	16787	8.2
农牧民人均纯收入(元)	Per Capita Net Income of Peasant & Herdsman(yuan)	4145	4565	10.1
农村牧区经济	**Economic Development in Rural & Pastoral Area**			
耕地面积(公顷)	Cultivated Area(hectare)	15600	15540	-0.4
农作物总播种面积(公顷)	Total Sown Area(hectare)	10410	15910	52.8
#粮食作物播种面积(公顷)	Sown Area of Grain Crops(hectare)	3440	5150	49.7
有效灌溉面积(公顷)	Irrigated Area(hectare)	2850	2830	-0.7
农牧业机械总动力(万千瓦)	Total Power of Agricultural Machinery(10 000 kw)	5.18	6.42	23.9
化肥施用折纯量(吨)	Consumption of Chemical Fertilizer(ton)	852	1004	17.8
农村用电量(万千瓦小时)	Electricity Consumed in Rural Area(10 000 kwh)	340	667	96.2
农林牧渔业总产值(万元)	Gross Output of Farming,Forestry,Animal Husbandry & Fishery(10 000 yuan)	60348	67592	12.0
粮食产量(吨)	Yield of Grain(ton)	13805	14597	5.7
油料产量(吨)	Yield of Oil-bearing Grops(ton)	616	138	-77.6
甜菜产量(吨)	Yield of Beetroots(ton)			
猪牛羊肉产量(吨)	Output of Pork, Beef & Mutton(ton)	13134	14164	7.8
#猪肉产量(吨)	Output of Pork(ton)	380	428	12.6
牛肉产量(吨)	Output of Beef(ton)	1424	1968	38.2
羊肉产量(吨)	Output of Mutton(ton)	11330	11768	3.9
羊毛产量(吨)	Output of Wool(ton)	1213	1114	-8.2

23-66 Xilinhaote City in Xilinguole League

指 标	Item	2005	2006	2006年比上年增长% Increase Rate in 2006 Over 2005(%)
年末牲畜存栏头数(万头只)	Total Livestock at the Year-end(10 000 heads)	84.89	77.65	-8.5
# 大牲畜(万头只)	Large Animals(10 000 heads)	3.67	3.53	-3.8
羊(万只)	Sheep & Goats(10 000 heads)	81.04	73.95	-8.7
猪(万头)	Hogs(10 000 heads)	0.18	0.17	-5.6
规模以上工业	**Industrial Enterprises above Designated size**			
工业企业单位数(个)	Number of Industrial Enterprises(unit)	51	57	11.8
# 内资企业(个)	Civil Funded Enterprises(unit)	50	56	12.0
工业总产值(万元)	Gross Industrial Output Value(10 000 yuan)	367185	522096	42.2
内资企业(万元)	Civil Funded Enterprises(10 000 yuan)	366173	518297	41.5
国有企业(万元)	State-owned Enterprises(10 000 yuan)	55313	46658	-15.6
集体企业(万元)	Collective-owned Enterprises(10 000 yuan)	5461	981	-82.0
股份合作企业(万元)	Share Holding Enterprises(10 000 yuan)	702	759	8.1
联营企业(万元)	Joint Owned Enterprises(10 000 yuan)			
有限责任公司(万元)	Limited Company(10 000 yuan)	26624	55030	106.7
股份有限公司(万元)	Share Holding Limited Company(10 000 yuan)	229437	309510	34.9
私营企业(万元)	Privately Owned Enterprises(10 000 yuan)	48636	105359	116.6
其他企业(万元)	Enterprises of Other Ownership(10 000 yuan)			
港澳台商投资企业(万元)	Funds from HK,Macao & Taiwan(10 000 yuan)			
外商投资企业(万元)	Foreign Funded Enterprises(10 000 yuan)	1012	3799	275.4
工业企业增加值(万元)	Value Added of Industrial Enterprises(10 000 yuan)	260458	340490	22.1
工业企业资产总计(万元)	Total Assets of Industrial Enterprises(10 000 yuan)	543548	674858	24.2
工业企业负债合计(万元)	Total Liabilities of Industrial Enterprises(10 000 yuan)	259782	346063	33.2
工业企业产品销售收入(万元)	Sales of Revenue Industrial Enterprises(10 000 yuan)	297885	435980	46.4
工业企业利润总额(万元)	Total Profits of Industrial Enterprises(10 000 yuan)	2412	6070	151.7
建筑业	**Construction**			
建筑企业单位数(个)	Number of Construction Enterprises(unit)	14	14	0.0
建筑企业从业人员(人)	Number of Employee in Construction Enterprises(person)	3334	4657	39.7
建筑业总产值(万元)	Gross Construction Output Value(10 000 yuan)	58849	65725	11.7
交通运输邮电通信业	**Transportation,Post & Telecommunications**			
公路里程(公里)	Total Length of Highways(km)	636	929	46.1
邮电业务总量(万元)	Business Volume of Post & Telecoms(10 000 yuan)	16678	22298	33.7
本地电话用户(户)	Number of Subscribers of Local Telephone(Household)	83400	78000	-6.5
国内贸易	**Demestic Trade**			
社会消费品零售总额(万元)	Total Retail Sales of Consumer Goods(10 000 yuan)	123921	143767	16.0
# 贸易业(万元)	Wholesale & Retail Sales Trades(10 000 yuan)	99658	118880	19.3
餐饮业(万元)	Catering Trade(10 000 yuan)	23401	21643	-7.5
科技教育卫生	**Science,Education & Public Health**			
各类专业技术人员(人)	Speccial Technical Personnel(person)	2624	2953	12.5
幼儿园数(所)	Number of Kindergartens(unit)	3	5	66.7
学龄儿童入学率(%)	Percentage of School-Age Children Enrolled(%)	100.0	100.0	0.0
小学学校数(所)	Number of Primary Schools(unit)	18	13	-27.8
小学专任教师数(人)	Number of Full-time Teachers of Primary Schools(person)	901	925	2.7
小学在校学生数(人)	Number of Student Enrollment of Primary Schools(person)	13560	13567	0.1
普通中学学校数(所)	Number of Regular Secondary Schools(unit)	11	10	-9.1
普通中学专任教师数(人)	Number of Teachers of Secondary Shools(person)	1007	1147	13.9
初中在校学生数(人)	Number of Student in Junior Secondary Schools(person)	10837	10673	-1.5
高中在校学生数(人)	Number of Student in Senior Secondary Schools(person)	11412	12956	13.5
卫生机构数(所)	Number of Health Institutions(unit)	24	23	-4.2
# 医院(所)	Hospitals(unit)	9	3	-66.7
卫生院(所)	Township Hospitals(unit)	5	9	80.0
床位数(张)	Number of Beds(unit)	853	874	2.5
# 医院(张)	Hospitals(unit)	659	610	-7.4
卫生院(张)	Township Hospitals(unit)	30	75	150.0
卫生技术人员(人)	Medical Technical Presonnel(person)	1201	1277	6.3
# 医院(人)	Hospitals(person)	732	621	-15.2
卫生院(人)	Township Hospitals(person)	33	189	472.7

23-67 锡林郭勒盟阿巴嘎旗

指 标	Item	2005	2006	2006年比上年增长% Increase Rate in 2006 Over 2005(%)
行政区域土地面积(平方公里)	**Area of Administration(Sq.km)**	**27494**	**27494**	**0.0**
人口和就业	**Population & Employment**			
年末总人口(人)	Total Population Year-end(person)	43038	43021	0.0
#男性(人)	Male(person)	21822	21819	0.0
#乡村人口(人)	Rural(person)	19992	19288	-3.5
年末总户数(户)	Total Number of Households at the Year-end(Household)	13478	14091	4.5
#乡村户数(户)	Number of Rural Household(Household)	5712	5481	-4.0
出生人口(人)	Births(person)	549	405	-26.2
死亡人口(人)	Deaths(person)	1306	156	-88.1
全社会就业人员(人)	Employment(person)	19591	19523	-0.3
第一产业(人)	Primary Industry(person)	12973	12990	0.1
第二产业(人)	Secondary Industry(person)	1119	1115	-0.4
第三产业(人)	Tertiary Industry(person)	5499	5418	-1.5
在岗职工人数(人)	Number of Staff & Workers Employed in(person)	3241	3163	-2.4
乡村劳动力(人)	Number of Rural Laborers(person)	13395	13244	-1.1
#农林牧渔业(人)	Farming,Forestry,Animal Husbandry & Fishery(person)	12973	12686	-2.2
国民经济综合指标	**Summary Item on the National Economy**			
生产总值(万元)	Gross Domestic Product(10 000 yuan)	77275	104060	18.6
第一产业(万元)	Primary Industry(10 000 yuan)	25742	28148	12.3
第二产业(万元)	Secondary Industry(10 000 yuan)	26868	45822	25.6
#工业(万元)	Industry(10 000 yuan)	15651	28222	30.9
第三产业(万元)	Tertiary Industry(10 000 yuan)	24665	30090	17.5
人均生产总值(元)	Per Capita GDP(yuan)	17955	24188	19.6
全社会固定资产投资(万元)	Total Investment in Fixed Assets(10 000 yuan)	76282	130542	71.1
按登记注册类型分	Grouped by Registered Type			
#国有(万元)	State-owned Enterprises(10 000 yuan)	47972	63212	31.8
集体(万元)	Collective-owned Enterprises(10 000 yuan)			
有限责任公司(万元)	Limited Liability Corporations(10 000 yuan)			
股份有限公司(万元)	Share Holding Enterprises(10 000 yuan)			
私营企业(万元)	Private Enterprises(10 000 yuan)	28310	67330	137.8
外商及港澳台投资企业(万元)	Funds from HK,Macao,Taiwan & Foreign(10 000 yuan)			
按城乡渠道分	Grouped by Urban and Rural Area			
城镇(万元)	Urban(10 000 yuan)		82750	
农村(万元)	Rural(10 000 yuan)		47792	
地方财政收入(万元)	Local Governments Revenue(10 000 yuan)	4476	6880	53.7
地方财政支出(万元)	Local Governments Expenditures(10 000 yuan)	15133	23278	53.8
城乡居民储蓄存款余额(万元)	Resident Saving Deposit in Urban & Rural(10 000 yuan)	28615	29778	4.1
在岗职工工资总额(万元)	Total Wages of Staff & Workers Empioyed in(10 000 yuan)	4621	5684	23.0
在岗职工平均工资(元)	Average Wage of Staff & Workers Employed in(yuan)	14255	18213	27.8
农牧民人均纯收入(元)	Per Capita Net Income of Peasant & Herdsman(yuan)	3638	3984	9.5
农村牧区经济	**Economic Development in Rural & Pastoral Area**			
耕地面积(公顷)	Cultivated Area(hectare)	1310	1310	0.0
农作物总播种面积(公顷)	Total Sown Area(hectare)	19670	22330	13.5
#粮食作物播种面积(公顷)	Sown Area of Grain Crops(hectare)		20	
有效灌溉面积(公顷)	Irrigated Area(hectare)	1310	1310	0.0
农牧业机械总动力(万千瓦)	Total Power of Agricultural Machinery(10 000 kw)	3.75	3.96	5.6
化肥施用折纯量(吨)	Consumption of Chemical Fertilizer(ton)			
农村用电量(万千瓦小时)	Electricity Consumed in Rural Area(10 000 kwh)	28	28	0.0
农林牧渔业总产值(万元)	Gross Output of Farming,Forestry,Animal Husbandry & Fishery(10 000 yuan)	43934	50068	14.0
粮食产量(吨)	Yield of Grain(ton)		675	
油料产量(吨)	Yield of Oil-bearing Grops(ton)			
甜菜产量(吨)	Yield of Beetroots(ton)			
猪牛羊肉产量(吨)	Output of Pork, Beef & Mutton(ton)	21820	22207	1.8
#猪肉产量(吨)	Output of Pork(ton)	15	36	140.0
牛肉产量(吨)	Output of Beef(ton)	6303	5252	-16.7
羊肉产量(吨)	Output of Mutton(ton)	15502	16919	9.1
羊毛产量(吨)	Output of Wool(ton)	1176	1060	-9.9

23-67 Abaga Banner in Xilinguole League

指 标	Item	2005	2006	2006年比上年增长% Increase Rate in 2006 Over 2005(%)
年末牲畜存栏头数(万头只)	Total Livestock at the Year-end(10 000 heads)	106.33	94.53	-11.1
#大牲畜(万头只)	Large Animals(10 000 heads)	7.19	7.38	2.6
羊(万只)	Sheep & Goats(10 000 heads)	99.12	87.14	-12.1
猪(万头)	Hogs(10 000 heads)	0.02	0.01	-50.0
规模以上工业	**Industrial Enterprises above Designated size**			
工业企业单位数(个)	Number of Industrial Enterprises(unit)	9	15	66.7
#内资企业(个)	Civil Funded Enterprises(unit)	9	15	66.7
工业总产值(万元)	Gross Industrial Output Value(10 000 yuan)	27654	45258	63.7
内资企业(万元)	Civil Funded Enterprises(10 000 yuan)	27654	45258	63.7
国有企业(万元)	State-owned Enterprises(10 000 yuan)	5729	9459	65.1
集体企业(万元)	Collective-owned Enterprises(10 000 yuan)	4880	3592	-26.4
股份合作企业(万元)	Share Holding Enterprises(10 000 yuan)			
联营企业(万元)	Joint Owned Enterprises(10 000 yuan)			
有限责任公司(万元)	Limited Company(10 000 yuan)	1919	2418	26.0
股份有限公司(万元)	Share Holding Limited Company(10 000 yuan)	5465	6448	18.0
私营企业(万元)	Privately Owned Enterprises(10 000 yuan)	9661	23341	141.6
其他企业(万元)	Enterprises of Other Ownership(10 000 yuan)			
港澳台商投资企业(万元)	Funds from HK,Macao & Taiwan(10 000 yuan)			
外商投资企业(万元)	Foreign Funded Enterprises(10 000 yuan)			
工业企业增加值(万元)	Value Added of Industrial Enterprises(10 000 yuan)	11987	21093	40.2
工业企业资产总计(万元)	Total Assets of Industrial Enterprises(10 000 yuan)	7400	16734	126.1
工业企业负债合计(万元)	Total Liabilities of Industrial Enterprises(10 000 yuan)	1839	3404	85.1
工业企业产品销售收入(万元)	Sales of Revenue Industrial Enterprises(10 000 yuan)	27561	45258	64.2
工业企业利润总额(万元)	Total Profits of Industrial Enterprises(10 000 yuan)	877	1902	116.9
建筑业	**Construction**			
建筑企业单位数(个)	Number of Construction Enterprises(unit)			
建筑企业从业人员(人)	Number of Employee in Construction Enterprises(person)			
建筑业总产值(万元)	Gross Construction Output Value(10 000 yuan)			
交通运输邮电通信业	**Transportation,Post & Telecommunications**			
公路里程(公里)	Total Length of Highways(km)	760	1319	73.6
邮电业务总量(万元)	Business Volume of Post & Telecoms(10 000 yuan)	1739	1814	4.3
本地电话用户(户)	Number of Subscribers of Local Telephone(Household)	11836	9407	-20.5
国内贸易	**Demestic Trade**			
社会消费品零售总额(万元)	Total Retail Sales of Consumer Goods(10 000 yuan)	25274	29609	17.2
#贸易业(万元)	Wholesale & Retail Sales Trades(10 000 yuan)	21941	21697	-1.1
餐饮业(万元)	Catering Trade(10 000 yuan)	2535	6348	150.4
科技教育卫生	**Science,Education & Public Health**			
各类专业技术人员(人)	Speccial Technical Personnel(person)	915	889	-2.8
幼儿园数(所)	Number of Kindergartens(unit)	3	4	33.3
学龄儿童入学率(%)	Percentage of School-Age Children Enrolled(%)	100.0	100.0	0.0
小学学校数(所)	Number of Primary Schools(unit)	3	4	33.3
小学专任教师数(人)	Number of Full-time Teachers of Primary Schools(person)	249	171	-31.3
小学在校学生数(人)	Number of Student Enrollment of Primary Schools(person)	2826	2778	-1.7
普通中学学校数(所)	Number of Regular Secondary Schools(unit)	2	2	0.0
普通中学专任教师数(人)	Number of Teachers of Secondary Shools(person)	166	162	-2.4
初中在校学生数(人)	Number of Student in Junior Secondary Schools(person)	1721	1312	-23.8
高中在校学生数(人)	Number of Student in Senior Secondary Schools(person)	122	263	115.6
卫生机构数(所)	Number of Health Institutions(unit)	17	17	0.0
#医院(所)	Hospitals(unit)	2	2	0.0
卫生院(所)	Township Hospitals(unit)	12	11	-8.3
床位数(张)	Number of Beds(unit)	147	114	-22.4
#医院(张)	Hospitals(unit)	74	74	0.0
卫生院(张)	Township Hospitals(unit)	61	29	-52.5
卫生技术人员(人)	Medical Technical Presonnel(person)	244	214	-12.3
#医院(人)	Hospitals(person)	112	116	3.6
卫生院(人)	Township Hospitals(person)	86	40	-53.5

23-68 锡林郭勒盟苏尼特左旗

指 标	Item	2005	2006	2006年比上年增长% Increase Rate in 2006 Over 2005(%)
行政区域土地面积(平方公里)	**Area of Administration(Sq.km)**	**34251**	**34257**	**0.0**
人口和就业	**Population & Employment**			
年末总人口(人)	Total Population Year-end(person)	33134	33488	1.1
# 男性(人)	Male(person)	16591	16741	0.9
# 乡村人口(人)	Rural(person)	17490	17261	-1.3
年末总户数(户)	Total Number of Households at the Year-end(Household)	10362	10689	3.2
# 乡村户数(户)	Number of Rural Household(Household)	4849	4856	0.1
出生人口(人)	Births(person)	376	325	-13.6
死亡人口(人)	Deaths(person)	384	116	-69.8
全社会就业人员(人)	Employment(person)	16340	16386	0.3
第一产业(人)	Primary Industry(person)	10004	9998	-0.1
第二产业(人)	Secondary Industry(person)	1344	1348	0.3
第三产业(人)	Tertiary Industry(person)	4992	5040	1.0
在岗职工人数(人)	Number of Staff & Workers Employed in(person)	2849	2792	-2.0
乡村劳动力(人)	Number of Rural Laborers(person)	10820	10828	0.1
# 农林牧渔业(人)	Farming,Forestry,Animal Husbandry & Fishery(person)	10004	9881	-1.2
国民经济综合指标	**Summary Item on the National Economy**			
生产总值(万元)	Gross Domestic Product(10 000 yuan)	81756	108704	18.2
第一产业(万元)	Primary Industry(10 000 yuan)	16297	17600	1.7
第二产业(万元)	Secondary Industry(10 000 yuan)	48802	71574	24.3
# 工业(万元)	Industry(10 000 yuan)	41069	65064	31.9
第三产业(万元)	Tertiary Industry(10 000 yuan)	16657	19530	16.4
人均生产总值(元)	Per Capita GDP(yuan)	23629	30200	14.1
全社会固定资产投资(万元)	Total Investment in Fixed Assets(10 000 yuan)	52040	52141	0.2
按登记注册类型分	Grouped by Registered Type			
# 国有(万元)	State-owned Enterprises(10 000 yuan)	19449	29702	52.7
集体(万元)	Collective-owned Enterprises(10 000 yuan)			
有限责任公司(万元)	Limited Liability Corporations(10 000 yuan)		13139	
股份有限公司(万元)	Share Holding Enterprises(10 000 yuan)			
私营企业(万元)	Private Enterprises(10 000 yuan)	2200	9300	322.7
外商及港澳台投资企业 (万元)	Funds from HK,Macao,Taiwan & Foreign(10 000 yuan)			
按城乡渠道分	Grouped by Urban and Rural Area			
城镇 (万元)	Urban(10 000 yuan)		45261	
农村 (万元)	Rural(10 000 yuan)		6880	
地方财政收入(万元)	Local Governments Revenue(10 000 yuan)	3425	5139	50.0
地方财政支出(万元)	Local Governments Expenditures(10 000 yuan)	14079	22510	59.9
城乡居民储蓄存款余额(万元)	Resident Saving Deposit in Urban & Rural(10 000 yuan)	15648	19191	22.6
在岗职工工资总额(万元)	Total Wages of Staff & Workers Empioyed in(10 000 yuan)	4008	4680	16.8
在岗职工平均工资(元)	Average Wage of Staff & Workers Employed in(yuan)	14097	16763	18.9
农牧民人均纯收入(元)	Per Capita Net Income of Peasant & Herdsman(yuan)	2282	2632	15.3
农村牧区经济	**Economic Development in Rural & Pastoral Area**			
耕地面积(公顷)	Cultivated Area(hectare)	2000	2000	0.0
农作物总播种面积(公顷)	Total Sown Area(hectare)	1970	1990	1.0
# 粮食作物播种面积(公顷)	Sown Area of Grain Crops(hectare)			
有效灌溉面积(公顷)	Irrigated Area(hectare)	2000	2000	0.0
农牧业机械总动力(万千瓦)	Total Power of Agricultural Machinery(10 000 kw)	6.12	6.25	2.1
化肥施用折纯量(吨)	Consumption of Chemical Fertilizer(ton)	17	17	0.0
农村用电量(万千瓦小时)	Electricity Consumed in Rural Area(10 000 kwh)	10	10	0.0
农林牧渔业总产值(万元)	Gross Output of Farming,Forestry,Animal Husbandry & Fishery(10 000 yuan)	30346	31306	3.2
粮食产量(吨)	Yield of Grain(ton)			
油料产量(吨)	Yield of Oil-bearing Grops(ton)			
甜菜产量(吨)	Yield of Beetroots(ton)			
猪牛羊肉产量(吨)	Output of Pork, Beef & Mutton(ton)	15031	13466	-10.4
# 猪肉产量(吨)	Output of Pork(ton)	47	33	-29.8
牛肉产量(吨)	Output of Beef(ton)	3148	3732	18.6
羊肉产量(吨)	Output of Mutton(ton)	11836	9701	-18.0
羊毛产量(吨)	Output of Wool(ton)	660	520	-21.2

23-68 Sunitezuo Banner in Xilinguole League

指 标	Item	2005	2006	2006年比上年增长% Increase Rate in 2006 Over 2005(%)
年末牲畜存栏头数(万头只)	Total Livestock at the Year-end(10 000 heads)	69.53	57.81	-16.9
#大牲畜(万头只)	Large Animals(10 000 heads)	5.75	4.98	-13.4
羊(万只)	Sheep & Goats(10 000 heads)	63.76	52.80	-17.2
猪(万头)	Hogs(10 000 heads)	0.02	0.03	50.0
规模以上工业	**Industrial Enterprises above Designated size**			
工业企业单位数(个)	Number of Industrial Enterprises(unit)	20	17	-15.0
#内资企业(个)	Civil Funded Enterprises(unit)	20	17	-15.0
工业总产值(万元)	Gross Industrial Output Value(10 000 yuan)	61517	107860	75.3
内资企业(万元)	Civil Funded Enterprises(10 000 yuan)	61517	107860	75.3
国有企业(万元)	State-owned Enterprises(10 000 yuan)	7932	771	-90.3
集体企业(万元)	Collective-owned Enterprises(10 000 yuan)			
股份合作企业(万元)	Share Holding Enterprises(10 000 yuan)			
联营企业(万元)	Joint Owned Enterprises(10 000 yuan)			
有限责任公司(万元)	Limited Company(10 000 yuan)	38505	93404	142.6
股份有限公司(万元)	Share Holding Limited Company(10 000 yuan)	5711	4500	-21.2
私营企业(万元)	Privately Owned Enterprises(10 000 yuan)	9369	9185	-2.0
其他企业(万元)	Enterprises of Other Ownership(10 000 yuan)			
港澳台商投资企业(万元)	Funds from HK,Macao & Taiwan(10 000 yuan)			
外商投资企业(万元)	Foreign Funded Enterprises(10 000 yuan)			
工业企业增加值(万元)	Value Added of Industrial Enterprises(10 000 yuan)	38005	62749	43.4
工业企业资产总计(万元)	Total Assets of Industrial Enterprises(10 000 yuan)	45216	58340	29.0
工业企业负债合计(万元)	Total Liabilities of Industrial Enterprises(10 000 yuan)	24817	29127	17.4
工业企业产品销售收入(万元)	Sales of Revenue Industrial Enterprises(10 000 yuan)	60103	107860	79.5
工业企业利润总额(万元)	Total Profits of Industrial Enterprises(10 000 yuan)	5553	10659	92.0
建筑业	**Construction**			
建筑企业单位数(个)	Number of Construction Enterprises(unit)			
建筑企业从业人员(人)	Number of Employee in Construction Enterprises(person)			
建筑业总产值(万元)	Gross Construction Output Value(10 000 yuan)			
交通运输邮电通信业	**Transportation,Post & Telecommunications**			
公路里程(公里)	Total Length of Highways(km)	1042	1672	60.5
邮电业务总量(万元)	Business Volume of Post & Telecoms(10 000 yuan)	1094	1316	20.3
本地电话用户(户)	Number of Subscribers of Local Telephone(Household)	10765	9301	-13.6
国内贸易	**Demestic Trade**			
社会消费品零售总额(万元)	Total Retail Sales of Consumer Goods(10 000 yuan)	15929	18490	16.1
#贸易业(万元)	Wholesale & Retail Sales Trades(10 000 yuan)	12378	13763	11.2
餐饮业(万元)	Catering Trade(10 000 yuan)	2760	3542	28.3
科技教育卫生	**Science,Education & Public Health**			
各类专业技术人员(人)	Speccial Technical Personnel(person)	1098	1126	2.6
幼儿园数(所)	Number of Kindergartens(unit)	3	3	0.0
学龄儿童入学率(%)	Percentage of School-Age Children Enrolled(%)	100.0	100.0	0.0
小学学校数(所)	Number of Primary Schools(unit)	7	3	-57.1
小学专任教师数(人)	Number of Full-time Teachers of Primary Schools(person)	259	272	5.0
小学在校学生数(人)	Number of Student Enrollment of Primary Schools(person)	2015	1918	-4.8
普通中学学校数(所)	Number of Regular Secondary Schools(unit)	2	2	0.0
普通中学专任教师数(人)	Number of Teachers of Secondary Shools(person)	127	130	2.4
初中在校学生数(人)	Number of Student in Junior Secondary Schools(person)	1432	1394	-2.7
高中在校学生数(人)	Number of Student in Senior Secondary Schools(person)			
卫生机构数(所)	Number of Health Institutions(unit)	14	16	14.3
#医院(所)	Hospitals(unit)	2	2	0.0
卫生院(所)	Township Hospitals(unit)	9	11	22.2
床位数(张)	Number of Beds(unit)	79	90	13.9
#医院(张)	Hospitals(unit)	46	53	15.2
卫生院(张)	Township Hospitals(unit)	31	33	6.5
卫生技术人员(人)	Medical Technical Presonnel(person)	185	217	17.3
#医院(人)	Hospitals(person)	85	87	2.4
卫生院(人)	Township Hospitals(person)	55	53	-3.6

23-69 锡林郭勒盟苏尼特右旗

指 标	Item	2005	2006	2006年比上年增长% Increase Rate in 2006 Over 2005(%)
行政区域土地面积(平方公里)	**Area of Administration(Sq.km)**	**22461**	**22461**	**0.0**
人口和就业	**Population & Employment**			
年末总人口(人)	Total Population Year-end(person)	68402	68773	0.5
#男性(人)	Male(person)	34684	34818	0.4
#乡村人口(人)	Rural(person)	29805	22867	-23.3
年末总户数(户)	Total Number of Households at the Year-end(Household)	22846	23961	4.9
#乡村户数(户)	Number of Rural Household(Household)	8281	6634	-19.9
出生人口(人)	Births(person)	736	623	-15.4
死亡人口(人)	Deaths(person)	737	204	-72.3
全社会就业人员(人)	Employment(person)	35532	33609	-5.4
第一产业(人)	Primary Industry(person)	17648	17650	0.0
第二产业(人)	Secondary Industry(person)	6181	5846	-5.4
第三产业(人)	Tertiary Industry(person)	11703	10113	-13.6
在岗职工人数(人)	Number of Staff & Workers Employed in(person)	7087	7383	4.2
乡村劳动力(人)	Number of Rural Laborers(person)	21457	18192	-15.2
#农林牧渔业(人)	Farming,Forestry,Animal Husbandry & Fishery(person)	17648	15733	-10.9
国民经济综合指标	**Summary Item on the National Economy**			
生产总值(万元)	Gross Domestic Product(10 000 yuan)	116998	139004	16.8
第一产业(万元)	Primary Industry(10 000 yuan)	15455	12000	-14.7
第二产业(万元)	Secondary Industry(10 000 yuan)	68240	86985	23.7
#工业(万元)	Industry(10 000 yuan)	58026	77121	29.0
第三产业(万元)	Tertiary Industry(10 000 yuan)	33303	40019	17.3
人均生产总值(元)	Per Capita GDP(yuan)	14661	18053	21.9
全社会固定资产投资(万元)	Total Investment in Fixed Assets(10 000 yuan)	74141	112549	51.8
按登记注册类型分	Grouped by Registered Type			
#国有(万元)	State-owned Enterprises(10 000 yuan)	63652	43995	-30.9
集体(万元)	Collective-owned Enterprises(10 000 yuan)			
有限责任公司(万元)	Limited Liability Corporations(10 000 yuan)		42892	
股份有限公司(万元)	Share Holding Enterprises(10 000 yuan)			
私营企业(万元)	Private Enterprises(10 000 yuan)	7420	25662	245.8
外商及港澳台投资企业(万元)	Funds from HK,Macao,Taiwan & Foreign(10 000 yuan)			
按城乡渠道分	Grouped by Urban and Rural Area			
城镇(万元)	Urban(10 000 yuan)		68531	
农村(万元)	Rural(10 000 yuan)		44018	
地方财政收入(万元)	Local Governments Revenue(10 000 yuan)	9496	14363	51.3
地方财政支出(万元)	Local Governments Expenditures(10 000 yuan)	24300	32809	35.0
城乡居民储蓄存款余额(万元)	Resident Saving Deposit in Urban & Rural(10 000 yuan)	54130	58145	7.4
在岗职工工资总额(万元)	Total Wages of Staff & Workers Empioyed in(10 000 yuan)	12323	14381	16.7
在岗职工平均工资(元)	Average Wage of Staff & Workers Employed in(yuan)	16662	17887	7.4
农牧民人均纯收入(元)	Per Capita Net Income of Peasant & Herdsman(yuan)	1864	2420	29.8
农村牧区经济	**Economic Development in Rural & Pastoral Area**			
耕地面积(公顷)	Cultivated Area(hectare)	2830	2420	-14.5
农作物总播种面积(公顷)	Total Sown Area(hectare)	2860	2850	-0.3
#粮食作物播种面积(公顷)	Sown Area of Grain Crops(hectare)	667	420	-37.0
有效灌溉面积(公顷)	Irrigated Area(hectare)	1860	1600	-14.0
农牧业机械总动力(万千瓦)	Total Power of Agricultural Machinery(10 000 kw)	4.96	4.46	-10.1
化肥施用折纯量(吨)	Consumption of Chemical Fertilizer(ton)	90	99	10.0
农村用电量(万千瓦小时)	Electricity Consumed in Rural Area(10 000 kwh)	166	169	1.8
农林牧渔业总产值(万元)	Gross Output of Farming,Forestry,Animal Husbandry & Fishery(10 000 yuan)	27114	23123	-14.7
粮食产量(吨)	Yield of Grain(ton)		1920	
油料产量(吨)	Yield of Oil-bearing Grops(ton)			
甜菜产量(吨)	Yield of Beetroots(ton)			
猪牛羊肉产量(吨)	Output of Pork, Beef & Mutton(ton)	14196	7062	-50.3
#猪肉产量(吨)	Output of Pork(ton)	165	112	-32.1
牛肉产量(吨)	Output of Beef(ton)	1584	804	-49.2
羊肉产量(吨)	Output of Mutton(ton)	12447	6146	-50.6
羊毛产量(吨)	Output of Wool(ton)	682	478	-29.9

23-69 Suniteyou Banner in Xilinguole League

指 标	Item	2005	2006	2006年比上年增长% Increase Rate in 2006 Over 2005(%)
年末牲畜存栏头数(万头只)	Total Livestock at the Year-end(10 000 heads)	51.76	47.11	-9.0
#大牲畜(万头只)	Large Animals(10 000 heads)	1.18	1.00	-15.3
羊(万只)	Sheep & Goats(10 000 heads)	50.49	45.97	-9.0
猪(万头)	Hogs(10 000 heads)	0.09	0.14	55.6
规模以上工业	**Industrial Enterprises above Designated size**			
工业企业单位数(个)	Number of Industrial Enterprises(unit)	19	25	31.6
#内资企业(个)	Civil Funded Enterprises(unit)	18	24	33.3
工业总产值(万元)	Gross Industrial Output Value(10 000 yuan)	117102	147986	26.4
内资企业(万元)	Civil Funded Enterprises(10 000 yuan)	115895	147123	26.9
国有企业(万元)	State-owned Enterprises(10 000 yuan)	14461	13945	-3.6
集体企业(万元)	Collective-owned Enterprises(10 000 yuan)			
股份合作企业(万元)	Share Holding Enterprises(10 000 yuan)	120		
联营企业(万元)	Joint Owned Enterprises(10 000 yuan)			
有限责任公司(万元)	Limited Company(10 000 yuan)	53055	53782	1.4
股份有限公司(万元)	Share Holding Limited Company(10 000 yuan)		79396	
私营企业(万元)	Privately Owned Enterprises(10 000 yuan)	48259		
其他企业(万元)	Enterprises of Other Ownership(10 000 yuan)			
港澳台商投资企业(万元)	Funds from HK,Macao & Taiwan(10 000 yuan)			
外商投资企业(万元)	Foreign Funded Enterprises(10 000 yuan)	1207	863	-28.5
工业企业增加值(万元)	Value Added of Industrial Enterprises(10 000 yuan)	53725	72639	20.2
工业企业资产总计(万元)	Total Assets of Industrial Enterprises(10 000 yuan)	127469	141036	10.6
工业企业负债合计(万元)	Total Liabilities of Industrial Enterprises(10 000 yuan)	64337	69712	8.4
工业企业产品销售收入(万元)	Sales of Revenue Industrial Enterprises(10 000 yuan)	113854	146210	28.4
工业企业利润总额(万元)	Total Profits of Industrial Enterprises(10 000 yuan)	6077	37578	518.4
建筑业	**Construction**			
建筑企业单位数(个)	Number of Construction Enterprises(unit)	2	2	0.0
建筑企业从业人员(人)	Number of Employee in Construction Enterprises(person)	328	703	114.3
建筑业总产值(万元)	Gross Construction Output Value(10 000 yuan)	1109	4122	271.7
交通运输邮电通信业	**Transportation,Post & Telecommunications**			
公路里程(公里)	Total Length of Highways(km)	651	1389	113.4
邮电业务总量(万元)	Business Volume of Post & Telecoms(10 000 yuan)	2945	3200	8.7
本地电话用户(户)	Number of Subscribers of Local Telephone(Household)	12000	12000	0.0
国内贸易	**Demestic Trade**			
社会消费品零售总额(万元)	Total Retail Sales of Consumer Goods(10 000 yuan)	36288	42350	16.7
#贸易业(万元)	Wholesale & Retail Sales Trades(10 000 yuan)	30882	32595	5.5
餐饮业(万元)	Catering Trade(10 000 yuan)	3667	7745	111.2
科技教育卫生	**Science,Education & Public Health**			
各类专业技术人员(人)	Speccial Technical Personnel(person)	1195	1251	4.7
幼儿园数(所)	Number of Kindergartens(unit)	4	4	0.0
学龄儿童入学率(%)	Percentage of School-Age Children Enrolled(%)	100.0	100.0	0.0
小学学校数(所)	Number of Primary Schools(unit)	8	8	0.0
小学专任教师数(人)	Number of Full-time Teachers of Primary Schools(person)	333	346	3.9
小学在校学生数(人)	Number of Student Enrollment of Primary Schools(person)	5393	5845	8.4
普通中学学校数(所)	Number of Regular Secondary Schools(unit)	3	3	0.0
普通中学专任教师数(人)	Number of Teachers of Secondary Shools(person)	255	263	3.1
初中在校学生数(人)	Number of Student in Junior Secondary Schools(person)	3443	2559	-25.7
高中在校学生数(人)	Number of Student in Senior Secondary Schools(person)	706	989	40.1
卫生机构数(所)	Number of Health Institutions(unit)	18	17	-5.6
#医院(所)	Hospitals(unit)	3	2	-33.3
卫生院(所)	Township Hospitals(unit)	12	12	0.0
床位数(张)	Number of Beds(unit)	174	155	-10.9
#医院(张)	Hospitals(unit)	122	106	-13.1
卫生院(张)	Township Hospitals(unit)	37	34	-8.1
卫生技术人员(人)	Medical Technical Presonnel(person)	282	270	-4.3
#医院(人)	Hospitals(person)	143	132	-7.7
卫生院(人)	Township Hospitals(person)	74	72	-2.7

23-70 锡林郭勒盟东乌珠穆沁旗

指 标	Item	2005	2006	2006年比上年增长% Increase Rate in 2006 Over 2005(%)
行政区域土地面积(平方公里)	**Area of Administration(Sq.km)**	**47259**	**47259**	**0.0**
人口和就业	**Population & Employment**			
年末总人口(人)	Total Population Year-end(person)	70731	72054	1.9
#男性(人)	Male(person)	36266	36871	1.7
#乡村人口(人)	Rural(person)	31001	31409	1.3
年末总户数(户)	Total Number of Households at the Year-end(Household)	21593	21989	1.8
#乡村户数(户)	Number of Rural Household(Household)	7557	7664	1.4
出生人口(人)	Births(person)	779	849	9.0
死亡人口(人)	Deaths(person)	740	321	-56.6
全社会就业人员(人)	Employment(person)	39874	42218	5.9
第一产业(人)	Primary Industry(person)	19480	19656	0.9
第二产业(人)	Secondary Industry(person)	6873	7286	6.0
第三产业(人)	Tertiary Industry(person)	13521	15276	13.0
在岗职工人数(人)	Number of Staff & Workers Employed in(person)	8798	9664	9.8
乡村劳动力(人)	Number of Rural Laborers(person)	21172	22192	4.8
#农林牧渔业(人)	Farming,Forestry,Animal Husbandry & Fishery(person)	19480	20895	7.3
国民经济综合指标	**Summary Item on the National Economy**			
生产总值(万元)	Gross Domestic Product(10 000 yuan)	181929	243967	18.3
第一产业(万元)	Primary Industry(10 000 yuan)	62546	64700	2.9
第二产业(万元)	Secondary Industry(10 000 yuan)	82162	135164	32.8
#工业(万元)	Industry(10 000 yuan)	66409	103987	34.1
第三产业(万元)	Tertiary Industry(10 000 yuan)	37221	44103	15.1
人均生产总值(元)	Per Capita GDP(yuan)	25192	28180	17.8
全社会固定资产投资(万元)	Total Investment in Fixed Assets(10 000 yuan)	128623	233825	81.8
按登记注册类型分	Grouped by Registered Type			
#国有(万元)	State-owned Enterprises(10 000 yuan)	74155	72178	-2.7
集体(万元)	Collective-owned Enterprises(10 000 yuan)		620	
有限责任公司(万元)	Limited Liability Corporations(10 000 yuan)		132832	
股份有限公司(万元)	Share Holding Enterprises(10 000 yuan)			
私营企业(万元)	Private Enterprises(10 000 yuan)	4448	28195	533.9
外商及港澳台投资企业(万元)	Funds from HK,Macao,Taiwan & Foreign(10 000 yuan)			
按城乡渠道分	Grouped by Urban and Rural Area			
城镇(万元)	Urban(10 000 yuan)		229511	
农村(万元)	Rural(10 000 yuan)		4314	
地方财政收入(万元)	Local Governments Revenue(10 000 yuan)	13351	24766	85.5
地方财政支出(万元)	Local Governments Expenditures(10 000 yuan)	28290	46492	64.3
城乡居民储蓄存款余额(万元)	Resident Saving Deposit in Urban & Rural(10 000 yuan)	43751	51581	17.9
在岗职工工资总额(万元)	Total Wages of Staff & Workers Empioyed in(10 000 yuan)	13208	14491	9.7
在岗职工平均工资(元)	Average Wage of Staff & Workers Employed in(yuan)	15568	15926	2.3
农牧民人均纯收入(元)	Per Capita Net Income of Peasant & Herdsman(yuan)	6880	7084	3.0
农村牧区经济	**Economic Development in Rural & Pastoral Area**			
耕地面积(公顷)	Cultivated Area(hectare)	28140	28060	-0.3
农作物总播种面积(公顷)	Total Sown Area(hectare)	23220	29430	26.7
#粮食作物播种面积(公顷)	Sown Area of Grain Crops(hectare)	9637	12320	27.8
有效灌溉面积(公顷)	Irrigated Area(hectare)	1530	1580	3.3
农牧业机械总动力(万千瓦)	Total Power of Agricultural Machinery(10 000 kw)	11.20	12.63	12.8
化肥施用折纯量(吨)	Consumption of Chemical Fertilizer(ton)	2875	2781	-3.3
农村用电量(万千瓦小时)	Electricity Consumed in Rural Area(10 000 kwh)	202	272	34.7
农林牧渔业总产值(万元)	Gross Output of Farming,Forestry,Animal Husbandry & Fishery(10 000 yuan)	114231	115084	0.7
粮食产量(吨)	Yield of Grain(ton)	32244	39327	22.0
油料产量(吨)	Yield of Oil-bearing Grops(ton)	5806	1865	-67.9
甜菜产量(吨)	Yield of Beetroots(ton)			
猪牛羊肉产量(吨)	Output of Pork, Beef & Mutton(ton)	37367	49999	33.8
#猪肉产量(吨)	Output of Pork(ton)	291	341	17.2
牛肉产量(吨)	Output of Beef(ton)	6326	6263	-1.0
羊肉产量(吨)	Output of Mutton(ton)	30750	43395	41.1
羊毛产量(吨)	Output of Wool(ton)	2601	3678	41.4

23-70 Dongwuzhumuqin Banner in Xilinguole League

指 标	Item	2005	2006	2006年比上年增长% Increase Rate in 2006 Over 2005(%)
年末牲畜存栏头数(万头只)	Total Livestock at the Year-end(10 000 heads)	220.60	218.47	-1.0
#大牲畜(万头只)	Large Animals(10 000 heads)	8.11	7.34	-9.5
羊(万只)	Sheep & Goats(10 000 heads)	212.40	211.06	-0.6
猪(万头)	Hogs(10 000 heads)	0.09	0.07	-22.2
规模以上工业	**Industrial Enterprises above Designated size**			
工业企业单位数(个)	Number of Industrial Enterprises(unit)	34	41	20.6
#内资企业(个)	Civil Funded Enterprises(unit)	34	40	17.6
工业总产值(万元)	Gross Industrial Output Value(10 000 yuan)	107877	170151	57.7
内资企业(万元)	Civil Funded Enterprises(10 000 yuan)	107877	154027	42.8
国有企业(万元)	State-owned Enterprises(10 000 yuan)	38875	32198	-17.2
集体企业(万元)	Collective-owned Enterprises(10 000 yuan)		1000	
股份合作企业(万元)	Share Holding Enterprises(10 000 yuan)			
联营企业(万元)	Joint Owned Enterprises(10 000 yuan)		8018	
有限责任公司(万元)	Limited Company(10 000 yuan)	3692	4758	28.9
股份有限公司(万元)	Share Holding Limited Company(10 000 yuan)	22988	23111	0.5
私营企业(万元)	Privately Owned Enterprises(10 000 yuan)	42322	84942	100.7
其他企业(万元)	Enterprises of Other Ownership(10 000 yuan)			
港澳台商投资企业(万元)	Funds from HK,Macao & Taiwan(10 000 yuan)			
外商投资企业(万元)	Foreign Funded Enterprises(10 000 yuan)		16124	
工业企业增加值(万元)	Value Added of Industrial Enterprises(10 000 yuan)	58680	97383	45.6
工业企业资产总计(万元)	Total Assets of Industrial Enterprises(10 000 yuan)	80247	144428	80.0
工业企业负债合计(万元)	Total Liabilities of Industrial Enterprises(10 000 yuan)	42263	71331	68.8
工业企业产品销售收入(万元)	Sales of Revenue Industrial Enterprises(10 000 yuan)	106293	167133	57.2
工业企业利润总额(万元)	Total Profits of Industrial Enterprises(10 000 yuan)	12968	21435	65.3
建筑业	**Construction**			
建筑企业单位数(个)	Number of Construction Enterprises(unit)	1	1	0.0
建筑企业从业人员(人)	Number of Employee in Construction Enterprises(person)	280	42	-85.0
建筑业总产值(万元)	Gross Construction Output Value(10 000 yuan)	1041	1019	-2.1
交通运输邮电通信业	**Transportation,Post & Telecommunications**			
公路里程(公里)	Total Length of Highways(km)	1263	1530	21.1
邮电业务总量(万元)	Business Volume of Post & Telecoms(10 000 yuan)	3356	4169	24.2
本地电话用户(户)	Number of Subscribers of Local Telephone(Household)	16094	19664	22.2
国内贸易	**Demestic Trade**			
社会消费品零售总额(万元)	Total Retail Sales of Consumer Goods(10 000 yuan)	56344	65639	16.5
#贸易业(万元)	Wholesale & Retail Sales Trades(10 000 yuan)	46851	47082	0.5
餐饮业(万元)	Catering Trade(10 000 yuan)	7708	15924	106.6
科技教育卫生	**Science,Education & Public Health**			
各类专业技术人员(人)	Speccial Technical Personnel(person)	2200	1415	-35.7
幼儿园数(所)	Number of Kindergartens(unit)	2	3	50.0
学龄儿童入学率(%)	Percentage of School-Age Children Enrolled(%)	100.0	100.0	0.0
小学学校数(所)	Number of Primary Schools(unit)	13	7	-46.2
小学专任教师数(人)	Number of Full-time Teachers of Primary Schools(person)	432	407	-5.8
小学在校学生数(人)	Number of Student Enrollment of Primary Schools(person)	6408	6182	-3.5
普通中学学校数(所)	Number of Regular Secondary Schools(unit)	4	5	25.0
普通中学专任教师数(人)	Number of Teachers of Secondary Shools(person)	303	336	10.9
初中在校学生数(人)	Number of Student in Junior Secondary Schools(person)	3264	3235	-0.9
高中在校学生数(人)	Number of Student in Senior Secondary Schools(person)	911	1069	17.3
卫生机构数(所)	Number of Health Institutions(unit)	25	26	4.0
#医院(所)	Hospitals(unit)	3	3	0.0
卫生院(所)	Township Hospitals(unit)	18	18	0.0
床位数(张)	Number of Beds(unit)	233	236	1.3
#医院(张)	Hospitals(unit)	135	140	3.7
卫生院(张)	Township Hospitals(unit)	80	78	-2.5
卫生技术人员(人)	Medical Technical Presonnel(person)	339	332	-2.1
#医院(人)	Hospitals(person)	188	187	-0.5
卫生院(人)	Township Hospitals(person)	92	77	-16.3

23-71 锡林郭勒盟西乌珠穆沁旗

指 标	Item	2005	2006	2006年比上年增长% Increase Rate in 2006 Over 2005(%)
行政区域土地面积(平方公里)	**Area of Administration(Sq.km)**	**22435**	**22435**	**0.0**
人口和就业	**Population & Employment**			
年末总人口(人)	Total Population Year-end(person)	72376	71344	-1.4
#男性(人)	Male(person)	36579	36035	-1.5
#乡村人口(人)	Rural(person)	35395	37359	5.5
年末总户数(户)	Total Number of Households at the Year-end(Household)	20509	20820	1.5
#乡村户数(户)	Number of Rural Household(Household)	9283	9564	3.0
出生人口(人)	Births(person)	683	827	21.1
死亡人口(人)	Deaths(person)	978	150	-84.7
全社会就业人员(人)	Employment(person)	30517	33552	9.9
第一产业(人)	Primary Industry(person)	19100	19100	0.0
第二产业(人)	Secondary Industry(person)	4087	4493	9.9
第三产业(人)	Tertiary Industry(person)	7330	9959	35.9
在岗职工人数(人)	Number of Staff & Workers Employed in(person)	9368	6283	-32.9
乡村劳动力(人)	Number of Rural Laborers(person)	19572	23839	21.8
#农林牧渔业(人)	Farming,Forestry,Animal Husbandry & Fishery(person)	19100	21888	14.6
国民经济综合指标	**Summary Item on the National Economy**			
生产总值(万元)	Gross Domestic Product(10 000 yuan)	132701	190386	18.0
第一产业(万元)	Primary Industry(10 000 yuan)	43507	41100	0.3
第二产业(万元)	Secondary Industry(10 000 yuan)	55402	108983	34.0
#工业(万元)	Industry(10 000 yuan)	32896	66481	33.7
第三产业(万元)	Tertiary Industry(10 000 yuan)	33792	40303	14.5
人均生产总值(元)	Per Capita GDP(yuan)	18335	26686	19.2
全社会固定资产投资(万元)	Total Investment in Fixed Assets(10 000 yuan)	169056	252702	49.5
按登记注册类型分	Grouped by Registered Type			
#国有(万元)	State-owned Enterprises(10 000 yuan)	80255	71420	-11.0
集体(万元)	Collective-owned Enterprises(10 000 yuan)			
有限责任公司(万元)	Limited Liability Corporations(10 000 yuan)		163782	
股份有限公司(万元)	Share Holding Enterprises(10 000 yuan)			
私营企业(万元)	Private Enterprises(10 000 yuan)	5000	17500	250.0
外商及港澳台投资企业(万元)	Funds from HK,Macao,Taiwan & Foreign(10 000 yuan)			
按城乡渠道分	Grouped by Urban and Rural Area			
城镇(万元)	Urban(10 000 yuan)		252702	
农村(万元)	Rural(10 000 yuan)			
地方财政收入(万元)	Local Governments Revenue(10 000 yuan)	11090	11712	5.6
地方财政支出(万元)	Local Governments Expenditures(10 000 yuan)	24208	28378	17.2
城乡居民储蓄存款余额(万元)	Resident Saving Deposit in Urban & Rural(10 000 yuan)	31643	40048	26.6
在岗职工工资总额(万元)	Total Wages of Staff & Workers Empioyed in(10 000 yuan)	9816	10720	9.2
在岗职工平均工资(元)	Average Wage of Staff & Workers Employed in(yuan)	15444	16692	8.1
农牧民人均纯收入(元)	Per Capita Net Income of Peasant & Herdsman(yuan)	4283	4820	12.5
农村牧区经济	**Economic Development in Rural & Pastoral Area**			
耕地面积(公顷)	Cultivated Area(hectare)	1980	1910	-3.5
农作物总播种面积(公顷)	Total Sown Area(hectare)	4410	5570	26.3
#粮食作物播种面积(公顷)	Sown Area of Grain Crops(hectare)	25	30	20.0
有效灌溉面积(公顷)	Irrigated Area(hectare)	1960	1910	-2.6
农牧业机械总动力(万千瓦)	Total Power of Agricultural Machinery(10 000 kw)	5.37	5.60	4.3
化肥施用折纯量(吨)	Consumption of Chemical Fertilizer(ton)	86	88	2.3
农村用电量(万千瓦小时)	Electricity Consumed in Rural Area(10 000 kwh)	298	267	-10.4
农林牧渔业总产值(万元)	Gross Output of Farming,Forestry,Animal Husbandry & Fishery(10 000 yuan)	71829	73106	1.8
粮食产量(吨)	Yield of Grain(ton)	79	79	0.0
油料产量(吨)	Yield of Oil-bearing Grops(ton)			
甜菜产量(吨)	Yield of Beetroots(ton)			
猪牛羊肉产量(吨)	Output of Pork, Beef & Mutton(ton)	24291	27712	14.1
#猪肉产量(吨)	Output of Pork(ton)	25	23	-8.0
牛肉产量(吨)	Output of Beef(ton)	6413	5202	-18.9
羊肉产量(吨)	Output of Mutton(ton)	17853	22487	26.0
羊毛产量(吨)	Output of Wool(ton)	1782	1571	-11.8

23-71 xiwuzhumuqin Banner in Xilinguole League

指 标	Item	2005	2006	2006年比上年增长% Increase Rate in 2006 Over 2005(%)
年末牲畜存栏头数(万头只)	Total Livestock at the Year-end(10 000 heads)	130.84	145.28	11.0
# 大牲畜(万头只)	Large Animals(10 000 heads)	8.67	10.23	18.0
羊(万只)	Sheep & Goats(10 000 heads)	122.15	135.04	10.6
猪(万头)	Hogs(10 000 heads)	0.02	0.01	-50.0
规模以上工业	**Industrial Enterprises above Designated size**			
工业企业单位数(个)	Number of Industrial Enterprises(unit)	20	20	0.0
# 内资企业(个)	Civil Funded Enterprises(unit)	20	20	0.0
工业总产值(万元)	Gross Industrial Output Value(10 000 yuan)	73083	126929	73.7
内资企业(万元)	Civil Funded Enterprises(10 000 yuan)	73083	126929	73.7
国有企业(万元)	State-owned Enterprises(10 000 yuan)	9876	13324	34.9
集体企业(万元)	Collective-owned Enterprises(10 000 yuan)			
股份合作企业(万元)	Share Holding Enterprises(10 000 yuan)			
联营企业(万元)	Joint Owned Enterprises(10 000 yuan)			
有限责任公司(万元)	Limited Company(10 000 yuan)	956	3008	214.6
股份有限公司(万元)	Share Holding Limited Company(10 000 yuan)	54736	99375	81.6
私营企业(万元)	Privately Owned Enterprises(10 000 yuan)	7515	11222	49.3
其他企业(万元)	Enterprises of Other Ownership(10 000 yuan)			
港澳台商投资企业(万元)	Funds from HK,Macao & Taiwan(10 000 yuan)			
外商投资企业(万元)	Foreign Funded Enterprises(10 000 yuan)			
工业企业增加值(万元)	Value Added of Industrial Enterprises(10 000 yuan)	28591	63496	46.5
工业企业资产总计(万元)	Total Assets of Industrial Enterprises(10 000 yuan)	62270	111452	79.0
工业企业负债合计(万元)	Total Liabilities of Industrial Enterprises(10 000 yuan)	33572	58741	75.0
工业企业产品销售收入(万元)	Sales of Revenue Industrial Enterprises(10 000 yuan)	62144	126389	103.4
工业企业利润总额(万元)	Total Profits of Industrial Enterprises(10 000 yuan)			
建筑业	**Construction**			
建筑企业单位数(个)	Number of Construction Enterprises(unit)	1	1	0.0
建筑企业从业人员(人)	Number of Employee in Construction Enterprises(person)	300	300	0.0
建筑业总产值(万元)	Gross Construction Output Value(10 000 yuan)	1204	1851	53.7
交通运输邮电通信业	**Transportation,Post & Telecommunications**			
公路里程(公里)	Total Length of Highways(km)	746	1043	39.8
邮电业务总量(万元)	Business Volume of Post & Telecoms(10 000 yuan)	1201	1242	3.4
本地电话用户(户)	Number of Subscribers of Local Telephone(Household)	12417	13491	8.6
国内贸易	**Demestic Trade**			
社会消费品零售总额(万元)	Total Retail Sales of Consumer Goods(10 000 yuan)	40951	47708	16.5
# 贸易业(万元)	Wholesale & Retail Sales Trades(10 000 yuan)	37939	37152	-2.1
餐饮业(万元)	Catering Trade(10 000 yuan)	2952	9955	237.2
科技教育卫生	**Science,Education & Public Health**			
各类专业技术人员(人)	Speccial Technical Personnel(person)	1326	1891	42.6
幼儿园数(所)	Number of Kindergartens(unit)	5	4	-20.0
学龄儿童入学率(%)	Percentage of School-Age Children Enrolled(%)	100.0	100.0	0.0
小学学校数(所)	Number of Primary Schools(unit)	12	4	-66.7
小学专任教师数(人)	Number of Full-time Teachers of Primary Schools(person)	302	327	8.3
小学在校学生数(人)	Number of Student Enrollment of Primary Schools(person)	4445	4524	1.8
普通中学学校数(所)	Number of Regular Secondary Schools(unit)	3	3	0.0
普通中学专任教师数(人)	Number of Teachers of Secondary Shools(person)	228	230	0.9
初中在校学生数(人)	Number of Student in Junior Secondary Schools(person)	2439	1923	-21.2
高中在校学生数(人)	Number of Student in Senior Secondary Schools(person)	618	649	5.0
卫生机构数(所)	Number of Health Institutions(unit)	20	20	0.0
# 医院(所)	Hospitals(unit)	2	2	0.0
卫生院(所)	Township Hospitals(unit)	15	15	0.0
床位数(张)	Number of Beds(unit)	233	212	-9.0
# 医院(张)	Hospitals(unit)	120	120	0.0
卫生院(张)	Township Hospitals(unit)	94	78	-17.0
卫生技术人员(人)	Medical Technical Presonnel(person)	414	338	-18.4
# 医院(人)	Hospitals(person)	168	156	-7.1
卫生院(人)	Township Hospitals(person)	158	110	-30.4

23-72 锡林郭勒盟太仆寺旗

指 标	Item	2005	2006	2006年比上年增长% Increase Rate in 2006 Over 2005(%)
行政区域土地面积(平方公里)	**Area of Administration(Sq.km)**	**3479**	**3479**	**0.0**
人口和就业	**Population & Employment**			
年末总人口(人)	Total Population Year-end(person)	202987	204433	0.7
#男性(人)	Male(person)	106228	106062	-0.2
#乡村人口(人)	Rural(person)	142278	133115	-6.4
年末总户数(户)	Total Number of Households at the Year-end(Household)	66519	73096	9.9
#乡村户数(户)	Number of Rural Household(Household)	37826	36730	-2.9
出生人口(人)	Births(person)	1466	2395	63.4
死亡人口(人)	Deaths(person)	1009	1277	26.6
全社会就业人员(人)	Employment(person)	89690	90246	0.6
第一产业(人)	Primary Industry(person)	66165	66100	-0.1
第二产业(人)	Secondary Industry(person)	6350	6389	0.6
第三产业(人)	Tertiary Industry(person)	17175	17757	3.4
在岗职工人数(人)	Number of Staff & Workers Employed in(person)	6559	6614	0.8
乡村劳动力(人)	Number of Rural Laborers(person)	83545	81515	-2.4
#农林牧渔业(人)	Farming,Forestry,Animal Husbandry & Fishery(person)	66165	67250	1.6
国民经济综合指标	**Summary Item on the National Economy**			
生产总值(万元)	Gross Domestic Product(10 000 yuan)	117779	139357	18.0
第一产业(万元)	Primary Industry(10 000 yuan)	49088	53000	10.3
第二产业(万元)	Secondary Industry(10 000 yuan)	30390	39796	30.2
#工业(万元)	Industry(10 000 yuan)	23087	31083	34.8
第三产业(万元)	Tertiary Industry(10 000 yuan)	38301	46561	17.0
人均生产总值(元)	Per Capita GDP(yuan)	5813	6841	17.4
全社会固定资产投资(万元)	Total Investment in Fixed Assets(10 000 yuan)	50731	71008	40.0
按登记注册类型分	Grouped by Registered Type			
#国有(万元)	State-owned Enterprises(10 000 yuan)	29189	29078	-0.4
集体(万元)	Collective-owned Enterprises(10 000 yuan)			
有限责任公司(万元)	Limited Liability Corporations(10 000 yuan)		14110	
股份有限公司(万元)	Share Holding Enterprises(10 000 yuan)			
私营企业(万元)	Private Enterprises(10 000 yuan)	9450	27820	194.4
外商及港澳台投资企业(万元)	Funds from HK,Macao,Taiwan & Foreign(10 000 yuan)			
按城乡渠道分	Grouped by Urban and Rural Area			
城镇(万元)	Urban(10 000 yuan)		65557	
农村(万元)	Rural(10 000 yuan)		5451	
地方财政收入(万元)	Local Governments Revenue(10 000 yuan)	4047	4377	8.2
地方财政支出(万元)	Local Governments Expenditures(10 000 yuan)	28272	39801	40.8
城乡居民储蓄存款余额(万元)	Resident Saving Deposit in Urban & Rural(10 000 yuan)	49515	92643	87.1
在岗职工工资总额(万元)	Total Wages of Staff & Workers Empioyed in(10 000 yuan)	10991	12698	15.5
在岗职工平均工资(元)	Average Wage of Staff & Workers Employed in(yuan)	15810	19043	20.4
农牧民人均纯收入(元)	Per Capita Net Income of Peasant & Herdsman(yuan)	2117	2608	23.2
农村牧区经济	**Economic Development in Rural & Pastoral Area**			
耕地面积(公顷)	Cultivated Area(hectare)	52320	58200	11.2
农作物总播种面积(公顷)	Total Sown Area(hectare)	54220	64540	19.0
#粮食作物播种面积(公顷)	Sown Area of Grain Crops(hectare)	22126	35900	62.3
有效灌溉面积(公顷)	Irrigated Area(hectare)	11750	11750	0.0
农牧业机械总动力(万千瓦)	Total Power of Agricultural Machinery(10 000 kw)	16.79	18.05	7.5
化肥施用折纯量(吨)	Consumption of Chemical Fertilizer(ton)	3032	3005	-0.9
农村用电量(万千瓦小时)	Electricity Consumed in Rural Area(10 000 kwh)	693	699	0.9
农林牧渔业总产值(万元)	Gross Output of Farming,Forestry,Animal Husbandry & Fishery(10 000 yuan)	82611	92494	12.0
粮食产量(吨)	Yield of Grain(ton)	31857	69005	116.6
油料产量(吨)	Yield of Oil-bearing Grops(ton)	4614	7715	67.2
甜菜产量(吨)	Yield of Beetroots(ton)			
猪牛羊肉产量(吨)	Output of Pork, Beef & Mutton(ton)	9505	7526	-20.8
#猪肉产量(吨)	Output of Pork(ton)	1777	2249	26.6
牛肉产量(吨)	Output of Beef(ton)	2721	1510	-44.5
羊肉产量(吨)	Output of Mutton(ton)	5007	3767	-24.8
羊毛产量(吨)	Output of Wool(ton)	878	910	3.6

23-72 Taipusi Banner in Xilinguole League

指 标	Item	2005	2006	2006年比上年增长% Increase Rate in 2006 Over 2005(%)
年末牲畜存栏头数(万头只)	Total Livestock at the Year-end(10 000 heads)	30.15	33.25	10.3
#大牲畜(万头只)	Large Animals(10 000 heads)	3.01	3.18	5.6
羊(万只)	Sheep & Goats(10 000 heads)	25.62	28.49	11.2
猪(万头)	Hogs(10 000 heads)	1.52	1.58	3.9
规模以上工业	**Industrial Enterprises above Designated size**			
工业企业单位数(个)	Number of Industrial Enterprises(unit)	16	32	100.0
#内资企业(个)	Civil Funded Enterprises(unit)	16	32	100.0
工业总产值(万元)	Gross Industrial Output Value(10 000 yuan)	33525	48806	45.6
内资企业(万元)	Civil Funded Enterprises(10 000 yuan)	33525	48806	45.6
国有企业(万元)	State-owned Enterprises(10 000 yuan)	1902	2526	32.8
集体企业(万元)	Collective-owned Enterprises(10 000 yuan)			
股份合作企业(万元)	Share Holding Enterprises(10 000 yuan)	6625		
联营企业(万元)	Joint Owned Enterprises(10 000 yuan)			
有限责任公司(万元)	Limited Company(10 000 yuan)	14395	14861	3.2
股份有限公司(万元)	Share Holding Limited Company(10 000 yuan)		4480	
私营企业(万元)	Privately Owned Enterprises(10 000 yuan)	10603	26939	154.1
其他企业(万元)	Enterprises of Other Ownership(10 000 yuan)			
港澳台商投资企业(万元)	Funds from HK,Macao & Taiwan(10 000 yuan)			
外商投资企业(万元)	Foreign Funded Enterprises(10 000 yuan)			
工业企业增加值(万元)	Value Added of Industrial Enterprises(10 000 yuan)	13363	22913	29.8
工业企业资产总计(万元)	Total Assets of Industrial Enterprises(10 000 yuan)	18869	26999	43.1
工业企业负债合计(万元)	Total Liabilities of Industrial Enterprises(10 000 yuan)	9707	15760	62.4
工业企业产品销售收入(万元)	Sales of Revenue Industrial Enterprises(10 000 yuan)	32954	48299	46.6
工业企业利润总额(万元)	Total Profits of Industrial Enterprises(10 000 yuan)	849	1637	92.8
建筑业	**Construction**			
建筑企业单位数(个)	Number of Construction Enterprises(unit)	3	3	0.0
建筑企业从业人员(人)	Number of Employee in Construction Enterprises(person)	995	1513	52.1
建筑业总产值(万元)	Gross Construction Output Value(10 000 yuan)	4057	5406	33.3
交通运输邮电通信业	**Transportation,Post & Telecommunications**			
公路里程(公里)	Total Length of Highways(km)	796	1229	54.4
邮电业务总量(万元)	Business Volume of Post & Telecoms(10 000 yuan)	2300	2600	13.0
本地电话用户(户)	Number of Subscribers of Local Telephone(Household)	25000	19000	-24.0
国内贸易	**Demestic Trade**			
社会消费品零售总额(万元)	Total Retail Sales of Consumer Goods(10 000 yuan)	41870	49114	17.3
#贸易业(万元)	Wholesale & Retail Sales Trades(10 000 yuan)	34370	35677	3.8
餐饮业(万元)	Catering Trade(10 000 yuan)	4516	11534	155.4
科技教育卫生	**Science,Education & Public Health**			
各类专业技术人员(人)	Speccial Technical Personnel(person)	2688	2331	-13.3
幼儿园数(所)	Number of Kindergartens(unit)	1	1	0.0
学龄儿童入学率(%)	Percentage of School-Age Children Enrolled(%)	100.0	100.0	0.0
小学学校数(所)	Number of Primary Schools(unit)	36	34	-5.6
小学专任教师数(人)	Number of Full-time Teachers of Primary Schools(person)	754	793	5.2
小学在校学生数(人)	Number of Student Enrollment of Primary Schools(person)	9592	9028	-5.9
普通中学学校数(所)	Number of Regular Secondary Schools(unit)	10	10	0.0
普通中学专任教师数(人)	Number of Teachers of Secondary Shools(person)	547	533	-2.6
初中在校学生数(人)	Number of Student in Junior Secondary Schools(person)	5488	5361	-2.3
高中在校学生数(人)	Number of Student in Senior Secondary Schools(person)	2504	2411	-3.7
卫生机构数(所)	Number of Health Institutions(unit)	15	16	6.7
#医院(所)	Hospitals(unit)	2	3	50.0
卫生院(所)	Township Hospitals(unit)	11	11	0.0
床位数(张)	Number of Beds(unit)	184	207	12.5
#医院(张)	Hospitals(unit)	115	145	26.1
卫生院(张)	Township Hospitals(unit)	49	40	-18.4
卫生技术人员(人)	Medical Technical Presonnel(person)	294	322	9.5
#医院(人)	Hospitals(person)	141	187	32.6
卫生院(人)	Township Hospitals(person)	79	79	0.0

23-73 锡林郭勒盟镶黄旗

指 标	Item	2005	2006	2006年比上年增长% Increase Rate in 2006 Over 2005(%)
行政区域土地面积(平方公里)	**Area of Administration(Sq.km)**	**5144**	**5144**	**0.0**
人口和就业	**Population & Employment**			
年末总人口(人)	Total Population Year-end(person)	29204	29716	1.8
#男性(人)	Male(person)	14670	14898	1.6
#乡村人口(人)	Rural(person)	15122	11725	-22.5
年末总户数(户)	Total Number of Households at the Year-end(Household)	9816	10280	4.7
#乡村户数(户)	Number of Rural Household(Household)	4193	3464	-17.4
出生人口(人)	Births(person)	250	357	42.8
死亡人口(人)	Deaths(person)	295	224	-24.1
全社会就业人员(人)	Employment(person)	13622	12988	-4.7
第一产业(人)	Primary Industry(person)	6506	6500	-0.1
第二产业(人)	Secondary Industry(person)	2120	2021	-4.7
第三产业(人)	Tertiary Industry(person)	4996	4467	-10.6
在岗职工人数(人)	Number of Staff & Workers Employed in(person)	2603	2574	-1.1
乡村劳动力(人)	Number of Rural Laborers(person)	7088	6399	-9.7
#农林牧渔业(人)	Farming,Forestry,Animal Husbandry & Fishery(person)	6506	5320	-18.2
国民经济综合指标	**Summary Item on the National Economy**			
生产总值(万元)	Gross Domestic Product(10 000 yuan)	50453	83435	19.5
第一产业(万元)	Primary Industry(10 000 yuan)	13238	14300	20.0
第二产业(万元)	Secondary Industry(10 000 yuan)	24118	47001	21.1
#工业(万元)	Industry(10 000 yuan)	16070	34780	39.1
第三产业(万元)	Tertiary Industry(10 000 yuan)	13097	22134	16.1
人均生产总值(元)	Per Capita GDP(yuan)	17276	28321	18.9
全社会固定资产投资(万元)	Total Investment in Fixed Assets(10 000 yuan)	48443	81633	68.5
按登记注册类型分	Grouped by Registered Type			
#国有(万元)	State-owned Enterprises(10 000 yuan)	34147	31750	-7.0
集体(万元)	Collective-owned Enterprises(10 000 yuan)			
有限责任公司(万元)	Limited Liability Corporations(10 000 yuan)		28394	
股份有限公司(万元)	Share Holding Enterprises(10 000 yuan)			
私营企业(万元)	Private Enterprises(10 000 yuan)	337	21489	6276.6
外商及港澳台投资企业(万元)	Funds from HK,Macao,Taiwan & Foreign(10 000 yuan)			
按城乡渠道分	Grouped by Urban and Rural Area			
城镇(万元)	Urban(10 000 yuan)		75793	
农村(万元)	Rural(10 000 yuan)		5840	
地方财政收入(万元)	Local Governments Revenue(10 000 yuan)	4348	7419	70.6
地方财政支出(万元)	Local Governments Expenditures(10 000 yuan)	15256	20280	32.9
城乡居民储蓄存款余额(万元)	Resident Saving Deposit in Urban & Rural(10 000 yuan)	10967	19926	81.7
在岗职工工资总额(万元)	Total Wages of Staff & Workers Empioyed in(10 000 yuan)	4033	4901	21.5
在岗职工平均工资(元)	Average Wage of Staff & Workers Employed in(yuan)	15557	19092	22.7
农牧民人均纯收入(元)	Per Capita Net Income of Peasant & Herdsman(yuan)	1887	2275	20.6
农村牧区经济	**Economic Development in Rural & Pastoral Area**			
耕地面积(公顷)	Cultivated Area(hectare)	2250	1940	-13.8
农作物总播种面积(公顷)	Total Sown Area(hectare)	3920	5050	28.8
#粮食作物播种面积(公顷)	Sown Area of Grain Crops(hectare)	179	130	-27.4
有效灌溉面积(公顷)	Irrigated Area(hectare)	420	420	0.0
农牧业机械总动力(万千瓦)	Total Power of Agricultural Machinery(10 000 kw)	2.12	2.35	10.8
化肥施用折纯量(吨)	Consumption of Chemical Fertilizer(ton)	6	6	0.0
农村用电量(万千瓦小时)	Electricity Consumed in Rural Area(10 000 kwh)	61	59	-3.3
农林牧渔业总产值(万元)	Gross Output of Farming,Forestry,Animal Husbandry & Fishery(10 000 yuan)	17963	21878	21.8
粮食产量(吨)	Yield of Grain(ton)	33	26	-21.2
油料产量(吨)	Yield of Oil-bearing Grops(ton)	11	11	0.0
甜菜产量(吨)	Yield of Beetroots(ton)			
猪牛羊肉产量(吨)	Output of Pork, Beef & Mutton(ton)	7678	6012	-21.7
#猪肉产量(吨)	Output of Pork(ton)	9	14	55.6
牛肉产量(吨)	Output of Beef(ton)	1715	1162	-32.2
羊肉产量(吨)	Output of Mutton(ton)	5954	4836	-18.8
羊毛产量(吨)	Output of Wool(ton)	893	788	-11.8

23-73 Xianghuang Banner in Xilinguole League

指 标	Item	2005	2006	2006年比上年增长% Increase Rate in 2006 Over 2005(%)
年末牲畜存栏头数(万头只)	Total Livestock at the Year-end(10 000 heads)	30.85	35.31	14.5
#大牲畜(万头只)	Large Animals(10 000 heads)	1.37	1.30	-5.1
羊(万只)	Sheep & Goats(10 000 heads)	29.46	34.00	15.4
猪(万头)	Hogs(10 000 heads)	0.02	0.01	-50.0
规模以上工业	**Industrial Enterprises above Designated size**			
工业企业单位数(个)	Number of Industrial Enterprises(unit)	8	22	175.0
#内资企业(个)	Civil Funded Enterprises(unit)	8	22	175.0
工业总产值(万元)	Gross Industrial Output Value(10 000 yuan)	33201	68065	105.0
内资企业(万元)	Civil Funded Enterprises(10 000 yuan)	33201	68065	105.0
国有企业(万元)	State-owned Enterprises(10 000 yuan)	1389	3329	139.7
集体企业(万元)	Collective-owned Enterprises(10 000 yuan)			
股份合作企业(万元)	Share Holding Enterprises(10 000 yuan)			
联营企业(万元)	Joint Owned Enterprises(10 000 yuan)			
有限责任公司(万元)	Limited Company(10 000 yuan)	8688	6183	-28.8
股份有限公司(万元)	Share Holding Limited Company(10 000 yuan)			
私营企业(万元)	Privately Owned Enterprises(10 000 yuan)	23124	58553	153.2
其他企业(万元)	Enterprises of Other Ownership(10 000 yuan)			
港澳台商投资企业(万元)	Funds from HK,Macao & Taiwan(10 000 yuan)			
外商投资企业(万元)	Foreign Funded Enterprises(10 000 yuan)			
工业企业增加值(万元)	Value Added of Industrial Enterprises(10 000 yuan)	11604	29202	46.5
工业企业资产总计(万元)	Total Assets of Industrial Enterprises(10 000 yuan)	9483	31592	233.1
工业企业负债合计(万元)	Total Liabilities of Industrial Enterprises(10 000 yuan)	1281	3448	169.2
工业企业产品销售收入(万元)	Sales of Revenue Industrial Enterprises(10 000 yuan)	33163	67294	102.9
工业企业利润总额(万元)	Total Profits of Industrial Enterprises(10 000 yuan)	2514	8573	241.0
建筑业	**Construction**			
建筑企业单位数(个)	Number of Construction Enterprises(unit)			
建筑企业从业人员(人)	Number of Employee in Construction Enterprises(person)			
建筑业总产值(万元)	Gross Construction Output Value(10 000 yuan)			
交通运输邮电通信业	**Transportation,Post & Telecommunications**			
公路里程(公里)	Total Length of Highways(km)	311	548	76.2
邮电业务总量(万元)	Business Volume of Post & Telecoms(10 000 yuan)	818	1125	37.5
本地电话用户(户)	Number of Subscribers of Local Telephone(Household)	6359	7600	19.5
国内贸易	**Demestic Trade**			
社会消费品零售总额(万元)	Total Retail Sales of Consumer Goods(10 000 yuan)	12131	14022	15.6
#贸易业(万元)	Wholesale & Retail Sales Trades(10 000 yuan)	11059	10653	-3.7
餐饮业(万元)	Catering Trade(10 000 yuan)	913	2913	219.1
科技教育卫生	**Science,Education & Public Health**			
各类专业技术人员(人)	Speccial Technical Personnel(person)	1454	1451	-0.2
幼儿园数(所)	Number of Kindergartens(unit)	1	1	0.0
学龄儿童入学率(%)	Percentage of School-Age Children Enrolled(%)	100.0	100.0	0.0
小学学校数(所)	Number of Primary Schools(unit)	4	2	-50.0
小学专任教师数(人)	Number of Full-time Teachers of Primary Schools(person)	124	118	-4.8
小学在校学生数(人)	Number of Student Enrollment of Primary Schools(person)	1552	1502	-3.2
普通中学学校数(所)	Number of Regular Secondary Schools(unit)	2	2	0.0
普通中学专任教师数(人)	Number of Teachers of Secondary Shools(person)	140	128	-8.6
初中在校学生数(人)	Number of Student in Junior Secondary Schools(person)	1086	921	-15.2
高中在校学生数(人)	Number of Student in Senior Secondary Schools(person)	319	379	18.8
卫生机构数(所)	Number of Health Institutions(unit)	8	9	12.5
#医院(所)	Hospitals(unit)	2	2	0.0
卫生院(所)	Township Hospitals(unit)	3	3	0.0
床位数(张)	Number of Beds(unit)	70	75	7.1
#医院(张)	Hospitals(unit)	46	48	4.4
卫生院(张)	Township Hospitals(unit)	14	14	0.0
卫生技术人员(人)	Medical Technical Presonnel(person)	226	225	-0.4
#医院(人)	Hospitals(person)	95	95	0.0
卫生院(人)	Township Hospitals(person)	61	55	-9.8

23-74 锡林郭勒盟正镶白旗

指 标	Item	2005	2006	2006年比上年增长% Increase Rate in 2006 Over 2005(%)
行政区域土地面积(平方公里)	**Area of Administration(Sq.km)**	**6215**	**6215**	**0.0**
人口和就业	**Population & Employment**			
年末总人口(人)	Total Population Year-end(person)	70374	71293	1.3
#男性(人)	Male(person)	36509	36910	1.1
#乡村人口(人)	Rural(person)	53737	53263	-0.9
年末总户数(户)	Total Number of Households at the Year-end(Household)	21982	22985	4.6
#乡村户数(户)	Number of Rural Household(Household)	14192	13950	-1.7
出生人口(人)	Births(person)	629	836	32.9
死亡人口(人)	Deaths(person)	1438	224	-84.4
全社会就业人员(人)	Employment(person)	35562	35354	-0.6
第一产业(人)	Primary Industry(person)	27197	27150	-0.2
第二产业(人)	Secondary Industry(person)	1894	1883	-0.6
第三产业(人)	Tertiary Industry(person)	6471	6321	-2.3
在岗职工人数(人)	Number of Staff & Workers Employed in(person)	3477	3576	2.8
乡村劳动力(人)	Number of Rural Laborers(person)	28385	27828	-2.0
#农林牧渔业(人)	Farming,Forestry,Animal Husbandry & Fishery(person)	27197	26726	-1.7
国民经济综合指标	**Summary Item on the National Economy**			
生产总值(万元)	Gross Domestic Product(10 000 yuan)	61402	77343	17.2
第一产业(万元)	Primary Industry(10 000 yuan)	17266	20500	7.1
第二产业(万元)	Secondary Industry(10 000 yuan)	19065	26098	23.1
#工业(万元)	Industry(10 000 yuan)	13334	17912	20.3
第三产业(万元)	Tertiary Industry(10 000 yuan)	25071	30745	19.7
人均生产总值(元)	Per Capita GDP(yuan)	8725	10848	16.2
全社会固定资产投资(万元)	Total Investment in Fixed Assets(10 000 yuan)	46283	54796	18.4
按登记注册类型分	Grouped by Registered Type			
#国有(万元)	State-owned Enterprises(10 000 yuan)	36878	26198	-29.0
集体(万元)	Collective-owned Enterprises(10 000 yuan)			
有限责任公司(万元)	Limited Liability Corporations(10 000 yuan)		12248	
股份有限公司(万元)	Share Holding Enterprises(10 000 yuan)			
私营企业(万元)	Private Enterprises(10 000 yuan)	7862	16350	108.0
外商及港澳台投资企业(万元)	Funds from HK,Macao,Taiwan & Foreign(10 000 yuan)			
按城乡渠道分	Grouped by Urban and Rural Area			
城镇(万元)	Urban(10 000 yuan)		40588	
农村(万元)	Rural(10 000 yuan)		14208	
地方财政收入(万元)	Local Governments Revenue(10 000 yuan)	4035	6536	62.0
地方财政支出(万元)	Local Governments Expenditures(10 000 yuan)	18101	24360	34.6
城乡居民储蓄存款余额(万元)	Resident Saving Deposit in Urban & Rural(10 000 yuan)	23075	36555	58.4
在岗职工工资总额(万元)	Total Wages of Staff & Workers Empioyed in(10 000 yuan)	5903	6735	14.1
在岗职工平均工资(元)	Average Wage of Staff & Workers Employed in(yuan)	14775	17847	20.8
农牧民人均纯收入(元)	Per Capita Net Income of Peasant & Herdsman(yuan)	1796	2172	20.9
农村牧区经济	**Economic Development in Rural & Pastoral Area**			
耕地面积(公顷)	Cultivated Area(hectare)	14350	14150	-1.4
农作物总播种面积(公顷)	Total Sown Area(hectare)	11790	13890	17.8
#粮食作物播种面积(公顷)	Sown Area of Grain Crops(hectare)	3254	3340	2.6
有效灌溉面积(公顷)	Irrigated Area(hectare)	5460	5980	9.5
农牧业机械总动力(万千瓦)	Total Power of Agricultural Machinery(10 000 kw)	6.57	6.67	1.5
化肥施用折纯量(吨)	Consumption of Chemical Fertilizer(ton)	375	345	-8.0
农村用电量(万千瓦小时)	Electricity Consumed in Rural Area(10 000 kwh)	169	194	14.8
农林牧渔业总产值(万元)	Gross Output of Farming,Forestry,Animal Husbandry & Fishery(10 000 yuan)	30293	32906	8.6
粮食产量(吨)	Yield of Grain(ton)	3774	8770	132.4
油料产量(吨)	Yield of Oil-bearing Grops(ton)	258	1500	481.4
甜菜产量(吨)	Yield of Beetroots(ton)			
猪牛羊肉产量(吨)	Output of Pork, Beef & Mutton(ton)	10262	9813	-4.4
#猪肉产量(吨)	Output of Pork(ton)	130	105	-19.2
牛肉产量(吨)	Output of Beef(ton)	4169	3323	-20.3
羊肉产量(吨)	Output of Mutton(ton)	5963	6385	7.1
羊毛产量(吨)	Output of Wool(ton)	1016	1000	-1.6

23-74 Zhengxiangbai Banner in Xilinguole League

指 标	Item	2005	2006	2006年比上年增长% Increase Rate in 2006 Over 2005(%)
年末牲畜存栏头数(万头只)	Total Livestock at the Year-end(10 000 heads)	40.72	45.49	11.7
#大牲畜(万头只)	Large Animals(10 000 heads)	3.79	4.26	12.4
羊(万只)	Sheep & Goats(10 000 heads)	36.84	41.15	11.7
猪(万头)	Hogs(10 000 heads)	0.09	0.08	-11.1
规模以上工业	**Industrial Enterprises above Designated size**			
工业企业单位数(个)	Number of Industrial Enterprises(unit)	7	10	42.9
#内资企业(个)	Civil Funded Enterprises(unit)	7	10	42.9
工业总产值(万元)	Gross Industrial Output Value(10 000 yuan)	21120	31136	47.4
内资企业(万元)	Civil Funded Enterprises(10 000 yuan)	21120	31136	47.4
国有企业(万元)	State-owned Enterprises(10 000 yuan)	1449	2088	44.1
集体企业(万元)	Collective-owned Enterprises(10 000 yuan)			
股份合作企业(万元)	Share Holding Enterprises(10 000 yuan)			
联营企业(万元)	Joint Owned Enterprises(10 000 yuan)			
有限责任公司(万元)	Limited Company(10 000 yuan)	2220	14912	571.7
股份有限公司(万元)	Share Holding Limited Company(10 000 yuan)	4620	5610	21.4
私营企业(万元)	Privately Owned Enterprises(10 000 yuan)	12831	8526	-33.6
其他企业(万元)	Enterprises of Other Ownership(10 000 yuan)			
港澳台商投资企业(万元)	Funds from HK,Macao & Taiwan(10 000 yuan)			
外商投资企业(万元)	Foreign Funded Enterprises(10 000 yuan)			
工业企业增加值(万元)	Value Added of Industrial Enterprises(10 000 yuan)	9002	14001	28.7
工业企业资产总计(万元)	Total Assets of Industrial Enterprises(10 000 yuan)	15896	20742	30.5
工业企业负债合计(万元)	Total Liabilities of Industrial Enterprises(10 000 yuan)	11396	12646	11.0
工业企业产品销售收入(万元)	Sales of Revenue Industrial Enterprises(10 000 yuan)	20981	31088	48.2
工业企业利润总额(万元)	Total Profits of Industrial Enterprises(10 000 yuan)	310	726	134.2
建筑业	**Construction**			
建筑企业单位数(个)	Number of Construction Enterprises(unit)	1	1	0.0
建筑企业从业人员(人)	Number of Employee in Construction Enterprises(person)	135	15	-88.9
建筑业总产值(万元)	Gross Construction Output Value(10 000 yuan)	1200	617	-48.6
交通运输邮电通信业	**Transportation,Post & Telecommunications**			
公路里程(公里)	Total Length of Highways(km)	413	766	85.5
邮电业务总量(万元)	Business Volume of Post & Telecoms(10 000 yuan)	1850	3847	107.9
本地电话用户(户)	Number of Subscribers of Local Telephone(Household)	11832	11298	-4.5
国内贸易	**Demestic Trade**			
社会消费品零售总额(万元)	Total Retail Sales of Consumer Goods(10 000 yuan)	18408	21354	16.0
#贸易业(万元)	Wholesale & Retail Sales Trades(10 000 yuan)	13894	17061	22.8
餐饮业(万元)	Catering Trade(10 000 yuan)	3667	3360	-8.4
科技教育卫生	**Science,Education & Public Health**			
各类专业技术人员(人)	Speccial Technical Personnel(person)	1439	1432	-0.5
幼儿园数(所)	Number of Kindergartens(unit)	2	2	0.0
学龄儿童入学率(%)	Percentage of School-Age Children Enrolled(%)	100.0	100.0	0.0
小学学校数(所)	Number of Primary Schools(unit)	6	5	-16.7
小学专任教师数(人)	Number of Full-time Teachers of Primary Schools(person)	158	217	37.3
小学在校学生数(人)	Number of Student Enrollment of Primary Schools(person)	3788	3473	-8.3
普通中学学校数(所)	Number of Regular Secondary Schools(unit)	3	1	-66.7
普通中学专任教师数(人)	Number of Teachers of Secondary Shools(person)	217	204	-6.0
初中在校学生数(人)	Number of Student in Junior Secondary Schools(person)	2026	1668	-17.7
高中在校学生数(人)	Number of Student in Senior Secondary Schools(person)	289	306	5.9
卫生机构数(所)	Number of Health Institutions(unit)	15	11	-26.7
#医院(所)	Hospitals(unit)	2	2	0.0
卫生院(所)	Township Hospitals(unit)	11	7	-36.4
床位数(张)	Number of Beds(unit)	165	148	-10.3
#医院(张)	Hospitals(unit)	110	107	-2.7
卫生院(张)	Township Hospitals(unit)	45	31	-31.1
卫生技术人员(人)	Medical Technical Presonnel(person)	252	224	-11.1
#医院(人)	Hospitals(person)	134	128	-4.5
卫生院(人)	Township Hospitals(person)	59	41	-30.5

23-75 锡林郭勒盟正蓝旗

指 标	Item	2005	2006	2006年比上年增长% Increase Rate in 2006 Over 2005(%)
行政区域土地面积(平方公里)	**Area of Administration(Sq.km)**	**10278**	**10278**	**0.0**
人口和就业	**Population & Employment**			
年末总人口(人)	Total Population Year-end(person)	78745	79833	1.4
＃男性(人)	Male(person)	40004	40576	1.4
＃乡村人口(人)	Rural(person)	52114	51714	-0.8
年末总户数(户)	Total Number of Households at the Year-end(Household)	22642	24367	7.6
＃乡村户数(户)	Number of Rural Household(Household)	13226	12994	-1.8
出生人口(人)	Births(person)	799	1215	52.1
死亡人口(人)	Deaths(person)	827	172	-79.2
全社会就业人员(人)	Employment(person)	37933	40061	5.6
第一产业(人)	Primary Industry(person)	23383	23385	0.0
第二产业(人)	Secondary Industry(person)	3485	3681	5.6
第三产业(人)	Tertiary Industry(person)	11065	12995	17.4
在岗职工人数(人)	Number of Staff & Workers Employed in(person)	7482	8469	13.2
乡村劳动力(人)	Number of Rural Laborers(person)	38211	37001	-3.2
＃农林牧渔业(人)	Farming,Forestry,Animal Husbandry & Fishery(person)	23383	22814	-2.4
国民经济综合指标	**Summary Item on the National Economy**			
生产总值(万元)	Gross Domestic Product(10 000 yuan)	123860	161353	18.4
第一产业(万元)	Primary Industry(10 000 yuan)	23656	25400	7.3
第二产业(万元)	Secondary Industry(10 000 yuan)	76049	105825	20.8
＃工业(万元)	Industry(10 000 yuan)	30097	74979	83.0
第三产业(万元)	Tertiary Industry(10 000 yuan)	24155	30128	21.5
人均生产总值(元)	Per Capita GDP(yuan)	15879	20347	16.5
全社会固定资产投资(万元)	Total Investment in Fixed Assets(10 000 yuan)	443048	409401	-7.6
按登记注册类型分	Grouped by Registered Type			
＃国有(万元)	State-owned Enterprises(10 000 yuan)	417564	345395	-17.3
集体(万元)	Collective-owned Enterprises(10 000 yuan)			
有限责任公司(万元)	Limited Liability Corporations(10 000 yuan)		63300	
股份有限公司(万元)	Share Holding Enterprises(10 000 yuan)			
私营企业(万元)	Private Enterprises(10 000 yuan)		706	
外商及港澳台投资企业(万元)	Funds from HK,Macao,Taiwan & Foreign(10 000 yuan)			
按城乡渠道分	Grouped by Urban and Rural Area			
城镇（万元）	Urban(10 000 yuan)		373741	
农村（万元）	Rural(10 000 yuan)		35660	
地方财政收入(万元)	Local Governments Revenue(10 000 yuan)	14051	19346	37.7
地方财政支出(万元)	Local Governments Expenditures(10 000 yuan)	26504	42732	61.2
城乡居民储蓄存款余额(万元)	Resident Saving Deposit in Urban & Rural(10 000 yuan)	30280	38665	27.7
在岗职工工资总额(万元)	Total Wages of Staff & Workers Empioyed in(10 000 yuan)	11215	15768	40.6
在岗职工平均工资(元)	Average Wage of Staff & Workers Employed in(yuan)	15014	18801	25.2
农牧民人均纯收入(元)	Per Capita Net Income of Peasant & Herdsman(yuan)	2302	2931	27.3
农村牧区经济	**Economic Development in Rural & Pastoral Area**			
耕地面积(公顷)	Cultivated Area(hectare)	17550	19130	9.0
农作物总播种面积(公顷)	Total Sown Area(hectare)	17230	20930	21.5
＃粮食作物播种面积(公顷)	Sown Area of Grain Crops(hectare)	9838	9230	-6.2
有效灌溉面积(公顷)	Irrigated Area(hectare)	4210	4210	0.0
农牧业机械总动力(万千瓦)	Total Power of Agricultural Machinery(10 000 kw)	10.24	10.27	0.3
化肥施用折纯量(吨)	Consumption of Chemical Fertilizer(ton)	140	220	57.1
农村用电量(万千瓦小时)	Electricity Consumed in Rural Area(10 000 kwh)	612	612	0.0
农林牧渔业总产值(万元)	Gross Output of Farming,Forestry,Animal Husbandry & Fishery(10 000 yuan)	41501	45180	8.9
粮食产量(吨)	Yield of Grain(ton)	17669	24327	37.7
油料产量(吨)	Yield of Oil-bearing Grops(ton)	1310	2635	101.1
甜菜产量(吨)	Yield of Beetroots(ton)			
猪牛羊肉产量(吨)	Output of Pork, Beef & Mutton(ton)	8778	9269	5.6
＃猪肉产量(吨)	Output of Pork(ton)	334	340	1.8
牛肉产量(吨)	Output of Beef(ton)	5823	6877	18.1
羊肉产量(吨)	Output of Mutton(ton)	2621	2052	-21.7
羊毛产量(吨)	Output of Wool(ton)	703	777	10.5

23-75 Zhenglan Banner in Xilinguole League

指 标	Item	2005	2006	2006年比上年增长% Increase Rate in 2006 Over 2005(%)
年末牲畜存栏头数(万头只)	Total Livestock at the Year-end(10 000 heads)	38.01	39.19	3.1
#大牲畜(万头只)	Large Animals(10 000 heads)	10.57	12.01	13.6
羊(万只)	Sheep & Goats(10 000 heads)	27.10	26.92	-0.7
猪(万头)	Hogs(10 000 heads)	0.34	0.26	-23.5
规模以上工业	**Industrial Enterprises above Designated size**			
工业企业单位数(个)	Number of Industrial Enterprises(unit)	13	17	30.8
#内资企业(个)	Civil Funded Enterprises(unit)	13	17	30.8
工业总产值(万元)	Gross Industrial Output Value(10 000 yuan)	60883	156026	156.3
内资企业(万元)	Civil Funded Enterprises(10 000 yuan)	60883	156026	156.3
国有企业(万元)	State-owned Enterprises(10 000 yuan)	1363	16110	1082.0
集体企业(万元)	Collective-owned Enterprises(10 000 yuan)			
股份合作企业(万元)	Share Holding Enterprises(10 000 yuan)	6149		
联营企业(万元)	Joint Owned Enterprises(10 000 yuan)			
有限责任公司(万元)	Limited Company(10 000 yuan)	44377	137342	209.5
股份有限公司(万元)	Share Holding Limited Company(10 000 yuan)		2574	
私营企业(万元)	Privately Owned Enterprises(10 000 yuan)	8994		
其他企业(万元)	Enterprises of Other Ownership(10 000 yuan)			
港澳台商投资企业(万元)	Funds from HK,Macao & Taiwan(10 000 yuan)			
外商投资企业(万元)	Foreign Funded Enterprises(10 000 yuan)			
工业企业增加值(万元)	Value Added of Industrial Enterprises(10 000 yuan)	23505	72584	102.3
工业企业资产总计(万元)	Total Assets of Industrial Enterprises(10 000 yuan)	23071	789344	3321.4
工业企业负债合计(万元)	Total Liabilities of Industrial Enterprises(10 000 yuan)	13006	634285	4776.9
工业企业产品销售收入(万元)	Sales of Revenue Industrial Enterprises(10 000 yuan)	61755	72444	17.3
工业企业利润总额(万元)	Total Profits of Industrial Enterprises(10 000 yuan)	797	4661	484.8
建筑业	**Construction**			
建筑企业单位数(个)	Number of Construction Enterprises(unit)			
建筑企业从业人员(人)	Number of Employee in Construction Enterprises(person)			
建筑业总产值(万元)	Gross Construction Output Value(10 000 yuan)			
交通运输邮电通信业	**Transportation,Post & Telecommunications**			
公路里程(公里)	Total Length of Highways(km)	649	1068	64.6
邮电业务总量(万元)	Business Volume of Post & Telecoms(10 000 yuan)	1661	925	-44.3
本地电话用户(户)	Number of Subscribers of Local Telephone(Household)	8711	9742	11.8
国内贸易	**Demestic Trade**			
社会消费品零售总额(万元)	Total Retail Sales of Consumer Goods(10 000 yuan)	26500	30895	16.6
#贸易业(万元)	Wholesale & Retail Sales Trades(10 000 yuan)	18895	23213	22.9
餐饮业(万元)	Catering Trade(10 000 yuan)	5476	6038	10.3
科技教育卫生	**Science,Education & Public Health**			
各类专业技术人员(人)	Speccial Technical Personnel(person)	1266	1266	0.0
幼儿园数(所)	Number of Kindergartens(unit)	2	2	0.0
学龄儿童入学率(%)	Percentage of School-Age Children Enrolled(%)	100.0	100.0	0.0
小学学校数(所)	Number of Primary Schools(unit)	11	7	-36.4
小学专任教师数(人)	Number of Full-time Teachers of Primary Schools(person)	364	216	-40.7
小学在校学生数(人)	Number of Student Enrollment of Primary Schools(person)	4123	3743	-9.2
普通中学学校数(所)	Number of Regular Secondary Schools(unit)	6	4	-33.3
普通中学专任教师数(人)	Number of Teachers of Secondary Shools(person)	252	225	-10.7
初中在校学生数(人)	Number of Student in Junior Secondary Schools(person)	2774	2389	-13.9
高中在校学生数(人)	Number of Student in Senior Secondary Schools(person)	394	445	12.9
卫生机构数(所)	Number of Health Institutions(unit)	17	19	11.8
#医院(所)	Hospitals(unit)	2	2	0.0
卫生院(所)	Township Hospitals(unit)	13	14	7.7
床位数(张)	Number of Beds(unit)	174	154	-11.5
#医院(张)	Hospitals(unit)	86	71	-17.4
卫生院(张)	Township Hospitals(unit)	68	73	7.4
卫生技术人员(人)	Medical Technical Presonnel(person)	217	217	0.0
#医院(人)	Hospitals(person)	99	102	3.0
卫生院(人)	Township Hospitals(person)	83	73	-12.0

23-76 锡林郭勒盟多伦县

指 标	Item	2005	2006	2006年比上年增长% Increase Rate in 2006 Over 2005(%)
行政区域土地面积(平方公里)	**Area of Administration(Sq.km)**	**3871**	**3871**	**0.0**
人口和就业	**Population & Employment**			
年末总人口(人)	Total Population Year-end(person)	94541	99566	5.3
#男性(人)	Male(person)	49315	51667	4.8
#乡村人口(人)	Rural(person)	70930	69013	-2.7
年末总户数(户)	Total Number of Households at the Year-end(Household)	30617	34081	11.3
#乡村户数(户)	Number of Rural Household(Household)	18659	19483	4.4
出生人口(人)	Births(person)	681	1080	58.6
死亡人口(人)	Deaths(person)	1841	415	-77.5
全社会就业人员(人)	Employment(person)	50584	52188	3.2
第一产业(人)	Primary Industry(person)	35364	35430	0.2
第二产业(人)	Secondary Industry(person)	2951	3045	3.2
第三产业(人)	Tertiary Industry(person)	12269	13713	11.8
在岗职工人数(人)	Number of Staff & Workers Employed in(person)	4775	4761	-0.3
乡村劳动力(人)	Number of Rural Laborers(person)	43376	42903	-1.1
#农林牧渔业(人)	Farming,Forestry,Animal Husbandry & Fishery(person)	35364	36729	3.9
国民经济综合指标	**Summary Item on the National Economy**			
生产总值(万元)	Gross Domestic Product(10 000 yuan)	92736	137394	25.2
第一产业(万元)	Primary Industry(10 000 yuan)	39102	40000	6.4
第二产业(万元)	Secondary Industry(10 000 yuan)	22104	60533	71.5
#工业(万元)	Industry(10 000 yuan)	12596	25013	75.4
第三产业(万元)	Tertiary Industry(10 000 yuan)	31530	36861	16.1
人均生产总值(元)	Per Capita GDP(yuan)	9489	14157	39.4
全社会固定资产投资(万元)	Total Investment in Fixed Assets(10 000 yuan)	63982	419504	555.7
按登记注册类型分	Grouped by Registered Type			
#国有(万元)	State-owned Enterprises(10 000 yuan)	30577	14794	-51.6
集体(万元)	Collective-owned Enterprises(10 000 yuan)			
有限责任公司(万元)	Limited Liability Corporations(10 000 yuan)		383000	
股份有限公司(万元)	Share Holding Enterprises(10 000 yuan)			
私营企业(万元)	Private Enterprises(10 000 yuan)	7150	21710	203.6
外商及港澳台投资企业(万元)	Funds from HK,Macao,Taiwan & Foreign(10 000 yuan)			
按城乡渠道分	Grouped by Urban and Rural Area			
城镇(万元)	Urban(10 000 yuan)		416304	
农村(万元)	Rural(10 000 yuan)		3200	
地方财政收入(万元)	Local Governments Revenue(10 000 yuan)	5536	13120	137.0
地方财政支出(万元)	Local Governments Expenditures(10 000 yuan)	26931	39450	46.5
城乡居民储蓄存款余额(万元)	Resident Saving Deposit in Urban & Rural(10 000 yuan)	29378	37281	26.9
在岗职工工资总额(万元)	Total Wages of Staff & Workers Empioyed in(10 000 yuan)	7316	8080	10.4
在岗职工平均工资(元)	Average Wage of Staff & Workers Employed in(yuan)	15119	17549	16.1
农牧民人均纯收入(元)	Per Capita Net Income of Peasant & Herdsman(yuan)	2108	2610	23.8
农村牧区经济	**Economic Development in Rural & Pastoral Area**			
耕地面积(公顷)	Cultivated Area(hectare)	50740	50670	-0.1
农作物总播种面积(公顷)	Total Sown Area(hectare)	53850	54740	1.7
#粮食作物播种面积(公顷)	Sown Area of Grain Crops(hectare)	30900	29830	-3.5
有效灌溉面积(公顷)	Irrigated Area(hectare)	4670	5300	13.5
农牧业机械总动力(万千瓦)	Total Power of Agricultural Machinery(10 000 kw)	10.13	11.81	16.6
化肥施用折纯量(吨)	Consumption of Chemical Fertilizer(ton)	1843	1784	-3.2
农村用电量(万千瓦小时)	Electricity Consumed in Rural Area(10 000 kwh)	596	626	5.0
农林牧渔业总产值(万元)	Gross Output of Farming,Forestry,Animal Husbandry & Fishery(10 000 yuan)	65861	71149	8.0
粮食产量(吨)	Yield of Grain(ton)	74370	71274	-4.2
油料产量(吨)	Yield of Oil-bearing Grops(ton)	1482	583	-60.7
甜菜产量(吨)	Yield of Beetroots(ton)			
猪牛羊肉产量(吨)	Output of Pork, Beef & Mutton(ton)	10860	14373	32.3
#猪肉产量(吨)	Output of Pork(ton)	2702	2879	6.6
牛肉产量(吨)	Output of Beef(ton)	5119	8502	66.1
羊肉产量(吨)	Output of Mutton(ton)	3039	2992	-1.5
羊毛产量(吨)	Output of Wool(ton)	969	850	-12.3

23-76 Duolun County in Xilinguole League

指 标	Item	2005	2006	2006年比上年增长% Increase Rate in 2006 Over 2005(%)
年末牲畜存栏头数(万头只)	Total Livestock at the Year-end(10 000 heads)	22.29	12.81	-42.5
#大牲畜(万头只)	Large Animals(10 000 heads)	7.42	8.55	15.2
羊(万只)	Sheep & Goats(10 000 heads)	13.21	2.78	-79.0
猪(万头)	Hogs(10 000 heads)	1.66	1.48	-10.8
规模以上工业	**Industrial Enterprises above Designated size**			
工业企业单位数(个)	Number of Industrial Enterprises(unit)	10	14	40.0
#内资企业(个)	Civil Funded Enterprises(unit)	10	14	40.0
工业总产值(万元)	Gross Industrial Output Value(10 000 yuan)	15582	36686	135.4
内资企业(万元)	Civil Funded Enterprises(10 000 yuan)	15582	36686	135.4
国有企业(万元)	State-owned Enterprises(10 000 yuan)	932	1413	51.6
集体企业(万元)	Collective-owned Enterprises(10 000 yuan)			
股份合作企业(万元)	Share Holding Enterprises(10 000 yuan)		507	
联营企业(万元)	Joint Owned Enterprises(10 000 yuan)			
有限责任公司(万元)	Limited Company(10 000 yuan)	1353	2314	71.0
股份有限公司(万元)	Share Holding Limited Company(10 000 yuan)	1287	1257	-2.3
私营企业(万元)	Privately Owned Enterprises(10 000 yuan)	12010	31194	159.7
其他企业(万元)	Enterprises of Other Ownership(10 000 yuan)			
港澳台商投资企业(万元)	Funds from HK,Macao & Taiwan(10 000 yuan)			
外商投资企业(万元)	Foreign Funded Enterprises(10 000 yuan)			
工业企业增加值(万元)	Value Added of Industrial Enterprises(10 000 yuan)	7391	19138	94.3
工业企业资产总计(万元)	Total Assets of Industrial Enterprises(10 000 yuan)	27349	34746	27.0
工业企业负债合计(万元)	Total Liabilities of Industrial Enterprises(10 000 yuan)	14681	14131	-3.7
工业企业产品销售收入(万元)	Sales of Revenue Industrial Enterprises(10 000 yuan)	15502	36901	138.0
工业企业利润总额(万元)	Total Profits of Industrial Enterprises(10 000 yuan)	875	1380	57.7
建筑业	**Construction**			
建筑企业单位数(个)	Number of Construction Enterprises(unit)		1	
建筑企业从业人员(人)	Number of Employee in Construction Enterprises(person)		6	
建筑业总产值(万元)	Gross Construction Output Value(10 000 yuan)			
交通运输邮电通信业	**Transportation,Post & Telecommunications**			
公路里程(公里)	Total Length of Highways(km)	520	802	54.2
邮电业务总量(万元)	Business Volume of Post & Telecoms(10 000 yuan)	1804	2341	29.8
本地电话用户(户)	Number of Subscribers of Local Telephone(Household)	12212	12317	0.9
国内贸易	**Demestic Trade**			
社会消费品零售总额(万元)	Total Retail Sales of Consumer Goods(10 000 yuan)	31416	36840	17.3
#贸易业(万元)	Wholesale & Retail Sales Trades(10 000 yuan)	30250	30174	-0.3
餐饮业(万元)	Catering Trade(10 000 yuan)	1122	5048	349.9
科技教育卫生	**Science,Education & Public Health**			
各类专业技术人员(人)	Speccial Technical Personnel(person)	1534	1564	2.0
幼儿园数(所)	Number of Kindergartens(unit)	4	3	-25.0
学龄儿童入学率(%)	Percentage of School-Age Children Enrolled(%)	100.0	100.0	0.0
小学学校数(所)	Number of Primary Schools(unit)	22	15	-31.8
小学专任教师数(人)	Number of Full-time Teachers of Primary Schools(person)	528	531	0.6
小学在校学生数(人)	Number of Student Enrollment of Primary Schools(person)	5957	5721	-4.0
普通中学学校数(所)	Number of Regular Secondary Schools(unit)	3	3	0.0
普通中学专任教师数(人)	Number of Teachers of Secondary Shools(person)	304	301	-1.0
初中在校学生数(人)	Number of Student in Junior Secondary Schools(person)	4255	3883	-8.7
高中在校学生数(人)	Number of Student in Senior Secondary Schools(person)	1330	1443	8.5
卫生机构数(所)	Number of Health Institutions(unit)	14	12	-14.3
#医院(所)	Hospitals(unit)	2	2	0.0
卫生院(所)	Township Hospitals(unit)	10	8	-20.0
床位数(张)	Number of Beds(unit)	130	160	23.1
#医院(张)	Hospitals(unit)	90	120	33.3
卫生院(张)	Township Hospitals(unit)	30	30	0.0
卫生技术人员(人)	Medical Technical Presonnel(person)	218	228	4.6
#医院(人)	Hospitals(person)	103	126	22.3
卫生院(人)	Township Hospitals(person)	57	47	-17.5

23-77 乌兰察布市集宁区

指 标	Item	2005	2006	2006年比上年增长% Increase Rate in 2006 Over 2005(%)
行政区域土地面积（平方公里）	**Area of Administration(Sq.km)**	**418**	**418**	**0.0**
人口和就业	**Population & Employment**			
年末总人口(人)	Total Population Year-end(person)	290711	294395	1.3
＃男性(人)	Male(person)	148608	150267	1.1
＃乡村人口(人)	Rural(person)	54726	54828	0.2
年末总户数(户)	Total Number of Households at the Year-end(Household)	95865	97654	1.9
＃乡村户数(户)	Number of Rural Household(Household)	18088	18276	1.0
出生人口(人)	Births(person)	2342	2129	-9.1
死亡人口(人)	Deaths(person)	716	776	8.4
全社会就业人员(人)	Employment(person)	132152	132179	0.0
第一产业(人)	Primary Industry(person)	13098	13012	-0.7
第二产业(人)	Secondary Industry(person)	34693	34715	0.1
第三产业(人)	Tertiary Industry(person)	84361	84452	0.1
在岗职工人数(人)	Number of Staff & Workers Employed in(person)	50993	51707	1.4
乡村劳动力(人)	Number of Rural Laborers(person)	42369	42389	0.0
＃农林牧渔业(人)	Farming,Forestry,Animal Husbandry & Fishery(person)	22476	22504	0.1
国民经济综合指标	**Summary Item on the National Economy**			
生产总值(万元)	Gross Domestic Product(10 000 yuan)	399764	466100	15.6
第一产业(万元)	Primary Industry(10 000 yuan)	21125	16700	4.4
第二产业(万元)	Secondary Industry(10 000 yuan)	140987	176699	21.6
＃工业(万元)	Industry(10 000 yuan)	92094	124967	20.6
第三产业(万元)	Tertiary Industry(10 000 yuan)	237652	272701	12.7
人均生产总值(元)	Per Capita GDP(yuan)	13751	15832	14.6
全社会固定资产投资(万元)	Total Investment in Fixed Assets(10 000 yuan)	510079	264947	-48.1
按登记注册类型分	Grouped by Registered Type			
＃国有(万元)	State-owned Enterprises(10 000 yuan)	392103	108297	-72.4
集体(万元)	Collective-owned Enterprises(10 000 yuan)			
有限责任公司(万元)	Limited Liability Corporations(10 000 yuan)	74011	55486	-25.0
股份有限公司(万元)	Share Holding Enterprises(10 000 yuan)			
私营企业(万元)	Private Enterprises(10 000 yuan)	43965	101164	130.1
外商及港澳台投资企业(万元)	Funds from HK,Macao,Taiwan & Foreign(10 000 yuan)			
按城乡渠道分	Grouped by Urban and Rural Area			
城镇（万元）	Urban(10 000 yuan)		202397	
农村（万元）	Rural(10 000 yuan)			
地方财政收入(万元)	Local Governments Revenue(10 000 yuan)	23150	28350	22.5
地方财政支出(万元)	Local Governments Expenditures(10 000 yuan)	40184	55466	38.0
城乡居民储蓄存款余额(万元)	Resident Saving Deposit in Urban & Rural(10 000 yuan)	532855	590966	10.9
在岗职工工资总额(万元)	Total Wages of Staff & Workers Empioyed in(10 000 yuan)	77037	86967	12.9
在岗职工平均工资(元)	Average Wage of Staff & Workers Employed in(yuan)	15077	16683	10.7
农牧民人均纯收入(元)	Per Capita Net Income of Peasant & Herdsman(yuan)	3755	4311	14.8
农村牧区经济	**Economic Development in Rural & Pastoral Area**			
耕地面积(公顷)	Cultivated Area(hectare)	7850	7850	0.0
农作物总播种面积(公顷)	Total Sown Area(hectare)	5806	5900	1.6
＃粮食作物播种面积(公顷)	Sown Area of Grain Crops(hectare)	2528	3082	21.9
有效灌溉面积(公顷)	Irrigated Area(hectare)	1670	1333	-20.2
农牧业机械总动力(万千瓦)	Total Power of Agricultural Machinery(10 000 kw)	6.80	7.50	10.3
化肥施用折纯量(吨)	Consumption of Chemical Fertilizer(ton)	1886	1980	5.0
农村用电量(万千瓦小时)	Electricity Consumed in Rural Area(10 000 kwh)	1470	1580	7.5
农林牧渔业总产值(万元)	Gross Output of Farming,Forestry,Animal Husbandry & Fishery(10 000 yuan)	25301	27935	10.4
粮食产量(吨)	Yield of Grain(ton)	6846	12660	84.9
油料产量(吨)	Yield of Oil-bearing Grops(ton)	1254	1477	17.8
甜菜产量(吨)	Yield of Beetroots(ton)	3000	14175	372.5
猪牛羊肉产量(吨)	Output of Pork, Beef & Mutton(ton)	3749	4669	24.5
＃猪肉产量(吨)	Output of Pork(ton)	2517	3349	33.1
牛肉产量(吨)	Output of Beef(ton)	450	565	25.6
羊肉产量(吨)	Output of Mutton(ton)	782	755	-3.5
羊毛产量(吨)	Output of Wool(ton)	87	98	12.6

23-77 Jining District in Wulanchabu City

指 标	Item	2005	2006	2006年比上年增长% Increase Rate in 2006 Over 2005(%)
年末牲畜存栏头数(万头只)	Total Livestock at the Year-end(10 000 heads)	5.46	6.08	11.4
# 大牲畜(万头只)	Large Animals(10 000 heads)	1.20	1.40	16.7
羊(万只)	Sheep & Goats(10 000 heads)	3.12	3.31	6.1
猪(万头)	Hogs(10 000 heads)	1.14	1.36	19.3
规模以上工业	**Industrial Enterprises above Designated size**			
工业企业单位数(个)	Number of Industrial Enterprises(unit)	30	40	33.3
# 内资企业(个)	Civil Funded Enterprises(unit)	27	37	37.0
工业总产值(万元)	Gross Industrial Output Value(10 000 yuan)	256013	333898	30.4
内资企业(万元)	Civil Funded Enterprises(10 000 yuan)	233776	317246	35.7
国有企业(万元)	State-owned Enterprises(10 000 yuan)	131614	210837	60.2
集体企业(万元)	Collective-owned Enterprises(10 000 yuan)			
股份合作企业(万元)	Share Holding Enterprises(10 000 yuan)	2863		
联营企业(万元)	Joint Owned Enterprises(10 000 yuan)			
有限责任公司(万元)	Limited Company(10 000 yuan)	44820	44399	-0.9
股份有限公司(万元)	Share Holding Limited Company(10 000 yuan)	27551	21892	-20.5
私营企业(万元)	Privately Owned Enterprises(10 000 yuan)	26928	40116	49.0
其他企业(万元)	Enterprises of Other Ownership(10 000 yuan)			
港澳台商投资企业(万元)	Funds from HK,Macao & Taiwan(10 000 yuan)	4446		
外商投资企业(万元)	Foreign Funded Enterprises(10 000 yuan)	17791	16652	-6.4
工业企业增加值(万元)	Value Added of Industrial Enterprises(10 000 yuan)	74682	91324	24.4
工业企业资产总计(万元)	Total Assets of Industrial Enterprises(10 000 yuan)	288062	486826	69.0
工业企业负债合计(万元)	Total Liabilities of Industrial Enterprises(10 000 yuan)	218321	409244	87.5
工业企业产品销售收入(万元)	Sales of Revenue Industrial Enterprises(10 000 yuan)	267537	142125	-46.9
工业企业利润总额(万元)	Total Profits of Industrial Enterprises(10 000 yuan)	9622	3447	-64.2
建筑业	**Construction**			
建筑企业单位数(个)	Number of Construction Enterprises(unit)	18	20	11.1
建筑企业从业人员(人)	Number of Employee in Construction Enterprises(person)	13720	11127	-18.9
建筑业总产值(万元)	Gross Construction Output Value(10 000 yuan)	94105	67000	-28.8
交通运输邮电通信业	**Transportation,Post & Telecommunications**			
公路里程(公里)	Total Length of Highways(km)	174	174	0.0
邮电业务总量(万元)	Business Volume of Post & Telecoms(10 000 yuan)	13654	13015	-4.7
本地电话用户(户)	Number of Subscribers of Local Telephone(Household)	73218	68357	-6.6
国内贸易	**Demestic Trade**			
社会消费品零售总额(万元)	Total Retail Sales of Consumer Goods(10 000 yuan)	161500	186649	15.6
# 贸易业(万元)	Wholesale & Retail Sales Trades(10 000 yuan)	122738	128126	4.4
餐饮业(万元)	Catering Trade(10 000 yuan)	35529	53356	50.2
科技教育卫生	**Science,Education & Public Health**			
各类专业技术人员(人)	Speccial Technical Personnel(person)	1467	1470	0.2
幼儿园数(所)	Number of Kindergartens(unit)	7	7	0.0
学龄儿童入学率(%)	Percentage of School-Age Children Enrolled(%)	100.0	100.0	0.0
小学学校数(所)	Number of Primary Schools(unit)	31	34	9.7
小学专任教师数(人)	Number of Full-time Teachers of Primary Schools(person)	1498	1523	1.7
小学在校学生数(人)	Number of Student Enrollment of Primary Schools(person)	24527	24668	0.6
普通中学学校数(所)	Number of Regular Secondary Schools(unit)	17	17	0.0
普通中学专任教师数(人)	Number of Teachers of Secondary Shools(person)	1491	1501	0.7
初中在校学生数(人)	Number of Student in Junior Secondary Schools(person)	15179	15240	0.4
高中在校学生数(人)	Number of Student in Senior Secondary Schools(person)	18221	18275	0.3
卫生机构数(所)	Number of Health Institutions(unit)	22	22	0.0
# 医院(所)	Hospitals(unit)	7	7	0.0
卫生院(所)	Township Hospitals(unit)	5	5	0.0
床位数(张)	Number of Beds(unit)	1421	1431	0.7
# 医院(张)	Hospitals(unit)	1345	1341	-0.3
卫生院(张)	Township Hospitals(unit)	41	43	4.9
卫生技术人员(人)	Medical Technical Presonnel(person)	2671	2678	0.3
# 医院(人)	Hospitals(person)	1975	1981	0.3
卫生院(人)	Township Hospitals(person)	64	66	3.1

23-78 乌兰察布市丰镇市

指 标	Item	2005	2006	2006年比上年增长% Increase Rate in 2006 Over 2005(%)
行政区域土地面积(平方公里)	**Area of Administration(Sq.km)**	**2704**	**2704**	**0.0**
人口和就业	**Population & Employment**			
年末总人口(人)	Total Population Year-end(person)	312586	331414	6.0
#男性(人)	Male(person)	167601	172386	2.9
#乡村人口(人)	Rural(person)	232823	232366	-0.2
年末总户数(户)	Total Number of Households at the Year-end(Household)	99691	116640	17.0
#乡村户数(户)	Number of Rural Household(Household)	48903	52534	7.4
出生人口(人)	Births(person)	2586	2660	2.9
死亡人口(人)	Deaths(person)	2174	518	-76.2
全社会就业人员(人)	Employment(person)	169070	169130	0.0
第一产业(人)	Primary Industry(person)	65974	65881	-0.1
第二产业(人)	Secondary Industry(person)	34001	34124	0.4
第三产业(人)	Tertiary Industry(person)	69095	69125	0.0
在岗职工人数(人)	Number of Staff & Workers Employed in(person)	13709	14932	8.9
乡村劳动力(人)	Number of Rural Laborers(person)	80925	80925	0.0
#农林牧渔业(人)	Farming,Forestry,Animal Husbandry & Fishery(person)	52119	52199	0.2
国民经济综合指标	**Summary Item on the National Economy**			
生产总值(万元)	Gross Domestic Product(10 000 yuan)	374368	458208	14.5
第一产业(万元)	Primary Industry(10 000 yuan)	75082	81200	3.2
第二产业(万元)	Secondary Industry(10 000 yuan)	214677	250723	19.3
#工业(万元)	Industry(10 000 yuan)	149933	198953	29.2
第三产业(万元)	Tertiary Industry(10 000 yuan)	84609	126285	13.5
人均生产总值(元)	Per Capita GDP(yuan)	11976	13826	15.1
全社会固定资产投资(万元)	Total Investment in Fixed Assets(10 000 yuan)	440695	400465	-9.1
按登记注册类型分	Grouped by Registered Type			
#国有(万元)	State-owned Enterprises(10 000 yuan)	386673	324957	-16.0
集体(万元)	Collective-owned Enterprises(10 000 yuan)			
有限责任公司(万元)	Limited Liability Corporations(10 000 yuan)	52904	66024	24.8
股份有限公司(万元)	Share Holding Enterprises(10 000 yuan)		6000	
私营企业(万元)	Private Enterprises(10 000 yuan)			
外商及港澳台投资企业(万元)	Funds from HK,Macao,Taiwan & Foreign(10 000 yuan)			
按城乡渠道分	Grouped by Urban and Rural Area			
城镇(万元)	Urban(10 000 yuan)		388826	
农村(万元)	Rural(10 000 yuan)		1109	
地方财政收入(万元)	Local Governments Revenue(10 000 yuan)	27447	32021	16.7
地方财政支出(万元)	Local Governments Expenditures(10 000 yuan)	56067	56932	1.5
城乡居民储蓄存款余额(万元)	Resident Saving Deposit in Urban & Rural(10 000 yuan)	134390	168166	25.1
在岗职工工资总额(万元)	Total Wages of Staff & Workers Empioyed in(10 000 yuan)	32006	37103	15.9
在岗职工平均工资(元)	Average Wage of Staff & Workers Employed in(yuan)	23265	25218	8.4
农牧民人均纯收入(元)	Per Capita Net Income of Peasant & Herdsman(yuan)	3132	3638	16.2
农村牧区经济	**Economic Development in Rural & Pastoral Area**			
耕地面积(公顷)	Cultivated Area(hectare)	51900	51890	0.0
农作物总播种面积(公顷)	Total Sown Area(hectare)	50006	50006	0.0
#粮食作物播种面积(公顷)	Sown Area of Grain Crops(hectare)	43470	42672	-1.8
有效灌溉面积(公顷)	Irrigated Area(hectare)	4820	4820	0.0
农牧业机械总动力(万千瓦)	Total Power of Agricultural Machinery(10 000 kw)	10.31	10.50	1.8
化肥施用折纯量(吨)	Consumption of Chemical Fertilizer(ton)	3740	3749	0.2
农村用电量(万千瓦小时)	Electricity Consumed in Rural Area(10 000 kwh)	1106	1106	0.0
农林牧渔业总产值(万元)	Gross Output of Farming,Forestry,Animal Husbandry & Fishery(10 000 yuan)	106840	124769	16.8
粮食产量(吨)	Yield of Grain(ton)	152331	144643	-5.0
油料产量(吨)	Yield of Oil-bearing Grops(ton)	4695	4984	6.2
甜菜产量(吨)	Yield of Beetroots(ton)			
猪牛羊肉产量(吨)	Output of Pork, Beef & Mutton(ton)	25872	29197	12.9
#猪肉产量(吨)	Output of Pork(ton)	10172	12319	21.1
牛肉产量(吨)	Output of Beef(ton)	1992	1438	-27.8
羊肉产量(吨)	Output of Mutton(ton)	13708	15440	12.6
羊毛产量(吨)	Output of Wool(ton)	955	860	-9.9

23-78 Fengzhen City in Wulanchabu City

指 标	Item	2005	2006	2006年比上年增长% Increase Rate in 2006 Over 2005(%)
年末牲畜存栏头数(万头只)	Total Livestock at the Year-end(10 000 heads)	66.42	86.93	30.9
#大牲畜(万头只)	Large Animals(10 000 heads)	4.65	5.32	14.4
羊(万只)	Sheep & Goats(10 000 heads)	58.03	77.63	33.8
猪(万头)	Hogs(10 000 heads)	3.74	3.98	6.4
规模以上工业	**Industrial Enterprises above Designated size**			
工业企业单位数(个)	Number of Industrial Enterprises(unit)	28	33	17.9
#内资企业(个)	Civil Funded Enterprises(unit)	28	32	14.3
工业总产值(万元)	Gross Industrial Output Value(10 000 yuan)	310364	456230	47.0
内资企业(万元)	Civil Funded Enterprises(10 000 yuan)	310364	452301	45.7
国有企业(万元)	State-owned Enterprises(10 000 yuan)	180619	5090	-97.2
集体企业(万元)	Collective-owned Enterprises(10 000 yuan)	5719	7204	26.0
股份合作企业(万元)	Share Holding Enterprises(10 000 yuan)	7219	1983	-72.5
联营企业(万元)	Joint Owned Enterprises(10 000 yuan)			
有限责任公司(万元)	Limited Company(10 000 yuan)	88947	241239	171.2
股份有限公司(万元)	Share Holding Limited Company(10 000 yuan)		173313	
私营企业(万元)	Privately Owned Enterprises(10 000 yuan)	27860	16456	-40.9
其他企业(万元)	Enterprises of Other Ownership(10 000 yuan)		7013	
港澳台商投资企业(万元)	Funds from HK,Macao & Taiwan(10 000 yuan)			
外商投资企业(万元)	Foreign Funded Enterprises(10 000 yuan)		3928	
工业企业增加值(万元)	Value Added of Industrial Enterprises(10 000 yuan)	114163	171993	28.7
工业企业资产总计(万元)	Total Assets of Industrial Enterprises(10 000 yuan)	307589	332175	8.0
工业企业负债合计(万元)	Total Liabilities of Industrial Enterprises(10 000 yuan)	287971	314437	9.2
工业企业产品销售收入(万元)	Sales of Revenue Industrial Enterprises(10 000 yuan)	307677	275122	-10.6
工业企业利润总额(万元)	Total Profits of Industrial Enterprises(10 000 yuan)	2134	2728	27.8
建筑业	**Construction**			
建筑企业单位数(个)	Number of Construction Enterprises(unit)	2	2	0.0
建筑企业从业人员(人)	Number of Employee in Construction Enterprises(person)	841	300	-64.3
建筑业总产值(万元)	Gross Construction Output Value(10 000 yuan)	4260	4000	-6.1
交通运输邮电通信业	**Transportation,Post & Telecommunications**			
公路里程(公里)	Total Length of Highways(km)	118	150	27.1
邮电业务总量(万元)	Business Volume of Post & Telecoms(10 000 yuan)	5411	5590	3.3
本地电话用户(户)	Number of Subscribers of Local Telephone(Household)	39017	41199	5.6
国内贸易	**Demestic Trade**			
社会消费品零售总额(万元)	Total Retail Sales of Consumer Goods(10 000 yuan)	72638	84980	17.0
#贸易业(万元)	Wholesale & Retail Sales Trades(10 000 yuan)	57273	67225	17.4
餐饮业(万元)	Catering Trade(10 000 yuan)	10170	11879	16.8
科技教育卫生	**Science,Education & Public Health**			
各类专业技术人员(人)	Speccial Technical Personnel(person)	741	752	1.5
幼儿园数(所)	Number of Kindergartens(unit)	3	3	0.0
学龄儿童入学率(%)	Percentage of School-Age Children Enrolled(%)	99.9	99.9	0.0
小学学校数(所)	Number of Primary Schools(unit)	60	58	-3.3
小学专任教师数(人)	Number of Full-time Teachers of Primary Schools(person)	1560	1533	-1.7
小学在校学生数(人)	Number of Student Enrollment of Primary Schools(person)	14296	12534	-12.3
普通中学学校数(所)	Number of Regular Secondary Schools(unit)	12	9	-25.0
普通中学专任教师数(人)	Number of Teachers of Secondary Shools(person)	758	819	8.0
初中在校学生数(人)	Number of Student in Junior Secondary Schools(person)	9730	9658	-0.7
高中在校学生数(人)	Number of Student in Senior Secondary Schools(person)	4062	3987	-1.8
卫生机构数(所)	Number of Health Institutions(unit)	27	27	0.0
#医院(所)	Hospitals(unit)	3	3	0.0
卫生院(所)	Township Hospitals(unit)	20	20	0.0
床位数(张)	Number of Beds(unit)	361	358	-0.8
#医院(张)	Hospitals(unit)	230	228	-0.9
卫生院(张)	Township Hospitals(unit)	130	129	-0.8
卫生技术人员(人)	Medical Technical Presonnel(person)	541	534	-1.3
#医院(人)	Hospitals(person)	283	278	-1.8
卫生院(人)	Township Hospitals(person)	110	107	-2.7

23-79 乌兰察布市卓资县

指 标	Item	2005	2006	2006年比上年增长% Increase Rate in 2006 Over 2005(%)
行政区域土地面积(平方公里)	**Area of Administration(Sq.km)**	**3119**	**3119**	**0.0**
人口和就业	**Population & Employment**			
年末总人口(人)	Total Population Year-end(person)	223906	223514	-0.2
# 男性(人)	Male(person)	119779	119095	-0.6
# 乡村人口(人)	Rural(person)	183806	189396	3.0
年末总户数(户)	Total Number of Households at the Year-end(Household)	76183	78409	2.9
# 乡村户数(户)	Number of Rural Household(Household)	34198	31806	-7.0
出生人口(人)	Births(person)	1422	1534	7.9
死亡人口(人)	Deaths(person)	2021	1575	-22.1
全社会就业人员(人)	Employment(person)	149335	149578	0.2
第一产业(人)	Primary Industry(person)	67325	67276	-0.1
第二产业(人)	Secondary Industry(person)	23996	24108	0.5
第三产业(人)	Tertiary Industry(person)	58014	58194	0.3
在岗职工人数(人)	Number of Staff & Workers Employed in(person)	5221	5711	9.4
乡村劳动力(人)	Number of Rural Laborers(person)	74762	66167	-11.5
# 农林牧渔业(人)	Farming,Forestry,Animal Husbandry & Fishery(person)	57137	53000	-7.2
国民经济综合指标	**Summary Item on the National Economy**			
生产总值(万元)	Gross Domestic Product(10 000 yuan)	175723	223998	18.2
第一产业(万元)	Primary Industry(10 000 yuan)	42542	46200	5.7
第二产业(万元)	Secondary Industry(10 000 yuan)	79370	108466	28.6
# 工业(万元)	Industry(10 000 yuan)	53678	80498	23.8
第三产业(万元)	Tertiary Industry(10 000 yuan)	53811	69332	13.6
人均生产总值(元)	Per Capita GDP(yuan)	7848	10022	25.4
全社会固定资产投资(万元)	Total Investment in Fixed Assets(10 000 yuan)	129138	210193	62.8
按登记注册类型分	Grouped by Registered Type			
# 国有(万元)	State-owned Enterprises(10 000 yuan)	10288	8191	-20.4
集体(万元)	Collective-owned Enterprises(10 000 yuan)			
有限责任公司(万元)	Limited Liability Corporations(10 000 yuan)	107010	197202	84.3
股份有限公司(万元)	Share Holding Enterprises(10 000 yuan)	6520		
私营企业(万元)	Private Enterprises(10 000 yuan)	5320	1100	-79.3
外商及港澳台投资企业 (万元)	Funds from HK,Macao,Taiwan & Foreign(10 000 yuan)		3700	
按城乡渠道分	Grouped by Urban and Rural Area			
城镇 (万元)	Urban(10 000 yuan)		206794	
农村 (万元)	Rural(10 000 yuan)		900	
地方财政收入(万元)	Local Governments Revenue(10 000 yuan)	7155	8291	15.9
地方财政支出(万元)	Local Governments Expenditures(10 000 yuan)	28120	32409	15.3
城乡居民储蓄存款余额(万元)	Resident Saving Deposit in Urban & Rural(10 000 yuan)	65251	73970	13.4
在岗职工工资总额(万元)	Total Wages of Staff & Workers Empioyed in(10 000 yuan)	6963	8388	20.5
在岗职工平均工资(元)	Average Wage of Staff & Workers Employed in(yuan)	13335	14914	11.8
农牧民人均纯收入(元)	Per Capita Net Income of Peasant & Herdsman(yuan)	2602	2951	13.4
农村牧区经济	**Economic Development in Rural & Pastoral Area**			
耕地面积(公顷)	Cultivated Area(hectare)	44020	44020	0.0
农作物总播种面积(公顷)	Total Sown Area(hectare)	43660	42034	-3.7
# 粮食作物播种面积(公顷)	Sown Area of Grain Crops(hectare)	38523	36985	-4.0
有效灌溉面积(公顷)	Irrigated Area(hectare)	6340	6340	0.0
农牧业机械总动力(万千瓦)	Total Power of Agricultural Machinery(10 000 kw)	8.37	8.20	-2.0
化肥施用折纯量(吨)	Consumption of Chemical Fertilizer(ton)	2546	2571	1.0
农村用电量(万千瓦小时)	Electricity Consumed in Rural Area(10 000 kwh)	743	715	-3.7
农林牧渔业总产值(万元)	Gross Output of Farming,Forestry,Animal Husbandry & Fishery(10 000 yuan)	85030	90500	6.4
粮食产量(吨)	Yield of Grain(ton)	87218	89768	2.9
油料产量(吨)	Yield of Oil-bearing Grops(ton)	1064	1937	82.0
甜菜产量(吨)	Yield of Beetroots(ton)	36	83	130.6
猪牛羊肉产量(吨)	Output of Pork, Beef & Mutton(ton)	19337	23061	19.3
# 猪肉产量(吨)	Output of Pork(ton)	10340	12325	19.2
牛肉产量(吨)	Output of Beef(ton)	1518	1696	11.7
羊肉产量(吨)	Output of Mutton(ton)	7479	9040	20.9
羊毛产量(吨)	Output of Wool(ton)	779	807	3.6

23-79 Zhuozi County in Wulanchabu City

指 标	Item	2005	2006	2006年比上年增长% Increase Rate in 2006 Over 2005(%)
年末牲畜存栏头数(万头只)	Total Livestock at the Year-end(10 000 heads)	55.93	46.88	-16.2
#大牲畜(万头只)	Large Animals(10 000 heads)	5.86	5.46	-6.8
羊(万只)	Sheep & Goats(10 000 heads)	46.09	37.51	-18.6
猪(万头)	Hogs(10 000 heads)	3.98	3.91	-1.8
规模以上工业	**Industrial Enterprises above Designated size**			
工业企业单位数(个)	Number of Industrial Enterprises(unit)	25	28	12.0
#内资企业(个)	Civil Funded Enterprises(unit)	25	28	12.0
工业总产值(万元)	Gross Industrial Output Value(10 000 yuan)	115210	136398	18.4
内资企业(万元)	Civil Funded Enterprises(10 000 yuan)	115210	136398	18.4
国有企业(万元)	State-owned Enterprises(10 000 yuan)	3690	9425	155.4
集体企业(万元)	Collective-owned Enterprises(10 000 yuan)			
股份合作企业(万元)	Share Holding Enterprises(10 000 yuan)			
联营企业(万元)	Joint Owned Enterprises(10 000 yuan)			
有限责任公司(万元)	Limited Company(10 000 yuan)	9907	6238	-37.0
股份有限公司(万元)	Share Holding Limited Company(10 000 yuan)	5400	4430	-18.0
私营企业(万元)	Privately Owned Enterprises(10 000 yuan)	96213	116304	20.9
其他企业(万元)	Enterprises of Other Ownership(10 000 yuan)			
港澳台商投资企业(万元)	Funds from HK,Macao & Taiwan(10 000 yuan)			
外商投资企业(万元)	Foreign Funded Enterprises(10 000 yuan)			
工业企业增加值(万元)	Value Added of Industrial Enterprises(10 000 yuan)	39144	47131	3.5
工业企业资产总计(万元)	Total Assets of Industrial Enterprises(10 000 yuan)	30118	52744	75.1
工业企业负债合计(万元)	Total Liabilities of Industrial Enterprises(10 000 yuan)	7763	15287	96.9
工业企业产品销售收入(万元)	Sales of Revenue Industrial Enterprises(10 000 yuan)	119648	136152	13.8
工业企业利润总额(万元)	Total Profits of Industrial Enterprises(10 000 yuan)	689	749	8.7
建筑业	**Construction**			
建筑企业单位数(个)	Number of Construction Enterprises(unit)	2	2	0.0
建筑企业从业人员(人)	Number of Employee in Construction Enterprises(person)	1093	766	-29.9
建筑业总产值(万元)	Gross Construction Output Value(10 000 yuan)	38973	4775	-87.7
交通运输邮电通信业	**Transportation,Post & Telecommunications**			
公路里程(公里)	Total Length of Highways(km)	695	695	0.0
邮电业务总量(万元)	Business Volume of Post & Telecoms(10 000 yuan)	1538	1685	9.6
本地电话用户(户)	Number of Subscribers of Local Telephone(Household)	13726	13785	0.4
国内贸易	**Demestic Trade**			
社会消费品零售总额(万元)	Total Retail Sales of Consumer Goods(10 000 yuan)	40963	48587	18.6
#贸易业(万元)	Wholesale & Retail Sales Trades(10 000 yuan)	30336	38457	26.8
餐饮业(万元)	Catering Trade(10 000 yuan)	9693	9150	-5.6
科技教育卫生	**Science,Education & Public Health**			
各类专业技术人员(人)	Speccial Technical Personnel(person)	471	489	3.8
幼儿园数(所)	Number of Kindergartens(unit)	12	12	0.0
学龄儿童入学率(%)	Percentage of School-Age Children Enrolled(%)	100.0	100.0	0.0
小学学校数(所)	Number of Primary Schools(unit)	33	28	-15.2
小学专任教师数(人)	Number of Full-time Teachers of Primary Schools(person)	702	851	21.2
小学在校学生数(人)	Number of Student Enrollment of Primary Schools(person)	9220	8912	-3.3
普通中学学校数(所)	Number of Regular Secondary Schools(unit)	7	9	28.6
普通中学专任教师数(人)	Number of Teachers of Secondary Shools(person)	555	612	10.3
初中在校学生数(人)	Number of Student in Junior Secondary Schools(person)	5796	5847	0.9
高中在校学生数(人)	Number of Student in Senior Secondary Schools(person)	3179	3281	3.2
卫生机构数(所)	Number of Health Institutions(unit)	22	22	0.0
#医院(所)	Hospitals(unit)	1	1	0.0
卫生院(所)	Township Hospitals(unit)	19	18	-5.3
床位数(张)	Number of Beds(unit)	208	215	3.4
#医院(张)	Hospitals(unit)	103	110	6.8
卫生院(张)	Township Hospitals(unit)	104	100	-3.8
卫生技术人员(人)	Medical Technical Presonnel(person)	249	258	3.6
#医院(人)	Hospitals(person)	89	92	3.4
卫生院(人)	Township Hospitals(person)	107	112	4.7

23-80 乌兰察布市化德县

指 标	Item	2005	2006	2006年比上年增长% Increase Rate in 2006 Over 2005(%)
行政区域土地面积(平方公里)	**Area of Administration(Sq.km)**	**2527**	**2527**	**0.0**
人口和就业	**Population & Employment**			
年末总人口(人)	Total Population Year-end(person)	157562	167936	6.6
#男性(人)	Male(person)	82803	87186	5.3
#乡村人口(人)	Rural(person)	134065	135441	1.0
年末总户数(户)	Total Number of Households at the Year-end(Household)	52630	59939	13.9
#乡村户数(户)	Number of Rural Household(Household)	38153	38289	0.4
出生人口(人)	Births(person)	1270	8772	590.7
死亡人口(人)	Deaths(person)	539	535	-0.7
全社会就业人员(人)	Employment(person)	79552	79681	0.2
第一产业(人)	Primary Industry(person)	48821	48895	0.2
第二产业(人)	Secondary Industry(person)	5731	5745	0.2
第三产业(人)	Tertiary Industry(person)	25000	25096	0.4
在岗职工人数(人)	Number of Staff & Workers Employed in(person)	5652	5885	4.1
乡村劳动力(人)	Number of Rural Laborers(person)	56047	58481	4.3
#农林牧渔业(人)	Farming,Forestry,Animal Husbandry & Fishery(person)	45737	45772	0.1
国民经济综合指标	**Summary Item on the National Economy**			
生产总值(万元)	Gross Domestic Product(10 000 yuan)	105235	124726	14.6
第一产业(万元)	Primary Industry(10 000 yuan)	35431	32800	9.0
第二产业(万元)	Secondary Industry(10 000 yuan)	49503	65450	19.0
#工业(万元)	Industry(10 000 yuan)	40724	56117	15.9
第三产业(万元)	Tertiary Industry(10 000 yuan)	20301	26476	12.7
人均生产总值(元)	Per Capita GDP(yuan)	6679	7427	10.2
全社会固定资产投资(万元)	Total Investment in Fixed Assets(10 000 yuan)	50156	70352	40.2
按登记注册类型分	Grouped by Registered Type			
#国有(万元)	State-owned Enterprises(10 000 yuan)	45256	38773	-14.3
集体(万元)	Collective-owned Enterprises(10 000 yuan)			
有限责任公司(万元)	Limited Liability Corporations(10 000 yuan)	600	16837	2706.2
股份有限公司(万元)	Share Holding Enterprises(10 000 yuan)			
私营企业(万元)	Private Enterprises(10 000 yuan)	4300	8150	89.5
外商及港澳台投资企业(万元)	Funds from HK,Macao,Taiwan & Foreign(10 000 yuan)			
按城乡渠道分	Grouped by Urban and Rural Area			
城镇(万元)	Urban(10 000 yuan)		66152	
农村(万元)	Rural(10 000 yuan)			
地方财政收入(万元)	Local Governments Revenue(10 000 yuan)	3349	3286	-1.9
地方财政支出(万元)	Local Governments Expenditures(10 000 yuan)	26625	28867	8.4
城乡居民储蓄存款余额(万元)	Resident Saving Deposit in Urban & Rural(10 000 yuan)	45740	56356	23.2
在岗职工工资总额(万元)	Total Wages of Staff & Workers Empioyed in(10 000 yuan)	6783	7643	12.7
在岗职工平均工资(元)	Average Wage of Staff & Workers Employed in(yuan)	12053	13243	9.9
农牧民人均纯收入(元)	Per Capita Net Income of Peasant & Herdsman(yuan)	2300	2494	8.4
农村牧区经济	**Economic Development in Rural & Pastoral Area**			
耕地面积(公顷)	Cultivated Area(hectare)	55500	55500	0.0
农作物总播种面积(公顷)	Total Sown Area(hectare)	46026	44698	-2.9
#粮食作物播种面积(公顷)	Sown Area of Grain Crops(hectare)	29738	27991	-5.9
有效灌溉面积(公顷)	Irrigated Area(hectare)	2500	2466	-1.4
农牧业机械总动力(万千瓦)	Total Power of Agricultural Machinery(10 000 kw)	10.40	10.00	-3.8
化肥施用折纯量(吨)	Consumption of Chemical Fertilizer(ton)	1913	2090	9.3
农村用电量(万千瓦小时)	Electricity Consumed in Rural Area(10 000 kwh)	656	562	-14.3
农林牧渔业总产值(万元)	Gross Output of Farming,Forestry,Animal Husbandry & Fishery(10 000 yuan)	57119	67943	19.0
粮食产量(吨)	Yield of Grain(ton)	23440	56253	140.0
油料产量(吨)	Yield of Oil-bearing Grops(ton)	1600	3964	147.8
甜菜产量(吨)	Yield of Beetroots(ton)		3559	
猪牛羊肉产量(吨)	Output of Pork, Beef & Mutton(ton)	89088	19841	-77.7
#猪肉产量(吨)	Output of Pork(ton)	10029	9666	-3.6
牛肉产量(吨)	Output of Beef(ton)	1298	1950	50.2
羊肉产量(吨)	Output of Mutton(ton)	7761	8225	6.0
羊毛产量(吨)	Output of Wool(ton)	606	650	7.3

23-80 Huade County in Wulanchabu City

指 标	Item	2005	2006	2006年比上年增长% Increase Rate in 2006 Over 2005(%)
年末牲畜存栏头数(万头只)	Total Livestock at the Year-end(10 000 heads)	37.76	36.67	-2.9
#大牲畜(万头只)	Large Animals(10 000 heads)	2.44	2.67	9.4
羊(万只)	Sheep & Goats(10 000 heads)	31.65	30.22	-4.5
猪(万头)	Hogs(10 000 heads)	3.67	3.79	3.3
规模以上工业	**Industrial Enterprises above Designated size**			
工业企业单位数(个)	Number of Industrial Enterprises(unit)	21	21	0.0
#内资企业(个)	Civil Funded Enterprises(unit)	21	21	0.0
工业总产值(万元)	Gross Industrial Output Value(10 000 yuan)	100447	140152	39.5
内资企业(万元)	Civil Funded Enterprises(10 000 yuan)	100447	140152	39.5
国有企业(万元)	State-owned Enterprises(10 000 yuan)	1490	4719	216.7
集体企业(万元)	Collective-owned Enterprises(10 000 yuan)			
股份合作企业(万元)	Share Holding Enterprises(10 000 yuan)		7246	
联营企业(万元)	Joint Owned Enterprises(10 000 yuan)			
有限责任公司(万元)	Limited Company(10 000 yuan)			
股份有限公司(万元)	Share Holding Limited Company(10 000 yuan)	2473	2925	18.3
私营企业(万元)	Privately Owned Enterprises(10 000 yuan)	96484	125261	29.8
其他企业(万元)	Enterprises of Other Ownership(10 000 yuan)			
港澳台商投资企业(万元)	Funds from HK,Macao & Taiwan(10 000 yuan)			
外商投资企业(万元)	Foreign Funded Enterprises(10 000 yuan)			
工业企业增加值(万元)	Value Added of Industrial Enterprises(10 000 yuan)	34196	46683	15.4
工业企业资产总计(万元)	Total Assets of Industrial Enterprises(10 000 yuan)	46798	58161	24.3
工业企业负债合计(万元)	Total Liabilities of Industrial Enterprises(10 000 yuan)	25652	32177	25.4
工业企业产品销售收入(万元)	Sales of Revenue Industrial Enterprises(10 000 yuan)	99895	3476	-96.5
工业企业利润总额(万元)	Total Profits of Industrial Enterprises(10 000 yuan)	2949		
建筑业	**Construction**			
建筑企业单位数(个)	Number of Construction Enterprises(unit)	2	2	0.0
建筑企业从业人员(人)	Number of Employee in Construction Enterprises(person)	642	58	-91.0
建筑业总产值(万元)	Gross Construction Output Value(10 000 yuan)	3481	4810	38.2
交通运输邮电通信业	**Transportation,Post & Telecommunications**			
公路里程(公里)	Total Length of Highways(km)	412	745	80.8
邮电业务总量(万元)	Business Volume of Post & Telecoms(10 000 yuan)	1600	1884	17.8
本地电话用户(户)	Number of Subscribers of Local Telephone(Household)	17878	19800	10.8
国内贸易	**Demestic Trade**			
社会消费品零售总额(万元)	Total Retail Sales of Consumer Goods(10 000 yuan)	27980	32080	14.7
#贸易业(万元)	Wholesale & Retail Sales Trades(10 000 yuan)	23383	26564	13.6
餐饮业(万元)	Catering Trade(10 000 yuan)	2975	3684	23.8
科技教育卫生	**Science,Education & Public Health**			
各类专业技术人员(人)	Speccial Technical Personnel(person)	452	459	1.5
幼儿园数(所)	Number of Kindergartens(unit)	12	12	0.0
学龄儿童入学率(%)	Percentage of School-Age Children Enrolled(%)	100.0	100.0	0.0
小学学校数(所)	Number of Primary Schools(unit)	20	16	-20.0
小学专任教师数(人)	Number of Full-time Teachers of Primary Schools(person)	707	608	-14.0
小学在校学生数(人)	Number of Student Enrollment of Primary Schools(person)	8197	8571	4.6
普通中学学校数(所)	Number of Regular Secondary Schools(unit)	8	5	-37.5
普通中学专任教师数(人)	Number of Teachers of Secondary Shools(person)	510	458	-10.2
初中在校学生数(人)	Number of Student in Junior Secondary Schools(person)	5607	5587	-0.4
高中在校学生数(人)	Number of Student in Senior Secondary Schools(person)	2229	2234	0.2
卫生机构数(所)	Number of Health Institutions(unit)	17	17	0.0
#医院(所)	Hospitals(unit)	2	2	0.0
卫生院(所)	Township Hospitals(unit)	12	12	0.0
床位数(张)	Number of Beds(unit)	167	171	2.4
#医院(张)	Hospitals(unit)	84	81	-3.6
卫生院(张)	Township Hospitals(unit)	66	65	-1.5
卫生技术人员(人)	Medical Technical Presonnel(person)	299	301	0.7
#医院(人)	Hospitals(person)	99	104	5.1
卫生院(人)	Township Hospitals(person)	87	89	2.3

23-81 乌兰察布市商都县

指 标	Item	2005	2006	2006年比上年增长% Increase Rate in 2006 Over 2005(%)
行政区域土地面积(平方公里)	**Area of Administration(Sq.km)**	**4304**	**4304**	**0.0**
人口和就业	**Population & Employment**			
年末总人口(人)	Total Population Year-end(person)	338332	342795	1.3
#男性(人)	Male(person)	175263	177223	1.1
#乡村人口(人)	Rural(person)	280806	290523	3.5
年末总户数(户)	Total Number of Households at the Year-end(Household)	118098	121606	3.0
#乡村户数(户)	Number of Rural Household(Household)	53569	51755	-3.4
出生人口(人)	Births(person)	6964	3077	-55.8
死亡人口(人)	Deaths(person)	4751	654	-86.2
全社会就业人员(人)	Employment(person)	177845	177735	0.1
第一产业(人)	Primary Industry(person)	100124	100034	-0.1
第二产业(人)	Secondary Industry(person)	16978	16912	-0.4
第三产业(人)	Tertiary Industry(person)	60743	60789	0.1
在岗职工人数(人)	Number of Staff & Workers Employed in(person)	9226	8825	-4.3
乡村劳动力(人)	Number of Rural Laborers(person)	131296	124610	-5.1
#农林牧渔业(人)	Farming,Forestry,Animal Husbandry & Fishery(person)	106128	105049	-1.0
国民经济综合指标	**Summary Item on the National Economy**			
生产总值(万元)	Gross Domestic Product(10 000 yuan)	161114	194859	13.6
第一产业(万元)	Primary Industry(10 000 yuan)	62082	65200	8.0
第二产业(万元)	Secondary Industry(10 000 yuan)	44416	61705	17.0
#工业(万元)	Industry(10 000 yuan)	33644	52948	19.7
第三产业(万元)	Tertiary Industry(10 000 yuan)	54616	67954	16.3
人均生产总值(元)	Per Capita GDP(yuan)	4762	5684	17.8
全社会固定资产投资(万元)	Total Investment in Fixed Assets(10 000 yuan)	80458	68105	-15.4
按登记注册类型分	Grouped by Registered Type			
#国有(万元)	State-owned Enterprises(10 000 yuan)	38243	24855	-35.0
集体(万元)	Collective-owned Enterprises(10 000 yuan)			
有限责任公司(万元)	Limited Liability Corporations(10 000 yuan)	27580	25770	-6.6
股份有限公司(万元)	Share Holding Enterprises(10 000 yuan)	10660	6800	-36.2
私营企业(万元)	Private Enterprises(10 000 yuan)	2405	9820	308.3
外商及港澳台投资企业(万元)	Funds from HK,Macao,Taiwan & Foreign(10 000 yuan)			
按城乡渠道分	Grouped by Urban and Rural Area			
城镇(万元)	Urban(10 000 yuan)		56371	
农村(万元)	Rural(10 000 yuan)		9034	
地方财政收入(万元)	Local Governments Revenue(10 000 yuan)	4918	5557	13.0
地方财政支出(万元)	Local Governments Expenditures(10 000 yuan)	32413	38254	18.0
城乡居民储蓄存款余额(万元)	Resident Saving Deposit in Urban & Rural(10 000 yuan)	60299	67506	12.0
在岗职工工资总额(万元)	Total Wages of Staff & Workers Empioyed in(10 000 yuan)	11208	11738	4.7
在岗职工平均工资(元)	Average Wage of Staff & Workers Employed in(yuan)	12163	13173	8.3
农牧民人均纯收入(元)	Per Capita Net Income of Peasant & Herdsman(yuan)	2398	2490	3.8
农村牧区经济	**Economic Development in Rural & Pastoral Area**			
耕地面积(公顷)	Cultivated Area(hectare)	153850	154330	0.3
农作物总播种面积(公顷)	Total Sown Area(hectare)	86789	87024	0.3
#粮食作物播种面积(公顷)	Sown Area of Grain Crops(hectare)	60204	57705	-4.2
有效灌溉面积(公顷)	Irrigated Area(hectare)	21220	2500	-88.2
农牧业机械总动力(万千瓦)	Total Power of Agricultural Machinery(10 000 kw)	18.29	18.46	0.9
化肥施用折纯量(吨)	Consumption of Chemical Fertilizer(ton)	4972	7929	59.5
农村用电量(万千瓦小时)	Electricity Consumed in Rural Area(10 000 kwh)	1863	3400	82.5
农林牧渔业总产值(万元)	Gross Output of Farming,Forestry,Animal Husbandry & Fishery(10 000 yuan)	110000	120547	9.6
粮食产量(吨)	Yield of Grain(ton)	72189	76287	5.7
油料产量(吨)	Yield of Oil-bearing Grops(ton)	7129	8513	19.4
甜菜产量(吨)	Yield of Beetroots(ton)	38530	51907	34.7
猪牛羊肉产量(吨)	Output of Pork, Beef & Mutton(ton)	39806	46318	16.4
#猪肉产量(吨)	Output of Pork(ton)	26081	27200	4.3
牛肉产量(吨)	Output of Beef(ton)	1828	4718	158.1
羊肉产量(吨)	Output of Mutton(ton)	11897	14400	21.0
羊毛产量(吨)	Output of Wool(ton)	737	810	9.9

23-81 Shangdu County in Wulanchabu City

指 标	Item	2005	2006	2006年比上年增长% Increase Rate in 2006 Over 2005(%)
年末牲畜存栏头数(万头只)	Total Livestock at the Year-end(10 000 heads)	42.77	39.87	-6.8
#大牲畜(万头只)	Large Animals(10 000 heads)	3.19	3.37	5.6
羊(万只)	Sheep & Goats(10 000 heads)	33.90	30.81	-9.1
猪(万头)	Hogs(10 000 heads)	5.67	5.69	0.4
规模以上工业	**Industrial Enterprises above Designated size**			
工业企业单位数(个)	Number of Industrial Enterprises(unit)	16	21	31.2
#内资企业(个)	Civil Funded Enterprises(unit)	16	21	31.2
工业总产值(万元)	Gross Industrial Output Value(10 000 yuan)	61247	109719	79.1
内资企业(万元)	Civil Funded Enterprises(10 000 yuan)	61247	109719	79.1
国有企业(万元)	State-owned Enterprises(10 000 yuan)	2320	2781	19.9
集体企业(万元)	Collective-owned Enterprises(10 000 yuan)			
股份合作企业(万元)	Share Holding Enterprises(10 000 yuan)			
联营企业(万元)	Joint Owned Enterprises(10 000 yuan)			
有限责任公司(万元)	Limited Company(10 000 yuan)	4173	34350	723.1
股份有限公司(万元)	Share Holding Limited Company(10 000 yuan)			
私营企业(万元)	Privately Owned Enterprises(10 000 yuan)	54754	72587	32.6
其他企业(万元)	Enterprises of Other Ownership(10 000 yuan)			
港澳台商投资企业(万元)	Funds from HK,Macao & Taiwan(10 000 yuan)			
外商投资企业(万元)	Foreign Funded Enterprises(10 000 yuan)			
工业企业增加值(万元)	Value Added of Industrial Enterprises(10 000 yuan)	24302	39217	18.6
工业企业资产总计(万元)	Total Assets of Industrial Enterprises(10 000 yuan)	24770	47324	91.1
工业企业负债合计(万元)	Total Liabilities of Industrial Enterprises(10 000 yuan)	12337	18794	52.3
工业企业产品销售收入(万元)	Sales of Revenue Industrial Enterprises(10 000 yuan)	60743	107800	77.5
工业企业利润总额(万元)	Total Profits of Industrial Enterprises(10 000 yuan)	1105	1608	45.5
建筑业	**Construction**			
建筑企业单位数(个)	Number of Construction Enterprises(unit)	1	1	0.0
建筑企业从业人员(人)	Number of Employee in Construction Enterprises(person)	443	445	0.5
建筑业总产值(万元)	Gross Construction Output Value(10 000 yuan)	2620	3300	26.0
交通运输邮电通信业	**Transportation,Post & Telecommunications**			
公路里程(公里)	Total Length of Highways(km)	700	701	0.1
邮电业务总量(万元)	Business Volume of Post & Telecoms(10 000 yuan)	1712	1753	2.4
本地电话用户(户)	Number of Subscribers of Local Telephone(Household)	32000	28600	-10.6
国内贸易	**Demestic Trade**			
社会消费品零售总额(万元)	Total Retail Sales of Consumer Goods(10 000 yuan)	106200	116226	9.4
#贸易业(万元)	Wholesale & Retail Sales Trades(10 000 yuan)	99670	106410	6.8
餐饮业(万元)	Catering Trade(10 000 yuan)	5180	7116	37.4
科技教育卫生	**Science,Education & Public Health**			
各类专业技术人员(人)	Speccial Technical Personnel(person)	724	739	2.1
幼儿园数(所)	Number of Kindergartens(unit)	5	5	0.0
学龄儿童入学率(%)	Percentage of School-Age Children Enrolled(%)	100.0	100.0	0.0
小学学校数(所)	Number of Primary Schools(unit)	43	33	-23.3
小学专任教师数(人)	Number of Full-time Teachers of Primary Schools(person)	1074	1055	-1.8
小学在校学生数(人)	Number of Student Enrollment of Primary Schools(person)	16314	16093	-1.4
普通中学学校数(所)	Number of Regular Secondary Schools(unit)	15	14	-6.7
普通中学专任教师数(人)	Number of Teachers of Secondary Shools(person)	635	705	11.0
初中在校学生数(人)	Number of Student in Junior Secondary Schools(person)	9706	9821	1.2
高中在校学生数(人)	Number of Student in Senior Secondary Schools(person)	3661	3624	-1.0
卫生机构数(所)	Number of Health Institutions(unit)	21	21	0.0
#医院(所)	Hospitals(unit)	2	2	0.0
卫生院(所)	Township Hospitals(unit)	15	15	0.0
床位数(张)	Number of Beds(unit)	346	337	-2.6
#医院(张)	Hospitals(unit)	228	221	-3.1
卫生院(张)	Township Hospitals(unit)	91	89	-2.2
卫生技术人员(人)	Medical Technical Presonnel(person)	543	539	-0.7
#医院(人)	Hospitals(person)	261	258	-1.1
卫生院(人)	Township Hospitals(person)	170	167	-1.8

23-82 乌兰察布市兴和县

指标	Item	2005	2006	2006年比上年增长% Increase Rate in 2006 Over 2005(%)
行政区域土地面积(平方公里)	**Area of Administration(Sq.km)**	**3518**	**3518**	**0.0**
人口和就业	**Population & Employment**			
年末总人口(人)	Total Population Year-end(person)	305064	308863	1.2
#男性(人)	Male(person)	160749	160791	0.0
#乡村人口(人)	Rural(person)	264897	199895	-24.5
年末总户数(户)	Total Number of Households at the Year-end(Household)	95641	98641	3.1
#乡村户数(户)	Number of Rural Household(Household)	53975	51286	-5.0
出生人口(人)	Births(person)	5341	5110	-4.3
死亡人口(人)	Deaths(person)	3251	3237	-0.4
全社会就业人员(人)	Employment(person)	189945	190033	
第一产业(人)	Primary Industry(person)	93814	93521	-0.3
第二产业(人)	Secondary Industry(person)	23106	23254	0.6
第三产业(人)	Tertiary Industry(person)	73025	73258	0.3
在岗职工人数(人)	Number of Staff & Workers Employed in(person)	9517	9038	-5.0
乡村劳动力(人)	Number of Rural Laborers(person)	120143	110255	-8.2
#农林牧渔业(人)	Farming,Forestry,Animal Husbandry & Fishery(person)	83704	73312	-12.4
国民经济综合指标	**Summary Item on the National Economy**			
生产总值(万元)	Gross Domestic Product(10 000 yuan)	172306	207291	13.9
第一产业(万元)	Primary Industry(10 000 yuan)	63933	66200	7.2
第二产业(万元)	Secondary Industry(10 000 yuan)	52933	64893	16.9
#工业(万元)	Industry(10 000 yuan)	33022	47233	18.1
第三产业(万元)	Tertiary Industry(10 000 yuan)	55440	76198	17.5
人均生产总值(元)	Per Capita GDP(yuan)	5648	6711	18.1
全社会固定资产投资(万元)	Total Investment in Fixed Assets(10 000 yuan)	162387	171215	5.4
按登记注册类型分	Grouped by Registered Type			
#国有(万元)	State-owned Enterprises(10 000 yuan)	64737	86932	34.3
集体(万元)	Collective-owned Enterprises(10 000 yuan)			
有限责任公司(万元)	Limited Liability Corporations(10 000 yuan)	38900	21910	-43.7
股份有限公司(万元)	Share Holding Enterprises(10 000 yuan)	3800		
私营企业(万元)	Private Enterprises(10 000 yuan)	18540	31834	71.7
外商及港澳台投资企业(万元)	Funds from HK,Macao,Taiwan & Foreign(10 000 yuan)			
按城乡渠道分	Grouped by Urban and Rural Area			
城镇(万元)	Urban(10 000 yuan)		129675	
农村(万元)	Rural(10 000 yuan)		9610	
地方财政收入(万元)	Local Governments Revenue(10 000 yuan)	11804	13785	16.8
地方财政支出(万元)	Local Governments Expenditures(10 000 yuan)	38346	44150	15.1
城乡居民储蓄存款余额(万元)	Resident Saving Deposit in Urban & Rural(10 000 yuan)	58581	71601	22.2
在岗职工工资总额(万元)	Total Wages of Staff & Workers Empioyed in(10 000 yuan)	11908	12961	8.8
在岗职工平均工资(元)	Average Wage of Staff & Workers Employed in(yuan)	12512	14341	14.6
农牧民人均纯收入(元)	Per Capita Net Income of Peasant & Herdsman(yuan)	2456	2940	19.7
农村牧区经济	**Economic Development in Rural & Pastoral Area**			
耕地面积(公顷)	Cultivated Area(hectare)	103640	103380	-0.3
农作物总播种面积(公顷)	Total Sown Area(hectare)	66005	66622	0.9
#粮食作物播种面积(公顷)	Sown Area of Grain Crops(hectare)	42824	42588	-0.6
有效灌溉面积(公顷)	Irrigated Area(hectare)	24810	24810	0.0
农牧业机械总动力(万千瓦)	Total Power of Agricultural Machinery(10 000 kw)	11.35	13.20	16.3
化肥施用折纯量(吨)	Consumption of Chemical Fertilizer(ton)	5902	6825	15.6
农村用电量(万千瓦小时)	Electricity Consumed in Rural Area(10 000 kwh)	1874	3759	100.6
农林牧渔业总产值(万元)	Gross Output of Farming,Forestry,Animal Husbandry & Fishery(10 000 yuan)	125991	127685	1.4
粮食产量(吨)	Yield of Grain(ton)	99388	104000	4.6
油料产量(吨)	Yield of Oil-bearing Grops(ton)	4592	9791	113.2
甜菜产量(吨)	Yield of Beetroots(ton)	7325	17843	143.6
猪牛羊肉产量(吨)	Output of Pork, Beef & Mutton(ton)	35336	39075	10.6
#猪肉产量(吨)	Output of Pork(ton)	18908	19575	3.5
牛肉产量(吨)	Output of Beef(ton)	4925	4730	-4.0
羊肉产量(吨)	Output of Mutton(ton)	11503	14770	28.4
羊毛产量(吨)	Output of Wool(ton)	1175	1300	10.6

23-82 Xinghe County in Wulanchabu City

指 标	Item	2005	2006	2006年比上年增长% Increase Rate in 2006 Over 2005(%)
年末牲畜存栏头数(万头只)	Total Livestock at the Year-end(10 000 heads)	79.40	78.90	-0.6
#大牲畜(万头只)	Large Animals(10 000 heads)	6.38	6.31	-1.1
羊(万只)	Sheep & Goats(10 000 heads)	67.89	67.31	-0.9
猪(万头)	Hogs(10 000 heads)	5.13	5.30	3.3
规模以上工业	**Industrial Enterprises above Designated size**			
工业企业单位数(个)	Number of Industrial Enterprises(unit)	11	11	0.0
#内资企业(个)	Civil Funded Enterprises(unit)	11	11	0.0
工业总产值(万元)	Gross Industrial Output Value(10 000 yuan)	65504	102305	56.2
内资企业(万元)	Civil Funded Enterprises(10 000 yuan)	65504	102305	56.2
国有企业(万元)	State-owned Enterprises(10 000 yuan)	4037	4525	12.1
集体企业(万元)	Collective-owned Enterprises(10 000 yuan)			
股份合作企业(万元)	Share Holding Enterprises(10 000 yuan)	5579	10643	90 8
联营企业(万元)	Joint Owned Enterprises(10 000 yuan)	6629	25572	285.8
有限责任公司(万元)	Limited Company(10 000 yuan)	13422	8482	-36.8
股份有限公司(万元)	Share Holding Limited Company(10 000 yuan)			
私营企业(万元)	Privately Owned Enterprises(10 000 yuan)	35837	53082	48.1
其他企业(万元)	Enterprises of Other Ownership(10 000 yuan)			
港澳台商投资企业(万元)	Funds from HK,Macao & Taiwan(10 000 yuan)			
外商投资企业(万元)	Foreign Funded Enterprises(10 000 yuan)			
工业企业增加值(万元)	Value Added of Industrial Enterprises(10 000 yuan)	22101	35128	16.9
工业企业资产总计(万元)	Total Assets of Industrial Enterprises(10 000 yuan)	70047	81538	16.4
工业企业负债合计(万元)	Total Liabilities of Industrial Enterprises(10 000 yuan)	38733	44445	14.7
工业企业产品销售收入(万元)	Sales of Revenue Industrial Enterprises(10 000 yuan)	63193	84764	34.1
工业企业利润总额(万元)	Total Profits of Industrial Enterprises(10 000 yuan)	1085	1814	67.2
建筑业	**Construction**			
建筑企业单位数(个)	Number of Construction Enterprises(unit)	1	1	0.0
建筑企业从业人员(人)	Number of Employee in Construction Enterprises(person)	881	882	0.1
建筑业总产值(万元)	Gross Construction Output Value(10 000 yuan)	3620	4540	25.4
交通运输邮电通信业	**Transportation,Post & Telecommunications**			
公路里程(公里)	Total Length of Highways(km)	1099	1116	1.5
邮电业务总量(万元)	Business Volume of Post & Telecoms(10 000 yuan)	1441	1452	0.8
本地电话用户(户)	Number of Subscribers of Local Telephone(Household)	14581	14583	0.0
国内贸易	**Demestic Trade**			
社会消费品零售总额(万元)	Total Retail Sales of Consumer Goods(10 000 yuan)	52257	63500	21.5
#贸易业(万元)	Wholesale & Retail Sales Trades(10 000 yuan)	49014	59086	20.5
餐饮业(万元)	Catering Trade(10 000 yuan)	1977	2308	16.7
科技教育卫生	**Science,Education & Public Health**			
各类专业技术人员(人)	Speccial Technical Personnel(person)	628	610	-2.9
幼儿园数(所)	Number of Kindergartens(unit)	1	1	0.0
学龄儿童入学率(%)	Percentage of School-Age Children Enrolled(%)	100.0	100.0	0.0
小学学校数(所)	Number of Primary Schools(unit)	40	38	-5.0
小学专任教师数(人)	Number of Full-time Teachers of Primary Schools(person)	1150	967	-15.9
小学在校学生数(人)	Number of Student Enrollment of Primary Schools(person)	18737	15388	-17.9
普通中学学校数(所)	Number of Regular Secondary Schools(unit)	5	6	20.0
普通中学专任教师数(人)	Number of Teachers of Secondary Shools(person)	492	412	-16.3
初中在校学生数(人)	Number of Student in Junior Secondary Schools(person)	6868	6810	-0.8
高中在校学生数(人)	Number of Student in Senior Secondary Schools(person)	2629	2614	-0.6
卫生机构数(所)	Number of Health Institutions(unit)	27	26	-3.7
#医院(所)	Hospitals(unit)	3	3	0.0
卫生院(所)	Township Hospitals(unit)	20	19	-5.0
床位数(张)	Number of Beds(unit)	225	210	-6.7
#医院(张)	Hospitals(unit)	104	99	-4.8
卫生院(张)	Township Hospitals(unit)	107	107	0.0
卫生技术人员(人)	Medical Technical Presonnel(person)	483	476	-1.4
#医院(人)	Hospitals(person)	220	218	-0.9
卫生院(人)	Township Hospitals(person)	155	149	-3.9

23-83 乌兰察布市凉城县

指 标	Item	2005	2006	2006年比上年增长% Increase Rate in 2006 Over 2005(%)
行政区域土地面积(平方公里)	**Area of Administration(Sq.km)**	**3451**	**3451**	**0.0**
人口和就业	**Population & Employment**			
年末总人口(人)	Total Population Year-end(person)	236604	241871	2.2
#男性(人)	Male(person)	127582	129161	1.2
#乡村人口(人)	Rural(person)	203481	197014	-3.2
年末总户数(户)	Total Number of Households at the Year-end(Household)	78775	84339	7.1
#乡村户数(户)	Number of Rural Household(Household)	48589	50811	4.6
出生人口(人)	Births(person)	2490	3565	43.2
死亡人口(人)	Deaths(person)	1410	1723	22.2
全社会就业人员(人)	Employment(person)	193029	193238	0.1
第一产业(人)	Primary Industry(person)	81528	81351	-0.2
第二产业(人)	Secondary Industry(person)	29847	29948	0.3
第三产业(人)	Tertiary Industry(person)	81654	81939	0.3
在岗职工人数(人)	Number of Staff & Workers Employed in(person)	8598	8705	1.2
乡村劳动力(人)	Number of Rural Laborers(person)	88389	92972	5.2
#农林牧渔业(人)	Farming,Forestry,Animal Husbandry & Fishery(person)	67496	66954	-0.8
国民经济综合指标	**Summary Item on the National Economy**			
生产总值(万元)	Gross Domestic Product(10 000 yuan)	244913	343177	25.7
第一产业(万元)	Primary Industry(10 000 yuan)	71898	77700	3.3
第二产业(万元)	Secondary Industry(10 000 yuan)	116164	184044	48.1
#工业(万元)	Industry(10 000 yuan)	49122	132134	102.5
第三产业(万元)	Tertiary Industry(10 000 yuan)	56851	81433	14.3
人均生产总值(元)	Per Capita GDP(yuan)	10351	14188	35.3
全社会固定资产投资(万元)	Total Investment in Fixed Assets(10 000 yuan)	248699	196573	-20.9
按登记注册类型分	Grouped by Registered Type			
#国有(万元)	State-owned Enterprises(10 000 yuan)	41220	21466	-47.9
集体(万元)	Collective-owned Enterprises(10 000 yuan)	540		
有限责任公司(万元)	Limited Liability Corporations(10 000 yuan)	26020	33772	29.8
股份有限公司(万元)	Share Holding Enterprises(10 000 yuan)	178079	128499	-27.8
私营企业(万元)	Private Enterprises(10 000 yuan)	840	5970	610.7
外商及港澳台投资企业(万元)	Funds from HK,Macao,Taiwan & Foreign(10 000 yuan)			
按城乡渠道分	Grouped by Urban and Rural Area			
城镇(万元)	Urban(10 000 yuan)		186073	
农村(万元)	Rural(10 000 yuan)		500	
地方财政收入(万元)	Local Governments Revenue(10 000 yuan)	14244	19932	39.9
地方财政支出(万元)	Local Governments Expenditures(10 000 yuan)	37071	45469	22.7
城乡居民储蓄存款余额(万元)	Resident Saving Deposit in Urban & Rural(10 000 yuan)	66448	98292	47.9
在岗职工工资总额(万元)	Total Wages of Staff & Workers Empioyed in(10 000 yuan)	11895	13407	12.7
在岗职工平均工资(元)	Average Wage of Staff & Workers Employed in(yuan)	14322	15326	7.0
农牧民人均纯收入(元)	Per Capita Net Income of Peasant & Herdsman(yuan)	3218	3650	13.4
农村牧区经济	**Economic Development in Rural & Pastoral Area**			
耕地面积(公顷)	Cultivated Area(hectare)	60600	60600	0.0
农作物总播种面积(公顷)	Total Sown Area(hectare)	60600	60600	0.0
#粮食作物播种面积(公顷)	Sown Area of Grain Crops(hectare)	47812	48833	2.1
有效灌溉面积(公顷)	Irrigated Area(hectare)	16700	16700	0.0
农牧业机械总动力(万千瓦)	Total Power of Agricultural Machinery(10 000 kw)	11.14	11.85	6.4
化肥施用折纯量(吨)	Consumption of Chemical Fertilizer(ton)	10565	10948	3.6
农村用电量(万千瓦小时)	Electricity Consumed in Rural Area(10 000 kwh)	2651	2370	-10.6
农林牧渔业总产值(万元)	Gross Output of Farming,Forestry,Animal Husbandry & Fishery(10 000 yuan)	86387	122525	41.8
粮食产量(吨)	Yield of Grain(ton)	210537	212520	0.9
油料产量(吨)	Yield of Oil-bearing Grops(ton)	3779	5427	43.6
甜菜产量(吨)	Yield of Beetroots(ton)	24772	37714	52.2
猪牛羊肉产量(吨)	Output of Pork, Beef & Mutton(ton)	30310	33661	11.1
#猪肉产量(吨)	Output of Pork(ton)	16789	18378	9.5
牛肉产量(吨)	Output of Beef(ton)	2971	3250	9.4
羊肉产量(吨)	Output of Mutton(ton)	10550	12033	14.1
羊毛产量(吨)	Output of Wool(ton)	732	764	4.4

23-83 Liangcheng County in Wulanchabu City

指 标	Item	2005	2006	2006年比上年增长% Increase Rate in 2006 Over 2005(%)
年末牲畜存栏头数(万头只)	Total Livestock at the Year-end(10 000 heads)	54.89	57.65	5.0
# 大牲畜(万头只)	Large Animals(10 000 heads)	8.11	8.23	1.5
羊(万只)	Sheep & Goats(10 000 heads)	42.93	44.90	4.6
猪(万头)	Hogs(10 000 heads)	3.85	4.52	17.4
规模以上工业	**Industrial Enterprises above Designated size**			
工业企业单位数(个)	Number of Industrial Enterprises(unit)	11	10	-9.1
# 内资企业(个)	Civil Funded Enterprises(unit)	10	10	0.0
工业总产值(万元)	Gross Industrial Output Value(10 000 yuan)	109959	307987	180.1
内资企业(万元)	Civil Funded Enterprises(10 000 yuan)	107995	307987	185.2
国有企业(万元)	State-owned Enterprises(10 000 yuan)	1315	2477	88.4
集体企业(万元)	Collective-owned Enterprises(10 000 yuan)			
股份合作企业(万元)	Share Holding Enterprises(10 000 yuan)	4135	12598	204.7
联营企业(万元)	Joint Owned Enterprises(10 000 yuan)			
有限责任公司(万元)	Limited Company(10 000 yuan)	89107	284225	219.0
股份有限公司(万元)	Share Holding Limited Company(10 000 yuan)	6265		
私营企业(万元)	Privately Owned Enterprises(10 000 yuan)	7173	8685	21.1
其他企业(万元)	Enterprises of Other Ownership(10 000 yuan)			
港澳台商投资企业(万元)	Funds from HK,Macao & Taiwan(10 000 yuan)			
外商投资企业(万元)	Foreign Funded Enterprises(10 000 yuan)	1964		
工业企业增加值(万元)	Value Added of Industrial Enterprises(10 000 yuan)	41808	124062	136.3
工业企业资产总计(万元)	Total Assets of Industrial Enterprises(10 000 yuan)	454401	735346	61.8
工业企业负债合计(万元)	Total Liabilities of Industrial Enterprises(10 000 yuan)	358032	628971	75.7
工业企业产品销售收入(万元)	Sales of Revenue Industrial Enterprises(10 000 yuan)	112489	296694	163.8
工业企业利润总额(万元)	Total Profits of Industrial Enterprises(10 000 yuan)	17866	15672	-12.3
建筑业	**Construction**			
建筑企业单位数(个)	Number of Construction Enterprises(unit)	3	2	-33.3
建筑企业从业人员(人)	Number of Employee in Construction Enterprises(person)	472	350	-25.8
建筑业总产值(万元)	Gross Construction Output Value(10 000 yuan)	6199	74390	1100.0
交通运输邮电通信业	**Transportation,Post & Telecommunications**			
公路里程(公里)	Total Length of Highways(km)	1107	1107	0.0
邮电业务总量(万元)	Business Volume of Post & Telecoms(10 000 yuan)	1700	1554	-8.6
本地电话用户(户)	Number of Subscribers of Local Telephone(Household)	22000	22100	0.5
国内贸易	**Demestic Trade**			
社会消费品零售总额(万元)	Total Retail Sales of Consumer Goods(10 000 yuan)	50100	60049	19.9
# 贸易业(万元)	Wholesale & Retail Sales Trades(10 000 yuan)	40103	49784	24.1
餐饮业(万元)	Catering Trade(10 000 yuan)	7165	6655	-7.1
科技教育卫生	**Science,Education & Public Health**			
各类专业技术人员(人)	Speccial Technical Personnel(person)	68	74	8.8
幼儿园数(所)	Number of Kindergartens(unit)	2	2	0.0
学龄儿童入学率(%)	Percentage of School-Age Children Enrolled(%)	100.0	100.0	0.0
小学学校数(所)	Number of Primary Schools(unit)	54	52	-3.7
小学专任教师数(人)	Number of Full-time Teachers of Primary Schools(person)	947	943	-0.4
小学在校学生数(人)	Number of Student Enrollment of Primary Schools(person)	12948	12733	-1.7
普通中学学校数(所)	Number of Regular Secondary Schools(unit)	11	9	-18.2
普通中学专任教师数(人)	Number of Teachers of Secondary Shools(person)	622	600	-3.5
初中在校学生数(人)	Number of Student in Junior Secondary Schools(person)	8274	8208	-0.8
高中在校学生数(人)	Number of Student in Senior Secondary Schools(person)	3802	3751	-1.3
卫生机构数(所)	Number of Health Institutions(unit)	24	24	0.0
# 医院(所)	Hospitals(unit)	1	1	0.0
卫生院(所)	Township Hospitals(unit)	19	19	0.0
床位数(张)	Number of Beds(unit)	256	248	-3.1
# 医院(张)	Hospitals(unit)	137	137	0.0
卫生院(张)	Township Hospitals(unit)	118	110	-6.8
卫生技术人员(人)	Medical Technical Presonnel(person)	318	310	-2.5
# 医院(人)	Hospitals(person)	135	129	-4.4
卫生院(人)	Township Hospitals(person)	115	110	-4.3

23-84 乌兰察布市察哈尔右翼前旗

指 标	Item	2005	2006	2006年比上年增长% Increase Rate in 2006 Over 2005(%)
行政区域土地面积(平方公里)	**Area of Administration(Sq.km)**	**2430**	**2430**	**0.0**
人口和就业	**Population & Employment**			
年末总人口(人)	Total Population Year-end(person)	234253	242384	3.5
#男性(人)	Male(person)	121808	125640	3.1
#乡村人口(人)	Rural(person)	195010	196454	0.7
年末总户数(户)	Total Number of Households at the Year-end(Household)	78680	86032	9.3
#乡村户数(户)	Number of Rural Household(Household)	42768	40692	-4.9
出生人口(人)	Births(person)	1432	1402	-2.1
死亡人口(人)	Deaths(person)	1240	1109	-10.6
全社会就业人员(人)	Employment(person)	123932	123225	-0.6
第一产业(人)	Primary Industry(person)	69258	68254	-1.4
第二产业(人)	Secondary Industry(person)	19428	19645	1.1
第三产业(人)	Tertiary Industry(person)	35246	35326	0.2
在岗职工人数(人)	Number of Staff & Workers Employed in(person)	11660	10795	-7.4
乡村劳动力(人)	Number of Rural Laborers(person)	86042	84733	-1.5
#农林牧渔业(人)	Farming,Forestry,Animal Husbandry & Fishery(person)	72232	72457	0.3
国民经济综合指标	**Summary Item on the National Economy**			
生产总值(万元)	Gross Domestic Product(10 000 yuan)	210482	256784	18.6
第一产业(万元)	Primary Industry(10 000 yuan)	63476	64100	3.2
第二产业(万元)	Secondary Industry(10 000 yuan)	91431	122567	29.8
#工业(万元)	Industry(10 000 yuan)	71797	105567	32.7
第三产业(万元)	Tertiary Industry(10 000 yuan)	55575	70117	18.4
人均生产总值(元)	Per Capita GDP(yuan)	8985	10594	16.7
全社会固定资产投资(万元)	Total Investment in Fixed Assets(10 000 yuan)	162533	132334	-19.0
按登记注册类型分	Grouped by Registered Type			
#国有(万元)	State-owned Enterprises(10 000 yuan)	49395	25682	-48.0
集体(万元)	Collective-owned Enterprises(10 000 yuan)	650		
有限责任公司(万元)	Limited Liability Corporations(10 000 yuan)	15120	40150	165.5
股份有限公司(万元)	Share Holding Enterprises(10 000 yuan)	64283	17981	-72.0
私营企业(万元)	Private Enterprises(10 000 yuan)	23815	7920	-66.7
外商及港澳台投资企业(万元)	Funds from HK,Macao,Taiwan & Foreign(10 000 yuan)			
按城乡渠道分	Grouped by Urban and Rural Area			
城镇(万元)	Urban(10 000 yuan)		103304	
农村(万元)	Rural(10 000 yuan)		22180	
地方财政收入(万元)	Local Governments Revenue(10 000 yuan)	9562	8950	-6.4
地方财政支出(万元)	Local Governments Expenditures(10 000 yuan)	33097	36482	10.2
城乡居民储蓄存款余额(万元)	Resident Saving Deposit in Urban & Rural(10 000 yuan)	63273	70806	11.9
在岗职工工资总额(万元)	Total Wages of Staff & Workers Empioyed in(10 000 yuan)	12267	13833	12.8
在岗职工平均工资(元)	Average Wage of Staff & Workers Employed in(yuan)	11255	13005	15.5
农牧民人均纯收入(元)	Per Capita Net Income of Peasant & Herdsman(yuan)	3101	3355	8.2
农村牧区经济	**Economic Development in Rural & Pastoral Area**			
耕地面积(公顷)	Cultivated Area(hectare)	73390	73090	-0.4
农作物总播种面积(公顷)	Total Sown Area(hectare)	44668	43334	-3.0
#粮食作物播种面积(公顷)	Sown Area of Grain Crops(hectare)	28667	25334	-11.6
有效灌溉面积(公顷)	Irrigated Area(hectare)	19550	19551	0.0
农牧业机械总动力(万千瓦)	Total Power of Agricultural Machinery(10 000 kw)	11.31	13.00	14.9
化肥施用折纯量(吨)	Consumption of Chemical Fertilizer(ton)	6556	4015	-38.8
农村用电量(万千瓦小时)	Electricity Consumed in Rural Area(10 000 kwh)	1417	1446	2.0
农林牧渔业总产值(万元)	Gross Output of Farming,Forestry,Animal Husbandry & Fishery(10 000 yuan)	126346	123578	-2.2
粮食产量(吨)	Yield of Grain(ton)	130505	115500	-11.5
油料产量(吨)	Yield of Oil-bearing Grops(ton)	1000	3000	200.0
甜菜产量(吨)	Yield of Beetroots(ton)	180000	140000	-22.2
猪牛羊肉产量(吨)	Output of Pork, Beef & Mutton(ton)	34454	34957	1.5
#猪肉产量(吨)	Output of Pork(ton)	16345	16285	-0.4
牛肉产量(吨)	Output of Beef(ton)	4184	3513	-16.0
羊肉产量(吨)	Output of Mutton(ton)	13925	15159	8.9
羊毛产量(吨)	Output of Wool(ton)	703	704	0.1

23-84 Chahaeryouyiqian Banner in Wulanchabu City

指 标	Item	2005	2006	2006年比上年增长% Increase Rate in 2006 Over 2005(%)
年末牲畜存栏头数(万头只)	Total Livestock at the Year-end(10 000 heads)	55.22	56.66	2.6
#大牲畜(万头只)	Large Animals(10 000 heads)	4.70	5.74	22.1
羊(万只)	Sheep & Goats(10 000 heads)	44.57	44.86	0.7
猪(万头)	Hogs(10 000 heads)	5.95	6.06	1.8
规模以上工业	**Industrial Enterprises above Designated size**			
工业企业单位数(个)	Number of Industrial Enterprises(unit)	58	30	-48.3
#内资企业(个)	Civil Funded Enterprises(unit)	27	30	11.1
工业总产值(万元)	Gross Industrial Output Value(10 000 yuan)	184408	304342	65.0
内资企业(万元)	Civil Funded Enterprises(10 000 yuan)	181951	304342	67.3
国有企业(万元)	State-owned Enterprises(10 000 yuan)	1792	5411	202.0
集体企业(万元)	Collective-owned Enterprises(10 000 yuan)		7622	
股份合作企业(万元)	Share Holding Enterprises(10 000 yuan)		6292	
联营企业(万元)	Joint Owned Enterprises(10 000 yuan)			
有限责任公司(万元)	Limited Company(10 000 yuan)	56988	33627	-41.0
股份有限公司(万元)	Share Holding Limited Company(10 000 yuan)		62054	
私营企业(万元)	Privately Owned Enterprises(10 000 yuan)	123171	189333	53.7
其他企业(万元)	Enterprises of Other Ownership(10 000 yuan)			
港澳台商投资企业(万元)	Funds from HK,Macao & Taiwan(10 000 yuan)	2457		
外商投资企业(万元)	Foreign Funded Enterprises(10 000 yuan)			
工业企业增加值(万元)	Value Added of Industrial Enterprises(10 000 yuan)	60929	96354	31.7
工业企业资产总计(万元)	Total Assets of Industrial Enterprises(10 000 yuan)	86830	117443	35.3
工业企业负债合计(万元)	Total Liabilities of Industrial Enterprises(10 000 yuan)	57052	80679	41.4
工业企业产品销售收入(万元)	Sales of Revenue Industrial Enterprises(10 000 yuan)	186461	299083	60.4
工业企业利润总额(万元)	Total Profits of Industrial Enterprises(10 000 yuan)	3293	7523	128 5
建筑业	**Construction**			
建筑企业单位数(个)	Number of Construction Enterprises(unit)	2	1	-50.0
建筑企业从业人员(人)	Number of Employee in Construction Enterprises(person)	1162	450	-61.3
建筑业总产值(万元)	Gross Construction Output Value(10 000 yuan)	4936	7625	54.5
交通运输邮电通信业	**Transportation,Post & Telecommunications**			
公路里程(公里)	Total Length of Highways(km)	690	690	0.0
邮电业务总量(万元)	Business Volume of Post & Telecoms(10 000 yuan)	1453	1479	1.8
本地电话用户(户)	Number of Subscribers of Local Telephone(Household)	19890	19948	0.3
国内贸易	**Demestic Trade**			
社会消费品零售总额(万元)	Total Retail Sales of Consumer Goods(10 000 yuan)	26800	35405	32.1
#贸易业(万元)	Wholesale & Retail Sales Trades(10 000 yuan)	21725	23022	6.0
餐饮业(万元)	Catering Trade(10 000 yuan)	2933	4735	61.4
科技教育卫生	**Science,Education & Public Health**			
各类专业技术人员(人)	Speccial Technical Personnel(person)	894	902	0.9
幼儿园数(所)	Number of Kindergartens(unit)	9	9	0.0
学龄儿童入学率(%)	Percentage of School-Age Children Enrolled(%)	100.0	100.0	0.0
小学学校数(所)	Number of Primary Schools(unit)	52	53	1.9
小学专任教师数(人)	Number of Full-time Teachers of Primary Schools(person)	953	1085	13.9
小学在校学生数(人)	Number of Student Enrollment of Primary Schools(person)	13586	13604	0.1
普通中学学校数(所)	Number of Regular Secondary Schools(unit)	7	7	0.0
普通中学专任教师数(人)	Number of Teachers of Secondary Shools(person)	480	508	5.8
初中在校学生数(人)	Number of Student in Junior Secondary Schools(person)	7656	7614	-0.5
高中在校学生数(人)	Number of Student in Senior Secondary Schools(person)	3032	3108	2.5
卫生机构数(所)	Number of Health Institutions(unit)	25	25	0.0
#医院(所)	Hospitals(unit)	1	1	0.0
卫生院(所)	Township Hospitals(unit)	21	20	-4.8
床位数(张)	Number of Beds(unit)	226	224	-0.9
#医院(张)	Hospitals(unit)	80	79	-1.2
卫生院(张)	Township Hospitals(unit)	136	135	-0.7
卫生技术人员(人)	Medical Technical Presonnel(person)	448	447	-0.2
#医院(人)	Hospitals(person)	140	139	-0.7
卫生院(人)	Township Hospitals(person)	228	227	-0.4

23-85 乌兰察布市察哈尔右翼中旗

指 标	Item	2005	2006	2006年比上年增长% Increase Rate in 2006 Over 2005(%)
行政区域土地面积(平方公里)	**Area of Administration(Sq.km)**	**4200**	**4200**	**0.0**
人口和就业	**Population & Employment**			
年末总人口(人)	Total Population Year-end(person)	212719	211148	-0.7
＃男性(人)	Male(person)	112933	112712	-0.2
＃乡村人口(人)	Rural(person)	183077	181572	-0.8
年末总户数(户)	Total Number of Households at the Year-end(Household)	62611	65907	5.3
＃乡村户数(户)	Number of Rural Household(Household)	42823	42092	-1.7
出生人口(人)	Births(person)	1678	1852	10.4
死亡人口(人)	Deaths(person)	1373	1723	25.5
全社会就业人员(人)	Employment(person)	124193	123560	-0.5
第一产业(人)	Primary Industry(person)	77948	77124	-1.1
第二产业(人)	Secondary Industry(person)	9917	9984	0.7
第三产业(人)	Tertiary Industry(person)	36328	36452	0.3
在岗职工人数(人)	Number of Staff & Workers Employed in(person)	6167	6101	-1.1
乡村劳动力(人)	Number of Rural Laborers(person)	104310	98224	-5.8
＃农林牧渔业(人)	Farming,Forestry,Animal Husbandry & Fishery(person)	85078	88235	3.7
国民经济综合指标	**Summary Item on the National Economy**			
生产总值(万元)	Gross Domestic Product(10 000 yuan)	118256	143743	14.8
第一产业(万元)	Primary Industry(10 000 yuan)	51388	50800	7.6
第二产业(万元)	Secondary Industry(10 000 yuan)	28430	37939	25.9
＃工业(万元)	Industry(10 000 yuan)	20529	29539	22.2
第三产业(万元)	Tertiary Industry(10 000 yuan)	38438	55004	15.3
人均生产总值(元)	Per Capita GDP(yuan)	5559	6808	21.4
全社会固定资产投资(万元)	Total Investment in Fixed Assets(10 000 yuan)	82103	111190	35.4
按登记注册类型分	Grouped by Registered Type			
＃国有(万元)	State-owned Enterprises(10 000 yuan)	65633	105890	61.3
集体(万元)	Collective-owned Enterprises(10 000 yuan)			
有限责任公司(万元)	Limited Liability Corporations(10 000 yuan)		1500	
股份有限公司(万元)	Share Holding Enterprises(10 000 yuan)	90		
私营企业(万元)	Private Enterprises(10 000 yuan)	8280	2700	-67.4
外商及港澳台投资企业(万元)	Funds from HK,Macao,Taiwan & Foreign(10 000 yuan)			
按城乡渠道分	Grouped by Urban and Rural Area			
城镇（万元）	Urban(10 000 yuan)		107470	
农村（万元）	Rural(10 000 yuan)		1720	
地方财政收入(万元)	Local Governments Revenue(10 000 yuan)	3458	3725	7.7
地方财政支出(万元)	Local Governments Expenditures(10 000 yuan)	27995	31870	13.8
城乡居民储蓄存款余额(万元)	Resident Saving Deposit in Urban & Rural(10 000 yuan)	40841	45685	11.9
在岗职工工资总额(万元)	Total Wages of Staff & Workers Empioyed in(10 000 yuan)	8309	9317	12.1
在岗职工平均工资(元)	Average Wage of Staff & Workers Employed in(yuan)	13502	15496	14.8
农牧民人均纯收入(元)	Per Capita Net Income of Peasant & Herdsman(yuan)	2434	2580	6.0
农村牧区经济	**Economic Development in Rural & Pastoral Area**			
耕地面积(公顷)	Cultivated Area(hectare)	87920	87920	0.0
农作物总播种面积(公顷)	Total Sown Area(hectare)	61645	61317	-0.5
＃粮食作物播种面积(公顷)	Sown Area of Grain Crops(hectare)	50013	49338	-1.3
有效灌溉面积(公顷)	Irrigated Area(hectare)	15240	15240	0.0
农牧业机械总动力(万千瓦)	Total Power of Agricultural Machinery(10 000 kw)	14.08	18.30	30.0
化肥施用折纯量(吨)	Consumption of Chemical Fertilizer(ton)	2903	3416	17.7
农村用电量(万千瓦小时)	Electricity Consumed in Rural Area(10 000 kwh)	2700	3457	28.0
农林牧渔业总产值(万元)	Gross Output of Farming,Forestry,Animal Husbandry & Fishery(10 000 yuan)	92872	82798	-10.8
粮食产量(吨)	Yield of Grain(ton)	24953	45850	83.7
油料产量(吨)	Yield of Oil-bearing Grops(ton)		1662	
甜菜产量(吨)	Yield of Beetroots(ton)	2400		
猪牛羊肉产量(吨)	Output of Pork, Beef & Mutton(ton)	16106	22536	39.9
＃猪肉产量(吨)	Output of Pork(ton)	3897	5721	46.8
牛肉产量(吨)	Output of Beef(ton)	1488	1747	17.4
羊肉产量(吨)	Output of Mutton(ton)	10721	15068	40.5
羊毛产量(吨)	Output of Wool(ton)	628	880	40.1

23-85 Chahaeryouyizhong Banner in Wulanchabu City

指 标	Item	2005	2006	2006年比上年增长% Increase Rate in 2006 Over 2005(%)
年末牲畜存栏头数(万头只)	Total Livestock at the Year-end(10 000 heads)	47.17	52.10	10.5
# 大牲畜(万头只)	Large Animals(10 000 heads)	4.12	4.95	20.1
羊(万只)	Sheep & Goats(10 000 heads)	39.01	43.36	11.2
猪(万头)	Hogs(10 000 heads)	4.04	3.79	-6.2
规模以上工业	**Industrial Enterprises above Designated size**			
工业企业单位数(个)	Number of Industrial Enterprises(unit)	14	16	14.3
# 内资企业(个)	Civil Funded Enterprises(unit)	14	16	14.3
工业总产值(万元)	Gross Industrial Output Value(10 000 yuan)	45431	70825	55.9
内资企业(万元)	Civil Funded Enterprises(10 000 yuan)	45431	70825	55.9
国有企业(万元)	State-owned Enterprises(10 000 yuan)	7847	10294	31.2
集体企业(万元)	Collective-owned Enterprises(10 000 yuan)			
股份合作企业(万元)	Share Holding Enterprises(10 000 yuan)			
联营企业(万元)	Joint Owned Enterprises(10 000 yuan)	861	7008	713.9
有限责任公司(万元)	Limited Company(10 000 yuan)	12488	12689	1.6
股份有限公司(万元)	Share Holding Limited Company(10 000 yuan)	8713		
私营企业(万元)	Privately Owned Enterprises(10 000 yuan)	15522	40832	163.1
其他企业(万元)	Enterprises of Other Ownership(10 000 yuan)			
港澳台商投资企业(万元)	Funds from HK,Macao & Taiwan(10 000 yuan)			
外商投资企业(万元)	Foreign Funded Enterprises(10 000 yuan)			
工业企业增加值(万元)	Value Added of Industrial Enterprises(10 000 yuan)	16221	25419	22.9
工业企业资产总计(万元)	Total Assets of Industrial Enterprises(10 000 yuan)	75263	84612	12.4
工业企业负债合计(万元)	Total Liabilities of Industrial Enterprises(10 000 yuan)	51372	52640	2.5
工业企业产品销售收入(万元)	Sales of Revenue Industrial Enterprises(10 000 yuan)	46294	56811	22.7
工业企业利润总额(万元)	Total Profits of Industrial Enterprises(10 000 yuan)	2383	2999	25.8
建筑业	**Construction**			
建筑企业单位数(个)	Number of Construction Enterprises(unit)	1	1	0.0
建筑企业从业人员(人)	Number of Employee in Construction Enterprises(person)	510	510	0.0
建筑业总产值(万元)	Gross Construction Output Value(10 000 yuan)	1900	2680	41.1
交通运输邮电通信业	**Transportation,Post & Telecommunications**			
公路里程(公里)	Total Length of Highways(km)	758	958	26.4
邮电业务总量(万元)	Business Volume of Post & Telecoms(10 000 yuan)	1030	2347	127.9
本地电话用户(户)	Number of Subscribers of Local Telephone(Household)	22000	24206	10.0
国内贸易	**Demestic Trade**			
社会消费品零售总额(万元)	Total Retail Sales of Consumer Goods(10 000 yuan)	29390	35109	19.5
# 贸易业(万元)	Wholesale & Retail Sales Trades(10 000 yuan)	25412	29737	17.0
餐饮业(万元)	Catering Trade(10 000 yuan)	2461	3443	39.9
科技教育卫生	**Science,Education & Public Health**			
各类专业技术人员(人)	Speccial Technical Personnel(person)	748	761	1.7
幼儿园数(所)	Number of Kindergartens(unit)	2	2	0.0
学龄儿童入学率(%)	Percentage of School-Age Children Enrolled(%)	100.0	100.0	0.0
小学学校数(所)	Number of Primary Schools(unit)	25	24	-4.0
小学专任教师数(人)	Number of Full-time Teachers of Primary Schools(person)	789	814	3.2
小学在校学生数(人)	Number of Student Enrollment of Primary Schools(person)	7941	7866	-0.9
普通中学学校数(所)	Number of Regular Secondary Schools(unit)	5	5	0.0
普通中学专任教师数(人)	Number of Teachers of Secondary Shools(person)	466	531	13.9
初中在校学生数(人)	Number of Student in Junior Secondary Schools(person)	5575	5485	-1.6
高中在校学生数(人)	Number of Student in Senior Secondary Schools(person)	2829	2867	1.3
卫生机构数(所)	Number of Health Institutions(unit)	30	30	0.0
# 医院(所)	Hospitals(unit)	1	1	0.0
卫生院(所)	Township Hospitals(unit)	26	26	0.0
床位数(张)	Number of Beds(unit)	225	226	0.4
# 医院(张)	Hospitals(unit)	99	100	1.0
卫生院(张)	Township Hospitals(unit)	119	120	0.8
卫生技术人员(人)	Medical Technical Presonnel(person)	289	290	0.3
# 医院(人)	Hospitals(person)	111	110	-0.9
卫生院(人)	Township Hospitals(person)	108	109	0.9

23-86 乌兰察布市察哈尔右翼后旗

指 标	Item	2005	2006	2006年比上年增长% Increase Rate in 2006 Over 2005(%)
行政区域土地面积(平方公里)	**Area of Administration(Sq.km)**	**3803**	**3803**	**0.0**
人口和就业	**Population & Employment**			
年末总人口(人)	Total Population Year-end(person)	209355	211746	1.1
#男性(人)	Male(person)	111716	109587	-1.9
#乡村人口(人)	Rural(person)	170506	177321	4.0
年末总户数(户)	Total Number of Households at the Year-end(Household)	67544	72249	7.0
#乡村户数(户)	Number of Rural Household(Household)	31057	31055	0.0
出生人口(人)	Births(person)	3095	3170	2.4
死亡人口(人)	Deaths(person)	1500	1012	-32.5
全社会就业人员(人)	Employment(person)	93582	93949	0.4
第一产业(人)	Primary Industry(person)	51624	51084	-1.0
第二产业(人)	Secondary Industry(person)	12957	13024	0.5
第三产业(人)	Tertiary Industry(person)	29001	29841	2.9
在岗职工人数(人)	Number of Staff & Workers Employed in(person)	8622	8696	0.9
乡村劳动力(人)	Number of Rural Laborers(person)	75500	68288	-9.6
#农林牧渔业(人)	Farming,Forestry,Animal Husbandry & Fishery(person)	55284	56115	1.5
国民经济综合指标	**Summary Item on the National Economy**			
生产总值(万元)	Gross Domestic Product(10 000 yuan)	181794	229396	18.8
第一产业(万元)	Primary Industry(10 000 yuan)	49792	54000	5.6
第二产业(万元)	Secondary Industry(10 000 yuan)	85604	122966	28.5
#工业(万元)	Industry(10 000 yuan)	70807	109354	30.0
第三产业(万元)	Tertiary Industry(10 000 yuan)	46398	52430	13.5
人均生产总值(元)	Per Capita GDP(yuan)	8684	10834	22.6
全社会固定资产投资(万元)	Total Investment in Fixed Assets(10 000 yuan)	113731	75605	-33.5
按登记注册类型分	Grouped by Registered Type			
#国有(万元)	State-owned Enterprises(10 000 yuan)	45041	17672	-60.8
集体(万元)	Collective-owned Enterprises(10 000 yuan)			
有限责任公司(万元)	Limited Liability Corporations(10 000 yuan)	3816	18660	389.0
股份有限公司(万元)	Share Holding Enterprises(10 000 yuan)	44110	22560	-48.9
私营企业(万元)	Private Enterprises(10 000 yuan)	15054	11175	-25.8
外商及港澳台投资企业(万元)	Funds from HK,Macao,Taiwan & Foreign(10 000 yuan)			
按城乡渠道分	Grouped by Urban and Rural Area			
城镇(万元)	Urban(10 000 yuan)		67860	
农村(万元)	Rural(10 000 yuan)		5795	
地方财政收入(万元)	Local Governments Revenue(10 000 yuan)	10834	10598	-2.2
地方财政支出(万元)	Local Governments Expenditures(10 000 yuan)	32294	39175	21.3
城乡居民储蓄存款余额(万元)	Resident Saving Deposit in Urban & Rural(10 000 yuan)	56990	70038	22.9
在岗职工工资总额(万元)	Total Wages of Staff & Workers Empioyed in(10 000 yuan)	10596	12184	15.0
在岗职工平均工资(元)	Average Wage of Staff & Workers Employed in(yuan)	12543	14864	18.5
农牧民人均纯收入(元)	Per Capita Net Income of Peasant & Herdsman(yuan)	2488	2948	18.5
农村牧区经济	**Economic Development in Rural & Pastoral Area**			
耕地面积(公顷)	Cultivated Area(hectare)	51320	50600	-1.4
农作物总播种面积(公顷)	Total Sown Area(hectare)	48665	48666	0.0
#粮食作物播种面积(公顷)	Sown Area of Grain Crops(hectare)	37498	29200	-22.1
有效灌溉面积(公顷)	Irrigated Area(hectare)	2480	8000	222.6
农牧业机械总动力(万千瓦)	Total Power of Agricultural Machinery(10 000 kw)	9.84	11.00	11.8
化肥施用折纯量(吨)	Consumption of Chemical Fertilizer(ton)	3987	4198	5.3
农村用电量(万千瓦小时)	Electricity Consumed in Rural Area(10 000 kwh)	1383	1201	-13.2
农林牧渔业总产值(万元)	Gross Output of Farming,Forestry,Animal Husbandry & Fishery(10 000 yuan)	77209	88452	14.6
粮食产量(吨)	Yield of Grain(ton)	24291	66184	172.5
油料产量(吨)	Yield of Oil-bearing Grops(ton)	149	1533	928.9
甜菜产量(吨)	Yield of Beetroots(ton)		6234	
猪牛羊肉产量(吨)	Output of Pork, Beef & Mutton(ton)	21297	23423	10.0
#猪肉产量(吨)	Output of Pork(ton)	7660	9359	22.2
牛肉产量(吨)	Output of Beef(ton)	815	2227	173.3
羊肉产量(吨)	Output of Mutton(ton)	12822	11837	-7.7
羊毛产量(吨)	Output of Wool(ton)	766	792	3.4

23-86 Chahaeryouyihou Banner in Wulanchabu City

指 标	Item	2005	2006	2006年比上年增长% Increase Rate in 2006 Over 2005(%)
年末牲畜存栏头数(万头只)	Total Livestock at the Year-end(10 000 heads)	35.18	30.21	-14.1
#大牲畜(万头只)	Large Animals(10 000 heads)	2.64	2.69	1.9
羊(万只)	Sheep & Goats(10 000 heads)	31.10	25.32	-18.6
猪(万头)	Hogs(10 000 heads)	1.44	2.20	52.8
规模以上工业	**Industrial Enterprises above Designated size**			
工业企业单位数(个)	Number of Industrial Enterprises(unit)	25	30	20.0
#内资企业(个)	Civil Funded Enterprises(unit)	25	30	20.0
工业总产值(万元)	Gross Industrial Output Value(10 000 yuan)	163707	269105	64.4
内资企业(万元)	Civil Funded Enterprises(10 000 yuan)	163707	269105	64.4
国有企业(万元)	State-owned Enterprises(10 000 yuan)	3025	8767	189.8
集体企业(万元)	Collective-owned Enterprises(10 000 yuan)			
股份合作企业(万元)	Share Holding Enterprises(10 000 yuan)			
联营企业(万元)	Joint Owned Enterprises(10 000 yuan)			
有限责任公司(万元)	Limited Company(10 000 yuan)	55627	73775	32.5
股份有限公司(万元)	Share Holding Limited Company(10 000 yuan)	37589	46001	22.4
私营企业(万元)	Privately Owned Enterprises(10 000 yuan)	67466	140560	108.3
其他企业(万元)	Enterprises of Other Ownership(10 000 yuan)			
港澳台商投资企业(万元)	Funds from HK,Macao & Taiwan(10 000 yuan)			
外商投资企业(万元)	Foreign Funded Enterprises(10 000 yuan)			
工业企业增加值(万元)	Value Added of Industrial Enterprises(10 000 yuan)	64264	95623	41.9
工业企业资产总计(万元)	Total Assets of Industrial Enterprises(10 000 yuan)	313154	460512	47.1
工业企业负债合计(万元)	Total Liabilities of Industrial Enterprises(10 000 yuan)	183191	302860	65.3
工业企业产品销售收入(万元)	Sales of Revenue Industrial Enterprises(10 000 yuan)	160307	297788	85.8
工业企业利润总额(万元)	Total Profits of Industrial Enterprises(10 000 yuan)	6508	6910	6.2
建筑业	**Construction**			
建筑企业单位数(个)	Number of Construction Enterprises(unit)	3	3	0.0
建筑企业从业人员(人)	Number of Employee in Construction Enterprises(person)	1793	268	-85.1
建筑业总产值(万元)	Gross Construction Output Value(10 000 yuan)	8231	17693	115.0
交通运输邮电通信业	**Transportation,Post & Telecommunications**			
公路里程(公里)	Total Length of Highways(km)	825	825	0.0
邮电业务总量(万元)	Business Volume of Post & Telecoms(10 000 yuan)	1432	1606	12.2
本地电话用户(户)	Number of Subscribers of Local Telephone(Household)	22189	22986	3.6
国内贸易	**Demestic Trade**			
社会消费品零售总额(万元)	Total Retail Sales of Consumer Goods(10 000 yuan)	48235	54762	13.5
#贸易业(万元)	Wholesale & Retail Sales Trades(10 000 yuan)	39018	45257	16.0
餐饮业(万元)	Catering Trade(10 000 yuan)	7100	7392	4.1
科技教育卫生	**Science,Education & Public Health**			
各类专业技术人员(人)	Speccial Technical Personnel(person)	590	612	3.7
幼儿园数(所)	Number of Kindergartens(unit)	3	3	0.0
学龄儿童入学率(%)	Percentage of School-Age Children Enrolled(%)	100.0	100.0	0.0
小学学校数(所)	Number of Primary Schools(unit)	16	14	-12.5
小学专任教师数(人)	Number of Full-time Teachers of Primary Schools(person)	645	612	-5.1
小学在校学生数(人)	Number of Student Enrollment of Primary Schools(person)	10569	10260	-2.9
普通中学学校数(所)	Number of Regular Secondary Schools(unit)	9	9	0.0
普通中学专任教师数(人)	Number of Teachers of Secondary Shools(person)	412	442	7.3
初中在校学生数(人)	Number of Student in Junior Secondary Schools(person)	5815	5721	-1.6
高中在校学生数(人)	Number of Student in Senior Secondary Schools(person)	1471	1389	-5.6
卫生机构数(所)	Number of Health Institutions(unit)	26	25	-3.8
#医院(所)	Hospitals(unit)	2	2	0.0
卫生院(所)	Township Hospitals(unit)	21	20	-4.8
床位数(张)	Number of Beds(unit)	215	210	-2.3
#医院(张)	Hospitals(unit)	111	110	-0.9
卫生院(张)	Township Hospitals(unit)	100	100	0.0
卫生技术人员(人)	Medical Technical Presonnel(person)	361	360	-0.3
#医院(人)	Hospitals(person)	134	133	-0.7
卫生院(人)	Township Hospitals(person)	145	145	0.0

23-87 乌兰察布市四子王旗

指 标	Item	2005	2006	2006年比上年增长% Increase Rate in 2006 Over 2005(%)
行政区域土地面积(平方公里)	**Area of Administration(Sq.km)**	**24016**	**24016**	**0.0**
人口和就业	**Population & Employment**			
年末总人口(人)	Total Population Year-end(person)	204111	205563	0.7
# 男性(人)	Male(person)	107177	107963	0.7
# 乡村人口(人)	Rural(person)	163999	149682	-8.7
年末总户数(户)	Total Number of Households at the Year-end(Household)	62880	66443	5.7
# 乡村户数(户)	Number of Rural Household(Household)	37213	38474	3.4
出生人口(人)	Births(person)	2442	2446	0.2
死亡人口(人)	Deaths(person)	2782	2702	-2.9
全社会就业人员(人)	Employment(person)	111590	111508	-0.1
第一产业(人)	Primary Industry(person)	81759	81247	-0.6
第二产业(人)	Secondary Industry(person)	6988	7104	1.7
第三产业(人)	Tertiary Industry(person)	22843	23157	1.4
在岗职工人数(人)	Number of Staff & Workers Employed in(person)	6665	6014	-9.8
乡村劳动力(人)	Number of Rural Laborers(person)	91893	100054	8.9
# 农林牧渔业(人)	Farming,Forestry,Animal Husbandry & Fishery(person)	80195	89300	11.4
国民经济综合指标	**Summary Item on the National Economy**			
生产总值(万元)	Gross Domestic Product(10 000 yuan)	162175	188167	14.8
第一产业(万元)	Primary Industry(10 000 yuan)	60069	66100	8.6
第二产业(万元)	Secondary Industry(10 000 yuan)	51833	64788	18.4
# 工业(万元)	Industry(10 000 yuan)	40110	53374	16.9
第三产业(万元)	Tertiary Industry(10 000 yuan)	50273	57279	17.7
人均生产总值(元)	Per Capita GDP(yuan)	7945	9154	14.1
全社会固定资产投资(万元)	Total Investment in Fixed Assets(10 000 yuan)	60021	91444	52.4
按登记注册类型分	Grouped by Registered Type			
# 国有(万元)	State-owned Enterprises(10 000 yuan)	24598	21176	-13.9
集体(万元)	Collective-owned Enterprises(10 000 yuan)			
有限责任公司(万元)	Limited Liability Corporations(10 000 yuan)	2142	4800	124.1
股份有限公司(万元)	Share Holding Enterprises(10 000 yuan)		428	
私营企业(万元)	Private Enterprises(10 000 yuan)	33281	64216	93.0
外商及港澳台投资企业(万元)	Funds from HK,Macao,Taiwan & Foreign(10 000 yuan)			
按城乡渠道分	Grouped by Urban and Rural Area			
城镇（万元）	Urban(10 000 yuan)		72139	
农村（万元）	Rural(10 000 yuan)			
地方财政收入(万元)	Local Governments Revenue(10 000 yuan)	3753	3476	-7.4
地方财政支出(万元)	Local Governments Expenditures(10 000 yuan)	39669	44960	13.3
城乡居民储蓄存款余额(万元)	Resident Saving Deposit in Urban & Rural(10 000 yuan)	59415	65956	11.0
在岗职工工资总额(万元)	Total Wages of Staff & Workers Empioyed in(10 000 yuan)	9186	11042	20.2
在岗职工平均工资(元)	Average Wage of Staff & Workers Employed in(yuan)	13763	18239	32.5
农牧民人均纯收入(元)	Per Capita Net Income of Peasant & Herdsman(yuan)	2890	3189	10.3
农村牧区经济	**Economic Development in Rural & Pastoral Area**			
耕地面积(公顷)	Cultivated Area(hectare)	109720	109720	0.0
农作物总播种面积(公顷)	Total Sown Area(hectare)	69421	80235	15.6
# 粮食作物播种面积(公顷)	Sown Area of Grain Crops(hectare)	53983	56603	4.9
有效灌溉面积(公顷)	Irrigated Area(hectare)	21860	20493	-6.3
农牧业机械总动力(万千瓦)	Total Power of Agricultural Machinery(10 000 kw)	28.31	28.72	1.4
化肥施用折纯量(吨)	Consumption of Chemical Fertilizer(ton)	8333	8492	1.9
农村用电量(万千瓦小时)	Electricity Consumed in Rural Area(10 000 kwh)	1466	1482	1.1
农林牧渔业总产值(万元)	Gross Output of Farming,Forestry,Animal Husbandry & Fishery(10 000 yuan)	91158	116918	28.3
粮食产量(吨)	Yield of Grain(ton)	55015	134725	144.9
油料产量(吨)	Yield of Oil-bearing Grops(ton)	2020	6785	235.9
甜菜产量(吨)	Yield of Beetroots(ton)			
猪牛羊肉产量(吨)	Output of Pork, Beef & Mutton(ton)	26060	33417	28.2
# 猪肉产量(吨)	Output of Pork(ton)	8490	14467	70.4
牛肉产量(吨)	Output of Beef(ton)	728	1131	55.4
羊肉产量(吨)	Output of Mutton(ton)	16842	17819	5.8
羊毛产量(吨)	Output of Wool(ton)	2373	2065	-13.0

23-87 Siziwang Banner in Wulanchabu City

指 标	Item	2005	2006	2006年比上年增长% Increase Rate in 2006 Over 2005(%)
年末牲畜存栏头数(万头只)	Total Livestock at the Year-end(10 000 heads)	84.48	89.62	6.1
#大牲畜(万头只)	Large Animals(10 000 heads)	1.93	2.39	23.8
羊(万只)	Sheep & Goats(10 000 heads)	81.16	85.84	5.8
猪(万头)	Hogs(10 000 heads)	1.39	1.40	0.7
规模以上工业	**Industrial Enterprises above Designated size**			
工业企业单位数(个)	Number of Industrial Enterprises(unit)	28	28	0.0
#内资企业(个)	Civil Funded Enterprises(unit)	28	28	0.0
工业总产值(万元)	Gross Industrial Output Value(10 000 yuan)	68043	83716	23.0
内资企业(万元)	Civil Funded Enterprises(10 000 yuan)	68043	83716	23.0
国有企业(万元)	State-owned Enterprises(10 000 yuan)	2843	3062	7.7
集体企业(万元)	Collective-owned Enterprises(10 000 yuan)			
股份合作企业(万元)	Share Holding Enterprises(10 000 yuan)			
联营企业(万元)	Joint Owned Enterprises(10 000 yuan)			
有限责任公司(万元)	Limited Company(10 000 yuan)	4433	5729	29.2
股份有限公司(万元)	Share Holding Limited Company(10 000 yuan)			
私营企业(万元)	Privately Owned Enterprises(10 000 yuan)	60767	74924	23.3
其他企业(万元)	Enterprises of Other Ownership(10 000 yuan)			
港澳台商投资企业(万元)	Funds from HK,Macao & Taiwan(10 000 yuan)			
外商投资企业(万元)	Foreign Funded Enterprises(10 000 yuan)			
工业企业增加值(万元)	Value Added of Industrial Enterprises(10 000 yuan)	27546	31174	21.1
工业企业资产总计(万元)	Total Assets of Industrial Enterprises(10 000 yuan)	52535	73745	40.4
工业企业负债合计(万元)	Total Liabilities of Industrial Enterprises(10 000 yuan)	33772	44676	32.3
工业企业产品销售收入(万元)	Sales of Revenue Industrial Enterprises(10 000 yuan)	39630	80208	102.4
工业企业利润总额(万元)	Total Profits of Industrial Enterprises(10 000 yuan)	5174	5855	13.2
建筑业	**Construction**			
建筑企业单位数(个)	Number of Construction Enterprises(unit)	1	1	0.0
建筑企业从业人员(人)	Number of Employee in Construction Enterprises(person)	337	185	-45.1
建筑业总产值(万元)	Gross Construction Output Value(10 000 yuan)	1978	1966	-0.6
交通运输邮电通信业	**Transportation,Post & Telecommunications**			
公路里程(公里)	Total Length of Highways(km)	1360	1400	2.9
邮电业务总量(万元)	Business Volume of Post & Telecoms(10 000 yuan)	1747	1460	-16.4
本地电话用户(户)	Number of Subscribers of Local Telephone(Household)	23211	22121	-4.7
国内贸易	**Demestic Trade**			
社会消费品零售总额(万元)	Total Retail Sales of Consumer Goods(10 000 yuan)	48550	58220	19.9
#贸易业(万元)	Wholesale & Retail Sales Trades(10 000 yuan)	37400	46521	24.4
餐饮业(万元)	Catering Trade(10 000 yuan)	9320	10049	7.8
科技教育卫生	**Science,Education & Public Health**			
各类专业技术人员(人)	Speccial Technical Personnel(person)	548	564	2.9
幼儿园数(所)	Number of Kindergartens(unit)	4	4	0.0
学龄儿童入学率(%)	Percentage of School-Age Children Enrolled(%)	100.0	100.0	0.0
小学学校数(所)	Number of Primary Schools(unit)	56	51	-8.9
小学专任教师数(人)	Number of Full-time Teachers of Primary Schools(person)	958	719	-24.9
小学在校学生数(人)	Number of Student Enrollment of Primary Schools(person)	11162	10779	-3.4
普通中学学校数(所)	Number of Regular Secondary Schools(unit)	7	5	-28.6
普通中学专任教师数(人)	Number of Teachers of Secondary Shools(person)	584	560	-4.1
初中在校学生数(人)	Number of Student in Junior Secondary Schools(person)	8797	8702	-1.1
高中在校学生数(人)	Number of Student in Senior Secondary Schools(person)	3877	3784	-2.4
卫生机构数(所)	Number of Health Institutions(unit)	30	29	-3.3
#医院(所)	Hospitals(unit)	1	1	0.0
卫生院(所)	Township Hospitals(unit)	26	25	-3.8
床位数(张)	Number of Beds(unit)	273	270	-1.1
#医院(张)	Hospitals(unit)	141	138	-2.1
卫生院(张)	Township Hospitals(unit)	96	95	-1.0
卫生技术人员(人)	Medical Technical Presonnel(person)	396	395	-0.3
#医院(人)	Hospitals(person)	170	169	-0.6
卫生院(人)	Township Hospitals(person)	187	187	0.0

23-88 鄂尔多斯市东胜区

指 标	Item	2005	2006	2006年比上年增长% Increase Rate in 2006 Over 2005(%)
行政区域土地面积(平方公里)	**Area of Administration(Sq.km)**	**2512**	**2512**	**0.0**
人口和就业	**Population & Employment**			
年末总人口(人)	Total Population Year-end(person)	230579	237319	2.9
#男性(人)	Male(person)	116436	119808	2.9
#乡村人口(人)	Rural(person)	41757	41128	-1.5
年末总户数(户)	Total Number of Households at the Year-end(Household)	69277	71245	2.8
#乡村户数(户)	Number of Rural Household(Household)	12388	13109	5.8
出生人口(人)	Births(person)	2892	2399	-17.0
死亡人口(人)	Deaths(person)	982	341	-65.3
全社会就业人员(人)	Employment(person)	198622	218145	9.8
第一产业(人)	Primary Industry(person)	22480	28498	26.8
第二产业(人)	Secondary Industry(person)	71040	77979	9.8
第三产业(人)	Tertiary Industry(person)	105102	111668	6.2
在岗职工人数(人)	Number of Staff & Workers Employed in(person)	49194	52203	6.1
乡村劳动力(人)	Number of Rural Laborers(person)	31265	30358	-2.9
#农林牧渔业(人)	Farming,Forestry,Animal Husbandry & Fishery(person)	15032	23869	58.8
国民经济综合指标	**Summary Item on the National Economy**			
生产总值(万元)	Gross Domestic Product(10 000 yuan)	1364847	1868974	23.7
第一产业(万元)	Primary Industry(10 000 yuan)	16629	16350	-3.2
第二产业(万元)	Secondary Industry(10 000 yuan)	536160	735581	25.3
#工业(万元)	Industry(10 000 yuan)	488000	623111	20.0
第三产业(万元)	Tertiary Industry(10 000 yuan)	812058	1117043	23.1
人均生产总值(元)	Per Capita GDP(yuan)	40725	52382	22.5
全社会固定资产投资(万元)	Total Investment in Fixed Assets(10 000 yuan)	650047	1109246	70.6
按登记注册类型分	Grouped by Registered Type			
#国有(万元)	State-owned Enterprises(10 000 yuan)	229586	359252	56.5
集体(万元)	Collective-owned Enterprises(10 000 yuan)			
有限责任公司(万元)	Limited Liability Corporations(10 000 yuan)	172959	260854	50.8
股份有限公司(万元)	Share Holding Enterprises(10 000 yuan)	104974	89185	-15.0
私营企业(万元)	Private Enterprises(10 000 yuan)	111755	384026	243.6
外商及港澳台投资企业 (万元)	Funds from HK,Macao,Taiwan & Foreign(10 000 yuan)	4200	6380	51.9
按城乡渠道分	Grouped by Urban and Rural Area			
城镇 (万元)	Urban(10 000 yuan)	508402	1097509	115.9
农村 (万元)	Rural(10 000 yuan)	141645	11737	-91.7
地方财政收入(万元)	Local Governments Revenue(10 000 yuan)	133390	275275	106.4
地方财政支出(万元)	Local Governments Expenditures(10 000 yuan)	82236	232261	182.4
城乡居民储蓄存款余额(万元)	Resident Saving Deposit in Urban & Rural(10 000 yuan)	819160	878529	7.2
在岗职工工资总额(万元)	Total Wages of Staff & Workers Empioyed in(10 000 yuan)	108932	146707	34.7
在岗职工平均工资(元)	Average Wage of Staff & Workers Employed in(yuan)	22143	28103	26.9
农牧民人均纯收入(元)	Per Capita Net Income of Peasant & Herdsman(yuan)	4716	5430	15.1
农村牧区经济	**Economic Development in Rural & Pastoral Area**			
耕地面积(公顷)	Cultivated Area(hectare)	34780	32532	-6.5
农作物总播种面积(公顷)	Total Sown Area(hectare)	13174	13876	5.3
#粮食作物播种面积(公顷)	Sown Area of Grain Crops(hectare)	7291	8062	10.6
有效灌溉面积(公顷)	Irrigated Area(hectare)	3590	2198	-38.8
农牧业机械总动力(万千瓦)	Total Power of Agricultural Machinery(10 000 kw)	14.20	14.30	0.7
化肥施用折纯量(吨)	Consumption of Chemical Fertilizer(ton)	1829	1798	-1.7
农村用电量(万千瓦小时)	Electricity Consumed in Rural Area(10 000 kwh)	903	664	-26.5
农林牧渔业总产值(万元)	Gross Output of Farming,Forestry,Animal Husbandry & Fishery(10 000 yuan)	27288	27219	-1.6
粮食产量(吨)	Yield of Grain(ton)	25883	21653	-16.3
油料产量(吨)	Yield of Oil-bearing Grops(ton)	4565	1002	-78.1
甜菜产量(吨)	Yield of Beetroots(ton)	998	564	-43.5
猪牛羊肉产量(吨)	Output of Pork, Beef & Mutton(ton)	5064	4950	-2.3
#猪肉产量(吨)	Output of Pork(ton)	3293	3398	3.2
牛肉产量(吨)	Output of Beef(ton)	334	162	-51.5
羊肉产量(吨)	Output of Mutton(ton)	1437	1390	-3.3
羊毛产量(吨)	Output of Wool(ton)	151	175	15.9

23-88 Dongsheng District in Erdos City

指 标	Item	2005	2006	2006年比上年增长% Increase Rate in 2006 Over 2005(%)
年末牲畜存栏头数(万头只)	Total Livestock at the Year-end(10 000 heads)	22.14	20.51	-7.4
#大牲畜(万头只)	Large Animals(10 000 heads)	1.31	1.68	28.2
羊(万只)	Sheep & Goats(10 000 heads)	17.48	15.33	-12.3
猪(万头)	Hogs(10 000 heads)	3.35	3.50	4.5
规模以上工业	**Industrial Enterprises above Designated size**			
工业企业单位数(个)	Number of Industrial Enterprises(unit)	76	106	39.5
#内资企业(个)	Civil Funded Enterprises(unit)	57	87	52.6
工业总产值(万元)	Gross Industrial Output Value(10 000 yuan)	973233	1238795	27.3
内资企业(万元)	Civil Funded Enterprises(10 000 yuan)	513509	728064	41.8
国有企业(万元)	State-owned Enterprises(10 000 yuan)	148752	201681	35.6
集体企业(万元)	Collective-owned Enterprises(10 000 yuan)	11388		
股份合作企业(万元)	Share Holding Enterprises(10 000 yuan)	8079	833	-89.7
联营企业(万元)	Joint Owned Enterprises(10 000 yuan)			
有限责任公司(万元)	Limited Company(10 000 yuan)	281680	419044	48.8
股份有限公司(万元)	Share Holding Limited Company(10 000 yuan)	1822	23520	1190.9
私营企业(万元)	Privately Owned Enterprises(10 000 yuan)	61788	82466	33.5
其他企业(万元)	Enterprises of Other Ownership(10 000 yuan)		520	
港澳台商投资企业(万元)	Funds from HK,Macao & Taiwan(10 000 yuan)	42236	46763	10.7
外商投资企业(万元)	Foreign Funded Enterprises(10 000 yuan)	417488	463968	11.1
工业企业增加值(万元)	Value Added of Industrial Enterprises(10 000 yuan)	432000	545111	18.1
工业企业资产总计(万元)	Total Assets of Industrial Enterprises(10 000 yuan)	1796363	2719676	51.4
工业企业负债合计(万元)	Total Liabilities of Industrial Enterprises(10 000 yuan)	943654	1416791	50.1
工业企业产品销售收入(万元)	Sales of Revenue Industrial Enterprises(10 000 yuan)	1303517	1581171	21.3
工业企业利润总额(万元)	Total Profits of Industrial Enterprises(10 000 yuan)	269894	276051	2.3
建筑业	**Construction**			
建筑企业单位数(个)	Number of Construction Enterprises(unit)	38	42	10.5
建筑企业从业人员(人)	Number of Employee in Construction Enterprises(person)	30865	42465	37.6
建筑业总产值(万元)	Gross Construction Output Value(10 000 yuan)	460789	750150	62.8
交通运输邮电通信业	**Transportation,Post & Telecommunications**			
公路里程(公里)	Total Length of Highways(km)	664	992	49.4
邮电业务总量(万元)	Business Volume of Post & Telecoms(10 000 yuan)	59281	81985	38.3
本地电话用户(户)	Number of Subscribers of Local Telephone(Household)	125600	119979	-4.5
国内贸易	**Demestic Trade**			
社会消费品零售总额(万元)	Total Retail Sales of Consumer Goods(10 000 yuan)	669111	840352	25.6
#贸易业(万元)	Wholesale & Retail Sales Trades(10 000 yuan)	562328	752265	33.8
餐饮业(万元)	Catering Trade(10 000 yuan)	102273	81641	-20.2
科技教育卫生	**Science,Education & Public Health**			
各类专业技术人员(人)	Speccial Technical Personnel(person)	9794	12003	22.6
幼儿园数(所)	Number of Kindergartens(unit)	11	11	0.0
学龄儿童入学率(%)	Percentage of School-Age Children Enrolled(%)	100.0	100.0	0.0
小学学校数(所)	Number of Primary Schools(unit)	23	23	0.0
小学专任教师数(人)	Number of Full-time Teachers of Primary Schools(person)	1148	1092	-4.9
小学在校学生数(人)	Number of Student Enrollment of Primary Schools(person)	24513	26473	8.0
普通中学学校数(所)	Number of Regular Secondary Schools(unit)	19	14	-26.3
普通中学专任教师数(人)	Number of Teachers of Secondary Shools(person)	1505	1487	-1.2
初中在校学生数(人)	Number of Student in Junior Secondary Schools(person)	15239	13916	-8.7
高中在校学生数(人)	Number of Student in Senior Secondary Schools(person)	11652	13189	13.2
卫生机构数(所)	Number of Health Institutions(unit)	26	29	11.5
#医院(所)	Hospitals(unit)	10	15	50.0
卫生院(所)	Township Hospitals(unit)	7	7	0.0
床位数(张)	Number of Beds(unit)	1868	2152	15.2
#医院(张)	Hospitals(unit)	1753	1824	4.1
卫生院(张)	Township Hospitals(unit)	90	58	-35.6
卫生技术人员(人)	Medical Technical Presonnel(person)	2032	2346	15.5
#医院(人)	Hospitals(person)	1543	2147	39.1
卫生院(人)	Township Hospitals(person)	85	60	-29.4

23-89 鄂尔多斯市达拉特旗

指 标	Item	2005	2006	2006年比上年增长% Increase Rate in 2006 Over 2005(%)
行政区域土地面积(平方公里)	**Area of Administration(Sq.km)**	**8192**	**8192**	**0.0**
人口和就业	**Population & Employment**			
年末总人口(人)	Total Population Year-end(person)	336455	341467	1.5
#男性(人)	Male(person)	176099	178152	1.2
#乡村人口(人)	Rural(person)	199984	177000	-11.5
年末总户数(户)	Total Number of Households at the Year-end(Household)	112310	116550	3.8
#乡村户数(户)	Number of Rural Household(Household)	63128	62468	-1.0
出生人口(人)	Births(person)	3667	2592	-29.3
死亡人口(人)	Deaths(person)	1738	884	-49.1
全社会就业人员(人)	Employment(person)	191976	197990	3.1
第一产业(人)	Primary Industry(person)	91054	81741	-10.2
第二产业(人)	Secondary Industry(person)	33587	37028	10.2
第三产业(人)	Tertiary Industry(person)	67335	79221	17.7
在岗职工人数(人)	Number of Staff & Workers Employed in(person)	18456	18731	1.5
乡村劳动力(人)	Number of Rural Laborers(person)	124171	113491	-8.6
#农林牧渔业(人)	Farming,Forestry,Animal Husbandry & Fishery(person)	91054	81741	-10.2
国民经济综合指标	**Summary Item on the National Economy**			
生产总值(万元)	Gross Domestic Product(10 000 yuan)	934160	1170906	19.9
第一产业(万元)	Primary Industry(10 000 yuan)	141187	148608	5.2
第二产业(万元)	Secondary Industry(10 000 yuan)	472847	623346	25.0
#工业(万元)	Industry(10 000 yuan)	409669	520893	21.6
第三产业(万元)	Tertiary Industry(10 000 yuan)	320126	398952	18.8
人均生产总值(元)	Per Capita GDP(yuan)	27902	33038	17.4
全社会固定资产投资(万元)	Total Investment in Fixed Assets(10 000 yuan)	658135	1104771	67.9
按登记注册类型分	Grouped by Registered Type			
#国有(万元)	State-owned Enterprises(10 000 yuan)	291631	281310	-3.5
集体(万元)	Collective-owned Enterprises(10 000 yuan)		230	
有限责任公司(万元)	Limited Liability Corporations(10 000 yuan)	89244	131659	47.5
股份有限公司(万元)	Share Holding Enterprises(10 000 yuan)	25390	307163	1109.8
私营企业(万元)	Private Enterprises(10 000 yuan)	11775	85271	624.2
外商及港澳台投资企业(万元)	Funds from HK,Macao,Taiwan & Foreign(10 000 yuan)	18470	3000	-83.8
按城乡渠道分	Grouped by Urban and Rural Area			
城镇(万元)	Urban(10 000 yuan)	648160	1091602	68.4
农村(万元)	Rural(10 000 yuan)	9975	13169	32.0
地方财政收入(万元)	Local Governments Revenue(10 000 yuan)	40776	62316	52.8
地方财政支出(万元)	Local Governments Expenditures(10 000 yuan)	61191	87260	42.6
城乡居民储蓄存款余额(万元)	Resident Saving Deposit in Urban & Rural(10 000 yuan)	161157	192831	19.7
在岗职工工资总额(万元)	Total Wages of Staff & Workers Empioyed in(10 000 yuan)	41560	44112	6.1
在岗职工平均工资(元)	Average Wage of Staff & Workers Employed in(yuan)	22519	23373	3.8
农牧民人均纯收入(元)	Per Capita Net Income of Peasant & Herdsman(yuan)	4655	5208	11.9
农村牧区经济	**Economic Development in Rural & Pastoral Area**			
耕地面积(公顷)	Cultivated Area(hectare)	120640	120640	0.0
农作物总播种面积(公顷)	Total Sown Area(hectare)	111200	113371	2.0
#粮食作物播种面积(公顷)	Sown Area of Grain Crops(hectare)	74038	77442	4.6
有效灌溉面积(公顷)	Irrigated Area(hectare)	70670	88340	25.0
农牧业机械总动力(万千瓦)	Total Power of Agricultural Machinery(10 000 kw)	41.20	43.60	5.8
化肥施用折纯量(吨)	Consumption of Chemical Fertilizer(ton)	28073	29578	5.4
农村用电量(万千瓦小时)	Electricity Consumed in Rural Area(10 000 kwh)	18481	16326	-11.7
农林牧渔业总产值(万元)	Gross Output of Farming,Forestry,Animal Husbandry & Fishery(10 000 yuan)	238967	251472	5.2
粮食产量(吨)	Yield of Grain(ton)	575239	551682	-4.1
油料产量(吨)	Yield of Oil-bearing Grops(ton)	17077	11299	-33.8
甜菜产量(吨)	Yield of Beetroots(ton)	123150	103798	-15.7
猪牛羊肉产量(吨)	Output of Pork, Beef & Mutton(ton)	51952	48668	-6.3
#猪肉产量(吨)	Output of Pork(ton)	25576	24612	-3.8
牛肉产量(吨)	Output of Beef(ton)	2610	1579	-39.5
羊肉产量(吨)	Output of Mutton(ton)	23766	22477	-5.4
羊毛产量(吨)	Output of Wool(ton)	2174	631	-71.0

23-89 Dalate Banner in Erdos City

指 标	Item	2005	2006	2006年比上年增长% Increase Rate in 2006 Over 2005(%)
年末牲畜存栏头数(万头只)	Total Livestock at the Year-end(10 000 heads)	210.30	212.16	0.9
#大牲畜(万头只)	Large Animals(10 000 heads)	8.06	9.56	18.6
羊(万只)	Sheep & Goats(10 000 heads)	186.77	193.81	3.8
猪(万头)	Hogs(10 000 heads)	15.47	8.79	-43.2
规模以上工业	**Industrial Enterprises above Designated size**			
工业企业单位数(个)	Number of Industrial Enterprises(unit)	22	44	100.0
#内资企业(个)	Civil Funded Enterprises(unit)	22	43	95.5
工业总产值(万元)	Gross Industrial Output Value(10 000 yuan)	652187	877154	34.5
内资企业(万元)	Civil Funded Enterprises(10 000 yuan)	652187	866357	32.8
国有企业(万元)	State-owned Enterprises(10 000 yuan)			
集体企业(万元)	Collective-owned Enterprises(10 000 yuan)			
股份合作企业(万元)	Share Holding Enterprises(10 000 yuan)			
联营企业(万元)	Joint Owned Enterprises(10 000 yuan)			
有限责任公司(万元)	Limited Company(10 000 yuan)	626343	781183	24.7
股份有限公司(万元)	Share Holding Limited Company(10 000 yuan)	3406	19691	478.1
私营企业(万元)	Privately Owned Enterprises(10 000 yuan)	22438	65483	191.8
其他企业(万元)	Enterprises of Other Ownership(10 000 yuan)			
港澳台商投资企业(万元)	Funds from HK,Macao & Taiwan(10 000 yuan)			
外商投资企业(万元)	Foreign Funded Enterprises(10 000 yuan)		10797	
工业企业增加值(万元)	Value Added of Industrial Enterprises(10 000 yuan)	277669	419893	25.9
工业企业资产总计(万元)	Total Assets of Industrial Enterprises(10 000 yuan)	801581	1185663	47.9
工业企业负债合计(万元)	Total Liabilities of Industrial Enterprises(10 000 yuan)	461238	804153	74.3
工业企业产品销售收入(万元)	Sales of Revenue Industrial Enterprises(10 000 yuan)	651981	854882	31.1
工业企业利润总额(万元)	Total Profits of Industrial Enterprises(10 000 yuan)	129543	123871	-4.4
建筑业	**Construction**			
建筑企业单位数(个)	Number of Construction Enterprises(unit)	9	9	0.0
建筑企业从业人员(人)	Number of Employee in Construction Enterprises(person)	6637	6048	-8.9
建筑业总产值(万元)	Gross Construction Output Value(10 000 yuan)	126716	127754	0.8
交通运输邮电通信业	**Transportation,Post & Telecommunications**			
公路里程(公里)	Total Length of Highways(km)	2829	1670	-41.0
邮电业务总量(万元)	Business Volume of Post & Telecoms(10 000 yuan)	9006	12915	43.4
本地电话用户(户)	Number of Subscribers of Local Telephone(Household)	49973	35483	-29.0
国内贸易	**Demestic Trade**			
社会消费品零售总额(万元)	Total Retail Sales of Consumer Goods(10 000 yuan)	152723	187118	22.5
#贸易业(万元)	Wholesale & Retail Sales Trades(10 000 yuan)	118360	155951	31.8
餐饮业(万元)	Catering Trade(10 000 yuan)	28080	23102	-17.7
科技教育卫生	**Science,Education & Public Health**			
各类专业技术人员(人)	Speccial Technical Personnel(person)	5826	6458	10.8
幼儿园数(所)	Number of Kindergartens(unit)	25	52	108.0
学龄儿童入学率(%)	Percentage of School-Age Children Enrolled(%)	100.0	100.0	0.0
小学学校数(所)	Number of Primary Schools(unit)	49	28	-42.9
小学专任教师数(人)	Number of Full-time Teachers of Primary Schools(person)	942	805	-14.5
小学在校学生数(人)	Number of Student Enrollment of Primary Schools(person)	18050	17093	-5.3
普通中学学校数(所)	Number of Regular Secondary Schools(unit)	30	22	-26.7
普通中学专任教师数(人)	Number of Teachers of Secondary Shools(person)	1390	1265	-9.0
初中在校学生数(人)	Number of Student in Junior Secondary Schools(person)	19209	16695	-13.1
高中在校学生数(人)	Number of Student in Senior Secondary Schools(person)	9018	9571	6.1
卫生机构数(所)	Number of Health Institutions(unit)	28	27	-3.6
#医院(所)	Hospitals(unit)	2	2	0.0
卫生院(所)	Township Hospitals(unit)	23	20	-13.0
床位数(张)	Number of Beds(unit)	616	685	11.2
#医院(张)	Hospitals(unit)	351	447	27.4
卫生院(张)	Township Hospitals(unit)	265	128	-51.7
卫生技术人员(人)	Medical Technical Presonnel(person)	772	847	9.7
#医院(人)	Hospitals(person)	378	425	12.4
卫生院(人)	Township Hospitals(person)	329	341	3.6

23-90 鄂尔多斯市准格尔旗

指 标	Item	2005	2006	2006年比上年增长% Increase Rate in 2006 Over 2005(%)
行政区域土地面积(平方公里)	**Area of Administration(Sq.km)**	**7539**	**7539**	**0.0**
人口和就业	**Population & Employment**			
年末总人口(人)	Total Population Year-end(person)	271623	277949	2.3
#男性(人)	Male(person)	144490	146932	1.7
#乡村人口(人)	Rural(person)	160352	152000	-5.2
年末总户数(户)	Total Number of Households at the Year-end(Household)	94811	101127	6.7
#乡村户数(户)	Number of Rural Household(Household)	49079	48319	-1.5
出生人口(人)	Births(person)	3067	3142	2.4
死亡人口(人)	Deaths(person)	1110	1203	8.4
全社会就业人员(人)	Employment(person)	155637	156877	0.8
第一产业(人)	Primary Industry(person)	49317	48181	-2.3
第二产业(人)	Secondary Industry(person)	50120	51622	3.0
第三产业(人)	Tertiary Industry(person)	56200	57074	1.6
在岗职工人数(人)	Number of Staff & Workers Employed in(person)	21758	22330	2.6
乡村劳动力(人)	Number of Rural Laborers(person)	85567	86006	0.5
#农林牧渔业(人)	Farming,Forestry,Animal Husbandry & Fishery(person)	49317	48181	-2.3
国民经济综合指标	**Summary Item on the National Economy**			
生产总值(万元)	Gross Domestic Product(10 000 yuan)	1378399	2000027	27.0
第一产业(万元)	Primary Industry(10 000 yuan)	45046	45864	1.7
第二产业(万元)	Secondary Industry(10 000 yuan)	889476	1296189	28.0
#工业(万元)	Industry(10 000 yuan)	808599	1140144	24.9
第三产业(万元)	Tertiary Industry(10 000 yuan)	443877	657974	27.4
人均生产总值(元)	Per Capita GDP(yuan)	50747	67568	29.2
全社会固定资产投资(万元)	Total Investment in Fixed Assets(10 000 yuan)	779034	1125734	44.5
按登记注册类型分	Grouped by Registered Type			
#国有(万元)	State-owned Enterprises(10 000 yuan)	171218	128633	-24.9
集体(万元)	Collective-owned Enterprises(10 000 yuan)	1310		
有限责任公司(万元)	Limited Liability Corporations(10 000 yuan)	268975	665946	147.6
股份有限公司(万元)	Share Holding Enterprises(10 000 yuan)	195987	196059	0.0
私营企业(万元)	Private Enterprises(10 000 yuan)	37795	135096	257.4
外商及港澳台投资企业(万元)	Funds from HK,Macao,Taiwan & Foreign(10 000 yuan)			
按城乡渠道分	Grouped by Urban and Rural Area			
城镇(万元)	Urban(10 000 yuan)	770236	1110205	44.1
农村(万元)	Rural(10 000 yuan)	8798	15529	76.5
地方财政收入(万元)	Local Governments Revenue(10 000 yuan)	130105	169613	30.4
地方财政支出(万元)	Local Governments Expenditures(10 000 yuan)	129293	164538	27.3
城乡居民储蓄存款余额(万元)	Resident Saving Deposit in Urban & Rural(10 000 yuan)	318900	403000	26.4
在岗职工工资总额(万元)	Total Wages of Staff & Workers Empioyed in(10 000 yuan)	55837	74795	34.0
在岗职工平均工资(元)	Average Wage of Staff & Workers Employed in(yuan)	25201	33971	34.8
农牧民人均纯收入(元)	Per Capita Net Income of Peasant & Herdsman(yuan)	4705	5412	15.0
农村牧区经济	**Economic Development in Rural & Pastoral Area**			
耕地面积(公顷)	Cultivated Area(hectare)	85040	84444	-0.7
农作物总播种面积(公顷)	Total Sown Area(hectare)	66367	70622	6.4
#粮食作物播种面积(公顷)	Sown Area of Grain Crops(hectare)	36327	35758	-1.6
有效灌溉面积(公顷)	Irrigated Area(hectare)	10085	10111	0.3
农牧业机械总动力(万千瓦)	Total Power of Agricultural Machinery(10 000 kw)	40.51	41.90	3.4
化肥施用折纯量(吨)	Consumption of Chemical Fertilizer(ton)	6721	6903	2.7
农村用电量(万千瓦小时)	Electricity Consumed in Rural Area(10 000 kwh)	2562	2692	5.1
农林牧渔业总产值(万元)	Gross Output of Farming,Forestry,Animal Husbandry & Fishery(10 000 yuan)	75245	77667	2.3
粮食产量(吨)	Yield of Grain(ton)	110900	89741	-19.1
油料产量(吨)	Yield of Oil-bearing Grops(ton)	3770	3473	-7.9
甜菜产量(吨)	Yield of Beetroots(ton)	1864	855	-54.1
猪牛羊肉产量(吨)	Output of Pork, Beef & Mutton(ton)	18289	21000	14.8
#猪肉产量(吨)	Output of Pork(ton)	12079	14174	17.3
牛肉产量(吨)	Output of Beef(ton)	556	471	-15.3
羊肉产量(吨)	Output of Mutton(ton)	5654	6355	12.4
羊毛产量(吨)	Output of Wool(ton)	438	1135	159.1

23-90 Zhungeer Banner in Erdos City

指 标	Item	2005	2006	2006年比上年增长% Increase Rate in 2006 Over 2005(%)
年末牲畜存栏头数(万头只)	Total Livestock at the Year-end(10 000 heads)	59.24	72.53	22.4
#大牲畜(万头只)	Large Animals(10 000 heads)	2.58	2.25	-12.8
羊(万只)	Sheep & Goats(10 000 heads)	47.98	63.67	32.7
猪(万头)	Hogs(10 000 heads)	8.68	6.61	-23.8
规模以上工业	**Industrial Enterprises above Designated size**			
工业企业单位数(个)	Number of Industrial Enterprises(unit)	106	146	37.7
#内资企业(个)	Civil Funded Enterprises(unit)	106	146	37.7
工业总产值(万元)	Gross Industrial Output Value(10 000 yuan)	1184718	1697789	43.3
内资企业(万元)	Civil Funded Enterprises(10 000 yuan)	1184718	1697789	43.3
国有企业(万元)	State-owned Enterprises(10 000 yuan)	75294	115358	53.2
集体企业(万元)	Collective-owned Enterprises(10 000 yuan)	12245	11091	-9.4
股份合作企业(万元)	Share Holding Enterprises(10 000 yuan)	161404	167171	3.6
联营企业(万元)	Joint Owned Enterprises(10 000 yuan)			
有限责任公司(万元)	Limited Company(10 000 yuan)			
股份有限公司(万元)	Share Holding Limited Company(10 000 yuan)	869718	1281869	47.4
私营企业(万元)	Privately Owned Enterprises(10 000 yuan)			
其他企业(万元)	Enterprises of Other Ownership(10 000 yuan)	66057	122300	85.1
港澳台商投资企业(万元)	Funds from HK,Macao & Taiwan(10 000 yuan)			
外商投资企业(万元)	Foreign Funded Enterprises(10 000 yuan)			
工业企业增加值(万元)	Value Added of Industrial Enterprises(10 000 yuan)	654400	939000	25.1
工业企业资产总计(万元)	Total Assets of Industrial Enterprises(10 000 yuan)	1906833	2828258	48.3
工业企业负债合计(万元)	Total Liabilities of Industrial Enterprises(10 000 yuan)	679365	1029293	51.5
工业企业产品销售收入(万元)	Sales of Revenue Industrial Enterprises(10 000 yuan)	1213252	1789795	47.5
工业企业利润总额(万元)	Total Profits of Industrial Enterprises(10 000 yuan)	344139	573282	66.6
建筑业	**Construction**			
建筑企业单位数(个)	Number of Construction Enterprises(unit)	8	8	0.0
建筑企业从业人员(人)	Number of Employee in Construction Enterprises(person)	1890	1940	2.6
建筑业总产值(万元)	Gross Construction Output Value(10 000 yuan)	38616	53000	37.2
交通运输邮电通信业	**Transportation,Post & Telecommunications**			
公路里程(公里)	Total Length of Highways(km)	2700	2700	0.0
邮电业务总量(万元)	Business Volume of Post & Telecoms(10 000 yuan)	18223	22464	23.3
本地电话用户(户)	Number of Subscribers of Local Telephone(Household)	57110	58000	1.6
国内贸易	**Demestic Trade**			
社会消费品零售总额(万元)	Total Retail Sales of Consumer Goods(10 000 yuan)	242206	281000	16.0
#贸易业(万元)	Wholesale & Retail Sales Trades(10 000 yuan)	177219	206300	16.4
餐饮业(万元)	Catering Trade(10 000 yuan)	53186	61800	16.2
科技教育卫生	**Science,Education & Public Health**			
各类专业技术人员(人)	Speccial Technical Personnel(person)	4432	7364	66.2
幼儿园数(所)	Number of Kindergartens(unit)	11	10	-9.1
学龄儿童入学率(%)	Percentage of School-Age Children Enrolled(%)	100.0	100.0	0.0
小学学校数(所)	Number of Primary Schools(unit)	50	45	-10.0
小学专任教师数(人)	Number of Full-time Teachers of Primary Schools(person)	1343	1447	7.7
小学在校学生数(人)	Number of Student Enrollment of Primary Schools(person)	19826	19803	-0.1
普通中学学校数(所)	Number of Regular Secondary Schools(unit)	23	23	0.0
普通中学专任教师数(人)	Number of Teachers of Secondary Shools(person)	1294	1397	8.0
初中在校学生数(人)	Number of Student in Junior Secondary Schools(person)	15666	20008	27.7
高中在校学生数(人)	Number of Student in Senior Secondary Schools(person)	4373	5059	15.7
卫生机构数(所)	Number of Health Institutions(unit)	152	155	2.0
#医院(所)	Hospitals(unit)	3	3	0.0
卫生院(所)	Township Hospitals(unit)	22	22	0.0
床位数(张)	Number of Beds(unit)	1311	1441	19.4
#医院(张)	Hospitals(unit)	1003	1009	0.6
卫生院(张)	Township Hospitals(unit)	208	332	59.6
卫生技术人员(人)	Medical Technical Presonnel(person)	773	1024	32.5
#医院(人)	Hospitals(person)	663	682	2.9
卫生院(人)	Township Hospitals(person)	110	114	3.6

23-91 鄂尔多斯市鄂托克前旗

指 标	Item	2005	2006	2006年比上年增长% Increase Rate in 2006 Over 2005(%)
行政区域土地面积(平方公里)	**Area of Administration(Sq.km)**	**12180**	**12180**	**0.0**
人口和就业	**Population & Employment**			
年末总人口(人)	Total Population Year-end(person)	72415	73368	1.3
#男性(人)	Male(person)	37281	37726	1.2
#乡村人口(人)	Rural(person)	35134	36782	4.7
年末总户数(户)	Total Number of Households at the Year-end(Household)	25074	25632	2.2
#乡村户数(户)	Number of Rural Household(Household)	11208	10264	-8.4
出生人口(人)	Births(person)	907	664	-26.8
死亡人口(人)	Deaths(person)	302	268	-11.3
全社会就业人员(人)	Employment(person)	42070	42553	1.1
第一产业(人)	Primary Industry(person)	25645	24473	-4.6
第二产业(人)	Secondary Industry(person)	5180	5239	1.1
第三产业(人)	Tertiary Industry(person)	11245	12841	14.2
在岗职工人数(人)	Number of Staff & Workers Employed in(person)	4315	4229	-2.0
乡村劳动力(人)	Number of Rural Laborers(person)	27673	26214	-5.3
#农林牧渔业(人)	Farming,Forestry,Animal Husbandry & Fishery(person)	25645	23205	-9.5
国民经济综合指标	**Summary Item on the National Economy**			
生产总值(万元)	Gross Domestic Product(10 000 yuan)	143924	168199	9.5
第一产业(万元)	Primary Industry(10 000 yuan)	40000	41880	2.7
第二产业(万元)	Secondary Industry(10 000 yuan)	38687	40525	3.0
#工业(万元)	Industry(10 000 yuan)	22700	23366	3.7
第三产业(万元)	Tertiary Industry(10 000 yuan)	65237	85794	17.5
人均生产总值(元)	Per Capita GDP(yuan)	20195	24408	10.8
全社会固定资产投资(万元)	Total Investment in Fixed Assets(10 000 yuan)	134027	106860	-20.3
按登记注册类型分	Grouped by Registered Type			
#国有(万元)	State-owned Enterprises(10 000 yuan)	53432	56032	4.9
集体(万元)	Collective-owned Enterprises(10 000 yuan)			
有限责任公司(万元)	Limited Liability Corporations(10 000 yuan)	4878	7290	49.4
股份有限公司(万元)	Share Holding Enterprises(10 000 yuan)	21887	14000	-36.0
私营企业(万元)	Private Enterprises(10 000 yuan)	53830	21714	-59.7
外商及港澳台投资企业(万元)	Funds from HK,Macao,Taiwan & Foreign(10 000 yuan)			
按城乡渠道分	Grouped by Urban and Rural Area			
城镇(万元)	Urban(10 000 yuan)	125313	105221	-16.0
农村(万元)	Rural(10 000 yuan)	8714	1639	-81.2
地方财政收入(万元)	Local Governments Revenue(10 000 yuan)	10192	9735	-4.5
地方财政支出(万元)	Local Governments Expenditures(10 000 yuan)	27666	31623	14.3
城乡居民储蓄存款余额(万元)	Resident Saving Deposit in Urban & Rural(10 000 yuan)	26218	30355	15.8
在岗职工工资总额(万元)	Total Wages of Staff & Workers Empioyed in(10 000 yuan)	7197	8483	17.9
在岗职工平均工资(元)	Average Wage of Staff & Workers Employed in(yuan)	15645	19926	27.4
农牧民人均纯收入(元)	Per Capita Net Income of Peasant & Herdsman(yuan)	4796	5485	14.4
农村牧区经济	**Economic Development in Rural & Pastoral Area**			
耕地面积(公顷)	Cultivated Area(hectare)	23300	27126	16.4
农作物总播种面积(公顷)	Total Sown Area(hectare)	24155	27038	11.9
#粮食作物播种面积(公顷)	Sown Area of Grain Crops(hectare)	9512	10434	9.7
有效灌溉面积(公顷)	Irrigated Area(hectare)	23300	27126	16.4
农牧业机械总动力(万千瓦)	Total Power of Agricultural Machinery(10 000 kw)	11.68	11.87	1.6
化肥施用折纯量(吨)	Consumption of Chemical Fertilizer(ton)	4598	3873	-15.8
农村用电量(万千瓦小时)	Electricity Consumed in Rural Area(10 000 kwh)	1607	2405	49.7
农林牧渔业总产值(万元)	Gross Output of Farming,Forestry,Animal Husbandry & Fishery(10 000 yuan)	67046	70101	4.6
粮食产量(吨)	Yield of Grain(ton)	91932	79931	-13.1
油料产量(吨)	Yield of Oil-bearing Grops(ton)	712	661	-7.2
甜菜产量(吨)	Yield of Beetroots(ton)		525	
猪牛羊肉产量(吨)	Output of Pork, Beef & Mutton(ton)	15691	17297	10.2
#猪肉产量(吨)	Output of Pork(ton)	5825	5652	-3.0
牛肉产量(吨)	Output of Beef(ton)	1551	2232	43.9
羊肉产量(吨)	Output of Mutton(ton)	8315	9413	13.2
羊毛产量(吨)	Output of Wool(ton)	2085	1135	-45.6

23-91 Etuokeqian Banner in Erdos City

指 标	Item	2005	2006	2006年比上年增长% Increase Rate in 2006 Over 2005(%)
年末牲畜存栏头数(万头只)	Total Livestock at the Year-end(10 000 heads)	94.07	105.43	12.1
#大牲畜(万头只)	Large Animals(10 000 heads)	4.23	5.53	30.7
羊(万只)	Sheep & Goats(10 000 heads)	86.45	96.40	11.5
猪(万头)	Hogs(10 000 heads)	3.39	3.50	3.2
规模以上工业	**Industrial Enterprises above Designated size**			
工业企业单位数(个)	Number of Industrial Enterprises(unit)	10	12	20.0
#内资企业(个)	Civil Funded Enterprises(unit)	10	12	20.0
工业总产值(万元)	Gross Industrial Output Value(10 000 yuan)	27623	31474	13.9
内资企业(万元)	Civil Funded Enterprises(10 000 yuan)	27623	31474	13.9
国有企业(万元)	State-owned Enterprises(10 000 yuan)	2349	4378	86.4
集体企业(万元)	Collective-owned Enterprises(10 000 yuan)			
股份合作企业(万元)	Share Holding Enterprises(10 000 yuan)			
联营企业(万元)	Joint Owned Enterprises(10 000 yuan)			
有限责任公司(万元)	Limited Company(10 000 yuan)			
股份有限公司(万元)	Share Holding Limited Company(10 000 yuan)	18898	27096	43.4
私营企业(万元)	Privately Owned Enterprises(10 000 yuan)	6376		
其他企业(万元)	Enterprises of Other Ownership(10 000 yuan)			
港澳台商投资企业(万元)	Funds from HK,Macao & Taiwan(10 000 yuan)			
外商投资企业(万元)	Foreign Funded Enterprises(10 000 yuan)			
工业企业增加值(万元)	Value Added of Industrial Enterprises(10 000 yuan)	9805	10366	-20.0
工业企业资产总计(万元)	Total Assets of Industrial Enterprises(10 000 yuan)	44740	56644	26.6
工业企业负债合计(万元)	Total Liabilities of Industrial Enterprises(10 000 yuan)	18607	13375	-28.1
工业企业产品销售收入(万元)	Sales of Revenue Industrial Enterprises(10 000 yuan)	27053	30781	13.8
工业企业利润总额(万元)	Total Profits of Industrial Enterprises(10 000 yuan)	1324	916	-30.8
建筑业	**Construction**			
建筑企业单位数(个)	Number of Construction Enterprises(unit)	3	3	0.0
建筑企业从业人员(人)	Number of Employee in Construction Enterprises(person)	1070	1070	0.0
建筑业总产值(万元)	Gross Construction Output Value(10 000 yuan)	7940	7787	-1.9
交通运输邮电通信业	**Transportation,Post & Telecommunications**			
公路里程(公里)	Total Length of Highways(km)	1650	1748	5.9
邮电业务总量(万元)	Business Volume of Post & Telecoms(10 000 yuan)	2618	2910	11.2
本地电话用户(户)	Number of Subscribers of Local Telephone(Household)	7840	6768	-13.7
国内贸易	**Demestic Trade**			
社会消费品零售总额(万元)	Total Retail Sales of Consumer Goods(10 000 yuan)	42975	48946	13.9
#贸易业(万元)	Wholesale & Retail Sales Trades(10 000 yuan)	32539	37081	14.0
餐饮业(万元)	Catering Trade(10 000 yuan)	8265	9697	17.3
科技教育卫生	**Science,Education & Public Health**			
各类专业技术人员(人)	Speccial Technical Personnel(person)	1641	1631	-0.6
幼儿园数(所)	Number of Kindergartens(unit)	11	10	-9.1
学龄儿童入学率(%)	Percentage of School-Age Children Enrolled(%)	100.0	100.0	0.0
小学学校数(所)	Number of Primary Schools(unit)	11	7	-36.4
小学专任教师数(人)	Number of Full-time Teachers of Primary Schools(person)	342	606	77.2
小学在校学生数(人)	Number of Student Enrollment of Primary Schools(person)	4344	5245	20.7
普通中学学校数(所)	Number of Regular Secondary Schools(unit)	5	5	0.0
普通中学专任教师数(人)	Number of Teachers of Secondary Shools(person)	342	581	69.9
初中在校学生数(人)	Number of Student in Junior Secondary Schools(person)	4221	2753	-34.8
高中在校学生数(人)	Number of Student in Senior Secondary Schools(person)	1390	1696	22.0
卫生机构数(所)	Number of Health Institutions(unit)	46	42	-8.7
#医院(所)	Hospitals(unit)	2	2	0.0
卫生院(所)	Township Hospitals(unit)	9	8	-11.1
床位数(张)	Number of Beds(unit)	225	241	7.1
#医院(张)	Hospitals(unit)	125	125	0.0
卫生院(张)	Township Hospitals(unit)	85	101	18.8
卫生技术人员(人)	Medical Technical Presonnel(person)	316	306	-3.2
#医院(人)	Hospitals(person)	103	102	-1.0
卫生院(人)	Township Hospitals(person)	100	101	1.0

23-92 鄂尔多斯市鄂托克旗

指 标	Item	2005	2006	2006年比上年增长% Increase Rate in 2006 Over 2005(%)
行政区域土地面积(平方公里)	**Area of Administration(Sq.km)**	**20064**	**20064**	**0.0**
人口和就业	**Population & Employment**			
年末总人口(人)	Total Population Year-end(person)	92838	93945	1.2
#男性(人)	Male(person)	47953	48430	1.0
#乡村人口(人)	Rural(person)	40050	39819	-0.6
年末总户数(户)	Total Number of Households at the Year-end(Household)	33027	33884	2.6
#乡村户数(户)	Number of Rural Household(Household)	11503	11750	2.1
出生人口(人)	Births(person)	1001	768	-23.3
死亡人口(人)	Deaths(person)	691	218	-68.5
全社会就业人员(人)	Employment(person)	71208	77379	8.7
第一产业(人)	Primary Industry(person)	20653	20693	0.2
第二产业(人)	Secondary Industry(person)	28917	32064	10.9
第三产业(人)	Tertiary Industry(person)	21638	24622	13.8
在岗职工人数(人)	Number of Staff & Workers Employed in(person)	11705	16374	39.9
乡村劳动力(人)	Number of Rural Laborers(person)	27618	27237	-1.4
#农林牧渔业(人)	Farming,Forestry,Animal Husbandry & Fishery(person)	23897	23696	-0.8
国民经济综合指标	**Summary Item on the National Economy**			
生产总值(万元)	Gross Domestic Product(10 000 yuan)	573938	790849	26.3
第一产业(万元)	Primary Industry(10 000 yuan)	26580	27914	4.8
第二产业(万元)	Secondary Industry(10 000 yuan)	442078	616090	27.7
#工业(万元)	Industry(10 000 yuan)	364300	503234	27.0
第三产业(万元)	Tertiary Industry(10 000 yuan)	105280	146845	25.7
人均生产总值(元)	Per Capita GDP(yuan)	61821	84134	24.8
全社会固定资产投资(万元)	Total Investment in Fixed Assets(10 000 yuan)	667926	954152	42.9
按登记注册类型分	Grouped by Registered Type			
#国有(万元)	State-owned Enterprises(10 000 yuan)	5000	183748	3575.0
集体(万元)	Collective-owned Enterprises(10 000 yuan)	320		
有限责任公司(万元)	Limited Liability Corporations(10 000 yuan)	212115	272307	28.4
股份有限公司(万元)	Share Holding Enterprises(10 000 yuan)	359504	435579	21.2
私营企业(万元)	Private Enterprises(10 000 yuan)	4630	49004	958.4
外商及港澳台投资企业(万元)	Funds from HK,Macao,Taiwan & Foreign(10 000 yuan)			
按城乡渠道分	Grouped by Urban and Rural Area			
城镇(万元)	Urban(10 000 yuan)	655482	950888	45.1
农村(万元)	Rural(10 000 yuan)	12444	3264	-73.8
地方财政收入(万元)	Local Governments Revenue(10 000 yuan)	32944	51845	57.4
地方财政支出(万元)	Local Governments Expenditures(10 000 yuan)	56663	57944	2.3
城乡居民储蓄存款余额(万元)	Resident Saving Deposit in Urban & Rural(10 000 yuan)	111687	148379	32.9
在岗职工工资总额(万元)	Total Wages of Staff & Workers Empioyed in(10 000 yuan)	24300	38868	60.0
在岗职工平均工资(元)	Average Wage of Staff & Workers Employed in(yuan)	20742	23758	14.5
农牧民人均纯收入(元)	Per Capita Net Income of Peasant & Herdsman(yuan)	4609	5189	12.6
农村牧区经济	**Economic Development in Rural & Pastoral Area**			
耕地面积(公顷)	Cultivated Area(hectare)	13850	15965	15.3
农作物总播种面积(公顷)	Total Sown Area(hectare)	10242	15584	52.2
#粮食作物播种面积(公顷)	Sown Area of Grain Crops(hectare)	6064	9861	62.6
有效灌溉面积(公顷)	Irrigated Area(hectare)	13850	15965	15.3
农牧业机械总动力(万千瓦)	Total Power of Agricultural Machinery(10 000 kw)	14.77	16.56	12.1
化肥施用折纯量(吨)	Consumption of Chemical Fertilizer(ton)	2384	2618	9.8
农村用电量(万千瓦小时)	Electricity Consumed in Rural Area(10 000 kwh)	609	747	22.7
农林牧渔业总产值(万元)	Gross Output of Farming,Forestry,Animal Husbandry & Fishery(10 000 yuan)	46780	48862	3.0
粮食产量(吨)	Yield of Grain(ton)	45231	66424	46.9
油料产量(吨)	Yield of Oil-bearing Grops(ton)	1502	1535	2.2
甜菜产量(吨)	Yield of Beetroots(ton)			
猪牛羊肉产量(吨)	Output of Pork, Beef & Mutton(ton)	14087	13411	-4.8
#猪肉产量(吨)	Output of Pork(ton)	2971	2681	-9.8
牛肉产量(吨)	Output of Beef(ton)	521	1021	96.0
羊肉产量(吨)	Output of Mutton(ton)	10595	9709	-8.4
羊毛产量(吨)	Output of Wool(ton)	1034	1071	3.6

23-92 Etuoke Banner in Erdos City

指 标	Item	2005	2006	2006年比上年增长% Increase Rate in 2006 Over 2005(%)
年末牲畜存栏头数(万头只)	Total Livestock at the Year-end(10 000 heads)	107.69	128.00	18.9
#大牲畜(万头只)	Large Animals(10 000 heads)	1.76	2.28	29.5
羊(万只)	Sheep & Goats(10 000 heads)	103.67	123.36	19.0
猪(万头)	Hogs(10 000 heads)	2.26	2.36	4.4
规模以上工业	**Industrial Enterprises above Designated size**			
工业企业单位数(个)	Number of Industrial Enterprises(unit)	61	51	-16.4
#内资企业(个)	Civil Funded Enterprises(unit)	61	51	-16.4
工业总产值(万元)	Gross Industrial Output Value(10 000 yuan)	602892	889033	47.5
内资企业(万元)	Civil Funded Enterprises(10 000 yuan)	602892	889033	47.5
国有企业(万元)	State-owned Enterprises(10 000 yuan)	12536	14916	19.0
集体企业(万元)	Collective-owned Enterprises(10 000 yuan)	5519	9421	70.7
股份合作企业(万元)	Share Holding Enterprises(10 000 yuan)	2596		
联营企业(万元)	Joint Owned Enterprises(10 000 yuan)			
有限责任公司(万元)	Limited Company(10 000 yuan)	14623	81070	454.4
股份有限公司(万元)	Share Holding Limited Company(10 000 yuan)	270879	339314	25.3
私营企业(万元)	Privately Owned Enterprises(10 000 yuan)	296739	444312	49.7
其他企业(万元)	Enterprises of Other Ownership(10 000 yuan)			
港澳台商投资企业(万元)	Funds from HK,Macao & Taiwan(10 000 yuan)			
外商投资企业(万元)	Foreign Funded Enterprises(10 000 yuan)			
工业企业增加值(万元)	Value Added of Industrial Enterprises(10 000 yuan)	274026	433234	41.6
工业企业资产总计(万元)	Total Assets of Industrial Enterprises(10 000 yuan)	1207260	1518618	25.8
工业企业负债合计(万元)	Total Liabilities of Industrial Enterprises(10 000 yuan)	850002	834281	-1.8
工业企业产品销售收入(万元)	Sales of Revenue Industrial Enterprises(10 000 yuan)	549798	842168	53.2
工业企业利润总额(万元)	Total Profits of Industrial Enterprises(10 000 yuan)	25815	46698	80.9
建筑业	**Construction**			
建筑企业单位数(个)	Number of Construction Enterprises(unit)	4	4	0.0
建筑企业从业人员(人)	Number of Employee in Construction Enterprises(person)	1323	808	-38.9
建筑业总产值(万元)	Gross Construction Output Value(10 000 yuan)	19979	21555	7.9
交通运输邮电通信业	**Transportation,Post & Telecommunications**			
公路里程(公里)	Total Length of Highways(km)	1488	1601	7.6
邮电业务总量(万元)	Business Volume of Post & Telecoms(10 000 yuan)	15150	21520	42.0
本地电话用户(户)	Number of Subscribers of Local Telephone(Household)	32704	29066	-11.1
国内贸易	**Demestic Trade**			
社会消费品零售总额(万元)	Total Retail Sales of Consumer Goods(10 000 yuan)	127624	146748	15.0
#贸易业(万元)	Wholesale & Retail Sales Trades(10 000 yuan)	87828	94624	7.7
餐饮业(万元)	Catering Trade(10 000 yuan)	36180	47840	32.2
科技教育卫生	**Science,Education & Public Health**			
各类专业技术人员(人)	Speccial Technical Personnel(person)	2762	2712	-1.8
幼儿园数(所)	Number of Kindergartens(unit)	10	10	0.0
学龄儿童入学率(%)	Percentage of School-Age Children Enrolled(%)	100.0	100.0	0.0
小学学校数(所)	Number of Primary Schools(unit)	16	8	-50.0
小学专任教师数(人)	Number of Full-time Teachers of Primary Schools(person)	654	580	-11.3
小学在校学生数(人)	Number of Student Enrollment of Primary Schools(person)	7509	8101	7.9
普通中学学校数(所)	Number of Regular Secondary Schools(unit)	7	7	0.0
普通中学专任教师数(人)	Number of Teachers of Secondary Shools(person)	542	579	6.8
初中在校学生数(人)	Number of Student in Junior Secondary Schools(person)	5582	5756	3.1
高中在校学生数(人)	Number of Student in Senior Secondary Schools(person)	1753	2015	14.9
卫生机构数(所)	Number of Health Institutions(unit)	140	136	-2.9
#医院(所)	Hospitals(unit)	6	6	0.0
卫生院(所)	Township Hospitals(unit)	13	13	0.0
床位数(张)	Number of Beds(unit)	463	488	5.4
#医院(张)	Hospitals(unit)	305	380	24.6
卫生院(张)	Township Hospitals(unit)	158	108	-31.6
卫生技术人员(人)	Medical Technical Presonnel(person)	261	283	8.4
#医院(人)	Hospitals(person)	181	220	21.5
卫生院(人)	Township Hospitals(person)	80	63	-21.2

23-93 鄂尔多斯市杭锦旗

指 标	Item	2005	2006	2006年比上年增长% Increase Rate in 2006 Over 2005(%)
行政区域土地面积(平方公里)	**Area of Administration(Sq.km)**	**18903**	**18903**	**0.0**
人口和就业	**Population & Employment**			
年末总人口(人)	Total Population Year-end(person)	133732	137069	2.5
#男性(人)	Male(person)	70262	71765	2.1
#乡村人口(人)	Rural(person)	71520	66481	-7.0
年末总户数(户)	Total Number of Households at the Year-end(Household)	45847	46681	1.8
#乡村户数(户)	Number of Rural Household(Household)	21111	20971	-0.7
出生人口(人)	Births(person)	1315	1016	-22.7
死亡人口(人)	Deaths(person)	576	235	-59.2
全社会就业人员(人)	Employment(person)	72903	73095	0.3
第一产业(人)	Primary Industry(person)	49102	45136	-8.1
第二产业(人)	Secondary Industry(person)	12205	14554	19.2
第三产业(人)	Tertiary Industry(person)	11596	13405	15.6
在岗职工人数(人)	Number of Staff & Workers Employed in(person)	9804	10124	3.3
乡村劳动力(人)	Number of Rural Laborers(person)	53730	53450	-0.5
#农林牧渔业(人)	Farming,Forestry,Animal Husbandry & Fishery(person)	41055	42535	3.6
国民经济综合指标	**Summary Item on the National Economy**			
生产总值(万元)	Gross Domestic Product(10 000 yuan)	230322	288630	20.5
第一产业(万元)	Primary Industry(10 000 yuan)	52791	59656	15.8
第二产业(万元)	Secondary Industry(10 000 yuan)	111375	148546	24.8
#工业(万元)	Industry(10 000 yuan)	96630	130150	26.5
第三产业(万元)	Tertiary Industry(10 000 yuan)	66156	80428	17.0
人均生产总值(元)	Per Capita GDP(yuan)	17224	21317	26.4
全社会固定资产投资(万元)	Total Investment in Fixed Assets(10 000 yuan)	133708	136564	2.1
按登记注册类型分	Grouped by Registered Type			
#国有(万元)	State-owned Enterprises(10 000 yuan)	99087	104640	5.6
集体(万元)	Collective-owned Enterprises(10 000 yuan)			
有限责任公司(万元)	Limited Liability Corporations(10 000 yuan)			
股份有限公司(万元)	Share Holding Enterprises(10 000 yuan)			
私营企业(万元)	Private Enterprises(10 000 yuan)			
外商及港澳台投资企业(万元)	Funds from HK,Macao,Taiwan & Foreign(10 000 yuan)			
按城乡渠道分	Grouped by Urban and Rural Area			
城镇(万元)	Urban(10 000 yuan)	133008	136044	2.3
农村(万元)	Rural(10 000 yuan)	700	520	-25.7
地方财政收入(万元)	Local Governments Revenue(10 000 yuan)	10131	12527	23.7
地方财政支出(万元)	Local Governments Expenditures(10 000 yuan)	40039	45469	13.6
城乡居民储蓄存款余额(万元)	Resident Saving Deposit in Urban & Rural(10 000 yuan)	56479	82986	46.9
在岗职工工资总额(万元)	Total Wages of Staff & Workers Empioyed in(10 000 yuan)	12918	15364	18.9
在岗职工平均工资(元)	Average Wage of Staff & Workers Employed in(yuan)	13204	15176	14.9
农牧民人均纯收入(元)	Per Capita Net Income of Peasant & Herdsman(yuan)	4136	4997	20.8
农村牧区经济	**Economic Development in Rural & Pastoral Area**			
耕地面积(公顷)	Cultivated Area(hectare)	58688	61530	4.8
农作物总播种面积(公顷)	Total Sown Area(hectare)	50919	55927	9.8
#粮食作物播种面积(公顷)	Sown Area of Grain Crops(hectare)	15466	32514	110.2
有效灌溉面积(公顷)	Irrigated Area(hectare)	45894	41865	-8.8
农牧业机械总动力(万千瓦)	Total Power of Agricultural Machinery(10 000 kw)	26.00	34.00	30.8
化肥施用折纯量(吨)	Consumption of Chemical Fertilizer(ton)	50147	19666	-60.8
农村用电量(万千瓦小时)	Electricity Consumed in Rural Area(10 000 kwh)	2613	2824	8.1
农林牧渔业总产值(万元)	Gross Output of Farming,Forestry,Animal Husbandry & Fishery(10 000 yuan)	89000	100000	15.1
粮食产量(吨)	Yield of Grain(ton)	115061	222286	93.2
油料产量(吨)	Yield of Oil-bearing Grops(ton)	47431	41933	-11.6
甜菜产量(吨)	Yield of Beetroots(ton)	11219	11771	4.9
猪牛羊肉产量(吨)	Output of Pork, Beef & Mutton(ton)	19019	17130	-9.9
#猪肉产量(吨)	Output of Pork(ton)	4189	5500	31.3
牛肉产量(吨)	Output of Beef(ton)	592	1087	83.6
羊肉产量(吨)	Output of Mutton(ton)	14238	10543	-26.0
羊毛产量(吨)	Output of Wool(ton)	738	574	-22.2

23-93 Hangjin Banner in Erdos City

指 标	Item	2005	2006	2006年比上年增长% Increase Rate in 2006 Over 2005(%)
年末牲畜存栏头数(万头只)	Total Livestock at the Year-end(10 000 heads)	128.51	151.00	17.5
#大牲畜(万头只)	Large Animals(10 000 heads)	1.88	2.00	6.4
羊(万只)	Sheep & Goats(10 000 heads)	122.76	146.00	18.9
猪(万头)	Hogs(10 000 heads)	3.87	3.00	-22.5
规模以上工业	**Industrial Enterprises above Designated size**			
工业企业单位数(个)	Number of Industrial Enterprises(unit)	22	26	18.2
#内资企业(个)	Civil Funded Enterprises(unit)	22	26	18.2
工业总产值(万元)	Gross Industrial Output Value(10 000 yuan)	185117	232000	25.3
内资企业(万元)	Civil Funded Enterprises(10 000 yuan)	185117	232000	25.3
国有企业(万元)	State-owned Enterprises(10 000 yuan)	10799	11500	6.5
集体企业(万元)	Collective-owned Enterprises(10 000 yuan)		63600	
股份合作企业(万元)	Share Holding Enterprises(10 000 yuan)		19200	
联营企业(万元)	Joint Owned Enterprises(10 000 yuan)			
有限责任公司(万元)	Limited Company(10 000 yuan)	174318	137700	-21.0
股份有限公司(万元)	Share Holding Limited Company(10 000 yuan)			
私营企业(万元)	Privately Owned Enterprises(10 000 yuan)			
其他企业(万元)	Enterprises of Other Ownership(10 000 yuan)			
港澳台商投资企业(万元)	Funds from HK,Macao & Taiwan(10 000 yuan)			
外商投资企业(万元)	Foreign Funded Enterprises(10 000 yuan)			
工业企业增加值(万元)	Value Added of Industrial Enterprises(10 000 yuan)	87960	112150	27.5
工业企业资产总计(万元)	Total Assets of Industrial Enterprises(10 000 yuan)	172540	197300	14.4
工业企业负债合计(万元)	Total Liabilities of Industrial Enterprises(10 000 yuan)	135812	147000	8.2
工业企业产品销售收入(万元)	Sales of Revenue Industrial Enterprises(10 000 yuan)	172558	223612	29.6
工业企业利润总额(万元)	Total Profits of Industrial Enterprises(10 000 yuan)	11831	7129	-39.7
建筑业	**Construction**			
建筑企业单位数(个)	Number of Construction Enterprises(unit)	2	2	0.0
建筑企业从业人员(人)	Number of Employee in Construction Enterprises(person)	433	386	-10.9
建筑业总产值(万元)	Gross Construction Output Value(10 000 yuan)	3343	4390	31.3
交通运输邮电通信业	**Transportation,Post & Telecommunications**			
公路里程(公里)	Total Length of Highways(km)	1488	1582	6.3
邮电业务总量(万元)	Business Volume of Post & Telecoms(10 000 yuan)	3100	3320	7.1
本地电话用户(户)	Number of Subscribers of Local Telephone(Household)	11420	10320	-9.6
国内贸易	**Demestic Trade**			
社会消费品零售总额(万元)	Total Retail Sales of Consumer Goods(10 000 yuan)	87355	96221	10.1
#贸易业(万元)	Wholesale & Retail Sales Trades(10 000 yuan)	55663	63041	13.3
餐饮业(万元)	Catering Trade(10 000 yuan)	26985	29473	9.2
科技教育卫生	**Science,Education & Public Health**			
各类专业技术人员(人)	Speccial Technical Personnel(person)	3210	3425	6.7
幼儿园数(所)	Number of Kindergartens(unit)	7	11	57.1
学龄儿童入学率(%)	Percentage of School-Age Children Enrolled(%)	100.0	100.0	0.0
小学学校数(所)	Number of Primary Schools(unit)	23	18	-21.7
小学专任教师数(人)	Number of Full-time Teachers of Primary Schools(person)	536	525	-2.1
小学在校学生数(人)	Number of Student Enrollment of Primary Schools(person)	6413	5938	-7.4
普通中学学校数(所)	Number of Regular Secondary Schools(unit)	3	3	0.0
普通中学专任教师数(人)	Number of Teachers of Secondary Shools(person)	313	330	5.4
初中在校学生数(人)	Number of Student in Junior Secondary Schools(person)	3065	3384	10.4
高中在校学生数(人)	Number of Student in Senior Secondary Schools(person)	1448	1679	16.0
卫生机构数(所)	Number of Health Institutions(unit)	60	62	3.3
#医院(所)	Hospitals(unit)	2	2	0.0
卫生院(所)	Township Hospitals(unit)	12	12	0.0
床位数(张)	Number of Beds(unit)	400	410	2.5
#医院(张)	Hospitals(unit)	250	260	4.0
卫生院(张)	Township Hospitals(unit)	150	150	0.0
卫生技术人员(人)	Medical Technical Presonnel(person)	427	430	0.7
#医院(人)	Hospitals(person)	310	312	0.6
卫生院(人)	Township Hospitals(person)	117	118	0.9

23-94 鄂尔多斯市乌审旗

指标	Item	2005	2006	2006年比上年增长% Increase Rate in 2006 Over 2005(%)
行政区域土地面积(平方公里)	**Area of Administration(Sq.km)**	**11645**	**11645**	**0.0**
人口和就业	**Population & Employment**			
年末总人口(人)	Total Population Year-end(person)	97236	100991	3.9
#男性(人)	Male(person)	50722	53037	4.6
#乡村人口(人)	Rural(person)	59746	57272	-4.1
年末总户数(户)	Total Number of Households at the Year-end(Household)	30811	32761	6.3
#乡村户数(户)	Number of Rural Household(Household)	17722	17695	-0.2
出生人口(人)	Births(person)	943	1538	63.1
死亡人口(人)	Deaths(person)	828	208	-74.9
全社会就业人员(人)	Employment(person)	63075	65175	3.3
第一产业(人)	Primary Industry(person)	40204	39774	-1.1
第二产业(人)	Secondary Industry(person)	9351	9851	5.3
第三产业(人)	Tertiary Industry(person)	13520	15550	15.0
在岗职工人数(人)	Number of Staff & Workers Employed in(person)	6582	6276	-4.6
乡村劳动力(人)	Number of Rural Laborers(person)	40204	39774	-1.1
#农林牧渔业(人)	Farming,Forestry,Animal Husbandry & Fishery(person)	36001	35457	-1.5
国民经济综合指标	**Summary Item on the National Economy**			
生产总值(万元)	Gross Domestic Product(10 000 yuan)	304557	426443	29.8
第一产业(万元)	Primary Industry(10 000 yuan)	48314	49991	2.8
第二产业(万元)	Secondary Industry(10 000 yuan)	201716	307403	38.9
#工业(万元)	Industry(10 000 yuan)	170700	262175	41.2
第三产业(万元)	Tertiary Industry(10 000 yuan)	54527	69049	20.0
人均生产总值(元)	Per Capita GDP(yuan)	31398	44889	25.0
全社会固定资产投资(万元)	Total Investment in Fixed Assets(10 000 yuan)	322721	508468	57.6
按登记注册类型分	Grouped by Registered Type			
#国有(万元)	State-owned Enterprises(10 000 yuan)	176896	305305	72.6
集体(万元)	Collective-owned Enterprises(10 000 yuan)	70		
有限责任公司(万元)	Limited Liability Corporations(10 000 yuan)	30609	87492	185.8
股份有限公司(万元)	Share Holding Enterprises(10 000 yuan)	73499	53736	-26.9
私营企业(万元)	Private Enterprises(10 000 yuan)	3284	60	-98.2
外商及港澳台投资企业(万元)	Funds from HK,Macao,Taiwan & Foreign(10 000 yuan)	24000	36350	51.5
按城乡渠道分	Grouped by Urban and Rural Area			
城镇(万元)	Urban(10 000 yuan)	311826	504208	61.7
农村(万元)	Rural(10 000 yuan)	10895	4260	-60.9
地方财政收入(万元)	Local Governments Revenue(10 000 yuan)	19680	26675	35.5
地方财政支出(万元)	Local Governments Expenditures(10 000 yuan)	42862	52255	21.9
城乡居民储蓄存款余额(万元)	Resident Saving Deposit in Urban & Rural(10 000 yuan)	36512	50183	37.4
在岗职工工资总额(万元)	Total Wages of Staff & Workers Empioyed in(10 000 yuan)	10495	11297	7.6
在岗职工平均工资(元)	Average Wage of Staff & Workers Employed in(yuan)	15991	19297	20.7
农牧民人均纯收入(元)	Per Capita Net Income of Peasant & Herdsman(yuan)	4783	5443	13.8
农村牧区经济	**Economic Development in Rural & Pastoral Area**			
耕地面积(公顷)	Cultivated Area(hectare)	34704	38098	9.8
农作物总播种面积(公顷)	Total Sown Area(hectare)	34704	38098	9.8
#粮食作物播种面积(公顷)	Sown Area of Grain Crops(hectare)	15311	16414	7.2
有效灌溉面积(公顷)	Irrigated Area(hectare)	33069	36462	10.3
农牧业机械总动力(万千瓦)	Total Power of Agricultural Machinery(10 000 kw)	25.88	30.76	18.9
化肥施用折纯量(吨)	Consumption of Chemical Fertilizer(ton)	4694	4709	0.3
农村用电量(万千瓦小时)	Electricity Consumed in Rural Area(10 000 kwh)	1536	1705	11.0
农林牧渔业总产值(万元)	Gross Output of Farming,Forestry,Animal Husbandry & Fishery(10 000 yuan)	81071	85165	3.6
粮食产量(吨)	Yield of Grain(ton)	111359	106720	-4.2
油料产量(吨)	Yield of Oil-bearing Grops(ton)	1010	1007	-0.3
甜菜产量(吨)	Yield of Beetroots(ton)			
猪牛羊肉产量(吨)	Output of Pork, Beef & Mutton(ton)	31092	37704	21.3
#猪肉产量(吨)	Output of Pork(ton)	20452	23399	14.4
牛肉产量(吨)	Output of Beef(ton)	4800	7642	59.2
羊肉产量(吨)	Output of Mutton(ton)	5840	6663	14.1
羊毛产量(吨)	Output of Wool(ton)	3833	4491	17.2

23-94 Wushen Banner in Erdos City

指 标	Item	2005	2006	2006年比上年增长% Increase Rate in 2006 Over 2005(%)
年末牲畜存栏头数(万头只)	Total Livestock at the Year-end(10 000 heads)	105.12	130.15	23.8
#大牲畜(万头只)	Large Animals(10 000 heads)	9.56	8.90	-6.9
羊(万只)	Sheep & Goats(10 000 heads)	85.83	105.44	22.8
猪(万头)	Hogs(10 000 heads)	9.73	15.81	62.5
规模以上工业	**Industrial Enterprises above Designated size**			
工业企业单位数(个)	Number of Industrial Enterprises(unit)	16	17	6.2
#内资企业(个)	Civil Funded Enterprises(unit)	15	14	-6.7
工业总产值(万元)	Gross Industrial Output Value(10 000 yuan)	362842	568194	56.5
内资企业(万元)	Civil Funded Enterprises(10 000 yuan)	321164	484042	50.7
国有企业(万元)	State-owned Enterprises(10 000 yuan)	1444	1892	31.0
集体企业(万元)	Collective-owned Enterprises(10 000 yuan)			
股份合作企业(万元)	Share Holding Enterprises(10 000 yuan)			
联营企业(万元)	Joint Owned Enterprises(10 000 yuan)			
有限责任公司(万元)	Limited Company(10 000 yuan)		18999	
股份有限公司(万元)	Share Holding Limited Company(10 000 yuan)	317809	440674	38.7
私营企业(万元)	Privately Owned Enterprises(10 000 yuan)		22477	
其他企业(万元)	Enterprises of Other Ownership(10 000 yuan)	1911		
港澳台商投资企业(万元)	Funds from HK,Macao & Taiwan(10 000 yuan)		4443	
外商投资企业(万元)	Foreign Funded Enterprises(10 000 yuan)	41678	79709	91.2
工业企业增加值(万元)	Value Added of Industrial Enterprises(10 000 yuan)	155266	255175	41.9
工业企业资产总计(万元)	Total Assets of Industrial Enterprises(10 000 yuan)	152002	351348	131.1
工业企业负债合计(万元)	Total Liabilities of Industrial Enterprises(10 000 yuan)	92078	236277	156.6
工业企业产品销售收入(万元)	Sales of Revenue Industrial Enterprises(10 000 yuan)	352149	544204	54.5
工业企业利润总额(万元)	Total Profits of Industrial Enterprises(10 000 yuan)	54960	74587	35.7
建筑业	**Construction**			
建筑企业单位数(个)	Number of Construction Enterprises(unit)	2	4	100.0
建筑企业从业人员(人)	Number of Employee in Construction Enterprises(person)	1165	1344	15.4
建筑业总产值(万元)	Gross Construction Output Value(10 000 yuan)	14871	18265	22.8
交通运输邮电通信业	**Transportation,Post & Telecommunications**			
公路里程(公里)	Total Length of Highways(km)	1624	1110	-31.7
邮电业务总量(万元)	Business Volume of Post & Telecoms(10 000 yuan)	3517	4910	39.6
本地电话用户(户)	Number of Subscribers of Local Telephone(Household)	14757	15111	2.4
国内贸易	**Demestic Trade**			
社会消费品零售总额(万元)	Total Retail Sales of Consumer Goods(10 000 yuan)	82148	94882	15.5
#贸易业(万元)	Wholesale & Retail Sales Trades(10 000 yuan)	57320	65184	13.7
餐饮业(万元)	Catering Trade(10 000 yuan)	20510	26868	31.0
科技教育卫生	**Science,Education & Public Health**			
各类专业技术人员(人)	Speccial Technical Personnel(person)	2137	2111	-1.2
幼儿园数(所)	Number of Kindergartens(unit)	3	3	0.0
学龄儿童入学率(%)	Percentage of School-Age Children Enrolled(%)	100.0	100.0	0.0
小学学校数(所)	Number of Primary Schools(unit)	22	22	0.0
小学专任教师数(人)	Number of Full-time Teachers of Primary Schools(person)	544	577	6.1
小学在校学生数(人)	Number of Student Enrollment of Primary Schools(person)	6267	6390	2.0
普通中学学校数(所)	Number of Regular Secondary Schools(unit)	9	9	0.0
普通中学专任教师数(人)	Number of Teachers of Secondary Shools(person)	518	550	6.2
初中在校学生数(人)	Number of Student in Junior Secondary Schools(person)	5135	5116	-0.4
高中在校学生数(人)	Number of Student in Senior Secondary Schools(person)	1688	1678	-0.6
卫生机构数(所)	Number of Health Institutions(unit)	50	50	0.0
#医院(所)	Hospitals(unit)	2	2	0.0
卫生院(所)	Township Hospitals(unit)	13	13	0.0
床位数(张)	Number of Beds(unit)	298	292	-2.0
#医院(张)	Hospitals(unit)	118	119	0.8
卫生院(张)	Township Hospitals(unit)	152	145	-4.6
卫生技术人员(人)	Medical Technical Presonnel(person)	233	240	3.0
#医院(人)	Hospitals(person)	77	80	3.9
卫生院(人)	Township Hospitals(person)	99	95	-4.0

23-95 鄂尔多斯市伊金霍洛旗

指 标	Item	2005	2006	2006年比上年增长% Increase Rate in 2006 Over 2005(%)
行政区域土地面积(平方公里)	**Area of Administration(Sq.km)**	**5565**	**5565**	**0.0**
人口和就业	**Population & Employment**			
年末总人口(人)	Total Population Year-end(person)	143718	147892	2.9
#男性(人)	Male(person)	76266	78087	2.4
#乡村人口(人)	Rural(person)	61979	69391	12.0
年末总户数(户)	Total Number of Households at the Year-end(Household)	49802	52329	5.1
#乡村户数(户)	Number of Rural Household(Household)	19579	22564	15.2
出生人口(人)	Births(person)	1948	2084	7.0
死亡人口(人)	Deaths(person)	1590	511	-67.9
全社会就业人员(人)	Employment(person)	115957	130135	12.2
第一产业(人)	Primary Industry(person)	32876	40954	24.6
第二产业(人)	Secondary Industry(person)	43568	47853	9.8
第三产业(人)	Tertiary Industry(person)	39513	41328	4.6
在岗职工人数(人)	Number of Staff & Workers Employed in(person)	16503	17668	7.1
乡村劳动力(人)	Number of Rural Laborers(person)	45520	49893	9.6
#农林牧渔业(人)	Farming,Forestry,Animal Husbandry & Fishery(person)	32876	40954	24.6
国民经济综合指标	**Summary Item on the National Economy**			
生产总值(万元)	Gross Domestic Product(10 000 yuan)	896781	1300031	25.1
第一产业(万元)	Primary Industry(10 000 yuan)	37979	37418	0.6
第二产业(万元)	Secondary Industry(10 000 yuan)	364835	597260	38.8
#工业(万元)	Industry(10 000 yuan)	294007	469175	33.1
第三产业(万元)	Tertiary Industry(10 000 yuan)	493967	665353	17.0
人均生产总值(元)	Per Capita GDP(yuan)	62518	85528	23.7
全社会固定资产投资(万元)	Total Investment in Fixed Assets(10 000 yuan)	691269	1095139	58.4
按登记注册类型分	Grouped by Registered Type			
#国有(万元)	State-owned Enterprises(10 000 yuan)	389118	609078	56.5
集体(万元)	Collective-owned Enterprises(10 000 yuan)	4560	9433	106.9
有限责任公司(万元)	Limited Liability Corporations(10 000 yuan)	101622	279400	174.9
股份有限公司(万元)	Share Holding Enterprises(10 000 yuan)	69251	105707	52.6
私营企业(万元)	Private Enterprises(10 000 yuan)	16532	60815	267.9
外商及港澳台投资企业(万元)	Funds from HK,Macao,Taiwan & Foreign(10 000 yuan)			
按城乡渠道分	Grouped by Urban and Rural Area			
城镇(万元)	Urban(10 000 yuan)	670873	1065037	58.8
农村(万元)	Rural(10 000 yuan)	20396	30102	47.6
地方财政收入(万元)	Local Governments Revenue(10 000 yuan)	68731	93480	36.0
地方财政支出(万元)	Local Governments Expenditures(10 000 yuan)	83235	113903	36.8
城乡居民储蓄存款余额(万元)	Resident Saving Deposit in Urban & Rural(10 000 yuan)	188385	219719	16.6
在岗职工工资总额(万元)	Total Wages of Staff & Workers Empioyed in(10 000 yuan)	42946	65289	52.0
在岗职工平均工资(元)	Average Wage of Staff & Workers Employed in(yuan)	25308	34057	34.6
农牧民人均纯收入(元)	Per Capita Net Income of Peasant & Herdsman(yuan)	4742	5446	14.8
农村牧区经济	**Economic Development in Rural & Pastoral Area**			
耕地面积(公顷)	Cultivated Area(hectare)	32180	35257	9.6
农作物总播种面积(公顷)	Total Sown Area(hectare)	32163	33487	4.1
#粮食作物播种面积(公顷)	Sown Area of Grain Crops(hectare)	18079	15701	-13.2
有效灌溉面积(公顷)	Irrigated Area(hectare)	33638	20590	-38.8
农牧业机械总动力(万千瓦)	Total Power of Agricultural Machinery(10 000 kw)	21.20	21.90	3.3
化肥施用折纯量(吨)	Consumption of Chemical Fertilizer(ton)	3220	3748	16.4
农村用电量(万千瓦小时)	Electricity Consumed in Rural Area(10 000 kwh)	2086	3269	56.7
农林牧渔业总产值(万元)	Gross Output of Farming,Forestry,Animal Husbandry & Fishery(10 000 yuan)	58429	57566	0.3
粮食产量(吨)	Yield of Grain(ton)	104275	83703	-19.7
油料产量(吨)	Yield of Oil-bearing Grops(ton)	2819	1402	-50.3
甜菜产量(吨)	Yield of Beetroots(ton)	2906	985	-66.1
猪牛羊肉产量(吨)	Output of Pork, Beef & Mutton(ton)	17554	15577	-11.3
#猪肉产量(吨)	Output of Pork(ton)	9124	6407	-29.8
牛肉产量(吨)	Output of Beef(ton)	377	1118	196.6
羊肉产量(吨)	Output of Mutton(ton)	8053	8052	0.0
羊毛产量(吨)	Output of Wool(ton)	1114	883	-20.7

23-95 Yijinhuoluo Banner in Erdos City

指 标	Item	2005	2006	2006年比上年增长% Increase Rate in 2006 Over 2005(%)
年末牲畜存栏头数(万头只)	Total Livestock at the Year-end(10 000 heads)	68.04	73.98	8.7
#大牲畜(万头只)	Large Animals(10 000 heads)	2.01	2.58	28.4
羊(万只)	Sheep & Goats(10 000 heads)	61.22	66.78	9.1
猪(万头)	Hogs(10 000 heads)	4.81	4.62	-4.0
规模以上工业	**Industrial Enterprises above Designated size**			
工业企业单位数(个)	Number of Industrial Enterprises(unit)	20	36	80.0
#内资企业(个)	Civil Funded Enterprises(unit)	19	35	84.2
工业总产值(万元)	Gross Industrial Output Value(10 000 yuan)	504289	758062	50.3
内资企业(万元)	Civil Funded Enterprises(10 000 yuan)	499949	752708	50.6
国有企业(万元)	State-owned Enterprises(10 000 yuan)	8429	11070	31.3
集体企业(万元)	Collective-owned Enterprises(10 000 yuan)		4986	
股份合作企业(万元)	Share Holding Enterprises(10 000 yuan)		1287	
联营企业(万元)	Joint Owned Enterprises(10 000 yuan)			
有限责任公司(万元)	Limited Company(10 000 yuan)	491007	692747	41.1
股份有限公司(万元)	Share Holding Limited Company(10 000 yuan)		6360	
私营企业(万元)	Privately Owned Enterprises(10 000 yuan)		32964	
其他企业(万元)	Enterprises of Other Ownership(10 000 yuan)	513	3294	542.1
港澳台商投资企业(万元)	Funds from HK,Macao & Taiwan(10 000 yuan)			
外商投资企业(万元)	Foreign Funded Enterprises(10 000 yuan)	4340	5354	23.4
工业企业增加值(万元)	Value Added of Industrial Enterprises(10 000 yuan)	244200	391175	32.5
工业企业资产总计(万元)	Total Assets of Industrial Enterprises(10 000 yuan)	1062087	1375694	29.5
工业企业负债合计(万元)	Total Liabilities of Industrial Enterprises(10 000 yuan)	854513	538676	-37.0
工业企业产品销售收入(万元)	Sales of Revenue Industrial Enterprises(10 000 yuan)	551023	811470	47.3
工业企业利润总额(万元)	Total Profits of Industrial Enterprises(10 000 yuan)	77555	155023	99.9
建筑业	**Construction**			
建筑企业单位数(个)	Number of Construction Enterprises(unit)	3	3	0.0
建筑企业从业人员(人)	Number of Employee in Construction Enterprises(person)	155	584	276.8
建筑业总产值(万元)	Gross Construction Output Value(10 000 yuan)	12616	11516	-8.7
交通运输邮电通信业	**Transportation,Post & Telecommunications**			
公路里程(公里)	Total Length of Highways(km)	1300	1683	29.5
邮电业务总量(万元)	Business Volume of Post & Telecoms(10 000 yuan)	2095	2102	0.3
本地电话用户(户)	Number of Subscribers of Local Telephone(Household)	25231	23111	-8.4
国内贸易	**Demestic Trade**			
社会消费品零售总额(万元)	Total Retail Sales of Consumer Goods(10 000 yuan)	113563	131885	16.1
#贸易业(万元)	Wholesale & Retail Sales Trades(10 000 yuan)	85017	100067	17.7
餐饮业(万元)	Catering Trade(10 000 yuan)	25327	27847	9.9
科技教育卫生	**Science,Education & Public Health**			
各类专业技术人员(人)	Speccial Technical Personnel(person)	4776	5100	6.8
幼儿园数(所)	Number of Kindergartens(unit)	8	13	62.5
学龄儿童入学率(%)	Percentage of School-Age Children Enrolled(%)	100.0	100.0	0.0
小学学校数(所)	Number of Primary Schools(unit)	18	19	5.6
小学专任教师数(人)	Number of Full-time Teachers of Primary Schools(person)	657	910	38.5
小学在校学生数(人)	Number of Student Enrollment of Primary Schools(person)	9083	9113	0.3
普通中学学校数(所)	Number of Regular Secondary Schools(unit)	8	10	25.0
普通中学专任教师数(人)	Number of Teachers of Secondary Shools(person)	775	819	5.7
初中在校学生数(人)	Number of Student in Junior Secondary Schools(person)	6485	5883	-9.3
高中在校学生数(人)	Number of Student in Senior Secondary Schools(person)	2970	3067	3.3
卫生机构数(所)	Number of Health Institutions(unit)	26	33	26.9
#医院(所)	Hospitals(unit)	1	1	0.0
卫生院(所)	Township Hospitals(unit)	16	15	-6.2
床位数(张)	Number of Beds(unit)	273	272	-0.4
#医院(张)	Hospitals(unit)	112	100	-10.7
卫生院(张)	Township Hospitals(unit)	153	150	-2.0
卫生技术人员(人)	Medical Technical Presonnel(person)	358	356	-0.6
#医院(人)	Hospitals(person)	312	311	-0.3
卫生院(人)	Township Hospitals(person)	42	45	7.1

23-96 巴彦淖尔市临河区

指 标	Item	2005	2006	2006年比上年增长% Increase Rate in 2006 Over 2005(%)
行政区域土地面积(平方公里)	**Area of Administration(Sq.km)**	**2354**	**2354**	**0.0**
人口和就业	**Population & Employment**			
年末总人口(人)	Total Population Year-end(person)	532584	540363	1.5
# 男性(人)	Male(person)	267023	269900	1.1
# 乡村人口(人)	Rural(person)	251005	255899	1.9
年末总户数(户)	Total Number of Households at the Year-end(Household)	152215	159595	4.8
# 乡村户数(户)	Number of Rural Household(Household)	60147	60484	0.6
出生人口(人)	Births(person)	4204	2959	-29.6
死亡人口(人)	Deaths(person)	1665	767	-53.9
全社会就业人员(人)	Employment(person)	271218	275169	1.5
第一产业(人)	Primary Industry(person)	116315	114759	-1.3
第二产业(人)	Secondary Industry(person)	28973	30451	5.1
第三产业(人)	Tertiary Industry(person)	125930	129959	3.2
在岗职工人数(人)	Number of Staff & Workers Employed in(person)	61115	62593	2.4
乡村劳动力(人)	Number of Rural Laborers(person)	146719	154538	5.3
# 农林牧渔业(人)	Farming,Forestry,Animal Husbandry & Fishery(person)	116315	114759	-1.3
国民经济综合指标	**Summary Item on the National Economy**			
生产总值(万元)	Gross Domestic Product(10 000 yuan)	713475	859300	20.3
第一产业(万元)	Primary Industry(10 000 yuan)	184920	199500	5.8
第二产业(万元)	Secondary Industry(10 000 yuan)	232821	329300	36.5
# 工业(万元)	Industry(10 000 yuan)	173091	271600	43.3
第三产业(万元)	Tertiary Industry(10 000 yuan)	295734	330500	16.1
人均生产总值(元)	Per Capita GDP(yuan)	13235	16018	20.3
全社会固定资产投资(万元)	Total Investment in Fixed Assets(10 000 yuan)	412771	535050	29.6
按登记注册类型分	Grouped by Registered Type			
# 国有(万元)	State-owned Enterprises(10 000 yuan)	105147	150047	42.7
集体(万元)	Collective-owned Enterprises(10 000 yuan)	203		
有限责任公司(万元)	Limited Liability Corporations(10 000 yuan)	207912	250767	20.6
股份有限公司(万元)	Share Holding Enterprises(10 000 yuan)	1995	15510	677.4
私营企业(万元)	Private Enterprises(10 000 yuan)	66433	72033	8.4
外商及港澳台投资企业(万元)	Funds from HK,Macao,Taiwan & Foreign(10 000 yuan)	11627	30500	162.3
按城乡渠道分	Grouped by Urban and Rural Area			
城镇(万元)	Urban(10 000 yuan)	401605	499904	24.5
农村(万元)	Rural(10 000 yuan)	10487	22000	109.8
地方财政收入(万元)	Local Governments Revenue(10 000 yuan)	32642	37947	16.3
地方财政支出(万元)	Local Governments Expenditures(10 000 yuan)	50186	73250	46.0
城乡居民储蓄存款余额(万元)	Resident Saving Deposit in Urban & Rural(10 000 yuan)	595700	1112120	86.7
在岗职工工资总额(万元)	Total Wages of Staff & Workers Employed in(10 000 yuan)	90681	105512	16.4
在岗职工平均工资(元)	Average Wage of Staff & Workers Employed in(yuan)	12300	15426	25.4
农牧民人均纯收入(元)	Per Capita Net Income of Peasant & Herdsman(yuan)	4598	5265	14.5
农村牧区经济	**Economic Development in Rural & Pastoral Area**			
耕地面积(公顷)	Cultivated Area(hectare)	127550	127111	-0.3
农作物总播种面积(公顷)	Total Sown Area(hectare)	103741	102738	-1.0
# 粮食作物播种面积(公顷)	Sown Area of Grain Crops(hectare)	56819	52371	-7.8
有效灌溉面积(公顷)	Irrigated Area(hectare)	127550	127111	-0.3
农牧业机械总动力(万千瓦)	Total Power of Agricultural Machinery(10 000 kw)	51.12	57.04	11.6
化肥施用折纯量(吨)	Consumption of Chemical Fertilizer(ton)	57544	51428	-10.6
农村用电量(万千瓦小时)	Electricity Consumed in Rural Area(10 000 kwh)	5842	7821	33.9
农林牧渔业总产值(万元)	Gross Output of Farming,Forestry,Animal Husbandry & Fishery(10 000 yuan)	312632	338118	8.2
粮食产量(吨)	Yield of Grain(ton)	444435	400780	-9.8
油料产量(吨)	Yield of Oil-bearing Grops(ton)	91922	96062	4.5
甜菜产量(吨)	Yield of Beetroots(ton)	35527	178660	402.9
猪牛羊肉产量(吨)	Output of Pork, Beef & Mutton(ton)	76606	78248	2.1
# 猪肉产量(吨)	Output of Pork(ton)	24389	27430	12.5
牛肉产量(吨)	Output of Beef(ton)	1716	2704	57.6
羊肉产量(吨)	Output of Mutton(ton)	50501	48114	-4.7
羊毛产量(吨)	Output of Wool(ton)	1680	1652	-1.7

23-96 Linhe District in Bayannaoer City

指 标	Item	2005	2006	2006年比上年增长% Increase Rate in 2006 Over 2005(%)
年末牲畜存栏头数(万头只)	Total Livestock at the Year-end(10 000 heads)	212.77	206.93	-2.7
#大牲畜(万头只)	Large Animals(10 000 heads)	8.83	8.08	-8.5
羊(万只)	Sheep & Goats(10 000 heads)	180.63	178.74	-1.0
猪(万头)	Hogs(10 000 heads)	23.31	20.11	-13.7
规模以上工业	**Industrial Enterprises above Designated size**			
工业企业单位数(个)	Number of Industrial Enterprises(unit)	44	63	43.2
#内资企业(个)	Civil Funded Enterprises(unit)	41	60	46.3
工业总产值(万元)	Gross Industrial Output Value(10 000 yuan)	461353	710558	54.0
内资企业(万元)	Civil Funded Enterprises(10 000 yuan)	407657	671181	64.6
国有企业(万元)	State-owned Enterprises(10 000 yuan)	120055	141280	17.7
集体企业(万元)	Collective-owned Enterprises(10 000 yuan)			
股份合作企业(万元)	Share Holding Enterprises(10 000 yuan)			
联营企业(万元)	Joint Owned Enterprises(10 000 yuan)			
有限责任公司(万元)	Limited Company(10 000 yuan)	86705	150914	74.1
股份有限公司(万元)	Share Holding Limited Company(10 000 yuan)		71509	
私营企业(万元)	Privately Owned Enterprises(10 000 yuan)	200897	307477	53.1
其他企业(万元)	Enterprises of Other Ownership(10 000 yuan)			
港澳台商投资企业(万元)	Funds from HK,Macao & Taiwan(10 000 yuan)	30581	23552	-23.0
外商投资企业(万元)	Foreign Funded Enterprises(10 000 yuan)	23115	15825	-31.5
工业企业增加值(万元)	Value Added of Industrial Enterprises(10 000 yuan)	157462	262519	46.2
工业企业资产总计(万元)	Total Assets of Industrial Enterprises(10 000 yuan)	449862	827933	84.0
工业企业负债合计(万元)	Total Liabilities of Industrial Enterprises(10 000 yuan)	348521	735015	110.9
工业企业产品销售收入(万元)	Sales of Revenue Industrial Enterprises(10 000 yuan)	340461	460954	35.4
工业企业利润总额(万元)	Total Profits of Industrial Enterprises(10 000 yuan)	7732	10487	35.6
建筑业	**Construction**			
建筑企业单位数(个)	Number of Construction Enterprises(unit)	35	37	5.7
建筑企业从业人员(人)	Number of Employee in Construction Enterprises(person)	8650	8928	3.2
建筑业总产值(万元)	Gross Construction Output Value(10 000 yuan)	166569	147286	-11.6
交通运输邮电通信业	**Transportation,Post & Telecommunications**			
公路里程(公里)	Total Length of Highways(km)	1023	1694	65.6
邮电业务总量(万元)	Business Volume of Post & Telecoms(10 000 yuan)	52200	59489	14.0
本地电话用户(户)	Number of Subscribers of Local Telephone(Household)	146200	149000	1.9
国内贸易	**Domestic Trade**			
社会消费品零售总额(万元)	Total Retail Sales of Consumer Goods(10 000 yuan)	216998	257004	18.4
#贸易业(万元)	Wholesale & Retail Sales Trades(10 000 yuan)	150659	182652	21.2
餐饮业(万元)	Catering Trade(10 000 yuan)	37945	43932	15.8
科技教育卫生	**Science,Education & Public Health**			
各类专业技术人员(人)	Special Technical Personnel(person)	17660	17704	0.2
幼儿园数(所)	Number of Kindergartens(unit)	35	29	-17.1
学龄儿童入学率(%)	Percentage of School-Age Children Enrolled(%)	100.0	100.0	0.0
小学学校数(所)	Number of Primary Schools(unit)	101	83	-17.8
小学专任教师数(人)	Number of Full-time Teachers of Primary Schools(person)	2229	1934	-13.2
小学在校学生数(人)	Number of Student Enrollment of Primary Schools(person)	39669	36190	-8.8
普通中学学校数(所)	Number of Regular Secondary Schools(unit)	22	28	27.3
普通中学专任教师数(人)	Number of Teachers of Secondary Shools(person)	1888	1740	-7.8
初中在校学生数(人)	Number of Student in Junior Secondary Schools(person)	21176	16279	-23.1
高中在校学生数(人)	Number of Student in Senior Secondary Schools(person)	19469	13896	-28.6
卫生机构数(所)	Number of Health Institutions(unit)	46	47	2.2
#医院(所)	Hospitals(unit)	10	9	-10.0
卫生院(所)	Township Hospitals(unit)	25	17	-32.0
床位数(张)	Number of Beds(unit)	2469	2527	2.3
#医院(张)	Hospitals(unit)	1707	1686	-1.2
卫生院(张)	Township Hospitals(unit)	491	298	-39.3
卫生技术人员(人)	Medical Technical Presonnel(person)	2767	2720	-1.7
#医院(人)	Hospitals(person)	1561	1568	0.4
卫生院(人)	Township Hospitals(person)	553	225	-59.3

23-97 巴彦淖尔市五原县

指 标	Item	2005	2006	2006年比上年增长% Increase Rate in 2006 Over 2005(%)
行政区域土地面积(平方公里)	**Area of Administration(Sq.km)**	**2493**	**2493**	**0.0**
人口和就业	**Population & Employment**			
年末总人口(人)	Total Population Year-end(person)	271942	280496	3.1
#男性(人)	Male(person)	140024	144158	3.0
#乡村人口(人)	Rural(person)	209846	200563	-4.4
年末总户数(户)	Total Number of Households at the Year-end(Household)	77260	80068	3.6
#乡村户数(户)	Number of Rural Household(Household)	49354	48910	-0.9
出生人口(人)	Births(person)	2405	1639	-31.9
死亡人口(人)	Deaths(person)	3279	234	-92.9
全社会就业人员(人)	Employment(person)	156637	168206	7.4
第一产业(人)	Primary Industry(person)	111648	117843	5.5
第二产业(人)	Secondary Industry(person)	14781	18976	28.4
第三产业(人)	Tertiary Industry(person)	30208	31387	3.9
在岗职工人数(人)	Number of Staff & Workers Employed in(person)	11660	11128	-4.6
乡村劳动力(人)	Number of Rural Laborers(person)	122403	130346	6.5
#农林牧渔业(人)	Farming,Forestry,Animal Husbandry & Fishery(person)	86381	102143	18.2
国民经济综合指标	**Summary Item on the National Economy**			
生产总值(万元)	Gross Domestic Product(10 000 yuan)	289185	339000	13.1
第一产业(万元)	Primary Industry(10 000 yuan)	118611	129400	6.5
第二产业(万元)	Secondary Industry(10 000 yuan)	81970	113300	19.7
#工业(万元)	Industry(10 000 yuan)	38546	59600	27.7
第三产业(万元)	Tertiary Industry(10 000 yuan)	88604	96300	15.1
人均生产总值(元)	Per Capita GDP(yuan)	10554	12273	13.1
全社会固定资产投资(万元)	Total Investment in Fixed Assets(10 000 yuan)	209488	282658	34.9
按登记注册类型分	Grouped by Registered Type			
#国有(万元)	State-owned Enterprises(10 000 yuan)	110094	48491	-56.0
集体(万元)	Collective-owned Enterprises(10 000 yuan)	2227		
有限责任公司(万元)	Limited Liability Corporations(10 000 yuan)	9784	110252	1026.9
股份有限公司(万元)	Share Holding Enterprises(10 000 yuan)	15600	13950	-10.6
私营企业(万元)	Private Enterprises(10 000 yuan)	49402	85102	72.3
外商及港澳台投资企业(万元)	Funds from HK,Macao,Taiwan & Foreign(10 000 yuan)		720	
按城乡渠道分	Grouped by Urban and Rural Area			
城镇(万元)	Urban(10 000 yuan)	196708	238665	21.3
农村(万元)	Rural(10 000 yuan)	12188	21466	76.1
地方财政收入(万元)	Local Governments Revenue(10 000 yuan)	16525	14401	-12.9
地方财政支出(万元)	Local Governments Expenditures(10 000 yuan)	36558	45070	23.3
城乡居民储蓄存款余额(万元)	Resident Saving Deposit in Urban & Rural(10 000 yuan)	146458	154633	5.6
在岗职工工资总额(万元)	Total Wages of Staff & Workers Employed in(10 000 yuan)	14989	16874	12.6
在岗职工平均工资(元)	Average Wage of Staff & Workers Employed in(yuan)	12922	13542	4.8
农牧民人均纯收入(元)	Per Capita Net Income of Peasant & Herdsman(yuan)	4098	4693	14.5
农村牧区经济	**Economic Development in Rural & Pastoral Area**			
耕地面积(公顷)	Cultivated Area(hectare)	119890	120632	0.6
农作物总播种面积(公顷)	Total Sown Area(hectare)	130447	131020	0.4
#粮食作物播种面积(公顷)	Sown Area of Grain Crops(hectare)	59113	60940	3.1
有效灌溉面积(公顷)	Irrigated Area(hectare)	119890	120632	0.6
农牧业机械总动力(万千瓦)	Total Power of Agricultural Machinery(10 000 kw)	62.10	66.19	6.6
化肥施用折纯量(吨)	Consumption of Chemical Fertilizer(ton)	57446	59370	3.3
农村用电量(万千瓦小时)	Electricity Consumed in Rural Area(10 000 kwh)	5144	5038	-2.1
农林牧渔业总产值(万元)	Gross Output of Farming,Forestry,Animal Husbandry & Fishery(10 000 yuan)	199864	217385	8.8
粮食产量(吨)	Yield of Grain(ton)	370051	392795	6.1
油料产量(吨)	Yield of Oil-bearing Grops(ton)	153415	159975	4.3
甜菜产量(吨)	Yield of Beetroots(ton)	95576	183591	92.1
猪牛羊肉产量(吨)	Output of Pork, Beef & Mutton(ton)	23081	33316	44.3
#猪肉产量(吨)	Output of Pork(ton)	11823	15270	29.2
牛肉产量(吨)	Output of Beef(ton)	529	421	-20.4
羊肉产量(吨)	Output of Mutton(ton)	10729	17625	64.3
羊毛产量(吨)	Output of Wool(ton)	1247	1243	-0.3

23-97 Wuyuan County in Bayannaoer City

指 标	Item	2005	2006	2006年比上年增长% Increase Rate in 2006 Over 2005(%)
年末牲畜存栏头数(万头只)	Total Livestock at the Year-end(10 000 heads)	113.74	111.69	-1.8
#大牲畜(万头只)	Large Animals(10 000 heads)	3.19	3.12	-2.2
羊(万只)	Sheep & Goats(10 000 heads)	97.75	96.27	-1.5
猪(万头)	Hogs(10 000 heads)	12.80	12.30	-3.9
规模以上工业	**Industrial Enterprises above Designated size**			
工业企业单位数(个)	Number of Industrial Enterprises(unit)	21	24	14.3
#内资企业(个)	Civil Funded Enterprises(unit)	21	24	14.3
工业总产值(万元)	Gross Industrial Output Value(10 000 yuan)	102406	152292	48.7
内资企业(万元)	Civil Funded Enterprises(10 000 yuan)	102406	152292	48.7
国有企业(万元)	State-owned Enterprises(10 000 yuan)	273	320	17.2
集体企业(万元)	Collective-owned Enterprises(10 000 yuan)			
股份合作企业(万元)	Share Holding Enterprises(10 000 yuan)			
联营企业(万元)	Joint Owned Enterprises(10 000 yuan)			
有限责任公司(万元)	Limited Company(10 000 yuan)	36502	72144	97.6
股份有限公司(万元)	Share Holding Limited Company(10 000 yuan)	7603	10028	31.9
私营企业(万元)	Privately Owned Enterprises(10 000 yuan)	58027	69800	20.3
其他企业(万元)	Enterprises of Other Ownership(10 000 yuan)			
港澳台商投资企业(万元)	Funds from HK,Macao & Taiwan(10 000 yuan)			
外商投资企业(万元)	Foreign Funded Enterprises(10 000 yuan)			
工业企业增加值(万元)	Value Added of Industrial Enterprises(10 000 yuan)	30218	56402	30.9
工业企业资产总计(万元)	Total Assets of Industrial Enterprises(10 000 yuan)	82600	126637	53.3
工业企业负债合计(万元)	Total Liabilities of Industrial Enterprises(10 000 yuan)	57960	87934	51.7
工业企业产品销售收入(万元)	Sales of Revenue Industrial Enterprises(10 000 yuan)	96324	130639	35.6
工业企业利润总额(万元)	Total Profits of Industrial Enterprises(10 000 yuan)	613	2689	338.7
建筑业	**Construction**			
建筑企业单位数(个)	Number of Construction Enterprises(unit)	4	4	0.0
建筑企业从业人员(人)	Number of Employee in Construction Enterprises(person)	614	810	31.9
建筑业总产值(万元)	Gross Construction Output Value(10 000 yuan)	5460	6373	16.7
交通运输邮电通信业	**Transportation,Post & Telecommunications**			
公路里程(公里)	Total Length of Highways(km)	637	1624	154.9
邮电业务总量(万元)	Business Volume of Post & Telecoms(10 000 yuan)	8600	10440	21.4
本地电话用户(户)	Number of Subscribers of Local Telephone(Household)	34921	32500	-6.9
国内贸易	**Domestic Trade**			
社会消费品零售总额(万元)	Total Retail Sales of Consumer Goods(10 000 yuan)	67694	76758	13.4
#贸易业(万元)	Wholesale & Retail Sales Trades(10 000 yuan)	56322	67309	19.5
餐饮业(万元)	Catering Trade(10 000 yuan)	6103	6591	8.0
科技教育卫生	**Science,Education & Public Health**			
各类专业技术人员(人)	Special Technical Personnel(person)	4968	4628	-6.8
幼儿园数(所)	Number of Kindergartens(unit)	11	35	218.2
学龄儿童入学率(%)	Percentage of School-Age Children Enrolled(%)	100.0	100.0	0.0
小学学校数(所)	Number of Primary Schools(unit)	108	61	-43.5
小学专任教师数(人)	Number of Full-time Teachers of Primary Schools(person)	1340	1097	-18.1
小学在校学生数(人)	Number of Student Enrollment of Primary Schools(person)	19859	19215	-3.2
普通中学学校数(所)	Number of Regular Secondary Schools(unit)	9	8	-11.1
普通中学专任教师数(人)	Number of Teachers of Secondary Shools(person)	800	800	0.0
初中在校学生数(人)	Number of Student in Junior Secondary Schools(person)	11319	10481	-7.4
高中在校学生数(人)	Number of Student in Senior Secondary Schools(person)	6919	6982	0.9
卫生机构数(所)	Number of Health Institutions(unit)	25	25	0.0
#医院(所)	Hospitals(unit)	3	3	0.0
卫生院(所)	Township Hospitals(unit)	17	19	11.8
床位数(张)	Number of Beds(unit)	574	609	6.1
#医院(张)	Hospitals(unit)	318	370	16.4
卫生院(张)	Township Hospitals(unit)	192	189	-1.6
卫生技术人员(人)	Medical Technical Presonnel(person)	671	627	-6.6
#医院(人)	Hospitals(person)	341	344	0.9
卫生院(人)	Township Hospitals(person)	177	169	-4.5

23-98 巴彦淖尔市磴口县

指 标	Item	2005	2006	2006年比上年增长% Increase Rate in 2006 Over 2005(%)
行政区域土地面积(平方公里)	**Area of Administration(Sq.km)**	**4167**	**4167**	**0.0**
人口和就业	**Population & Employment**			
年末总人口(人)	Total Population Year-end(person)	122676	123798	0.9
#男性(人)	Male(person)	62684	63149	0.7
#乡村人口(人)	Rural(person)	56183	56136	-0.1
年末总户数(户)	Total Number of Households at the Year-end(Household)	37523	38566	2.8
#乡村户数(户)	Number of Rural Household(Household)	14593	14581	-0.1
出生人口(人)	Births(person)	1484	901	-39.3
死亡人口(人)	Deaths(person)	1249	650	-48.0
全社会就业人员(人)	Employment(person)	60344	60936	1.0
第一产业(人)	Primary Industry(person)	34495	34745	0.7
第二产业(人)	Secondary Industry(person)	10054	10184	1.3
第三产业(人)	Tertiary Industry(person)	15795	16007	1.3
在岗职工人数(人)	Number of Staff & Workers Employed in(person)	12589	12337	-2.0
乡村劳动力(人)	Number of Rural Laborers(person)	40847	40579	-0.7
#农林牧渔业(人)	Farming,Forestry,Animal Husbandry & Fishery(person)	29769	29520	-0.8
国民经济综合指标	**Summary Item on the National Economy**			
生产总值(万元)	Gross Domestic Product(10 000 yuan)	168810	214000	18.0
第一产业(万元)	Primary Industry(10 000 yuan)	38769	41900	5.5
第二产业(万元)	Secondary Industry(10 000 yuan)	87887	128300	26.9
#工业(万元)	Industry(10 000 yuan)	69984	109200	30.5
第三产业(万元)	Tertiary Industry(10 000 yuan)	42154	43800	8.0
人均生产总值(元)	Per Capita GDP(yuan)	13724	17365	18.0
全社会固定资产投资(万元)	Total Investment in Fixed Assets(10 000 yuan)	131030	199558	52.3
按登记注册类型分	Grouped by Registered Type			
#国有(万元)	State-owned Enterprises(10 000 yuan)	66142	71293	7.8
集体(万元)	Collective-owned Enterprises(10 000 yuan)	760		
有限责任公司(万元)	Limited Liability Corporations(10 000 yuan)	28339	50920	79.7
股份有限公司(万元)	Share Holding Enterprises(10 000 yuan)	10000	42130	321.3
私营企业(万元)	Private Enterprises(10 000 yuan)	5380	10843	101.5
外商及港澳台投资企业(万元)	Funds from HK,Macao,Taiwan & Foreign(10 000 yuan)	3000	2500	-16.7
按城乡渠道分	Grouped by Urban and Rural Area			
城镇（万元）	Urban(10 000 yuan)	106683	141676	32.8
农村（万元）	Rural(10 000 yuan)	24345	18382	-24.5
地方财政收入(万元)	Local Governments Revenue(10 000 yuan)	9363	9670	3.3
地方财政支出(万元)	Local Governments Expenditures(10 000 yuan)	23120	29265	26.6
城乡居民储蓄存款余额(万元)	Resident Saving Deposit in Urban & Rural(10 000 yuan)	87332	119806	37.2
在岗职工工资总额(万元)	Total Wages of Staff & Workers Employed in(10 000 yuan)	13787	15525	12.6
在岗职工平均工资(元)	Average Wage of Staff & Workers Employed in(yuan)	10899	12463	14.3
农牧民人均纯收入(元)	Per Capita Net Income of Peasant & Herdsman(yuan)	4364	4922	12.8
农村牧区经济	**Economic Development in Rural & Pastoral Area**			
耕地面积(公顷)	Cultivated Area(hectare)	40182	39776	-1.0
农作物总播种面积(公顷)	Total Sown Area(hectare)	26541	27616	4.1
#粮食作物播种面积(公顷)	Sown Area of Grain Crops(hectare)	13983	14184	1.4
有效灌溉面积(公顷)	Irrigated Area(hectare)	38950	38544	-1.0
农牧业机械总动力(万千瓦)	Total Power of Agricultural Machinery(10 000 kw)	16.53	17.15	3.8
化肥施用折纯量(吨)	Consumption of Chemical Fertilizer(ton)	9466	10026	5.9
农村用电量(万千瓦小时)	Electricity Consumed in Rural Area(10 000 kwh)	903	908	0.6
农林牧渔业总产值(万元)	Gross Output of Farming,Forestry,Animal Husbandry & Fishery(10 000 yuan)	59538	63143	6.1
粮食产量(吨)	Yield of Grain(ton)	100746	103015	2.3
油料产量(吨)	Yield of Oil-bearing Grops(ton)	17014	17014	0.0
甜菜产量(吨)	Yield of Beetroots(ton)	30625	48198	57.4
猪牛羊肉产量(吨)	Output of Pork, Beef & Mutton(ton)	7646	8527	11.5
#猪肉产量(吨)	Output of Pork(ton)	3159	2954	-6.5
牛肉产量(吨)	Output of Beef(ton)	334	366	9.6
羊肉产量(吨)	Output of Mutton(ton)	4153	5207	25.4
羊毛产量(吨)	Output of Wool(ton)	315	308	-2.2

23-99 Wulateqian Banner in Bayannaoer City

指 标	Item	2005	2006	2006年比上年增长% Increase Rate in 2006 Over 2005(%)
年末牲畜存栏头数(万头只)	Total Livestock at the Year-end(10 000 heads)	138.60	136.56	-1.5
#大牲畜(万头只)	Large Animals(10 000 heads)	2.03	1.77	-12.8
羊(万只)	Sheep & Goats(10 000 heads)	126.22	126.20	0.0
猪(万头)	Hogs(10 000 heads)	10.34	8.59	-16.9
规模以上工业	**Industrial Enterprises above Designated size**			
工业企业单位数(个)	Number of Industrial Enterprises(unit)	34	48	41.2
#内资企业(个)	Civil Funded Enterprises(unit)	32	46	43.8
工业总产值(万元)	Gross Industrial Output Value(10 000 yuan)	314795	386054	22.6
内资企业(万元)	Civil Funded Enterprises(10 000 yuan)	310860	368769	18.6
国有企业(万元)	State-owned Enterprises(10 000 yuan)	1206	1148	-4.8
集体企业(万元)	Collective-owned Enterprises(10 000 yuan)		543	
股份合作企业(万元)	Share Holding Enterprises(10 000 yuan)			
联营企业(万元)	Joint Owned Enterprises(10 000 yuan)		596	
有限责任公司(万元)	Limited Company(10 000 yuan)	187308	93459	-50.1
股份有限公司(万元)	Share Holding Limited Company(10 000 yuan)	66834	64725	-3.2
私营企业(万元)	Privately Owned Enterprises(10 000 yuan)	55512	208299	275.2
其他企业(万元)	Enterprises of Other Ownership(10 000 yuan)			
港澳台商投资企业(万元)	Funds from HK,Macao & Taiwan(10 000 yuan)			
外商投资企业(万元)	Foreign Funded Enterprises(10 000 yuan)	3935	17284	339.2
工业企业增加值(万元)	Value Added of Industrial Enterprises(10 000 yuan)	103581	151574	20.9
工业企业资产总计(万元)	Total Assets of Industrial Enterprises(10 000 yuan)	334625	698545	108.8
工业企业负债合计(万元)	Total Liabilities of Industrial Enterprises(10 000 yuan)	205837	552875	168.6
工业企业产品销售收入(万元)	Sales of Revenue Industrial Enterprises(10 000 yuan)	253552	305072	20.3
工业企业利润总额(万元)	Total Profits of Industrial Enterprises(10 000 yuan)	24152	19873	-17.7
建筑业	**Construction**			
建筑企业单位数(个)	Number of Construction Enterprises(unit)	7	7	0.0
建筑企业从业人员(人)	Number of Employee in Construction Enterprises(person)	427	175	-59.0
建筑业总产值(万元)	Gross Construction Output Value(10 000 yuan)	6629	13100	97.6
交通运输邮电通信业	**Transportation,Post & Telecommunications**			
公路里程(公里)	Total Length of Highways(km)	2853	2910	2.0
邮电业务总量(万元)	Business Volume of Post & Telecoms(10 000 yuan)	8779	10661	21.4
本地电话用户(户)	Number of Subscribers of Local Telephone(Household)	46425	46657	0.5
国内贸易	**Domestic Trade**			
社会消费品零售总额(万元)	Total Retail Sales of Consumer Goods(10 000 yuan)	76175	84688	11.2
#贸易业(万元)	Wholesale & Retail Sales Trades(10 000 yuan)	61286	73516	20.0
餐饮业(万元)	Catering Trade(10 000 yuan)	8272	7800	-5.7
科技教育卫生	**Science,Education & Public Health**			
各类专业技术人员(人)	Special Technical Personnel(person)	7028	7030	0.0
幼儿园数(所)	Number of Kindergartens(unit)	37	38	2.7
学龄儿童入学率(%)	Percentage of School-Age Children Enrolled(%)	100.0	100.0	0.0
小学学校数(所)	Number of Primary Schools(unit)	97	71	-26.8
小学专任教师数(人)	Number of Full-time Teachers of Primary Schools(person)	1507	1411	-6.4
小学在校学生数(人)	Number of Student Enrollment of Primary Schools(person)	19318	20996	8.7
普通中学学校数(所)	Number of Regular Secondary Schools(unit)	23	22	-4.3
普通中学专任教师数(人)	Number of Teachers of Secondary Shools(person)	1252	1208	-3.5
初中在校学生数(人)	Number of Student in Junior Secondary Schools(person)	15189	12104	-20.3
高中在校学生数(人)	Number of Student in Senior Secondary Schools(person)	8987	10399	15.7
卫生机构数(所)	Number of Health Institutions(unit)	25	27	8.0
#医院(所)	Hospitals(unit)	4	4	0.0
卫生院(所)	Township Hospitals(unit)	19	21	10.5
床位数(张)	Number of Beds(unit)	769	781	1.6
#医院(张)	Hospitals(unit)	388	388	0.0
卫生院(张)	Township Hospitals(unit)	306	318	3.9
卫生技术人员(人)	Medical Technical Presonnel(person)	985	1002	1.7
#医院(人)	Hospitals(person)	362	372	2.8
卫生院(人)	Township Hospitals(person)	427	437	2.3

23-100 巴彦淖尔市乌拉特中旗

指 标	Item	2005	2006	2006年比上年增长% Increase Rate in 2006 Over 2005(%)
行政区域土地面积(平方公里)	**Area of Administration(Sq.km)**	**23096**	**23096**	**0.0**
人口和就业	**Population & Employment**			
年末总人口(人)	Total Population Year-end(person)	137481	139475	1.5
#男性(人)	Male(person)	70712	71229	0.7
#乡村人口(人)	Rural(person)	98133	86227	-12.1
年末总户数(户)	Total Number of Households at the Year-end(Household)	44015	45785	4.0
#乡村户数(户)	Number of Rural Household(Household)	24108	23377	-3.0
出生人口(人)	Births(person)	1151	733	-36.3
死亡人口(人)	Deaths(person)	581	358	-38.4
全社会就业人员(人)	Employment(person)	69254	63388	-8.5
第一产业(人)	Primary Industry(person)	48380	42155	-12.9
第二产业(人)	Secondary Industry(person)	7388	8857	19.9
第三产业(人)	Tertiary Industry(person)	13486	12376	-8.2
在岗职工人数(人)	Number of Staff & Workers Employed in(person)	10206	10070	-1.3
乡村劳动力(人)	Number of Rural Laborers(person)	59198	59665	0.8
#农林牧渔业(人)	Farming,Forestry,Animal Husbandry & Fishery(person)	46645	40417	-13.4
国民经济综合指标	**Summary Item on the National Economy**			
生产总值(万元)	Gross Domestic Product(10 000 yuan)	163901	202000	18.0
第一产业(万元)	Primary Industry(10 000 yuan)	62823	68500	6.6
第二产业(万元)	Secondary Industry(10 000 yuan)	67048	96400	29.8
#工业(万元)	Industry(10 000 yuan)	46248	77100	33.6
第三产业(万元)	Tertiary Industry(10 000 yuan)	34030	37100	13.4
人均生产总值(元)	Per Capita GDP(yuan)	11819	14587	18.2
全社会固定资产投资(万元)	Total Investment in Fixed Assets(10 000 yuan)	134012	215288	60.6
按登记注册类型分	Grouped by Registered Type			
#国有(万元)	State-owned Enterprises(10 000 yuan)	90251	87196	-3.4
集体(万元)	Collective-owned Enterprises(10 000 yuan)		450	
有限责任公司(万元)	Limited Liability Corporations(10 000 yuan)	15267	89007	483.0
股份有限公司(万元)	Share Holding Enterprises(10 000 yuan)			
私营企业(万元)	Private Enterprises(10 000 yuan)	9153	13918	52.1
外商及港澳台投资企业 (万元)	Funds from HK,Macao,Taiwan & Foreign(10 000 yuan)	11590	14000	20.8
按城乡渠道分	Grouped by Urban and Rural Area			
城镇（万元）	Urban(10 000 yuan)	117026	176473	50.8
农村（万元）	Rural(10 000 yuan)	16192	8815	-45.6
地方财政收入(万元)	Local Governments Revenue(10 000 yuan)	8877	9664	8.9
地方财政支出(万元)	Local Governments Expenditures(10 000 yuan)	34041	50693	48.9
城乡居民储蓄存款余额(万元)	Resident Saving Deposit in Urban & Rural(10 000 yuan)	68767	78297	13.9
在岗职工工资总额(万元)	Total Wages of Staff & Workers Employed in(10 000 yuan)	12789	13590	6.3
在岗职工平均工资(元)	Average Wage of Staff & Workers Employed in(yuan)	12562	13794	9.8
农牧民人均纯收入(元)	Per Capita Net Income of Peasant & Herdsman(yuan)	3279	3614	10.2
农村牧区经济	**Economic Development in Rural & Pastoral Area**			
耕地面积(公顷)	Cultivated Area(hectare)	68364	68198	-0.2
农作物总播种面积(公顷)	Total Sown Area(hectare)	45445	56970	25.4
#粮食作物播种面积(公顷)	Sown Area of Grain Crops(hectare)	24828	29690	19.6
有效灌溉面积(公顷)	Irrigated Area(hectare)	47841	47675	-0.3
农牧业机械总动力(万千瓦)	Total Power of Agricultural Machinery(10 000 kw)	23.76	24.20	1.9
化肥施用折纯量(吨)	Consumption of Chemical Fertilizer(ton)	5123	5957	16.3
农村用电量(万千瓦小时)	Electricity Consumed in Rural Area(10 000 kwh)	4772	5105	7.0
农林牧渔业总产值(万元)	Gross Output of Farming,Forestry,Animal Husbandry & Fishery(10 000 yuan)	97739	108103	10.6
粮食产量(吨)	Yield of Grain(ton)	145357	176650	21.5
油料产量(吨)	Yield of Oil-bearing Grops(ton)	30829	59335	92.5
甜菜产量(吨)	Yield of Beetroots(ton)	1054	8356	692.8
猪牛羊肉产量(吨)	Output of Pork, Beef & Mutton(ton)	19394	17420	-10.2
#猪肉产量(吨)	Output of Pork(ton)	3633	3486	-4.0
牛肉产量(吨)	Output of Beef(ton)	290	453	56.2
羊肉产量(吨)	Output of Mutton(ton)	15471	13481	-12.9
羊毛产量(吨)	Output of Wool(ton)	1279	1275	-0.3

23-100 Wulatezhong Banner in Bayannaoer City

指 标	Item	2005	2006	2006年比上年增长% Increase Rate in 2006 Over 2005(%)
年末牲畜存栏头数(万头只)	Total Livestock at the Year-end(10 000 heads)	131.42	131.68	0.2
# 大牲畜(万头只)	Large Animals(10 000 heads)	0.84	0.62	-26.2
羊(万只)	Sheep & Goats(10 000 heads)	126.84	128.17	1.0
猪(万头)	Hogs(10 000 heads)	3.74	2.89	-22.7
规模以上工业	**Industrial Enterprises above Designated size**			
工业企业单位数(个)	Number of Industrial Enterprises(unit)	18	24	33.3
# 内资企业(个)	Civil Funded Enterprises(unit)	18	23	27.8
工业总产值(万元)	Gross Industrial Output Value(10 000 yuan)	97887	188646	92.7
内资企业(万元)	Civil Funded Enterprises(10 000 yuan)	97887	182903	86.9
国有企业(万元)	State-owned Enterprises(10 000 yuan)	140	162	15.7
集体企业(万元)	Collective-owned Enterprises(10 000 yuan)	3800	6521	71.6
股份合作企业(万元)	Share Holding Enterprises(10 000 yuan)			
联营企业(万元)	Joint Owned Enterprises(10 000 yuan)			
有限责任公司(万元)	Limited Company(10 000 yuan)	65843	131398	99.6
股份有限公司(万元)	Share Holding Limited Company(10 000 yuan)	16502	26760	62.2
私营企业(万元)	Privately Owned Enterprises(10 000 yuan)	11602	18062	55.7
其他企业(万元)	Enterprises of Other Ownership(10 000 yuan)			
港澳台商投资企业(万元)	Funds from HK,Macao & Taiwan(10 000 yuan)		5743	
外商投资企业(万元)	Foreign Funded Enterprises(10 000 yuan)			
工业企业增加值(万元)	Value Added of Industrial Enterprises(10 000 yuan)	37143	77021	42.0
工业企业资产总计(万元)	Total Assets of Industrial Enterprises(10 000 yuan)	71798	110157	53.4
工业企业负债合计(万元)	Total Liabilities of Industrial Enterprises(10 000 yuan)	29877	61661	106.4
工业企业产品销售收入(万元)	Sales of Revenue Industrial Enterprises(10 000 yuan)	91277	181106	98.4
工业企业利润总额(万元)	Total Profits of Industrial Enterprises(10 000 yuan)	7704	18524	140.4
建筑业	**Construction**			
建筑企业单位数(个)	Number of Construction Enterprises(unit)	3	2	-33.3
建筑企业从业人员(人)	Number of Employee in Construction Enterprises(person)	262	117	-55.3
建筑业总产值(万元)	Gross Construction Output Value(10 000 yuan)	1703	1569	-7.9
交通运输邮电通信业	**Transportation,Post & Telecommunications**			
公路里程(公里)	Total Length of Highways(km)	1294	3704	186.2
邮电业务总量(万元)	Business Volume of Post & Telecoms(10 000 yuan)	1628	1755	7.8
本地电话用户(户)	Number of Subscribers of Local Telephone(Household)	28197	19253	-31.7
国内贸易	**Domestic Trade**			
社会消费品零售总额(万元)	Total Retail Sales of Consumer Goods(10 000 yuan)	41338	49765	20.4
# 贸易业(万元)	Wholesale & Retail Sales Trades(10 000 yuan)	35782	43187	20.7
餐饮业(万元)	Catering Trade(10 000 yuan)	4012	4822	20.2
科技教育卫生	**Science,Education & Public Health**			
各类专业技术人员(人)	Special Technical Personnel(person)	1851	1971	6.5
幼儿园数(所)	Number of Kindergartens(unit)	12	18	50.0
学龄儿童入学率(%)	Percentage of School-Age Children Enrolled(%)	100.0	100.0	0.0
小学学校数(所)	Number of Primary Schools(unit)	17	15	-11.8
小学专任教师数(人)	Number of Full-time Teachers of Primary Schools(person)	644	595	-7.6
小学在校学生数(人)	Number of Student Enrollment of Primary Schools(person)	7521	7341	-2.4
普通中学学校数(所)	Number of Regular Secondary Schools(unit)	6	6	0.0
普通中学专任教师数(人)	Number of Teachers of Secondary Shools(person)	392	429	9.4
初中在校学生数(人)	Number of Student in Junior Secondary Schools(person)	4115	3651	-11.3
高中在校学生数(人)	Number of Student in Senior Secondary Schools(person)	1017	1070	5.2
卫生机构数(所)	Number of Health Institutions(unit)	19	23	21.1
# 医院(所)	Hospitals(unit)	2	2	0.0
卫生院(所)	Township Hospitals(unit)	15	19	26.7
床位数(张)	Number of Beds(unit)	309	356	15.2
# 医院(张)	Hospitals(unit)	147	147	0.0
卫生院(张)	Township Hospitals(unit)	131	149	13.7
卫生技术人员(人)	Medical Technical Presonnel(person)	423	411	-2.8
# 医院(人)	Hospitals(person)	172	175	1.7
卫生院(人)	Township Hospitals(person)	168	153	-8.9

23-101 巴彦淖尔市乌拉特后旗

指 标	Item	2005	2006	2006年比上年增长% Increase Rate in 2006 Over 2005(%)
行政区域土地面积(平方公里)	**Area of Administration(Sq.km)**	**24925**	**24925**	**0.0**
人口和就业	**Population & Employment**			
年末总人口(人)	Total Population Year-end(person)	55121	62060	12.6
#男性(人)	Male(person)	28764	32187	11.9
#乡村人口(人)	Rural(person)	20428	22929	12.2
年末总户数(户)	Total Number of Households at the Year-end(Household)	18679	21581	15.5
#乡村户数(户)	Number of Rural Household(Household)	5171	6478	25.3
出生人口(人)	Births(person)	365	532	45.8
死亡人口(人)	Deaths(person)	383	96	-74.9
全社会就业人员(人)	Employment(person)	21888	27714	26.6
第一产业(人)	Primary Industry(person)	11723	14321	22.2
第二产业(人)	Secondary Industry(person)	4191	7005	67.1
第三产业(人)	Tertiary Industry(person)	5974	6388	6.9
在岗职工人数(人)	Number of Staff & Workers Employed in(person)	7264	9598	32.1
乡村劳动力(人)	Number of Rural Laborers(person)	12546	16574	32.1
#农林牧渔业(人)	Farming,Forestry,Animal Husbandry & Fishery(person)	10782	14321	32.8
国民经济综合指标	**Summary Item on the National Economy**			
生产总值(万元)	Gross Domestic Product(10 000 yuan)	136175	270300	50.0
第一产业(万元)	Primary Industry(10 000 yuan)	11365	12800	10.1
第二产业(万元)	Secondary Industry(10 000 yuan)	88795	219000	64.3
#工业(万元)	Industry(10 000 yuan)	76753	208300	69.7
第三产业(万元)	Tertiary Industry(10 000 yuan)	36015	38500	9.0
人均生产总值(元)	Per Capita GDP(yuan)	24436	46134	50.0
全社会固定资产投资(万元)	Total Investment in Fixed Assets(10 000 yuan)	117818	210510	78.7
按登记注册类型分	Grouped by Registered Type			
#国有(万元)	State-owned Enterprises(10 000 yuan)	28735	52150	81.5
集体(万元)	Collective-owned Enterprises(10 000 yuan)			
有限责任公司(万元)	Limited Liability Corporations(10 000 yuan)	41288	101083	144.8
股份有限公司(万元)	Share Holding Enterprises(10 000 yuan)	45038	54962	22.0
私营企业(万元)	Private Enterprises(10 000 yuan)		930	
外商及港澳台投资企业(万元)	Funds from HK,Macao,Taiwan & Foreign(10 000 yuan)			
按城乡渠道分	Grouped by Urban and Rural Area			
城镇(万元)	Urban(10 000 yuan)	116721	201670	72.8
农村(万元)	Rural(10 000 yuan)	762	200	-73.8
地方财政收入(万元)	Local Governments Revenue(10 000 yuan)	12285	22073	79.7
地方财政支出(万元)	Local Governments Expenditures(10 000 yuan)	28950	48030	65.9
城乡居民储蓄存款余额(万元)	Resident Saving Deposit in Urban & Rural(10 000 yuan)	35056	43764	24.8
在岗职工工资总额(万元)	Total Wages of Staff & Workers Employed in(10 000 yuan)	10769	15771	46.4
在岗职工平均工资(元)	Average Wage of Staff & Workers Employed in(yuan)	14047	16826	19.8
农牧民人均纯收入(元)	Per Capita Net Income of Peasant & Herdsman(yuan)	2097	2474	18.0
农村牧区经济	**Economic Development in Rural & Pastoral Area**			
耕地面积(公顷)	Cultivated Area(hectare)	5741	5346	-6.9
农作物总播种面积(公顷)	Total Sown Area(hectare)	4236	6084	43.6
#粮食作物播种面积(公顷)	Sown Area of Grain Crops(hectare)	3262	4098	25.6
有效灌溉面积(公顷)	Irrigated Area(hectare)	4236	3841	-9.3
农牧业机械总动力(万千瓦)	Total Power of Agricultural Machinery(10 000 kw)	4.19	4.20	0.2
化肥施用折纯量(吨)	Consumption of Chemical Fertilizer(ton)	1552	2577	66.0
农村用电量(万千瓦小时)	Electricity Consumed in Rural Area(10 000 kwh)	1136	1169	2.9
农林牧渔业总产值(万元)	Gross Output of Farming,Forestry,Animal Husbandry & Fishery(10 000 yuan)	15994	18012	12.6
粮食产量(吨)	Yield of Grain(ton)	22534	28340	25.8
油料产量(吨)	Yield of Oil-bearing Grops(ton)	1228	1943	58.2
甜菜产量(吨)	Yield of Beetroots(ton)	32	32	0.0
猪牛羊肉产量(吨)	Output of Pork, Beef & Mutton(ton)	4298	5068	17.9
#猪肉产量(吨)	Output of Pork(ton)	356	248	-30.3
牛肉产量(吨)	Output of Beef(ton)	62	42	-32.3
羊肉产量(吨)	Output of Mutton(ton)	3880	4778	23.1
羊毛产量(吨)	Output of Wool(ton)	144	132	-8.3

23-101 Wulatehou Banner in Bayannaoer City

指 标	Item	2005	2006	2006年比上年增长% Increase Rate in 2006 Over 2005(%)
年末牲畜存栏头数(万头只)	Total Livestock at the Year-end(10 000 heads)	48.33	43.91	-9.1
#大牲畜(万头只)	Large Animals(10 000 heads)	0.77	0.92	19.5
羊(万只)	Sheep & Goats(10 000 heads)	47.26	42.67	-9.7
猪(万头)	Hogs(10 000 heads)	0.30	0.32	6.7
规模以上工业	**Industrial Enterprises above Designated size**			
工业企业单位数(个)	Number of Industrial Enterprises(unit)	25	33	32.0
#内资企业(个)	Civil Funded Enterprises(unit)	25	32	28.0
工业总产值(万元)	Gross Industrial Output Value(10 000 yuan)	179341	530029	195.5
内资企业(万元)	Civil Funded Enterprises(10 000 yuan)	179341	518095	188.9
国有企业(万元)	State-owned Enterprises(10 000 yuan)	10410	14020	34.7
集体企业(万元)	Collective-owned Enterprises(10 000 yuan)			
股份合作企业(万元)	Share Holding Enterprises(10 000 yuan)			
联营企业(万元)	Joint Owned Enterprises(10 000 yuan)			
有限责任公司(万元)	Limited Company(10 000 yuan)	137729	448127	225.4
股份有限公司(万元)	Share Holding Limited Company(10 000 yuan)			
私营企业(万元)	Privately Owned Enterprises(10 000 yuan)	31202	55948	79.3
其他企业(万元)	Enterprises of Other Ownership(10 000 yuan)			
港澳台商投资企业(万元)	Funds from HK,Macao & Taiwan(10 000 yuan)			
外商投资企业(万元)	Foreign Funded Enterprises(10 000 yuan)		11934	
工业企业增加值(万元)	Value Added of Industrial Enterprises(10 000 yuan)	72952	203400	114.3
工业企业资产总计(万元)	Total Assets of Industrial Enterprises(10 000 yuan)	199581	486440	143.7
工业企业负债合计(万元)	Total Liabilities of Industrial Enterprises(10 000 yuan)	76347	241813	216.7
工业企业产品销售收入(万元)	Sales of Revenue Industrial Enterprises(10 000 yuan)	186818	532476	185.0
工业企业利润总额(万元)	Total Profits of Industrial Enterprises(10 000 yuan)	52077	223217	328.6
建筑业	**Construction**			
建筑企业单位数(个)	Number of Construction Enterprises(unit)			
建筑企业从业人员(人)	Number of Employee in Construction Enterprises(person)			
建筑业总产值(万元)	Gross Construction Output Value(10 000 yuan)			
交通运输邮电通信业	**Transportation,Post & Telecommunications**			
公路里程(公里)	Total Length of Highways(km)	886	1444	63.0
邮电业务总量(万元)	Business Volume of Post & Telecoms(10 000 yuan)	719	785	9.2
本地电话用户(户)	Number of Subscribers of Local Telephone(Household)	5950	6937	16.6
国内贸易	**Domestic Trade**			
社会消费品零售总额(万元)	Total Retail Sales of Consumer Goods(10 000 yuan)	10720	19048	77.7
#贸易业(万元)	Wholesale & Retail Sales Trades(10 000 yuan)	7576	15986	111.0
餐饮业(万元)	Catering Trade(10 000 yuan)	1659	2611	57.4
科技教育卫生	**Science,Education & Public Health**			
各类专业技术人员(人)	Special Technical Personnel(person)	2054	2103	2.4
幼儿园数(所)	Number of Kindergartens(unit)	1	1	0.0
学龄儿童入学率(%)	Percentage of School-Age Children Enrolled(%)	100.0	100.0	0.0
小学学校数(所)	Number of Primary Schools(unit)	11	8	-27.3
小学专任教师数(人)	Number of Full-time Teachers of Primary Schools(person)	375	328	-12.5
小学在校学生数(人)	Number of Student Enrollment of Primary Schools(person)	2623	3181	21.3
普通中学学校数(所)	Number of Regular Secondary Schools(unit)	4	3	-25.0
普通中学专任教师数(人)	Number of Teachers of Secondary Shools(person)	224	192	-14.3
初中在校学生数(人)	Number of Student in Junior Secondary Schools(person)	1704	1192	-30.0
高中在校学生数(人)	Number of Student in Senior Secondary Schools(person)	340	478	40.6
卫生机构数(所)	Number of Health Institutions(unit)	14	15	7.1
#医院(所)	Hospitals(unit)	2	2	0.0
卫生院(所)	Township Hospitals(unit)	10	11	10.0
床位数(张)	Number of Beds(unit)	142	154	8.5
#医院(张)	Hospitals(unit)	62	68	9.7
卫生院(张)	Township Hospitals(unit)	74	80	8.1
卫生技术人员(人)	Medical Technical Presonnel(person)	215	221	2.8
#医院(人)	Hospitals(person)	66	62	-6.1
卫生院(人)	Township Hospitals(person)	115	125	8.7

23-102 巴彦淖尔市杭锦后旗

指 标	Item	2005	2006	2006年比上年增长% Increase Rate in 2006 Over 2005(%)
行政区域土地面积(平方公里)	**Area of Administration(Sq.km)**	**1767**	**1767**	**0.0**
人口和就业	**Population & Employment**			
年末总人口(人)	Total Population Year-end(person)	304853	311948	2.3
# 男性(人)	Male(person)	154085	157932	2.5
# 乡村人口(人)	Rural(person)	219845	215304	-2.1
年末总户数(户)	Total Number of Households at the Year-end(Household)	84848	88860	4.7
# 乡村户数(户)	Number of Rural Household(Household)	51230	52434	2.4
出生人口(人)	Births(person)	1716	2272	32.4
死亡人口(人)	Deaths(person)	1228	948	-22.8
全社会就业人员(人)	Employment(person)	134851	154400	14.5
第一产业(人)	Primary Industry(person)	97754	103500	5.9
第二产业(人)	Secondary Industry(person)	11893	21100	77.4
第三产业(人)	Tertiary Industry(person)	25204	29800	18.2
在岗职工人数(人)	Number of Staff & Workers Employed in(person)	14103	13587	-3.7
乡村劳动力(人)	Number of Rural Laborers(person)	116799	126498	8.3
# 农林牧渔业(人)	Farming,Forestry,Animal Husbandry & Fishery(person)	97259	102855	5.8
国民经济综合指标	**Summary Item on the National Economy**			
生产总值(万元)	Gross Domestic Product(10 000 yuan)	348981	449900	19.0
第一产业(万元)	Primary Industry(10 000 yuan)	118360	138900	6.8
第二产业(万元)	Secondary Industry(10 000 yuan)	118992	178500	33.0
# 工业(万元)	Industry(10 000 yuan)	79376	126600	38.2
第三产业(万元)	Tertiary Industry(10 000 yuan)	111629	132500	16.3
人均生产总值(元)	Per Capita GDP(yuan)	11495	14588	19.0
全社会固定资产投资(万元)	Total Investment in Fixed Assets(10 000 yuan)	212869	340676	60.0
按登记注册类型分	Grouped by Registered Type			
# 国有(万元)	State-owned Enterprises(10 000 yuan)	108685	166294	53.0
集体(万元)	Collective-owned Enterprises(10 000 yuan)			
有限责任公司(万元)	Limited Liability Corporations(10 000 yuan)	10980	4120	-62.5
股份有限公司(万元)	Share Holding Enterprises(10 000 yuan)	33772	71110	110.6
私营企业(万元)	Private Enterprises(10 000 yuan)	37685	86280	129.0
外商及港澳台投资企业 (万元)	Funds from HK,Macao,Taiwan & Foreign(10 000 yuan)			
按城乡渠道分	Grouped by Urban and Rural Area			
城镇（万元）	Urban(10 000 yuan)	186114	302244	62.4
农村（万元）	Rural(10 000 yuan)	24730	16132	-34.8
地方财政收入(万元)	Local Governments Revenue(10 000 yuan)	18987	16955	-10.7
地方财政支出(万元)	Local Governments Expenditures(10 000 yuan)	43795	50749	15.9
城乡居民储蓄存款余额(万元)	Resident Saving Deposit in Urban & Rural(10 000 yuan)	159580	167700	5.1
在岗职工工资总额(万元)	Total Wages of Staff & Workers Employed in(10 000 yuan)	17407	20021	15.0
在岗职工平均工资(元)	Average Wage of Staff & Workers Employed in(yuan)	12591	14870	18.1
农牧民人均纯收入(元)	Per Capita Net Income of Peasant & Herdsman(yuan)	4285	4909	14.6
农村牧区经济	**Economic Development in Rural & Pastoral Area**			
耕地面积(公顷)	Cultivated Area(hectare)	85510	84854	-0.8
农作物总播种面积(公顷)	Total Sown Area(hectare)	83092	82490	-0.7
# 粮食作物播种面积(公顷)	Sown Area of Grain Crops(hectare)	49580	49538	-0.1
有效灌溉面积(公顷)	Irrigated Area(hectare)	85510	84854	-0.8
农牧业机械总动力(万千瓦)	Total Power of Agricultural Machinery(10 000 kw)	41.65	44.13	6.0
化肥施用折纯量(吨)	Consumption of Chemical Fertilizer(ton)	48809	50327	3.1
农村用电量(万千瓦小时)	Electricity Consumed in Rural Area(10 000 kwh)	3561	3614	1.5
农林牧渔业总产值(万元)	Gross Output of Farming,Forestry,Animal Husbandry & Fishery(10 000 yuan)	208148	227385	9.2
粮食产量(吨)	Yield of Grain(ton)	405329	403985	-0.3
油料产量(吨)	Yield of Oil-bearing Grops(ton)	23155	24845	7.3
甜菜产量(吨)	Yield of Beetroots(ton)	2220	9775	340.3
猪牛羊肉产量(吨)	Output of Pork, Beef & Mutton(ton)	36899	49877	35.2
# 猪肉产量(吨)	Output of Pork(ton)	18068	18156	0.5
牛肉产量(吨)	Output of Beef(ton)	1567	1501	-4.2
羊肉产量(吨)	Output of Mutton(ton)	17264	30220	75.0
羊毛产量(吨)	Output of Wool(ton)	1681	1671	-0.6

23-102 Hangjinhou Banner in Bayannaoer City

指标	Item	2005	2006	2006年比上年增长% Increase Rate in 2006 Over 2005(%)
年末牲畜存栏头数(万头只)	Total Livestock at the Year-end(10 000 heads)	171.23	167.34	-2.3
#大牲畜(万头只)	Large Animals(10 000 heads)	8.19	7.95	-2.9
羊(万只)	Sheep & Goats(10 000 heads)	146.35	145.37	-0.7
猪(万头)	Hogs(10 000 heads)	16.69	14.02	-16.0
规模以上工业	**Industrial Enterprises above Designated size**			
工业企业单位数(个)	Number of Industrial Enterprises(unit)	17	27	58.8
#内资企业(个)	Civil Funded Enterprises(unit)	16	27	68.8
工业总产值(万元)	Gross Industrial Output Value(10 000 yuan)	214330	307979	43.7
内资企业(万元)	Civil Funded Enterprises(10 000 yuan)	201902	307979	52.5
国有企业(万元)	State-owned Enterprises(10 000 yuan)	23346	31691	35.7
集体企业(万元)	Collective-owned Enterprises(10 000 yuan)	5831	1580	-72.9
股份合作企业(万元)	Share Holding Enterprises(10 000 yuan)		3919	
联营企业(万元)	Joint Owned Enterprises(10 000 yuan)			
有限责任公司(万元)	Limited Company(10 000 yuan)	49319	96400	95.5
股份有限公司(万元)	Share Holding Limited Company(10 000 yuan)	61049	53021	-13.2
私营企业(万元)	Privately Owned Enterprises(10 000 yuan)	62356	121368	94.6
其他企业(万元)	Enterprises of Other Ownership(10 000 yuan)			
港澳台商投资企业(万元)	Funds from HK,Macao & Taiwan(10 000 yuan)	12428		
外商投资企业(万元)	Foreign Funded Enterprises(10 000 yuan)			
工业企业增加值(万元)	Value Added of Industrial Enterprises(10 000 yuan)	67694	110919	42.0
工业企业资产总计(万元)	Total Assets of Industrial Enterprises(10 000 yuan)	144374	201993	39.9
工业企业负债合计(万元)	Total Liabilities of Industrial Enterprises(10 000 yuan)	89487	110426	23.4
工业企业产品销售收入(万元)	Sales of Revenue Industrial Enterprises(10 000 yuan)	205024	276483	34.9
工业企业利润总额(万元)	Total Profits of Industrial Enterprises(10 000 yuan)	12552	12553	0.0
建筑业	**Construction**			
建筑企业单位数(个)	Number of Construction Enterprises(unit)	2	2	0.0
建筑企业从业人员(人)	Number of Employee in Construction Enterprises(person)	242	242	0.0
建筑业总产值(万元)	Gross Construction Output Value(10 000 yuan)	6761	6761	0.0
交通运输邮电通信业	**Transportation,Post & Telecommunications**			
公路里程(公里)	Total Length of Highways(km)	426	480	12.7
邮电业务总量(万元)	Business Volume of Post & Telecoms(10 000 yuan)	7653	9566	25.0
本地电话用户(户)	Number of Subscribers of Local Telephone(Household)	25800	52320	102.8
国内贸易	**Domestic Trade**			
社会消费品零售总额(万元)	Total Retail Sales of Consumer Goods(10 000 yuan)	70742	80360	13.6
#贸易业(万元)	Wholesale & Retail Sales Trades(10 000 yuan)	55428	66271	19.6
餐饮业(万元)	Catering Trade(10 000 yuan)	9240	10222	10.6
科技教育卫生	**Science,Education & Public Health**			
各类专业技术人员(人)	Special Technical Personnel(person)	3305	4320	30.7
幼儿园数(所)	Number of Kindergartens(unit)	7	7	0.0
学龄儿童入学率(%)	Percentage of School-Age Children Enrolled(%)	100.0	100.0	0.0
小学学校数(所)	Number of Primary Schools(unit)	118	87	-26.3
小学专任教师数(人)	Number of Full-time Teachers of Primary Schools(person)	1466	1412	-3.7
小学在校学生数(人)	Number of Student Enrollment of Primary Schools(person)	19852	18786	-5.4
普通中学学校数(所)	Number of Regular Secondary Schools(unit)	13	14	7.7
普通中学专任教师数(人)	Number of Teachers of Secondary Shools(person)	985	991	0.6
初中在校学生数(人)	Number of Student in Junior Secondary Schools(person)	11280	11482	1.8
高中在校学生数(人)	Number of Student in Senior Secondary Schools(person)	5803	6131	5.7
卫生机构数(所)	Number of Health Institutions(unit)	23	24	4.3
#医院(所)	Hospitals(unit)	3	3	0.0
卫生院(所)	Township Hospitals(unit)	17	18	5.9
床位数(张)	Number of Beds(unit)	523	633	21.0
#医院(张)	Hospitals(unit)	250	336	34.4
卫生院(张)	Township Hospitals(unit)	208	234	12.5
卫生技术人员(人)	Medical Technical Presonnel(person)	702	766	9.1
#医院(人)	Hospitals(person)	360	406	12.8
卫生院(人)	Township Hospitals(person)	144	161	11.8

23-103 乌海市海勃湾区

指 标	Item	2005	2006	2006年比上年增长% Increase Rate in 2006 Over 2005(%)
行政区域土地面积(平方公里)	**Area of Administration(Sq.km)**	**529**	**529**	**0.0**
人口和就业	**Population & Employment**			
年末总人口(人)	Total Population Year-end(person)	224000	227830	1.7
# 男性(人)	Male(person)	116400	115627	-0.7
# 乡村人口(人)	Rural(person)	6431	4808	-25.2
年末总户数(户)	Total Number of Households at the Year-end(Household)	78039	79940	2.4
# 乡村户数(户)	Number of Rural Household(Household)	2075	1457	-29.8
出生人口(人)	Births(person)	2489	2273	-8.7
死亡人口(人)	Deaths(person)	2200	1128	-48.7
全社会就业人员(人)	Employment(person)	90199	90874	0.7
第一产业(人)	Primary Industry(person)	12789	12789	0.0
第二产业(人)	Secondary Industry(person)	33817	34070	0.7
第三产业(人)	Tertiary Industry(person)	43593	44015	1.0
在岗职工人数(人)	Number of Staff & Workers Employed in(person)	48447	51741	6.8
乡村劳动力(人)	Number of Rural Laborers(person)	13508	11485	-15.0
# 农林牧渔业(人)	Farming,Forestry,Animal Husbandry & Fishery(person)	8158	7586	-7.0
国民经济综合指标	**Summary Item on the National Economy**			
生产总值(万元)	Gross Domestic Product(10 000 yuan)	449655	602892	18.6
第一产业(万元)	Primary Industry(10 000 yuan)	5974	6456	7.0
第二产业(万元)	Secondary Industry(10 000 yuan)	223571	333647	20.9
# 工业(万元)	Industry(10 000 yuan)	189464	288223	24.3
第三产业(万元)	Tertiary Industry(10 000 yuan)	220110	262789	16.4
人均生产总值(元)	Per Capita GDP(yuan)	22295	26687	16.7
全社会固定资产投资(万元)	Total Investment in Fixed Assets(10 000 yuan)	339017	283424	-16.4
按登记注册类型分	Grouped by Registered Type			
# 国有(万元)	State-owned Enterprises(10 000 yuan)	128089	135069	5.4
集体(万元)	Collective-owned Enterprises(10 000 yuan)			
有限责任公司(万元)	Limited Liability Corporations(10 000 yuan)	123033	136834	11.2
股份有限公司(万元)	Share Holding Enterprises(10 000 yuan)	2160	318	-85.3
私营企业(万元)	Private Enterprises(10 000 yuan)	8265	9324	12.8
外商及港澳台投资企业(万元)	Funds from HK,Macao,Taiwan & Foreign(10 000 yuan)	77170		
按城乡渠道分	Grouped by Urban and Rural Area			
城镇（万元）	Urban(10 000 yuan)	339017	283424	-16.4
农村（万元）	Rural(10 000 yuan)			
地方财政收入(万元)	Local Governments Revenue(10 000 yuan)	16367	19496	19.1
地方财政支出(万元)	Local Governments Expenditures(10 000 yuan)	23668	37256	57.4
城乡居民储蓄存款余额(万元)	Resident Saving Deposit in Urban & Rural(10 000 yuan)	345472	446152	29.1
在岗职工工资总额(万元)	Total Wages of Staff & Workers Empioyed in(10 000 yuan)	76680	96243	25.5
在岗职工平均工资(元)	Average Wage of Staff & Workers Employed in(yuan)	15828	18601	17.5
农牧民人均纯收入(元)	Per Capita Net Income of Peasant & Herdsman(yuan)	4840	5940	22.7
农村牧区经济	**Economic Development in Rural & Pastoral Area**			
耕地面积(公顷)	Cultivated Area(hectare)	1892	1892	0.0
农作物总播种面积(公顷)	Total Sown Area(hectare)	2077	2113	1.7
#粮食作物播种面积（公顷）	Sown Area of Grain Crops(hectare)	1241	1231	-0.8
有效灌溉面积（公顷）	Irrigated Area(hectare)	1892	1892	0.0
农牧业机械总动力(万千瓦)	Total Power of Agricultural Machinery(10 000 kw)	3.93	3.98	1.3
化肥施用折纯量(吨)	Consumption of Chemical Fertilizer(ton)	2472	2478	0.2
农村用电量(万千瓦小时)	Electricity Consumed in Rural Area(10 000 kwh)	1160	1380	19.0
农林牧渔业总产值(万元)	Gross Output of Farming,Forestry,Animal Husbandry & Fishery(10 000 yuan)	9943	10880	8.3
粮食产量(吨)	Yield of Grain(ton)	9448	9334	-1.2
油料产量(吨)	Yield of Oil-bearing Grops(ton)	79	573	625.3
甜菜产量(吨)	Yield of Beetroots(ton)			
猪牛羊肉产量(吨)	Output of Pork, Beef & Mutton(ton)	3028	3437	13.5
# 猪肉产量(吨)	Output of Pork(ton)	2420	2850	17.8
牛肉产量(吨)	Output of Beef(ton)	156	114	-26.9
羊肉产量(吨)	Output of Mutton(ton)	452	473	4.6
羊毛产量(吨)	Output of Wool(ton)	39	43	10.3

23-103 Haibowan District in Wuhai City

指 标	Item	2005	2006	2006年比上年增长% Increase Rate in 2006 Over 2005(%)
年末牲畜存栏头数(万头只)	Total Livestock at the Year-end(10 000 heads)	4.48	4.68	4.5
#大牲畜(万头只)	Large Animals(10 000 heads)	0.20	0.22	10.0
羊(万只)	Sheep & Goats(10 000 heads)	2.56	2.67	4.3
猪(万头)	Hogs(10 000 heads)	1.72	1.78	3.5
规模以上工业	**Industrial Enterprises above Designated size**			
工业企业单位数(个)	Number of Industrial Enterprises(unit)	34	36	5.9
#内资企业(个)	Civil Funded Enterprises(unit)	34	36	5.9
工业总产值(万元)	Gross Industrial Output Value(10 000 yuan)	442805	550721	24.4
内资企业(万元)	Civil Funded Enterprises(10 000 yuan)	442805	550721	24.4
国有企业(万元)	State-owned Enterprises(10 000 yuan)	144828	171716	18.6
集体企业(万元)	Collective-owned Enterprises(10 000 yuan)			
股份合作企业(万元)	Share Holding Enterprises(10 000 yuan)		12376	
联营企业(万元)	Joint Owned Enterprises(10 000 yuan)			
有限责任公司(万元)	Limited Company(10 000 yuan)	119821	116224	-3.0
股份有限公司(万元)	Share Holding Limited Company(10 000 yuan)	23676	10908	-53.9
私营企业(万元)	Privately Owned Enterprises(10 000 yuan)	154480	239497	55.0
其他企业(万元)	Enterprises of Other Ownership(10 000 yuan)			
港澳台商投资企业(万元)	Funds from HK,Macao & Taiwan(10 000 yuan)			
外商投资企业(万元)	Foreign Funded Enterprises(10 000 yuan)			
工业企业增加值(万元)	Value Added of Industrial Enterprises(10 000 yuan)	175164	270462	24.7
工业企业资产总计(万元)	Total Assets of Industrial Enterprises(10 000 yuan)	663758	653544	-1.5
工业企业负债合计(万元)	Total Liabilities of Industrial Enterprises(10 000 yuan)	498596	535096	7.3
工业企业产品销售收入(万元)	Sales of Revenue Industrial Enterprises(10 000 yuan)	254493	316723	24.5
工业企业利润总额(万元)	Total Profits of Industrial Enterprises(10 000 yuan)	7989	4597	-42.5
建筑业	**Construction**			
建筑企业单位数(个)	Number of Construction Enterprises(unit)	27	30	11.1
建筑企业从业人员(人)	Number of Employee in Construction Enterprises(person)	23381	11906	-49.1
建筑业总产值(万元)	Gross Construction Output Value(10 000 yuan)	142551	148291	4.0
交通运输邮电通信业	**Transportation,Post & Telecommunications**			
公路里程(公里)	Total Length of Highways(km)	453	465	2.6
邮电业务总量(万元)	Business Volume of Post & Telecoms(10 000 yuan)	2560	2900	13.3
本地电话用户(户)	Number of Subscribers of Local Telephone(Household)	104439	108512	3.9
国内贸易	**Demestic Trade**			
社会消费品零售总额(万元)	Total Retail Sales of Consumer Goods(10 000 yuan)	193826	227339	17.3
#贸易业(万元)	Wholesale & Retail Sales Trades(10 000 yuan)	162710	184198	13.2
餐饮业(万元)	Catering Trade(10 000 yuan)	29860	42867	43.6
科技教育卫生	**Science,Education & Public Health**			
各类专业技术人员(人)	Speccial Technical Personnel(person)	11996	13407	11.8
幼儿园数(所)	Number of Kindergartens(unit)	17	9	-47.1
学龄儿童入学率(%)	Percentage of School-Age Children Enrolled(%)	100.0	99.9	-0.1
小学学校数(所)	Number of Primary Schools(unit)	18	19	5.6
小学专任教师数(人)	Number of Full-time Teachers of Primary Schools(person)	1068	1121	5.0
小学在校学生数(人)	Number of Student Enrollment of Primary Schools(person)	19247	19352	0.5
普通中学学校数(所)	Number of Regular Secondary Schools(unit)	17	14	-17.6
普通中学专任教师数(人)	Number of Teachers of Secondary Shools(person)	1088	1173	7.8
初中在校学生数(人)	Number of Student in Junior Secondary Schools(person)	10826	10269	-5.1
高中在校学生数(人)	Number of Student in Senior Secondary Schools(person)	6911	7372	6.7
卫生机构数(所)	Number of Health Institutions(unit)	154	142	-7.8
#医院(所)	Hospitals(unit)	8	9	12.5
卫生院(所)	Township Hospitals(unit)	2	2	0.0
床位数(张)	Number of Beds(unit)	1054	1069	1.4
#医院(张)	Hospitals(unit)	958	959	0.1
卫生院(张)	Township Hospitals(unit)	22	40	81.8
卫生技术人员(人)	Medical Technical Presonnel(person)	1370	1388	1.3
#医院(人)	Hospitals(person)	962	928	-3.5
卫生院(人)	Township Hospitals(person)	16	17	6.2

23-104 乌海市海南区

指 标	Item	2005	2006	2006年比上年增长% Increase Rate in 2006 Over 2005(%)
行政区域土地面积(平方公里)	**Area of Administration(Sq.km)**	**1005**	**1005**	**0.0**
人口和就业	**Population & Employment**			
年末总人口(人)	Total Population Year-end(person)	110000	109519	-0.4
#男性(人)	Male(person)	57000	58482	2.6
#乡村人口(人)	Rural(person)	15470	13611	-12.0
年末总户数(户)	Total Number of Households at the Year-end(Household)	38323	38428	0.3
#乡村户数(户)	Number of Rural Household(Household)	4990	4602	-7.8
出生人口(人)	Births(person)	1106	1101	-0.5
死亡人口(人)	Deaths(person)	580	584	0.7
全社会就业人员(人)	Employment(person)	65941	66435	0.7
第一产业(人)	Primary Industry(person)	3557	3557	0.0
第二产业(人)	Secondary Industry(person)	26814	27015	0.7
第三产业(人)	Tertiary Industry(person)	35570	35863	0.8
在岗职工人数(人)	Number of Staff & Workers Employed in(person)	27245	29098	6.8
乡村劳动力(人)	Number of Rural Laborers(person)	12142	10576	-12.9
#农林牧渔业(人)	Farming,Forestry,Animal Husbandry & Fishery(person)	8586	8304	-3.3
国民经济综合指标	**Summary Item on the National Economy**			
生产总值(万元)	Gross Domestic Product(10 000 yuan)	409888	495933	15.2
第一产业(万元)	Primary Industry(10 000 yuan)	7792	8320	5.2
第二产业(万元)	Secondary Industry(10 000 yuan)	282945	349734	16.1
#工业(万元)	Industry(10 000 yuan)	251306	309539	18.6
第三产业(万元)	Tertiary Industry(10 000 yuan)	119151	137879	13.6
人均生产总值(元)	Per Capita GDP(yuan)	43025	45184	4.0
全社会固定资产投资(万元)	Total Investment in Fixed Assets(10 000 yuan)	314489	187779	-94.0
按登记注册类型分	Grouped by Registered Type			
#国有(万元)	State-owned Enterprises(10 000 yuan)	35171	35017	-0.4
集体(万元)	Collective-owned Enterprises(10 000 yuan)			
有限责任公司(万元)	Limited Liability Corporations(10 000 yuan)	261101	86727	-66.8
股份有限公司(万元)	Share Holding Enterprises(10 000 yuan)	1483	5849	294.4
私营企业(万元)	Private Enterprises(10 000 yuan)	15734	33316	111.7
外商及港澳台投资企业(万元)	Funds from HK,Macao,Taiwan & Foreign(10 000 yuan)			
按城乡渠道分	Grouped by Urban and Rural Area			
城镇(万元)	Urban(10 000 yuan)		18779	
农村(万元)	Rural(10 000 yuan)			
地方财政收入(万元)	Local Governments Revenue(10 000 yuan)	14878	14777	-0.7
地方财政支出(万元)	Local Governments Expenditures(10 000 yuan)	25624	29357	14.6
城乡居民储蓄存款余额(万元)	Resident Saving Deposit in Urban & Rural(10 000 yuan)	193743	214458	10.7
在岗职工工资总额(万元)	Total Wages of Staff & Workers Empioyed in(10 000 yuan)	43614	53035	21.6
在岗职工平均工资(元)	Average Wage of Staff & Workers Employed in(yuan)	16008	18226	13.9
农牧民人均纯收入(元)	Per Capita Net Income of Peasant & Herdsman(yuan)	4470	5360	19.9
农村牧区经济	**Economic Development in Rural & Pastoral Area**			
耕地面积(公顷)	Cultivated Area(hectare)	2593	2797	7.9
农作物总播种面积(公顷)	Total Sown Area(hectare)	3072	3322	8.1
#粮食作物播种面积(公顷)	Sown Area of Grain Crops(hectare)	2286	2612	14.3
有效灌溉面积(公顷)	Irrigated Area(hectare)	2593	2430	-6.3
农牧业机械总动力(万千瓦)	Total Power of Agricultural Machinery(10 000 kw)	7.85	6.60	-15.9
化肥施用折纯量(吨)	Consumption of Chemical Fertilizer(ton)	3046	3410	12.0
农村用电量(万千瓦小时)	Electricity Consumed in Rural Area(10 000 kwh)	938	915	-2.5
农林牧渔业总产值(万元)	Gross Output of Farming,Forestry,Animal Husbandry & Fishery(10 000 yuan)	12969	14021	8.0
粮食产量(吨)	Yield of Grain(ton)	16702	16715	0.1
油料产量(吨)	Yield of Oil-bearing Grops(ton)	709	302	-57.4
甜菜产量(吨)	Yield of Beetroots(ton)			
猪牛羊肉产量(吨)	Output of Pork, Beef & Mutton(ton)	5352	5217	-2.5
#猪肉产量(吨)	Output of Pork(ton)	4287	4148	-3.2
牛肉产量(吨)	Output of Beef(ton)	17	55	223.5
羊肉产量(吨)	Output of Mutton(ton)	1048	1014	-3.2
羊毛产量(吨)	Output of Wool(ton)	86	101	17.4

23-104 Hainan District in Wuhai City

指 标	Item	2005	2006	2006年比上年增长% Increase Rate in 2006 Over 2005(%)
年末牲畜存栏头数(万头只)	Total Livestock at the Year-end(10 000 heads)	8.00	7.77	-2.9
#大牲畜(万头只)	Large Animals(10 000 heads)	0.38	0.27	-28.9
羊(万只)	Sheep & Goats(10 000 heads)	6.12	6.23	1.8
猪(万头)	Hogs(10 000 heads)	1.49	1.27	-14.8
规模以上工业	**Industrial Enterprises above Designated size**			
工业企业单位数(个)	Number of Industrial Enterprises(unit)	64	51	-20.3
#内资企业(个)	Civil Funded Enterprises(unit)	61	49	-19.7
工业总产值(万元)	Gross Industrial Output Value(10 000 yuan)	460562	549693	19.4
内资企业(万元)	Civil Funded Enterprises(10 000 yuan)	446479	534056	19.6
国有企业(万元)	State-owned Enterprises(10 000 yuan)	1092	714	-34.6
集体企业(万元)	Collective-owned Enterprises(10 000 yuan)			
股份合作企业(万元)	Share Holding Enterprises(10 000 yuan)	12249		
联营企业(万元)	Joint Owned Enterprises(10 000 yuan)			
有限责任公司(万元)	Limited Company(10 000 yuan)	105739	121112	14.5
股份有限公司(万元)	Share Holding Limited Company(10 000 yuan)	121088	195214	61.2
私营企业(万元)	Privately Owned Enterprises(10 000 yuan)	206311	217015	5.2
其他企业(万元)	Enterprises of Other Ownership(10 000 yuan)			
港澳台商投资企业(万元)	Funds from HK,Macao & Taiwan(10 000 yuan)	4979	405	-91.9
外商投资企业(万元)	Foreign Funded Enterprises(10 000 yuan)	9104	15232	67.3
工业企业增加值(万元)	Value Added of Industrial Enterprises(10 000 yuan)	220406	272193	18.9
工业企业资产总计(万元)	Total Assets of Industrial Enterprises(10 000 yuan)	85959	887451	932.4
工业企业负债合计(万元)	Total Liabilities of Industrial Enterprises(10 000 yuan)	577845	546514	-5.4
工业企业产品销售收入(万元)	Sales of Revenue Industrial Enterprises(10 000 yuan)	376189	429302	14.1
工业企业利润总额(万元)	Total Profits of Industrial Enterprises(10 000 yuan)	11087	12167	9.7
建筑业	**Construction**			
建筑企业单位数(个)	Number of Construction Enterprises(unit)	2	2	0.0
建筑企业从业人员(人)	Number of Employee in Construction Enterprises(person)	535	258	-51.8
建筑业总产值(万元)	Gross Construction Output Value(10 000 yuan)	2759	20621	647.4
交通运输邮电通信业	**Transportation,Post & Telecommunications**			
公路里程(公里)	Total Length of Highways(km)	184	187	1.6
邮电业务总量(万元)	Business Volume of Post & Telecoms(10 000 yuan)	390	553	41.8
本地电话用户(户)	Number of Subscribers of Local Telephone(Household)	35792	37188	3.9
国内贸易	**Demestic Trade**			
社会消费品零售总额(万元)	Total Retail Sales of Consumer Goods(10 000 yuan)	38244	43617	14.0
#贸易业(万元)	Wholesale & Retail Sales Trades(10 000 yuan)	34495	39209	13.7
餐饮业(万元)	Catering Trade(10 000 yuan)	3749	4408	17.6
科技教育卫生	**Science,Education & Public Health**			
各类专业技术人员(人)	Speccial Technical Personnel(person)	2489	2792	12.2
幼儿园数(所)	Number of Kindergartens(unit)	9	22	144.4
学龄儿童入学率(%)	Percentage of School-Age Children Enrolled(%)	100.0	100.0	0.0
小学学校数(所)	Number of Primary Schools(unit)	14	14	0.0
小学专任教师数(人)	Number of Full-time Teachers of Primary Schools(person)	620	611	-1.5
小学在校学生数(人)	Number of Student Enrollment of Primary Schools(person)	9012	8655	-4.0
普通中学学校数(所)	Number of Regular Secondary Schools(unit)	9	9	0.0
普通中学专任教师数(人)	Number of Teachers of Secondary Shools(person)	321	342	6.5
初中在校学生数(人)	Number of Student in Junior Secondary Schools(person)	4087	3993	-2.3
高中在校学生数(人)	Number of Student in Senior Secondary Schools(person)	224	141	-37.1
卫生机构数(所)	Number of Health Institutions(unit)	88	81	-8.0
#医院(所)	Hospitals(unit)	3	3	0.0
卫生院(所)	Township Hospitals(unit)	3	3	0.0
床位数(张)	Number of Beds(unit)	371	371	0.0
#医院(张)	Hospitals(unit)	347	347	0.0
卫生院(张)	Township Hospitals(unit)	24	24	0.0
卫生技术人员(人)	Medical Technical Presonnel(person)	385	385	0.0
#医院(人)	Hospitals(person)	349	349	0.0
卫生院(人)	Township Hospitals(person)	36	22	-38.9

23-105 乌海市乌达区

指 标	Item	2005	2006	2006年比上年增长% Increase Rate in 2006 Over 2005(%)
行政区域土地面积(平方公里)	**Area of Administration(Sq.km)**	**220**	**220**	**0.0**
人口和就业	**Population & Employment**			
年末总人口(人)	Total Population Year-end(person)	131000	132751	1.3
#男性(人)	Male(person)	67300	69031	2.6
#乡村人口(人)	Rural(person)	2598	2556	-1.6
年末总户数(户)	Total Number of Households at the Year-end(Household)	45638	46579	2.1
#乡村户数(户)	Number of Rural Household(Household)	838	775	-7.5
出生人口(人)	Births(person)	1007	1149	14.1
死亡人口(人)	Deaths(person)	666	701	5.3
全社会就业人员(人)	Employment(person)	58255	58691	0.7
第一产业(人)	Primary Industry(person)	6729	6729	0.0
第二产业(人)	Secondary Industry(person)	35734	35915	0.5
第三产业(人)	Tertiary Industry(person)	15792	16047	1.6
在岗职工人数(人)	Number of Staff & Workers Employed in(person)	19792	21211	7.2
乡村劳动力(人)	Number of Rural Laborers(person)	6268	7484	19.4
#农林牧渔业(人)	Farming,Forestry,Animal Husbandry & Fishery(person)	5600	6028	7.6
国民经济综合指标	**Summary Item on the National Economy**			
生产总值(万元)	Gross Domestic Product(10 000 yuan)	335554	424427	18.3
第一产业(万元)	Primary Industry(10 000 yuan)	5061	5410	6.2
第二产业(万元)	Secondary Industry(10 000 yuan)	231440	305094	20.6
#工业(万元)	Industry(10 000 yuan)	206568	274489	24.1
第三产业(万元)	Tertiary Industry(10 000 yuan)	99053	113923	13.2
人均生产总值(元)	Per Capita GDP(yuan)	25826	32184	21.0
全社会固定资产投资(万元)	Total Investment in Fixed Assets(10 000 yuan)	247216	145209	-41.3
按登记注册类型分	Grouped by Registered Type			
#国有(万元)	State-owned Enterprises(10 000 yuan)	69205	36521	-47.2
集体(万元)	Collective-owned Enterprises(10 000 yuan)			
有限责任公司(万元)	Limited Liability Corporations(10 000 yuan)	176485	98348	-44.3
股份有限公司(万元)	Share Holding Enterprises(10 000 yuan)	500	2824	464.8
私营企业(万元)	Private Enterprises(10 000 yuan)	726	1400	92.8
外商及港澳台投资企业(万元)	Funds from HK,Macao,Taiwan & Foreign(10 000 yuan)	300	3259	986.3
按城乡渠道分	Grouped by Urban and Rural Area			
城镇(万元)	Urban(10 000 yuan)	247216	145209	-41.3
农村(万元)	Rural(10 000 yuan)			
地方财政收入(万元)	Local Governments Revenue(10 000 yuan)	11952	12741	6.6
地方财政支出(万元)	Local Governments Expenditures(10 000 yuan)	22943	29389	28.1
城乡居民储蓄存款余额(万元)	Resident Saving Deposit in Urban & Rural(10 000 yuan)	254485	260092	2.2
在岗职工工资总额(万元)	Total Wages of Staff & Workers Empioyed in(10 000 yuan)	37624	41728	10.9
在岗职工平均工资(元)	Average Wage of Staff & Workers Employed in(yuan)	14464	19673	36.0
农牧民人均纯收入(元)	Per Capita Net Income of Peasant & Herdsman(yuan)	4810		
农村牧区经济	**Economic Development in Rural & Pastoral Area**			
耕地面积(公顷)	Cultivated Area(hectare)	1829	1899	3.8
农作物总播种面积(公顷)	Total Sown Area(hectare)	1901	1891	-0.5
#粮食作物播种面积(公顷)	Sown Area of Grain Crops(hectare)	906	1121	23.7
有效灌溉面积(公顷)	Irrigated Area(hectare)	1829	1824	-0.3
农牧业机械总动力(万千瓦)	Total Power of Agricultural Machinery(10 000 kw)	7.22	7.34	1.7
化肥施用折纯量(吨)	Consumption of Chemical Fertilizer(ton)	943	925	-1.9
农村用电量(万千瓦小时)	Electricity Consumed in Rural Area(10 000 kwh)	850	1105	30.0
农林牧渔业总产值(万元)	Gross Output of Farming,Forestry,Animal Husbandry & Fishery(10 000 yuan)	8423	9117	8.2
粮食产量(吨)	Yield of Grain(ton)	5515	8098	46.8
油料产量(吨)	Yield of Oil-bearing Grops(ton)	1029	758	-26.3
甜菜产量(吨)	Yield of Beetroots(ton)			
猪牛羊肉产量(吨)	Output of Pork, Beef & Mutton(ton)	1803	1836	1.8
#猪肉产量(吨)	Output of Pork(ton)	1568	1575	0.4
牛肉产量(吨)	Output of Beef(ton)	10	20	100.0
羊肉产量(吨)	Output of Mutton(ton)	225	241	7.1
羊毛产量(吨)	Output of Wool(ton)	21	10	-52.4

23-105 Wuda District in Wuhai City

指 标	Item	2005	2006	2006年比上年增长% Increase Rate in 2006 Over 2005(%)
年末牲畜存栏头数(万头只)	Total Livestock at the Year-end(10 000 heads)	1.88	1.61	-14.4
#大牲畜(万头只)	Large Animals(10 000 heads)	0.13	0.12	-7.7
羊(万只)	Sheep & Goats(10 000 heads)	0.81	0.64	-21.0
猪(万头)	Hogs(10 000 heads)	0.94	0.86	-8.5
规模以上工业	**Industrial Enterprises above Designated size**			
工业企业单位数(个)	Number of Industrial Enterprises(unit)	50	58	16.0
#内资企业(个)	Civil Funded Enterprises(unit)	49	57	16.3
工业总产值(万元)	Gross Industrial Output Value(10 000 yuan)	433337	569257	27.3
内资企业(万元)	Civil Funded Enterprises(10 000 yuan)	432097	567967	27.3
国有企业(万元)	State-owned Enterprises(10 000 yuan)	618	843	32.2
集体企业(万元)	Collective-owned Enterprises(10 000 yuan)			
股份合作企业(万元)	Share Holding Enterprises(10 000 yuan)			
联营企业(万元)	Joint Owned Enterprises(10 000 yuan)			
有限责任公司(万元)	Limited Company(10 000 yuan)	173467	257647	43.9
股份有限公司(万元)	Share Holding Limited Company(10 000 yuan)	66870	85797	24.3
私营企业(万元)	Privately Owned Enterprises(10 000 yuan)	191142	223681	13.4
其他企业(万元)	Enterprises of Other Ownership(10 000 yuan)			
港澳台商投资企业(万元)	Funds from HK,Macao & Taiwan(10 000 yuan)	1240	1290	4.0
外商投资企业(万元)	Foreign Funded Enterprises(10 000 yuan)			
工业企业增加值(万元)	Value Added of Industrial Enterprises(10 000 yuan)	194468	259450	24.3
工业企业资产总计(万元)	Total Assets of Industrial Enterprises(10 000 yuan)	750913	985003	31.2
工业企业负债合计(万元)	Total Liabilities of Industrial Enterprises(10 000 yuan)	405669	674283	66.2
工业企业产品销售收入(万元)	Sales of Revenue Industrial Enterprises(10 000 yuan)	378736	552486	45.9
工业企业利润总额(万元)	Total Profits of Industrial Enterprises(10 000 yuan)	29142	-763	
建筑业	**Construction**			
建筑企业单位数(个)	Number of Construction Enterprises(unit)	2	2	0.0
建筑企业从业人员(人)	Number of Employee in Construction Enterprises(person)	5084	3349	-34.1
建筑业总产值(万元)	Gross Construction Output Value(10 000 yuan)	31290	23853	-23.8
交通运输邮电通信业	**Transportation,Post & Telecommunications**			
公路里程(公里)	Total Length of Highways(km)	81	94	16.0
邮电业务总量(万元)	Business Volume of Post & Telecoms(10 000 yuan)	550	747	35.8
本地电话用户(户)	Number of Subscribers of Local Telephone(Household)	38769	40300	3.9
国内贸易	**Demestic Trade**			
社会消费品零售总额(万元)	Total Retail Sales of Consumer Goods(10 000 yuan)	57655	66864	16.0
#贸易业(万元)	Wholesale & Retail Sales Trades(10 000 yuan)	51890	58672	13.1
餐饮业(万元)	Catering Trade(10 000 yuan)	5189	6862	32.2
科技教育卫生	**Science,Education & Public Health**			
各类专业技术人员(人)	Speccial Technical Personnel(person)	3087	3450	11.8
幼儿园数(所)	Number of Kindergartens(unit)	13	10	-23.1
学龄儿童入学率(%)	Percentage of School-Age Children Enrolled(%)	100.0	100.0	0.0
小学学校数(所)	Number of Primary Schools(unit)	14	14	0.0
小学专任教师数(人)	Number of Full-time Teachers of Primary Schools(person)	721	719	-0.3
小学在校学生数(人)	Number of Student Enrollment of Primary Schools(person)	9735	9217	-5.3
普通中学学校数(所)	Number of Regular Secondary Schools(unit)	10	10	0.0
普通中学专任教师数(人)	Number of Teachers of Secondary Shools(person)	580	581	0.2
初中在校学生数(人)	Number of Student in Junior Secondary Schools(person)	5013	4705	-6.1
高中在校学生数(人)	Number of Student in Senior Secondary Schools(person)	3468	3481	0.4
卫生机构数(所)	Number of Health Institutions(unit)	89	82	-7.9
#医院(所)	Hospitals(unit)	6	3	-50.0
卫生院(所)	Township Hospitals(unit)	6	5	-16.7
床位数(张)	Number of Beds(unit)	701	701	0.0
#医院(张)	Hospitals(unit)	589	589	0.0
卫生院(张)	Township Hospitals(unit)	12	26	116.7
卫生技术人员(人)	Medical Technical Presonnel(person)	927	727	-21.6
#医院(人)	Hospitals(person)	547	347	-36.6
卫生院(人)	Township Hospitals(person)	40	30	-25.0

23-106 阿拉善盟阿拉善左旗

指 标	Item	2005	2006	2006年比上年增长% Increase Rate in 2006 Over 2005(%)
行政区域土地面积(平方公里)	**Area of Administration(Sq.km)**	**80412**	**80412**	**0.0**
人口和就业	**Population & Employment**			
年末总人口(人)	Total Population Year-end(person)	139903	140741	0.6
# 男性(人)	Male(person)	71500	71942	0.6
# 乡村人口(人)	Rural(person)	45718	46210	1.1
年末总户数(户)	Total Number of Households at the Year-end(Household)	53570	54440	1.6
# 乡村户数(户)	Number of Rural Household(Household)	13168	13496	2.5
出生人口(人)	Births(person)	1241	1215	-2.1
死亡人口(人)	Deaths(person)	587	487	-17.0
全社会就业人员(人)	Employment(person)	71645	71777	0.2
第一产业(人)	Primary Industry(person)	30394	31205	2.7
第二产业(人)	Secondary Industry(person)	17107	14927	-12.7
第三产业(人)	Tertiary Industry(person)	24144	25645	6.2
在岗职工人数(人)	Number of Staff & Workers Employed in(person)	27547	28944	5.1
乡村劳动力(人)	Number of Rural Laborers(person)	35579	36021	1.2
# 农林牧渔业(人)	Farming,Forestry,Animal Husbandry & Fishery(person)	29092	30020	3.2
国民经济综合指标	**Summary Item on the National Economy**			
生产总值(万元)	Gross Domestic Product(10 000 yuan)	460011	611889	22.9
第一产业(万元)	Primary Industry(10 000 yuan)	26872	29548	3.4
第二产业(万元)	Secondary Industry(10 000 yuan)	300174	437158	29.8
# 工业(万元)	Industry(10 000 yuan)	241663	364158	32.4
第三产业(万元)	Tertiary Industry(10 000 yuan)	132965	145183	9.5
人均生产总值(元)	Per Capita GDP(yuan)	31967	43606	23.3
全社会固定资产投资(万元)	Total Investment in Fixed Assets(10 000 yuan)	451672	655191	45.1
按登记注册类型分	Grouped by Registered Type			
# 国有(万元)	State-owned Enterprises(10 000 yuan)	199643	349364	75.0
集体(万元)	Collective-owned Enterprises(10 000 yuan)			
有限责任公司(万元)	Limited Liability Corporations(10 000 yuan)	41603	26028	-37.4
股份有限公司(万元)	Share Holding Enterprises(10 000 yuan)	148927	215676	44.8
私营企业(万元)	Private Enterprises(10 000 yuan)	26718	14802	-44.6
外商及港澳台投资企业 (万元)	Funds from HK,Macao,Taiwan & Foreign(10 000 yuan)			
按城乡渠道分	Grouped by Urban and Rural Area			
城镇 (万元)	Urban(10 000 yuan)	448622	652611	45.5
农村 (万元)	Rural(10 000 yuan)	3050	2580	-15.4
地方财政收入(万元)	Local Governments Revenue(10 000 yuan)	24646	31757	28.9
地方财政支出(万元)	Local Governments Expenditures(10 000 yuan)	62060	74812	20.5
城乡居民储蓄存款余额(万元)	Resident Saving Deposit in Urban & Rural(10 000 yuan)	248263		
在岗职工工资总额(万元)	Total Wages of Staff & Workers Employed in(10 000 yuan)	53224	60192	13.1
在岗职工平均工资(元)	Average Wage of Staff & Workers Employed in(yuan)	19563	22081	12.9
农牧民人均纯收入(元)	Per Capita Net Income of Peasant & Herdsman(yuan)	3532	4003	13.3
农村牧区经济	**Economic Development in Rural & Pastoral Area**			
耕地面积(公顷)	Cultivated Area(hectare)	22632	23341	3.1
农作物总播种面积(公顷)	Total Sown Area(hectare)	21964	22122	0.7
# 粮食作物播种面积(公顷)	Sown Area of Grain Crops(hectare)	12432	14143	13.8
有效灌溉面积(公顷)	Irrigated Area(hectare)	23810	23870	0.3
农牧业机械总动力(万千瓦)	Total Power of Agricultural Machinery(10 000 kw)	13.94	19.25	38.1
化肥施用折纯量(吨)	Consumption of Chemical Fertilizer(ton)	7484	7916	5.8
农村用电量(万千瓦小时)	Electricity Consumed in Rural Area(10 000 kwh)	6921	7406	7.0
农林牧渔业总产值(万元)	Gross Output of Farming,Forestry,Animal Husbandry & Fishery(10 000 yuan)	44836	50081	11.7
粮食产量(吨)	Yield of Grain(ton)	88938	110117	23.8
油料产量(吨)	Yield of Oil-bearing Grops(ton)	19394	10261	-47.1
甜菜产量(吨)	Yield of Beetroots(ton)	261	1554	495.4
猪牛羊肉产量(吨)	Output of Pork, Beef & Mutton(ton)	7871	8441	7.2
# 猪肉产量(吨)	Output of Pork(ton)	440	504	14.5
牛肉产量(吨)	Output of Beef(ton)	132	279	111.4
羊肉产量(吨)	Output of Mutton(ton)	7299	7658	4.9
羊毛产量(吨)	Output of Wool(ton)	682	842	23.5

23-106 Alashanzuo Banner in Alashan League

指 标	Item	2005	2006	2006年比上年增长% Increase Rate in 2006 Over 2005(%)
年末牲畜存栏头数(万头只)	Total Livestock at the Year-end(10 000 heads)	102.63	92.51	-9.9
#大牲畜(万头只)	Large Animals(10 000 heads)	4.56	4.67	2.4
羊(万只)	Sheep & Goats(10 000 heads)	97.64	87.39	-10.5
猪(万头)	Hogs(10 000 heads)	0.43	0.45	4.7
规模以上工业	**Industrial Enterprises above Designated size**			
工业企业单位数(个)	Number of Industrial Enterprises(unit)	48	56	16.7
#内资企业(个)	Civil Funded Enterprises(unit)	46	54	17.4
工业总产值(万元)	Gross Industrial Output Value(10 000 yuan)	479946	747796	55.8
内资企业(万元)	Civil Funded Enterprises(10 000 yuan)	453836	712516	57.0
国有企业(万元)	State-owned Enterprises(10 000 yuan)	52457	100930	92.4
集体企业(万元)	Collective-owned Enterprises(10 000 yuan)	482	6041	1153.3
股份合作企业(万元)	Share Holding Enterprises(10 000 yuan)		1177	
联营企业(万元)	Joint Owned Enterprises(10 000 yuan)			
有限责任公司(万元)	Limited Company(10 000 yuan)	98891	65342	-33.9
股份有限公司(万元)	Share Holding Limited Company(10 000 yuan)	173581	198608	14.4
私营企业(万元)	Privately Owned Enterprises(10 000 yuan)	123033	238784	94.1
其他企业(万元)	Enterprises of Other Ownership(10 000 yuan)	5392	101634	1784.9
港澳台商投资企业(万元)	Funds from HK,Macao & Taiwan(10 000 yuan)		5223	
外商投资企业(万元)	Foreign Funded Enterprises(10 000 yuan)	26110	30057	15.1
工业企业增加值(万元)	Value Added of Industrial Enterprises(10 000 yuan)	225363	345558	34.0
工业企业资产总计(万元)	Total Assets of Industrial Enterprises(10 000 yuan)	893699	1144016	28.0
工业企业负债合计(万元)	Total Liabilities of Industrial Enterprises(10 000 yuan)	583903	762113	30.5
工业企业产品销售收入(万元)	Sales of Revenue Industrial Enterprises(10 000 yuan)	448468	667618	48.9
工业企业利润总额(万元)	Total Profits of Industrial Enterprises(10 000 yuan)	36684	29443	-19.7
建筑业	**Construction**			
建筑企业单位数(个)	Number of Construction Enterprises(unit)	7	7	0.0
建筑企业从业人员(人)	Number of Employee in Construction Enterprises(person)	958	2897	202.4
建筑业总产值(万元)	Gross Construction Output Value(10 000 yuan)	24157	23778	-1.6
交通运输邮电通信业	**Transportation,Post & Telecommunications**			
公路里程(公里)	Total Length of Highways(km)	2522	2414	-4.3
邮电业务总量(万元)	Business Volume of Post & Telecoms(10 000 yuan)	22097	27862	26.1
本地电话用户(户)	Number of Subscribers of Local Telephone(Household)	67684	69241	2.3
国内贸易	**Domestic Trade**			
社会消费品零售总额(万元)	Total Retail Sales of Consumer Goods(10 000 yuan)	106701	129760	21.6
#贸易业(万元)	Wholesale & Retail Sales Trades(10 000 yuan)	79592	103221	29.7
餐饮业(万元)	Catering Trade(10 000 yuan)	22704	26539	16.9
科技教育卫生	**Science,Education & Public Health**			
各类专业技术人员(人)	Special Technical Personnel(person)		8146	
幼儿园数(所)	Number of Kindergartens(unit)	6	6	0.0
学龄儿童入学率(%)	Percentage of School-Age Children Enrolled(%)	100.0	100.0	0.0
小学学校数(所)	Number of Primary Schools(unit)	26	24	-7.7
小学专任教师数(人)	Number of Full-time Teachers of Primary Schools(person)	712	496	-30.3
小学在校学生数(人)	Number of Student Enrollment of Primary Schools(person)	10026	10155	1.3
普通中学学校数(所)	Number of Regular Secondary Schools(unit)	13	13	0.0
普通中学专任教师数(人)	Number of Teachers of Secondary Shools(person)	842	890	5.7
初中在校学生数(人)	Number of Student in Junior Secondary Schools(person)	8061	7857	-2.5
高中在校学生数(人)	Number of Student in Senior Secondary Schools(person)	3620	4001	10.5
卫生机构数(所)	Number of Health Institutions(unit)	46	46	0.0
#医院(所)	Hospitals(unit)	9	9	0.0
卫生院(所)	Township Hospitals(unit)	29	29	0.0
床位数(张)	Number of Beds(unit)	565	555	-1.8
#医院(张)	Hospitals(unit)	398	391	-1.8
卫生院(张)	Township Hospitals(unit)	133	120	-9.8
卫生技术人员(人)	Medical Technical Presonnel(person)	1026	1037	1.1
#医院(人)	Hospitals(person)	641	634	-1.1
卫生院(人)	Township Hospitals(person)	185	170	-8.1

23-107 阿拉善盟阿拉善右旗

指 标	Item	2005	2006	2006年比上年增长% Increase Rate in 2006 Over 2005(%)
行政区域土地面积(平方公里)	**Area of Administration(Sq.km)**	**75226**	**75226**	**0.0**
人口和就业	**Population & Employment**			
年末总人口(人)	Total Population Year-end(person)	23729	24290	2.4
# 男性(人)	Male(person)	11979	12221	2.0
# 乡村人口(人)	Rural(person)	7624	7624	0.0
年末总户数(户)	Total Number of Households at the Year-end(Household)	8814	9002	2.1
# 乡村户数(户)	Number of Rural Household(Household)	2174	2174	0.0
出生人口(人)	Births(person)	153	138	-9.8
死亡人口(人)	Deaths(person)	209	91	-56.5
全社会就业人员(人)	Employment(person)	12805	12883	0.6
第一产业(人)	Primary Industry(person)	4387	4495	2.5
第二产业(人)	Secondary Industry(person)	3878	4744	22.3
第三产业(人)	Tertiary Industry(person)	4540	3644	-19.7
在岗职工人数(人)	Number of Staff & Workers Employed in(person)	4744	4743	0.0
乡村劳动力(人)	Number of Rural Laborers(person)	5064	5178	2.3
# 农林牧渔业(人)	Farming,Forestry,Animal Husbandry & Fishery(person)	4176	4948	18.5
国民经济综合指标	**Summary Item on the National Economy**			
生产总值(万元)	Gross Domestic Product(10 000 yuan)	76002	101898	19.1
第一产业(万元)	Primary Industry(10 000 yuan)	9662	9700	2.3
第二产业(万元)	Secondary Industry(10 000 yuan)	46022	65493	27.0
# 工业(万元)	Industry(10 000 yuan)	36570	55993	35.2
第三产业(万元)	Tertiary Industry(10 000 yuan)	20318	26705	9.6
人均生产总值(元)	Per Capita GDP(yuan)	32029	39804	18.5
全社会固定资产投资(万元)	Total Investment in Fixed Assets(10 000 yuan)	58760	79954	36.1
按登记注册类型分	Grouped by Registered Type			
# 国有(万元)	State-owned Enterprises(10 000 yuan)	9246	23944	159.0
集体(万元)	Collective-owned Enterprises(10 000 yuan)			
有限责任公司(万元)	Limited Liability Corporations(10 000 yuan)	7714	25400	229.3
股份有限公司(万元)	Share Holding Enterprises(10 000 yuan)			
私营企业(万元)	Private Enterprises(10 000 yuan)	41800	30163	-27.8
外商及港澳台投资企业(万元)	Funds from HK,Macao,Taiwan & Foreign(10 000 yuan)			
按城乡渠道分	Grouped by Urban and Rural Area			
城镇(万元)	Urban(10 000 yuan)	53278	61513	15.5
农村(万元)	Rural(10 000 yuan)	5482	18441	236.4
地方财政收入(万元)	Local Governments Revenue(10 000 yuan)	4250	5328	25.4
地方财政支出(万元)	Local Governments Expenditures(10 000 yuan)	25855	29117	12.6
城乡居民储蓄存款余额(万元)	Resident Saving Deposit in Urban & Rural(10 000 yuan)	35947	44725	24.4
在岗职工工资总额(万元)	Total Wages of Staff & Workers Employed in(10 000 yuan)	8559	9633	12.5
在岗职工平均工资(元)	Average Wage of Staff & Workers Employed in(yuan)	18077	20332	12.5
农牧民人均纯收入(元)	Per Capita Net Income of Peasant & Herdsman(yuan)	4178	4748	13.6
农村牧区经济	**Economic Development in Rural & Pastoral Area**			
耕地面积(公顷)	Cultivated Area(hectare)	3140	3140	0.0
农作物总播种面积(公顷)	Total Sown Area(hectare)	2678	2675	-0.1
# 粮食作物播种面积(公顷)	Sown Area of Grain Crops(hectare)	1603	1900	18.5
有效灌溉面积(公顷)	Irrigated Area(hectare)	3460		
农牧业机械总动力(万千瓦)	Total Power of Agricultural Machinery(10 000 kw)	1.88	1.62	-13.8
化肥施用折纯量(吨)	Consumption of Chemical Fertilizer(ton)	282	262	-7.1
农村用电量(万千瓦小时)	Electricity Consumed in Rural Area(10 000 kwh)	254	418	64.6
农林牧渔业总产值(万元)	Gross Output of Farming,Forestry,Animal Husbandry & Fishery(10 000 yuan)	14839	16897	13.9
粮食产量(吨)	Yield of Grain(ton)	14459	14348	-0.8
油料产量(吨)	Yield of Oil-bearing Grops(ton)	28	21	-25.0
甜菜产量(吨)	Yield of Beetroots(ton)			
猪牛羊肉产量(吨)	Output of Pork, Beef & Mutton(ton)	3066	2698	-12.0
# 猪肉产量(吨)	Output of Pork(ton)	26	40	53.8
牛肉产量(吨)	Output of Beef(ton)	5	3	-50.0
羊肉产量(吨)	Output of Mutton(ton)	3035	2655	-12.5
羊毛产量(吨)	Output of Wool(ton)	102	154	51.0

23-107 Alashanyou Banner in Alashan League

指 标	Item	2005	2006	2006年比上年增长% Increase Rate in 2006 Over 2005(%)
年末牲畜存栏头数(万头只)	Total Livestock at the Year-end(10 000 heads)	18.55	18.58	0.2
#大牲畜(万头只)	Large Animals(10 000 heads)	1.75	2.60	48.6
羊(万只)	Sheep & Goats(10 000 heads)	16.76	15.95	-4.8
猪(万头)	Hogs(10 000 heads)	0.04	0.02	-50.0
规模以上工业	**Industrial Enterprises above Designated size**			
工业企业单位数(个)	Number of Industrial Enterprises(unit)	15	18	20.0
#内资企业(个)	Civil Funded Enterprises(unit)	14	18	28.6
工业总产值(万元)	Gross Industrial Output Value(10 000 yuan)	58223	97581	67.6
内资企业(万元)	Civil Funded Enterprises(10 000 yuan)	58223	97581	67.6
国有企业(万元)	State-owned Enterprises(10 000 yuan)	99	171	72.7
集体企业(万元)	Collective-owned Enterprises(10 000 yuan)	81		
股份合作企业(万元)	Share Holding Enterprises(10 000 yuan)	1411	2041	44.7
联营企业(万元)	Joint Owned Enterprises(10 000 yuan)			
有限责任公司(万元)	Limited Company(10 000 yuan)	20277	54365	168.1
股份有限公司(万元)	Share Holding Limited Company(10 000 yuan)	11177		
私营企业(万元)	Privately Owned Enterprises(10 000 yuan)	25178	41004	62.9
其他企业(万元)	Enterprises of Other Ownership(10 000 yuan)			
港澳台商投资企业(万元)	Funds from HK,Macao & Taiwan(10 000 yuan)			
外商投资企业(万元)	Foreign Funded Enterprises(10 000 yuan)			
工业企业增加值(万元)	Value Added of Industrial Enterprises(10 000 yuan)	33970	50993	36.9
工业企业资产总计(万元)	Total Assets of Industrial Enterprises(10 000 yuan)	112437	144741	28.7
工业企业负债合计(万元)	Total Liabilities of Industrial Enterprises(10 000 yuan)	64376	90241	40.2
工业企业产品销售收入(万元)	Sales of Revenue Industrial Enterprises(10 000 yuan)	52428	93940	79.2
工业企业利润总额(万元)	Total Profits of Industrial Enterprises(10 000 yuan)	5465	6118	11.9
建筑业	**Construction**			
建筑企业单位数(个)	Number of Construction Enterprises(unit)	1	1	0.0
建筑企业从业人员(人)	Number of Employee in Construction Enterprises(person)	200	376	88.0
建筑业总产值(万元)	Gross Construction Output Value(10 000 yuan)	1712	3780	120.8
交通运输邮电通信业	**Transportation,Post & Telecommunications**			
公路里程(公里)	Total Length of Highways(km)	1711	1751	2.3
邮电业务总量(万元)	Business Volume of Post & Telecoms(10 000 yuan)	3683	3907	6.1
本地电话用户(户)	Number of Subscribers of Local Telephone(Household)	4174	4163	-0.3
国内贸易	**Domestic Trade**			
社会消费品零售总额(万元)	Total Retail Sales of Consumer Goods(10 000 yuan)	15741	18728	19.0
#贸易业(万元)	Wholesale & Retail Sales Trades(10 000 yuan)	11505	13916	20.9
餐饮业(万元)	Catering Trade(10 000 yuan)	2882	3412	18.4
科技教育卫生	**Science,Education & Public Health**			
各类专业技术人员(人)	Special Technical Personnel(person)	896	354	-60.5
幼儿园数(所)	Number of Kindergartens(unit)	2	2	0.0
学龄儿童入学率(%)	Percentage of School-Age Children Enrolled(%)	100.0	100.0	0.0
小学学校数(所)	Number of Primary Schools(unit)	5	5	0.0
小学专任教师数(人)	Number of Full-time Teachers of Primary Schools(person)	176	157	-10.8
小学在校学生数(人)	Number of Student Enrollment of Primary Schools(person)	1685	1723	2.3
普通中学学校数(所)	Number of Regular Secondary Schools(unit)	4	4	0.0
普通中学专任教师数(人)	Number of Teachers of Secondary Shools(person)	121	120	-0.8
初中在校学生数(人)	Number of Student in Junior Secondary Schools(person)	849	822	-3.2
高中在校学生数(人)	Number of Student in Senior Secondary Schools(person)	439	476	8.4
卫生机构数(所)	Number of Health Institutions(unit)	13	13	0.0
#医院(所)	Hospitals(unit)	2	3	50.0
卫生院(所)	Township Hospitals(unit)	9	7	-22.2
床位数(张)	Number of Beds(unit)	102	102	0.0
#医院(张)	Hospitals(unit)	68	67	-1.5
卫生院(张)	Township Hospitals(unit)	28	30	7.1
卫生技术人员(人)	Medical Technical Presonnel(person)	223	221	-0.9
#医院(人)	Hospitals(person)	109	122	11.9
卫生院(人)	Township Hospitals(person)	71	99	39.4

23-108 阿拉善盟额济纳旗

指 标	Item	2005	2006	2006年比上年增长% Increase Rate in 2006 Over 2005(%)
行政区域土地面积(平方公里)	**Area of Administration(Sq.km)**	**114606**	**114606**	**0.0**
人口和就业	**Population & Employment**			
年末总人口(人)	Total Population Year-end(person)	16888	17023	0.8
#男性(人)	Male(person)	8577	8624	0.5
#乡村人口(人)	Rural(person)	4073	4154	2.0
年末总户数(户)	Total Number of Households at the Year-end(Household)	6287	6414	2.0
#乡村户数(户)	Number of Rural Household(Household)	1467	1349	-8.0
出生人口(人)	Births(person)	144	115	-20.1
死亡人口(人)	Deaths(person)	151	59	-60.9
全社会就业人员(人)	Employment(person)	9768	10457	7.1
第一产业(人)	Primary Industry(person)	3552	3641	2.5
第二产业(人)	Secondary Industry(person)	2277	2502	9.9
第三产业(人)	Tertiary Industry(person)	3939	4314	9.5
在岗职工人数(人)	Number of Staff & Workers Employed in(person)	4151	4431	6.7
乡村劳动力(人)	Number of Rural Laborers(person)	3038	3280	8.0
#农林牧渔业(人)	Farming,Forestry,Animal Husbandry & Fishery(person)	2936	3006	2.4
国民经济综合指标	**Summary Item on the National Economy**			
生产总值(万元)	Gross Domestic Product(10 000 yuan)	80524	105189	22.8
第一产业(万元)	Primary Industry(10 000 yuan)	5857	6200	3.1
第二产业(万元)	Secondary Industry(10 000 yuan)	41892	53782	9.8
#工业(万元)	Industry(10 000 yuan)	30135	47282	32.0
第三产业(万元)	Tertiary Industry(10 000 yuan)	32775	45207	47.9
人均生产总值(元)	Per Capita GDP(yuan)	47701	62036	23.1
全社会固定资产投资(万元)	Total Investment in Fixed Assets(10 000 yuan)	151357	55584	-63.3
按登记注册类型分	Grouped by Registered Type			
#国有(万元)	State-owned Enterprises(10 000 yuan)	126642	27663	-78.2
集体(万元)	Collective-owned Enterprises(10 000 yuan)	2610	140	-94.6
有限责任公司(万元)	Limited Liability Corporations(10 000 yuan)	4700	22289	374.2
股份有限公司(万元)	Share Holding Enterprises(10 000 yuan)	5272	2850	-45.9
私营企业(万元)	Private Enterprises(10 000 yuan)	1248	2642	111.7
外商及港澳台投资企业(万元)	Funds from HK,Macao,Taiwan & Foreign(10 000 yuan)			
按城乡渠道分	Grouped by Urban and Rural Area			
城镇(万元)	Urban(10 000 yuan)		55012	
农村(万元)	Rural(10 000 yuan)		572	
地方财政收入(万元)	Local Governments Revenue(10 000 yuan)	6657	9922	49.0
地方财政支出(万元)	Local Governments Expenditures(10 000 yuan)	23735	29744	25.3
城乡居民储蓄存款余额(万元)	Resident Saving Deposit in Urban & Rural(10 000 yuan)	28788	32000	11.2
在岗职工工资总额(万元)	Total Wages of Staff & Workers Employed in(10 000 yuan)	7324	8816	20.4
在岗职工平均工资(元)	Average Wage of Staff & Workers Employed in(yuan)	18337	20459	11.6
农牧民人均纯收入(元)	Per Capita Net Income of Peasant & Herdsman(yuan)	4444	5000	12.5
农村牧区经济	**Economic Development in Rural & Pastoral Area**			
耕地面积(公顷)	Cultivated Area(hectare)	3257	5938	82.3
农作物总播种面积(公顷)	Total Sown Area(hectare)	3024	4439	46.8
#粮食作物播种面积(公顷)	Sown Area of Grain Crops(hectare)	236	479	103.0
有效灌溉面积(公顷)	Irrigated Area(hectare)	6460	5938	-8.1
农牧业机械总动力(万千瓦)	Total Power of Agricultural Machinery(10 000 kw)	1.56	2.57	64.7
化肥施用折纯量(吨)	Consumption of Chemical Fertilizer(ton)	1163	1360	16.9
农村用电量(万千瓦小时)	Electricity Consumed in Rural Area(10 000 kwh)	290	778	168.3
农林牧渔业总产值(万元)	Gross Output of Farming,Forestry,Animal Husbandry & Fishery(10 000 yuan)	9979	11480	15.0
粮食产量(吨)	Yield of Grain(ton)	1455	3212	120.8
油料产量(吨)	Yield of Oil-bearing Grops(ton)			
甜菜产量(吨)	Yield of Beetroots(ton)			
猪牛羊肉产量(吨)	Output of Pork, Beef & Mutton(ton)	1398	2011	43.8
#猪肉产量(吨)	Output of Pork(ton)	643	1004	56.1
牛肉产量(吨)	Output of Beef(ton)	15	13	-13.3
羊肉产量(吨)	Output of Mutton(ton)	740	592	-20.0
羊毛产量(吨)	Output of Wool(ton)	32	30	-6.2

23-108 Ejina Banner in Alashan League

指 标	Item	2005	2006	2006年比上年增长% Increase Rate in 2006 Over 2005(%)
年末牲畜存栏头数(万头只)	Total Livestock at the Year-end(10 000 heads)	7.96	7.28	-8.5
#大牲畜(万头只)	Large Animals(10 000 heads)	1.41	1.25	-11.3
羊(万只)	Sheep & Goats(10 000 heads)	6.33	5.78	-8.7
猪(万头)	Hogs(10 000 heads)	0.22	0.25	13.6
规模以上工业	**Industrial Enterprises above Designated size**			
工业企业单位数(个)	Number of Industrial Enterprises(unit)	8	11	37.5
#内资企业(个)	Civil Funded Enterprises(unit)	8	11	37.5
工业总产值(万元)	Gross Industrial Output Value(10 000 yuan)	54316	81340	49.8
内资企业(万元)	Civil Funded Enterprises(10 000 yuan)	54316	81340	49.8
国有企业(万元)	State-owned Enterprises(10 000 yuan)	1031	906	-12.1
集体企业(万元)	Collective-owned Enterprises(10 000 yuan)			
股份合作企业(万元)	Share Holding Enterprises(10 000 yuan)			
联营企业(万元)	Joint Owned Enterprises(10 000 yuan)			
有限责任公司(万元)	Limited Company(10 000 yuan)	46304	69980	51.1
股份有限公司(万元)	Share Holding Limited Company(10 000 yuan)			
私营企业(万元)	Privately Owned Enterprises(10 000 yuan)	6981	10454	49.7
其他企业(万元)	Enterprises of Other Ownership(10 000 yuan)			
港澳台商投资企业(万元)	Funds from HK,Macao & Taiwan(10 000 yuan)			
外商投资企业(万元)	Foreign Funded Enterprises(10 000 yuan)			
工业企业增加值(万元)	Value Added of Industrial Enterprises(10 000 yuan)	33940	44782	30.0
工业企业资产总计(万元)	Total Assets of Industrial Enterprises(10 000 yuan)	53057	81314	53.3
工业企业负债合计(万元)	Total Liabilities of Industrial Enterprises(10 000 yuan)	32610	37518	15.1
工业企业产品销售收入(万元)	Sales of Revenue Industrial Enterprises(10 000 yuan)	53719	80077	49.1
工业企业利润总额(万元)	Total Profits of Industrial Enterprises(10 000 yuan)	4159	1192	-71.3
建筑业	**Construction**			
建筑企业单位数(个)	Number of Construction Enterprises(unit)	1	1	0.0
建筑企业从业人员(人)	Number of Employee in Construction Enterprises(person)	183	193	5.5
建筑业总产值(万元)	Gross Construction Output Value(10 000 yuan)	982	1207	22.9
交通运输邮电通信业	**Transportation,Post & Telecommunications**			
公路里程(公里)	Total Length of Highways(km)	2165	1619	-25.2
邮电业务总量(万元)	Business Volume of Post & Telecoms(10 000 yuan)	2550	3838	50.5
本地电话用户(户)	Number of Subscribers of Local Telephone(Household)	3354	3345	-0.3
国内贸易	**Domestic Trade**			
社会消费品零售总额(万元)	Total Retail Sales of Consumer Goods(10 000 yuan)	24120	31032	28.7
#贸易业(万元)	Wholesale & Retail Sales Trades(10 000 yuan)	17267	22782	31.9
餐饮业(万元)	Catering Trade(10 000 yuan)	3133	4729	50.9
科技教育卫生	**Science,Education & Public Health**			
各类专业技术人员(人)	Special Technical Personnel(person)	850	765	-10.0
幼儿园数(所)	Number of Kindergartens(unit)	3	3	0.0
学龄儿童入学率(%)	Percentage of School-Age Children Enrolled(%)	100.0	100.0	0.0
小学学校数(所)	Number of Primary Schools(unit)	3	2	-33.3
小学专任教师数(人)	Number of Full-time Teachers of Primary Schools(person)	120	108	-10.0
小学在校学生数(人)	Number of Student Enrollment of Primary Schools(person)	1259	1247	-1.0
普通中学学校数(所)	Number of Regular Secondary Schools(unit)	2	2	0.0
普通中学专任教师数(人)	Number of Teachers of Secondary Shools(person)	84	79	-6.0
初中在校学生数(人)	Number of Student in Junior Secondary Schools(person)	648	636	-1.9
高中在校学生数(人)	Number of Student in Senior Secondary Schools(person)	418	405	-3.1
卫生机构数(所)	Number of Health Institutions(unit)	12	10	-16.7
#医院(所)	Hospitals(unit)	3	3	0.0
卫生院(所)	Township Hospitals(unit)	7	5	-28.6
床位数(张)	Number of Beds(unit)	163	162	-0.6
#医院(张)	Hospitals(unit)	110	110	0.0
卫生院(张)	Township Hospitals(unit)	45	42	-6.7
卫生技术人员(人)	Medical Technical Presonnel(person)	168	170	1.2
#医院(人)	Hospitals(person)	105	111	5.7
卫生院(人)	Township Hospitals(person)	38	35	-7.9

二十四 企业资料

STATISTICS OF ENTERPRISES

资料整理 杨文武 云俊生 王亦兵 高志宇 李姗
张晓春 蔡雨成
Arranged by Yang Wenwu, Yun Junsheng, Wang Yibing,
Gao Zhiyu, Li Shan, Zhang Xiaochun Cai Yucheng

24-1 全区资产总计最大的100家大中型工业企业(2006年)

Autonomous Regional Top 100 Large-scale and Medium-scale Industrial Enterprises of Total Assets(2006)

位次 Order	企业名称	Name of Enterprise	资产总计(万元) Total Assets (10 000 yuan)
1	包头钢铁（集团）有限责任公司	Baotou Iron & Steel (Group) Co.,Ltd	2950000
2	内蒙古大唐国际托克托发电有限责任公司	Inner Mongolia Datang Tuoketuo Power Co.,Ltd	1555763
3	内蒙古包钢钢联股份有限公司	Inner Mongolia Baotou Steel Union Co.,Ltd	1353627
4	华能伊敏煤电有限责任公司	Yiminhe DongDian Coal & Electricity Co.,Ltd	1198865
5	神华集团准格尔能源有限责任公司	ShenHua Group Zhungeer Coal Industry Co.,Ltd	1039914
6	神东集团神府东胜煤炭有限责任公司	Shen Dong Group Dongsheng Coal Industry Co.,Ltd	941895
7	元宝山发电有限责任公司	Yuanbaoshan Power Plant Co.,Ltd	718450
8	鄂尔多斯羊绒制品股份有限公司	Eedos Cashmere Product Share-Holding Co.,Ltd	714249
9	鄂尔多斯电力冶金股份有限公司	Erdos Electric Power Metallurgy Share-Holding Co.,Ltd	670950
10	内蒙第一机械制造集团有限公司	Inner Mongolia No.1 Machinery Co.,Ltd	629023
11	内蒙古伊利实业集团股份有限公司	Inner Mongolia YiLi Industrial Group Co.,Ltd	599984
12	内蒙古平庄煤业集团有限责任公司	Pingzhuang Coal Industry Group Co.,Ltd	563734
13	大庆油田有限责任公司呼伦贝尔分公司	Daqing Oilfield Co.,Ltd Hulunbeier Branch	561328
14	内蒙古北方重工集团有限公司	Inner Mongolia North Heavy Industry Group Co.,Ltd	539588
15	内蒙古伊泰煤炭股份有限公司	Inner Mongolia Yi Tai Coal Industry Co.,Ltd	538477
16	内蒙古蒙牛乳业（集团）股份有限公司	MengNiu Milk Industry(Group) Co.,Ltd	536088
17	内蒙古霍煤鸿骏铝电有限责任公司	HongJun Aluminium and Power Co.,Ltd	530455
18	包头铝业（集团）有限责任公司	Baotou Aluminium Industry (Group) Co.,Ltd	488601
19	内蒙古乌兰水泥有限责任公司	Inner Mongolia Wu Lan Cement Co.,Ltd	449503
20	中国神华能源万利煤炭分公司	ShenHua Energy WanLi Coal Branch	372300
21	包头北方奔驰重型汽车有限公司	Baotou North Benz Heavy-duty Automobile Co.,Ltd	354349
22	内蒙古国华准格尔发电有限责任公司	Inner Mongolia GuoHua Zhungeer Power Plant Co.,Ltd	336422
23	内蒙古霍林河露天煤业股份有限公司	Inner Mongolia Huolinhe Coal Industry Co.,Ltd	300569
24	东方希望包头稀土铝业有限责任公司	East Hope Baotou Rare-earth & Al Industry Co.,Ltd	300294
25	包头东华热电有限公司	Baotou DongHua Re Dian Co.,Ltd	291179
26	包头明天科技股份有限公司	Baotou Tomorrow Technology Share-Holding Co.,Ltd	273937
27	内蒙古天野化工（集团）有限责任公司	TianYe Chemical Industry(Group) Co.,Ltd	262034
28	中国石油华北油田二连分公司	Erlian Branch of North Oilfield Petroleum China	251987
29	内蒙古满世煤炭运销有限责任公司	ManShi CoalTrans & Selling Co.,Ltd	246569
30	内蒙古海吉氯碱化工股份有限责任公司	Inner Mongolia Haiji Chorine-Alkai Chemical Co.,Ltd	245722
31	内蒙古草原兴发股份有限公司	Inner Mongolia Prairie Xingfa Share-Holding Co.,Ltd	238701
32	蒙电华能丰镇发电厂	MengDian HuaNeng Fengzhen Power Plant	237855
33	北方联合电力临河热电厂	Linhe Redian Factory	237273

24-1 续表 1 continued

位次 Order	企业名称	Name of Enterprise	资产总计 (万元) Total Assets (10 000 yuan)
34	包头供电局	Baotou Power Supply Bureau	231541
35	内蒙古伊东煤炭集团有限责任公司	Inner Mongolia Yi Dong Coal Group Co.,Ltd	218898
36	包头东恒热电有限责任公司	Baotou Dong Heng Power Co.,Ltd	210485
37	中石油呼和浩特石化分公司	Petroleum China Hohhot Branch	206830
38	内蒙古蒙西水泥有限公司	Inner Mongolia Meng Xi Cement Co.,Ltd	204462
39	神华集团乌达矿业有限责任公司	ShenHua Group Wuda Mining Industry Co.,Ltd	204442
40	内蒙古鹿王羊绒有限公司	Inner Mongolia King Deer Cashmere Group	199619
41	神华集团金烽煤炭公司东胜煤矿	ShenHua Jinfeng Coal Co.Dongsheng Coal Mine	196356
42	内蒙古东达蒙古王集团公司	Dongda Mongolia King Cashmere Group Co.,Ltd	195888
43	乌兰察布电业局	Wulanchabu Electric Power Bureau	193157
44	中电投霍林河煤电集团铝业股份有限公司	Huolinhe Coal & Elec Group Alu Industry Co.,Ltd	192110
45	包头华资实业股份有限公司	Baotou HuaZi Industry Share-Holding Co.,Ltd	190983
46	神华集团海勃湾矿业有限责任公司	Shenhua Group Haibowan Mining Industry Co.,Ltd	186799
47	赤峰大地基础产业股份有限公司	Chifeng Da Di Basic Industry Share-Holding Co.,Ltd	185997
48	蒙电华能包头二电厂	MenDian HuaNeng Baotou No.2 Heat & Power Plant	180239
49	通辽梅花生物科技有限公司	Tongliao Meihua Bio-technology Co.,Ltd	179701
50	内蒙古昆明卷烟有限责任公司	Inner Mongolia KunMing Cigarette Co.,Ltd	176485
51	内蒙古太西煤集团股份有限责任公司	Inner Mongolia Taixi Coal Group Co.,Ltd	175025
52	大雁煤业有限责任公司	Inner Mongolia DaYan Coal Industry Co.,Ltd	169513
53	内蒙古包钢稀土高科股份有限公司	Baotou Steel Rare-earth Hi-tech Co.,Ltd	168066
54	内蒙古兰太实业股份有限公司	Inner Mongolia LanTai Industrial Co.,Ltd	165631
55	呼和浩特市自来水公司	Hohhot City Piped Water Corporation	165011
56	内蒙古鄂尔多斯酒业有限责任公司	Inner Mongolia Erdos Wine Industry Co.,Ltd	154451
57	赤峰热电厂	Chifeng City Heat and Power Plant	151646
58	内蒙古北方重型汽车股份有限公司	North Heavy-duty Automobile Share-Holding Co.,Ltd	150730
59	扎赉诺尔煤业有限责任公司	Zhalainuoer Coal Industry Co.,Ltd	145878
60	蒙电华能包头第一热	MengDian HuaNeng Baotou No.1 Power Plant	145056
61	东方希望包头热电有限责任公司	East Hope Baotou Heat & Power Industry Co.,Ltd	140428
62	中核北方核燃料元件公司	Zhonghe North Nuclear Fuel Element Co.,Ltd	138342
63	鄂尔多斯市蒙泰煤电有限责任公司	Erdos City Meng Tai Coal & Electricity Co.,Ltd	137617
64	包头北方创业股份有限公司	Baotou North Strong Year Share-Holding Co., Ltd	131951
65	巴彦淖尔紫金有色金属公司	Bayannaoer Zijin Colour Metal Co.,Ltd	125326

24-1 续表 2 continued

位次 Order	企业名称	Name of Enterprise	资产总计 (万元) Total Assets (10 000 yuan)
66	通辽电业局	Tongliao City Electric Power Bureau	122325
67	内蒙古西水创业股份有限公司	Inner Mongolia Xi Shui Chuangyie Co.,Ltd	121905
68	内蒙古华业特钢有限公司	Inner Mongolia Huaye Special Steel Co.,Ltd	120778
69	赤峰市电业局	Chifeng City Electric Power Bureau	118264
70	赤峰金锋铜业有限公司	Chifeng City JinFeng Copper Co.,Ltd	106941
71	内蒙古乌拉山化肥有限责任公司	Inner Mongolia Wulashan Fertilizer Co.,Ltd	106250
72	神华宝日希勒能源有限责任公司	ShenHua Baorixile Energy Co.,Ltd	104374
73	神华蒙西煤化股份有限公司	ShenHua MengXi Coal & Chemical Co.,Ltd	100936
74	赤峰制药集团	Chifeng City Pharmaceutical Group Co.,Ltd	98842
75	呼和浩特市煤气有限公司	Hohhot Gas Co.,Ltd	95965
76	神华北电胜利能源有限公司	ShenHua North Electric Shengli Energy Co.,Ltd	95941
77	汉鼎光电(内蒙古)有限公司	Cyber Home (Inner Mongolia) Co.,Ltd	93343
78	赤峰市白音诺尔铅锌矿	Chifeng City Baiyinnuoer Lead and Zinc Mineral	93217
79	内蒙古星光煤炭集团有限责任公司	Inner Mongolia Xing Guang Coal Group Co.,Ltd	92093
80	乌兰浩特钢铁有限责任公司	Wulanhaote Iron & Steel Co.,Ltd	90898
81	内蒙古庆华集团庆华焦化有限责任公司	Inner Mongolia QingHua Group Jiaohua Co.,Ltd	89389
82	鄂尔多斯市乌兰煤炭集团有限责任公司	Erdos City Wulan Coal Group Co.,Ltd	89385
83	内蒙古三维资源集团有限公司	Inner Mongolia SanWei Resource Group Co.,Ltd	89103
84	巴彦淖尔西部铜业有限公司	Bayannaoer Westen Copper Industry Co.,Ltd	87900
85	神华集团包头矿业有限责任公司	ShenHua Baotou Mining Industry Co.,Ltd	86887
86	内蒙古河套酒业集团股份有限公司	HeTao Liquor Industrial Group Co.,Ltd	85552
87	金河集团实业有限公司	Inner Mongolia Jinhe Group Industry Co.,Ltd	84674
88	内蒙古金星浆纸业有限责任公司	Inner Mongolia JinXing Paper Pulp Co.,Ltd	83657
89	赤峰远建钢铁实业有限责任公司	ChiFeng Yuanjian Iron & Steel Industry Co.,Ltd	82663
90	神东天隆集团有限责任公司	Shen Dong Tianlong Group Co.,Ltd	81852
91	赤峰库博红烨锌业有限公司	Chifeng City Kubuo HongYe Zinc Smelt Co.,Ltd	80679
92	中盐吉兰泰盐化集团有限责任公司	Jilantai Salt & Chemical Industry Group	80276
93	石药集团中润制药（内蒙古）有限公司	ZhongRun Medicine(Inner Mongolia)Co.,Ltd	80265
94	包头市热力总公司	Baotou City General Heat Corporation	75416
95	内蒙古TCL王牌电器有限公司	Inner Mongolia TCL King Electric Co.,Ltd	72796
96	内蒙古利民煤焦有限责任公司	Inner Mongolia Li Min Coal Coke Co.,Ltd	71698
97	内蒙古塞飞亚集团有限责任公司	Inner Mongolia Saifeiya Group Co.,Ltd	71458
98	内蒙古东升庙矿业有限责任公司	Dongshengmiao Mining Industry Co.,Ltd	70603
99	通辽发电总厂	Tongliao General Power Plant	69369
100	内蒙古大中矿业有限责任公司	Inner Mongolia Dazhong Mining Industry Co.,Ltd	67126

24-2 全区工业总产值最大的100家大中型工业企业(2006年)

Autonomous Regional Top 100 Large-scale and Medium-scale Industrial Enterprise of Gross Output Value(2006)

位次 Order	企业名称	Name of Enterprise	工业总产值(万元) Gross Industrial Output Value (10 000 yuan)
1	包头钢铁（集团）有限责任公司	Baotou Iron & Steel (Group) Co.,Ltd	1976770
2	内蒙古包钢钢联股份有限公司	Baotou Steel Union Share-Holding Co.,Ltd	1843731
3	内蒙古蒙牛乳业（集团）股份有限公司	MengNiu Milk Industry (Group) Co.,Ltd	880927
4	内蒙古伊利实业集团股份有限公司	Inner Mongolia YiLi Industrial Group Co.,Ltd	848964
5	大唐国际托克托发电有限责任公司	Datang Tuoketuo Power Generation Company	621703
6	包头铝业（集团）有限责任公司	Baotou Aluminium Industry Group Co.,Ltd	517824
7	中国石油呼和浩特石化分公司	Petroleum China Hohhot Branch	507838
8	包头供电局	Baotou Power Supply Bureau	498114
9	内蒙第一机械制造集团有限公司	Inner Mongolia No.1 Machinery Co.,Ltd	460456
10	神华集团准格尔能源有限责任公司	ShenHua Group Zhungeer Energy Industry Co.,Ltd	442065
11	内蒙古华业特钢有限公司	Inner Mongolia Huaye Special Steel Co.,Ltd	422405
12	神东集团神府东胜煤炭有限责任公司	ShenHua Group Dongsheng Coal Industry Co.,Ltd	401601
13	东方希望包头稀土铝业有限责任公司	East Hope Baotou Rare-earth & Al Ind. Co.,Ltd	375846
14	内蒙古北方重工集团有限公司	North Heavy Industry Group Co.,Ltd	335772
15	汉鼎光电(内蒙古)有限公司	Cyber Home (Inner Mongolia) Co.,Ltd	335229
16	包头北方奔驰重型汽车有限公司	Baotou North Benz Automobile Co.,Ltd	315017
17	内蒙古东达蒙古王集团公司	Dongda Mongolia King Cashmere Group Co.,Ltd	280788
18	中石油华北油田二连分公司	North China Oilfield Erlian Branch	273268
19	内蒙古伊泰煤炭股份有限公司	Inner Mongolia YiTai Coal Industry Co.,Ltd	265274
20	内蒙古平庄煤业集团有限责任公司	Pingzhuang Coal Industry Group Co.,Ltd	248227
21	霍煤鸿骏铝电有限责任公司	Huolinhe Coal Hong Jun Alu. & Power Co.,Ltd	239656
22	华能伊敏煤电有限责任公司	Yimin HuaNeng Group Coal & Electricity Co.,Ltd	237896
23	鄂尔多斯电力冶金股份有限公司	Erdos Electric Power Metallurgy Co.,Ltd	218276
24	赤峰金锋铜业有限公司	Chifeng JinFeng Copper Industry Co.,Ltd	215956
25	通辽梅花生物科技有限公司	Tongliao Meihua Bio-technology Co.,Ltd	202827
26	元宝山发电有限责任公司	Yuanbaoshan Power Co.,Ltd	202427
27	神华集团包头矿业有限责任公司	ShenHua Group Baotou Mining Industry Co.,Ltd	199688
28	通辽金锣食品有限责任公司	Tongliao City Jinluo Food Co.,Ltd	199655
29	乌兰察布电业局	Wulanchabu City Electric Power Bureau	198551
30	内蒙古霍林河露天煤业股份有限公司	Inner Mongolia Huolinhe Coal Industry Co.,Ltd	190355
31	金河集团实业有限公司	Inner Mongolia Jinhe Industry Group	188996
32	大庆油田呼伦贝尔分公司	Daqing Oilfield Co.,Ltd Hulunbeier Branch	186590
33	内蒙古昆明卷烟有限责任公司	Inner Mongolia Kun Ming Cigarette Co.,Ltd	185851

24-2 续表 1 continued

位次 Order	企业名称	Name of Enterprise	工业总产值 (万元) Gross Industrial Output Value (10 000 yuan)
34	蒙电华能丰镇发电厂	Meng Dian Hua Neng Group Fengzhen Power Plant	173883
35	鄂尔多斯市蒙泰煤电有限责任公司	Erdos City Meng Tai Coal & Electricity Co.,Ltd	170000
36	内蒙古西蒙煤炭有限责任公司	Inner Mongolia Ximeng Coal Co.,Ltd	166685
37	包钢（集团）公司友谊轧钢厂	Baotou Iron & Steel (Group) YouYi Rolling Mill	157726
38	内蒙古伊东煤炭集团有限责任公司	Inner Mongolia Yi Dong Coal Group Co.,Ltd	157299
39	内蒙古兰太实业股份有限公司	Inner Mongolia LanTai Industrial Co.,Ltd	150503
40	内蒙古TCL王牌电器有限公司	Inner Mongolia TCL King Electric Co.	149403
41	内蒙古鹿王羊绒有限公司	Inner Mongolia King deer Cashmere Group	147096
42	内蒙古三维资源集团有限公司	Inner Mongolia SanWei Resource Group Co.,Ltd	146501
43	神华集团乌达矿业有限责任公司	Shenhua Group Wuda Mining Industry Co.,Ltd	132252
44	赤峰市白音诺尔铅锌矿	Chifeng City Baiyinnuoer Lead and Zinc Mineral	130005
45	赤峰市电业局	Chifeng Electric Power Bureau	120639
46	赤峰库博红烨锌业有限公司	Chifeng City Kubuo HongYe Zinc Smelt Co.,Ltd	120573
47	神华万利煤炭分公司	ShenHua Energy Wan Li Coal Branch	120274
48	神华集团海勃湾矿业有限责任公司	Shenhua Group Haibowan Mining Industry Co.,Ltd	119077
49	包头北方创业股份有限公司	Baotou North ChuangYie Share-Holding Co., Ltd	117924
50	鄂尔多斯羊绒制品股份有限公司	Erdos Cashmere Product Share-Holding Co.,Ltd	115862
51	通辽岳泰股份有限公司	Tongliao YueTai Co.,Ltd	114808
52	内蒙古满世煤炭运销有限责任公司	ManShi Coal Transport and Selling Co.,Ltd	113717
53	通辽发电总厂	Tongliao Power General Plant	110448
54	通辽电业局	Tongliao City Electric Power Bureau	108246
55	赤峰金剑铜业有限责任公司	Chifeng City JinJian Copper Industry Co.,Ltd	107997
56	包头东华热电有限公司	Baotou DongHua Re Dian Co.,Ltd	105551
57	内蒙古塞飞亚集团有限责任公司	Inner Mongolia Saifeiya Group Co.,Ltd	105307
58	鄂尔多斯市乌兰煤炭集团有限责任公司	Erdos City Wu Lan Coal Group Co.,Ltd	104659
59	巴彦淖尔紫金有色金属公司	Bayannaoer Zijin Colour Metal Co.,Ltd	103896
60	乌兰浩特钢铁有限责任公司	Wulanhaote Iron & Steel Co.,Ltd	102014
61	赤峰远建钢铁实业有限责任公司	ChiFeng Yuanjian Iron & Steel Industry Co.,Ltd	101502
62	包头伊利乳业有限责任公司	Baotou YiLi Milk Industry Co.,Ltd	100224
63	内蒙古兆旺羊绒制品有限责任公司	Inner Mongolia ZhaoWang Cashmere Co.,Ltd	99216
64	内蒙古天野化工（集团）有限责任公司	Tianye Chemical Industry (Group) Co.,Ltd	96832
65	包头华鼎铜业发展有限公司	Baotou HuaDing Copper Industry Co.,Ltd	89000

24-2 续表 2 continued

位次 Order	企 业 名 称	Name of Enterprise	工业总产值 (万元) Gross Output Value (10 000 yuan)
66	中电投霍林河铝业股份有限公司	Huolinhe Coal & Electricity Group Alu. Co.,Ltd	88514
67	巴彦淖尔西部铜业有限公司	Bayannaoer Westen Copper Industry Co.,Ltd	87189
68	内蒙古国华准格尔发电有限责任公司	GuoHua Zhungeer Power Plant Co.,Ltd	86877
69	内蒙古蒙牛乳业包头有限责任公司	Inner Mongolia MengNiu Co.,Ltd Baotou Branch	86349
70	蒙电华能包头第一热	MengDian HuaNeng Baotou No.1 Power Plant	86306
71	神东天隆集团有限责任公司	Shen Dong TianLong Group Co.,Ltd	84268
72	内蒙古太西煤集团股份有限责任公司	Inner Mongolia Taixi Group Share-Holding Co..Ltd	83951
73	鄂尔多斯市新华结晶硅有限责任公司	Erdos City XinHua Crystalling Silicon Co.,Ltd	82620
74	石药集团中润制药（内蒙古）有限公司	Zhongrun Pharmaceutical Co.,Ltd	81147
75	蒙电华能包头二电厂	MenDian HuaNeng Baotou No.2 Power Plant	80886
76	蒙牛乳业（磴口巴彦高勒）有限责任公司	MengNiu (Dengkou) Milk Industry Co.,Ltd	79872
77	内蒙古东升庙矿业有限责任公司	Dongshengmiao Mining Industry Co.,Ltd	77803
78	内蒙古星光煤炭集团有限责任公司	Inner Mongolia XingGuang Coal Group Co.,Ltd	77676
79	内蒙古北方重型汽车股份有限公司	North Automobile Share-Holding Co.,Ltd	75240
80	神华宝日希勒能源有限责任公司	ShenHua Baorixile Energy Co.,Ltd	75223
81	扎赉诺尔煤业有限责任公司	Inner Mongolia Zhalainuoer Coal Industry Co.,Ltd	71468
82	巴彦淖尔市大兴羊绒制品有限公司	Bayannaoer DaXing Cashmere Product Co.,Ltd	70011
83	西乌珠穆沁旗鑫源矿业开发有限责任公司	Xiwuzhumuqin Banner Xin Yuan Mining Co.,Ltd	68000
84	蒙牛乳业(乌兰浩特)有限责任公司	Inner Mongolia MengNiu (Wulanhaote) Co.,Ltd	67355
85	通辽万顺达淀粉有限公司	Tongliao Wanshunda Starch Co.,Ltd	66254
86	赤峰宝山能源（集团）有限公司	ChiFeng Baoshan Energy (Group) Co.,Ltd	65527
87	内蒙古乌拉山化肥有限责任公司	Inner Mongolia Wulashan Fertilizer Co.,Ltd	65521
88	内蒙古蒙西水泥有限公司	Inner Mongolia Mengxi Cement Co.,Ltd	64844
89	内蒙古双河羊绒集团有限公司	Shuang He Cashmere Group Co.,Ltd	61966
90	内蒙古黄岗矿业有限责任公司	Huanggang Mining Industry Co.,Ltd	61832
91	包头华资实业股份有限公司	Baotou Hua Zi Industry Share-Holding Co.,Ltd	61272
92	内蒙古宇航人高技术产业有限责任公司	Yuhangren Hi-Tech Industrial Co., Ltd.,	60925
93	神华蒙西煤化股份有限公司	ShenHua Group MengXi Coal Chemical Co.,Ltd	60879
94	内蒙古乌兰水泥有限责任公司	Inner Mongolia Wulan Cement Co.,Ltd	60556
95	内蒙古庆华集团庆华焦化有限责任公司	Inner Mongolia QingHua Group Jiaohua Co.,Ltd	58949
96	达茂旗石宝铁矿宝源钢铁有限责任公司	Damao Union Banner Shibao Iron & Steel Co.,Ltd	57807
97	内蒙古春雪羊绒有限公司	Inner Mongolia Chun Xue Cashmere Co.,Ltd	57141
98	赤峰制药集团	Chifeng City Pharmaceutical Group Co.,Ltd	56497
99	东方希望包头热电有限责任公司	East Hope Group Baotou Re Dian Co.,Ltd	56090
100	杭锦旗三星油脂淀粉有限公司	Hangjin Banner Sanxing Oil & Starch Co.	55298

24-3 全区工业主营业务收入最大的100家大中型工业企业(2006年)

Autonomous Regional Top 100 Large-scale and Medium-scale Industrial Enterprises of Main Business Revenue(2006)

位次 Order	企业名称	Name of Enterprise	主营业务收入 (万元) Revenues of Main Business (10 000 yuan)
1	包头钢铁（集团）有限责任公司	Baotou Iron & Steel (Group) Co.,Ltd	1870000
2	内蒙古包钢钢联股份有限公司	Inner Mongolia Baotou Steel Union Co.,Ltd	1774655
3	内蒙古蒙牛乳业（集团）股份有限公司	Inner Mongolia MengNiu Milk Ind. Co.,Ltd	853262
4	内蒙古伊利实业集团股份有限公司	Inner Mongolia YiLi Indust[illegible] Group Co.,Ltd	835983
5	大唐国际托克托发电有限责任公司	Datang InternationalTuoketuo Power Plant	621703
6	神华集团准格尔能源有限责任公司	ShenHua Group Zhungeer Co.,Ltd	563229
7	包头供电局	Baotou City Power Suppy Bureau	524984
8	中石油呼和浩特石化分公司	Petroleum China Hohhot Branch	523613
9	包头铝业（集团）有限责任公司	Baotou Aluminium Industry Group Co.,Ltd	483029
10	内蒙第一机械制造集团有限公司	Inner Mongolia No.1 Machinery Co.,Ltd	468677
11	内蒙古华业特钢有限公司	Inner Mongolia Huaye Special Steel Co.,Ltd	406913
12	神东集团神府东胜煤炭有限责任公司	ShenDong Shenfu Dongsheng Coal Industry Co.,Ltd	405248
13	东方希望包头稀土铝业有限责任公司	East Hope Baotou Rare Eath & Alu. Ind. Co.,Ltd	357998
14	内蒙古伊泰煤炭股份有限公司	Inner Mongolia Yi Tai Coal Industry Co.,Ltd	343606
15	汉鼎光电(内蒙古)有限公司	Cyber Home (Inner Mongolia) Co.,Ltd	335030
16	内蒙古北方重工集团有限公司	Inner Mongolia North Industry Group Co.,Ltd	317670
17	包头北方奔驰重型汽车有限公司	Baotou Nor. Benz Heavy-duty Automobile Co.,Ltd	287308
18	鄂尔多斯羊绒制品股份有限公司	Erdos Cashmere Product Share-Holding Co.,Ltd	270481
19	内蒙古东达蒙古王集团公司	Dongda MongoliaKing Cashmere Group Co.,Ltd	257154
20	中国石油华北油田二连分公司	North China Oilfield Erlian Branch of Petro-China	245404
21	内蒙古平庄煤业集团有限责任公司	Inner Mongolia Pingzhuang Coal Industry Co.,Ltd	221308
22	内蒙古霍煤鸿骏铝电有限责任公司	Huolinhe Hong Jun Aluminium & Power Co.,Ltd	221176
23	赤峰金锋铜业有限公司	Chifeng City Jin Feng Copper Industry Co.,Ltd	213956
24	华能伊敏煤电有限责任公司	Yiminhe HuaNeng Coal & Electricity Co.,Ltd	210813
25	元宝山发电有限责任公司	Yuanbaoshan Electric Power Co.,Ltd	202427
26	通辽梅花生物科技有限公司	Tongliao Meihua Bio-technology Co.,Ltd	198877
27	鄂尔多斯电力冶金股份有限公司	Erdos Electric Power Co.,Ltd	196391
28	乌兰察布电业局	Wulanchabu City Electric Power Bureau	191260
29	内蒙古霍林河露天煤业股份有限公司	Inner Mongolia Huolinhe Coal Industry Co.,Ltd	188610
30	内蒙古昆明卷烟有限责任公司	Inner Mongolia Kunming Cigarette Co.,Ltd	188458
31	大庆油田有限责任公司呼伦贝尔分公司	Daqing Oilfield Co.,Ltd Hulunbeier Branch	184532
32	通辽金锣食品有限责任公司	Tongliao JinLuo Foods Co.,Ltd	182467
33	神华集团包头矿业有限责任公司	ShenHua Group Baotou Mining Industry Co.,Ltd	179298

24-3 续表 1 continued

位次 Order	企业名称	Name of Enterprise	主营业务收入 (万元) Revenues of Main Business (10 000 yuan)
34	金河集团实业有限公司	Inner Mongolia Jinhe Co.,Ltd	178961
35	神华集团海勃湾矿业有限责任公司	Shenhua Group Haibowan Mining Industry Co.,Ltd	175040
36	蒙电华能丰镇发电厂	MengDian HuaNeng Fengzhen Power Plant	173883
37	鄂尔多斯市蒙泰煤电有限责任公司	Erdos City MengTai Coal & Electricity Co.,Ltd	170000
38	内蒙古西蒙煤炭有限责任公司	Inner Mongolia Ximeng Coal Co.,Ltd	168286
39	内蒙古满世煤炭运销有限责任公司	ManShi Coal Transport & Selling Co.,Ltd	165337
40	内蒙古TCL王牌电器有限公司	Inner Mongolia TCL King Electric Co.,Ltd	153521
41	内蒙古三维资源集团有限公司	Inner Mongolia SanWei Resource Group Co.,Ltd	151013
42	内蒙古伊东煤炭集团有限责任公司	Inner Mongolia YiDong Coal Group Co.,Ltd	150399
43	神华集团金烽煤炭公司东胜煤矿	ShenHua Jinfeng Coal Co.Dongsheng Coal Mine	144343
44	包钢（集团）公司友谊轧钢厂	Baotou Iron & Steel YouYi Steel Rolling Mill	142925
45	神华集团乌达矿业有限责任公司	ShenHua Group Wuda Mining Industry Co.,Ltd	142694
46	内蒙古兰太实业股份有限公司	Inner Mongolia LanTai Industrial Co.,Ltd	131596
47	包头北方创业股份有限公司	Baotou North StrongYear Share-Holding Co.,Ltd	125326
48	赤峰库博红烨锌业有限公司	Chifeng Kubo Hong Ye Zinc Industry Co.,Ltd	123255
49	鄂尔多斯市乌兰煤炭集团有限责任公司	Erdos City Wu Lan Coal Group Co.,Ltd	121610
50	赤峰市电业局	Chifeng City Electric Power Bureau	120639
51	通辽岳泰股份有限公司	Tongliao Yue Tai Share-Holding Co.,Ltd	113069
52	通辽发电总厂	Tongliao General Power Plant	110421
53	神东天隆集团有限责任公司	Shen Dong TianLong Group Co.,Ltd	108620
54	通辽电业局	Tongliao City Electric Power Bureau	108240
55	赤峰金剑铜业有限责任公司	Chifeng JinJian Copper Industry Co.,Ltd	106420
56	乌兰浩特钢铁有限责任公司	Wulanhaote Iron & Steel Co.,Ltd	103877
57	内蒙古塞飞亚集团有限责任公司	Inner Mongolia Saifeiya Group Co.,Ltd	101200
58	巴彦淖尔紫金有色金属公司	Bayannaoer Zijin Colour Metal Co.,Ltd	99792
59	赤峰远建钢铁实业有限责任公司	ChiFeng Yuanjian Iron & Steel Industry Co.,Ltd	99522
60	内蒙古天野化工（集团）有限责任公司	Inner Mongolia Tianye Chemical Industry Co.,Ltd	98485
61	包头伊利乳业有限责任公司	Baotou YiLi Milk Industry Co.,Ltd	98389
62	神华能源万利煤炭分公公司	ShenHua Energy Share-Holding Wan Li Coal Branch	93260
63	巴彦淖尔西部铜业有限公司	Bayannaoer Westen Copper Industry Co.,Ltd	92539
64	中电投霍林河煤电铝业股份有限公司	Huolinhe Coal & Elec Aluminium Industry Co.,Ltd	92063
65	内蒙古鹿王羊绒有限公司	Inner Mongolia King Deer Cashmere Group	91555

24-3 续表 2 continued

位次 Order	企业名称	Name of Enterprise	主营业务收入 (万元) Revenues of Main Business (10 000 yuan)
66	内蒙古国华准格尔发电有限责任公司	GuoHua Zhungeer Power Plant Co.,Ltd	87778
67	蒙电华能包头第一热	MengDian HuaNeng Baotou No.1 Power Plant	87764
68	内蒙古蒙牛乳业包头有限责任公司	Inner Mongolia MengNiu milk Baotou Co.,Ltd	86888
69	赤峰市白音诺尔铅锌矿	Chifeng City Baiyinnuoer Lead and Zinc Mineral	84018
70	鄂尔多斯市新华结晶硅有限责任公司	Erdos XingHua Crystaleing Silicon Co.,Ltd	82448
71	内蒙古太西煤集团股份有限责任公司	Taixi Coal Group Share-Holding Co.,Ltd	82115
72	内蒙古兆旺羊绒制品有限责任公司	Inner Mongolia Zhaowang Cashmere Co.,Ltd	79722
73	蒙电华能包头二电厂	MengDian HuaNeng Baotou No.2 Power Plant	79140
74	内蒙古东升庙矿业有限责任公司	Dongshengmiao Mining Industry Co.,Ltd	77420
75	包头东华热电有限公司	Baotou DongHua Re Dian Co.,Ltd	75881
76	石药集团中润制药（内蒙古）有限公司	Zhongrun Medicin(Inner Mongolia) Co.,Ltd	75800
77	神华宝日希勒能源有限责任公司	ShenHua Baorixile Energy Co.,Ltd	73863
78	内蒙古星光煤炭集团有限责任公司	Inner Mongolia XingGuang Coal Group Co.,Ltd	73583
79	扎赉诺尔煤业有限责任公司	Inner Mongolia Zhalainuoer Coal Industry Co.,Ltd	73016
80	内蒙古北方重型汽车股份有限公司	North Heavy-duty Automobile Co.,Ltd	71561
81	内蒙古乌兰水泥有限责任公司	Inner Mongolia WuLan Cement Fertilizer Co.,Ltd	68716
82	西乌珠穆沁旗鑫源矿业开发有限公司	Xiwuzhumuqin Banner Xin Yuan Mining Co.,Ltd	68000
83	神华蒙西煤化股份有限公司	ShenHua Mengxi Coal Co.,Ltd	67479
84	包头华鼎铜业发展有限公司	Baotou HuaDing Copper Industry Co.,Ltd	67028
85	蒙牛乳业（磴口巴彦高勒）有限责任公司	MengNiu Milk Industry (Denkou) Co.,Ltd	65958
86	赤峰宝山能源（集团）有限公司	ChiFeng Baoshan Energy (Group) Co.,Ltd	65527
87	蒙牛乳业(乌兰浩特)有限责任公司	MengNiu Milk Co.,Ltd Wulanhaote Branch	64656
88	赤峰制药集团	Chifeng Pharmaceutical Group Co.,Ltd	63953
89	内蒙古乌拉山化肥有限责任公司	Inner Mongolia Wulashan Chemical Co.,Ltd	62125
90	巴彦淖尔市大兴羊绒制品有限公司	Bayannaoer DaXing Cashmere Product Co.,Ltd	61909
91	内蒙古黄岗矿业有限责任公司	Huanggang Mining Industry Co.,Ltd	61733
92	达茂旗石宝铁矿宝源钢铁有限责任公司	Damao Union Banner Shibao Iron & Steel Co.,Ltd	59882
93	通辽万顺达淀粉有限公司	Tongliao Wanshunda Starch Co.	58887
94	内蒙古三联化工股份有限公司	Inner Mongolia SanLian Chemical Industry Co.,Ltd	58375
95	内蒙古包钢稀土高科股份有限公司	Baotou Steel Rare-earth Hi-tech Co.,Ltd	56890
96	内蒙古白雁湖化工股份有限公司	Baiyan Lake Chemical Industry Co.,Ltd	56713
97	内蒙古宇航人高技术产业有限责任公司	Yuhangren Hi-Tech Industrial Co., Ltd.,	56320
98	杭锦旗三星油脂淀粉有限公司	Hangjin Banner Sanxing Oil & Starch Co.	56246
99	赤峰九天建化集团	Chifeng Jiu Tian Jianhua Group	56194
100	包头大安钢铁有限责任公司	Baotou DaAn Iron & Steel Industry Co.,Ltd	54539

24-4 全区实现利税总额最大的100家大中型工业企业(2006年)

Autonomous Regional Top 100 Large-scale and Medium-scale Industrial Enterprises of Profit and Taxes(2006)

位次 Order	企业名称	Name of Enterprise	利税总额 (万元) Profit & Taxes (10 000 yuan)
1	内蒙古大唐国际托克托发电有限责任公司	Datang International Tuoketuo Power Plant	273481
2	神华集团准格尔能源有限责任公司	ShenHua Group Zhungeer Co.,Ltd	206802
3	内蒙古包钢钢联股份有限公司	Inner Mongolia Baotou Steel Union Co.,Ltd	198546
4	包头供电局	Baotou City Power Suppy Bureau	194651
5	大庆油田有限责任公司呼伦贝尔分公司	Daqing Oilfield Co.,Ltd Hulunbeier Branch	158041
6	内蒙古昆明卷烟有限责任公司	Inner Mongolia Kunming Cigarette Co.,Ltd	128001
7	包头钢铁（集团）有限责任公司	Baotou Iron & Steel (Group) Co.,Ltd	122700
8	内蒙古伊泰煤炭股份有限公司	Yi Tai Coal Industry Share-Holding Co.,Ltd	117737
9	神东集团神府东胜煤炭有限责任公司	ShenDong Shenfu Dongsheng Coal Ind.Co.,Ltd	106309
10	内蒙古伊利实业集团股份有限公司	Inner Mongolia YiLi Industrial Group Co.,Ltd	83602
11	东方希望包头稀土铝业有限责任公司	East Hope Baotou Rare Eath & Al .Ind. Co.,Ltd	79990
12	华能伊敏煤电有限责任公司	Yiminhe HuaNeng Coal Co.,Ltd	77024
13	内蒙古东升庙矿业有限责任公司	Dongshengmiao Mining Industry Co.,Ltd	73443
14	内蒙古霍林河露天煤业股份有限公司	Huolinhe Coal Industry Share-Holding Co.,Ltd	70233
15	鄂尔多斯市乌兰煤炭集团有限责任公司	Erdos City Wu Lan Coal Group Co.,Ltd	70086
16	巴彦淖尔西部铜业有限公司	Bayanzhuoer Westen Copper Industry Co., Ltd	68272
17	内蒙古霍煤鸿骏铝电有限责任公司	Huo Coal Hongjun Aluminum & Electricity Co.,Ltd	67905
18	内蒙古满世煤炭运销有限责任公司	ManShi Coal Transport and selling Co.,Ltd	67471
19	内蒙古蒙牛乳业（集团）股份有限公司	MengNiu Milk Industry (Group) Co.,Ltd	66046
20	内蒙古东达蒙古王集团公司	Dongda MongoliaKing Cashmere Group Co.,Ltd	57614
21	内蒙古伊东煤炭集团有限责任公司	YiDong Coal Industry Group Co.,Ltd	57254
22	通辽梅花生物科技有限公司	Tongliao Meihua Bio-technology Co.,Ltd	52091
23	包头铝业（集团）有限责任公司	Baotou Aluminium Industry (Group) Co.,Ltd	50488
24	通辽发电总厂	Tongliao General Power Plant	47774
25	鄂尔多斯市蒙泰煤电有限责任公司	Erdos City MengTai Coal & Electricity Co.,Ltd	38424
26	中国石油华北油田二连分公司	North China Oilfield of Petro-China Erlian Branch	37873
27	赤峰金锋铜业有限公司	Chifeng City Jin Feng Copper Industry Co.,Ltd	36466
28	内蒙古平庄煤业集团有限责任公司	Inner Mongolia Pingzhuang Coal Co.,Ltd	35087
29	神华集团海勃湾矿业有限责任公司	Shenhua Group Haibowan Mining Industry Co.,Ltd	32689
30	红云烟草（集团）乌兰浩特卷烟厂	Hongyun Tobacco (Group) Wulanhaote Cigarette	32198
31	赤峰市电业局	Chifeng City Electric Power Bureau	31828
32	西乌珠穆沁旗鑫源矿业开发有限责任公司	Xiwuzhumuqin Banner Xin Yuan Mining Co.,Ltd	30604
33	内蒙古国华准格尔发电有限责任公司	Guohua Zhungeer Power Plant Co.,Ltd	30133

24-4 续表 1 continued

位次 Order	企业名称	Name of Enterprise	利税总额 (万元) Profit & Taxes (10 000 yuan)
34	鄂尔多斯羊绒制品股份有限公司	Erdos Cashmere Product Share-Holding Co.,Ltd	30026
35	神东天隆集团有限责任公司	Shen Dong TianLong Group Co.,Ltd	28472
36	准格尔旗弓家塔宝平湾煤炭有限责任公司	Zhungeer Banner Gongjiatabaopingwan Coal Co.,Ltd	28452
37	鄂尔多斯电力冶金股份有限公司	Erdos Electricity & Metallurgy Co.,Ltd	27964
38	通辽电业局	Tongliao City Electric Power Bureau	27714
39	神华集团乌达矿业有限责任公司	ShenHua Group Wuda Mining Industry Co.,Ltd	26044
40	神华宝日希勒能源有限责任公司	ShenHua Baorixile Energy Industry Co.,Ltd	24919
41	内蒙古TCL王牌电器有限公司	Inner Mongolia TCL King Electric Co.,Ltd	23984
42	蒙电华能丰镇发电厂	MengDian HuaNeng Fengzhen Power Plant	23756
43	赤峰库博红烨锌业有限公司	Chifeng Kubo Hong Ye Zinc Industry Co.,Ltd	23119
44	内蒙古三维资源集团有限公司	Inner Mongolia San Wei Resource Group Co.,Ltd	22476
45	新巴尔虎右旗荣达矿业有限责任公司	Xinbaerhuyou Banner Rongda Mining Co.,Ltd	22303
46	内蒙古河套酒业集团股份有限公司	Inner Mongolia HeTao Liquor Group Co.,Ltd	21761
47	新巴尔虎右旗甲乌拉矿业有限责任公司	Xinbaerhuyou Banner Jiawula Mining Co.,Ltd	20988
48	中石油呼和浩特石化分公司	Petro-China Hohhot Branch	19926
49	内蒙古天野化工（集团）有限责任公司	Tianye Chemical Industry (Group) Co.,Ltd	19832
50	通辽金锣食品有限责任公司	Tongliao JinLuo Foods Co.,Ltd	19768
51	内蒙古黄岗矿业有限责任公司	Inner Mongolia Huanggang Mining Industry Co.,Ltd	19237
52	内蒙古兰太实业股份有限公司	Inner Mongolia LanTai Industrial Co.,Ltd	19171
53	赤峰市白音诺尔铅锌矿	Chifeng City Baiyinnuoer Lead and Zinc Mineral	18618
54	乌中旗天宝矿业有限责任公司	Wulatezhong Banner TianBao Mining Co.,Ltd	18418
55	东方希望包头热电有限责任公司	East Hope Baotou Heat & Power Industry Co.,Ltd	18141
56	内蒙古华业特钢有限公司	Inner Mongolia Huaye Specal Steel Co.,Ltd	17017
57	内蒙古西蒙科工贸有限公司弓家塔煤矿	Ximeng Gongjiata Coal Mine	16818
58	金河集团实业有限公司	Inner Mongolia Jinhe Group Industrial Co.,Ltd	16193
59	神华能源万利煤炭分公司	China Shenhua Energy Co.,Ltd Wanli Coal Branch	15947
60	内蒙古西蒙煤炭有限责任公司	Inner Mongolia Ximeng Coal Industry Co.,Ltd	15846
61	内蒙古利牛生物化工有限责任公司	Inner Mongolia Liniu Bio-Chemical Industry Co.,Ltd	15665
62	包头北方奔驰重型汽车有限公司	Baotou North Benz Heavy-duty Automobile Co.,Ltd	15597
63	元宝山发电有限责任公司	Yuanbaosan Power Plant Co.,Ltd	15500
64	内蒙第一机械制造集团有限公司	Inner Mongolia No.1 Machinery Co.,Ltd	15437
65	内蒙古大中矿业有限责任公司	Inner Mongolia Dazhong Mining Industry Co.,Ltd	15369

24-4 续表 2 continued

位次 Order	企业名称	Name of Enterprise	利税总额 (万元) Profit and Taxes (10 000yuan)
66	玖龙兴安浆纸(内蒙古)有限公司	Jiulong Xingan Paper Pulp (Inner Mongolia) Co.,Ltd	14319
67	包头东华热电有限公司	Baotou Donghua Heat & Power Industry Co.,Ltd	14198
68	通辽岳泰股份有限公司	Inner Mongolia Tongliao YueTai Co.,Ltd	13730
69	内蒙古包钢稀土高科股份有限公司	Batou Steel Rare-earth Hi-tech Co.,Ltd	13528
70	中电投霍林河煤电集团铝业股份有限公司	Huolinhe Coal & Elec.Aluminium Industry Co.,Ltd	12508
71	海拉尔蒙西水泥有限公司	Hailaer City MengXi Cement Co.,Ltd	12179
72	神华蒙西煤化股份有限公司	ShenHua MengXi Coal Chemical Industry Co.,Ltd	11569
73	赤峰大井子矿业有限公司	Chifeng City Dajingzi Ming Industrial Co.,Ltd	11513
74	巴彦淖尔紫金有色金属公司	Bayannaoer Zhijin Nonferrous Metals Co.	11494
75	扎赉诺尔煤业有限责任公司	Inner Mongolia Zhalainuoer Coal Industry Co.,Ltd	11345
76	内蒙古生物药品厂	Inner Mongolia Bio-pharmaceutical Factory	11179
77	燕京啤酒（包头雪鹿）股份有限公司	Yanjing Beer (Baotou Snow Deer) Co.,Ltd	11141
78	包头华鼎铜业发展有限公司	Baotou Dinghua Copper Industry Co.,Ltd	10960
79	中盐吉兰泰盐化集团有限责任公司	Jilantai Salt & Chemical Industry Co.,Ltd	10935
80	内蒙古蒙西水泥有限公司	Inner Mongolia Mengxi Cement Co.,Ltd	10666
81	内蒙古蒙牛乳业包头有限责任公司	MengNiu Milk Industry Baotou Co.,Ltd	9659
82	内蒙古鄂尔多斯酒业有限责任公司	Inner Mongolia Erdos Wine Industry Co.,Ltd	9515
83	赤峰市碾子沟矿业有限责任公司	Chifeng City Nianzigou Ming Industrial Co.,Ltd	9395
84	内蒙古蒙牛乳业科尔沁有限责任公司	MengNiu Milk Industry Keerqin Co.,Ltd	9384
85	赤峰远建钢铁实业有限责任公司	Chifeng yuanjian Iron & Steel Industrial Co.,Ltd	9179
86	内蒙古铁骑纺织有限责任公司	Inner Mongolia TieQi Textile Co.,Ltd	8904
87	燕京啤酒（赤峰）有限责任公司	Yan Jing Beer (ChiFeng) Co.,Ltd	8808
88	内蒙古牙克石五九煤炭(集团)有限公司	Inner Mongolia Yakeshi 59 Coal Industry Co.,Ltd	8642
89	包钢集团冶金渣综合利用开发有限公司	Baotou Comprehensive Utilization Co.,Ltd	8634
90	神华集团包头矿业有限责任公司	ShenHua Baotou Mining Industry Co.,Ltd	8581
91	内蒙古乌拉山化肥有限责任公司	Inner Mongolia Wulashan Fertilizer Co.,Ltd	8486
92	内蒙古三联化工股份有限公司	San Lian Chemical Industry Share-Holding Co.,Ltd	8190
93	内蒙古特弘煤炭集团	Inner Mongolia Tehong Coal Group	8179
94	包头市达茂旗石宝铁矿集团有限责任公司	Damaoqi shibao Steel Mine Group Co.,Ltd	8022
95	呼伦贝尔查干矿业有限公司	Hulunbeier Chagan Mining Industry Co.,Ltd	7672
96	内蒙古太西煤集团股份有限责任公司	Inner Mongolia Taixi Coal Group Co.,Ltd	7552
97	石药集团中润制药（内蒙古）有限公司	Shiyao Zhongrun Pharmaceutical Co.,Ltd	7494
98	兴业矿业股份有限公司东乌旗多金属矿	xingye mining Dongwu Banner Polymetal	7487
99	蒙牛乳业（磴口巴彦高勒）有限责任公司	MengNiu Milk Industry (Dengkou) Co.,Ltd	7373
100	巴林左旗红岭铅锌矿	Balinzuo Banner Honglin Leedand Zinc Mining	7138

24-5 全区实现利润最大的100家大中型工业企业(2006年)

Autonomous Regional Top 100 Large-scale and Medium-scale Industrial Enterprises of Total Profit(2006)

位次 Order	企业名称	Name of Enterprise	利润总额 (万元) Total Profit (10 000yuan)
1	内蒙古大唐国际托克托发电有限责任公司	Datang Tuoketuo Power Plant	199911
2	神华集团准格尔能源有限责任公司	ShenHua Group Zhungeer Energy Co.,Ltd	160178
3	大庆油田有限责任公司呼伦贝尔分公司	Daqing Oilfield Co.,Ltd Hulunbeier Branch	136679
4	内蒙古包钢钢联股份有限公司	Inner Mongolia Baotou Steel Union Co.,Ltd	128659
5	包头供电局	Baotou City Power Supply Bureau	104531
6	内蒙古伊泰煤炭股份有限公司	Inner Mongolia YiTai Coal Industry Co.,Ltd	81861
7	内蒙古东升庙矿业有限责任公司	Dongshengmiao Mining Industry Co.,Ltd	63055
8	东方希望包头稀土铝业有限责任公司	East Hope Baotou Rare-eath & Al. Ind. Co.,Ltd	60547
9	巴彦淖尔西部铜业有限公司	Bayannaoer Westen Copper Industry Co.,Ltd	59903
10	神东集团神府东胜煤炭有限责任公司	Baotou Rare-eath & Aluminum Industry Co.,Ltd	55885
11	内蒙古满世煤炭运销有限责任公司	ManShi Coal Transport and Selling Co.,Ltd	53502
12	内蒙古霍煤鸿骏铝电有限责任公司	Huolinhe Coal Ind. HongJun Al. and Power Co.,Ltd	49097
13	通辽梅花生物科技有限公司	Tongliao Meihua Bio-technology Co.,Ltd	48618
14	内蒙古霍林河露天煤业股份有限公司	Inner Mongolia Huolinhe Coal Industry Co.,Ltd	46558
15	内蒙古伊东煤炭集团有限责任公司	Inner Mongolia Yidong Coal Co.,Ltd	43108
16	华能伊敏煤电有限责任公司	Yiminhe HuaNeng Coal & Electricity Co.,Ltd	42078
17	鄂尔多斯市乌兰煤炭集团有限责任公司	Erdos City Wu Lan Coal(Group)Co.,Ltd	40691
18	内蒙古伊利实业集团股份有限公司	Inner Mongolia YiLi Industrial Group Co.,Ltd	40020
19	内蒙古蒙牛乳业（集团）股份有限公司	MenNiu Milk Industrial (Group) Co.,Ltd	39697
20	包头铝业（集团）有限责任公司	Baotou Aluminium Industry Group Co.,Ltd	38245
21	内蒙古东达蒙古王集团公司	Dongda Mongolia King Cashmere Group Co.,Ltd	35871
22	通辽发电总厂	Tongliao General Power Plant	35600
23	鄂尔多斯羊绒制品股份有限公司	Erdos Cashmere Product Share-Holding Co.,Ltd	28558
24	西乌珠穆沁旗鑫源矿业开发有限责任公司	Xiwuzhumuqin Banner Xin Yuan Mining Co.,Ltd	26456
25	鄂尔多斯市蒙泰煤电有限责任公司	Erdos City MengTai Coal & Electricity Co.,Ltd	24417
26	内蒙古昆明卷烟有限责任公司	Inner Mongolia Kunming Cigarette Co.,Ltd	23775
27	包头钢铁（集团）有限责任公司	Baotou Iron & Steel (Group) Co.,Ltd	23000
28	准格尔旗弓家塔宝平湾煤炭有限责任公司	Zhungeer Banner Gongjiatabaopingwan Coal Co.,Ltd	22868
29	神东天隆集团有限责任公司	ShenDong TianLong Group Co.,Ltd	20995
30	赤峰金锋铜业有限公司	Chifeng City JinFeng Copper Co.,Ltd	20088
31	内蒙古TCL王牌电器有限公司	TCL King Electric Appliance Co.,Ltd	20061
32	内蒙古国华准格尔发电有限责任公司	Inner Mongolia Guohua Zhungeer Power Plant	19128
33	通辽金锣食品有限责任公司	Tongliao JinLuo Foods Co.,Ltd	18801

24-5 续表 1 continued

位次 Order	企业名称	Name of Enterprise	利润总额 (万元) Total Profit (10 000yuan)
34	新巴尔虎右旗荣达矿业有限责任公司	Xinbaerhuyou Banner Ring Da Mining Co.,Ltd	18643
35	东方希望包头热电有限责任公司	East Hope Baotou Heat&Power Industry Co.,Ltd	18141
36	内蒙古天野化工（集团）有限责任公司	TianYe Chemical Industry (Group) Co.,Ltd	17266
37	赤峰库博红烨锌业有限公司	Chifeng Kubo Hong Ye Zinc Industry Co.,Ltd	17021
38	新巴尔虎右旗甲乌拉矿业有限责任公司	Xinbaerhuyou Banner Jiawula Mining Co.,Ltd	16657
39	乌中旗天宝矿业有限责任公司	Wulatezhong Banner Tianbao Mining Co.,Ltd	15835
40	包头北方奔驰重型汽车有限公司	Baotou Nor. Benz Heavy-duty Automobile Co.,Ltd	15138
41	内蒙古利牛生物化工有限责任公司	Inner Mongolia Liniu Bio-Chemical Industry Co..Ltd	14687
42	内蒙古华业特钢有限公司	Inner Mongolia Huaye Special Steel Co.,Ltd	14242
43	神华集团海勃湾矿业有限责任公司	ShenHua Haibowan Mining Industrial Co.,Ltd	13781
44	赤峰市电业局	Chifeng Electric Power Bureau	13092
45	赤峰市白音诺尔铅锌矿	Chifeng City Baiyinnuoer Lead and Zinc Mineral	12974
46	内蒙古三维资源集团有限公司	Inner Mongolia San Wei Resource Group Co.,Ltd	12628
47	内蒙古西蒙科工贸有限公司弓家塔煤矿	Ximeng Technology Gongjiata Coal Mine	12313
48	鄂尔多斯电力冶金股份有限公司	Erdos Electricity & Metallurgy Co.,Ltd	11870
49	通辽岳泰股份有限公司	Tongliao YueTai Co.,Ltd	11830
50	内蒙古西蒙煤炭有限责任公司	Inner Mongolia Ximeng Coal Mine Co.,Ltd	11786
51	金河集团实业有限公司	Inner Mongolia Jinhe Group Industrial Co.,Ltd	11648
52	内蒙古黄岗矿业有限责任公司	Inner Mongolia Huanggang Mining Industry Co., Ltd	11532
53	内蒙古河套酒业集团股份有限公司	He Tao Liquor Industry Group Co.,Ltd	11196
54	神华宝日希勒能源有限责任公司	Shen Hua Baorixile Energy Co.,Ltd	10527
55	内蒙古大中矿业有限责任公司	Inner Mongolia Dazhong Mining Industrial Co.,Ltd	10492
56	玖龙兴安浆纸(内蒙古)有限公司	Jiulong Xingan Paper Pulp (Inner Mongolia) Co.,Ltd	9324
57	内蒙古包钢稀土高科股份有限公司	Baotou Steel Rare-earth Hi-tech Co.,Ltd	9254
58	内蒙古生物药品厂	Inner Mongolia Bio-pharmaceutical Factory	9184
59	赤峰大井子矿业有限公司	Chifeng City Dajingzi Ming Industrial Co.,Ltd	9005
60	巴彦淖尔紫金有色金属公司	Bayannaoer Zhijin Nonferrous Metals Co.	8983
61	内蒙古铁骑纺织有限责任公司	Inner Mongolia TieQi Textile Co.,Ltd	8894
62	中电投霍林河煤电集团铝业股份有限公司	Huolinhe Coal & Elec.Group Al.Industry Co.,Ltd	8493
63	海拉尔蒙西水泥有限公司	Hailaer City MengXi Cement Co.,Ltd	8384
64	神华集团乌达矿业有限责任公司	ShenHua Group Wuda Mining Industrial Co.,Ltd	8246
65	赤峰市碾子沟矿业有限责任公司	Chifeng City Nianzigou Ming Industrial Co.,Ltd	8140

24-5 续表 2 continued

位次 Order	企 业 名 称	Name of Enterprise	利润总额 (万元) Total Profit (10 000 yuan)
66	蒙电华能丰镇发电厂	MengDianHuaNeng Fengzhen Power Plant	8100
67	通辽电业局	Tongliao City Electric Power Bureau	8058
68	内蒙古平庄煤业集团有限责任公司	Inner Mongolia Pingzhuang Coal Group Co.,Ltd	7766
69	神华万利煤炭分公司	ShenHua Energy Co.,Ltd Wan Li Coal Branch	7480
70	内蒙古蒙牛乳业包头有限责任公司	Inner Mongolia MengNiu Milk Co.,Ltd Baotou Branch	7269
71	中盐吉兰泰盐化集团有限责任公司	Jilantai Salt & Chemical Industry Co.,Ltd	7223
72	神华蒙西煤化股份有限公司	ShenHua MengXi Coal Chemical Industry Co.,Ltd	7010
73	包钢集团冶金渣综合利用开发有限公司	Baotou Comprehensive Utilization Co.,Ltd	6991
74	巴林左旗红岭铅锌矿	Balinzuo Banner Honglin Leedand Zinc Mineral	6922
75	包头华鼎铜业发展有限公司	Baotou HuaDing Copper Industry Co.,Ltd	6868
76	石药集团中润制药（内蒙古）有限公司	Shiyao Zhongrun Pharmaceutical Co.,Ltd	6861
77	内蒙古乌拉山化肥有限责任公司	Inner Mongolia Wulashan Fertilizer Co.,Ltd	6767
78	呼伦贝尔查干矿业有限公司	Hulunbeier Chagan Mining Industry Co.,Ltd	6396
79	蒙牛乳业（磴口巴彦高勒）有限责任公司	MengNiu Milk Industry (bayangaoleDengkou) Co.,Ltd	6329
80	内蒙古白音诺尔矿业有限责任公司	Inner Mongolia Baiyinnuoer Mining Industry Co.,Ltd	5972
81	内蒙古兴业东乌旗多金属矿	xingye mining Dongwu Banner Polymetal	5882
82	蒙牛乳业(乌兰浩特)有限责任公司	MengNiu Milk Industry (Wulanhaote) Co.,Ltd	5876
83	内蒙古三联化工股份有限公司	San Lian Chemical Industry Share-Holding Co.,Ltd	5856
84	内蒙古牙克石五九煤炭(集团)有限公司	Inner Mongolia Yakeshi 59 Coal Industry Co.,Ltd	5796
85	内蒙古兰太实业股份有限公司	Inner Mongolia Lantai Industrial Co.,Ltd	5718
86	林西富源矿业有限责任公司	Linxi Fuyuan Mining Industry Co.,Ltd	5610
87	中化三联塑胶（内蒙古）有限责任公司	China Chemical Inner Mongolia Sanlian Plastic Co.,Ltd	5188
88	内蒙古特弘煤炭集团	Inner Mongolia Tehong Coal Group	5159
89	东乌珠穆沁旗钨矿	Dongwuzhumuqin Banner Tungsten Mine	5051
90	内蒙古金陶股份有限责任公司	Inner Mongolia JinTao Share-Holding Co.,Ltd	5026
91	内蒙古蒙西水泥有限公司	Inner Mongolia MengXi Cement Co.,Ltd	4780
92	包头东华热电有限公司	Baotou Donghua Heat & Power Industry Co.,Ltd	4631
93	赤峰宝山能源（集团）有限公司	Chifeng Baoshan Energy Industry (Group)Co.,Ltd	4319
94	红云烟草乌兰浩特卷烟厂	Hongyun Wulanhaote Cigarette	4306
95	内蒙古兴业集团融冠矿业有限公司	Xingye Rongguan Mining Industry Co.,Ltd	4141
96	内蒙古北方重型汽车股份有限公司	North Heavy-dutyTruck Group Co.,Ltd	4110
97	燕京啤酒（包头雪鹿）股份有限公司	Yanjing Beer (Baotou Snow Deer) Co.,Ltd	4103
98	内蒙古万世宝羊绒制品有限公司	Inner Mongolia Wan Shi Bao Cashmere Co.,Ltd	4062
99	巴林左旗辽都矿业有限责任公司	Balinzuo Banner Liaodu Mining Industry Co.,Ltd	3982
100	内蒙古鄂尔多斯酒业有限责任公司	Inner Mongolia Erdos Wine Industry Co.,Ltd	3929

24-6 全区施工产值最大的50家建筑企业(2006年)
The Autonomous Regional 50 Construction Enterprises by Gross Output Value of Construction(2006)

位次 Order	企业名称	Name of Enterprise	施工产值(万元) Gross Output Value (10 000 yuan)
1	内蒙古兴泰建筑有限责任公司	Inner Mongolia XingTai Construction Co.,Ltd	250673
2	内蒙古自治区公路工程局	Inner Mongolia Railway Engineering Bureau	159525
3	中国第二冶金建设有限责任公司	The 2nd Metallurgical Construction Co.,Ltd	159103
4	内蒙古送变电有限责任公司	Inner Mongolia Transmission & Transformation Co., Ltd	124374
5	鄂尔多斯市东方路桥集团股份有限公司	Erdos City DongFang Road & Bridge Co.,Ltd	105744
6	内蒙古第二电力建设工程有限责任公司	Inner Mongolia No.2 Electric Power Construction Co.	98832
7	中铁六局集团呼和浩特铁路建设有限公司	China Railway Sixth Group Huhhot Railway Construcion Co.,Ltd	90651
8	内蒙古第一电力建设有限责任公司	Inner Mongolia No.1 Electric Power Construction Co.,Ltd	89766
9	中国内蒙森林工业集团森天建设有限公司	Inner Mongolia Forest Group Sentian Construction Co.,Ltd	61425
10	内蒙古广厦建安工程有限责任公司	Inner Mongolia Guang Sha Construction & Installation Engineering Co.,Ltd	60498
11	鄂尔多斯市大华建筑（集团）有限责任公司	Erdos City Dahua Construction (Group) Co.	55691
12	内蒙古黄河辽河工程局股份有限公司	Yellow & Liao River Engineering Bureau of Inner Mongolia Co.,Ltd	51349
13	内蒙古第二建设股份有限公司	Inner Mongolia No.2 Construction Co.,Ltd	51146
14	通辽市交通工程局	Tongliao City Traffic Engineering Bureau	43656
15	包头市第一建筑工程股份有限公司	Baotou City No.1 Construction Engineering Co.,Ltd	43198
16	鄂尔多斯市通源水利市政工程公司	Erdos City Tong Yuan Water Conse wancy & Municipal Engineering Co.,Ltd	42950
17	内蒙古包头市兴业集团股份有限公司	Inner Mongolia Baotou XingYe Group Co.,Ltd	42926
18	包头市公路工程股份有限公司	Baotou City Highway Engineering Co.	41302
19	呼市建筑工程有限责任公司	Hohhot City Construction Engineering Co.,Ltd	41150
20	内蒙古第三建筑工程有限公司	Inner Mongolia No.3 Construction Co.	40029
21	内蒙古第三电力建设工程有限责任公司	Inner Mongolia No.3 Electric Power Construction Co.	39903
22	内蒙古联手路桥有限责任公司	Inner Mongolia LianShou Road & Bridge Co.,Ltd	38000
23	内蒙古巨华集团大华建筑安装有限公司	Inner Mongolia Juhua Group Dahua Construction & Installation Co.,Ltd	37348
24	达拉特旗万通路桥有限责任公司	Dalate Banner WanTong Road & Bridge Co.,Ltd	37180
25	赤峰建设建筑有限责任公司	Chifeng City JianShe Construction Engineering Co.,Ltd	31384

24-6 续表 continued

位次 Order	企业名称	Name of Enterprise	施工产值 (万元) Gross Output Value (10 000 yuan)
26	鄂尔多斯市建通工程有限责任公司	Erdos City JianTong Engineering Co.,Ltd	31299
27	包钢凯捷建设工程有限公司	Baotou Iron & Steel Group Kaijie Construction Engineering Co.,Ltd	30504
28	呼伦贝尔道路桥梁建筑有限责任公司	Hulunbeier City Road & Bridge Construction Co.,Ltd	30410
29	内蒙古煤炭建设工程（集团）总公司	Inner Mongolia Coal Construction Engineering (Group) Co.	28774
30	鄂尔多斯市东联建筑集团有限责任公司	Erdos City DongLian Construction (Group) Co.,Ltd	28044
31	锡林郭勒汇通路桥有限责任公司	Xinliguole League HuiTong Road & Bridge Co.,Ltd	27366
32	内蒙古经纬建设有限公司	Inner Mongolia Jing Wei Construction Co.,Ltd	25538
33	赤峰平源建筑工程有限责任公司	Chifeng PingYuan Construction Engneering Co.,Ltd	25500
34	内蒙古尚华建筑安装股份有限公司	Inner Mongolia ShangHua Construction & Installing Co.	24580
35	内蒙古亨元路桥有限责任公司	Inner Mongolia HengYuanRoad & Bridge Co.,Ltd	23076
36	内蒙古神华建筑安装有限责任公司	Inner Mongolia ShenHua Construction & Installation Co.,Ltd	22993
37	赤峰宏基建筑（集团）有限责任公司	Chifeng City HongJi Construction(Group) Co.,Ltd	22898
38	内蒙古蒙西建筑安装有限责任公司	Inner Mongolia MengXi Construction &Installing Co.,Ltd	22798
39	内蒙古蒙建建筑安装工程有限公司	Inner Mongolia MongJian Construction & Installation Co.,Ltd	22764
40	内蒙古新华建建筑工程有限公司	Inner Mongolia XinHua Construction Engneering Co.,Ltd	21969
41	呼伦贝尔天成建筑安装工程有限公司	Hulunbeier City Tiancheng Construction & Installation Co.,Ltd	21840
42	内蒙古荣联路桥工程有限责任公司	Inner Mongolia RongLian Road & Bridge Co.,Ltd	21800
43	内蒙古派力建筑工程有限责任公司	Inner Mongolia PaiLi Construction Engneering Co.,Ltd	21600
44	鄂尔多斯市恒安建筑安装有限责任公司	Erdos City HengAn Construction &Installing Co.,Ltd	21489
45	包头市第四建筑有限责任公司	Baotou City No.4 Construction Co.,Ltd	21014
46	呼和浩特公路工程责任公司	Hohhot City Highway Engineering Co., Ltd	20876
47	内蒙古鄂温克旗雁达矿业建筑安装工程公司	Inner Mongolia Ewenke Barner Yanda Mining Industry Construction & Installation Co.,Ltd	20280
48	内蒙古昭华建筑工程有限责任公司	Inner Mongolia ZhaoHua Construction & Installation Co.,Ltd	20241
49	赤峰恒广建筑工程有限责任公司	Chifeng City HengGuang Construction Engneering Co.,Ltd	20165
50	内蒙古隆升建筑安装工程有限公司	Inner Mongolia LongSheng Construction & Installation Co.,Ltd	20135

24-7 全区商品销售总额最大的50家批发零售贸易企业(2006年)

Autonomous Regional 50 Top Wholesale & Retail Enteprises of Sales Volume(2006)

位次 Order	企业名称	Name of Enterprise	商品销售总额(万元) Sales Volume (10 000 yuan)
1	神华煤炭运销公司结算部	Department of Settling of Shenhua Coal Transport and Sale Co.	1403957
2	中国石油天然气股份有限公司内蒙古赤峰销售分公司	Petro-China Chifeng City Sales Co.	238500
3	中国石油天然气股份有限公司内蒙古鄂尔多斯销售分公司	Petro-China Chifeng City Sales Co.	214318
4	中国石油内蒙古通辽销售分公司	Petro-China Tongliao City Sales Co.	209843
5	中国石油公司呼和浩特销售分公司	Petro-China Hohhot City Branch	208930
6	中国石油天然气股份有限公司呼伦贝尔销售分公司	Petro-China Hulunbeier City Sales Co.	191569
7	呼和浩特市美通商贸有限责任公司	Huhhot Mei Tong Trad Co.,Ltd	178348
8	内蒙古自治区烟草公司呼和浩特市分公司	Huhhot Tobacco Branch Co.	171167
9	中国石油天然气股份有限公司内蒙古包头销售分公司	Petro-China Baotou City Sales Co.	153802
10	内蒙古利丰集团有限公司	Inner Mongolia Lifeng Enterprises Group Co.,Ltd	143668
11	中国石油天然气股份有限公司内蒙古乌兰察布销售分公司	Petro-China Wulanchabu City Sales Co.	136957
12	内蒙古铁鑫煤化有限公司	Inner Mongolia Tie Xin Coal&Chemical Co.,Ltd	135000
13	中国石油天然气股份有限公司内蒙古巴彦淖尔销售分公司	Petro-China Bayannaoer Sales Co.	130967
14	中国石油天然气股份有限公司锡林郭勒销售分公司	Petro-China Xilinguole League Sales Co.	129410
15	神华煤焦化工有限责任公司	Shen Hua Group Coking Coal&Chemial Co.,Ltd	117299
16	中国神华能源股份有限公司包头煤炭销售分公司	Shen Hua Energy Co.,Ltd Baotou Coal Sales Branch	116548
17	内蒙古自治区烟草公司包头分公司	Inner Mongolia Tobacco Co.Baotou Branch	115102
18	内蒙古鄂尔多斯羊绒制品股份公司原料分公司	Inner Mongolia Erdos Cashmere Share-Holding Co.,Ltd	111139
19	内蒙古西蒙煤炭有限责任公司	Inner Mongolia Ximeng Coal Co.,Ltd	110960
20	内蒙古圣际达商贸有限责任公司	Inner Mongolia ShengJiDa Trade Co.,Ltd	110114
21	内蒙古民族商场有限责任公司	Inner Mongolia National Commercial Building Co.,Ltd	107728
22	神华集团包头矿业有限责任公司运销处	Shen Hua Group Baotou Mining Industry Co.,Ltd	103408
23	内蒙古包头东宝煤炭物流配送中心	Inner Mongolia Baotou City Dong Bao Coal and Material Issue Centre	103282
24	内蒙古交通物资有限责任公司	Inner Mongolia Transport and Meterial Co.,Ltd	101347
25	中国石油股份有限公司内蒙古兴安盟销售分公司	Petro-China Xingan League Sales Co.	97622

24-7 续表 continued

位次 Order	企 业 名 称	Name of Enterprise	商品销售总额(万元) Sales Volume (10 000 yuan)
26	内蒙古农牧业生产资料股份有限公司	Inner Mongolia Agricultural Means of Production Stocks Co.,Ltd	96315
27	包头宁鹿石油有限公司	Baotou City Ninglu Petroleum Sales Co.	94513
28	中石油乌海市销售分公司	Petro-China Wuhai City Sales Co.	92949
29	中国烟草总公司内蒙古自治区分公司	Tobacco Company of China Inner Mongolia Branch	92198
30	中国石化西北公司内蒙古分公司	Petro & Chemical of China North-West Company Inner Mongolia Branch	84073
31	内蒙古自治区烟草公司赤峰分公司	Inner Mongolia Tobacco Co. Chifeng City Branch	83916
32	内蒙古自治区烟草公司乌兰察布分公司	Inner Mongolia Tobacco Co.Wulanchabu League Branch	80524
33	二连浩特市宏基贸易有限责任公司	Erlian City Hong Ji Trade Co.,Ltd	79306
34	内蒙古阿拉善盟吉兰泰进出口贸易公司	Inner Mongolia Alashan League Jilantai Import&Export Trade Co.	71596
35	满洲里恒超经贸有限公司	Manzhouli City HengChao Trade Co.,Ltd	71535
36	内蒙古自治区烟草公司通辽分公司	Inner Mongolia Tobacco Co. Tongliao City Branch	66902
37	内蒙古高新控股有限公司	Inner Mongolia High and New Techique Hold Co.,Ltd	66586
38	呼伦贝尔烟草公司	Hulunbeier Tobacco Co.	64072
39	满洲里万国化工塑料有限公司	Man ZhouLi City WanGuo Chemical Plastics Co.,Ltd	62049
40	内蒙古恒通金安股份有限公司	Inner Monglia Hengtong Jinan Share-Holding Co.,Ltd	62040
41	满洲里恒吉贸易有限公司	Manzhouli City Heng Ji Trade Co.,Ltd	60549
42	中国石油天然气股份有限公司内蒙古阿拉善销售分公司	Petro-China Alashan League Sales Co.	59352
43	内蒙古烟草公司巴彦淖尔市公司	Inner Mongolia Tobacco Co.Bayannaoer Branch	59113
44	包头市金荣装饰建材城有限责任公司	Baotou City Jin Rong Center Of Decorative Building Material Co.,Ltd	58534
45	内蒙古新宝源煤业有限责任公司	Inner Monglia Xin Bao Yuan Coal Industry Co.,Ltd	57251
46	内蒙古河套酒业集团销售有限公司	Inner Monglia He Tao Liquor Industry Group Sale Co.	53073
47	呼和浩特铁路局多种经营总公司包头多种经营分公司	Hohhot Railway Bureau Diversified Economy Head Co.Baotou Branch	52762
48	包头西北汽车商城有限公司	Baotou City North-West Automobile Commercial Center Co.,Ltd	51901
49	包头市远大蔬菜瓜果副食品有限公司	Baotou YuanDa Vegetables&Fruits Co., Ltd	50807
50	中石化集团内蒙古包头石油产品销售有限责任公司	Petro&Chemical of China Baotou Oil Sale Co.,Ltd	50168

24-8 全区企业集团按主营业务收入排序(2006年)

Arranging in Main Business Revenue of Autonomous Regional Enterprise

位次 Order	企业名称	Name of Enterprise	主营业务收入(万元) Revenues of Main Business (10 000 yuan)
1	包钢（集团）公司	Baotou Iron & Steel (Group) Co.,Ltd	2734721
2	内蒙古电力（集团）有限责任公司	Inner Mongolia Power (Group) Co.,Ltd	1953079
3	内蒙古伊利实业集团股份有限公司	Inner Mongolia YiLi Industrial Group Co.,Ltd	1633899
4	内蒙古蒙牛乳业（集团）股份有限公司	MengNiu Milk Industry (Group) Co.,Ltd	1624637
5	北方联合电力有限责任公司	North Unite Power Co.,Ltd	1189051
6	内蒙古鄂尔多斯羊绒集团有限责任公司	Erdos Cashmere Product Co.,Ltd	811816
7	内蒙古第一机械制造（集团）有限公司	Inner Mongolia No.1 Machinery (Group) Co.,Ltd	737936
8	内蒙古伊泰集团有限公司	Inner Mongolia YiTai Coal Industry Co.,Ltd	627718
9	中电投霍林河煤电集团有限责任公司	Huolinhe Coal & Electricity Group Co.,Ltd	543704
10	包头铝业（集团）有限责任公司	Baotou Aluminium Industry (Group) Corp.,Ltd	516198
11	内蒙古北方重工业集团有限公司	North Heavy Industry Group Corp.,Ltd	400210
12	内蒙古东达蒙古王集团有限公司	Dongda Mongolia King Cashmere Group Co.,Ltd	250154
13	神东天隆集团有限责任公司	Shen Dong Tianlong Group Co.,Ltd	244928
14	中国内蒙古森林工业集团有限责任公司	Inner Mongolia Forest Industry Group Corp.,Ltd	244468
15	鄂尔多斯市亿利资源集团有限责任公司	Erdos City Elion Resource Group Co.,Ltd	229706
16	内蒙古平庄煤业（集团）有限责任公司	Inner Mongolia Pingzhuang Coal (Group) Co., Ltd	224217
17	金河集团实业有限公司	Inner Mongolia Jinhe Group Industry Co.	178961
18	内蒙古博源投资集团有限公司	Inner Mongolia BoYuan Investment Group Co.,Ltd	176702
19	鄂尔多斯市兴泰置业集团有限公司	Erdos City Xing Tai Construction Group	175348
20	内蒙古蒙泰煤电集团有限公司	MengTai Coal & Electric Group Co.,Ltd	170000
21	内蒙古铁鑫煤化集团有限公司	Tie Xin Coal Chemical Group Co.,Ltd	153354
22	内蒙古三维集团	Inner Mongolia SanWei Group	151013
23	内蒙古伊东煤炭集团有限责任公司	Inner Mongolia Yi Dong Coal Group Co.,Ltd	150399
24	内蒙古蒙西高新技术集团有限公司	Inner Mongolia MengXi High-tech Group Co.	145821
25	内蒙古庆华集团有限公司	Inner Mongolia Qing Hua Group	131309
26	内蒙古汇能煤电集团有限公司	HuiNeng Coal & Electric Group Co.,Ltd	125618
27	鄂尔多斯市乌兰煤炭集团有限责任公司	Erdos City Wu Lan Coal Group Co., Ltd	121610
28	中盐吉兰泰盐化集团有限公司	Jilantai Salt & Chemical Industry Group	102609
29	内蒙古塞飞亚集团有限责任公司	Inner Mongolia Saifeiya Group Co.,Ltd	101274
30	内蒙古河套酒业集团股份有限公司	He Tao Liquor Industrial Group Co., Ltd	87747
31	内蒙古三联化工集团	San Lian Chemical Industry Co.,LTD	87354
32	内蒙古乌兰水泥集团有限公司	Inner Mongolia Wu Lan Cement Co.,Ltd	86175
33	内蒙古太西煤集团股份有限公司	Inner Mongolia Taixi Coal Group Co., Ltd	84000
34	内蒙古星光煤炭集团有限责任公司	Inner Mongolia XingGuang Coal Group Co.,Ltd	73583
35	鄂尔多斯东方路桥集团	Erdos City Dong Fang Road & Bridge Group	64840
36	赤峰制药（集团）有限责任公司	Chifeng Pharmaceutical (Group) Co.,Ltd	64293

24-8 续表 continued

位次 Order	企业名称	Name of Enterprise	主营业务收入(万元) Revenues of Main Business (10 000 yuan)
37	赤峰九天建化（集团）有限责任公司	Chifeng Jiu Tian Jianhua (Group) Co.,Ltd	56194
38	内蒙古金宇集团股份有限公司	Inner Mongolia Jin Yu Group Co., Ltd	56187
39	鄂尔多斯市大华建筑集团	Erdos City Da hua Construction Group Co., Ltd	55691
40	内蒙古奈伦（集团）股份有限公司	Inner Mongolia Nai Lun (Group) Co., Ltd	55673
41	内蒙古巨华集团	Inner Mongolia Ju Hua Group	55212
42	包头市粮油（集团）有限公司	Baotou City Foodstuff (Group) Co., Ltd	54228
43	包头市恒通（集团）有限责任公司	Baotou City Heng Tong (Group) Co., Ltd	53713
44	内蒙古晨宏力集团	Inner Mongolia Chenhongli Group	52624
45	内蒙古特弘煤炭集团有限公司	Inner Mongolia Tehong Coal (Group) Co.,Ltd	51276
46	包头草原糖业集团	Baotou Grassland Sugar Industry Group Co., Ltd	50293
47	赤峰富龙公用（集团）有限责任公司	Chifeng Fulong Public (Group) Co., Ltd	49503
48	包头市百货大楼集团公司	Baotou Department Store Building Group Co.	42752
49	牙克石五九煤炭（集团）有限责任公司	Inner Mongolia Yakeshi 59 Coal (Group) Co.,Ltd	40951
50	内蒙古元和（集团）有限责任公司	Inner Mongolia Yuanhe (Group) Co.,Ltd	36193
51	包头市石宝铁矿集团有限责任公司	Baotou City Shibao Steel Mine Group Co.,Ltd	33240
52	内蒙古海神煤炭集团有限责任公司	Inner Mongolia Haishen Coal GroupCo.,Ltd	29645
53	呼和浩特众环（集团）有限责任公司	Hohhot Zhong Huan (Group) Co., Ltd	27027
54	内蒙古恒茂（集团）有限责任公司	Inner Mongolia Hengmao (Group) Co., Ltd	21315
55	海拉尔啤酒（集团）有限责任公司	Hailaer Beer (Group) Co., Ltd	18372
56	内蒙古仕奇集团有限责任公司	Inner Mongolia ShiQi Group Co., Ltd	17875
57	包头市公交运输集团有限责任公司	Baotou City Public Transportation Group Co., Ltd	16168
58	内蒙古民航机场集团有限责任公司	Civil Aviation Airport Group Co.,Ltd	16150
59	内蒙古小肥羊餐饮连锁有限公司	Inner Mongolia Little Sheep Meal Chain Co.,Ltd	11834
60	驰誉科工贸（集团）有限总公司	Chiyu Scientific Industry & Trade (Group) Co., Ltd	7500
61	内蒙古盘古集团有限责任公司	Inner Mongolia Pan Gu Cashmere Group Co.,Ltd	6800
62	内蒙古海德实业集团有限公司	Inner Mongolia Hai De Industry (Group) Co.	6628
63	内蒙古力仁集团有限公司	Inner Mongolia Li Ren Group Co., Ltd	4054
64	包头市金荣集团公司	Baotou City Jinrong Group Co.	3007

24-9 全区企业集团按资产排序(2006年)

Autonomous Regional Enterprise Groups Ranked by Total Assets(2006)

位次 Order	企业名称	Name of Enterprise	年末资产总计(万元) Total Assets at Yearend (10 000 yuan)
1	北方联合电力有限责任公司	North Unite Power Co.,Ltd	5709056
2	包钢（集团）公司	Baotou Iron & Steel (Group) Co.,Ltd	4144426
3	内蒙古电力（集团）有限责任公司	Inner Mongolia Power (Group) Co.,Ltd	3516435
4	中电投霍林河煤电集团有限责任公司	Huolinhe Coal & Electricity Group Co.,Ltd	1749303
5	鄂尔多斯市羊绒集团有限责任公司	Erdos Cashmere Product Group Co.,Ltd	1712124
6	内蒙古森林工业集团有限责任公司	Inner Mongolia Forest Industry Group Corp.,LTD	1169277
7	内蒙古第一机械制造（集团）有限公司	Inner Mongolia No.1 Machinery (Group) Co.,Ltd	913405
8	内蒙古伊泰集团有限公司	Inner Mongolia YiTai Coal Industry Co.,Ltd	788815
9	内蒙古蒙牛乳业（集团）股份有限公司	MengNiu Milk Industry (Group) Co.,Ltd	767688
10	内蒙古伊利实业集团股份有限公司	Inner Mongolia YiLi Industrial Group Co.,Ltd	752467
11	内蒙古北方重工业集团有限公司	North Heavy Industry Group Corp.,Ltd	709163
12	鄂尔多斯市亿利资源集团有限责任公司	Erdos City Elion Resource Group Co.,Ltd	703533
13	内蒙古平庄煤业（集团）有限责任公司	Inner Mongolia Pingzhuang Coal (Group) Co., Ltd	569219
14	包头铝业（集团）有限责任公司	Baotou Aluminium Industry (Group) Corp.,Ltd	492181
15	内蒙古博源投资集团有限公司	Inner Mongolia BoYuan Investment Group Co.,Ltd	457011
16	内蒙古乌兰水泥集团有限公司	Inner Mongolia Wu Lan Cement Co.,Ltd	449503
17	内蒙古庆华集团有限公司	Inner Mongolia Qing Hua Group	446532
18	鄂尔多斯东方路桥集团	Erdos City Dong Fang Road & Bridge Group	384496
19	内蒙古奈伦（集团）股份有限公司	Inner Mongolia Nai Lun (Group) Co., Ltd	368048
20	内蒙古蒙西高新技术集团有限公司	Inner Mongolia MengXi High-tech Group Co.	330688
21	赤峰富龙公用（集团）有限责任公司	Chifeng Fulong Public (Group) Co., Ltd	325489
22	中盐吉兰泰盐化集团有限公司	Jilantai Salt & Chemical Industry Group	322784
23	内蒙古汇能煤电集团有限公司	HuiNeng Coal & Electric Group Co.,Ltd	244566
24	包头草原糖业集团	Baotou Grassland Sugar Industry Group Co., Ltd	243756
25	鄂尔多斯市兴泰置业集团有限公司	Erdos City Xing Tai Construction Group	231316
26	内蒙古伊东煤炭集团有限责任公司	Inner Mongolia Yi Dong Coal Group Co.,Ltd	218898
27	内蒙古东达蒙古王集团有限公司	Dongda Mongolia King Cashmere Group Co.,Ltd	216249
28	内蒙古太西煤集团股份有限公司	Inner Mongolia Taixi Coal Group Co., Ltd	185943
29	内蒙古巨华集团	Inner Mongolia Ju Hua Group	182905
30	内蒙古蒙泰煤电集团有限公司	MengTai Coal & Electric Group Co.,Ltd	142172
31	神东天隆集团有限责任公司	Shen Dong Tianlong Group Co.,Ltd	122784
32	内蒙古河套酒业集团股份有限公司	He Tao Liquor Industrial Group Co., Ltd	121205
33	内蒙古民航机场集团有限责任公司	Civil Aviation Airport Group Co.,Ltd	118595
34	内蒙古三联化工集团	San Lian Chemical Industry Co.,LTD	118456
35	包头市恒通（集团）有限责任公司	Baotou City Heng Tong (Group) Co., Ltd	108670
36	内蒙古晨宏力集团	Inner Mongolia Chenhongli Group	108446

24-9 续表 continued

位次 Order	企业名称	Name of Enterprise	年末资产总计(万元) Total Assets at Yearend (10 000 yuan)
37	赤峰制药（集团）有限责任公司	Chifeng Pharmaceutical (Group) Co.,Ltd	98775
38	内蒙古金宇集团股份有限公司	Inner Mongolia Jin Yu Group Co., Ltd	94008
39	金河集团实业有限公司	Inner Mongolia Jinhe Group	89674
40	鄂尔多斯乌兰煤炭集团有限责任公司	Erdos City Wu Lan Coal Group Co., Ltd	89385
41	内蒙古三维集团	Inner Mongolia SanWei Group	89103
42	内蒙古星光煤炭集团有限责任公司	Inner Mongolia XingGuang Coal Group Co.,Ltd	86772
43	内蒙古元和（集团）有限责任公司	Inner Mongolia YuanHe (Group) Co., Ltd	80295
44	内蒙古塞飞亚集团有限责任公司	Inner Mongolia Saifeiya Group Co., Ltd	72531
45	内蒙古仕奇集团有限责任公司	Inner Mongolia ShiQi Group Co., Ltd	70183
46	内蒙古盘古集团有限责任公司	Inner Mongolia Pan Gu Cashmere Group Co.,Ltd	69763
47	包头市石宝铁矿集团有限责任公司	Baotou City Shibao Steel Mine Group Co.,Ltd	64579
48	内蒙古铁鑫煤化集团有限公司	Tie Xin Coal Chemical Group Co.,Ltd	50389
49	赤峰九天建化（集团）有限责任公司	Chifeng Jiu Tian Jianhua (Group) Co.,Ltd	50120
50	内蒙古海德实业集团有限公司	Inner Mongolia HaiDe Industry (Group) Co.	49066
51	内蒙古特弘煤炭集团有限公司	Inner Mongolia Tehong Coal (Group) Co.,Ltd	44849
52	呼和浩特众环（集团）有限责任公司	Hohhot Zhong Huan (Group) Co., Ltd	44709
53	内蒙古小肥羊餐饮连锁有限公司	Little Sheep Meal Chain Co.,Ltd	42170
54	内蒙古海神煤炭集团有限责任公司	Inner Mongolia Haishen Coal GroupCo.,Ltd	41415
55	牙克石五九煤炭（集团）有限责任公司	Inner Mongolia Yakeshi 59 Coal (Group) Co.,Ltd	40584
56	包头市粮油（集团）有限公司	Baotou City Foodstuff (Group) Co., Ltd	32790
57	包头市金荣集团公司	Baotou City Jinrong Group Co.	26648
58	海拉尔啤酒（集团）有限责任公司	Hailaer Beer (Group) Co., Ltd	24410
59	鄂尔多斯市大华建筑集团	Erdos City Da hua Construction Group Co., Ltd	24257
60	包头市公交运输集团有限责任公司	Baotou City Public Transportation Group Co., Ltd	24014
61	驰誉科工贸（集团）有限总公司	Chiyu Scientific Industry & Trade (Group) Co., Ltd	20176
62	包头市百货大楼集团公司	Baotou Department Store Building Group Co.	19395
63	内蒙古力仁集团有限公司	Inner Mongolia Li Ren Group Co., Ltd	16700
64	内蒙古恒茂（集团）有限责任公司	Inner Mongolia Hengmao (Group) Co., Ltd	8099

24-10 上市公司发展基本情况(2006年)

上市公司名称	Name of Listed Companies
内蒙古蒙电华能热电股份有限公司(内蒙华电)	Inner Mongolia Meng Dian Hua Neng Co.,Ltd
鄂尔多斯羊绒制品股份有限公司(鄂绒B股)	Inner Mongolia Erdos Cashmere Products Co.,Ltd
鄂尔多斯羊绒制品股份有限公司(鄂尔多斯A股)	Inner Mongolia Erdos Cashmere Products Co.,Ltd
内蒙古伊利实业股份有限公司(伊利股份)	Inner Mongolia YiLi Industrial Group Co.,Ltd
赤峰大地基础产业股份有限公司(大地基础)	Chifeng DaDi Jichu Production Co.,Ltd
内蒙古远兴天然碱股份有限公司(天然碱)	Inner Mongolia Yuan Xing Natural Alkali Co.,Ltd
内蒙古草原兴发股份有限公司(草原兴发)	Inner Mongolia Prairie Xingfa Co.,Ltd
包头明天科技股份有限公司(明天科技)	Baotou Tomorrow Technology Co.,Ltd
内蒙古伊泰煤炭股份有限公司(伊煤B股)	Inner Mongolia Yi Tai Coal Industry Co.,Ltd
内蒙古包钢稀土高科技股份有限公司(稀土高科)	Inner Mongolia Baotou Steel Rare-earth Hi-tech Co.,Ltd
包头华资实业股份有限公司(华资实业)	Baotou Hua Zi Industry Sale-Holding Co.,Ltd
内蒙古金宇集团股份有限公司(金宇集团)	Inner Mongolia Jin Yu Group Co.,Ltd
北方重型股份有限公司(北方股份)	North Heavy-duty Automobile Co.,Ltd
内蒙古亿利科技实业股份有限公司(亿利科技)	Inner Mongolia YiLi Science and Technological Industry Co.,Ltd
内蒙古西水创业股份有限公司(西水股份)	Xishui Strong Year Co.,Ltd Inner Mongolia
内蒙古兰太实业股份有限公司(兰太实业)	Inner Mongolia LanTai Industrial Co.,Ltd
内蒙古包钢钢联股份有限公司(包钢股份)	Inner Mongolia Baotou Steel Union Co.,Ltd
内蒙古时代科技股份有限公司(时代科技)	Inner Mongolia ShiDai Science and Technological Co.,Ltd
包头北方创业股份有限公司(北方创业)	Baotou Beifang Chuangye Co.,Ltd
包头铝业股份有限公司(包头铝业)	Baotou Aluminium Industry Co.,Ltd

Inner Mongolia Autonomous Regional Development of Listed Companies(2006)

股票类别	Classification of Shares	行业划分	Classification of Industries
上证A股	A Shares of Shanghai Stock Exchange	电力、煤气及水的生产和供应业	Production & Supply of Elec. Power Gas & Water
上证B股	B Shares of Shanghai Stock Exchange	纺织、服装、皮毛	Textile Clothes and Furs
上证A股	A Shares of Shanghai Stock Exchange		
上证A股	A Shares of Shanghai Stock Exchange	食品、饮料	Foodstuff, Drinks
深证A股	A Shares of Shenzhen Stock Exchange	电力、煤气及水的生产和供应业	Production & Supply of Elec. Power Gas & Water
深证A股	A Shares of Shenzhen Stock Exchange	石油、化学、塑胶、塑料	Petroleum, Chemical, Synthetic Resin Plastics
深证A股	A Shares of Shenzhen Stock Exchange	食品、饮料	Foodstuff, Drinks
上证A股	A Shares of Shanghai Stock Exchange	石油、化学、塑胶、塑料	Petroleum, Chemical, Synthetic Resin Plastics
上证B股	B Shares of Shanghai Stock Exchange	采掘业	Mining
上证A股	A Shares of Shanghai Stock Exchange	金属、非金属	Metal and Nonmetal
上证A股	A Shares of Shanghai Stock Exchange	食品、饮料	Foodstuff, Drinks
上证A股	A Shares of Shanghai Stock Exchange	医药、生物制品	Biological Pharmacy
上证A股	A Shares of Shanghai Stock Exchange	机械、设备、仪表	Machinery, Equipment and Meter
上证A股	A Shares of Shanghai Stock Exchange	石油、化学、塑胶、塑料	Petroleum, Chemical, Synthetic Resin Plastics
上证A股	A Shares of Shanghai Stock Exchange	金属、非金属	Metal and Nonmetal
上证A股	A Shares of Shanghai Stock Exchange	石油、化学、塑胶、塑料	Petroleum, Chemical, Synthetic Resin Plastics
上证A股	A Shares of Shanghai Stock Exchange	金属、非金属	Metal and Nonmetal
深证A股	A Shares of Shenzhen Stock Exchange	机械、设备、仪表	Machinery, Equipment and Meter
上证A股	A Shares of Shanghai Stock Exchange	机械、设备、仪表	Machinery, Equipment and Meter
上证A股	A Shares of Shanghai Stock Exchange	金属、非金属	Metal and Nonmetal

24-10 续表1

上市公司名称	Name of Listed Companies
总 计	**Total**
内蒙古蒙电华能热电股份有限公司(内蒙华电)	Inner Mongolia Meng Dian Hua Neng Co.,Ltd
鄂尔多斯羊绒制品股份有限公司(鄂绒B股)	Inner Mongolia Erdos Cashmere Products Co.,Ltd
鄂尔多斯羊绒制品股份有限公司(鄂尔多斯A股)	Inner Mongolia Erdos Cashmere Products Co.,Ltd
内蒙古伊利实业股份有限公司(伊利股份)	Inner Mongolia YiLi Industrial Group Co.,Ltd
内蒙古伊利实业股份有限公司(伊利股份)	Inner Mongolia YiLi Industrial Group Co.,Ltd
赤峰大地基础产业股份有限公司(大地基础)	Chifeng DaDi Jichu Production Co.,Ltd
内蒙古远兴天然碱股份有限公司(天然碱)	Inner Mongolia Yuan Xing Natural Alkali Co.,Ltd
内蒙古草原兴发股份有限公司(草原兴发)	Inner Mongolia Prairie Xingfa Co.,Ltd
包头明天科技股份有限公司(明天科技)	Baotou Tomorrow Technology Co.,Ltd
包头明天科技股份有限公司(明天科技)	Baotou Tomorrow Technology Co.,Ltd
内蒙古伊泰煤炭股份有限公司(伊煤B股)	Inner Mongolia Yi Tai Coal Industry Co.,Ltd
内蒙古包钢稀土高科技股份有限公司(稀土高科)	Inner Mongolia Baotou Steel Rare earth Hi tech Co.,Ltd
包头华资实业股份有限公司(华资实业)	Baotou Hua Zi Industry Co.,Ltd
内蒙古金宇集团股份有限公司(金宇集团)	Inner Mongolia JinYu Group Co.,Ltd
北方重型股份有限公司(北方股份)	North Heavy duty Automobile Co.,Ltd
内蒙古亿利科技实业股份有限公司(亿利科技)	Inner Mongolia YiLi Science and Technological Industry Co.,Ltd
内蒙古西水创业股份有限公司(西水股份)	Xishui Strong Year Co.,Ltd Inner Mongolia
内蒙古兰太实业股份有限公司(兰太实业)	Inner Mongolia LanTai Industrial Co.,Ltd
内蒙古包钢钢联股份有限公司(包钢股份)	Inner Mongolia Baotou Steel Union Co.,Ltd
内蒙古时代科技股份有限公司(时代科技)	Inner Mongolia ShiDai Science and Technological Co.,Ltd
包头北方创业股份有限公司(北方创业)	Baotou Beifang Chuangye Co.Ltd
包头铝业股份有限公司(包头铝业)	Baotou Aluminium Industry Co.,Ltd

continued

2006年末股本结构(万股) Composition of Capital at the End of 2006 (10 000 shares)		股票发行情况 Issuing Summary for Stocks			
总股本 Total Issued Capital	流通股 Negotiable Shares	发行日期 Issuing Date	发行价格(元/股) Price of Issuing (yuan/share)	发行量(万股) Amount Issued (10 000 shares)	股票发行筹资额 (亿元) Raised Capital (100 million yuan)
198122	53387	1994-03-30	3.90	5000	1.95
103200	流通B股42000	1995-09-25	3.98	11000	4.38
	流通A股19200	2001-03-26	16.80	8000	13.44
51647	37092	1996-01-25	5.98	1800	1.02
		2002-08-28	16.85	增发A股4896	8.25
34607	15359	1996-08-01	5.88	1370	0.81
46900	21967	1997-01-13	5.11	6500	3.32
61431	39114	1997-05-19	5.66	4000	2.16
33653	25569	1997-06-13	5.28	3700	1.95
		2002-06-06	8.82	增发A股11000	9.70
36600	流通B股16600	1997-07-18	3.38	16600	5.24
40367	19219	1997-08-28	4.43	8000	3.40
30308	13814	1998-11-02	4.30	5600	3.01
28081	16301	1998-12-02	6.83	3500	2.39
17000	6600	2000-06-09	8.00	5500	4.40
17380	8422	2000-07-04	8.88	5800	5.15
16000	7920	2000-07-13	6.38	6000	3.83
35912	16474	2000-11-30	7.88	6000	4.52
339059	184478	2001-02-14	5.18	35000	17.57
21656	11699	1996-09-20	6.48	1850	1.20
13000	6700	2004-04-26	7.20	5000	3.49
43100	18200	2005-04-19	3.50	14000	4.68

24-10 续表 2

上 市 公 司 名 称	Name of Listed Companies
总 计	**Total**
内蒙古蒙电华能热电股份有限公司(内蒙华电)	Inner Mongolia Meng Dian Hua Neng Co.,Ltd
鄂尔多斯羊绒制品股份有限公司(鄂绒B股)	Inner Mongolia Erdos Cashmere Products Co.,Ltd
鄂尔多斯羊绒制品股份有限公司(鄂尔多斯A股)	Inner Mongolia Erdos Cashmere Products Co.,Ltd
内蒙古伊利实业股份有限公司(伊利股份)	Inner Mongolia YiLi Industrial Group Co.,Ltd
赤峰大地基础产业股份有限公司(大地基础)	Chifeng DaDi Jichu Production Co.,Ltd
内蒙古远兴天然碱股份有限公司(天然碱)	Inner Mongolia Yuan Xing Natural Alkali Co.,Ltd
内蒙古草原兴发股份有限公司(草原兴发)	Inner Mongolia Prairie Xingfa Co.,Ltd
包头明天科技股份有限公司(明天科技)	Baotou Tomorrow Technology Co.,Ltd
内蒙古伊泰煤炭股份有限公司(伊煤B股)	Inner Mongolia Yi Tai Coal Industry Co.,Ltd
内蒙古包钢稀土高科技股份有限公司(稀土高科)	Inner Mongolia Rare-earth Hi-tech Co.,Ltd
包头华资实业股份有限公司(华资实业)	Baotou Hua Zi Industry Co.,Ltd
内蒙古金宇集团股份有限公司(金宇集团)	Inner Mongolia Jin Yu Group Co.,Ltd
北方重型股份有限公司(北方股份)	North Heavy-duty Automobile Co.,Ltd
内蒙古亿利科技实业股份有限公司(亿利科技)	Inner Mongolia YiLi Science and Technological Industry Co.,Ltd
内蒙古西水创业股份有限公司(西水股份)	Xishui Strong Year Co.,Ltd Inner Mongolia
内蒙古兰太实业股份有限公司(兰太实业)	Inner Mongolia LanTai Industrial Co.,Ltd
内蒙古包钢钢联股份有限公司(包钢股份)	Inner Mongolia Baotou Steel Union Co.,Ltd
内蒙古时代科技股份有限公司(时代科技)	Inner Mongolia ShiDai Science and Technological Co.,Ltd
包头北方创业股份有限公司(北方创业)	Baotou Beifang Chuangye Co.Ltd
包头铝业股份有限公司(包头铝业)	Baotou Aluminium Industry Co.,Ltd

continued

股票上市情况 Listed Summary for Stocks		股票配售情况 Distribution of Stocks				股票筹资总额(亿元) Total Raised Capital (100 million yuan)
上市日期 Listed Date	上市价格(元/股) Listed Price Per Share (yuan/share)	配股时间 Date of Distribution	配股价格(元/股) Price of Distribution Per Share (yuan/share)	配股比例 Proportion of Distribution	配股筹资额(亿元) Raised Capital Owing to Distribution (100 million yuan)	
1994-05-20	5.18	1996-11-25	4.00	10：3	0.60	6.29
		1998-12-17	5.00	10：8	3.74	
1995-10-20	USD0.518		6.88	10000股(share)	6.88	11.26
2001-04-26						13.44
1996-03-12	9.00	1997-04-12	6.80	10：3	2.04	14.17
		1998-11-08	15.00	10：3	2.86	
1996-08-29	10.32	1998-05-11	8.00	10：4	3.51	6.59
		2001-05-03	13.20	10：3	2.27	
1997-01-31	11.80	1998-08-07	8.60	10：3	3.35	6.67
1997-06-06	15.49	1999-08-31	8.00	10：3	2.50	12.50
		2003-10-01	6.43	10：7	7.84	
1997-07-04	8.18	1999-12-10	14.23	10：3	3.43	15.08
1997-08-08	USD0.4073					5.61
1997-09-24	7.38	2000-03-08	7.60	10：3	2.98	6.38
1998-12-10	7.80	2000-09-28	15.00	10：3	3.50	6.51
1999-01-15	13.68	2000-12-29	17.00	10：3	2.00	4.39
2000-06-30	15.70					4.40
2000-07-25	18.18					5.15
2000-07-31	12.12					3.83
2000-12-22	17.78					4.72
2004-11-10						18.13
1996-10-08	10.68	1998-12-11	4.28	10.：2.5	0.89	2.09
2004-05-18	10.00					3.49
2005-05-09	3.61					4.68

24-10 续表 3

上市公司名称	Name of Listed Companies
总计	**Total**
内蒙古蒙电华能热电股份有限公司(内蒙华电)	Inner Mongolia Meng Dian Hua Neng Co.,Ltd
鄂尔多斯羊绒制品股份有限公司(鄂绒B股、A股)	Inner Mongolia Erdos Cashmere Products Co.,Ltd
内蒙古伊利实业股份有限公司(伊利股份)	Inner Mongolia YiLi Industrial Group Co.,Ltd
赤峰大地基础产业股份有限公司(大地基础)	Chifeng DaDi Jichu Production Co.,Ltd
内蒙古远兴天然碱股份有限公司(天然碱)	Inner Mongolia Yuan Xing Natural Alkali Co.,Ltd
内蒙古草原兴发股份有限公司(草原兴发)	Inner Mongolia Prairie Xingfa Co.,Ltd
包头明天科技股份有限公司(明天科技)	Baotou Tomorrow Technology Co.,Ltd
内蒙古伊泰煤炭股份有限公司(伊煤B股)	Inner Mongolia Yi Tai Coal Industry Co.,Ltd
内蒙古包钢稀土高科技股份有限公司(稀土高科)	Inner Mongolia Baotou Steel Rare-earth Hi-tech Co.,Ltd
包头华资实业股份有限公司(华资实业)	Baotou Hua Zi Industry Co.,Ltd
内蒙古金宇集团股份有限公司(金宇集团)	Inner Mongolia Jin Yu Group Co.,Ltd
北方重型股份有限公司(北方股份)	North Heavy-duty Automobile Co.,Ltd
内蒙古亿利科技实业股份有限公司(亿利科技)	Inner Mongolia YiLi Science and Technological Industry Co.,Ltd
内蒙古西水创业股份有限公司(西水股份)	Xishui Strong Year Co.,Ltd Inner Mongolia
内蒙古兰太实业股份有限公司(兰太实业)	Inner Mongolia LanTai Industrial Co.,Ltd
内蒙古包钢钢联股份有限公司(包钢股份)	Inner Mongolia Baotou Steel Union Co.,Ltd continued
内蒙古时代科技股份有限公司(时代科技)	Inner Mongolia ShiDai Science and Technological Co.,Ltd
包头北方创业股份有限公司(北方创业)	Baotou Beifang Chuangye Co.Ltd
包头铝业股份有限公司(包头铝业)	Baotou Aluminium Industry Co.,Ltd

continued

主营业务收入(万元) Main Business Revenue(10 000 yuan)		利润总额(万元) Total Profit(10 000 yuan)		净利润(万元) Net Profit(10 000 yuan)	
2005	2006	2005	2006	2005	2006
519723	587848	26809	42312	6797	20833
293992	400271	26517	34905	18165	20448
1217526	1633899	49161	56178	29339	34459
37925	49503	2645	3159	2380	1631
119991	108886	11626	17826	4131	16852
257704	43476	-39167	259	-38867	651
77740	83215	-1956	-11221	1076	-5881
350792	363728	85078	87269	70538	70648
88059	132768	1945	16111	1305	7906
65579	50252	2883	2162	2630	1417
55260	56187	2798	5692	1228	3746
62213	75118	2836	1262	2957	1898
133397	144554	5491	4001	3848	2084
54196	44755	1026	-12199	760	-12345
81844	78005	12751	4572	8601	5967
1897097	1826546	112751	73213	100642	65380
21618	24847	2196	2993	2228	2604
82374	124817	-1084	951	-1048	983
369660	482184	10087	45446	8958	40307

24-10 续表 4

上市公司名称	Name of Listed Companies
总计	**Total**
内蒙古蒙电华能热电股份有限公司(内蒙华电)	Inner Mongolia Meng Dian Hua Neng Co.,Ltd
鄂尔多斯羊绒制品股份有限公司(鄂绒B、A股)	Inner Mongolia Erdos Cashmere Products Co.,Ltd
内蒙古伊利实业股份有限公司(伊利股份)	Inner Mongolia YiLi Industrial Group Co.,Ltd
赤峰大地基础产业股份有限公司(大地基础)	Chifeng DaDi Jichu Production Co.,Ltd
内蒙古远兴天然碱股份有限公司(天然碱)	Inner Mongolia Yuan Xing Natural Alkali Co.,Ltd
内蒙古草原兴发股份有限公司(草原兴发)	Inner Mongolia Prairie Xingfa Co.,Ltd
包头明天科技股份有限公司(明天科技)	Baotou Tomorrow Technology Co.,Ltd
内蒙古伊泰煤炭股份有限公司(伊煤B股)	Inner Mongolia Yi Tai Coal Industry Co.,Ltd
内蒙古包钢稀土高科技股份有限公司(稀土高科)	Inner Mongolia Baotou Steel Rare earth Hi tech Co.,Ltd
包头华资实业股份有限公司(华资实业)	Baotou Hua Zi Industry Co.,Ltd
内蒙古金宇集团股份有限公司(金宇集团)	Inner Mongolia Jin Yu Group Co.,Ltd
北方重型股份有限公司(北方股份)	North Heavy-duty Automobile Co.,Ltd
内蒙古亿利科技实业股份有限公司(亿利科技)	Inner Mongolia YiLi Science and Technological Industry Co.,Ltd
内蒙古西水创业股份有限公司(西水股份)	Xishui Strong Year Co.,Ltd Inner Mongolia
内蒙古兰太实业股份有限公司(兰太实业)	Inner Mongolia LanTai Industrial Co.,Ltd
内蒙古包钢钢联股份有限公司(包钢股份)	Inner Mongolia Baotou Steel Union Co.,Ltd
内蒙古时代科技股份有限公司(时代科技)	Inner Mongolia ShiDai Science and Technological Co.,Ltd
包头北方创业股份有限公司(北方创业)	Baotou Beifang Chuangye Co.Ltd
包头铝业股份有限公司(包头铝业)	Baotou Aluminium Industry Co.,Ltd

continued

总资产(万元) Total Assets(10 000 yuan)		股东权益(万元) Shareholder's Eguity(10 000 yuan)		资产负债率(%) Assets-Liability Ratio(%)	
2005	2006	2005	2006	2005	2006
1833571	2134413	428605	425957	68.1	71.1
636778	1276237	322596	329923	46.6	60.7
545046	752476	227061	261115	52.4	60.8
259948	272288	129305	130803	48.1	49.7
195278	241582	30402	47255	80.2	65.8
398344	251684	157638	16665	58.8	92.9
464587	264082	191393	186694	45.4	29.1
371229	543500	165112	217912	51.8	56.0
201971	251992	114445	122690	35.0	43.0
201524	202851	128547	130195	31.0	30.7
104418	94008	57515	60401	44.7	35.6
163305	191577	63236	64418	58.7	64.5
220411	226322	82823	84907	58.4	58.1
126425	109682	68313	55626	44.3	47.3
172265	170221	81485	85087	52.6	50.5
1220901	1385391	638741	781975	47.7	43.6
61010	66278	34376	36769	39.5	40.7
109321	133617	47210	48313	56.1	61.3
369799	410650	134305	168736	63.6	58.9

24-10 续表 5

上市公司名称	Name of Listed Companies
总计	Total
内蒙古蒙电华能热电股份有限公司(内蒙华电)	Inner Mongolia Meng Dian Hua Neng Co.,Ltd
鄂尔多斯羊绒制品股份有限公司(鄂绒B、A股)	Inner Mongolia Erdos Cashmere Products Co.,Ltd
内蒙古伊利实业股份有限公司(伊利股份)	Inner Mongolia YiLi Industrial Group Co.,Ltd
赤峰大地基础产业股份有限公司(大地基础)	Chifeng DaDi Jichu Production Co.,Ltd
内蒙古远兴天然碱股份有限公司(天然碱)	Inner Mongolia Yuan Xing Natural Alkali Co.,Ltd
内蒙古草原兴发股份有限公司(草原兴发)	Inner Mongolia Prairie Xingfa Co.,Ltd
包头明天科技股份有限公司(明天科技)	Baotou Tomorrow Technology Co.,Ltd
内蒙古伊泰煤炭股份有限公司(伊煤B股)	Inner Mongolia Yi Tai Coal Industry Co.,Ltd
内蒙古包钢稀土高科技股份有限公司(稀土高科)	Inner Mongolia Baotou Steel Rare-earth Hi-tech Co.,Ltd
包头华资实业股份有限公司(华资实业)	Baotou Hua Zi Industry Co.,Ltd
内蒙古金宇集团股份有限公司(金宇集团)	Inner Mongolia Jin Yu Group Co.,Ltd
北方重型股份有限公司(北方股份)	North Heavy-duty Automobile Co.,Ltd
内蒙古亿利科技实业股份有限公司(亿利科技)	Inner Mongolia YiLi Science and Technological Industry Co.,Ltd
内蒙古西水创业股份有限公司(西水股份)	Xishui Strong Year Co.,Ltd Inner Mongolia
内蒙古兰太实业股份有限公司(兰太实业)	Inner Mongolia LanTai Industrial Co.,Ltd
内蒙古包钢钢联股份有限公司(包钢股份)	Inner Mongolia Baotou Steel Union Co.,Ltd
内蒙古时代科技股份有限公司(时代科技)	Inner Mongolia ShiDai Science and Technological Co.,Ltd
包头北方创业股份有限公司(北方创业)	Baotou Beifang Chuangye Co.Ltd
包头铝业股份有限公司(包头铝业)	Baotou Aluminium Industry Co.,Ltd

continued

每股收益(元) Profit Per Share(yuan)		每股净资产(元) Net Assets Per Share(yuan)		净资产收益率(%) Ratio of Net Assets' Per Profit(%)	
2005	2006	2005	2006	2005	2006
0.03	0.11	2.16	2.15	1.59	4.89
0.18	0.20	3.13	3.20	5.63	6.20
0.75	0.67	5.80	5.06	12.92	13.20
0.09	0.05	4.86	3.78	1.84	1.25
0.09	0.36	0.65	1.01	13.59	35.66
-0.95	0.01	3.85	0.27	-24.66	3.91
0.03	-0.17	5.69	5.55	0.56	-3.15
1.93	1.93	4.51	5.95	42.72	32.42
0.03	0.20	2.84	3.04	1.14	6.44
0.09	0.05	4.24	4.30	2.05	1.09
0.06	0.13	2.63	2.15	2.14	6.20
0.17	0.11	3.72	3.79	4.68	2.95
0.22	0.12	4.77	4.89	4.65	2.45
0.05	-0.77	4.27	3.48	1.11	-22.19
0.24	0.17	2.27	2.37	10.56	7.01
0.35	0.19	2.23	2.31	15.76	8.36
0.13	0.12	1.96	1.70	6.48	7.08
-0.08	0.08	3.63	3.72	-2.22	2.04
0.31	0.94	2.73	3.92	11.27	23.89

二十五 附录

APPENDIX

资料整理 张晶 蔡雨成

Arranged by Zhang Jing ,Cai Yucheng

25-1 内蒙古自治区国民经济主要指标占全国的比重(2006年)

Inner Mongolia Main Indicators of National Economy as Percentage of Whole Nation(2006)

指 标	Item	全国 Whole Nation	内蒙古 Inner Mongolia	内蒙古所占比重(%) Percentage (%)
土地面积(万平方公里)	Land Area(10 000 sq.km)	960.0	118.3	12.3
年末总人口数(万人)	Population at the Year-end(10 000 persons)	131448.0	2392.4	1.8
社会就业人员(万人)	Employment(10 000 persons)	76400.0	1051.2	1.4
# 城镇	Urban	28310.0	365.0	1.3
生产总值(当年价)(亿元)	Gross Domestic Product(current pirces) (100 million yuan)	209406.8	4791.5	2.1
第一产业	Primary Industry	24700.0	649.6	2.6
第二产业	Secondray industry	102004.0	2327.4	2.0
# 工业	Industry	90351.5	1978.2	2.2
第三产业	Tertiary Industry	82702.8	1814.4	2.0
规模以上工业增加值(亿元)	Added Value of Industry above Designated Size (100 million yuan)	79752.0	1667.2	2.1
规模以上工业利润总额(亿元)	Total Profits of Industry	18783.6	332.5	1.8
能源生产总量(万吨标准煤)	Total Production of Energy(10000 tons of SCE)	221000.0	22367.6	10.1
能源消费总量(万吨标准煤)	Total Consumption of Energy(10000 tons of SCE)	245669.0	12777.6	5.2
农林牧渔业总产值(当年价)(亿元)	Gross Output Value of Farming, Forestry, Animal Husbandry & Fishery (current prices)(100 million yuan)	42424.4	1085.9	2.6
农业	Farming	21549.1	532.4	2.5
林业	Forestry	1602.0	41.8	2.6
牧业	Animal Husbandry	13640.2	487.3	3.6
渔业	Fishery	4433.0	8.3	0.2
工农业主要产品产量	Output of Major Farm & Industrial Products			
粗钢(万吨)	Steel(10 000 tons)	42266.0	861.9	2.0
原煤(亿吨)	Coal(100 million tons)	23.82	3.08	12.9
发电量(亿千瓦小时)	Electricity(10 000 million Kwh)	28344.0	1416.4	5.0
汽车(万辆)	Motor Vehicles(10 000 vehicles)	727.9	0.9	0.1
粮食(万吨)	Grain(10 000 vehiches)	49748.0	1704.9	3.4
油料(万吨)	Oil-bearing Crops(10 000 tons)	3059.4	116.8	3.8
货物运输总量(亿吨)	Total Freight Traffic(100 milion tons)	203.71	8.0	3.9
客运总量(亿人次)	Total Passenger Traffic(100 million Person-times)	202.42	3.5	1.7
邮电业务总量(亿元)	Total Business Revenue of Postal & Telecommunication Services(100 million yuan)	15322.6	257.8	1.7
社会消费品零售总额(亿元)	Retail Sales of Consumer Goods (100 million yuan)	76410.0	1595.3	2.1
全社会固定资产投资(亿元)	Total Investment in Fixed Assets (100 million yuan)	109869.8	3406.4	3.1
# 城镇	Urban	93472.4	3307.8	3.5
农村牧区	Rural	16397.5	98.5	0.6
房地产开发	Real Estate Development	19382.5	325.0	1.7
地方财政收入(亿元)	Local Financial Revenue(100 million yuan)	18280.9	461.7	2.5
年末城乡居民储蓄余额(亿元)	Year-end Saving Deposits of Urban & Rural Residents(100 million yuan)	161587.0	2271.3	1.4

25-2 西部地区国民经济和社会发展主要指标(2006年)

指标	Item	内蒙古 Inner Mongolia	广西 Guangxi	重庆 Chongqing
土地面积(万平方公里)	Land Area(10 000 sq.km)	118.3	23.7	8.2
年末总人口(万人)	Population at the Year-end(10 000 persons)	2392	4719	2808
人口自然增长率(‰)	Natural Growth Rate of Population(‰)	4.00	8.34	3.40
人口密度(人/平方公里)	Population Density (persons/sq.km)	20.2	199.1	342.4
在岗职工人数(万人)	Staff and Workers at Post(10 000 persons)	239.3	267.8	213.0
生产总值(亿元)	Gross Domestic Product(100 million yuan)	4791.5	4802.0	3486.2
第一产业	Primary Industry	649.6	1031.9	428.5
第二产业	Secondray industry	2327.4	1882.2	1500.1
# 工业	Industry	1978.2	1595.9	1234.1
第三产业	Tertiary Industry	1814.4	1887.8	1557.6
人均生产总值(元)	Per Capita GDP(yuan)	20053	10240	12437
生产总值指数(上年=100)	Indices of Gross Domestic Product (preceding year=100)	118.7	113.5	112.2
第一产业	Primary Industry	105.6	106.5	95.0
第二产业	Secondray industry	125.7	119.3	116.8
# 工业	Industry	128.1	120.1	118.0
第三产业	Tertiary Industry	115.8	112.1	113.8
全社会固定资产投资(亿元)	Total Investment in Fixed Assets (100 million yuan)	3406.35	2198.18	2405.34
# 城镇	Urban	3307.8	1947.3	2252.0
农村牧区	Rural	98.5	250.9	153.4
房地产开发	Real Estate Development	325.0	370.0	629.6
全社会固定资产投资指数 (上年=100)	Indices of Gross Total Investment in Fixed Assets(preceding year=100)	126.8	127.0	124.9
# 城镇	Urban	127.3	131.1	125.3
农村牧区	Rural	111.5	101.7	119.6
房地产开发	Real Estate Development	200.5	129.0	121.6
地方财政一般预算收入(亿元)	Local Financial General Budgetary Revenue (100 million yuan)	343.34	342.28	317.27
地方财政一般预算支出(亿元)	Local Financial General Budgetary Expenditures (100 million yuan)	810.17	719.02	594.97
金融机构人民币存款余额(亿元)	RMB Deposit Balance(100 million yuan)	4036.56	4971.86	5519.75
# 储蓄存款余额	Saving Deposits of Urban and Rural Residents	2271.34	2946.22	2949.05
金融机构人民币贷款余额(亿元)	RMB Loan Balance(100 million yuan)	3205.19	3595.25	4388.28
粮食产量(万吨)	Grain(10 000 tons)	1704.90	1463.24	910.50
油料产量(万吨)	Oil-bearing Crops(10 000 tons)	116.84	64.20	41.09
糖料产量(万吨)	Sugar(10 000 tons)	174.6	5924.8	10.2
肉类总产量(万吨)	Output of Meat(10 000 tons)	255.96	445.40	176.85
# 猪肉	Pork	95.6	197.4	142.1
牛肉	Beef	38.2	18.5	6.3
羊肉	Mutton	81.0	4.1	4.0
奶类产量(万吨)	Milk(10 000 tons)	877.5	6.3	8.3
规模以上工业增加值(亿元)	Value Added of Industry(100 million yuan)	1667.2	1090.8	845.4
规模以上工业增加值指数 (上年=100)	Indices of Value Added of Industry (preceding year=100)	129.8	123.8	120.6
规模以上工业企业 主营业务收入(亿元)	Revenue of Industry above Designated	4080.4	3119.6	3177.4
规模以上工业产品税金总额(亿元)	Total Tax above Designated Size	255.5	191.7	162.0
规模以上工业产品利润总额(亿元)	Total profit above Designated Size	332.5	188.1	154.7

注：本表数据来源于各地区2006年统计公报初步统计数。

Main Indicators of National Economic and Social Development of Western Region(2006)

四川 Sichuan	贵州 Guizhou	云南 Yunnan	西藏 Tibet	陕西 Shanxi	甘肃 Gansu	青海 Qinghai	宁夏 Ningxia	新疆 Xinjiang
48.5	17.6	39.4	122.8	20.6	45.4	72.1	5.2	166.0
8169	3757	4483	281	3735	2606.25	548	604	2050
2.86	7.26	6.90	11.7	4.04	6.24	8.97	10.69	10.76
168.4	213.5	113.8	2.3	181.3	57.4	7.6	116.2	12.3
500.9	201.9	248.0	17.0	323.7	190.2	41.2	56.7	238.9
8637.8	2267.4	4001.9	290.1	4383.9	2275.0	641.1	707.0	3019.0
1603.5	392.9	751.2	51.0	488.5	333.2	69.6	79.2	533.2
3775.2	982.0	1710.2	80.0	2318.2	1048.2	330.8	347.5	1437.9
3144.7	857.2	1407.0	21.7	1970.8	873.1	265.0	288.3	1218.7
3259.1	892.5	1540.5	159.0	1577.3	893.6	240.6	280.3	1047.9
10546	5750	8961	10396	11762	8749	11753	11784	14871
113.3	111.5	111.9	113.4	112.7	111.4	112.2	112.5	111.0
103.0	104.6	106.8	106.2	107.4	105.1	103.5	106.1	105.7
120.0	114.3	116.9	122.9	114.9	114.8	115.7	117.3	113.5
121.5	115.0	116.5	116.8		115.9	118.7	118.5	115.2
111.6	111.8	109.1	111.7	111.4	110.2	110.5	109.0	110.7
4416.12	1193.29	2128.31	232.35	2480.57	1024.87	408.46	508.65	1565.02
3927.6	1048.7	1924.1	201.8	2285.7	925.9	384.6	448.7	1415.1
488.5	144.6	204.2	30.5	194.9	98.9	23.9	59.9	149.9
919.5	187.6	314.6	8.9	394.8	97.7	31.2	76.9	120.4
130.1	117.2	126.5	118.4	131.9	116.8	114.3	115.8	117.6
	116.6	127.0	106.1	132.8	117.2			117.2
	121.6		510.0	121.6	113.1		107.7	122.0
131.1	121.7	134.6	147.8	132.1	114.0	107.1	102.9	118.4
607.15	226.60	379.60	14.56	362.13	140.92	41.99	61.34	219.39
1347.5	608.78	893.53	200.20	821.55	522.90	214.49	192.87	679.78
11802.10	3300.08	6131.25		7452.53	3316.96			4040.78
	1596.86	2854.86	140.57	4067.57	1825.44	406.27	585.60	
7833.30	2696.11	4803.51		4463.21	2112.08			2412.69
2893.4	1122.78	1542.20	92.37	1086.70	808.05	85.50	310.90	901.84
217.27	89.56	39.17	5.74	44.36	48.99	26.50	12.07	32.00
124.8	63.9	1679.1		0.2	19.0	0.3	0.7	555.5
1025.00	206.00	320.90	22.21	146.75	93.21	27.17	26.56	158.21
541.3	140.8	260.6	1.2	67.7	53.6	9.1	10.5	28.8
29.6	13.8	24.2	13.5	12.7	14.33	7.7	6.2	38.0
21.0	6.0	11.4	8.1	10.2	14.36	9.6	7.2	67.0
62.5	4.1	38.7	27.6	157.4	36.4	25.6	64.7	187.8
2597.0	693.2	998.8	21.0	1571.8	774.2	240.3	258.6	1145.1
124.0	117.5	117.8	119.8	118.4	117.3	120.4	119.6	115.0
7674.3	1886.6	3278.0	27.6	4259.8	2440.2	633.8	827.0	2712.8
400.9	178.8	486.0	3.3	317.1	155.1	49.0	42.3	220.1
430.7	117.4	300.2	3.9	513.6	107.4	120.3	25.3	583.0

a)Data in the table are obtained from every regional statistical bulletin in Western Region,and are the preliminary statistics.

25-2 续表

指 标	Item	内蒙古 Inner Mongolia	广 西 Guangxi	重 庆 Chongqing
原煤产量(万吨)	Coal(10 000 tons)	30802.34	680.53	4059.19
发电量(亿千瓦时)	Electricity(100 million Kwh)	1416.37	475.40	275.44
粗钢(万吨)	Stee(10 000 tons)	861.86	622.14	321.89
生铁(万吨)	Pig Iron(10 000 tons)	1079.7	563.0	300.2
成品钢材(万吨)	Steel Products(10 000 tons)	808.5	697.5	382.9
水泥(万吨)	Cement(10 000 tons)	2061.3	3545.0	2533.8
化肥(万吨)	Chemical Fertilizer(10 000 tons)	76.1	94.5	127.7
汽车(万辆)	Motor Vehicles(10 000 vehicles)	0.9	51.8	52.1
建筑业增加值(亿元)	Construction(100 million yuan)	349.3	286.4	266.0
建筑业增加值指数(上年=100)	(preceding year=100)	113.6	115.2	111.6
建筑业施工面积(万平方米)	Floor Space under Construction(10 000 sq.m)	3509.0	6119.3	10824.4
建筑业竣工面积(万平方米)	Floor Space Completed(10 000 sq.m)	1704.1	2338.7	5174.6
交通运输货运量(万吨)	Total Freight Troffic(10 000 tons)	80383	42994	43009
# 铁路	Railway	21405	6920	2204
公路	Highway	58978	30525	36254
交通运输客运量(万人次)	Passenger Traffic(10 000 persons-times)	35307	55705	61128
# 铁路	Railway	3490	2073	1528
公路	Highway	31817	52609	58179
邮电业务总量(亿元)	Business Volume of Postal and Telecommun -ication Services(100 million yuan)	257.76	385.75	276.20
社会消费品零售总额(亿元)	Retail Sales of Goods(100 Million yuan)	1595.3	1600.8	1403.6
对外贸易进出口总额(亿美元)	Total Imports and Exports(USD 100 million)	59.6	66.7	54.7
# 出口总额	Imports	21.4	35.9	33.5
实际外商直接投资额(亿美元)	Actually Foreign Direct Investment	17.41	4.47	6.96
国际旅游人数(万人次)	International Tourists(10 000 person-times)	123.2	170.8	60.3
国际旅游外汇收入(亿美元)	Foreign Exchange Earning from International Tourism(USD 100 million)	4.04	4.23	3.09
在校学生数(万人)	Student Enrolment(10 000 persons)			
普通高等学校	Colleges and Universities	25.29	38.74	37.61
普通中学	Secondary Schools	159.12	303.01	179.42
小学	Primary Schools	156.38	460.12	252.38
广播人口覆盖率(%)	Listener Rating(%)	92.84	88.70	
电视人口覆盖率(%)	Viewer Rating(%)	91.23	93.50	96.00
卫生机构个数(个)	Number of Health Care Institutions(unit)	3693	9514	2478
卫生机构床位数(万张)	Beds of Health Care Institutions(unit)	7.03	9.70	6.49
执业医师和助理医师数(万人)	Doctors(10 000 persons)	5.04		3.75
在岗职工平均工资(元)	Annual Average Wages of Staff and Wokrers at Post(yuan)	18469	18064	19215
城镇居民人均可支配收入(元)	Urban Households Per Capita Average Disposable Income(yuan)	10358	9899	11570
城镇居民人均消费性支出(元)	Urban Households Per Capita Expen -ditures for Consumptiom(yuan)	7667	6792	9399
农村居民人均纯收入(元)	Rural Huseholds Per Capita Average Net Income(yuan)	3342	2771	2874
农村居民人均生活消费支出(元)	Rural Households Per Capita Living Expen -ditures for Consumption(yuan)	2772	2414	2205

continued

四川 Sichuan	贵州 Guizhou	云南 Yunnan	西藏 Tibet	陕西 Shanxi	甘肃 Gansu	青海 Qinghai	宁夏 Ningxia	新疆 Xinjiang
8600.00	11816.59	7339.08		18407.62	3822.79	628.33	3273.02	4318.52
1063.03	974.66	692.01	15.15	577.31	531.89	277.23	388.42	331.13
1225.88	332.51	634.63		388.60	545.30	79.60	21.80	388.74
1307.9	343.5	892.4		395.3	545.2	49.7	39.3	321.6
1316.4	256.6	578.0		499.8	534.75	76.7	21.8	408.7
4900.2	1799.4	3179.1	166.7	2375.4	1454.76	371.3	699.1	1201.7
372.4	338.8	301.7		107.8	85.29	205.1	77.9	130.7
7.0	0.1	3.8		10.8				0.1
630.5	124.8	303.2	58.4	347.4	175.1	65.8	59.2	219.2
		118.9	125.2		109.8	105.7	112.2	
21564.1	3335.5	5081.2	183.2	5173.8	3058.7	361.9	1258.8	3044.4
9135.5	987.6	2698.3	108.0	2130.9	1352.3	161.2	531.7	1270.1
75071	24709	66192	348	44216	28502	7271	9358	31163
8185	6826	5331	2	8288	4624	1407	3329	5949
63719	17284	60614	346	35811	23826	5864	6029	25214
194712	69270	43387	483	43331	19083	5243	7548	25504
5776	2536	1982	38	4370	1519	353	357	1226
184852	65786	40861	445	38606	17319	4861	7191	24278
583.00	222.97	351.00	21.55	429.72	167.38	39.69	61.52	228.20
3421.6	689.8	1188.9	89.7	1522.0	717.47	180.1	199.0	727.6
110.2	16.2	62.3	3.3	53.6	38.2	6.5	14.4	91.0
66.2	10.4	33.9	2.2	36.3	15.09	5.3	9.4	71.4
14.70	0.94	3.02		9.25	0.30	2.75	1.38	1.04
140.2	32.1	181.0	15.5	106.1	30.33	4.2	0.9	36.2
3.95	1.15	6.58	0.61	5.11	0.63	0.13	0.02	1.28
86.10	22.15	28.42	2.33	72.62	28.18	3.60	5.59	19.93
501.50	259.68	244.70	16.56	307.93	204.80	32.81	42.18	157.25
721.80	474.38	452.26	32.95	325.11	298.44	52.22	69.68	209.80
95.70	83.70	92.00	85.80	93.80	90.73	87.50	91.42	93.40
96.80	90.70	93.70	86.90	95.20	91.11	93.00	93.47	93.10
23848		10020	903	5385	12022	5793	1553	8171
19.50		11.05	0.75	11.12	6.25	1.60	1.83	8.37
11.60			0.27	6.06	3.02	0.89	1.10	4.28
17852	16815	18711	31518	16918	17246	22679	21239	17819
9350	9117	10070	8941	9268	8921	9000	9177	8871
7525	6848	7380	6193	7553	6974	6530	7206	6730
3013	1985	2251	2435	2260	2134	2358	2760	2737
2395	1627	2196	2002	2181	1856	2179	2247	2032

西部概况

中国西部地区包括内蒙古、广西、重庆、四川、云南、贵州、西藏、陕西、甘肃、宁夏、青海和新疆等12个省、市、自治区。其土地面积687.1万平方公里，占全国陆地面积的71.6%；2006年末人口总数3.62亿人，占全国总人数的27.5%；全年实现国内生产总值39303亿元，占全国的17.1%。

西部地区拥有辽阔的疆域，丰富的自然资源和人力资源，具有极大的开发潜力，是我国国民经济长期持续发展的重要后备基地。

西部地区是我国的四条主要河流，即长江、黄河、珠江、雅鲁藏布江的发源地和主要流域所在地，水能蕴藏量达5.57亿千瓦，占全国水能蕴藏量的82.5%，目前已开发利用的尚不足1%，开发潜力十分可观，全国规划中的十大水电基地有7个分布在西部。西部地区的地质条件复杂，矿产资源极为丰富。在全国已探明的140多种矿产资源中，西部地区有120多种，其中煤炭储量占全国的39.4%，石油储量占27.8%，天然气储量占87.5%，一些稀有金属的储量名列全国乃至世界前茅。如内蒙古稀土储量居世界之首，煤炭储量居全国第二，特别是新探明的内蒙古鄂尔多斯盆地苏里格天然气田，是迄今我国发现的几个为数不多的世界级陆上特大整装气田。

西部是我国目前自然风貌保持最完好的地区，旅游资源得天独厚。气势恢宏的秦兵马俑，享誉世界的敦煌莫高窟，人间仙境九寨沟、黄龙寺，驰名中外的长江三峡，独具魅力的内蒙古草原文化旅游。可以预见，在不久的将来，旅游产业将作为西部地区的支柱产业而焕发出勃勃生机。

西部地区地广人稀，经济发展相对缓慢，剩余劳动力较多，每年都有大量劳动力向外转移，劳动力供给丰富，成本低廉，具有人力资源方面的独特优势。

西部地区边境线漫长，与周边国家交流频繁，是中国向西、向北和向南亚国家开放的门户地区，具有特殊的区位优势。西部地区有20多个少数民族与邻国属同一民族，各民族族缘关系悠久，语言文字相通，习俗相近，很多民族有着共同的宗教信仰，与周边各国有着传统的经济文化联系，在资源结构和经济技术结构方面与周边国家存在很强的互补性。西部地区在历史上曾出现过“丝绸之路”时期的开放繁荣，随着国家对外开放由东向西推进，西部将发展成为我国对外开放的“前沿”地区。

新中国成立50多年来，中国西部地区经济社会有了较大的发展，积累了较强的经济技术基础。“三线”建设时期，由于国家的重点投入，西部各省、市、自治区建立起了2000多个大中型企业，形成了一批专业化程度高，幅射能力强的行业，培养了一批专业技术人才，积累了较强的技术力量，不少领域的技术水平领先于全国甚至全世界，从而确立了西部地区在全国工业布局中的重要地位。此外，西部各省、市、自治区还依托本地资源优势，大力发展特色工业，使西部地区在电力、有色金属采选、航空航天、冶炼及压延加工业，通讯设备制造、煤炭、烟草加工等行业形成优势。

西部地区在中国历史上有过耀眼的辉煌。如今，西部又面临着前所未有的机遇。随着西部大开发进军号角的奏响，西部地区各项事业的发展必将进入一个崭新的阶段。

General Introduction of Western Region

The western region embraces six provinces of Shanxi, Gansu, Qinghai, Sichuan, Yunnan and Guizhou, five autonomous regions of Inner Mongolia, Guangxi, Ningxia, Xinjiang and Tibet, and Chongqing Municipality that is directly under the administration of the Central Government. The region, covering 6. 87 million square km, takes up 71. 6 percent of the country's total land areas. In 2006, there are 0. 362 billion persons living in the region, which is home to 27. 5 percent of the nation's total population. In 2006 GDP of the western region was 3930.3 billion yuan, contributing 17.1 percent of the national GDP.

The region enjoys vast territory, rich natural resources and plentiful labor power. With tremendous developing potential, the region is the key reserve base for sustainable development of national economy.

As the source and main valley of four major rivers in China: Yangtze, Yellow, Pearl and Yarlung Zangbo Rivers, hydropower capacity of the western region amounts 0. 56 billion kw, accounting for 82. 5 percent of national total. However, developed and utilized hydropower is less than 1 percent. 7 of 10 hydropower bases in plan are located in the region for substantial developing potential. Physical features are very complicated, abundant mineral resources are contained in the region. Among 140 sorts of surveyed mineral resources, more than 120 sorts of mineral resources have been found in the western region. Of this total, coal is as much as 39. 4 percent of national total; petroleum, 27. 8 percent; and natural gas, 87. 5 percent. Capacities of some rare metals are top in China, even in the world. Such as in Inner Mongolia, the reserve of rare-earth is the first in the world, the coal reserves is the second in China. Recently discovered natural gas field in Sulige Erdos of Inner Mongolia is a few world level super scale whole field of natural gas in China. Natural appearances of the region are preserved best in China at present, so that it is rich in tourism resources. It is famous for grand Majesty Terra-cotta Army. World-famous Macao Grottoes, wonderland Jiuzhai-Huanglong, well-known the Three Gorges, and Mongolian grassland cultural tourism. It can be foreseen that tourism will be the pillar industry of the western region and is to be vigorous in the future. With vast territory and low population density, the region's economic development is relatively slow. There are many spare labor forces, and most of them transfer to outside every year. It has the unique advantage on labor power for rich supply and low cost.

The region has long boundary. Exchanges with neighboring countries are frequent. As the door opening to west, to north and to South Asia, the western region enjoys special territorial advantage. More than 20 minority nationalities in the western region are part of the same tribe as the citizen of neighboring countries.

With long history of relationship, they share the same language and character, and close custom. Most of minority nationalities believe the same religion, and traditional economic and cultural relations with neighboring countries are kept well for a long time. So complementarities with neighboring countries in the structures of resources, economy and technology are available. The western region was booming in the period of the silk Road. While the opening police is carried out from east to west, the western region is bound to be another foreland area opening to outside.

Since the foundation of PRC, the social and economic development of the region has advanced greatly, and laid tough basis of economy and technology. During the Period of constructing remote regions away from the coastal areas, with the emphasized input by the state, more than 2000 large and medium sized enterprises had been set up in every province (municipality, autonomous region) . A batch of industries of high specialty and strong influence has been formed. Lots of competent persons of specialized techniques have been brought up. Technical level in some fields is at the top of the state even of the world. The western region is regarded as the important role in the national industrial distribution. Besides, in support of rich resources, provinces (municipalities, autonomous regions) of the region made great efforts to develop characteristic industry, forming advanced industries of electricity, nonferrous metals mining and dressing, aviation and aerospace technology, smelting and pressing, communication facility manufacturing, coal and tobacco processing.

The western region once was brilliant in history. Today the region faces unprecedented opportunity. While westward bound is brought into effect, development of all causes in the region will enter a new phase.

中国统计出版社最新资料书简目

(仅供参考,以最后出书为准)

中国统计年鉴-2007
中国统计摘要-2007
国际统计年鉴-2007
2007中国发展报告
中国区域经济统计年鉴-2007
长江和珠江三角洲及港澳特别行政区统计年鉴-2007
中国社会统计年鉴-2007
中国第三产业统计年鉴-2007
中国城市统计年鉴-2006
中国劳动统计年鉴-2007
中国人口统计年鉴-2007
中国工业经济统计年鉴-2007
中国建筑业统计年鉴-2007
中国城市（镇）生活与价格年鉴-2007
中国商品交易市场统计年鉴-2007
中国连锁餐饮企业统计年鉴-2007
中国连锁零售业统计年鉴-2007
中国能源统计年鉴-2007
全国农产品成本收益资料汇编-2007
中国贸易外经统计年鉴-2007
中国基本单位统计年鉴-2006
中国民政统计年鉴-2007
中国农村统计年鉴-2007
中国农村住户调查年鉴-2007（中文）
中国农村住户调查年鉴-2007（英文）
中国县（市）社会经济调查年鉴-2007
中国农产品价格调查年鉴-2007
中国经济普查年鉴-2004
中国百强县（市）发展年鉴-2007
中国教育经费统计年鉴-2006
中国农村全面建设小康监测报告-2007
中国农村贫困监测报告-2007
中国国内生产总值核算历史资料(1952-2004)
中国高技术产业统计年鉴-2007
中国科学技术协会统计年鉴-2007
工业企业科技活动资料-2007
中国棉花年鉴-2006

2004年经济普查年鉴系列
2005年中国1%人口抽样调查系列资料

北京统计年鉴-2007
天津统计年鉴-2007
河北经济年鉴-2007
山西统计年鉴-2007
内蒙古统计年鉴-2007
辽宁统计年鉴-2007
吉林统计年鉴-2007

黑龙江统计年鉴-2007
上海统计年鉴-2007
江苏统计年鉴-2007
浙江统计年鉴-2007
安徽统计年鉴-2007
福建统计年鉴-2007
江西统计年鉴-2007
山东统计年鉴-2007
河南统计年鉴-2007
湖北统计年鉴-2007
湖南统计年鉴-2007
广东统计年鉴-2007
广西统计年鉴-2007
海南统计年鉴-2007
重庆统计年鉴-2007
四川统计年鉴-2007
贵州统计年鉴-2007
云南统计年鉴-2007
西藏统计年鉴-2007
陕西统计年鉴-2007
甘肃年鉴-2007
青海统计年鉴-2007
宁夏统计年鉴-2007
新疆统计年鉴-2007
新疆生产建设兵团统计年鉴-2007
石家庄统计年鉴-2007
唐山统计年鉴-2007
邯郸统计年鉴-2007
张家口经济年鉴-2007
呼和浩特经济统计年鉴-2007
包头统计年鉴-2007
沈阳年鉴-2007
大连统计年鉴-2007
长春统计年鉴-2007
吉林市社会经济统计年鉴-2007
四平统计年鉴-2007
延吉统计年鉴-2007
哈尔滨统计年鉴-2007
齐齐哈尔经济统计年鉴-2007
黑龙江垦区统计年鉴-2007
上海浦东新区统计年鉴-2007
南京统计年鉴-2007
苏州统计年鉴-2007
无锡统计年鉴-2007
常州统计年鉴-2007
徐州统计年鉴-2007
南通统计年鉴-2007
盐城统计年鉴-2007
镇江统计年鉴-2007

江阴统计年鉴-2007
杭州统计年鉴-2007
宁波统计年鉴-2007
绍兴统计年鉴-2007
台州统计年鉴-2007
舟山统计年鉴-2007
温州统计年鉴-2007
金华统计年鉴-2007
嘉兴统计年鉴-2007
湖州统计年鉴-2007
安庆统计年鉴-2007
福州统计年鉴-2007
厦门经济特区年鉴-2007
福州经济技术开发区年鉴-2007
南昌经济社会统计年鉴-2007
上饶经济社会统计年鉴-2007
九江经济统计年鉴-2007
济南统计年鉴-2007
青岛统计年鉴-2007
潍坊统计年鉴-2007
郑州统计年鉴-2007
洛阳统计年鉴-2007
三门峡统计年鉴-2007
南阳统计年鉴-2007
武汉统计年鉴-2007
宜昌统计年鉴-2007
十堰统计年鉴-2007
荆州统计年鉴-2007
长沙统计年鉴-2007
广州统计年鉴-2007
东莞统计年鉴-2007
惠州统计年鉴-2007
深圳统计年鉴-2007
南宁统计年鉴-2007
柳州经济统计年鉴-2007
来宾统计年鉴-2007
海口统计年鉴-2007
成都统计年鉴-2007
贵阳统计年鉴-2007
昆明统计年鉴-2007
西安统计年鉴-2007
兰州年鉴-2007
庆阳年鉴-2007
银川统计年鉴-2007
乌鲁木齐统计年鉴-2007
吐鲁番统计年鉴-2007

新疆调查年鉴-2007
内蒙古经济社会调查年鉴-2007

内蒙古财经学院

领导班子

统计系学生参加学生运动会场景

教学楼

校园环境

教学大楼

校园环境

统计学系学生参观伊利集团

内蒙古城市规划市政设计研究院有限公司

INNER MONGOLIA URBAN PLANNING MUNICIPAL ENGINEERING DESIGN RESEACH INSTITUTE CO.,LTD

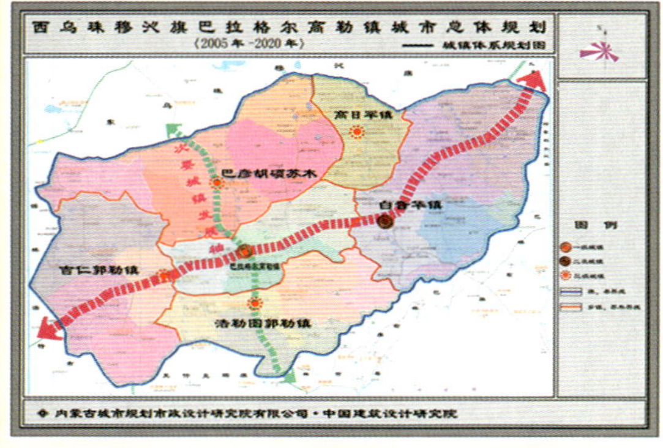

内蒙古自治区城市规划市政设计研究院是经自治区党委、政府批准，于 1984 年成立的，隶属于自治区建设厅。2004 年按照有关政策，依据“中华人民共和国公司法”转制为科技型企业——内蒙古城市规划市设计研究院有限公司。成为城市规划、市政公用行业、建筑工程及工程咨询四大主类、专业齐全的综合性甲级资设计研究机构。主要从事城市规划、市政工程、建筑工程设计、技术咨询及项目可行性研究。

内设机构有：办公室、总工办、设计经营管理部、财务部、经济所、规划设计一所、二所、市政工程设计一所、二所、建筑工程设计一所、二所、园林设计所及工程咨询所等。全院职工 86 人，其中专业技术人员 74 人。注册城市规划师、一二级建筑师、注册造价师、注册咨询师、注册公用设备师等具有注册资格的人占 1/4，高级职称的人占 1/3，专业技术人员结构级配合理。设计人员全部为大学本科以上学历，且部分人员有在国外工作和学习的经历，是一支由高素质人才组成的设计队伍。多次受到业内人士以及来主方的称赞和好评。

多年来我院在城市规划、市政工程设计、建筑工程设计、工程咨询等领域做了大量的工作，积累了丰富工作经验。从而培养形成了一支品德好、技术水平高、认真负责的专业技术队伍。经过锻炼，多位成为自治区知名专家，在设计领域具有独特的声誉和影响力。

准格尔旗旗域城镇体系规划
综合交通规划图
(2006-2025年)

内蒙古自治区城镇体系规划
(2006—2020年)
——重点镇分布图
图例
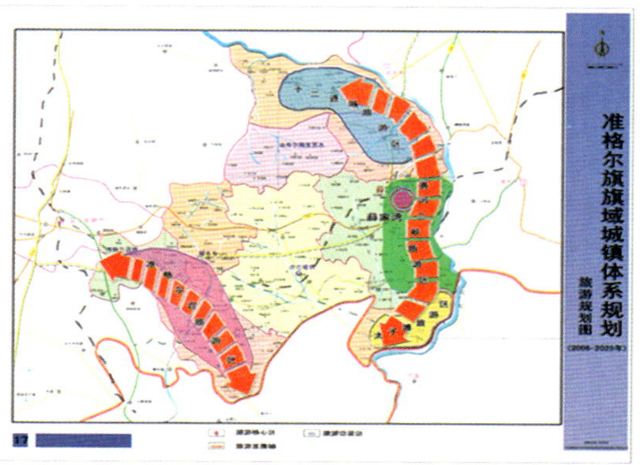
准格尔旗旗域城镇体系规划
旅游规划图
(2006-2025年)

内蒙古自治区城镇体系规划
(2006—2020年)
——综合交通规划图
图例

准格尔旗旗域城镇体系规划
重点地区规划图
(2006-2025年)
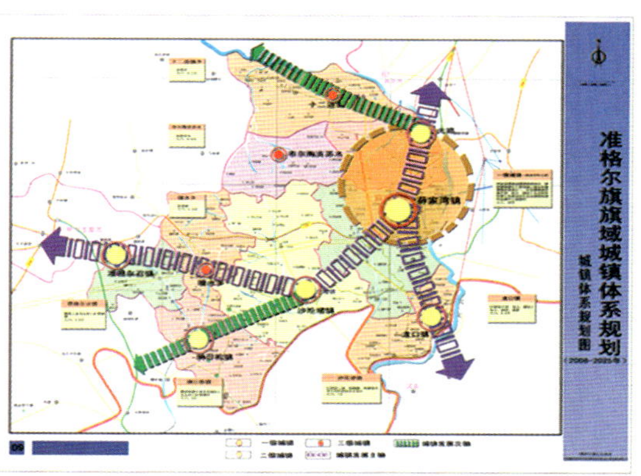
准格尔旗旗域城镇体系规划
城镇体系规划图
(2006-2025年)

内蒙古自治区城镇体系规划
(2006—2020年)
——旅游规划图

文化活动中心设计方案
规划市政设计研究院有限责任公司

内蒙古雅布赖盐化有限责任公司

公司党委书记、董事长兼总经理:杨志福

雅布赖盐化有限责任公司地处内蒙古西部巴丹吉林沙漠腹地，是一个有着六十多年建厂历史的老牌国有湖盐生产企业，是全国食盐定点生产先进企业、精神文明建设先进单位、“厂务公开”先进企业，自治区级先进企业、文明标兵企业、企业文化建设先进单位、党建和思想政治工作先进企业、特级(AAA)信用企业以及“长安杯“荣誉获得企业。具有良好的信誉和较高的知名度，以管理严格、效益显著、产品品质优良、企业形象良好著称，是阿拉善盟工业战线上的一面旗帜，被誉为大漠里飞出的“金凤凰”。

进入新世纪以来，以做强、做大企业，做精、做透产业，做百年企业为目标，以提高经济效益为中心，以调整产品结构为主线，全面推行现代企业制度，提升和改造传统产业，通过扩张重组、新建项目延伸产业和产品链，将发展的目标定位于资源的加工、转换和升值，变资源优势为经济优势，“盐业为本，内涵发展；市场导向，品牌经营；同心多元，数业并举”，实现了企业效益不断提高，员工收入不断增加，为国家做出更大贡献的新任务，形成以雅盐化公司为核心，雅布赖实业公司、中泉子化工公司、雅布赖染料公司为外围的企业集团，成为阿盟的明星企业和新亮点。“十五”期间，企业效益每年以26.27%的速度增长，累计上缴税金8,959.48万元，实现利润总额4,816.06万元，完成工业总产值30,727.90万元，增加值23,901.92万元，劳动生产率年平均5.50万元/人年，产品质量合格率98.54%，总资产报酬率8.94%，企业综合效益指数年平均240.7。

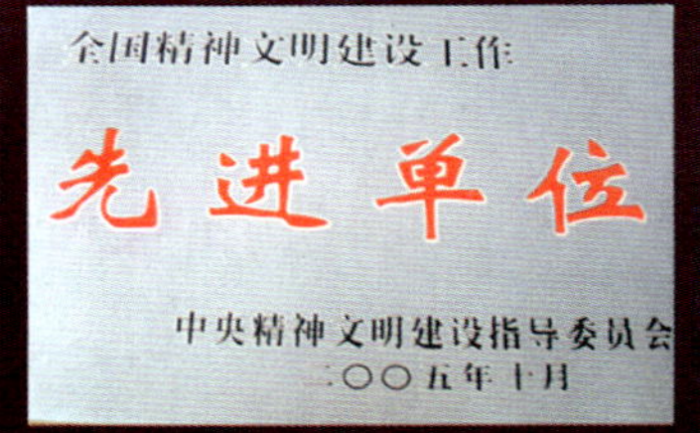

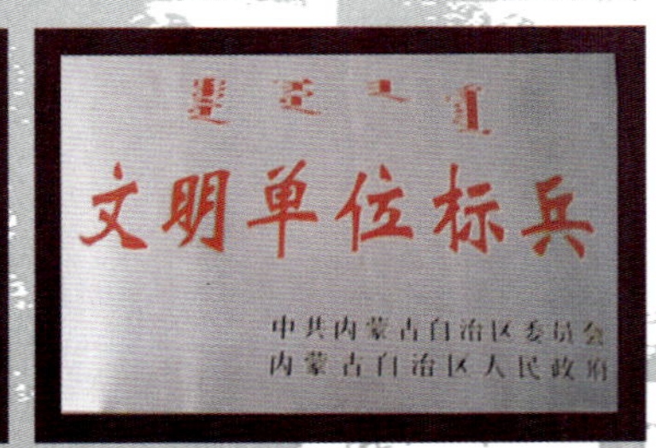

自治区政府郭子明副主席、盟委布小林书记等在雅布赖盐化领导陪同下视察工作

盟长陶建同志等到雅布赖盐化调研

先进表彰会

“十一五”期间，雅盐将坚持盐为基础、产业延伸；外沿扩展，内涵聚集；市场导向、品牌经营的方针，依托现有资源，重点发展硝化工、染料化工和盐化工项目，主导产品产业化，相关产品多元化，实现资源优势向经济优势的转换。到“十一五”末，企业的资产总规模达到24亿元，销售收入达到23.63亿元；工业产值达25.3亿元，增加值达12亿元，职工年人均收入以10%的速度递增。

公司地处内蒙古最西部的阿拉善右旗境内巴丹吉林与腾格里两大沙漠交汇处。紧邻“镍都”甘肃金昌市，并在金昌火车站设有转运站；交通、通讯条件便利。

企业拥有较为先进的生产、加工、检测、运输手段和能力；拥有丰富的自然资源，雅布赖盐湖和中泉子硝湖面积分别为22.6和14平方公里，石盐储量5100万吨，芒销2646万吨，并伴生有氯化钾、氯化镁等矿种。原盐氯化钠含量高、品质优良，尤以“大青盐”著名，资源开发和转换发展潜力巨大。

公司主要产品有“雅”牌原生盐、加碘食用盐等盐系列、“雅”牌硫化黑等染料中间体系列、“中泉子”牌元明粉、硫化碱等芒硝三大系列十余种。生产能力分别为：盐60万吨/年、硫化碱3.5万吨/年、元明粉4万吨/年、硫化黑2万吨/年；盐系列产品主要行销陕、甘、宁、内蒙等省区；芒硝系列产品行销国内十几个省、区和出口东南亚地区；染料系列产品已行销东南沿海，并走向国际市场。

职工住宅

职工文艺表演

内蒙古东达蒙古王集团

TONGDAMENGGUWANGJITUAN

东达蒙古王集团总裁:赵永亮

东达蒙古王集团是在1991年创建的东达羊绒制品有限责任公司基础上，于1996年4月组建成立，现拥有羊绒制品加工、路桥建设经营、造纸、商贸、工程建筑、房地产开发、生态建设、肉奶牛饲养、绒山羊繁育、乳制品加工、酒店服务等35个成员企业，总资产30亿元，员工5800余名，累计为社会公益事业捐资1.2亿元，为国家上缴利税5.2亿元，解决下岗职工再就业1000余名。形成面向市场的四大产业：一是以羊绒加工为龙头的绒毛产业；二是以房地产开发和路桥建设经营为龙头的基础产业；三是以沙柳造纸和养殖为龙头的生态沙草产业；四是以完善社会服务功能为主的第三产业。

“东达蒙古王”商标是“全国著名商标”，生产的羊绒系列产品被评为“中国消费者信得过产品”、“消费者无投拆中国驰名品牌”。东达蒙古王集团是内蒙古自治区“出口创亿元先进乡镇企业”、“内蒙古30强企业”、“全国扶贫重点龙头企业”、“全国农牧业产业化先进集体”、“全国纺织类大型工业企业”、“中国最具生命力百强企业”、“全国新农村建设百强示范企业”、“中国1000大制造商之一”。2006年集团总裁赵永亮先生获得“优秀中国特色社会主义建设者”的称号，荣获“2006CCTV中国经济年度人物社会公益奖提名奖”的殊荣。

绒毛产业由东达羊绒制品有限公司、星达绒毛有限责任公司、同和羊绒制品有限公司3家羊绒加工型企业组成。龙头企业东达羊绒制品有限公司年洗梳绒毛2000吨、染色1000吨，纺纱达到十四梳十四纺规模，年产纱支1200吨，针织年生产成衣八十万件。迈着与时俱进的步伐，公司设备更新迅速，现从洗、梳、染、纺、编织均引进国际先进成套生产设备，按照ISO9001:2000标准建立和实施质量管理体系，使产品质量和企业质量不断进步和提高，最大限度地满足国内外广大客户的要求，在十几年的奋斗中，“东达蒙古王”牌羊绒系列产品远销美国、日本、韩国、意大利、马耳他等国家，畅销全国50多个大中城市。东达蒙古王羊绒衫被评为消费无投拆中国驰名品牌、全国五佳质量过硬品牌、中国市场名牌纺织商品调查中获十大名牌之一、购物首选品牌，东达羊绒制品有限公司先后被评为“全区出口创汇先进乡镇企业”、“全国大型二档乡镇企业”、“自治区纳税先进企业”、“诚信民营企业”、“全国效益十佳企业”。

内蒙古自治区政府主席杨晶来东达集团视察

沙柳造纸

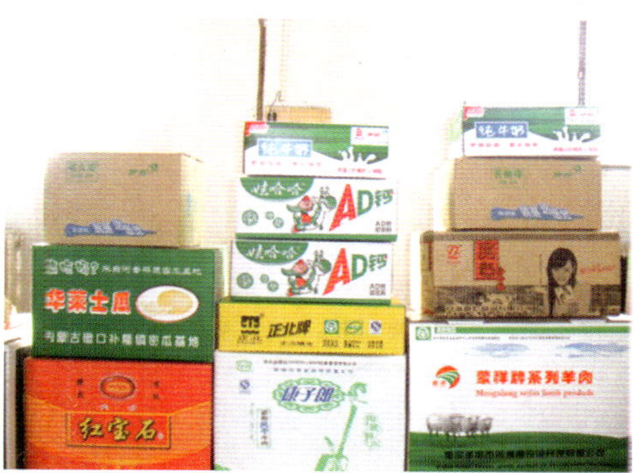

纸箱

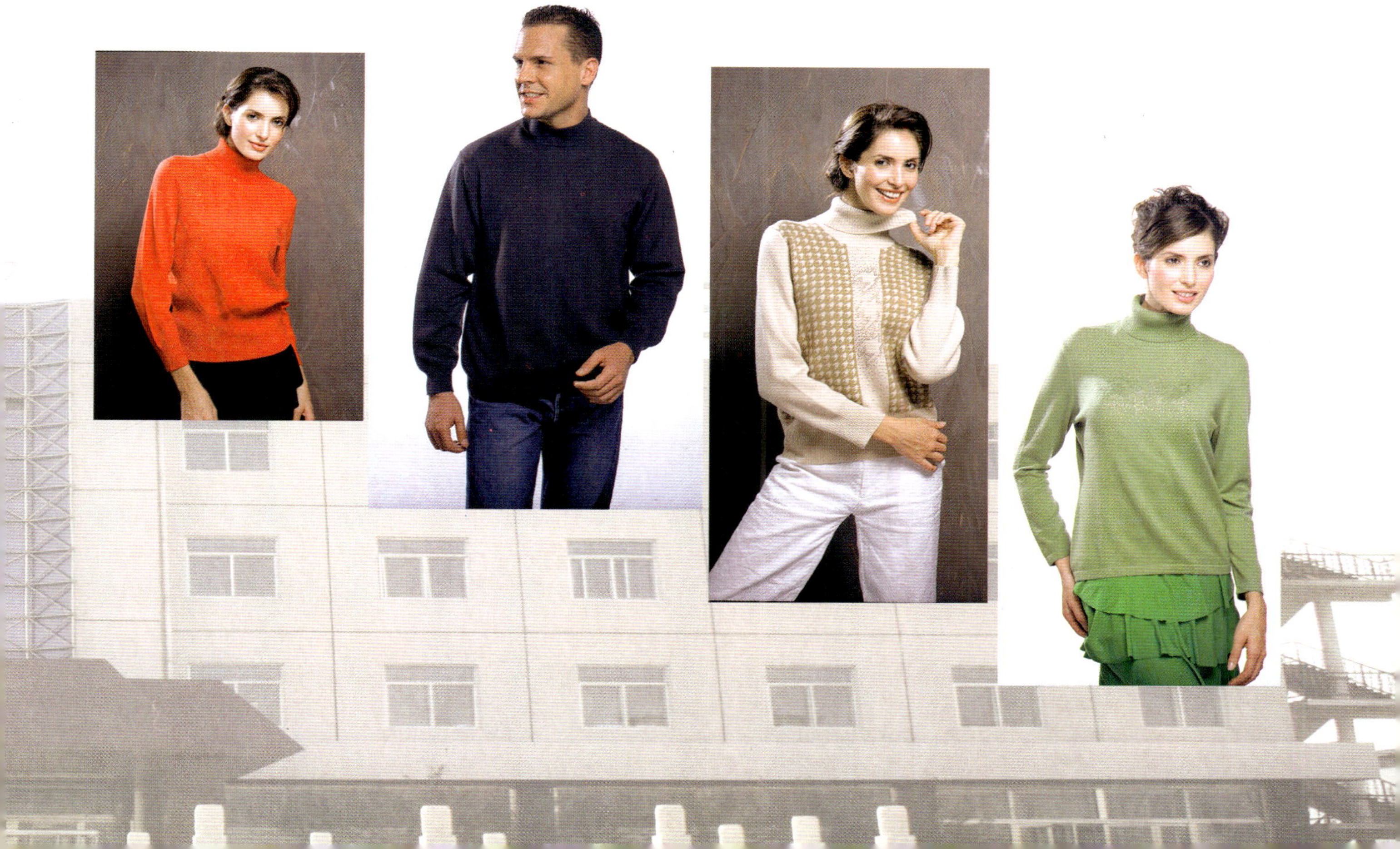

内蒙古亚通塑胶有限公司

总经理:陈兆劲

内蒙古亚通塑胶有限公司是福建亚通创新集团成员，是由福建亚通新材料科技股份有限公司、内蒙古科技开发中心与印尼爱国华侨余孔琳先生联合创办的中外合资企业。公司初成立，注册资本 1400 万元，尚具规模，经过几年的摸爬滚打已拥有资产 5000 万元，逐步占领了内蒙古地区市场并拓展了周边省市的业务。公司从 2004 年更换领导班子以来，业绩不断提升，利润不断增加，企业品牌逐步树立。

公司现拥有国内先进的生产设备和领先的技术水平，年生产能力达 1．2 万吨之多，是自治区目前规模最大的塑料生产企业之一。公司主要研制生产国际先进、国内最新的 PVC-U 给、排水管材(件)、阻燃电工套管、交通通信管、PVC-C 高低压电力电缆护套管、节水灌溉管等系列产品。产品规格的范围为直径 16mm-630mm，广泛用于建筑、高速公路、水利、通信、电力传输、燃气输送、农业排灌、节水灌溉、城市给水、排水、污水处理、现代园艺、电气工程、凿井工程、制纸工业、酿造发酵工业、矿场、养殖业、高尔夫球场工程等领域，具有广阔的市场前景。

ZDHY

中大华远认证中心

质量管理体系认证证书

内蒙古亚通塑胶有限公司

2002 年内蒙古亚通塑胶有限公司荣获内蒙古自治区政府采购中心颁发的《内蒙古自治区政府建设采购供应商资质证书》，2003 年被内蒙古自治区生产力促进中心和内蒙古自治区生产力促进协会评为“内蒙古科技创新示范企业”，2003 年 9 月年“亚通”牌产品被呼和浩特市保护消费者权益联合会授予“消费者信得过产品”的荣誉称号，2004 年 1 月公司通过了 IS09001:2000 质量管理体系认证，2006 年 1 月被内蒙古自治区科学技术厅认定为“高新技术企业”，2006 年 7 月经 CHC 全国高科技质量监督促进工作委员会审核，“亚通”牌系列产品被列入“国家标准·优质产品”，同年，被北京中企标国际信用评估中心有限公司和内蒙古企业信用评级组委会评为“AAA 级信用企业”。牌管材是国家免检产品，及国家著名品牌。公司发展已经日渐规模，实力雄厚，在自治区塑胶行业中占据领军人的地位，成为龙头企业之一。

ATSP 埋地电力电缆专用护套管

内蒙古亚通塑胶有限公司从成立之初就注重严把产品质量关，不折不扣地执行“丝丝入扣、滴水不漏、顾客满意、永创新高”的质量方针，公司为客户提供专业周到的售前、售中、售后服务，“以人为本，追求卓越”的企业精神已深入人心，优质的产品质量和服务为公司赢得了更多客户和用户的信赖，也使“亚通”牌成为高品质的专业塑料管道的代言人。

内蒙古自治区荣誉军人肢残康复中心

荣誉军人肢残康复中心主任:张泮恒

内蒙古荣誉军人肢残康复中心,建立于1958年,是为肢体残疾的荣誉军人、社会残疾人、老年人服务的专门机构,并在通辽市、赤峰市设有分支机构。是集科研开发、生产装配、功能训练为一体的科研生产单位,是民政厅直属的自收自支优抚事业单位。

近半年世纪以来,我们主要生产装配国产和进口的高、中、低档上、下肢假肢。研发制作人体矫形器、病理鞋、义眼。为方便身体障碍者,还经营全国名优厂家生产的经过国家质量认证合格的适合残疾人、老年人使用的电、(机、手)动三轮车,适合不同情况需要的可躺、可便、高、低靠背的轮椅以及助行器、手杖、助听器等用品用具。我们始终坚持重质量、守信誉的光荣传统。有史以来,从未出现因质量问题伤害患者的现象。为党和政府分忧,为残疾人解愁,为家庭减轻负担,为社会稳定、发展做出了应有的贡献。

向先进人员颁奖

为适应新形势,求得快速稳定的发展。我们以“敬业、诚信、创新、优质”为中心精神、以“伤残人的需要就是我们的追求”为宗旨来指导我们的工作。培养职工全心全意为伤残人服务的思想,以从事残疾人事业为荣。不断加强对新产品的开发与使用。加强了人体矫形器和康复功能训练工作。我们加强与世界一流的德国奥托博克北京分公司进行锻肢矫形技术营销合作,引进先进技术和先进的管理理念。加大市场的开发力度,加快盟市分支机构建设,加强与各大企业及蒙古国的联系与合作,深入假肢矫形器研发工作,提高科技含量,开发生产假肢零部件,扩大生产规模,走以假肢为主、多业并举的发展之路,为和谐社会及残疾人事业多做贡献。

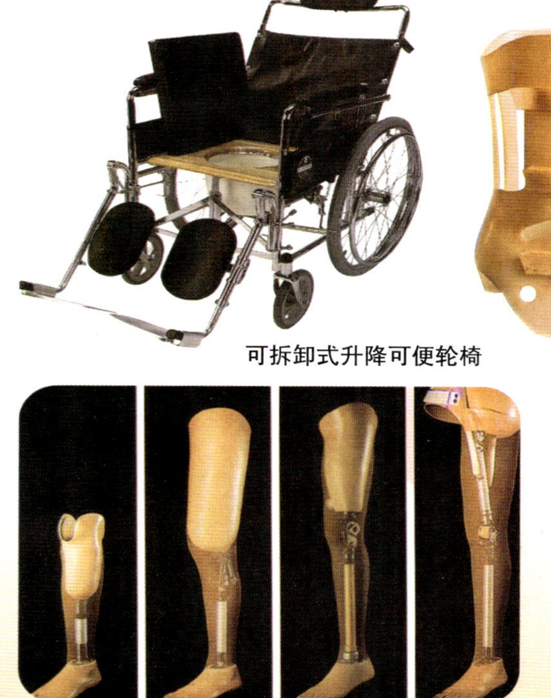

可拆卸式升降可便轮椅

下肢假肢

上肢假肢

内蒙古荣誉军人肢残康复中心

内蒙古红旗化工有限责任公司

公司领导班子

内蒙古红旗化工有限责任公司位于内蒙古清水河县城关镇境内，占地面积 41 万平方米。公司始建于 1993 年，是自治区唯一生产工程雷管的国家定点企业。公司拥有总资产 6400 多万元，有 7 个主体车间，2 个辅助车间，15 个部（室）和 2 个分公司。现有员工 840 人，有各类专业人员 132 名，其中工程技术人员 47 名，技术力量雄厚，生产技术先进。年生产能力为 9400 万发工业雷管，产值 8000 万元以上。企业曾先后被授予呼和浩特市劳动关系和谐单位、内蒙古自治区先进企业、自治区企业思想政治工作先进单位、全区工业经济效益先进企业、自治区先进纳税人、自治区职业道德"双十佳"单位、全国安康杯竞赛先进单位等荣誉称号。2005 年，公司被呼和浩特市国家税务局评定为"A 级纳税单位"；2007 年 3 月，被内蒙古自治区国家税务局和地方税务局评定为 A 级信用纳税人。2007 年，被清水河县人民政府评为 2006 年度支持地方经济建设贡献特别奖。

从建厂至 2006 年，累计实现净利润 6378.35 万元，上缴税金 8414.70 万元。其中 2001 年至 2006 年的六年时间，累计完成商品产值近 3 亿元，实现净利润 2007.80 万元，上缴税金 5064.67 万元，经济效益和职工收入连续 16 年稳步增长，企业迈出了跨越性发展步伐。

公司的产品主要用于煤炭生产和各种矿山开采以以及道路水利工程爆破。产品有火雷管、电雷管、导爆管雷管、塑料导爆管 4 类 18 种产品，种类齐全，质量可靠。其中，工业火雷管、工业瞬发电雷管和煤矿许用电雷管三种产品被评为自治区优质产品。2004 年底，公司通过了 GB/T19001-2000 质量管理体系认证。公司始终把安全生产管理放到各项管理工作的首位，有科学严谨的管理体系，2004 年底，安全生产条件通过了国家发爆器材生产行业达标级认证，2006 年 8 月份，在全国发爆器材生产企业安全大检查中获得了 910.47 的总得分，达到安全级水平，11 月，生产现状顺利通过"安全级"认定。截止 2007 年 5 月，公司公司了连续 16 年零 2 个月安全生产无重大事故的好成绩。

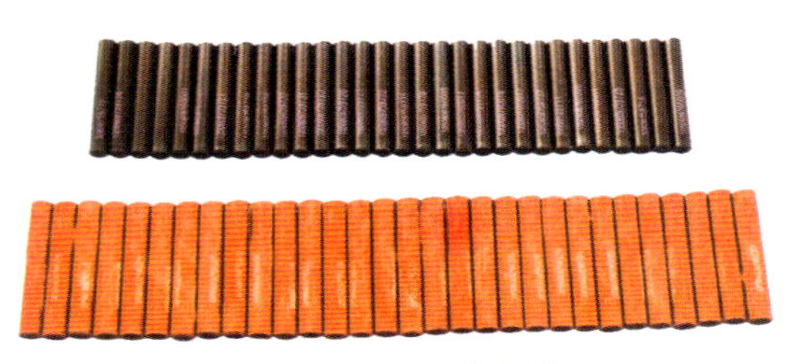
工业 85# 电雷管

工业 85# 火雷管

火雷管装配生产线

呼和浩特市金山机动车尾气检测站

站长:杨永生

呼市人大领导在开业庆典上讲话

呼和浩特市金山机动车排气检测站是经自治区环保局首家委托，按国家环保局要求，采用简易工况法对在用机动车尾气排放污染检测的专业化单位。检测站各种资质齐全，在内蒙古自治区范围内是唯一被国家环保局授予的“国家示范站”。

检测有限公司的法人代表杨永生是鄂托克旗政协常委、内蒙古自治区老区建设促进会副会长，他是报着为我区环保事业做贡献而投资近千万元实施这项尾气检测工作的。

金山检测站位于呼和浩特市金山开发区，由金海大街向西穿过金川开发区即到，北靠 110 国道并紧邻西二、三环，交通非常便利，出入更为方便。检测站共建有 3 条汽油车、2 条柴油车检测线，年检能力为 8 万辆次。检测站是自治区计量认证单位，检测人员全部经自治区环保局考试合格后持证上岗。

检测站的检测设备分别是由美国和德国生产，其检测准确、所需时间短，是目前国内最先进的检测设备。

检测站有一支经过严格培训、爱岗敬业、素质高、技术精良、团结向上的职工和管理队伍。把态度诚恳、端正细致、文明礼貌、检测快捷、畅通、准确、公正做为本站的服务宗旨和生存之本。

开业庆典仪式

规范性严格检测

国家示范性牌匾

呼和浩特市第十二届人大常委会

呼市第七届人代会新闻表彰大会

市人大宣传工作座谈会

2004 年 4 月，呼和浩特市第十二届人大及其常委会换届。市人大代表 342 名，常委会组成人员 33 名。机关现有干部职工 88 人，其中厅级 7 人（正厅 1 人，副厅 6 人），处级 32 人，科级 32 人。市人大常委会办公地址设在新华大街 1 号党政办公大楼。

常委会换届以来，在市委领导下，以邓小平理论和“三个代表”重要思想为指导，全面贯彻十六大和十六大以来历次全会精神，深入落实科学发展观和构建社会主义和谐社会的战略思想，坚持把党的领导、人民当家作主和依法治国有机统一起来，制定了工作纲要，提出了“争创一流”的工作目标，分别以加强民主法制建设、提高立法质量、跟踪问效和推进民主决策为主题，深入开展了主题年活动，全面推进各项工作，为保障和促进首府经济社会全面协调可持续发展作出了积极的贡献。

市人大常委会主任吴一微，向市中级人民法院工作人员颁发任命书

市人大常委会主任吴一微、副主任邢燕菊及部分市人大代表，视察我市城市园林绿化建设情况

市人大常委会主任吴一微及部分市人大代表，视察我市中小学幼儿园规划建设情况

市人民政府副市长云公民及部分市人大代表，就市人大常委会所做的《关于建设节水型城市的决定》执行情况进行视察

市人大常委会机关干部参加全市“辉煌历程”歌咏演唱会

呼和浩特市总工会

市总工会领导班子

1949 年绥远省和平起义后，随即筹建归绥市总工会，1950 年 2 月 3 日召开归绥市工人代表会议，选举产生了归绥市总工会筹备委员会。1950 年 11 月 25 日召开了归绥市工会第一次会员代表大会，正式成立了归绥市总工会。1954 年 1 月根据全国总工会有关规定，更名为归绥市工会联合会。1954 年 3 月绥远省建制撤消，与内蒙古自治区合并，归绥市更名呼和浩特市，工会随之改称呼和浩特市工会联合会。1959 年根据中共中央成都会议精神，又更名为呼和浩特市总工会。至今已走过 56 年的光辉历程。

中华全国总工会副主席孙春兰在自治区及市领导陪同下，在市总工会维权中心进行调研指导

目前，市总工会机构设置有：办公室、组织部、宣传教育部、劳动保护部、经济技术部、社会保障工作部、财务部、经审办、法律二作部、女职工部、基层工作部，驻会产业工会有商贸农林水务工会、建筑建材公路运输工会、教科文卫工会、直属基层工会、直属机关工会、轻纺化工机电工会，二级事业单位有机关事务中心、职工对外 交流服务中心、工会干校、职工消费合作社、工人文化宫。

市总工会 多次获得中华全国总工会的 表彰，包括：全国实施送温暖工程先进单位、全国工会职业培训示范点荣誉称号、全国工会系统“四五”普法先进单位、全国工会干部教育培训工作先进单位、全国工会财务工作先进单位、全国女职工工作先进单位等。连续 10 年被自治区总工会评为实绩突出单位，连续 8 年被市委评为实绩突出领导班子。

今后，呼和浩特市总工会将更加紧密的团结在市委周围，高举邓小平理论和“三个代表”重要思想伟大旗帜，在市委和自治区总工会的正确领导下，用科学发展观统揽工会工作，进一步解放思想、与时俱进、开拓创新，按照全总“组织起来、切实维权”的要求，不断开创首府工会工作新局面。

市总工会机关参加全市首届体育运动会

呼市总工会举办金秋助学大会

呼和浩特市地区职工消夏歌舞文艺晚会

呼和浩特市房产管理局

呼和浩特市 2005 年房展会

玉泉区廉租住房补贴发放仪式

呼和浩特市房产管理局成立于 1950 年元月，当时的名称为“归绥市人民政府公产管理处”。之后，几经分设、分并、更名，1994 年定名为“呼和浩特市房产管理局”。

呼市房产管理局依据市政府赋予的职能，对全市住房制度改革、住宅建设、物业管理、房屋拆迁管理、房地产产权交易市场管理、房地产开发经营管理、公房管理和房地产监察等方面实行全方位、一体化、现代化和科学化的管理与服务。

“十五”时期，我市房地产投资累计完成 138.57 亿元，是“九五”期间的 2.7 倍，住房人均建筑面积达到 24.8 平方米,较“九五”期末增加了 7.41 平方米。

2003 年，呼和浩特住房资金管理中心被授予“全区青年文明号”称号，市房地产产权市场处于 2001 年被评为呼和浩特市精神文明单位，同年，被评为呼和浩特市劳动模范先进集体，2002 年度又被评为全国建设系统窗口服务示范单位，是唯一在全市建设系统中获此荣誉的单位。2003 年，产权市场处被授予“全国青年文明号”荣誉称号。2005 年，市物业处、市产权市场处获得了自治区党委、政府授予的“文明单位”称号。

目前，全局干部队伍结构得到进一步优化，人员素质有了很大提高，全局干部职工凝聚一心，领导班子精诚团结，党委的凝聚力和战斗力不断提升。自 1999 年 –2005 年连续七年被评为全市“实绩突出领导班子”。房产局先后获得了全市对外开放先进单位、市容环境综合整治工作先进单位、“首府城市建设年”城市建设工作先进单位、社会扶贫先进单位、环境保护成绩突出单位、社会综合治理先进集体；获得了自治区住房制度改革先进单位、建设系统精神文明建设先进单位、自治区文明单位、自治区人民满意执法单位、自治区房地产管理先进单位以及全国房地产管理先进单位等多项荣誉称号。通过努力工作，我市房地产业健康有序发展，住房保障的多层次供应体系正逐步形成，居民的生活居住环境得到极大的改善，全局工作有序、稳步地向前发展，为培育住房消费热点、拉动我市经济发展做出了应有的贡献。

服务大厅

房产局组织建设的人和住宅小区

参展项目

呼和浩特市绕城公路

呼和浩特是蒙古语，意为“青色的城”，位于内蒙古自治区中部的土默川平原，是自治区的首府城市。北依阴山山脉搏，南濒九曲黄河，风光秀丽，是一座历史悠久的塞外名城。改革开放以来，又成为我国沿边开放带与黄河经济开发带的交汇城市，呼和浩特的发展对内蒙古自治区乃至整个西部地区的经济发展，都有着十分重要的战备意义。近些年来，呼和浩特道路交通设施滞后的状况逐渐成为城市发展和经济发展的一个“瓶颈”。

因此，在国务院的关怀下，在自治区、呼和浩特两级党委、政府的高度重视和大力支持下，呼和浩特市绕城公路（二环路）于2000的开始规划施工，2006年胜利竣工通车。

呼和浩特市绕城公路（二环路）全长42公里，总宽为100米。中间机动车道为双向8车道，设有中央隔离带，机动车道两侧为非机动车道，与机动车道之间也设有隔离带，边缘为人行道和绿化带。绕城公路东线长8.4公里、南线长13.7公里、西线为8.2公里、北线长11.7公里，是一条设计、施工水平较高的城市道路，给水、排水、照明、电力、电信管道等功能齐全，为城市Ⅰ级主干路。机动车道计算行车速度为60km/h。高绿化率的设计有利于道路使用寿命的延长，更有利于道路周边的小气候调节，作到了绿色环保。

呼和浩特市绕城公路的建成通车，提高了呼和浩特的基础建设的水平，拉大了城区结构，美化了呼和浩特市的环境。同时，直接带动了呼和浩特房地产业的繁荣，对呼和浩特新一轮的城区规划、发展起了至关重要的决定作用，有力地推动了城市的经济发展，使呼和浩特朝着现代化大都市方向又迈了一大步。

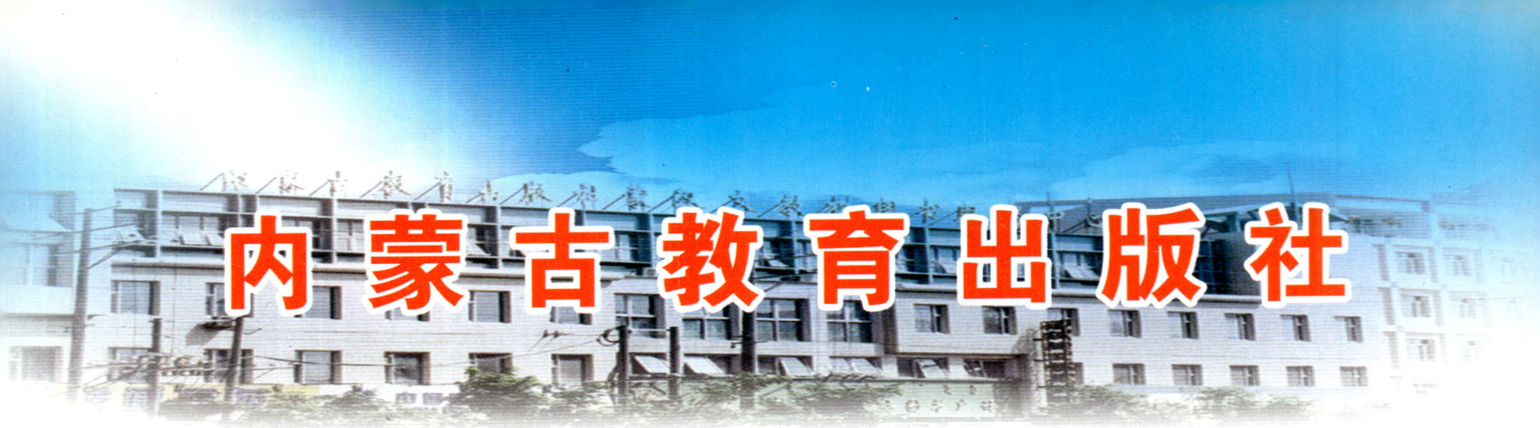

内蒙古教育出版社

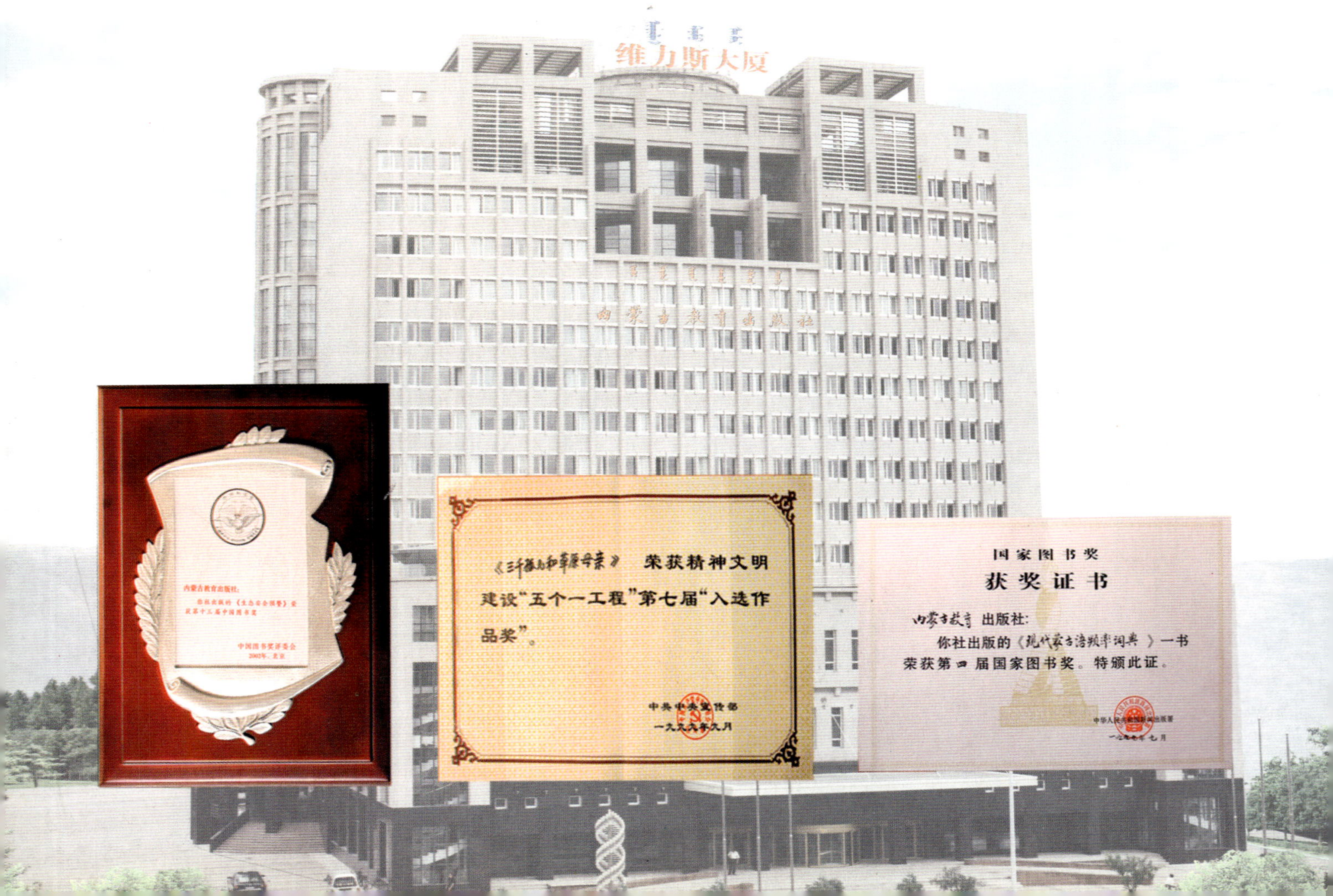

《三千孤儿和草原母亲》 荣获精神文明建设“五个一工程”第七届“入选作品奖”。

中共中央宣传部

一九九九年九月

国家图书奖

获奖证书

内蒙古教育 出版社:

你社出版的《现代蒙古语频率词典》一书荣获第四届国家图书奖。特颁此证。

内蒙古广播电视大学

内蒙古广播电视大学是1979年在邓小平同志亲自倡导下，由自治区政府批准创办，面向全区的远程开放大学。学校以信息技术为主要传媒手段，采用广播、电视、计算机网络及多种教学媒体进行现代远程开放教育。经过27年的不懈努力，已经建立起了基于计算机网络、电视卫星网络以及自治区电大、盟市电大、旗县电大工作站三级教学与管理网络，即“天网、地网、人网，三网合一”的覆盖全区城乡的现代远程教育系统。在办学规模上，学校坚持面向基层、面向农村、牧区和边远少数民族地区，服务地方的办学方向，开展多层次、多功能、多规格和多种形式办学。现有开放教育本科、专科、成人大专、普通专科、注册视听生、蒙语授课、中等专业教育、继续教育等多种学历教育和非学历教育。在专业设置上，开设有理、工、农、医、文学、法学、教育、金融、经济、管理等120多个专业。办学至今，学校已经为自治区经济建设和社会发展培养了11万余名应用型高等专门人才。目前，电大教育已成为我区高等教育的重要组成部分，是推进我区高等教育大众化，实施现代远程教育工程，构建终身学习体系的骨干力量。

开放教育学员网上学习（远程教育）

中央广播电视大学领导莅临我校指导工作

学校党委表彰先进党组织、优秀党务工作者和优秀党员

抓住战略机遇 坚持科学发展

不断开创全区电大发展的新局面

内蒙古师范大学

五十年校庆

文艺汇演

内蒙古师范大学创建于1952年，是新中国成立后党和国家在边疆少数民族地区最早建立的高等学校之一，自治区重点大学，是培养基础教育、民族教育师资和蒙汉兼通少数民族复合型人才的重要基地，是自治区中学教育培养中心、中小学教师继续教育中心、基础教育与民族教育改革发展研究中心，被誉为“民族教育的摇篮”。

学校占地面积3801亩，校舍建筑面积69.8万平方米，固定资产总值8.8亿元，其中教学仪器设备总值1.45亿元。馆藏图书212万册，电子图书69万册，长期订阅中外文期刊（含电子期刊）近14000种。学校下设20个职能处室，29个二级学院，4个教研部。现有教职工2247人，专任教师1376人，具有硕士、博士学位的教师占专任教师总数的45.9%，具有副高级以上职称的教师比例达到46.8%，有博士生导师、硕士生导师283人；国家和自治区有突出贡献中青年专家19人，入选国家“百千万人才工程”、自治区新世纪“321人才工程”、自治区高等教育人才培养“111人才工程”共115人(次)，享受政府津贴教师46人。

学校在校全日制本专科生24887人，硕士研究生2162人（含教育硕士750人），成人教育学生13349人，各类留学生219人，形成了多层次的人才培养体系。学校开设54个本科专业，涵盖了8大学科门类，有自治区级教学示范中心4个，自治区重点学科8个，校级重点学科21个。

学校拥有博士学位授予权一级学科1个，硕士学位授予权一级学科7个、二级学科70个，专业硕士学位（教育硕士）1个，此外，还招收高校教师在职攻读硕士学位。有科研机构52个，其中遥感与地理信息系统实验室为自治区重点开放实验室。十五期间，学校教师出版学术著作291部；发表论文6776篇，其中被SCI、EI等收录的论文337篇；获得国家和省部级科研奖励255项；拥有国家发明专利6项。在荷兰进修的我校教师在国际权威刊物《Nature》上发表论文1篇。目前，学校主持或参与各级科学研究项目510项，科研经费近5000万元。

教育部教学评估汇报会

职工代表大会

学科建设申博成功大会

内蒙古电子信息职业技术学院

院党委书记:奇锦玉

学院院长:祁柱晓

内蒙古电子信息职业技术学院是我区唯——所国办电子信息类高等专科院校,全国35所“国家示范性软件职业技术学院”之一,全国职业教育先进单位,国家重点建设示范性职业院校,全国职业技术院校职业指导工作先进单位,国家教育部、信息产业部批准的承担“计算机应用与软件技术专业技能型紧缺人才培养工程”的院校,内蒙古信息化技术技能人才培训基地。2005年首府百姓最满意的唯一一所专科院校;2006年荣获首届内蒙古人民满意的“金牌形象使者”称号;2006年4月被内蒙古自治区人民政府评为内蒙古信息化建设和信息产业发展先进集体。

学院占地1066亩,在校生近万人。开设有电子政务、软件开发技术、应用电子技术、计算机多媒体技术等29个专业,其中电子政务专业为内蒙古党委机要局与学院联合招收;设有30个实验室,3个校内实习车间,1个校内实习实训基地,建立了TCL、华硕、海尔、创维等20多个校外实习实训基地;拥有配备电子检索系统和电子阅览室的现代化图书馆;建有1000兆光纤为主干的宽带校园网和远程教育地面接收站,与全国重点大学共享教育资源;教室全部为多媒体教室,软件学院教室全部为专业教室;计算中心、电子技术实验室已通过国家达标评估,被授予高校“条件合格实验室”;学院重视实践教学,实践课时占到了50%以上。

学院有博士研究生学历教师4人,硕士研究生学历教师57人;副教授占45%,“双师型”教师占76%。教师每人配有一台笔记本电脑,全部掌握多媒体教学技术。

专业的IT大学

学院运动会

新校区图书馆(2007年投入使用)

内蒙古建筑职业技术学院

学院领导班子

坚持育人为本
创建一流名校
祝内蒙古建筑职业学院五十周年
刘云山

刘云山题词

内蒙古建筑职业技术学院是自治区唯一独立设置的建筑类普通高等院校。学院前身是成立于 1956 年 5 月的呼和浩特城市建设工程学校，隶属于国家城建部和自治区城建局；1957 年 9 月更名为内蒙古建筑工程学校，隶属于自治区城市建设局。1958 年 9 月改制为内蒙古建筑学院，大学部招收建筑学、工业与民用建筑两个专业，共 390 名本科生；中专部招收 600 人。1961 年恢复中专建制，1966 更名为内蒙古建筑学校。1979 年至 1989 年，经原国家教委和自治区人民政府批准，工业与民用建筑、建筑学、采暖通风和建筑企业管理等 4 个专业共招收 6 届普通本科班、5 届专科班，培养本科生 612 人，专科生 1034 人。1994 年被国家教育部评定为全国六所建筑类重点中专之一。1999 年 7 月，经国家教育部批准，独立升格为普通高等院校，命名为呼和浩特职业技术学院。2002 年 3 月经自治区人民政府批准，更名为内蒙古建筑职业技术学院。2002 年 12 月被国家教育部、财政部列为中央财政重点支持建设的国家示范性职业技术学院建设单位。2004 年以来，学校先后当选为内蒙古自治区高职高专教育研究会理事长单位和高职高专毕业生就业工作促进会理事长单位。2005 年 11 月在自治区“高职高专人才培养工作水平评估”中获得优秀。同年 12 月被列为国家职业教育实训基地建设单位。

实验楼

建筑装饰构造实训室

学院拥有南北两个校区，占地面积 1381.41 亩，校舍总建筑面积 13.34 万平方米，固定资产总值逾 1.7 亿元。学院新建 1.8 万平方米的图书馆网络中心大楼和 1.6 万平方米的实训大楼，拥有 1000 兆骨干、100 兆到桌面的校园网；学院全日制在校生 8100 余人，在职教职工 413 人，专任教师 269 人，其中，副高以上职称 92 人，双师型教师 123 人。设有建筑工程系、建筑学系、机电与环境工程系、管理工程系、马列基础教学部、成人继续教育部等教学部门，拥有国家甲级建筑勘察设计院和乙级测量研究所。目前开设 24 个专业，其中“工业与民用建筑”和“建筑装饰”专业是国家高职高专改革试点专业，年均培训各类专业技术人员 6000 余人次。

学生语音教室

半个世纪以来，经过几代建院人的艰苦奋斗和不懈努力，学院已为国家和自治区培养、输送本专科、高职及中专毕业生近 3 万人，培训建设系统各类专业技术人员 5 万多人次。学院毕业生就业率连续多年位居自治区同类院校前列。学院毕业生大多已成为建设行业的骨干和中坚力量，他们以卓越的工作和突出的业绩为母校赢得了荣誉。

体育场

呼和浩特市教育局

呼和浩特市教育局党委书记:付东海

教育部部长周济、副部长陈小娅在自治区和呼市领导陪同下视察学校

解放以来,呼和浩特市教育事业在党的民族政策的光辉照耀下,在市委、市政府的正确领导和各有关部门的大力支持下,经过广大教育工作者 60 年的勤奋努力,各类教育持续、健康发展。现在,全市有各级各类学校 1020 所,在校生 40.7 万人,形成了普通教育、职业教育、民族教育、高等教育和成人教育比较完整的教育体系,为首府经济、社会发展打下了良好的基础。

——民族教育得到优先重点发展。多年来,我市坚持“优先重点、四为主”发展民族教育的方针,颁布并实施了《呼和浩特市民族教育条例》,不断加大对民族教育事业的投入,坚持对民族学校实行“5A”级管理,使许多民族学校的办学条件达到了全市一流水平。

——职业教育走上了与经济发展相互促进的轨道。根据我市经济社会发展的实际,现在已建成国家级重点职业学校 2 所、自治区级重点职业学校 5 所、各旗县通过调整都建起了 1 所在当地起到示范性的职业高中或职教中心,2006 年全市中等职业学校毕业生达到 7531 人,就业率达 97.7%。

——成人教育、“十五”期间,我市成人教育累计培训职工 50 万人次,培训农民 93 万人次,21 万人领到了“绿色证书”,扫除青壮年文盲 15415 人;全市参加成人自考累计 18.9 万人次,培养本、专科毕业生 1500 人。2002 新组建的呼和浩特职业学院快速发展,在校生达到 1.6 万人。

2006 年 9 月隆重召开全市教育工作会议

呼市小学生阳光体育展示活动

呼市中小学生组织清理小广告活动

内蒙古师范大学附属中学

内蒙古师范大学附属中学党总支书记:乌力吉

内蒙古师范大学附属中学校长:刘 斌

内蒙古师范大学附属中学党总支
副书记:乌仁托娅

内蒙古师范大学附属中学
副校长:赛音庆格勒

内蒙古师范大学附属中学
副校长:翟建军

我校学生党员在国旗前庄严宣誓

我校田径运动会开幕式

美国哈佛大学心理学博士岳晓东教授为我校学生举办讲座

我校第二期青年教师暨新教师职业培训

呼和浩特市土默特学校

开拓创新的领导班子

呼市土默特学校始建于清。雍正二年(1724年),初名为土默特官学,嗣后更名为启运书院,其办学特点为既学文字,又习骑射。1907年,在"光学堂,办学校"教育改制浪潮中更名为土默特旗立小学校,俗称"土小";1960年,更名为呼和浩特文庙街小学,不久更名为呼和浩特玉泉区文庙街小学;1968年,被强行关闭,且文史资料尽遭毁坏。粉碎"四人帮"后,于1978年秋复校,并扩建为小学、初中、高中一贯制学校。复校时,校友乌兰夫同志亲笔题赠校名——土萌特学校,不久更名为土默特学校,简称"土校"。1996年送走最后一批小学毕业生后,成为完全中学,是自治区、呼市两级重点民族中学。学校现有教学班23个,在校学生1267人,其中蒙古族学生共886名,占70%;住校生845名,占66%。教职工137名,其中全国模范教师1名,特级教师1名,高级教师26名,大专以上学历教师112名,在读研究生7名,内蒙教学能手1名,呼市教学能手5名。

乌兰夫等领导参加母校校庆

2006年起,我校实行了"两免一补"政策,同时具有土校正式学籍的农村籍初中毕业生,在报考市区公办高中时,均可享受市区正居户口学生的同等待遇。

近年来学校以开放的姿态迎接八方来宾,先后有美国、日本、蒙古、香港等国家和地区的教育代表团来校参观访问。2006年6月28日与北京市35中结为友好学校。

市领导来我校视察

学校先后荣获全国目标教学研究先进单位、全国艺术教育特色单位、自治区及呼市两级义务教育示范学校、民族团结进步先进集体、市级文明单位、"园丁杯"优胜单位、职业教育先进集体、综合治理优秀集体、先进党支部、红旗团委、健康教育实验基地等光荣称号。

布赫同志探望母校

学校纪念乌兰夫同志诞辰100周年铜像揭幕仪式

内蒙古大学蒙古学学院

旭校长与清格尔泰教授

内蒙古大学蒙古学学院是培养蒙古学和相关学科高级专门人才和进行科学研究的机构,成立于1995年12月12日。蒙古学学院由蒙古语言文学系、新闻出版学系、民族学·人类学系、公共课教学部等教学机构和蒙古语文研究所、蒙古历史研究所、内蒙古近现代史研究所、周边国家研究所、蒙古文学研究所,蒙古文化研究所等科研机构组成。

蒙古学学院现有126名教职工,其中教授37名、副教授38名、讲师35名、助教6名。师资队伍中有16名享受国家特殊津贴专家、18名博士生导师、33名硕士生导师、43名博士、35名硕士。

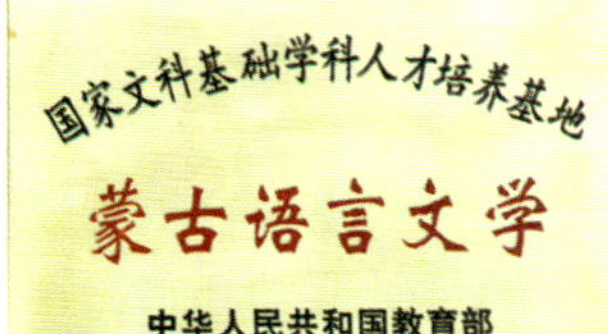

国家文科基础学科人才培养基地

蒙古语言文学

中华人民共和国教育部

蒙古学学院现有中国少数民族语言文学、专门史、民族史三个博士点,中国少数民族语言文学、应用语言学、文艺学、专门史,中国古代史、历史文献学、中国少数民族史、民族学、少数民族经济、新闻学、宗教学、比较文学等十二个硕士点以及中国语言文学博士后流动站。有蒙古语言文学、新闻学、编辑出版学、民族学、播音主持、旅游管理等6个本科专业。

蒙古学是国家“211工程”重点建设学科。其中蒙古语族语言文学学科为国家重点学科,是国家文科基础人才培养和科学研究基地。

蒙古学学院与蒙古、俄罗斯、日本、韩国、美国、英国、德国、法国、意大利、土耳其、匈牙利、波兰、捷克、芬兰、澳大利亚、乌克兰等国家的大学或科研机构建立了学术交流关系。

学院教师获得的各种奖励

内蒙古大学艺术学院

内蒙古大学艺术学院是在创建于1957年的内蒙古艺术学校的基础上,于1987年经国家教委批准成立,并先后开始培养大学专科、本科学生。在50年的发展历程中,内蒙古大学艺术学校培养了大批民族艺术人才,为蒙古族民族民间艺术的继承、发展和繁荣做出了巨大贡献。

目前,学院已逐步发展成为内蒙古自治区艺术教育和研究的中心、全国蒙古族艺术人才的培养基地。学院现占地5万平方米,总建筑面积56688平方米。学院现有文艺学、艺术学、音乐学、美术学4个硕士学位授权点,美术学、艺术设计学、音乐学、舞蹈学、文艺学、艺术学、广播电视艺术学、戏剧戏曲学和行政管理等9个二级学科,1所附属中等艺术学校。有艺术设计学、艺术设计、美术学、绘画、动画、雕塑、音乐学、音乐表演、作曲与作曲技术理论、播音与主持艺术、舞蹈编导、表演、公共事业管理(文化艺术管理)等13个本科专业,29个专业方向。学院已初步形成多层次、全方位的办学体制,学科建设日臻完善。

学院现有在校生近4000人,教职工500余人,专任教师占70%,其中专任教师和科研人员中正、副教授84人,国内外客座教授30多名,国家和自治区有突出贡献的中青年专家4人,享受国务院政府特殊贡献津贴专家2人。

学院领导班子合影

第八届桃李杯舞蹈大赛舞蹈系获奖成果

第八届桃李杯舞蹈大赛舞蹈系获奖成果

内蒙古大中专蒙文教材编审办

呼和浩特市蒙古族学校

呼和浩特市蒙古族学校是一所完全用蒙语授课的、对外开放的内蒙古自治区和呼和浩特市两级重点民族学校，是“全国传统体育学校”、内蒙古自治区首批“标准化民族学校”、“民族团结进步先进集体”、呼和浩特市“义务教育示范学校”和新城区“文明单位”。实行小学五年、初中四年、高中三年的‘五四三”学制。在校生1800余名，有40个教学班，住校生有1200余名，有教职工235人，专任教师194名，其中有特级教师3人，盟市级以上教学能手14人，中学高级教师49人，中级职称教师90人。从小学三年级开设汉语文课，小学四年级开设英语课，部分年级还有日语选修课，“三语教学”实验在内蒙古自治区同类学校走在前列。学校占地面积48428平方米，建筑面积2万多平方米，田径运动场环形塑胶跑道350米，教学设施齐全。现任校长阿布日固，党总支书记照日格图。

学校特色建设成绩显著，蒙古族剪纸艺术教学独树一帜，学生许多作品在国内外交流中多次获大奖，学生女子足球队自1987年建队以来战果辉煌，多次参加全国比赛取得冠、亚军和和前几名的好成绩。1993年代表全国中学生参加在以色列举行的世界中学生锦标赛，以五战五胜不失一球的成绩夺得世界冠军。学校有男子摔跤队、马头琴乐队、舞蹈队。学校与日本国吹田南小学、和田山町中学和蒙古国乌兰巴托市21中学建立了友好校际关 系。呼和浩特市蒙古族学校全体教职工在党的民族政策和党的教育方针的指引下，正在为把学校建设成内蒙古自治区一流的民族学校而努力奋斗。

阿布日固校长和来访的蒙古国教育参观团团长交换纪念品

校领导和蒙古国参观团合影

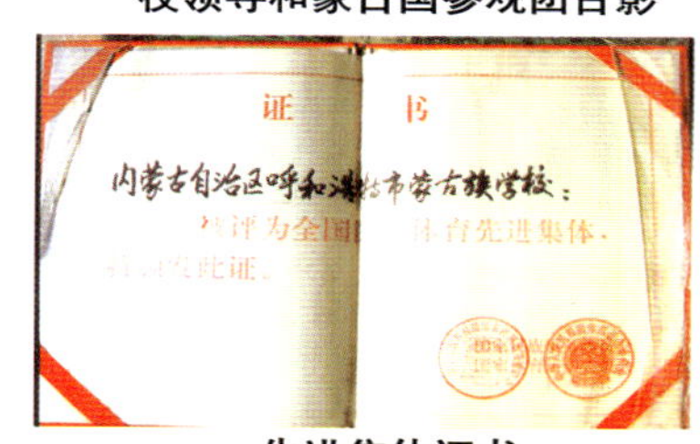
证 书

内蒙古自治区呼和浩特市蒙古族学校：

[illegible]评为全国[illegible]体育先进集体。

特发此证。

先进集体证书

呼和浩特市第一中学

大型电教室

外教授课

高考试题分析研讨会

专题讲座

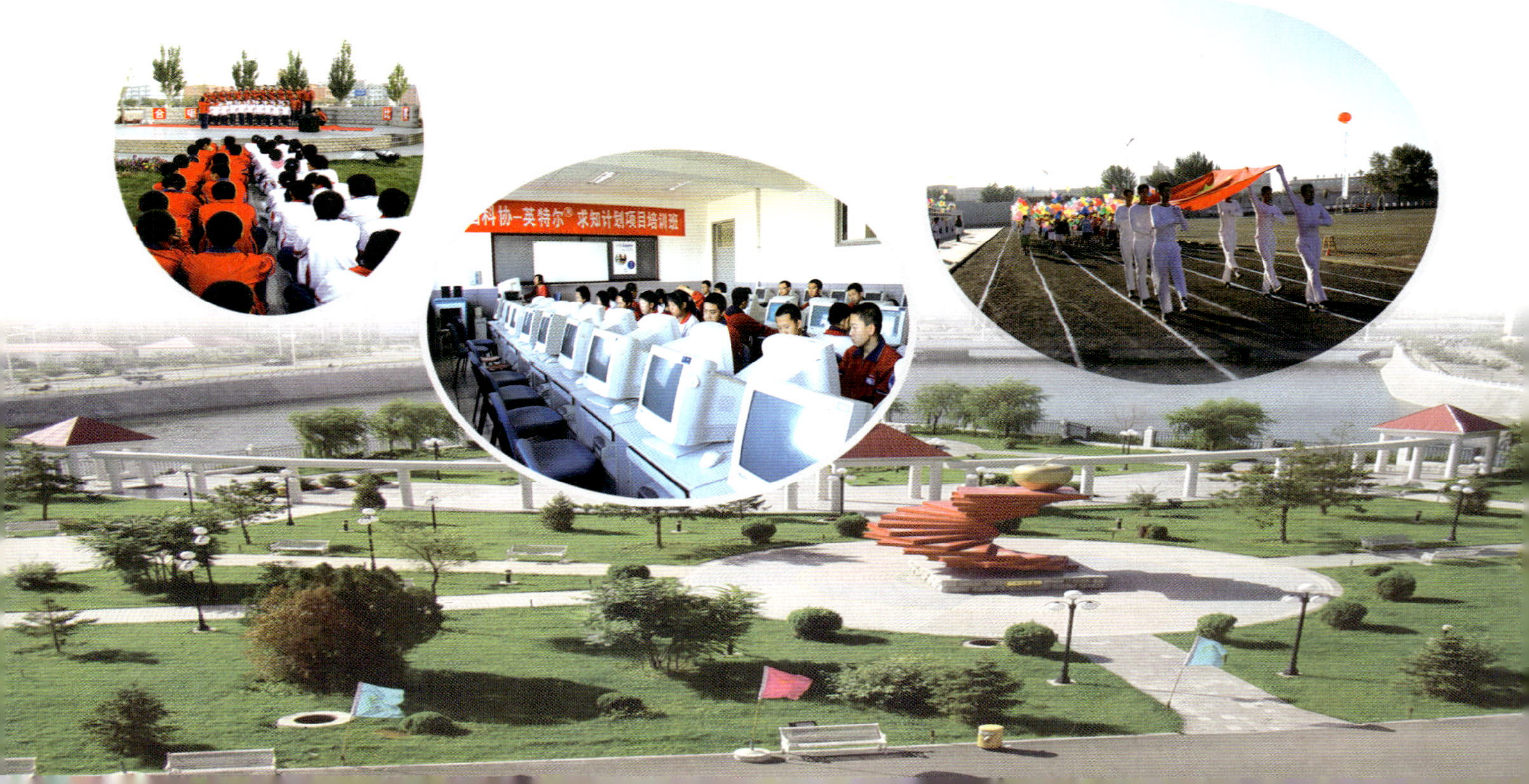

呼和浩特市土默特中学

学校近景

文化长廊

呼和浩特市土默特中学始建于 1926 年，是一所有着 80 年历史的中国名校。早在 1959 年土默特中学就被我国外交部注册为“对外开放学校”。土默特中学是一所以蒙古族生源为主、汉语授课的内蒙古自治区和呼和浩特市两级重点中学。它是本地区最早的自治区、市两级重点中学(1960 年)。目前是本地区四所示范性优质高中之一。

土默特中学历经八十载的沧桑之路，解放后，在党和政府的关怀支持下，土默特中学得以蓬勃发展。到六十年代初，学校为本地区培养了许多国家急需的建设人才，尤其是少数民族干部人才。这些人才至今还在各级岗位上为内蒙古自治区的发展建设发挥着重点作用。

时光荏苒，跟随着祖国改革开放的脚步，在党的民族政策的光辉照耀下土默特中学这 所名校今天又重新焕发朝气。呼和浩特市土默特中学在重新被确定两级重点后再次取得迅速发展。目前学校已经拥有一万三千平米教学建筑和一个设施齐备标准的运动场地和一大批现代化的教学设备、辅助设备。硬件设施水平，堪称呼市一流。其中可容纳 48 个高中班的完全高中。拥有优秀的师资力量和教师梯队。拥有特级教师 5 名、高级教师 44 名、中级教师 74 名等。并涌现出市级学科带头人 7 名、自治区教学能手 3 名、市级教学能手 14 名、市级教学新秀 11 人、市级教学基本功大赛获奖者 14 人、硕士学位 6 人的教师队伍，我校的师资水平一直名列自治区前茅。同时还涌现出全国“十四大”代表 1 名、全国劳模 1 名、全国优秀教育工作者 1 名、全国优秀教师 1 名、全国民族团结先进工作者 1 名、全国教育系统“巾帼建功立业标兵”1 名、内蒙古优秀教师名、自治区优秀班主任 2 名。

经过几代人的努力，土默特中学获得了斐然的业绩。曾一次获得国家民委“民族团结、进步先进集体”的奖励和一次市级“民族团结、进步先进集体”的奖励。获教育部颁发“现代教育技术实验学校”称号。2004 年获国家优育总局颁发的“全国群众体育先进单位”奖，自治区体委颁发的“群众体育先进集体”。自治区教育厅颁发的“现代教育技术优秀学校”、“电化教育优秀学校”的表彰。

升旗仪式

学校文化奔向未来雕塑

内蒙古农业大学附属秋实中学

校长:王淑媛

呼市市委书记韩志然等领导同志赴我校视察

学校董事会全体董事

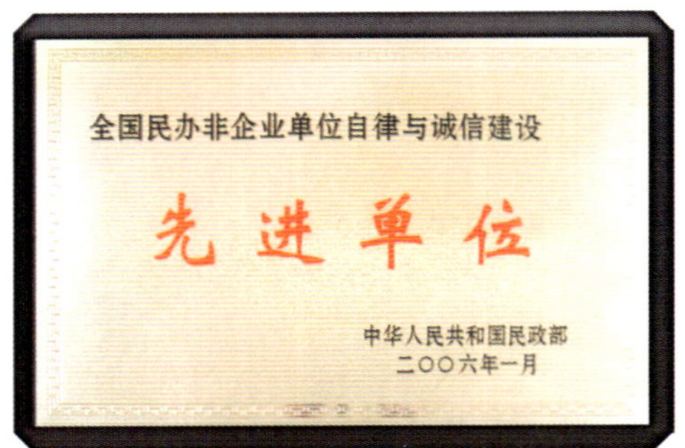
全国民办非企业单位自律与诚信建设

先进单位

中华人民共和国民政部
二〇〇六年一月

2006 年 1 月秋实中学被国家民政部评为"全国民办非企业单位自律与诚信先进单位"

内蒙古农业大学附属秋实中学原名呼和浩特市秋实学校,创建于 1994 年。经过十二年的艰苦创业,现在学校已发展为包括小学、初中、高中在内的 52 个教学班,在校生 2600 余名,教职工 160 余名。

秋实中学的举办者是原师大附中校长王淑媛。王校长毕业于北京师范大学,1957 年支边来内蒙古工作,在内蒙师大附中从教师到教导主任做到校长,是内蒙地区最早的中学特级教师之一,1989 年被评为自治区能优秀教育工作者,有丰富的中学教学和管理经验,现任呼市民办教育协会常务理事,内蒙古民办教育协会副理事长,2005 年 7 月王校长被呼市市委、市政府评为呼和浩特市办办教育优秀举办者。

秋实中学在办学之初租赁校舍办学,1997 年 7 月,学校与内蒙古农业大学签订了联合办学协议,2000 年 9 月迁入现校址,至此学校有了固定的办学地点加快了发展的步伐。此前学校只有 13 个教学班,到 2005 年 9 月,五年中学校发展到 38 个教学班, 规模扩大到原来的三倍,而且教学质量也有了明显提高。

学校微机室

呼和浩特市第一职业中等专业学校

校长:王伟明

呼和浩特市第一职业中等专业学校是内蒙古自治区创办最早的一所重点职业学校。经过二十五年的艰苦创业，逐步走出了一条“人才效益为核心、经济效益为基础、社会效益为目的”的独具特色的办学之路。现已建成一所办学经验丰富、师资力量雄厚、专业门类较齐全的综合性职业学校。

学校开设计算机应用、计算机网络与维修、计算机工艺美术设计、银行会计与计算机、中餐烹饪、中西式面点、蒙餐烹饪、电子与信息技术、旅游服务与酒店管理、商务英语 10个专业。2003 年至今，学校先后与四川烹饪高等专科学校、呼和浩特职业学院、青岛莱西市职业教育中心、青岛飞跃职业技术学校等多家区内外院校联合办学，先后开设了烹饪工艺与营养、电力系统自动化技术、财会电算化、现代物流、电子技术应用、文秘与办公自动化、机电一体化、计算机应用、服装设计与工艺、保安与法律 10 个专业。

学校办学理念先进，师资力量雄厚，现有教职工 154 人，有多名自治区级优秀教学能手及学科带头人，有 11 名硕士研究生，有中国烹饪大师、内蒙古烹饪大师和高级技师在教学一线任教。学校教学设备先进，有 10 个计算机房和多媒体教室、电子实验室及网络与硬件实验室，500 多台高配置的计算机可供 8 个教学班同时上课。学校设中餐烹调、面点制作、刀工、冷拼雕刻 7 个实习车间，设备在呼市地区堪称一流。学校办学规模不断扩大，现有教学班 66 个，注册学生 2781 名。这一切为创建国家级重点职业学校奠定了坚实的基础。

呼市一职专以她良好的校风、教风、学风，以她遍及全市、全区的优秀毕业生，树立起了良好的形象，得到学生、家长、社会的普遍认可和赞誉。在新的形势下，呼市一职专全体教职员工团结一致，以振兴一职专为己任，决心借全国职教工作会议的东风，抓住机遇，乘势而上，为把学校办成“学生成才，家长满意，社会欢迎”的一流职业学校而努力奋斗。

市委市政府领导参观我校职业教育成果展

国家级烹饪大师教学现场

计算机应用专业学生上机实践

通辽职业学院

通辽职业学院党委书记：门锦杭

通辽职业学院院长：梁金祥

通辽职业学院是于 2004 年 4 月经内蒙古自治区人民政府批准，由国家教育部备案的一所全日制综合性高等职业学院。是由具有几十年办学基础、经验的原通辽教育学院、内蒙古电大通辽分校和通辽卫生学校合并组建而成。学院以举办专科层次的高等职业教育为主，保留原中等职业教育和电大教育职能，兼顾本、专科层次的成人函授教育、初中教师继续教育和各级各类职业技能培训。

学院占地面积 93.81 亩，建筑面积 30113 平方米，现有教职工 713 人，专任教师 414 人，其中具有高级职称的 6 人，具有副高级职称的 194 人，具有硕士学位的教师 14 人，在读博士生 3 人、在读硕士研究生 68 人，“工程师”、“医师”、“药师”、“律师”等“双师型”教师 76 人。学院现有全日制在校生 5419 人，设有 11 个教学系、内蒙电大通辽分校和 1 所附属医院，开设 35 个专业，其中，高级护理为精品专业，小学教育、药学为特色专业，汽车检测与维修技术、机电设备维修与管理、食品生物技术、计算机网络技术为重点专业。

学院坚持“三个代表”重要思想，以学生为根本，就业为导向，服务为宗旨，质量为保证，彻底打破封闭状态，创新办学理念，改革办学模式，突出职教特色，做到立足通辽，面向全区，辐射东北，走向全国，努力培养生产、建设、管理、服务第一线和基础教育需要的技能型、实用型人才。为了进一步改善办学条件，扩大办学规模，经市委、市政府研究批准，学院已在通辽经济技术开发区征地 850 亩，实施异地建校工程。新校址于 2005 年开工兴建，建筑面积为 13.3 万 m^2，投入资金为 2.8 亿元，2007 年 6 月建成投入使用。届时，一座高标准、现代化、教学设备设施先进、实习实训基地齐全、具有地区特点和民族特色的新的职业学院将屹立在通辽市新城区。

毕业生就业洽谈会

通辽职业学院教科研工作成效显著

呼伦贝尔学院

学院党委书记:王志

学院院长:朱玉东

呼伦贝尔学院是一所全日制综合性普通本科院校。1993 年由海拉尔师范专科学校、呼伦贝尔盟教育学院、呼伦贝尔管理干部学院、内蒙古电大呼盟分校合并组建为一所普通专科学校。2000 年以来,又有四所中等专业学校先后并入我院。2003 年经教育部批准晋升为本科院校。学院现有 7 个分院、14 个系部、1 所附属中学。建校以来,已为社会培养各级各类专业人才 3 万余名。

学院占地面积 1500 余亩,校舍建筑面积 30 余万平方米。拥有设备先进的计算机中心、物理实验室、生物实验室、化学实验室、数字化多媒体教室、语音室、体育馆、美术馆、琴房、画室等,图书馆藏书 60 万册,期刊杂志 1100 多种。

学院现有教职工 1051 人,其中专任教师 722 人,具有高级职称的教师 220 人;有博士、硕士 130 人,在读博士、硕士 200 余人;外聘客座教授 40 余位,以及来自欧美等国的外教 10 余位。现有全日制本、专科在校生近 12000 人。

自治区党委书记储波、自治区政府副主席连辑视察我院

呼伦贝尔学院领导班子

学院专业设置涵盖文学、理学、工学、法学、经济学、历史学、教育学、管理学八大学科门类,现有 32 个本科专业、46 个专科专业,部分专业采用蒙、汉两种语言授课。学院设有"三少"民族研究所、民族音乐研究培训中心、生物技术研究所、呼伦贝尔史研究中心等 17 个研究所和研究中心。学院把俄语、"三少"民族研究、民族音乐、旅游、生物科学、工程科学作为具有地方特色和民族特色的学科专业进行优先建设,把师范专业作为传统优势学科专业进行重点建设。近年来,由学院主持和承担的省部级以上科研课题几十项。学院主办的《呼伦贝尔学院学报》为国内外公开发行的省级学术期刊。

学院积极探索新的人才培养模式,从办学理念、课程结构、教学内容和方法等方面加大了改革力度,使人才培养的质量不断提升,毕业生的综合素质受到用人单位的广泛好评。学院与国内外多所大学广泛联合,开展教学研究与学术交流。尤其是借助地缘优势,与俄罗斯、蒙古等国高校合作办学已初见成效,是教育部确定的全国五个对俄留学培训基地之一, 现已招收留学生,同时我院已派出多批留学生赴俄深造。

目前,呼伦贝尔学院师生正以崭新的精神面貌向着既定的目标奋进;正以"一实二高三强"的人才标准培养、塑造呼院学子;正以全新的教育理念和本科意识全力打造北疆特色大学。

内蒙古牙克石林业第一中学

在内蒙古呼伦贝尔市林城牙克石，坐落着一所花园般美丽的学校——林业第一中学。她是内蒙古大兴安岭林区唯一的一所重点高级中学，

电脑课

学校现占地面积85716.23平方米，校舍建筑面积为33758平方米，另规划预扩用地6000平方米，总建筑面积将达41000多平方米。有标准400m环形跑道的运动场；学校的教育、教学生活设施基本完善。学校总体规划布局合理，学校教育教学设施完备，服务、生活设施齐全；教学区、实验区、活动区、生活区相对独立，互成体系，功能齐全。学校图书馆藏书5万余册，订阅报刊杂志200余种。学校还投资上百万元兴建了光纤接入的校园宽带网，开设了学校“牙林一中在线”网站（www.ylyz.com）；建成了校园有线电视，有线广播系统和校园电视台，改善和优化了学校的办学条件，有效地利用现代教育资源，使牙林一中成为学子们汲取知识和渴求成才的理想摇篮。

校园一角

学校现有56个教学班，在校生达3800余人；在岗教职工222人，其中特、高、中级教师105名。学校现有自治区级学术带头人1人，呼伦贝尔市级学术带头人4人，内蒙古大兴安岭林业管理局级学术带头人21人；内蒙古大兴安岭林业管理局级学术骨干28人；自治区级4骨干教师人，呼伦贝尔市级骨干教师35人。学校承担的三项国家和自治区级重点教科研实验课题，均取得了可喜的教育科研研究成果。

鄂尔多斯东胜区塔拉壕镇

汽车商贸城企业—飞龙汽车城

建材加工基地企业－中正陶瓷

沙棘产业加工基地企业－水利部沙棘加工项目

沙棘产业加工基地企业－北京王致和集团鄂尔多斯天骄食品公司

呼和浩特市卫生学校

校长:解振权

呼和浩特市卫生学校座落在内蒙古自治区首府一古老文明的塞外名城呼和浩特市,交通便利,环境优越,是一所多专业、多层次的综合性公办全日制普通中等专业学校。

学校占地面积21000平方米,总建筑面积19000平方米,拥有固定资产1050万元,其中教学实验设备300万元。学校建有教学实验大楼、学生宿舍楼、办公楼、学生食堂各一座,设有解剖实验室、病理实验室、微生物与免疫实验室、药理实验室、化学实验室等9个实验室,口腔示教室、护理示教室、内科示教室、外科示教室、妇产科示教室、儿科示教室等6个示教室,设有阅览室、阶梯教室、微机室、多媒体教室、语音教室各一个。其中,阅览室藏书近万册,并装备有电子阅览室1个。配有中国健康知识仓库(CHKD)电子材料。学校具有一支素质优良、结构合理的师资队伍。专任教师中,98%以上持有大学本科以上学历,其中高级讲师28名,主任医师1名,中级讲师45名,初级讲师22名,主任医师1名,副主任医师1名,主治医师5名。自2000年至2005年教师先后发表论文140余篇,参与编写著作9部,完成科研成果2项。

目前,学校开设专业一中专阶级开设有口腔医学、护理学、中西医结合医学、全科医学四个专业,高职阶段开设有口腔医学、护理学、中西医结合医学、临床医学四个专业,2006年开始,学校被自治区卫生厅列为培训全区乡村牧区中医士、西医士的定点学校,已有91名西医士,89名中医士在校学习,现在各级各类在校生共900余人,拥有良好的社会办学声誉。

呼和浩特市回民区攸攸板镇

全镇 2007 年党建暨经济工作会议

呼和浩特市回民区攸攸板镇位于市区西北部，南至鄂尔多斯路，北与武川县大青山分水岭为界，东接新城区，西邻金川开发区，总面积 155 平方公里，全镇辖 19 个行政村和 1 个居委会，总人口 75744 人，其中农业人口 28000 人，耕地面积 19000 多亩。境内京包铁路横贯东西，呼包高速公路、110 国道、二环路穿境而过，镇、村公路四通八达，客运、货运十分方便。通讯条件十分便利，并有丰富的矿产资源，地方投资环境优越，水、电、路基础设施日益完善，是一个农工商贸综合发展的城郊型小城镇。

近几年来，攸攸板镇党委、政府在上级党委、政府的正确领导下，以“三个代表”重要思想为指导，紧紧围绕经济建设这个中心，全面贯彻落实党在农村的各项方针政策，把发展经济、农民增收、社会全面进步作为工作目标，带领攸攸板镇干部、群众解放思想，开拓创新，团结一心，以“勤政、廉洁、为民、务实、高效”的精神全面建设小康社会。到 2006 年底，全镇工农业总产值完成 2. 25 亿元，财政收入达到 2692 万元，农民人均纯收入达到 7150 元。全镇各项社会事业和谐快速向前发展。

赛罕区巧报镇双树村委会

双树村委会主任:王九润

警民共建和谐

双树村位于呼市城郊结合部,东、北、西三面被市区围绕,呼伦南路穿村而过,并贯通了村南的“二环路”,地理位置得天独厚。村庄占地面积411多亩,全村总户数494户,总人口1389人,农业户346户,农业人口726人,人均住房面积68平米。2006年人均纯收入8100元,全村共有党员41名(其中包括5名预备党员),入党积极分子27名,后备干部5名。2006年上缴税金550万元,超额完成了镇党委、政府下达的税收任务。双树村近三年来的变化完全可以用数字来勾勒:2002年–2005年全村经济社会总产值从245万元增加到2155万元,农民人均纯收入由5242元增加到7960元,人均住房面积由22平方米增加到65平方米,上缴税金由115万元增加到612万元,乡镇企业增加值由2177元增加到4880元,私营个体企业由121家增加到251家。投资2700万元完成了村民住宅小区一期工程建设,为344名村民无偿分配人均46平方米的住宅楼房,结束了村民住平房的历史,又为135名不愿享受住房待遇的村民发放63480元住房补偿费。投资713.9万元为16岁以上的504名村民办理了养老保险。集体投入资金27万元改善了环境卫生设施。为仅有的一户“五保户”发放生活费4500元。

赛罕区巧报镇双树村农副产品市场开业庆典

双树村委会连续三年被上级党委评为实绩突出单位、先进村委会。

蒙羊澳利蒙多（内蒙古）肉业有限责任公司

公司董事长:速南平

蒙羊澳利蒙多（内蒙古）肉业有限责任公司，是中外合资肉制品企业，企业专注于肉羊产业化项目，以屠宰加工为龙头，集生产、科研、经营为一体，包含基地养殖、品种改良、标准化肉制品生产、生物制药、皮革加工等。投资总规模8亿元人民币。

公司的投资团队由安徽安振投资有限公司和(香港)中润控股有限公司组成，具有多样化的从业背景和较丰富的工商管理经验。团队信奉“人品即是品牌，业绩证明才能，永远追求卓越”的价值观念，决心将蒙羊公司打造成为全国乃至全世界人民信任和喜爱的肉制品企业。

自治区党委书记储波、呼和浩特市委书记韩志然一行莅临公司指导

自治区主席杨晶一行视察蒙羊澳利蒙多公司

厂区一角

内蒙古蒙牛繁育生物技术有限公司

内蒙古蒙牛繁育生物技术有限公司是一家民营奶牛繁育高科技企业，由内蒙古赛科星生物技术公司和内蒙古蒙牛乳业集团公司与2006年共同组建。公司注册资金2000万元，位于和林格尔县盛乐园区，主要进行奶牛繁育生物技术研究开发和产业化应用推广。公司在职员工32人，其中助理工程师以上职称29人，占员工总数的90.6%。公司设有总经理办公室、财务部、生产研发部、销售技术服务部4个部门，其中生产研发部17人，负责奶牛X/Y精子分离－性控技术的研发及奶牛X冷冻精液的生产；销售技术服务部8人，负责销售及技术服务工作。2004年以来，在自治区科技厅和呼和浩特市科技局的大力支持下，我公司在全区共建立奶牛性控示范基地28个，其中呼和特市地区16个，占基地总数的57%。全区累计推广使用奶牛性控冻精17000支，授孕母牛10030头，情期受胎率为59%。根据目前已出生的486头牛犊性别统计，母犊率为93.3%。以每头奶牛母犊3000元、公犊300元计算，使用性控精液每头奶牛可为农户增加养殖效益2658元。

呼和浩特市疾病预防控制中心

呼和浩特市疾病预防控制中心位于呼和浩特市赛罕区金桥开发区。承担着呼市地区疾病预防控制、公共卫生服务与检测、实验室检验和突发公共卫生事件的应急处理。

中心现有科室22个，在职职工294人，其中高级职称专业技术人员31人，中级职称专业技术人员94人；硕士学历7人，大学本科学历72人。中心科室设置完善、仪器设备一流，2007年，利用国外资金引进包括全自动酶免分析系统、全自动微生物鉴定系统、气相色谱仪/质谱仪联机、离子色谱仪、全自动生化仪、高效液相色谱分析系统等大型高精尖设备，建立了3个Ⅱ级生物安全实验室，新开展关系国计民生的检验项目100多种，检验检测能力达到自治区一流水平。在2004年被商务部第一批授予“全国食品安全定点监测机构”。中心曾多次受到国家、自治区党委、政府、市委、市政府的表彰和奖励。

呼市卫生局局长白永和、呼市疾控中心主任薄福宝参加艾滋病防治宣传活动

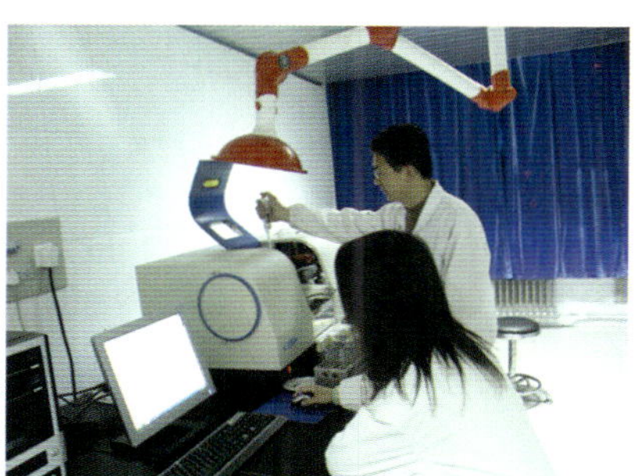

大型检验仪器

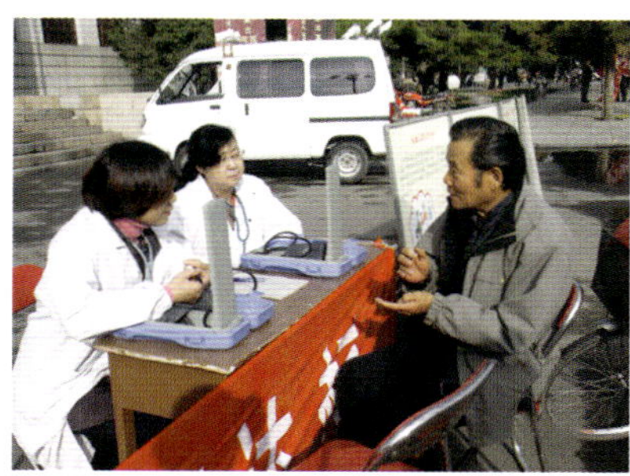

慢性病综合防治

呼和浩特市水资源管理局
呼和浩特市节约用水管理局

呼市水资源管理、节约用水管理局为行政职能和执法职能的事业单位，按照《呼和浩特市节约用水管理条例》的授权，具体组织贯彻实施国家、自治区和呼市有关地下水资源管理及节约用水管理方面的法律、法规和政策；负责全市水资源与节水宣传工作；负责市辖区行政区域范围内节约用水、水资源管理和监察工作；编制年度供水、节约用水和水资源开发利用规划与计划；制定用水定额，实行计划用水；对节水设施和新建、扩建、改建的建设项目用水进行科学论证、调查评价以及进行节水设施和节水器具验收；负责取水许可审批；开展农业节水灌溉试验和节水技术推广服务工作；加大水资源与节水科研力度，定期开展水质水量动态监测与水平衡测试等工作。

呼市水资源管理局、节约用水管理局认真履行以上各项职能，严格审批程序，加大执法力度，加强宣传工作，重视水资源与节约用水的科研力度，逐步建立和完善了相应的管理制度，为建设节水型社会和节水型城市开展了一系列基础工作。

为人民路丽景社区捐赠办公用品

为小学捐赠学习用品

呼浩特市水资源管理局、节约用水管理局水资、节水服务厅

赤峰顺鑫宁城老窖酒业有限公司

赤峰顺鑫宁城老窖酒业有限公司位于内蒙古赤峰市宁城县八里罕镇，是一个有着近50年白酒生产历史的老企业，其前身是内蒙古宁城老窖生物科技股份有限公司。

2005年1月，在原公司的基础上成立了赤峰顺鑫宁城老窖酒业有限公司，注册资金1000万元，现有员工300余人，年生产白酒能力3万余吨。

公司依仗当地的优质红粮，采用常年冰封不化的龙潭山泉为源头的三泉之水，引进国际先进的包装流水线设备，将传统工艺与现代技术完美结合，生产两种香型、三大系列、80余个品种的老窖酒，中国白酒协会专家给予其“无色透明，窖香优雅，香味协调，绵甜柔和，风格突出，尾净余味长”的高度赞美，深受广大消费者的喜爱和经销商的好评。

目前，公司把握销售契机，整合优势资源，合理布局，实行以内蒙古本土市场为依托，呈放射状向黑龙江、吉林、辽宁、河北、河南、山东等重点市场发展的战略，初步形成了以内蒙为中心，东北、华北为两翼的三角形市场格局，进而带动了周边相关产业的迅速发展，使大量农户受益。预计在未来三到五年内，宁城老窖必将成为东北地区最具实力及影响力的白酒企业之一。

随着企业的快速发展，宁城老窖的品牌影响力日趋扩大，企业在加强内部管理的同时，不断加强文化建设，挖掘地域资源优势，提高产品品质。现在，宁城老窖正以全新的企业形象，全新的经营理念，全新的产品风格呈现在世人面前，走进千家万户！

杨晶主席与李文江总经理等一行人视察厂区

著名酿酒专家沈怡方为宁城老窖题字

产品＿十五年陈

宣传图片1

龙窖

产品＿八年陈

内蒙古汗森葡萄酒业有限公司

内蒙古汉昇葡萄酒业有限公司位于内蒙古西部的乌海市，创建于 2001 年，注册资金 1000 万元，年生产葡萄酒能力 5000 吨，葡萄种植基地 3000 余亩，是集科研、育苗、种植、加工、销售为一体的大型私有企业。从 2001 年开始被乌海市确立为“乌海市农牧业产业化龙头企业”，2006 年度被确立为“内蒙古自治区扶贫龙头企业”。

公司采取“公司 + 基地 + 农户”的经营管理模式，种植葡萄基地 3000 余亩，种植了赤霞珠、蛇龙珠、品丽珠、梅鹿辄等十几个酿酒葡萄品种。乌海市独特的自然地理环境、气候特征、土壤结构，使乌海葡萄具有含糖量高、酸度适中、香气浓郁、无病害、无污染的特点，是天然的绿色产品。

“汉森”葡萄酒依托乌海葡萄优秀品质，采用法国先进的设备和技术酿造而成。主要产品有汉森干红、赤霞珠、三星解佰纳、四星解佰纳、冰雪丽、霞多丽、沙漠风暴、枸杞酒等。产品质量好、档次高，香气浓郁，富含人体必需的各种微量元素和氨基酸，深受消费者的青睐，是餐饮和馈赠的上等佳品。2006 年 4 月，汉森解佰纳干红葡萄酒荣获第二届亚洲葡萄酒质量大赛金奖，2006 年 9 月，汉森葡萄酒在中国第六届绿色食品博览会暨第三届东北地区国际农业博览会上被评为畅销产品奖；同年 11 月，在中国东盟博览会及中国科技成果二十周年展会上，荣获“优秀参展项目”称号。2007 年 2 月，“汉森”葡萄及葡萄酒获得有机食品、绿色食品（AA 级）认证。

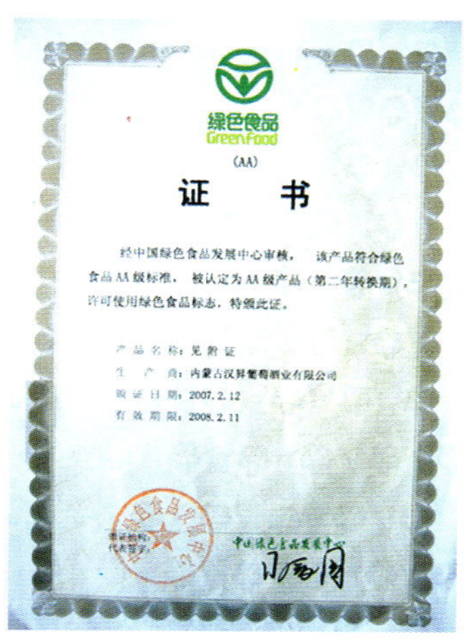

绿色食品 GreenFood

(AA)

证　书

经中国绿色食品发展中心审核，该产品符合绿色食品AA级标准，被认定为AA级产品（第二年转换期），许可使用绿色食品标志，特颁此证。

生　产　商：内蒙古汉昇葡萄酒业有限公司

颁证日期：2007.2.12

有效期限：2008.2.11

获奖证书

经第二届亚洲葡萄酒质量大赛评审委员会评定，内蒙古汉森葡萄酒业有限公司生产的汉森解百纳干红葡萄酒荣获

金奖

CERTIFICATION

This is to certify that

Cabernet Dry Red Wine

from

Neimenggu Hansen Winery CO., LTD.

has been chosen as a

Gold Prize Winner

in the 2nd Asian Wine Competition

亚洲葡萄酒质量大赛组委会　The Committee for the Asian Wine Competition

2006年4月21日　Date: April 21, 2006

金川保健啤酒

远离污染更健康

金川保健啤酒高科技股份有限公司成立于1982年，地处内蒙古自治区巴彦淖尔市临河区，占地46811平方米，注册资本4150万元，“金川”商标无形资产达6.8亿元，2007年产能达到15万吨，是内蒙古自治区农业产业化龙头企业。

金川保健啤酒是纯天然矿泉保健啤酒，引进国内一流的酿酒设备，采用河套优质矿泉水和经获专利的水处理技术及特殊工艺精酿而成，其口味新鲜、醇厚，产品包装时尚，并根据不同消费需求，研发产品10余种，一经上市倍受广大消费者青睐。金川保健啤酒是国内唯一获得国家卫生部颁发的《保健食品批准证书》的啤酒企业，同时也是国内唯一的，高新技术啤酒企业，金川产品在国际国内多个领域获得奖项50多个。中国预防医学科学院及著名心血管病医学专家洪昭光教授以及多家医学权威单位及数万名患者试验证实，具有三大保健功能：保护胃粘膜；改善微循环；提高免疫力；长期科学饮用金川牌益生啤酒可延长人类寿命10余岁。

随着我国加入世贸的步伐，国内啤酒行业竞争日显激烈，为了应对当下的市场营销环境，金川啤酒与时俱进，坚持走市场品牌化道路，现销售网络已遍布全国十几个省市自治区，面对21世纪的巨大机遇和挑战，金啤高科公司2016年力争达到20万吨目标进行全面规划，同时金川啤酒，将以巩固巴市，立足内蒙，渗透周边城市，为企业发展战略，在产品战略上不断研发新品，完善产品结构，采用“高档产品创品牌，中档产品创效益，低档产品拓市场”的策略，致力于打造“中国保健啤酒第一品牌”。

金川啤酒以“关爱生命，保健为民”为宗旨，推广健康生活理念，弘扬健康的啤酒文化。以厚德载物的胸怀，自强不息的精神，为保健啤酒的发展和人类健康，树建“百年金川”，最终为实现“健康全人类”的美好愿景做出更大贡献！

董事长兼总经理赵焕然
在第二届中华慈善人物颁奖大会现场

金啤高科公司董事长兼总经理赵焕然
在2007年度公司订货会上讲话

养生保健
延寿十年
洪昭光

中国首席健康教育专家洪昭光
教授为金川保健啤酒题词

中国移动通信集团锡林郭勒分公司

回馈客户中秋文艺晚会

济困扶贫捐赠仪式

中国移动锡林郭勒分公司成立于1999年9月16日，隶属于内蒙古移动通信有限责任公司。分公司采用现代企业制度,机构精简高效,目前共有员工435名,下设5个职能部门,11个旗县分公司和2个营业部。

分公司全面负责锡盟境内的“158、159、134、135、136、137、138、139”国家公众移动电话网的发展规划、建设维护和经营服务。除提供基本话音业务外,还提供短消息、IP电话、彩信、随E行、移动梦网等增值业务,拥有“全球通”、“神州行”、“动感地带”三大著名服务品牌。八年来,经过全体员工的共同努力,分公司已建成了一个覆盖范围广、通信质量高、业务品种丰富、服务水平领先的综合通信网络，截止目前，交换机总容量为50万,基站总数为247个,客户总数超过30万,网络覆盖了锡盟境内的国道、省道,并已覆盖全盟绝大部分苏木乡镇，与206个国家和地区的266家运营公司开通了GSM国际漫游业务，并且与111个国家和地区的97个运营商开通了GPRS国际漫游业务，国际短信共通达104个国家和地区的206家运营商，彩信通达了16个国家和地区的23家运营商。

分公司坚持全面协调可持续的科学发展观,全面实施“服务与业务领先”战略和精细管理,把不断提高服务水平和业务拓展能力作为增强企业核心竞争力的重要内容，客户满意度和员工满意度稳步提高,各项工作成效显著,2006年2月,八个旗县市分公司被盟委、行署命名为“2005年度盟级文明单位”称号,锡盟移动先后被盟委、行署命名为全盟“五项文明”活动文明优质服务先进单位,2006年3月,被内蒙古自治区消费者协会命名为“2006-2007年度诚信单位”称号;2006年7月,被内蒙古党委、政府授予“长安杯”社会治安综合治理先进单位荣誉称号;2006年10月,被内蒙古自治区体育局授予“2002-2005年度”群众体育先进集体“荣誉称号;2007年1月,分公司被锡盟精神文明建设为委员会评为”十佳优质服务窗口“荣誉称号,在内蒙古日报社主办、内蒙古自治区品牌协会协办的首届内蒙古人民满意的”金牌形象使者“调查评价活动中获得首届内蒙古人民满意的“金牌形象使者”荣誉称号。

面向未来,锡盟移动将继续围绕“做世界一流通信企业”的企业愿景,秉承“正德厚生 臻于至善”的企业核心价值观,以推进信息化为己任,不断满足客户多层次、多元化的需求,巩固和提高领先优势,全面提升核心竞争力,持续为社会为企业为客户创造出更大的价值。

为农村建设服务

建设和谐社会启动仪式

助学共建捐助仪式

锡林郭勒盟科学技术局

局长：朝鲁门

锡盟科技局（知识产权局）与锡盟科协合署办公，现有在职人员30人，其中大专以上学历23人。内设9个科室部，即办公室、条件财务科、人事教育与体制改革科、科技发展计划科、工业技术发展科、农牧业技术发展科、知识产权科、科学技术普及部、学会工作部。所属1个准处级事业单位（地震局）和3个科级事业单位（科技信息资源开发中心、新技术推广站、青少年科技活动中心），共有在职人员45人。

多年来，在各级领导的重视和支持下，锡林郭勒盟科技工作得到蓬勃发展。科技管理工作逐步规范化。1978年以来，完成实施了盟级科技计划项目共计483项，全盟取得科技成果累计约900余项，有345项科技成果获得了国家、自治区和盟级科技进步奖。从1988年《专利法》实施以来，全盟获得的专利技术209件，其中发明专利57件，实用新型专利106件，外观设计专利46件。应用技术研究与开发资金逐年递增，截至2006年，盟本级共安排科技三项费1510.6万元；农牧业科技进步和创新工作稳步推进。

盟委副书记邓月楼同志在蒙文科技信息网开通仪式上讲话

2007年全盟科技工作会议

中国西班牙太阳能光伏发电项目在东乌旗实施

锡林郭勒首届农牧业科技成果交易会开幕式

中国联通锡林郭勒分公司

中国联通锡林郭勒分公司党委书记、总经理：赵维峥

中国联通锡林郭勒分公司（以下简称锡盟联通）是中国联通在内蒙古锡林郭勒盟的分支机构，正式成立于2000年8月30日，目前下辖13个旗县分公司、3个城区分公司，拥有职工近400人。经营范围包括移动通信业务，数据通信业务、互联网业务和IP电话业务，国际、国内长途电话业务，无线寻呼业务及其他电信增值业务。

2006年，锡盟联通全面推行首问责任制，以最短的时限解决用户提出的意见建议和问题，广泛接受社会各界监督，使公司的外部形象得以显著的提高。

2007年工作会议现场

锡盟联通与市委宣传部、文明办协办业余歌手大赛

联通旗舰营业厅业务受理区

中国电信呼伦贝

总经理:齐泮杰

呼伦贝尔电信分公司隶属于内蒙古自治区电信公司,是中国电信在呼伦贝尔地区的网络、业务、服务和品牌的延伸,于2002年12月26日在呼伦贝尔市注册成立,在2003年5月17日对外正式开始运营。

呼伦贝尔市电信分公司现已开展固定电话、宽带通、捷入互联(16300)、信息超市、互联星空、声讯业务、智能网业务、190长途电话业务、视讯业务、CMTS和多种电信增值业务。

公司拥有市场营销和网络运维等精干、高效、响应能力较强的团队,保障全方位地满足用户需求。公司设立满洲里、扎兰屯、牙克石、根河和阿荣旗等五个旗市分公司,代理商队伍遍布全市,可为各地用户提供便捷的服务。

呼伦贝尔市电信分公司不仅拥有中国电信强大的品牌优势,还以中国电信集团人才、网络、技术、市场的整体优势为后盾,坚持以领先的技术追求电信产品与服务的创新;以科学的管理和综合实力赢得广大客户的认可,秉承“用户至上、用心服务”的理念,向用户提供个性化、差异化的电信综合业务和全过程(售前、售中和售后)、全方位(客户关系、业务协调、技术支持和财务结算等)、全天候(7*24小时无休息服务)的优质服务。呼伦贝尔市电信分公司注重窗口服务,注重服务实效,现通过中国电信客户服务热线10000号、3990021咨询电话、电信营业厅等多渠道、多窗口为用户提供便捷、高效、优质的服务。营业厅设立服务监督岗、意见箱和意见簿,随时接受客户的监督和投诉。经努力,2004年被呼伦贝尔市消费者协会选评为2004—2005年度“诚信单位”;2005年被推选为海拉尔区消费者协会首批进驻大型企业的消费者投诉咨询站之一;2005年9月份被内蒙古自治区消费者协会评选为2006—2007年度“内蒙古自治区诚信单位”。

呼伦贝尔市电信分公司将继续以市场为导向、以客户为中心,以效益为目标,为客户提供优质的电信服务!

营销大会

庆典晚会现场

新建电信综合楼

优质服务

新建电信综合楼

呼伦贝尔电信中心机房

呼伦贝尔电信大楼

中国网通呼伦贝尔市分公司

党组书记、总经理:李军

中国网通呼伦贝尔市分公司是呼伦贝尔市成立时间最早、规模最大的通信和信息服务运营企业，承担着地方基础电信网络建设和运营、保障党政专用通信和应急通信等普遍服务义务的重要任务。公司服务网点遍及全市 14 个旗市区，160 多个乡镇，经营的主要项目有：国内、国际及港澳台各类固定通信网络与设施；基于通信网络的话音、数据、图像及多媒体通信与信息服务，国内、国际长途电话、本地网电话、智能网增值业务、数据多媒体业务、宽带接入服务、网络元素出租业务等。

公司始终秉承“诚信铸就品牌，服务编织未来”的企业理念和以提升企业综合竞争力为目标的现代经营思想，从解决群众关心的热点、难点问题着手，坚持标本兼治、多管齐下的原则，把加快硬件建设与完善服务软件相结合，通过改进内部工作流程，完善后台支撑，建立大客户“绿色通道”，推行“网通服务承诺”、“首问负责制”、“客户经理制”和建立 10060 号客户服务系统使服务质量不断提高。2004 年公司的用户满意度在全国抽测中名列前茅，2005 年公司在地方行风评议中名列同行业第一名，2006 年列为地方行风评议免评单位。

蒙古肯特省通信代表团参观网通公司

公司于 2003 年在呼伦贝尔市通信行业中率先进入自治区级文明单位行列；连续 6 年被评为内蒙古自治区诚信单位；2004 年被市委、市政府授予“先进单位”荣誉称号，同年被市工商行政管理局评为“执行价格政策、规范价格行为诚信 A 级单位”，被内蒙古自治区团委授予“十年全区青年文明号优秀组织奖”；2005 年行风评议工作列同行业第一名，同年被市委、市政府授予“全市企业信息化建设推进奖”和“边防建设一体化先进单位”；2006 年被内蒙古自治区授予“五一劳动奖章”。

呼伦贝尔市委书记曹征海(中)视察网通

信息产业部领导在呼伦贝尔指导工作，与呼伦贝尔网通领导班子亲切交谈

单位证书

发扬长征精神 弘扬主旋律

中国联通呼伦贝尔分公司

中国联通呼伦贝尔分公司于 1999 年 5 月 7 日正式注册成立，是中国联通内蒙古分公司的分支机构，负责中国联通在呼伦贝尔的网络建设和业务发展。

分公司现拥有固定资产 2.6 亿，并设有综合部、人力资源部、财务部、市场营销部、运行维护部、集团客户部和客户服务部等七个部门，在旗市区设有 21 个自有营业网点，其经营范围包括移动通信业务、数据通信业务、互联网业务和 IP 电话业务、国际国内长途电话业务以及 CDMA1X 等电信增值业务。经过七年的风雨历程，呼伦贝尔联通人本着“与诚信共存、与改变共舞”的企业文化价值观，不断为联通品牌注入勃勃生机，各项事业稳步发展。

管理与市场同步，文化和品牌先行，呼伦贝尔联通始终注重社会效益与经济效益的平衡发展，2005 年 8 月和 12 月，报道分公司企业文化成果的两篇文章《让文化与战略相协调、让员工与企业同发展 —— 中国联通呼伦贝尔分公司的企业文化发展战略》和《以人为本，企业文化和企业发展的灵魂》先后在国家级企业文化权威刊物《中外企业文化》杂志上发表，在全国倍受广泛关注。2005 年 12 月，分公司获得内蒙古自治区消费者协会“2006—2007 年度诚信单位”荣誉称号。2006 年 5 月，分公司被呼伦贝尔市工商局、呼伦贝尔市广告协会、呼伦贝尔日报社评为“2006 消费者喜爱的商标”荣誉称号中国联通呼伦贝尔分公司在为地方经济发展做出卓越贡献的同时，也实现了企业自身价值的最大化，保持了快速、平稳、健康的发展！

中国联通公司原董事长杨贤足在内蒙古分公司原总经理周世孝的陪同下先后两次视察中国联通呼伦贝尔分公司

公司宋建忠总经理向中国联通原董事长杨贤足介绍分公司最新推出的业务

中国联通呼伦贝尔分公司分片营销动员大会

宋建忠总经理与呼伦贝尔学院朱玉东院长为“中国联通呼伦贝尔学院实习实训中心”投入运营揭匾

市委常委、宣传部长赵立华与市双拥办主任李清友共同揭开浓厚深情的“军民共建”牌匾

呼伦贝尔电业局

领导班子合影

赵金才书记颁发“五一”劳动奖状

原内蒙古电力公司赵凤山总经理到基层检查指导工作

呼伦贝尔电业局成立于1962年8月，原为厂网合一管理模式。2004年实施厂网分开时由呼伦贝尔电力公司重组为呼伦贝尔电业局，为内蒙古电力公司分公司，负责呼伦贝尔市13个旗市区供电任务，各类电力客户21万余户。机关内设14个部室，下设7个供电局、8个农电公司等25个二级单位，主业全民在册职工2971人，农电在册职工1265人。固定资产161137万元，拥有220KV线路5条650KM，110KV线路30条1321.25KM，35(66)KV线路30条1060KM；变电站56座，主变总容量1317.95MVA。

自厂网分开重组以来，先后投入投资10.45亿元，用于电网建设、设备改造、技术进步。形成了220(110)千伏主网架，实现了呼伦贝尔电网的统一，2005年9月实现与内蒙古电力公司联网。2005年6月跻身国家一流供电企业行列，10月被中央文明委授予全国精神文明建设先进单位，2006年5月喜获全国“五一”劳动奖状。

为优秀青年突击队授旗

行风热线了解民情

呼伦贝尔市旅游局

美丽富饶的呼伦贝尔市得名于境内的呼伦湖和贝尔湖，地处我国东北部，总面积 25.3 万平方公里，东与黑龙江省毗邻，西北和西南分别与俄罗斯和蒙古国交界，边境线总长 1723.82 公里。呼伦贝尔市辖一区五市七旗，总人口约 270 万。是中国北方游牧、游猎民族的发祥地之一，也是多民族聚居区。蒙古、达斡尔、鄂温克、鄂伦春、俄罗斯等多民族在这里和睦相处，繁衍生息。至今，这此民族仍然保留着各自的文化遗风和生活习俗。

摔跤比赛

呼伦贝尔地域辽阔，风光独特，这里有水草丰美的草原、松涛激荡的林海、纵横交错的河流、星罗棋布的湖泊，众多的民族，各具特色的风土人情，古朴厚重的民族文化，珍贵的历史文物古迹，回味无穷的地方风味，为美丽富饶的呼伦贝尔增添了神秘色彩。这里有分明的四季，春充满生机、夏诗意美丽、秋金黄一片，冬冰清玉洁，其厚大纯粹、原始和自然的民俗风情在中国乃至世界都独领风骚。独特的景观、便利的交通、快捷的通讯，每年都吸引着近 50 万人次的海外游人和近 350 万人次的国内游客。1997 年就成为了“中国旅游 20 胜景”之一，1998 年又成为国家旅游局定的全国六大旅游开发区之一。2003 年被为“中国优秀旅游城市”，2005 年呼伦贝尔草原被评选为中国最美丽的草原之首，2006 年呼伦贝尔市又被评为“2006 中国最佳民族风情魅力城市”，另外，额尔古纳市的室韦俄罗斯民族乡荣获“中国十佳魅力名镇”称号，扎兰屯市被评为“全国优秀风景名胜区”，根河市被评为“优秀旅游目的地”。

欢快的蒙古舞

美丽富饶的草原景观

全市现有呼和诺尔、白音呼硕、呼伦湖、中俄互市贸易区、凤凰山庄、五泉山等著名的旅游景点景区。精品旅游线路有草原风光游、森林风光游、冰雪风光游、民俗风情游、口岸边境游、俄罗斯风情游等，目前已形成了国内旅游、入境旅游、出境旅游的全方位发展格局。

呼伦贝尔市现有 70 余家国际国内旅行社，30 多家星级宾馆饭店。民航、铁路、公路运输、邮电、通讯及旅游基础设施和旅游配套服务日趋完善。海拉尔机场有通往北京、呼和浩特、大连、哈尔滨、深圳、青岛、海南、俄罗斯赤塔的往返航班，火车每日开通直达北京、哈尔滨、齐齐哈尔、包头、大连的列车。满洲里市至俄罗斯后贝加尔新国际公路口岸的开通，已成为通往欧亚的大通道。

呼伦贝尔市妇幼保健所

保健所领导班子

呼伦贝尔市妇幼保健所始建于 1955 年，经过 50 多年的建设和发展，在几代妇幼保健人的共同努力下，已经发展成为一所集保健、临床、科研、教学、培训于一体的现代化专科医院。承担着全市 77 万妇女、儿童的预防、保健、康复、技术指导工作，是呼伦贝尔市城镇职工基本医疗保险及生育保险、体检定点医疗机构和首都儿科研究所科研协作医院。1994 年被世界卫生组织、联合国儿童基金会、国家卫生部授予“爱婴医院”称号，2002 年 4 月被内蒙古自治区卫生厅评审批准为国家级“二级甲等”妇幼保健所。

保健所现有建筑面积 5000 平方米，设置家庭病房、母婴同室病房、儿科病房等病床 90 张。固定资产 1500 万多元，拥有全自动生化分析仪、全自动尿中有形成份分析仪、多项目血球分析仪、微量原素测定仪、心电工作站、口腔综合治疗台、儿童保健测评系统、内窥可视人流工作站、新生儿红外线辐射抢救台、蓝天治疗仪、多参数心电监护仪、红外线乳腺诊断仪等 150 多件先进仪器设备。

保健所现有职工 110 人，其中专业技术人员 85 人，高级职称 5 人，中级 19 人。设有妇女保健科、儿童保健科和信息统计科，负责对全市十三个旗、市、区妇幼保健业务的指导和信息综合工作。医疗部门设有内儿科、妇产科、门诊部、药剂科、检验等一级科室以及 22 个适应妇女儿童保健需要的特色诊室。

多年来，保健所精神文明建设硕果累累：2001 年国家卫生部授予：叶酸投服防止神经管畸形先进单位。2001 年自治区卫生厅授予：健康教育先进集体称号。2004 年 5 月自治区卫生厅授予：妇幼卫生工作先进集体，2004 年 7 月市直工委授予：先进基层党组织，2005 年 6 月中国医学基金会扬崇瑞妇幼卫生奖励基金管委会授予：先进单位，2005 年 3 月全国妇女“巾帼建功”活动领导小组授予：巾帼文明岗，呼伦贝尔市人民政府授予：市级卫生先进单位。呼伦贝尔市市委、市政府授予：文明单位。

先进的仪器设备和优质的服务，吸引了大量周边地区的患者到保健所就诊，年均诊次 48000 人次，住院 1100 多人次。在全市率先开展了可视人流技术和无痛人流技术，自凝刀射频消融治疗技术，均达到满意效果。每年抢救大量宫外孕、重度妊娠高血压综合征等患者均获成功。每年完成妇科各种手术 500 多例，深受患者的信任。

保健所医生与上海和平保健院专家一起会诊

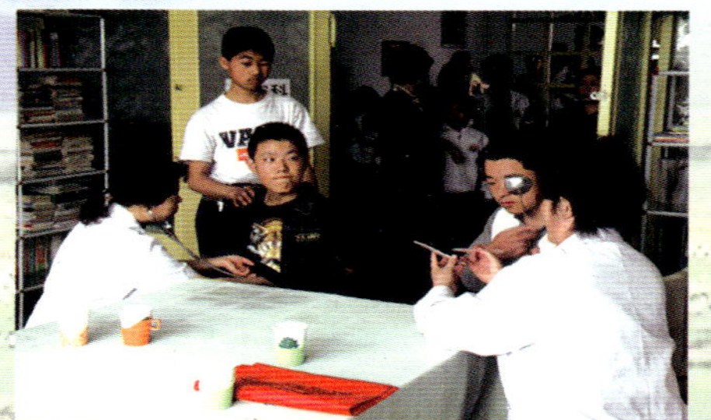

保健所为特校儿童义务体检

保健所开办准爸爸、准妈妈孕妇育儿学校

呼伦贝尔农牧业辉煌60年

呼伦贝尔农牧业历史悠久，东胡、匈奴、鲜卑、室韦、契丹、女真、蒙古等十几个游牧部族在这里繁衍生息，发展农牧业生产，创造了灿烂的游牧文化和农耕文化，到1946年牲畜总数达69.9万头只，耕地面积达200万亩，粮食产量达3.3亿斤，农牧业成为长期维持农牧民生存的基础产业。1946年以来的60年间，呼伦贝尔各族农牧民，依托肥沃的土地、辽阔的草原和丰沛的水资源，不断优化农牧业产业结构，扩大农牧业生产规模，增强农畜产品生产能力和提高抵御自然灾害能力，经过不同时期的调整、开发、建设，呼伦贝尔农牧业发生历史性变化，粮食产量不断创历史新高，牲畜头数持续增长，农牧民收入快速增加。形成稳定生产粮食61亿斤、出栏牲畜600万头只、生产肉类30万吨和鲜奶产量达100万吨能力的绿色农畜产品基地，呈现集约化、产业化、专业化、标准化发展新格局，促进了农村牧区经济社会和各项事业健康、有序、和谐发展。

农业部领导视察高产油菜示范田

高油大豆试验田

呼伦贝尔十大绿色品牌

呼伦贝尔牛肉
Hulunbeier beef

呼伦贝尔羊肉
Hulunbeier mutton

呼伦贝尔大鹅
Hulunbeier goose

呼伦贝尔白鱼
Hulunbeier barbel

呼伦贝尔鲤鱼
Hulunbeier carp

呼伦贝尔小麦
Hulunbeier wheat

呼伦贝尔马铃薯
Hulunbeier potato

呼伦贝尔油菜籽
Hulunbier rapeseed

呼伦贝尔大豆
Hulunbeier soybean

呼伦贝尔黑木耳
Hulunbeier auricularia auricula

草地样方检测

内蒙古林业总医院

内蒙古林业总医院院长:张晓光

内蒙古林业总医院(内蒙古民族大学附属第二医院)是位于祖国最北端的国家三级甲等医院,坐落在呼伦贝尔草原与大兴安岭林海交汇处的牙克石市,1956年由国家林业部投资建设,隶属于内蒙古大兴安岭林业管理局(中国内蒙古森林工业集团),是一所集医疗、教学、科研、保健、预防、康复、社区服务为一体的大型现代化综合医院。医院总资产1.46亿元,现有职工828人,卫生专业高级技术人员104人、中级技术人员231人,自治区有突出贡献中青年专家2名,自治区医疗卫生学术技术带头人6名。编制床位600张,临床、医技科室40个,临床实验室6个,临床教研室12个,并设有肿瘤防治中心、精神卫生中心、远程会诊中心、蜱传疾病研究所和内分泌疾病研究所,在海拉尔、牙克石市、根河市设有4所分院。近年来先后被授予"全国卫生系统先进集体"、"全国百姓放心示范"、"全国百姓放心示范医院"、自治区"文明医院"、"百佳医院"、"道德建设先进集体"、"自治区文明单位标兵"等荣誉称号。

内蒙古林业总医院贯彻"建设一流的队伍,拓展一流的设备,创造一流的质量,奉献一流的服务,探索一流的管理"的工作方针。坚持"以患者为中心"、"全心全意为人民服务"的宗旨,倡导人性化服务,改善环境,更新流程,实行"无假日门诊";大力开展"讲文明话、上文明岗、做文明人,树文明新风、促文明服务、建文明环境"活动,公布"行风建设社会服务承诺十二条";在门诊部、住院部分设电子查询触摸屏、意见箱、监督台,公开药品价格和医疗收费标准,公布举报电话。在2001年和2003年的"内蒙古自治区行业信誉调查"、"知名企业信用等级评价大型问卷调查"中获得了较高的社会评价,成为行业高信用单位。2003年5月,非典病魔肆虐的紧要关头,内蒙古林业总医院医疗队奔赴呼和浩特抗非第一线,进驻内蒙古SARS救治中心,接管一个病区,取得了患者全部治愈出院无一人死亡,医护人员无一人感染的成绩,受到了内蒙古自治区党委和政府的表彰。

内蒙古林业总医院认真践行"三个代表"重要思想,社会主义精神文明和物质文明建设取得了丰硕的成果,涌现出一大批优秀的医务工作者,他们分别被授予"全国先进工作者"、"全国优秀院长"、全国"五一劳动奖章"获得者、"中国农林工会先进女职工"、"自治区劳动模范"、"自治区优秀党员"、"抗非先进个人"、"巾帼建功女状元"等。

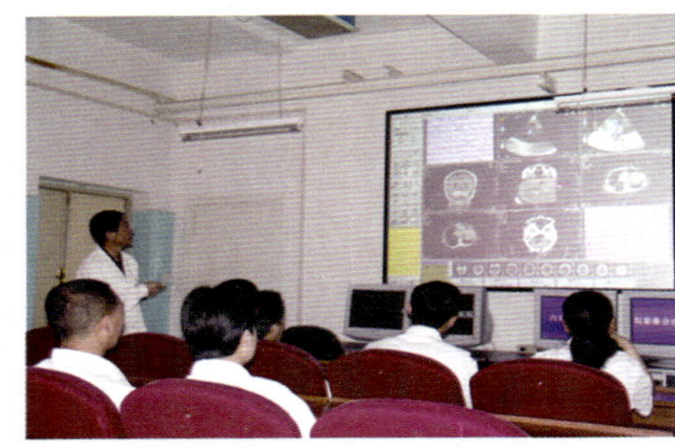

影像传输、远程会诊中心

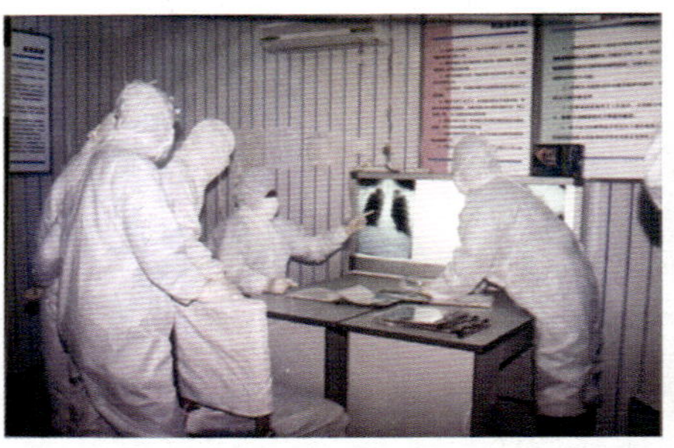

由64人组成的医疗队奔赴抗非一线,进驻内蒙古SARS中心

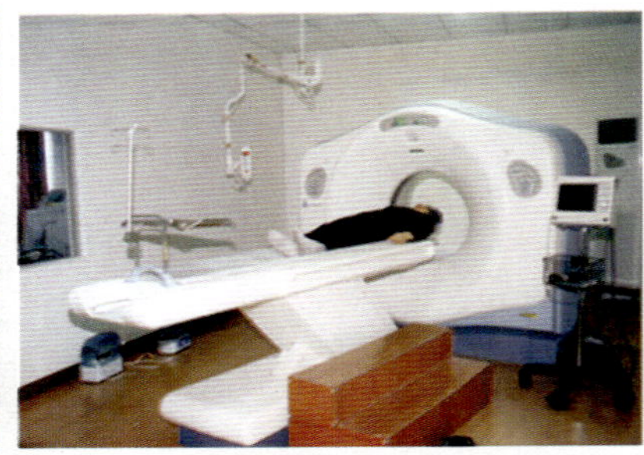

引进内蒙古自治区第一台美国GE16层高速螺旋CT机

柴 河 林 业 局

党委书记:吴俊杉

党委副书记、局长:刘世勋

地处大兴安岭南麓绰尔河流域的柴河林业局,隶属于呼伦贝尔市林业局垂直管理,是呼伦贝尔大草原和松嫩平原重要的生态屏障。这个局依托资源优势,坚持生态立局、非林非木产业富局、非公有制林业强局,经过短短几年的探索实践,现已成为整个柴河地区森林旅游开发和经济发展的龙头企业。

柴河林业局始建于 1956 年,施业区总面积为 369850.0 公顷,林业用地面积 322604.3 公顷,现有的森林资源以天然林为主。全局有林业人口 3540 人,林业职工有 1266 人。拥有固定资产 4680 万元,年产值突破了 3300 万元,职工人均工资 2006 年一举提高了 22%,2007 年又涨幅了 17.89%。

团结进取的柴河林业局班子成员

声势浩大的防火宣传

著名景区月亮湖

这个局用发展的思路谋划和部署工作,用发展的办法解决前进中的问题,用发展的胆略迎接挑战。中共中央和自治区两个《决定》的出台后,林业局审时度势,着眼于社会进步的规律、事物发展的规律和林业改革的总体部署,面临着"三大机遇和四大挑战",以西部开发和振兴东北老工业基地为契机,加快产业结构调整,改善森林管护条件,建设标准化林场,打造旅游精品绿化带,加快阿尔山——柴河景区建设步伐。在日趋激烈的市场竞争和现代林业的快速发展中,坚定不移地实施思维创新、理念创新、管理创新、制度创新,以创新应对挑战,以创新赢得了发展。这个局把工作的立足点放在构建完备的生态体系和发达的产业体系上,把工作的中心点放在发展经济上,把工作的落脚点放在提高职工群众的生活水平上,把工作的目标放在构建柴河林区的和谐社会上,确立了"全局抓生态、重点抓经济、突出抓产业、集中抓效益"的经营理念,制定了"十一五"发展规划,确定了新一届领导班子任期责任目标。坚持以发展为主题,以规范为手段,解放思想,开拓创新,改革创效。加大资产重组、企业重构步伐,优化产业结构,提高森林旅游竞争能力;建立现代企业制度,规范企业经营行为;实施机制创新,深化林业管理体制改革,全面提升森林资源管理水平,努力提高职工人均收入。

内蒙古宏裕农药股份有限公司

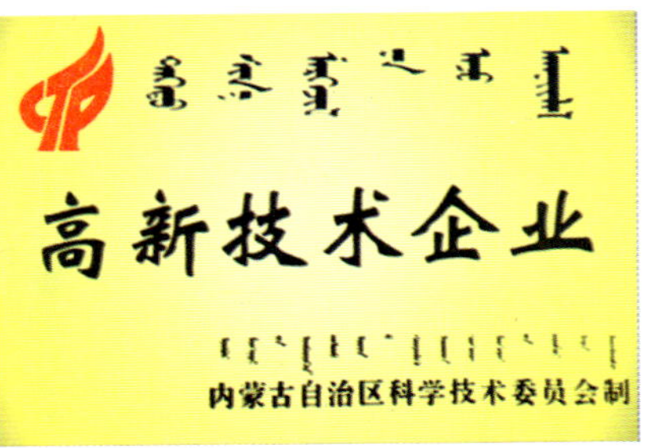

神华宝日希勒能源有限公司

董事长：阮东平

自治区党委书记储波、主席杨晶到公司露天煤矿视察

神华宝日希勒能源有限公司（简称神宝公司）前身宝日希勒煤矿，始建于1980年。2002年完成企业内部改制、资产优化重组，依法注册为宝日希勒煤业有限责任公司。2004年通过扩股融资和资产整合，产权结构进一步优化，成为呼伦贝尔市唯一跨所有制、跨行业、跨地区的大型股份制煤炭企业。2005年12月完成与神华集团的并购重组，注册为神华宝日希勒能源有限公司，成为中央企业神华集团公司的二级子公司。

公司现有在册职工3158人，总资产11亿元，现已获国家批复煤炭地质储量为23.4亿吨。全长40公里的自备铁路专用线贯穿矿区，地面生产系统实现破储装年吞吐能力1000万吨以上。公司实现煤炭生产剥采运、破储装一体化，信息通讯、工业监控及局域网系统已经建设完成，实现无纸化办公，孕育了企业发展的强劲竞争力。2006年，公司煤炭产销突破600万吨，产值突破6亿元，露天煤矿通过800万吨/年生产能力核定，跻身国家大型煤炭企业行列。企业连续三年跻身全国煤炭行业百强之列，先后获得“全国五一劳动奖状”、“全国煤炭工业优秀企业”、“自治区纳税大户”等近30项国家、省、市级荣誉称号。

视察露天煤矿

神华宝日希勒能源有限公司揭牌庆典

露天矿大型运输设备

煤炭装车外运

电铲

呼伦贝尔三元乳业有限责任公司

奶厅

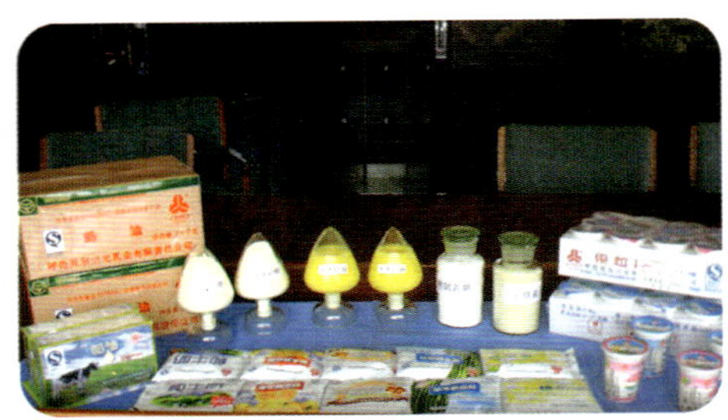

产品展示

液态奶生产车间

座落于呼伦贝尔草原的呼伦贝尔三元乳业有限责任公司是2000年3月成立的由北京三元食品股份有限公司控股的中外合资企业。公司占地面积57000平方米。公司的经营宗旨是"以提高国民体质为己任，把安全、营养、健康和满意奉献给全社会"。

公司重视奶源基地建设。已建有20座机械化挤奶厅和20多座标准化收奶站，公司连年对奶牛养殖业投入资金和技术服务，促进奶牛养殖业的发展，"公司＋基地＋农户"的产业化模式已逐渐形成。生鲜牛奶收购实行合同制管理，"以质计价、优质优价"的政策，保证了公司原料奶的质量，带动农牧民走上了致富路，拉动了地方经济发展。2004年公司被呼伦贝尔市政府认定为"农牧业产业化重点龙头企业"。

为保证消费者的身体健康，公司制定了高于国家标准的内控标准，2006年7月，公司经内蒙古出入境检验检疫局的严格评审，获得了由国家认证认可监督管理委员会颁发的出口食品企业卫生注册证书，标志着企业实现了生产卫生管理的高标准。公司生产的纯牛奶、酸奶于2006年被中国绿色食品发展中心认定为"绿色食品"，让消费者喝上了真正的"放心奶"。

公司一贯秉承"诚实、守信、平等、互利"的商业道德，遵循"以人为本"的经营理念，与国内十几个省、市、区的几十个商家建立了共赢的合作伙伴关系。公司连续两届获得和保持了内蒙古自治区消费者协会授予的"诚信单位"称号。呼伦贝尔市政府授予的"模范纳税企业"。

送货车

阿拉善盟发改委

农牧业经济在转移转产中稳步发展,主导产业得到加强。农牧业结构调整步伐加快,内部结构不断改善,产业化经营稳步推进,绿洲肉羊业、绿色蔬菜业、特色沙产业三大产业基地建设得到加强,综合生产能力大幅度提高,棉花、中药材、皮毛等农畜特产品加工初具规模。牧区人口向城镇和农区转移加快,累计转移人口13497人。2005年农牧增加值达到4.2亿元,年均增长2.2%;农区牲畜养殖规模达到70万头(只),年均增长17.6%,所占比重提高到33.5%。

工业经济结构逐渐优化,规模进一步扩张。"一黑一白"的简单加工型格局被打破,产业链得到延长,以湖盐及盐化工、煤炭及煤化工、金属矿产采选加工为主的新型工业格局基本形成,产品的质量和档次不断提升,产业集群、产业集团已具雏形。2005年工业增加值达到30.4亿元,年均增长31.8%;销售收入超亿元的企业由2000年的2户增加到9户,4户企业被列为自治区重点企业;工业对财政为贡献率由2000年的64%上升到76.6%。

旅游业步入快速、良性发展轨道。南寺、月亮湖等旅游景区基础条件及配套设施逐步完善,接待能力和吸引力明显提升。2005年接待国内外旅客达48.3万人次,比2000年增长1.7倍,年均增长22%;旅游总收入达到2.63亿元,比2000年增长15.5倍,年均增长75.2%。

阿拉善盟内蒙

董事局主席

内蒙古晨宏力集团组建于2003年6月，下辖30余家子公司，以煤炭生产经营及煤化工为主业，集化工、电力、建材、商业服务、文化、旅游、房地产开发等为一体，是一家跨地区、跨行业的综合性实业集团。集团目前拥有资产24亿元，员工总数3000余人，是内蒙古自治区六十家重点工业企业之一。2004年被多家金融机构评为AAA级企业，被国家税务机关评为“先进纳税企业”，荣获“先进私营企业”和“2005-2006年度诚信单位”称号。2004年荣获内蒙古自治区“重合同、守信用”企业称号。

晨宏力集团是阿拉善无烟煤三大生产企业之一。太西无烟煤在国际市场上被称为“煤中之王”。

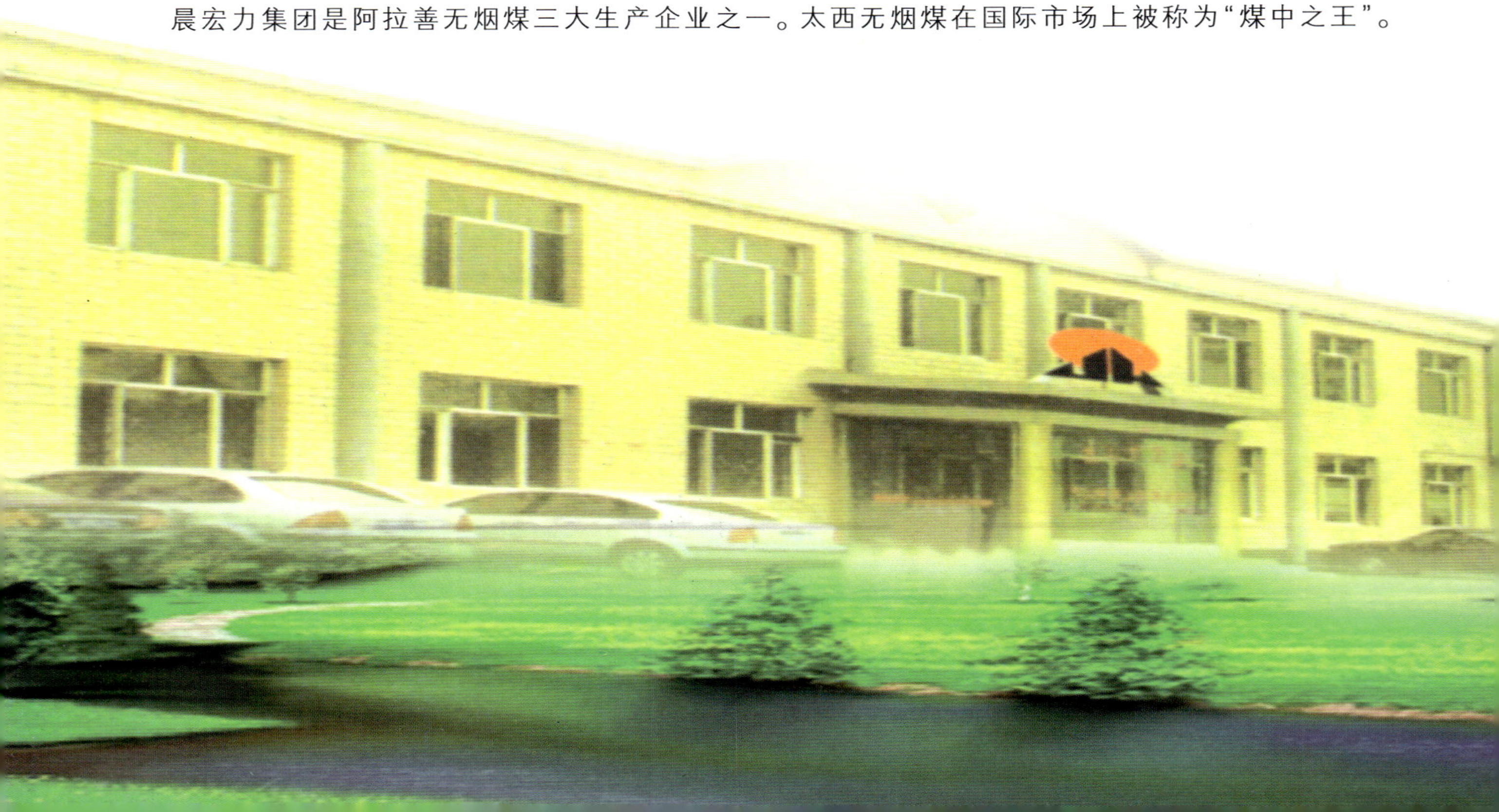

古晨宏力集团

具有低灰、低硫、低磷和高发热量、高精煤率、高块煤率、高化学性、高比电阻、高机械强度的特点，用途极为广泛，是其他煤种难以替代的工业原料，国内外市场需求巨大，具有较高的出口创汇价值和雄厚的市场竞争力。太西煤资源现探明储量3.9亿吨，远景储量8–10亿吨，潜在经济价值2500亿元。

会议室

内蒙古晨宏力集团阿拉善盟新能源综合开发利用有限责任公司220×500KW瓦斯发电项目项目名称：煤层气（瓦斯）发电项目

规模：220台×500KW

总投资：4亿元

其中一期为20×500KW，总投资6000万元。

2005年率先在松树滩煤矿建立了瓦斯抽排放系统，总投资2700万元。现已建成瓦斯地面抽放站一座，抽放泵2台，抽放能力60m³/min，主抽放管道直径200mm，总铺设长度为4000m，主要采用“延煤层打钻布孔”抽采方式。该抽采系统已于2006年9月份正式投入使用。

目前一期20×500KW电站土建已全部竣工，预计2007年上半年即可投入运行。20×500KW电站建成后，可供电力800KW，年产值（净利润）可达到3000万元。

阿拉善盟统计局

党组书记、局长:包建国

阿拉善盟统计局成立于1980年、现有局领导班子2人、局长1人、副局长1人;下设办公室、普查科、宏观核算科、报表一科、二科、法制科。全局共有干部职工19人。其中男职工10人、女职工9人。有党员13人、大专以上学历19、少数民族干部5人,平均年龄39岁,是一支朝气蓬勃、团结向上、具有较高文化素质和专业能力较强的职工队伍。近年来阿拉善盟统计局紧紧围绕地方党委、政府中心工作和上级要求、积极发挥统计职能作用以提高统计数据质量为中心从阿盟实际出发,确立了"围绕数据质量、搞好统计工作,围绕信息服务、拓展统计工作,依靠制度建设、提升统计工作、强化科室管理、深化统计工作"的新思路,不断改革、大胆创新,为促进地方经济和社会发展作出了积极贡献。

一、因地制宜、发挥优势、努力拓展统计服务的宽度。首先,局充分发挥自身的人才优势和数据优势建立并完善了统计局局域网,满足了上级部门和其它部门对统计数据的需求;其次,每年定期编辑出版《统计年鉴》和《阿拉善盟国民经济及社会发展统计公报》、《领导干部统计手册》、《阿拉善统计快讯》上下册、无偿送到盟委行署四大班子领导手中,其余资料定期向有关部门和各级领导无偿提供、极大的提高了统计资料的影响力。

二、不断增强创新意识。近年来盟统计局围绕经济社会发展的热点,难点和盟主要领导以及社会公众所关心的问题深入开展研究,不断调整、完善、充实资料提供内容,使统计真正成为反映阿盟社会经济发展的晴雨表、参谋部和社会公众了解阿盟的信息源。使领导和公众进一步提高了对统计的认知度和认同度。二是创新了服务内容。站在科学发展观、构建和谐社会的高度,从领导需要统计管理经济和社会发展两个方面,不断充实和调整服务内容,三是创新服务载体,增加统计调研报告、每年编发《统计资料》30多期,统计信息30多期、调研报告10多篇、每年有多篇资料、信息被领导批示,大量资料、信息、被电台、电视台、报刊杂志采用。

求真务实的领导班子

准确、翔实的数据